2판

사이코드라마

이론과 실제

|최헌진 저|

학지사

2판 서문

침묵과 기다림만이 필요한 시기다.
나는 마치 완전 무장해제 되어버린 듯
글 한 줄 말 한마디 하기가 쉽지 않다.
숨 쉬는 것만큼이나 뫔굿 행위조차도 힘이 든다.
그리고 마치 습관적으로 밥 한 술 입에 넣어지듯
2010년 초두에 이 책이 다시 출간되었다.

사이코드라마는 인간의 생존과 확장을 넘어 자유를 꿈꾸어 왔다.
이 시대를 생존한다는 것은 마치 전쟁터에서 살아남듯 그만큼 처절하다.
그 어떤 고통도, 절망도 껴안고 넘어가야 한다는 걸 안다.
하지만 우리에겐 자유가 아주 먼 나라의 일이 되고 말았다.
한없는 묵언의 기다림이 필요한 이유다.

표준 맞춤법이란 무언지? 오자라 할지라도 필요한 때가 있을 터……
마치 굴착기로 4대강이며 들판을 갈아엎듯이
모든 글이 예외 없이 통째로 재단되어버린다.
오늘의 대세 혹은 추세라는 것이 이유다. 싫다.

2003년의 초판에 들어 있던 몇 가지가 삭제되었다. 소시오드라마, 사이코드라마의 적용과 변형, 응용, 사례, 일부 디렉터론이 그것이다. 새로 첨가된 부분은 사이코드라마의 과정이론, 한국적 사이코드라마로서의 뫔굿(제의적 사이코드라마), 예술적 사이코드라마, 그리고 인간과 현실 및 생존과 확장 등이다(2010년 1월 22~24일, 제13차 한국사이코드라마학회 연차대회에서 제2차 실험마당으로 '탈언어적 사이코드라마의 가능성' 이라는 제목의 특별 워크숍이 있었다.). 그리고 마지막 화두라고 말할 수 있는 영적 사이코드라마는 훗날 별도의 장이 마련되어야 할 것 같다. 이번 개정판을 낼 수 있도록 허락해 주신 학지사 김진환 사장님, 그리고 세밀한 교정과 편집으로 수고해 주신 이세희 님 외 여러분께 감사 말씀드린다.

2010년 2월 1일 아침

유천동에서 최헌진

1판 서문

《I》

한 나그네, 길을 나선다.
죽장망혜뿐이다. 몸과 마음이 가볍다.
산과 하늘이 가깝게 다가온다.

시간이 흐르고 세월이 쌓인다.
옷가지가 늘어난다. 봇짐이 커진다.
덩달아 그만큼 걸음이 느려진다.

“어둠이 오기 전에 더 가야 하는데…….”
길은 멀어져 가고
나그네는 제자리 걸음이다.

별이 뜨고 진다.
삶은 쉽게 습관이 된다.
걷는 것을 잊은 그는 이제 잠들어 있다.
멀리서 산짐승 소리 들린다.

삶의 무게로 우리는 그렇게 해서 똑같아져 간다.

《II》

한 나그네, 들판에 서 있다.
바람 일렁이자 그의 알몸이 꿈틀거린다.
새 떼가 낙엽 지듯 흐르고
그 또한 나는 듯 허공을 차고 오른다.
한 줄기 포효음이 들판을 가로지른다.

그는 이제 천지 사이에 서 있다.
한 무리 별빛이 억만 년의 전설을 토한다.
바다가 순백의 노래로 반응한다.
그는 순간 빛이 되고 노래가 된다.
그 자신의 신화가 된다.

《III》

사이코드라마는 하나의 꿈이다. 눈을 뜬 채로 꾸는 꿈이다. 꿈이기에 모든 것이 가능하다. 뭐든 될 수 있고 무엇이든 할 수 있다. 그것은 잠시 일상의 짐을 벗어 던지는 데서부터 시작된다. 현실로부터의 철저한 일탈이다. 자유다. 그것은 일상의 제반 규율로부터 완전히 벗어난 곳에서 놀아 보는 한마당 축제와 같다.

바로 이와 같은 점이 사이코드라마가 모든 정신치료, 정신분석과 다른 점이다. 사이코드라마는 언어 너머에 있다. 그것은 인간의 진정한 생존을 목표로 한다. 온몸과 마음을 통째로 열어젖히고 풀어헤친다.

그것은 한바탕 신명 나는 몸-마음 풀이 굿판이다.
온갖 삶의 군더더기를 떼어 내는 마음의 수술장이다.
삶고 데치고 씻어 내는 몸과 마음의 뜨거운 목욕탕이다.
인생, 나, 너를 통째로 내던져 실험해 보는 삶의 실습장,
온갖 환상, 꿈, 이미지를 체현하는 인간 체험장,
파괴와 생성, 몰아와 도취, 창조가 있는 놀이터다.

《IV》

오늘날 인간, 문화, 자연이 규격화되어 왔듯이 사이코드라마 또한 그 자연발생적인

기운을 잃어 가고 있다. 얕게 두뇌화 · 언어화 · 이론화되어 가고 있다. 숨쉬기가 어려울 정도다. 이것이 이 책을 쓰지 않으면 안 될 것 같았던 이유다. 사이코드라마를 묶고 있는 제반 고리들을 끊어 버리고 싶었다. 자유롭게 생동하게 하고 싶었다. 자연으로, 우주로 되돌아가게 하고 싶었다. 어느 날 난 문득 나 자신이 그러한 꿈조차 망각한 채 지쳐 잠들어 있다는 것을 발견했다. 그리고 역설적이지만 우주, 신, 예술, 철학, 인류학, 과학이라는 여섯 기둥을 세웠다. 그것이 이 책이다.

이 책은 나에게 하나의 벗어 던짐이며 일탈이다. 스스로 애달아하며 짊어졌던 과제로부터의 벗어남이다. 사이코드라마티스트로서 오늘의 나를 있게 해 준 수많은 정신과 환자들, 나와 함께 사이코드라마 세계를 탐사했던 많은 동료들 및 제자 여러분에 대한 고마움, 그리고 그 무게로부터의 해방이다. 난 정말 완전한 이론가보다는 불완전하더라도 행위자로 살아가고 싶었다.

이 책은 영산대학교 김상희 선생의 전적인 협조와 노력이 없었다면 나오기 힘들었을 것이다. 이 자리를 빌려 진심으로 감사의 말씀을 전한다. 그리고 교정 업무로 고생하신 고원자, 송명자 선생께도 감사의 말씀을 전한다. 더불어 워드 작업을 한 이현주, 조정혜 학생, 사진 촬영을 즐겁게 도와주신 김수진, 윤우상, 이미숙, 최대헌, 한외숙 선생, 그리고 사진작가 홍균 씨에게 감사드린다. 마지막으로 학지사 김진환 사장의 흔쾌한 협조에 고마운 마음을 전한다.

2003년 정월 초하루

대전에서 최헌진

차례

제3부 실 제

제1부 개 관

제1장

정 의

1. 서 론

사이코드라마를 창시한 제이컵 레비 모레노(Jacob Levy Moreno)는 1889년 루마니아 부카레스트에서 태어나 1974년 미국 뉴욕에서 일생을 마쳤다. 그는 평생을 행위자, 실험가, 실천가 그리고 창조자로 살았다. 그의 삶의 신조 중 하나는 "나는 완전한 사상가(혹은 이론가)로 살기보다는 불완전하더라도 행위자로 살고 싶다."였다. 그는 낙천적이었고 긍정적이었다. 그는 여러 가지 면에서 프로이트와 대결하였다. 그러한 이유 중 하나는 프로이트가 전반적으로 부정론(negativism)에 기울어져 있었다는 점이었다. 후세 사람들은 두 사람을 유머러스하게 비교해서 말하곤 하였다. 프로이트가 강박적이고 턱수염을 매일 다듬으며 변비증으로 죽었다면, 모레노는 거대 조증적이고 턱수염을 그대로 자라도록 놔두었으며 설사증으로 죽었다는 것이다. 모레노는 자신의 묘비명을 이렇게 썼다. "정신의학에 즐거움과 웃음을 가져온 인간."

간단한 예로, 그가 얼마나 다양한 실험과 실천을 통해서 창조적인 작업을 하였는가는 그의 두 번째 저서인 『자발성 연극(*The theater of spontaneity*)』(1924)에 잘 묘사되어 있다. 거기에는 사이코드라마의 전신이라고 할 만한, 상호작용적이며 상호 의존적인 네 가지 형태의 혁명적 연극이 제시되어 있다. 갈등의 연극, 치료적 연극, 자발성

연극 그리고 창조자의 연극이 그것이다. 그중 치료적 연극의 장에 들어 있는 한 사례를 보면 다음과 같다.

> 치료적 연극(the therapeutic theater)에서 사람들은 그들 앞에서 자신을 연기한다. 살아가면서 한때 필요에 의해 자신을 의식적으로 속였던 것과 똑같은 삶을 다시 한 번 재연하는 것이다. 갈등을 일으켰던 장소와 그것을 연기하고 있는 장소는 이곳 한 곳으로 같다. 삶과 환상은 동일한 순간에 똑같은 동일성을 획득한다. 사람들은 현실을 극복하기를 원하지 않는다. 단지 현실을 그대로 제시하고 재경험할 뿐이다. 그들은 허구적(상상적) 존재일 뿐만 아니라 진정한 자기 존재의 주인이다. 만약 그들이 그렇게 연기하지 않는다면 어떻게 자신의 삶을 다시 한 번 태어나게 할 수 있겠는가? 그러한 삶의 재생이란 그들이 방금 행위했던 바로 그 일이기 때문이다.
>
> 시간적 차원에서는 그 안의 모든 상호 간의 분규들과 더불어 그들 자신의 삶 전체가 전개된다. 어느 한순간, 어느 한 경우도 전체의 삶에서 소멸되어 사라지는 일은 없다. 권태로움의 매 순간이 기억되고, 각각의 문제들, 불안이 폭발하는 순간들 그리고 정신 내적으로 후퇴했던 모든 순간들이 활력을 되찾게 된다. 사람들은 자신들의 대화를 상기하고 그것을 재연할 뿐만 아니라 그들의 몸 또한 활기를 되찾는다. 그들의 신경들, 심장박동들, 그 모두가 탄생의 순간부터 계속해서 자신을 연기한다. 마치 신적인 기억력으로 상기해 내듯이, 마치 동일한 우주적 쌍둥이 중 하나가 사전에 계획이라도 했던 것처럼 그렇게 똑같이 재연한다.
>
> 모든 그들의 힘과 행위들, 사고가 그것이 처음 발생했던 상황과 경로를 따라, 그리고 그들이 일단 통과했던 국면을 복사한 것마냥 똑같은 장면 속에서 다시 나타난다. 과거 전체가 잠들어 있던 관 속에서 깨어 일어나 순간의 부름에 응한다. 그것은 스스로를 치유하고 고통을 제거하며 카타르시스를 가져온다. 뿐만 아니라 그것은 스스로를 해방시키기 위해 그 치료적 연극을 이끌었던 그 자신의 수호신에 대한 사랑이기도 하다.
>
> 자신을 가두었던 우리에서 빠져 나올 수 있을는지도 모르기에, 아니 그러기 위해서 그들은 자신의 가장 깊숙한 곳, 가장 비밀스러운 상처들을 찢고는 모든 사람들의 면전에서 밖으로 피를 흘리는 것이다.
>
> 치료적 연극의 관객들은 그 지역사회에 거주한 모든 사람들이다. 모두가 초대된다. 모두 집 앞에 모여든다. 사이코드라마는 그 마을에 사는 마지막 한 사람까지 다 나오지 않는 한 시작되지 않는다. 그러나 이러한 광적인 열정, 환각적 영역에서의 삶의 전개는 고통으로부터의 회복을 목표로 하지 않는다. 오히려 그것은 다음과 같은 말의 근거를 확인시켜 준다. "모든 진실한 두 번째 시기(경험)는 첫 번째로부터의 해방이다."(첫 번째 경험은 두 번째 경험에 웃음을 가져다준다.)

여기서 모레노의 초창기 글을 길게 인용한 까닭은 그 속에 이미 사이코드라마의 중심 개념들이 들어 있기 때문이다. 자신과 삶의 재행위화, 집단의 구성, 현실과 상상세계의 결합, 재생, 지금 이곳, 몸, 우주적 개념, 힘과 행위들, 카타르시스, 신, 스스로의 치유, 해방 등등.

사이코드라마는 분명 정신분석과는 다르다. 사이코드라마는 정신분석과 같은 언어에 의한 정신의 탐구가 아니라 몸과 행위에 의한 인간 및 인간 정신과 삶의 탐구다. 그것은 인간에 대한 이해의 차원을 넘어서서 인간의 힘을 일깨우고(empowerment) 인간을 확대(enlargement) · 확장(expand)하고자 하는 적극적인 행위(drama=action)다. 그것은 인간 정신에 대한 그 어떤 가설적 구조 혹은 추상적 도식화 모델에 입각한 이론이 아니다. 그것은 정신뿐만 아니라 우리의 몸과 행위를 중심으로 우리의 사소한 일상 삶에서부터 우주적 존재로서의 삶의 양식을 모델로 삼는 총체적 인간학이다. 그리고 위에서 언급한 힘이란 자발성과 창조성을 의미한다. 따라서 사이코드라마는 자발성과 창조성의 철학을 바탕으로 한 우리 삶의 실천적 학문이라고 말할 수 있다.

2. 명칭에 대해서

사이코드라마를 심리극이라고 부르는 사람이 많다. 그러나 심리극이라는 말은 영화, TV, 연극 등에서 주로 인간의 심리를 다루는 작품을 일컫는 말로써 서부극, 가정극, 모험극 등과 같은 범주에 속하는 용어다.

또한 우리는 흔히 인간의 마음을 생각할 때 심리(心理: 마음의 작용상태)라는 말을 먼저 떠올린다. 그러나 그것은 물리(物理), 수리(數理), 생리(生理), 지리(地理) 등과 같이 마음의 이치 및 이해의 방법을 드러내는 인위적 용어이며, 심성(心性: 마음의 성질), 심상(心想: 마음속의 생각), 심상(心狀: 마음의 상태), 심력(心力: 마음의 힘) 등과 같이 마음에 접근하는 다양한 방식 중의 하나일 뿐이다.

'정(精)' (Ching: 넋, 마음, 眞心, 생명의 근원)과 '신(神)' (Shen: 혼, 마음)은 심리를 넘어선다. 장자는 정신을 '우주의 혼' 이라 불렀고, 퇴계와 율곡은 우주로 확대되는 이(理)와 기(氣)의 합을 심(心)으로 보았다. 그것은 전 우주로 확대되고 천리로서 부여된 온갖 생명의 근원, 현상의 잠재력, 비물질적, 영적, 한마디로 설명 불가능한 세계를 일컫기도 한다.

대국어사전(현문사)에서도 '마음' 은 의식, 감정, 생각 따위의 정신작용의 총체일 뿐만 아니라 의지, 인성, 심령까지도 포함하는 것으로 정의된다.

융은 정신을 가이스트(Geist)라고 하면서 우주혼(all-Geist)이라는 관념이 동양에만 남아 있다고 하였다. 또한 그는 "정신의 위대한 힘, 신비력, 우주적 성격은 인간 심리로 축소되었고, 정신은 심리적 기전이나 뇌 기능의 부수현상처럼 간주되고 있다. 한마디로 우주와 하나이던 인간은 사회조직의 한 분자로 환원되어 버렸다."라고 말했다. 이처럼 정신을 그의 말대로 anima(라틴어의 '숨'), spirit, soul의 의미까지 확대시킨다면 사이코드라마는 영혼의 드라마(soul-drama)가 된다.

그러나 우리의 정신이 심리 차원을 넘어서서 영혼까지 확대 해석되고 있다 할지라도 그것은 영육의 구분, 정신과 신체에 대한 이원론적인 전근대적 사유의 틀 안에서의 정신우월론을 대변하고 있다고 볼 수밖에 없다. 정신분석, 사이코드라마 그리고 모든 정신치료적 이론들이 그런 점에서 예외가 될 수 없다(사이코드라마는 특히 그 명칭상 그러한 인식을 불러일으킬 수 있다는 것이다.). 한마디로 정신 중심의 제반 이론들은 결국 언어중심주의, 이성중심주의의 전통적 · 형이상학적 유산을 그대로 이어받은 것이다.

사이코드라마는 정신뿐만 아니라 몸과 행위를 중요시한다. 이성, 이론, 언어보다는 행위에 토대를 둔다. 따라서 psychodrama라는 명칭은 정신-신체(psycho-physical) 드라마 혹은 몸-마음(body-mind) 드라마가 더 적절하다고 생각할 수 있다. 혹은 존재행위(act of existence) 드라마, 실존(existential) 드라마가 우리의 존재 및 삶 전체를 포괄할 수 있는 명칭이 될 수도 있다.

물론 드라마의 본래의 뜻이 행위이므으로 드라마라는 단어 속에 몸의 의미가 내포되어 있다고 광의로 해석할 수는 있다. 그러나 드라마라는 용어 자체는 이미 연극이라는 의미가 더 강할뿐더러 행위가 곧 몸만을 뜻하지 않기 때문에 아무래도 부정확한 명칭이 아닐 수 없다.

또한 사이코드라마는 우리말로 번역하였을 때 어려움이 있다. 원뜻은 정신연극이지만(연극이라는 개념이 통상의 연극의 의미를 넘어서기 어렵기는 하지만) 사이코드라마는 그러한 연극과는 전혀 다른 의미를 내포하고 있다. 즉, 그것은 지금 이곳에서의 진실한 삶의 행위이기에 연극적인, 가장한, 추상적인 삶의 연기가 아니다. 소위 사이코드라마의 주인공은 그 어떤 상황에서도 자기 삶 아닌 삶을 연기하지는 않는다. 보조자 역시 얼핏 생각하기에는 마치 연극에서 연기를 하는 것처럼 추상적인 역할을 하는 것으로 보일지 모르지만 주인공의 텔레(fele)가 작용한, 주인공의 삶 자체의 일부가 되어 그를 도와주는 역할을 하기 때문에 연극을 하고 있는 것이 아니다. 그는 주인공의 실제 삶 속에 이미 들어와 있고, 그래서 현실에서 다양한 역할을 맡듯이 드라마에서도 주인공의 보조 역할을 하고 있는 것이다.

사이코드라마는 연극이 아니다. 그것은 정신행위다. 드라마와 연극의 기원이 원시 제의(ritual)였다면 차라리 우리말 '굿'이 드라마라는 명칭을 대신할 수 있다고 생각된다. 사이코드라마가 결코 연극은 아니지만 제의적인 의미는 충분히 들어 있기 때문이다. 따라서 사이코드라마를 우리말로 하였을 때 다양한 논의의 여지는 있겠지만 몸-마음 굿, 줄여서 '뫔굿'으로 하는 것이 그 본래의 뜻에 가장 적절한 용어라고 생각된다(언젠가는 사이코드라마라는 말 대신에 뫔굿이라는 명칭으로 일반화되어 신명 나는 놀이판이 되기를 기대해 본다.).

3. 정 의

모레노는 사이코드라마를 진실의 연극이라는 말 이외에도 행위과학(science of action), 자기 해방(self liberation) 혹은 완전한 정신의 실현화(full psychic realization)라는 용어로 정의하였다.

그가 그토록 말을 아끼며 사이코드라마의 보다 구체적인 정의를 내리지 않았던 이유는 무엇이었을까? 그렇게 할 필요성을 느끼지 못해서였을까? 켈러먼(D. F. Kellermann, 1992)이나 브레트너(A. Blatner, 2000)의 언급처럼, 그의 모순되고 불일치되는 이론 전개 혹은 서술의 이면에는 어떤 생각이 숨겨져 있었던 것일까? 물론 그의 저서 여기저기에서 논리의 비약 혹은 수미일관성(首尾一貫性)이 결여된 설명들이 많이 눈에 뜨인다. 그렇다고 하더라도 사이코드라마를 정의하는 일에서조차 보다 구체적인 언급이 없었다는 사실은 어떻게 설명해야 할까?

가장 먼저 생각해 볼 수 있는 것은 사이코드라마 자체의 특성이다. 그것은 깊고 광범위하며, 그 어떤 방식이나 용어로 규정하기 어려운 풍부하고 다양한 유의미성, 이렇게도 저렇게도 해석될 수 있는 다면적 속성으로 인해 합리적 정의가 거의 불가능할 수밖에 없었을 것이라는 점이다. 그것은 인위적으로 손을 대면 댈수록 부서져 내리고 그 본질이 훼손되며 파악하기 힘들어지는 자연현상과 유사한 맥락이다. 우리가 한 송이 꽃을 정의하는 순간 그 향기며 의미가 탈색되어 버리는 것처럼, 그 어떤 조작적 정의도 사이코드라마가 지니는 특성과 의미를 통제하고 탈생명화할 수밖에 없는 상황이라면 차선책으로나마 순간 드러나는 핵심적 요소만으로 만족할 수밖에 없었을 것이다. 따라서 진실의 극장, 자기해방, 정신의 실현화와 같이 그 자체만으로 매우 큰 뜻을 지닌 용어로 정의한 것이라고 볼 수 있다.

다음으로 생각해 볼 수 있는 것은 사이코드라마가 소위 문화적 영역 혹은 장르 중에 어디에 속하느냐 하는 문제다. 모레노는 의학, 심리학, 예술, 철학, 종교, 사회학, 인류학 등 갖가지 인간 정신을 다루고 인간 정신을 대상으로 하는 영역 중 사이코드라마가 어디에 속하는지조차 규정하지 않았다. 이 역시 앞에서 언급한 사이코드라마의 속성 때문이라고 말할 수 있다. 그러나 한 걸음 더 나아가 생각해 보자. 그는 자신의 최초 저서인 『아버지의 말씀(*The words of the father*)』을 출판할 때 저자로서 자신의 이름을 밝히지 않았다. 자신이 열광적으로 영감 속에서 썼다고 하는, 자신의 신성을 시적으로 언어화한 책임에도 불구하고 저자를 무명으로 출판한 것이다. 그 이유는 간단하다. 그것은 이미 자신을 떠나 자기 것이 아니라고 생각한 때문이었다. 다시 말해서, 자신과 자기 창조물(책, 사이코드라마) 사이에 자신의 시각, 자신만의 그리고 자기식의 규정을 두지도 또 두고 싶어 하지도 않았던 것이다. 규정하는 순간 그것은 개인 소유물화, 문화 보존성으로 화(化)해 버리며, 익명성은 사라지고 '나'라고 하는 시대와 문화의 영향력 아래 종속된 나의 시각에 의해 대상의 의미가 축소·왜곡되는 잘못을 범할 수 있기 때문이다. 그는 그것을 알았기에 그렇게 실천한 것이다. 따라서 사이코드라마를 어느 시각에서 바라보고 해석하며 규정하는가는 우리의 몫이 된 것이다. 그 자신이 정의하지 않음으로써 더 넓은 문을 열어 놓은 것이라고 볼 수 있다.

요약하면, 모레노는 자신이 창조한 사이코드라마의 세계를 작은 틀 안에 가두어 넣고 싶어 하지 않았다고 말할 수 있다. 인간의 진실이라고 하는 말 자체도 획일화된 일반적 개념으로 재정의하지 않았다. 그에게는 단지 진실이라는 용어만으로 족하였던 것으로 보인다. 그리고 그는 후에 자신의 뮤즈라고 칭한 젤카를 만나 그녀의 사이코드라마에 대한 재정의를 수용한다.

젤카 모레노(Zerka Moreno)는 사이코드라마를 "자발적, 극적, 즉흥적 방법으로 주인공의 진실을 탐구하는 학문"으로 범위를 국한시켜 정의하였다(처벌 없이, 위험을 감수하고서 자신의 삶[life]을 탐구할 수 있는 과정[process]으로도 정의하였다.). 그녀의 정의 역시 진실이며, 학문이라는 개념의 정의는 없다. 인생극장이라는 광의의 세계가 학문 세계로, 인간의 진실은 주인공의 진실로 대치되고 방법론이 첨가된 것이다. 이는 모레노의 원근법적 조망보다는 한층 근접적인 시각이라고 할 수 있다.

1960년대에 들어서면서부터 사이코드라마는 개인 혹은 집단 치료법이라는 범주에 들어가게 된다. 즉, 사이코드라마는 "모레노의 이론, 철학, 방법에 초점을 둔 행위방법을 사용하는 집단치료법"(L. J. Fine, 1979), "환자가 자신의 문제를 해결하도록 돕는 행위를 사용하는 정신치료 형식(form)"(A. Starr, 1977), "극화, 역할놀이, 연극적 자아표현을 통해 주인공(client)의 행위를 지속·완료하도록 고취하는 정신치료 방법"(켈러먼, 1992), "환자 삶 속의 의미 있는 사건을 언어화가 아닌 행위화하는 정신치료 방법(method)"(브레트너, 2000), "행위기법을 사용하는 집단정신치료의 형식(form)"(D. Holmes, 1992) 등과 같이 정의된다. 한마디로 그것은 행위(화)를 통한 치료 형식 혹은 방법이 된다. 그렇다면 무엇을 치료한다는 말일까? 전제가 없어 애매모호하다. 치료의 구체적인 대상, 병적 상태, 병적 행위, 병리론이 없는 치료방식이며 정의다.

켈러먼(1992)은 사이코드라마의 정의상 문제점을 논의하는 가운데 사이코드라마가 적용되는 데 있어서 치료적 · 비치료적 구분이 없다고 밝히고, 분명히 그것은 치료의 한 형식이라고 단정하였다. 정신장애자(disturbed)와 건강인(healthy people)에게 적용되는 방식은 다르다는 것이다. 그런데 그의 저서 어느 곳에도 그렇게 다르게 적용되는 차이점에 대한 언급이 없다. 정신장애자건 건강인이건 치료의 의미는 통상적인 용법 내지는 당연하고 굳이 부연설명이 필요 없는, 사이코드라마적 견해라기보다는 기존 정신치료의 의미를 당연시하는 자세다.

물론 사이코드라마가 치료방식이 아니라는 뜻은 아니다. 다만 치료라는 용어가 이끌고 있는 일군의 용어군(질병, 환자, 장애, 건강 등)에 대한 사이코드라마적 시각의 규정이나 정의 없이 사이코드라마를 기존의 치료양식이라는 색깔과 겉옷을 무리하게 입히려고 하는 경향, 그것을 당연시하는 풍토와 맹목적으로 수용하고 있는 현실에 이의를 제기하고자 하는 것이다.

사이코드라마는 병리론을 전제하지 않는다. 그것은 어린 시절 단절된 현실과 환상에 다리를 놓고, 잊혀진 자발성과 창조성의 탐구 및 계발을 통해 자신을 확대 · 실현해 나가고자 하는 철학이고 예술이며 과학이다. 따라서 굳이 치료라는 말을 사용한다면 자발성과 창조성, 만남이라고 하는 철학적 치료, 창조적 드라마의 생성이라고 하는 예술적 치료, 텔레와 역할을 통한 과학적 치료, 그리고 사회측정학과 소시오드라마를 통한 사회학적 치료라고 할 수 있다.

그럼에도 불구하고 이러한 다양성을 지닌 사이코드라마를 오늘날 심리학적, 병리학적 시선 속에 가두어 두려고 하는 일방적 경향은 사이코드라마 정신의 심각한 위기 및 왜소화를 초래하고 있다. 또한 앞뒤가 맞지 않는 논리적 모순을 일으키고 있다. 그것은 얼마 가지 않아서 스스로 한계에 부딪힐 수밖에 없는 운명을 예견하게 한다.

아들러, 융, 프로이트의 이론을 접목시켜서 하나의 치료방식으로 사이코드라마를 응용하는 경향도 생겨나고 있다. 그때는 융기언 사이코드라마, 프로이디언 사이코드라마라는 이름을 붙여야 할 것이다. 사이코드라마가 그만큼 넓고 융통성 있으며 마치 물과 같은 세계이기에 그릇에 따라 모습을 바꿀 수 있는 속성 때문이다. 그러나 그것은 어디까지나 치료를 정당화하고자 하는 사이코드라마의 변형일 뿐, 모레노가 시작한 사이코드라마라고 볼 수는 없다.

그 때문인지는 모르겠지만, 치료라는 용어를 사용하지 않고 단순히 하나의 방법론으로 소극적인 정의를 내리는 사람들도 있다. 예컨대, “심리과정을 활성화하는 수단으로써 다양한 유사 상황에서 역할놀이적 행위화를 통한 개인 경험의 극화를 사용하는 기법"(D. A. Kipper, 1986), "즉각적 삶의 문제 해결을 시도하는 자연적이며 자동적인 과정으로서의 방법"(L. Yablonsky, 1992) 등이다.

일반적으로 인간은 자기가 보고자 하는 것만을 보는 경향이 있다고 한다. 둥근 달도 자신이 느끼고 싶은 대로 보고 느끼며, 맞지 않은 옷은 자기 몸에 맞게 고쳐 입거나 버린다. 사이코드라마는 오늘날 세계 각처에서 각 민족의 특성과 기질에 따라 많은 변화를 겪고 있다. 마찬가지로 각기 기질의 차이가 있는 개인에 의해서도 그러하다. 누구의 어떤 정의가 옳고 틀린 것이 아니다. 오히려 그러한 수많은 변형이 있다는 점이 바람직한 현상일 수도 있다. 모레노 자신도 그렇게 말하곤 하였다. "나의 것을 무조건 따라 하지 마라. 네 것으로 만들어라."

가장 심각하게 되새겨 보아야 할 문제는 사이코드라마가 언어화되어 가고 있다는 점이다. 그것도 대부분이 치료라는 이름의 사이코드라마에서 그렇다. 실로 모순이 아닐 수 없다. 이 시대가 유별나게 치료라는 의미를 강요하기는 하지만(의료보험 제도, 약화된 정신력을 가진 현대인의 정신을 치료한다는 고정관념 등이 그렇다.) 왜 갈수록 언어적 치료의 방식으로 되돌아가는지 안타까울 뿐이다. 고상하고 권위적이지 않으며 차라리 야성적 · 원시적 형식의 사이코드라마로 나아가도 부족할 터인데 사이코드라마가 부정했던 현실보다 더 낮고 덜 진실한 하위 현실(의자에 마주 앉아서 전문가와 비전문가가 주고받는 언어적 치료의 현실)로 되돌아가고 있는 양태다.

사이코드라마는 인간의 확장을 추구한다. 현실의 경계를 확장하고 인간의 한계를 뛰어넘고 그 능력의 확대를 도모한다. 그런데 오늘날 사이코드라마는 거꾸로 축소되어 가고 있다. 언어라는 이름으로, 기법이나 방법이라는 이름으로 왜소화되어 가고 있다. 우리의 무능력으로 인해서.

4. 새로운 정의

다음은 사이코드라마에 대한 필자의 정의다. "사이코드라마란 생존을 위해 인간의 자발성과 창조성을 탐구하고 개발하며 인간 확장을 지향하는 총체적 · 실천적 학문이다."

'생존(survival)'은 넓은 의미에서 자연과 우주의 생존을 포함한다. 인간의 생존이란 좁은 의미에서 현 존재적인 안정된 삶에의 머물음이 아니라 끝없이 차이를 만들며 변화해 가고자 하는 의지를 일컫는다. 여기서 머물음이란 그냥 단순히 살아지는 삶, 변화와 확장이 멈추어진 고착상태를 말한다.

'자발성' 이란 우주 만물의 변화와 운동의 근원적인 힘이자 약동하는 생명력 혹은 인간의 타고난 원초적인 힘을 말하고, '창조성' 이란 최상의 자발성을 말한다.

'인간 확장' 이란 기능 면에서 자발성을 토대로 적극적으로 삶을 긍정하고 자신의 잠재성을 극한까지 행위화시켜 나아감을 의미한다.

'총체적' 이란 세 가지 의미를 갖는다. 첫째는 몸과 마음을 분리하지 않는 전인적인 접근(holistic approach) 혹은 연구 경향의 의미다. 둘째는 특정 인간이 아닌 모든 인류(whole persons)를 대상으로 삼는다는 의미다. 셋째는 다양한 학문 영역을 아우르고 있다는 의미다.

'실천적' 이란 언어의 벽을 넘어서서 구체적인 행위 중심의 진실한 삶을 실행한다는 의미다. 마지막으로 '학문'이란 일정한 체계가 서 있는 지식을 의미하는데, 그 내용은 신학, 철학, 예술, 인류학 그리고 과학(심리학, 사회학, 정신의학)이다. 왜 사이코드라마가 제반 학문들을 아우르고 넘나들며 자신의 토대를 구축해 나아가는가에 대해, 우선 1부 '개관'에서는 전체적인 윤곽을 그려 보고 보다 자세한 것은 2부 '이론'에서 다루기로 한다.

제2장 기초 이론

1. 서 론

모레노의 꿈은 프로이트와 마르크스를 넘어서는 것이었다. 개인 정신 중심의 프로이트의 인격이론 대신에 사이코드라마를, 마르크스의 사회이론 대신에 사회측정학을, 그리고 성경보다 더 인간적이고 우주적인 차원이라고 생각했던 인간-신(I-God)론을 내세웠다. 원대한 꿈이었다. 일견 과대망상적 사고처럼 보이는 그의 야망은 이성중심주의, 합리적 전통과 기독교 세계에서는 쉽게 받아들여지기 어려운 이유가 되기도 했다.

그렇지만 그는 당당하게 우리의 어린 시절, 즉 나와 너, 언어를 습득하기 이전의 우리는 바로 그러한 과대망상적 조증상태에 있지 않았느냐며 내가 너이고 네가 나인 세계, 온 우주가 나와 구별되지 않았던 세계, 모든 현상이 있는 그대로 수용될 수 있었던 시간을 상기하자고 말한다. 가령 우리는 어떤 목표를 천신만고 끝에 달성한 순간, 위험을 극복한 순간, 환희와 절정의 순간에 죽어도 좋다는 생각이 들 정도로 조증상태에 들어가기도 한다. 그 순간은 어떤 것도 두렵거나 아깝지 않고 다 가진 것 같은 감정의 항진상태다. 사랑도 마찬가지다. 그 황홀한 순간마다 가진 것 없어도 부자와 같고 세상 모든 것이 아름답게 보이는, 조증을 넘어서 정상적인 거대 조증(megalomania normalis)의 상태에 들어서게 된다. 그래서 모레노는 왜 우리가 그러한 우리의 잠재성을 잠자게 하고 있는가라고 묻는 것이다.

사이코드라마를 잘 알고 있는 전문가들 사이에서도 사이코드라마의 이론은 왠지 불충분하거나 불완전하다는 견해를 당연시하는 풍조가 있다. 심지어 사이코드라마에는 이론이 아예 없다거나 몇 가지 중심 개념들로 이루어진 실천 형식 내지는 기법들의 모음 정도로 치부해 버리는 경향도 있다. 한마디로 수미일관된 논리적 구조가 결여되어 있다고 보는 것이다. 그들은 흔히 정신분석을 그 좋은 반증으로 든다. 그것은 확고부동한 가설을 바탕으로(그래서 지금은 요지부동인 정설처럼 믿고 있는) 빈틈없이 논리를 전개하고 그에 상응하는 풍부한 실례들로 가득하다는 것이다. 따라서 정신분석이야말로 인간 정신에 대한 이론 중의 이론이라는 신념을 드러낸다.

사이코드라마는 최소한의 인격론 내지는 병리론조차 없다는 사실이 약점이 된다. 왜냐하면 그들은 과학의 유용성, 치료적 활용성을 근거로 한 다양한 인지 모델과 가설적 · 통계적 형식 이론으로 인간을 자로 재고 무게를 달 듯 유형화시킬 수 있다는 걸 믿고 있는 것처럼 보이기 때문이다. 정상적인 건강한 정신이 있는 반면에 병든 마음이 있고 당연히 환자로 불릴 수 있는 인간이 존재하는 한 병리 이론이 없는 정신과학이란 있을 수 없다는 사고다.

문제는 오늘날 정신의학 혹은 심리학의 중심 이론들이 이미 기계론적 결정론에 입각한 시각으로 평가되고 있다는 사실에 있지 않다. 동물 모델을 근거로 하는 행동이론 혹은 본능론과 인간 신체를 해부하듯 인간 정신을 언어적 구조 논리로 분석해 보고자 하는 욕구 자체를 비난할 수 없기 때문이다. 중요한 점은 그러한 언어적 과학 논리가 얼마만큼 인간에게 도움이 되었느냐 하는 것이다. 다시 말해, 인간을 얼마만큼 자유롭게 하였고 얼마만큼 정신적으로 확장시켰느냐 하는 것이다.

푸코의 모더니즘 수용의 철학적 핵심에 있는 것은 '언어란 무엇인가'라는 기본 문제였다고 한다. 그에게 그 문제는 우리 문화에 초래된 붕괴상태를 일컬었다(심세광, 1990). 그래서 그는 주체는 언어활동 내에 구성되어 있다는 라캉의 설을 거부하면서 우리의 주체성은 다양한 수많은 실천을 통해 구성된다고 보는 것이다. 인간의 자기 이해의 출발점은 어떤 가설적인 역사적 시간의 시초로부터 시작되는 것이 아니라 바로 오늘로부터 시작한다는 것이 푸코의 주장이다. 매일 우리는 새로운 정식화를 통해 자기 자신을 새롭게 창출한다고 말할 수 있어야 한다는 것이다(이희원 역, 2002).

사이코드라마가 관심을 갖는 것은 그러한 언어에 의한 현상의 분석, 정리가 아니라 어떻게 하면 우리 자신을 신장시켜 나아갈 것인가, 우리의 존재를 어떻게 확대시켜 나아갈 수 있는가 하는 점이다. 인간을 정상과 비정상으로 구분하기 이전에 소위 '정상 인간' 자체의 의미를 묻고 회의한다. 그래서 병리론과 인격론은 무의미해진다. 왜냐하면 사이코드라마는 '누가 살아남을 것인가?' 라는 물음에서 시작되기 때문이다.

'그 누가 어떻게 이 시대를 살아남을 수 있을 것인가?' 이는 1934년에 모레노가 저술한 책의 제목(*Who shall survive?*)이다. 그것은 마치 생과 사의 전쟁터에서 살아남기 위한 특수한 전략을 요구하는 말처럼 들린다. 자원 고갈과 대기오염 내지는 경제 위기, 핵 공포의 위험으로부터 벗어나고자 하는 의미 같기도 하다. 어떻게 살아남을 것인가! 이는 또한 죽음을 넘어선 영생의 세계를 준비한 종말론자들의 구호처럼 들린다.

'누가 살아남을 것인가?' 는 1903년 모레노가 열네 살이었을 때 예수 동상 앞에 서서 절규하던 마음과도 유사하다.

> 당신은 왜 우주를 창조했으며 빛과 어둠을 갈라놓았는가?
> 나는 기분이 좋지 않다.
> 나는 나 자신을 좋아하지 않는다.
> 나는 불완전하며 무가치하고 열등하다.
> 나는 나이 먹고 병들고 죽어야 한다.
> 왜? 왜? 삶과 죽음의 쇠사슬, 끝없는 불운의 시작…….

그리고 그는 "신은 죽은 것이 아니다. 인간이 죽은 것이다."라고 선언한다. 따라서 사이코드라마는 실존의 휴머니즘을 전제로 하는 소위 실존적 공허니 불안이니 하는 시각과 다르다. 그것은 시대 상황적 내지는 역사적인 변증법적 논리에 입각한 존재 의미를 묻는 것이 아니기 때문이다. 그것은 그 어떤 결정론적 언사나 시대적 명제를 넘어서서 살아남을 수 있는 실천적 방안을 모색하기 때문이다.

몸과 마음, 의식과 무의식, 감정과 이성, 형상과 실체 등의 이분법적 사고방식에도 동조하지 않는다. 인간을 논리정연한 그물망으로 가두어 넣으려는 어떠한 시도에도 반기를 든다. 그리고 말이 아닌 구체적인 행위를 통해 생존 자체, 그 힘을 찾고자 노력한다. 인간의 생존과 확장은 사이코드라마가 출발할 수 있는 기본 토양이자 출발점이다.

따라서 사이코드라마의 이론적 기초는 흔히 우주론과 인류학적 개념으로 나뉜다. 후자는 만남, 자발성과 창조성으로, 전자는 모레노가 말한 정신과학의 4대 보편적 개념인 시간, 공간, 현실 그리고 우주로 설명된다(A. G. Petzold, 1981). 그러나 그것은 오늘날 보다 실천적 입장에서 철학적, 심리학적, 사회학적 및 실천적 토대로 재편성하여 설명하거나(A. Blatner, 1988), 메타사이언스적 입장에서 자연과학적 측면과 인문과학적 측면으로 나누어 설명함으로써 그 통합적 이론의 정립을 시도하기도 한다(D. F. Kellermann, 1992).

그러나 사이코드라마는 어느 하나의 일관된 통합 논리로 설명될 수도 없고 또 설명해서도 안 된다. 한마디로 인간에 관한 완벽한 이론 혹은 정답을 찾는 학문이 아니기 때문이다. 그것은 '누가 살아남을 것인가?' 하는 질문에서부터 시작되는, 끝없이 흐르는 강물처럼 시대와 장소에 따라 변화할 수 있는 잠재성 풍부한 예술이며 학문이기 때문이다. 그것은 곧 우리가 현실과 그 속의 인간을 이해해야만 하는 이유이기도 하다. 이 시대, 이 현실을 제대로 보지 못하고 어떻게 현실의 인간을 만날 수 있겠는가? 인간은 인간이기 전에 사회적 동물이라는 말은 진부하다. 우리가 인간을 인간이라고 말하는 그 순간 거기에는 이미 사회적, 현실적 의미가 내포되어 있다. 나라는 인간과 사회

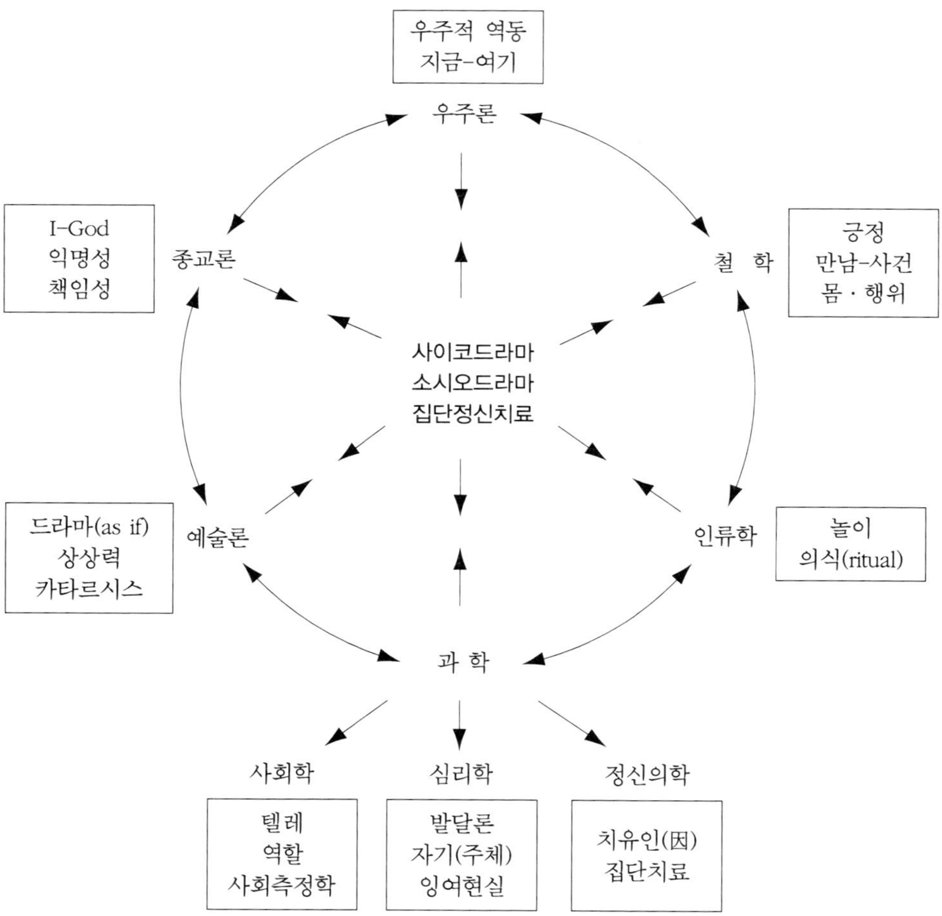

[그림 2-1] 사이코드라마의 기초 이론

모든 화살표는 자발성과 창조성의 흐름을 나타낸다. 사이코드라마 이론은 크게 여섯 분야(학문)로 나뉘고, 각 분야의 중심 개념은 네모칸 속에 기재되어 있다. 사이코드라마는 바로 이 여섯 기둥이 만들어 내는 공간 속에서 발생한다고 볼 수 있다.

라는 현실이 따로 있는 것이 아니다.

그런 의미에서 이 장에서는 필자가 생각하는 현실과 인간, 그리고 그에 따른 인간의 생존과 확장을 먼저 논한다. 그리고 필자의 임의대로 [그림 1-1]과 같은 도표를 만들어서 그에 따라 사이코드라마의 전반적인 개괄적 논의를 시도한다(보다 깊은 논의는 2부에서 다루겠다.). 그 어떤 거대한 메타서사를 위한 것이 아니라 어디까지나 기초적 이해를 돕기 위해 편의상 구분한 것임을 미리 밝혀 둔다. 실제로 여기에 속하는 다양한 개념들은 하나의 분야에만 국한되지 않으며 그 또한 임의적인 배열을 한 것이다(예를 들어, 만남의 개념은 철학, 심리학, 사회학, 나아가 교육학 등에서도 논의될 수 있다.).

2. 현실과 인간

'어떻게 해야 이 시대를 살아남을 것인가?'(생존)와 인간 확장을 고찰하기 위해서 우리는 먼저 우리 자신과 현실을 되돌아볼 필요가 있다. 그 어떤 논리의 틀을 세우고 정의를 내리고자 하는 것이 아니라 있는 그대로의 이 시대를 생각해 보자는 의미다. 사적이면서도 공적인 현실, 나와 관계된 현실인가 하면 나와는 전혀 무관한 타인의 현실, 미로처럼 얽히고 복잡한 이 시대의 현실. 과연 오늘의 우리는 누구이고 우리가 현실이라고 부르는 이 삶의 현장은 우리에게 어떤 의미가 있는가?

1) 현실

현실이란 이상에 대한 실재(reality)와 가능성으로서의 현실(actuality)의 두 가지 의미를 지니지만 여기서는 넓은 의미로서 우리가 생활하고 행위하는 구체적인 현실을 일컫는다. 흔히 우리는 현실을 매우 잘 알고 있는 듯 "넌 현실을 너무 몰라." "현실은 그렇지 않은데 나라고 해서 뭐 뾰족한 수가 있겠어?" "그렇게 인간이 현실성이 없어서야." "현실은 결코 부정할 수 없는 거야."라고 말한다. 마치 현실이 우리 삶의 절대적 기준인 양 취급된다. 인간보다는 현실이 먼저다.

그러나 과연 우리는 얼마나 현실을 잘 알고 있다고 말할 수 있을까? 그것은 개인마다 차이가 있는 주관적 현실 내지는 현실관이 아닐까? 그것은 나라, 시대, 지역에 따라 달라질 수 있으며 한 개인에서도 나이와 상황에 따라 언제든지 달라질 수 있다. 뿐만 아니라 내가 모르는 현실, 도저히 상상하기조차 힘든 현실도 수없이 존재한다. 내 앞의 현실만 현실이 아니다. 한마디로 나만의 현실은 존재하지 않으며 그 또한 시시각각 변화하고 있다. 그런데도 우리 대부분은 현실을 주어진 것, 고정된 것으로 받아들이고 내 앞의 삶만이 현실인 것처럼 믿고자 하는 경향을 보인다.

게다가 나 자신의 사고와 판단보다는 현실적 가치기준에 자신을 통째로 내맡긴다. 나의 선택이 아닌 현실이 내 삶의 이상이 된다. 그것은 인간이 아주 어렸을 때부터, 아니 태어나는 순간부터 훈육되고 주입된다. '사람답게, 올바르게 그리고 정상적으로……' 가 주된 지침이다. 자유, 독립, 개성 등은 철저히 무시된다. 아이는 자신의 환경이 최상의 것인 양 흡수한다. 단 한 번의 회의조차 할 수 있는 기회마저 주어지지 않는다. 맹목적이고 순응적이다. 가정과 학교, 교회와 사회, 모든 이웃이 한 목소리다. 그것은 평생 동안 지속되는 삶의 일차적인 명령이다. 그 이유는 간단명료하다. 잘 먹고 잘 살며, 남보다 앞서려는 적자생존의 법칙이다. 그것이 가감 없는 현실의 본 모습이다.

뿐만 아니다. 그러한 기본적인 현실 이외에도 우리가 쉽게 상상하기 힘든 다양한 현실들이 존재한다. 감동적인 사랑과 우정이 있는가 하면 크고 작은 폭력과 끝없는 전쟁이 공존한다. 힘 있는 자들의 탐욕과 착취, 노예제, 기아와 질병, 자연 파괴, 핵실험, 독재, 광신 등이 존재하는 만큼이나 그에 비례한 수많은 피해자들, 헐벗고 고통 받는 사람들이 존재한다. 문제는 그에 그치지 않는다. 거짓과 위선이 이성과 정의의 이름으로 그러한 제반 현상들은 합리화하고 정당화시킨다. 현실의 그 많은 차이 나는 현상들이 한두 가지의 단순 논리(옳거나 그르거나, 좋거나 나쁜)로 유형화된다. 그러고는 우리 편 아니면 네 편, 적, 악마 등으로 상대를 짓밟고 무시한다.

다음 현실을 보자. 무엇을 느끼는가? 차마 눈과 귀를 막고 싶은 현실이다.

- 미국, 유럽, 호주 등 백인 국가의 감옥 재소자 중 약 70%는 유색인종이랍니다. 예를 들어, 호주의 원주민은 전체 호주인의 1~2%인 데 비해 재소자는 20~30%라는 거죠. 그리고 미국은 '초대형 교도소'를 세계 각국으로 수출하는 나라입니다(안젤라 데이비스, 강주현 역, 2006).
- 베트남 전쟁 때 충성스런 미국인 한 명이 죽을 때마다 우리는 50명의 아시아인을 죽였습니다(커트 보네거트, 강주현 역, 2006).
- 평화를 지켜야 할 나라가 무기를 가장 많이 만들어 내는 나라입니다. 세계 무기의 절반을 미국이 만들고 영국, 프랑스, 러시아, 중국이 그 뒤를 잇습니다. 유엔 내의 안보리 국가들이지요(에두아르도 갈레아노, 강주헌 역, 2006).
- 대부호 360명이 극빈자 25억 명의 전 재산을 합한 것만큼이나 부유하답니다. 매년 그들이 자신의 재산 중 1%만 세상에 환원해도 가난한 사람들의 식수와 학비를 해결할 수가 있습니다. 세계 인구의 0.05%에 불과한 500대 거대 콘체른들은 세계 국

민총생산의 25%를 차지하고 세계 무역의 70%를 좌우하고 있습니다. 매년 1,000만 명의 어린이들이 약값이 없어 병들어 죽어 가고 기아와 착취로 인해 매일 10만 명의 사람들이 죽어 가고 있는데도 말입니다(한스 바이스 외, 손주희 역, 2008).

- 인도네시아 노동자들은 하루 종일 고생해서 고작 2달러를 받고, 나이키사는 단돈 5달러를 들여 신발을 만들고 우리는 그것을 100～180달러에 사고 있는 거죠(한스 바이스 외, 손주희 역, 2008).
- 국제노동기구는 개발도상국에서만 5～14세 어린이 약 2억 5,000만 명(아시아 1억 5,300만 명, 아프리카 8,000만 명, 라틴아메리카 1,700만 명)(한스 바이스 외, 손주희 역, 2008)이 강제로 노동에 투입되고 있다고 추산합니다.
- 지금도 세계적으로 노예와 강제 노역자를 다 합하면 적어도 2,700만 명으로 추산됩니다(http://www.antislavery.org). 심지어 1억 명까지도 추정됩니다. 서아프리카에서는 최근 몇 년 사이에 약 20만 명의 어린이들이 노예로 팔려갔습니다. 서유럽에서만 50만 명의 여성들이 인신매매의 희생양이 되어 매춘을 강요당하고 있습니다(한스 바이스 외, 손주희 역, 2008).
- 매일 아프리카에서는 5,000명의 사람들이 에이즈로 속절없이 죽어 가고 있습니다. 비싼 약값(독일의 경우 한 달 약값이 800유로) 때문이지요(한스 바이스 외, 손주희 역, 2008).

어떠한가? 현실로 다가오는가? 누구의 현실이라고 말할 수 있을까? 나의 현실은 아니다. 맞는가? 그런데도 위정자들, 다국적 기업들, 부호들, 대기업 사람들은 틈만 나면 세계화, 지구가족, 글로벌화를 떠들어 댄다. 가해자일수록, 위선의 가면이 두꺼우면 두꺼울수록 그럴듯한 구호와 선전을 앞세운다. 어마어마한 돈을 들여 자신들은 옳은 일을 한다고, 인류를 위한다고 광고한다. 그리고 우리는 아무것도 모르는 채 그들을 믿고 따라간다. 마치 마취된 자동기계들마냥 열심히 그들의 제품을 사들이고 있다. 비싸니까, 최고이니까 하면서 말이다.

뿐만 아니다. 마찬가지로 귀담아 두고 싶지 않고 그냥 덮고 지나가고만 싶은 우리나라의 현실은 어떨까?

- 미국의 자발적인 식민지가 된 나라(박노자), 머리 까만 미국인들의 나라가 대한민국입니다(한홍구).
- 삼성이 지배하는 나라가 한국이고(심상정) 자본 파시즘이 지배하는 나라이죠(김규항).
- 노예를 기르고 약육강식을 강요하는 것이 이 땅의 교육이랍니다(박노자).

–이상 지승호 인터뷰, 2007

- 한국의 부패지수는 세계 40위를 넘고 환경지수는 아예 122~130위래요. 청계천은 연간 8억 7,000만 원의 전기세를 내면서 운영(?)되고 있고요(물을 거꾸로 돌리는 데 드는 비용). 개발 당시 주변 지역 사업과 관련된 부정부패로 전 서울시장은 5년형을 받았답니다(홍성태).
- 아이들이 해마다 수십 명씩 성적 때문에 비관 자살을 합니다. 수만 명이 학교를 뛰쳐나오고 있는 것이 우리 교육의 현실입니다(강수돌).

–이상 지승호 인터뷰, 2008

- 통계청에 따르면 2005년도 기독교인 개종자 중 57%가 가톨릭으로 이동했고, 46.9%의 비종교인 중에서 2/3는 한때 기독교인이었대요. 개신교 인구가 10년 사이에 14만 4,000명이 감소한 반면 천주교는 219만 5,000명, 불교는 40만 5,000명, 원불교는 4만 3,000명이 늘어났대요(김선주, 2009).
- 성경의 가르침보다 현실적 가치를 우선시하는 위선적 신앙인들로 교회가 넘쳐나는 것입니다. 이런 사람들을 유니폼 크리스천이라고 하는데 이명박 대통령이 유니폼 크리스천의 전형이죠(김선주, 2009).
- 2008년 10월의 바른교회 아카데미 조사에 의하면 가구당 건축헌금은 연평균 50만 2,000원, 십일조는 350만 원이고, 2006년도 개신교 전체의 운영자금은 연간 3조 1,760억 원(불교 4,610억, 천주교 3,390억 원)이었습니다(김선주, 2009).
- 삼성의 경우, 2006년 신문매체 광고비만 1,600억 원으로 언론사들을 통제하였답니다(김병윤, 2009).
- '조중동으로 연결된 혼맥도'를 보면 우리나라의 웬만한 집안은 전부 혼인관계로 연결되었다는 점을 잘 알 수 있습니다. 곧바로 연결되거나 한 단계만 넘으면 전부 같은 집안이 되는 거죠. 정계(이명박, 이기택, 이회창, 전두환, 이한동, 이철승, 양택식, 노태우, 노신영, 김복동, 이후락, 정일권, 김종필 등), 재계(효성, 조양조선, 한국제분, 롯데, 태평양, 우성, 한진, 동부, 삼양사, 현대, 엘지, 삼성, 금호, 한화 등), 족벌신문사(동아, 조선, 중앙, 매일경제 등) 모두 혈연관계를 갖고 이를 더욱 군건히 해 나가고 있다는 것이죠(김병윤, 2009).

결코 우리의 삶에서 최선이라고 말할 수 없는 이런 현실은 천의 얼굴을 가진 괴물과 같고 부적절하기도 하며 나의 뜻, 의지, 꿈과는 무관하게 존재한다. 나의 의지가 개입하기에는 너무나 크고 힘든 현실이기도 하다. 특히 외국의 경우 그렇다. 그리고 국내에서는 나와는 무관한 현실들을 나의 현실로 받아들이기에 무리가 있다. 먹고 살기도 바쁜 세상인데 남의 일(?)까지 신경 쓸 여유가 없다. 국가, 종교, 정치, 사회는 나와 직접적인 관계만 없다면 모른 체하고 살아갈 수도 있다. 중요한 것은 나의 현실이다. 내 눈앞의 삶이다. 때로 우리는 우리 뜻에 걸맞게 현실을 개선하고자 노력하지만 결코 쉽지 않다. 설사 바꾼다 해도 곧 습관화되어 버리고 매너리즘에 빠져들게 된다. 그러니 어쩌겠는가, 현실의 힘을 인정할 수밖에. 온갖 관습과 규율, 대립과 편견, 감독과 통제가 있으며 지극히 당위적인 세계, 그래서 결국 현실의 제반 현상은 매우 당연하고 옳은 것이 되고 나의 삶의 중요한 가치기준이 된다. '남들도 다 그러는데'로부터 학벌, 외모, 성격, 인간관계며 관혼상제, 종교활동, 사회활동 등 삶의 범사에 걸쳐 일정한 규범과 당연히 따라야 할 규준이 정해진다. 나는 없다. 나는 숫자 놀이판에서 열심히 수를 세고 있는 일벌, 일개미다. 근면과 노동이 현실의 또 하나의 중요한 당위성이기 때문이다.

이제 잠시 2009년 6월의 우리 현실을 들여다보자. 6월 10일에 서울시청 앞 광장에서 '6 · 10 범국민대회'가 열렸다. 6월 3일에 서울대에서 시작된 교수 시국선언 참여자가 전국적으로 93개 대학 4,500명을 헤아리게 되었다(한겨레 6월 12일자). 시국선언문의 핵심 내용은 현 정부가 집회와 시위의 자유, 표현의 자유 등 헌법적 가치를 훼손하고 있으며 지난 20여 년 동안 일궈 놓은 민주주의를 일거에 퇴행시키고 있으니 중단하라는 것이었다. 그 도화선은 지난 5월 23일 토요일 아침에 봉화마을에서 벌어진 전직 대통령의 죽음이었다.

고마워요 미안해요 일어나요
- 고 노무현 전 대통령 영전에 바침

뛰어내렸어요, 당신은 무거운 권위주의 의자에서
사람이 사람답게 사는 세상으로

뛰어내렸어요, 당신은 끝도 없는 지역주의 고압선 철탑에서
버티다가 눈물이 되어 버티다가

뛰어내렸어요, 당신은 편 가르고 삿대질하는 냉전주의 창끝에서
깃발로 펄럭이다 찢겨진, 그리하여 끝내 허공으로 남은 사람

고마워요, 노무현
아무런 호칭 없이 노무현이라고 불러도
우리가 바보라고 불러도 기꺼이 바보가 되어줘서 고마워요
아, 그러다가 거꾸로 달리는 미친 민주주의의 기관차에서

당신은 뛰어내렸어요, 뛰어내려 으깨진 붉은 꽃잎이 되었어요
꽃잎을 두 손으로 받아주지 못해서 미안해요
꽃잎을 두 팔뚝으로 받쳐주지 못해 미안해요
꽃잎을 두 가슴으로 안아주지 못해 미안해요
저 하이에나들이 밤낮으로 물어뜯은 게
한 장의 꽃잎이었다니요!

저 가증스런 낯짝의 거짓 앞에서 슬프다고 말하지 않을래요
저 뻔뻔한 주둥이의 위선 앞에서 억울하다고 땅을 치지 않을래요
저 무자비한 권좌의 폭력의 주먹의 불의 앞에서 소리쳐 울지 않을래요
아아, 부디 편히 가시라는 말, 지금은 하지 않을래요
당신한테 고맙고 미안해서 이 나라 오월의 초록은 저리 푸르잖아요
아무도 당신을 미워하지 않잖아요
아무도 당신을 때리지 않잖아요
당신이 이겼어요, 당신이 마지막 승리자가 되었어요
살아남은 우리는 당신한테 졌어요, 애초부터 이길 수 없었어요

그러니 이제 일어나요, 당신
부서진 뼈를 붙이고 맞추어 당신이 일어나야
우리가 흐트러진 대열을 가다듬고 일어나요
끊어진 핏줄을 한 가닥씩 이어 당신이 일어나야
우리가 꾹꾹 눌러둔 분노를 붙잡고 일어나요
피멍든 살을 쓰다듬으며 당신이 일어나야
우리가 슬픔을 내던지고 두둥실 일어나요
당신이 일어나야 산하가 꿈틀거려요
당신이 일어나야 동해가 출렁거려요
당신이 일어나야 한반도가 일어나요
고마워요, 미안해요, 일어나요,
아아, 노무현 당신!
- 시인 안도현

약 330여 년 전에 네덜란드 철학자 스피노자는 '우리는 자유로운가?' '우리는 어떻게 살아야 하는가?'라는 지극히 단순한 화두를 필생의 업으로 삼고 자신의 사상을 전개해 나갔다(로저 스크러튼, 조현진 역, 2002). 무엇이 우리를 자유롭게 해 주고 무엇이

우리의 자유를 가로막는가? 우리는 자유로운가? 민주주의란 도대체 무엇인가? 우리에게 국가란 무엇인가?

스피노자는 "국가의 목적은 실제로 자유다."라고 말하고 민주주의를 자유롭고 평등하다는 진리 혹은 그 가능성으로 정의하였다(안토니오 네그리, 이기웅 역, 2005). 우리나라는 민주공화국이다. 그런가? 민주주의라 말할 수 있는 건 오로지 투표권의 행사뿐이다. 그렇지 않은가? 사람 하나 잘못 선택함으로써 지난 20여 년의 민주주의가 퇴행할 수도 있다는 것을 뼈저리게 느낄 수밖에 없는 것도 민주주의다. 10여 년간 조심스레 쌓아올린 남북화합이 일시에 무너져 내리고 여전히 네오콘의 강경 발언이 먹혀들고 있는 것도 이 땅의 민주주의 덕분이다.

> 이 대통령은 입만 열면 기업의 도우미가 되겠다고 하는데요, 왜 안면몰수하고 운하를 강행하는지 알아요? 처음부터 끝까지 정치 사업이에요. 국내 5대 건설사 컨소시엄이 참여한다는데, 그들은 재작년 아파트 분양과 관련해서 담합혐의에 연루된 기업들이에요. 대형 부정부패, 정경유착의 주범들이라고요. 그런데 그런 기업들이 찬성하면 추진한다는 게 말이나 되는 얘긴가요? 터무니없습니다……(홍성태, 2008).

신자유주의는 해방의 메시지, 세계화라는 복음신화를 만들고 전파한다. 자유, 해방, 규제 완화 등의 완곡어법을 사용하며 개혁, 경쟁력, 생산성, 유연화 등의 상투적인 언어유희를 통해 거대한 세계 신화로 탄생하였다. 한마디로 경제적 효율성만 따질 뿐 그 뒤에 숨겨진 사회비용은 철저히 모른 척한다. 예컨대, 해고 위협, 불안정 취업, 실업 공포와 같은 구조적 폭력이 정당화되고, 계약이론으로 교묘히 합리화된 새로운 유형의 지배양식을 통해 야만적 자본주의의 성공적이고 합법적인 착취가 이루어진다. 따라서 그러한 구조적 폭력은 장기간에 걸쳐 자살, 비행, 범죄, 마약중독, 알코올중독과 같은 크고 작은 일상적 폭력들로 그 대가를 치른다는 사실을 무시한다(피에르 부르디외, 현택수 역, 2004).

여기서 잠시 현재 지구상에서 사라져야 할 것들 가운데 하나인 신자유주의를 여전히 신봉하는 우리나라의 상황을 들여다보겠다.

- 2007년 12월에 건설회사의 CEO이자 드러난 재산만도 600억 이상의 부자이며 전직 서울시장이 대통령이 된다. 그리고 논문 표절, 학력 위조, 증여나 상속세 회피, 위장 전입과 땅투기, 자신이나 자식의 병역 기피, 쌀 직불금 소동 등 고질적 부정부패자들이 한 치의 부끄럼 없이 대거 청와대며 내각에 포진한다. 그래서 사람들

은 그들을 강.부.자(자식들 군대 안 보낸 강남 사는 부자), 고.소.영(고려대, 소망교회, 영남지역 출신)이라고 불렀다.

- 잃어버린 10년이라는 말을 내건 747공약(연 7% 성장, 4년 내 국민소득 4만 달러, 10년 내 세계 7개 경제대국으로 도약), 연간 70만 개 일자리 창출이란 허황된 구호와 한반도 대운하 건설, 의료기관 및 공기업의 민영화 등 말로만의 실용정부는 2008년 4월 19일, 한미 쇠고기 협상을 굴욕적으로 체결한다.
- 2008년 5월 2일, 청계천 광장에 하나둘 촛불이 켜진다. 6월 10일에는 시청 앞 광장에 100만이 넘는 촛불이 타오른다. 한마디로 '광우병에 걸려 의료보험 민영화로 돈 없어 죽거든 대운하에 뿌려 주오.' 가 주된 역설적 외침이었다.
- 마침내 공안정국이 시작된다. 공권력이라는 이름으로 모든 시위가 통제되고 저지된다. 인터넷 논객 미네르바가 잡혀 가고 일제고사를 거부한 교사 17명이 해직당한다. 소위 언론 난민들(YTN의 노종면, KBS의 정연주, PD수첩의 이춘근, 김보슬, MBC의 신경민, 박혜진 등 수많은 기자, 언론인들)이 징계, 투옥, 정직된다. 비정규직 노동자들이 투쟁하고 박종태 씨가 죽음을 맞이하며, 용산참사로 철거민 5명이 사망하고 생존자 27명이 구속되거나 불구속 기소된다. 많은 공직자와 문화계 장들이 임기를 채우지 못하고 사임하거나 쫓겨난다. 2009년 4월 1일에는 인터넷 실명제가 발효된다.
- 골수 보수단체이며 대통령의 지원세력인 뉴라이트는 철저히 역사를 왜곡한다. 안중근, 김구 열사가 테러리스트로, 유관순이 여자 깡패로 묘사된다. 근대화는 일본에 의해서, 민주주의는 미군정에 의해서 대한민국이 건설되었다는 교과서가 나온다. 감사해야 한다는 것이다. 그래서 영어 몰입식 교육, 전시 작전권 환수 연기 요청, 광우병 쇠고기 파동 등이 발생한다.
- 2008년 9월, 미국의 부동산 거품이 붕괴되면서 세계적 경제 위기와 더불어 실업대란이 찾아온다. 남북관계는 작심이라도 한듯 최악의 상황으로 밀어붙이고 있다. 그리고 마침내 부정부패(?)의 이름하에 정 · 검 · 언이 합작하여 전직 대통령을 죽음의 구렁텅이에 몰아넣는다(소위 뇌물을 준 박연차 회장은 20년 이상의 개인적인 후원자라는 것을 과거에 모두가 인정하였던 바였다.).

–이상, 김병윤, 2009

그렇다. 문제는 합리성이다. 생산성이며 효율성이다. 모든 것이 자본이라는 블랙홀로 통하는, 돈 자체가 최종 목적지인 자본주의 사회에서 그 말들은 가장 합법적으로 사용되는 최전방의 행동대원들이다. 인류 발전의 참된 원천은 곧 인간의 이성이라는 오래된 합리주의 사상은 아직도 건재하다. 합리적(rational)이란 이성적이라는 말과 같은 의미며(민중서관, 1967), 논리적이고 과학적이며 목적 여하를 불문하고 행위가 무리 없이 계산되고 계획적이고 능률적으로 이루어지는 것을 의미한다. 한마디로 이성과 합리성 뒤에는 항상 '돈'이 숨겨져 있고 그 앞에는 언제나 비이성적이고 비합리적인 어리석은 백성들, 반대자들만 있기 마련이다.

이성은 끊임없이 알고자 한다. 모든 것을 자신의 손아귀에 쥐고자 한다. 과학과 문명이 그 안에서 한없이 비대해져 간다. 쉴 새 없이 지식과 정보를 양산해 내고 다양화시켜 나아간다. 우리는 그것들을 손에 넣지 못하면 낙오자라도 되는 듯 혈안이 되어 그 뒤를 쫓는다. 자신의 삶과 그렇게 직접적인 관계도 없는 지식들임에도 아는 것이 힘이라고 믿고서 이유 없는, 충족되지 않는 허기감으로 마치 부를 축적하듯 지식을 축적해 나간다. 자신의 귀중한 삶의 시간을 소모하면서 제대로 활용하지도 체화하지도 못한 죽어 있는 지식, 논리를 위한 논리, 지식을 위한 지식으로 배불러 하는 세계, 그것이 바로 오늘날 이성과 합리성이 지배하는 현실의 한 단면이다. 그리고 우리는 아주 손쉽게, 너무나 당연한 일처럼 "그것은 비논리적이야, 비과학적이야, 비합리적이야, 비효과적이야, 비생산적이야, 비도덕적이고 비민주적이고 비사회적이야."라고 말한다. 인간이 인간을 척결하고 판단한다. 낙인을 찍고 찍히며 갈등하고 고통 받는다. 이것이 우리의 현실이다.

이제 우리가 할 수 있는 일이 무엇인지를 찾아보아야 할 때다. 우리는 자주 걸음을 멈추고 생각해야 한다. 깊이 사유해야 한다. 내가 알고 있는 현실, 믿고 있는 진실조차 회의할 수 있어야 한다. 맹목적 추종은 생존이 아닌 죽어 있는 삶이나 마찬가지다. 그것은 자기가 없는 삶이다. 세뇌된 삶이요, 무의미한 삶이다. 우리의 눈을 가려 왔던 오랜 교육의 힘으로부터, 또 무섭게 자기들 뜻대로 사람을 조종하고 마취시키는 거대 언론으로부터 한 발짝 뒤로 물러서는 지혜가 절실하다. 정치인들의 화려한 수사 뒤의 위선을 꿰뚫어 볼 수 있는 혜안이 필요하다. 생존하기 위해서, 왜소해지지 않기 위해서, 우리의 역량을 최고조로 높이기 위해서, 그리고 속아 살지 않고 세뇌당한 채로 살지 않기 위해서 우리는 깊이 생각해 봐야만 한다. 지금 이 순간, 우리가 살아가고 있는 이 현실을.

2) 인간

지구상의 모든 학문은 궁극적으로 인간을 위해 존재한다고 말할 수 있다. 직접적인 인간을 위한 학문들(인간학, 철학, 정신분석 등)뿐만 아니라 인간에 관한 학문들(신학, 예술, 과학 등), 심지어 우주 천문학, 동식물학 및 자연과학조차 인간을 위해서, 인간을 이해하기 위해서 발전해 왔다. 문제는 1928년에 세상을 떠난 독일 철학자 마르크스 셸러(Max Scheler)의 말과 같은 것이다. "우리는 과학적 인간학, 철학적 인간학 및 신학적 인간학은 가지고 있으나 그것들은 상호 간에 아무것도 알지 못한다. 그러므로 우리는 인간에 관한 그 어떤 명료하고 조리 있는 관념도 가지고 있지 않다." (E. Cassirer, 최명관 역, 2004) 인간에 관한 연구가 늘어갈수록 오히려 혼란만 더욱 가중된다는 것이다.

1900년에 생을 마감한 니체는 당시의 현대인에 대해서 "왜소해져만 가는 인간들"이라고 말하였다. 성장이 아닌 자기 보존에 기초해 있으며 평균성의 무위험 속에 스스로 안주한 인간, 점증하는 수평화로 왜소해져만 가는 인간이라는 것이다(김정현, 1995). 그래서 그는 진화와 발전이 아닌, 차라리 인간적인 것의 철저한 몰락과 변신을 이야기한다. 그것은 초인이론이다. 인간은 삶을 구속하지만 초인은 자신의 내부 삶을 자유롭게 한다는 것이다.

그렇다. 중요한 점은 그러한 제반 이론, 학문, 심지어 종교관조차도 지역과 시대에 따라 부침을 거듭해 왔다는 사실이다. 철학, 예술, 과학 등에서 얼마나 많은 주의, 주장들이 한 시대를 풍미하였던가. 소위 정반합적인 영고성쇠며 필연적 절대 진리라고 여겨졌던 인간론들이 사람과 시대에 따라 얼마나 극적으로 변화해 왔던가. 결국 정답 같은 것은 없어 보인다. 인간에 관한 한 절대 진리는 없다는 것이다.

그런데도 오늘날 우리가 현실과 인간에 대해 깊이 사유하노라면 마치 불변의 가치 혹은 신념이라도 있는 듯한 현상을 만나게 된다. 극단적인 양비론적 사고방식과 고정관념 그리고 의식의 상투화 경향이 그것이다. 우선 우리는 인간이란 양면성에 내던져진 존재인가 혹은 인간 자체의 이중성에 갇힌 존재인가 하는 점을 생각해 보자. 인간은 오랫동안 삶과 죽음에서 시작하여 선과 악, 이승과 저승, 지옥과 천당, 음과 양, 자연과 문화, 남과 여, 우연과 필연 등 어쩌면 부정할 수 없을 것 같은 대립관계, 아니 그 사이의 줄 위에서 곡예하는 존재로 묘사되어 왔다. "땅도 하늘도 아닌 거미의 운명처럼"이란 키르케고르의 말이 그 대표적인 예라고 할 수 있다.

그리고 그러한 운명론적 양면성의 논리는 우리의 사고 속에 피할 수 없는 이중성의 그늘을 만들어 낸다. 정신과 육체의 대립, 유물론과 유심론의 역사는 그 얼마나 오랫동안 이어져 왔던가. 안과 밖, 위와 아래, 이성과 감성, 의식과 무의식, 빛과 그림자, 내용과 형식, 과학과 예술, 오른쪽과 왼쪽, 사랑과 미움, 자유와 구속, 만남과 이별 등등. 우리는 끝없이 이어지는 대극 개념의 와중에서 하나를 선택하거나 둘 사이에서 혼돈과 고통을 겪을 수밖에 없는 존재인 것처럼 보인다.

건전한 신체에 건전한 정신이라는 믿기 어려운 구호 아래 정신과 신체가 양분되고,

정신 또한 신체기관들처럼 구획화 · 측정화되고 경제적 효율성, 생산성의 원리와 물리적 힘의 역동성으로 설명된 지 오래다. 겉으로 드러난 현상에 의한 통계학적 평가는 정상과 비정상으로 인간을 나누고, 무의식은 기껏해야 잊혀진 과거의 저장소가 되어 인간을 조종하는 보이지 않는 위협의 손길이 되어 버린 지 오래다.

문제는 그러한 대립의 논리 자체에 있는 것이 아니라 그 논리의 배후에 숨겨진 의도, 우리의 실제 삶과 유리된 개념들의 횡포에 있다. 문명인, 교양인, 성숙한 인간, 배운 자, 지식인이라는 이름하에, 그것은 우리가 태어나는 순간부터, 아니 그 이전부터 우리를 온순하게 길들이고 은밀히 조종하기 위해 준비되고 체제를 갖추며 기다리고 있었다. 그리고 우리는 어느 날 문득 의구심을 갖고 자신의 삶을 되돌아보지만 평생 벗기기 힘든 고정관념으로 우리를 묶고 있는 이미 때늦은 현실에 직면하게 된다. 어떻게 할 것인가? 해답을 찾기는 힘들다.

물론 그러한 고정관념들, 나아가 다양한 편견과 선입관처럼 굳어져 버린 개념들을 열거하기란 쉬운 일이 아니다. 마치 우리가 부모라는 두 성인의 유전자 결합으로 태어날 수밖에 없는 숙명을 가진 것처럼, 우리의 정신은 일평생 한 가족, 지역, 국가 그리고 그 시대에 흐르는 가치관념이라는 우물 속에서 결코 벗어날 수 없는 것처럼 보인다. 태어나는 순간부터 여과 없이 주입되고 선택의 여지없이 받아들일 수밖에 없는 온갖 개념, 관념 및 논리들, 인간이니까 하는 당위성들, 해서는 안 되는 계율과 금기들이 존재한다. 그래서 자유로움과 진정한 자기 자신이라는 의미조차 하나의 불가능한 꿈으로 내면에 침잠되고, 그것은 마침내 나이에 따라 차츰 소멸되는 과정을 반복하게 된다.

인류는 또한 역사 이래로 끊임없이 사물과 세계를 관찰하고 명명하고 분류해 왔다. 어둠과 밝음, 혼돈과 질서로부터 시작해 삼라만상을 인간의 시야 속에 가두고자 노력하면서 오늘의 문명을 일구어 왔다. 그 결과, 오늘날 0과 1이라는 새로운 언어체계하의 사이버 공간을 찾아 가상현실까지도 만들어 내게 되었다. 아직도 우리는 우리 자신을 만족시킬 만한 문화를 만들어 내지 못했다는 의미일까?

모든 것이 언어로, 꿈조차 언어로 꾼다고 말할 만큼 그 거대한 언어적 논리성과 합리성은 불문율처럼 인간 정신을 구조화시켜 온 것이다. 그것은 마음을 조각 내고 파편화했다. 알게 모르게 인간을 조건 짓는 당위적 질서로 화해서 결국 몸 따로 마음 따로, 생각 따로 감정 따로인 겉과 속이 다른 이중 인간, 그리고 현실과 이상, 실제와 환상, 결정론과 자유의지, 독립된 개체와 사회적 존재, 완전과 불완전 사이의 모순 덩어리 인간이 되었다. 말과 행동이 다른 기만에 찬 인간이 되었으며 두뇌에 저장된 이론만큼만 살아 움직이는 로봇과 같은 인간, 이미 생명력이라곤 찾아볼 수 없는 그저 손쉽게 묘사되는 박물관 속의 인간이 된 것이다.

일찍이 카뮈(이정림, 1966)는 인간 자신이 자신의 비인간성 앞에서 느끼는, 혹은 인간과 삶 사이의 부조리를 불안, 전락, 구토 등으로 설명했지만 그것은 차라리 긍정을 위한 부정과 같이 느껴진다. 오히려 더 냉정하게 푸코식으로 말한다면 "인간에게는 본성과 같은 것은 없고, 존재하는 것은 오로지 언어와 제도의 인공물뿐이다."(허턴; 이희원 역, 2002)라고 할 수 있다. 인간의 온전한 정신이라는 개념은 역사적 규정, 즉 사정없이 혹독하게 행동의 순응을 요구하는 과정에서 강제적으로 만들어진 개념이라는 것이다.

예컨대, 기계론적 심리학(정신분석 포함)은 이미 정해진 개념과 도식으로 인간을 정의함으로써 인간의 변화 가능성을 희생시켜 왔다(바흐친, 권덕하 역, 2002). 도스토예프스키에 의하면 심리학이란 것은 인간을 비하하고 인간을 사물화하였으며 살아 있는 인간을 이론으로 대치해 버렸다. 뿐만 아니라 현대 정신분석이론은 욕망 모델을 만들어 개인 속에 내면화시킴으로써 모든 개인에게 개별적 유년기, 성적 상황, 지식관계, 개별적 사랑, 충성, 죽음 등의 관념을 부과해 왔다는 것이다(가타리, 윤수종 역, 2003).

들뢰즈는 한 걸음 더 나아가 말한다. "인간이라는 개념 자체는 우리를 감금하고 있는 부과된 이미지며 길들여져야만 하는 인본주의적 이미지다. 그것은 인간을 동일화·획일화하고 자본으로 고정화하는 것이다." 그래서 그는 삶에 질서를 부여하는 논리들, 외적 질서에 대한 편집증적 고착을 거부해야 한다고 말한다. 연구 대상이 되는 인간, 치료목적이 되는 인간, 그런 표준적 인간은 존재하지 않으며 삶의 사례들을 모아서 결론을 도출해서는 안 된다는 것이다.

하지만 우리는 아니다. 그러한 양비론적 편견과 제반 고정관념은 우리의 사고마저도 상투화·습관화에 물들게 만든다. 어려서부터 익숙해진 논리와 규범에 압도당하고 존재 가치는 차츰 희석되고 쇠퇴된다. 사춘기를 지나, 아니 그 이전의 훨씬 어린 나이부터 자신을 규정하고 고정시킨다. 나는 남자니까, 장남이니까, 막내니까, 딸이니까, 나는 크리스천이니까, 불교도이니까 등등. 그렇게 고정된 시각은 반대로 너를, 사회를, 세계를 고정시킨다. 그래서 바로 그렇게 모두에게 입력되고 자기화된 길에서 벗어나는 것은 불안을 일으킬 뿐이다. 그것은 비효율적이며 무모한 짓이다. 나는 오직 안정되고 미래가 보장된 이 길, 기계화·탈생명화된 누구나 걷는 이 길을 갈 것이다.

흔히 "될성부른 나무는 떡잎부터 알아본다."고 말한다. 또 "세 살 버릇 여든 간다."고 한다. 이는 정설 아닌 정설이요 끔찍한 결정론적 사고방식이다. 우연도, 변화도, 자유의지도 부정되는 인간관이자 기계론이다. 신발은 신발장에, 수건은 수건걸이에 평생 놓여 있어야 한다는 강박적 편견이다.

조지 오웰은 "조련자가 채찍으로 소리를 내면 서커스 개들은 펄쩍 뛰어오른다. 하지만 정말 잘 훈련된 개는 채찍 소리가 없어도 재주를 넘는다."라고 말했다. 오늘날 지식인들은 잘 훈련되고 세뇌되어 채찍이 필요 없다. 어떤 의식도 없이 권력자에게 빌붙는 식으로 행동한다. 그러면서 자신은 정직하고 헌신적으로 일한다고 생각한다. 한마디로 지식인은 잘 훈련된 개다(노암 촘스키 외, 강주헌 역, 2006).

한마디로 오늘날 우리는 끊임없이 '정상'이라는 우리에 갇힌 사육된 동물, 가축과 유사한 신세로 전락하고 말았다. 정상이 아닌 것은 도태된다. 사생결단하고 고래 등에 올라탄 노인처럼 그렇게 끈질기게 정상을 강요함으로써 자신이 옳음을 증명한다. 그것이 곧 승리자가 되는 길이다. 고래의 죽음으로 자신의 의지를 입증하는 것과 마찬가지로, 우리는 인간 정신의 죽음 위에 껍질뿐인 삭막한 '정상'의 확인을 되풀이할 뿐이다.

그것은 정신증, 신경증보다 더 무서운 소위 정상증(normosis)의 징후와 같다(Moreno, 1977). 신경증, 정신증이 있는 것이 아니라 정상증으로 가득한 곳이 우리의 현실이다. 정상적인 부모, 정상적인 가정, 정상적인 교육, 정상적인 만남, 정상적인 사랑, 정상적인 울음, 정상적인 행복, 정상적인 사람들 등등. 그래서 인간의 약점, 실수, 실패는 수치스러움, 무능감, 무가치감을 낳고 착함은 어리석음으로, 선량함은 바보 같음으로, 우직성은 무지몽매성으로 치부된다. 우리는 남들과 같아지지 않으면 초조해하고, 남들이 가진 만큼 갖지 않으면 자기를 비하하거나 세상을 비하한다. 나는 무슨 짓을 하든지 내가 생각하는, 나에게 걸맞은 내가 되어야 한다. 문제는 나라고 믿고 있는 자신이 현실의 꼭두각시이며 현실에 맹목적으로 복종하고 있는 노예자라는 사실을 모르고 있다는 사실이다.

우리가 정상증에 빠져드는 까닭은 단순하다. 현실의 힘이 엄청나게 강해서다. 나 자신의 의지가 아닌 현실이 삶의 중심으로 자리 잡기 때문이다. 우리는 흔히 부모나 그 누군가에게 의존하는 삶을 살지 않을 때 독립적이고 자유로운 삶을 산다고 알고 또 그렇게 믿고 자부한다. 그러나 정상증은 그러한 의존했던 인물을 대신하는 더 큰 현실에의 의존이다. 아니, 부모들, 선생들조차도 이미 현실에 물들 대로 물들어 있는 사람들이다. 그래서 그들 또한 현실이 얼마나 중요한가를 역설한다. 그래서 현실은 마치 괴물처럼 우리에게 끊임없이 자신을 기준으로 삼아야 한다고 요구하고 있다.

인간이여 정상, 정상이 되어라(산의 정상에 오르라는 묘한 뉘앙스도 마찬가지다.). 비정상이라는 말을 듣고 싶은가?(낙오자가 되어서는 결코 안 된다.) 그것은 이 사회에서 쓸모없는 자들에게 붙여지는 이름이다. 미친 자들이고 싶은가? 최선을 다하라. 뒤처지지 말라. 내일을 위해 오늘을 참아라. 오직 네 앞날을 생각해서 참고 견디고 노력하라. 일탈하지 말라. 정상

궤도가 그래도 안전하다. 다들 그렇게 하고 있지 않는가? 고통과 불행 속에 빠지지 않으려거든 좋은 게 좋은 것이다. 오늘을 참으면 내일은 행복, 고생 끝에 낙이 있는 법.

니체(김대경 역, 2000c)는 '기묘한 환영의 세계' 라는 제목하에 다음과 같이 말한다.

우리는 아이 때부터 우리 이웃을 판단하는 방법에 길들여진 판단의 어릿광대들이다. 일생 동안 자아를 위하는 일은 아무것도 하지 않고 주위 사람들의 머릿속에 자신에 관하여 형성되고 전해진 자아의 환영을 위하는 일만을 하고 산다.

자아의 환영 속에 살면서도(하기야 현실을 가장 잘 안다는 사람일수록 자신에 대해서 아는 것은 적은 법이다.) 정상증에 너무 철저히 물들어 있어서 그런 줄조차 모르는 우리는 마치 그것이 최상의 진리인 것처럼 환상을 갖지 말라, 꿈과 현실은 다르다, 눈을 치켜 뜨고 현실을 직시하라고 흔히 이야기한다.

그리고 정상증은 마침내 로보증(robopathy)과 동격이 된다. 야블론스키(L. Yablonsky, 1992)는 로보증의 기본적인 증후들을 다음과 같이 열거한다. "엄격히 규정된 규율과 기준을 가지고 형식화되고 프로그램화된 행동 패턴을 따르는 것, 지금 이 순간이 아닌 과거 지향적인 것, 변화를 두려워하고 순응과 일치가 미덕이며 권위에 복종하고 비인간적 목표라고 할지라도 충실히 복종하는 것, 자신의 기준 없이 사회가 만들어 준 이미지와 요구에 지배되는 자기 지향이 아닌 타인 지향성, 패션, 물리적 가치, 브랜드 중심, 즉각적 만족, 일시적 동일시, 입고 먹고 대화하는 레퍼토리가 뻔한 것, 타인에 대한 진실한 관심의 결여, 효율성 중심, 전쟁기계, 살인마, 타인의 죽음에 대해 어떤 느낌도 없고 오직 적대심만 있는 것, 타인의 대상화, 물건화, 사회적 기계의 한 부분, 자기와 타인으로부터의 철저한 소외 등등."

2009년 6월 10일, 우리 사회 또한 크게 둘로 양분된 것처럼 보인다. 즉, 정상과 비정상, 로보증 걸린 인간과 그렇지 않은 인간이다. 정상증과 로보증이 함께하는 집단이라면 대통령 이하 위정자들, 한나라당 사람들, 대다수의 검 · 경찰들, 많은 법조계 사람들, 다수의 교육자이며 골수 기독교인들, 재벌들, 거대 언론사와 재계 사람들, 보수주의자들, 뉴라이트 사람들 등을 들 수 있겠다.

그들의 특성을 위의 로보증 증후들에 비추어 살펴보면 다음과 같다. 타인에게만은 엄격한 법치주의와 규칙들, 사대주의적, 미국과 일본 편향적 경향, 근본적 변화보다는 겉핥기식, 전시적 행정, 권위주의적 행태, 신자유주의 신봉, 자본주의와 경비 효율성에 민감함, 국민들에 대한 진실한 관심이 결여됨, 우리 편과 적의 편의 구별이 확실함, 타인의 죽음에 무관심함, 국민을 소외시킴, 오만성 등이다. 그리고 다른 한편에는 아직도 인간적 향기를 지닌 보다 진보적이고 민주주의의 이상을 믿는 소수의 사람들이 있다(물론 그 사이에는 침묵하는 다수가 있다.).

인간이 사회의 한 구성요소로, 국가나 조직의 한 부속품으로 전락해 버렸다는 것은 이제 낡은 이야기가 된 지 오래다. 소위 탈중심과 해체, 신과학 운동이 맹위를 떨친 지도 오래되었다. 그러나 그러한 절박한 인간에 대한 위기의식은 여전히 소수의 전문가들 사이에서만 논의되고 있을 뿐, 정상증과 로보증의 경향은 갈수록 더욱 강화되고 있다. 반면에 그동안 철학과 과학, 종교와 예술, 그 훌륭한 언술과 작품들의 결과가 얼마만큼이나 인간을 위해 공헌해 왔는지 자문해 볼 때 쓴웃음을 짓지 않을 수가 없다.

소위 전문가와 고객, 작가와 독자, 치료자와 피치료자 사이의 넘을 수 없는 거리, 삶과 이론의 괴리. 삶에의 도전과 모험은 소설이나 영화 속으로 사라지고, 시들어 버린 정열과 사랑은 잘 만들어진 드라마를 통해 향수만을 자극할 뿐이다. 철저히 분업화된 세상에서 내가 할 수 있는 일이라고는 오직 의식주 해결을 위한 고군분투일 뿐이다.

3) 인간 생존과 확장

2009년 여름, 지금 이곳의 현실을 살아가는 일이 쉬워 보이지만은 않는다. 큰 어려움 없이 살고 있는 사람들도 많겠지만 그렇게 보이는 사람일지라도 한 발짝만 마음속으로 다가가 보면 너나 할 것 없이 자신만의 힘든 상황을 견디며 살아가고 있다는 것을 알 수 있다. 오늘의 우리의 정치적, 문화사회적 현실을 잠시 되돌아보자. 세상 돌아가는 이치를 전혀 모르며 오직 하루하루의 생활에만 전념하며 살고 있는 사람일지라도 현실(대형 마트의 대거 진출로 인한 기존의 작은 가게들의 어려움 혹은 몰락, 어느 날 갑자기 다가올 해고 바람 등)은 그렇게 만만하지가 않다. 어릴 때부터 배운 대로 묵묵히 성실하게 살아온 사람들의 삶 또한 결코 쉽지가 않다(예컨대, 비정규직이라는 괴상망측한 이름과 법의 그럴듯한 행세로 인해 숫한 사람들이 노동력 착취, 감원 내지 해고의 위협에 시달려야만 한다.). 용산참사와 같이 여러 사람이 목숨을 잃어도 법치국가라는 이름으로 공권력의 살인적인 강압행위가 아무런 제재도 없이 정당화된다. 미디어법이 버젓이 국회 안에서 날치기 통과된다. (10월에 헌법재판소의 합헌 여부 판결이 남았다. 한국의 마지막 민주주의의 보루(?)가 어떤 양상으로 나타나게 될는지 암울할 따름이다.) 전 서울대학교 총장이라는 사람이 총리가 되는 과정에서 비리들이 수없이 드러나고(그게 오늘날 한국의 내로라 하는 대학교수들의 실상인가? 통곡할 일이지 않는가?) 청문회에서 거짓말까지 일삼는데도(금융회사 고문료를 받은 바 없다, 절대 없다.) 뻔뻔하게 총리직을 수행하고 있는 현실이다. 모두가 그 정도는 큰 흠이 아니라는 것이다. 우리들 대다수가 말이다.

그 때문일까? 소리 없는 아우성과도 같은 소수의 외침은 잠꼬대 같은 헛소리로 치부되어 버리는 현실이다. 오히려 법질서, 국가 기강, 경제 살리기 등 몇 가지 거대 구호가 마치 도깨비처럼 온 나라를 휘젓고 다니는 느낌이다. 침묵하고 있는 대중들은 지금 무슨 생각을 하면서 살고 있을까? 예컨대, 누군가가 다음과 같은 말을 했다고 상상해 보자. "가난해서…… 가난하기에 아이들을 충분히 교육시키지 못하고 있어. 돈도 없고 학연, 지연, 그 뭣 하나 가진 게 없는데……" 우리의 반응은 대부분 겉으로야 어떠하든 속으로는 그 사람의 무능력이나 신세 한탄 혹은 넋두리 쯤으로 치부해 버릴 것이다. '다 자기 하기 나름이지 누굴 탓하는 거야.' 하는 식이다. 현실의 부조리, 사회적 모순, 제도의 횡포와 같은 이면은 들여다보지 못한다. 왜 헐벗고 가난한 사람들은 항상 가난하고 힘들어야 하는지 의심할 줄을 모른다. 그건 어디까지나 그 사람의 문제일 뿐 나와는 상관없다.

그렇게 우리 대부분은 상투적 현실에 압도되고 길들여진다. 원래는 자유로웠던 말, 소, 개, 돼지, 닭, 오리 등이 오랫동안 사육되어 오다 보면 양순한 가축으로 변모되는 이치와 같다. 자연성, 거친 야성, 순수성, 솔직성, 우직성 등은 현실을 살아가는 데 오히려 거추장스럽고 폐기처분되어야 할 특성일 뿐이다. 누가 하루라도 빨리 현실에 자신을 팔아 버리는가가 성공의 잣대가 된다. 동료의식, 심지어 가족의식마저도 누가 더 많이 벌어들이는가가 기준이 된다. 요즈음 어떻게 지내느냐는 친구의 말에 세단 자동차를 보여 주는……, 기가 막힌 현상이 이렇게 버젓이 광고 카피가 되는 세상이 되어 버린 것이다.

그리고 그들은 한결같은 목소리로 떠들어대기를 좋아한다. 각자 자기가 맡은 바 임무에 충실하기, 항상 최선을 다하기, 성실하기, 노력하고 노력하기……. 마치 과거 공산주의식 강령 같다. 사육의 제1과 1장과 같다. 부지런할 것, 일정대로 일하고 움직일 것, 질서를 지키고 법을 준수할 것, 교통질서, 보행질서, 공공질서, 가정의례 준칙, 국기에 대한 맹세, 학훈, 교훈, 반훈, 가훈 등등. 뿐만 아니다. 게을러서는 안 돼, 지각하면 안 돼, 좋은 대학 못 가면 안 돼, 살찌면 안 돼, 얼굴에 기미 하나라도 생기면 안 돼, 용서하지 마, 남자란 울면 안 돼, 여자는 예쁘지 않으면 안 돼, 시위나 불법집회를 해서는 안 돼, 구호를 크게 외치거나 촛불을 밝혀서도 안 돼, 시청 앞 광장을 무단으로 사용해서는 안 돼, 명예를 훼손하거나 경찰에게 대항해서도 안 돼…….

진정 자문자답이 필요하다. 우리는 자유로운가? 우리는 자유로운 존재인가 아닌가? 자유란 무엇인가? 무엇이 우리를 자유롭지 못하게 하는가? 이 시대, 이 현실을 어떻게 살아가야 하는가? 나에게 주어진 평균 80여 년의 시간을 어떻게 꾸려 갈지는 나 스스로 결정해야 한다. 나의 의지로, 나의 결심과 결행으로 나아가야 한다. 습관적 삶만으로 흘러갈 수는 없다. 내 모든 잠재력을 다 동원해서 살아야 한다. 그것이 살아남는 일이다. 사육되지 않고 죽어 가는 껍데기의 삶이 아니다. 천편일률적인 현실, 쉽게 바뀔 것 같지 않는 현실로부터 잠시 벗어나 새로운 나로 일어서는 일, 나의 힘에 의해 제대로 살아보고자 하는 열망을 일으켜 세우는 일이다. 결코 배부른 돼지, 야성을 잃은 종마로 살지 않겠다는 생존의지인 것이다.

이상이 사이코드라마가 이 시대에 절실하게 요구되는 이유다. 생존하고자 하는, 제대로 살아 보고자 하는, 진실로 살아 보고자 하는 실험이자 실천의 장이 곧 사이코드라마다. 그래서 사이코드라마에서는 결코 인간이란 무엇인가 하는 낡고 해답 없는 질문은 던지지 않는다. 인간이라는 정의 속에 가두지 않는다. 인간은 왜 사는가 하는 의미를 찾고 그것으로 인간을 규정하고 속박하지 않는다. 인생이라는 광대무변한 세계에 대한 수많은 존재론과 인식론의 미로를 헤매지 않으며 인간 정신을 언어적 분석의 칼날 위에 올려놓거나 과학이란 이름하에 조작하지 않는다. 모레노는 "프로이트 씨, 난 당신이 일을 마무리한 그곳에서부터 출발하겠소."라고 말하고 실천한다. 몸과 행위를 배제한 언어만으로 인간을 이해하려는 결정론적 이론만으로는 결코 인간을 자유롭게 도울 수는 없다는 것이다. 예컨대, 그 의미는 '사이코드라마 제1막 1장'이라는 제목하에 모레노가 짧게 기술한 다음의 글에서도 찾아볼 수 있다.

사이코드라마 제1막 1장

'불안과 긴장 가득한 세계에 조화와 평화를 회복할 수 있는 자연스러운 방식'

'사이코드라마는 착각, 환각, 망상의 심연에 빠져들지 않고서 상상력이라는 인간의 기본적 특성을 이용해 지금 이곳의 현장에서 세계를 변화시키고자 하는 하나의 방법이다. 우리가 이 세상에서 이해와 진실 그리고 즐거움을 찾는 데 있어 주된 도전이자 장애가 되는 것은 성, 종족, 나이, 질병, 두려움과 좌절된 욕구, 동물성, 언어, 물상들(음식, 돈, 교통수단, 컴퓨터 등), 죽음, 인간의 한계성, 우주와의 통일성 결여 등이다.

인간의 두뇌는 상상력의 수단이다. 사이코드라마는 상상력의 훈련에 있어서 온갖 차이점들을 극복하게 한다. 성의 차이, 종족 간의 차이, 세대 간의 차이, 병자와 건강인의 차이, 인간과 물상의 차이, 삶과 죽음의 차이 등 모든 차이들을 극복하게 한다. 사이코드라마의 이러한 간단한 방법들은 우리에게 용기를 불어넣어 주고, 우리로 하여금 잃어버린 우주와의 통일성을 회복케 해 주며, 인생의 끝없는 지속성을 획득케 해 준다.

사이코드라마의 기본 개념들에는 워밍업(행위를 위한 준비), 자발성과 창조성, 만남, 모방, 구체화와 행위화, 거울, 이중자아, 감수성 훈련, 역할놀이와 역할교대, 잉여현실 등이 있다.

이러한 방법들에 의해 남자는 여자 역할을, 여자는 남자 역할을 하고 어른은 어린이 역할을, 어린이는 어른 역할을 할 수 있는 것이다. 인간이 동물로, 또 사물이 인간으로 변한다. 그럼으로써 보다 유능하게 세상을 살아갈 수 있고, 병든 사람은 자신의 불운을 이겨내는 방법을 알게 되고 죽은 사람은 우리 생활의 한 부분을 맡아서 살아갈 수 있다. 두려움은 추방되고, 인간의 한계성은 확장된다(우주비행사는 인간의 마음을 탐구하는 정신비행사가 된다.).

이상이 사이코드라마가 계속 나아갈 길이다. 말로만 하지 말고 바로 그것으로 살아갈 수 있도록 결심하라!"

그렇기에 인간의 생존, 변화 그리고 확장은 지금 이곳에서의 현실과 삶에 대한 회의와 부정에서부터 출발할 수밖에 없다. 일상의 흐름을 잠시 멈추고 자신의 내면으로 침잠함으로써 자신의 깊은 잠재성, 잃어버린 자발적인 힘으로부터 의문들이 뿜어져 나오도록 하는 것이다. 회의하는 것 자체가 곧 삶의 시작이 된다. 우리는 왜 언제나 내 편, 네 편으로 나뉘어 싸워야만 하는가? 옳고 그르다거나 좋고 나쁘다는 기준은 누가 어떻게 규정하는가? 누구를 위한 기준인가? 경쟁과 시기 · 질투, 약육강식, 승자독식, 파벌과 당쟁, 빈부격차가 없는 사회는 존재할 수 없는가?

회의한다는 것은 숲이 아닌 산 전체를 보는 일이다. 지구 밖으로 나가야 지구가 조망되듯, 그것은 나와 일상으로부터의 일탈과 몰입을 필요로 한다. 잠시 나의 집과 직장, 살고 있는 곳을 떠나는 여행과 같다. 나와는 다른 문물이나 풍속 혹은 자연에 몰입하는 일이다. 예술작품도 좋다. 생의 깊이를 드러내는 작품에 몰입하는 일이나 그러한 작품을 창조한 예술가의 삶 속에 몰입하는 일도 의미 있다. 사랑 또한 나를 떠나 대상에 심취하는 일이지 않는가? 겉으로 보아서 비합리적이고 비효율적일지라도 최소한 내가 세상을 다르게 볼 수 있는 만남이며 몰입이라면 그 자체로 큰 의미가 있지 않겠는가?

그래서 생존한다는 것은 정상증 혹은 로보증에서 벗어나는 일이다. 남들과 똑같이 살지는 않겠다는 의지, 모두가 정상이고 옳다고 믿는 일에 아니라고 말할 수 있는 권리를 되찾아오는 일이다. 이는 쉽지 않다. 강물을 거슬러 올라가는 연어와 같은 힘이 있어야 하기 때문이다. 사람들, 그것도 나와 가까운 사람들이 그러한 나에 대해서 다음과 같이 말하는 것을 견뎌 내야 하는 일이다. "야, 너 미쳤니? 제 정신이야?" "잘난 척 좀 그만 하시지. 그런다고 누가 알아 주냐?" "넌 너무 현실을 몰라서 탈이야. 정신 차려. 그러다 쪽박 신세 못 면해."

하기야 역사적 인물들 치고 당시에 미쳤다는 소리 한 번 안 들었던 사람이 있었나 싶다. 예수와 부처를 필두로 헤라클레이토스, 소크라테스, 노자, 장자, 죽림칠현들, 사육신과 생육신들, 민영환, 안중근, 스피노자, 데카르트, 갈릴레오 등등. 모두가 자신의 목숨조차 아랑곳하지 않았던 사람들이다. 자신의 생각을 자신 있게 말할 수 있었고 진정 그 시대를 살아남았던 사람들이다. 또 자신을 보다 크게 확장시킬 수 있었던 인물들이다.

당시의 시각으로는 철저히 반시대적인 사람들이었기에 때로 사회로부터 거칠게 학대받고 내쳐졌지만 그들은 그러한 사실조차 초연할 수 있을 만큼 자신의 잠재력을 높이 끌어올렸던 이들이다.

(참고로 로보증과 반대되는 특성들을 열거하면 다음과 같다. 적대감을 버리는 것, 소외감을 벗어나 사람 속으로 들어가 사는 것, 일정한 행동 패턴을 벗어나는 것, 변화를 추구하는 일, 현실에 순응하기와 일치로부터 벗어나기, 권위에 반항하는 일, 비인간적 목표라면 단호하게 거절하는 일, 아니요라고 말할 수 있는 것, 스스로 자기 삶의 기준 만들기, TV나 매스컴에 거스르기, 타인 지향의 삶을 멈추는 일, 패션과 유행 및 브랜드 멀리하기, 즉각적 만족을 연기하기, 연예인과 스포츠 스타 등과의 동일시 그만두기, 광고와 선전에 놀아나지 않기, 입고 먹고 대화하는 레퍼토리가 상투적이지 않고 신선하게 하는 일, 타인에게 진실한 관심을 보이기, 전쟁 · 폭력 · 살인 등에 아픔을 느낄 수 있게 되기 등등.)

생존의 의미는 또한 지금 이곳의 삶을 사는 것이다. 그것은 과거 때문에 혹은 미래를 위해서 사는 우리의 대부분의 일상적 삶이 아니다. 과거 역사에 짓눌려서 어쩔 수 없이 이끌리는 삶도, 내일이라는 그럴듯한 목표와 이상에 의한 기계적인 삶도 아니다. 생존은 과거와 미래라는 틈바구니에 끼어 질식하는 지금 이 순간의 생명력이라고 하는 잠재된 나의 삶의 의지를 터트리는 일이다. 나의 욕망 혹은 자발성, 창조적 잠재성을 흐르게 하는 일이다. 한마디로 그것은 현실적 정상증에서 벗어나 매 순간 독립적이고 자유로운 삶을 살고자 하는 의지다.

우리는 때로 새처럼 날고 싶고 모든 걸 훌쩍 내던지고 떠나고 싶은 욕망을 갖는다. 가출도 하고 싶고 학교나 직장을 그만두고 싶은 때도 있다. 또 권위에 반항하고, 부정부패에 항의하고, 사회적 · 정치적 부당한 처사에 시위하고 저항한다. 가족이며 지연, 학연 등 족쇄와 같은 제반 인연들로부터, 예수나 부처의 정신이 아니라 성전이라는 이름의 거대한 건물과 성직자 중심의 현대 종교로부터 일탈을 꿈꾸기도 한다. 언론, 자본, 지식, 권력의 횡포에 촛불로 맞서며, 때로는 반민주적 · 독재적 국가체제에 대항하여 대변혁을 꿈꾸고 혁명을 일으키기도 한다.

제대로 된 혁명

혁명을 하려면 웃고 즐기며 하라

……

사람들을 미워하기 때문에 혁명에 가담하지 말라
……
돈을 깡그리 비웃는 혁명을 하라
……
획일을 추구하는 혁명은 하지 말라
……
우리 재미를 위한 혁명을 하자!
- D. H. 로렌스의 시(류점석, 2008)에서 발췌

그것들은 지나가는 덧없는 꿈이 아니다. 쓸데없는 변덕스러운 욕망도, 한순간의 덧없는 충동도 아니다. 그것은 본래적으로 주어진 내면의 진실들이다. 아직은 완전히 길들여지지 않은, 아니 길들여질 수 없는 에너지들의 분출이며 넘침이다. 지렁이와 같은 본능적 꿈틀거림이다. 우리의 마취된 의식에게 정신 차리라는 신호다. 귀 기울여 들어 달라는 내면의 아우성이다. 하지만 그러한 소리들의 지속시간은 너무나 짧다. 집중해서 듣기에는 너무나 찰나적이다. 그렇기에 익숙하지 않으면 놓치기 십상이다. 습관적이며 자동적으로 튀어나오는 과거의 기억들은 현재의 눈을 멀게 한다. 내일에 대한 자동화된 염려는 오늘을 지운다.

그래서 생존한다는 것은 용암이 분출하듯 우리를 가두는 제반 관념들(행복이 어떻고, 도덕과 가치, 미래, 시간 등이 어떻고 하는 의견들)로부터 벗어나는 일이다. 나를 꼼짝 못하게 하는 당위적인 공간들(가정, 학교, 교회, 직장, 사회, 국가 등)로부터 철새들처럼 이민을 가듯 잠시라도 훌쩍 떠나 보는 것이다. 나를 짓누르고 옭아매는 것들, 학벌, 계급, 가문, 성별 그리고 나의 이름조차 벗어 던지는 일이다. 그것은 상투적인 사고, 반사적인 의식, 소위 심리의 세계로부터 벗어나 자유로운 상상력의 세계, 생명력 가득 찬 몸의 세계로 나아가는 것을 의미한다. 언어, 개념이 아니며 모든 거추장스러운 옷과 신발, 두 손 가득한 짐들을 내려놓고, 벌거벗은 육체가 춤추고 노래하는 세계로 탈출하는 것을 말한다. 그것은 말이 아닌 실천적 삶, 행위, 살기다.

모레노는 "지적, 이론적 대가들보다는 불완전하더라도 인생 자체, 행위를 강조한 인물들을 사랑한다."고 말한다. 그래서 그는 예수, 석가, 모하메드, 그리고 영혼을 지식화하려는 헤겔에 반대해서 자신만이라도 정직한 삶에 충실하고자 했던 키르케고르, 작품을 포기하고 실제 인생을 살려고 노력했던 톨스토이, 도스토예프스키, 일상을 포기한 슈바이처 등을 그 예로 든다.

훌륭한 인물들을 본받자는 이야기가 아니다. 행위의 중요성, 실천적 삶의 중요성을

강조한 것이다. 예수나 석가에게서도 그 이론과 설법이 아닌 그들의 행위와 삶 자체에, 신의 개념에서도 창조를 마치고 안락하게 쉬고 있는 완전한 존재가 아닌 무언가를 끊임없이 만드는 신의 행위 자체에 초점을 둔 것이다. 다시 말해서, 마치 졸졸 흐르는 시냇물처럼 어떤 최상의 시적 어휘, 그림, 영상으로도 그 살아 움직이는 행위적 삶의 현상은 결코 드러낼 수는 없다는 의미다.

그것은 말과 이론이 아닌 살아 움직이는 인간-말과 행동, 생각과 삶, 겉과 속이 같은, 진정한 자기 자신이 되어 살아 움직이는, 넘어지고 다치고 아파하면서도 여전히 다시 움직이는 자발성 가득 찬 행위자(actor)인 나, 나의 세계, 나의 삶을 새롭게, 의미 있게 창조하고자 하는 힘을 가진 인간을 말한다. 그것은 어떤 논리나 안전한 선착장조차 없이 자신을 실험해 보고자 하는 일이다. 이 문명이 값비싸게 내던지는 안전망으로부터 벗어나서 나 스스로가 숨을 쉬고 내 삶을 살기 위해 살아남고자 하는 것, 기성의 삶과 타인이 보여 주는 삶이 아닌 나 스스로 처절하게 느끼고 행위하는 삶이다.

그것은 또한 환경을 변화시키기에 앞서서 나 자신을 먼저 변화시키는 일이다. 변화는 반복으로부터 벗어나는 일이다. 반복은 기계가 더 잘하는 일이다. 변화는 지금의 나를 들여다보고 의문을 갖는 데서부터 시작된다. 그리고 조건 없이 나 자신의 자발성을 따라 나를 확장시키는 일이다. 고정관념으로부터 일탈하는 것이다. 매너리즘이 아닌 행위 자체가 곧 창조적 행위가 된다. 우리는 우리가 생각하는 이상으로 자발적인 존재다. 우리가 믿을 수 있는 것은 유일하게 내 안의 그것뿐이다. 우리는 더 많은 것들을 의문시하고 해체하고 버려야 한다. 생존한다는 것은 존재의 의미를 묻고 정의 내리고 규범을 세우는 일이 아니라 우리의 모든 가능성인 그 잠재력을 터트리는 일이다.

여기서 말하는 잠재력 혹은 자발성은 회의성, 부정성, 일탈성 그리고 몰입과 자유 등을 의미한다(최헌진, 2003). 주어진 현실을 있는 그대로 맹목적으로 받아들이기에는 우리의 욕망이 훨씬 강력하고 크다. 그것은 항상 반시대적일 만큼 혁명적이고 아나키즘적이다. 그래서 인간은 결코 그 어떤 하나의 언어, 개념들로 부분화 · 구조화될 수 없다. 어떤 그럴듯한 논리로도 인간을 규정하거나 지배할 수는 없다.

그래서 생존한다는 것은 곧 자연스러운 인간의 확장을 의미한다. 그것은 또한 기존의 고정된 인간 자체의 이미지조차 넘어서는 것이다. 인간중심주의와 인본주의를 건너뛰는 일이다. 그것은 마치 한 인간이 알몸이 되고 눈과 귀를 가리고 온몸으로 달리고 뛰고, 물속에 뛰어들거나 하늘을 나르듯 뛰어내리거나 동물 또는 식물처럼 대지 위를 뒹굴고 자연을 껴안고 함께하는 이미지다. 모든 차이를 극복하고 인간의 한계점을 넘어서 우주와 만나기, 인간의 동물 되기다.

나 자신의 노래

나는 몸을 바꾸어 동물과 함께 살 수 있을 것 같다.
그들은 아주 태평하고 자족한다.
나는 서서 그들을 오래 본다.
그들은 애쓰지 않고, 저희들의 상황에 불행해하지 않는다.
그들은 어둠 속에 깨어 일어나 저희 죄 때문에 울지 않는다.
그들은 신에 대한 의무를 논하여 나를 괴롭히지 않는다.
한 놈도 불만인 놈은 없고, 한 놈도 소유욕으로 미쳐 있지 않다.
한 놈도 다른 놈에 대하여 또는 수천 년 전에 산 동류에 대하여 무릎을 꿇지 않는다.
온 세상에서 한 놈도 존경할 만하거나 부지런한 놈은 없다.
이리하여 그들은 그들과 나와의 관계를 밝히고, 나는 그들을 받아들인다.
그들은 내 사진의 흔적을 내게로 가져와서 그것이 그들의 소유인 것을 분명히 표시한다.
- 월트 휘트먼(한국비평학회, 2006)

사이코드라마에서 생존과 확장의 의미는 모레노가 세상을 떠나기 2년 전에 마지막으로 남긴 다음 글에서도 생생하게 드러난다.

마지막…… 생각들

나는
아버지와 신(Father-God)을 구체적으로 관계지어 말하지 못했음을 느낀다.
나는
현존의 신(Living-God)으로서 아무런 형태도 없는 존재,
……
감수성 강했던 나의 어린 시절, 나의 인생을 거의 상실해 버렸던 사춘기 동안 나는 노력하였다.
세계의 욕구에, 순간을 바꾸지 못했다.
우리의 젊은 날은 혼돈되었고
많은 아이들이 죽어 가고 있었다…….

겸손하게 받아들인다.
거대 조증(megalomania)은 부서져 내리고
남은 것은 왕관과 옥좌,

신체는 죽어 가고 있다.

아, 인간 사이를 하나로 묶고 싶었는데
아버지-신, 연결 접속을 실현코자 하였는데……

나는 나 자신에게 마지막 질문을 던진다.
신-아버지의 이미지를 어떻게 구체화시킬 것인가?
그는, 그는 모든 걸 하나로 포함하고자 하는 저항할 수 없는
욕구를 지니고 있다.
그것을 어떻게 구현하여 자신을 한없이 뻗어가게 할 수 있겠는가?

"전 우주가 되는 것, 우주로 확장하는 것…… 손도 여럿, 눈도 많이, 심장도 여러 개……
존재하는 모든 걸 함께하고
떨어져 있는 것들을 한데 합치고
인간과 별……
사람-인간-사람……
인간-식물……
사물이 너로부터 분리되어 나가기 전에 너의 힘의 영역 내로 우주의 미래를 움켜잡는 것
(로봇은 인간을 떠나 스스로 발전해 간다.)"

존재의 모든 부분을 공동으로 작용하게 해야 한다.
그러한 존재들을 도와야만 한다.
세계에 일어나는 모든 일을 보고 듣고 느낄 수 있는 능력을 키우고
모든 인간의 고통, 즐거움, 희망, 흥분을 나누어 가지며
더욱더,
모든 걸 나누어 가질 수 있는
그래서 모두가 함께 더불어 창조하는……
그때 바로 너 자신이 신-아버지!

한 곳, 한 장소에만 있는 신이 아닌
모든 곳에 있는……
그가 만약 그렇지 못하면
그렇게 하도록 해야만 한다.

그는 신이 되어야만 한다.

세상이 끝나더라도
창조할 것이 있는 한
신-아버지의 종말은 없는 것(모네노, 1972).

"전 우주가 되는 것, 우주로 확장하는 것…… 여럿, 눈도 많이, 심장도 여러 개……." 이는 곧 탈 '나'를 의미한다. 하늘을 나는 꿈으로의 비상이다. 우주적 갈증(cosmic hunger), 우주적 역동에 의한 우주적 인간 되기이자 우주비행사 되기다. '나'라는 존재의식을 벗어 던지고, 나에게 충실하지 않기, 나 아닌 것 되기, 생명력 가득한 역동적인 우주-자연으로 나아가기다.

니체는 인간을 무한 존재로 묘사하였고 하이데거는 실존자로서의 인간의 내적 무한성을 이야기한 바 있다. 마찬가지로 모레노는 우주적 존재라는 최상의 존재 개념에서 더 나아가 니체의 초인과 유사한 인간-신(아버지-신)을 이야기한다. 인간 사이를 하나로 묶고자 하는, 아니 존재하는 모든 것들의 차이를 넘어서 떨어져 있는 것을 한데 합치고(unifying), 존재하는 모든 걸 함께하고자(together) 하는 인간의 별 되기, 인간의 식물 되기와 같은 것이다.

그것은 또한 정신-의식에서 몸-의식으로 나아가기다. 니체에게 의식이란 인간의 제반 기관들 중 맨 마지막으로 발달되는 것으로 가장 비완성적이고 무기력한 것이다. 의식이란 어디까지나 언어를 매개로 하는 언어적 사고에 불과한 것이며 언어 또한 평균적이고 공통적인 의사 전달용의 표면현상일 뿐이다.

따라서 인간의 확장이란 바로 그러한 언어와 의식을 넘어 생동하는 몸-의식, 니체식으로는 몸-이성으로 나아가는 것이다. "건강한 몸의 목소리에 귀 기울여라. 그것은 보다 정직하고 보다 순수한 목소리다……. 건강한 몸, 완전하고 튼튼한 몸은 보다 정직하고 보다 순수하게 이야기하고, 대지의 의미에 대해서 이야기한다."(니체, 김정현, 1995)

몸은 그 자체에 매 순간 새로워지는 능력이 있다는 의미다. 니체는 "몸은 순진무구함, 평화로움, 진실함, 아름다움, 우아함 등 위대한 가치를 알고 있으며, 수백만 년의 지혜를 지니고 있기에 그 어떤 경전도 인간의 몸보다 오래되지는 못했다."고 말한다. 또한 그는 "그대는 대지의 가장 만개한 꽃이며 위대한 변형이다. 그대의 눈은 바로 대지의 눈이다. 그대의 귀는 음악을 들으려는 대지의 활동이다."라고 말한다.

눈짓, 몸짓, 소리만의, 춤추고 노래하는, 그 어떤 고정관념으로부터도 자유롭고 상상의 날개를 달고 마음껏 하늘 높이 오르는, 그래서 삶을 자극하고 동물적 활력으로 생명 감정을 고양시키는 인간과 삶의 충일되고 확장된 순간, 그것은 곧 하나의 예술이며 몰입이며 도취다. 그것은 존재하는 것들을 있는 그대로 수용하는(all accept) 운명애와 같은 긍정 그 자체이며 총체적 생존을 위한 만남이자 집단 창조다.

들뢰즈는 모든 존재란 그 무엇과의 만남이라고 말한다. 우주 만물이 그렇고 자연과 인간 또한 만남의 존재라는 의미다. 특히 인간의 경우에는 새로운 삶의 풍요와 사랑, 우정의 삶을 찾아 끊임없이 떠나는 유목민과 같은 그러한 만남을 이야기하고 있다. 니체는 인간의 가장 큰 망각은 다른 사람을 만나는 것을 잊는 일이라고 말한다. 인간과의 만남을 잊는 것에서 시작해서 더 이상 사랑할 가치가 있는 것을 발견하지 않는 일로 인생이 끝나 버린다는 것이다. 모레노에게 만남은 서로가 서로의 확장을 돕는 공동 창조자가 되는 길이 된다.

나아가 그것은 모두가 함께 만나고 모여서 모든 금기들을 깨부수고 난장과 해방을 추구하는 일이다. 우주적 혼돈, 카오스적 불확정성과 비결정성의 세계로 나아감이며 삶의 실험과 체험의 공동 광장으로 나아감이다. 공적 시공간에서 모두 함께 모여서 욕망을 재충전하는, 놀이정신과 웃음으로 가득 찬 제의적 몸으로의 확장이다. 그 어떤 대가를 치르고서라도 생존할 수밖에 없는 우리의 절대적 운명이자 필연적인 생명력의 확장이다.

아우슈비츠 이후

아우슈비츠를 다녀온
이후에도 나는 밥을 먹었다

깡마른 육체의 무더기를 떠올리면서도

횟집을 서성이며
생선의 살을 파먹었고
서로를 갉아먹는 쇠와 쇠 사이의
녹 같은 연애를 했다

역사와 정치와 사랑과 관계없이

이 지상엔 사람이 없다
하늘엔 해도 없다 달도 없다
모든 신앙도 장난이다
- 최명란

그리고 그것은 죽음과 맞바꾸더라도 추구할 수밖에 없는 자유다. 피 토하는 비상이며 무한의 정신이다.

하늘의 밥상

아이들이 어지럽게
흘린 밥알처럼
내 삶도 저렇게
밥그릇을 떠나
자유로웠으면……

하늘의 밥상이여
내 피만으로
한 상 차렸구나
– 이산하

니체는 말한다. "우리는 예수를 자유정신으로 불러도 좋을 것이다. 그는 고정된 모든 것에 무관심했다. 고정된 것들은 죽음과 관계된다. 그의 체험은 어떤 종류의 말, 율법, 신앙과도 대립된다. 행위, 실천과 같은 것이 바로 그의 삶이었다." 들뢰즈에게 자유란 유한한 자아 이미지로부터의 해방을 의미한다. 자유란 인간이나 인간적 관점으로부터 벗어나 삶으로 개방되는 것, 다시 말해 삶을 긍정하기 위해서 인간을 넘어서기를 바라는 것이다. 폴 패튼(Paul Patton, 백민정 역, 2005)은 자유의 개념을 세 가지로 나누어 설명한다. 자신이 할 수 있는 것을 하고 자신이 존재하는 대로 존재하는 비간섭적 자유(부정적 자유), 자기 삶에 대한 행위 주체로서의 통제력 실행과 같이 할 수 있는 것을 하는 긍정적 자유, 그리고 진정한 자유의 의미로서 임계적(critical) 자유가 그것이다. 임계적 자유란 지금까지 인류 문화에 계승된 문화적 방식들을 깊게 사유해 보고 의심해 보며 도전적인 행위와 실천을 할 수 있는, 가령 어떤 한계를 위반할 수 있는 자유를 말한다.

그래서 그 어떤 고정된 관념이나 지성으로부터 벗어나 세상을 깊이 꿰뚫어 볼 수 있는 시인의 눈을 갖는 것, 온 우주를 껴안는 것, 우리 내면의 혁명적 잠재성을 터뜨리는 것, 그래서 현실에 휩쓸려 가는 나로부터 벗어나기, 나 자신에게 충실하지 않기, 생존과 확장 그 자체, 현실 넘어서기, 나 아닌 것 되기, 그것이 곧 사이코드라마의 꿈인 것이다.

대추 한 알

저게 저절로 붉어질 리는 없다.
저 안에 태풍 몇 개
저 안에 천둥 몇 개
저 안에 벼락 몇 개

저게 저 혼자 둥글어질 리는 없다.
저 안에 무서리 내리는 몇 밤
저 안에 땡볕 두어 달
저 안에 초승달 몇 날
- 장석주

그것은 일견 니체가 말하는 초인 개념과 유사하다. 초인이란 한마디로 가치기준을 스스로 정하는 자다. 그러기에 반시대적인 창조자일 수밖에 없다. 니체의 말을 빌려 보자. "초인은 대지의 뜻이다. 대지에 충실하라. 천상의 희망을 말하는 자들을 믿지 말라." "초인은 검은 먹구름인 인간으로부터 뚫고 나오는 번개다." "나는 항상 나로 머물러 있었지만, 그것은 항상 다른 내가 되어 있는 방식으로 그랬다." "위대한 경멸의 시간, 너의 행복과 도덕과 이성이 역겹게 느껴지는 바로 그 순간에 자신을 부끄러워하지 않는다면 결코 자신을 극복할 수 없다."

결국 사이코드라마는 우주론, 종교론이 되고 철학인가 하면 예술이며 과학이고 인류학이 된다. 자유, 생존, 인간 확장이라는 토양 위에서 그것은 시대와 장소에 따라 무한대로 변화 가능한 이 시대의 진정한 인간 되기며 별-바람 되기, 대추알 되기, 초인 되기, 하늘의 밥상 되기다.

3. 어떻게 우주론인가

아주 까마득히 먼 천체였던 우주는 지금 우리 곁에 바짝 다가와 있다. 이제는 인간을 이야기하고 인생을 논하는 데 있어서 우주를 언급하지 않고서는 무언가 빠진 듯한 허전함과 답답함을 느낄 정도다. 마치 하나의 꿈틀거리는 생명체, 스스로 자기 조직, 전개, 발전을 하는 유기체와 같다. 이는 우리가 오늘날 양자역학, 상대성이론, 카오스론과 같은 미시물리학과 우주물리학을 통해 바로 우리 곁의 삶처럼 우주를 보고 대하게 되었다는 의미다. 두려움의 대상이라든가 불가사의한 신비와 동화적 · 신화적 대상에서 우리의 삶과 마주하고 우리의 삶과 함께하며 우리 자신을 돌아보게 하는 존재로의 우주가 된 것이다. 그것은 곧 그동안의 우리의 사고와 삶의 방식, 인과론과 결정론에 익숙한 제반 논리적 질서와 규범을 밑바탕부터 뒤흔들어 놓았다는 것을 의미한다.

절대적 시공간이 상대성으로, 중심이 탈중심으로, 정형과 선형이 비정형과 비선형으로, 연속이 불연속으로, 확정론이 불확정성으로, 그리고 혼돈과 질서의 대립이 더 큰 혼돈 속의 질서로 뒤바뀜으로써 우리는 우리의 사고 틀을 바꾸지 않을 수 없게 된 것이다. 가시적인 질서, 오랫동안 의심 없이 받아들였던 현실의 제반 원칙과 기술들은 이제 그 근본에서부터 뿌리가 흔들리고 있으며 우리의 존재방식 또한 대변혁을 필요로 하고 있다.

사실 우주-하늘과 인간만큼 오래된 관계는 없을 것이다. 인류가 지상에 존재하던 때부터 하늘은 운명적으로 인간과 연을 맺게 된 것이다. 우주 탄생에서 시작하여 지구 탄생과 생명체, 인간의 탄생으로 이어지는 생성의 역사과정으로서의 의미뿐만 아니라, 인간의 자기 이해는 항시 지고의 대상으로서 높은 곳에 위치한 하늘에 대한 인식과 더불어 이루어졌기 때문이다.

노자에게 도(道)란 천지만물의 본원으로서 혼돈의, 태초의 우주, 만물 발생 이전의 하나의 통일적 실재, 근원이었다. 노자 이전의 하늘 역시 사람과 같은 유에 속하는 것으로, 하늘에는 의지가 있고 지식이 있으며 기뻐하고 노하고 화복을 주는 하나의 주재(主在)였다(이규성, 1994). 서양의 헤라클레이토스 또한 우주란 하나의 유기체로서 삶과 죽음을 영위한다고 보았다. 이집트에서는 종교적 지식이 곧 우주를 파악하여 이해하려는 과학이었으며, 이슬람교와 유태교 역시 인간을 우주적 존재로 파악하였다(윌슨, 1982).

우리나라에서도 우주 만물에는 영혼이 있다는 애니미즘, 영혼불멸을 믿는 부여의 영고와 같은 제천의식들(이기백, 1966: 40), 그리고 사람이 곧 한울이며 사람으로 하여금 한울님이 되도록 하라는 인내천 사상 등이 있다(윤노빈, 1984: 158).

현대 물리학을 토대로 하는 우주에 대한 인식 역시 놀랍게도 과거의 시각과 큰 차이를 보이지 않는다. 방건웅(1997: 78)은 신과학이론을 빌려서 우리는 인간이 우주와 분리된 객관적인 존재가 아니라는 사실을 알게 되었다고 말한다. 우주는 하나의 거대한 유기적 시스템으로서 스스로 조직하고 변화하며 그 와중에 창조와 진화 그리고 순환이 이루어진다. 그리고 우리 모두는 전일(全一)을 구성하는 하나의 독립된 게일(個一)로서 그 창조와 변화의 과정에 동참하고 있다는 것이다. 인류는 이제 만물이 에너지체라는 개념을 통해 마음과 물질을 연결하는 실마리를 찾기 시작했는데, 『한단고기』에서와 같이 우리의 옛 가르침 역시 나와 우주가 하나라는 일원론에서 출발했다고 한다.

더 나아가 울프(F. A. Wlof, 박병철 외 역, 1992)는 양자이론이 갖고 있는 근본적인 새로운 성질은 비국소성이며 그것은 전 우주가 깨어질 수 없는 전체(wholeness)임을 시사해 주고 있다는 봄(Bohm)의 말을 인용한다. 그래서 내가 곧 우주요 모든 것은 나에 의해 좌우되며 내가 온 우주를 창조한다는 논리가 성립될 수 있다는 것을 보여 준다.

모레노 역시 우주를 인간 실존의 중심적 존재로 생각하였다. 우주는 역동적 힘이 흐르며 지속적인 변화의 도상에 있는 창조적 운동의 장(場)으로 간주하고, 인간은 정신 역동, 사회 역동을 넘어서 우주 역동(cosmo dynamic)에 동참할 수 있어야 한다고 믿었다.

그는 1968년 바르셀로나 대학교에서 '평화의 과학'을 발전시키기 위해서는 정신과학의 개혁과 확장이 필요함을 역설한다. 즉, 인간을 돕는 진정한 치료적 과정은 인류 전체보다 덜한 목표를 가질 수는 없다고 선언한 것이다. 그것은 시대적 · 민족적 한계 상황 속의 인간, 정신과 육체로 분리되어 논의되는 인간, 병리론에 입각한 의식-무의식, 자아-이드 등으로 부분화되는 인간이 아니라 인간 존재 전체, 한 사회와 한 개인을 넘어선 총체적 인간, 전 인류적, 나아가 우주적 인간(cosmic man)의 의미를 밝힌 것이다.

많은 학자들은 고대 인간들이 눈에 보이지 않는 우주현상들에 불안을 느낀 나머지 가치체계들, 예를 들어 신화, 종교, 전설들을 만들어 냄으로써 그것을 통제하고 자신들의 인식에 따른 우주법칙에 복종하였다고 평가한다. 그러나 하나의 절대적인 원리, 국한된 인위적 우주질서 속에서 안주하고자 하였던 문명 초기의 그러한 시도들은 인간 자신과 우주를 우물 안에 가두어 버리는 우를 범했으나, 거기에는 우주를 보고 느끼고 우주와 더불어 사는 현대인에게는 찾아볼 수 없는 삶이 있었다고 생각된다.

유아의 최초의 세계를 '제1우주'라고 명한 바와 같이, 모레노는 우리 인간에게는 그러한 우주적 갈증이 근원적으로 주어져 있다고 생각했다. 그것은 총체적 주체성(all-identity), 전 우주와 동일성을 유지하고자 하는, 실재건 환상이건 보다 창조적인 근원과의 재연결을 향한 갈증을 의미한다. 그렇기에 그것은 구체적으로 우리의 삶 속에 들어와 실천적으로 행위될 수 있는 경험적 가치가 되어야 한다. 이론뿐인 우주적 존재, 말뿐인 우주적 갈증은 의미가 없다. 우주에 대한 접근이 철학이건 미학, 물리학, 형이상학이건 반드시 우리 삶 속에서 실천될 수 있어야 한다. 다양하고 의미 있는 방식으로 표현되고 살아져야 된다. 그렇지 않다면 우주에 대한 인식은 무슨 의미가 있겠는가!

선조들이 그 어떤 갑옷도 걸치지 않은 채 알몸으로 우주를 접하였듯, 우리는 우리에게 필요한 새로운 수단, 즉 우주적 현상을 우리의 생존에 필요한 가치로 바꾸어 줄 수 있는 새로운 방법을 찾아야 한다. 그것이 바로 사이코드라마다. 사이코드라마의 주요 개념들이 바로 그러한 우주적 현상에서 출발하게 된 이유도 여기에 있다. 자발성과 창조성 그리고 시간과 공간을 중심으로 하는 우주적 역동이 그것이다(자발성과 시공간 개념은 2부에서 논의한다.).

4. 어떻게 종교론인가

사이코드라마는 종교가 아니다. 적어도 현대적 의미에서는 결코 종교가 아니다. 오히려 하나의 문화적 체계로서의 종교와는 정반대 개념을 갖는다. 그 대표적인 예가 인간-신이라는 모레노의 신론(神論)이다. 그런데 여기서 여섯 가지 분야의 하나로 종교론을 꼽는 이유, 신론으로 하지 않은 이유는 몇 가지가 있다.

우선 콘퍼드(F. M. Cornford, 남경희 역, 1995)가 말한 것처럼 최초의 이성적 사유(철학)와 이에 앞서는 종교적 표상 사이에는 진정한 의미의 연속성이 있음을 부정할 수 없다(철학은 종교로부터 신, 영혼, 운명, 본성, 법칙 등의 개념을 전수받았다고 본다.). 따라서 우주론, 우주적 본성으로서의 자발성, 신에 대한 개념은 철학의 장에 포함시켜도 전혀 무리가 되지 않는다. 그럼에도 불구하고 별도의 장을, 특히 종교론의 장을 설정하게 된 것은 역설적이지만 현대 제반 종교에 대한 회의 때문이다. 기존의 종교를 무시하는 발상이 아니라 상식화된 종교 개념에 대한 회의를 유도하고 자문자답해 볼 수 있는 계기를 만들고자 하는 마음에서다. 그것은 종교가 절대적 체계라기보다는 일종의 믿음의 문제라는 것, 시대와 역사적 변천에 따라 변화를 겪을 수밖에 없는 어느 정도의 상대성을 보지(保持)하고 있다는 것, 그리고 현대 종교는 현대에 걸맞은 개념의 변화가 있어야 한다는 것을 함축한다.

두 번째는 모레노의 '만남의 종교' 개념을 유의미하게 부각시킬 필요가 있기 때문이다. 그는 1908년에 친구들과 함께 창조, 만남, 익명성에 관한 종교를 만들었다. 그리고 자서전에서 이렇게 말한다. "나의 새로운 종교는 존재(being)의 종교이며 자기 완성(self-perfection)의 종교이다. 그것은 도움(helping)과 치유(healing)의 종교다. 돕는 것이 말하는 것보다 훨씬 더 중요하다. 그것은 침묵의 종교다. 오직 무언가 그 자체를 위해서 행위하는 종교며, 그러한 행위는 보상받지도 인지되지도 않는다. 그것은 익명성(anonymity)의 종교다." 그는 이러한 그의 신념을 실천했고, 그 연장선상에서 사이코드라마를 탄생시켰다.

마지막으로 종교를 믿음의 문제로 단순화시켰을 때 사이코드라마 또한 그러한 익명의 만남에 대한 공동 창조의 행위 이외의 것이 아니라는 생각 때문이다. '나'라는 좁은 울타리를 벗어 던지고 마치 우주가 끝없이 만나 부딪히고 생성·소멸하면서 변화해 나아가듯 너와 집단을 만나 반응하고 공명(response)하지 않으면 안 되며 또 그럴 수밖에 없는 존재의 책임성에 대한 신뢰가 없을 때 사이코드라마는 단순한 역할놀이 이상의 행위가 될 수 없다는 우려감 때문이다.

종교는 결코 획일적이고 절대적일 수는 없을 것 같다. 예를 들어, 우리나라의 신흥종교만 해도 13계통, 400여 종단이 있다고 한다. 모두가 한국인에 의해 한국적 사상과 무속신앙을 토대로 한 종교다(오병무, 2000). 사이코드라마가 그러한 통상의 종교가 결코 아닌 것은 어떤 절대자, 신, 교주에 대한 숭배와 신앙이 없으며 과거와 다른 전혀 새로운 시각에서 기존의 모든 종교 개념을 밑뿌리에서부터 흔들어 놓고 있기 때문이다. 위에서 말한 익명의 만남으로서의 종교적 의미(앞으로 누군가에 의해 보다 깊이 연구되어야 할 것이다.)뿐만 아니라 인간-신이라는 신론 때문이기도 하다.

모레노는 인류 전체, 우주적 존재로서의 인간을 생각하였기에 당연히 최고 존재로서의 신을 생각하지 않을 수 없었을 것이다. "신이 죽은 것이 아니라 인간이 죽었다."는 말이 바로 그것을 입증해 준다. 신이 죽은 것이 아니다. 신이 죽었다고 말하지 말라. 신은 살고 죽고 하는 존재가 아니다. 신은 살아 있다. 그는 지고의 존재로 여전히 살아 있다. 차라리 인간이 죽은 것이라고 말하라. 인간 정신이 죽어 있는 것이다. 인간이 그러한 최상의 존재에 대한 믿음을 상실한 것이다. 종교적 유일신을 가슴에 모셔다 놓고 게을러지고 무능해진 것이다. 인간이 죽은 것이다.

그렇다. 그로서는 총체적 주체성(all-identity), 총체적 현실(all-reality)적인 최상의 존재에 대한 신념, 그의 평생을 따라다녔던 고정관념으로서 신의 은총과도 같은 뭔가 비범한 듯한 깨달음의 느낌을 져버릴 수 없었을지 모른다. 그러나 그는 왜 기존의 신의 용어를 고집하였을까? 그것은 혼란을 준다. 오히려 기존의 개념에 익숙해질 대로 익숙해진 완전성, 절대성, 불멸성을 더 떠올리게 만든다.

그 대표적인 예가 신에 대한 진화된 개념으로 모레노의 신 개념을 오해하고 있는 브래트너(1988: 62)의 경우다. "모레노의 '내가 신이다(I am the Father).'라는 말은 과도한 개인적인 선언으로 보일 것이다. 유일신을 믿는 사람들에게 그 말은 과도할 정도가 아니라 미친 소리로 들릴 것이다." 나아가 그는 "발달과정에서 자신들의 책임성을 얻기 위해 1인칭 신('I' God)의 단계를 경험하는 것도 중요하지만, 우리는 '우리(we)'로서의 관계를 공유하고 경험하는 것을 지속적으로 해 나가야만 한다."고 생각한다. 인간-신의 의미가 결국은 하나의 발달과정으로 추락해 버린 것이다. 그것도 우리-신이 아닌, 우리(we)보다 발달상 낮은 단계로.

모레노는 왜 이러한 혼돈을 피할 수 있는 최소한의 논리들을 합리적으로 제시하지 않았을까? (사실 이러한 의문 자체가 모순이기는 하다.) 왜 그는 니체처럼 기존의 낡은 신의 개념을 정리하고 새로운 신의 이미지, 초인, 차라투스트라와 같은 용어를 만들지 않았을까?

니체(박준택, 1984)는 "신은 추측이다. 하나의 사상이다. 하나의 정신이다. 인간이 만든 것이다. 삶의 개념의 반대물로 발명되었다" 등으로 신을 규정하고 신의 죽음을 선언한다. 그리고 "새로운 신, 자기의 힘으로 운명을 만들어라. 신 자신이 되어라."고 말하면서 무수한 가능성을 지닌 동적인 신, 피안적이 아니라 현실적이며 지상적인 부단히 생성적이고 창조적인 디오니소스적 신을 기원한다. 그리고 마침내 새로운 가치 창조자, 보다 높은 사람, 신과 무의 초극자로서의 초인을 탄생시킨다.

반면에 모레노는 서구 문명을 지배해 온 종교들을 직접 언급하고 나선다. 구약에서의 신은 결코 모두에게 말하지 않았고 몇몇 사람들에게만 나타났을 뿐, 자신이 창조한 우주와는 멀리 떨어져 있는 존재로 흔히 상상되었다는 것이다(모레노, 1970). 3인칭의 신(He or She-God)으로 언급된 것이다. 신약에서 그는 자신의 아들만을 통해 말함으로써 2인칭의 신(You-God)으로 언급된다. 한마디로 지금까지의 어떤 종교적 기록 속에서도 신이 직접 자신에 대해 말한 경우는 없었다는 것이다.

이와 같은 기존의 신에 대한 태도는 니체나 모레노에게 국한된 문제는 아니었다. 당시의 유명한 인물들, 예컨대 프로이트, 마르크스, 융 역시 종교에 대해 부정적 태도를 보이고 있었다. "종교란 외부 자연력과 내부 본능적인 힘에 직면할 때 느끼는 무력감에 그 기원을 두고 있으며, 그것은 어린 시절 겪은 경험의 반복, 집단 노이로제다."(프롬, 1967: 27)라고 프로이트는 말한다. 마르크스에게 그것은 관심을 현실적 사회문제에서 다른 곳으로 돌리게 하는 것이며, 융에게는 자신보다 더 높은 힘에 대해 복종하는 것이었다.

그리고 모레노는 '인간-신' 이라고 말하고 있다.

> 신은 존재한다. 그는 자신의 우주를 창조한다. 그는 우주의 모든 원자(atom)들과 직접 의사소통한다.
>
> 나는 신이요,
> 아버지요
> 우주의 창조자다.
> 나는 너의 신이 아니다.
> 나는 신이다.
> 나는 이 민족의 신이 아니다.

나는 특정 계급의 신도 아니다.

나는 이름이 없다.
이름 지을 수 없다.
나는 단지 존재할 뿐이다.
네가 나에게 말하기 전에는
나는 이름이 없다.

이상은 모레노가 서른한 살 때(1920) 쓴 『아버지의 말씀(*Das Testament des Vaters/The Words of Father*)』를 영역한(1970) 내용의 일부를 발췌한 것이다. 조금 더 인용해 보자.

모두가 자신에 대해 이야기하지만
난 오직 전 세계를 위해 말한다.

나는 나다.
너 또한 나다.
나는 나로부터 오는 존재다.
나로부터 나를 떼어내고
남은 존재가 나다.

난 남자가 아니다.
난 여자도 아니다.
나는 신이다.

그는 이름이 없다. 특정 나라, 특정 계급의 신도 아니다. 나는 너이며 너는 나다.

나는 신이요 아버지요 우주의 창조자다.
내 말을 들어라, 아버지의 말을
아버지의 말은 항상 있어 왔다.
네가 있기 전에 있었고 인간이 있기 전에 있어 왔다.

나의 말은 너와 나같이, 햇살과 구름같이 모든 곳에서 들려오는 자연의 일부분이다.

모레노는 마치 자신이 기존의 3인칭의 전지전능의 신인 것처럼 말하고 있다. 자신이 우주를 창조했으며 인간이 있기 전부터 있어 왔다고 말한다. 그리고 그는 자신이 무명의 신이라고 말한다. 네가 이름을 불러 주어야 이름을 갖는 신이며, 나는 너의 신이 아닌 신이라고 말한다. 또한 나는 너이며 너는 나라고 한다. 나, 너, 햇살, 구름, 모든 자연에서 나의 말이 들려올 것이라고 말한다. 마치 모든 현상은 헤아릴 수 없는 신의 성질을 표현하고 있다는 스피노자의 범신론적 세계를 보는 것 같다.

혼란스럽고 종잡을 수가 없다. 모레노는 자신이 3인칭과 2인칭의 신을 부정했으니 그의 신은 전통적인 유신론(theism)적 절대신은 아니다. 그가 하나의 종교를 만들었거나 꿈꾸었던 흔적조차 보이지 않는다. 그는 나는 너의 신이 아니라고 말한다. 그렇다면 그는 신이 아닌 것이다. 그러면서도 자신을 신이라고 말한다.

범신론(pantheism)에서 말하는 결정론적인 신은 더욱 아니다. 거기에는 신 또는 자연이라는 일종의 실체만 존재할 뿐 정신계에서의 자유의지라던가 물리계에서의 우연 같은 것은 존재하지 않기에, 논리적으로 모든 현상계에는 전과 다른 일이 일어난다는 것이 있을 수 없기 때문이다(러셀; 최문홍 역, 1960). 그런데도 모레노는 자연으로부터 신의 소리(말씀)를 듣는다고 표현한다.

그렇다면 그는 범재신론(panentheism)자인가? 진화론적 실재론에 서 있는 화이트헤드, 샤르댕 그리고 동학의 최수운과 같은 맥락의 신을 보고 있는 것인가? 범재신관은 만물이 범재신의 생성과정에서 나타난 창조의 결과이며, 원자로부터 영적 인간의 생명차원에 이르기까지 그 현상들은 천태만상이지만 조물주 안에서는 하나라는 동적 실재관이다(김경재, 1984: 126). 그렇다면 여기서 말하는 신은 인간이 아니지 않는가? 그리고 우주의 창조, 진화가 궁극적인 목적을 향해 나아가고 있다는 말이지 않는가?

사이코드라마에는 그러한 절대적인 목적인을 추구하는가? 아니다. 그러한 진화론적 신이 되고자 하는가? 아니다. 사이코드라마는 종교가 아니다. 신을 언급했다고 해서 종교가 되거나 신학이 되는 것은 아니다. 그것은 어디까지 종교론적 논의에 해당할 뿐이다. 인간의 총체적인 생존을 위해서 그리고 자발성과 창조성을 통한 인간의 확장을 위해서, 그것은 만남을 통해서 이루어질 수 있기에 만남의 의미를 무엇보다도 강조하고 있는 것이다.

5. 어떻게 철학인가

화이트헤드(A. N. Whitehead, 오영환 역, 1997)는, "철학적 논의의 첫 장은 일상적인 삶에서 자연스럽게 생겨나고 있는 몇몇 관념들을 자유로이 검토하는 데 할애되어야 한다. 이러한 관념들에 대한 정의 같은 것은 있을 수 없다."고 말한다. 그리고 윌리엄 제임스를 예로 들면서 그의 지적인 삶이 체계를 위해 경험을 경시하는 데 대한 하나의 항거였다고 말한다. 그리고 시공간과 신성에 관한 장에서 "공간적인 우주 전체는 힘의 장, 다시 말해 끊임없는 활동의 장이다." "자연은 생기로 가득 차 있다. 실재적인 사실들은 발생 중에 있다." "우리는 자연을 이해하는 데 있어 필수불가결한 창조의 관념을 철저하게 해명하지는 못했다. 자기 창조란 가능한 것을 현실적인 것으로 변형시켜 나가는 과정이며, 과학은 자연에서 그 어떤 창조성도 발견해 내지 못한다."고 말하였다.

인간-자연-힘-창조의 과정에 대해 설명한 화이트헤드 철학에 대해서는 브래트너(1988: 54)가 이미 사이코드라마의 철학과 유사성을 지적하였는데, 모레노와 화이트헤드의 공통점은 창조의 개념을 중심 주제로 삼았다는 것이다. 그러나 모레노는 단지 개념의 선택에 머무르지 않고 한 걸음 더 나아간다. 물론 브래트너의 지적대로 모레노는 베르그송, 스피노자, 그리고 찰스 퍼스(C. S. Peirce)의 영향(실용주의적)을 받은 것은 사실이다. 그러나 그는 현대 미국의 로티(R. Rorty, 김동식 역, 1996)의 철학에 대한 언급, 즉 "진리에 대해 무언가 유용한 것을 말할 수 있는 것은 이론보다는 실천의 어휘를 통해서, 명상보다는 행위를 통해서라고 실용주의자는 말한다."와 같이 보다 실천적 행위로 나아간 것이다.

들뢰즈(하트, 이성민 외 역, 1996 재인용) 저작의 대부분은 실험문제에 관심을 갖는다. 우리는 어떻게 창조적인 힘들을 작동하게 할 수 있는가? 우리는 어떻게 철학을 정말로 실천적이게 만들 수 있는가? 모레노는 마치 그에 대답이라도 하듯 사이코드라마를 만들어 냈다.

켈러먼(1992)에 의하면 모레노는 평생에 걸쳐 인간 경험의 역설적 성질들을 인식하고 있었기에 그것들의 통합적 해결을 찾기 위해 노력하였다. 대극적이고 상반된 개념들조차 더불어 공존할 수 있다고 믿었던 것이다(opposite do co-exist). 그러나 실제로는 서로를 규정하고 정의하며, 그럼으로써 어느 쪽도 전체 상을 그려 낼 수 없기에 그의 작업은 반대 개념들의 성공적인 통합(synthesis)이라는 것이다. 그러고 나서 켈러먼은 헤겔의 변증법과 쿤(T. S. Kuhn)의 중간적인 통합적 측면을 예로 들면서 사이코드라마의 통합이론을 이야기하는데, 그것은 모레노를 잘못 해석한 것으로 보인다. 들뢰즈에 의하면 헤겔 논리학(변증법상)의 존재는 단지 사유된 존재로서 순수하고 공허하며 자신의 차이를 위해서 외부적 지지를 구해야만 하는 존재, 자신의 기반을 위해 부정에 의지해야만 하는 존재이므로 결코 존재가 아니기 때문이다(하트, 이성민 외 역, 1996: 224).

사이코드라마는 변증법 혹은 혼합적 측면을 넘어서 있다. 성공적인 통합이란 그 결과로서 그렇게 보이는 것으로, 모레노는 이미 그에 앞서서 모순의 대립, 부정을 넘어서 삶의 본질적 힘에 다가간 것이다. 그 어느 곳에서도 그러한 테제-안티테제적인 사고의 흔적을 찾아볼 수 없다. 그는 이미 모든 것을 수용하고 긍정하는 가운데 자신의 철학을 시작한 것이다.

사이코드라마는 기본적으로 긍정의 철학이다. 인간에 관한 한 그 모든 것을 수용하고 긍정한다. 근원적 자발성을 긍정하고 실천과 변화, 생성의 존재로서의 인간을 신뢰한다. 헤어(A. P. Hare, 1996: 8)는 모레노의 긍정적 경향이 실존주의의 운동원리에서 영향을 받은 것이라고 말하지만 근본적 한계 상황과 무(無)를 말하는 실존주의와는 엄연한 차이가 있다. 굳이 영향력을 따진다면 오히려 니체가 말하는 적극적 운명애 사상의 영향을 받았다고 이야기할 수 있다.

긍정은 그렇다고 무조건적인 수용이 아니다. 사랑과 자비, 공감과 연민과 같이 정언명령과 같은 추상적 이름 아래서의 긍정도, 주체 우월적 태도로서의 긍정도 아니다. 그것은 회의와 부정을 통한 긍정이며 모든 인간 존재의 차이에 대한 존중이다. 서로 차이가 나는 너와 나의 만남이기에 사이코드라마는 만남의 철학이 된다.

데리다(J. Derrida, 남수인 역, 2001)는 절대적 타자와의 만남, 즉 무매개적인 면대면의 만남 자체를 타자와 우리 관계의 진실로 생각한다. 그에게 만남이란 자기 밖으로, 타자 쪽으로 가는 유일한 출구이자 유일한 모험이며 귀환의 기약이 없고 아무것도 기대하지 않는, 그래서 만남의 개념성이 없는 만남이다.

우주 역시 만남의 현상 자체라고 말할 수 있다. 만남에 의한 생성과 소멸이 우주적 현상이듯, 인간 역시 만남 속에서 생성과 소멸을 반복하고 변화해 가는 존재다. 퐁티(M. Merleau-Ponty; 김형효, 1996: 201)에 의하면 인간은 나를 타인 속으로, 타인을 내 속으로 변화시키는 보편적인 마술의 도구다.

모레노의 『만남』의 시를 보자.

> 둘의 만남: 눈과 눈, 얼굴과 얼굴,
> 그래서 네가 가까이 있을 때
> 나는 너의 두 눈을 뽑아내어 내 눈 속에 넣고
> 너는 나의 두 눈을 뽑아내어 네 눈 속에 넣을 것이다.

그러면
나는 너의 눈으로 너를 바라보고
너는 나의 눈으로 나를 바라보게 될 것이다.
그래서
공통의 관심사조차 침묵 속으로 사라지고
우리의 만남은 그 어떤 속박도 목표도 갖지 않는다.
장소도 시간도 미결정인 채 남겨지고
미결정된 우리에겐
언어조차 미결정으로 남겨진다.

만남은 언어를 넘어선다. 언어 이전에 몸이 있었다. 태초에도 몸과 만남과 행위(창조)가 있었다. 언어는 맨 나중에 온다. 사이코드라마는 그래서 몸철학과 행위철학을 토대로 한다.

근래에 와서 몸에 관한 담론이 늘어나고 있다. 몸의 실천적 삶을 강조하는 몸의 해석학, 몸을 사회현상으로 간주하는 몸의 현상학, 표정, 몸짓, 무용, 체조 등 동작의 체계적 기호화를 시도하는 몸의 기호학, 동양에서의 기(氣)철학 등이 그것이다. 김용옥은 자신의 기철학은 몸철학이라고 말한다. 몸으로써 이 세계를 모두 다시 해석해 보자는 것이다.

사이코드라마에서는 이미 몸과 몸의 만남을 통해 몸의 의미에 접근하였으며 눈빛, 낯빛, 몸짓의 중요성을 그 어느 분야보다도 실천적으로 활용하여 왔다. 비언어적 단서(cue)가 그 예다. 그 어떤 숨겨진 의미가 몸을 통해 표현되는 것이 아니라 몸 자체가 스스로를 드러내는, 몸이 말하는 바를 말보다 더 유의미하게 생각하는 것이다.

부르르 떨리는 손은 그 의미 이전에 행위로 표출된다.
터져 나오는 눈물은 억제의 논리 밖으로 폭포수처럼 확대된다.
견딜 수도 멈출 수도 없는 박장대소, 포복절도.
그 누군가에 대한 그리움은 잊을 수 없는 달콤한 냄새로 연결된다.
절규하는 몸, 화산처럼 터지는 몸.
한순간의 행위가 모든 사고를 정지시킨다.
침묵 속의 춤,
별빛을 받아들이는 몸.
모두가 한 몸처럼 잦아드는 순간.
몸과 행위 앞에 언어는 자취를 감춘다.

6. 어떻게 인류학인가

사이코드라마는 놀이와 제의(ritual)을 통해 인류학과 연결된다. 여기서 인류학은 통상의 형질인류학이나 문화인류학과는 다른 것으로 인간에 대한 근본적인 탐구의 하나로서 소위 인간성이 어떻게 자연과 대립, 조화하면서 하나의 문화 속에서 인간의 특질을 표현하는가를 탐구하는 학문을 의미한다.

지혜로운 인간이라는 의미의 호모사피언스(Homo Sapiens)와 놀이하는 것이 곧 인간이라는 호모루덴스(Homo Ludens)를 동격으로 올려놓은 호이징가(J. Huizinga, 권영빈 역, 1989)는 놀이란 어느 정도 정해진 시간, 공간의 범위 안에서 이루어지는 자발적 행위라고 규정한다. 그리고 그는 'play(놀이하다)'의 어원과 의미를 종합해서 도전, 위험, 불안정한 찬스, 모험, 경기 등의 관념과 같은 행위의 장으로 결론을 내린다.

우리말 '놀다'에서 나온 명사형 '놀이'의 뜻은 소극적으로는 '쉰다, 휴식한다', 적극적으로는 '재미있는 활동을 한다, 이리저리 움직인다, 이곳저곳 돌아다니다'이고, 그리고 무당에게서는 굿이 곧 놀이가 된다(임재해, 1994: 255). 일본어 '아소비'도 영혼을 일깨워 놀게 한다는 뜻이 있으므로 신에게 제의를 바치는 활동이 바로 놀이였다고 해석하고 있다.

상징인류학을 창안한 터너(U. Turner, 이기우 외 역, 1996)는 '논다'는 것이 인간적으로 얼마나 진지하고 심각한 것인가를 중심에 놓고 문화를 탐구하면서(호이징가 역시 사회에 질서를 잡아 주는 제도들이나 학문 대부분의 근원을 놀이정신에서 찾았다.), 제의, 놀이, 연극을 통해 인간이 자기의 삶을 반성하고 문젯거리들을 해결하고 미래를 개혁해 나아가는데 그것들이 문화의 중심적이고 살아 움직이는 실체들이라고 주장하였다.

사이코드라마에서 놀이적 측면은 크게 두 가지로 나누어 볼 수 있다. 하나는 자발적 행위이고, 다른 하나는 역할놀이다. 위에서 호이징가가 정의하였듯이, 일정 시공간에서의 자발적 행위를 놀이라고 한다면 사이코드라마는 그 자체가 하나의 큰 놀이며 놀이판이 된다. 그 누구도 강요하거나 강제당함이 없으며 분명히 일정한 시간과 공간 내에서 그 어떤 실제적 이득을 바라지 않고, 현실과는 또 다른 현실 속에서 일정한 규칙을 따라 그 전개가 결정되거나 그 결과가 확정되지 않는 놀이의 자유로움의 특성 또한 사이코드라마의 특성을 대부분 드러내 주고 있다고 볼 수 있다.

하지만 사이코드라마는 그러한 놀이정신을 밑바탕으로 하고 있을지언정 소위 말하는 놀이는 결코 아니다. 그에는 경쟁을 하거나 우연을 기대하는 일, 뭔가를 흉내 내고 모의하거나 단순한 기분전환, 여가활동의 의미나 엄격한 규칙 같은 것이 없다. 광범위하게 해석해도 사이코드라마는 나의 삶 자체, 나의 진실한 현실을 대상으로 놀이하는 것이고, 현실적 삶과는 무관한 하나의 만들어진 규칙을 가지고 노는 것이라고 말할 수 있다.

두 번째 역할놀이(role play)는 사이코드라마의 가장 기본이 되는 기법이다. 여기서의 놀이의 의미 또한 앞의 놀이와는 다르다. 역할을 흉내 낸다는 의미의 놀이가 아니라 악기를 연주하고 노래(←놀이)하고 춤추는 것과 같은 역할을 수행하고 행위한다는 의미다. 역할 또한 나 아닌 그 무엇, 모방적 역할이 아닌 내가 살아가고 있는 나의 역할과 나아가서 나의 삶과 직접 연결되고 텔레가 작동하는 역할을 의미한다. 내가 나의 꿈속에서 바람에 휩쓸려 가는 나무의 역할을 했을 경우와 연극상에서 대본에 의해 나무 역할을 맡는 것은 전혀 그 의미가 다른 것과 마찬가지다.

사이코드라마는 제의(ritual)가 아닌가를 묻는다면 사이코다라마는 제의가 아닌 제의적이라고 이야기할 수 있다. 여기서 제의는 일반적으로 주술적 상징 구조체 혹은 우주적 구조 또는 신성한 것의 현존을 중심으로 펼쳐지는 의도적이며 자발적이고 반복적이며 양식화된 일체의 상징적인 행동들로 정의된다(김의숙, 1993: 15). 즉, 제의는 초월적인 존재에게 공희하여 성(聖)과 동일성을 회복하려는 신앙적인 행동양식이다. 이에 비해 의례(rites)는 통과의례와 같이 단지 순리를 위한 의식화된 행동양식으로 구분된다. 이에 비해 그러나 둘의 구별은 쉽지 않다. 하나의 의례 중에도 제의가 들어 있고 또 우리나라 동제와 같이 하나의 큰 제의 가운데에도 사소한 의례가 많이 포함되어 있기 때문이다.

또한 제의는 감응론적 의례와 역동론적 의례 혹은 분리의례, 통합의례, 전이의례 등으로 분류되어 설명되거나(반 게넵, 전경수 역, 1985: 39) 주재하는 중심체에 따라 동제(洞祭), 가제(家祭)로, 대상 신에 따라 천제, 산신제, 조상제로 분류되고, 또 종교성, 제의목적, 주술적 방식 등에 따라 다양하게 분류되기도 한다(김의숙, 1993: 33). 그러나 여기서는 반 게넵(A. Van Gennep)의 "하나의 상태에서 다른 상태로의 이행, 하나의 우주 또는 사회적 세계에서 다른 사회적 세계로의 이행"이라는 행태적인 측면에서의 정의를 기준으로 사이코드라마의 관련성을 살펴보고자 한다.

제의는 흔히 종교성과 축제성이 혼합되어 있다. 종교성이 강할 경우는 엄숙한 제사형식으로, 축제성이 강할 경우는 하나의 놀이 형식(예: 한국 민속놀이, 페스티벌)으로 발전해 간다고 말해진다(이상일, 1988). 우리나라의 굿이 그 대표적인 예인데, 굿은 종교성을 핵으로 하면서(무속적 의례) 놀이성을 아울러 지니고 있는 민속제의의 한 양식이라고 볼 수 있다(김의숙, 1993: 22). 그리고 굿 또한 위의 반 게넵의 정의에 들어맞는 제의이기에 사이코드라마와 제의의 관계는 사이코드라마와 굿의 관계라고 하여도 무방할 것이다.

앞에서 사이코드라마는 제의가 아닌 제의적이라고 말하였는데, 그것는 바로 종교성이 약화된 제의를 염두에 두었기 때문이다. 다시 말해, 천신(天神)과 같은 유일자, 절대적 신성에 대한 종교성 강한 제의의 경우 사이코드라마와는 관계가 없고, 굿에서 보이는 것처럼 다양한 신들이 각각 독립적으로 모셔지고 상호 위계질서가 없는 약화된 종교성의 제의를 생각하였기 때문이다. 그러나 엄밀히 말해서 굿에서도 그 축제성, 놀이성에 더 많은 무게를 두었다고 보아도 좋을 것 같다.

사이코드라마는 제의적이다. 무엇보다 그 둘은 우리 인생에 매우 중요한 계기, 변화의 시공간을 만들어 낸다. 제의가 우주, 하늘, 영적 세계와의 접촉, 땅과 하늘의 만남, 태초의 시간으로의 여행이건 인간의 근원으로의 회귀, 잠재된 힘들의 표현 및 발산 혹은 삶으로부터의 일시적 해방이건, 제의와 사이코드라마는 잠시, 일정 시간 동안 현실적 시간을 정지시키고 특정한 시공간, 바로 지금 이곳에서 행위화된다는 점에서 공통성을 지닌다. 둘 다 사적인 공간에서 공적인 공간으로, 즉 집에서 거리 또는 광장으로, 산이나 들판, 강가로 나아가 특별한 시간을 형성한다. 그리고 이때의 시공간은 현실과는 차원이 다른, 성스럽고 비록 일회적이지만 그 어느 시간보다 유의미한 마술적 · 허구적인 것이다.

그래서 그곳은 특이한 체험의 장이 된다. 거기에 모이는 사람들은 모두 현실로부터의 일탈을 요구받는다. 그들은 일상적이고 습관적인 삶의 굴레에서 벗어나 보다 개방적이고 정직하고 순수하고 비허식적이 되기를 요구받아서, 아니 당연히 그래야 된다고 믿어서 마음을 비우고 참여한다(강릉 단오제 같은 경우 사전에 몸과 마음을 정화하지만, 사이코드라마는 모임 직후 워밍업을 통해 마음을 비운다.).

현실에서 그토록 중요시했던 나이며 이름, 성별, 사회적 위치 등은 빛을 바래고 무의미해진다. 오직 인간과 인간의 직접적 만남만이 있을 뿐이다. 리오의 카니발(많이 상업화된 제의 형식이지만)에서는 가면과 분장 아래 '나'라는 존재가 해체된다. 오직 만남이 있을 뿐이다.

그리고 체험(experience)이 시작된다. 그것은 인간, 나에 대한 실험(experiment)이기도 하다. 잊고 있었던 천계(天界), 사(死)의 세계(世界), 나와 너, 삶의 의미가 되살아나고 새롭게 다가온다. 금기의 벽이 무너지고 공적 위반이 빛을 발하며 일상성 속에 나를 가두어 두었던 온갖 당위성들이 파괴된다. 술과 노래와 춤, 향연, 난장판이 벌어진다. 야성 혹은 원시적 사고로 되돌아간다. 퇴행이 아니다. 그것은 해방이며 근원으로의 회귀다.

온갖 변화무쌍한 감정과 상상의 세계가 기분을 고양시키고 생기와 신명을 불러일으킨다. 내가, 나의 삶이 고양된다. 진짜 마술적이라고 할 만큼 힘의 느낌이 몸으로 전해져 온다. 혼돈이며 엑스터시다. 삶과 죽음이 같아진다. 나와 하늘, 우주가 함께한다.

그러한 살아 있는 체험된 의식은 이제 제의가 끝난 후 나의 삶 속에 스며들어 제의 이전의 나와 다른 나가 될 것이다. 그것은 나, 삶, 내가 살고 있는 이 현실에서 항상 새로움의 원천으로 작용하게 될 것이다. 제의와 사이코드라마는 바로 그와 같은 의미에서 단순히 삶의 활력의 재충전이라는 의미를 넘어서 우리 삶에 필수불가결한 행위, 생존하고자 하는 인간의 근원적 욕망과 뗄 수 없는 관계에 놓여 있다. 제의 없는 삶, 놀이 없는 삶은 밤이 없거나 주말이 없는 삶처럼 삭막할 것이다.

카유아(R. Caillois, 이상률 역, 1994)는 40여 년 전에 이미 현대사회에서는 성스러움과 축제가 불안할 정도로 감소하고 있다고 진단한다. 성스럽지 않은 세계, 축제도 놀이도 없는 세계, 창조적인 파격도 없는 세계이기에 거기에는 직접적인 이익, 냉소주의, 모든 규범의 부정만이 존재할 뿐인 것이다.

7. 어떻게 예술인가

사이코드라마가 하나의 예술일 수밖에 없는 이유는 다양한 측면에서 논의될 수 있다. 창조성 자체와 예술의 관계, 이미지와 상상력과 예술, 카타르시스와 예술적 효과, 연극 미학적 혹은 극예술이나 행위예술적 논의, 허구 세계(as if)와 예술의 의미 등이 그것이다. 그러나 여기서는 사이코드라마의 전반적 진행과정에 대한 예술적 의미만을 간략하게 논의하고 위의 주제들은 2부에서 다루기로 하겠다.

예술과 미(美), 미감(美感)을 정의하는 일은 쉽지 않다. 또한 예술과 미학(美學)은 아름다운 것이 모두 예술이 아니듯 서로 연관되면서도 다르다. 예술이란 "즐거운 형식을 만드는 시도다."(허버트 리드, 박용숙 역, 1985)라고 가장 단순하게 정의 내릴 수도 있다. 미 또한 오관이 지각하는 형식상의 여러 문제의 통일이라고 기본 정의를 내릴 수 있다(리드에 의하면 미에 대한 정의는 열두 가지 정도 된다.).

그러나 여기서는 모든 예술은 표현 형식 또는 인간의 감정을 표현하는 외관적 형식의 창작이라는 수잔 랭거(S. K. Langer, 박용숙 역, 1984)의 예술의 정의를 기준으로 사이코드라마의 진행과정을 논의하겠다. 그리고 미적 감정을 언급할 경우에는 모든 인간에게 선천적으로 주어진 미적 본능에 입각한 아름다움을 느끼는 감정으로 단순하게 규정하기로 한다.

사이코드라마는 기본적으로 현실로부터의 일탈에서 시작된다. 온갖 삶의 질곡에서 벗어나 새로운 잉여현실, 그 창조적 세계로의 진입을 위해서다. 허기진 상태에서는 예술도 미적 감정도 무의미하듯이 어느 정도 자신을 비우고 마치 장엄한 제의에 참여하는 마음으로 미적 세계에 발을 들여놓는 것이다. 그러한 마음가짐이 불충분할 때는 워밍업을 통해 현실적 자신과 심적인 거리를 두게 하고 자발성을 증진시킨다. 방금 전에 두고 온 현실에 연연한 마음으로는 결코 사이코드라마에 몰입하기 어렵기 때문이다.

그리고 이제 일탈의식에 이어서 관계의 역전이 발생한다. 현실에서는 내 앞의 너, 나 중심의 너(환경과 대상 모두)가 여기서는 너 앞의 나, 너 중심의 위치와 시각 변동이 일어난다. 그것은 마치 시인이 한 송이 꽃 앞에서 대상으로서의 너가 아닌 내가 된 너를 느끼듯 창조적 자세를 갖추게 된다. 그동안 무관심하고 무의미한 것으로 간주됐던 사물, 빛과 공기, 대상과의 관계가 친숙해지고 의미 있게 다가온다. 나와 현실의 관계가 나와 잉여현실의 관계로 대치된다. 하루 일과를 끝내고 밤이 주는 또 다른 세계, 잠과 꿈의 세계로 입문할 준비가 갖추어진 것이다.

예술작품을 만들기 위해서는 재료가 필요하다. 그리고 그러한 재료들을 스스로 만들어 내기 위해서는 또 한 번의 현실적 가치기준과 관념의 전복이 일어나야 한다. 그렇지 않고서는 그 수많은 재료들이 내 속에서 자연스럽게 뛰쳐나올 리가 없다. 그러나 나는 저항한다. 시간이 흐른다. 나는 마침내 나의 벽들을 부수고 창조의 씨앗들을 뿌린다. 그것들은 나의 몸에서, 상상의 세계로부터, 깊숙이 감추어 두었던 잉여현실로부터 쏟아져 나온다. 그 모든 하나하나가 귀하고 소중하다. 아름다움이다. 그 어느 것 하나 버릴 것 없어 보인다.

다음 단계에서 그것들은 하나의 다양한 모습의 예술품을 빚어낼 것이다. 내용 면에서 그것은 꿈, 환상, 환영이며 삶의 고뇌, 딜레마, 비극성이자 숨겨진 진실이다. 절박한 삶의 스토리며 연속되는 갈등, 생과 사, 미지의 세계와의 조우다. 화해와 재생이며 신의 이야기다. 만남과 이별, 사랑과 증오, 이승과 저승 장면이다. 상상 속의 진리가 현존적 진리로 바뀌는 체험이다. 그 모두가 우리의 미적 감정을 유발한다. 그것은 그 자체로 아름다움이고 숭고함이다.

형식 면에서 사이코드라마는 예술이 그러하듯 감정을 드러낸다. 그것은 다양한 기법과 형식을 통해 표현된다. 300여 가지가 넘는 기법과 그것들의 변형된 기법은 감정을 모으다가 흩뿌리거나 압축해서 폭발시키고 극적으로 표현하게 만든다. 또한 감정의 순간적 변화를 초래한다. 침묵 속의 뼈를 녹이는 듯한 오열이 어느 한순간 폭소로 변한다. 시끌벅적한 난장판 한가운데 추상 같은 비극미가 판을 꿰뚫고 지나간다. 정적과 혼돈이 뒤섞이고 처참함과 환희가 교차된다.

감정표현에 있어서 또 하나의 형식은 전체 장면에서 일어난다. 진행되고 있는 장면은 어느 한순간 얼어붙어 사진, 그림, 시, 노래가 된다. 시공간이 압축되거나 확대된다. 나와 대상이 한없이 작아지거나 커진다. 장면은 현실적 시간을 따르지 않는다. 장면들은 지금 이 순간의 시간에 맞추어 지워지고 오려지고 덧붙여지거나 순서가 뒤바뀐다. 장면 가운데 주객이 전도되는 경우도 드물지 않다. 말없이 따라다니던 나의 귀 한쪽이 주인이 되는가 하면 창문으로 스며드는 달빛, 한 마리의 파리가 한순간 주인공이 된다. 내가 앉아 있던 의자가 일어나서 자기주장을 하고, 하찮던 신문지들이 갑자기 나의 감정의 메신저가 되어 공중을 날아다닌다.

형식에 있어서 또 하나 중요한 사실은 사이코드라마적 창조가 집단적으로 이루어진다는 점이다. 피셔(E. Fisher; 김성기 역, 1984)는 예술과 문화의 발달은 집단의 산물이며, 모든 형태의 예술(언어, 꿈, 율동적 노래, 마법적 의식)은 명실상부한 사회활동으로 모두에게 공유되었다고 말한다. 그리고 왜 인간은 현 상태로는 만족하지 못하는 걸까 자문하면서, "인간은 삶의 완전성, 나 이상의 어떤 것, 제한된 나를 공동체적 존재와 통합시키고 나의 개별성을 사회적인 것으로 만들기를 열망한다. 이는 상상할 수 있는 무한한 능력, 경험과 생각을 공유할 수 있는 무한한 능력을 반영한다. 그래서 인간에게 가장 쉬운 존재방식은 예술 속에 있다."고 말한다. 사이코드라마 역시 어떤 개인적인 사고, 감정, 환상일지라도 집단에 의해 표현되고 느낄 수 없는 것은 아무것도 없다. 현실에서는 개별화되었던 삶 하나하나가 집단의 창조적 세계로 전환되고 공동으로 체험된다.

라공(M. Lagone, 김현수 외 역, 1988)이 지적한 바와 같이 예술, 즉 사이코드라마는 인간적인 것의 본질 그 자체로서 인간의 경험과 열망을 구현한다. 그것은 무대 위의 행위를 통해 매 순간 체험되고 직접적으로, 집단적으로 실현된다. 그것은 일상의 상식, 논리를 넘어선 일상관계의 초월이다(리드, 1985).

시인 프로스트에 의하면 현재는 언제나 잃어버린 시간, 우리의 자아, 사랑의 상실을 의미한다. 그러기에 브레히트의 말처럼 예술은 거듭남이며 유일한 세계의 재생이 된다(피셔, 1984: 24). 그래서 사이코드라마적 행위과정은 하나의 예술 창조의 과정이며, 전체적으로는 그 자체가 예술작품이 된다.

8. 어떻게 과학인가

과학으로서의 사이코드라마는 크게 세 가지 방향에서 논의된다. 그것은 사회학, 심리학 그리고 정신의학이다. 물론 이 세 분야가 엄밀하게 구분될 만큼 사이코드라마 이론이 완벽하다고 볼 수는 없다. 예를 들어, 텔레(tele) 개념만 생각해도 그것은 위의 세

가지 분야에 걸쳐서 논의되거나 우주론, 예술론, 나아가 종교론, 인류학의 논의까지도 시도해 볼 수 있는 유연성을 가지고 있다. 또한 사이코드라마의 집단정신치료 개념이 정신의학의 모든 것을 수렴하고 있다거나 인간발달론이 심리학적 접근의 토대를 구축하고 있다고 보기에는 많은 약점이 있는 것도 사실이다.

그 때문에 많은 사이코드라마티스트들은 이론적 보강을 위해 나름대로의 시도를 해오고 있다. 켈러먼과 브래트너가 그 대표적인 예라고 하겠다. 켈러먼(1992)은 과학으로서 행동과학이론과 인간과학으로서 실존주의 이론을 통합시키고자 한다. 브래트너(1988)는 1950년대 이후, 다양하게 쏟아져 나오는 역할이론들을 사이코드라마의 역할이론과 통합시켜서 역할 역동이라는 명칭하에 사이코드라마의 심리학적 기초를 고정시켜 보고자 한다(더 나아가 사이코드라마를 아예 기존의 학문들, 예를 들어 정신분석, 융이나 아들러의 심리이론에 접목시키고자 한다.).

모레노 역시 과학으로서의 사이코드라마, 특히 사회측정학의 문제점들을 알고 있었다. 그는 『누가 살아남을 것인가(*Who shall survive?*)』(1934)의 초판에서 인간행위이론과 그에 대한 조사기법들, 사회적 치유 및 진단법 등 새로운 차원의 가설과 도구(instruments)의 필요성을 언급하면서, 행위와 치유과학을 통합하는 체계적 이론, 집단정신치료, 사이코드라마, 소시오드라마, 인종 혹은 민족 드라마(ethnodrama)를 통한 사회정신의학적 접근, 나아가 과학의 국제주의화로서의 다양한 인류 상호 문화적 접근방식의 필요성을 언급하고 있다.

이 책에서는 기존의 개념들을 다음과 같은 방식으로 분류해서 논의하였다.

- 심리학적 개념: 지금까지의 그 어떤 인간발달이론과도 다른 보다 긍정론적인 인간발달론, 오늘날 소위 후기 구조주의적 주체론과 많은 점을 공유하고 있는 주체론, 무의식을 대치한 잉여현실론, 그리고 의식과 무의식, 욕망, 꿈
- 정신의학적 개념: 개인을 넘어선 집단정신치료 이론, 소위 치료인자, 치료 효과라고 말해지는 치료적 요인, 그리고 저항 혹은 막힘 현상
- 사회학적 개념: 전이 개념을 넘어선 텔레론, 역할이론 그리고 사회측정학 이론

여기에서는 역할과 사회측정학에 대해 간략히 언급하고 나머지 개념은 2부에서 다루기로 한다.

모레노는 역할을 자아의 실제적이고 측정 가능한 형태(forms), 특정 시간과 장소에서 타인 혹은 대상에 반응하여 나타내는 인간행동의 기능적 형태로 정의함으로써 사회심리학적 역할이론의 토대를 닦았다. 브래트너의 지적에 따르면 역할론의 장점은 모든

인간 차원을 다루는 총체적인 접근방식이라는 것이다. 그것은 다양한 측면을 지닌 인간의 존재의식을 일깨우며, 추상적인 것과 구체적인 것, 일상적인 것과 상상적인 것, 개인심리적인 것과 인간관계의 역동적인 것들 사이에서 균형을 맞추어 줄 수 있는 이론이다. 그에는 보다 실천적, 표현적, 행위적 의미가 담겨 있다. 역할 개념은 우리가 어떻게 역할을 선택하여 살아갈 것인가에 대해서 또는 어떻게 역할을 선택하여 놀이할 것인가에 대해서 우리를 보다 의식적으로 창조적일 수 있게 해 준다. 또한 역할검토, 역할분석, 역할도해, 역할집합, 상호작용 방식, 재평가 및 재정의, 수정 및 재시도, 역할훈련 등 보다 구체적인 방법론을 제시한다.

모레노는 인간이 영원한 원초적 자연성을 물려받는다는 기초 개념으로부터 오랫동안 숙고해 왔다. 그래서 그는 바로 그곳에서 창조의 능력이 발생한다는 것을 믿었다. 그리고 그것은 우리의 생을 보호·유지해 나가는 방향으로 향해야만 하며, 따라서 우리 모두가 함께 생존해야 한다고 주장한다. 그래서 그는 이러한 절대적 과업을 수행하기 위한 방법들과 다양한 문화 및 신념의 세계를 체계화할 수 있는 방법을 연구함으로써 실존하는 상호작용을 탐구할 수 있고 인간 상호 간에 전폭적으로 서로를 가치 있는 존재로 볼 수 있게 동기화시킬 수 있는 체계를 만들었다. 이것이 사회측정학이다.

사회측정학은 사회과학의 한 분야다. 그것은 집단의 형성과 구조화를 연구하며 집단 내 인간관계를 기술하고 측정하는 방법을 토대로 한다. 개인마다 특정한 역할에 따라 타인을 받아들이거나 거부하는 정도를 평가·측정하며, 집단이 개인에게 미치는 영향력과 개인이 집단의 구조, 결속력에 미치는 영향력을 공개적으로 토론할 수 있도록 그것을 묘사·서술하게 한다. 그래서 사회측정학은 집단의 형성, 조직, 사회적인 네트워크, 지역사회, 리더십, 고립화와 상호보완성, 부조화, 사회적 지위, 동기 등에 초점을 맞춘다.

사회측정학이 전제하고 있는 개념은 수많은 사람들이 진정한 상호작용을 하기보다는 허위적이고 상투적인 믿을 수 없는 방식으로 상호작용을 하면서 살아가고 있다는 시각에서 출발한다. 너, 타인은 대상화되어서 인정, 찬양, 도피, 두려움, 전이, 투사, 과시의 상대로 전락되고, 상호 창조적이고 협동적인 관계가 아니라 위치, 신분의 높고 낮음을 정당화하기라도 하는 듯 상대를 조종하고 보복-지배, 책임 회피, 수단화하는 관계가 되었다는 것이다.

내면의 기대, 희망은 숨겨지고 위장되며, '다른 사람들도 다 그러는데 뭐', 얼렁뚱땅, 대충 할 말만 하는 우회적이고 간접적인 의사소통에 우리는 길들여져 있다. 그리하여 타인과 직접적이고 진실하게 만나고자 하는 우리의 시도는 무력화되고 왜곡된다. 또한 우리는 진정으로 직접 대인관계 갈등을 표현하는 것을 두려워하며, 왜 사람들이 자신을 좋아하지 않는지 혹은 왜 자신이 무시당하는지 아는 것을 두려워한다. 또 그러한 것을 바꾸고 자신의 잘못과 타인의 그릇된 인식을 수정할 수 있는 방법을 모르며 그럴 수 있다는 것 자체를 믿지 않는다. 바로 이와 같은 점들이 우리 문화에 광범위하게 퍼져 있는 미숙성(immaturity)의 양상으로 사회측정학이 사회과학으로서 등장할 수 있게 된 이유다.

제3장 5대 요소

모레노의 정통 사이코드라마의 5대 요소를 논의하는 일은 쉬우면서도 어려운 작업이다. 왜냐하면 용어 자체의 문제와 어느 것을 중심 요소로 보아야 하는가 하는 관점의 문제 때문이다. 모레노는 주인공(protagonist), 보조자아(auxiliary ego), 디렉터(director), 관객(audience), 무대(stage)를 5대 요소로 보았다. 이 중에서 보조자아만 빼고 나머지 네 요소의 명칭은 연극 용어다. 모레노가 연극 용어를 사용한 이유는 그가 사이코드라마를 단순히 정신치료적인 것으로 생각하지 않았고 또 의사, 환자라는 용어 자체를 싫어했기 때문이라고 설명해 볼 수 있겠다. 그러나 이는 사이코드라마는 연극이 아니다라고 한 그의 말과도 모순이 된다.

그래서 어떤 사람들은 주인공 대신에 주 인물(main character), 주 놀이자(main player)로, 보조자아는 지지적 놀이자(supporting player)로, 관객은 그냥 집단(group)으로, 그리고 디렉터는 촉진자(facilitator), 집단지도자, 치료자, 카운슬러, 가이드 등으로 명명한다(A. Blatner, 2000). 그리고 브래트너는 5대 요소 외에 사이코드라마적 기법과 워밍업-행위-나누기 단계(phase)의 두 가지를 추가해서 설명하고 있다.

문제는 이와 같은 용어상의 혼란이 사이코드라마가 연극이냐 아니냐, 정신치료냐 아니냐 하는 문제라기보다는 보다 근본적인 데에 그 원인이 있다고 본다. 사이코드라마가 언어의 차원을 넘어 행위를 통한 인간 탐구의 학문이라면 당연히 행위적 용어로 출발했어야 바람직하지 않았겠느냐 하는 것이다. 그 어떤 통일을 이루는 논리의 전개를 위해서라기보다는 최소한 5대 요소의 용어만이라도 행위를 강조하고 행위를 중심으로 하는 명칭으로 바꿔야 한다는 것이다. 예를 들어 보자.

주 인 공 → 주행자(主行者, main actioner)
보조자아 → 조행자(助行者, co-actioner)
관　　객 → 동행자(同行者, fellow actioners)
디 렉 터 → 수행자(修行者, training actioner)
무　　대 → 마당(madang) 혹은 판(pan)

여기서 행위자는 흔히 actor로 표시되는데, actor는 주로 배우를 가리키는 말로 굳어져 있고 진정한 행위의 의미로서 행위자(doer)라는 의미는 거의 사라졌다고 해도 과언이 아니다. 따라서 기존의 언어 중에 actionist라는 단어가 있기는 하지만 그것은 행동파적 기질을 가진 사람을 뜻하여 행위자를 올바르게 나타내 주고 있다고 볼 수 없기에 새롭게 언어를 조성해서 actioner라고 하였다.

사이코드라마는 넓게는 주행자(主行者)와 동행자(同行者) 집단으로 이루어진다고 볼 수 있으므로, 조행자(助行者)와 수행자(修行者) 역시 동행자에 포함되지만 그 역할이 다르기에 이렇게 구분하게 되었다. 修行者 대신에 '따를 수'를 써서 隨行者(attendant actioner)라고 해도 무리는 없다. 그러나 잘못하면 무기력한 종속자 역할(전혀 자신의 능동성을 활용하지 않는 역할)에 그쳐 버릴 위험이 크고, 修行의 training이라는 의미가 단순히 주인공이나 관객을 행위화할 수 있도록 훈련하고 이끄는 역할보다는 디렉터 스스로를 갈고 닦는 의미가 더 크다고 생각해서 修行者로 하였다.

그러나 아직은 이러한 용어를 일반화시키고 싶지는 않다. 용어상의 혼란을 야기할 수 있을뿐더러 무엇보다도 아직은 검증되지 않은 용어이기 때문이다. 향후 많은 사람들에 의해 토론되고 검증되기를 바란다.

5대 요소에 대해서도 한마디 덧붙이자면 무대라는 공간적 개념 대신에 사이코드라마의 핵심 개념이라고 할 수 있는 지금 이곳이 다섯 번째 요소가 되어야 한다고 생각한다. 무대라는 개념이 벌써 연극적 냄새를 강하게 풍기고 있고 일반인들에게도 많은 오해를 살 염려가 있기 때문이다. 또한 그것은 사람이 있는 곳이라면 지금 이 순간 어디에서도 진행될 수 있는 사이코드라마를 특정한 설비(조명, 효과, 소품 등)가 갖추어져 있는 곳에서만 해야 한다는 고정관념에서 벗어나기 어렵게 만들며, 실제 오늘날 진행되고 있는 사이코드라마(그 어떤 공간에서도 가능한)의 현상을 곡해하고 있기 때문이다.

1. 지금 이곳

사이코드라마는 사람들이 있는 곳이면 언제 어디서든 발생할 수 있다. 지금 이곳(here/now), 즉 삶이 이루어지는 생의 한가운데서 모든 과거, 미래를 떠나 이 순간에 이루어진다. 여기서의 공간은 시간이나 물질과는 무관한 뉴턴적 무한공간이나 3차원의 유클리트적 절대공간이 아니며, 물질의 존재방식에 따라 변화하는, 시간과 불가분한 리만(Riemann) 공간이거나 공허가 아닌 힘이 충만해 있는 비유클리트 공간이다.

사무실, 거실, 강당, 거리, 운동장, 들판, 해변 등 그것은 우주적 공간 혹은 삶의 시공간을 상징적으로 형상화한다. 그래서 그곳은 작지만 삶이 보다 확장되는 공간이며 신성한 제의적 혹은 탄생이 이루어지는 본래적 시공간이 된다.

그래서 모레노는 결혼반지, 장례화환, 만다라와 같은 영원성, 전체성, 근원으로 되돌아가는 삶의 시공간을 상징하는 원형무대를 구상하였다. 그것은 생생한 삶과 떨어져 있는 지적 감각의 카우치(정신분석)나 의자(정신치료)를 대신한다. 그것은 마치 수없는 영상을 보여 주는 작은 사각의 모니터처럼 마술의 시공간이다.

2. 주인공

사이코드라마에서 주인공을 의미하는 protagonist에서 protos는 앞에 있는, 최초의(first)의 뜻이며 agon은 원래 죽음과 관련된 고통이나 불안을 뜻한다. 그래서 protagonist는 디오니소스 제전의 첫 중심 인물 혹은 행위를 이끄는 앞서가는 사람을 의미한다(래인, 1997).

원래 protagonist는 고대 희랍 비극에서 합창단의 일원이었다. 어느 날 그가 합창단을 벗어나 앞으로 나서면서부터 합창단을 이끌고 그들과 상호작용하기 시작했던 것과 마찬가지로, 사이코드라마의 주인공 역시 처음엔 관객의 한 사람으로 참여했다가 나중에 가서 사이코드라마의 중심 인물이 된다. 그러므로 그는 언제든지 다시 관객으로 되돌아갈 수 있는 권리가 있으며 때에 따라 진행과정 도중에도 관객이 되거나(거울기법) 행위가 마무리되면 다시 관객의 자리로 되돌아간다.

사이코드라마 과정 중에 동시에 여러 명의 주인공이 등장할 수 있으며, 한 주인공은 다른 주인공의 보조자아가 되거나 디렉터가 될 수 있다. 자신의 역할을 맡아 하는 이중자아의 행위과정을 제3의 인물(신, 천상의 인간, 수호신 등)이 되어 관찰할 수도 있다. 또한 스스로 자신이 주인공이면서 보조자아, 디렉터 역할까지 겸할 수도 있다.

주인공이 하는 일은 우리 인간 모두에게 필요한 일이다. 단지 지금 이 순간 그는 주인공, 관객의 대표가 되어 자신을 행위화하고 있는 것이다. 그는 세계와 자신을 제대로 응시하고, 회의하고 드러내고 체험하며 증명한다. 자신의 잉여현실, 자신의 이 순간의 진실을 좇는다. 오직 지금 이 순간에만 그는 실존한다. 비록 허구의 세계라 할지라도 한순간이나마 그는 현실의 삶보다는 훨씬 진실하고 자발적이며 창조적인 삶을 살고 있다.

3. 보조자

주인공의 또 다른 자아라는 의미에서 보조자아라고 명명하였으나 오늘날에는 그냥 보조자(auxiliary)로 불린다. 보조자는 인간이 타인 없이 존재할 수 없음을 상징하고 그 어떤 최고의 존재도 '너'가 필요함을 보여 주는 인물이다. 그의 원형 모델은 어머니다.

보조자는 주인공이 필요로 하는 다양한 역할을 맡아 하는 사람이다. 그가 맡지 못할 역할은 이 세상에 없다. 주인공의 신체나 성격, 영혼의 일부가 되는 것은 기본이고, 주인공의 수많은 사회적 · 문화적 원자(atom)나 의미 있는 대상, 환경, 무생물적 사물이 되기도 한다. 개인 혹은 집단으로 주인공의 아늑한 보금자리를 표현하는가 하면, 어둠의 힘이 되어 주인공을 내리누르는 장애물이 되기도 한다.

보조자는 배우가 아니다. 타고난 연기자도 아니다. 그 역시 한 명의 관객 혹은 관객들이다. 특별히 훈련을 받거나 그러한 역할을 해 보았거나 익숙한 것도 아니다. 그에게는 많은 역할이 생전 처음 해 보는 역할이다. 그런데도 그 모든 역할을 무리 없이 해낸다. 그의 자발성 때문이다. 그리고 그가 그렇게 할 수 있는 결정적인 힘은 주인공에게서 나온다. 보조자는 주인공의 텔레에 의해 선택되었기 때문이다. 그가 관객의 자리에 있을 때는 그 어떤 역할에 자신이 있거나 정말 해 보고 싶은 충동이 발동하더라도 함부로 나설 수가 없다. 주인공이 그 역할에 맞다고 생각되는, 그런 느낌(텔레)을 가진 관객을 선택하기 때문이다. 그것이 곧 만남이다.

보조자가 서투르게 역할을 할 수도 있다. 자발성이 오르지 못한 상태에서는 충분히 그럴 수 있다. 그 또한 주인공이나 디렉터에 대한 텔레가 작용하고 있거나, 자신의 개인적 문제, 잘못된 이해 등으로 부적절하게 반응할 수도 있다. 그렇기에 때로는 다른 사람을 선택하도록 요청하고 다시 관객이 될 수도 있다. 그러나 이러한 이유들로 인해 전문 연기자나 훈련된 전문가에게 보조자 역할을 맡기는 행위는 적절하지 못하다. 그러한 방식의 진행은 디렉터의 자신감 결여, 만남의 의미와 텔레에 대한 인식의 결여,

연극적 가식, 관객과 인간에 대한 불신, 권위주의적 오만성, 자신의 자발성과 창조성의 결여를 드러내 보일 뿐이다(매우 특별한 상황, 예를 들어 약간의 훈련된 보조자가 필요한 성폭력 피해자 집단과 같은 예외 상황을 부정하는 것은 아니다.).

비록 정신병동의 환자 집단이라 할지라도 그들이 얼마나 잘 보조자 역할을 해내는지 모른다. 때로는 서투르고 초점을 잃는 경우도 있다. 그러나 그것은 크게 문제되지 않는다. 오히려 능숙한 연기보다는 서투르더라도 최선을 다하는 보조자가 훨씬 주인공의 사이코드라마를 진실되고 풍요롭게 만든다. 사이코드라마는 우리 모든 인간의 생존을 위한 이야기며 신뢰 가득한 만남이기 때문이다.

4. 디렉터

디렉터(director)는 사이코드라마의 전문가다. 많은 시간을 디렉터가 되기 위해 공부하고 훈련받은 사람이다. 사이코드라마티스트가 되기 위해 끊임없이 자신을 수행하는 사람이다. 그는 사이코드라마 정신과 자발성으로 언제나 가득 차 있는 사람, 이상적으로는 그의 삶 자체가 자발적인 삶을 사는 사람이어야 한다.

디렉터는 집단의 일원이면서 사이코드라마의 촉매자다. 주인공 내면세계의 다양한 요소들, 몸과 마음, 겉과 속, 거짓과 진실, 어둠과 밝음, 이성과 감성, 실제와 환상 사이를 촉매한다. 머리와 가슴 사이의 다리가 되고 잉여현실에 불을 붙여 현실이 되게 한다. 또한 주인공과 그를 둘러싸고 있는 환경(집단, 보조자, 시공간, 사물들 그리고 시간을 초월한 수많은 대상들, 죽은 자들 등) 사이에서 촉매로 작용한다. 모든 것이 행위로 표현되게 하고 생동감 있게 움직이게 만든다. 만나고 부딪히고 변화할 수 있게 돕는다.

디렉터는 지지자이며 촉진자다. 시공간과 사건을 축소하고 확대시킨다. 모든 것을 수용하며 지지한다. 힘을 키운다(empowerment). 그는 눈에 보이지 않는 현미경과 망원경으로 주인공과 더불어 진실을 찾아 나선다. 그는 매 순간 자발성을 촉진시켜 창조성을 드러낸다.

디렉터는 또한 주인공, 보조자, 관객의 또 다른 보조자다. 그는 세 가지 역할의 이중자로서 (드러나든 안 드러나든) 행위하며 각자의 생각과 감정을 비추는 거울이며 대리 중재자다. 그는 때로 자기 자신의 이중자가 되기도 한다.

마지막으로 디렉터는 사이코드라마 전체를 책임지는 책임자다. 그 어떤 불상사와 사고를 미연에 방지하는 책임뿐만 아니라 주인공이 최상의 자발성으로 자신의 잉여현실을 표현하고, 보조자와 관객 역시 최상의 자발성으로 사이코드라마에 동참케 하는 책임을 진다. 한마디로 말해, 디렉터의 자질만큼 사이코드라마가 이루어진다는 의미다. 그는 되어진, 완성된 디렉터가 아니라 계속해서 완성되어 가고자 하는 디렉터여야 한다. 그것은 자신과의 끝없는 싸움 가운데 살아감을 의미한다.

5. 집 단

집단(group)은 흔히 관객이라고 말한다. 그러나 연극에서의 관객처럼 결코 단순한 객석의 관람자가 아니다. 집단은 사이코드라마의 뿌리다. 원론적으로 집단 없이는 사이코드라마가 성립되지 않는다. 모레노의 말에 의하면 집단은 신(神) 자체다. 누구나 자신의 신 증후(God syndrome)를 구현할 수 있는 존재다. 그리고 서로가 서로에게 치유인자(healing agent)다.

집단은 잠재된 주인공들의 집합이다. 언제 어느 때건 자신의 워밍업 정도에 따라 주인공이 된다. 사이코드라마 진행 도중에서도 나누기 과정 중에도 그는 한순간 주인공으로 등장할 수 있는 권리가 있다. 그들은 또한 주인공과 디렉터의 잠재된 보조자다. 적절한 시기에 그들은 보조자로서의 역할에 최선을 다한다.

사이코드라마에는 관객, 방관자가 없고 모두가 참여자, 즉 공동 창조자다. 그래서 집단은 사이코드라마의 메아리며 반향판이다. 진행과정의 모든 현상이 관객에게 영향을 미치고, 그러한 반응은 되돌아와 진행에 영향을 미친다. 상호 간에 수많은 텔레와 만남이 일어나고 신뢰가 구축된다. 그것은 마치 공기처럼 지금 이곳을 떠받치는 기둥으로서 작용한다.

그리고 집단원 모두가 디렉터의 잠재성을 지닌다. 집단이나 보조자, 주인공 역할을 해 보지 않은 디렉터가 없다는 뜻이거나 집단 속에 장래의 디렉터가 될 사람이 있다는 의미가 아니다. 그것도 중요하지만 무엇보다도 이상적인 디렉터로서, 자발적인 행위자로서의 삶을 살아갈 수 있는 가능성을 말하는 것이다. 우리는 디렉터이기 이전에 행위자이며 창조자로서 생존해 나아가야 하기 때문이다.

제4장 기원과 역사

1. 기 원

사이코드라마는 제이컵 레비 모레노에 의해서 만들어졌다. 그 최초의 형태는 비엔나 공원에서의 아이들과의 놀이다(어린이들을 위한 자발성 극장, 1911). 나무 등걸에 걸터앉아 있는 청년 모레노를 중심으로 동심원을 그리며 앉아서 그의 동화를 듣고 있는 아이들과 그들 머리 위로 끝없이 펼쳐진 푸른 하늘, 그래서 마치 동화 속에 모두가 빨려 들어가는 것만 같고 현실을 벗어나 동화 세계에 들어온 것만 같은 착각, 환상의 시간과 공간. 이것이 사이코드라마의 최초의 형태라고 이야기된다(그의 수많은 원형무대 도안은 이때를 상징하게 된다.).

사회적 · 현실적 역할, 가면을 벗어 던지고 진정한 만남을 이루었던 길거리에서의 전도사와의 논평은 원리극(axiodrama)의 시초로 언급되며, 역사적으로 실제적인 사이코드라마의 출발은 1921~1923년까지 지속되었던 자발성 극장이었다. 그것은 기존의 드라마에 대한 하나의 혁명과도 같은 것이었다. 작가와 대본을 극장에서 추방시키는 일, 관객이 직접 참여하도록 하는 일, 모든 것을 즉흥적으로 창조해 내는 일, 그리고 기존의 프로세니움(proscenium) 무대를 없애고 모든 공간을 열어 놓는 일이 그것이었다. 그것은 자연 자체를 모델로 하며 인간의 삶이 확장되고 개인의 삶이 완전히 표현될 수 있는 곳으로의 변화였다. 인간에게 새로운 존재-삶의 영역을 개방(창조)함으로써 신의 세계 창조라는 작업을 계속해 나가겠다는 의지의 표현이었다.

그러나 자발성 극장은 기존의 드라마에 익숙해 있던 배우들에게는 맞지 않은 곳이었다. 많은 사람들이 왔다가 떠나고 다시 왔다가는 떠나 버렸다. 경제적으로도 어려움을 겪었다. 그래서 모레노는 또 다른 변화와 창조를 시도한다. 즉, 갈등의 극장(theater of conflict) 혹은 비평의 극장(theater critique), 상호극장(theater reciproque) 혹은 치료극장(therapeutic theater), 살아 있는 신문(living newspaper or dramatized newspaper) 등의 이름으로 변신을 거듭하다가, 카타르시스 극장(theater of catharsis)을 거쳐 창조자의 극장(theater of creator) 혹은 신의 극장(divine theater)을 꿈꾸게 된다.

이 생은 삶과 죽음, 사랑과 미움이 끝없이 이어지고 있다. 그 어떤 고통도 사라지지 않고 있다. 따라서 바로 그러한 자신의 속성, 세계 본질로서의 자기 자신과 상호작용하고 있는 드라마가 펼쳐지는 창조자의 극장이 필요하다고 생각한 것이다. 이때 신의 역할, 놀이(God playing)의 의미는 아직 혼돈으로부터 탄생되지 않고 모든 것을 최초의 존재(being)의 순간으로 만드는 최대의 참여(maxim involvement), 행위자로서 창조의지를 불태우는 역할행위자의 놀이이다. 그것은 이전의 어떤 고정된 이론, 틀, 청사진, 정의, 구조와 같은 문화 보존성 없는 순수 자발적인 상태로부터의 시작을 의미한다.

2. 모레노가 영향 받은 사람들

1) 행위자

대표적인 행위자들, 가장 이상적인 행위자들은 이론적인 대가들이라기보다는 불완전하더라도 인간의 삶, 인생 자체와 행위를 강조하고 실천에 옮긴 사람들이다. 그들은 순간의 자발성, 즉흥성 혹은 연극적 감각을 이해하고 스스로의 자발적인 행위를 통해 자신을 실현해 나간 인물들이었다. 그들은 바로 예수, 바울, 석가, 마호메트다.

그 외에 마음속의 막연한 생각을 문답식으로 유도하는 문답법 개발자로서 소크라테스, 추상적 이론(인간이 살 수 없는 저택)과 종교적 문화 보존성을 탈피하고 주관적인 행위자로서의 실존적 참여를 우선시했던 키르케고르, 작품을 포기하고 실제의 인생을 살려고 노력했던 톨스토이(그러나 그의 금욕주의는 반대하였음), 일상 자체를 포기하고 영웅적 행위로 실존적 삶을 살았던 슈바이처, 색 · 소리 · 빛 · 움직임에 대한 비범한(supernormal) 갈등으로 고생하였던 고흐, 쇠사슬 속의 의지의 행위자로 상징되는 프로메테우스 등이다.

2) 이론가

비록 행위는 없었지만(그리고 그것이 모레노가 비난하는 이유이지만) 세계를 보는 눈, 삶을 이해하는 방식, 기존의 틀을 넘어서서 생존하고자 하는 이론의 대가들의 영향은 결코 피할 수 없는 것이었을 것이다.

범신론자로서의 스피노자, 모든 문화 보존적 신의 죽음을 선언하고 영원 회귀와 힘의 의지를 이야기한 니체, 끈질긴 창조적 생명력과 진화를 이야기한 베르그송, 그리고 사회학자로서 인간을 내면의 깊은 곳으로부터 스스로 전개해 나가는 존재로 정의한 짐멜이 그들이다.

3) 어린이

모레노가 비엔나 거리를 지나가면 아이들은 하나같이 그를 알아보고 인사하였고 아이와 같이 가던 엄마들은 질겁했다고 한다. 그와 어울린 후에는 자신의 아이들이 왠지 전과 같지 않았기 때문이라는 것이다. 모레노만큼 아이를 좋아한 사람이 있었을까? 그는 유아의 최초의 세계, 모든 존재(all-being)의 세계를 신성한 세계로 묘사한 바 있다.

> 난 그 영역에서 잠시도 떠나고 싶지 않다. 그런 신성한 놀이, 곧 인생이란 우주적 드라마(유아의 최초의 우주 창조)에의 최고의 참여를 뜻하기 때문이다.

> 사이코드라마란 인간의 전체성이 참여하는 우주적 드라마의 표현이며 그곳에 들어가는 구체적 수단을 제공해 준다.

3. 드라마의 영향

드라마(drama)의 본래 의미는 저항을 극복하는 행동(dram)이다. 즉, 인간의 딜레마, 인간의 조건, 영혼의 흐름, 불운 등을 객관화 · 행위화하는 짓이다. 그래서 그것은 인간 정신을 치유하는 힘을 갖게 된다(이에 반해 theater은 무엇을 특별히 보이게 만드는 장소를 의미한다.).

실제 드라마란 인간과 인간의 만남, 의사소통 자체를 예술적 대상으로 삼는 예술이기에 관계의 예술이라고도 한다. 그것의 구조는 인간 삶의 구조와 가장 가까운 예술 장르다. 그것은 일종의 제의로서, 발생 초기부터 위대한 삶과 만나는 중요한 수단이었다. 인간과 인간을 함께 묶어 주고 공동의 신화 속에 참여하게 하며, 인생을 서술, 극복, 변화시키는 수단이었다. 그것은 인간에 관한 온갖 은유, 상징, 상상 등을 무대공간 위에 내던져 현재 속에서 가시화 · 구체화하며, 상호 간의 작용을 촉진하여 우주적 관점에서 카타르시스 과정을 북돋우는 행위였다. 그래서 그것은 인간 존재의 한계성을 극복 · 확장하는 시공간이 된다.

또한 모든 인간 활동에서와 마찬가지로 치료상 연극은 피할 수 없고 필요한 것이었다. 따라서 연극이 수세기 동안 삶을 반영하는 극장이나 여러 치유적 제의에 사용되어 왔다는 것은 놀라운 일이 아니다. 오늘날 연극은 사이코드라마와 연극치료 모두에 있어서 영감의 공통적 발원지다. 삶 자체가 극적이고 극장 내 연극과 예술적 활용이 풍부한 심리적 의미를 이해하고 있다는 사실에 입각한 철학에 근거해 볼 때, 치료에 대한 이와 같은 현대적 접근방식은 다양한 자기 삶의 측면을 다룰 수 있도록 인간을 돕기 위한 목적으로 역할놀이, 인격화, 행위화, 즉흥극과 같은 기법들을 만들어 활용해 왔다.

마틴 에슬린(Martin Esslin, 1976)은 그의 책 『드라마의 해부(*Anatomy of drama*)』에서 인간 상황, 인간관계를 즐길 수 있는 가장 주체적인 예술 형식이 드라마라고 말한다. 그는 또한 '연극의 생명' 에서 인간이 24시간이 꼬박 24막으로 이루어진 하나의 연극이기를 고집하면서, "연극 세계란 본질적으로 심령의 정화를 위한 성스러운 장소와 시간을 전개시키는 곳이다. 완벽한 도취나 각성이 주어진다. 운명 속에서 잃어버린 인간의 원초적 재현이다."라고 말한다.

드라마란 우리의 꿈과 환상을 육화하는 것이요(Ionesco, 이오네스크), 현실과 상상은 본질적으로 공존하지 못하는 것인데(사르트르), 드라마만이 상상적 진리를 현재적 진리로 체험할 수 있는 기회를 제공해 준다(데이비드 콕). 그것은 원형적이며 위험스러운 진정한 실재의 복사로서(아르토), 현실의 복사가 결코 아닌 돌고래처럼 고개 내밀다가 급히 어느 순간 심연으로 사라져 버리는 것이다.

실제 모레노는 드라마에서는 아리스토텔레스의 정화이론, 괴테의 드라마의 치료 효과에 대한 고찰, 인간의 가능성 추구를 목표로 했던 프랑스의 자유극장, 배우기술이 최고조에 올랐던 러시아의 스타니슬라브스키의 영향을 인정하였다. 그리고 그의 사이코드라마는 1960년대 미국의 새로운 실험연극, 즉흥극에 지대한 영향을 미치게 된다. 그는 자발성과 창조성에 의해 과거와는 전혀 다른 의미의 새로운 연극, 새로운 무대를 창조하게 된 것이다.

4. 제이컵 레비 모레노

제이컵 레비 모레노(1889~1974)

제이컵 레비 모레노는 1889년 5월 18일 루마니아의 부카레스트에서 스페인계 유태인 아버지 니심 모레노(32세)와 어머니 폴리나(15세) 사이에서 6남매(아들 셋, 딸 셋) 중 맏이로 태어났다. 네 살 반이던 어느 날, 어린 제이컵은 몇몇 아이들과 함께 그의 집의 커다란 지하실에서 놀고 있었다. 그의 부모는 외출 중이었다. 제이컵은 '하느님과 그 천사들' 놀이를 하자고 했고 그 자신이 하느님 역을 맡겠다고 했다. 먼저 아이들은 의자들을 쌓아올려 다리를 함께 묶은 다음 마침내 제이컵이 거의 지하실 천장에 가까이 닿은 옥좌에 앉을 수 있도록 도와주었다. 그런 다음 다른 아이들은 원을 그리고 서서 팔을 천사 날개처럼 나풀거렸다. 누군가가 제이컵도 같이 나는 것처럼 하라고 소리쳤고, 그는 놀이에 완전히 빠져 옥좌에서 뛰어내려 날려고 하다 결국은 바닥으로 떨어져 팔이 부러졌다. 이 경험으로 그는 아이들에게는 그들의 가장 과대한 판타지라 할지라도 상징적 충족의 기회를 주는 것이 필요하다는 것을 알았다.

모레노가 여섯 살 때 그의 가족은 오스트리아의 비엔나로 이주했다. 그는 루마니아어와 라디노(마치 이디시가 히브리 문자로 쓰인 독일어의 파생어를 말하듯, 히브리 문자로 쓰인 스페인어의 파생어)를 사용했는데, 비엔나에서는 독일어를 배웠다. 이주 후에 그가 비엔나 대학교에서 철학, 신학, 수학을 배우는 학생이 되기까지의 생활은 거의 알려져 있지 않다. 1908년경, 아이들의 놀이 특성은 그의 흥미를 끌었으며, 그래서 그는 도시 주변의 공원에서 그들의 활동을 관찰했다. 더 나아가 그는 아이들에게 이야기를 읽어 주었고, 그들은 그것을 행위화하곤 했다. 그는 대본이 없을 때 아이들이 역할 묘사를 더 생생하게 자발적으로 해내는 것을 알았다. 이것이 그로 하여금 비엔나의 아우가르텐과 다른 공원에서 아이들과(때로는 그들의 부모들도) 여러 종류의 즉흥성 연극을 실험하도록 했다. 그는 1911년 아이들을 위한 자발성 극장을 조직했다. 이 시기에 모레노는 비교종교학과 여러 종교적 · 철학적 지도자들의 수행에 흥미를 느꼈다. 그의 '그들 모두를 대신하고 초월하려는 노력'은 그보다 앞선 사람들의 연구 작업을 개선하고 더 발전시키고자 했던 창조적 철학자로서의 목표를 보여 준다. 모레노는 비록 서로 간에 형식적인 종교적 관계를 나누어 갖지는 않았지만, 활동적인 젊은 영적 열성가들과 함께 그룹을 만들었다. "우리는 모두 수염을 길렀고, 결코 정체되지 않았으며, 걷고 또 걷다가 길에서 우연히 만나는 모든 사람들을 멈추게 하여 그들과 악수하고 얘기를 나누었다. 우리는 모두 가난했지만 우리가 가진 것, 우리의 가난까지도 함께 나누었다." 중부 유럽의 몇몇 작가들과 마찬가지로 도스토예프스키, 니체 등의 작품을 통한 초기 실존주의 사상가의 출현에 영향을 받아, 모레노와 그의 친구들은 일상생활 속에서 창조적 정신을 실현하고 행동화하려 했다. 모레노는 "창조적 과정은 진실의 실체에서 핵심적인 것"이라고 말한 베르그송의 인기 있는 철학의 영향도 받았다. 모레노는 창조적 행동을 위한 잠재력을 지닌 '혁명적 범주'의 순간을 강조함으로써 베르그송의 견해에 그 자신의 수정 이론을 덧붙일 필요를 느꼈다. 그는 신적 속성의 본질적 모습으로서의 창조성에 대해서 쓰기 시작했는데, 이것은 신을 '저곳에 계신, 판단하는 신'이라고 본 전통적 견해와는 반대되는 것이었다.

1910년경, 모레노는 신적인 힘 혹은 '신성(godhead, Gotheit)'은 단순히 멀리 떨어져 있는 창조자가 아니라 모든 창조물의 자발성과 존재성을 통해서 표현된 진행 중인 활동원칙이라는 생각을 공식화하기 시작했다. 그 후 7년 이상을 철학적 강연의 연재물을 통해서 그 자신의 형이상학적 개념을 발표했다. 이것은 창조성에 관한 베르그송의 견해를 확장시킨 개념으로서 '지금 여기'(이 용어는 당시 모레노에 의해 처음 사용되었다.)에서의 '혁명적 행동'을 위한 잠재력을 강조하였다. 모레노의 논문(1909년과 1918년 사이에 발표된)으로 「사람, 어린이」「어린이들의 영역」「코미디언으로서의 신성」「만남에의 초대」「침묵」「행위자로서의 신성」「창조자로서의 신성」 등이 있다.

1914년에 모레노는 중요한 영감에 의해서 그의 신학적 이론 대부분을 포함하고 있는 『아버지 말씀(*Das Testament des Vaters*)』이란 시적인 작품을 썼다. 처음에는 익명으로 발표하다가 나중에 그의 이름을 써 넣었다. 이 책은 과거보다 현재와 미래에 초점을 맞춘 것이었다. 생명은 항상 '순간의 범주' 안에서 창조적 행동을 위한 가능성과 연관 지어졌다. 모레노가 이 시기에 써낸 철학적 저술들을 살펴보면 그가 초기 실존주의자들 속에 포함될 만하다.

이 기간 동안(1911~1917년), 모레노는 비엔나 의과대학의 학생이었다. 그의 임무는 정신과 수석 스태프를 돕는 일이었는데 그들의 접근방법에 동의하지 않았다. 마찬가지로 프로이트의 연구 작업도 알고 있었지만 그것이 새로운 열망과 목표를 창조해 내려는 환자를 돕기 위해 아무것도 하지 못한다는 것을 느꼈다. 모레노는 그것을 정신병을 다루는 데 있어서 결정적인 도전으로 보았다. 자주 인용되는 다음 일화에서 그의 태도와 행동방법을 알 수 있다.

> 나는 프로이트 박사를 우연히 만났다. 1912년에 비엔나 대학교 정신과 클리닉에서 일하고 있을 때 나는 그의 강의에 참가했다. 프로이트는 막 정신 감응적 꿈에 관한 그의 분석을 끝낸 후였다. 학생들이 나갈 때 그가 나에게 무슨 일을 하고 있느냐고 물었다. "프로이트 박사님, 나는 당신이 끝낸 곳에서 시작하려 합니다. 당신은 사람들을 당신 사무실이라는 인위적 장소에서 만나지만 나는 거리와 그들의 집에서, 그들의 자연스러운 환경에서 만나려 합니다. 당신은 그들의 꿈을 분석하지만 나는 그들에게 다시 꿈을 꾸는 용기를 주려고 합니다. 나는 사람들에게 어떻게 신의 역할을 할 것인지 가르치려 합니다." 프로이트 박사는 당혹스러운 듯 나를 바라보았다.

모레노는 의과대학에 있는 동안 아이에서부터 어른에 이르기까지 사회적 통합의 중요성과 집단 역동에 흥미를 느끼기 시작했다. 예를 들면, 비엔나의 사창가에 대한 정부의 괴롭힘과 착취를 알게 되어 1912년에 그들 스스로 자조그룹(self-help group, 최초의 사회적 조직)을 만들도록 도와주었다. 여인들은 그들의 회합을 통해 그들이 직면한 사회적 · 정치적 상황에 대한 건설적인 의견을 나누고 서로 정서적인 지지를 얻었다.

제1차 세계 대전 초기에 이탈리아-오스트리아 난민 캠프가 비엔나 교외의 미텐도르프에 세워졌는데, 모레노는 거기서 의사로 일했다. 민주적이고 참여적인 행동을 키우기 위하여 그는 사회측정법의 초기 양식들을 만들어 냈다. 여러 가지 생활상의 계획을 할당하는 대신, 그는 난민들이 이웃하기를 원하는 사람을 선택하는 질문지법을 사용했다.

모레노가 살았던 때는 비엔나가 세계적 문화 중심지의 하나였던 황금기(1895~1920)였다. 그는 그 도시의 작가, 철학가 등의 지식인들과 어울렸다. 1917년에는 그 시대의 실존주의자, 표현주의자를 인도했던 『다이몬(*Daimon*)』이란 문학잡지를 편집했다. 그에는 프란츠 카프카, 마르틴 부버, 실존철학가 마르크스 셸러, 그 밖의 다른 작가들의 초기 작품들이 실렸다(마리뉴, 1989). 나아가 그는 영감적이고 신학적인 시를 쓰고 사회활동에 참여하며 「만남에의 초대」라는 논문도 발표하였다.

1921년 4월 1일은 모레노가 사이코드라마를 정식으로 시작한 날이라 할 수 있다. 그는 배우(나중에 영화로 유명하게 된 Peter Lorre) 집단을 조직하고 자발성 극장(Stergreif Theater)이라는 즉흥성 극장을 개관함으로써 대중치료에 대한 그의 생각을 이끌어 갔다. 실제로 2, 3년째 실험을 거듭한 후에 그것은 보다 서서히 치료적 방법으로 변화해 갔다. 모레노는 일간신문에 실린 사건들을 그의 배우들이 연기해 내는 '살아 있는 신문(The Living Newspaper)' 등 다양한 실험적 즉흥극을 연출했는데, 그것은 소시오드라마의 시작이었다. 그동안 그는 비엔나 교외의 바드 포슬라우에서 일반의학 실습을 했다(그가 1960년대 후반에 명예롭게 되돌아왔을 때는 여전히 그를 '우리의 의사'로 기억하는 사람들이 있었다.).

전쟁 후 1925년에 오스트리아는 혼돈스러웠고 응용 사회과학과 치료적 연극에 관한 모레노의 실험들은 지지받을 수 없었다. 그는 그의 '새로운 위대한 실험'과 함께 러시아나 미국으로 이민 가려는 생각을 했다. 그는 미국을 선택했는데 그의 이론을 추구하기 위해서는 자유가 필요했기 때문이었다. 모레노가 미국으로 갈 수 있었던 것은 그가 다른 무엇보다도 발명가였기 때문이었다. 그는 자기녹음기(wire recoder)를 발명했는데 오늘날 테이프레코드의 전신으로서 탐구와 치료적 목적을 위하여 자신의 활동과정들을 녹화하고 되돌려 보기 위해서 만든 것이었다. 미국의 한 회사가 이민을 도와주어 모레노는 1925년에 오스트리아로부터 이주해 뉴욕에 정착하였다.

미국에 도착했을 때, 모레노는 정신분석학의 인기에 놀랐다. 비엔나에서는 정신분석학이 존중받기에 아직 초보적 단계였기 때문이다. 미국에서의 정신분석학의 우월함이 그에게는 예기치 않았던 도전의식을 불러일으켰다. 또한 그는 자신의 기발함과 남다름을 미국인들이 잘 인내하지 못한다는 데 대해 준비가 되어 있지 않았다(유럽에서는 대부분의 지식인들이란 어느 정도 상도를 벗어나는 것으로 예측되었다.).

이러저러한 한계에도 불구하고 향후 20년 이상 모레노는 대부분의 혁신적인 연구작업들을 해냈다. 주로 뉴욕에서 일하면서 그는 사이코드라마와 집단정신치료를 발전시켰으며 많은 책과 논문을 발표했다. 뉴욕 시에서 북쪽으로 약 60마일 올라간 지점에 있는 비콘에 그 자신의 사나토리움(sanatorium)을 열었으며, 두 개의 전문 잡지를 발간했고, 자신의 저술과 심리, 사회, 교육학에서의 다른 혁신가들의 독창적인 논문들을 발간했다. 또한 집단정신치료자들의 전문적인 모임을 조직했고, 뉴욕에서 개방 사이코드라마 회기를 열었으며, 많은 전문가들이 전통적 정신분석과는 다른 정신 역동적 방법을 목격하였다. 에이브러햄 매슬로(A. Maslow), 에릭 번(E. Berne), 윌 슐츠(W. Shultge)는 현대 절충주의 정신치료에서 가장 혁신적인 기법들의 원천으로서 모레노의 역할을 분명히 인정하였다.

젤카 토우먼 모레노(1917~)

1940년 후반부터 1974년 그가 세상을 떠날 때까지 그와 그의 아내 젤카는 인간 잠재력의 기본으로서 자발성과 창조성의 원리를 보여 주고 가르치고 나누기 위해 쉼없이 노력했다.

모레노 연표

지금까지의 논의 및 이 모레노 연표는 모레노 자신의 전기와 저서 그리고 마리뉴(R. F. Marineau, 1989)가 집필한 전기를 중심으로 하였다.

- 1888: 부모의 결혼
  - 아버지 니심 레비 모네노(Nissim Levy Moreno, 1856~1925): 스페인계 유태인, 상인, 국적은 루마니아, 32세
  - 어머니 폴리나 이안쿠(Paulina Iancu, 1873~ ?): 스페인계 유태인, 가톨릭 교육을 받음, 15세
- 1889: 부카레스트(루마니아)에서 5월 18일 출생
  1889년 흑해의 선상에서 태어났다고 본인은 생각하고 있으나 국적 없는 배, 국가 아닌 바다 위에서 태어난 익명의 존재로서의 자신을 의미. 이는 스페인에서 쫓겨난 지 400주년 되는 해에 태어났다는 의미의 이야기
- 1890, 1세: 구루병에 걸려 사경을 헤매다가 집시의 예언과 처방으로 쾌유됨(태양빛에 의해 회복). 개에게 물리고 할머니가 암으로 사망. 그리고 길 건너 집에서 화재가 발생(개와 불을 무서워하게 됨)
- 1893, 4세: 스페인-포르투갈계 유태인 성경학교 다님. 신비적 애니미즘을 신봉하던 15세 여자 하인과 자주 야외 화장실을 다니며 신체 접촉 빈번함. '추락한 천사의 사이코드라마' (오른팔 골절)
- 1892: 동생 윌리엄 출생
- 1893: 누이 샤롯테 출생
- 1895, 6세: 비엔나로 이주. 항상 외국인 혹은 이민자로 취급받음. 밤중에 밀가루 반죽으로 여러 동식물 모양을 만듦(세계 창조의 의미 부여). 초등교육 시절 언어(독일어) 곤란으로 항상 앞줄에 앉아 선생님의 귀여움 독차지. 리더십도 상당하였음. 항상 '닥터' 라고 부르는 외삼촌과 자주 여행다님(피렌체에서 15세에 피아와 첫사랑)
- 1900, 11세: 아버지와 여행 다님. 말라리아 걸림
- 1903, 14세: 부모가 이혼함
- 1904: 베를린으로 이사했다가 3주 만에 혼자 비엔나로 돌아옴(9세, 11세 두 소녀의 가정교사가 됨).
- 1905: 가족들은 다시 켐니츠로 이사함, 우울, 방황, 반항의 시기. 인생을 의심하고 유태교 신비철학에 접근, 학교생활을 중단, 방황생활(예수, 부처와 같이 부모에게 반항), 독신주의자 결심. 광범위한 독서생활(파스칼, 키르케고르, 스피노자, 데카르트, 칸트, 헤겔, 마르크스, 쇼펜하우어, 니체, 도스토예프스키, 톨스토이)
- 1909: 비엔나 철학과 입학(1911년에 의대 입학). 4명의 친구와 만남집단 조직(1914년까지

활동). 어린이들과 창조적 드라마를 실행(1911년까지). 신체적 자발성을 허용, 수염도 기르고 모자 없이 짙은 녹색의 외투를 입고 다님. 거짓말 잘하는 리첼이라는 소녀에게 연극을 권유(후에 인기 배우 엘리자베스 버그너가 됨)

- 1911: 차라투스트라 공연을 보러 가서 무대 위로 올라가 즉흥극을 시도함
- 1912: 프로이트를 만남(1914년). 창녀촌에서 최초로 자아협력 집단을 조직
- 1914: 「만남에의 초대」 군대생활 시작(4년간)
- 1917: M.D. 학위 취득. 젤카 출생. 난민 캠프에서 사회측정학의 개념을 발전시킴
- 1918: 『다이몬』 발행, 다음 해에 『신 다이몬』으로 출간. 주된 모임 장소는 카페 뮤지엄과 Herrenhof(주요 인물: A. Adler, P. Claudel, M. Buber)
- 1919: 바드 포슬라우로 가서 공직의가 됨. 여교사 마리안느와 동거
- 1920: 『아버지의 말씀』 출판
- 1921: 자발성 극장 조직 및 활동(3년간), 4월 1일이 공식적인 소시오드라마 및 사이코드라마의 시작일
- 1923: 처음으로 극장 무대를 디자인함
- 1924: 『자발성 극장』 출판
- 1925: 아버지 사망. 미국으로 이민 감
- 1927: 미국 의사 자격증 획득, 뉴욕 마운트시나이 병원에서 역할놀이 시범
- 1928: 아동심리학 전공한 베아트리체와 결혼(영주권을 얻기 위해, 여성 측에서 제안, 34년 이혼)
- 1929: 카네기홀에서 즉흥극장 활동(1931년까지), 배우훈련
- 1931: 싱싱 형무소에서 자문의로서 집단정신치료 시작 및 사회측정학 연구. 『Impromptu』 출판. 필라델피아에서 열린 APA에 참석, 집단치료와 집단정신치료 용어를 처음 공식화
- 1932: 허드슨 소녀(재활)학교에서 연구자로 근무(Helen H. Jennings와 공동). 『Application of the Group Method to Classification』 출판
- 1933: 4월 4일에 뉴욕 의료인 조직 내에 사회측정학 운동을 공식 출범시킴. 미국 시민권 획득
- 1934: 워싱턴, 성엘리자베스 병원에 사이코드라마 소개
『누가 살아남을 것인가?』(인간 상호 간의 문제에 대한 새로운 접근방법 제시) 출간
- 1935: 치료적 영화 만듦
- 1936: 비콘힐 요양소 시작, 정식 사이코드라마 실시. 『소시오메트리』 출간
- 1938: 컬럼비아 대학교 사회사업과 전공, 훈련 중이던 플로렌스 브리지와 결혼
- 1939: 딸 레지나 출생
- 1941: 『아버지의 말씀』을 영역판으로 출간. 성엘리자베스 병원에서 사이코드라마 극장 세움. 젤카(C. Zerka Toemam)와 만남
- 1942: 뉴욕에 사회측정학 연구소, 사이코드라마 극장 개설(주말마다 공개 회기 가짐). 집

단정신치료 및 사이코드라마 협회 조직(1951년에 현 ASGPP로 개칭)

- 1945: 미국 사회측정학연합회 조직. 『소시아트리(*sociatry*)』 발간(2년 후 '집단정신치료'로 개칭)
- 1946: APA의 펠로우가 됨. 『사이코드라마(Vol. 1)』 출간. 자발성 극장(독일어판) 영역함
- 1947: 『Sociatry』 계속 출간. 『Group Psychotherapy, a Journal of Sociopathology and Sociatry』(1950), 『Group Psychotherapy and Psychodrama』(1970), 『Journal of Gr. Psychotherapy, Psychodrama and Sociometry』(1976) 발행
- 1948: 이혼. 하버드 대학교에서 특별강연함
- 1949: 젤카(네덜란드 출생, 유태계)와 결혼. 하버드 대학교 내에서 사이코드라마 극장 개관
- 1950: 파리, 제1차 세계 정신의학회 참석
- 1951: 집단정신치료의 국제학회 조직, 뉴욕 대학교 사회학대학의 부교수직 역임. 『실험적 방법으로써 사회과학, 사회측정학』 출간
- 1952: 아들 조나단 출생
- 1954: 캐나다 토론토에서 제1차 집단정신치료학회 개최
- 1956: 『사회측정학과 사회정신의학 국제 저널』 『사회측정학과 인간과학』 출간
- 1957: 집단정신치료 국제위원회 초대회장 역임. 사이코드라마 · 집단치료 협회 설립
- 1959: 모스크바, 레닌그라드에서 강의. 『사이코드라마(Vol. 2)』 출간
- 1964: 파리에서 제1차 국제사이코드라마대회 개최. 『최초의 사이코드라마 가족』 출간
- 1966: 『국제 집단정신치료 핸드북』 편집
- 1968: 스페인 바르셀로나 대학교 명예박사학위
- 1969: 비엔나 대학교 골든 박사학위 취득. 바드 포슬라우에서 기념 현판식 가짐. 『사이코드라마(Vol. 3)』 출간
- 1973: 국제집단정신치료회 조직
- 1974, 85세: 5월 14일 뉴욕 비콘 자택에서 영면

제2부 이 론

제5장 서 론

인간은 양면성의 존재인가? 삶과 죽음 사이, 몸과 마음 사이, 하늘(천신, 남자)과 땅(태모신, 여자) 사이의 존재, 끝없이 이것이냐 저것이냐를 물을 수밖에 없는 존재인가? 한때 데카르트의 코지토(cogito: 나는 생각한다.)는 모든 사유의 기초로 여겨졌으나, 오늘날 생각하는 것 자체를 생각이라고 명명하는 또 하나의 나, 나로부터 몸 감각을 차단시켜 버리는 문제, 그러한 근본적 존재론에 대한 회의 등으로 인간 이성 논리가 불신의 초점이 된 지 오래다. 인간은 생각하는 존재인가, 행위하는 존재인가? 왜 우리는 그러한 양극적 상태로부터 하나의 진리, 하나의 통합된 논리를 찾고자 하는 것일까? 소위 객관적, 과학적 사실이 아니면 모두가 주관적 환상으로 폄하해 왔던 것이 인류의 역사였다. 탈이성, 탈중심, 해체의 시대라고 말해지는 지금도 그러한 합리성 중심의 태도는 많은 사람들의 사유방식을 지배하고 있는 것이 사실이다.

모레노 역시 그러한 양면성 사이에서 수많은 개념들을 통해 사이코드라마의 토대를 세웠다. 과학/철학, 예술/임상, 개인/집단, 신/인간, 자발성/문화 보존성, 언어/행위, 이론/실천 등이 그것이다. 그는 때로 어느 한쪽 개념에 몰두하다가(예: 언어<행위) 불분명한 상태에서(예술/임상) 통합적인 해결을 모색하기도 한다(이론과 실천). 우선 왜 그래야만 하는가 묻고 싶지만 현실의 전문가들은 그렇게 생각하지 않는다. 그들은 논리적 통일을 좋아하는 특성을 갖는다.

켈러먼(1992)은 자신의 저서 『사이코드라마의 초점(*Focus on Psychodrama*)』에서 이렇게 밝히고 있다. “사이코드라마는 이론보다는 적용 면에서 더 잘 알려져 왔다. 사이코드라마의 기반이 되는 이론들은 충분히 확장되거나 교정되거나 검증되지 않고, 하나의 체계적 구조로 통일되지 않은 채 관련 없는 이론들이 뒤범벅인 채로 남아 있다. 모레노의 이론들이 많은 임상적 상황을 설명하는 데 유용하기는 하지만 그것은 사이코드라마 치료를 위해서 단일하고 포괄적인 충분한 이론적 구조를 제시하는 데 실패했다고 생각한다.”

그의 이러한 언급은 어떤 시각에서는 사실이다. 사이코드라마에는 보다 세분화되어 논의되어야 할 부분들(예: 우주론), 보다 깊이 있게 천착되었어야 했을 개념들(예: 행위론), 보다 선명하게 제시되었으면 하는 체계들(자발성과 창조성)이 많이 있다. 모레노 역시 통합적 해결을 찾고자 노력했고 또 그렇게 실천하였던 것은 사실이다. 그러나 오늘의 시각에서 볼 때 집을 짓다가 만, 기둥과 토대만을 닦아 놓은 듯한 인상은 지울 수 없다.

그래서 켈러먼은 1992년 모순 없는 이론적 기초 작업으로 사이코드라마의 자연과학적 측면과 인간과학적 측면을 종합하여 통합적 사이코드라마(integrated psychodrama) 이론을 만든다. 그 요점은 〈표 5-1〉과 같다.

표 5-1 자연과학/인간과학으로서 사이코드라마의 지배적 요소

메타사이언스	자연과학 행동적 사이코드라마	인간과학 실존적 사이코드라마	*켈러먼의 대안 통합적 사이코드라마
〈치료적 실제〉			
기준	정신건강	실존의 자각	⇒ • 반응자 욕구에 맞는 목표 설정 • 증상 제거 및 자아개념과 타인 지각 수정
가치	정상 행동	해방, 경험	
목표	증상 제거, 적응	자발성, 자기실현	
진단	적절	불필요	
응답자	환자	개인	
개입	치료적	극적 자기표현	
〈이론적 가정〉			
인간상	생물학적 유기체 기계론적 존재	의지적 인간 자발적 존재	⇒ • 심신 통합적, 역동적 체계로서의 인간 • 주 · 객관, 내외 이분법 극복 • 전인적 표현 중심의 행위법 • 한 사례에서 질적 · 양적 연구 • 변증법적 통합이론의 발전
존재론	유물론적 일원론	이상주의적 일원론	
인식론	결정론	비결정론	
이상적 인간	적응 인간	진실한 인간	
학문관	신행동주의 인과적 설명 규칙성의 기술	의도적 정황 행위의 이해 역사적 일대기	
연구방식	논리적 경험주의	해석학적 변증법	
탐구대상 상태	주체-객체	주체-객체	

한마디로 켈러먼의 시도는 무리다. 그 역시 또 하나의 뼈대만 세우고 말았다. 예를 들어, 존재론에서 스피노자의 일원론적 이중 견해(몸과 마음은 단일한 실제의 두 측면)가 몸-마음을 통합적으로 표현하는 행위법을 설명해 줄 수 있을 것이라는 제안, 인식론에서 결정론과 비결정론을 모두 다 포함하려고 한다는 표현, 과학과 학문의 규범에서 순수 현상학적 자료 자체를 분석하고 그 어떤 가정으로부터도 자유로워질 때 엄밀한 과학이 가능하다는 입장(단지 입장 표명) 등이 그것이다. 물리적 결합방식(장점만을 취하는)과 화학적 융합(중간을 이야기하는 제3의 이론 채택)이 혼재된 발상이며, 특히 짚고 넘어가야 할 부분은 어떻게 하든 사이코드라마를 과학화시켜 보겠다는 무리한 이론이라는 점이다.

켈러먼도 인정한 바이지만, 모레노는 모순이 존재한다는 것을 부정하지는 않았다. 그는 인간 경험의 모순된 본성을 지각하고 있었고, 또 그것들이 서로 상호작용하며 서로를 규정하고 있다고 생각했다. 그러나 어떤 희생을 치르고서라도 합성을 이룬다든가 실재를 구획화하는 것은 반대했다. 오히려 그는 대립된 개념들 사이에서 차이보다는 유사성을 발견하려고 노력했으며 조화 속에서 모순을 결합하는 것을 선호하였다.

1994년에 홈스(P. Homes), 카프(M. Karp) 등은 그들이 편집한 『모레노 이후의 사이코드라마(*Psychodrama Since Moreno*)』에서 사이코드라마의 다양한 이론들을 유형화해서 다른 이론들과의 접목 가능성을 제시한다. (그러나 사이코드라마 이론의 다양성과 풍요성으로 말미암아 그들의 다발(cluster)이론으로의 통합은 실패했다고 말한다.)

그들 또한 모레노의 견해의 불일치 혹은 이원성을 지적하였는데, 의학과 철학을 공부했던 역사 그리고 그의 인간에 대한 견해, 즉 사회측정학과 같이 인간관계를 측정 가능하다고 본 측면과 측정 불가능한 우주적 본성을 지닌 인간관을 들어 그러한 양극성을 옹호하고 있다. 결국 그러한 견해들 사이의 긴장이 오히려 사이코드라마에 생명

표 5-2 사이코드라마의 다발이론

다발	범 주	주요 개념	관련 이론
제1다발	인지적 · 의식적 범주	사회측정학, 사회역동학 인간관계의 인지 · 의식 부분	인지치료, 행동치료
제2다발	초개인 · 정신 영적 범주	종교 · 영혼 · 우주, 공동 무의식, 사회집단 내 무의식적 · 정신영적 부분	융분석심리, 정신합성 비온(Bion)의 집단 역동
제3다발	개인적 · 무의식적 범주	발달론 · 원장소이론 자발성/창조성	프로이트, 클라인 대상관계론
제4다발	인간 상호 간 범주	의식 · 무의식	만남, 게슈탈트

력을 불어넣고 있다는 것이다. 그리고 그 예로 〈표 5-3〉과 〈표 5-4〉와 같이 다양한 범주의 다양한 영역의 정신치료 방법이라고 사이코드라마를 분석한 로완과 드라이든(Rowan & Dryden, 1988)의 연구 결과를 제시한다.

이러한 작업은 의미 있다고 생각된다. 다양한 치료이론 가운데 사이코드라마를 위치시켜 보려는 착상도, 좌우상하 두 범주 속에 주요 개념들을 분포시킴으로써 개념의 명확성을 찾아보고자 하는 시도도 의미 있게 생각된다. 아마도 사이코드라마의 불분명성 때문에 더욱 전체적인 윤곽을 그려 보고자 했을 것이다. 그런데도 몇 가지 문제점이 드러나 있다. 사이코드라마의 자발성/창조성을 그 개념과는 다르게 마음의 범주에 위치시킨 것(그것은 의식, 무의식뿐만 아니라 마음의 차원을 넘어선다.), 원장소(locus naccendi)를 인간 상호 간 범주에 위치시킨 점(그것은 정신 내적인 범주에 속한다.), 우주가 정신 영적인 데 쏠려 있는 점(그것은 사실 그 어느 범주에도 속하기 어려운 개념이다.) 등 전반적으

표 5-3 치료적 장에서의 사이코드라마의 위치(Rowan & Dryden, 1988)

	개인 내적 혹은 정신 내적	인간 상호적 혹은 실존적	초개인적 혹은 정신 영적
의식적 마음	정신의학		
	행동수정	실존적	기본 명상
	행동치료		
	인지치료	초점적(focusing)	
	합리적 정서치료		
	가족치료		
	인격구성치료	게슈탈트	
의식-무의식 범주	상호교류분석		
	인간중심치료	사이코드라마	
	최면치료	만남	정신합성
	공동 카운슬링		
	신경언어 프로그래밍		초개인심리학
	라이히언(Reichian)	생체에너지 요법	
		생체역학치료	
		생합성	
	원초적(primal) 치료	원초적 통합	
	프로이디언	페미니스트	
	대상관계		힐먼
	코헛		
무의식적 마음	플라인	마러	융
	라캉		
		정신 영적 범주	

표 5-4 치료적 범주 내 모레노의 개념 분포(Rowan & Dryden, 1988)

	개인 내적 혹은 정신 내적	인간 상호 간 혹은 실존적	초개인적 혹은 정신 영적
의식적 마음			
		사회측정학	
	역할이론		도덕철학
		역할교대	
		만남	
의식-무의식 범주	창조성		
		텔레	
			보편성(universality)
	자발성		
	모체(matrix)	원장소(locus nascendi)	공동 무의식
	원상태 (status nascendi)		우주(cosmos)
무의식적 마음			
		정신 영적 범주	

로 무리한 범주 설정과 분포로 보인다(또한 지금 여기, 행위, 인간-신 등의 주요 개념들이 빠져 있다.). 〈표 5-3〉에서 다른 분야는 제외하고서라도 사이코드라마가 의식-무의식의 중간이며 인간 상호적 범주와 정신 영적 범주 사이(정신 내적인 것과는 거리가 먼)에 위치하는 것도 쉽게 납득되지 않는다.

한마디로 사이코드라마를 기존의 언어체계 안에 무리하게 가두어 두려는 시도는 지나치게 합리적인 태도로 보인다. 물론 그렇게 해야만 하는 당위성 자체를 부정하는 것이 아니다. 그러나 꽃 한 송이를 제대로 표현하기 위해서 얼마나 많은 단어들이 필요하겠는가를 생각해 보면, 잘못하다가는 오히려 그러한 학문적 자세의 시도 자체가 살아 있는 생명력 혹은 활력을 숨막히게 할 수도 있다는 점이다. 모든 이론은 인간과 이 세계를 위해서 존재한다. 구체적인 삶을 위해 있어야 한다. 이론을 위한 이론이어서는 안 된다(과거의 메타서사적 형이상학들, 라캉의 거의 실현 불가능한 욕망과 실재계의 개념 그리고 초개인적 · 초월적 논의들이 그러한 일면을 지니고 있다.).

사이코드라마는 바로 그러한 이론의 벽과 경계를 부수고 보다 근원적 차원, 보다 구체적 삶에서 시작된다. 많은 학문 분야로 나뉘어 설명될 수 있다는 사실이 바로 그러한 구분을 지으며 그것을 넘어서고자 하는 의지를 보여 준다. 사이코드라마 이론은 이론을 위한 이론이 아니다. 엄격한 과학적 잣대로 다가가게 되는 순간, 그것은 이미 사이코드라마가 아니다. 그것은 무엇보다도 몸으로 체현되어야 하는 세계다. 나 자신의 몸 그리고 삶으로 다가가지 못할 때, 나는 사이코드라마라는 허울 좋은 껍데기 속에서 방황하게 되거나 얄팍한 지적 만족만으로 자위하게 될 뿐이다.

차라리 그러한 인위적 축소보다는 보다 세분된 확장이 의미 있을 것이다. 예를 들어, 감성론, 만남학, 고독학, 웃음학, 자발성론, 공감학, 슬픔학, 행위학 등과 같이 말이다. 우린 사랑학, 부부학, 자녀학 하나, 또 몸학, 성학, 분노학, 꿈학, 환상학 하나 제대로 갖추지 못하고 있다. 학문 분야는 많아도 우리 몸과 삶에 직접 관련된 것은 거의 없고, 우리는 여전히 아는 것이 힘이라는 이상 아래 모두가 사고 중심의 학문 속에서 힘들어 하고 있다.

제6장 우주론

1. 서 론

세이건(C. Sagan)의 우주 달력(우주 전체 역사를 12개월로 본)에 의하면(김상일, 1994) 우주 대폭발은 1월 1일, 지구의 형성은 9월 14일, 최초의 인간 탄생은 12월 31일 오후 10시 30분, 그리고 기록이 남아 있는 문명의 역사는 12월 31일 마지막 10초 사이에 이루어진다. 그리고 현대과학이 현재까지 알아낸 사실은 빅뱅(대폭발) 이전 그리고 현재 팽창하고 있는 우주의 종말에 대해서는 추정할 수 없다는 것이다(호킹, 현정준 역, 1990). 그리고 호킹(S. W. Hawking)은 대폭발 이전의 사건은 인간에게 아무런 영향도 줄 수 없다고 말한다. 다시 말해, 무한의 우주 개념이 유한 개념으로 대치되고, 우주와 인간 간의 관계 및 그 의미에 초점을 둔 것이다.

우주와 인간의 관계를 몇 가지 인류 역사의 흐름을 가지고 유추해 보면 대략 다음과 같은 세 가지로 나누어 생각해 볼 수 있다. 우선, 인간과 우주는 수직관계에 놓일 수 있다. 주로 고대의 우주관 혹은 넓게는 전통 종교적 우주론이 이에 해당한다. 우주는 인간을 지배한다. 우주는 인간의 길흉화복과 생사를 주관하는 대상이며 신비한 힘, 절대적 권한을 갖는다. 따라서 인간은 상대적으로 작아진다. 티끌 같은 존재요, 우주 속에 내포된 존재다. 부처님 손바닥 위 손오공의 운명이며 우주 창조신의 자손이다. 무릎

꿇음, 예배, 기도, 자기 희생, 금욕 등을 통해 하늘의 이치에 닿아야 한다. 제천의식을 올리고 하늘의 노여움을 달래거나 죄 사함을 빌어야 한다. 별점, 별자리, 주역의 논리가 있고 빛과 태양으로 상징되는 중심 그리고 어둠의 나락이 있다. 하늘을 우러러 부끄러운 줄 알아야 하고, 순하고 순한 어린양이 되어야 한다.

두 번째는 수평관계를 생각할 수 있다. 인간이 우주요, 우주정신이 곧 인간정신이다. 우주와 인간은 하나이고 하나됨이다. 갑골문에서 天은 大로 나타나는데 사람의 머리 부분을 돌출시킨 모양이다(풍우, 김갑수 역, 1993). "천지는 나와 함께 태어났으며 만물은 나와 일체가 된다."라고 말한 장자, 맹자의 전일합일론(全一合一論), 그리고 노자, 공자의 천인관계론(天人關係論)이 이 범주에 속한다고 할 수 있다. 다시 말해서, 중국 역대의 철학자들은 모두 인간과 자연계를 하나의 화해적 통일체로 간주한 것이다(풍우, 1988). 천도(天道)가 인도(人道)이며 하늘의 법칙은 인간의 법칙과 일치한다. 하늘과 인간은 공통의 의지를 가지고 있기 때문에 서로 호응할 수 있다는 것이다.

마지막은 인간이 우주의 중심에 놓여 있는 경우다. 베이컨(러셀, 최민홍 역, 1973)의 인간은 만물의 영장으로서 아는 것이 힘이라는 말, 프로타고라스의 인간은 만물의 척도라는 말, 그리고 아리스토텔레스의 지구가 우주의 중심이라는 서구적 인간중심 논리가 이에 속한다고 하겠다. 이성 중심의 관념론과 합리주의, 결정론적 세계관 내지는 뉴턴의 고전물리학적 우주관도 마찬가지다. 우주는 내 손 안에 들어 있다. 나의 해석에 달려 있다. (앞에서 언급한 내가 우주를 창조한다는 의미와는 다르면서도 같다. 다르다는 것은 장님이 코끼리 만지는 식을 말하며, 같다는 것은 내 마음에 따라 그리고 나에 의해서 우주가 그 모습을 달리해 보인다는 것을 말한다.) 그리고 우리는 우주의 99% 질량을 차지하는 암흙물질의 존재를 이제야 알게 되었을 뿐이다. 아직도 우주의 시작과 시공의 기원은 미지의 영역으로 남아 있다(스무트 외, 과학세대 역, 1994).

이상의 세 가지 관계는 우주와 인간을 하나의 대상으로 간주하고 그 상호관계를 대략적으로 구분지어 본 것이다. 우주는 우리 인간에게 어떤 의미일까? 그것은 분명 우리의 해석에 따라 서로 다른 의미를 지니는 주관적 현실이면서도 우리 삶에 영향을 미치는 분명한 객관적 현실이기도 하다.

> 넓은 바다 한가운데 작은 돛단배 위에 누워 바라보는 하늘, 무수한 별들, 은하수, 그리고 한순간 떠오르는 산다는 것, 죽는다는 것…… 우주의 삶의 비밀…… 순간 지구가 우주요 돛단배가 지구며 우주가 내 가슴 속에 들어와 앉는, 나와 별이 같아지는 순간들…….

한마디로 우리는 우주 내 존재다. 우주 내 존재란 우주를 대상화하지 않는다는 뜻이다. 인간과 우주를 구분짓는 행위는 무의미하다는 말이다. 그렇다고 하나의 상황으로 주어진 우주, 이 시공간에 불쑥 우연히 내던져진 존재라는 뜻은 아니다. 또한 앞에서 언급한 인간과 우주의 관계 중 수평적 관계와도 다르다. 만물일원론적 시각이 그렇고 궁극적인 절대지(絶對知) 역시 그렇다.

그것은 유한과 무한을 떠나 계속되는 존재로서의 인간과 우주에 대한 통일된 시각을 나타낸다. 겉으로 드러나는 현상에 의해서가 아니라 숨겨진 내면의 존재 의미를 동시에 꿰뚫어 보고자 하는 것이다. 인간을 출발점으로 하건 우주로부터 시작하건 상관없다. 굳이 우주 내 존재를 인간만으로 규정하지도 않는다. 생물이건 무생물이건 본질적으로는 무관하다. 그리고 그것은 힘, 지속, 시간, 과정, 생성, 창조 등의 개념을 통해 접근된다.

니체는 "우리가 알든 모르든, 우리가 원하든 원하지 않든, 각 개인은 우주적 전 존재에 참여하고 있다. 우리는 개인 이상의 존재다."라고 말한다. 그리고 대자연의 어디에나 힘에의 의지가 작용한다고 주장한다(김웅권, 1996).

우주는 지속이며, 지속이란 발명과 형태의 창조를 의미한다(베르그송, 서정철 외 역, 1992). 우주를 그 전체로서, 즉 비유기적이기는 하지만 유기적 존재와 서로 얽혀 있는 전체로서 파악할 수 있을 때, 우리는 우주가 우리의 의식상태만큼이나 새롭고 독창적이며 예측 불가능한 형태를 끊임없이 띠고 있음을 알게 될 것이다(베르그송, 이광래 역, 1993).

이제 우주는 인간처럼, 모든 생명체처럼 하나의 유기체로 인식된다. 인간과 우주가 주체와 객체로 구분되거나 우주가 인간으로부터 하나의 환경 혹은 대상화되어 분석되는 것이 아니라 인간과 동격이 된 것이다. 그 극단적인 예가 내가 우주이고 우주가 나인, 나에 의해 수시로 모습을 변하는 우주론이다. 『우주의 역사(*Starseekers*)』를 쓴 윌슨(C. Wilson, 한영환 역, 1982)에 의하면 고대인들 역시 태양, 달 등의 생성의 힘을 직접 피부로 느끼고 체험했으며 헤라클레이토스 역시 우주를 생명이 있는 유기체로 보고 삶과 죽음을 영위한다고 생각하였다.

유기체 철학자로 불리는 화이트헤드(오영환 역, 1997)는 "우주는 새로움을 향해 나아가는 창조적 전진의 과정이며, 인간은 우주의 창조적 과정에 참여해야 할 각별한 책임을 지고 있는 존재이자 우주와의 유기적 관계에 의해서만 논의될 수 있는 존재가 되었다."고 말한다. 그리고 우리 인간은 아직까지도 우주와 자연을 이해하는 데 있어서 그러한 창조의 개념을 해명하지 못했다고 생각하고 있다.

실험 천체물리학자인 스무트(G. Smoot, 과학세대 역, 1994)는 우주의 창조성에 대해 이렇게 말한다. "우주의 창조력은 우주가 가진 가장 강력한 힘이다. 그 힘은 시간을 통해서 물질, 항성과 은하의 구조, 그리고 궁극적으로는 우리 인간까지 생성시켰다."

2. 우주 역동과 자발성/창조성

우리가 우주를 대할 때 떠올리는 의문 중의 하나는 저 무변의 우주를 존재하게 하는 힘은 과연 무엇일까 하는 것이다. 저토록 끊임없이 움직이고 변화해 나가는 현상의 배후에 숨겨진 원인이나 에너지 혹은 동인을 생각해 보지 않을 수가 없다.

아리스토텔레스가 태초의 창조 순간의 원동력(또는 원동자, prime mover)을 생각해 내어서 제일 원인으로서 절대자, 신을 상정하게 된 역사는 어쩌면 자연스러운 인간의 사고과정이라고 볼 수 있다. 그러나 여기서는 쿼크(quark), 원시원자(primordial atom) 모형 그리고 빅뱅이론과 같은 우주의 기원에 관한 자세한 논의는 피해 가기로 하자. 그것은 동적 우주론(dynamic cosmology) 연구자들이 해야 할 몫이며(스무트; 과학세대 역, 1994), 국외자로서 잘못 발을 헛디뎠다가는 지나친 추상화로 떨어질 수 있기 때문이다. 따라서 여기서는 우선 가장 강력한 힘으로서의 창조력 혹은 힘 자체에 국한해서 논의하고자 한다.

베르그송과 화이트헤드에게는 우주가 끊임없이 자기를 창조하는 존재였다(오영환 역, 1997: 280). 베르그송(이광래, 1993)은 그 어떤 것도 폐기하기를 원치 않는 철학자였다. 그는 우리의 물질적 세계(우주)의 제 상태가 우리 의지의 역사와 동시대적이라는 사실을 밝힐 필요가 있으며, 의식이 지속하듯이 물질세계는 어떻게 해서든 반드시 실재적 지속에 결부되어야 한다고 하였다. 그래서 그는 만유의 궁극적 존재 근거와 설명 근거를 생명의 시원적 약동에서 찾는다. 그것은 순수 자발성이다. 만유는 이 우주적 자발성의 소산이며, 그에 궁극적으로 통일되어 있는 한 우주의 전개과정은 문자 그대로 비결정이고 예측할 수 없으며 순간순간 무를 극복하면서 존재하는 것이 된다. 이를 그는 우주가 지속한다고 말한다(김진성, 1985: 189). 우주는 완성이 아닌 한없이 성장해 가고 있는 것이다(베르그송, 서정철 외 역, 1992).

화이트헤드에게도 자연의 창조적 전진(자연 자체의 근본 특성으로서)이 그의 사상에서 가장 중요한 측면이 된다(오영환, 1997: 165). 그리고 그는 창조성을 순수한 활동성, 모든 현실태에 내재해 있는 최고의 일반성이며 현실태의 가장 기본적이고 보편적이며 무형적인 원리로 기술한다. 창조성이란 가능태를 현실화하는 것이다. 그리고 그 현실화의 과정이란 경험과정의 요소들인 선행하는 객체들의 경험적 계기를 말한다. 여기서 객체는 수동적이지만 결합 면에서 본다면 세계를 움직이는 창조성을 지니고 있다. 이 창조과정이 우주의 통일성에 대한 형식인 것이다(화이트헤드, 오영환 역, 1997: 286).

모레노(1970: 284)는 우주 속에 존재하는 모든 사물은 우연과 필연의 열매라고 말하면서 물활론을 비판하였다. 그 예로 우주 전체에 작용하며 그곳에 다양성, 시종일관성, 특수화 그리고 질서를 창조하는 알 수 없는 힘(분화하는 힘)을 상정한 스펜서, 입자에서부터 은하에 이르기까지 전 우주를 지배하고 있는 하나의 생기(生氣)와 에너지 개념인 진화력을 말한 샤르댕, 그리고 우주의 진화를 지배하는 가장 일반적인 법칙은 변증법적 질서라고 한 헤겔 등을 꼽는다. 반면에 베르그송에 대해서는 진화가 창조 자체라고 말한 점에서 어느 정도 긍정적 반응을 보여 주고 있다.

우주적 본질, 그 특성에 있어서 창조성에 관한 논의는 그런 점에서 두 갈래로 나누어진다고 할 수 있다. 즉, 질서의 창조를 말한 스펜서, 궁극적으로 목적인을 상정한 화이트헤드가 하나의 이데아와 같은 목표 중심의 중심주의 선상에 서 있다면, 베르그송과 니체 그리고 모레노는 창조성만으로 현상과 실재를 아울러 논하는 탈중심적 위치에 서 있다고 할 수 있다.

니체에 의하면 우주적 힘 또한 영겁 회귀와 힘에의 의지로 집약된다. 니체는 힘에의 의지를 대자연 전체 속에서 작용하는 것으로 이해하였다(김응권 역, 1996). 세계는 폭풍처럼 격동하고 영속적으로 밀려오는 힘의 바다로서 영원히 변화 중에 있으며, 엄청난 세월을 두고 주기적으로 회귀하고 영원히 역류하고 있다. 영원히 스스로 생성하고 파괴하는 광대한 힘의 흐름이 이 우주를 관통하고 생기를 주고 있다는 것이다. 그리고 인간의 삶에 내재하는 힘에의 의지는 자주적 운동을 통해 존재의 심층으로부터 나오는 본질적으로 자발적인 활동이자 창조적인 활동으로 본다. 그것은 생명력(보존이 아닌) 확장을 향한 내재적인 힘이요, 삶이란 그것의 충만함과 창조적 힘 속에서의 확장이라는 것이다.

여기서 다시 한 번 사이코드라마적 시각으로 되돌아가 보자. 모레노는 먼저 베르그송과 니체에 대해 비판을 시도한다. 그 기준은 우리의 구체적인 생존, 살아남음의 실제적인 방식에 있다. 그 어떤 지고의 논리라 할지라도 우리 가운데 구체적으로 행위화되고 표현되지 못하는 것은 의미가 감소될 뿐이라는 것이다(그러나 역으로 비판을 시도한다고 하는 행위, 특히 논리 자체가 아닌 실현 가능성을 근거로 비판적 언급을 하였다는 사실 자체는 그만큼 두 사람의 사상의 영향을 받았다고 생각할 수 있다.).

니체에 대한 비평의 근거는 한마디로 니체의 대부분의 논리적 전개는 자발성의 반대개념으로 보는 문화적 보존성(cultural conserve)에서 나왔다는 사실에 있다. 이미 생명력, 그 자발성이 끝나 버린 베토벤이나 바그너의 작품들, 생산물들, 그리고 사회에서 통용되고 있는 낡은 개념들에서 자신의 생각들을 전개시켜 나갔을 뿐이라는 것이다. 그의 계보학적 전제가 그러하며, 특히 신과 초인에 있어서도 그것은 문화적 보존성으로 가득 찬 신의 논리에 대한 부정이며, 초인 역시 하나의 완고한 개념체계에서 또 다른 개념체계로의 전환일 뿐이라는 것이다.

그러나 필자의 생각으로는 여기서 모레노는 자신의 자발성/창조성 이론과 모순을 일으키고 있다고 본다. 그 역시 니체나 베르그송의 저작물들을 통해서 비평하고 있기 때문이다. 그의 비판은 직접 화법으로 말한 내용이 아니라 그 자신이 규정하고 있는 책이라는 문화적 보존성에 의거하고 있다. 그리고 위에서 언급한 또 다른 개념체계가 무엇을 말하고 있는지가 분명치 않다. 왜냐하면 자발성이 최고로 발휘된 창조자 내지는 신이라고 하는 그의 개념 역시 초인, 차라투스트라, 디오니소스보다 더욱 기존의 개념체계(내용상 서로 유사하면서도 다를지라도)를 답습하고 있기 때문이다. 글을 쓴다는 것 자체도 하나의 자발적이고 창조적인 행위이지 않겠는가?

차라투스트라는 말한다(니체, 정강석 역, 1990). "나는 그대들에게 초인을 가르치노라. 인간이란 초극되어야 할 그 무엇이다. 그대들은 자신을 초극하기 위해서 무엇을 했는가?" 여기서 초극한다는 것은 '넘어서(uber, beyond)'라는 의미로 해석한다. 이곳을 넘어서고 극복하는 존재, 그것은 모레노의 생존(survival)의 의미와 일맥상통하지 않을까? 힘에의 의지를 내면으로 치밀어 오르는 자발적이고 창조적인 힘으로 볼 수는 없을까? 나아가 니체는 창조적 천재를 이성의 완성, 지성의 개념 작용의 확대 속에서 보는 것이 아니라 어린 시절의 최초의 사유로의 회귀 속에서 본다. 그리고 그는 "인간의 성숙이 이루어지는 때는 어린아이였을 당시에 그가 유희에서 보여 준 진지함을 되찾을 때다."(김웅권 역, 1996: 373)라고 말한다. 여기서 아이는 새로운 출발, 유희, 저절로 굴러가는 하나의 바퀴, 최초의 운동, 신성한 긍정으로 인식된다(니체, 정강석 역, 1990). 이는 모레노가 말한 최초의 우주 속의 아이 개념과 유사하다. 두 사람은 그런 점에서 거의 같은 인식에 도달했음을 보여 주고 있다.

요약하면, 베르그송은 우주의 근원적 힘을 생명의 시원적 약동으로, 니체는 힘에의 의지로, 화이트헤드는 창조성으로, 그리고 모레노는 자발성과 창조성으로 규정한 것이다. (지금까지 자발성 혹은 창조성이라는 용어를 구분하지 않고 사용하였는데, 일단은 같은 의미로 사용하였다. 그 이유는 자발성과 창조성의 장에서 다시 자세히 논의된다.) 이론의 전개 방식과 지향하는 바가 서로 다르면서도 근원적인 우주적 힘에 대한 논리는 비슷하게 전개된 것이다.

이러한 힘에 대한 논의는 아리스토텔레스까지 거슬러 올라간다. 위에서 언급한 동적인 힘의 개념과는 달리 정적인 개념이라고 할 수 있는 그의 뒤나미스(dynamis)는 모든 사물의 현실태(예: 참나무)를 향한 운동과 변화의 원천으로서 가능태(예: 도토리)를 일컫는 용어다. 그리고 여기서의 가능태는 다양한 능력, 곧 힘을 의미한다. 인간에게 그것은 감각능력, 사유능력이다.

스피노자(들뢰즈, 박기순 역, 2001)에게는 존재(存在)가 항상 현실적이다. 그러한 존재와 자연 사이에는 어떠한 분리도 없다. 그리고 존재의 존엄성은 곧 그 자체의 힘(power)에 있다. 그 힘은 몸과 사유 안에서 항상 충만하게 표현되며 자기 안에서 차이가 난다. 그리고 그러한 내부적 차이는 존재의 운동으로, 존재의 열림(opening)으로 드러난다. 스피노자가 염려하는 것은 사유에 부여된 우선성이 존재의 그러한 힘을 약화시킬 수 있다는 사실이다. 몸의 세계가 정신세계에 복종하는 것을 거부한 것이다.

우주와 자연의 역동, 그 중심에 자리 잡은 힘의 개념은 자연스럽게 인간의 힘이 되고 있다. 그보다는 인간 자체를 우주의 한 부분 혹은 전체로 전제하고 양자 구분 없이 힘을 논하고 있다. 학자마다 다양한 표현을 하고 있지만 그 근본 의미에서는 유사하다고 볼 수 있다. 그것은 모든 존재들이 자유롭게 서로에게 드나들며 존재하고, 만물이 다양성을 가지면서도 서로 장애 없이 존재하면서 하나가 곧 전체이고 전체가 곧 하나인 구조 속에 놓인 불교의 사사무애법계(事事無碍法界)의 의미일까? 인간은 대지에 뿌리박고 있고 이러한 인간과 땅의 밀착된 관계 또한 우주와는 뗄 수 없는 관계임을 의미하는 것일까?

인간은 흔히 현실의 삶이 막히고 답답할 때 고개를 들어 하늘을 쳐다본다. 우리 인간은 아직도 인간답지 못함을 느낄 때 자연스럽게 이러한 운명 이전의 고대 원시시대를 떠올릴 수도 있다. 모레노가 우주 역동에 시선을 돌리게 된 것은 바로 그러한 이유였다. 우리의 선조들은 우주적 현상 앞에서 자신들의 위치를 이해하고 그것을 극복하고자 시적인 예지와 본능적 감각을 사용하였다. 애니미즘과 자연에 대한 외경심으로, 그들은 원시종교와 신화, 전설, 제의 등 나름의 가치체계를 만들어 냈다. 우리 역시 그것들을 새로운 방법으로 만나고 우리 삶 속에 되살릴 필요가 있지 않겠는가?

또한 모레노는 개체적 인간에 대한 개인 역동과 마르크스의 사회 역동 이론을 넘어서서 우주 역동으로 나아갔다. 생과 사가 시작도 끝도 아니며 생리학적 · 생물학적 요인들의 노예가 아닌 주인으로서, 그리고 성별, 나이 등 사회 · 문화적 요인에 고정되지 않은 우주적 존재로서의 우주 역동이기에 그 중심적 힘인 자발성과 창조성이 곧 사이코드라마의 뿌리가 된 것이다.

뿐만 아니다. 모레노는 우주 역동에서 자발성뿐만 아니라 그 외 사이코드라마의 중심 개념들인 순간(moment), 만남, 지금 이곳, 유아의 제1우주, 익명성, 책임성 등의 개념을 만들어 낸다. 한마디로 사이코드라마는 우주 드라마(cosmic drama)의 인간화된 형식이라고 말할 수 있다.

3. 지금 여기

우주 역동은 시간, 공간, 사건(혹은 과정)으로 이루어진다. 그리고 사이코드라마의 시간 개념은 그 세 가지를 종합해서 따로 순간(moment)의 철학으로 불린다. 사건이나 행위를 제외한 순수 시간과 공간 개념은 '지금 여기(here/now)' 개념에 속한다. 따라서 지금 여기에 관한 시간 개념을 먼저 논하고 나서 순간의 철학을 논하기로 한다.

푸코(허턴, 1982: 226)는 인간의 자기 이해의 출발점은 어떤 가설적인 역사적 시간의 시초로부터 시작되지 않고 오늘로부터 시작된다고 말한다. 매일 우리는 새로운 정식화를 통해서 자기 자신을 창출한다는 것이다. 여기서 우리는 그가 역사적 시간, 우리가 흔히 알고 있는 직선적 시간(과거, 미래로 나누어지는)을 가설적이라고 표현하는 의미를 눈여겨봐야 할 것 같다. 시초라는 말 역시 시작과 끝, 원인과 결과라는 직선적 사고방식에 대한 의미가 내포되어 있다. 따라서 위의 문장에서 오늘이라는 의미는 현재, 지금, 이 순간의 의미로 이해되어야 한다.

푸코는 또한 나를 정식화시킨다고 하지 않고 새로운 정식화를 통해서 자기를 창출한다고 말한다. 실제로 우리는 매일 우리 자신을 정형화하고자 노력한다. 물론 그조차도 뜻대로 되는 것은 아니지만 그러한 가능성을 향한 노력은 평생을 지속한다고 볼 수 있다. 그러나 푸코에게 주체란 새로운 인식의 변화를 통해서 창조적으로 드러나는 것이다. 물체처럼 고정된 어떤 속성을 가진 것이 주체가 아니라 되어 가는, 탈주체적인, 순간 표출되는 행위자로서의 주체다. 그래서 창출이라는 단어를 사용한 것이다.

지금 이곳이라는 개념은 쉽지 않다. 그리고 그것은 사이코드라마의 중심 개념이다. 시간과 공간을 아울러서 그것은 '지금 여기'로 표기된다. 서양의 '장소/시간'이 아닌 '시간/장소'로서 우리말이 시간을 우위에 두고 있다는 의미가 있다.

역사 이래로 시간을 이해하고자 하는 다양한 철학적, 물리적 담론들이 시도되었다. 모레노 또한 시간과 공간 개념을 우주적 차원에서 지금/여기, 순간의 예술(혹은 철학)을 통해 사이코드라마를 정초하였다. 그에게는 적자생존의 세계가 아닌 인간 창조자의 생존이 문제였기 때문에 창조자를 위한 가장 중요한 철학적 범주의 하나로 시간을 사이코드라마의 토대로 삼은 것이다. 그러나 그는 철학자라기보다는 행위자이자 실천가였다. 그래서 그의 시간론은 어느 면에서 매우 단편적으로 보인다. 그러나 그것은 어디까지나 이론적·형식적 측면이고, 질에 있어서 그가 생각했던 시간 개념은 오늘날 라캉이나 들뢰즈의 사유에 결코 뒤떨어지지 않는 깊이와 순수함이 있다. 순수하다는 것은 그의 인간에 대한 이미지가 보다 근원적인 데서 출발하고 있다는 의미다. 한마디로 그의 시간관은 오늘날 현대 철학적 담론 중의 하나인 후기구조주의적 시간 개념과 유사하다. 요약하면 다음과 같다.

이정우(1999: 141)는 여러 철학적 논의, 특히 스토아 학파와 들뢰즈의 사유를 중심으로 시간을 사유한다. 그에 의하면 시간 개념은 크게 셋으로 나뉜다. 첫 번째는 절대 시공간을 전제하고 모든 사물은 그 안에서 움직인다고 하는 뉴턴의 시간 개념이다. 물질이 없어도 시간은 존재한다는 생각이 이정우에게는 우스꽝스러워 보이는 것 같다. 그런데도 우리의 공통된 사고는 그것을 사실로서 믿고 있다는 것이다. 두 번째는 물질의 시간으로서 크로노스의 시간이다. 그것은 물체의 운동에 의해 생겨나는 시간이다. 예를 들어, 어떤 사람이 '산보를 했다.' 고 했을 때는 시간이 있고 그 안에서 산보를 한 것이 아니며, 산보라는 운동이 있고 그 운동의 시작과 끝에 의해서 시간 간격(時一間)이 발생한다고 보는 것이다. 따라서 크로노스의 시간은 물체의 운동에 의한 우주적 주기를 반복하는 시간이다. 반면에 물체가 아닌 그 속의 물질, 비가시적 시간으로서 아이온(Ion)의 시간이 있다. 그것은 의미의 차원, 순수사건 차원의 시간이다.

예컨대, 사이코드라마 무대 위에서 하나의 장면이 연출될 경우 사람들, 주인공, 말, 소리, 움직임, 행위가 일어난다. 그 모든 것을 하나의 움직임, 운동이라고 하였을 때는 그만큼의 빠르고 느린 시간이 발생한다. 그러나 거기에 그 어떤 의미가 없다면 그것은 단순한 시각적 변화, 청각적 차이만이 있게 된다. 물체들의 움직임만 있는 격이다. 그래서 그러한 소리나 말, 행위에 접혀 있는 그 어떤 의미를 읽어 낸다는 것은 물체적 운동의 차원과는 다른 어떤 차원이 관여한다는 것을 암시해 준다. 따라서 의미를 있도록 해 주는 것을 사건(들뢰즈적 용어)이라고 한다면 물체들의 움직임과는 다른 사건으로서의 (순수)사건의 시간이 존재하게 된다.

그래서 아이온의 시간은 사건이 발생하는 그 순간이 의미가 생성되는 시간이며 부정법(오다, 자다, 먹다와 같은 동사)의 시간이다. 특정 사건과 그 의미로 일상적 시간을 과거와 미래로 나누는 두께 없는 시간이다. 그것은 지속의 시간이 아니며 흐르지 않는다. 비물질적이고 의미가 순간적으로 존재하는 시간이다.

들뢰즈에 따르면 실존한다는 것은 현재다. 따라서 우리는 '상처를 입었다' 가 아니라 '상처를 입고서 있다' '또 죽을 것이다' 가 아니라 '죽음 앞에 있다' (이정우, 1999: 160). 우리에게 과거와 미래는 어디까지나 사건, 의미를 보유하고 있는 잠재성이다. 그것은 현실에서 드러날 때 비로소 의미가 있고 이해된다. 무대 위에서 하나의 흐르는 시간 속의 과거, 하나의 미래가 있다는 것이 아니다. 다양한 비가시적 사건들의 계열들(만나다의 계열, 죽다의 계열, 헤어지다의 계열 등), 수많은 잠재성을 가진 사건들과 계열들만큼, 그만큼의 시간이 존재한다. 사건, 나의 의미 있는 행위가 아이온, 순간의 시간을 만든다. 이런 사건 저런 사건을 일으킬 수 있는(자기를 창출하는) 다양한 계열적 사건을 잠재성으로 가지고 있는 사람들이 어느 한순간 다른 곳으로 가서 다른 행위를 할 수 있을 텐데도 사이코드라마 무대라는 시공간에서 만나는 것 또한 하나의 사건이다. 주체가 그러하기를 선택했다고 생각하겠지만, 위 논의의 관점에서는 어떤 계열들의 사건이 각자에게 현재에서 펼쳐진 것이다. 따라서 여기서 중요한 것은 사이코드라마에 모인 모든 사람의 현재가 모두 같은 현재가 아니라는 결론이 나온다. 주기적인 물체적 크로노스의 시간 개념으로는 같은 현재이지만 사건, 의미 발생의 측면에서는 각자의 행위에 의해 생성되는 아이온의 시간은 서로 다르기 때문이다.

무대 위에 오른다는 사건의 의미가 서로 다르며, 한 주인공의 행위와 그 행위에 대한 내 펼침의 의미와 순간 또한 다르다. 하나의 현재 안에 다수의 사람이 동시에 존재하고 다수의 사건, 의미가 발생하는 것이 아니라 의미-사건의 수많은 계열이 존재함에 따라 수많은 현재가 존재하고 또 서로 교차하는 것이다.

다음 문장을 보자. "내 상처는 나 이전에 존재했으며 나는 그것을 구현하려고 태어났다." "사건은 우리에 의하여 발생하는 것이 아니라 우리에게서 발생한다."(이정우, 1999: 111) 내가 겪은 사건으로서의 상처는 나 이전에 천명(fatum: 운명, 필연)의 한 매듭으로서 존재했으며 나는 그 사건의 수행자라는 것이다. '상처를 입다'는 사건의 계열, '사이코드라마 주인공이 되어 자기 자신을 창출한다'는 사건의 계열 또한 나 이전에 오래전부터 존재하고 있었다는 의미다(이러한 관점은 니체의 영원회귀 사상과도 연결된다.).

그래서 사건, 의미, 아이온의 시간, 순간을 생각한다는 것은 '나' 바깥을 사유하는 것, 나를 벗어나 극한적 한계 경험을 추구하는 것이 된다. 세계를 나의 관점에서 보는 것을 멈추고 궁극적으로는 그 사건의 의미와 합일하는 것이다. 이정우의 시각에서 그것은 선불교의 공안 혹은 익살로 드러난다.

모레노(1977: 103) 역시 자신의 순간 개념을 구체적인 일상의 시각에서가 아니라 우주적 관점에서 바라본다. 그는 새로움에 열린 우주와 닫힌 우주의 차이는 다음의 공식에서 드러날 수 있다고 생각했다.

> 1. A순간의 우주는 B순간의 우주와는 다르다.
> 2. A순간의 우주는 B순간의 우주와 같다.
>
> 새로움에 닫힌 우주에서는 순간의 범주가 무의미하다. 그것은 말뿐이다. 순간의 범주는 변화(change)와 새로움(novelty)이 발생할 수 있는 열린 우주에서만 의미가 있다.

그래서 한 주체에게 어떤 새로움이 발생되고 변화에 대한 지각이 자극되어 그에 반응할 수 있을 때 하나의 사건(event)이 발생한다. 이 순간 사건은 과거와 미래로부터 분리된 특정 순간(moment)으로 주체 내면에 자리 잡게 된다. 따라서 순간이 순간 자체로 경험되기 위해서는 다음과 같은 조건이 필요하다. ① 상황 내에서 반드시 하나의 변화가 발생해야만 한다. ② 그 변화는 주체에게 새로움의 경험으로 지각될 만큼 충분히 발생되어야 한다. ③ 이때의 지각은 주체로부터의 행위(자발성을 워밍업시키는 행위)를 내포한다. 따라서 순간의 이론은 자발성 이론으로부터 분리시킬 수 없다는 것이 모레노의 시간 개념의 요점이다.

이제 위의 공식을 의역해 보자. 우주를 한 개인, 주체로 상정해 보면 의미가 확실히 드러난다. 한 주체가 사이코드라마나 어떤 특별한 상황에 들어가게 된다. 그것은 일상과는 다른 환경이다. 변화가 지각되면서 동시에 그것은 새롭고 낯선 경험이 된다. 순간 자동적으로 자발성을 이끌어내기 위한 행위를 필요로 한다. 워밍업이다. 하나의 행위다. 그 행위가 의미를 펼치면 사건이 된다. 따라서 닫힌 개인에게 그러한 상황은 무의미하거나 낯선 세계로 받아들여진다. 어떤 변화와 새로움으로 지각되지 않는다. 그러나 주체가 세계를 향해 열려 있을 때의 그 상황, 그 순간은 변화와 새로움으로서 그에 따라 사건이 새로운 행위가 지각되고 생성된다. 여기서 순간의 범주는 세 가지를 의미한다. 존재하고, 살고, 창조하는 순간이 그것이다. 앞의 아이온의 순간 개념과 같은 맥락이다. 그러나 사건 개념에는 차이가 있다. 모레노에게 사건-순간 개념은 앞서 다양한 부정법에 의한 사건 계열과 달리 포괄적이다. 그는 존재한다, 산다, 창조한다의 인간의 세 가지 근본적인 사건만으로 다양한 사건들을 종합하고 있다.

엄밀히 말하면, 바로 그 세 가지 사건 속에 인간의 모든 사건이 접혀 들어가 있다고 보는 것이다. 지금 이 순간을 '존재케 하는 창조적 삶' 안에서 사건과 순간이 함께 공존하고 있다는 의미다. 우리(존재)가 살아간다는 것 자체가 곧 창조한다는 의미다. 그러나 두 이론의 궁극적 차이는 안쪽의 사유와 바깥쪽의 사유의 차이라고 하겠다. 앞의 이론은 바깥에서 보는 천명(fatum), 사건이 주어지는 순간에 대한 사유라면, 모레노는 안에서 자체의 자발성에 의한 순간의 개념이다. 모레노에게 자발성이란 우주 만물의 근원적 본성, 매 순간 새롭게 되풀이되는 하나의 변화다. 생성과 창조의 힘이다. 그것은 주체의 의지, 주관과 무관하다. 그것은 인간 탄생 이전부터, 거슬러 올라가 우주의 발생 순간 자체 속에 이미 내재되어 있다. 이 경우 자발성이 인간 탄생 이전부터 주어져 있다는 논리를 밟아 나가면 결국에는 앞의 천명처럼 무수히 많은 사건이 한 인간의 존재 이전에 주어진다는 사유와 어느 면에서 서로 통할 수도 있다. 하지만 다르다. 주체가 스스로 자신의 내면의 자발성을 워밍업하는 행위의 필연성과 자신의 사유를 바깥으로 극한까지 밀고 나아가고자 하는 필연적 의지는 지향하는 목적 면에서 다르기 때문이다.

여기서 잠시 같은 내적 사유라고 할 수 있는 라캉의 시간 개념을 살펴보자. 라캉에게 시간은 덧없는 통시적(역사적) 시간이 아니라 비교적 안정된 공시적 상태의 구조로 이해된다(에반스, 김종주 외 역, 1998: 210). 그래서 정신분석의 목표가 주체의 역사를 완전히 재구성하는 것이라고 주장했을 때, 그가 말하는 역사는 단순히 과거 사건들의 순서가 아니라 과거에 대한 현재의 통합이라는 것을 분명히 밝힌다. 라캉 역시 현재에 초점을 두고 있다. 연대기적 시간보다는 인간의 행위를 구성하는 주체 상호적인 시간으로서의 논리적 시간 개념뿐만 아니라 과거 사건에 현재 사건이 사후적으로 영향을 미친다는 사후작용(retroaction), 그리고 미래가 현재에 영향을 미치는 방식으로서의 예기(anticipation) 개념이 그렇다.

문제는 이와 같은 시간, 순간 개념을 어떻게 구체적인 행위 혹은 실천 방식을 통해서 생생하게 살아 있도록 하느냐다. 철학자는 니체처럼 펜으로 춤추기 자체가 행위일 수 있지만, 실천가에게는 그것을 담아낼 양식이 필요하다. 말 중심의 라캉식 정신분석과 행위 중심의 사이코드라마가 그것이다. 그렇지만 둘은 이미지, 환상을 보는 시각에서부터 다양한 근본적인 차이가 있다.

4. 순 간

순간(moment)의 개념은 앞의 '지금 여기' 에서 어느 정도 설명되었다. 그것은 지금/여기의 지금(now), 사건 발생 혹은 창조의 순간을 의미한다. 더 나아가 순간은 인간-신(I-God)이 되는 순간으로까지 확대 해석된다. 그래서 지금 이 순간이라고 하는 오직 현재만 주어져 있는 지금 여기가 사이코드라마 특유의 일반적, 보편적 시간 개념이라고 한다면, 여기서 논하게 될 소위 순간의 철학으로서의 순간 개념은 보다 구체적이고 사건(상황) 중심적인 시간 개념이다. 전자가 사이코드라마의 대원칙으로서 전반적인 사이코드라마적 행위의 근간이라고 한다면, 후자는 보다 개별적인, 다시 말해 주인공의 세계를 펼쳐 나가는 데 있어 소원칙의 하나라고 이야기할 수 있다. 물론 근본적으로 순간의 창조 개념은 같지만 그 순간의 의미가 어떤 상태와 결부되어 논해지느냐에서 둘 사이에 차이가 있다.

순간의 철학은 근본 물질 혹은 모체(matrix), 그것의 변화, 탄생 혹은 발생사건의 순간(status nascendi: 원상태 혹은 원순간), 그리고 원순간이 일어난 장소(locus nascendi: 원장소)의 세 가지 개념으로 구성되어 있다. 특기할 점은 원순간 혹은 순간의 의미는 그 자체만으로는 의미가 없기에 그 어떤 상태의 변화, 사건의 발생, 앞의 지금/여기에서와 같은 부정사(동사)적 의미와 결합되어 있다는 점이다.

모체는 무언가 특별한 어떤 것, 탐구 대상이 되는 그 무엇(what; 예: 아기, 수정란, 별)이다. 원상태는 모체에 발생한 사건과 그것이 발생한 순간(when; 예: 탄생의 순간, 수정되는 순간, 창조된 순간)이다. 그리고 원장소는 그 사건이 발생한 곳(where; 예: 탯줄, 자궁, 우주)이다. 그래서 이 세 개념은 우주의 모든 현상, 개념 혹은 형상에 적용된다. 그것은 어떤 한 가지 사건 혹은 그 영향을 받은 대상과 환경에 대한 탐구 척도가 되는 것이다. 모레노에게는 그것이 항상 창조적 행위, 새로운 사건과 관련되었으며 근원적으로는 신의 창조와 연관된 개념이었다.

> 태초에 어둠이 있었다. 혼돈이 있었다. 신은 그 앞에 선 창조자요 행위자였다. 그는 거기서부터 창조를 시작하였다. 그것은 우주 속의 모든 자발성, 창조성의 시작이었다. 모든 게 가능한, 모든 우주가 창조과정에 있는 우주적 드라마의 시작이다.

여기에는 창조된 것으로서의 우주(모체), 창조행위와 그 순간(원상태), 창조의 공간(원장소)이 존재한다. 그리고 그러한 순간의 과정 혹은 사건의 원동력은 자발성이다. 따라서 모든 관념, 형상, 대상, 나아가 상태, 역할은 다음과 같은 세 가지 측면에서 탐구된다.

① 그것이 가장 적합한 곳, 가장 적절한 시공간은 어디인가? 예를 들어, 한 송이 꽃은 화병이나 여인의 머리에 꽂혀 있기보다는 그것이 원래 있었고 발생되었던 꽃나무가 가장 적합한 곳이 된다. 미술관의 그림이 가장 적절하게 있어야 할 시공간은 화가의 화실이며 그림이 그려지는 순간이다.

② 그것의 의미가 가장 완전하게 표현되는 시공간은 어디인가? ①의 질문이 존재 자체, 그 대상의 가장 자발적인 상태에 대한 물음이라면, 여기서는 그 대상의 현상학적인 의미를 묻고 있다. 예를 들어, 달의 의미가 가장 완전하게 표현되는 시공간은 어두운 하늘 가운데 보름달이 된 순간이다. 또 다른 예로, 사랑이 가장 완전하게 그 의미를 표현할 수 있는 시공간은 어떻게 될까? 수없이 많은 시공간이 있을 수 있지만 진정 완전하게 표현될 수 있는 때는? 가장 강렬하고 가장 의미 있게 표현된 순간과 장소는? 그것은 사람마다 다를 것이다. 고통, 절망, 희열 등도 마찬가지다. 인간의 자발성 측면에서 그 의미가 가장 완전하게 표현되었던 시공간

에 대한 탐구는 곧 사이코드라마적 탐구여행의 길잡이가 된다.

③ 그러한 개념(ideas), 형상(form)이 가장 이상적으로 존재하거나 그 의미가 가장 이상적으로 표현되는 시공간은 어디인가? 예를 들어, 통상 연극의 진정한, 가장 이상적인 공간은 자발성 극장이며 사이코드라마 무대다. 모든 드라마의 이상적인 장소는 인간의 삶이 영위되는 집이며 학교며 거리다. 그리고 가장 이상적인 시간은 그 드라마가 그곳에서 발생되는 그 순간이다.

이제 지금까지의 논의를 기초로 구체적인 예를 들어 보자. 여기 만사에 수동적이고 소극적인 한 남자가 있다고 하자. 그는 그러한 자신에 대해 괴로워한다. 능동적이고 싶지만 그럴 수가 없다. 자발성이 떨어져 있다고 생각할 수 있지만 그보다는 자발성이 제대로 기능을 하지 못하고 있다고 생각된다. 그러한 소극성은 가장 이상적인 상황, 가령 맹수에게 쫓길 때 죽은 체한다든가 그 자리에서 꼼짝 않고 있음으로써 살아날 수도 있으며 어떤 특수 상황에서 순교자 역할을 맡음으로써 그 자체의 힘을 긍정적으로 활용할 수 있기 때문이다.

그러나 일상의 삶에서 그는 힘들어하고 있다. 그럼 그러한 태도가 가장 적절하다고 생각되었던 순간이나 장소는 무엇인지, 그러한 표현이 가장 잘 표현되었던 상황은 무엇인지를 묻게 된다. 이때 소극성(소극적 역할, 소극적 행위)은 탐구의 기반이 되는 모체이고, 위와 같이 판단되었던 순간이 원상태이며, 그러한 현상을 유발시켰던 환경이 곧 원장소가 된다.

그의 소극성은 그의 인생 역사상의 다양한 순간과 상황에서 드러났을 터이지만 가장 적절했던, 즉 그렇게 하지 않을 수 없었고 가장 그 의미가 완전하게 표현되었던 순간과 장소는 어디였을까? 다시 말해, 그러한 소극성이 최초로 발생되었던 하나의 사건으로서의 원순간, 원상태는? 여기서 최초라는 개념은 사실 분명하거나 충분히 찾아질 수 있는 개념은 아니다. 정신분석에서처럼 모두가 엄마, 아빠라는 가족극장으로 수렴되거나 욕망만으로 해석되지는 않는다. 그러나 최초의 사건, 최초의 경험이 우리에게 미치는 영향을 생각해 보면 최초라는 말은 결코 결정론적인 것을 의미하지는 않는다. 즉, 지금 이 순간의 사이코드라마 무대에서 그것은 다섯 살일 수도 있고 다른 무대에서는 여섯 살이 될 수 있으며, 현실적으로 또는 상상적으로 태어난 순간이 최초일 수도 있다는 뜻이다. 그것은 탐구되는 지금 이 순간에서의 최초의 의미라는 말이다. 비록 그가 지금 이 순간, 실제로는 최초의 순간이 여섯 살이지만, 열두 살이라고 했을 때라도 그것은 최초로 받아들여진다는 의미다. 그것이 바로 지금 이 순간 그에게는 진실이기 때문이다. 실제와 사실이라는 말은 오히려 처음이라는 말보다 더 애매할 수 있다. 그것은 현실이 만들어 낸 믿음이다. 지금 이 순간의 실제와 사실에 대해 그러한 식의 통상의 사실은 자리를 양보할 수밖에 없다. 그것이 자발성을 근거로 한 그 주인공의 진실인 한에서는 말이다.

최초라는 의미를 자발성의 측면에서 다시 한 번 생각해 보자. 그가 소극적이었던 그 순간의 자발성 정도는? 그것이 가장 적절한 반응이었는가? 그것이 최상의 자발적 표현이었는가? 그것이 가장 이상적인 자발적 행위였는가? 상황, 환경이 자발성을 발휘하기에 적절하지 못했는가? 정말 그 순간은 옳은 순간이었는가? 이러한 질문은 사이코드라마에서 바로 지금으로 화한다. 지금 그 반응이 그 상황에서 최선이라면 또 다른 이상적이고 더 창조적인 자발성 높은 반응은? 당신은 그것이 최선이고 가장 적절한 것으로 믿고 있지만 그렇지 않을 수도 있다. 즉, 보다 적절하고 의미 있는 최선의 표현이 있을 수 있다. 그렇게 반응해 볼 수 있는가?

내가 한 반응이기에 보다 자발적으로 그것들을 변화시킬 수 있는 것도 바로 나다. 나는 내 삶을 다시 창조할 수 있다. 다시 태어날 수도 있다. 아니, 지금 이곳에서 다시 태어난다. 이를 재모체화 혹은 재기반화(rematrixisation)라고 한다.

현대 물리학의 카오스이론을 소개한 글리크(J. Cleick, 박배식 외 역, 2006)는 자신의 저서 『카오스(*Chaos*)』에서, "질서와 예측성의 굴레로부터 마침내 해방된 동력학(mechanics)! 그것은 흥미로운 다양성의 세계며 풍부한 선택의 여지가 많은 세계며 풍요로운 기회가 주어진 세계다."라고 끝을 맺는다. 인간 역시 그러한 우주적 카오스계의 일부가 아니겠는가 생각해 본다. 자신을 결정짓지 않는 수많은 혼돈과 질서의 와중에서 자신을 실험해 볼 수 있는, 질서 잡힌 현실의 삶과는 다른 혼돈 속의 질서, 혼돈으로부터의 질서를 발생하는 사이코드라마적 삶, 지금 이곳의 진실한 삶은 바로 그러한 순간의 철학에 기초를 두고 있다. 그것은 사이코드라마의 무대 자체가 나의 삶(모체)의 원장소, 원상태(창조와 창조의 순간)라는 의미를 내포하고 있다. 실존하다(exist)의 의미는 존재의 삶으로부터 벗어나(ex-ist) 밖으로 향하는 우주적 실존의 시작을 의미한다.

5. 제1우주

제1우주(first universe)는 모레노가 인간의 탄생 이후 어느 시점까지(a certain point)의 유아의 세계를 일컫는 용어다. 여기서 어느 시점이란 유아의 경험 세계가 현실과 환상으로 나누어질 때를 기준으로 한다. 그것은 통상 세 살 이전을 말한다. 태어나서 세 살까지의 이 최초의 시기는 모레노의 인간발달론의 기초를 이루고 있으므로 그 자세한 내용은 과학적 논의의 인간발달론에서 다루기로 하고, 여기서는 왜 우주라는 용어를 사용하였으며 그것의 의미는 무엇인지에 논의의 초점을 맞추었다(모레노는 이에 대한 언급이 없었다.).

먼저 우주의 탄생과 인간의 탄생을 같은 의미 선상에 올려놓고 생각하면, 제1우주는 대폭발(150억 년 전)에서 항성과 은하의 원형이 탄생한 약 20억 년 전까지의 기간을 말한다고 볼 수 있다(제1안). 혹은 혼돈으로부터 신의 천지창조가 시작되어 마치는 날까지의 6일간을 일컫는다고도 생각할 수 있다(제2안). 제1안이 제1우주와 유사한 점은 아직 구체적인 형태를 갖추기 이전 단계, 우주 입자들의 매우 격렬한 운동시기라는 점이다. 유아 또한 이 시기는 현실과 환상의 구분이 없는 모체적 동일성(matrix of identity) 혹은 총체적 주체성(all identity)의 시기다. 구체적인 현실을 알기 이전, 언어를 알기 이전에 모든 에너지가 행위 자체에 쏠려 있는 시기이기도 하다. 우주에 우주 갈증(cosmic hunger)이라는 생성의 부재에 대한 갈증적 흐름이 있었다면, 유아는 무엇이든 행위로 드러내고자 하는 타고난 행위 갈증(act hunger) 상태에 놓여 있다.

그리고 제1안과 제1우주의 유사성은 탄생방식에서 찾아볼 수 있다. 윌슨(한명환, 1982)에 의하면 온도 1조도의 불덩어리에서 발생한 대폭발의 특이성이 그것이다. (우주는 최초의 3초 동안에 온도가 급격히 떨어지면서 상상을 초월한 변화를 겪게 되지만 그러한 대폭발의 원인에 대해서는 아직까지 명쾌한 해답이 없다.) 모레노에 의하면 유아의 탄생 역시 우주의 대폭발처럼 어느 한순간의 도약에 의해서 설명된다. 그 어떤 전제들이 단계적으로 하나씩 쌓여서 그 결과로 우주나 유아가 탄생한 것이 아니라는 것이다.

흔히 많은 학자들은 (그리고 프로이트조차도) 인간만이 척추동물 중에서 가장 미숙한 상태로 태어나기에 오랜 기간의 부모의 보살핌을 필요로 한다고 말하고 있다. 그러나 모레노의 견해는 다르다. 풍부한 자발성과 모체를 지니고 있는 아기는 비록 미숙한 상태일지라도 어느 한순간 도약을 통해 세상 밖으로 나오게 된다. 그것은 역으로 다음과 같이 설명된다. 만약 충분히 자급자족할 만큼 성숙해서 태어날 경우, 유아는 이 세계에서 살아갈 수 있는 준비의 기회를 상실할 뿐만 아니라 다른 인간들과의 생산적 관계 형성을 희생시키고 소외될 수밖에 없을 것이다. (그것은 마치 정해진 궤도를 따라가는 전자가 아니라 불연속적인 양자 도약을 생각나게 한다. 울프[1982]에 의하면 자연의 본질적 성질은 불연속성으로서, 세계가 연속적으로 보이는 것은 척도의 문제 때문에 그렇다는 것이다.).

제2안 또한 제1우주와 유사성을 보인다. 그것은 무엇보다도 모레노가 '왜 신은 제1우주를 창조한 이후 안식일을 가지게 되었는가? 왜 제2우주를 계속해서 창조하지 않았었는가' 하는 의문에서처럼 신과 창조물 자체가 구분이 없는, 나와 네가 나누어지지 않은 상태의 첫 6일을 의미하기 위해 제1우주라는 용어를 사용하였다고 생각해 볼 수 있다. 신의 입장에서 그것은 내가 창조하는 것, 바로 나 자신이며 또한 나를 창조하고 있는 최고의 자발성 상태, 총체적 동일성 상태하의 시기다. 무엇이든 될 수 있고 무엇이든 창조할 수 있는 만능감 혹은 전능감의 시기다.

모레노는 제1안과 제2안의 어디서 제1우주를 보았을까? 아니면 또 다른 제3안이 있었을까? 답이 없다. 그러나 중요한 점은 인간 탄생 이후 최초의 시기를 제1우주라고 한 것은 그의 우주 역동에 대한 사고를 분명히 보여 주는 구체적인 예라고 하겠다. 그것은 인간은 우주적 존재이며 우주 역동에 참여해 우주처럼 팽창해 나아가야 할 존재라는 시각을 의미한다.

1) 제1우주의 의미

이 시기의 유아는 현실인지 환상인지 구별할 수 없다는 점이 특징이라고 앞서 언급한 바 있다. 스스로의 우주 갈증에 의해 좁은 공간에서 무제한의 이 우주 공간으로 뛰어든, 일종의 자연의 기적이라고 할 만한(다른 동물과는 다른 도약에 의한) 우주적 사건으로서의 인간 탄생의 최초 시기를 제1우주라고 본 긍정적이고 적극적인 의미 부여는 사이코드라마의 눈에 보이지 않는 정신의 뿌리일 것이다. 그것은 모든 종류(천재, 광인, 아이, 원시인 등)의 인간에 대한 그 존재 자체의 정당성의 근거이며 존중의 발판이다.

이 시기의 유아의 마음은 아직 분화되지 않았다. 그는 사고 이전, 분별 이전의 오직 그 어떤 느낌, 소위 본능적 감각만 있는, 그래서 모든 것이 몸으로 드러나기에 꿈을 꿀 수 있는 그 어떤 여분의 재료도 갖지 못한다. 그는 무의식화되거나 기억될 그 어떤 것도 남지 않는 총체적 동일성 상태에서 생존한다. 자발성은 있는 그대로 드러나고 행위화된다. 앞뒤 좌우의 인과관계로부터 자유로우며 비논리적이고 무질서적이며 혼돈스럽고, 어머니와 우주가 나이며 내가 어머니자 우주다.

많은 학자들은 이 시기(발달시기에 대한 상호 견해 차이는 있지만)를 전인과적(precausal: 피아제), 정상 자폐증(normal autism: 클라인), 고논리적(paleological: 아리에티), 전논리적(prelogical: 프로이트)이라는 용어를 써서 반드시 극복되어야 할, 부정적 시각으로 바라보았다. 과연 그러한 단선적이고 제1차 사고과정이라고 하는, 미숙과 성숙, 좋고 나쁨(good-bad)의 분열적 시각만으로 이 시기를 평가하는 길만이 바람직한 일일까?

리오타르(J. F. Lyotard, 유정완 외 역, 1992)는 『예술적 시각과 청각의 정신분석학』을 저술한 에렌츠바이히(A. Erenzweig)의 주장을 다음과 같이 요약한다. "일차적 과정은 그 자체로 혼돈스럽거나 무질서한 것이 아니다. 일차적 과정이 무질서한 효과를 갖게 되는 것은 이차적 조직(사고과정)의 엄격한 구조와 만날 때다. 일차적 과정의 특징적인 과정은 대충 보기(scanning), 즉 에너지 또는 주의력의 자유로운 흐름이다. 그런데 프로이트는 이 과정을 부정도 모르고 고정된 형식도 없으며 논리적 연결도 시간적 배분도 없는, 미분화된 상태인 충동의 세계로 묘사한다. 그렇지만 그는 그 과정을 통합적이고 압도적이며 영육일체의 미분화 상태인 것으로 긍정적으로 묘사하고 있다."

여기서 이 시기에 대한 프로이트식의 전통적 견해를 요약하면 다음과 같다. 이 시기의 유아는 걸을 수도 없고 스스로 생명을 지탱할 수 있는 수단도 갖지 못하고 있다. 한마디로 지극히 미숙한 상태에 있다. 모든 것을 성숙한 성인에게 의존할 수밖에 없는 존재다. 그래서 이 시기의 희미한 의식 혹은 인식과 같은 정신세계, 자기애적인(프로이트식 표현) 원초적이고 미분화된 세계(라캉식으로는 상상계)는 언어 논리와 상징세계로 발전해야만 하는 것이 정상적 발달로 판정된다. 그렇지 못한 것은 억압되어야 한다. 그것은 고통이다. 그런데 고통을 해소하는 멋진 방법이 있는데 바로 승화다.

이에 대해 데리다(김보현, 2000: 158)는 다음과 같이 말한다. "프로이트가 본능의 승화란 바로 성(性)을 없애는 것이고 이 일을 도맡아 하는 것은 에고라고 말한 것은, 치통을 방지하기 위해 이빨을 뽑아 버릴 것을 가르친 기독교처럼(니체의 표현) 정신분석은 끊임없이 반란과 이탈을 도모하는 육체의 리비도를 잠재워야만 진정한 의미에서 쾌, 즉 해방과 자유에 이를 수 있다는 것을 가르치는 것이다. 프로이트는 자아로 하여금 이드를 정복하게 하면서 자아가 하나의 도구임을 천명한다."

좋다. 제1우주 세계가 모두 상상이고 허상이며 환상이라고 하자. 그것이 본능적이고 동물적인 원시 사고라고 하자. 남성 중심의, 이성 중심의 인간 역사에서 곰을 고생시켜서 그 인내를 실험한 후에라야 인간이라는 이름으로 받아들이고, 절대신 중심의 역사에서 흙(무생물)을 빚어 남자를 만든 후 자신의 숨을 불어넣어야만 인간이 되는 것과 같은 오랜 전통적 시각에서 그것은 당연히 그렇게 취급될 수밖에 없음을 인정하자. 그렇다. 그것은 전근대적인 낡은 사유체제다. 문제는 그러한 결정론적이고 인과론적인 가설적 논리가 여전히 우리의 사유방식을 지배하고 있는 현실에 있다.

그러나 태극의 음양 논리 장자의 나비의 꿈, 그리고 현대물리학의 상대성 원리, 불확정성 원리, 카오스 논리 혹은 우주적 상보성 원리는 바로 그러한 선형적 논리를 회의케 하고 있다. 특히 우주적 상보성 원리는 우주가 역설적이고 혼돈스럽고 모호하면서도 동시에 논리적이고 질서정연하며 확고한 모습을 가질 수 있다는 것을 가르쳐 주고 있다(울프, 1982: 155). 이 세상의 그 어떤 실재, 사실도 근본적으로는 실재가 아니라 관측자가 원하고 있는 사고에 의한 선택일 뿐이라는 것이다. 경험의 모든 것 이면에는 서로 상보적인 또 다른 측면이 있다는 것이다.

제1우주는 긍정적으로 상보적인 관점에서 이해되고 수용되어야 한다. 그것은 의식,

무의식의 이분법적 논리하의 무의식과는 다르다. 그것은 나의 몸의 일부이고 나의 의식의 일부다. 우리는 습관적으로 그러한 사유방식을 무의식이라고 스스로 변명하고 있는 데 길들여져 있을 뿐이다. 그것은 유치하고 어린애 같고 충동적이고 이기적이라는 이름으로 항상 경계하고 두려워하는 세계다. 아니다. 그것은 지금의 나를 보완하는 나의 또 하나의 이중자이며 나의 본질 중 하나이며 나의 분신이다. 그러므로 하등 차별대우를 받아야 할 이유가 없다.

거기에는 진짜 많은 에너지가 들어 있다. 우주적 갈증이 있고 융식으로 말하면 모든 신화, 전설, 종교, 예술을 만들어 내는 힘이 있다. 생성의 힘, 희열과 감동의 힘, 생명의 약동하는 힘이 있다. 마치 좌뇌와 우뇌의 결합으로 창조가 이루어진다는 이론처럼, 제1우주는 불신과 부정에서 벗어나 있는 그대로 수용되어야 한다.

들뢰즈(김재인 역, 1968)는 생성과 창조의 긍정, 차이와 그 만남의 긍정의 철학자다. 그는 자신의 저서 『베르그송주의(*Le Bergsonisme*)』에서 베르그송의 차이의 존재론을 극대화시킨다. 베르그송의 '차이'는 여타의 이론들과 뚜렷이 구분된다는 것이다. 기계론자의 차이는 진화론적(발달, 미발달) 물질적인 다른 외부 요인을 근거로 차이를 만들어 낸다. 플라톤은 궁극적인 원인이나 목적에 비추어서, 따라서 그 역시 외적인 조건에 의해 차이를 만든다. 헤겔적인 차이는 인과성에 대한 추상적 개념화에 의존한 차이다. 이 또한 모순이라는 개념 자체가 외적 요인이 된다. 그러나 베르그송의 차이는 존재 자체의 내적인 역동에 의해 추론된다.

그것은 생명이 그 자신 속에 담지하고 있는 폭발적인 힘으로서의 우주적 기억(혹은 창조적 정서), 다시 말해 존재에 생명을 불어넣는 생의 약동(elan vital)이 곧 존재의 창조적 진화(도약과 같은)를 생성한다. 그것은 두 가지 과정에 의해서 가능하다. 하나는 존재의 자기 자신과의 차이-차이화의 과정을 통해서이고, 다른 하나는 그러한 실질적 존재(무한, 단순, 순수, 초험적인)의 현실적인 존재(질적으로 규정되고 제한된) 안에서의 펼침이라는 현실화 과정을 통해서다. 이를 앞서 논의한 제1우주와 연결시켜 생각해 보면 다음과 같다. 환상과 현실의 구분이 없는 제1우주와 현실과 환상이 규정되고 정의된 제2우주의 두 우주 자체는 단순히 그러한 규정에 의한 개념적 차이가 아니라 자발적 힘에 의해서 차이화가 일어나는가 하면 둘 사이가 연결되기도 한다. 그리고 제1우주는 제2우주 안에서, 즉 현실화되는 과정 안에서 자신을 펼친다. 이때 인간은 창조적 진화가 가능하게 된다.

2) 익명성

우주에는 이름이 없다. 그것은 인간이 자신을 어떻게 부르든 개의치 않는다. 그저 끝없는 변화, 생성, 소멸을 반복해 나아갈 뿐이다. 이름은 단지 인간의 선택, 자신들의 필요에 의해 붙여진 것뿐이다. 그것은 실재, 순수 그 자체다. 수도꼭지에서 똑똑 떨어지는 물방울조차도 우리의 일상적 시각에 두 번씩 도전한다. 첫 번째로, 지금까지 찾아진 척도에 의하면 그 물방울들은 매우 불규칙하게, 마치 구름이 무작위로 흩어지는 양상처럼 혼돈적이라는 사실을 보여 준다. 그러나 두 번째로는 그러한 혼돈 속에 더할 나위 없는 자기 전개적인 질서를 보유하고 있다는 것이다. 결코 일정한 속도로 떨어지는 것이 아니라는 것이다.

제1우주 역시 익명성(anonymity)의 세계다. 이름도, 구분도, 규정도, 제한도 없다. 모레노가 신의 익명성, 집단의 신을 언급한 것도 같은 맥락에서다. 이름을 갖는 순간에 우리는 창조적 근원을 상실하게 된다. 화폭 앞에 서서 그림을 그릴 때 내가 그림을 그린다는 생각, 화폭, 물감, 붓, 색깔을 단어화하고 나의 이미지를 언어화 · 색감화하는 순간, 나의 자발적 창조성은 이미 사라지고 난 후다. 그림이 제아무리 훌륭하다고 해도 그 안의 진정한 생명력은 사라지고 없다. 그것은 내가 언어로 생각하기 이전의 내 느낌, 내 행위 속에 들어 있다. 다시 말해, 우주적 창조성은 나의 내부에, 몸에, 언어 이전에 행위 속에 살아 있는 것이다. 그것은 마치 사랑이라는 언어를 쓰는 순간 그 진실한 느낌이나 뉘앙스가 순식간에 증발해 버리는 듯한 상태와 같다.

사이코드라마 무대에서 진정한 우주적 기억, 제1우주로의 여행을 하기 위해서는 무엇보다도 바로 익명의 존재로 참여해야 한다. 그것은 곧 나의 개방성이며 열림이다. 나의 포기며 내던짐이다. 그때 비로소 우리는 진정한 우주 역동에 참여할 수가 있다. 그때 우리는 원장소, 원상태의 순간에서 총체적 동일성으로 재탄생을 체험할 수 있게 된다. 삶과 죽음 사이에서 자신의 진정한 창조적 정점에서 신적(神的) 놀이에 참여하게 된다.

무아의 경지, 제법무아(諸法無我)의 순간이다. 모든 사람과 소통하고 전 우주와 연결되는 순간이다. 우주의 창조적 근원과 일치되는 순간이다. 그것은 전 우주와 동일성을 유지하려는 도의 세계라고나 할까? 우주의 실재가 곧 도라는 그 경지에서도 역시 나와 너의 구별이 없다고 말하지 않는가? 그래서 익명성은 자발성의 한 속성이며 우주적 본성의 하나라는 의미의 빛을 띤다. 익명성은 곧 우주성이다.

3) 책임성

책임성(responsibility)은 우주 역동성 자체 혹은 자발성 자체의 속성이다. 자발성이 행위로 드러나는 순간, 책임성은 그대로 그 행위 속에 존재한다. 책임성은 자발성이 진정한 자발성 자체가 되는 데 있어 필수조건이다. 책임성 없는 자발성은 의미가 없다. 그것은 왜곡된 자발성이다. 책임성은 그 어떤 권리나 의무가 아니며, 그 어떤 대상을 전제로 하지 않는다. 마치 이렇게 숨쉬고 살아 있는 순간의 생명력처럼 내 뫔에서 자발성이 드러나는 순간, 그것은 그 의미를 그 행위 속에서 전개하고 있다.

책임성은 세 가지 측면에서 논의될 수 있다. 그것은 개인적, 사회적 그리고 우주적 책임성이다. 먼저 개인적 책임성은 자발성의 체현 자체를 말한다. 그것은 우리의 구체적인 삶 속에서 드러나야 한다. 그것은 마치 하나의 운명처럼 주어져 있는 것이다. 마치 스스로 그러한 자연처럼 응당 그렇게 되어야 한다. 강물이 바다를 향해 나아가듯, 만물유전의 우주적 역동이 그러하듯, 그것은 인간의 확장을 위해 쓰여야 할 책임성이다. 그것은 인간의 의지나 각오로 주어지지 않으며, 하나의 생명체, 창조자로서 스스로에게 지우는 것이다. 나의 자발성이 활짝 꽃을 피울 때, 나는 비로소 책임성을 다하는 것이다.

사회적 책임성이란 만남의 의미를 함축하고 있다. 나의 자발성이 나 혼자로서 끝나는 것이 아니라 밖을 향해 열려 있을 때, 그것은 필연적으로 타인과 함께하는 자발성일 수밖에 없다. 그것은 무릇 인간들과 함께하는 공동 행위자, 공동 창조자로서의 책임성이다. 공동의식, 공동 무의식을 통한 이 세계의 확장과 창조와 더불어 나아가야 할 책임성이다. 그것은 그 어떤 목표지향성이 아니며 그 자체로 주어진다. 그것은 그 누구의 흡수, 소멸이 아니며, 그 누구의 주장에 의해서도 불가능하다. 그것은 서로 간의 익명성 속에 주어져 있다.

마지막으로 우주적 책임성은 그 자체가 우주로의 회귀를 의미한다. 우주 내 존재로서의 당위성이다. 그것은 결코 의도되거나 의식되는 것이 아니다. 그것은 생태학적 관점에서의 의지도 아니며 그 자체로 자발성 가운데서 그 의미를 획득한다. 그것은 우주적 존재로까지의 확대를 의미한다. 책임성은 그래서 사이코드라마 무대라는 원장소에서 나와 네가 어우러지게 하고 우주적 역동을 드러낸다. 그것은 궁극적으로 익명성을 통해서 나, 너의 이름, 인간-신, 창조라는 의미를 넘어 거대한 하나의 우주적 흐름을 연출해 낸다. 원장소, 원상태와 순간, 모체가 하나가 되는 것이다.

6. 요 약

우주는 인간에게 가장 오래된 인연이요 만남의 대상이다. 그것은 단순한 대상을 넘어 우리 생존의 터전이자 삶의 필수조건이며, 더 나아가 생과 사가 영위되는 우리 자신이다.

모레노는 그러한 우주 속에서 개인 역동과 사회 역동을 넘어서 우주 역동을 모색하고, 그로부터 사이코드라마의 중심 개념들을 이끌어 내어 사이코드라마라는 구체적인 삶의 양식을 창조하였다. 자발성과 창조성이 바로 그것이다. 우주의 움직임과 일치하는 창조적 행위의 연속, 그 에너지와 힘을 통해서 우리는 우주적 기운을 느끼고 우주를 만나 우주적 역동에 참여하게 된다.

그것은 지금 여기와 순간의 철학을 탄생시킨다. 지금 이 여기가 사이코드라마의 주춧돌이라면, 순간(원장소, 원상태, 모체 개념)은 그 위의 기둥이라고 할 수 있다. 사이코드라마는 매 순간 지금 이곳의 진실을 탐구해 들어간다.

모레노는 우주 역동에서 우주 갈증과 책임성, 익명성을 전제한다. 그리고 인간 탄생의 최초의 시기를 제1우주로 정의하고 있다. 그래서 사이코드라마는 우주 드라마가 되고, 인간은 우주적 인간(cosmic man) 혹은 우주비행사(astronaut)가 된다.

제7장 종교론

1. 서 론

한마당의 사이코드라마가 끝나고 나서 흔히 나오는 질문 중의 하나는 사이코드라마가 불교와 비슷하지 않느냐는 것이다. 그때마다 필자는 "그렇게 생각할 수도 있겠지요."라고 대답한다. 그런 질문을 하게 되는 이유는 대략 다음과 같이 두 가지로 요약될 수 있을 것 같다. 하나는 사이코드라마의 인간-신(I-God)이라는 개념이 마음이 부처요, 마음이 부처가 되는 것(是心是佛, 是心作佛), 또는 모든 사람에게는 불성이 있다는 말을 떠올리게 했기 때문이라고 생각된다. 다른 하나는 자발성 개념이다. "인간은 태어나기 이전부터 천성적으로 자발성이 주어진다. 문제는 과거 원시인들이 처음에 불을 무서워하듯이 현대인들은 자신의 자발성을 무서워한다는 점이다. 디렉터는 주인공의 외관만 보고 판단하지 말고 그 어떤 주인공이라 할지라도 그 내면에는 자발성이 있다는 사실을 백퍼센트 신뢰해야 한다."고 하는 필자의 태도 때문이라고 생각된다.

진짜 누군가가 필자에게 당신은 주인공을 신처럼 혹은 부처처럼 믿고 존중하는가 하고 묻는다면 "글쎄요."라든가 "의미가 좀 다른데요."라고 대답할 것이다. 그런데도 어느 한순간 필자의 디렉팅 태도는 비록 주관적인 생각이나 그렇게 보일 수도 있다고 생각된다. 주인공의 자발성에 대한 신뢰가 표현되든 그렇지 못하든, 최소한 자신의 삶을 창조적으로 행위화할 수 있으리라는 근본적인 신뢰 없이는 사이코드라마를 진행해 나갈 수 없기 때문이다.

사이코드라마는 하나의 만남이다. 만남은 곧 믿음이다. 일반적으로 말하는 믿음이 아니라 인간으로서 근원적인 자발성을 지닌 자발적인 존재라는 믿음이다. 사이코드라마에 참여하는 모든 사람이 상호 간에 이러한 믿음을 토대로 하지 않고서는 참가자의 진실한 자기 세계에 대한 탐구는 불가능해진다. 그래서 매우 단순하고 거칠게 말해서 종교란 하나의 믿음의 형식이라고 할 경우 사이코드라마도 일종의 종교일 수 있다고 생각한다. 그러나 결코 통상의 종교는 아니다.

스님 성철은 불교, 기독교, 이슬람교라는 세계 3대 종교의 공통 목표를 "사람들로 하여금 상대적이고 유한한 세계에서 절대적이고 무한한 세계로 들어가게 하는 것"(성철, 1988: 14)이라고 말한다. 그리고 아인슈타인의 상대성이론을 예로 들면서 과학이 현실의 유한성과 상대성을 증명했다는 논리를 펴 나간다. 모순이 아닐 수 없다. 현대과학이 증명하는 바는 고전물리학에서 말하는 절대적 시공간 개념이나 무한의 세계가 없다는 것인데도 오히려 그것이 절대적이고 무한한 세계에 대한 증거가 되고 있으니 말이다(그리고 물론 종교와 과학이 추구하는 바는 같지 않다는 것도 사실이다.).

오히려 불생불멸이 불교의 근본 원리며 대부분의 종교는 바로 그러한 생멸의 차안에서 해탈의 피안이라는 영원한 행복을 향한 기본 욕망에서 출발했다는 그의 말이 소박해 보인다. 그런 식의 영원한 행복이 과연 인간이 추구하는 바이고 기본 욕망이라고 단정 지어 말할 수 있는지는 별도의 문제이기는 하지만 말이다(어쩌면 종교란 이런 식으로 인간을, 인간의 운명까지도 일방적이고 절대적인 어휘로 규정 · 단언하는 것인지도 모른다.).

'만남의 종교' 라는 말을 하였을 때 모레노 또한 삶과 죽음, 불생불멸을 생각하고 있었을까? 왜 그는 굳이 종교라는 용어를 사용하였을까? 물론 종교를 정의하는 일은 쉽지 않다. 종교학, 종교철학, 종교사회학, 종교심리학 등 보는 시각에 따라 그 개념이 다르며 각 종교마다 그리고 개인에 따라서도 그 의미와 논의가 매우 다양하고 광범위하다. 따라서 이 장에서는 그러한 보편적 종교론보다는 모레노에게 초점을 맞추어, 그가 말한 '만남의 종교' 의 의미와 그것의 사이코드라마와의 관련성 그리고 인간-신이라는 신의 개념과 어떻게 연결되는지를 논의하고자 한다.

2. 만남의 종교

모레노는 사람을 좋아했다. 만남을 무엇보다도 좋아했다. 어린아이들은 물론이고 길을 가는 사람들, 창녀들, 예술가들, 피난민들, 연극인들, 어린 학생들 등, 그의 삶은 한마디로 끝없이 다양한 많은 사람들 가운데서의 행위자, 창조자의 삶이었다. 그의 대학 시절만 보더라도 피난민 학생들을 위한 만남의 집 운영, 공원에서의 주기적인 아이들과의 모임, 창녀촌에서의 자조그룹 지도, 카페에서의 담론 즐기기, 『다이몬』의 창간과 편집활동, 연극활동, 난민 캠프에서의 사회측정학적 연구 등을 꼽을 수 있다.

모레노의 종교적 교육은 유대교적 신앙과 기독교적 가치가 혼합된 것이었다(마리뉴, 1989: 15). 어린 시절에는 주로 유명한 랍비였던 베자라노에게 교육을 받았으나, 그의 이상적 모델은 예수였다. 그는 어려서 신의 역할을 하는 게임에 몰두하였다. 네 살 무렵, 그는 후에 자신이 '추락한 신의 사이코드라마' 라고 명명한 놀이를 하던 중에 오른팔을 부러뜨리기도 한다. 그리고 열네 살 되던 해에는 독일 켐니츠의 작은 공원에서 달빛 어스름한 밤에 예수 동상 앞에서 미래를 결심한다.

> 나는 예수가 그 돌에서 빠져나와 살아서 자신의 삶을 살기를 원했다. 그곳 켐니츠의 사람들을 위해서. 그러자 그 동상이 나에게 말하는 것처럼 보여서 나는 귀를 기울였다. (중략) 나의 결정은 이러했다. 모든 남자와 여자는 나의 형제이며 자매다. 모든 어머니와 아버지들은 곧 나의 어머니며 아버지다. 모든 아이들은 나의 아이들이고, 모든 여자들은 나의 아내다. 이 세상의 모든 소유는 나의 것이며, 나의 모든 소유 또한 이 세상의 것이다.

모레노는 대학 시절 예수의 재림에 대한 가설을 실험하기 위해 벌거벗고 문 밖을 나서거나 신비주의적 환상에 빠져 지내기도 한다. 그리고 1909년에 친구, 제자들과 함께 창조성, 만남, 익명성을 중심으로 한 만남의 종교를 창조하였다. 그들은 난민들과 가난한 사람들을 도왔고 많은 시간을 신학적 · 철학적 문제들을 토론하는 데 보냈다. 모레노는 "나의 새로운 종교는 존재(being), 자기 완성(self perfection), 도움과 치유(helping and healing), 침묵(silence), 행위(doing) 그리고 익명성(anonymity)의 종교다."라고 말한다.

모레노는 분명히 새로운 종교를 만들었다. 그가 새로운 종교라고 명명한 이유는 다음과 같은 당시의 자서전 글귀에서 드러난다. "나는 선지자가 되고 싶었다." "개인은 그 어떤 권능도 없다. 신은 집단의 소리여야만 한다. 새로운 말씀은 집단에서 나와야만

한다." "젊은이들이 성인이나 늙은이보다 그리스도와 더 가깝다. 그리스도는 젊음의 상징이다. 그는 어린이와 젊은이들을 위해 왔다." "새로운 종교는 (운명에 대한) 인종의 분위기, 의로운 존재로서의 분위기 그리고 그러한 존재로서의 만족감을 필요로 한다. 사랑과 우애는 그 어떤 보상 없이 그 순간에 충족되고 유지되어야 한다."

그의 나이 만 20세에 만든 새로운 종교였다. 그는 그것이 사라지고 잊혀질 것이라는 것을 알고 있었다. 그러나 그 영원성과 순수성을 믿고 있었기에 그것이 후에 사이코드라마라는 형식으로 다시 태어난다.

모레노 역시 기존의 종교에서 자신이 찾고자 했던 것을 찾지 못하였기 때문이었을까? 그는 무신론자라고 불린다. 그는 그 후 평생 그 어떤 예배와 기도를 해 본 적이 없다. 그의 임종은 간병인과 그의 제자 한 사람이 함께한 자리에서 이루어졌다. 그런데도 그는 신을 언급하고 종교를 만들었다. 이 점을 어떻게 설명해야 하는가?

푸코와 들뢰즈, 리쾨르(P. Ricoeur), 스턴(J. S. Stern)에 의하면, 근대문명의 위기는 서로 다른 세 사상가들에 의해 각기 다른 방법으로 예견되고 설파되었다고 한다(김정현, 1995: 18). 바로 니체, 프로이트, 마르크스다. 특히 스턴에 의하면 현대의 세 예언가로서 그들의 공통점은 모두가 스스로 인정한 무신론자였다는 것이다. 그들에게 인간의 신에 대한 믿음이란 곧 인간의 나약함과 혼란을 나타내는 역사적인 특정한 징후에 불과한 것이었다.

"둘 중 어느 것일까! 인간이 신의 실수에 불과한 것일까, 아니면 신이 인간의 실수에 불과한 것일까?"라고 묻는 니체(송무 역, 1984b)와 신의 죽음의 의미를 인간의 죽음으로 보는 들뢰즈(권영숙 외 역, 1995: 199)는 신이 존재하는 한, 즉 신 형상이 가능한 한 인간은 아직 존재하지 않는다고 생각한다.

"종교란 인간의 가장 높은 열망을 우주적으로 투사한 것에 불과하다."는 이론을 전개한 포이어바흐의 영향을 받은 마르크스(오경환, 1979: 172)는 "인간이 종교를 만드는 것이지 종교가 인간을 만들지는 않는다. 종교는 아직 자신을 발견하지 못했거나 이미 자신을 상실한 인간들의 자의식이고 자부심이다."라고 말하였다. 그러면서 종교는 인간의 생산품이고 인간의 소외며, 행복한 인간이 아닌 고통 당하는 인간, 자유로운 인간이 아닌 억눌린 인간의 산물이라고 하였다.

프로이트는 교회와 군대라는 두 개의 인위적인 집단의 장(김석희 역, 2004: 107)에서 구성원 모두에게 평등한 사랑을 똑같이 베푸는 우두머리로서의 환상의 인물로 그리스도를 그리고 있다. 이는 원시적 군집의 아버지가 나중에 세상을 창조한 조물주로 격상된 것이며, 모든 종교적 교리는 환상이고 인간은 유아기의 나약함으로 인한 보호받고자 하는 욕구로 신을 만들었다는 것이다.

"인간은 이전부터 줄곧 전지전능이라고 하는 하나의 문화적 이상상을 구상하여 그것을 신들 안에 구상화하였으며"(프로이트, 김석희 역, 2004), 현대의 여러 종교들에 널리 퍼져 있는 신화적 세계관의 대부분은 외부 세계로 투사된 심리에 불과하다(루스벤, 김명렬 역, 1987: 25). 그리고 프로이트에 따르면 자기 자신의 정신적 장치에 대한 불분명한 내적인 감지는 자연히 밖으로 투사되는데, 특징적으로 그것은 미래와 내세로 투사되는 환상을 촉발한다. 그 환상 중 대표적인 것이 영생, 응보 그리고 사후의 세상이며, 그것들은 곧 우리의 내적 정신, 정신신화군체(精神神話群体)의 반영이다.

모레노 또한 신의 죽음은 인간의 죽음이라는 것을 알고 있었다(그는 니체와 마르크스를 알고 있었다.). 그러나 그는 역설적으로 거기서 끝나지 않고, 그러한 전통의 신은 아니어도 그와 유사한 우월한 존재자에 대한 신념까지 잃어버린 인간에 대하여 인간의 죽음을 이야기한다. 신은 결코 존재했던 적이 없었을지도 모른다(J. Fox, 1987: 11). 그러나 그러한 보다 큰 세계, 우주적인 가치체계에 대한 인간의 욕구는 불법(佛法), 십계명 그리고 다양한 민족들의 제의(ritual)에서 드러나 있다는 것이다. 중요한 것은 우리가 우리 자신의 이미지에 따라 신을 창조할 수도 있다는 사실이다. "미래는 우리의 심사숙고에 달려 있다. 죽음과 삶은 끝이 아닐 수 있으며 성의 차이도 고정된 것이 아니다. 우리의 선조들이 신화와 전설을 통해 우주적 역동과 만난 것처럼, 우리 역시 이 시대에 새로운 수단으로 그것을 만나야 한다. 인간의 해부학, 생리학, 생물학이 문제가 아니며, 우리가 우리 자신에 대해 가지고 있는 욕구와 환상과 관련된 우리 자신의 확장이 중요하다." 이상이 그가 신과 종교의 이미지로부터 결코 떠나지 않았던 이유다.

되돌아보면 그의 새로운 종교 개념에는 몇 가지 특징이 있다. 그것은 첫째 만남(encounter)의 개념이다.

> 태초에 존재(existence)가 있었다.
> 태초에 말씀 이전에 행위(deed)가 있었다.
> 존재와 행위, 그것은 행위자(doer)다.
> 이 행위자는 대상(object) 혹은 너(thou)를 향해 움직인다.
> 그래서 태초에 만남이 있었다(모레노, 1975).

인간과 우주의 만남, 그리고 우주 창조 순간의 행위, 행위자 및 창조가 가능하기 위한 만남이 있었다. 만남이 없는 혼자만의 창조는 불가능하다. 반드시 나 아닌 네가 있어야 한다. 서로가 창조자다. 즉, 공동 창조자다. 그것은 곧 집단이다.

그리하여 그 두 번째 특징은 집단이다. 신 혹은 창조는 집단으로 온다. 그 자체가 하나의 자연스러운 신성함이다. 집단은 숭고함 자체다. 그것은 모든 존재를 포용함(inclusiveness)을 의미한다. 그것은 순간순간의 자발적 흐름의 유지를 의미한다.

마지막 특징은 말이 아닌 침묵, 익명성의 행위자 개념이다. 그것은 구현(embodiment) 혹은 육화(incarnation)를 의미한다. 모레노에게는 매우 중요한 보편적 개념이다. 그는 그 의미를 안식일 이전의 신, 창조자(행위자)로서의 신의 이미지와 보다 실제적으로는 키르케고르와 니체에게서 찾는다. 가장 이상적인 인간의 표상으로서 키르케고르는 예수를, 니체는 차라투스트라를 통해서 자신의 존재를 생성(produce)하고자 하였다는 것이다. 모레노는 두 사람을 실존적 낭만주의자라고 불렀다. 특히 그가 키르케고르에 대해 이야기하고 있는 모습은 마치 기존 종교에 대해 말하는 것처럼 보인다. 모레노에게 키르케고르는 19세기 중반의 겉만 번드르르한 기성 종교인 기독교, 진실되지 못하고 권위적인 교회와 영혼을 지적화(知的化)한 헤겔에 대항해서 자신에게 정직하고자 결혼도 포기한 고독한 종교철학자로 그려진다. 한마디로 키르케고르는 예수와 같은 삶을 살지 않는 종교인들, 행위자로서의 삶이 아니라 예수를 단지 이야기화해서 전달만 하는 기독교에 저항하였다는 것이다.

만남의 종교는 스무 살이 채 안 된 모레노에 의해서 창조되었다. 비록 그것이 그의 젊음과 조증적 환상 속에서 태어났다고 말할지라도, 그것은 분명 당시 시대상에 비추어 볼 때 참으로 새로운 하나의 종교였다. 종교를 과학이나 예술같이 인간 문화에 기여할 수 있는 인간의 행위라고 보는 랜달(J. H. Randall; 황필호, 1980: 128)의 정의와 인간 집단이 인생의 궁극적 문제들과 씨름하는 데 수단으로 사용되는 믿음과 실천의 체계라고 보는 잉거(J. M. Yinger; 오경환, 1979: 68)의 기능적 정의를 구태여 적용하지 않더라도 그것은 분명 일종의 종교였다.

그러나 이제 만남의 종교는 이미 사라진 지 오래다. 같이했던 동료들의 죽음과 흩어짐 때문만이 아니다. 그것은 보다 구체적이고 실천적인 양식으로 재탄생되기 위해서 사라졌다. 인간에게 새로운 존재 차원을 열어 주는 곳, 세계와 자신을 창조하고 변화·발전해 나갈 수 있는 과정을 제공하는 곳, 그래서 신의 세계 창조를 지속해 나아갈 수 있는 곳으로서의 사이코드라마가 바로 그것이다. 만남의 종교는 인간-신, 행위(자), 집단 그리고 만남이라는 씨앗을 잉태하였고, 그것은 사이코드라마에서 신론, 행위와 만남의 철학, 집단적 창조로 다시 싹을 틔운 것이다.

3. 현대 기독교신학에서의 신 개념

철학자이며 심리학자인 듀이(신일철, 1982)는 일찍이 그의 저서 『인간성과 행위(*Human nature and conduct*)』에서 오늘날 종교(기독교를 의미)는 해체되고 국한된 인간들의 소유물로 되거나 무거운 짐이 되어 버렸다고 개탄하였다. 인간이 자기 동포와 자연에 대해 갖는 무한한 관계성은 이미 존재해 있었는데, 그러한 공동체감이 이제는 선택된 집단에만 국한되어 버렸을뿐더러 굳어져서 의무적인 의식이 되고 구원의 조건으로 부과되고 있으며, 종교는 제의와 교의와 신화 속에 자기를 상실했기 때문이라는 것이다.

굳이 니체며 데리다, 들뢰즈, 리오타르 등의 탈구조주의 내지는 포스트모더니티, 탈중심주의 이론을 거론하지 않더라도, 현대(이성주의)는 이미 끝났다고 선언하는 포스트모더니즘을 반대하는 하버마스(이진우, 1984)조차 오늘의 상황은 전체성에서 다원성으로 변화된 시대라는 것을 받아들이고 있으며, 현대는 삶의 의미와 행위의 방향을 설정하는 데 모범이 될 수 있는 것은 아무것도 가지고 있지 않은 시대라는 점을 긍정한다(그래서 그는 자신의 규범성을 자기 자신으로부터 스스로 창조하고자 한다.). 그리고 "신의 친필로 쓰인 책은 결코 존재하지 않았다. 항상 그에 관한 흔적들만 있었는데 이제는 그마저 사라졌다."는 데리다의 말을 현대에 대한 자기 이해로 수용하고 있다. 현대 기독교신학 역시 이러한 시대적 조류로부터 벗어나 있을 수는 없다고 생각된다.

따라서 이 절에서는 전통적인 신의 개념에서 어느 정도 일탈되어 있다고 생각되는 세 사람의 신관을 요약한다(물론 그 일탈 정도는 해석하는 사람에 따라 다를 수 있겠지만). 하이데거의 실존론적 사유의 틀을 이용하여 현대의 종교다원론적 상황에 어울리는 독창적인 신학 세계를 수립했다고 하는 칼 라너(K. Rahner; 이찬수, 1999), 케임브리지 에마뉘엘 대학교 교수이자 신학자이며 성공회 성직자로서 실재론적 유신론자라고 할 수 있는 돈 큐피트(Don Cupitt; 이한우 역, 1999), 그리고 문학과 철학, 사회학 등을 가르치면서 비극적 세계관이라는 변증법적 체계하에 신의 문제를 논한 뤼시앵 골드망(Lucien Goldmann; 송기형 외 역, 1986)이 바로 그들이다.

먼저 세 사람 중에서 그래도 가장 전통적인 신 개념으로 이야기하고 있는 칼 라너(K. Rahner; 이찬수, 1999)에 의하면, 하느님은 인간 경험 이전에 인식의 주체로서 역할을 하고 있기에 인간이 선험적·구조적으로 하느님을 인식하도록 되어 있다. 그래서 인간 안에 받아들여진 하느님 자신을 바로 은총이라 부른다. "인간은 이 무조건적인 은총으로 인해 초자연적으로 고양되어 있다. 실존론적으로 신화되어 있다는 말이다. 이 선험적인 앎이 인간의 이러한 초본성적, 초자연적 실존 범주를 입증해 준다. 그러기에 인간은 세계 내재적 존재이면서 세계를 초월한다. 하느님은 그 자신으로부터 나오는 자기 자신이며 스스로를 내어주는 충만함 안에 있다. 이러한 하느님의 자기 내어줌, 자기 변화는 하나의 신비다. 말로 나타낼 수도 없고 이름을 가지지 않는 신, 거룩한 신비다." 그래서 인간은 하느님이 자신을 비움으로써 스스로를 드러낸 하느님 자신이다. 즉, 신적 본성은 인간적 본성 안에 전적으로 제한되지 않으면서도 인간적 본성에 어울리게 자신을 내어주고 드러낸다는 것이다. "그런 점에서 인간은 신을 가리키는 암호다." 그래서 그는 인간을 잘 보면 신이 보인다고 말한다.

그리하여 하느님은 인간의 일거일동, 일상적 삶 안에 이미 들어와 있다. 그것을 칼라너는 일상의 신학 또는 실존적 하느님 체험으로 부른다. 갑자기 외로움의 상태에 빠질 때, 모든 것이 의문에 처해질 때, 침묵이 일상적인 소음보다 더 깊게 관통해서 울릴 때가 바로 그때다.

영의 체험은 영원의 체험이고 신적인 삶의 체험이라고 할 때, 성인(聖人)이란 영을 그대로 들이마시는 사람이다. 그래서 그들의 별난 인생, 가난, 겸손의 갈망, 죽음의 그리움, 고통의 감내, 순교의 은밀한 동경이 있는 것이다(니체가 들으면 그 반동적, 허무적 삶의 형식에 기절초풍을 하거나 침묵만을 고수할 것 같다. 특히 죽음의 그리움, 순교에 대한 동경 같은 것이.). 그리고 모든 종파에 관계없이 인간의 본래적인 자아는 이미 신화(神化)되어 있기에, 인간성의 깊이에서 솟아오르는 양심의 소리에 귀 기울이고 그 신비에 자신을 비우는 사람, 심지어 무신론자라 할지라도 자기의 양심에 따라 행동하고 진리를 탐구하며 도덕적 양심이 요구하는 바를 실천하는 사람을 익명의 그리스도인이라고 명명하면서 자신은 익명의 불교인으로 불릴 수도 있다고 말한다.

다음으로 돈 큐피드의 신의 개념을 살펴보자. 큐피트(이한우 역, 1999)에 의하면 인류 역사 초창기에 신은 토템이거나 동물 형태를 지닌 신물(神物) 혹은 다산의 상징물이었다가, 점차 영웅과 같은 인간으로 바뀌었으며, 마침내는 절대 권좌의 군주처럼 된다. 그다음에 신은 대규모 사제 집단에 의해 유지되는 일상적인 제사의 초점이 되었다. 아마 신석기시대 사람들은 일반적인 당시의 방식대로 신의 존재를 부르고 숭배하도록 몰아세우는 수많은 욕구와 압력에 시달렸을 것이다. 그러나 그 당시 신은 찬미의 대상이 되는 나무나 돌로 만든 이미지 이상도 이하도 아니었다. 신이란 하나의 기호였다. 오늘날 석고로 만든 마리아상이 동정녀 마리아를 상징하듯 당시에는 나무나 돌로 만든 이미지가 신이었다는 것이다.

그래서 큐피트는 과거의 형이상학적인 가정들이 영원히 사라진 신의 죽음을 인정하면서, 우리는 이제 신이 존재한다는 관념을 포기해야 하면서도 신을 믿어야 한다는 명제를 제시한다. 요약하면, 오늘날 우리는 실제론의 종말, 절대적인 것들에 대한 믿음의 종언, 세계는 우리를 위해 이미 만들어졌다는 믿음의 쇠퇴 등 매우 비관적인 시대를 지나가고 있다. 다시 말해서, 고대의 메소포타미아, 이집트, 그리스 등의 종교들이 종말을 고했던 것과 마찬가지로 오늘날의 주요한 종교적 전통들도 종말을 고하고 있다는 것이다.

"그렇다면 그중에서 구제 가능한 전통은 어떤 것일까? 아마도 종교적 실존의 형태들일 것이다. 즉, 자아의 형태와 실제, 의식의 양태, 자기 삶에서의 자신을 표현하는 방식들이 그것이다. 미래에는 사람들이 종교를 더 이상 초자연적인 교리가 아니라 자아의 한 실험실로 보게 될 것이다. 소위 신에 관한 비실재론적 신앙이라고 부르는 것도 최소한 신이 죽은 이후에도 남아 있는 인간의 자아와 인생을 신의 관점에서 보려는 시도다." "우리는 이제 서로 다른 여러 형태의 자아관과 인생관을 탐구하고 그에 몰두함으로써 개인의 성장을 도모하는 법을 배워야 한다. 단 하나의 위대한 진리란 더 이상 존재하지 않는다(이러한 그의 타인의 존재에 대한 인식과 해체적인 사고방식은 마치 포스트모더니스트 철학자들의 열정처럼 보인다.). 그래서 만일 신이 일정한 의식 형태와 자아의 실현이라는 측면을 포함하고 있는 것으로 해석할 수만 있다면 신에 관한 믿음은 앞으로도 살아남을 수 있고 옹호도 가능하다. 신의 존재를 믿는다는 것은 신의 눈을 의식하며 살아간다는 것을 의미하기 때문이다(그리고 드디어 믿음이라는 전제와 가정법 위에서 거의 독단에 가까운 확신에 찬 논조가 계속된다. 결코 그가 스스로 말하고 있는 순진한 태도라고 말할 수는 없을 것 같다.)."

"나는 사실 신이 자발적이라고 알고 있기 때문에 더욱더 신을 사랑한다. 나는 현실적으로 그 어떤 신도 존재하지 않는다는 것을 잘 알지만 그럼에도 여전히 신에게 기도하고 신을 사랑한다. 아마도 신은 그에 대한 우리의 사랑을 정화시키기 위해 죽어야 했던 것인지도 모른다." 대단한 역설이요 신념이며 믿음이다.

"니체는 생성이라는 무상의 세계가 가진 순진함을 회복하자고 열렬히 주창한다. 왜 우리는 종교의 순진성을 회복해서는 안 되는가?" 큐피트는 왜 환상, 거짓, 권력, 숭배 등으로부터 자유로운 종교가 있어서는 안 되는가를 묻고 나서 하나의 대안으로 순진한 종교 개념을 제시한다. 형이상학이 없는 종교, 신조 없는 종교, 더 이상 우리 외부에 있는 권력의 중심에 초점을 맞추지 않는 종교, 권위와 질서가 배제된 종교, 인류 중에서 선민과 나머지 사람들 간의 명확한 경계를 확신하는 군중들이 없는 종교가 그것이다.

철학적 논증에 의해 검증된 보편적 진리들로만 구성된 이성신학과 이성을 넘어서 있고 신앙으로 교회의 권위에 입각해 믿지 않으면 안 되는 명제들로 구성된 계시신학을 넘어서서, 우리는 왜 위대한 종교적 전통들을 예술의 전통들과 같이 보아서는 안 되는가 물어보자. 니체는 "음악을 짓는다는 것은 아이를 만드는 또 다른 방법이다."라고 말하지 않았는가? 그래서 큐피트는 앞에서 언급한 순진한 종교에다 시적(詩的) 신학을 덧붙인다. 예술적, 창조적 경향의 종교, 신학 개념을 과감하게 시도하고 있는 것이다(마지막에는 세계종교를 주창한다.). 그러고 나서 그는 그 구체적인 방법을 제시한다. 앞에서 언급한 신의 눈 외에 지복(至福)의 공(空)이라는 근본적이고 보편적인 비움과 무(無)에 대한 명상이라고 할 수 있는 공(空)의 훈련을 해야 한다고 주장한다. 지복의 공 '수냐타'는 형이상학적 신을 대체할 수 있고, 특히 서구인들에게는 인생을 새롭게 볼 수 있는 전망을 열어 준다는 것이다.

마지막으로 태양의 삶이 있다. "태양처럼 자신을 쏟아붓는 자기 표출과 자기표현을 통해 우리는 의미와 가치를 만들어 낼 수 있다." 나는 항상 상충하는 힘들의 묶음이므로 나 스스로 의미를 만들어 내지는 못하지만 나의 표현, 내가 하는 말, 나의 작업, 내가 사는 인생 등을 통해 의미를 만들어 낼 수 있다는 뜻이다. 그래서 그는 그러한 자기표출, 태양의 삶을 포스트모던 시대의 성인의 덕목으로 지칭한다. 기묘하게도 소위 동양적 요소들이 그 실천적 방법론 속에 짜여 들어가 있다. 놀라운 일은 아니다.

마지막으로 현대 기독교에서의 신 개념은 뤼시앵 골드망(송기형, 1986)에 의해 제안된 비극적 세계관에서의 신관이다. 여기서 비극적 세계관이란 그가 변증법적으로 구조화시킨, 다시 말해서 이념적, 신학적, 철학적 그리고 문학적 범주의 사건들의 본질을 추출해서 명명한 그들의 구조적 친족성 혹은 공통성을 지칭한다. 그의 논의가 흥미를 끄는 것은 현대의 신학적, 철학적 신의 개념을 엿볼 수 있다는 점(제목이 시사해 주는 것과 같이 숨은 신의 개념)뿐만 아니라 자연철학, 범신론, 데카르트의 합리주의를 비판하고 나서 그 토대 위에 파스칼, 칸트, 루카치 등의 이론을 한데 접목시키고 있다는 점이다.

예를 들어 보자. 골드망에 의하면 대부분의 심리학적 연구가 범하는 가장 큰 오류는 너무 자주 개인을 절대적 주체로, 그리고 타인을 대상으로 다루며, 그러한 원자론적 입장은 데카르트, 피히테, 신칸트 학파, 현상학자 등에서 나타난다. 자연철학은 신성을 자연세계로 통합시키면서 신성의 기적적인 개입을 제거했다. 합리주의는 밀접하게 연결된 두 개념인 공동체(우리)와 우주의 개념을 제거해서 고립된 개인과 무한 공간 개념으로 대체하여 버렸다. 그러나 공동체와 공간(우주)의 언어는 근본적으로 신의 말씀이었다. 구이에(H. Gouhier, 박미리 역, 1996)의 말을 빌린다면 합리주의 혹은 명확한 관념에 기초한 물리학은 스콜라 철학자들이 자연에 채워 넣은 모든 동물적 영혼, 힘, 원리들을 없애 버렸다는 것이다. 따라서 인간과 소통할 수 있는 유일한 기관인 물리적 우주와 공동체가 상실된 작금의 상태에서, 신은 인간에게 더 이상 말을 할 수 없어 이 세상을 떠나가 버린 것이 된다. 따라서 비극적 사고의 중심 문제는 초개인적인 도덕적 가치를 재통합할 방법과 희망이 우리에게 아직도 남아 있는가 하는 것이며, 신 혹은 그 동의어이며 덜 관념적인 말로서 공동체와 우주를 다시 발견할 수 있는가 하는 것이다.

그리고 신, 즉 숨은 신이 등장한다. 숨은 신은 일반적으로 비극적 세계관이며, 특별하게는 파스칼의 작품의 근본적인 관념이다. 그리고 여기서 숨은 신은 언제나 현존하면서 동시에 부재하는 신이다. 그것은 비극의 신이며 파스칼, 라신느, 칸트의 신이다. 그 신은 인간의 절대적 유일한 삶이란 절대적 진리와 절대적 정의의 삶이라는 것을 깨우쳐 준다. 그리고 그것은 기적이 일어날 때 실현된다. 루카치에 의하면 기적이란 세속적 존재에서 비극으로의 전환, 가치의 완전한 역전, 그리하여 위대한 것은 사소하게 되고 사소하고 무의미하게 보였던 것은 본질적이 되는 순간을 말한다. 마치 니체의 비극주의를 다시 보는 것 같다. 그것은 기적이 아닌 우리 인간 실존의 보편성을 말하고 있음에도 불구하고 마치 특수 현상처럼 차용당하고 있다.

여기에서 말하는 비극이란 우리의 삶에서 단지 유일하게 가치 있는 사고와 태도만을 인식하는 것, 즉 긍정인 동시에 부정이라는 역설, 그리고 현실 세계에 참여하지도 관심을 갖지도 않은 채 세계 안에서 사는 것을 뜻한다. 인간의 불충분성, 천사이면서 동시에 짐승인 존재, 무이면서 전체인 세계의 불충분성, 필연성을 찾는데도 우연성만을 발견하고 절대적인 것만을 인정하려는 데 상대적인 것만을 발견할 수밖에 없는 인간의 비극성, 그것이 비극적 세계관이다(니체식으로 이야기하면 그러한 변증법 속에는 이미 동일성, 절대성 차이와 상대성을 두려워하는 이라고 하는 뿌리가 깃들어 있으며, 모순이며 부정은 겉껍질에 불과한 한갖 치장에 지나지 않는다고 말할 수 있다.).

그러나 그에 그치지 않는다. 긍정이면서 동시에 부정인 종합의(변증법적) 차원에서 비극적 인간의 의무는 이 두 가지를 통합하는 전인, 영혼과 육체가 모두 사멸하지 않는 인간을 실현하는 것이다(그러나 그는 이 지상에서는 실현될 수 없는 존재다[파스칼].). 따라서 인간이 비극적 세계로 접근하는 길은 단 하나, 회심(conversion, 回心)에 의할 수밖에 없다. 여기서 회심은 지적인 선택의 결과이거나 신의 은총의 결과다. "신이 진실로 인간을 쓰다듬어 영혼에 불러일으킨 첫 번째 것은 영혼으로 하여금 사물들과 그 자신을 아주 새로운 방식으로 바라보게 하는 아주 이례적인(기적과 같은) 인식과 시각이다."

파스칼은 세상과의 모든 대화가 불가능하다는 것을 재인식하면서 자기에게 남아 있는 유일한 청자에게 스스로 말을 건넨다. 하지만 그는 결코 대답하지 않는다. 그렇다. 비극적 인간은 신과의 관계에서 단지 하나의 표현양식을 가질 수 있을 뿐이다. 그것은 독백이다. 비극적 인간은 숨은 신과 고독한 대화를 나눈다.

"비극적 영혼은 신의 자리에 도달할 때까지 자신을 멈출 수 없다. 끊임없이 신의 시선 아래에서 사는 것, 끊임없이 신을 인정하는 것을 선택한다. 신을 원하는 것은 신을 소유하는 것이기 때문이다." 마치 인도나 중국적 인식 경향을 보는 것 같다. 그러면서도 신의 자리, 신을 소유한다는 의미는 서양적인 시간의 연속 혹은 단계적인 지속에 의한 상승의 철학이 여전히 그 특성을 잃지 않고 있다. 왜냐하면 다음과 같이 그 고독한 대화의 궁극적 목표는 역시 전능의 신이기 때문이다.

> 비극의 본질 자체, 즉 영혼은 숨은 신, 보이지 않는 신의 목소리로부터 영원히 들려온다고 생각하는 메시지, 의심 속에서 확신을, 두려움 속에서 낙관을, 비참 속에서 위대함을, 그리고 긴장 속에서 휴식을 가져다주는 메시지, 영혼의 끊임없는 불안과 고통 속에서 신뢰와 희망을 주는 영원히 가치 있는 유일한 이성인 메시지를 듣고자 한다. 우리의 생애를 살아주시는 예수 그리스도의 존엄을 위해서, 전능하심을 위해서.

이상으로 기독교신학에서 절대신에 대한 세 가지 관점을 살펴보았다. 모레노적 신관에 의한 비평적 접근을 시도하기에는 근본적인 어려움이 있어 보인다. 그 이유는 그들의 신 개념이란 흔들릴 수 없는 신앙적 믿음의 토대 위에서 성립하고 있기 때문이다. 한마디로 절대, 전지, 전능의 신의 섭리를 믿는 사람과 안 믿는 사람 간의 근원적인 차이라고 말할 수 있겠다.

4. 인간 중심의 신 개념

신 개념은 궁극적으로 인간 자신에게로 수렴된다고 볼 수 있다. 왜냐하면 그 다양한 신의 양태, 종교양식도 결국은 인간에 의해서 형성되고 명명된 언어, 관념, 형상이기 때문이다. 그렇기에 역사 이래로 초월성보다는 내재성을, 신성보다는 인간성을 보다 근원적으로 고려해 보고자 하는 흐름이 아직도 지속되고 있는 것이다. 여기서 말하는 인간 중심의 신 개념이 바로 그것이다. 그것은 인간에게 내재된 신성, 영혼 혹은 신적 본성, 본질을 우선적으로 강조하는 경향을 나타낸다.

그러나 엄밀히 말한다면 내재적 신 개념 속에도 초월성, 무한성의 의미가 깃들어 있고 초월적 신 개념 안에도 인간적 본성, 유한성과의 관계성이 채색되어 있다. 그렇기에 그 두 개념을 명확히 구분짓는다는 것은 그렇게 쉬운 일이 아니다. 차라리 우리는 0과 100 사이처럼 정신분석에서의 투사 및 환상 개념과 절대신이라는 양극화 현상 가운데 우리 삶이 영위되고 있다고 보는 것이 보다 현실적인 시각일 것이다. 단지 사람마다 그 지평의 선 위 어디에 서느냐, 어느 쪽에 기우느냐의 차이문제가 있는 것이다.

인간 중심의 신 개념은 동학사상과 최제우의 신관부터 살펴보는 것이 순서일 것 같다. 그가 한울님 마음이 바로 인간 자신의 마음임을 깨달아 초월적 존재라고 믿어 온 신을 인간의 내면에서 찾는 시천주(侍天主)의 새로운 신관을 제시하였기 때문이다(김춘성, 2000: 76). 최제우에 의하면 '오심즉여심(吾心卽汝心)'의 종교적 신비 체험으로 체득된 신은 단적으로 말해서 인격적이면서 범신적이요 초월적이면서 내재적인 신이었다(안진오, 1987: 64). 신과 인간이 분리되어 있지 않으며 인간과 만물 또한 그 근본은 하나라는 진리다.

이러한 신관을 유신론과 범신론을 극복한 범재신관(汎在神觀 혹은 만유내재신관)으로 설명하는 김경재(1984: 137)에 의하면, 물질, 동식물, 인간, 정신, 영물 등은 모두 범재신의 생성과정에서 나타난 창조의 결과가 된다. 원자로부터 영적 인간의 생명 차원에 이르기까지 그 형과 색, 특성, 특질이 천태만상이지만, 그것들은 모두 생성적 기화신(氣化神)인 조물주의 생명 안에서는 하나라는 것이다. 그리고 이를 자각하는 존재는 인간의 정신이다. 그러므로 인간은 최고의 신령한 존재이며, 수운의 신관에서 인간성은 신성의 표현이고 인은 천의 구체적 피어남, 영글음, 맺어짐이 되는 것이다.

동학사상을 철학적으로 고찰한 김용천(1987: 143)은 '한울님을 모심(侍天主)'에서 시(侍)란 생존적 섬김, 즉 양(養)이며 모심은 살아계심을 섬김이기에 고정적 보존이나 현상유지가 아닌 키움이라고 한 최시형의 양천사상을 생성철학이라는 이름으로 부르고 있다. 반면에 동학의 3대 교주인 의암 손병희는 시천주의 시는 천주를 깨닫는 의식이라고 풀이하면서, 천주의 주(主)는 내 마음의 주인이자 의식함이라, 하늘의 뜻을 깨달으면 상제(上帝)는 곧 내 마음이니 천지도 내 마음, 삼라만상이 다 내 마음의 일물(一物)이라는 천주(天主)관에 입각해서 앞의 시천주와 양천주(體天)를 체받아(體天) 사람이 곧 한울이라는 인내천(人乃天)을 주장한다(사람이 곧 하늘이라는 동학의 기본 사상은 결국 천도교라는 하나의 종교로 나아간다.).

신의 죽음을 서술한 최후의 사상가는 포이어바흐였다(들뢰즈, 권영숙 외 역, 1995: 199). 그는 신이 단지 인간의 펼침일 뿐이기 때문에 인간은 신을 접고 다시 접어야 한다고 말한다. 오늘날과 같이 상상을 초월할 만큼 다차원적인 현실 속에서 해묵은 신관은 무의미할 뿐으로 최고 존재라는 표현 자체가 왜곡된 의미를 담고 있으니 벌써 그 단어에는 인간성이 반영되어 있다고 보는 것이다(제인 로버츠; 서민우 역, 1994: 188).

그래서 소위 신세대 철학자로 불리는 뤽 페리(Luc Ferry; 우종길 역, 1998)는 이제부터 신성을 인간의 내부에 설정해야 한다고 주장한다. 이제는 인간 육체의 성역화, 신성화시대가 온 것이 확실하다는 것이다(생명 유지로서의 육체의 신성화와 인도주의로서의 심정의 신성화). 많은 조사 결과, 대다수의 가톨릭 신자들도 더 이상 영혼불멸이라던가 성모 마리아의 처녀성, 심지어 악마의 존재까지도 거의 믿지 않고 있으며, 전에는 윤리의 상류에 자리 잡고 머리끝부터 발끝까지 모든 것의 기반을 이루었던 신성이 이제는 하류로 기울어져 가고 있다는 것이다.

페리가 주장하는 것은 결국 초월적 인간주의, 신적 인간의 인간주의다. 어떻게든 인간이 신이 아니라면 인간은 인간도 될 수 없다. 인간의 내면에 무엇인가 신성한 것이 있다고 전제하든지 혹은 인간을 동물로 환원시킬 것을 받아들이든지 해야 한다는 것이다. 여기서 그가 말하는 신성은 신비한 초월성을 의미하는데, 그 초월성은 보편성뿐만 아니라(모든 인간에게 있으며 서로를 결합시켜 주는) 영원성, 나아가 불멸성을 목표로 삼고 있다. 신이 물질적 차원의 존재나 시공간 차원의 존재가 아니라면 이제 신은 인간의 마음속, 즉 인간 내면에서 인지하는 초월성 속에 설정되어야 한다는 것이다.

분명 내 안에는 무언가가 있다. 있음직하다. 내가 인식하고 지각하든 안 하든 그것은 존재하고 있다. 내가 생각하기에 존재한다는 전제 이전의 그 어떤 것이다. 그래서 현대의 몸철학자들은 인간의 육체로 시선을 돌린다. 마치 원시시대 사람들이 육체적인 것과 정신적인 것을 분리하지 않고 하나로 생각했던 것과 같은 맥락에서 그들은 몸이 곧 영혼이라고 말하거나 더 나아가 몸이 먼저 있다고 말한다. 과거의 신학과 윤리학은 몸과 영혼의 반위적(反位的) 관계의 도식에 너무 많은 제약을 받아 와서 육체적인 것은 항상 낮고 천한 것으로 취급되어 왔다(반 퍼슨, 손봉호 외 역, 1989: 20). 그러나 아니다. 퐁티에 의하면 '나' 이전에 몸이 익명성으로 이 세계 내에 존재한다. 지각 자체가 아직 개인적인 지각으로 분화되지 않았으며, 따라서 내가 지각하는 것이 아니라 내 안에서 누가 지각한다고 말할 수 있다. 그러고 난 후에야 개인적인 것, 곧 나는 세계를 향해 열려 있는 몸에서 분화되어 나타나는 것이다.

원시인들은 들숨과 날숨(육체적 현상)이 신비스럽게 교차하는 가운데 영혼을 체험하였으며 바로 그 영혼이 그를 살아 있는 인간으로 만드는 힘이면서 동시에 신적인 힘의 현현이었다(반 퍼슨, 손봉호 외 역, 1989: 198). 퍼슨에 의하면 성경에 나타난 영혼의 개념 또한 몸과 동일시된다. 영혼(히브리어의 nephesh; 호흡과 관련된 언어)은 창세기에서 생명의 기운 혹은 생명력과 동일시되고, 시편에서처럼 몸도 하나님을 갈망한다는 것은 몸이 곧 영혼이라는 것을 의미하고 있는 것으로 본다.

달라이라마(소갈, 오진탁 역, 1999: 166)는 "사원도 필요 없다. 복잡한 철학도 필요 없다. 우리 자신의 머리, 우리 자신의 가슴이 바로 우리의 사원이다."라고 말한다. 가톨릭 신자이자 사진작가인 화이트(육명심, 1987: 224)는 인간이야말로 우주적 예지의 원천이며 인간의 몸은 단순히 육체에 지나지 않는 것이 아니라 신이 내재하는 신전이라는 믿음으로 사진 작업을 행한다. 몸의 철학, 그간 오랜 인류 문명사에서 버림받아 왔던 자연과 여성이 이제 에코페미니즘으로 재생하고자 하는 맥락과 더불어, 천시되었던 육체성이 정신성의 그물을 벗어나 몸철학이라는 이름으로 서서히 그 존재성을 부각시키고 있는 것이다. 우주-자연-인간-몸으로의 회귀다. 그러나 여전히 몸의 위치는 쉽게 흔들린다. 언제든지 다시 정신 우위의 세계에 자리를 양보할 태세를 갖추고 있어야 한다.

근원적으로 인간에게 내재된 신적 개념 혹은 신성이 출현하는 것은 몸뿐만이 아니다. 신인상(神人像)은 처음에는 인간의 꿈상태에서 인간에게 소개되거나(로버트; 서민우 역, 2000: 191) 인성 자체가 신성과 본질적으로 동일하고(김경재, 1984: 118), 더 나아가서 인간의 고유한 속성을 미화하고 강화시킨 것에 불과한 것이 신성이기에 종교는 유익하기는 하지만 실재의 그림자에 불과할 뿐이라고 폄하된다(로버트, 서민우 역, 2000: 293).

티베트의 지혜로 볼 때(오진탁, 1999), 역사를 통해 출현한 성인과 신비가는 그들이 체험한 진리를 상이한 명칭으로 찬양했고 다양한 모습과 방식으로 해석했지만, 그들이 궁극적으로 체험한 것은 인간 마음의 본질적인 성격이라고 말해진다. 그것을 기독교와 유태교에서는 신이라 부르고, 힌두교에서는 자기 자신, 시바, 브라흐만, 비슈누라고 일컫는다. 또 수피의 신비가는 마음의 정수라고 칭하고, 불교도는 불성이라고 부른다. 그래서 모든 종교의 심장부에는 기본적인 진리가 있다는 확신이 있는 바, 바로 지금의 삶이 그것을 끌어내어 실현할 수 있는 성스러운 기회라는 확신이 깔려 있다고 말한다. 또다시 몸과 마음이 합치된, 이제는 인간의 삶 자체로 환원된 것이다. 물론 삶 속에는 정신성과 육체성의 양극이 우리를 분열의 선상에서 헤매게 만들고도 있지만 말이다.

칼 라너의 말대로 만약에 인간의 본래적인 자아 혹은 본성이 모든 종파에 관계없이 신화되어 있다면(이찬수, 1999: 128), 미래에는 사람들이 종교를 더 이상 초자연적인 교리가 아닌 자아의 한 실험으로 보게 될까? 본성 자체의 무의식적인 지향성에 의해서 저절로 드러나게 될까, 아니면 끝없는 수련과 수행을 통해 발견되고 얻어지는 것일까? 혹은 그러한 신성은 창조되는 것일까?

아르토(A. Artaud; 박형섭 역, 1994)는 삶과 접촉하기 위해서 언어를 파괴하는 연극을 만들어 낸다. 그리고 "우리의 삶에는 유황과 같은 정열과 항구적인 마술성이 결여되어 있다."고 말한다. 인간에게만 주어진 이러한 능력들, 그리고 바로 이러한 이념들은 마땅히 신성으로 남아 있어야 하는데 인간의 오염이 그것들을 망가뜨려 버렸다는 것이다. 왜냐하면 신성이라는 것은 우리가 초자연적인 것으로 믿는 데 있지 않고 인간에 의해 창조되는 것이기 때문이다. 그래서 그는 "나는 인간의 오랜 간섭이 결국 우리 자신의 신성을 부패시키지나 않았나 하는 생각이 든다."고 말하고 있다.

니체 또한 『선악의 피안(*Beyond God and Evil*)』(최현 역, 1885: 177)에서 이렇게 말한다. "인간 속에서 피창조물과 창조자는 하나가 되어 있다. 인간 속에는 소재, 단편, 과잉, 점토, 분토, 무의미, 혼돈이 있다. 그러나 인간 속에는 또한 창조자, 조각가, 쇠망치의 위력, 방관자의 신성과 같은 우월, 제7일이 있다." 이 말은 그의 철학적 토대에 근거해서 재해석해 보면 그러한 부정적인 측면들에 대한 강조, 동정, 연민보다는 우리 인간이 긍정적 측면에서 유한성에서 무한성으로 전개해 나아가야 한다는 것을 의미한다고 하겠다.

5. 모레노의 신 개념

모레노(1970)는 자신의 『아버지의 말씀(*The words of the father*)』 첫부분에서 구약성경의 신에 대해서 이야기한다. 신은 모든 인간에게 말한 적이 없었고 드물게 한두 명의 사람에게 나타남으로써 자신이 창조한 우주와 동떨어지고 머나먼 존재로 상상되었다는 것이다. 선지자 없이는 인간과 직접 의사소통할 수 없었기에, 그는 3인칭으로밖에 불릴 수 없었던 것이다. 신약의 신 또한 자신의 아들을 통해서만 말함으로써 그의 존재는 믿음이라는 신앙적 신조(article of faith)가 되어 버린다. 그는 결코 자신에 대해서는 말한 적이 없으며 세계에 대한 그의 판단 역시 사람들에게 직접 가 닿지 못했다. 그래서 모레노는 베다의 브라마, 헤브루의 여호와 그리고 크리스천적 신의 단계로 신의 개념이 변화해 왔지만 그 모두가 보다 크고 풍요로운 포괄적 존재(inclusive being)의 일부만을 표현했다고 본다. 다시 말해서, 시대와 역사, 상황에 따라서 신의 개념은 달라지고 위축되었다는 것이다. 철학자와 신학자들은 신에게서 인간적 요소를 빼내어 결국 논리적이고 형식적인 개념으로 화석화시켰으며 어떤 평균적 가치, 6일 만에 창조를 끝내 버린, 낡은 개념의 신, 역동성을 잃은 신의 개념을 지속시켜 왔다는 것이다.

우주 내 존재, 우주적 인간(모레노, 1975)의 위치에서 우주적 역동에 참여하지 못하고 눈에 보이지 않는 우주적 가치체계에 대한 인간의 깊은 불안으로 말미암아 우주 전체를 지배-조작(control)하기 위해서 인간적 역동의 신화, 전설, 종교를 만들어 내게 된다. 그래서 자신들의 우주 인식에 따라 만들어 낸 법칙에 복종함으로써 완고한 조직과 통제에 굴복하게 된 것이 오늘의 현실이라는 것이다.

따라서, 신이 죽은 것이 아니라 인간이 죽었다고 이야기할 수 있게 된다. 아니, 신이 죽은 대신에 수백만의 인간으로 대치된 것이다. 모든 인간은 자신 내에서 신을 구현

(embody)할 수 있기 때문이다. 따라서 인간-신의 의미는 한마디로 인간은 누구나 자신의 행위를 통해서 자신의 신에 대한 소견(version of God)을 묘사할 수 있다고 규정지을 수 있다.

모레노(1970)는 '신의 철학' 이라는 장에서 앞서 언급한 인간의 딜레마에 대한 이유를 밝히고 있다. 그것은 모든 종, 개체는 자신만의 특정한 세계에 대한 주관적 경험을 갖게 되고 인간도 예외는 아니라는 것이다. 그래서 물리학, 철학, 심리학 등에서 다양한 복수성(plurality)이 발생할 수밖에 없고, 바로 그러한 경험의 한계로 인해 인간은 희망 없는 노력만 해나갈 수밖에 없다는 것이다. 역설적이지만 인간은 결코 우주철학을 말할 수 없으며 또 그것은 불가능한 일이다. 그것이 가능하려면 인간이 혁명과 같은 광범위한 총체적 변화로 스스로의 약점으로부터 자유로울 수 있는 새로운 종류의 존재가 되어야 한다. 예를 들어, 많은 다양한 존재의 시각에서 우주를 볼 수 있으며 한순간에 전체를 꿰뚫어 볼 수 있고(시간적으로 시작과 끝을) 전체 우주가 친밀(intimate)하고 개인적인 경험으로 체험될 수 있는 존재라야만이 우주의 창조자 자격을 갖출 수 있다고 보는 것이다.

모레노는 신을 창조자(Creator)로 보고 있다. 6일 동안 자신의 창조를 끝내고 쉬고 있는 신이 아니라 지금도 창조를 계속하고 있는 신이다. 그는 역사 이래로 모든 신의 속성은 적절한 관심을 받아 왔으나 가장 조금밖에 받지 못했던 기능 중의 하나가 바로 이 창조자의 개념이라고 주장한다.

> 인간은 창조하기 위해 태어났다(All men are born to create)
> ……
> 너는 반드시 창조하게 될 것이다(you shall learn to create)
> 너는 나를 창조하게 될 것이다(you shall learn to create me)
> 모든 창조자는 혼자다(All creators are alone)
> 창조의 열정이(until their love of creating)
> 세계를 창조해 나가는 날까지(forms a world around them)

모든 인간은 창조해 나갈 수밖에 없는 존재이며 창조를 배워야만 하는, 그래서 스스로의 신도 창조해 낼 수 있는 존재가 바로 창조자-신으로 운명 지어진 인간 존재인 것이다. 여기서 창조자의 의미는 창조(creation)와 진화(evolution)를 말하며 신의 의미는 모든(자기) 존재의 확장, 모든 역할의 확장을 말한다. 구체적인 목적을 지닌 절대적 지향점을 향한 창조가 아니다. 인류의 구원, 사랑, 자비, 영혼불멸과 천국을 말하는 신이 아니다. 속죄와 박애, 희생 제의, 계율, 종교 없는 신이다. 그는 그냥 그렇게 우주적 역동에 의해 창조해 나아가는 존재요, 스스로 그러한 힘에 의해 그럴 수밖에 없는 존재인 것이다.

창조자로서의 신은 세 가지 중요한 양태를 지닌다. 여기 그가 서술한 내용을 원문 그대로 인용한다(모레노, 1970: 182).

a) 창조자의 모습 혹은 창조성과의 관계성 안에서(in a creator and in his relationship to creativity)
b) 이 순간과의 관계 속에서 그리고 어느 곳에서나 존재한다는 의미에서(in his relationship to the moment and the concept of his comnipresence)
c) 우주, 특히 우리가 살고 있는 이 우주의 역사와의 관계성 안에서(in his relationship to the universe, with special emphasis on the history of our particular world)

모레노는 신은 창조자라고 말하지 않고 창조자 속에 있으며 창조성과의 관련하에 있다 혹은 존재한다고 말한다. 그냥 단순히 창조성 안에 혹은 창조성에 의한다는 표현이 아니다. 창조성과의 관계란 무슨 의미일까? 우선 창조성을 생각해 보자. 그것은 한 인간 또는 개체 안의 유일 속성만은 아닐 것이다. 거기에는 다양한 속성이 있어서 그중 하나인 창조성을 말하고 있는 것일까? 아니다. 그런 단순한 의미보다는 유일자의, 인간적 사고방식에 의한 의미보다는 더 포괄적인 뜻이 있어 보인다. 한마디로 개체-대상들의 다양성으로 보는 것이 좋은 것 같다. 신은 근본적으로 창조성을 바탕으로 하며 창조성 없는 신은 생각할 수 없듯이, 창조성이 존재하는 한 일단은 그것은 신의 자격, 그 가능성이 주어질 수 있다는 의미다. 창조성은 창조자-신이 되는 필수조건이다. 그렇지만 아직은 신은 아니다. 잠재태로 머물러 있는 신이다. 그것은 창조자와의 관계 속에서라야만 신이 될 수 있다. 그 창조성이 그 대상에 대해 어떠한 관련하에 있느냐 하는 것이다. 가능성만으로는 부족하며 그것이 드러나야 한다. 표현되고 행위화되어야만 하는 관계다. 그러한 관련하에 창조자는 신이 된다. 모레노는 "인간의 모든 창조적 행위(acts) 속에 신이 함께 존재한다(co-existing). 그것이야말로 신의 진정한 본질이다."라고 말하고 있다. "그는 (인간) 경험의 모든 세세한 부분 가운데 존재한다(He is in every detail of experience)."

신의 두 번째 양태는 시간 개념을 나타난다. 그는 순간과 관련하에 있다. 일반적 의미의 시간이라는 일반명사와의 관계가 아니라 신은 순간과 연결된다. 모레노의 신 개념을 쉽게 파악할 수 없는 것도 바로 이 순간의 개념에 있다. 그것은 연속 개념이 아니다. 순간들이 쌓여서 과거-현재-미래로 흐르는 지속 개념도 아니다. 그것은 필연이 아닌 우연의 개념이며 우주적인 필연적 우연-순간의 개념이다. 모든 생물체가 유전자 정보에 의한 필연에 의해 진행되는 것 같지만 확장된 시간 개념으로는 그 유전자 조직 자체는 극히 한순간의 우연, 순간에 의해 창조된 것이다.

여기서의 순간은 완전성, 영원성, 무시간성의 전형적인 신의 시간성과도 다르다. 과거와 미래, 시원으로 확장된 개념의 순간도 아니다. 부분화되고 파편화된 인간의 순간 개념과도 다르다. 동시에 모든 곳에 존재하며 서로 다른 순간, 상황에 존재하는 그러한 순간 개념이다. 마치 넓은 호수 위에 비가 내리고 있을 때 빗방울이 떨어질 때마다 수면이 튀어 올라 동심원을 그리며 펼쳐 나가는 양상처럼, 신은 서로 독립적인 순간들에 존재하면서 동시에 전 수면 위에 존재하고 있다. 결코 동일한 물방울의 튀김이 아닌 서로 차이 나는 시공간상의 순간 개념이다.

마지막으로 신은 우주와의 관계 속에 존재한다. 그는 우주 창조자다. 그는 우주의 모든 분자(every atom)와 직접 의사소통하는 가운데 존재한다. 신은 자신이 창조한 우주를 전체로서 바라본다. 한 부분, 한 존재 속에 문화 보존성으로 가둬 두지 않고 작고 좁은 시각으로, 자신만의 비전으로 세계를 보는 것이 아니라 우주를 총체적으로 고려한다. 따라서 우주 내 모든 존재는 상호 연관된다. 서로 떼어낼 수 없는 관계하에 존재한다. 한 대상, 그것이 개체건 인간이건 신에 의해 창조된 매번 새로운 존재는 존재화되는 그 순간 신과 더불어 공동 창조자가 된다. 모든 존재는 우주의 창조자며 신과 상호 의존적 관계에 놓이게 된다.

지금의 이 특정한 세계, 현대의 역사라는 의미는 한마디로 신의 개념에 대한 혁명적 변이를 상징하고 있다. 긴 역사의 흐름으로 볼 때, 신의 개념은 한순간의 인간의 필요성에 의해 변천되어 온 역사라고 말할 수 있다. 진정한 신의 모습을 찾아 나선 역사, 그래서 결국은 완전하고 지고의 존재로서의 신의 모습을 찾았노라고 말해지는 시대가 있었다. 그러나 그것이 인간의 최종적인 신의 형상일까 회의해 본다. 그리고 아니다라고 말한다. 매 순간 그 순간들은 새로운 신의 형상을 필요로 한다. 한순간이 지나면 그 순간의 신은 더 이상 존재하지 않고 새로운 신의 개념이 필요하게 된다. 바로 그런 순간의 신 개념이야말로 가장 우주적이고 자연스러운 것으로 간주된다.

지금까지 모레노의 창조자로서의 신 개념을 요약하면, 신은 창조성과 관련해서 순간에, 동시에, 모든 존재에 서로 다른 모습으로 존재한다. 하나가 아니며 완벽하지도 않다. 결과로서, 창조가 끝난 전능의 존재로서가 아니라 매 순간 새롭게 태어나는 신이다. 한마디로 우리가 흔히 생각하는 구체적, 실체적 대상도, 인간도, 초월적 존재도 아니다.

그러면서도 신은 우리 인간 존재의 본질이다. 지적, 논리적, 당위적 고정관념으로서가 아니라 역동적이고 순간적이고 다양한 수없는 관계망을 형성해 나가는, 바로 지금 이곳에 있으면서 우주 내에 지속적으로 존재하는 하나의 현상으로 존재하고 있다. 다시 말해서, 신은 인간의 모든 창조적 행위 속에 함께 존재하고 있다. 존재하는 그 순간의 창조자로 드러나는 순간, 인간-창조자-신인 것이다. 그렇다고 인간이 곧 신은 아니다. 그것은 셰익스피어와 햄릿을 동일시하는 것과 같다. 화가가 자신의 창조성으로 그려 낸 신의 그림과 그 화가를 같이 생각하는 것과 같다.

그렇다. 신은 자발성이다(god is spontaneity). 이는 은유다. 신은 스스로 그러한 존재다. 그는 스스로 드러나 존재한다. 신은 사랑이다, 부처는 자비다, 전능하다 등의 의미와는 다르다. 그것은 인간의 본성 혹은 속성을 신의 개념에 부여함으로써 그 대상을 고정화시켜 버린다. 그렇게 획일적으로 규정하기보다는 신은 사랑의 존재다, 부처는 자비심을 갖는다 등과 같이 최소한 신의 시각과 관점에서 그것이 어떻게 시작되고 드러나는가를 밝히는 것이 더 중요하다. 신은 자발성이라는 말은 순간, 우연, 우주적 근원성, 찰나적 구현 및 창조성의 발현을 의미한다.

신이 자발성이라고 하는 까닭은 또한 신의 고유의 주관성을 나타내고자 함이다. 신은 그 주관성에 의해서 인간사에 뛰어든다. 수많은 작은 대상들과 만나고 더불어 나누어 가진다. 매 세대에 신선하게 되돌아오며 결코 사라지지 않는다. 불멸이다. 일종의 근원적 본성이다(primordial nature). 그는 한순간에 모든 것을 포괄하는 최초의 우주다. 그러기에 그 순간의 모든 사건은 성스러워진다. 제아무리 하찮은 인간사, 삶의 사건과 내용일지라도 그 자체의 주관성은 결코 그것들을 간섭함 없이 그 속에 들어가고 구현된다.

그렇다면 여기서 우리는 인간이 곧 신인가라고 재차 물을 수 있다. 답은 아니다이다. 그럼 인간은 신이 될 수 있는가? 그 또한 아니다. 신이라고 하는 그 어떤 정점을 향해 나아가는 인간, 그래서 진인(眞人), 도인(道人), 초월자, 깨달은 자가 되어 가는 개념이 아니다. 니체가 말하는 지향적 초인 개념도 아니다. 어느 한순간 현실을 넘어서는 그 순간의 양태로서 초인 개념이라면 이해가 될 수 있다. 그 또한 순간의 개념 하에 있기 때문이다.

그렇다면 모레노의 신의 개념은 무엇이란 말인가? 우리는 흔히 언어적 설명이 어려울 때 기호나 상징(사실 언어 자체도 하나의 상징이지만)으로 말한다. 여기 그 예를 들어 보자. 그는 예수다(모레노는 어쩌면 예수처럼 되고자 했었는지도 모르겠다.). 예컨대, 그는 특정 종교를 갖지 않는다. 그러나 그가 삶 속에서 창조자로서 드러나는 순간들, 소위 진리를 이야기하는-창조하는 순간들, 그래서 그 순간만은 생생하게 자발적 행위로 드러난 순간들의 모습에서 그는 신의 모습으로 구체화되었을 것이다. 막달라 마리아를 변호하고 바리새인들을 비난하던 순간 순간의 행위 속에서 창조자, 곧 신의 모습이 드러났다고 보는 것이다. 자발성이 창조성으로 불타오르는 순간의 행위자, 창조자-그 순간, 그는 신인 것이다.

따라서 사이코드라마의 신 개념이 우리에게 의미 있는 이유도 바로 여기의 구체적인 삶 가운데 행위로서 드러나야 한다는 데 있다. 추상적 관념의 신, 그러기 위해서 정진하고 수도하는 신의 개념이 아니다. 우리 자신의 순수한 자발성을 발판으로 순간 튀어 오르는 창조자의 모습으로 체화되는 곳에 신이 있다는 의미다. 이제 이 점에 대해 좀 더 고찰해 보기로 하자.

6. 모레노의 실천적 신 개념

사이코드라마는 현실로부터의 일탈에서 시작된다. 그것은 새로운 시공간 속으로 들어가기 위함이다. 그것은 자신의 운명과 우주적 상황을 실험해 보고, 우리 존재의 심원한 수준인 창조자로서의 자발성과 창조성을 꽃피우고, 자신의 신에 대한 소견(version)을 실행할 수 있는 시공간이다. 그것은 자연 자체를 모델로 하고 우리 존재, 창조적 자기를 본보기로 한 무대 공간이다. 그곳은 일종의 드라마적 종교, 예술적 종교를 위한 만남과 창조의 무대다. 그것은 곧 현실로부터 보다 높은 실존적 차원의 잉여현실로의 일탈이며, 습관화된 정상증의 세계로부터 현실적으로 아무런 보상도 없는 놀이와 환상, 즐거움과 웃음, 시적 세계로의 이행을 의미한다. 습관적 · 반복적으로 시간과 삶을 죽이는 현실에서 살아 생동하는 순간의 삶으로의 진입이요, 자신의 모든 것을 걸고 마치 한 판의 우연의 주사위 놀이, 도박처럼 최대의 열정으로 마음껏 후회 없이 살아 보는 시공간으로의 일탈이다. 보존적 사유의 세계에서 창조적 · 행위적 사유의 세계로의 이행이다.

그렇기에 사이코드라마는 역전된 종교적 세계가 된다. 역사적으로나 현실적으로 리더, 선지자, 치료자들만이 신의 놀이를 담당해 오고 자신들의 힘과 우월성을 과시하여 왔으나, 사이코드라마 세계에서는 모든 사람을 통해서 신의 이미지가 형태를 얻게 되고 구현되기 때문이다(모레노, 1975). 간질 환자, 정신병 환자, 창녀, 가난한 자, 거부되고 소외된 자들일지라도 그 어떤 영감의 순간에 그들은 무대 위에 올라가 자신과 우주적 의미에 대한 비전을 표출해 낼 수 있다.

신이 어린이들을 위해 존재하듯이(God is always within and among us)
신은 항상 우리 사이에, 우리들 안에 존재한다.(As he is for children)
신은 하늘에서 내려오는 것이 아니라(Instead of coming down from the skies)
사이코드라마 무대의 문을 통해 들어온다.(He comes in by way of the stage door)
신은 죽지 않았다.(God is not dead)
그는 사이코드라마 안에서 다시 살아난다.(He is alive, in psychodrama)

인간은 사이코드라마 무대 위에서 신으로 되살아난다. 생동하는 창조자로서의 변신이 일어난다. 모든 인간이 현실 세계에서 자신을 위해 자기 목소리를 내는 것처럼, 누구나 그곳에서 자신의 신에의 가능한 비전을 드러낼 수 있고 누구나 자신의 신에 대한 개인적 아이디어를 명명할 권리가 주어진다(모레노, 1970).

엘리아데(이은봉 역, 1998: 89)에 의하면 성스러운 시간은 원초적인 신화적 시간을 나타낸다. 종교 축제나 의식의 시간은 태초에 생겨난 성스러운 사건의 재현을 의미하고, 그런 축제에 참여하는 것은 일상적 시간의 지속에서 탈출하여 거기서 재현되는 신화적 시간으로 되돌아간다는 것이다. 그래서 성스러운 시간은 무한히 회복되고 반복될 수 있다. 그때 모든 성스러운 시간의 원형은 우주 창조의 시간이며 신들은 최대의 힘을 발휘하게 된다. 우주 창조는 신적인 것의 최고의 현현이며 힘과 충실성, 창조성이 가장 강력하게 표현된다는 것이다.

모레노 또한 이와 유사한 생각을 하였던 것 같다. 신의 철학에 관한 장에서 그는 인간과 신의 차이는 자발성과 창조성의 차이며 신이 존재하는 곳은 자발적 창조성이 최고로 표현되는 곳이라고 규정하면서 다음과 같이 말한다. "초기 신화시대에 신은 전 우주 창조를 위해서 필요한 자발성과 창조성을 불러일으킬 수 있었다. 그것은 진실이다. 그러나 그 진실은 지금의 어느 순간 가운데서도 그에게 역시 진실이어야만 한다. 그는 끊임없는 원상태 혹은 생성의 상태(state nascendi)에 있다. 그는 우주의 지속에 필요한 만큼의 어떠한 자발성도 불러일으킬 수 있으며 또 그래야만 한다." 이 말의 의미는 다각도로 해석될 수 있다. 말 그대로 우주 창조 시간대로의 인간 의식의 확장으로 해석될 수도 있고, 인간 탄생 순간의 최초의 우주 생성시기로의 귀환으로 해석될 수도 있다. 또한 우리 삶과 관련해서 다음과 같이 해석될 수도 있다.

"나의 삶은 많은 사건들의 역사로 이루어져 있다. 그것이 현실적으로 의미가 있든 없든, 나에게 큰 영향을 미쳤든 그렇지 않든, 나는 그 사건의 순간순간 하나의 행위자로서 삶을 살아 왔다. 그 순간 내가 자발성을 얼마나 발휘하였는지, 최상의 창조성을 발휘해서 신적 역할로서 얼마만큼의 창조자처럼 살았는지는 모를 수 있다. 그러나 나는 이곳 사이코드라마의 무대에서 내가 충분히 창조자로 행위할 수 없다고 생각되는 그 순간, 그 원상태, 즉 그 사건이 생성되었던 상태로 다시 들어가(되돌아감이 아님) 그 순간을 실험해 볼 것이다. 보다 많은 자발적 창조성을 가지고서 말이다. 일견 그것은 실제와는 다르게 보인다. 그러나 그렇지 않다. 현실의 나(과거의 나)는 지금 이 순간에 존재하고 있고, 그러한 재창조자로서의 나 역시 그 나의 이중자(double)로 지금 여기에 함께 있기 때문이다."

사이코드라마는 현실의 한가운데에 새로운 자연 공간, 우주를 창조한다. 그 자체가 이미 일상의 현실과는 다른 개인적 우주, 창조자로서의 자신의 세계를 구현(embodiment)할 수 있는 시공간의 창조다. 마치 최초의 우주 창조처럼 그곳에 참여하는 모든 사람들은 익명으로, 나이 · 성별 등의 차별화 · 파편화된 의식을 벗어나서 자유롭게, 무아의 만남을 통해 얽히고 부딪히면서 새로운 세계를 창조해 낸다. 말이 아닌 행위로, 이론이 아닌 체현으로, 부분이 아닌 전체성으로, 머리가 아닌 몸으로 창조한다. 그리고 최고의 창조 순간, 그들은 창조자, 신이 된다.

카르마(karma, 業)라는 말은 어원상 행위를 뜻한다(소걀, 오진탁 역, 1999: 161). 카르마란 행위 속에 잠재되어 있는 힘이자 우리의 행위가 불러일으키는 인과응보이지만 운명처럼 미리 결정되어 있는 것은 결코 아니라고 한다. 카르마는 창조하고 변화하는 우리의 능력을 뜻한다는 것이다. 그래서 붓다는 "카르마는 모든 것을 창조한다. 예술과 같이 카르마는 모든 것을 만들어 낸다. 마치 춤꾼처럼."이라고 말하였다.

그러나 사이코드라마는 깨달음, 각성, 해탈을 말하지 않는다. 요가의 수행자처럼(엘리아데, 이재실 역, 1998: 104) 잠재의식을 변화 · 파괴시켜 기억에서 해방되려고 하거나 시간의 작용을 소멸시키려고 하지도 않는다. 자기 극기나 죽음의 초월을 목표로 삼지도 않는다. 사이코드라마는 오직 창조자로서의 구현 혹은 체현에 중심을 둔 예술이며 철학, 과학, 종교다. 그것은 곧 신이 체현된 하나의 예술 세계로 예술작품을 만들어 낸다. 현실과 우주, 나와 너의 모든 존재 세계를 압축한 걸작품을 창조해 내는 것이다.

과거문명에서도 예술작품은 신성한 기능을 수행하였다(페리, 우종길 역, 1998: 205). 예술작품은 그 어원적 의미에서도 하나의 소우주였다. 고대인들이 우주라고 불렀던 이 세상 만물의 조화로운 속성들을 축소된 차원으로 표상하는 하나의 작은 세계-우주였다.

니체에 의하면(볼파르트, 정해창 역, 1997) 철학 또한 그 자체가 이미 삶의 예술이 된다. 그는 기존의 예술가, 예술 수혜자, 예술작품이라는 분리를 폐기시켜 버린다. 참다운 세계 자체의 놀이로서, 총체적인 예술행위로서 모든 것은 게임이자 예술이 된다. 종교가 아닌 예술만이 삶의 진정한 형이상학적인 행위가 된다. "노래와 춤과 더불어, 인간은 자신을 보다 큰 공동체의 구성원으로 표현한다. 인간은 더 이상 예술가가 아니라 예술작품 자체가 된다."(볼파르트, 정해창 역, 1997: 45) 그래서 니체는 디오니소스적 예술, 디오니소스적 세계를 가르친다. 영원한 자기 창조와 자기 파괴의 두 겹의 갈망을 가진 신비스러운 세계, 선악의 피안에 있는 세계다.

그는 나와 너를 극복하고 나서 우주적인 느낌으로, 순진무구한 어린아이의 신성한 예(yes)로 창조의 게임에 들어서기를 바란다. 원하는 대로 다시 살 수 있는, 존재에 대한 최고의 확신상태, 최절정의 순간, 찰나의 영원성, 신적인 순간, 흥겨운 신이 우리 사이에서 춤추는, 자신을 망각한 초개인적이고 창조적인 인간으로 탄생되는 그 순간, 디오니소스적 예술 세계로의 진입이 이루어진다.

그것은 일종의 제의(ritual)며 축제(rite)다. 과거와 미래라는 시간의 구분이 파기되는 곳이며 자아가 사라지고 의식과 행동이 곧바로 융합을 이루는 곳이요, 또 모든 기존의 질서들이 자발적으로 해체되는 곳이다. 절대적 긍정과 창조자-예술 세계 자체가 창조된다. 고상한 의식 속의 다양한 종교적, 도덕적, 사회적, 미적 편견들이 사라지고 오직 내적인 자발적 힘의 흐름만이 존재한다.

어느 더운 여름날 밤의 사이코드라마 현장이다. 주인공은 절정의 순간을 넘어서서 이제 망자와의 대화를 앞두고 있다. 유달리 하얗게 빛나는 천을 두른 망자와 그 앞에 펼쳐진 흰 천 위의 가물거리는 촛불, 주인공은 한숨을 돌리면서 울먹이는 소리로 무언가를 이야기하려 하고 있다. 그 순간 하얀 나비 한 마리가 날아와 촛불 주위를 맴돌다가 주인공의 치마 위에 살포시 앉는다. 마치 새로 태어난 주인공의 영혼을 상징하듯 그 일은 갑자기 일어났고, 모두가 신비한 느낌 속에서 그 꿈 같은 한순간을 지켜보고 있었다. 그것은 하늘, 자연의 축복인가 혹은 그 어떤 영혼을 지닌 존재의 화신인가? 아니면 그 순간의 주인공의 해맑은 마음의 상징이던가? 그것은 놀라움과 탄성과 숭고함의 한 폭의 그림, 예술작품이었다. 누가 창조자이고 누가 신인지 구분이 안 되는 창조적 절정이었다(여기서 나의 고정관념은 어리석게도 흰 나방을 흰 나비라고 생각하고 또 그렇게 보고자 했던 의식의 고집스러운 무서움이었다.).

축제의 본질은 인간 의식을 지상에서 가장 즐거운 상태로 끌어올리는 데 있다고 말한다(뒤비뇨, 류정아 역, 1998: 255). 뒤비뇨(J. Duvignaud)에게 축제란 시적 정취를 상실한 현대에서 인간을 신성의 수준까지 끌어올리는 초월적 에너지로의 접근을 의미하며 일종의 역사의 놀이요 잃어버린 꿈을 찾는, 진정한 삶을 위한 하나의 출구로 해석된다. 인간은 단지 신을 만드는 기계의 신분을 벗어나며, 축제는 예술 창조의 본질들, 상상적 환상을 자극하고 영혼을 뒤흔들고 무기력에서 활력을 일깨움으로써 신과 인간의 짝 지음 그리고 인간과 세계 사이의 새로운 관계 형성을 가능하게 해 준다. 축제기간에는 인간의 집단적인 삶이 가장 심화되며, "영웅과 성인들은 그들의 특수한 개별적 인성을 넘어서서 공동의 경험과 몽환을 통해 인류가 다다를 수 있는 가장 극단적인 정점을 표현한다."(뒤비뇨, 류정아 역, 1998: 243)

그래서 사이코드라마는 하나의 축제이고 제의가 된다. 그것은 몰입과 도취, 나아가 무아경을 이룬다. 그 순간에는 삶의 온갖 질곡과 죽음의 공포에서 벗어나 자발적 힘의 분출에 의해 자신의 욕망, 열광, 노스텔지아, 상상의 세계를 구체화한다. 체현함으로써 그 순간을 산다. 그것은 마치 우리가 일상 가운데서 무아의 경지에 이르고 신을 느끼는 것과 유사하다. 음악을 들으면서 그 속에 침잠되어 가는 순간, 대자연 앞에서의 그 침묵 가운데, 착각 혹은 환상과도 같은 사랑의 순간, 섹스, 모든 주위의 사물이 슬로우 비디오처럼 스쳐 지나가는 길거리의 적막 속, 영화나 시 또는 하나의 문장을 보는 순간의 그 어떤 감각, 뒤통수를 얻어맞은 것 같은 영감의 순간, 내 느낌 이전의 대상들, 네 속에 뭔가가 있기에, 그리고 내가 내 속에서 감지하는 그것이 네 속의 그것을 사로잡는 그 순간 등등. 그것들은 찰나적으로 우리를 흔들고 지나간다. 내 속에서 솟구쳐 나와 나를 사로잡고 통상의 나를 지운다.

우리는 그것을 신기(神氣)라고 불러도 무방하리라. 예수의 산상수훈 또한 바로 그러한 순간의 펼침이 아니겠는가? 스스로 충분히 자발적인 가운데 터져 나오는 소리, 즉 심오하고 직접적이고 준비되지 않은, 총체적인 인간들과의 만남 가운데서 무한한 그 어떤 창조적 느낌으로 즉흥적으로 터져 발화되는 말-소리들. 최한기는 그러한 일상의 주체가 아닌 지각과 경험의 주체를 신기라고 부른다(박종홍, 1968: 113). 여기서 신(神)은 기(氣)의 정화요, 기는 정화로서의 신의 기본 바탕이기에 기즉신이고 신즉기다. 하늘의 신기나 인간의 신기는 본시 하나며 일체이기에 천지인물(天地人物)이 모두 하나의 신기의 조화라는 것이다.

여기서 만약 위와 같은 자발성/창조성의 또 다른 이름, 예를 들어 최한기의 신기, 니체의 힘의 의지, 베르그송의 생명의 도약(elan vital), 헤겔의 절대정신 등의 움직임을 동명사로 표현한다면 다음과 같이 이야기해 볼 수 있을 것이다. 기독교는 향함, 불교는 떠남, 유교는 참음, 힌두교는 살아감, 천도교는 같아지려 함, 토속신앙은 모시려 함, 그리고 니체의 사상은 넘어섬, 프로이트와 라캉은 벗어남, 포스트모던적 사상은 흐름 자체라고 한다면, 사이코드라마는 드러냄이라고 표현해도 좋을 것이다.

그래서 사이코드라마의 실천적인 신의 개념은 드러냄이요 체현인 것이다. 그 어떤 목표 지향이 아닌 있는 그대로의 스스로의 힘에 의한 자발적인 드러남, 놀이와 실험과 신명(신기의 드러난 양태)의 형식으로 하나의 제의, 축제와 같은 시공간에서의 드러남, 그 자체가 하나의 창조요 예술이 되며 창조-창조자-창조품이 일체가 되는 드러남, 그 드러남의 순간에 창조자로서 인간은 신이 된다. 그것은 구체적이고 직접적이다. 그것은 체현되고 드러나며 행위화된다. 신은 우리의 자발적/창조적 행위 속에서 구현된다. 그것이 사이코드라마에서의 신의 개념이며 의미다.

여기서의 자발성과 창조성은 또한 단지 인간의 내면의 심리문제만이 아니라 궁극적으로는 우주의 문제다. 따라서 모든 존재의 문제가 된다. 즉, 모든 종교, 과학, 심리학, 사회학, 인간관계의 문제다. 그리하여 창조성은 각기 개별적인 신비주의적, 배타적, 심미적, 이론적 개념 차원을 넘어선다. 모레노(1951)는 "창조성은 최상인가 하면 최소이기도 하고, 영원한가 하면 존재의 가장 순간적인 형태이기도 하다. 또한 창조는 지금 여기에 작용하며 내가 이름을 쓰고 있는 지금 이 펜과 종이에 있다."라고 말한다. 덧붙여 "19세기가 종말을 고하면서 정신적 · 사회적 학문에 가장 큰 공헌을 한 것은 무의식과 그것의 정신집중(cathexes)이었다. 이제 20세기가 그 문을 닫을 때에는 자발성과 창조성 사이의 불가분의 관계에 대한 연구가 가장 큰 업적을 이룰 것이라고 나는 믿는다. 만일 19세기가 무의식이라는 인류의 최소 공통분모를 찾았다면, 20세기는 자발성과 창조성이라는 인류 최대의 공통분모를 발견했다고 말할 수 있다."고 단언한다. 아버지, 사랑(love)의 신 개념에서 사랑하는 자(lover)로서의 신 개념으로 바뀌었고, 이제는 실천적인 창조자로서의 신 개념이 필요한 세기가 된 것이다.

7. 결 론

일견 인간은 신 없이는 살아갈 수 없는 존재인 것처럼 느껴질 때가 있다. 현세적 길흉화복에서부터 내세의 복락을 위해 도처에 신, 종교의식, 신앙적 공간이 자리 잡고 있다. 그 얼마나 많은 신들이 이 지상에서 영고성쇠를 겪어 왔을까? 시대마다 나라마다 이름도 다르고 신앙 형태도 다르다. 신화 또한 민족 수만큼이나 많고 다양하다.

그러나 역사를 벗어나고 시간을 초월한 순수한 종교현상은 이제 존재하지 않는다고 말해진다(엘리아데, 이재실 역, 1998: 36). 현대의 물리학자들 역시 이제는 절대적 시공간 개념에서 벗어나 우주 전체가 단지 변화, 활동, 과정, 즉 모든 것의 근거인 흐름의 총체일 뿐이라고 말하고 있다. 나아가서 이제는 인간의 영혼 자체까지 의심을 받고 있다. 포이어바흐에 의하면 영혼은 그 자체를 떼어서 보면 하나의 추상에 불과하며, 몸에 붙어 있을 때 비로소 어떤 무엇이 될 수 있고, 몸의 표현으로서 그 모습을 드러낸다(퍼슨, 손봉호 역, 1989: 63).

여자들이 춤출 때, 나는 그 안의 여신을 본다. 특히 무녀들의 춤에서 여신이 출현한 것 같은 자태가 느껴지지 않는가? 나는 춤출 때 신화적 세계로 자연스레 들어간다. 그러면 거기서 쉽게 여신들과 만나게 된다(김경란, 2000: 40).

모레노는 제반 현대의 사조에 앞서서 20세기 초에 이미 사이코드라마를 주창하고 "신이 문을 열고 무대 위에 오른다."고 말하였다. 인간-신이라는 것이다. 그의 최초의 저술은 익명으로 발표한 『아버지의 말씀』(1970)이다. 그것은 "나는 신이요, 아버지요, 우주의 창조자다."로 시작된다. 분명 그의 신에 대한 개념은 포스트모던적 사고 경향을 보이고 있다. 신은 하나의 이슈, 실재, 속성이 아니라고 할 뿐만 아니라 자신의 입장은 신학적 의미(입장이 아닌 삶 자체, 삶의 의의에 의한 철학적 입장)라고 말하고 있기 때문이다.

뿐만 아니라 오늘날 사이코드라마가 현실에서 가장 큰 저항을 받고 있는 부분도 바로 이 인간-신이라는 개념이다. 브래트너(1988)에 의하면 20세기 초반까지 종교와 철학은 과학과는 분리된 영역이었고, 그러한 명백히 다른 분야들은 탁월한 정서적 확신을 가지고서 별개로 유지되었다. 그런데 모레노가 그의 저서와 개인적 관념 속에 철학적 · 종교적 주제들을 적극적으로 포함시킨 것이 규준에 어긋났고, 그의 특이한 철학은 안정되어 있는 종교적 전통에 대한 도전이 되었기에 저항을 받을 수밖에 없었다는 것이다. 단순히 저항요인을 설명하고 있다고 보기에는 그 자신의 부정적 견해가 은연중에 드러나는 부분이 아닐 수 없다.

오늘날 대부분의 인류학자는 종교의 원초 형태를 찾는 일이 무의미하다는 것을 인정하고 있다. 슬라이터(F. Schleiter)의 말을 빌리면, 종교에 대한 진화론적 고찰방법은 모두 원초 형태나 이른바 일련의 발전 단계를 인위적으로 결정하기 위함이었을 뿐 대부분은 예외 없이 자의적이고 잘 정리되지 못한 입론 위에 세워진 가설들이다(프리차드, 김두진 역, 1985: 175). 그래서 프리차드(E. E. Evans-Prichard)는 그러한 가설들을 하나씩 논박해 나간다. 그 예를 몇 가지 들어 보면 다음과 같다. 보로세스(C. R. de Brosses)의 서물(庶物) 숭배 기원론, 스펜서(H. Spencer)의 조선(祖先) 숭배 기원론, 타일러(E. Tylor)의 애니미즘론, 프레이저(J. G. Frazer)의 주술 기원론, 킹(J. H. King)의 애니미즘 이전의 마나(mana, 힘) 단계 이론, 크롤리(A. E. Crawley)의 영혼-정령-신 관념 이론, 분트(W. Wundt)의 주술 · 악령 수호신앙과 토테미즘(동물 숭배) 및 조상-영웅-제신 숭배 등이 그것이다. 그리고 그는 실제 원시신앙이 막연하고 불확실한 것은 사실이지만 현대인의 신앙도 마찬가지로 막연하고 불확실하지 않으냐고 되묻고 있다.

지금이야말로 인간이 자신의 목표를 세워야 할 때다. 지금이야말로 인간이 자신의 가장

> 높은 희망의 씨앗을 뿌릴 때다. 인간은 춤추는 별을 낳기 위해서 자기 안에 혼돈을 지니지 않으면 안 된다(니체, 송무 역, 1884b: 208).

모레노는 통상의 종교를 넘어선 만남, 집단, 익명성의 만남의 종교를 만들었는데, 그것은 인간으로 하여금 새로운 존재 차원으로 들어갈 수 있도록 하는 인간-신의 사이코드라마를 창조하였다. 신성한 우주 드라마에 참여할 수 있는 구체적인 수단과 방법을 제공한 것이다. 신성 대신에 자발성과 창조성을, 신이 되는 것이 아닌 창조자, 행위자로서, 영성보다는 책임성과 만남을 통한 그리고 완전과 절대가 아닌 변화와 확장의 세계로서의 사이코드라마다.

그것은 신의 이미지를 구체화하는 하나의 형식이다. 하나의 신이 아니라 사람의 수만큼이나 많은 각자의 신의 이미지다. 스스로 자신을 낳고 자신을 생성하는 아버지와 어머니가 되는 것이다. 우리의 운명 자체가 하나의 거대한 우주 사건, 우주 드라마이기에 어느 한순간 나를 던지고 전 우주에, 자연과 인간의 새로운 만남에 참여하는 것, 그래서 전 우주로 나를 확장하는 것, 실험하고 실천하는 것, 나를 펼치는 것, 그리하여 아직 혼돈으로부터 태어나지 않은 것을 태어나게 하고 수백 수천만의 비운과 고통 및 천지 만물의 장엄성에 동참하는 것이 바로 사이코드라마의 종교적 의미다.

제8장 자발성/창조성론

자발성과 창조성은 같으면서도 다르다. 같은 것은 둘 다 우주와 인간의 근원적 본성이라는 점이고, 다른 것은 마치 쌍둥이가 같으면서도 다르듯 창조성은 자발성의 결과나 목표 또는 최고조의 자발성으로 상호관계적 차원에서 규정될 수 있다는 점이다.

1. 자발성의 정의와 개념

자발성(spontaneity)의 어원적 의미는 sua sponte, 즉 '내면으로부터 우러나오는(coming from within)' 이다. 사전적 의미(웹스터 사전)는 자발적 상태(state) 혹은 성질(quality)이다. 여기서 '자발적' 이란 용어는 다음과 같은 세 가지 의미가 있다.

① 강요나 노력 혹은 사전 계획 없이 자연스러운 느낌(feeling), 충동(impulse) 혹은 성향(tendency)과 일치하는 행위(acting)적인

② 분명한 외적 원인이나 영향을 받지 않는; 자체의 에너지나 힘(force)에 의해 유발되거나 내적 원인을 통해서 발생하는

③ 주입되거나 의도됨 없이 자연적으로(naturally) 생겨나는; 생득적인(indigenous), 야성의(wild).

요약하면, 자발성이란 타고난, 자연적인, 자체의 행위적인 힘 혹은 에너지 또는 성질이라고 말할 수 있다. 이에 비해 모레노는 자발성을 기존 상황에 새롭게 반응하고 새로운 상황에 적절하게 반응하는 힘(power)으로 정의한다. 여기서 적절하게란 '억눌림 없는, 살아 있는, 활력 있는' 을 의미한다.

그러나 이처럼 자발성을 정의하였다고 해도 그 근본적 의미가 충분히 설명될 수는 없다. 그 의미는 우주론적 혹은 과학적, 철학적 혹은 신학적으로 다양한 논의가 전개될 수 있는 우주, 자연과 인간에 대한 중심 개념 중의 하나이기 때문이다. 따라서 자발성을 보다 깊이 천착하기 위해서는 그러한 제반 이론들에 앞서서 힘, 에너지, 무의식, 충동 등과 같은 여타의 개념들을 이용하여 자발성의 의미를 검증할 필요가 있다. 자발성이라는 일견 추상적인 개념만으로는 사이코드라마를 이해하는 데 한계가 있기 때문이다. 그리고 그 의미 검증에 사용되는 용어들 역시 자발성 개념 이전에 충분히 정의 · 규정되어야 한다. 그러나 여기서는 필요한 경우 외에는 통상적 의미만으로 충분히 설명될 수 있다고 생각되어 용어 정의는 생략한다.

1) 자발성은 무의식적인가

자발성은 의식적이다. 그것은 내가 자발성을 의식적으로 행사한다거나 그 어떤 의지를 가지고 활용한다는 의미가 아니다. 그것은 우리의 의도와 목적과는 무관하다. 흔히 자발성을 자유의지적인(of free will) 의미로 사용하는데, 이때의 의지는 계획되고 목적 지향적인 의미가 아니라 니체의 힘의 의지처럼 힘의 지향성, 뻗어 나가고 향하고자 하는 힘 자체의 본성을 뜻한다. 마치 물이 흐르고 공기가 흐르듯 그 자체의 내적인 성향을 말한다.

자발성이 의식적이라는 말은 자발성이 표현되거나 행위화될 때 내가 그것을 의식할 수 있다는 의미다. 모레노는 그때의 느낌들을 공손함(polite), 자연 그대로의 느낌, 들뜸, 당당함, 예민함과 같은 복합적 정서로 표현한다. 무스타카스(K. Mustakas, 이혜성 역, 1982)는 진정한 학습 경험의 상태를 경이로움, 흥분, 신비감, 황홀경, 발견의 기쁨, 사랑, 상상, 영감이 가득 찬 모습으로 표현하였는데, 이 또한 자발성, 나아가 창조성이 발현될 때의 의식적 상태라고 말할 수 있다.

그렇다면 자발성은 무의식적인가? 표현되기 이전에는 의식될 수 없으니까 그렇다. 단지 내가 의식하느냐 못하느냐의 의미에서라면 자발성은 무의식적이다. 그러나 흔히 논리화된 무의식, 억압에 의한 정신분석적 의미의 무의식이라면 자발성은 무의식적이지 않다. 결국 자발성은 의식적 · 무의식적 차원을 넘어서 있다. 이런 점에서 그것은 마치 생명력(vitality)과도 같다.

2) 자발성은 일종의 생명력인가

자발성은 생명력과는 무관하다. 생명력은 생명체에게만 한정된 개념이며, 속성들을 살펴보아도 자발성과 충분히 구별될 수 있다. 생명력의 속성들로는 성장성, 지속성, 확대성, 안정성, 공존성, 탐욕성 등 주로 생물학적인 특성들이다. 따라서 본능(instinct)이나 충동(impulse) 개념 역시 생명력의 범주에 속한다. 욕구(need)도 마찬가지다. 그러나 욕망(desire)은 정신적 요소가 강하며 그 정의 및 개념이 다양하기 때문에 여기서는 논외로 한다(대표적인 예는 라캉의 결핍으로서의 욕망이론과 들뢰즈의 생성의 힘으로서의 욕망이론이다.).

그런 의미에서 현대문명은 기묘한 불균형의 상태에 놓여 있다고 볼 수 있다. 인간에 관한 논의에서 생명력 범주의 개념들만(그것도 일부만)이 과다 증식되고 부풀려 논의되고 일부는 억압상태에 놓여 있는가 하면, 자발성에 대한 논의는 거의 미개발 상태에 처해 있는 것이 오늘의 현실이다.

3) 자발성은 에너지인가

에너지 혹은 활력 역시 생물학적 혹은 기계론적 개념이다. 보약을 먹어서 활력이 생길 수는 있지만 자발성에는 영향을 미치지 못한다. 모레노는 자발성이 순간에 나와 쓰이는 에너지와 같다고 비유적으로 표현하였다. 하지만 자발성은 에너지가 아니다. 혹자는 자발성을 변화하는 세계의 도전에 맞서도록 도와주는 일종의 자원(source)으로 작용하는 에너지라고 말하지만, 자발성은 지하자원과 같은 자원도 에너지도 아니다. 또 신경언어 프로그래밍(NLP)에서 말하는 무의식적 힘, 에너지, 생명력과도 무관하다.

모레노에 의하면 자발성은 리비도나 충동의 파생체가 아니며 그 자체가 근원적인 능동적 현상이다. 오직 유전적인 것이나 환경적인 것이 아닌, 그 사이의 독립적 영역에서의 자유로운 해방이며 솟아오름이다. 그것은 순간에 작용하며 자연발생적이기에 예견하기 어렵고 비합리적이며 즉흥적이다.

4) 자발성과 유사한 상태들 혹은 의미

아기의 옹알이, 작은 움직임, 원기왕성한 울음소리, 눈 깜박임, 아기와 놀고 있는 부모, 아이의 호기심 가득 찬 탐구, 놀이, 그림 그리기, 즉흥연주, 사랑의 행위, 스스로 앞장서는 행위, 음악에의 도취, 명상, 기꺼운 봉사 혹은 희생, 흐르는 강물, 파도, 떠도는 구름, 새들의 지저귐, 즉흥시, 의미 있는 침묵, 자연 속의 몰입, 새로운 경험, 모험과 탐험, 영감과 직관의 순간, 맑은 웃음소리, 예기치 않은 반응, 활기찬 행위, 계획되지 않은 여행 등과 같은 표현이나 행위가 자발성과 유사하다.

또한 존재의 자유로움 · 변화에 대한 융통성, 경험에의 개방성, 애매모호함을 견뎌내는 것, 허심탄회, 일치 · 순응 · 엄숙 · 권태 · 집착으로부터의 일탈, 비자동성, 비습관성, 사고의 유연성, 신선한 접근방식, 솔선수범, 인습적이고 상투적인 것에 대한 회의, 자유로운 상상력, 호기심, 순수성, 탈충동성, 순진성 등과 유사한 의미다.

자발성의 본질을 규명하기 위해서 위와 같은 개념들 혹은 발현상태나 유사 의미들로 간접적인 접근을 시도하였지만, 사실 그 의미는 아직 뚜렷하게 잡히지 않는다. 일견 쉬워 보이면서도 어려운 개념이다. 우리는 어려서부터 "네 힘으로 해 봐." "자발성이 부족해."라는 말을 듣고 자란다. 그러나 그 의미는 대개의 경우 타인의 도움을 받지 않고 자신의 의지로 어떤 목적적 행위를 수행할 때의 의도성을 염두에 두고 하는 말이다. 또 오히려 아이들이 순수한 자발성을 드러낼 때면 "미쳤니? 말도 안 돼. 그렇게 하는 게 아니야. 예의를 알아야지." 하는 식으로 사회적 관습을 기준으로 자연발생적인 행위를 억압하는 데 익숙해져 있다. 그래서 나이가 들어 어느 정도 정형화된 자기가 진실한 자기라는 착각 속에서 자발적 행위는 일종의 낭만, 객기 혹은 웃기는 짓, 어린애 같이 미숙하고 미친 짓거리로 폄하되고 만다.

반면에 자발성은 때로 끼(氣), 신바람, 천성, 기질 등의 어휘 속에 자신을 드러내 보이기도 한다. 그렇다면 자발성은 도(道), 기(氣) 혹은 성(性)인가? 생각해 보지 않을 수 없다.

2. 도(道), 기(氣), 성(性)과 자발성

노자(호적, 송긍섭 외 역, 1990: 63)는 천지 만물의 본원이요 불변의 실제를 도(道)라 하고, 도를 도라고 말할 때 그것은 이미 불변의 도가 아니라고 하였다. 도의 작용은 결코 의지가 있는 작용이 아니라 단 하나의 '자연'이다. 자연(自然)은 스스로 그러함이요, 따라서 도는 항상 하염없으면서 하지 않음이 없다. 즉, 도는 언제나 무의(無爲)하면서 무불위(無不爲)하다.

공자 학설의 핵심이 들어 있는 『역경』(호적, 송긍섭 외 역, 1990: 87)에서 역(易)은 천지만물의 변화, 곧 동(動)자에서 일어나는 것으로 간주된다. 즉, 천지 간에는 두 종류의 원동력인 음과 양이 있고, 그것들이 상호 충돌 · 반발하기 때문에 각종 운동과 변화가 일어난다. 그래서 일음(一陰)과 일양(一陽)을 도라고 하였다.

장자에게 삼라만상의 변화는 천도(天道)의 운행으로 간주된다. 그는 노자와 마찬가지로 자연의 도를 강조한다(이규성, 1994: 24). 자연은 끊임없이 흐르고자 한다. 인간 또한 도를 체득함으로써 자유로워져야 한다. 그러한 자유의 경지는 너와 나의 구별이 없는 곳이다.

성리학(유남상, 1989: 296)에서는 우주 자연을 특정의 본체(태극, 이기 등)의 운용으로 간주하는데, 그 본체성은 모든 만물이 준행해야 할 도리라고 하면서 도를 절대 개념의 하나로 등장시킨다. 그러나 실학자인 왕부지 등에 의한 기학(氣學)에서는 우주의 근원은 태극, 곧 기라고 말한다. 기 이외의 별도의 도리가 있는 것이 아니다. 기의 변화 · 유행하는 자체를 도라 하며, 도란 행(行)과 같아서 기화(氣化)의 유행이 생겨나고 또 생겨나기를 끊임없이 반복하기에 도라 하였다는 것이다. 이때 기학에서의 기는 끊임없이 생(生)하는 그 자체이므로 생동적인 생기(生氣)다.

카프라(F. Capra, 이성범 외 역, 2006: 138)에 의하면 도는 강요되어서 움직이는 것이 아니라 자연스럽게 자발적으로 일어난다. 자발성은 도의 행동원리며 인간 행위가 도의 작용을 본뜨는 것이기에 모든 인간 행위의 특성이기도 해야 한다. 도가(道家)에서 자연과 조화하는 행위란 자발적인 행위, 곧 스스로의 진정한 본성에 합치되는 행위를 뜻한다.

도는 자발성이 아니다. 카프라의 말처럼 도의 행동원리는 자발성이라고 넓게 해석해 볼 수도 있다. 하지만 도는 어디까지나 우주적 근본 이치요 불변의 실제라고 하는 추상적이고 형이상학적인(마치 서구철학에서의 형상, 이데아와 같은) 범주에 속하는 반면에 자발성은 구체적인 힘의 범주에 속하기 때문이다. 자발성이 지향하는 바가 변화와 창조이고 그것이 구체적인 관계와 행위 가운데 드러나야 하는 것이라면, 도는 그것의 궁극적인 원리일 수는 있다. 스스로 그러하다는 도의 속성으로 볼 때, 자발성은 도와 많이 가까워지기도 한다. 모레노에 의하면 자발성 또한 근원적 본성(premordial nature)으로 표현된다. 그것은 세대마다 매 순간에 신선하고 신성하게 되돌아오는 본성이다. 따라서 자발성의 운용됨, 행위화됨의 원리가 있다면 그것이 도라고 말할 수는 있으나, 궁극의 하나의 도가 행위되는 방식이 자발성은 아니다. 그리고 위에서 자발성의 원리라고 말한 것은 유명(有名)의 도가 아니다. 도를 도라고 했을 때 그것은 이미 도가 아니라는 의미에서의 자발성 원리를 추정해 본 것이다. 그런 의미에서 자발성은 오히려 음과 양 혹은 기(氣)와 성(性)과 더 상통하는 개념이다.

임종진(1999)에 의하면 장재에게 기는 모든 공간에 충만하고 모든 시간을 통하여 운동하는 무형의 운동체다. 주희에게는 무엇보다도 세계의 영원한 운동을 설명하는 개념이다. 기는 운동과 변화의 직접적인 계기를 자체 안에 갖고 있다. 스스로 능동적으로 변화하여 작용하는 존재다. 하늘과 땅은 단순히 일기(一氣)에 지나지 않으며 스스로 음양으로 나누어진다. 음양은 그 자신의 내부에 대립되는 측면을 함께 갖고 있으며 서로가 서로의 존재 근거가 되고 있기에 음양의 관계는 상보적이라고 말할 수 있다.

그러나 정이천(유남상, 1989: 300)의 이원론에서는 다시 이(理)가 도(道)로서 기(氣)에 부여된다. 즉, 우주 만물은 기에 의해 구성되는데, 여기에 이가 법칙으로 부여된다. 그래서 음과 양은 기로서 형이하자(形而下者), 도는 이로서 형이상자(形而上者)다. 음양이 도가 아니라 음양이 음양되게 하는 소이(所以)가 도라는 것이다.

여기서 이는 도와 마찬가지로 하나의 법칙 혹은 원리로 작용하기 때문에 자발성과는 거리가 있다. 물론 도와 이도 자연발생적이며, 발하게 하고 흐르게 하는 자발성의 하나의 숨겨진 원리라고 생각할 수는 있다. 즉, 자발성이 하나의 힘으로서 지향하게 하는 바의 근원적 이치, 스스로를 드러내며 쓰이게 될 수밖에 없는 원리로 이해될 수는 있다. 그러나 자발성은 처음부터 그러한 메타원리적 근거나 토대를 상정하지 않았다. 그 어떤 목표 지향적인 개념 설정은 자연발생적인 힘 자체에 상상적인 허상을 씌울 수가 있고, 그렇게 되면 자발성은 이미 자발성이 아니기 때문이다. 넓게 보아서 자연의 스스로 그러함이라는 의미 자체는 일면 도나 이일 수 있으나, 그 또한 구체화시키고 체현하는 데에는 별 도움이 되지 않는다. 중요한 것은 그러한 우주적 역동이 우리 인간에게 어떻게 드러나는가, 어떻게 작용하느냐다. 한마디로 우주적 천리를 깨닫는 것과 우리의 구체적인 삶에서 그것을 드러내고 실천하는 문제는 별개의 문제로 보는 것이다.

위에서 도나 이보다는 기가 자발성과 가까운 개념이라고 말하였다. 그것은 왕부지나 장재의 논의처럼 기 없는 이는 있을 수 없다고 하는 기론(氣論)과 유사한 맥락이다. 기는 모든 존재, 모든 현상의 기본이자 원동력이며 구성요소다(임종진, 1999: 38). 기의 흩어짐(양)과 모임(음)에 의해 다양한 사물이 전개된다. 자발성 또한 존재가 존재일 수 있게 하는 하나의 힘 혹은 원동력이라는 점에서 기와 유사하지만 다르다. 그 역시 도와 마찬가지로 추상적인 개념이기 때문이다. 자발적 힘의 우주적인 확대 개념이며, 그 또한 또 하나의 형이상학으로서 음양과 오행으로 우주 만물을 구체적으로 설명하고자 하는 메타서사다. 우주와 인간, 만물을 하나의 일관된 논리로 풀어 보고자 하는 이성의 산물이다.

성(性) 또한 마찬가지다. 정명도(유남상: 1989)에 의하면 우주 만물의 본체는 역(易), 그 이치는 도(道), 그것이 인간에게 내재된 것은 성이다. 인간에게 내재된 천도가 인간의 본성인 것이다. 그래서 기와 성은 구분이 안 된다. 기가 성이고 성이 곧 기다.

이율곡(김득황, 1973: 170)에게 성은 천리(天理)가 사람에게 부여된 것으로, 처음부터 이기(理氣)가 합한 것이지만, 이퇴계에게는 이와 기가 나뉘어 이는 본연의 성이 되고 기는 기질의 성이 된다(모든 이론이 하나에서 시작되어 가지를 펴 나가듯 세분화되어 논의되지만 시대와 사람에 따라 어느 한쪽에 기우는가 하면 다시 합쳐지며 전개된다.). 중국 명나라 시대의 육상산(이규성, 1994)에 따르면 마음이 곧 이가 되나, 청나라 대진에 의하면 인간 성의 본연지성과 기질지성의 이원화조차 부정된다. 그리고 맹자와 순자에서처럼 성은 악한가 선한가를 가지고 논쟁하게 된다.

자발성에는 그러한 결정적인 속성도 원리도 없다. 자발성은 이상의 도, 기 성과 때로는 유사해 보이는 면도 지니고 있지만 그 자체는 아니다. 그 개념들이 추출되는 방식이나 과정이 다를 뿐만 아니라, 무엇보다 자발성은 그 어떤 거대 전제를 떠나 인간의 관계, 만남, 행위를 중심으로 하는 몸과 힘의 이론이다. 인간 삶의 지향점을 앞에 두고 나아가는 이론이 아니라 바로 지금 이곳에서 구현하고 체험할 수 있는 실천이론이다. 그래서 근본적으로 다를 수밖에 없으며 또 그렇게 인정되어야 한다.

3. 자발성의 철학적 논의

들뢰즈(신범순 외 역, 1993)에 의하면 니체는 '현재의 인간'에 대해서 세 가지 사실을 말하고 싶어 한다.

① 존재, 진실한 것과 실재적인 것은 삶을 불완전하게 하는 방식, 삶을 부정하는 방식, 그리고 부정적인 것의 노동에 삶을 종속시키고 삶에 가장 무거운 짐을 지게 함으로써 삶을 반동적으로 만드는 방식이다.
② 인정으로 생각되는 긍정, 있는 그대로를 긍정하는 것으로서 진실한 것의 진실성이나 혹은 실재적인 것의 확실성으로서 생각되는 긍정은 잘못된 긍정이다.
③ 긍정에 대한 이러한 잘못된 생각은 여전히 인간을 보존하는 방식일 뿐이다.

결국 니체의 모든 철학은 존재라는 가정, 인간 그리고 인정이라는 가정에 대립되어 있다. "우리는 살고 있다는 사실 외에 존재에 대한 다른 어떤 표상도 가지고 있지 않다. 죽어 버린 것이 어떻게 존재를 소유할 수 있겠는가(권력에의 의지)." 세계는 진실한 것도 실재적인 것도 아니며 살아 있는 것이다. 그리고 살아 있는 세계는 권력에의 의지, 허구에의 의지다.

이런 니체의 관점은 기존의 형이상학, 특히 헤겔의 변증법에 대항해서 처절하게 삶의 긍정을 주장하는 내용이다. 한마디로 인간에 대한 모든 관념들, 합리적 사고체제들, 인과성 및 자기 동일성과 같이 삶과 대립시키고 삶을 평가절하하고 삶을 판단하려는, 그래서 인생을 오류로 만들어 버리는 우월한 가치들(지식, 도덕, 종교-진리, 선, 신)을 부수고 긍정적이고 창조적인 힘의 의지를 이야기하고 있다. 그런 것들은 이미 생명력이 없는 것들이다. 삶의 긍정이란 그런 짐을 떠맡는 것이 아니라 풀어 주는 것, 생존을 자유롭게 해 주는 것, 그런 고차적 가치에 매달리거나 집착하는 것이 아니라 스스로 새로운 가치를 창조하는 것이다. 당신의 이미지 안에서 당신의 이성과 의지, 당신의 사랑에 의해서 당신의 세계를 창조하라는 것이다.

사이코드라마는 이러한 니체적 의미에서 하나의 긍정의 철학이다. 자발성에 의한 변화, 생성, 창조 이외의 존재를 규정하지 않는다. 자발성 자체가 바로 인간에 대한 정의다. 자발성을 가진 존재가 아닌 자발성 자체로서의 존재, 정태적이고 수동적이고 반동적(혹은 반응적)인 존재가 아닌 능동적이고 행위적인 삶을 추구하는 존재다. 그래서 자발적인 인간은 인간의 보존이 아닌 확장을 도모한다. 기존의 삶의 방식에서 자발성을 자극하고 일깨움으로써 새롭게 느끼고 새롭게 삶과 자신을 보려고 한다.

이상의 니체가 말한 세 가지 내용을 자발성의 측면에서 사이코드라마적으로 다시 해석하면 다음과 같다.

① 우리가 현실에서 진실이라고 믿는 것들, 즉 나는 어떤 인간이라고 규정짓고 삶은 이래야 한다고 결정하고, 전해져 내려왔으며, 스스로의 선택이 아니라 훈육되고 주입된 제반 가치들에 맹종하는 삶이 곧 실재적인 것이라는 믿음은 자신을 기만하는 것이다. 그것은 결코 자신의 삶을 사는 것이 아니다. 자기가 스스로를 두려워하고 자기를 감추는 반쪽만의 삶이다. 그것은 겉으로 자신을 긍정하는 것처럼 보여도 실제로는 자신을 부정하고 있는 것이다. 니체식으로는 뭔가 원한에 차서, 무언가 양심의 가책 때문에, 복수심 때문에 자신을 틀 지우고 자신을 가두는 것이다. 그래서 스스로 멍에를 짊어지고 가장 말 잘 듣는 한 마리 당나귀의 삶을 살아갈 수밖에 없게 된다. 그것은 능동적이고 긍정적인 삶이 아니라 수동적이고 반동적인 삶이다. 힘들고 고통스러운 삶 자체를 외면하고 그럴듯하게 포장하고 도색하는 거짓됨이다.

② 자발성은 있는 그대로를 긍정하는 것이 아니다. 그것은 적극적으로 회의하고 부정하는 힘이다. 아니다라고 말할 수 있는 힘이다. 무엇이든 예라고 긍정하지 않는다. 그 어떤 우월한 것 또는 열등한 것에 대한 무조건적인 인정이 아니다. 자연이

결코 인간에게 우호적이지 않는 것처럼, 자발성은 그렇게 자신이나 타인에게 호의적이지 않다. 그 어떤 것이 진실하다거나 확실한 것과도 무관하다. 자발성 자체가 긍정하는 힘이지 인간이 만들어 내고 믿고자 하는 그러한 실재들, 진실들에 대한 수동적 긍정은 아니다. 자발성은 사이코드라마 무대 위에서 자신의 세계, 살아 있음을 창조해야 한다. 자발성 자체의 존재가 되어야 한다.

③ 진실이 어떻고 현실이 어떻다고 하는 것들은 변명에 불과하다. 자신에 대한 합리화에 불과하다. 자기 자신을 온실 속에 보존하고자 하는 의지다. 책임을 회피하기 위해 자발성에 족쇄를 채우고 더불어 자신의 삶을 상처 받지 않도록 하는 무책임한 자기 포기다. 결코 진실로 자신을 믿어 본 적이 없는 노예 근성이다.

자발성의 반대 개념은 문화 보존성(cultural conserve)이다. 문화 보존성에는 순간이라는 시간 의미가 희박하다. 오직 순간들의 축적과 보존만이 있다. 문화 보존성은 다음 세 가지 형태로 드러난다.

① **힘의 형태:** 집중화된 권력, 온갖 책과 정보, 이론과 관념들, 작품들, 박물관, 전시관 등

② **물질의 형태:** 집, 가구, 자동차, 온갖 문명의 이기들

③ **행동의 형태:** 종교의식, 암기된 연설, 일상적 행위들, 국민의례와 같은 온갖 의례들

인간은 이러한 보존성에서 때로 워밍업되어 자발성이 발휘될 수는 있다. 그래서 전적으로 불필요한 것이라고는 말할 수 없지만 그것은 이미 생명력을 잃었으며 그럼에도 인간에게 살아 있는 느낌을 주는 대신 그 대가로 삶에 대한 자발성을 질식시킨다. 그래서 그것은 은연중에 인간을 정상증과 로보증에 빠져들게 만든다. 다수의 원칙, 모든 것이 정상이라는 허상의 가치기준에 자신을 내맡기는 정상증과 극히 제한된 관점만으로 세상을 보면서 그에 만족하고 의연해하는, 그 어떤 새로운 가능성에도 열려 있지 않는 로보증이다. 편견과 아집으로 온갖 사회적 갈등과 문제를 일으키는 것도 정신과적 환자가 아니라 가장 정상이라고 자부하는 로보증의 사람들에 의해서다. 그들은 자신이 받아들일 수 없는 것은 모두가 나쁜 것이고 제거되어야 한다고 믿는다. 그들은 결코 스스로 생산해 내지 못하며 행위능력도 없다. 행위의 순간에 이론으로 그것을 지연시키고 제한한다. 외적인 자극에 가까스로 반응할 뿐 그들의 힘이란 현실에 동화되고 자신을 옹호하거나 타인을 공격하는 데 쓰일 뿐이다. 자발성의 심각한 악화현상이다. 니체식으로 말하면 단순한 표피적 관심, 원칙적인 냉정함, 안간힘 쓰는 균형 잡기, 그리고 얇은 표

피 바로 아래에 보존되어 있는 불변의 낮은 체온을 지닌 인간이다(니체, 1906: 70).

그렇기에 로보증은 보존증(conserve)의 또 다른 이름이다. 그것은 개인, 사회의 모든 변화에 저항한다. 안정과 평화와 효율성이라는 이름하에, 보수라는 이름하에 변화에 항거한다. 매일의 역할 범주는 한정되어 있고, 내 것, 내 가족, 내 집단에 충성하고, 이름과 명예 및 돈과 권력에 집착한다. 10년이 지나건 20년이 지나건 변화되는 것은 외형뿐이다. 그 자체는 오히려 더욱 완고해지고 편협해진다. 그것은 자발성 자체를 두려워한다.

자발성은 어쩌면 그러한 보존성에 의해 묶여 버려서 꿈이나 환상, 사랑, 놀이 속에서만 생성의 힘을 나타낼는지도 모른다. 에리히 프롬의 말처럼 자발성이란 전 인격을 통정하는 기초이면서도 우리 문화에 희귀한 현상일 수도 있다. 소위 자기 창조의 역설가들이라고 불리는 니체, 데리다, 푸코에게 자발성은 결코 이러한 현대의 사회제도 속에서는 영영 구현될 수 없는(그리고 없었던) 유의 것일 수도 있다. 그들은 자발성이란 모든 인간에서 내장되어 있으며, 사회가 인간들에 대한 억압을 중지하면 방출될 수 있는 그 무엇이 아니라고 생각한다. 그래서 특정의 구체적인 인간들이 자기 창조를 통해 얻고자 희망하는 것이고 오직 소수만이 실제로 얻게 되는 무엇일는지 모른다는 것이다. 모레노 역시 그러한 생각을 하고 있었다. "예수가 살았던 당시에는 그보다 더 뛰어난 선지자들이 많았다. 차이코프스키가 활동하던 시절에는 그보다 더 창조적인 음악가들이 많이 있었다. 그러나 예수와 차이코프스키는 자발성 면에서 남들보다 뛰어났다."

그리하여 사이코드라마는 창조되었다. 인간에게 자발성을 되찾아 주기 위해서 지식의 껍데기, 관념의 딱딱한 갑옷, 허상적 실제의 외투를 벗어 던지고 스스로의 힘을 실험해 볼 수 있는 시공간을 마련한 것이다. 우주적이며 실존적인 근원적 본성을 획득하고 체현할 수 있는 사이코드라마의 장이 그것이다.

칸트(최소인, 2001)에 의하면 자발성은 의식의 하나의 작동방식으로 국한되어 설명된다. 의식이 다른 것에 의존하지 않고 자신으로부터 표상 자체를 만들어 내는 능력이 칸트의 자발성 개념이다(라이프니츠의 지성 또한 자발성의 능력이지만 그것은 이미 자신 안에 선험적으로 내재한 존재의 원리에 따라 활동하는 능력이기에 자발성은 아니다.). 칸트의 의식의 자발성은 그 어떤 존재의 원리도 전재하지 않는다. 존재의 원리, 존재의 진리는 오직 그러한 자발적인 의식의 주관적인 활동을 통해서만 정립되고 해명될 수 있다. 그러나 인식을 위해서는 칸트에게 의식의 자발성만으로는 부족하다. 표상을 받아들이는 능력인 수용성의 능력, 즉 감각적 지각의 능력이 필요하다. 그래야 자발성은 공허한 자기울림에서 벗어나 자연적 세계를 반영할 수 있는 개방적 의식이 된다는 것이다.

그러나 자발성은 의식의 한 속성이 아니다. 그것은 표상을 만들어 내고 수용하는 의식의 차원을 넘어서 순간에 존재가 전체적으로 반응할 수 있도록 하는 보다 근원적인 본성이다. 그것은 베르그송(이광래 역, 1993: 21)의 생명의 약동과 같은 자발성이다. 그는 그 어떤 것도 폐기하기를 원치 않는 철학자였다. 그는 우리의 물질적 세계(우주)의 제 상태가 우리 의지의 역사와 동시대적이라는 사실을 밝힐 필요가 있었으며, 의식이 지속하듯 이 물질세계는 어떻게 해서든지 반드시 실재적 지속과 결부되어야 한다고 생각하였다. 그래서 그는 만유(萬有)의 궁극적 존재 근거와 설명 근거를 생명의 시원적 약동에서 찾는다. 그것은 순수 자발성이다. 만유는 이 우주적 자발성의 소산이며, 그에 궁극적으로 통일되어 있는 한 우주의 전개과정은 문자 그대로 비결정이고 예측할 수 없으며 순간순간 무를 극복하면서 존재하는 것이 된다. 이에 대해 그는 우주가 지속한다고 말한다(김진성, 1985: 189). 우주는 완성이 아닌 한없이 성장해 가고 있는 것이다(베르그송, 서정철 외 역, 1992: 198).

화이트헤드에게도 자연의 창조적 전진(자연 그 자체의 근본 특성으로서)이 그의 사상에 있어서 가장 중요한 측면이 된다(오영환 역, 1997: 165). 그리고 그는 창조성을 순수한 활용성, 모든 현실태에 내재해 있는 최고의 일반성이며 현실태의 가장 기본적이고 보편적이며 무형적인 원리로 기술한다. 창조성이란 가능태를 현실화하는 것이다. 그 현실화의 과정이란 경험과정의 요소들인 선행하는 객체들의 경험적 계기를 말한다. 이때 객체는 수동적이지만 결합 면에서 본다면 세계를 움직이는 창조성을 지니고 있다. 이 창조의 과정이 우주의 통일성에 대한 형식인 것이다(화이트헤드, 오영환 역, 1997: 286).

니체에 의하면 우주적 힘 또한 영겁 회귀와 힘에의 의지로 집약된다. 니체는 힘에의 의지를 대자연 전체 속에서 작용하는 것으로 이해하였다(코르망, 김웅권 역, 1996: 107). 세계는 폭풍처럼 격동하고 영속적으로 밀려오는 힘의 바다로서 영원히 변화 중에 있으며, 엄청난 세월을 두고 주기적으로 회귀하며 영원히 역류하고 있다. 변전 · 생성하고 영원히 스스로 생성하고 파괴하는 광대한 힘의 흐름이 이 우주를 관통하고 생기를 주고 있다는 것이다. 그리고 인간의 삶에 내재하는 힘에의 의지는 자주적 운동을 통해 존재의 심층으로부터 나오는 본질적으로 자발적인 활동이자 창조적인 활동이다. 그것은 생명력 확장(보존이 아닌)을 향한 내재적인 힘이요, 삶이란 그것의 충만함과 창조적인 힘 속에서의 확장이라는 것이다.

그러나 모레노는 베르그송 및 니체와 차별화를 시도한다. 그 기준은 우리의 구체적인 생존, 살아남음의 실제적인 방식에 있다. 그 어떤 지고의 논리라 할지라도 우리 가운데 구체적으로 행위화되고 표현되지 못하는 것은 의미가 감소될 뿐이다. (그러나 역으로 비판을 시도한다고 하는 행위, 특히 논리 자체가 아닌 실현 가능성을 근거로 비판적 언급을 하였다는 사실 자체는 그만큼 두 사람의 사상의 영향을 받은 것이라고 생각할 수 있다.)

니체에 대한 비평의 근거는 한마디로 니체의 대부분의 논리적 전개가 자발성의 반대 개념으로 보는 문화 보존성에서 나왔다고 하는 사실에 있다. 이미 생명력, 그 자발성이 끝나 버린 베토벤이나 바그너와 작품들, 생산물들, 그리고 사회에서 통용되고 있는 낡은 개념들에서 자신의 생각들을 전개시켜 나아갔을 뿐이라는 것이다. 그의 계보학적 전제가 그러하며, 특히 신과 초인의 경우에도 그것은 문화적 보존성으로 가득 찬 신의 논리에 대한 부정이며, 초인 역시 하나의 완고한 개념체계에서 또 다른 개념체계로의 전환일 뿐이다.

그러나 여기서 모레노는 자신의 자발성/창조성 이론과 모순을 일으키고 있다. 그 역시 니체나 베르그송의 저작물들을 통해서 비평하고 있기 때문이다. 그의 비판은 직접 화법으로 말한 내용이 아니라 그 자신이 규정하고 있는 책이라는 문화적 보존성에 의거하고 있다. 그리고 위에서 언급한 또 다른 개념체계가 무엇을 말하고 있는지 분명치 않다. 자발성이 최고로 발휘된 창조자 내지는 신이라는 그의 개념 역시 초인, 차라투스트라 그리고 디오니소스보다 더욱 기존의 개념체계(내용상 서로 유사하면서 다를지라도)를 답습하고 있기 때문이다.

차라투스트라는 말한다(니체, 정강석 역, 1990). "나는 그대들에게 초인을 가르치노라. 인간이란 초극되어야 할 그 무엇이다. 그대들은 자신을 초극하기 위해서 무엇을 했는가?" 여기서 초극한다는 것은 '넘어서(uber, beyond)'라는 의미로 해석된다. 이곳을 넘어서고 극복하는 존재, 그것은 모레노의 생존의 의미와 일맥상통하지 않을까? 힘에의 의지가 내면으로 치밀어 오르는 자발적이고 창조적인 힘으로서의 생존 말이다. 나아가 니체는 창조적 천재를 이성의 완성, 지성의 개념 작용의 확대 속에서 보는 것이 아니라 어린 시절의 최초의 사유로의 회귀 속에서 본다. 그리고 그는 "인간의 성숙이 이루어지는 때는 그가 어린아이였을 당시에 유희에서 보여 준 진지함을 되찾았을 때다."(코르망, 김웅권 역, 1996: 373)라고 말한다. 이때 아이는 새로운 출발, 유희, 저절로 굴러가는 하나의 바퀴, 최초의 운동, 신성한 긍정으로 인식된다(니체, 정강석 역, 1990). 모레노가 말한 최초의 우주 속의 아이 개념과 유사하다. 두 사람은 그런 점에서 거의 같은 인식에 도달했음을 보여 주고 있다.

4. 아이와 자발성의 발달

갓난아기가 수많은 대상들, 낯선 환경에 처해서 생존해 나가기 위해서는 타고난 자발성이 필요하다. 새로운 상황에 즉각 반응할 수 있는 자발성이 없이는 영아는 이 세계에의 참여가 어려워진다. 아기에게는 그 어떤 과거의 기준도 없다. 매 순간 즉시 워밍업되어야 한다. 그것은 오직 행위, 움직임만을 위한 워밍업이고 자발성이다. 아기에게는 기억도 무의식도 없다. 기억을 위해서는 소위 관찰자적 '나'가 있어야 하는데 아직은 총체적 동일성 상태에 있기 때문이다. 억압해야 할 것도, 의식이나 무의식의 구분도 없다. 그에게는 오직 이 순간의 현재뿐이다. 그의 존재는 모두가 감각적 경험만으로 이루어진다.

아기의 움직임 하나하나가 자발성이요, 자발성이 곧 매 순간의 움직임 자체다. 환상과 현실의 구분도 없다. 오직 순간마다 자발성 자체의 흐름만 있을 뿐이다. 이때는 자발성이 거의 본능적 생명력과 구분되기 어렵다. 그리고 일정 시간이 지나 어머니와 주위 환경과의 느낌의 흐름이 오고 가면서 차츰 의식적인 자발성이 작동되기 시작한다. 새로운 매 상황에 대해 자발성은 그때마다 점차적으로 워밍업되고 그것이 학습된다. 그래서 새로운 경험에 대한 욕구와 자발성은 비례적으로 증가한다. 그러한 욕구 충족의 실패는 자발성을 감소시킨다. 자발성은 상황에 따라 차고 기울기를 반복한다. 자신의 행위 갈증(act hunger)에 따른 자발성의 증가는 그 결과로 행위 완료(act completion)를 가져오지만 산통만 있고 분만이 없는 것과 같은 갈증의 불완전한 해소는 자발성의 작동을 감소시킨다.

내외 자극에도 거침없이 모든 것을 자신의 뜻대로 이끌어 가던 영아는 자신의 욕구와 합당하지 않은 사회화(socialization) 과정을 통해 자발성을 상실하게 된다. 그의 선택은 제한되고 행위는 평가된다. 인정과 불인정, 보상과 처벌에 길들여져 나아간다. 많은 행위가 무질서하고 불규칙하다는 이유로 억제되고 통제된다. 모든 것이 예측 가능해야 하고 합리적이어야만 한다는 전제 속에, 아기는 자발성을 대가로 안전과 안정을 보장받는다. 보다 제한적이고 사회적으로 인정된 형태의 행위에 대해서만 가치가 부여되고 규범으로 가해진다. 자발적인 행위는 아직 미숙하고 충동적인 동물적 본성으로 낙인 찍히고, 아기는 차츰 자신의 자발성 자체를 두려워하게 된다. 모든 아기가 나이별로 평준화되어야 하는 환경에서 자발성의 그 자유로운 발생은 서서히 멈추어질 수밖에 없다.

수도꼭지에서 똑똑 떨어지는 물방울도 현대과학에 의하면 끊임없이 자체의 창조적 패턴을 만들어 낸다. 기다란 관 속을 지나도록 한 담배 연기의 매끄러운 흐름에는 자유도가 없고, 그냥 허공에 뿜어진 연기는 무한의 형태 발생 가능성과 더불어 자유도가 증가한다. 강물은 주변의 조건과 무관하게 그 자체를 실현하고자 흐르고, 공중에서 떨어지는 물체는 가장 자연스러운 상태를 추구하면서 낙하한다.

자발성 빈곤증은 이제 아이들의 놀이 속에서 겨우 그 명맥을 유지한다. 모레노는 자신이 처음 자발성을 보고 놀라고 바로 그것을 위해서 평생을 헌신하고자 했던 시절에 대해 다음과 같이 회상한다.

> 나는 자주 비엔나 공원에서 아이들과 어울려 놀았다. 어느 날 동화를 읽어 주고 있을 때, 나는 이야기를 듣고 있는 아이들의 눈빛에서 인간의 근원적 본성을 보았다. 그것은 감격과 같은 영원불멸의 신성한 하나의 빛처럼 모든 아이들에게서 뿜어져 나오고 있었다. 그 순간의 나의 감정……. 그렇다. 나는 현실 속에서 내가 어디를 가든지 그 순결한 세계가 내 앞에 나타남을 보았다. 내가 새로운 것을 창조할 때마다 그것은 나의 모델이 되었다. 그러나 그것들은 항상 왜곡되었고 보존성에 갇혀 있었다. 가족, 학교, 교회, 어디를 가든 그것은 날 반항하게 만들었다.

모레노는 아이들은 생후 10년 이내에 자신의 자발성을 대부분 상실하고 만다고 말하였다.

5. 자발성의 특성

1) 워밍업

일반적으로 워밍업이란 주된 행위, 기능, 활동을 하기 위한 준비행위 혹은 그 과정을 일컫는다. 잠을 자다가 갑자기 일어나서 밥을 먹을 수 없듯이, 밥을 먹기 위한 주 행위 이전에 손을 씻고 밥상 앞에 앉고 밥상을 둘러보는 일련의 소소한 행위들 혹은 그 과정이 워밍업이다. 인간의 행위는 이렇게 워밍업과 주 행위로 나누어 생각해 볼 수 있다. 다시 말해서, 모든 동사는 그 앞의 몇 가지 동사들에 의해 이루어진다. 이때 시간적으로 앞선 동사들의 집합이 워밍업(준비과정)을 이룬다. 위의 예에서 손을 씻는 행위(동사) 또한 그 이전의 행위들, 즉, 수도꼭지를 틀고, 물을 적시고, 비누칠을 하고, 문지르고, 물로 씻고, 수건으로 닦아내는 일련의 행위(동사)들로 워밍업된다. 그리고 수도꼭지를 트는 행위는 꼭지를 잡기 전에 생각하고, 돌리고, 뜨거운 물 혹은 찬물을 결정하고 강약을 조절하는 등의 워밍업으로 더 세분된다. 만약 워밍업이 적절하지 못하거나 불충분하게 되면 주 행위에 문제가 발생하고 행위를 만족스럽게 완료할 수 없게 된다.

자발성의 워밍업에서는 위의 일상화되고 목적 지향적인 주 행위를 위한 워밍업과는 그 방식이나 목표가 다르다. 자발성 또는 자발적 행위 역시 워밍업을 통해 발생되지만,

그것은 습관화되고 거의 자동적으로 이루어지는 워밍업 행위와는 다르다. 그것은 오직 사이코드라마 세계에의 몰입을 목표로 한다. 세부적인 목표는 자발성의 촉발이다. 그래서 다양한 워밍업 기법들을 활용한다(그 자세한 내용은 3부에서 다루어진다.). 이처럼 사이코드라마에서의 워밍업은 독특한데 그 특징을 살펴보면 다음과 같다.

① 개인이 아닌 집단을 위한 워밍업이다. 따라서 상호 신뢰감 형성이 우선되어야 한다.
② 그 목표는 자발성의 고취다. 그것은 사이코드라마에 대한 이해를 밑바탕으로 한다.
③ 다양한 기법을 활용한다. 그러나 기법들은 상황에 적절해야 한다.
④ 그것은 일정한 시간 내에 이루어져야 한다. 시간이 짧을수록 성공적이라고 할 수 있다.
⑤ 그것은 지금 이 순간에 초점을 맞춘다.
⑥ 그것은 몸을 통해 이루어진다.

그러나 어떠한 워밍업에도 충분히 워밍업되지 않는 경우, 즉 워밍업에 저항하는 경우가 많다. 그것이 우리 현대인의 모습이다. 그것은 사이코드라마에서뿐만 아니라 일상생활에서도 마찬가지다. 그렇다고 일상에서 자발성이 높은 사람이 사이코드라마라는 특수 상황에서 반드시 자발성이 높다는 것은 아니다. 역설적이지만, 현실에서는 거의 자발성이 무엇인지 모르는 사람일지라도 사이코드라마에서는 보다 높은 순수한 자발성을 보여 주기도 한다. 여기서 순수하다는 것은 다음에 언급될 자발성의 특성을 그대로 드러내는 것으로서 그 어떤 목적을 위한 자발성이 아니라는 의미다.

자발성에 대한 저항은 다음과 같은 세 가지 측면에서 고려된다. 첫 번째는 마음의 측면이다. 무엇보다도 자발적 행위에 대한 고정관념이다. 그것은 흔히, 미숙하고, 점잖지 못하고, 가볍고, 어른스럽지 못하며, 경거망동하고 유치한 행위라는 선입견이다. 그것은 자발성에 대한 두려움의 표시다. 스스로 자유롭지 못함을 드러내는 징후이며 유연성과 융통성의 결여를 나타낸다. 한마디로 삶의 의미, 인생관, 가치관에서의 하나주의며 외곬수주의다. 그런 이들에게는 예외적인 것이 불안을 유발한다.

두 번째는 몸의 측면이다. 마음은 있지만 몸이 안 따라 주는 경우다. 해 보고 싶어도 잘 안 된다고 말한다. 하는 짓이 어색하고 낯을 붉히며 주저주저한다. 익숙하지가 않다. 그래서 말이 많아지고 이것저것 핑계를 댄다. 몸은 굳어 있고, 마음은 긴장되어 있다. 마치 눈가에 눈물만 고일 뿐 흐르지 못함과 같이 스스로 안타까워한다. 그러나 몸이 말을 듣지 않는다는 것은 대부분 아직 마음의 준비가 안 되어 있기 때문이다. 자신을 과감하게 풀어 놓지 못하는 두려움 때문이다. 몸은 정직하다. 몸은 자연 자체만큼이나 자발적이다.

세 번째는 상황의 측면이다. 주된 문제는 타인에 대한 의식이다. 막상 멍석 깔아 놓으면 못하는 경우다. 장소와 시간 그리고 주위 상황에 따라서 자발성이 올라가거나 내려간다. 바다냐 산이냐, 주위 사람들이 아는 사람이냐 모르는 사람이냐, 지금 나의 몸과 마음 상태, 그 결과, 타인의 평판, 지금 여기의 의미와 목적 등 모든 것이 고려되고 판단된다. 몸과 마음은 준비되어 있어도 상황이 주인이 되어 그것의 눈치를 볼 수밖에 없다. 그것이 우리의 일반적인 모습이고, 또 우리는 그렇게 길들여져 있다.

2) 표현상의 특성

자발성은 행위로 표현되고 드러난다. 비록 침묵 속에 있더라도 그것은 겉으로 드러난다. 그것은 숨겨지지 않는다. 누구나 보아서 알 수 있다. 왜냐하면 몇 가지 특징적인 양상을 나타내기 때문이다. 그것은 다음과 같은 세 가지 특성을 보인다.

(1) 활력성(vitality)

자발적 행위에는 생기가 있다. 활력에 차 있다. 억제됨이 없고 주저함이 없다. 꽃과 나무, 마치 자연의 생명력 자체처럼 그것은 살아 있는 느낌을 준다. 빛나 보이고 놀람을 일으킨다.

자발적 행위는 즉흥적이고 감동적이고 극적이다. 꾸밈이 없고 연극적이지 않다. 울고 웃고 화내고 하는 모든 감정의 표현이며, 걷고 말하고 하는 일상의 태도에도 활기가 있다. 단조롭거나 진부하지 않으며 독특한 맛을 낸다. 계산됨이 없고 이해득실을 따지지 않는다. 그것은 그대로 우러나온다. 마치 봄의 냄새, 그 향기처럼 주위를 전염시킨다. 살아 펄떡이는 분위기를 만든다.

자발성은 자유로움 자체다. 개방적이고 신선하다. 그 어떤 것에도 그 순간 얽매임이 없다. 그것은 일순 무질서해 보이고 혼돈스러워 보인다. 그러나 그것은 자유 자체의 또 하나의 속성이다. 그것은 경계가 없고 몸과 마음, 상황 모두로부터 자유롭다. 흐르는 맑은 물, 청명한 공기와 같다.

(2) 적절성(adequacy)

자발성은 그것이 드러나는 시기와 내용에 있어서 과부족이 없다. 적당하며 충분하다. 바닷가에서는 바다와 어울리고, 장례식장에서는 그 분위기에 휩싸인다. 그것은 그릇의 형태에 따라 달라지는 물처럼 그렇게 상황에 적절하다.

자발성은 그 어떤 상황에도 준비되어 있다. 신속하다. 예기치 않은 일, 낯선 상황에 부닥쳐도 결코 회피하지 않고 역동적으로 반응한다. 위축됨 없이 마치 익숙한 상황처럼 행위한다. 자발적이고 솔선수범한다. 책임을 회피하지 않는다. 긍정적이고 수용적이다.

자발적 행위는 어느 한순간 불합리해 보일지라도 시간이 지나면 그것이 최선의 행위였음이 드러난다. 움츠림도 없고 무리도 없다. 무작정 침묵하지 않는다. 예민하고 본능적으로 때를 알고 있다.

(3) 독창성(originality)

자발적 행위는 상식적이지 않다. 모든 자발적 행위가 독창적이라고 말할 수는 없지만 그 상황, 순간에 그것은 타인과는 다른 특유의 독특함이 있다. 모두가 '예' 하는 순간일지라도 '아니요' 라고 말한다. 당연히 그래야만 하는 상황에서 자유롭게 일탈한다. 관습과 습관에의 얽매임도 없다.

자발성은 개성적이고 창조적이다. 처음 만나는 아이디어이며 행위다. 그것은 순간에 번쩍이는 빛과 같다. 모두에게 감동과 깊은 인상을 준다. 결코 일부러 그렇게 하려고 해서는 되지 않는다. 그것은 그냥 그렇게 터져 나온다. 무슨 거창한 것도 아니다. 아주 사소한 몇 마디 말 속에서도 자신을 드러낸다.

3) 자발성의 정의

자발성의 정의는 창조성만큼이나 쉽지 않다. 자발성을 하나의 힘이라고 하였을 때, 그것은 우주 만물의 근원적인 본성 혹은 힘으로 정의된다. 그러나 그것은 지나치게 광범위하고 추상적이다. 그래서 하나의 상태 혹은 기능이라는 현상학적 정의를 내리면 앞서 언급한 다양한 특성들이 언급되어야 한다. 인간을 활력 있게 하고 적절하고 독창적으로 행위하게 하는 힘 혹은 마음의 상태가 그것이다. 그 때문인지 모레노는 인간의 반응에 초점을 맞추어 정의하였다. "자발성이란 기존 상황에 새롭게, 새로운 상황에 적절하게 반응하는 힘이다."

이는 비교적 자발성의 특성을 넓게 살리고 있으며 실제 일상에서나 사이코드라마에서도 유용하게 활용할 수 있는 정의이기는 하다. 그러나 이 정의에는 몇 가지 문제가 있다.

① 자발성이란 기존 상황에 새롭고 적절하게, 새로운 상황에 적절하고 새롭게 반응

하는 힘이다. 즉, “자발성이란 모든 상황에 적절하고 새롭게 반응하는 힘이다.”라는 정의가 모레노의 본래 생각에 적합한 정의가 된다. 그는 새로운 상황에 적절하게 반응하지만 새로움이 없고, 새롭게 반응하지만 적절하지 못할 수 있다는 예를 들고 있기 때문이다. 기존 상황에 대한 반응도 마찬가지다. 기존 상황에 항상 새롭게만 반응하는 것이 자발성이라고 말할 수 없는데 그것이 지나치게 이상적이고 추상적이기 때문이다.

② 상황과 반응에 대한 구체적인 기준이 결여되어 있다. 예를 들어, 새로운 상황이란 익숙하지 않은 상황인지, 최초의 혹은 낯선 상황인지, 기존의 상황이면서도 내가 새롭게 느낀 주관적인 상황인지가 불분명하다. 적절한 반응도 그 정도와 질, 시간상의 문제, 그 반응의 영향 등에 대한 기준이 없다(물론 이에 대해서는 앞으로 연구가 필요하다.).

③ 자발성을 하나의 반응으로 제한시키고 있다. 반응이란 상대적인 개념이다. 그것은 자극에 대한 반응이다. 자극이 존재하지 않을 때 반응은 무의미해진다. 위의 정의에서 자극은 기존의 상황과 새로운 상황이다. 그러나 우리 삶의 상황은 그렇게 간단히 둘로, 즉 현재의 시점에서 과거와 미래의 차원으로 나누어지지는 않는다. 예를 들어, 오랜만에 친구를 만난 상황은 기존의 상황인가 혹은 새로운 상황인가? 처음 당한 교통사고 상황임에도 그것이 그동안의 간접적인 경험으로 익숙하게 느껴진다면 그것은 새로운 상황인가 혹은 기존의 상황인가? 그리고 여기서 새롭게 반응한다는 것은 무슨 의미인가?

화가가 캔버스 앞에 서서 생각을 가다듬을 때, 캔버스는 기존의 상황이면서 새로운 상황이다. 항해사가 만난 폭풍우도 그렇다. 매일 만나는 친구라 할지라도 기존의 상황이면서 새로운 상황이 될 수 있다. 그리고 그러한 상황이 항상 반응을 일으킨다고 볼 수는 없다. 다시 말해서, 자발성은 ‘reaction’만이 아니라 ‘action’ 자체로도 드러난다는 의미다. 하얀 캔버스는 나의 자발적 행위가 드러나는 조건 혹은 대상이지 그에 반응해서 그림을 그리는 것은 아니다. 나는 폭풍우에 아랑곳하지 않고 밥을 먹는 행위를 계속할 수 있으며, 친구 때문에 혹은 친구가 자극이 되어서만 어떤 행위를 하지는 않는다. 자발성은 자극과 반응을 넘어서는 자연발생적인 힘이기 때문이다(결과적으로는 생물학적 차원의 행동과학의 범주에 묶일 가능성이 많다.). 자발성은 반응하는 힘이라기보다는 스스로 드러내어 체현되는 힘이라는 정의가 더 본질에 가깝다. 따라서 반응에 초점을 둔 정의라면 ‘자발성은 모든 상황에 적절하게, 새롭고 활력 있게 반응하는 힘이다.’라고 정의되어야 한다.

6. 창조성

1) 자발성과의 관계

모레노는 자발성과 창조성의 관계를 [그림 8-1]과 같이 나타내었다.

자발성 제로(0) 상태(⑥)에서 워밍업(①)을 통해 자발성이 오르면(②), 자발성은 두 가지 방향으로 나아간다. 계속해서 워밍업되어 자발성을 유지하다가(③) 제로 상태(⑥)로 떨어지든가, 아니면 어느 한순간 방향을 틀어 소위 잠자는 미녀라 불리는 창조성을 일깨우는 방향(④)으로 나아간다. 일깨워진 창조성은 때로 자발성으로 내려왔다가(④) 다시 제자리를 찾아 그 힘을 발휘하도록 자발성과의 상호작용을 계속하든가, 아니면 창조성만으로 임무를 완수하려고 다시 자발성, 창조성의 제로 상태(⑤)로 떨어진다.

문제는 자발성과 창조성의 상호관계(④)를 어떤 시각에서 보느냐는 것이다. 자발성과 창조성은 서로 다른 힘 혹은 기능인가, 아니면 자발성이 창조성으로 변하고 어느 순간 창조성이 자발성이 되는 동일한 개념인가?

모레노는 둘은 서로 다른 종(order)의 범주에 속한다고 본다. 창조성은 실체(substance)의 범주에 속하는 가장 으뜸가는 실체이며, 자발성은 촉매(catalyzer)의 범주 가운데 제일의 촉매라는 것이다. 따라서 둘은 같은 과정이 아니다. 위의 ④의 과정에서 자발성은 촉매가 되어 창조성을 일깨울 뿐, 자발성이 창조성이 되거나 창조성이 자발성으로 변하지는 않는다. 다시 말해서, 창조성은 창조성대로 그리고 자발성은 자발성대로 따로따로 기능한다는 것이다. 모레노가 보여 주는 그 예는 다음과 같다.

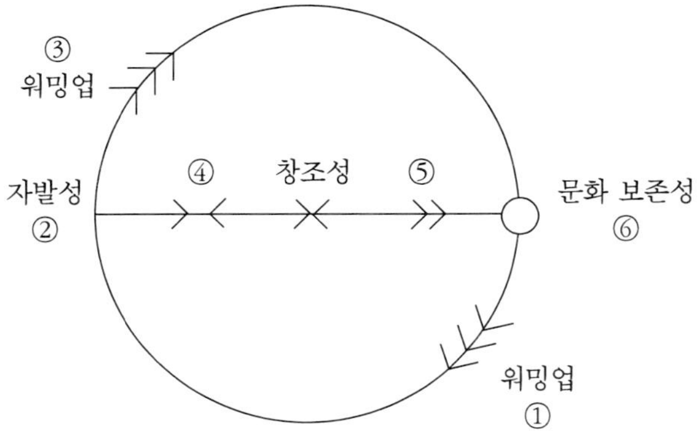

[그림 8-1] 창조성의 규범(모레노, 1934)

① 고도의 자발성만 있고 창조성이 없는 경우, 그것은 공허하고 아무것도 생산해 내지 못하는 자발적 바보와 같다. 임신과 분만의 경우에 자발성만으로는 아이를 만들지 못하는 것과 같다.

② 고도의 창조성만 있고 자발성이 없는 경우, 생명력이 없고 무기를 갖지 못한 창조자와 같다. 창조의 결과 아이는 있지만 분만할 수 없고 산통만 있는 경우와 같다.

요컨대, 자발성과 창조성은 자발성이 창조성을 격발시켜 진정한 생성을 유도해 내고 창조성은 자발성을 자극하여 생성을 이끄는 상호작용하고 서로 밀접하게 연결된 관계다. 그것은 마치 우주를 형성하고 있는 근본적 실체(알맹이)들을 창조성의 덩어리로 가정했을 때 그 자체만으로는 아무것도 할 수 없고 무의미하나, 그것들이 서로 만나고 부딪치고 더 큰 알맹이로 화하게 하는 힘인 자발성에 의해서 행성들이 생성되는 과정과 유사하다.

그러나 우리는 실제 현실에서 그러한 순수한 자발성, 순수한 창조성을 구분하기는 힘들다. 둘은 상호 얽혀 있고 연결되어 작용하기 때문이다. 그래서 그 궁극적인 순간, 즉 자발성이 곧 창조성이며 창조성이 자발성 자체가 되는 순간을 '신(God)' 적 순간이라고 말할 수 있다. 다시 말해서, 인간-신이란 모든 자발성이 창조성으로 화하여 둘이 똑같아지는 상태를 일컫는다.

2) 뇌 기능과 창조성

모레노는 뇌의 어딘가에 자발성을 주관하는 부위가 있을 것이라고 상상했다. 그것은 그의 신념과도 같은 것이었다. 프로이트가 그의 작업의 초창기에 뇌와 인간 정신을 과학적으로 연결짓고자 했던 시도와 유사하게, 모레노의 자발성에 대한 확고한 믿음은 그로 하여금 그러한 상상을 할 수 있도록 이끌었다고 볼 수 있다.

샤피로(Shapiro)에 의하면(밀러, 1988) 좌우 대뇌반구의 균형에 이상이 있고 후위반구에 대한 전두부의 통제에 이상이 있을 경우 자발성과 자율성, 더 나아가 창조성은 거의 없어진다. 또한 노카(Nauca)는 전두엽의 배부외측 융기부(convexity)에 병변이 있을 때, 지능은 정상이나 전두엽 무력증(Frontal inertia)이라고 부르는 자발성의 상실과 행위의 빈곤현상을 초래한다고 말한다(밀러, 1988).

그러나 뇌의 특정 부위에 자발성이 편재되어 있다고 보기는 어렵다. 피셔에 의하면 (Wolman & Wolman, 1986) 뇌란 다른 신체기관과는 달리 끊임없이 태생 발생 (embryogenesis)을 해나가는 유일한 기관이며 전뇌피질(forebrain cortex)의 세포 형태,

접합층(synaptic layer)의 수는 개구리의 망막에 있는 것보다 더 적다. 이런 사실에서 인간의 정신 행동의 복합과정은 세포 사이의 다양한 연결성(connectivity)보다는 뇌세포 자체의 방대한 통정능력과 유연성(plasticity) 때문이라고 할 때(Bridgeman, 1988), 자발성은 대뇌 자체가 지니는 근본적인 특수성이라고 가정해 볼 수 있다. 그러나 아직까지는 자발성에 대한 뇌의 연구는 거의 없는 실정이다. 반면 창조성에 대한 연구는 매우 활발하게 이루어지고 있는데, 그 대표적인 이론이 좌우 대뇌의 통합기능이론이다(좌우 대외반구의 기능 차이는 〈표 8-1〉을 참조하라.).

뇌파 연구에 의하면 창조성은 양측 대뇌반구 모두와 관련이 있다(Martindale, 1975). 창조성이란 우뇌의 내적 시간 경험과 좌뇌의 외적 시간 경험의 마술적 합성(synthesis)이라는 대뇌반구의 연합(bisociation)이다(Hoppe, 1988). 한편 좌우 대뇌를 잇는 뇌량이

표 8-1 대뇌반구의 기능

우측 대뇌반구	좌측 대뇌반구
진화상 오래된(older) 무의식: 일차과정	진화상 새로운(newer) 의식: 이차과정
자발적(spontaneous) 주관성 충동적 직관적	통제적(directed) 객관성 현실적 논리적
상(像): 꿈, 환상 시공간적 은유적, 감정적, 묵시적(tacit) 형태 지향적(gestalt)	언어, 수: 매일의 언어생활 문법적 현실적, 공시적(explicit) 세부 지향적(detail)
연역적(deductive) 확산적 접근법(divergent) 전체적, 평행적(parallel) 총체적(global) 인간 중심적 동시적(continuous), 지속적(simultaneous)	귀납적(inductive) 수렴적 접근법(convergent) 부분적, 계기적(seqentical) 분석적(analytical) 일 중심적 연쇄적(discrete), 불연속적(successive)
팬터마임, 운동적, 음악적 멜로디, 음조(音調, pitch) 말의 억양 언어 이해가 구체적 기하학(geometry)	언어적 리듬 말의 내용 언어 이해가 추상적 대수학(algebra)
시간 개념: 현재 창조과정상 잠복기	시간 개념: 현재, 과거, 미래 준비기, 증명기

고도의 인지 정보를 좌우로 전달하므로 뇌량의 차단은 창조성의 결여를 초래한다거나(Bogen, 1988), 창조성을 뇌량의 가장 고도의 정교한 활동(Bogen, 1988), 또는 창조성이란 뇌량 기능상의 과교류성(hyperconnectivity)으로 보는(Miller, 1988) 것과 같이 뇌량 자체를 창조성과 관련짓기도 한다. 그러나 좌우 대뇌반구의 통합기능이론이든 뇌량 연구든 각각의 반론도 만만치가 않다. 즉, 한마디로 아직까지 창조성과 뇌의 연구는 이렇다 할 결론을 내리지 못했다고 볼 수 있다.

머리는 하나인데 마음은 둘이라는 음과 양, 합리적 사고와 직관적 사고, 우성과 비우성이라는 통설에 대한 직접적인 증거는 아직 없다(Bridgeman, 1988). 실제로 1970년대 유행했던 이분법적 사고방식은 두 대뇌반구가 상호 어떻게 작용하며 좌우가 아닌 전후 · 대뇌 반구의 연구가 더 중요한 분야로 대두되고 있는 실정이라는 것이다(Galin, 1988).

문제는 우측 대뇌반구 기능과 창조성에 대해서는 거의 언급이 없다는 점이다. 비과학적 분야, 특히 예술에서는 많은 사람들이 우뇌 기능인 상상력, 직관, 꿈, 환상 등의 현상을 창조성과 연결지어 이야기하고 있음에도 그 연구를 찾아보기 힘들다는 것은 놀라운 일이 아닐 수 없다.

그 이유를 몇 가지 추정해 보면 우선 이성과 합리성, 실증주의적 사고의 우위성에 길들여진 현대인의 경향을 들 수 있을 것이다. 〈표 8-1〉에서 보듯이, 우뇌의 기능이란 발생학적으로 보다 오래되었기에 새로운 좌뇌 기능이 인류문명을 주도해 왔다는 우월감이다. 감정보다는 이성이, 이상보다는 현실이, 직관보다는 논리성이 우월하며 무의식보다는 의식이 더 중요하다는 논리다. 이는 아직도 확실히 알려지지 않은 세계에 대한 두려움이라고도 할 수 있다. 우뇌 기능들을 충분히 통제하거나 활용할 수 없다는 무력감일 수도 있다. 혹은 중요한 줄은 알면서도 계산되거나 측량될 수 없다는 데서 오는 당혹감 때문일 수도 있다. 또 하나의 이유는 창조성을 하나의 과정 혹은 연쇄적 현상으로 보려는 오류다. 양극의 통합, 모순의 해결과 같은 변증법적 사고방식의 오류이며 창조성이 작용하는 순간의 전후 과정을 창조성 자체에 포함시켜 말하려는 데서 오는 오류다.

물론 창조성이 빛을 발하기까지의 오랜 시간상의 문제도 중요하며 그 후에 오는 노력의 과정도 무시할 수는 없다. 그러나 여기서는 어디까지나 창조성의 본질 자체를 말하는 것이기에 좌뇌 기능에 의한, 혹은 양측 대뇌 기능의 통합이론은 모순된 것으로 생각된다.

3) 창조적 행위

오늘날 창조성에 대한 연구는 매우 광범위한 분야에서 연구되고 있다. 국가마다 치열한 경쟁을 벌이고 있다. 엄청난 투자가 뇌 연구와 창조성 연구에 쏟아지고 있다. 현재와 같은 생태계의 파괴와 자원 고갈을 맞이한 인류문명이 선택한 마지막 도피처는 인간의 두뇌인 것처럼 보인다. 아직까지는 미개척된 영역으로서의 두뇌, 인공지능, 컴퓨터 공학, DNA 연구 등이 그것이다.

한마디로 창조성은 그 자체로 창조성학이라고 부를 만큼 깊고 다양한 연구가 진행되고 있으며 사이코드라마 또한 이 방면에 대한 논의 및 연구가 이루어져야 할 필요성이 있다고 생각된다. 특히 그것은 사이코드라마의 예술적, 철학적, 심리학적 측면에서뿐만 아니라 사이코드라마의 실제에서도 중요한 의미를 지니고 있기 때문이다. 그러나 여기서는 모레노가 논의한 바 있는 창조적 행위의 특징에 대해서만 다루기로 한다.

창조적 행위는 다음과 같은 특징을 지닌다.

① 창조적 행위(creative act)는 무엇보다도 자발적인 행위다. 의도되고 목적 지향적인 상황에서는 자발성도 창조성도 위축된다. 사이코드라마 무대 위에서 진행되는 연속적인 자발적 행위는 어느 한순간 창조적 행위가 된다. 전혀 예상치 못한 장면의 전환, 상상하기 어려운 환상적 행위, 예기치 못한 감정 변화와 그것의 폭발적인 표출, 숭고한 비극성 속의 인간의 당당함, 처절함과 요절복통의 틈새, 경쾌함과 환희 속에 드러나는 인간적 행위, 순간의 죽음의 그림자와 그에 대처하는 감동적 행위, 삶과 죽음의 미묘한 곡예, 미적 잔혹성 등 창조적 행위는 부지불식간에 하나의 예술품처럼 모든 참여자들 사이에서 우러나온다.

② 창조적 행위는 놀라움과 경이로움이다. 감동의 물결을 일으킨다. 신음소리와도 같은 일순간의 정적, 무어라 형언하기 어렵고 마치 주먹으로 뒤통수를 얻어맞은 것과도 같은 충격이다. 그것은 한차례 폭풍우가 휩쓸고 지나가듯 그렇게 지금 이 순간의 모두를 스치고 지나간다. "불가능해, 있을 수 없어, 어떻게 그럴 수가……." 아니, 그러한 언어적 느낌이 아니다. 그것은 그냥 그렇게 비언어적으로, 강렬한 진동으로, 열정과 느낌으로 주어진다. 그것은 영화나 소설 속에서나 있을 법하고 실제 인간으로서는 불가능한 것으로 생각되었던 순간의 행위다.

③ 창조적 행위는 분명 현실을 넘어서 있는 행위다. 그것은 한순간에 현실에서 많이 익숙했던 원인, 결과라는 인과성을 부수고 출현한다. 무엇인가 알 수 없는 힘에 의해 이루어진 듯 보인다. 지극히 비현실적이고 환상적이다. 인간이 소용돌이가

되어 하늘로 휘감아 오르고 바닷가의 가재가 되어 외로움을 노래한다. 죽음의 사신이 친구처럼 다가오고 별빛이 포근한 고향의 품이 된다. 밤하늘의 피어오르는 연기 속에서 사산된 아기의 혼령이 보이고, 혼백이 모여 새하얀 천이 된다. 살인의 날카로운 비수가 장미꽃으로 변하고, 눈물은 진주가 되어 우는 자를 영롱한 빛으로 화하게 한다. 그토록 처절한 사랑과 고통, 분노가 한줄기 바람과 안개가 되어 원무가 된다.

④ 창조적 행위는 그 자체가 하나의 독특한 행위다(acting sui generi). 그것은 특이한 한순간에 새롭고 신선하게 이루어진 행위다. 우리 일상의 행위는 내가 행위했다기보다는 행위된, 현실의 상황과 조건에 의해서 반응적으로 행위된 행위가 대부분이다. 반작용적인 행위다. 스스로 우러나오는 행위처럼 보여도 나라는 의식의 궤를 몇 번씩 거치고 난 이후의 행위, 또 타인이라는 검열의식을 통과하고 난 이후의 행위다. 그것이 순식간에 일어나기 때문에 모르고 있을 뿐이다. 그러나 창조적 행위는 순간에 그대로 드러나는 행위 자체다. 그 어떤 지연이나 거침이 없다. 상식적인 나와 너의 검색을 넘어서서 체현된 행위다. 그것은 창조물(creature)과 창조자(creator)의 차이다. 창조적 행위는 외견상 형식도 형태도 없는 무질서 자체인 것처럼 보일 수 있다. 모든 안정된 의식과 질서 잡힌 현실을 뒤흔들어 놓고 파괴해 버릴 것처럼 다가온다. 거기에는 말로 설명할 수 있는 어떤 패턴도 없다. 오직 무언가가 새롭게 잉태되고 생성되고 창조되어 있을 뿐이다. 그리고 외견상의 무질서 내부에는 지속적인 하나의 힘, 즉 추진력과 같은, 오직 무언가 형상을 갖추고자 하는 충동과 같은 힘이 있다. 그것이 자발성과 창조성이다.

창조적 행위는 몸과 마음이 뫔 되는 순간의 행위다. 그것은 최상의 체화다. 나와 너조차 사라지고 오직 행위 자체만이 존재한다. 그것은 일종의 생식세포(germ cell)이며 수정란이다. 새로운 또 하나의 변화와 탄생을 머금고 있는.

제9장 철학적 논의

1. 서 론

대자연은 원래 이름이 없었다. 우주의 뭇 별들도 이름이 없었다. 산도 강도 본래는 산도 강도 아닌 그 자체였다. 그리고 사람들이 태어났다. 그들은 언어를 만들고는 모든 사물을 명명하기 시작하였다. 개간하고 선을 긋고 구획화했다. 인간의 문명이 커져 가는 만큼 자연은 점차 생명력을 잃어 갔다.

산, mountain 등 그들 사이에도 이름이 달랐다. 모든 것이 자의적이었다. 싸움이 시작되었다. 지금도 계속되고 있다. 완전한 것은 그 어디에도 없었다. 수많은 신이 절대의 이름으로 등장하였지만 더 나아진 것은 없었다. 인간과 종족과 국가 간의 경쟁은 더욱 치열해질 뿐이었다.

사람과 사람 사이에도 벽이 생겼다. 이념의 벽, 기호와 언어의 벽, 온갖 관념의 벽이 세워졌다. 인간끼리의 투명한 만남은 불가능해졌다. 자연을 명명하고 구분했듯이, 인간은 스스로를 분류하고 폄하하면서 문명 발달(그것이 발전이라고 한다면)과 반비례하여 점차 왜소해져 갔다.

니체(김대경 역, 2000c: 130)는 말했다. "인생으로부터 모든 날카로움과 모남을 박탈한다는 터무니없는 의도를 가짐으로써 인류는 모래로 화하는 최상의 길을 걷고 있는 것은 아닐까? 작고 부드럽고 둥글고 무한한 모래! 어린 시절부터 어떤 방침을 받아들이게끔 습관 지어지고 자신을 박탈당한, 그래서 매일 써서 닮아져 가는 사람들……. 조잡한 수미일관성!"

로댕의 생각하는 사람은 도대체 무얼 생각하고 있는 것일까? 생각하기에 존재한다는 데카르트적 인간은 결국 스스로 갇혀 버릴 수밖에 없는 운명의 거미줄을 짜고 만 셈이 되었다. 언어의 거미줄, 편견과 아집의 거미줄, 진정한 인식과 삶의 장애물들인 실용성과 효율성의 거미줄, 합목적적 논리와 이성의 거미줄을 말이다.

이정우(2000: 132)는 그러한 생각하는 인간의 사유와 더불어 비사유도 함께 탄생되었다고 한다. 즉, 사유만이 아닌 비사유를 생각해 보고자 하는 시도들이 있어 왔다는 것이다. 대자(對自, 발전상태)의 형식 안에서 즉자(卽自, 미발전 상태)의 내용을 반성하고자 하는 시도(헤겔), 인간을 그의 고유한 본질과 화해시킴으로써 탈소외시키려는 시도(마르크스), 무의식적인 것의 장막을 제거하려는 시도(사르트르), 무의식의 침묵 속으로 들어가거나 그 무한정한 중얼거림에 귀 기울이려는 시도(프로이트), 그리고 순수할 수 없는 주체, 순수하게 의식적이지도 비의식적이지도 않은 자연적 · 문화적 객관 세계와 뒤섞임으로써 전(前)개념적 차원에서 진동하고 있는 신체적 주체를 기술하고자 하는 현상학이 그것이다.

사이코드라마는 그런 의미에서 볼 때 비사유로의 여행이라고 말할 수 있다. 사유적 현실, 언어, 마음, 개인으로부터의 비사유적 잉여현실, 행위, 몸, 집단으로의 일탈에서 시작되기 때문이다. 사이코드라마는 잊혀진 나, 근원적 본성으로서의 자발성을 찾아 나서는 탐구이며 실험이다. 그러나 그것은 위와 같이 그 어떤 반성, 화해, 제거를 목표로 하지 않는 실천이다. 무한정한 귀 기울임도 아니다. 분열과 모순을 해소하고 정당화하고 하나의 답, 해결, 화해를 추구하지 않는다. 오히려 그러한 총체적 자기를 허물고 부순다. 극한적인 방식으로 그 빈틈을 있는 그대로 드러낸다. 예를 들어 보자.

우선 사이코드라마는 잉여현실의 세계다. 현실에서는 결코 표현된 적도 또 표현될 수도 없었던 세계의 펼침이다. 그것은 극단까지 파헤쳐진다. 그것이 환각, 망상, 몽상이고, 현실에서는 결코 받아들여질 수 없는 세계라 할지라도 새로운 의미의 빛을 띠고 구현된다. 행위화된다. 그것의 구현됨이 깊고 넓을수록 현실과의 괴리는 그만큼 커질 수밖에 없다. 지각 변동과 같은 엄청난 균열이 발생한다. 해안으로부터 더욱 멀리 바다로 나아가는 뱃사공의 의지와 유사하다. 해안에서 바라볼 때 그것은 위험이다. 되돌아올 가능성이 희박해진다. 그러기 위해서는 긴 밧줄이라도 매어 놓아야 할 것 같다. 그러나 그것은 의미가 없고 하나 마나다. 제대로 나를 만나기 위해서는 과감히 밧줄을 끊어 버려야 한다.

해안에 서 있는 나와 바다 멀리 나아간 나 사이의 거리만큼의 나, 그것이 나다. 그 거리와 간극, 그 균열이 곧 나다. 밧줄은 없다. 나는 그것이 고통이든 불안이든 있는 그대로 적극적으로 받아들일 것이다. 누가 감히 그 거리를 메울 수 있으며 누가 감히 그 갈라짐을 붙여야 한다고 말하는가? 아마도 그는 단 한 번도 해안을 떠나 보지 못한 자일 것이다. 그 사이, 거리 자체가 창조와 생성이 발아하는 비옥한 대지임을 결코 이해할 수 없는 자일 것이다.

두 번째 예는 잉여현실과 현실의 분열이 아닌 자기 자신의 분열 증식이다. 수많은 복수성(plurality)으로서의 자기(self)는 다양한 역할로 나누어져 실험되고 행위화된다. 상호 이질적인 것들이 대치하고 투쟁한다. 그들 각자는 적극적으로 자신을 옹호하고 확장한다. 복수의 화신이 되어 순교자의 자기를 지우고자 한다. 순교자는 결코 그의 칼을 가슴으로 받아들이지 않는다. 팽팽한 대립과 긴장이 고조될수록 그들 사이의 균열은 커져 간다. 화해건, 승리건, 한쪽의 패배건 간에 그 자체는 중요하지 않다. 그러한 모순과 분열 자체가 의미의 지평으로 떠오른다. 그것이 바로 나라고 과감히 말한다. 어설픈 임시변통의 습관적 이해와 화합은 무의미하다. 나는 그러한 분열된 나를 껴안을 것이다. 그것이 나의 자발성이다. 나는 그런 놀랄 만한 상황에서 지극히 적절하고 창조적으로 행위할 것이다. 나는 분열되고 강화된 그 모든 나를 긍정할 것이다. 나는 그 얼마나 다양한 존재인가? 누가 그것을 두려워하는가! 용기 없는 자들이다. 삶의 고통이 무엇인지 전혀 모르는 게으르고 안락한 자들이다. 분열의 고통이야말로 생명과 재생의 싹이 돋는 인간-신적인 새로운 나의 탄생의 기회임을 모르는 자들이다.

마지막 예는 사이코드라마의 나누기 과정이다. 나누기는 수많은 작은 이야기들이 모이는 과정이다. 모든 참가자들의 전체적인 삶의 역사가 아니라 지금 이 순간에 의해 워밍업되어 나온 짧은 이야기들이다. 일견 비슷해 보이는 인간적 의미, 사랑, 감동, 상처, 진실들이 개인마다 전혀 다른 색깔을 띠고 감정으로 표현되고 행위를 통해 의미화된다. 그것은 동일화가 아니며 각자의 차이화다. 차이화된 각자는 저마다의 순간의 작은 이야기(다른 순간에 다르게 채색될)를 주인공에게 던지고, 주인공은 그 모든 것을 자기 내면으로 흡수한다. 인간의 만남, 의사소통의 가능성, 관계의 의미가 실험된다. 각자 자기며 현실의 의미가 재구성된다. 그동안의 완고했던 사유체제들이 허물어지고 몸, 마음, 관계, 감각적인 것들로 대체된다.

사이코드라마는 오랜 시간에 걸친 언어와 사유를 통한 자아추구, 자기실현에 회의를 던진다. 그러한 양식 자체가 비사유의 세계를 탐구하기에는 부적절하기 때문만은 아니다(그것은 결국 목표를 달성했다는 착각의 사유에서 끝난다.). 자기라고 하는 합목적적인 통일된 자기, 총체적 자기라는 관념에 대한 회의다. 그것은 동어 반복일 뿐이다. 자기 실현은 결국 사회적 순응과 성공으로 탈바꿈될 뿐이다.

사이코드라마는 사유를 떠나 존재한다. 몸과 행위로써 관계와 만남 속으로 나를 내던지는 작업이다. 우리의 자발성 자체가 그렇게 하지 않으면 안 되는 힘으로 작용하기 때문이다. 우리는 그러한 자발적 힘의 능동성과 변화와 생성의 힘을 긍정한다. 구체적인 체현과 행위를 통해 나를 확장하는 일, 그것이 곧 창조다.

2. 주 체

주체란 흔히 어느 순간의 정신신체의 전체, 인격의 핵심, 주관성의 중심, 총체적 인간 등으로 규정된다. 반면에 주체는 하나의 환상이며 이미 죽은 지 오래된(비주체에 의해 오래전에 감염된), 하나의 언어의 기능이며 분열된 주체, 나라고 하는 순간에 이미 나는 다른 곳에 있는 주체로 규정되기도 한다. 한마디로 주체에 대한 논의는 앞에서 언급한 사유와 비사유, 그리고 주체와 탈주체, 본질과 형식, 존재와 실천, 중심과 탈중심 등 다양한 개념들의 대결로 점철되어 왔다.

특히 주체의 문제는 지난 수십 년간 유럽 철학계에서 가장 논쟁이 심한 문제 가운데 하나로 등장하였다(강영안, 1997: 9). 그 대표적인 예가 데카르트의 생각하는 주체 이전의 스피노자에 대한 재해석(자기 자신 안에 존재하며 자신을 통해 파악되는 것으로의 실체 개념), 그리고 초월적 통각의 주체(칸트), 너와 관계할 수 있는 나(포이어바흐, 부버), 진리로서의 주체(키르케고르), 허구로서의 주체(니체), 다양한 형식으로서의 주체(푸코), 욕망과 무의식의 주체(라캉)다.

모레노는 사이코드라마에서 주체 대신에 역할론을 제시하고 자기(self)와 역할관계를 논하고 있다. 엄밀한 의미에서 철학적 주체론은 없다. 유일하게 그가 주체성이라는 표현을 사용한 것은 영아의 자발적 주체성(spontaneous subjectivity; 모레노, 1975: 196)과 신의 주체성(모레노, 1970)이다. 이것은 영아와 우주가 동일한, 하나의 상태를 이루거나 신이 우주와 하나가 되고 자신이 창조한 세계에 완전히 동참하는 상태를 의미한다. 그렇게 하지 않을 수 없는, 타의가 아니라 스스로 그러한 가장 자연스러운 성향을 그렇게 명명한 것이다. 그것은 곧 자발성 자체의 다른 이름이다. 따라서 여기서의 논의는 자기론이 되겠지만, 자기는 주체, 실체, 나아가 존재와 별개의 차원이 아니라 유사한 범주의 개념이기에 함께 논의될 수밖에 없다고 생각된다. 예를 들어, 사회적 존재 혹은 자기는 사회적 실체, 사회적 주체, 사회적 자기라고 할 때, 사회적 존재는 사회적일 수도 있고 아닐 수도 있는 존재 혹은 자기의 일부, 한 차원으로서의 사회적인 의미가 강하다. 그리고 사회적 실체는 보다 본질적인 사회의 구성성분으로서의 사회적 존재를 말하고, 사회적 주체는 주체 자체가 중심이 된 사회적인 의미가 강하다. 다시 말해서, 본질적 혹은 전체적인 의미냐, 기능적 혹은 부분적 의미냐에서 상호 개념 정의가 달라질 수 있다. 하지만 사실 그러한 구분 자체가 무리일 수밖에 없다. 왜냐하면 그러한 개념들은 '나'라고 하는 엄연한 존재에 대한 다양한 담론의 주체일 뿐 결코 어떤 해답을 내릴 수 있는 문제가 아니기 때문이다. 특히 모레노의 자기 개념은 통상의 주체 개념과 크게 빗나가지 않는다. 따라서 여기서는 자기와 주체를 동일한 의미로 간주한다(주체는 객관적 표현 형식이고 자기는 주관적 표현 형식이라고 하는 차이뿐이다.).

우선 가장 크게 대비될 수 있는 모레노와 라캉의 주체 개념을 비교해 보자. 라캉은 실증주의 창시자인 콩트로부터 "인간 사회는 개인이 아닌 가족으로 구성되어 있다."는 사실과 "사회적 삶만이 완전히 실재적이다."는 합리주의적 · 사회학적 시각을 이어받는다(오질비, 김석 역, 2002: 68). 그래서 순수한 의미의 개인으로 인간성을 분해하는 것은 비도덕적일 뿐 아니라 비합리적이며 무질서한 분석만을 만들 뿐이라고 생각한다. 따라서 그는 주체의 시니피앙적(signifiance, 기표적) 의존, 다시 말해 언어라는 사태에 의해 규정되는 주체의 예속이라는, 주체 개념에 대한 구상만을 정신분석의 목표로 삼는다. 즉, 그는 초기에 분석목표를 주체의 욕망의 형태들을 발현시키는 것에 두었다가, 후기에 가서는 주체가 주위의 타인들이나 내면화된 타자의 가치판단에 의해 영향 받거나 금지당하지 않고 자신의 길을 계속해서 추구하는 데 둔다(핑크, 맹정현 역, 2002: 355).

모레노는 자기(self)를 역할들의 집합체로 본다. 수많은 역할을 통한 경험들이 한데 녹고 녹여지는 지점이 곧 자기다. 여기서 역할은 행위되어야 함을 의미한다. 역할은 정태적이 아니라 능동적이다. 어떤 역할의 행위화는 역할놀이라고 한다. 역할놀이는 자기가 나타나기 이전에 먼저 주어진다. 먹고(eater) 자는(sleeper) 역할은 자기에서 나오는 것이 아니라 자기가 바로 그러한 역할에서 생겨난다. 역할들은 곧 자기의 싹이며 전조다. 역할들이 모이고 뭉쳐져서 자기의 일부인 생리적인 자기, 사이코드라마적 자기, 사회적 자기, 나아가 초심리학적 자기가 형성된다. 그리고 그러한 자기의 부분들이 전체적 자기를 이루고 있다.

역할의 주된 기능 중 하나는 무의식에 들어가서 질서와 형태를 가져다준다는 점이다. 무의식이 언어를 통해 정리되는 것이 아니라 구체적인 행위를 통해 드러나는 것이다. 예를 들어, 퇴행적인 행위라고 말할 때 그것은 퇴행이 아니다. 그것은 지금 이 순간의 무의식적 역할놀이다. 이러한 개념은 사이코드라마에서 지금 여기가 왜 그토록 중요한지를 설명해 주며, 현 존재에 대한 긍정적 시각의 필연성을 말해 준다.

그리고 자기는 자발성과 연결된다. 자발성이 증가할 때 자기는 확장되고, 자발성이 감소할 때 자기는 위축된다. 서로가 서로의 기능이 된다. 즉, 자기의 원장소는 자발성인 것이다. 여기서 주체로서의 자기는 매우 중요한 의미를 갖는다. 그것은 고정되어 있는 주체가 아니며 주체는 자발성이라는 하나의 힘에 의해 드러난다는 사실이다. 주체를 단일하고 결정론적인 총제적인 자기로 규정하거나 정의하지 않았다는 점이다. 그것은 곧 지극히 현대적인 다양성의 주체 개념임을 뜻한다. 라캉이 언어적, 분열적 주체로서 무의식적 주체로 나아갔다면, 모레노는 행위 주체, 역할이라고 하는 구체적이고 관찰 가능한 주체이론을 내세웠다. 또 라캉이 그러한 주체의 밑바탕에서 무의식적 욕망과 가족 간의 스토리를 보았다면, 모레노는 그러한 다양한 역할들, 경험들을 통합하는 주체의 원장소이며 그 어떤 조건도 없는 순수한 힘으로서 자발성을 보았다. 따라서 주체가 주체다울 수 있는 방법론에서도 둘은 차이가 있다. 정신분석이 언어의 미로를 뚫고 주체의 욕망으로부터, 타자로부터의 해방을 시도하는 반면(매우 목표 지향적이고 결정론적인 방식이다.), 사이코드라마는 지금 이 순간의 자발성을 발판으로 주체의 됨됨이를 있는 그대로 몸과 행위를 통해 구현하도록 이끈다.

니체에 의하면 본래적인 자기란 의식, 정신, 사고, 이성의 자기가 아니라 더 깊고 더 근원적인 자기, 곧 대지의 본질로서의 몸이다. "몸은 일종의 대이성(大理性)이다. 이 몸의 도구가 정신(소이성)이다. 우리는 의식(정신)에 대해서 '나'라고 칭하지만 그 위대한 대이성인 몸은 스스로를 나라고 부르지 않고 단지 나로서 행위할 뿐이다."(니체, 정강석 역, 1990: 225)

요약하면, 사이코드라마에서 나-자기라고 하는 주체 개념은 역할을 통해 행위되는 주체다. '나'가 따로 있고 내가 행위한다는 의미의 주체가 아니라 행위하는 그 순간의 행위 자체가 '나'라는 주체다. 예를 들어, 내가 어떤 중요한 일을 수행하기 전에 며칠간 심사숙고한다고 했을 때 그러한 심사숙고라는 사유 행위 역시 '나'가 드러나는 행위라는 것이다. 그리고 그때 나는 나의 자발성을 동시에 드러낸다. 사고하는 사람으로서의 역할자 혹은 수행자, 곧 '나'라고 하는 주체는 나의 자발성이 표출되는 만큼 그 순간의 동일성 차원에서 작동되는 것이다.

이제 몇 가지 질문을 해 보자.

① 그렇다면 나의 동일성 혹은 어제와 내일로 이어지는 동일한 나라고 하는 주체적 느낌은 가능할 수 있는가? 즉, 행위가 곧 주체라면 매번 행위 때마다 주체는 달라질 것이고 나는 수많은 행위 존재로 분열되고 단절된 나이지 않겠는가?

② 진정한 나라고 하는 것은 무엇을 뜻하는가? 다시 말해서 타자는 내 속에서 얼마나 작용하고 있는가? 나는 순수한 주체라고 이야기할 수 있는가?

③ 자발성에 따라 자기-주체는 그때그때 변화를 겪는다고 했는데, 자발성이 제로 상태라면 주체는 사라질 수도 있다는 의미인가? 분명히 자발성이 제로 상태인 상황에서도 나는 존재하고 있는 것이 아닌가?
④ 행위의 의미는 무엇인가? 사이코드라마가 인간의 변화와 확장을 위한다고 하는데, 그것은 행위와 어떠한 관계가 있는가!

첫째, 동일성의 문제는 시간의 문제로 귀착된다. 예를 들어, 악몽에 시달리다가 갑자기 깨어나는 순간, 나는 나의 동일성을 순간적으로 상실하고 그 순간의 내가 나인지 아닌지 혼돈에 빠질 수 있다. 그러나 시간이 지나면서 나는 그것이 꿈이라는 것을 알게 되고 나로 돌아오게 된다. 바로 이때의 '나', 즉 나로 돌아오게 하는 나는 어떤 주체인가 하는 것이다.

칸트(들뢰즈, 서동욱 역, 2006: 138)는 이 문제에 대해 주체를 이분화해서 설명한다. 자아와 나(자기)가 그것이다. 자아는 시간 중에 있고 항상 변화를 체험하는 주체로서의 자아다. 한편으로 '나'는 계속 시간의 종합을 수행하는 활동이며 시간 속에서 일어나는 것을 종합하는 활동이다. 즉, 나는 자신을 단일하며 활동적인 주체로 정립할 수 없으며 단지 사유의 활동성을 표상하는 수동적인 자아로 정립할 수 있을 뿐이다. 즉, 주체 안에서 나와 자아를 구별하기 위해 시간이 개입한다. 그러나 이 둘의 쪼갬은 결코 종착점에 다다르지 않는다. 시간은 끝이 없기 때문이다.

여기서 '나'는 주어로서의 주체가 아니라 시간을 종합하는 활동이며 내적 행위다. 따라서 자기란 그러한 내적 행위, 이미 주어진 타고난 본성과 자발적으로 이루어진 행위 그리고 그러한 지속성 혹은 동일성에 의해 발생한다. 그것은 곧 몸적인 나의 힘을 나타낸다. 칸트는 그것을 선험적인 혹은 초감각적인 나로 보지만 그런 나는 몸을 떠나 존재할 수 없다. 내 몸을 주관하는 나가 따로 있을 수 없다는 뜻이다. 그것은 나의 몸의 힘과 자발성에 의해, 그 힘의 정도에 따라 몸을 통해 종합된 의식 혹은 신체화를 통한 나일 뿐이다. 예를 들어, 우리는 때로 나 아닌 나를 느끼거나 나답지 않다고 생각되는 행위를 하고 나서 당혹스러워한다. 정신분석에서는 매우 반가운 무의식적 행위라고 해석하고 그 동기를 찾아 나서겠지만, 여기서는 자발성 기능의 순간적 약화라고 말한다. 누가 보더라도 실수라고 생각되는 행위를 여러 사람이 저질렀을 경우, 각자 자기 동일성은 다르게 느껴질 것이며 자발성이 높은 사람은 그 행위를 자기로 받아들일 것이다. 문제가 되는 것은 자발성이 아니라 의식적인 자기상, 소위 언어로 입력된 오래되고 습관화된 자기의식이다. 이는 회의 한 번 없이 받아들여진 사유 중심의 주체 개념이다.

둘째, 순수 자기의 문제다. 라캉에게 주체는 항상 타자에 의한, 욕망조차도 타자의 욕망인 주체다. 그래서 분석의 목표가 타자로부터의 자유, 순도 높은 주체의 회복에 있다. 또한 다양한 정신치료 이론들 역시 진정한 자기와 거짓된 자기, 혹은 실재적(잠재적) 자기, 현실적 자기와 이상적 자기로 주체를 구분해서 설명하면서 소위 자기실현화라는 거창한 목표를 설정해 놓고 있다.

사이코드라마의 '자기' 론에서는 그러한 주관과 객관, 진실과 거짓, 즉자와 대자 같은 이분법적 구별이 없다. 의미가 없다고 생각한다. 그것들은 전부가 의식과 무의식이라는 이분법에서 탄생될 수밖에 없는 의식적이고 인위적인 구분이다. 인간 및 이성 중심의 사유 형태다.

사이코드라마에서는 그러한 순수 지속적인, 오직 주관성만의 주체 개념은 없다. 사이코드라마에서는 인간의 탄생(주관이라고 한다면) 자체가 이미 객관의 세계에 던져지는 것이라고 생각한다. 행위 주체로서 영아는 짧은 순간이나마 총체적 동일성(all identity)의 시기를 지나지만 이내 다양한 역할 행위자로서 객관 세계를 받아들일 수밖에 없게 된다. 여기서 자기는 그러한 주관, 객관, 원래적 자기와 타자적 자기의 혼합에 의한 다양한 자기로 가능하게 된다. 만약 그것을 인위적으로 구분하기 위해서 내 속의 모든 타자적, 사회적 요소를 환원시키고 제거한다면 어떻게 되겠는가? 언어조차 완전히 씻겨져 내린 나는 아마도 몸 자체만 남아 있게 될 것이다. 그렇다면 그 문제가 왜 그렇게도 중요시되는 것일까? 왜 우리는 자주 진정한 나, 진짜 나, 혹은 "정말로 말하면……" 하고 스스로를 분열시키는 것일까! 문명에 찌든 인간의 역설이 아닐 수 없다.

데리다(김형효, 1993: 390)는 말한다. "(인간의) 공생관계 속에서 누가 식객이고 누가 주인인지 확실히 안다는 것은 불가능하다. 주인은 식객 쪽에서 보면 하나의 식객이기에 식객이 또한 주인이다. 상호 간에 주인이 된 식객은 언제나 식객이 된 주인에 의하여 감염되고 있다. 주인과 식객의 영원한 탄생과 소멸은 세계의 끝없는 놀이다."

모레노에 의하면 천재와 영웅들은 오히려 타자를 수용하는 힘, 타자의 경험을 자기에게 동화시키고 자기화하는 능력이 놀랄 만큼 발달된 자로 묘사된다. 그래서 그들은 놀랄 만큼의 자기 확장을 이룸으로써 인간과 시대가 요구하는 바를 창조해 낼 수 있다. 오늘날 우리에게 절실히 요구되는 것은 바로 나를 개방하고 타자를 받아들일 수 있는 그런 힘일 것이다.

셋째, 자발성이 제로인 상태에서도 나는 존재한다. 여기서 말하는 제로 상태란 죽음을 의미하는 상징적 표현이다. 그러니까 자발성 제로 상태란 존재하지 않는다. 행위로 드러나지 않았을 뿐 여전히 자기는 존재한다. 오히려 우리는 여기서 이렇게 말하는 것이 적절할는지 모른다. 우리 인간의 자발성은 아직도 미개발 상태에 있으며, 따라서 우리는 우주를 통달할 만큼 자기 확장을 이루지 못하고 있다고 말이다.

사이코드라마는 바로 그러한 자발성의 주체를 다른 주체들, 세계와 인간의 관계 속에 끌어들여 끊임없는 상호작용을 하게 함으로써 시작된다. 그러한 행위를 통해서 자기가 어떻게 반응하고 대상들과 관계 맺으며 열리고 펼쳐지는가를 실험한다. 어떤 상황에서는 새로운 자기를 직면하고 어떤 방식으로 자신을 확장하는가를 실천적으로 추구한다.

철학자 로티(김혜숙, 1995: 256)는 인간에게 참된 자기가 있고 진정한 자기 이해를 통해서 참되지 못한 것들을 정화의 대상으로 삼는 도덕적 심리학은 인간을 왜곡시키고 심미적 삶을 위한 자기 확장의 길을 가로막고 있다고 주장한다. 인간의 자유를 질곡시키며 여러 우연성과 다양성들을 무시하고 인간을 단순화시켜 투명한 존재로 만들어야 직성이 풀리는 논리라는 것이다. 여기서 심미적인 삶이란 자기 확장을 지향하는 것으로서, 인간이 점점 더 많은 가능성을 포용하며 끊임없이 배우고 호기심에 전적으로 헌신며 과거와 미래의 모든 가능성을 상상하여 결실을 내려는 욕구에서 비롯된 삶을 의미한다.

그래서 로티는 "인간의 삶이란 자기 확장 또는 자기 창조를 위한 실험과 투쟁의 마당이다. 그 실험에는 정답이 없으며, 새로운 자기의 창조가 최선의 답이다. 자기 창조란 예전에 이루지 못하였던 것을 이루는 것이며, 세상사에 잘 대처하는 것이고, 새로운 눈으로 세상을 보는 것이다. 남이 이미 써버린 낡은 어휘를 반복하는 것은 죽는 것보다 더 싫어하고 끊임없이 참신한 어휘를 창안하려는 '대담한 시인들(strong poets)'의 태도야말로 자기 창조를 위한 전형적인 태도다."라고 말한다.

넷째, 인간의 행위와 인간의 확장 간에는 어떤 관계가 있는 것인가? 우리는 흔히 많은 지식과 정보를 가진 사람을 이야기할 때 그 지식과 정보의 질과 양 면에서 커졌다 혹은 확대되었다고 말하지 그 인간이 확장되었다고 말하지는 않는다. 왜냐하면 그 지식에 의한 행위는 순수한 자발적 행위가 아니기 때문이다(여기서 확대[enlargement]가 어느 한 방향의 목표 지향적 의미가 있다면, 확장[expansion]은 다양한 방향으로의 비목표 지향적인 개념으로 구분한다.).

물론 사람마다 기준이 다르겠지만 인간의 확장이란 가장 자발성이 높은 행위를 하였을 때의 그 사람 혹은 '자기' 상태를 일컫는다. 그 순간은 이전의 나가 소멸되면서 새로운 나가 체현된다. 최상의 자발적이고 창조적인 상태에 가까운 상태다.

정신, 의식, 사유만으로는 확장이 불가능하다(소위 득도, 선, 초월은 가능할지 모르나 그것은 건너뜀이지 확장은 아니다.). 왜냐하면 우리의 정신, 의식 세계는 이미 다 알려져 있고, 알고 있는 체하며 자기 위안과 자기만족으로 가득 차 있기 때문이다. 모든 것이 조직화되고 규정되어 있어 더 이상의 회의도 부정도 없는 상태다. 그래서 확장은 몸과 행위를 통해서 이루어질 수밖에 없다. 그것이 사이코드라마가 존재하는 이유다.

니체(김정현, 1995: 88)에게 주체란 인간의 삶의 조건을 마련하기 위한 하나의 허구일 뿐이다. 통일된 주체로서의 자아개념 역시 근대인들이 창안한 인식의 고안물일 뿐이다. 그래서 그는 경험적 현실 속에서 복잡다단한 인간 충동들의 상호작용과 상황에 따라 변화하는 다중심적인 다원적 주체의 복권을 주장한다. 여기서 주체의 영역은 성장하거나 작아진다. 조직되었다가 해체되고 형성과 부정의 끊임없는 역동성 속에 놓이게 된다는 의미다.

그래서 니체의 『도덕의 계보(*On the genealogy of Morals*)』(김태현 역, 1982a)에 따르면, "오늘날 우리에게는 보다 커지려고 하는 어떠한 것도 눈에 띄지 않는다. 우리는 모든 것이 자꾸만 아래로 내려가며, 보다 천박해지며, 보다 선량해지며, 보다 신중해지며, 보다 안락해지며, 보다 범용해지며, 보다 냉담해지며, 보다 기독교적인 것으로 되어 가리라고 예감한다." 그에게는 사회적 적응이 중요한 것이 아니다. 나와 너를 넘어서는 우주적 느낌이 중요하다. 그러나 사람들은 새로운 해석과 방향을 주는 자발적이고, 공격적이고, 확장적이며, 형태를 주는 힘들의 본질적 우선권을 간과해 버린다.

이제 몸-행위로 돌아가야 한다. 몸은 그러한 능동적 힘들의 장이다. 몸의 능동적 힘이야말로 자기를 우월하고 놀랄 만한 것으로 정의할 수 있다. 보존이 아닌 자기 극복이며 창조다. 그것은 이미 그 자체로 인간을 넘어선 삶의 새로운 형태로서의 초인이다. 그것은 몸과 행위를 통한 순간의 변화이며 순간의 확장이다. 니체에게 그것은 디오니소스의 춤이며 웃음이며 놀이라는 행위로 표현된다. 춤은 무거움을 가벼움으로 변화시키고, 웃음은 고통을 기쁨으로 변화시키며, 주사위놀이(우연과 우연의 필연에 대한 긍정)는 낮음을 높음으로 변화시킨다.

3. 몸

최근 들어 몸에 대한 담론들이 증가하고 있다. 그것은 마치 그동안 잊고 지냈던 고향을 되찾은 듯한 분위기를 풍긴다. 단 하루도 몸 없이는, 몸을 돌아보지 않고서는 살아갈 수 없는 존재인데 그동안 몸은 그냥 주어진 것으로서 가만 놔두어도 저절로 알아서 기능하는 기계 신세를 면하지 못하였다. 그런데 이제 그 복권이 시작된 것이다(사이코드라마는 오래전부터 그것을 알고 있었고 꿈꾸어 왔다.).

문제는 그러한 담론들이 과거의 형이상학만큼이나 어렵고 복잡하며, 지나칠 정도로 다양하게 전개되고 있을뿐더러, 정신분석의 영향으로 인해서 많은 담론들이 몸의 한 기능인 욕망에 초점을 두고 있다는 점이다. 몸하면 곧 성, 욕망을 떠올릴 만큼 몸의 담론이 편향화되고 있다는 말이다.

몸 이야기는 쉬워야 한다는 생각은 무식의 소치일까? 그러나 굳이 현학적일 필요는 없지 않을까? 필자는 여기서 사이코드라마의 실제적인 몸과 관련된 부분만을 이야기하고자 한다. 그렇다고 곧장 몸 이야기로 들어가는 것은 무리일 것 같다. 그 이유는 몸에 관한 기본 소개의 필요성뿐만 아니라 몸의 중요성에 대한 인식이 선행되어야 한다고 보기 때문이다. 그래서 먼저 몸에 대한 시각을 종과 횡의 측면에서 간략히 살펴본다.

1) 몸 이야기의 종적 전개

고대 인도에서는 몸이 우주 근본 물질의 산물로서 여러 차원의 감성과 이성이 하나의 연속체를 이루고 있는 것으로 간주되었다. 베다, 바라문, 제의적 종교, 유신론적 힌두교는 몸을 긍정하는 방향으로 나아가고(베다의 정통사상을 잇는 요가, 상키야, 베단타 등), 베다 말기의 우파니샤드, 불교, 자이나교는 몸을 부정하는 방향으로 나아갔다. 몸에 대한 극적인 긍정은 7세기의 탄트라로서, 신성은 오직 몸을 통해 열려지고 실현된다고 믿었다(이거룡, 1999: 33).

노자에게 지혜란 삶의 과정으로서의 행위에 대한 지혜였다. 즉, 분별적 지식을 뛰어넘어 우리의 몸으로 궁극적 실상을 있는 그대로 보고 느끼는 것이 지혜라는 것이다. 유교에서는 심신일원론(身心一如, 心物合一)으로 몸과 마음을 똑같이 생각한 반면, 천주교와 기독교는 부활이라는 엄청난 몸의 현상에도 불구하고 몸을 낮게 보는 경향을 보인다.

한의학에서 몸은 우주의 운동을 본받기에 소우주라 불린다(박석준, 2001: 25). 『내경』에 의하면 몸은 자연과 구분되어 객관적으로 존재하는 대상적 실체가 아니라 자연과 하나된 존재다. 따라서 기를 매개로 하여 자연과 일체가 된 인간은 자연의 법칙에 맞추어 자신을 변화시켜 나가는 존재다.

몸과 마음의 구분이 없었고 항상 하나로 생각되었던 원시적 사고에서, 서양의 역사는 마치 동양에서의 이기론(理氣論)처럼 이원론과 일원론 혹은 유물론과 유심론의 싸움으로 점철되었다. 반 퍼슨(C. A. Van Peursen, 손봉호 외 역, 1989)에 의하면 플라톤의 영혼(정신)우위론, 데카르트의 몸·영혼 이원론, 그리고 몸은 정신의 현존을 상징하는 것에 지나지 않는다는 버클리(T. Berkeley)의 유심론, 몸이 곧 영혼이요 영혼은 몸의 부대현상이라고 말한 포이어바흐의 유물론이 그 예다.

니체에 의해서 오랫동안 숨죽여 왔던 몸은 그 빛을 활짝 터뜨린다. "사유는 춤추는 것(몸-행위)을 배워야 한다." "정신은 몸언어의 상형문자다." "그대는 본래의 그대 자신이 되어야 한다. 몸은 적극적이다. 반면에 의식은 반동적이다." 그에 따르면 한마디로 모든 인간의 사상과 감정 뒤에는 강한 명령자, 알려지지 않았던 현자로서의 자기가 있으며 그것은 "그대의 몸 속에 살고, 그대의 몸이다."

한국에서는 김용옥이 몸철학을 이야기한다. 그의 기본적인 생각을 요약하면 다음과 같다. "나의 기철학은 곧 몸철학이다. 몸으로써 이 세계를 모두 다시 해석해 보자는 것이다. 정신도 육체도 없다. 오직 몸(mom)이 있을 뿐이다. 정신은 뇌뿐만 아니라 전신의 모든 세포에 내재한다(나의 카오스이론이며 몸의 지방 분권화다.). 성인도 체질을 벗어날 수 없다. 날씨가 찌뿌드드하면 내 몸도 찌뿌드드해지는 것은 너무나 당연한 이치다. 병이란 내가 내 몸에 저지른 죄의 현현이다. 한마디로 심(心)은 신(身)에 현저히 환원되는 것이다."

2) 몸에 관한 여러 이야기

오늘날 몸에 대한 관심은 다음과 같이 매우 다양한 형식으로 전개되고 있다.

① 육체 해석학(canal hermeneutics): 몸의 실천적 삶을 강조한다. 실천의 무한한 광장으로서 몸과 함께, 몸을 통해서, 그리고 몸에 대해서 생각하는 철학이다. 그 주된 관심 주제는 침묵-몸짓-웃음-폭력, 문신-고문, 병원-감옥, 다이어트-먹는 것, 나체-의복, 보디빌딩-탈취제-화장, 할례-배꼽춤, 태권도-참선, 장애자-인종차별, 에로틱-건강 유지-불멸성 등이다.

② 몸의 현상학: 사회현상은 육체적인 한(限), 몸은 사회현상으로 간주한다. 인간의 정신은 몸에 기초하고 인간의 몸은 정신에 기초해서 행동한다. 왜냐하면 몸만이 다른 몸을 만질 수 있고 또 다른 몸에 의해 만져질 수 있기 때문이다. 몸은 사회적인 것으로 향하는 탯줄이다. 진정한 인간의 사회학이기 위해서는 무엇보다도 상호 신체적이어야 한다. 몸은 여러 감각들의 공통적인 상호작용을 통해서 우리를 세계에 조율시킨다. 지구상의 모든 연장이나 동력은 몸의 사지와 감각의 연장체에 불과하다.

③ 몸의 기호학: 표정술, 몸짓, 무용, 무도, 체조 등의 동작을 체계적으로 기호화해서 연구한다. 그래서 동작역학, 접촉기호학, 향취기호학, 미각기호학, 근접공간 기호학 등으로 세분화되어 연구된다.

④ **신체 페미니즘(corporeal feminism)**: 전신적 기쁨(Juissance)의 장으로서 몸을 중시하고 강조한다. 여기서 주이상스는 여성의 고유한 구조로서 여성적인 것에 대한 열반의 원리가 된다. 그것이 신체 페미니즘의 제1원리다. 그것은 몸의 철학이다(philosophy of the flesh).

⑤ **몸의 정치학**: 정화열이 주장한 몸의 정치 만들기는 몸에 대한 보살핌의 윤리를 핵심으로 한다. 즉, 그것은 역사적으로 자연과 여성의 죽음과 그에 대항하는 생태학과 페미니즘을 결합한 에코페니미즘 정신을 토대로 한다. 남자와 여자, 문화와 자연 간에 서로 파괴하지 않고 상호 지속할 수 있게 하는 앎과 실천의 방법이다. 바흐친의 몸의 정치는 세계를 축제화하고 세계와 대화를 시도한다. 관료들의 독백론적인 잘못된 정치에 저항하는 것으로서의 카니발은 진리에 대한 공인과 현실에 대한 공식적 질서를 무너뜨리고 변형시킨다.

⑥ **몸 안의 철학(philosophy in the flesh)**: 세 가지 인지과학의 주제, 즉 인간의 인지는 대부분 무의식적이며, 정신은 본성적으로 신체화(embodied)되어 있으며, 우리 사고의 대부분은 은유적이라는 주제를 해석하는 인지언어학이자 과학이다.

3) 워밍업으로서의 몸

모레노는 인간의 탄생과정을 다음과 같이 그리고 있다. "자궁 속의 태아는 자신의 움직임을 통해 외계와 교류한다. 탯줄을 통해 관계의 장 속에 들어와 있으므로 움직임은 그에게 필연적이다. 그리고 어느 날 때가 되었음을 느낀다. 아마 그 느낌은 의식적 느낌이라기보다는 몸의 어떤 감각과 같은 것일 것이다. 그는 움직인다. 그것은 준비운동이다. 하나의 몸언어다. 자신의 힘을 북돋는 운동이다. 최상의 자발성에 의한 창조-탄생을 위해 그는 계속 신호를 보낸다. 어머니 또한 그 언어를 몸으로 느끼고 받아들이고는 준비한다. 그리고 의지를 덧붙인다. 태어나도록 해야겠다고 결심한다(아예 도중에 태아의 자발성을 죽이는 경우도 드물지 않다.). 이제 두 사람은 몸만으로 교감하면서 상호 고통을 예비한다. 고통을 당연한 것으로 받아들인다. 태아는 어머니라는 보조자, 이중자의 도움과 함께 자신의 몸으로 일으킨 최대의 자발성으로 또 다른 세계로의 여행을 시작한다. 몸, 행위, 만남, 자발성이 하나가 된다. 그것은 곧 탄생이다. 인간의 탄생이다."

태어난 영아는 먹고 자고 움직이고 운다. 그의 모든 움직임은 동사-행위로 기술된다. 그는 생존을 위해 움직인다. 어디로부터인가 하나의 감각 혹은 느낌이 온다. 배고픔 같은 것이다. 그것은 젖을 빨게 하는 준비 단계다. 자발적으로 그러한 행위를 하기 이전에 배고픔이라는 감각과 더불어 움직이는(운다든가 보채는) 행위가 있다. 그것은 워밍업 과정이다. 잠자다가 곧바로 젖을 먹을 수는 없다. 워밍업이 안 되어 있기 때문이다. 자발성이 오르지 않은 상태이기 때문이다. 따라서 배고픔이라는 감각을 일으킨 몸의 부위, 신체의 일부를 신체적 시발인(始發因, physical starter)이라고 부른다. 영아의 모든 워밍업은 그러한 신체적 시발인에 의해 이루어진다. 정신적 시발인(physical starter)은 아직 없다. 아직 의식이 형성되기 이전이기 때문이다.

문제는 여기에 있다. 모레노는 정신적 시발인에 대한 설명은 당연한 것으로 생각했는지 자세하게 설명하고 있지 않은데 신체적 시발인에 대응해서 정신적 시발인을 상징한 것 자체가 모순이라는 것이다. 한마디로 언어 등을 통해서 의식을 자극한다고 하는 그러한 정신적 시발인은 없다는 말이다.

모든 인간에게 워밍업은 신체적 시발인에 의해서만 이루어지며 신체행위를 통해서 순간순간 진행된다. 정신적 시발인이 있다는 것은 착각이다. 몇 가지 예를 들어 보자. 먼저 앞서 예로 든 식사를 하기 위한 워밍업에서 그 모든 과정(거울을 보고, 손을 보고, 비누를 들고, 씻고, 닦고 하는 등)은 행위로 이루어진다. 몸의 움직임이다. 그런데 밥을 먹어야 할 때 배고픔을 느끼지 않고 거의 습관적으로 또는 시간에 맞추어서 그런 행위를 한다면 신체적 시발인은 없다고 생각될 수도 있다. 그러나 그렇지 않다. 밥을 먹어야 한다는 의식이라고 하는 정신적 시발인은 없다. 그러한 생각, 습관 혹은 시간 개념은 순수 의식으로 존재하지 않는다. 순수 의식은 없다. 그것은 이미 의식하는 그 순간 내 몸으로 체현 혹은 구현 또는 신체화되어 있다. 뇌와 관련된 인지과학 측면에서 신체화를 말함이 아니다(뇌생리학 및 인지학에서는 인간 정신은 모두 신체화되어 있다.) 밥을 먹는다는 생각 자체가 이미 몸의 반응을 일으킨다는 의미다. 내 몸 전체가 습관화되어 있고 시간화되어 있다. 순수 의식에 의해서 시간을 보고는 시간에 맞추어 밥상에 앉아도, 그것은 밥을 먹는다는 행위가 아니라 어떤 낯선 기계 구멍 속에 밥을 밀어 넣는 행위일 것이다.

두 번째 예는 한 사람이 다른 사람에게 사랑한다고 말하는 경우다. 무미건조하고 마치 로봇끼리 하듯 "사랑해요." 하고는 잠시 후 "나도 사랑해요." 하는 상황을 그려 보면 이해하기 쉬울 것이다. 발화자의 말은 비록 그것이 언어(이성적이고 의식적인)라 할지라도 그의 표정, 몸짓, 눈빛, 소리의 떨림 · 크기 · 속도 등이 모두 신체화되어 표현된다. 수화자 역시 그 말을 언어 자체가 아니라 단지 자신의 몸의 감각으로, 청각만이 아닌 시각과 더불어 두 사람 사이의 거리와 상대의 태도에서 느껴지는 분위기, 촉감과 후각 등 온몸으로 듣게 된다. 그리고 생각 이전에 온몸으로 반응한다. 사랑해요 하는 순간, 그 말이 온몸을 시발인화한 것이다. 얼굴이 붉어지거나 입이 탄다. 워밍업 과정이다. 의식과 몸은 함께 동시에 작용한다. 의식은 몸화되고, 몸의 느낌은 의식을 일깨우고 재촉한다. 준비가 된다. 그리고 워밍업이 끝남과 동시에 주 행위, 매우 자발적인 행위가 발생한다.

세 번째 예는 사이코드라마의 워밍업 기법 가운데 빈의자 기법의 경우다. 모두가 바라볼 수 있는 곳에 빈 의자를 하나 가져다 놓고 시작한다. (눈을) 감는다(마음을 잡념으로부터 벗어나게 하기 위해서다.). (눈을) 뜬다. (의자를) 본다. (디렉터의 지시를) 듣는다. (그 어떤 영상을) 떠올린다. (스스로 몸이) 움찔한다. (나도 모르게 그 어떤 감정이) 느껴진다. (온몸이) 반응한다. 워밍업이 끝난다. 겉으로 보아서 나는 움직임이 없다. 행위가 없다. 그러나 내 몸은 끊임없이 감각과 의식, 상상의 세계 사이에서 감정을 끌어들이며 자발적으로 작동한다. 여기서의 신체적 시발인은 눈과 귀다.

여기서 중요한 점은 위와 같이 그러한 자발적인 몸이 스스로 대상화된다는 점이다. 그 역시 의식 주관이라고 하는 잘못된 주체 개념 때문이다. 정신과 육체의 이분법적 발상 때문이 아니다. 오히려 오늘날에는 몸을 더 귀중히 여기는 시대가 된 것만 보아도 알 수 있다. 문제는 몸 자체가 하나의 사물처럼 대상화된다는 사실이다. 그것은 크게 두 가지 문제를 야기한다. 첫째는 터너(배은경, 1999: 133)의 말처럼 신체지향 사회(somatic society)의 경향이다. 그것은 소비주의 문화의 확산과 관련된다. 소비주의 문화는 끊임없이 새로운 이상적인 기준을 설정함으로써 새로운 근심과 욕망을 창출함과 동시에 그것을 해결해 줄 더 좋고 새로운 상품을 계속해서 내놓는다. 이때 몸은 그러한 소비전략이 관철될 수 있는 가장 적합한 장소다. 또한 몸은 개인이 자신의 투자로 원하는 변화를 얻을 수 있으며 자신의 정체성을 세울 수 있는 유일한 장소다. 몸은 더 이상 자연이 아니다. 투자하고 변형, 치장, 관리, 기획해야 할 대상이 된 것이다. 그래서 몸 관리의 소홀은 무능력이나 게으름 혹은 열등성의 표현으로 받아들여진다.

아울러 몸의 대상화는 몸의 감금을 당연시하는 결과를 초래한다. 마치 주인이 자신의 목적을 위해서 야생 나무와 동물을 울타리 안에 가두는 것과 같다. 자신이 필요한 순간에 그만큼만 돌보고 문을 열어 준다. 그것은 자발성의 빈곤화, 삶의 빈혈증을 야기한다. 인간의 몸은 세계를 향해 열려 있어서 몸 스스로 체험할 수 있어야 한다. 몸이 진정한 살아 있는 주체요 존재의 본체다. 내가 좌지우지하는 대상이 아니다. "우리가 우리의 몸에 의하여 세계에 존재하는 만큼, 우리는 우리의 몸과 함께 세계를 지각한다. 몸과 세계는 일란성 쌍생아처럼 함께 태어난다."고 메를로퐁티(김형효, 1996: 152)는 말한다. 즉, 우리는 느끼고 느껴지는 몸을 통하여 몸과 함께 세계를 바라보지 그냥 세계를 보지 않는다. 몸을 통하여 몸과 함께 바라본다는 것은 느낌의 이중성을 뜻한다. 느낌의 이중성은 능동성과 수동성의 동시적 공존이 몸에서 작용하고 주관성과 객관성이 각자의 고유성을 지우고(익명성으로) 서로 자기 자신을 상대방에게 반송하는 공놀이의 유희방식과 같음을 뜻한다.

사이코드라마에서도 그러한 몸의 대상화 현상은 드물지 않게 나타난다. 앞의 빈의자 기법의 예에서 아무것도 떠오르지 않는다, 떠오르기는 하나 아무런 느낌이 없다, 느낌은 있어도 행위로는 표현을 못하겠다, 할 줄 모른다 하는 식의 반응이 그것이다. 한마디로 자신의 드러남에 대한 저항이다. 의식이(그동안에는 잠시 자리를 비웠던) 되돌아와서 자신의 몸을 통제하는 것이다. "안 돼, 나도 모르게 나의 모습이 드러나면 안 돼. 몸, 너는 절대 네 멋대로 놀아서는 안 돼. 넌 내 말만 들어. 넌 내가 하고 싶은 것만 표현하면 되는 거야." 자발성은 영영 그 자신이 숨쉴 수 있는 공기구멍이 막혀 버리는 신세가 되고 만다.

문제는 자신의 감각기관으로 들어오는 그 어떤 대상에 대한 느낌 혹은 감각마저도 그 자체로 체험하는 것이 아니라 그조차 대상화해서 지각되는 것을 차단하는 일이다. 아름다운 자연 앞에서 그것은 나의 온몸의 감각으로 들어오지만, 그 순간 지각하는 의식은 "들어오지 마. 난 바빠. 넌 쓸데없는 자극이야. 너 아니라도 난 생각할 것이 많아." 하면서 신체화될 의식(지각) 자체를 밀어낸다. 철저하게 자신을 몸과 떼어놓는다.

내가 지각하고 있다고 생각할 것이 아니라 내 몸 안에서 지각되는 것이 있다고 말해야 한다. 나는 그것을 느꼈다, 체험하고 있다고 말해야 한다. 내 몸이 스스로 그렇게 하도록 '나'는 자리를 양보해야 한다. 그때서야 내 몸은 스스로의 힘을 발생시킬 수 있다. '나'의 내 몸에 대한 작용이 약해질수록 나의 자발적인 힘은 스스로의 몸을 워밍업하면서 보다 높은 자발성으로 향하게 할 것이다.

그래서 사이코드라마에서 워밍업은 단지 워밍업 단계뿐만 아니라 전 과정을 통해서 고취되고 이끌어진다. 그 예들은 다음과 같다.

① 워밍업 단계에서: (몸과 몸의 만남에 대해서는 뒤의 '만남' 절에서 논의한다.) 다양한 방법(의도적이건 비의도적이건)으로 워밍업을 촉진시킨다.

- 비의도적인 경우: 무대 공간의 화병에 꽂혀 있는 꽃의 향기, 진한 커피향, 사람들, 화장품, 향수 냄새, 액자 속의 그림, 그날의 기후, 비 오거나 눈 내리는 밤, 배고픔 여부, 안정-안전감, 수면 부족 등
- 의도적인 경우: 다양한 감각훈련 기법들, 연상기법들, 음악, 인도된 이미지, 근육운동(체조, 요가), 사람 만지기, 사람 조각, 소리지르기, 역할놀이, 게임 등(일반적으로 몸의 어느 하나의 감각기관만을 활용하지 않고 여럿 혹은 전신을 이용한 워밍업이 흔하다.)

② 행위화 단계에서: 거울기법, 텔레에 의한 보조자 선정, 이중자의 신체적 접촉, 자발

적인 노래 합창, 효과음, 집단 퍼포먼스, 디렉터의 태도, 목소리, 감정 및 신체 접촉, 시원한 물 한 잔, 암전, 촛불, 색(色)천, 등장인물들과의 공간과 거리 감각, 무게 감각, 관객의 반응, 몸으로 감정 표현하기, 누르고 뚫고 빠져나오기 등의 힘의 감각, 역할교대 등은 모두 몸의 느낌을 통해서 주인공을 계속 워밍업시킨다. 그 대표적인 것이 힘 실어주기(empowerment)다. 그것은 자아를 강화시켜 주는 것이 아니라 자발성을 높이기 위한 지속적인 몸의 워밍업이다. 자아 강화는 불가능하다. 그것은 권위의식이며 위선이다. 용기를 북돋는다는 것도 이미 몸을 북돋는다는 의미다.

③ 나누기 단계에서 고조된 몸의 워밍업됨의 표현: 눈물, 웃음, 미소, 눈빛, 침묵, 그 어떤 분위기, 흐느낌, 포옹 등등. 이때는 대부분이 높은 자발성 수준에 있게 된다.

4) 역할로서의 몸

앞서 자기를 역할의 집합체로 정의한 바 있다. 인간은 역할을 벗어날 수 없고 평생에 걸쳐 다양한 역할을 맞는 역할놀이자다. 역할은 크게 정신신체적 역할(psychosomatic role), 정신행위적 역할(psychodramatic role) 그리고 사회적 역할(social role)의 세 가지로 나뉜다. 정신신체적 역할은 몸 자체의 욕구에 의한 역할(먹고, 자고, 배설하는 역할 등)이기에 여기서는 논외로 한다. 그것은 인종과 시대의 구분이 없는 인간의 기본적인 역할이다. 사회적 역할은 상황에 따라서 달라진다. 예를 들어, 주부들의 모임에서는 모두가 주부 역할로서 만나기에 사회적 역할이 된다. 그러나 모임이 끝나고 친한 친구가 되어 주부로서의 애로 상황을 한 친구가 고백한다면 그녀는 정신행위적 역할을 하고 있는 것이다. 그 기준은 그 역할이 사적이냐 공적이냐에 있다. 흔히 역할 범주가 확장되는 것이 자기 확장이라고 생각하는 경향이 있지만 그 말은 정신행위적 역할에만 해당될 뿐 정신신체적 역할이나 사회적 역할에는 해당되지 않는다. 예를 들어, 군인이 정치가가 되고 야당의원이 여당의원이 된다고 해서 그가 인간적으로 확장 · 변화되었다고 말할 수 없는 것과 같은 이치다. 따라서 여기서는 정신행위적 역할과 몸과의 관계, 즉 사이코드라마 내에서의 다양한 역할놀이와 몸의 관계를 논의하고자 한다. 물론 일상에서의 정신행위적 역할도 이에 포함된다.

(1) 몸 속으로 몰입으로서의 역할

몸 속으로의 몰입은 이심전심이 아닌 이신전신이다. 공감도 아니다. 내가 너의 몸이 되고자 하는 의지다. 내가 너가 되어서 생각하고 느끼고 행위하는 것이다. 너의 입장과 너의 생각, 느낌의 어느 한 부분(요소화)을 말하는 것이 아니다. 너의 전체가 되는 것이다. 그것이 내가 너를 만나는 진정한 의미다. 그것이 나의 전 자발성이 요구하는 바다. 그것은 우주적 갈증이고 지금 여기의 행위 갈증이다. 그것은 단순한 나의 이성적 가치 판단이 아니다.

그것을 인간의 타고난 변신 욕구라고 해도 상관없다. 나 아닌 나가 되어 보는 것은 인간의 기본 욕구라고 말하지만, 그것은 나의 우주적 책임성이며 창조성의 발로다. 따로 어떻게 설명할 수가 없다. 예를 들어, 우리가 사랑을 할 때, 커다란 행복이나 환희 속에 있을 때 그러한 변신 욕구는 그와 비례해서 강렬해진다. 나는 나 아닌 너가 되고 싶다. 한 몸이 되고 싶고, 깨물어 먹고 싶다(내 몸이 되어라)는 것이다.

그것은 이중자와 역할교대에서 두드러지게 드러난다. 만남의 시에서 상대의 눈을 빼서 너의 눈으로 너를 본다고 했지만 그것은 하나의 상징이다. 눈만이 아니다. 온몸이 치환되는 것이다. 그렇게 할 수 있도록 나의 자발성만큼 노력하는 일이다. 그래야만 진정한 나의 역할 확장, 나의 변화와 확장이 이루어질 가능성이 생긴다.

그것은 상대의 태도, 목소리를 모방하는 데서부터 시작된다. 워밍업이다. 하나 둘 상대방을 잠식해 들어가는 것이다. 그래서 나를 최대한 버리고 그의 몸 속으로 몰입할 때 나는 그가 되어 느끼고 생각하게 된다. 나를 데리고 들어가는 것은 의미가 없다. 소위 참여적 관찰자는 불필요하다. 그것은 비평가나 분석가가 곧잘 하는 일이다. 나의 작은 이성으로 무엇을 관찰할 수 있다는 것인지. 한마디로 그러한 방식은 기준을 자신에게 두는 도인 같은 태도다.

아이들이 부모와 역할교대를 할 때 아이들 대부분은 놀랄 만큼 완벽할 정도로 부모 역할을 해낸다. 반면 부모들은 결코 쉽게 아이가 되지 못한다. 이론적으로는 더 쉬울 것 같은데도 말이다. 이는 자발성의 차이다. 주체의 고집스러움 때문이다. 몸의 워밍업이 부족하기 때문이다.

그것은 자궁으로의 회귀(절대 안정의 귀소 본능의 의미) 혹은 성적 합일(자기 해체, 파괴, 죽음의 의미가 더 강한)과는 다른 체험이다. 그것은 열림이며 펼침이며 생성이다. 자발적 창조의 의미다. 그것은 새롭고 신기한 체현이다. 역할이 끝나고 나서도 그 역할에서 빠져나오지 못할 수 있을 만큼 위험도 있다. 그래서 그것은 하나의 자기 실험이 된다. 탈역할놀이는 그러한 경우에 해독제가 된다.

(2) 몸의 분리로서의 역할

일상에서도 나와 내 몸이 분리되는 느낌은 드물지 않다. 술이나 약물 상태에서, 꿈속에서, 꿈에서 깨고 나서, 푸른 하늘이나 드넓은 바닷가에서, 혹은 무언가에 깊이 몰입하고 있을 때(음악, 영화, 연구작업, 세밀한 관찰 등), 그리고 단지 몸과 전신의 분리가 아닌 다중인격, 히스테리적 해리, 둔주상태 등에서 그런 느낌을 갖게 된다.

나는 내가 보고 있다는 사실을 볼 수 없다. 거울 앞에서조차 나는 나를 볼 뿐이지 대상을 보고 있는 나를 볼 수는 없는 것이다. 그러나 사이코드라마에서 나는 나를 본다. 거울기법이 그것이다. 움츠러들고 있는 나, 멍하니 응시하고 있는 나, 떨고 있는 내 몸을 내가 본다. 나는 내 몸에서 빠져나와 관찰자가 된다. 손튼 와일더(Thornton Wilder)의 희곡 〈우리 읍내(*Our town*)〉에서처럼, 나는 내가 죽은 이후에도 나의 몸과 행위, 나의 삶의 일면을 본다.

일기를 쓰고 자신을 반성하며, 타인의 자신에 대한 시각을 열심히 듣고 받아들인다고 해도 그것은 직접 몸으로 와 닿지 않는다. 의식으로 사고하기 때문이다. 최소한 그런 순간에는 내 몸의 떨림으로, '우와' 하는 감탄사와 함께 감정의 출렁임으로 내 몸이 느껴야 한다. 사이코드라마에서는 직접적으로 내 몸에 내가 전달된다. 물론 내 역할을 맡는 사람이 나의 텔레에 의한 나의 이중자(제1조건)로서 그만큼 자발성 있는 내 모습을 내 몸에 몰입해서 보여 주어야(제2조건) 한다는 조건은 있다.

세상에 나와 똑같은 사람이 바로 내 곁에 있다고 상상해 보라. 어떻겠는가? 내 몸의 반응은? 생각은 그다음이다. 그 생각조차 혼돈 자체이겠지만, 내 몸은 아마 뜨거운 물에 덴 것처럼 오래 반응할 것이다. 있을 수 없는 그러한 체험이 사이코드라마에서는 역할을 통해 시도된다. 때로는 마치 여러 마리의 새끼를 낳는 동물들처럼, 나는 거실에서 부모와 마주하는 나, 애인과 카페에 앉아 있는 나, 열심히 사업에 몰두하고 있는 나를 이곳저곳에 분열시켜 놓고 관찰할 수도 있다. 여기서의 확장은 내가 그러한 여러 역할의 나로 나누어지는 것이 아니라 그러한 나를 보고 있는 나의 몸에서 의미와 느낌의 확장이 일어나는 것을 의미한다.

(3) 음과 양으로서의 역할

여성이 남성 역할을 하고 남성이 여성 역할을 할 수 있을까? 내향적 사람이 외향적으로 변하고 감정형의 사람이 사고형으로 달라질 수 있을까? 가능하다. 자발성만 충분히 개발되고 훈련된다면 가능한 일이다. 그것은 생리학적으로 타고났으며 운명처럼 이미 결정되었다고 하는 현실의 것을 능동적으로 부정하고 극복하는 방법이다. 그것은 나의 실현이며 조화가 아니다. 그것은 넘어섬(beyond)이다. 나의 확장이며 삶의 창조다.

그러한 음양의 양면성은 사실 인간을 어느 하나에 묶어 두는 틀이 되고 있다. 인간으로서 그러한 벽을 넘어선다는 것이 어렵고 불가능하기 때문에 오히려 그러한 운명과 같은 이론들이 생겨났을 것이다. 그러나 사이코드라마에서는 그러한 대극을 넘어 반대

편으로 건너가고자 시도한다. 자발성의 배를 타고 내 온 몸으로. 그래서는 안 되는 이유가 있는가? 몸은 여자이지만, 20대에는 남자로, 30대에는 다시 여자로, 40～50대에는 남자로, 그리고 60～70대에는 여자로 살아가서는 안 될 이유가 있는가?

외형이나 생리적인 타고난 운명은 중요하지 않다. 자발성이 그것을 요구한다. 온몸으로 인간-신, 창조자가 되라고 말한다. 굳이 성전환 수술을 할 필요는 없다. 그것을 자발성이라고 할 수는 없다. 그건 욕망일 것이다. 자발성은 우리 몸의 자연스러운 느낌 자체로 그렇게 말하는 것이다. 배우들이 그런 면에서는 자발성이 높다고 볼 수 있다. 그러나 진짜는 아니다. 그들은 누군가를 의식하고서 하나의 직업으로서 그렇게 한다. 그렇게 하게끔만 훈련된 것이다.

사이코드라마에서는 목적이 없다. 실험해 볼 뿐이다. 음양의 양면성뿐만 아니라 30대가 자신의 10대, 60대의 역할을 한다. 나이를 넘어선다. 그러는 척하는 것이 아니다. 온몸으로 그렇게 한다. 다른 나이를 잊고 그 나이에 몰입한다. 그때 내 몸도 변화한다. 그 나이에 맞게 재조직된다. 불가능할 것 같은가? 그렇게 해 보려는 시도라도 해 보았는가? 내 몸의 유연성이 얼마나 크다는 것을 실천을 통해 느껴 본 적이 있는가?

내 몸은 마치 마술처럼 확장될 것이다. 바로 내 의식과 나의 사고판단이 완고한 입법자 역할을 그만둔다면 말이다. 천사 같은 사람이 악마 역할을 그 누구보다 잘할 수 있다. 의존과 독립, 파괴와 생성, 공생과 분리, 열림과 닫힘, 참과 빔 등 그 어떤 역할도 가능하다. 몸은 주체라는 감시자만 외출한다면 기적을 일굴 수 있는 텃밭이다. 진정한 나의 확장의 근거다. 사이코드라마는 그러한 몸들을 위한 실험장이다.

(4) 보기 드문 역할

나는 새가 되고, 나비, 꽃, 개미, 별, 사자, 학, 토끼, 시계, 의자, 전신주, 고목나무, 모래, 바닷가재, 저승사자, 지옥의 불, 밤의 적막, 태풍, 물방울이 되기 위해 나의 온몸을 불사른다.

내가 알고 있는 온갖 지식, 상상력, 몸의 느낌을 총동원해야만 그 역할이 가능하다. 나는 내 온몸을 쥐어짠다. 철저히 그 역할을 해야만 하는 순간이다. 장난이 아니다. 나는 나 자신이 우주의 몸이며 알이다. 씨앗이며 기다. 나는 나를 넘어서야 한다. 내 몸이 그것을 느낀다.

나는 내 몸이 작아짐을 느낀다. 나는 변형되고 있다. 내가 한 마리 거미다. 나는 나의 거미줄에 걸린 모든 것을 먹고 파괴한다. 나는 재빠르며 순간에 제자리로 돌아온다. 나의 몸의 감각은 칼날처럼 예리하다. 그 어떤 움직임도 놓치지 않는다. 나는 변신에 성공했다. 소시민이었던 나는 드디어 이 순간 소원을 성취했다. 나는 이제 변했다. 달라지리라. 지금의 나의 자발성은 한계가 없다. 나는 과대망상증에 빠져든 것일까? 그것은 아무래도 좋다. 나는 다시 한 마리 매가 되어 날 테니까.

바흐친(정화열, 1999: 80)은 『몸의 정치(*Body Politics*)』에서 카니발을 말한다. 카니발은 라틴어 어원으로 '흥겨운 몸(canne/vale)'의 구체화다. 몸이 화려한 복장으로 나타나는 공간이며, 그래서 카니발은 흥겨운 몸의 찬양이 된다. 카니발은 세속적인 것과 신성한 것, 하류층과 상류층, 정신적인 것과 물질적인 것을 자유롭게 혼합함으로써 위계질서를 무너뜨린다. 세계를 그렇게 축제화하는 것은 곧 세계와 대화하는 것이다. 그러한 대화와 공동체의식은 파괴적 혁명과는 달리 유희적이고 웃음이라는 형태로 나타나는 하나의 전복, 반항의 유쾌한 몸짓이다.

사이코드라마에서도 축제가 일어난다. 거미와 독수리, 바닷가재, 불, 사람, 저승사자 등 모두가 함께 온몸으로 축제를 벌인다. 난장이며 카오스다. 그러나 어떻게 하랴? 그것이 아름다운 자발적인 창조의 몸짓이고, 우주로의 비상이며 지하세계로의 탐험인 것을.

5) 표현으로서의 몸

표현(expression)의 어원적 의미는 두 가지다(들뢰즈, 서동욱 역, 2000: 153). 하나는 '포함하다, 감싸다(involve, envelope)'이고 다른 하나는 '설명하다, 펼치다(expliquer, developper)'이다. 이는 상반되는 작용이 그 안에서 한꺼번에 일어나는 독특한 개념이다. 예를 들어, 그것은 먹기(함축)와 말하기(펼쳐짐)라는 상반된 작용이 한 지점에서 이루어지는 입이다. 입은 들고 남, 참과 빔의 중간 지점이다. 바로 몸이 그렇다. 몸은 모든 것의 들고 나감 자체다. 참 빔체며 표현체다. 삶 자체가 그러한 몸의 들고 나감에 의해 이루어진다. 참과 빔의 역동이 멈추었을 때를 곧 죽음이라고 말한다.

몸은 감추거나 부정적인 것이 전혀 없다. 삶 속에서 완전히 표현되고 드러난다. 솔직하고 거짓이 없다. 잘못된 것은 몸의 일부로 태어난 정신이다. 마치 굴러온 돌이 박힌 돌을 빼듯, 정신은 자주 몸을 학대한다. 자신이 표현됨을 감추고 억제시킨다. 그것은 결국 신체화장애(somatization disorder)까지 유발한다.

체현(embodiment)은 표현과는 의미가 다르다. 표현이 겉으로 드러남에 초점을 두는 것이라면, 체현은 내적으로 몸화되는 것을 말한다. 예를 들어, 분노나 공포가 무의식적으로 몸의 떨림, 안색의 변화, 맥박과 혈압의 변화 등 몸으로 드러날 때, 그것은 체화된 분노 감정이나 공포 또는 그것이 체현되었다고 말한다. 표현되었다는 것은 객관적인 시각에서 그렇게 이야기할 수는 있으나 분노가 표현되었다고는 말하지 않는다.

사이코드라마에서 중요하게 생각하는 것은 표현보다는 체현이다. 표현 역시 중요한 실천방식이지만 그것은 궁극적으로 체화를 위한 과정으로서의 의미이기 때문이다. 예컨대, 지금 이 순간의 내 마음상태를 표현한다고 할 때, 처음에는 의식적인 표현을 시도하지만 자발성이 증가함에 따라 점점 더 무의식적으로 그 세계에 빠져 들어감으로써 온몸으로 그것을 체현하는 것과 같다. 그것은 마치 화가나 음악가가 처음에는 의식적으로 그 어떤 이미지들을 표현해 보려고 시도하다 마침내는 물감과 화폭 혹은 음과 피아노와 한 덩어리가 되어 예술품을 창조하는 과정과 비슷하다.

이처럼 몸을 체현 혹은 표현의 관점에서 바라볼 때, 사이코드라마적 시각에서는 다음과 같은 몇 가지 몸의 특성을 논할 수 있다.

(1) 몸은 나의 정신의 체현 혹은 표현이다

메를로퐁티(김형효, 1996: 115)는 몸은 나의 의식이 세계로 향하는 스타일을 표현하는 방식과 같다고 말한다. 즉, 몸은 나의 모든 계획과 의도를 드러내는 운동이고, 그런 점에서 몸은 나의 모든 의식의 역사와 밀접한 관계를 지닌다. 다시 말해서, 우리의 몸은 예술작품과 비교될 수 있을 만큼 생생한 의미 작용의 매듭이며, 내 의식의 모든 의도와 계획을 구체화시켜 주는 내 의식의 현행적 흔적과 같다는 것이다.

우리는 흔히 일상에서나 사이코드라마에서 "내 몸이 굳어 있는 것 같아요." "그런 행위에 익숙하지가 않아서……." "그건 너무 지나치네요, 폭력적이에요, 그렇게 심하게 (행위)할 필요가 있을까요?"라는 말을 자주 접한다. 몸과 행위와 관련된 그러한 말 속에는 화자의 의식 혹은 인생관이 들어 있다. 그것은 무엇보다도 타인이 아닌 자신의, 자기 몸에 대한 사유방식 혹은 경향이다. 그것은 몸과 몸의 표현 모두에 대한 그의 관계방식이다.

그리고 중요한 것은 그러한 몸에 대한 부정적 견해와 태도가 오늘날 우리 대부분의 모습이라는 점이다. 여전히 우리는 우리 몸의 그 자연스러운 반응과 행위에 대해 그릇된 편견을 가지고 있다. 더구나 사이버 공간은 갈수록 인간을 탈육체화하고 있지 않은가. 사각의 미로 속을 응시하는 눈과 습관화된 두 손 그리고 뇌의 사고 영역만이 기형적으로 발달해 가고 있는 것이 현대가 아닌가. 그 대신에 내 몸은 사각의 스크린이나 사각의 운동장 속의 배우나 선수들의 행위 속에서 대리 만족을 찾거나 자위하는 신세가 되고 말았다. 그리고 그러한 경향은 갈수록 커져만 가고 있다. 그에 대한 반작용이 곧 앞에서 언급한 비정상적인 신체지향 사회다.

"내 몸은 나의 전부다. 그 이외의 아무것도 아니다. 영혼이란 몸의 어떤 면을 말해주는 단어에 불과하다. 감성은 몸의 문제요 몸의 지혜다."라고 니체는 말한다. 이글턴(T. Eagleton; 정화열, 1999: 194)은 니체의 말을 다음과 같이 해석한다. 몸에서 태어난 몸의 지혜인 감성은 매우 강렬한 파괴적 잠재력을 갖고 있다. 그래서 그것은 현실을 해체하는 동시에 가능한 세계를 건설할 수 있다. 지성도 이성도 아니다. 니체에게는 음악이 바로 그러한 감성을 이해하고 즉각적으로 파악할 수 있는 직접적 방법이었다는 것이다.

우리가 음악에 심취한다는 것은 강렬한 감성의 세계 속에 몰입함을 뜻한다. 그것은 나의 온몸의 참여다. 그 어떤 것보다도 나의 힘의 의지가 나를 그렇게 드러낸다. 그것은 엄청난 힘의 느낌이다. 그것은 세상을 움직일 만큼 강하다. 모두가 내 몸의 작용이요 드러남이다. 감추어지고 남겨진 것은 없다. 나는 나의 감성을 통해서 내가 체현됨을 느낀다. 그것은 오감이며 육감이다. 들고 나감이 없는 그 사이, 순간에서의 체현이다.

이상이 사이코드라마가 몸과 행위, 마음의 구체적 표현과 체현에 초점을 두는 이유다. 나의 정신, 생각, 느낌, 모두 몸으로 체현되어야 한다. 그렇지 못한 정신, 생각, 느낌은 의미가 없다. 그것은 아이디어만 많고, 그림 한 장 그리지 못하는 화가와 같다. 체현 정도는 나의 자발성과 비례한다. 그리고 내 몸은 자발적 힘들의 작용점이자 원장소다.

(2) 몸은 인간관계의 중심이다

인간과 인간의 의사소통의 중심은 몸이다. 말이 아니다. 몸이 말을 하는 것이 아니라 몸을 통해서 말을 하고 의사소통한다. 몸은 국제 언어다. 보디랭귀지가 그 예다. 표정과 몸짓이 없는 로봇의 언어소통은 끔직하다. 사람과 사람의 만남은 언어 이전에, 의식과 사고 이전에 몸으로의 만남이다.

그래서 몸은 하나의 사회현상이 된다. 서로 만나서 이야기를 나눈다는 것도 사실은 그러한 몸끼리의 사회적 관계가 목소리로 전환된 것에 불과하다고 볼 수 있다. 몸은 사회적인 것으로 향하는 탯줄이다. 우리는 오로지 몸이 있기 때문에 눈에 보일 수 있으며 우리 자신을 다른 이의 몸과 정신에 연결시킬 수 있다. 몸은 이 세계에서 우리에게 주어진 사회적 위치다(정화열, 1999: 114). 몸은 다양한 감각들의 공동적인 상호작용을 통해서 우리를 세계에 조율시킨다.

그것은 사이코드라마가 인간과 인간 사이에서만 발생될 수밖에 없는 이유 중 하나다. 우리 몸이 하나의 사회현상이라면(나의 존재 자체도 마찬가지다.) 의미 있는 행위와 체현 그리고 나의 변화와 생성은 곧 그러한 사회환경 속에서 일어나야 한다. 단 둘이서만 비밀리에 마주 앉아 하는 정신치료와는 근본적으로 그 발생 근거가 다르다.

괴테(정화열, 1999: 113)는 소크라테스의 "너 자신을 알라."에 대해서 이렇게 말하였다. "그것은 승려들로 구성된 결사대의 책략이다. 그들은 사람들이 외부 세계의 (몸적)

활동을 못하도록 유혹하고, 또 불가능한 요구로 사람들의 정신을 혼미하게 만들려 한다. 그들은 사람들을 거짓된 내부의 명상으로 이끌어 가고자 한다. 그러나 사람은 자신이 세계를 아는 만큼 자신을 안다."

반면에 그러한 사회적 존재, 현상으로서의 몸은 여러 가지 부작용을 초래한다. 그 대표적인 것이 여성의 몸이다. 여성학자들은 대상화된 여성의 몸의 복권을 이야기하고 있다. 문화적 표상 중에 중요한 표상의 하나가 여성의 몸인데, 그것은 결핍된, 열등한, 아기를 담는, 부정하고 더러운, 유혹하는 몸으로 취급된다는 것이다(배은경, 1999: 153). 그러므로 그러한 표상이 여성에게 내면화될 경우 그 여성의 정체성은 스스로 대상화되는 방식으로 구성될 가능성이 매우 높게 된다.

나와 너의 상호작용은 몸에서 시작된다. 몸이 중심이다. 사이코드라마에서 워밍업을 하는 이유도 몸에 불필요하게 걸쳐 있는 나라는 정체성의 거미줄을 벗겨내기 위함이다. 그래야만 몸을 통해서 나와 너를 만나고 변화, 생성이 가능하기 때문이다. 몸은 속임이 없고 위선이 없다. 모든 마음이 곧 몸으로 표현되고 체화될 때, 비로소 우리는 나 자신이 되는 순간을 만날 수 있게 된다. 껍데기는 가라다.

(3) 언어는 몸에서 나온다

비코(G. Vico; 이거룡, 1999: 111)에 의하면 무생물체와 연관된 대부분의 언어적 표현은 사람의 몸이나 감각, 감정에 대한 은유에서 비롯되었다. 예컨대, 머리는 정상이나 시작을 의미한다. 산의 언저리(눈썹)나 등성이(어깨), 바늘이나 감자의 눈, 입구를 뜻하는 입, 컵이나 주전자의 주둥이, 갈퀴나 톱 혹은 빗의 이빨, 밀의 수염, 강의 협곡(위), 바다의 만(arm), 시계의 손, 과일의 살(flesh), 중심을 뜻하는 심장 등등. 그래서 그는 언어가 자연의 상징인 몸에서 비롯되었다고 말한다.

콜링우드(R. G. Collingwood; 정화열, 1999: 63) 역시 모든 언어는 몸 동작을 구체화시킨 것으로 본다(한자는 여러 개의 몸 동작 형태를 모은 것이다.). 그래서 그는 춤이 모든 언어의 어머니라고 말한다. 보다 근원적으로 들어가면 몸은 곧 침묵이다. 몸은 침묵의 언어다. 항상 소리 없이 말한다. 침묵은 몸의 숙명이다. 침묵을 구체화시킨 것이 행위요, 그것을 본뜬 것이 언어가 된다. 따라서 침묵, 몸의 언어는 언어의 소멸이 아니라 오염된 언어를 구제한다.

사이코드라마가 추구하는 바는 몸의 언어다. 몸으로 체현된 언어다. 그래서 일상의 언어, 설명적 언어가 아닌 직접화법의 언어를 사용한다. 그랬다는 과거가 아니라 지금 여기, 내 몸에서 우러나오는 언어에 초점을 맞춘다. 직접적인 언어라 할지라도 중요한 것은 언어의 내용이나 의미보다는 그것이 몸에서 어떤 식으로 터져 나오느냐에 있다.

말의 의미보다는 그 형식이 더 중요한 것이다. 그래서 말은 때로 크게 반복되거나 단순한 소리로 화할 때까지 반복되기도 한다. 소리의 내용 있는 언어화가 아니라 언어의 체화된 소리화다.

(4) 몸은 말한다

사이코드라마 진행과정에서 가장 중요하게 여겨지는 요소 중 하나는 비언어적 단서다. 그것은 예상치 못한 순간에 자주 자신을 드러낸다. 그래서 그러한 단서들이 그냥 무심결에 흘러가 버린 사이코드라마는 깊이가 없다. 비언어적 단서는 그 사람의 체화된 말, 체현된 그 자신을 표현하는 단서이기 때문이다. 그의 진실한 몸말이기 때문이다. 그것들은 무심결의 행위뿐만 아니라 표정, 눈빛, 몸짓 등 온몸을 통해서 드러난다. 그것은 바로 이 순간에 그의 생각과 느낌을 생생하게 표현해 준다. 그는 그것을 숨길 수 없다. 그것은 그의 이 순간의 진실 세계로 들어가는 왕도의 입구다.

표정은 어떠한가? 긴장되어 있는가? 무표정인가 혹은 감추려 하는가? 일그러짐, 당혹함, 슬픔, 우울함, 결의, 넋나감, 자신감, 기쁨, 회피, 분노, 어색함, 밝음, 이상야릇함, 허탈함, 가벼운 찡그림, 겸연쩍음, 미소, 팽팽한 긴장, 만족함, 강렬한 부정, 막연함, 회상, 그리움 등등. 뿐만 아니다. 뭐라 설명하기 어려운 복합적인 감정들, 눈물과 미소, 긴장된 웃음, 꽉 다문 입술과 떨림과 불안 등등. 대개 그러한 복합적 표정들은 흰쌀밥이 아닌 잡곡밥과 같다. 의식과 무의식의 비율이 수시로 바뀌고, 몸과 마음이 싸우는 전쟁터를 보는 것과 같다. 그대로 드러나는 본능과 그것을 악착같이 막으려는 의지가 뒤얽히고 자의식과 타인의식이 번갈아 가며 반사된다. 화산처럼 터져 나오려는 힘과 방어하는 힘 사이에서의 혼돈, 비극과 희극, 절망과 부정, 초연함과 피곤이 상존한다. 몸의 최전방, 몸의 상징체, 내가 체화되는 대표적인 공간, 내가 나임을 구별하게 해 주는 자연의 오묘함이 내 얼굴과 표정에 담겨져 있다.

눈 또한 그러하다. 눈은 마음의 창이라고 말하지만 틀린 말이다. 눈은 몸의 창이며 나의 전 존재의 창이다. 그것은 표정과 깊이 면에서 차이가 있다. 모든 것을 흡수하는 듯한 깊은 심연과도 같다. 끌어들이는가 하면 무언의 거절이 있다. 지혜와 멍청함, 우수와 신비, 따뜻함과 냉정함이 어우러져 작은 점을 형성한다. 욕망이 빛을 깜박이다가 순식간에 사라지는가 하면 아스라한 추억과 대상을 꿰뚫는 섬짓함이 있다. 출렁임과 고요, 형언하기 어려운 심해의 고독과 침묵, 벗과의 찰나적인 교류, 내 삶의 역사와 오뇌가 서려 있다. 본다는 것은 지고의 축복이다. 최초의 세계로의 열림이다.

몸짓, 손짓, 발짓은 선천적이다. 특히 손짓은 말하는 데 있어서 필수적이다. 인간을 호모 에렉투스(Homo erectus, 직립원인), 호모 파베르(Homo Faber, 工作人)로 부르는 것도 손의 중요성을 나타내는 말이다. 철학자 하이데거(정화열, 1999: 255)는 손을 단순한 몸의 연장이 아닌 조직화된 모임체(인간의 다양한 기능이 모인)로 생각한다. 그 자체가 구체화된 행위며 범감각적이다. 또한 손은 청각, 시각, 말하기, 노래하기 등과 같은 다른 감각들의 기능을 활성화시킨다. 하나하나의 손동작은 사유의 요소를 지니고 있고, 손의 모든 일거수가 그 속에 사유의 요소를 담고 있다. 인류학자 레비브륄(L. Lévi-Bruhl; 이거룡, 1999: 109)은 선사시대에는 손이 정신과 일치해서 실제로 정신의 일부가 되었다고 말한다. 손이 없으면 말할 수 없었던 원시인들은 손이 없으면 생각할 수도 없었다는 것이다. 흥미롭게도 철학자 몽테뉴는 손의 여러 표현에 대해서 기록하고 있는데 그 일부는 다음과 같다. 손은 구걸하고, 약속하고, 부르고, 내쫓고, 위협하고, 기도하고, 청원하고, 부인하고, 거절하고, 세고, 두려워하고, 부끄러워하고, 가르치고, 명령하고, 선동하고, 격려하고, 맹세하고, 증언하고, 비난하고, 모욕하고, 아양 떨고, 손뼉치고, 축복하고, 화해하고, 환대하고, 즐거워하고, 슬퍼하고, 절망하고, 의아해하고, 감탄하고, 침묵한다.

요약하면, 사이코드라마는 몸에서 시작해서 몸으로 끝나는 체화의 과정이다. 우주적 존재로서 인간의 몸은 그 자체가 존재의 뿌리이기에 잘못된 이성, 지식, 머리의 통제로부터 몸을 자유롭게 풀어 나가는 것이다. 우리의 모든 생각, 느낌, 이미지들을 구체적인 몸의 체현과 표현을 통해 자신의 타고난 힘을 실험하고 싸우게 하고 새로운 자기를 생성하는 것이다. 창조자로서 인간-신이 되어 보는 것이다. 그것은 만남, 행위, 워밍업 그리고 체현을 통해 가능하다.

4. 행위론

사이코드라마 혹은 모레노의 이론을 한마디로 행위주의(activism or actionism)라고 부를 수 있을 만큼, 행위는 몸과 더불어 언어에 맞서 있다.

> "행위가 언어보다 먼저다(Act is prior to word)."
> "유아는 언어 이전에 행위한다(Infant prefer act than language)."
> "사이코드라마는 행위의 과학이다(Psychodrama is science of act)."

들뢰즈는 인간의 행위 자체가 문화활동이라고 보았다. 인간의 모든 행위는 인간 의식을 전제로 하여 행해지므로 인간의 행위 자체가 사회적 의미를 구성하는 문화가 된다는 것이다.

존재한다는 것은 곧 행위한다는 것이다. 인간은 행위하지 않고서는 존재할 수 없다. 인간은 의식이 있는 한 행위하고자 한다. 식물과 동물의 차이점이 바로 그러한 몸의 움직임이다. 몸의 움직임을 통한 행위 없이는 생존할 수가 없다. 제아무리 많은 지식도 행위를 통해 드러나지 않으면 소용이 없다. 실천 없는 인식이나 깨달음 또한 무의미하다. 인간은 행위하도록 운명 지어져 있고(행위 갈증) 그것은 우주적 현상(우주적 갈증)이다.

여기에서는 우선 먼저 행위와 행동을 구분하고, 각 행위와 관련된 용어들을 정의 및 구분하며, 행위의 동기와 그 해석에 관해 논의하고, 주체와 관련된 행위의 의미와 특성을 논의한 다음, 사이코드라마에서 유의미한 행위 개념(행위 통찰, 행위 완료 등)을 논의한다.

1) 행위와 행동

행위(act)는 명사적 용법 혹은 자신의 의지 작용에 따른 인간적 활동을 총체적으로 표상하고, 행동(behavior)은 동사적 용법 혹은 개별적 행위의 실행으로 규정되기도 한다. 하지만 카울바흐(F. C. Kaulbach; 이을상 역, 1999)의 행위철학에 의하면 본래적인 의미의 행위란 스스로 운동하고 성장 · 소멸하며 변화하는 것으로 정의된다. 그러나 실천적 의미에서 행위는 자신과 타자가 협의하고 행위 가능성과 교체방법을 모색하며 최선(많은 가능성 중에서 하나를 선택할 수 있는 자유와 더불어)을 위해 결단하는 경우에만 행위라고 말할 수 있다고 규정된다. 따라서 행위자는 행위를 통해 아직 완성되지 못한 것을 완성시키고 가능적인 것을 실현하도록 요청받게 된다.

라캉(에반스, 김종주 외 역, 1998: 427)은 동물들이 보여 주는 것을 행동으로, 인간 주체들만이 보여 줄 수 있는 상징적인 것을 행위로 정의한다(행위조차 상징적인 것으로 보고 있다.). 그리고 행위의 근본적인 특징을 행위자가 그 행위에 대해 책임을 질 수 있다는 것으로 보기에 그의 행위 개념은 윤리적 개념이 된다. 진정한 행위에 대한 라캉의 이론을 펼치는 지젝(S. Zizek, 민승기 역, 1999: 275)에 의하면 행위(act)는 활동(activity)이나 언어행위와는 대립된다. 활동이나 언어행위는 주체의 근원적 소외와 판타지(환상)를 토대로 구성된 지지물에 의존하는 반면, 행위는 실재계로서의 행위며 주체에 대립되는 행위다. 여기서 근원적 판타지란 주체라는 존재가 자신의 일관성(혹은 나라고 하는 상징계적 지속성)을 확보하기 위해 반드시 전제하는 최초의 열정적인 집착(예: 종속에의 혹은 마조히즘적 집착)을 일컫는다. 그래서 그런 판타지에 반발하는 것, 예기치 않은 상황에서 그냥 일어나는 바로 그것, 행위자를 가장 놀라게 하는 사건이 진정한 행위가 된다. 그것은 대타자(상징적 질서로서의 언어 및 법)를 일시적으로 정지시키는 위험을 무릅쓰지 않고서, 주체의 정체성을 보장해 주는 사회적 · 상징적 네트워크를 위험에 빠뜨리지 않고서는 발생할 수 없다(예: 안티고네). 그것은 전혀 예측할 수 없는 만남 또는 우리의 삶을 산산이 부수는 기적적인 사건의 모습으로 등장한다. "나 자신도 내가 어떻게 그런 행동을 할 수 있었는지 잘 모르겠어. 그건 그냥 일어난 거야!"라고 사후에 반응한다. 라캉에게 는 그러한 행위가 윤리적 행위이고 진정한 순수행위가 된다.

이렇게 라캉의 개념을 길게 거론하는 이유는 사이코드라마적 행위 개념이 판타지와 윤리성에 의한 라캉식 정의와는 달라도 현상학적인 면에서 어느 정도 유사성을 보이고 있기 때문이다. 사이코드라마적 행위 또한 그러한 무의식적이고 자연발생적이며 창조적인 행위를 지향한다. 거의 불가능할 것 같은, 자신의 정체성을 뛰어넘은, 거의 우주적 존재의 의미, 인간-신적 의미의 행위가 곧 사이코드라마이기 때문이다. 그러나 차이점도 있다. 라캉에게 그것은 누구나 도달하기 힘든 실재계 내에서의 진실한 행위로 규정되지만, 사이코드라마에서는 그러한 실재계, 진실이라는 조건을 내걸지 않는다. 사이코드라마 무대라는 특정 시공간에서는 그 누구도 자발성만 높이 오른다면 논개, 사육신과 같은 라캉식의 진실한 행위가 가능하다. 아니, 흔히 접할 수가 있다. 혹자는 현실 세계가 아니기 때문에 가능할 수 있다고 반박할는지 모르겠지만 그렇지 않다. 현실이 중요한 것이 아니다. 중요한 것은 잉여현실이다. 행위의 결과가 아닌 자발성이다. 시각을 그렇게 두고 본다면 그러한 이분법적, 현실 위주의 사유 태도는 무의미해진다.

요약하면, 행위는 인간의 의지적 활동이라고 할 경우, 행동은 보다 동물적, 습관적, 자동적, 의식주 중심의 비의지적 활동으로 구분할 수 있다. 그러나 행동은 때로 넓은 의미의 활동 자체를 언급하는 경우(예: 사회적 행동 혹은 활동)나 일련의 행위들을 총칭하는 경우(예: 남자다운 행동)가 많아서 엄밀한 구분은 힘들다고 하겠다.

사이코드라마에서 행위는 '인간 주체(self)의 총체적인 의지적 활동'으로 정의된다. 여기서 총체적이란 전반적이며 의식적 · 무의식적인 의지 모두를 의미한다. 의지는 흔히 의식적 결단과 같은 의미로 쓰이지만, 실제 자발적 의지란 근원적인 면에서 의식적이고 이성적인 의지를 넘어서 자발성이 지향하는 바의 무의식적 의지를 일컫는다.

2) 어원 및 용어의 구분

(1) 어원

터너(이기우 외 역, 1996: 170)에 의하면 act는 ag(to drive)라는 인도유럽어 어간에서 파생된 단어다.

Ag(욕구하다) → Agere(to do) → act
↘ Agony(고뇌)
↘ Agitate(격론하다, 동요하다)

즉, 행위는 '논쟁적, 격론하다' 등의 어간에서 파생된 말로서, 원시사회에서부터 행위에 대한 논란, 혼돈, 애매성이 많았다는 것을 말해 준다. 다시 말해서, 일과 놀이 사이, 행위(삶)와 연기(드라마) 사이, 직설법(현실생활)과 가정법(놀이, 환상, 오락) 사이에서 행위의 의미를 규정하는 것이 쉽지 않았다는 것이다.

한자의 行은 실제로 드러난 행실(행실 행)을, 爲는 하다. 되다(할 위)를 의미한다. 이에 行爲는 하는 짓(몸 또는 몸 일부를 놀려 움직이는 동작)이 된다. 불교에서는 행위를 삼카라(samkara)라 하는데 그것은 일체의 변화하는 존재현상, 즉 일체의 원천적 행위, 실천행위, 인간적 행동을 의미한다.

(2) 행위(act, action, acting)

act는 어떤 한 번의 행위(예: 친절한 행위)를 가리킨다. action은 어떤 기간에 걸쳐서 일어나는 여러 act의 집합(예: 성격적 · 특징적 행위)을 뜻하고, acting은 실연, 몸짓, 연기의 의미가 있는 것처럼 보다 의도적이고 목표 지향적인 행위를 뜻한다. 즉, act는 일시적이고 순간적인 짓의 의미로서 결과를 중심으로 볼 때의 행위, action은 일정 기간의 과정에 중심을 둔 행위, acting은 배우의 연기와 같은 일련의 행위 전체를 의미하는 용어로 구분될 수 있다. 그러나 실제에서 이 세 가지 단어는 모두 행위로 번역되고 의미화된다. 여기서의 행위는 사이코드라마의 언어와 대립되는 기초적인 의미를 갖는다.

(3) 실연, 실연화(enactment)

이는 act나 action보다는 acting에 가까운 용어로서 사이코드라마적인 일련의 행위를 일컫는다. 그래서 흔히 역할을 맡아 하는 것, 과거 장면을 행위화하는 것, 현재의 문제를 제시하고 행위해 보이는 것, 무대 위에 삶을 창조해 보는 것, 미래의 자신을 테스트해 보는 것 등 다양한 형식의 실연을 의미한다. 그러나 이는 어디까지나 연극적 또는 연기적 측면에서 사이코드라마적 행위화를 바라보는 시각일 뿐만 아니라 체현의 측면에서도 그 의미가 반감되는 용어라고 말할 수 있다. 따라서 사이코드라마에서 행위화의 의미는 다음의 내행위화(acting in)와 외행위화(acting out)에서 보다 적절하게 표현되고 있다고 하겠다.

(4) 행위화(acting in과 acting out)

모레노에 의하면 행위화(acting out)는 내적 자기(inner self) 혹은 내면으로부터 나오는 행위(acting from within)다. 개체가 표출하는 모든 것(all out put of organism)이다. 아울러 그는 행위화를 언어를 확장 · 보완하는 범세계적 의사소통 양식이며, 실체를 통한 살아남기(living out), 내적 현실이 밖으로 표현된 것, 그리고 사이코드라마 무대 위에 드러난 모든 것들(all things)로 의미를 규정하고 있다(그리고 여기서 마지막 의미의 행위화를 실연[enactment]이라고 명명하였다.). 그래서 그는 일상에서의 행위화는 비합리적이고 예측하기 어려우며 해를 줄 수 있지만, 사이코드라마 무대 위에서의 행위화는 통제 가능하고 치료적이라고 말한다.

그러나 이와 같은 정의 및 기준에는 몇 가지 문제가 있다. 우선 현실과 사이코드라마에서의 행위화를 구태여 구분하지 않았다는 점은 환영할 만한 자세이지만 굳이 행위 대신에 행위화라는 용어를 사용하였다는 점이다. 행위화(acting out)는 정신분석의 경우 강박적 반복과 같은 치료되어야 할 문제로 본다. 정신분석에서 행위화를 어떻게 보느냐가 중요한 것이 아니라 왜 하필이면 그러한 용어를 채택하였느냐는 것이다. 그렇다면 그가 그토록 줄기차게 이야기해 왔던 행위자로서의 행위(act) 또는 체현(embodiment)과 그런 행위 간의 관계는 어떻게 되는가다. 그는 아마도 수동적 행위, 반응적 행위(reaction)와 같은 피동적인 행위를 염두에 두고서 안으로부터 나오는 행위를 강조하기 위해서 'out' 이라는 부사를 첨가하였을지도 모른다. 그러나 행위(act, action) 자체가 행위화(acting out)의 모든 의미를 담지하고 있다고 본다면 조금은 무리라고 생각되는 것이다.

두 번째는 무대 위의 행위화가 통제 가능하고(controlled) 치료적(therapeutic)이라고 말하였는데 그에 대한 자세한 언급이 없이 통상적 의미에서 그 용어를 사용하였다는 점이다. 통제는 누구에 의한 것인가? 주인공인가 혹은 디렉터인가? 또 그 정도는 무엇이며 기준은 어디에 있는가? 치료적이란 무슨 뜻인가? 무엇을 치료한다는 의미인가? 통제란 최소한 타인에게 피해를 주지 않는 범위 내의 행위화로서 사이코드라마에 참가한 모든 사람들의 의무규정일 수도 있다. 그렇다면 일상에서의 행위화가 비합리적이고 예측하기 어렵다는 말은 역으로 사이코드라마에서의 행위화는 합리적이고 예측 가능하다는 이야기인가? 모순이 아닐 수 없다. 사이코드라마에서의 행위화는 결코 합리적이거나 예측 가능한 행위가 아니기 때문이다. 너무나 단순한 이분법적 발상이 아닐 수 없다. 또한 치료적이란 정상증이나 로보증로부터의 회복 혹은 빈곤한 자발성의 증진을 말하는 것인가? 아니면 기존의 정신병적 분류에 의한 병의 치료를 의미하는가? 그는 결코 사이코드라마를 치료(법)적 수단으로만 생각하지 않았다. 치료적 극장이라는 용어를 사용한 적은 있으나 그는 분명 사이코드라마를 치료를 넘어선 진실과 생존의 장으로 생각하였다. 그런데도 가장 중요한 행위화의 의미에서 치료적이라는 용어를 규정 없이 사용한 것은 모순이 될 수밖에 없다(치료의 의미에 대해서는 12장 '과학적 논의'에서 다시 상세히 다룰 것이다.).

마지막으로는 행위화의 출처로서의 내면(within) 혹은 내적 자기(inner self)의 개념이다. 내면은 정신 혹은 의식, 무의식, 나아가 잉여현실로 이해할 수 있으나 내적 자기는 무엇을 의미하는가? 역할로 이루어진 자기 안의 또 다른 자기로서의 몸을 의미하는지, 그가 즐겨 사용하는 인간-신에서 self와는 다른 진정한 자기로서의 'I'를 의미하는지, 아니면 무의식적인 자기인지 그 개념 구분이 없다. 한마디로 내적 자기는 기존의 심리학적 개념의 재판 혹은 모방이라고 볼 수 있다. 진정한 내적 자기는 누구인가? 그것은 모든 것을 체화하는 몸 자체다. 따로 정체성을 지닌 또 다른 자기가 내면 깊이 감추어져 있는 것이 아니라 몸을 통해 구체적으로 체현되는 자기다.

따라서 행위화는 acting out이라는 특정 용어와 모레노의 특정 의미에서 벗어나 act가 action화되는 과정 혹은 그 양식을 일컫는 말로 일반화되어야 한다. 다시 말해서, 행위(act)가 전반적인 인간의 활동을 지칭하는 일반화된 용어라면 행위화는 보다 지속적이고 자발적이며 창조적인 행위를 지향하는 하나의 행위양식으로서 다음과 같은 세 가지 양식으로 구분해서 정의하는 것이 보다 유용할 것으로 생각된다. 따라서 enactment를 실연, 실연화의 의미보다는 보다 넓게 해석해서 행위화 전반을 일컫는 말로 규정하고, 여기에 세 가지 양식의 행위화를 포함시키면 다음과 같은 분류가 가능해진다.

> 행위화(enactment)는 일정기간의 행위 혹은 행위들의 집합적 표현양식을 일컬으며, 내행위화, 외행위화 및 행위화 자체의 세 종류로 나누어 생각할 수 있다.

① 외행위화(acting out)

인간 내면에서 우러나오든 외적 자극에 의해서건 관계없이, 몸과 마음을 비우는 것을 목표로 하거나 그러한 결과를 초래하는 모든 행위화를 말한다. 그것은 행위가 끝나는 것으로 완료된다. 여기에는 기질적 행위화(간질, 뇌손상 혹은 약물에 의한 행위화군이 포함된다.), 폭발적 행위화(습관적, 간헐적 분노폭발 등과 같이 상당기간에 걸쳐 비슷하게 반복되는 행위화군이 포함된다.), 기만적 행위화(특정한 이기적 목적으로 대상을 유린하거나 속이는 행위화군이 포함된다.), 자생적 행위화(내용물의 과잉 혹은 넘침으로 인해 자연스럽게 발생되는 행위화군이 포함된다.), 적극적 행위화(보다 적극적으로 자신을 드러내고자 하는 모든 행위화가 포함된다.), 일상적 행위화(반복적인 모든 일상의 행위화가 포함된다.) 등이 있다.

② **내행위화**(acting in)

인간 내면에서 우러나오든 외적 자극에 의해서건 관계없이, 몸과 마음을 채우는 것을 특징으로 하거나 그러한 결과로 보여지는 모든 행위화를 말한다. 여기에는 수동적 행위화(그 어떤 내외 자극에도 반응이 없는 무반응의 행위가 포함된다.), 반동적 행위화(오직 외적 자극에 의해서만 피동적으로 반응하는 행위들이 속한다.), 능동적 행위화(명상, 수련 또는 억제적인, 외행위화와 반대되는 경향을 보이는 모든 의지적 행위들이 속한다.), 잠복적 행위화(일견 수동적 행위화처럼 보이지만 결국에는 외행위화 방식을 취하는 지연된 외행위화군이라고 할 수 있는 행위들이 속한다.) 등이 있다.

③ **행위화 자체**(acting itself)

몸과 마음의 참과 빔을 넘어선, 내행위화도 외행위화도 아닌 최상의 자발적이고 창조적인 순간들의 행위군을 일컫는다. 그것은 카타르시스적 행위화, 창조적 행위화라고 말할 수 있는, 모든 가치와 의미 판단으로부터 자유롭고 그 어떤 조건이나 상황으로부터도 영향을 받지 않는 최상의 자발적인 행위화다. 그것은 또한 의식 · 무의식을 넘어서 있다. 단기적, 중단기적, 장기적 행위화로 구분될 수 있다. 그러한 행위화 자체가 전체 삶을 이끌어 갈 수 있을 정도의 상태에 이르게 될 때, 우리는 그것을 체현된 삶, 행위화 자체의 인간 혹은 진정한 행위-창조자라고 부를 수 있다.

모레노에 의하면 인간은 누구나 더 이상 사제, 선지자, 예언자 혹은 전능자가 아닌 자기의 신 개념, 느낌을 스스로의 행위를 통해 체현하고 타인과 의사소통 할 수 있다. 따라서 위에서 언급한 행위화 자체의 최상의 양식은 곧 체현이라고 말할 수 있다. 체현 시 우리의 몸은 단순한 물질적 육체가 아닌 진정으로 활동하는 유기체로서의 몸이며, 선불교에서 말하는 깨달음의 중심으로서 전신적인 앎과 실천으로서의 몸이다.

3) 행위 동기와 행위 갈증

한 30대 남자가 지하철을 탄다. 의자에 앉고는 잠시 후 눈을 감는다. 왜 눈을 감았을까? 눈을 감을 수밖에 없는 행위의 동기에 대해서 상상해 보자. 무엇 때문일까? 피곤해서, 지쳐서, 졸려서, 잠자기 위해서, 주변을 보고 싶지 않아서(이 이유 또한 한두 가지가 아닐 것이다. 즉, 보기 싫은 사람 때문에, 아는 체하기 싫은 사람, 무서운 사람, 자리를 내주어야 하는 노인이나 유약자 등을 피하기 위해서 등등.), 어떤 감정 때문에(슬픔, 우울, 기쁨, 눈물, 불안 등을 감추기 위해서, 그러한 감정에 더 깊이 빠져들기 위해서, 그러한 감정상태를 반추하기 위해서 등), 눈 자체의 문제 때문에(충혈된 눈, 염증이나 아픈 눈, 매서운 눈빛을 감추기 위해, 먼지가 들어갈까 봐, 안검하수증 등), 마음을 집중하기 위해서(지금의 일, 미래의 일, 환상, 사건, 인물 등에 초점을 두고), 습관적 · 무의식적 행위(그 어떤 불안, 답답함, 두려움 때문에), 그냥 단순한 이유들로 인해(영어 단어 암기, 학습의 반복, 아무것도 생각하기 싫어서, 의연한 체하기, 무관심하기 등), 성격적 특성 때문에(사람을 회피하는 수동적인, 자폐적인 등), 그 밖에 어떤 기억을 더듬기 위해, 차의 소음을 즐기기 위해, 청각훈련을 위해, 죽음을 음미하거나 계획을 점검하기 위해, 망각을 위해, 무작정 종점까지 가 보기 위해, 거부와 반항의 몸짓으로 등등.

이처럼 단순히 눈을 감는 작은 행위에도 수많은 이유 혹은 동기가 있을 수 있다. 그렇다면 우리는 인간 행위의 다양한 동기이론에 대해서 다시 한 번 생각해 보아야 한다. 아니 땐 굴뚝에서 연기 나랴 또는 모든 인간의 언행에는 반드시 그만한 이유, 동기, 목적이 있다와 같은 사고방식은 사실 우리 모두의 고정관념이 된 지 오래다. 무동기적이고 자발적인 언행은 있을 수 없다는 논리다. 도대체 이러한 선입관은 어디서부터 시작된 것일까? 왜 인간은 어떤 인간의 행위를 있는 그대로 바라보지 못하고 숨겨진 저의며 이유를 캐내려 하고 의심하고 단정 지으려 하는 것일까? 바로 그러한 인간의 편견이 모든 갈등과 대립을 낳는 요인 중의 하나인데도 말이다.

그 첫째 이유라면 아마도 인간 정신의 단순화 현상일 것이다. 사고능력은 한없이 커진 반면에 삶을 살아가고 인간과 관계 맺는 데 있어서는 과거나 지금이나 하나도 달라진 것이 없고 오히려 퇴보하거나 위축된 인간 정신세계 혹은 정신능력의 단순화 때문이다. 척하면 삼천리라는 말처럼, 모두가 아는 것은 많은데 정작 필요한 지혜나 여유는 없다. 인간관계에서 모든 판단은 직감적이고 거의 본능적이다. 내 생각이 맞다. 네가 아무리 그래 보아야 내 손아귀를 벗어나 날 속일 수는 없다. 기본적으로는 마치 평생을 당하고 살아온 사람인 양 불신적이다. 있는 그대로 보고 인정할 수가 없다. 그 저의가 의심스럽다. 분명히 저의가 있을 것이다. 그것은 좋다/나쁘다, 해라/하지 마라, 옳다(○)/틀렸다(×), 우리 편/남의 편이라고 하는 이분법적 교육 이외의 교육을 받아 보지 못한 우리의 교육 현실 탓이기도 하다. 이기느냐 지느냐의 게임화된 삶, 그래서 잘났느냐 못났느냐의 우열적 가치판단 이상의 인간 정신의 활용, 지혜로움을 배울 수 있는 교육은 그 어디에도 없는 실정이다. 그러니 자연히 그러한 양가적 논리 속에서 저마다 나름대로 본능적 판단을 키워 올 수밖에 없었을 것이다. 배고프니까 먹는 것이고 슬프니까 우는 것이다. 미우니까 화를 내는 것이고 내가 번 돈이니까 내 멋대로 쓸 뿐이다. 다른 이유는 없다. 지나치게 생물학적이고 단순화된 논리다.

두 번째 이유는 범람하는 다양한 심리학적 견해들이다. 너 자신을 알아야 한다는 철칙 아닌 철칙하에 지금까지 대부분의 심리학은 인간의 정신과 행위를 요소화 · 수량화해서 인과론적으로 설명하고자 해 왔다. 또 그것이 가능하다고 믿고 있다. 생리학, 동물학, 생물학적 이론과 물리학적 논리를 인간 정신세계에 도입한 것이다. 분명히 결정론적으로 설명해 낼 수 있으리라는 환상을 결코 깨뜨려 본 적이 없다. 그래서 욕구, 욕망, 충동, 본능, 요구, 소망, 욕동 등 일반인들이 쉽게 이해하기 힘든 온갖 개념(무의식까지 더해서)장치를 만들어 인간을 명확하게 설명할 수 있다고 또 설명했다고 믿고 믿게끔 만들어 왔다.

한마디로 당신의 지금 행위에는 당신이 알건 모르건 의식적 · 무의식적 동기가 숨겨져 있다는 논리다. 모든 심리학 이론은 그 이상도 이하도 아니다. 지금 이 순간의 언행은 허상이고 진짜가 따로 있다는 이야기며, 그것을 깨닫고 알아야 된다는 이야기다(그리고 그러한 사고방식은 우매한 인간이 결코 알 수 없는 신의 섭리까지도 나아가게 된다.). 아는 것이 힘고 모르면 낙오되는 것이다. 인간은 인류역사 5천 년(또는 2천 년) 동안이나 인간의 마음에 대해서 알아왔는데도 싸움과 파괴와 전쟁은 예전보다 더 심해지고 인간관계는 더 소원해지고 있다. 이를 어떻게 설명할 것인가?

그러한 인과론적 동기이론은 비슷한 것을 같은 것으로 생각하는 판단의 우를 범하게 만든다. 인간의 등질화이자 평균화다. 월드컵에서 붉은 악마들의 함성과 구호를 함께, 하나로, 한마디로 설명해 버린다. 개개인의 감정 정도, 나라에 대한 인식, 축구 선호도, 참여 동기, 그 순간의 몸과 마음 상태 등 수많은 개별적인 요소들은 무의미하며 고려할 가치가 없다. 그렇다고 말하면 그렇다고 믿고 또 그렇게 되어 버린다. 여당과 야당, 나쁜 놈과 좋은 놈, 노사갈등, 북한과 남한, 성공한 자와 실패자, 가진 자와 못 가진 자 등등. 대부분은 정상증 현상이다.

반면에 그러한 단순한 동기이론은 역설적인 사회현상을 낳기도 한다. 예를 들어, 폭력은 무조건 나쁜 것(그리고 권력폭력, 금전폭력은 폭력이 아니라는 믿음이 생긴다.), 운다든가 감정의 자유로운 표현은 솔직하지만 아직은 미숙한 것(그래서 성숙하다고 자기평가를 하는 인간일수록 자기 노출을 해서는 안 된다는 신조가 당연시된다.), 수단이야 어떻든 결과만 좋으면 좋다는 결과주의(컨닝을 해서든 돈으로 사서든 성적이 좋으면 되고 인간성이야 어떻든 좋은 대학, 직장이면 된다는 막가파식 사고방식이 팽배한다.), 실용주의, 효율성 만능주의를 낳는다. 동기도 과정도 생략된 결과론 우선주의다.

사이코드라마에서는 인간의 행위 동기를 따지지 않고 분석하지 않는다. 개개인의 그 순간의 행위를 개별적이고 독특한 행위로 수용한다. 결코 왜라고 묻지 않는다. 있는 그대로를 보려고 한다. 느끼고 그 의미를 생각한다. 일반화된 공식을 적용해서 해석하지 않는다. 인간의 다양성, 차이만큼이나 그 사람 행위의 다양성, 차이를 존중한다. 보편화시키거나 등질화시키지 않는다. 어제 그가 보여 준 흥분된 행위와 오늘의 흥분된 행위를 같게 생각하지 않는다. 오늘 이 순간 처음 본 행위로 보고 생각한다. 동일한 주체에 의한 행위로 보기보다는 행위하는 순간, 그 역할 속의 지금의 주체의 의미가 더 깊기 때문이다. 행위하고 있는 그가 곧 그 자신이며 그 어떤 동기나 목적을 가진 행위로 생각하지 않기 때문이다.

어제 사랑한다는 말과 오늘 사랑한다는 언행, 어제 미워한다는 말과 오늘 미워한다는 언행은 차이가 있다. 결코 같지 않다는 것, 불변하는 것은 없다는 것, 고정되고 항상 같은 방식으로 해석해야 할 필연성도 그런 기준이나 잣대도 없다는 것, 지금 이 순간의 너를 있는 그대로 보는 것, 너만의 순간의 유일성 · 독특성 · 개체성과 그 차이들을 존중한다는 것, 그것이 사이코드라마 세계에서의 기본적인 인간관이며 행위관이다. 그것은 곧 인간의 자발성과 창조성에 대한 신뢰 이상도 이하도 아니다.

만물은 끊임없이 변화 · 유전한다. 우리의 몸, 신체조직, 세포 또한 단 한순간의 멈춤도 없이 움직이고 변화해 나가고 있다. 인간의 정신, 의식만이 고정되기를 원할 뿐이다. 10년 전이나 지금이나 똑같은 인간이기를 바라고(특히 정신세계에 있어서) 그러한 인간이 믿음직하다거니 신뢰가 있다거니 하며 치켜세운다(그것은 그의 숨구멍을 틀어막는 행위다.). 우정도 사랑도 변하면 안 된다. 죽자고 매달리고 맹세하고 지킨다. 아무리 달라지고 싶어도 달라져서는 안 된다는 타인, 사회, 타자의 명령의 힘이 더 강하고 크다. 그래서 변해 가는 사람들은 그들 사이에서 무조건 이단아, 괴짜, 못 믿을 인간으로 배척당한다.

자발성은 변화하는 힘 자체다. 차이를 만들고 자신을 개성화해 나가는 힘이다. 행위의 동기를 굳이 말한다면 그것은 그러한 근원적 자발성에 의한 행위 갈증(act hunger)이다. 행위 갈증을 정신적 상처를 극복하고자 하는 정신 자체의 욕구(desire; Tian Dayton, 1994), 개인-타인 관계상의 욕구를 충족시키고자 하는 충동(drive; A. Williams, 1989), 자기의 중심에 있는 충동 혹은 욕망을 충족시키고자 하는 충동(drive; A. Blatner, 1988) 등으로 설명하는 사이코드라마티스트들이 있다. 하지만 행위 갈증은 그러한 욕구, 욕망, 충동을 넘어선다. 그것은 결코 그러한 개념으로 설명될 수 없고 말 그대로 움직이고 행위하고자 하는 가장 자연스러운 그 상태, 갈증상태, 결코 완전히 채워질 수 없는 자발적인 행위 이전의 상태다. 즉 그것은 우주적 갈증(cosmic hunger) 차원에서의 행위 갈증이다. 그래서 행위 갈증을 단순히 행위의 모든 동기로 해석해서는 안 된다. 인과론적인 그러한 해석보다는 행위 갈증 자체와 행위 자체가 동일한 것의 양면을 이루고 있으며 생성의 근원적 힘의 양면이라고 보는 것이 보다 적절한 이해다. 행위 갈증의 표현 자체는 곧 행위다.

일상의 예를 들어 보자. 아침에 일어나서 밥 먹기 전에 세면대 앞에서 워밍업을 하고 있는데 수도꼭지에서 더운 물이 나오지 않는다. 그는 잠시 생각할 겨를도 없이 곧장 찬물을 주전자에 받아 끓인다. 다시 세면대에 돌아왔을 때는 비누가 없다는 것을 깨닫게 된다. 찾아보다가 포기하거나 사러 나갈 수도 있다. 또 면도 도중에 얼굴에 상처가 난다. 그 순간 모든 힘이 상처에 쏠리고 약을 바르고 반창고를 붙인다. 밥상에 앉는 순간에는 초등학생 자녀가 숙제를 하지 못했다고 운다. 이제 밥 먹는 것을 포기하고 숙제를 하도록 돕는다. 결국 그는 밥을 먹지 않고 급히 출근한다.

이 예는 하나의 목적 지향적 행위라 할지라도 순간의 영향을 받을 수밖에 없는 행위의 특징을 보여 준다. 사소한 자극들, 사건들, 그때그때의 느낌에 따라 행위의 내용과 방향이 바뀌는 것이다. 그리고 그러한 행위의 순간순간 속에 그 자신이 들어 있다. 그의 자발성 혹은 행위 갈증의 정도가 행위의 방향을 틀 짓는다. 그 어떤 동기, 목적이 따로 존재한다고 보고 정신과 몸, 마음과 행위를 인위적으로 나누어 생각할 수도 있다. 그러나 그러한 분석방식은 그 사람의 전체를 결코 드러내 보여 주지 않는다. 극히 일부분만이 인위적으로 해석될 뿐이다. 행위는 전신적이고 총체적이다. 자기가 매 순간의 행위 속에 들어 있다. 자기는 행위를 통해 드러난다. 이제 그에 대해 좀 더 살펴보겠다.

4) 행위의 의미 또는 특성

우선 행위는 '자기(self)'다. 행위는 나를 드러낸다. 내가 따로 있고 내가 그 어떤 동기, 목표를 가지고 행위를 하거나 안 할 수 있는 것이 아니라, 행위를 안 하면 안 하는 그대로의 무행위 안에 그리고 행위를 하면 바로 그 행위 안에 내가 들어 있다는 것이다. 제아무리 많은 지식을 가지고 있고 아는 것이 많다고 해도 그것은 행위에 영향을 미치지 않는다. 지식은 지식만을 살찌울 뿐이다. 그러한 지식 속에 그 사람이 있는 것이 아니며 그는 지식의 보관창고 역할만을 하고 있을 뿐이다. 수영에 관한 지식과 실제 수영인과의 차이다. 수영 지식이 많다고 해서 그를 수영인이라고 말할 수 없는데도 그렇게 부르는 것은 현대의 아이러니자 삶과 이론의 분리 · 분화일 뿐이다. 수영인은 물속에서 실제로 수영하는 행위 가운데 살아 있다. 그 순간에 그는 그 행위를 통해 자신을 드러내고 있는 것이다.

니체에게 행위는 삶을 구성하는 실천적 활동이 된다(김정현, 1995: 194). "우리의 행위들은 근본적으로 모두 비교할 수 없는 방식으로 개성적이고 유일하고 무제약적이고 개별적이다. 각 행위는 우리 자신을 계속해서 창조하고, 우리는 행위를 통해서 우리 자신을 변형시켜 조형한다." 나의 삶, 나의 존재를 실현할 수 있는 가능성은 오직 행위 속에서 그리고 행위에 의해 전개된다. 니체에게 한 행위의 가치척도는 자기 속에서 표현되는 자기 극복의 정도다. 그것은 일상의 반복과 같이 역사적 시간의 흐름에 따른 습관적인 자기개발, 자기실현이 아니다. 새로운 상황, 낯선 시간으로의 순간적 탈출이며 극복을 의미한다. 따라서 누가 그 행위를 하는지, 그 행위는 그의 밑바닥 혹은 표면에서 나온 것인지, 즉 얼마나 그 행위가 심층적으로 개인적인지에 그 가치가 달려 있다. 사랑과 자비와 정의를 아무리 목청 높여 떠들어 보아도 그러한 행위가 없다면 실제로 살아 있다고 말할 수 없는 이치와 같다. 사랑한다, 자비를 베푼다, 정의를 실현한다와 같이 모두 '~하다(한다)'와 같은 타동사, 움직임 혹은 행위를 의미하는 어미가 붙는다. 사랑, 자비, 정의라는 명사만의 개념은 무의미하다. 나의 삶과 존재는 명사가 아닌 자동사 혹은 타동사로 성립된다.

함께 관계하며 존재함과 실제적 자유에 기반을 둔 행위이론가 메를로퐁티(정화열, 1999: 157)에 따르면, "나의 존재는 나에게 완전히 속해 있는 것도, 그렇다고 나로부터 전적으로 소외되어 있는 것도 아니다. 나의 존재는 곧 나의 행위를 의미한다. 행한다는 것은 현재 해야 하는 것으로부터 하고자 하는 것으로, 그리고 현재 상태에서 의도하는 상태로의 급격한 이전을 뜻한다. 즉, 폭력적 변이(violent transition)로서의 행위라는 프로젝트는 개인 의식 안에 있는 사실 자체에서부터 그것의 초월에 이르기까지 행위의 근본적인 변형 가능성을 담지하고 있다."

곧 나의 존재는 현재 상태에 머물러 있는 존재가 아니라는 의미다. 행이 없음은 곧 그러한 마음의 존재, 식물화된 존재나 다름이 없다는 것이다. 그리고 그러한 행위는 어제와 내일로 이어지는 똑같음이 아니라 그 자체가 이미 변이, 변형, 변화를 담지하고 있으며 결코 똑같은 행위란 있을 수 없다는 것이다.

사이코드라마는 내가 행위를 통해서, 나의 의지의 결과물인 행위에 의해서 내가 존재하는 세계가 아니다. 그것은 마치 화가가 아닌 화가의 그림을 통해서 그를 분석하는 것과 다를 바가 없다. 사이코드라마는 그림이 아닌 그림을 그리고 있는 행위 자체에 초점을 맞춘다. 그것은 그가 말하는 언어의 내용이 아닌 그가 말하는 행위에 초점을 맞추는 것과 같은 이치다. 분노의 언행 뒤에 숨겨진 분노가 아니라 그 분노행위 자체가 이미 그 사람의 분노인 것처럼, 행위 이외의 너도 나도 없어지게 된다. 그것은 "왜 그렇게 화를 내시죠?" "무엇 때문에 그러시죠?"라고 묻는 것과 "대단하군요." "계속하시죠." "더 어떻게 하고 싶으세요?" 하고 말하는 것 간의 차이다.

두 번째 행위의 의미는 그 어떤 언어로도 행위를 기술하거나 이해하는 것이 불가능하다는 사실이다. 기계의 움직임은 정확하게 묘사가 가능하고 예측도 가능하다. 그러나 자연의 변화, 인간의 행위는 불가능하다. 그것은 수많은 변인들, 힘의 흐름의 불규칙성 때문이다. 동물심리학이나 실험심리학에서의 행위 아닌 행동에 대한 기술 및 예측조차 불완전할 수밖에 없는 이유도 그에 있다.

우리가 행위에 대해서 할 수 있는 것은 기껏해야 겉으로 드러난 모습을 묘사하거나 과거에 습득된 기준, 낡은 원리, 통계학적 수치로 분류, 정리, 이해할 수 있을 뿐이다. 그것은 단지 표면적일 뿐이다. 불완전하기는 마찬가지다. 그런데도 인간은 수많은 행위기준을 마련해 놓고 스스로 그 안에서, 마치 야생동물들이 스스로 가축이 되고 꽃과 나무들이 스스로 온실을 조성해서 그 안의 작은 안정과 안락을 구가하듯이 그렇게 스스로를 속박한다. "이런 경우에는 이렇게 행위해야 된다."(미래에 대한 구속), "다시는 그렇게 하지 않을 것이다."(과거에 의한 구속), "그것은 나쁜 짓이야."(선악의 판단), "사람이란 모름지기 이렇게 해야 하는 것이야."(당위성의 구속), "남들도 다 그렇게 하지 않아?"(보편성의 구속), "나라고 별수 없지 않아?"(자기비하), "너무 튀면 왕따 당하는 것밖에 더하겠어?"(홀로됨의 공포), "사람이 분수를 알아야지"(평준화의 구속), "그런 행위가 무슨 소용이 있다고 그래?"(효율성의 구속) "그저 묵묵히 열심히 일해!"(우민화 정책), "뱁새가 황새 흉내라니?"(근원적 자기비하), "떡잎부터 알아봐."(인과론의 쇠사슬) 등등. 그래서 우리의 행위, 삶 그리고 나는 길들여지고 자발성은 닳아 간다.

우리는 어쩌면 단 한 번도 평생에 걸쳐 지금 이 순간을 제대로 살아보지 못하고 세상을 떠날 수밖에 없는 존재인지도 모른다. 어려서는 항상 미래를 준비하느라고, 커서는 과거를 거울 삼아 현재를 조심하고, 나이 들어서는 안정된 궤도, 그 범주 내에서의 충분히 예측 가능한 행위 가운데에서만 살아가는 존재인 것이다.

하이데거(정화열, 1999: 187)는 세계적 현상으로서 서양의 틀지움(gestell) 현상을 경고하였다. 다시 말해서, 서양의 산술적 사고를 비판하면서 존재의 사물에의 내어 맡김을 중요시하였다. 그래서 도교의 무위, 즉 있는 그대로 자연적이고 자발적인 방식에 따라 생각하고 행위하는 방식을, 그리고 선도(禪道), 비조작적이고 비공리적이고 비인위적인 사고 및 행위와의 일치를 보다 중요시했다는 것이다.

그런데도 우리는 여전히 사소하고 지극히 우연한 행위 하나만으로 또는 개별적이고 독특한 행위 하나만으로 서로가 서로의 동기를 의심하고, 나아가서 인격 자체(과연 그런 것이 구체적으로 실존하는가는 다른 문제이지만)까지도 판단해 버리는 데 익숙해 있다. 게으른 행위만으로 게으른 사람과 의지 박약자가 되어 버리고, 과묵한 행위만으로 답답한 인간과 재미없는 사람이 된다. 또 튀는 행위 한두 가지로 잘난 체하는 사람, 유별난 짓 하나에 미친놈, 어긋난 약속에 못 믿을 인간, 더러운 놈, 치사한 놈, 나쁜 놈, 개새끼, 씹할 놈이 되어버린다. 대단한 인간 현상이다. 행위 하나가 전 인격을 물들여 버린 것이다. 물론 작은 행위 하나 속에 자기가 들어 있다고 말했다. 문제는 그 자기라는 것이 고정된 어느 하나, 불변의 너, 차이가 있고 매 순간 변화해 나가는 너가 아니라 한곳에 꿈쩍 않고 놓여 있는 바위덩이인 것처럼 믿고 있다는 점이다. 하나의 행위만으로 너의 존재는 끝장났다는 무서운 오만과 편견이다. 그 너머를 생각하고 고려해 볼 한 순간의 여유조차 없다. 척하면 삼천리다. 대단한 본능이고 감각이다.

실제 그러한 제반 편견과 오해를 일으키는 기준의 대부분은 자신만의 가치관이나 느낌에 근거를 두고 있다. 시험에 실패한 아이의 부모는 자신의 느낌이 기준이라는 것도 전혀 의식하지 못한 채 아이의 공부과정(행위) 자체가 틀렸다고 생각한다. 나아가서는 공부하는 자세, 목표의식, 동기가 그릇된 것으로 비쳐지고, 결국에는 그 아이의 존재 자체가 보기 싫어지고 미워진다. 사랑을 고백했다가 거절당하고 나면 그런 행위를 한 내가 미워지고, 사랑을 고백하기로 한 자신의 결심이 잘못됐으며, 그런 결심을 한 나 자신까지 바보처럼 변해 간다. 물건을 산 후 비싸게 샀다는 느낌이 드는 순간, 그 상인의 판매행위, 그 동기, 그 인격이 도둑놈으로 변하고, 급기야는 그것이 모든 상인들에게 확산된다(지역감정이라는 것, 학연 · 지연이라는 것도 대개는 그러한 자기 편의적, 자기 본의적 편견에 다름 아니다.). 그러한 인습과 통상적 관념의 세계에서 과연 누가 자발적인 행위를 할 수 있을 만큼 용기가 있겠느냐 싶다.

살인, 도둑질은 나쁜 짓이다. 그런데 무조건 나쁜 행위인가? 그런 행위를 하게 만든 사람은 또 누구인가? 누가 그 행위를 판단하는가? 사회가 그렇게 만들었다고 흔히들 말한다. 사회는 그렇다면 무엇인가? 나는 이 사회 밖에 존재하는 인간인가? 피해자 측에서 볼 때는 정말로 억울한 일이 아닐 수 없다. 그렇다면 복수를 해야 하지 않겠는가? 그렇지 못하는 것은 무엇 때문인가?

마지막으로 행위는 그 행위가 일어나는 지금 이곳에서 최상의 의미가 있다는 사실이다. 그 어떤 행위도 다른 장소, 다른 시간대에서 반복된다 하더라도 그 의미는 반감되거나 무의미해진다. 그 어떤 행위도 똑같은 행위는 없다고 말하는 것이 보다 사실에 가깝다. 예를 들어, 일상적인 밥을 먹는 행위만 해도 그렇다. 얼핏 겉만 보아서는 같은 행위일지 몰라도 결코 똑같은 반찬, 똑같은 시간은 없을 뿐만 아니라 밥 먹는 행위 속에 흐르는 의식 또한 결코 평생을 걸쳐 똑같을 수 없기 때문이다. 동일한 사람의 게으름과 부지런함이 나이에 따라, 매일 다르게 행위되고, 또 그러한 행위적 표현이 사람마다 다를 터인데도 우리는 시간 개념을 무시한 채 시간을 정지상태에 갖다 놓고 그러한 행위들을 한데 묶어서 생각하는 습관이 있다. 그래서 타인이 익숙한 행위가 아닌 조금이라도 달라 보이는 행동을 할 때 그것을 있는 그대로 받아들이기가 힘들게 된다. 그 어떤 예외적인 행위도 용납할 수 없는 것이다. 개인에 있어서도 마찬가지다. 뭔가 새로운 기분으로, 자발적으로, 있는 그대로 행위해 보고자 시도하지만 낯설고 내가 아닌 다른 사람 같고 어색해진다. 제 풀에 스스로 그만둔다. 굳이 그렇게까지 해서 타인을 당황하게 할 필요는 없지 않겠느냐는 것이다. 그래서 기존 상황에 새롭게 행위한다는 것은 그저 꿈이거나 다른 사람들 몫이 된다. 그리고 나는 어제나 내일이나 변함없는 행위 속에 자위하면서 자신이 옳음을 믿어 나간다. 습관화된다. 나의 행위도, 나의 마음도, 나의 존재까지도 고정되어 간다. 획일화된다. 사물, 기계가 된다.

자발성이 높은 행위는 지금 이 순간에 모든 과거와 미래를 끌어당긴다. 과거 경험과 미래의 환상에 자신을 양보하지 않는다. 지금 여기에 전력을 투구한다. 그 어떤 과거의 그림자, 유령, 행위 경험에도, 그리고 그 어떤 미래의 결과에도 자신을 소모시키지 않는다. 그는 마치 이 순간만 존재하듯이 최상의 자발적 행위를 드러낸다. 그때 그는 마치 아무것도 사고할 줄 모르고 모든 것을 망각한 사람처럼 행위한다. 그러한 행위 자체가 바로 그 사람의 자기(self) 자신이다. 그래서 그러한 행위는 위와 같은 습관화되고 규율화된 세계에서는 위험시되고 배척당할 수 있다. 또 그러한 불안이 역으로 인간의 자발적 행위를 가로막는 요인이 되기도 한다.

괴테(니체, 임수진 역, 1998: 114)의 표현에 의하면 (진정한) 행위자는 항상 몰양심적이고 언제나 불지식적이다. 그는 하나의 일을 하기 위해서 대부분의 다른 일을 잊고, 자신의 배후에 있는 것조차 부정하며, 오직 하나의 정당성, 지금 생성해야 하는 것의 정당성만을 안다. 이와 같이 모든 행위자는 자신의 행위를 실제로 사랑받을 만한 것 이상으로 한없이 사랑한다는 것이다.

진정한 행위는 양심이며 그것이 그 어떤 지식을 넘어서 있다. 자신의 행위를 의심하거나 그 결과를 예측하고 두려워하지 않는다는 것이다. 과거와 미래가 부정되고 오직 이 순간에 그 행위 자체에 몰입한다. 비록 사소한 행위일지라도 의무적 · 습관적으로 하는 것이 아니라 그 행위 자체를 사랑하는 것이다. 그것이 곧 지금 이 순간의 행위의 의미다.

사이코드라마에서 행위는 결코 과거의 재현행위가 아니다. 그건 아무 의미도 필요성도 없는 행위다. 고통스러운 과거의 행위를 구태여 재현할 필요가 어디 있겠는가? 그리고 그것은 하려고 해도 불가능하다. 중요한 것은 지금 이 순간의 행위다. 과거, 미래가 지금 이 순간의 내 속에 의미화되어 있으며 살아 움직이고 있는 지금의 나의 행위, 비록 열 살이 되어 과거 그 장면을 되풀이하고 있는 것처럼 보여도 지금 이 순간 내가 열 살이 되는, 나의 전체가 스며들어 있는 행위인 것이다. 겉으로 보아서 과거처럼 보이지만 그건 뿌리치기 어려운 습관적 사고방식이다. 어른인 내가 갓난아기가 되어 제아무리 그 당시의 아기 행위를 잘해 낸다 하더라도 그건 사실이 아니다. 그런 행위는 불가능하다. 내가 그런 행위를 하는 것은 지금 이 순간의 나, 자기의 자발성에 의한 최선의 행위 의미를 느끼기 때문이다. 내가 하늘을 나는 새가 되고 싶은 것과 같이 아기가 되고 싶은 것이다. 나의 지금이 그것을 요구하고 있고, 오직 그러한 생성, 행위의 창조가 있을 뿐이다. 익숙한 사유 습관으로 나의 행위를 평가하지 않는다. 나의 전력투구적인 행위, 이 순간의 행위만이 있을 뿐이다. 소재는 과거나 미래의 것이라고 말할 수는 있으나 행위는 오직 이 순간의 의미뿐이다. 행위자와 행위가 자기가 있는 그대로 드러나는 행위, 그 어떤 서술도 불완전한 지금 이 순간의 행위, 행위화를 통해 스스로를 창조하는 행위, 결코 그 어떤 사물로도 붙잡을 수 없는 한순간의 행위, 따로 있는 것이 아니라 행위자 자체가 행위 그 자체인, 니체식으로는 번개가 치는 것이 아니라 치는 행위 자체가 번개 자체인 것처럼 창조행위와 창조자가 동일화되는 순간의 행위가 곧 사이코드라마가 지향하는 행위의 세계다. 이 순간의 행위의 의미다.

5) 행위 통찰 및 행위 완료

켈러먼(1992: 86)에 의하면 행위 통찰(action insight)은 여러 종류의 행위학습(action learning)의 결과로서, "정서적, 인지적, 상상적, 행동적 그리고 대인관계적 학습 경험의 통합"으로 정의된다. 그래서 행위 통찰을 얻기 위한 가장 효과적인 방법은 자발성을 키우고 저항을 해소시키는 환경을 만드는 일이다. 그래서 사람들로 하여금 자유롭게 자신을 표현하고 자신이 원하는 대로 말하고 행위하고, 내면으로부터 연상해서 행위하고, 자기 자신에게 진실하며 타인에게 정직해서, 유의미한 내적 요소들이 자발적으로 흘러나와 개인의 진실과 역사가 즉각적인 정당성을 갖는 문제로 화하게 하는 것이 중요하다고 말한다. 일견 사이코드라마의 전 과정이 행위 통찰을 위해 존재하는 듯한 느낌이다.

일반적으로 insight(식견, 통찰력)는 sighting inward, 즉 어떤 사물 혹은 대상의 내적 본성(nature)을 명확하게 보고 이해하는 능력을 일컫는다. 그래서 통찰은 심리학에서는 주로 인간의 자신의 정신상태나 행동에 대한 인식(awareness)으로, 정신의학에서는 환자가 자신의 정신장애를 인지(recognition)하는 의미로 통용된다(웹스터사전). 그러나 전문가들 사이에서는 통찰의 문제가 그렇게 간단하지만은 않다. 치료 방식 혹은 이론에 따라 사람마다 통찰의 의미가 다양하게 논의되는 바, 그 중요 목표인 그것이 얼마나 치료에 도움이 되며 인간의 행위를 얼마만큼 변화시킬 수 있느냐에 따라서 저마다 궤도를 달리한다. 그러한 다양한 시각을 요약 · 정리하면 다음과 같다.

① 통찰의 대상: 자기/타인, 내적 현실/객관적 현실, 경험/병적 현상, 과거/현재, 동기/현상, 행위 패턴/상호 인간관계
② 통찰의 유형: 지적 통찰, 정서적 통찰, 행위 통찰, 의식적/무의식적 통찰
③ 통찰의 수단: 이해(understand), 지식(knowledge), 구성(organization), 내성(introspection), 주시(contemplation), 명료화(clarification), 탈억압(depression), 자기발견(self-discovery), 자기 인식(self-awareness)
④ 통찰의 유사 형식: 아하 경험, 영감, 직관, 갑작스러운 깨달음 등

이처럼 통찰은 단일 개념이 아니므로 한마디로 정의하기는 아직 어렵다. 그리고 그러한 통찰 하나만으로 인간의 정서적 혹은 행동적 변화를 촉진시킬 수 없다는 사실은 오래전부터 알려져 왔다(켈러먼, 1992: 85). 분명한 것은 통찰의 대상이며 수단이 어떠하든 지적, 정서적 통찰보다는 구체적인 체험을 통한 행위 통찰이 가장 통찰의 의미에 부합할 것이라는 사실이다. 삶은 이론이 아니다. 앎이 곧 삶이 아닌 것과 같다. 열 가지 지식과 이해는 한 가지 실천보다 못하다. 사이코드라마에서의 행위 통찰은 곧 몸 지식이며 앎이다. 그것은 그 어떤 앎보다 실제적이고 구체적이다. 그러나 중요한 점은 사이코드라마가 그러한 행위 통찰을 목표로 하는 것이 아니라는 사실이다. 그것은 말하자면 이차적이고 부수적인 결과일 뿐이다.

사이코드라마의 행위 통찰을 가장 폭넓고 깊게 연구한 사람은 켈러먼이다. 그는 자신의 저서 중 한 장의 제목을 행위 통찰로 해서 다각도로 그것을 규정하고자 시도한다. 이제 그의 중심적 사고를 요약해 보자.

① 치료가 성공적이기 위해서는 통찰과 자기발견의 과정은 지적인 면보다는 정서적인 면이어야 하고 의미 있는 학습이 동반되어야 한다.
② 내담자들은 과거에서 그들의 고통의 원인을 찾는 것 이상으로 더 멀리 나아가야 하며 현재에서 그들의 느낌과 행위의 의미를 경험해야만 한다.
③ 무의식과 접촉(touch)하는 능력인 정서적 통찰의 치료적 가치는 정신분석과 사이코드라마 사이에 근본적인 차이가 없다고 생각한다.
④ 자기 이해와 통찰은 사이코드라마에서 그 자체나 목적은 아니다.
⑤ 행위 통찰은 갑작스러운 이해의 섬광처럼 나타날 수도 있다. 그래서 그것은 인간이 전 인생을 통해 모든 감각에 더 많이 열리고 인식해 나아가는 과정으로 간주되어야 한다.
⑥ 행위 통찰은 감정 정화(catharsis)에 아주 가까우며 일종의 무의식적 사고의 인지

적 방출로 기술될 수 있다.

⑦ 행위 통찰은 경험적 학습, 행위를 통한 학습, 비인지적 학습의 결과로 발생한다.

⑧ 행위 통찰과 정화는 함께 해야 한다. 그러나 둘 다 만병통치약은 아니다. 보다 실질적인 변화를 위해서는 역할훈련으로 보강되어야 한다.

켈러먼은 마지막 결론 부분에서 얄롬(I. T. Yalom, 1995)의 말을 인용한다. "치료는 정서적, 교정적 경험이다. 우리는 무언가를 강렬하게 경험하지 않으면 안 된다. 그러나 우리는 또한 우리의 이성능력으로 그러한 정서적 경험의 의미를 이해하지 않으면 안 된다."

모레노는 행위 통찰을 행위를 통한 자기발견의 과정으로 정의하였다. 따라서 켈러먼의 ② 느낌과 행위의미의 경험, ④ 그 자체가 목적은 아니다 등의 결론적 규정, ⑤ 인생의 한 과정이라는 이해는 정당하게 생각된다. 문제는 그가 이성, 학습 등의 용어를 사용함으로써 몸과 정신, 이성과 감성, 체험과 인지 등 기존의 이분법적 사유 태도를 완곡하게 유지하고 있다는 점이다. 몸, 행위와 정서의 표출은 이미 그 안에 의식, 이해, 인지적 요소가 스며들어 있으며 그 자체만으로 통찰이 이루어질 수 있다는 사실을 불신하고 있는 것으로 볼 수밖에 없는 지극히 논리적인 사고방식이라는 것이다. 물론 무의식적 행위, 무의식적 정서표현과 느낌이 있을 수 있다. 비록 그러한 경우라 할지라도 그때 작동되는 의식과 인지적, 이성적 이해가 과연 올바른 이해라는 것을 어떻게 알 수 있겠는가? 왜 그것이 그토록 중요한 것인가?

예를 들어 보자. 주인공은 20대 후반의 여성이다. 5~6세경에 꾼 무서운 꿈이 재연되었다(그것은 매우 생생하고, 그 이후에도 자주 생각나거나 유사한 꿈을 꾸어 왔다.). 높은 흙담으로 지어진 집(마치 커다란 에스키모인들의 이글루와 같은)의 천장에 기어오른 소녀는 (천장 부분은 넓게 뚫려 있다.) 그 안을 내려다보고 있다. 그 안은 용암과 같은 불길이 타오르고 있고, 시끄러운 기계 소리와 함께 그 건너편에는 낯 모르는 남녀가 서 있는 모습이 보인다. 소녀는 여자를 향해 소리 지르다가 그 불구덩이에 빠지면서 심한 공포와 더불어 잠을 깬다. 장면들은 그 집이 딱 한 번 어머니를 따라 안에는 들어가 보지도 못하고 곁에서만 보았던 어머니가 일하는 공장이었고, 낯 모르는 여자는 어머니라는 것을 보여 준다. 그리고 소녀는 불구덩이에 떨어지는 장면을 시도한다. 암전, 흔들리는 높이 쌓은 탁자와 의자의 흔들림, 시끄러운 기계 소리. 엄마라고 부르지만 기계 소리에 파묻혀 어머니는 듣지 못한다. 소녀는 떨어진다. 붉은 천으로 상징된 불구덩이에 갇힌다. 죽음이다. 공포다. 잠시 후 소녀는 평생 어머니를 어머니라고 불러 보지 못했음을 상기한다. 할머니가 둘 사이를 떼어놓았다고 말한다. 여기서 소녀의 그러한 구체적인 행위, 표현과 공포의 재경험, 느낌 이외에 더 필요한 요인은 무엇일까? 불길, 용암의 의미는? 죽음의 의미는? 엄마와 소녀 사이의 관계에서 엄마의 거절과 방치, 미움 혹은 할머니에 대한 상징? 그리움과 분노? 어머니에게 다가가려는 무의식적 본능과 그에 대한 공포? 그 어떤 해석과 인지적 이해가 도움이 될 수 있을까? 사실과 사실에 대한 이성적 인식 사이에는 아무런 장애도 없는 것일까? 그리고 그러한 해석은 누가 하는가? 그 근거는 어디에 있는가? 즉, 그 순간의 진실을 누가 언어로 이야기할 수 있는가? 지적 · 현학적 취미 내지는 오만과 편견이 아니라고 어떻게 단언할 수 있는가? 주인공의 표정과 반응, 인정과 아하 하는 경험이 기준인가? 그 이후의 행위의 변화인가? 그렇다면 주인공은 그러한 깨달음이 진정한 자기발견이라는 것을 어떤 기준에서 이야기할 수 있는가? 그다음 장면에서 소녀는 어머니가 떨어지는 자신을 죽지 않게 받아 안아 주기를 원했고 그 장면을 실행했다. 만약 답이 있을 수 있다면 그 순간의 답은 바로 그 행위가 아니겠는가? 무엇이 더 필요한가?

따라서 행위 통찰은 행위 자체의 과정으로 인정될 수밖에 없다. 행위하는 그 순간에 그 몸 속에 이미 온갖 정서, 이해, 깨달음, 느낌이 혼합되어 있기 때문이다. 굳이 별도의 이해와 이성적 인식이 반드시 필요한 것은 아니라는 의미다. 켈러먼은 학습이라는 말을 사용하였지만 학습을 경험을 통한 행위의 변화로 광의로 정의할 경우에는 그의 이해가 정당하지만, 그 어떤 목적 지향적인 의미의 학습이라고 했을 때는 진정한 행위 통찰이라고 말할 수 없다. 왜냐하면 행위 통찰은 행위의 자발적인 과정에서 일어나는 필연적인 현상이기 때문이다. 비록 찰나적인 무의식적 행위라 할지라도 그 행위과정이 지나는 순간에 그것은 곧 의식화되고 이해될 수 있으며, 만약에 이해되지 못한 경우에는 또 다른 행위로 이어질 수밖에 없기 때문이다.

그렇기에 행위 통찰은 행위 완료(act completion)의 다른 이름으로 간주될 수 있다. 행위 완료는 이미 그 안에 행위 갈증의 해소와 행위 통찰의 의미가 내포되어 있기 때문이다. 행위가 완료된다 함은 이제 더 이상의 행위의 필요성이 사라졌음을 의미하며, 그것은 행위 만족(act gratification)과 더불어 행위의 의미를 대부분 이해하였음을 드러내기 때문이다. 사이코드라마에서 행위 완료는 다음과 같이 객관적으로 드러난다.

① 주인공이 분명히 행위가 끝났음을 이야기한다. 그것은 회피나 저항이 아닌 행위 만족이며 행위 갈증의 해소를 의미한다.
② 내가 어떻게 그런 행위를 할 수 있었지? 믿을 수 없어, 정말 내가 어떻게 했는지 기억이 안 나, 무언가 긴 어두운 동굴을 빠져나온 느낌이야 등과 같은 놀람과 새로움에 대한 주인공의 반응에서 행위가 완료되었음을 알 수 있다.

③ 관객의 반응이다. 그 누구보다도 관객들이 먼저 더 이상의 행위는 필요가 없음을 몸으로 느낀다. 그들의 몸짓과 표정만으로도 그것은 충분히 만족할 만큼 이해되고 완료되었음을 알 수 있다.

④ 그것은 에너지의 소모, 신체적인 피로와 관계가 없다. 겉으로 보아서 더 이상 행위할 기력이 없어 보인다 할지라도 아직 행위 완료가 불충분하고 행위 통찰이 주어지지 않은 주인공은 쉽게 자발성을 다시 불러일으켜서 그다음 행위로 나아간다.

5. 만 남

사이코드라마는 지금 이곳에서의 만남의 행위며 철학이자 예술이다. 나와 나, 나와 너 사이의 몸과 마음의 만남, 이미지들, 요소들, 부분과 전체, 겉과 속의 만남이며 참과 빔, 열림과 닫힘, 밝음과 어둠의 만남이다. 그것은 한마디로 상호 우주 내 존재로서의 만남이다.

1) 상호관계성 속의 만남

이정우(2001)에 의하면 라이프니츠의 세계관을 한마디로 정리하면 "세계는 무한히 접힌 주름이다." 그래서 각 존재는 이 접힌 주름을 각자에게 부여된 존재론적 위상에 입각해 일정 정도로 펼쳐 나간다고 볼 수 있다. 여기서 펼침의 의미는 표현의 의미로서 잠재적인 것이 신체 차원으로 드러난다는 것을 뜻한다. 따라서 우리가 세계 안에서 주름을 하나씩 펼칠 때마다 관계가 하나씩 만들어진다. 펼친다는 것은 열림을 뜻하고, 열린다는 것은 타자와 함께 있음의 관계에 들어가는 것이다. 즉, 그러한 열림, 관계의 형성, 곧 주름의 펼침이 우리의 삶 자체인 것이다.

하이데거는 인간과 인간의 관계 자체를 철학적 명제로 받아들여서 상호 영향을 미치는 상호성을 전제로 한 공동 현존재(mitdasain)로서의 세계 내 존재를 이야기한다. 꽃과 나비의 관계처럼 인간은 타인과의 관계성 속에서 자신의 고유한 존재방식을 드러내 보인다는 것이다. 우리 삶의 실존적 조건 자체가 바로 모든 삼라만상과의 관계성 속에 살아가는 것이라는 말이다.

게슈탈트에서는 하이데거의 이론을 지지하면서 나와 너라는 실존적, 수평적, 지금 여기의 상호관계에 초점을 맞춘다. 환자와 치료자 관계 역시 이 범주에 속하는데, 그것은 상호 의존적 관계로서 정신분석과 마찬가지로 전이를 인정하고 있다. 야스퍼스는 실존의 근원으로서 교제하는 인간을 이야기한다. 고독, 개방성, 사랑이라고 하는 준비 과정을 거쳐서 실존적 교제관계에 진입하게 되지만 그 속에서는 책임과 자유가 동시에 존재한다는 것이다. 빈스방거(L. Binswanger)는 사랑이라고 하는 존재양식에서 만나는 순간마다 새로운 탄생이 이루어짐으로써 존재를 초월해서 무한성에 참여하게 된다고 말한다.

반면에 프로이트 이론에 의하면 만남은 리비도의 충족을 위한 대상의 선택과 관련된다. 라캉식으로는 일련의 대타자, 소타자와의 만남을 통한 '타자의 욕망에 대한 욕망' 혹은 결여 · 결핍으로서의 욕망의 대상으로서 너, 대상의 존재 의미가 결정된다. 그래서 불완전한 실재계에 위치한 만남의, 진실의 순간은 순간 자체에서만 존재하며 대상은 끝없는 환유와 은유 속에서 대체된다. 궁극적으로는 '성관계는 없다'에서와 같이 부분들, 파편들의 만남만이 존재할 뿐이다.

한때 모레노의 청년 동우회와 비슷한 만남 그룹의 일원으로 『다이몬』 지를 편집하였던 마르틴 부버(표재명 역, 1990)는 오늘날 나와 너의 관계가 대상화, 사물화로 인해 상호관계성을 상실하고 있다고 본다. 그래서 진정한 삶이란 만남 그 자체이며 그것은 순수 대화를 통해 이루어진다고 말한다. 순수 자아란 없고 오직 관계를 통해서만 자아가 존재한다는 것이다. 그리고 여기서의 너는 사람에게만 국한되는 것이 아니라 새로운 세계의 발견, 변화가 가능한 것은 무엇이든 될 수 있다고 말한다.

로저스는 인간의 참다운 변화는 관계 속에서의 경험이라고 말하고 그러한 만남의 질을 결정하는 요소로서 타인관계에 대한 순수성, 가식 없고 솔직함, 공감능력, 적극적 관심 그리고 상대방에 대한 지각(perception)을 든다.

요약하면, 인간의 삶, 곧 탄생이란 그러한 무수한 관계성 속으로의 진입이며 만남이라고 말할 수 있다. 중요한 것은 그 의미와 가치가 사람마다 다르다는 점이다(죽음 또한 불가지의 또 다른 우주적 관계 속으로의 출발이라고 말할 수 있다.). 어쩌면 니체의 말처럼 우리는 아주 작은 관계와 만남만으로 만족한 채 더 이상의 펼침이 없는 세계 속에 안주해 살아가고 있는지도 모른다. 그는 '인간의 가장 위험한 망각'이라는 제목하에 이렇게 말한다. "우리는 타인을 만나는 것(사랑)을 잊는 일에서 시작해서 사랑할 가치가 있는 것을 스스로 더 이상 발견하지 않는 일로 (인생이) 끝난다."(니체, 김대경 역, 2000c: 212)

2) 상호신체성으로서의 만남

퐁티(조광제, 1999)에 의하면 나는 나를 다 볼 수가 없다. 내가 누군가와 악수를 할 때, 나는 타인이 나를 만지는 주체임을 안다. 타인이 나의 전부를 보고 있다. 타인이 나를 보고 만지는 행위는 곧 나에 대한 애정이나 존중심, 나와 함께 새로운 세계를 형성하려는 지향성을 담고 있다. 그래서 상호신체성이란 유아론적으로 고립된 나의 독자성과 절대성이 근원적인 것이 아니라 나와 타인 간의 공동성이 근원적인 것임을 알려준다. 개인성이 발전해서 공동성이 되는 것이 아니라 공동성에서 개인성이 추상되어 나오는 것이다. 즉, 퐁티의 몸의 현상학은 나는 살을 가진 내 몸으로서 존재한다(정화열, 1999: 182)로 시작된다. 몸은 곧 사회적 현상이다. 몸을 통해서 사회적 관계를 맺기 때문이다. 우리는 몸에 의해서만 다른 사람의 몸과 마음을 볼 수 있으며 상호관계를 가질 수 있다.

모레노에 의하면 사이코드라마의 본질은 곧 만남이다. 그것은 같은 시공간에서 모든 약함, 강함, 힘을 가진 몸적 자기로서의 전체적인 만남이며 함께 경험하고 생존하는 것을 의미한다. 만남은 모레노에게 조우(meeting), 즉 신체 접촉, 직면, 부딪히고 싸우며, 보고, 지각하고, 만지며, 보다 근원적인 직감적 방식으로 타인 속으로 들어가는 것이다. 그것은 가장 강렬한 수준의 조우다. 너의 눈으로 너를 보고 만나는 것이다. 그것은 공감의 차원을 훨씬 넘어서는 몸과 몸의 부딪침이며 만남이다.

그래서 상호신체성으로서의 만남은 그 어떤 이해, 해석, 자기식의 의미분석을 넘어선다. 타자와의 있는 그대로의 만남이다. 까다로운 평가, 선입견, 주관적 판단을 넘어선다. 소유와 지배를 넘어선다. 그것은 무조건적인 대상의 수용이며 인정이다.

그 극단적인 표현은 데리다에게서 찾아볼 수 있다. 데리다(남수인 역, 2001: 163)는 "얼굴은 의미를 표시하지 않는다. 얼굴은 자기 이외의 것, 즉 마음이나 주관성 등을 구현하지 않는다. 타자는 얼굴에 의해 자신을 알리지 않는다. 타자는 이 얼굴이다."라고 말한다. 그래서 타자를 소유하고 포착하며 아는 것이 가능하다는 것은 타자는 이미 타자가 아니라는 것을 의미한다. 알기, 포착하기, 소유하기는 권력의 동의어라는 것이다.

다시 말해서, 있는 그대로의 만남이 아닌 아는 것에 의한, 지식에 의한 만남의 부정이며, 앎의 위선적이고 일방적인 오만에 대한 회의다. 보다 근본적으로는 우리가 무엇을 제대로 알 수 있는가에 대한 자기 성찰이며, 이성에 대한 철저한 비판 위에서의 인식이다. 나는 너에 대해서 무얼 아는가? 알 수 있는 것은 무엇인가? 그것은 또 무엇을 의미하는가? 안다는 것은 실제 너의 존재가 사라지는 것을 의미하지는 않는가? 그것을 소유라고 해도 좋고, 지배나 무시라고 해도 좋다. 왜냐하면 내 눈앞의 몸체로 서 있는 너를 본다는 것 자체도 이미 나의 시선, 이미 있는 그대로를 보지 못하고 이성과 논리의 장막에 가리어져 있는 시선일 수 있기 때문이다. 이미 내 식으로 틀이 짜여져 있고 나의 판단이 작용된 일방적인 시선이기 때문이다.

바흐친(정화열, 1999: 60)에 의하면 존재한다는 것은 의사소통하는 것이요, 의사소통이란 이질적이고 다성적(多聲的)인 언어, 담론, 음성, 의미, 즉 서로 다른 이종 언어를 가지고 대화를 나누는 것이 된다. 같은 우정과 사랑이라는 단어라 할지라도 사람마다 서로 그 의미, 음성, 말하는 방식이 다를 수밖에 없음을 인정하는 의사소통이라는 것이다.

카뮈(정화열, 1999: 84)식으로 말하면 진정한 인간(반항인)이란 타자를 말살하지 않고 인간 상호 간의 유대를 강화시키는 것을 자신의 의무로 느끼는 사람이다. 그는 비난 가능성이라는 윤리적 원칙(도덕적 절대주의의 위험성)과 오류 가능성이라는 인식론적 원칙(인식론적 독단주의의 위험성) 사이에 있는 대화의 상호작용(가능성)을 기꺼이 인정한다. 따라서 대화의 원칙은 상존하는 상호 침투적인 계기조차 긍정하며, 절대 확신과 완전한 의심 사이에 존재하는 모호성의 영역을 인정한다. 다시 말해서, 완전히 안다는 것의 불가능성, 타자에 대한 애매모호성을 긍정한다는 의미다. 그것은 타인 존재의 고유성, 독자성에 대한 긍정이며, 인식론적 주체의식에서 벗어나 상호신체성의 만남 속에 자신을 함께 드러냄을 의미한다. 탈중심적(ex/centricity)이고 탈존재(ex/istence)적인 만남이다.

니체는 그러한 만남, 의사소통을 그의 『권력에의 의지』(강수남 역, 1988)에서 다음과 같이 극단적으로 자신 있게 말한다. 음악에 비교하면 낱말에 의한 모든 전달은 파렴치한 방식이다. 낱말은 희박하게 하고 인간을 우매하게 만든다. 낱말은 인간을 몰인격적이게 만든다. 낱말은 평범하지 않은 것을 평범하게 만들어 버린다. 불편화시키고 이해가능한 수준으로 변형시킨다. "우리는 결코 서로 사상을 전달하는 것이 아니다. 진짜로 서로 전달하는 것은 운동이며 몸짓이요 광신적(狂言的) 기호다. 그런데도 우리는 그것을 사상(낱말, 일반성)으로 환원하여 읽고 읽히는 것이다."

만남은 나의 몸성, 즉 나의 행위와 느낌, 감각 및 사고를 통해서 이루어진다. 사유와 이성이 제일 앞에 나서는 대장이 아니다. 내 몸이 너의 몸과 마주하는 일이다. 나의 감각과 느낌과 행위가 사유와 함께 부딪치는 것이다. 어느 것이 먼저일 수가 없다. 그리고 그것은 수많은 요인에 의해 그 표현과 의미가 매 순간 달라진다. 특정한 시공간, 생리적, 생물학적 조건, 상호관계성, 상징성, 애매모호성, 태도와 자세가 모두 영향을 미친다. 그러한 다양성으로서의 만남을 결코 언어로 획일화시킬 수는 없는 것이다.

포스트모던적 시각에서 만남의 의미라고 할 수 있는 이야기(mythos)론을 아주 쉽게 서술한 양운덕(2001)에 의하면, 이야기란 늘 있어 왔고 그것은 앞선 이야기에 대한 이야기일 뿐 그 대상은 결코 사실이 아니라고 말한다. 이야기는 결코 끝나지 않는 것이기에 그 어느 것이 더 잘났다고 나서지도 않는다. 서로 어울려 이야기의 놀이판을 이룰 뿐 스스로 진리라고 주장하지도 않는다. 기존의 큰 이야기, 담론이 아닌 부분적이고 불완전한 작은 이야기라는 것이다. 서로 이질적이면서 함께 공존하는 마당, 서로의 차이와 다름을 인정하고 하나의 척도로 등급을 매기거나 보편성 아래 정렬시키고자 하지 않으며 각각 그 나름의 고유 가치를 인정하는 모노로그 아닌 다이얼로그, 합의보다는 이의를 존중하고 모범 답안보다는 창조적인 차이를 만들기 위한 선의의 싸움판 벌리기라는 것이다.

동일성 대신에 차이를 내세우고, 총체성 대신에 조각 난 (이야기) 계열을, 진리와 논리 대신에 위반과 배리(paralogia), 그리고 합의나 타협 대신에 분쟁과 이의를 내세우는 것이 현대적 담론의 경향이라는 것이다. 그것은 니체의 진리를 만드는 태도로서의 예술적 태도와 비슷하다(양운덕, 2001: 179). 예술은 허구와 오류의 놀이를 통해서 생명력을 고취시키기 때문이다. 예술은 진리의 지배를 벗어나 주어진 것을 찾기보다는 발명을, 기존의 것을 따라가기보다는 실험을, 개념적 인식이 정착을 추구하는 것과는 달리 표류를 선호하기 때문이다.

요약하면, 상호신체성의 만남은 곧 차이의 만남이요, 있는 그대로의 긍정, 이종 언어적 만남이다. 서로 간의 애매모호성을 인정하는 만남이며 보편성, 일방성, 우열성, 동일성에서 벗어난 참다운 자발성에 의한 조건 없는 만남이다. 사이코드라마는 바로 그러한 만남의 장이며 삐걱거리고 소리 내고 부딪히고 아파하는 만남 자체의 울림의 마당이다.

3) 정신치료와 만남

인간과 인간은 만나고 헤어진다. 우주 만물이 모였다가 흩어지듯, 인간도 가벼운 옷깃의 스침에서부터 일심동체라고 하는 이상적인 지고의 만남의 경지에 이르기까지 결국은 멀어지고 헤어진다. 정신치료에서 치료자와 환자 사이는 어떠한가? 관계인가 만남인가? 관계는 계(系; 어떤 명제나 물질과 관련되는) 사이의 상호 연관을 말하며, 만남은 사람과 사람 사이의 접촉 혹은 관련을 말한다. 그러나 인간을 넓은 의미의 계에 포함시킬 경우, 관계 역시 사람 사이를 지칭해 사용할 수 있으며, 이때의 관계는 사람과 사람 사이의 연관방식 혹은 내용을, 만남은 그 사이의 거리에 따른 질을 의미한다고 보겠다. 일반적으로 관계는 공적인 역할의 측면을, 만남은 사적인 앎의 측면을 강조해 사용하기도 한다.

치료자와 환자는 인간으로서의 만남이면서도 치료라는 하나의 목표 혹은 내용의 관계라고 할 수 있기에 한마디로 치료적 관계라고 말할 수 있다. 치료적 동맹(therapeutic alliance), 친밀한 라포(rapport) 형성, 신뢰관계(reliance), 협동적 접촉(cooperative contact), 작업관계(working relationship)가 그것이다.

와인버거(J. Weinberger, 1993)는 모든 정신치료의 효과적 측면을 드러내는 공통요소를 찾아보는 과정에서 그 어떤 치료법이 다른 것보다 우월한 것은 없었다고 결론 내리면서 그렌캐비지와 노크로스(L. M. Grencavage & J. C. Norcross, 1990)의 최근 연구를 소개하였다. 그들이 종합한 효과적인 공통요소들을 빈도순으로 열거하면 다음과 같다. ① 치료적 동맹의 발전, ② 카타르시스 및 문제들의 환기(ventilation) 기회, ③ 새로운 행위 습득과 실습, ④ 회복에 대한 환자의 적극적 기대와 희망, ⑤ 유익한(beneficial) 치료자의 자질, ⑥ 치료적 원리의 제시다. 즉, 정신치료가 효과가 있기 위해서는 치료동맹을 맺고 유지하는 일이 가장 중요하다는 의미이지만 아직까지는 결정적인 요소는 없었다고 결론지었다.

"정신분석에서 치료동맹이란 환자의 건강하고 합리적인 자아와 치료자의 자아가 치료 작업을 위하여 손을 잡고 만드는 것이다(이무석, 1995: 51). 그것은 치료에 필수적이다. "환자의 자아가 강할수록 치료관계가 잘 유지된다." 이 말은 무슨 의미인가? 여기서 건강한 자아란 '합리적으로 본능적 욕망을 충족시킬 길을 열어 주어 현실에 적응하게 하고 마음의 평화를 얻게 해 주는' 자아로 정의된다. 그런데 치료자의 자아라는 말 앞에는 어떤 형용사도 붙지 않았다. 그 숨은 의미는 환자의 건강한 자아 이상의 슈퍼자아를 말함일까? 환자의 자아가 강할수록 좋다는 말 역시 아무리 강해도 치료자의 자아는 그보다 더 강하고 흔들림이 없다는 뜻일까? 어쩌면 치료자의 입장에서 환자는 어느 정도 약한, 병적인 자아를 가졌다는 관념을 덮기 위해서 무의식적으로 건강하다거나 강하다는 말을 사용할 수도 있다. 결국 치료 동맹이란 사람과 사람 간의 손잡음이 아니라 현실원칙에 충실한 자아 사이의 관계라는 점이다. 그리고 그러한 자아는 강함-약함, 합리적-비합리적, 건강-병, 현실-비현실, 평정 상태(equilibrium)-불평정, 불안정 상태라는 이분법적 체계 내에서 정의된 개념이라는 사실이다.

그것은 결코 나와 너의 만남의 관계가 아닌 현실적인 주고받음의 관계요 계약의 관계다. 부버(표재명 역, 1990)에 의하면 그것은 나-그것의 관계다. 서로 어떤 현실적인 목표, 지식, 물상화된 울타리를 사이에 둔 분리된 만남이다. 그것은 밝은 대낮의 관계가 아니라 자아라고 하는 한 가지 색의 전등 밑에서 이루어지는 축소된 시야 속의 관계요 상호 자아라는 안경을 쓰고 만나는 관계다. 그것은 전체적이라기보다는 일면적이고 부분적인 만남이다.

그렇다고 치료 동맹이 부버가 말하는 나-너 관계, 그러한 만남이 되어야 한다는 의미는 아니다. 부버에게 나-너는 궁극적으로 절대자와의 만남, 영원한 너를 찾아가는 과정으로서의 만남이기 때문만은 아니다. 모든 나-너의 관계는 나-그것으로 바뀌고 마는 환멸을 맛보게 된다는 신비주의적, 비현실적(그리고 비사실적) 전제 때문이다. 그리고 인간에게는 순수 자아란 없으며 관계을 통해서만 '나'의 존재가 가능하다는 의미 때문이다.

비엔나 대학 시절, 부버에게 크게 영향을 끼친 인물로 흔히 사회학자 짐멜(S. Zimmel)을 든다. 그는 현대성에 대한 최초의 사회학자로 평가되는데 1900년에 『돈의 철학』을 발표하였다(짐멜, 김진균 외 역, 1994). 그는 거기서 "너로 향하기 위하여 만들어진 다리로서, 화폐는 너와 나를 분리하기도 하고 이어 주는 동시에 끊으며 열어 주는 동시에 닫는다. 화폐는 인간들 사이의 관계를 가능하게 하지만 거기서 벗어나서 보다 적극적으로 자신의 자유를 의식하게 만든다."라고 말하였다. 그는 또한 "인간은 나와 너 사이에서 최초로 갈등을 의식함과 동시에 최초로 통일을 느끼게 된다."고 말한다. 만남철학의 씨앗과도 같은 말이다. 그 때문이었을까? 모레노는 짐멜에게서 정신적 영향을 일부 받았다는 것을 인정한다. 그리고 그는 부버에게 만남의 의미를 이야기한 것으로 전해진다.

'나'라고 하는 주체가 형성되기 이전에, 언어를 통한 의사 전달을 할 수 있기 이전에, 자아, 나, 사회적 동물이라는 명칭을 부여받기 이전에 인간은 만난다. 인간 원형은 만남에 의해서 탄생한다. 만남현상 자체가 생명의 탄생을 말하며 우주-자연의 변화, 생성의 역사 역시 만남과 헤어짐, 채움과 비움으로 설명될 수 있다.

그리고 정신치료에서는 자아끼리의 만남인 치료적 관계를 강조한다. 그래야만 저항, 전이와 같은 억압된 무의식적 요인들을 찾아낼 수 있다는 것이다. 그런데 라캉의 정신분석에서는 자아가 주체가 아니다. 자아는 불투명해서 사유될 수 없다(이미선 역, 1994: 214). 애매모호하며 자기만족이나 명확한 양심 혹은 잘못된 믿음을 핑계 삼아서 어떤 분석이나 질문으로부터 벗어난다. 그리고 치료자는 환자의 모형으로 작용하지 않는다(이미선 역, 1994: 309). 환자는 치료자를 동일시하지 않으며, 오이디푸스 콤플렉스에 의해 분석가와 환자 사이에 제3의 용어인 사회가 개입됨으로써 삼각관계가 성립된다. 해석은 이제 이 제3의 용어로부터 나온다. 치료의 힘은 언어체계에 속하기 때문이다.

이는 마치 사회학자가 '돈'을 매개로, 즉 경제라는 매개물을 사이에 두고 인간 사이를 조망하듯, 너는 '나와 너'가 아닌 '언어를 통한 나와 너'가 되는 것이다. 이때의 나는 주체인가, 나 역시 주체가 아닌가? 나의 자아는 소외로부터 자유로워진 자아인가 아닌가? 만약 내가 상상의 '나'라고 하는 자아의 옷을 입은 존재라면 또는 나는 스스로 그 옷을 벗어 버린 진실의 주체라면 분석가로서의 나는 어떻게 해야 하는가? 여기서 문제가 되는 것은 내가 옷을 입었느냐 안 입었느냐의 문제뿐만 아니라 너는 옷을 입은 존재라고 하는 인식의 고정, 그 고정관념이다. 그래서 너는 언젠가는 그것을 벗어 던져야 할 것이라는, 아니 그렇게 되어야만 하는 결과론적인 목표의식이다. 내가 생각하고 있는 진리, 나의 이론으로 너를 자유롭게 해 줄 수 있다는 숨겨진 권력의 횡포다. 그것은 암암리에 내가 진정한 주체이고 너는 주체를 상실한 자아이며 상상계 속의 존재라는 것을 함축하고 있기 때문이다.

소위 전이(transferance)문제에서도 마찬가지다. 나와 너 사이에는 똑같은 전이가 아니라 너의 전이가 문제될 뿐이며, 너의 전이에 대한 나의 감정은 역전이라고 부른다. 내가 너에게 느끼는 것을 전이, 나에 대한 너의 반응은 역전이(countertransferance)라고 하지 않는다. 그렇다고 서로 같이 전이가 오고 간다는 말도 쓰지 않는다. "전이란 자아를 소외시킨 이미지요, 환유적 욕망으로 대체된 퇴행이기에 난 너를 좌절시키고 폭로시킨다. 그것은 나의 치료원리이기 때문이다." (이미선 역, 1994: 315)

신프로이디언이라고 하는 호나이(Horney), 인본주의적 내담자중심 치료자라고 하는 로저스에게도 상황은 크게 나아 보이지 않는다. 호나이는 어떤 종류의 인간 이해에 있어서 필수적으로 필요한 상호연관성에 대해 공감, 수용 그리고 직관적 이해를 말한다. 로저스 역시 무조건적인 긍정적 존중, 공감적 이해를 중요시한다(서봉현, 1970).

치료자는 환자를 무조건적으로 긍정, 수용, 공감한 이후에 스스로의 잘못을 깨닫게 해 준다는 원칙이다. 잘못은 고쳐야 하되 인간은 미워하지 말아야 하며, 그는 약자요 병든 자이기 때문에 더욱 그렇다는 뜻이다. 현실 어디에서도 없었던 이해되고 공감되며 수용되는 경험 자체가 이미 스스로 자기존중감을 가질 수 있도록 하기 위한 치료의 시작이라는 것이다. 그렇다고 치료자 측에서 이러한 사실을 말로 표현하지 않는다. 그의 우발적인 말이나 표정을 통해 전달될 뿐이다. 관계성의 조작을 피하기 위해서라고 말한다(서봉현, 1970: 154). 이 역시 상호 동등함보다는 일방적 편파성을 내포하고 있다.

어린아이는 약자이고 아직 무얼 모르는 존재이기에 일단은 긍정 · 수용한 연후에 교육해야 한다는 의미와 유사하다. 치료자인 나는 그를 꿰뚫어 보고 있기에 나의 숨겨진 이론의 틀(자기실현이라든가 충분히 기능하는 인간을 목표로 하는)에 따라 그를 도울 수 있다는 의미일까?

숨겨진 의도들, 치료 계약 후 치료 동맹을 맺고 환자의 욕망을 채운다. 난 단 네가 잘 따라와만 준다면 그 조건하에서 최선을 다해 네게 도움을 줄 수 있다. 난 너를 치료할 수가 있다는 나의 욕망-환상, 나의 만족감 등, 난 결코 날 드러내지 않을 것이다. 나에 대해 묻는 것은 바로 저항이기 때문이다. 너에 대한 공감, 무조건적 존중은 나를 중심으로 한 나의 언어이며 태도다. 그리고 난 그 어떤 만남 속에서도 개방되지 않을 것이다. 목욕탕 집 주인은 결코 벗은 채 탕 안으로 들어가지 않는다. 그리고 주인, 즉 너의 벗은 모습을 본 나는 너에게 있어 비밀의 공모자요, 마음의 주인이 된다. 일리가 있는 태도이기는 하다.

사이코드라마에서는 만남에 있어서 그 어떤 논리의 틀, 합리성과 합리화의 마스크를 거부한다. 그것은 그래야만 한다는 당위성으로부터도 자유롭다. 그래서 만남에 있어서도 시간과 거리가 자연스럽게 상호 대상을 향해 유동한다. 성별의 차이도 나이의 벽도 의미를 잃는다. 자아 대 자아, 의식 대 무의식, 치료자 대 환자라는 개념도 불투명하다. 그것은 인간의 만남이기 때문이다. 언어-기표 속에 부유하는 존재로서가 아니라 모든 비언어적 요소들, 무의식과 무의식적 요소들의 부딪침, 부분이 아닌 전체성 간의 나눔이 이루어진다. 그것을 디렉터의 모델링이라고 부르건 시범적 교육이라고 이름짓건 상관없다.

지향하는 바가 있다면 그건 자발성 그 자체요, 바로 이 순간의 만남의 의미다. 지나치게 이상화되고 비현실적이라고 생각될는지 모른다. 그러나 최소한 이러한 정도의, 이러한 형식의 치료 동맹이 이루어질 때 비로소 이론도 치료의 의미도 살아날 수 있을 것이다. 결코 중립적인 백색의 스크린을 치지 않으며, 때로 함께 가슴 조이고 당혹해하고 때로는 스릴, 혼돈, 어둠, 우울을 더불어 나누는 순간과 공간을 말하고 있는 것이다. 그것은 아마도 진정한 내면으로부터 우러나오는 모든 대상에 대한 긍정과 신뢰와 사랑일 것이다.

해머(Hammer, 1984)는 인간의 창조성에 대해서 언급하면서 치료 상황에서 창조성이 발휘되기 위해서는 치료자에게 세 가지 자세가 필요하다고 말하였다. 첫째는 생각할 수 없는 것을 감히 생각할 수 있고 금지된 것들을 받아들이며 자신과 상대의 생각에 두려움이 없는 그러한 모험에는 개인적인 힘, 즉 도덕적 용기가 있어야 한다는 점이다. 두 번째는 모든 합리성을 벗어나야 한다는 점이다. 세 번째로는 상호 깊은 심층의 이미지들이 오고 갈 수 있어야 한다는 점이다.

자신의 느낌, 생각들을 지워 버리고 부적절함, 미묘함, 어색함, 공격적이거나 비도덕적인 표현들을 회피해 버리며 이론에 맞지 않는 것들은 무시되거나 스쳐 지나가 버린다면 두 사람 사이에 남아 있는 것은 무엇일까? 알맹이 없는 형식일 것이다. 또 하나의 위선을 선물할 수도 있을 것이다. 다음은 데리다(김형효, 1993)의 말이다.

> 모든 것이 유목민처럼 이동한다. 안과 밖의 경계도 무의미하다. 인생, 자연, 사회, 우주, 역사도……. 모든 텍스트는 앞선 단계란 있을 수 없다. 시작도 끝도 없다. 비논리적이다. 오직 무한한 운동으로 일반화된 접목의 작동이다……. 모든 인자가 순수성, 고유성을 고집한다는 건 있을 수 없다. 서로 인연 따라 관계 맺기를 반복하며 자기 것을 고집하지 않기에 다른 인자들과 한없이 무한하게 새로운 무대나 장을 형성한다.

4) 모레노의 만남이론

모레노의 전 생애가 일종의 만남과 창조의 과정 자체였다면 과언일까? 그는 80 평생을 사람들을 좋아했고 사람들을 만났으며 사람들 속에서 살고 행위하고 창조하였다. 그의 목표는 단 하나, 만남을 통한 인류의 생존과 확장이었다.

> 진정한 치료적 과정이란 인류 전체를 목표로 하지 않으면 안 된다(A truly therapeutic procedure can not have less an objective than the whole of mankind)

인류 전체를 대상으로 하지 않는 치유적 행위 혹은 방식은 이미 그 자격을 상실한 거나 같다는 것이 그의 믿음이었다. 그것은 근본적으로 인간의 가능성에 대한 거의 절대에 가까운 긍정이며 신뢰를 의미한다. 그래서 그는 사이코드라마란 곧 만남의 본질 자체라고 말한다. 그리고 누군가가 그에게 사이코드라마의 소위 적응증, 누구에게 사이코드라마가 해당되는가 하고 물었을 때 그는 즉각 모든 인간들이라고 말할 수 있었다. 아이, 노인, 정신병자, 허약자, 죄수, 중독자, 미개인, 불구자…… 어른, 정상인…… 그 모든 인간들, 인류 전체다.

> "나는 책이나 이론을 통해 사람들을 만나지 않겠다."
> "나는 이론보다는 불완전하더라도 행위하는 인간으로 살아가겠다."
> "그 누구든 나에게서 가져갈 것이 있으면 가져가서 네 것으로 만들어라."
> "나는 내 이름이 아닌 익명으로 사람들을 만나겠다."
> "나는 인간 사이를 하나로 묶고 싶었다. 존재하는 모든 것들을 공동으로 작용하게 해야 한다. 인간과 별, 인간과 인간, 인간과 식물……."

이제 그의 만남이론을 논하기 전에 그가 일평생 만났던 대상들(최소한 그가 언급했거나 활자화된)을 정리해 본다(그것은 이 논의를 시작하기 직전에 떠오른 생각이었다. 특히 전 생애가 일종의 만남의 과정이라는 말에서 연유되었다.). 완전하다거나 충분할 수는 없다. 그러나 그의 만남의 면모를 일별해 볼 수 있는 방법이라고 생각된다([그림 9-1] 참조).

① 우주 · 자연: 우주 역동(자발성/창조성). 별, 구름, 하늘, 새, 나무, 꽃, 바다, 강, 숲, 태양, 달, 무덤, 봄, 먼지, 침묵, 비, 과거, 고통, 즐거움, 바람, 종달새 등

② 역사적 인물들: 예수, 부처, 마호메트, 베르그송, 니체, 짐멜, 도스토예프스키, 베토벤, 고흐, 슈바이처, 키르케고르, 스피노자, 소크라테스, 톨스토이 등

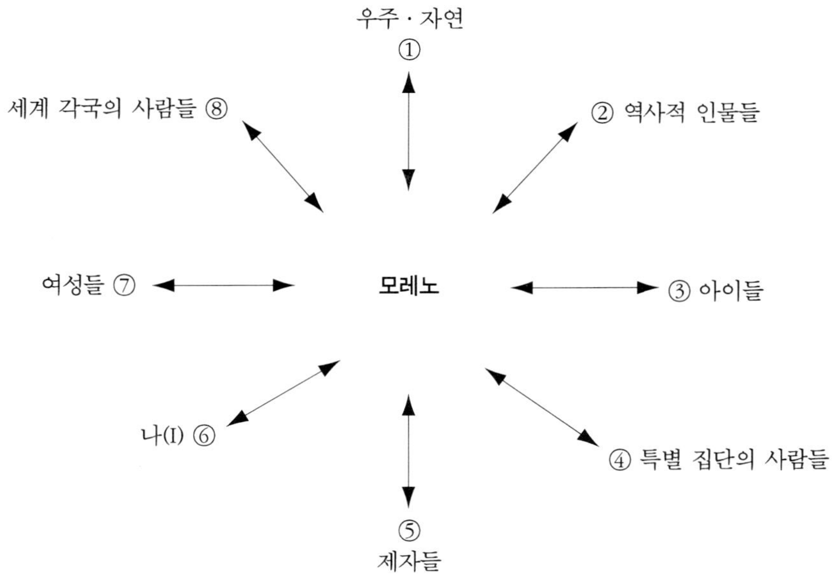

[그림 9-1] 모레노의 개인적 만남의 대상

③ 아이들: 비엔나의 아이들, 두 자녀들, 미국 소아병원 아이들

④ 특별 집단의 사람들: 창녀, 피난민, 죄수, 비행청소년, 정신과 환자들, 예술가(친구들), 철학자, 의사(선생과 동료), 『데이몬』 지 그룹, 만남의 종교를 같이했던 동료들

⑤ 제자들: 앤 헤일, 브래트너 등

⑥ 나: 인간-신, 사회원자(social atom)

⑦ 여성들: 폴리나(어머니), 피아, 엘리자베스, 마리안느, 베아트리체, 제닝스, 플로렌스, 젤카 등

⑧ 세계 각국의 사람들: 프랑스, 영국, 러시아, 스페인, 체코, 스위스, 이스라엘, 브라질 등 수많은 나라와 도시들에서 만난 사람들

모레노의 만남의 철학은 그 어떤 일관된 논리적 구조를 가지고 있지 않다. 또한 그의 만남에 대한 논의도 어느 한 문헌에 집중적으로 기술된 것이 없다. 따라서 이 논의는 그의 여기저기 흩어져 언급된 단편적인 내용들을 모아서 필자가 임의로 정리를 한 것이다. 그것은 대략 다음과 같은 세 가지 측면에서 이야기될 수 있을 것이다.

(1) 너(타인과의 만남)를 통하지 않고서는 자기실현은 없다

모레노가 자발성의 반대 개념으로 문화 보존성(책, TV, 작품)을 이야기했을 때 그 첫째 의미는 자발성 제로 상태를 드러내고자 함이었다. 그리고 또 하나 중요한 의미는 인간과 문화 보존성의 만남이 그 어떤 반응도 없는 일방적 관계라는 점을 강조하기 위함이었다. 내가 제아무리 훌륭한 책과 만나서 그것을 내 것으로 만든다 할지라도 나의 일방적인 주관만 작용할 뿐, 책은 나에 대해 그 어떤 피드백이나 나눔, 반응을 보여 줄 수 없다는 것이다. 쌍방적 만남이 아니라는 것이다.

모레노에게 만남이란 서로 간의 총체적인 상호작용을 의미한다. 신체적, 정신적 접촉(contact), 함께함(togetherness), 의사소통 중에서도 가장 강력한 차원의 조우(meeting), 총체적 상호성(total reciprocity), 직관적 방식으로 지금 이 순간에 타인 속으로 들어가는 것(entering)이다. 그것은 즉흥적, 비구조적, 비계획적, 연습이 없는 만남이다.

나는 너로 인해 나가 된다. 너는 나를 존재하게 하는 존재다. 너는 나의 존재의 구원자다. 너는 나의 제2의 자기다. 나는 나 스스로 나를 실현할 수 없다. 만남이 없이, 네가 없이 나가 있을 수 없고, 나의 아집과 나의 독단에서 결코 벗어날 수가 없다. 그것은 내가 나로서 홀로 선 다음에 너를 만난다는 것은 있을 수 없다는 말이다. 나는 너를 통해 홀로 설 수 있을 뿐이다. 너와의 만남에 의해서 나, 자기라는 주체성이 실험되고 만들어진다.

그래서 모레노는 만남을 서로 진정으로 순수하게 조우하고자 하는 과정으로 정의한다. 그것은 상호 간 상상력을 실험 · 실천하고 시각을 확장하며(expanding of perspective), 서로 동시에 가슴을 열며, 공감 차원을 넘어서 진실로 서로 역할을 교대할 수 있는 만남이다.

그러나 모레노는 그러한 만남이 한 인간의 생전에 흔치 않다고 말한다. 일상의 수많은 만남이 아닌 그러한 최상의 만남은 드물다는 것이다. 자발성의 결여 때문이다. 만남 자체가 하나의 창조적 작품처럼 되지 못하는 이유다. 그는 시간과 공간이 결코 장애가 될 수 없는 만남을 신선한 본질과의 만남, 사랑의 관계, 강렬한 우정, 실존적 만남, 일종의 엑스터시적 만남이라고 표현한다.

(2) 만남은 서로의 확장을 돕는 공동 창조자가 되는 길이다

사이코드라마는 서로 각기 다른 사람들이 만나는 장이다. 직업도 개성도 모두가 다른 사람들이 만난다. 그 만남은 일상의 만남을 넘어선다. 최상의 만남을 지향한다. 서로의 존재, 자기, 실현을 위한다. 그리고 더 나아가 상호 생존과 확장을 돕는 공동 창조자(co-creator)가 되어 나, 너 그리고 우리를 창조한다.

너가 없으면 나는 표현조차도 불가능하다. 창조 또한 어렵다. 왜냐하면 혼자서 하는 경우 제아무리 최상의 허구를 만들어 낸다고 할지라도 자신에게 이미 입력된 고정화된 이미지, 습관화된 상상력에서 쉽게 빠져나올 수 없기 때문이다. 필요하다면 자신의 환상을 사용해서라도 그 무엇, 누군가를 만들어 내고 만나야 한다. 자신의 바깥으로 나아가 관계 속으로 들어가야 한다. 열리지 않고서는 변화는 불가능하다. 나의 펼침 없는 창조는 생각조차 할 수 없다. 만남은 펼침의 순간 자체다.

모두가 한순간에 자신을 열고 자신의 감각, 느낌, 이상, 꿈, 비전을 쏟아붓는다. 나와 너 사이의 벽이 허물어진다. 그동안 나라고 이름 불렀던 허물들이 벗겨져 나간다. 그리고 각자는 그러한 만남 속에서 예술가가 된다. 모두가 인간-신으로 연결된다. 즉, 공동 창조자다. 사이코드라마에서의 모든 만남은 우리를 공동 창조자로 다시 태어나게 한다.

뿐만 아니라 창조의 그 순간에는 그곳의 구체적인 상황들, 자연환경도 함께 참여한다. 무대 위에 갑자기 날아든 나비 한 마리, 여름밤의 나방과 파리, 방바닥의 개미, 흩어진 머리카락, 찌그러진 종이컵, 찢겨진 화장지와도 의미 있는 만남을 갖는다. 도심의 시끄러움, 빗소리, 바람소리가 주인공의 세계에 유의미한 사건으로 개입되며, 밤의 열기, 겨울의 차가운 공기, 관객 속의 흐느낌, 부스럭거림, 그리고 밤하늘의 별, 새, 가물거리는 촛불도 모두 드라마에 참여한다.

(3) 인간은 서로가 서로에게 치료적 행위자다

인간은 자연과 우주, 그 모든 만남을 통해서 변화해 간다. 만남 없는 스스로의 변화는 없다. 그중에서도 인간과 인간의 만남이야말로 최상의 변화를 가능하게 만든다. 따라서 인간은 그 자체가 변화의 요인이다. 인간의 온갖 고통, 불운도 인간에 의해서 나누어지고 가벼워지고 치료된다(치료의 의미는 간단하지가 않다. 그에 대해서는 12장 '과학적 논의' 에서 다룬다.). 서로가 서로의 치료적 힘이며 동인이다.

거지에게도 배울 것이 있다, 옷깃만 스쳐도 인연이다, 내가 만나는 사람은 모두가 나의 스승이다라는 우리 말들과 일맥상통하는 개념이다. 내가 누구를 치료하는 것이 아니다. 내가 치료자라면 나 또한 피치료자에 의해 치료받고 치료된다. 그것이 곧 만남이다.

모레노가 기존의 정신치료를 달갑게 여기지 않는 이유도 바로 여기에 있다. 진정한 상호성, 만남이 없다는 것이다. 직접적인 접촉, 능동적인 투쟁, 의사소통이 결여되어 있다는 것이다. 일반적인 정신치료에서 나와 너의 관계는 전문가와 비전문가라는 불평등의 관계이며, 피치료자란 오늘 이 순간의 네가 아닌 고정된 개념의 너, 어제의 너에서 벗어날 수 없는 입장에 처해질 수밖에 없다. 따라서 구체적으로 살아 있는 너와 나의 만남이 아니라 그 어떤 논리, 언어, 상징으로 도망가고 오히려 두 사람 사이에는 뛰어넘을 수 없는 벽이 형성되는 관계다. 돈 내고 물건만 사는 만남 없는 관계다.

모레노는 사이코드라마뿐만 아니라 집단정신치료와 사회측정학을 창시하였다. 그 또한 만남을 기초로 한다. 일대일의 관계를 넘은 다수의 만남의 집단을 더 중요하게 생각하였기 때문이다. 그리고 사이코드라마에서 소위 3대 기법이라고 부를 수 있는 역할교대, 이중자, 역할놀이 역시 만남의 의미를 극대화시킬 수 있으며 그 기법 자체의 뿌리가 만남에 있는 기법들이다.

모레노는 한마디로 만남의 화신이라고 부를 수 있을지 모르겠다. 모두의 치료적 에이전트이자 공동 창조자였으며 그 스스로 그러한 수많은 만남을 통해 자신을 창조하고 확장시켜 나아갔던 그의 일생은 그 자체가 이 지구를 무대로 한 한 명의 큰 주인공이라고 할 수 있을 것이다.

6. 결 론

사이코드라마의 철학은 곧 주체, 몸, 행위, 만남의 철학을 의미한다. 이러한 네 가지 주제는 서로 떨어져 사유될 수 없는 인간 존재의 근원적, 실천적 주제이기 때문이다. 체화되고 행위화되지 않는 주체 개념은 죽은 개념이다. 주체는 행위 속에서 행위를 통해 드러난다. 만남의 행위과정을 통해서 자기를 변화·확장시킨다.

철학이 지혜와 지식을 의미하지만, 사이코드라마 철학은 단순한 지식과 인식의 차원을 넘어선다. 그것은 지금 이곳의 실존철학이며, 몸과 행위를 통한 주체들의 만남이라고 하는 구체적인, 궁극적으로는 우리 삶의 본질적 가치를 반성해 보고 새로운 삶의 비전을 세우고자 하는 실험철학이다.

인간은 지식의 축적만으로 변화되지 않는다. 그것은 몸으로 체현되어야 한다. 그리고 제반 변화와 진화는 단계적으로 서서히 변화되는 것이 아니라 단절적이고 도약적으로 이루어진다. 우주와 지식의 발전 또한 불연속적으로 진행된다. 인간 또한 나이가 들어 감에 따라 변화되지는 않는다. 변화되는 것은 외적 수단과 문명이다. 인간의 몸과 마음은 오히려 위축되어 간다. 인간이 변화·확장되기 위해서는 그 어떤 극적인 순간, 계기, 행위적 만남의 장이 필요하다. 현실적 시각에서 바라볼 때는 일종의 위기라고 할 수 있는 일탈의 시공간이 필요할 것이다. 사이코드라마가 바로 그러한 실험적, 철학적 시공간이다. 그리고 주체, 몸, 행위, 만남의 네 주제는 사이코드라마의 철학적 시공간을 이루고 있는 네 기둥이다.

제10장 예술적 논의

1. 서 론

프로이트는 철학, 예술, 종교를 고도로 발달된 문명을 표시하는 위대한 문화제도라고 간주했다. 그러나 예술에 대해서는 긍정과 더불어 부정 혹은 폄하하였다. 부정의 측면은 예술작품과 예술가의 유년기를 집요하게 관련시켜 말하는 그의 생물학적 시각이 그러하다(스펙터, 신문수 역, 1998). 반면에 예술에 대한 긍정은 "창조적 작가들은 직접 정신의 진실을 직관으로 알아차릴 수 있는 데 반해서 정신분석가들은 좀 더 힘든 방법으로 뒤늦게야 진실을 발견한다."는 그의 말에서 드러난다. 그는 모든 위대한 작품을 사이코드라마, 즉 마음을 펼쳐 보이는 드라마로 파악하였다. 그래서 그는 마침내 인문학적 교육을 맡았던 그의 스승들처럼 자신의 학문 분야(의학)에서 나와서 예술과 문화의 길로 들어갔다.

오늘날 예술, 과학, 철학은 인간이 인간, 현실, 세계를 다루고 이끌고 무언가 진실한 것(과거 개념으로는 진리)을 찾고 존재케 하는 하나의 형식이라고 생각한다. 전에는 볼 수 없고 들을 수 없으며 알 수 없었던 것을 보고 듣고 알 수 있도록 하는, 그래서 보다 새로운 현실을 찾아내는 일종의 발견, 발명 혹은 창조 행위인 것이다. 즉, 그것들은 현실에 대한 동일한 태도의 서로 다른 국면에 지나지 않는다.

또한 우리의 구체적인 삶 역시 마찬가지다. 인간의 삶 자체가 바로 그러한 지적, 미적, 사유적 행위들의 끊임없는 연속이며 우리의 모든 행위와 하는 일, 모든 경험이 바로 사고(철학), 앎(과학), 창조(예술)다. 그러나 문제는 그러한 예술, 과학, 철학 등이 극도로 구획화, 전문화, 분업화됨으로써 인간이 각자 일상이라는 작은 영역에 갇히고 말았다는 점이다. 다시 말해서, 인간의 총체성, 잠재성 혹은 예술성, 철학성, 과학성마저도 소위 전문가들에게 내던져지고 스스로 일상성으로 후퇴를 계속해 왔다는 것이다.

사이코드라마는 그러한 인간의 예술성에 불을 붙인다. 모두가 예술가가 되어 공동 창조의 장에 들어서게 만든다. 그것은 숨겨진 힘의 증대이며 확장이다. 그것은 예술이 의미하는 순화, 치료, 승화를 넘어선다. 그것은 서로 간의 감정과 자발적 힘을 자극하고 노출하고 부추긴다. 결코 어떤 것도 내일을 위해 남겨 두지 않는다. 완전한 연소, 고양된 감정, 삶과 세계에 대한 진정한 사랑, 도취를 열망한다.

그것은 일상적 예술의 의미와는 다르다. 예술가라고 하는 주체에 의한 그림, 조각, 음악의 창조가 아니라 참가자 스스로가 그림, 조각, 음악, 작품이 되는, 사건과 행위를 통해 이 순간의 창조자이면서 창조품이 되는 예술이다. 그것은 그 어떤 예술보다도 극적이고 생생한 현실을 표현한다. 예술이란 인간적인 것의 본질 자체로서 인간의 경험과 열망을 구현하는 것이라고 정의할 때(라공, 김현수 역, 1995), 그것은 예술로서의 사이코드라마를 정의하고 있는 것과 같다. 사이코드라마의 무대 위에 서는 순간, 우리 모두는 우리의 삶, 본질 자체를 있는 그대로 체현하고 있는 것이다. 그냥 단지 내가 해보는 것이 아니다. 내가 통째로 던져지는 것이다. 비참할 정도로 삶의 가장 밑바닥으로 추락하는가 하면, 처절하게 자기 자신을 해체하고 조각 내어 어둠과 혼돈, 죽음과 불확실성의 지하 세계에 빛을 비춘다. 그 진지성과 긍정성과 자발성, 앎이 아닌 삶 자체, 가차없는 내던짐, 그리고 새로운 생성과 창조, 공동 창조자를 창조하는 예술, 바로 그것이 사이코드라마다.

사이코드라마의 예술 창조의 재료는 인간, 몸, 행위다. 모든 인간의 감각이 총동원되고, 왕성한 몸의 동물적 활력, 몸의 넘침, 힘의 흐름이 일대 장관을 펼치는 예술이다. 모든 이미지가 몸으로 표현된다. 흐르는 열기, 땀방울, 격렬한 감정, 정적과 침묵, 춤과 노래, 가쁜 숨소리, 터질 듯한 긴장과 고요, 오열과 절망, 광기, 환희와 절정이 한 폭의 거대한 그림처럼 솟아나는 예술이다. 그것은 감동을 넘어서 있다. 그것은 전율이다. 그것은 생애 최대의 예술이며 삶이다.

데리다(가버, 이승종 외 역, 1998: 87)는 존재가 언어를 통하지 않고서는 자신을 드러낼 수 없다면 우리는 온갖 언어적 유희의 소용돌이 속에서 갈가리 찢겨지고 닳아 없어질 수밖에 없는 존재라고 말한다. 사이코드라마는 그러한 언어적 존재에서 몸의 존재로의 비약이다. 무대 위에는 말이 아닌 소리가 울려 넘친다. 온갖 이미지가 가득 찬 시공간으로 화한다. 온갖 색깔과 소리들이 서로를 자극하고 다양한 몸들, 몸짓들, 사물들이 한데 어우러진다. 인간은 한순간 색이 되고 그림이 되며 몸짓과 발짓이 시가 되고 음악이 된다. 즉흥음악, 즉흥시, 즉흥연극, 즉흥예술이 된다.

왜 사이코드라마는 예술이며 예술이어야만 하는가? 왜 심리학, 정신의학, 과학에 머물지 못하고 철학과 예술로 뛰쳐나오는가? 세계란 완성되지 않는 스케치라고 고호는 말했다. 그래서 예술은 현실을 넘어서서 무언가 다른 것으로 대체해 보고자 혹은 보완해 보고자 시도할 수밖에 없게 된다. 평범하고 진부한 현실을 회의하고 부정하지 않을 수가 없는 것이다. 니체(권영숙 역, 1999: 165)의 말처럼, 우리의 이상이 우리에게 요구하므로 어떤 사물을 초월하는 자유를 잃지 않기 위해서 모든 화려하고 회오리바람 같으며 춤추고 조롱하며 어린애 같고 기쁨에 찬 예술을 필요로 하는 것이다.

물론 우리의 일상 삶, 경험 자체가 넓은 의미에서 하나의 예술이라고 말할 수 있다. 왜냐하면 인간의 삶이란 시간의 흐름 가운데서 끊임없이 이어지고 있는 일종의 실험적 과정이기 때문이다(리드, 김병익 역, 2002). 그러나 그러한 흐름이 자발적인 흐름일까? 그것은 그 무언가에 고착되고 의도된 외적, 물질적, 가시적 결과를 향한 팽창만을 지향하지는 않는가? 알량한 앎에 의해 자신의 자발성을 평생 제대로 써 보지도 못하는 삶의 과정이 아닌가.

그래서 우리에게는 예술, 예술적 상상의 시공간이 필요해진다. 단순한 방관자, 예술의 소비자-구매자, 그래서 소외자가 되기보다는 나 자신이 예술가가 되어 나의 삶을 창조할 수 있는 그러한 시공간이 필요하다.

내가 시인이 아니라고 할 때는 고정된 시의 관념 속에서 나 자신을 비하시키고 있으며, 내가 그림을 잘 못 그린다고 할 때는 그 순간 작은 낙서를 하고 있거나 페인트칠을 하고 있는 자신을 어설픈 기준으로 깔보고 있는 것이다. 내가 흥얼거릴 때 나는 그 순간 음악가가 될 수 있다. 진지하게 앉아 편지를 쓰고 일기를 쓰는 순간, 음식을 만들어 놓고 찰흙으로 동물을 빚을 때, 나는 곧 예술행위를 하고 있는 것이다.

예술은 미감을 만족시키는 즐거운 형식을 만드는 시도라고 말해진다. 인생 자체의 여러 다양한 조건들을 이해하고 그러한 것들을 더욱 흥미 있고 멋들어진 것으로 전환시키고자 하는 과정 자체가 곧 예술인 것이다(에드먼, 박용숙 역, 1989). 그래서 예술가가 된다는 것은 하나하나의 경험에 생기를 불어넣어 주고 나아가서는 다른 사람들에게도 흥미를 느끼도록 해 준다.

물론 예술가들은 보다 많은 시간을 들여서 그러한 실현, 표현방식, 수단 등을 심사숙고한다고 말할 수 있다. 하나의 직업으로서 혹은 전문가로서 말이다. 그러나 어느 날 우리가 일상의 우리 자신을 되돌아 볼 때, 불충분한 그 무엇, 아직 충분히 발휘되지 못한 나의 내면의 힘과 같은, 왠지 자유롭지 못한 느낌들, 그래서 외적 · 물질적 풍요로움에 그 어떤 소외를 느낄 때, 우리는 비로소 예술의 문으로 들어서고 있다고 말할 수 있다. 그것은 우리의 삶 건너편에 있는 또 하나의 세계, 상상과 허구의 세계요 보다 더 유의미한 진실의 세계다.

그것은 왜소화, 일상화, 분업화된 우리로부터의 탈출을 꿈꾸게 한다. 그것은 정신을 말하게 하고 논리, 이성, 효율성으로부터 버려진 감성과 상상력, 꿈과 환영의 세계다. 현실의 정상성과 피상성으로부터 삶의 보다 새로운 가능성의 세계에 대한 그리움이다. 무언가 잘못된 세계를 드러내어 확대하고, 지구를 떠나 지구를 바라보듯 삶에서 한 발짝 물러나 그 삶에 새로운 의미와 해석을 찾고자 하는 근원적 욕구다.

니체(김진석, 2000: 426)에 의하면 예술은 모든 존재를 이중으로 재현하는 행위다. 그것은 처음의 이미지와 그 후에 이어지는 이미지의 이미지다. 삶이란 이러한 이중 재현의 끊임없는 생산이다. 그래서 니체에게 예술적 능력이란 허구에 의해 실제를 폭행하는 것이다(백승영, 2000: 80). 비극조차 희극으로 만드는 예술은 환상 속의 예술이다(김진석, 2000: 80). 비극 속에서 노래와 춤을 만들기에 환상적인 힘이다. 더러운 냄새조차 부정하지 않고 생성의 이름으로 확인하고 기뻐하는 환상, 그래서 노래와 춤의 놀이를 벌이는 인간은 예술 자체가 드러나는 작품이다.

"우리는 잠시 우리 자신으로부터 벗어나 휴식하지 않으면 안 된다. 우리 자신을 들여다보고 깔보고 예술적인 먼 곳으로부터 자기 자신에 대해 웃고 슬퍼하는 것에 의해서 우리는 우리 인식의 정열 속에 숨어 있는 주인공이나 광대를 발견해야 한다. 우리는 때때로 우리의 어리석음에서 즐거움을 발견해야 한다."(니체, 권영숙 역, 1999: 165).

니체는 『권력에의 의지』에서 그러한 예술적 힘과 허구 및 도취의 관계를 사랑의 예로 증명해 보인다. "사랑, 그것은 스스로 변모시킬 이유 있는 열병, 스스로에 관하여 거짓말하는 것(허구 세계를 생성하는 것)을 가장 자신 있어 하는 도취와 다름없다. 사랑의 포로가 될 때(그것은 마치 모레노가 과대조증을 이야기하는 듯 이어진다.), 사람은 스스로를 변모시켜 더욱 강하고 더욱 풍요롭고 더욱 완전한 듯 꾸미며 실제로도 한층 더 완전하게 된다. 우리는 여기에서 예술이 유기적 기능을 하고 있음을 인식할 수 있다. 예술의 허구가 극히 합목적적이라는 것, 심지어 공상을 넘어서 기존 가치를 뒤엎어 놓기까지 한다는 것을 인식할 수 있다. 그래서 사랑의 포로가 되는 자는 사실상 한층 더 가치 있는 자, 한층 더 강한 자가 된다. 그리고 예술에서 배제되는 것은 삶의 쇠퇴, 빈곤화, 무력함, 부패, 둔감함, 둔중함, 우울함이다."

사이코드라마는 우리로 하여금 예술의 방관자, 소비자에서 예술의 창조자로서 기쁨을 누리게 한다. 이전에는 구경꾼으로서 볼 수도 들을 수도 알 수도 없었던 것들을 새롭게 보고 듣고, 관습과 이론 및 지식을 넘어 마치 사랑에 들뜬 사람처럼 자신과 세계에 대한 새로운 느낌을 갖는다. 그것은 자발성 자체의 열림이며 반응이며 변화다. 삶의 온갖 불합리, 부조리에서 벗어나 폭발적인 전이를 통해 모든 창조자가 그러하듯 터득의 스릴, 현실을 변화시키는 즐거움, 해방의 기쁨, 승리감의 창출이 이루어진다.

사이코드라마는 또한 순간의 예술이다. 그것은 보존되지 않는다. 오직 이 순간의 직관, 상상력, 몸의 느낌으로 이루어진다. 그런데도 그것은 그 어떤 이론이나 분석보다도 더욱 적나라한 우리의 삶을 드러낸다. 한 줄기 빛이 프리즘을 통과하여 다양한 영롱한 색으로 변화하듯, 사이코드라마 무대라는 프리즘을 통과한 우리의 삶은 오색찬란한 예술품으로 태어났다가 사라진다. 비록 가시적으로 보존되는 것은 없을지라도 그것은 우리들 모두의 몸과 마음속에 깊이 채색되어 남겨진다. 하나의 짙은 예술적 감동으로.

이제 그러한 예술로서의 사이코드라마, 즉 허구의 세계, 이미지와 상상력의 세계, 드라마의 세계로서의 사이코드라마와 예술적 카타르시스에 대해서 차례로 논의해 보자.

2. 허구로서의 사이코드라마

사이코드라마는 또 하나의 허구(as if)의 세계다. 그것은 예술적 허구 세계를 의미한다. 여기서 또 하나라는 말은 현실 자체가 하나의 허구로 둘러싸여 있다는 것을 뜻한다. 우리의 언어 자체, 온갖 기호, 관념, 지식도 이미 하나의 가상 세계(실재가 아닌)의 일부이며 우리의 경험 자체도 대부분은 피상적이고 표피적이다. 매일의 신문, 라디오, TV가 그렇고 영화와 모든 예술 그리고 인간과 인간의 만남조차 그렇다. 나아가 나라는 주체 자체도 실재라기보다는 상상과 상징에 의해 조각 나 있다고까지 말하고 있다. 진리와 도덕 또한 삶에 의미를 부여하기 위해 허구적으로 만들어진 가상적 관점에 불과한 것이라고 한다면 결국 인간의 그러한 허구에의 의지는 인간의 필연적 본성이라고 말할 수 있을까?

니체는 그의 『비극의 탄생』(김대경 역, 2000b)에서 이 세계는 허위, 잔혹, 모순으로 차 있고 의미를 갖고 있지 않은 것이라고 묘사한다. 그런데도 우리는 그러한 세계가 참의 세계나 다름없다고 말한다. 우리가 이 실재성, 이 진리에 대하여 승리를 거두기 위해서는, 바꾸어 말해 살아남기 위해서는 거짓말(허구)을 필요로 한다. 그러한 허구, 예술에의 의지의 도움으로 우리는 삶을 믿을 수 있게 된다는 것이다.

그래서 삶에 타당한 일반적 진리가 존재하지 않는다면 우리는 삶에 유용한 의미를 실험적으로 창조해 내야만 하는 필연성을 갖게 된다. 다양한 현실 원칙과 관습과 규율에 현혹되지 않고, 우리의 삶을 보다 자발적으로 촉진시킬 수 있는 방법을 찾아 나서지 않을 수 없는 것이다. 유한한 인간 세계에 대처할 수 있는 우리 속에 가까이 있는 힘, 유일한 생존능력으로서의 자발성, 창조성, 상상력, 예술에의 의지가 그것이다.

니체는 『권력에의 의지』(강수남 역, 1988)에서 우리의 경험적 세계는 자기보존 본능으로 인해 인식의 제약을 받고 있다고 생각한다. 그래서 인간의 보존에 도움이 되는 것을 참, 선, 가치 있는 것으로 여긴다는 것이다. 그러나 우리는 참의 세계와 허구의 세계를 구별하는 어떤 범주도 가지고 있지 않으며(있을 수 있는 것은 오로지 허구의 세계뿐일지도 모른다.), 참의 세계가 상정되었다 하더라도 그것은 한결같이 우리에 대하여 가치가 적은 세계일 것으로 생각한다.

그것은 오히려 그러한 참이니, 실재니, 혹은 현실이니 하는 개념규정 자체가 인간의 자연스러운 힘의 지향성을 가로막고 규격화하고 눈을 멀게 만들 수도 있다는 뜻이다. 자기를 보존하고 자기 영역만을 확대하려는 가장 기초적인 본능의 세계에서 단 한 발짝도 더 나아가지 못한 인간의 옹졸함, 그래서 빚어지는 끝없는 아귀다툼과 같은 무한경쟁 사회라고 이름 붙은 오늘의 현실은 또한 과학이라는 이름하에서 인간을 수없이 많은 조작되고 양상된 가상 세계의 소비자로 전락하게 만드는 현실이다. 창조자가 아닌 창조품의 소모자, 모파상의 진주 목걸이처럼 평생을 진실이 무엇인지도 모른 채 땀 흘려 노동한 대가를 그러한 허상을 위해 갖다 바치는 우수고객, 훌륭한 구매자들의 현실이다.

여기서 우리는 삶과 생존의 의미를 묻지 않을 수 없게 된다. 어떻게 살아남을 것인가? 그냥 이대로 이 삶의 시간들을 흘려보낼 것인가? 시간을 잠시 멈출 수는 없는가? 그래서 그것이 현실로부터의 철저한 일탈이든, 파괴든 혹은 더 큰 고통이든, 그 길이 보다 나답고 보다 진실에 가까운 내 삶의 가능성을 확보할 수만 있다면 나는 송두리째나 자신을 던질 수 있을 것이다. 최소한 나의 존재 자체를 실험해 볼 수만 있어도, 적어도 그 어떤 답을 찾지 못한다 할지라도, 그것이 허구의 세계일지라도, 나는 단 한순간일지라도 그 세계에 뛰어들 것이다. 나는 나의 운명을 시험해 볼 것이다. 나는 나의 온몸으로 전력투구해 볼 것이다.

사이코드라마는 또 하나의 허구 세계가 된다. 그 무대는 그 어떤 예술가보다 처절하게 자신을 연소시키는 곳이다. 오뇌와 절규, 산고의 고통, 힘들의 충돌, 생성의 환희가 있다. 뜻대로 되지 않는 데서 오는 좌절과 눈물이 있으며 껍질이 벗겨지는 아픔과 더불어 보다 진실한 만남에의 놀람이 있다. 온갖 근심과 걱정과 외로움이 그 자체로 빛의 의미를 띠게 하는 웃음이 있고 창조자로서의 재생의 기쁨이 있다. 그 정도의 허구의 세계라면 그것은 이미 허구를 넘어서 있다. 비록 한순간일지언정 그것은 생존의 진실을 위한 훈련장이다. 현실보다 더 진한 감동이 있는 현실이며, 불가능했던 실재를 엿보고 몸으로 체험하는 기회의 장이다. 잊혀지고 두려워했던 자발성이 폭발하는 변화 · 생성의 시공간이며 그 순간 살아 있음이 그토록 그 의미를 다하는 예술의 세계다.

켈러먼(1992: 109)은 그러한 허구 세계를 연극, 놀이, 꿈을 있게 하는 상상력에서 찾는다. 그래서 부커넌(D. R. Buchanan)의 말을 빌려서 사이코드라마의 모든 방법론이 바로 그러한 허구 원리에 근거를 두었다고 말한다. 역할놀이, 보조자, 무대, 워밍업, 소품, 시공간의 왜곡 등등. 또한 허구는 모레노가 말한 극적 자발성(dramatic spontaneity)의 필수불가결한 성질로 규정된다. 과거에 수만 번 되풀이했던 말과 감정, 행위에 새로움과 활기를 주는 성질이다. 그리고 그는 심리학자답게 허구의 사이코드라마에서의 치료 가치를 다음과 같이 열거한다. 보호적인 허구 세계 내에서 고통스러운 사건과 생활을 통달하는 일, 현실 검증으로부터 벗어나게 고무하는 일, 외부 현실로부터 일시적으로 후퇴하는 일, 자신의 자발적인 아이디어에 따라 새로운 현실을 실험하고 세계를 형성하는 일, 역설적으로는 현실을 부정하면서 현실을 확인(confirm)하는 일(예: 망자와의 만남), 그리고 자아 기능을 강화해서 내외의 압력처리 능력을 강화시키는 일이 그것이다.

한마디로 켈러먼의 입장은 과도한 이분법(현실 대 허구)적 사고에 발상을 둔 논리로 보인다. 현실/상상의 세계가 그렇고 역할놀이 등이 그렇다. 즉, 꿈, 놀이, 연극에만 상상력이 작용하는 것이 아니다. 매일의 일상이 상상력 없이는 영위될 수 없으며 그가 말한 자아 역시 상당 부분이 상상력에 의해 구축된다. 현실에서 실행하는 다양한 역할놀이와 사이코드라마에서의 역할놀이는 다르다고 생각하는 것도 역시 모순된다. 현실에서 진실이 빠진 그럴듯한 역할놀이와 사이코드라마에서 허구적으로 보이지만 훨씬 진실한 역할놀이를 어떻게 구분할 것인가? 진실이라는 가면을 쓴 현실적 허구와 허구라는 가면을 쓴 무대적 진실을 어떤 기준으로 구분할 수 있겠는가? 중요한 것은 진실의 세계이고 진실한 느낌이지 겉으로 드러난 현실/상상, 현실/허구라는 이분법적 발상은 이제 그렇게 큰 의미가 없어 보인다는 것이다. 그것은 다음에서 보다 구체적으로 밝혀지게 될 것이다.

3. 이미지와 상상력

1) 들어가는 말

오늘날 우리는 이미지 과잉시대를 살아가고 있다고 말해진다. 우리는 신문, 방송이며 영화, 잡지, 사진, 문자들, 광고, 정치적 언술-사건들의 홍수 속에 파묻혀 산다. 정신을 잃지 않은 것만도 용하다. 한데 쓸 만한 건 보이지 않는다. 사실 같아 보이지도 않는다. 모두가 말과 이미지의 성찬 같다. 공허한 소리 없는 아우성이 흘러 넘치고 있는 것 같다.

그래서인가? 롤랑바르트(R. Barthes)는 세상을 뒤덮고 있는 이미지들이, 갈등과 욕망들로 이루어진 인간 세상을 완벽하게 비현실화시켜 버린다고 말한다(유평근, 2001: 239). 한 술 더 떠 보드리야르(J. Baudrillard, 하태환 역, 2001: 200)는 인간이 항상 상상의 여지를 가지고 있었지만 이제는 다른 세계를 상상할 수조차 없게 되었다고 상상 세계의 종말을 논한다. 이미지가 모방하거나 재현할 실체가 사라지고 이미지(허상, 환상으로서의 인공물, 즉 시뮬라크르[simulacre]) 자체가 실체인 세계가 되어 버렸다는 것이다. 그래서 우리는 우리 스스로 그러한 이미지들을 비판하고 꿈꿀 수 있는 주체적 참여의 기회와 시간을 빼앗긴 채 전염병과 같이 증식해 가는 이미지들의 수동적인 소비자 신세로 전락하고 말았다(유평근, 2001: 240). 우리의 현실-삶이 이미지-삶 속으로 사라져 버린 것이다.

하지만 분명한 것은 상상력의 세계는 역사의 동력으로 작용해 왔다는 사실이다(보이아, 김웅권 역, 2000). 인간은 오랫동안 지상에서 전진하며 별들에 대한 꿈을 꾸어 왔다. 무한을 갈망해 왔다. 그것은 역사의 모든 분야, 사건과 사상, 국가와 사회의 성립, 과학과 종교, 정치 등 도처에서 구체적 세계의 비물질적 분신처럼 나타나 작용한다. 스스로를 구체화시키고 세계를 재창조해야 하는 사명을 나타낸다. 보들레르의 말처럼 가시적 세계 전체란 상상력에 의해 상대적 가치와 지위를 부여받게 될 이미지와 기호의 보관소 나 상상력에 의해서 소화되고 변형될 반죽 같은 것일 수도 있다(유평근, 2001: 94).

그렇다면 문제는 어디에 있는가? 우리가 우리 자신의 상상력, 창조성을 감옥에 가두는 형식을 스스로 창조해 내는 그런 역설적 존재이기 때문일까?(푸코, 이희원 역, 2002: 230) 혹은 이 구체적 현실 세계가 역겨워 꿈과 환상으로 도망쳐 오다 보니 이제는 어쩔 수 없이 그러한 허상, 시뮬라크르의 세계에 갇혀 버린 운명이 된 것인가? 어떻게 된 것인가? 우리는 우리 자신을 실체 없는 기호와 상징, 현란한 언어와 이미지 속에, 몇 장의 디스켓 속에 가두어 버린 것인가? 실체와 주체 개념 또한 사라진 지 오래인 것 같다. 라캉식으로 말하면 주체, 즉 인간은 언어 속으로 사라져 버린다. 그리고 언어는 인간 최고의 상징이라고 한다.

문제는 우리의 상상력 자체에 있는 것이 아닐까? 자발적 창조성의 한 기능, 이미지를 생산해 내는 창조적 상상력 말이다. 어린시절 그토록 왕성했으나 이제는 그 고갈, 갈증조차 느끼지 못하는 우리 인간들, 수백만 년간 상상력의 발전은 거의 없었으며 지각 이미지를 저장하는 능력만 발달시킨 우리 자신의 문제가 보다 근본적인 것이 아닐까?(리드, 박용숙 역, 1985: 36) 또한 처절한 만큼 현실을 충실하게 살아가고 있는 한 개인에게 있어서조차, 마치 우리 몸 속에 몰래 기생하고 있는 한 마리 에일리언에 의해 조종당하고 있는 공상영화 속의 인간들처럼 스스로는 자각할 수도 없는, 어린 시절부터 스며들어 온 훈육, 교육, 입력된 기호, 구조, 체계들에 의해서 자신의 상상력은 그저 하나의 몽상, 비현실적인 것, 무가치한 것으로 치부해 버리는 자세가 오늘날 우리의 문제는 아니겠는가?

상상력이 없는 인간은 상상조차 할 수 없다(기억의 문제를 지닌 치매 환자에게서도 우리는 상상력의 단편을 찾아볼 수 있다.). 오늘날의 우리는 상상력이 메마른 인간이라고 지적함에도 불구하고, 우리는 그것을 매일같이 삶의 윤활유로, 신선한 공기로, 심지어는 적당한 합리화의 발판으로 활용하고 있다. 남녀노소, 아이와 노인, 정신과 환자와 치료자 등 인간이면 누구도 예외가 없을 것이다. 그럼에도 불구하고 문제는 우리가 우리 자신의 상상력을 비하할 뿐만 아니라 두려워한다는 점이다. 이 세계가 제공하는 것들, 시뮬라크르들을 끌어 모을 뿐, 자신의 내면에서 말을 걸어오는 세계에 대해서는 하찮고 쓸모없으며 나의 안전과 안정을 뒤흔들어 놓는 것으로 두려워하고 거부한다는 점이다. 반대로 아무런 조건이나 비판 없이 자신의 환상을 기꺼이 수용하고 즐길 수 있는 사람은 얼마나 될까? 우리가 자연과 우주의 존재 자체를 겸허히 받아들이듯, 우리 또한 우리 내면의 상상 세계를 따뜻하게 두 팔로 감싸안을 수 있는 방법이 필요하다.

모레노는 사이코드라마 세계를 창조하였다. 그에게는 평생 따라다니던 고정관념과도 같은 이미지가 있었다. 그것은 신성, 어린아이들의 순진무구한 인간의 근원적 자발성과 창조성이었다. 끝없이 변화를 추구하고 그 어떤 상황에서도 새롭고 적절하게 반응할 수 있는 인간의 모습, 심장이 두 개이고 눈이 세 개이며 허파가 둘일 수 있는 그런 인간에 대한 꿈 이미지다. 우주적 존재로서 인간의 철학, 예술, 종교, 과학을 횡단할 수 있는 세계, 누구나 삶의 주인으로서 자신의 삶을 실험해 보고 탐구할 수 있는 장, 그러한 시공간에 대한 꿈이 결국 사이코드라마로 구체화되었다.

켈러먼(1992: 109)은 모든 사이코드라마적 방법이 근본적으로 가상(as if)의 원리에 기초되어 있다고 말한다. 그 역시 인간의 상상력은 아직 덜 발달되었으나 보편적인 것으로 간주하였다. 그래서 그러한 상상력을 기반으로 하는 가상성 없이는 외계 현실을 상징 형태로 묘사하거나 인물화 · 표상화할 수 없다는 것이다.

헤겔(1830)은 그 방대한 정신요강에서 인간 정신을 주관정신과 객관정신 그리고 절대정신으로 나눈다(박병기 외 역, 2000). 객관정신에는 법, 도덕성, 인륜성을, 그리고 절대정신에는 예술, 종교, 철학을 최상의 위치에 놓는다. 주관정신은 다시 혼(인간학), 의식(정신현상학) 그리고 정신 자체의 세 가지 주요 형식으로 나누고, 정신 자체는 직관 단계, 표상 단계, 사유 단계(오성, 판단, 이성)에, 상상력은 표상 단계에서 기억 단계보다 못한 상상력단계에 위치한다. 기억은 주관과 객관의 통일이 산출되고 지성 속으로 수용되는 반면 심상은 아직 사유되지 않았고 나에게는 아직 외면되는 것이며 아직 이성성의 형식으로 고양되지 않았다는 것이 그 이유다.

우리가 현대를 이미지 범람시대로 규정했을 경우, 현대인은 헤겔식으로 은유적으로 말해 아직 사유 단계에도 이르지 못하고 객관정신이나 절대정신에는 손조차 대어 보지 못한 비이성적 단계에 머물러 있는 셈이 된다. 한마디로 현대문명의 발전은 아직도 멀었다는 이야기가 된다. 과연 이미지와 상상력의 정체는 무엇일까? 인간과 삶, 현실 세계와 상상 세계 그리고 사이코드라마 세계의 관계는 어떻게 연결되는가? 여기서는 먼저 일반적 논의로 시작해서 철학적 논의와 치료적 논의를 시도한다. 그런 다음 사이코드라마적 논의, 즉 주체-주인공에 대해서, 지금 이 순간과 만남 그리고 주제와 행위, 사이코드라마 과정에서의 이미지, 상상력의 작용과 의미를 고찰한다.

2) 일반적 논의

상상력(想像力)은 그리스어 판타지아(fantasia)에서 심상(心像)을 현출(現出)하는 능력으로, 라틴어 imaginatio에서 imago를 산출하는 능력으로 정의된다(뒤랑, 진형준 역, 1983: 129). 여기서 상(imago=心像=이미지)은 광의로는 모든 감각상, 즉 우리의 신체 오감에 의한 형상을 말하며 협의로는 표현된 감각상(예술적, 미적 형상)을 말한다.

지각(percepts)은 고대철학에서는 감각(sense)과 거의 구별되지 않고 사용되었으나, 시신경과 뇌의 시각역의 차이처럼 감각된 형상과 그에 대한 인식 간에는 차이가 있다. 이때 주어진 형상은 파악하는 것, 즉 사물-대상의 정돈된 상이 주어지는 것을 지각이라 한다. 그러나 기억이나 사고 작용이 전혀 없는 지각은 생각할 수 없다. 여기서 구체적으로 의식에 나타나는 모든 대상의 형상은 표상(representation)이라 한다(철학소사전, 1967). 표상은 지각 표상, 기억 표상, 상상 표상 등으로 나뉜다. 그리고 표상은 감각적이고 직관적인 의식 내용이기에 개념이나 이념(이데아)과 구별된다.

상징은 symballein이라는 조립하다의 뜻을 가진 그리스어 동사와 symbolon이라는 증표, 신표, 반쪼가리 동전의 뜻을 가진 명사에서 파생된 것으로 연합 혹은 결합을 의미한다. 즉, 가시적(물질적)인 것과 비가시적(비물질적, 형이상학적)인 것 간의 연합을 특징으로 하며, 한마디로 정의해서 어떤 유비(類比, analogy)에 의해 다른 것을 표현하는 이미지다.

요약하면, 지각, 감각, 표상, 이미지를 엄밀하게 구분하는 일은 쉽지 않다. 그러나 앞으로의 논의를 위해서 위의 개념들을 다시 한 번 정리하면 다음과 같다. 감각은 인간의 오감 자체를 중심적으로 언급할 때 쓰이며 지각은 인식된 감각을 주로 지칭한다. 표상은 이미지나 개념, 상징을 포함해서 우리의 의식 내에 드러나는 모든 형상을 말하며, 그래서 가장 광범위한 개념으로 사용된다. 이미지는 대상의 유무, 감각과 지각의 차이에 관계없이 넓은 의미로 사용될 것이다. 그리고 상상력은 그러한 이미지를 낳는 힘으로 규정한다.

또한 덧붙일 것은 이미지에 있어서 몇 가지 변형태들에 대한 개념이다. 환상(fantasy), 몽상 혹은 백일몽(day dream), 공상(fancy)이 그것이다(이미지보다는 사고나 감각의 이상으로서 착각[illusion], 환각[hallucination], 망상[delusion] 등은 여기서 제외한다.). 사람에 따라 혹은 시간 개념 및 유효성 등에 따라 환상, 공상, 몽상을 달리 개념화할 수 있겠지만, 여기서는 모두 다 이미지의 한 종류, 같은 계열(상상력에 의해 출현하는)로 간주한다.

베르니스(J. Bernis, 이재희 역, 1983: 120)는 진실한 감정에서 나오지 않고 존재의 본질을 수정할 수 없는 감각적 환상과 같은 상상력과 욕구에 대한 구속이나 장애 없이 실제보다 더 순순하고 성숙한 인생을 야기할 수 있는 진실한 상상력을 구분지어 생각한다. 하지만 '진실' '성숙'이라는 개념보다는 '변화' 가능성만을 기준으로 했다면 더 바람직한 결과가 나오지 않았을까 하는 아쉬움이 있다. 그 의미는 이미지, 상상력 모두 기준을 어디에 두느냐에 따라 다양하게 분류될 수 있다는 것이다. 예를 들어, 카시러(E. Cassirer; 조은희, 1988: 29)의 실제적 상상력과 상징적 상상력, 초월성 여부에 의한 코울리지(S. T. Coleridge)의 1차 상상력과 2차 상상력(장경렬, 1997: 26), 그리고 표출 형태에 따른 지각 이미지, 기억 이미지, 예견 이미지와 기원에 따른 물질적, 무의식적, 언어적, 모태적 이미지 등이 있다.

그러나 이 논의에서는 상상력과 이미지가 어떤 형태로 나타나든(비록 약물에 의한 환상일지라도) 일단 인간에게 주어져 있는 것이라면(사실 더 많이 주어지기를 바라는 바이지만) 무조건적으로 수용할 것이다. 모든 인간이 선천적으로 타고난 능력인 상상력이 충분히 기능하지 못하는 이유가 바로 그러한 논리적, 합리적 기준에 의한 판단 및 구별 의식과 실용주의적 사고방식 때문이라고 생각하기 때문이다. 그것은 사이코드라마적 정신, 즉 인간에 관한 한 그 어떤 하찮은 것, 불합리한 세계라 할지라도 절대적 긍정 속에서 수용하는 것과 같은 맥락이다. 지나친 과대사고라고 불려도 어쩔 수 없다. 그것이 사이코드라마 세계가 지향하는 바다.

예를 들어, 인간의 만남에 대해 생각해 보자. 우리 모두가 오직 사무적이고 실용적인 만남의 세계 속에서만 살아가고 있다면 어떻게 될까? 그것이 가능한 일일까? 아니다. 남녀노소, 학식과 사회적 지위에 관계없이 인간의 모든 만남 속에서는 상호 대상에 대한 최소한의 환상, 이미지가 스며들어 있다. 제아무리 실제적인 관계라 할지라도 그것은 피할 수 없다. 정신분석학적으로 그것이 욕망의 환유며 은유, 대치(displacement)라 말해도, 그렇게 생각하면 그럴 수도 있겠지 하고 대답할 것이다. 상상력은 우리의 매일의 생활 속에, 모든 의식활동과 사고 작용에 끼어든다. 건조해지기 쉬운 대상과 대상, 대상과 사물 사이를 촉촉이 적셔 주고 모든 경험에 의미를 부여해 주며 풍요함을 더해준다. 물론 그로 인한 반작용, 어두운 그림자가 발생하겠지만 그 또한 상상력이 떠맡아야 할 필요조건이 아니겠는가?

들뢰즈(김종호 역, 1993)는 "삶에서 흥미로운 것들은 서로 어긋나 있고, 틈새들, 뭐라 말할 수 없는 요소들, 불균형, 불일치, 빗나간 면들, 현실의 이면들, 다른 세계, 가능할 수 있는 현실들……"이다. 의미 있는 말이지 않는가? 균형 잡히고 빈틈없으며 확실하게 정의되고 말해질 수 있는 일관적인 합리적 현실, 분명하고 질서 잡힌 세계가 사유의 대상이 되지 못한 것이다. 그것은 너무나 많은 사람들이 불을 보고 모여드는 불나방처럼 환하게 드러나 보이는 사실의 세계이기 때문일까? 진실과 권력이 은밀하게 은폐된 세계이기 때문일까? 그래서 상상력은 바로 그러한 틈새에서 피어나는 것이 아닐까? 가시적 현실을 넘어서고자 꿈꿀 수 있게 해 주는 힘으로서, 부분으로 쪼개질 수 있는(dividual) 존재가 아니라 나누어질 수 없는(individual) 인간의 신비로움, 그 깊음도 바로 그러한 상상의 세계가 이 세계에 무한히 열려 있음으로 말미암은 것은 아닐까?

이미지(그리고 신화, 상징)는 우리 인간 모두의 삶의 본질을 이루고 있다(엘리아데, 이재실 역, 1998: 13). 그래서 상상력의 영향하에 있는 상징적 사고는 아이, 시인, 정신착란증 환자의 독점적 영역은 아니다. 그것은 인간 존재와 공존하며 언어와 추론적 이성에 선행한다. 다른 인식 수단으로는 결코 포착할 수 없는 현실의 심오한 양상들을 밝혀준다. 코울리지에 따르면 상상력은 모든 인식을 지배하는 살아 있는 힘이요 동인이다(장경렬, 1983: 26). 그것은 인간에게 일종의 위대한 선물이며 가장 독특한 특성 중의 하나다. 그것은 인간의 모든 통찰과 참다운 신념의 원천이며 전형적이고 지극히 오래된 인간적 특질이다(랭거, 1975: 85).

바슐라르는 이미지는 무의식적 욕망이 현실원칙과 대립하면서 왜곡 표현되는 것이 아니라고 말한다(유평근, 2001: 45). 인간 내면의 합리성을 지향하는 의식과는 다른 의식의 활동 결과로서, 즉 정신적 생산력 그 자체인 상상력에 의해서 이미지는 그 자체로 놀라운 창조성의 발현이요, 인간의 합리적 사유를 보완해 주고 위안해 주는 중개 천사의 역할을 갖는다고 생각한다.

융(권혜정 역, 1997: 144)은 이미지를 내적 심상과 본원 심상으로 나누었다. 내적 심상은 지극히 이질적이면서 무한히 다양한 곳에서 유래된 내용물들로 구성된 복합체로 정의된다. 그리고 본원 심상은 정신 현실의 창조적이면서 절대적인 힘을 표현하고 자체의 생명으로 살아가는 하나의 유기체요, 발생적 힘을 가지고 정신 에너지를 부여받은 조직체로 규정한다. 반면에 모든 집착과 아집에서 벗어난 해탈의 세계, 더 이상 미망과 환영에 시달리지 않기 위해 선택되는 구도의 세계에 입문하는 것은 진정한 자유로움, 득도의 길이라고 이야기한다. 과연 그럴까? 어느 면에서 그 또한 상상의 세계가 만들어 낸 역설은 아닐까? 땀 흘리고 고통하는 생 자체의 이면 환상은 아닐까? 우리가 이 우주의 최초 혹은 궁극의 진실을 아직도 모르고 있는 이상, 그리고 우리의 모든 꿈과 계획과 이상이 한계에 부딪혔을 때, 깊은 산 속으로 홀로 들어가거나 혹은 우리에게 주어진 한 번뿐인 이 삶을 긍정의 정신으로 껴안을 수 있는 것 또한 상상적 결단이 아니겠는가?

철학자 카스토리아디스(C. Catoriadis; 신현기, 1997: 120)는 우리를 인간답게 만드는 것은 본능, 충동, 욕망을 합리적으로 조직하는 자아의 합리성이 아니라고 말한다. 인간의 표상, 정서, 욕망의 유출을 통해 드러나는 창조적이고 급진적인 상상력의 통제할 수 없는 파고이기 때문이라는 것이다. 즉, 자아는 무의식의 창조적인 상상력을 억압해서는 안 되며 개인과 역사의 차원에서 상상력이 갖는 근본적인 중요성을 인정해야만 한다고 주장한다.

단 한 모금의 물이나 한 줌의 공기처럼 아무리 미미하고 쓸모없어 보이는 이미지, 상상력이라 할지라도, 그것은 우리의 몸과 마음을 순간 확대 · 확장시켜 주는 기능이 있다. 신경생물학, 경험심리학 분야의 많은 연구들은 우리의 몸 전체가 이미지 생산에 참여하고 있다는 것을 밝혔다(유평근, 2001: 29). 따라서 아주 작은 하나의 지각 이미지라도 회상하려는 주체의 현재 의식과 무의식의 능동적 참여에 달려 있으며 단순한 과거의 기계적인 재생 이미지만은 아니다.

르네 라크로즈(Rene Lacroze, 진형준 역, 1983: 129)에 의하면 이미지의 왕국이란 심리적으로 불가능하거나 도덕적으로 금해진 경우가 접혀서 숨겨진 상태로 규정된다. 여기서 심리적으로 불가능하다는 의미의 배후에는 구체적인 현실, 이 사회가 놓여 있음을 나타낸다. 그리고 도덕적으로 금해진 경우 역시 이 사회의 도덕률, 관습과 제도를 의미한다. 그렇다면 역으로 생각해 보자. 그러한 사회와 제도, 도덕률은 어떻게 발생되었는가? 인간의 합리적 이성만으로 가능할 수 있었을까? 라캉이 말하는 대타자, 아버지의 이름 형성의 근원을 굳이 따져보지 않더라도(그 또한 하나의 상징이다.), 그 최초의 시작과 전개 역시 그 어떤 이미지, 상상력의 도움 없이 가능할 수 있었을까 하는 점이다.

상상력은 개인을 넘어 사회, 윤리, 예술, 정치, 종교의 영역까지 그 힘을 펼쳐간다. 극단적으로는 개인의 상상력이 역으로 사회적 상상력에 의해 결정된다고도 말할 수 있다(시몽, 박형섭 역, 1999: 17). 자신의 상상력에 의해 세워진 현실, 합의된 사회제도 속에서 이제는 거꾸로 그곳으로부터의 비상을 꿈꾸는 인간, 끝없이 이미지의 세계를 꿈꾸면서도 대다수는 그저 꿈 자체만으로 끝나 버리는 인간의 운명과도 같은 현실의 구속성. 그래서 네그리(A. Negri; 윤수종, 1997a: 72)는 "나는 지금까지와는 다르게 살고 싶고, 실험하고 투쟁함으로써 매일 새로운 생성(창조)이 이루어지는 사회를 꿈꾼다."라고 말했던가.

역사의 동력으로서 상상력의 세계를 논하는 사학자 보이아(L. Boia, 김웅권 역, 2000: 250)는 상상력의 세계가 모든 곳에서, 모든 상상과 모든 행동에서 구체적 세계의 비물질적 분신처럼 나타나고 있다고 말한다. 덧붙여 카스토리아디스(C. Castoriadis)의 『상상력에 의한 사회의 설립(*L' Institution Imaginaire de la Société*)』이라는 책에서 몇 마디를 인용한다. "역사를 창조하는 것은 인간이다. 즉, 현실적인 구조들은 인간의 추상적 계획을 구체화한 것들에 지나지 않는다. 사회적 상상력의 세계는 제도들 속에 구체화된다."

유평근 등(2001: 255)은 상상력 없는 미덕이란 도대체 무엇이란 말인가라고 묻는 보들레르의 말을 서두로, 도덕과 윤리는 필연적으로 '되어야 할 삶'을 그리는 상상력을 요구한다고 말한다. 자유로운 상상력은 자신의 자아에 닫힌 채 그 자아의 독자성과 우월성을 강조하는 상상력이 아니라 필연적으로 타인과의 유대감을 모색하는 상상력이기에, 즉 인류의 관점에서 인간의 유대성을 생존조건 자체로 삼는다는 의미에서 윤리적이라는 것이다. 또한 상상력은 기존의 가치체계, 기존의 권위적 인식에 의해 자아의 내외에 있는 억눌린 인식의 표현을 위해 애쓰게 되며, 그와 같은 약한 편에 서서 삶에 균형과 활력을 줄 역동성을 찾는다는 의미에서도 윤리적이라는 것이다.

그래서 다차원화된 삶을 겹으로 만들어 줄 수 있는 다른 이미지들, 현대의 획일화된 인식에 균형을 취해 줄 이미지들을 자극하고 생산해 내는 속도에 저항하는 느린 이미지들, 생산성과 효율에 저항하는 균형의 이미지들로 이미지 범람에 의한 병, 사회병 치료의 약으로 사용할 수 있는 지혜와 의술을 꿈꾼다.

3) 철학적 논의

유사의 뜻을 가진 라틴어 imago에서 파생한 이미지는 단순한 지시대명사만큼이나 추상적 개념일 수 있다(라이트, 박찬부 외 역, 1997: 273). 그러한 이미지 개념은 다른 표상들, 예컨대 정신적 이미지, 환상, 문학적 이미지나 언어 이미지, 시간적 이미지 등을 전부 포괄하게 된 이후로 그 존재론적 수수께끼가 이미지와 그것을 낳는 상상력을 둘러싼 많은 철학적 담론에서 중요하게 다루어져 왔다.

그러나 이미지, 상상력의 개념은 그 어느 분야보다도 예술에서 보다 폭넓은 지지와 그 가치를 인정받아 왔다고 말해야 할 것이다. 다음의 한 낭만주의자의 말에서도 알 수 있다(베갱, 이상해 역, 2001: 24). "예술의 유일하고 진정한 근원은 순수하고 천진난만한 영혼의 언어인 우리의 마음이다. 거기에서 솟아오르지 않는 그림은 헛된 재주일 수밖에 없다. 모든 진실된 작품은 신성한 시간에 잉태되고 축복받은 시간에 탄생된다." 셰익스피어(1597)의 『한여름밤의 꿈(*Midsummer Night's Dream*)』에서의 다음과 같은 대사는 어떠한가?

> 광인과 연인과 시인의 마음은
> 완전히 상상력으로 채워져 있다…….
> 시인의 눈동자가 극도의 열광 중에 구를 때,
> 하늘에서 땅까지, 땅에서 하늘까지 한눈에 보며 상상력이 작용함에 따라
> 시인의 펜은 이미지의 사물에 형상을 부여하고, 공기 같은 아무것도 아닌 것에 거처할 곳과 이름을 부여한다.

그러나 이미지와 상상력을 중심으로 예술론을 펼치기 위해서는 그 방대함으로 말미암아 별도의 장이 필요할 것이다. 따라서 여기서는 철학의 한 고전으로 담론화된 논의들 중에서 이 글의 의도와 관련된 부분들(그것도 극히 일부의)을 비연대적으로 정리 · 요약해서 살펴보기로 하겠다.

실제로 대부분의 사람들에게 상상력이라는 말은 예술적 창조성, 환상, 과학적 발견, 발명, 독창성 등을 뜻한다. 그렇다고 할지라도 오스본(H. Osborne; M. L. Johnson, 1987)은 경험을 형성하고 낡은 것으로부터 새로운 것을 산출해 내거나 또는 자기 자신을 다른 사람의 위치에 공감적으로 투사하는 능력으로서의 상상력에 관한 통합된 고전적 이론은 아직 존재하지 않는다고 말한다. 반면에 존슨(M. L. Johnson, 1987: 269)은 오늘날에도 여전히 영향력이 있는 상상력에 대한 사고의 두 전통이 있다고 생각한다. 대상에

대한 어떤 참여 지식도 제공하지 못하는 인식의 가장 낮은 형태로서의 상상력이라는 플라톤적 전통과 상상력을 감각과 사유를 매개해 주는 기능으로 간주하는 아리스토텔레스적 전통이 그것이다. 그래서 베이컨, 홉스, 흄, 로크 등을 거쳐 칸트에 와서 앞서 제시한 의미에서 완전하다고는 할 수 없지만 그래도 종합적인 상상력 이론이 가능해진다(브레트, 심명호 역, 1987).

칸트(존슨, 노양진 역, 2000: 276)에 의하면 상상력은 상이한 표상들을 한데 묶고 그 안의 다양한 것들을 하나의 지식행위 안에서 파악하는 작용으로 정의된다. 우리의 정신적 표상들은 각각 그 자체로 단일하게 원자론적으로 발생하기에 우리가 감각적 지각에서 경험하는 모든 통일은 상상력의 종합적 작용의 결과임에 틀림없다고 가정한다(재생적 기능). 나아가 객관적이고 공적이며 공유된 경험을 할 수 있는 의식의 객관적 구조로서의 초월적 종합 작용을 산출적(productive) 혹은 형상적(figurative) 작용이라고 했을 때, 상상력은 우리가 우리의 공통적 세계 안에서 모두 공유하는 공적 대상의 경험을 가능케 해 준다(산출적 기능). 결국 상상력 없이는 의미 있는 경험이 있을 수 없다는 결론에 이르게 된다. 더불어 선험적 형식으로서의 시간, 순수 개념으로서의 범주, 그리고 대상과 영상, 개념을 연결시켜 주는 하나의 약도와 같은 도식이론을 도입하여 일종의 선험적 상상력 혹은 도식화(schematism) 기능으로서의 상상력을 논한다. 마지막으로는 창조적 기능으로서의 상상력을 논하면서, 정신은 단순히 고정된 개념들의 무리만으로 활동하지 않는다는 사실과 정신은 새로운 질서를 찾고 그렇게 해서 새로운 의미를 생성하기 위해 표상들을 반성하는 창조적 활동을 수행한다. 예컨대, 미(美)라는 개념은 존재하지 않지만 우리가 반성하는 미적 대상은 상상력의 자유로운 놀이를 일으키며 우리에게 무의미하지 않고 정당한 의미를 주는 취미 판단과 같은 인식을 낳는다는 것이다. 요약하자면, 칸트에게 상상력은 사고의 본질적 조건이 된다. 그리고 이미지는 감수성과 오성 사이에 놓인 다리가 된다. 인식의 재료는 감각기관에 의해 공급되고 그 형상은 선험적으로 오성의 총합에 의해 공급되기에, 성질이 다른 두 요소를 잇는 상상력은 양쪽의 성격을 모두 띠게 된다(베르니스, 이재희 역, 1983: 17).

그러나 존슨(1987: 307)은 칸트가 상상력을 개념화와 감각의 중간쯤에 설정한 점을 문제시하면서 그 자신이 완전한 상상력 이론을 만들고자 시도한다. 그는 상상적 구조들이 무합리적이 아니며 오히려 인간의 합리성의 골격을 구성한다고 주장하면서, 상상력은 우리의 경험을 이해하는 능력, 경험의 의미를 찾는 능력에 불가결하고, 인간의 합리성, 즉 의미 있는 연결을 발견하고 추론하고 문제를 해결하는 합리적 능력에 절대적으로 핵심적이라는 결론을 내린다. 반면에 들뢰즈(서동욱 역, 2006: 148)는 칸트의 판단력 비판에서 숭고를 통한 이성과 상상력의 일치를 읽어 냄으로써 모든 능력들의 규제되지 않은 활동, 일치를 산출하는 불일치를 발견한 칸트의 독창성을 높이 산다. 같은 맥락에서 하이데거(이선일, 2001)는 칸트의 순수직관과 순수지성을 종합 · 통일함으로써 대상성의 지평을 구성하는 초월적 상상력을 보다 근원적인 능력으로 보고, 지성적 작용에 앞서서 상상력의 능력을 가장 근원적인 이성능력으로 해석하여 칸트를 창조적으로 해석한다.

상상력의 생물학적인 역할을 최초로 명백히 구축한 공로는 베르그송에게 돌아간다(뒤랑, 진형준 역, 1983: 128). 그는 상상력을 소위 허구의 기능(function fabulatice)이라 불렀다. 여기서 허구란 일반적으로 지성이 지닌 와해시키는 능력에 대한 자연의 반응을 말한다. 따라서 상상력은 지성에 의한 죽음의 불가피성의 드러남에 대항해서 자연이 보이는 방어적인 반작용으로 정의된다. 예를 들어, "낙담에 대항하는 자연적 방어반응…… 이런 반작용은 지성의 한가운데에서도 의기를 소침시키는 것이 나타날 수 없게끔 만들거나 혹은 그것의 활동을 방해하는 이미지나 개념들을 자극한다." 여기서의 이미지는 표상과 사물의 중간에 위치한 것으로 일종의 기억으로 간주된다(김진성, 1985: 98). 기억은 피상적, 습관적, 몰개성적 습관기억과 이미지 기억으로 나뉜다. 이미지 기억은 생의 모든 사건을 어떤 세목도 경시하지 않고 순순히 보존하는 순수 기억이다. 그래서 그 필연적인 결과로 이미지 기억을 의식 자체라고까지 말할 수 있게 된다. 우리의 의식은 무엇보다도 먼저 기억을 의미한다. 과거를 보존하고 있지 않은 의식은 순간순간 죽었다가 다시 태어나야 하는 의식이어야 하지만 그것은 현실적으로는 존재하지 않는다. 따라서 이런 순수 기억이야말로 과거의 전체성을 의미하며 자아의 진정한 실재(realty)를 이룬다. 이는 무의식적 기억은 어떻게 작용하는가 묻는 프로스트(들뢰즈, 서동욱 외 역, 1997: 104)의 생각과 유사하다. 그는 무의식적 기억이 현재와 과거 어느 것에도 환원할 수 없는 형상이라고 하는 현재 감각과 과거 감각을 결합시킨다고 말한다(여기서 형상[figure]은 어떤 이미지에서 그것이 환기한다고 간주되는 지적이고, 개인적인 혹은 추상적인 요소를 제거하고 남은 것, 혹은 사물과 동등한 존재론적인 가치를 획득한 자족적이고 독자적인 상으로 정의된다. 칸트의 도식[scheme]과 유사한 개념이라고 보아도 좋을 것 같다.). 그렇기에 베르그송에게는 순수 지각이란 존재하지 않는다(매슈스, 김종갑 역, 2005: 50). 마음이 외부의 대상과 단순히 접촉하는 것이 지각은 아니다. 지각 속에는 이미 기억 이미지가 스며들어 있다. 기억 이미지가 지각을 해석하면서 비로소 지각은 완성된다는 것이다.

그러나 베르그송의 이와 같은 생물학적 이론은 보다 적극적인 생의 관점에서 바슐라르(G. Bachelard)에 의해 부정되며 확대된다(정영란, 1997: 204). 그는 베르그송이 상상력과 의지가 제시하는 문제들을 정작 다루고 있지 않다는 사실에 놀란다. 이미지는 역동적 활성을 갖지 못하고 그저 단순한 은유로만 사용되고 있다는 것이다. 그래서 베르그송의 중심 개념인 지속과 직관 개념은 바슐라르에 의해서 다음과 같이 확장된다. "지속의 연속성을 가지는 것은 정신적 충동이다. 생은 진동하는 것으로 만족한다. 욕구와 욕구의 충족 사이에서 생은 진동한다. 정신이 어떻게 지속하는가를 이제 밝혀야 한다면 상상하는 직관에 온전히 내맡기는 것으로 충분하리라."

사르트르에게 상상력은 의식의 비현실적인(허구적인) 근본 기능이 된다(백기수, 1981: 23). 의식의 또 하나의 기능인 지각과는 다른, 서로 양립할 수 없는 하나의 의식이다. 예를 들어, 재떨이를 보았을 때 윗면 외에 밑면이 있다는 사실에서, 지각은 정신적 검토를 통한 느린 종합과 더불어 그것과 가능성 있는 관계에 대한 무한성을 갖는다. 반면에 상상적 종합은 즉각적이며 자신의 목적에 관계된 때만 대상을 나타낸다. 따라서 이미지의 구조는 비합리적이다(베르니스, 이재희 역, 1985: 40). 그것은 이미지를 기억과 구별하게 한다. 기억 속의 대상은 비현실적이 아니고(내가 누군가를 회상할 때 그 사람은 비현실적인 것이 아니듯) 과거(혹은 현재)에 있었던 것이다. 특히 기억의 회상은 의식의 총괄적인 상태의 회상이다. 거기에는 어떠한 부재도 없다. 그러나 이미지로의 재현 혹은 환기된 이미지는 현재 혹은 과거의 의식 영역에 낯설고 고립된 것으로 나타난다. 다시 말해, 한 대상의 여러 가지 특성들이 한꺼번에 집합적으로, 모순적으로 나타난다. 이미지는 대상의 직접적인 위치(시각적으로)이면서 동시에 부재(실재가 없는)의 위치이기에 "이미지는 상당한 무(無)를 에워싸고 있다."고 말한다.

따라서 사르트르에게 상상력은 자유에 대한 필요조건이 된다. 세계의 무화(無化)를 세계의 본질적 조건 겸 세계의 첫 번째 구조로 파악할 수 있는 것은 상상계가 의식 앞에 출현하기 때문이다(사르트르, 이규현 역, 1997: 168). 만약 상상계가 실제로 상징되지 않는다면 존재자의 자기 초월과 무화는 존재자 속에 파묻히고, 자기 초월과 자유는 거기에 있으나 드러나지 않으며, 인간은 세계 속에서 찌그러지고 현실계에 의해 꿰뚫리며 사물과 가장 가까운 것이 되어 버린다. 한마디로 인간이 상상하는 것은 바로 인간이 초월적으로 자유롭기 때문이라고 결론짓는다.

그러나 사르트르의 이와 같은 상상이론은 메를로퐁티(M. Merleau-Ponty; 오병남, 1983: 225)에 의해서 반박된다. 존재론적 관점에서 의식이 대상을 구성한다는 것은 일종의 관념론이요, 지각 기능과 상상 기능을 그처럼 철저히 분리시켜 놓는 일이 불가능하다는 것이다. 그에게는 지각이 모든 지식의 기초며 지각의 행동이 이미 기본적인 창조의 행동이 된다. 지각(상상이 아닌)을 통해서 우리는 이론의 관여 없이 직접적으로 세계와 접촉하기 때문이라는 것이다(매슈스, 김종갑 역, 2005: 141). 그러나 메를로퐁티의 논리는 인간이 정신이냐 육체냐의 이원론적 사유에서 아직 벗어나고 있지 못한 것으로 볼 수 있다. 그렇다고 그의 논리자체가 부정되지는 않는다. 앞으로 논의되겠지만, 상상력의 발생론적 측면에서 그 문제는 아직도 생득적이냐 지각 이후의 생성이냐 하는 것과 관련되기 때문이다.

이제 상상력이 존재론적 위치까지 격상되려면 바슐라르와 그의 제자 뒤랑(G. Durand)을 기다려야 한다(유평근, 2001). 바슐라르에게 상상력이란 인간의 가장 크고 제일 활발하며 가장 생동적이고 정신적인 가동성의 한 유형이다. 그것은 어떤 하나의 상태가 아닌 인간 실존 자체가 된다. 인간의 정신심리 현상 속에서 상상 작용은 바로 열림(개방)의 체험일 뿐만 아니라 새로움의 체험이다. 그래서 역동적 성격을 지닌 상상력의 과장 없이는 삶이 확대되지 못한다. “언제라도 삶은 넉넉히 가지기 위해 지나치게까지라도 취하는 법, 사념이 넉넉히 가지기 위해서는 상상력도 지나칠 정도로 취해야 하는 법, 어느 정도 충분한 실현을 이루자면 상상하려는 의지는 지나치리만큼 과다하게 상상해야 하는 법”이라는 그의 말은 그의 상상력에 대한 태도를 적절하게 보여 주고 있다.

그래서 바슐라르는 상상력이 단지 이미지를 형성하는 능력이라는 말에 반대한다. 상상력은 오히려 지각 작용에 의해 받아들이게 된 이미지들을 변형시키는 능력이요, 애초의 이미지로부터 우리를 해방시키는 능력으로 간주된다. 그것은 우리를 과거와 현실로부터 떼어내어 미래로 열리게 만든다. 예를 들어(바슐라르, 곽광수 역, 1990: 83), 시적 이미지의 번쩍임에 의해 먼 과거(지각, 기억 등)가 오히려 메아리로 울려온다. 이미지의 새로움과 그의 역동 속에서 그것은 그 자체의 존재와 힘을 가진다.

상상력의 절대성 및 자주성을 주장하는 입장에서 볼 때 바슐라르의 연장선상에 놓여 있다고 보이는 뒤랑(진형준 역, 1985: 145)은 상상력이 이루는 세계 또한 과학의 세계만큼이나 현실적이며, 인간을 세계와 연결시키고 나아가 신의 위치에까지 끌어올리는 것이 상상력의 역동적 힘이라고 믿는다. 그래서 이성적인 것과 상상적인 것 사이에는 단절이 존재하지 않는다고 보고, 심리현상의 총체성을 상상적인 것과 동일시하게 되고, 사고는 총체적으로 상징적 기능(사고)에 통합됨으로써 상상력이 상징적 기능을 소유할 수 있는 자격을 얻어 상징적 상상력으로 확장된다. 따라서 그는 이미지들의 세계를 낮과 밤의 체제로 나누고 모든 상징과 이미지들을 구조, 원형, 표상 등의 차원으로 나누는 동위적(同位的) 분류도를 작성함으로써 상상적인 것의 인류학으로서 상징해석 방법론을 구체화시킨다.

그러나 뒤랑의 상상력와 이미지에 대한 인류학적인 구상은 기존의 모든 상징을 총망라한 거대한 또 하나의 메타서사적인 역설의 모순을 안고 있다고 볼 수 있다. 비록 그 가치와 의미와 중요성의 격상에 대한 공로는 충분히 인정받을 만하지만, 상상력의 구체적인 삶에서의 의미와 용도보다는 전체를 아우르는 해석학적 체제를 구축함으로써 자유분방한 상상의 세계가 또다시 언어, 상징의 우리 속에 갇혀 버린 느낌이다. 물론 그 또한 필요한 작업이기도 하다.

이제 마지막으로 금세기 후기구조주의자로 불리는 들뢰즈의 생각을 살펴보자. 들뢰즈(김종호 역, 1993: 76)는 상상이란 옳은 개념인가를 묻는다. 상상력, 상상 개념은 중요하지 않다는 것이다. 그것은 현실과 비현실 관계, 진실과 허위 관계라는 두 관계들의 교차점에 있는 것이라서 아주 까다로운 개념이라는 것이다. 그리고 그는 상상을 세 가지 양상으로 나타나는 복합적 개념, 즉 다양한 교환들의 집합으로 간주한다. 첫째는 현시적 이미지와 잠재적 이미지 사이의 교환이고(잠재적인 것은 현시적이 되고 현시적인 것은 잠재적인 되는), 둘째는 투명한 것과 불투명한 것 사이의 교환이며, 셋째는 중심과 주변 사이의 교환이다.

들뢰즈가 특히 상상 개념을 중요시하지 않는 이유는 그것이 물리적, 화학적 혹은 정신적인 (그 어떤) 결정을 전제로 해서 (거꾸로) 추론된다는 사실 때문이다. 그래서 그것은 자체로는 아무것도 규정하지 못하고 교환회로로서의 (결과물) 이미지-결정체에 의해서 규정된다는 것이다. 상상한다는 것은 바로 그러한 이미지-결정체다. 다른 한편으로는 결정체가 그 속에 보이는 것에 의해서만 가치가 있는 것이기에 상상 자체는 지양된다는 것이다. "나는 꿈에서나 환상 등에서 상상의 힘을 믿지 않는다. 상상은 거의 확정되지 않는 개념이다. 그것은 기밀하게 조건 지어져야 한다. 그 조건이란 결정체다."라고 그는 말한다.

들뢰즈의 상상력에 대한 이와 같은 사고는 철학이란 개념을 창조하는 것이라는 그의 생각에 합당한 논리라고 볼 수 있다. 따라서 생성과 사건, 시간을 사유하는 그로서는 니체의 힘의 의지를 긍정과 부정, 능동과 반동의 작용 양태로 설명하는 것과 유사한 형식으로 상상력과 그 결정체(이미지)에 대해 논하고 있다. 상상의 힘을 믿지 않는 것(개념화하기에 어려운 것으로서)과 그 힘 자체를 부정하는 것은 전혀 다른 차원의 문제이기 때문이다. 그는 어쩌면 고정되고 구조화된 의식적인 상상력보다는 선험적 소여로서의 돌발적이고 우연적인 힘으로서의 상상력을 전제하고 있다고 추정해 볼 수 있다.

왜냐하면 그는 상상의 특수성은 믿지 않지만 이미지의 두 가지 체제는 있다고 믿고 있기 때문이다. 첫째는 조직적이라고 믿을 만한 것으로 이미지-운동 체제다. 그것은 유추적 단절이나 연결로 진행되며 스스로 진실의 모델을 투사하는 것이다(그것이 진실이다, 그것이 전체이다 하는 식으로). 또 하나는 앞에서 언급한 결정체, 이미지-시간 체제다. 이는 비유추적 단절(불연속)로서 진행되며 자율화된 시간, 운동(공간적)으로부터 독립된 시간, 허구운동을 끊임없이 발생시키는, 참의 모델 대신에 생성으로서의 허구의 힘을 상징하는 체제다(이에 대해서는 뒤의 '시간과의 관계'에서 다시 논의될 것이다.). 여기서 허구는 그 어떤 착오나 혼동이 아니며 현실과 비현실이 구분되지 않고 진실 결정을 불가능하게 만드는 힘으로서의 허구를 의미한다. 베르그송의 허구의 개념과는 약간의 차이를 보이고 있다. 그러나 두 사람 모두 허구의 기능을 긍정적으로 사유하고 있다.

허구의 힘은 시간의 화신이다. 시간의 내용물이 가변적(현시적-잠재적인 것의 상호 왕복 혹은 현실-비현실의 교차)인 것이라서가 아니라 생성으로서의 시간의 형태가 진실의 모든 현실적 모델을 문제 삼기 때문이다. 다시 말해, 오늘 내가 벌레 환상-이미지 속에 침잠하는 순간에 어제와 오늘은 지금의 순간으로 나뉘고, 주체 역시 새로운 변화, 생성으로 탈바꿈되는 순간에 그 순간의 형태로서의 시간은 그러한 고정된 주체모델에 대해 회의하지 않을 수 없게 된다. 녹색 잎이 갈색 잎으로 변했을 때 진정한 시간의 의미, 순수 시간은 변한다는 행위, 동사, 움직임에 있으며 녹색이나 갈색 자체에 있지 않음과 같은 이치다. 행위, 순간, 변화에는 사건과 시간이 우연적으로 솟구치고, 그것은 바로 힘, 허구의 힘, 상상의 힘이 된다.

그래서 들뢰즈는 상징은 하나의 기표(따로 어떤, 숨겨진 의미를 가진)가 아니며 순수 시간의 제시를 지향한다고 말할 수 있게 된다(베르그송의 순수 의식 혹은 순수기억과 유사한 맥락이다.). 그 예로서 그는 참 진리의 모델을 생성의 힘으로, 조직(형식)을 비조직적인 삶으로, 논리적 연결을 감동적 재연결(경구들)로 대체한, 그러한 결정체제 내에서 동요하는 철학적 담론의 표본으로 니체를 이야기한다(그리고 니체는 근원적 힘으로 힘의 의지를 이야기하였다.).

지금까지의 철학적 논의를 요약하면 한마디로 상상력의 불투명성이라고 할 수 있다. 그것은 근원적인 것인가, 지각이 먼저 있는 것인가, 아니면 기억 자체인가? 그것은 그 존재 자체로 인정되어야 하는가, 아니면 결코 독립된 기능이 아닌가? 사이코드라마적 시각에서는 어떠한가? 그것은 앞으로 보게 되겠지만 바슐라르와 맥을 같이한다. 선험적으로 주어진 능력, 힘으로서 긍정된다. 그러나 조건이 있다. 그것은 자발성/창조성이라는 이름하에서만 그러하다. 그래서 상상력은 자발성의 한 속성 혹은 기능태로 규정된다. 상상력이 자발성과 따로 존재하고 있는 것은 아니라는 의미다.

4) 치료적 논의

이미지와 상상력이 정신치료 분야와 어떻게 연관되느냐를 고려하였을 때 그것들의 의미와 기능은 더욱 두드러진다. 물론 의미는 많이 다르지만, 라캉의 상상계라는 용어 자체뿐만 아니라 프로이트 이론 또한 거의 본능을 주제로 하는 환상교향악이고 할 만큼 무의식적 환상과 욕구 좌절, 현실원칙에 대한 쾌락원칙의 승리(환상), 자아의 적응 과정 중 하나로서의 환상(이무석, 1995: 204) 및 무의식 표상을 중심으로 설계된 이론이기 때문이다. 정신분석의 중심 기법인 자유연상(自由聯想)법 또한 연상되는 것은 이미지 아닌 생각(想), 단어인 것처럼 보이지만, 프로이트의 말대로 그것은 '조각 그림 맞추기'와 같은 일종의 이미지다. 의미 없어 보이는 조각 그림들을 한 조각씩 맞추다 보면 그의 말대로 사람의 모습도 되고 사슴의 모습도 떠오르게 되는 것처럼 말이다.

여기서는 먼저 그러한 이미지와 상상력의 기원 혹은 발생에 관한 몇 가지 논의를 시작으로, 정신분석적 논의 및 그에 대한 반론들, 그리고 이미지와 상상력 자체를 보다 직접적으로 활용하는 정신치료 방식을 간략하게 소개한다.

정신의학자 아리에티(Ariety, 1967: 61)에 의하면 인간의 이미지 형성은 생후 6개월에서 시작된다. 모든 고위 정신과정의 토대로서의 이미지는 아기가 실재적인 대상을 찾도록 동기를 부여하는 힘을 갖는다는 것이다. 따라서 자아는 이미지가 생성된 이후, 즉 생후 7~8개월부터 이미지를 통해서 내재화(internalization)가 시작된다. 이 경우 이미지는 일종의 표상 형태를 취하는 기억 흔적으로 정의된다. 그러나 그것은 외적 자극에 의한 것이 아니라 일종의 지각을 생산해 내는 것과 유사한 내적 생산물이다. 그렇기에 그것은 인간 상징 세계에 있어서 최초의, 가장 중요한 기초 중 하나가 된다. 만약 이러한 이미지가 소위 자아의 2차 과정에 의해서 검열·교정되지 않게 되면 1차 과정의 법칙에 따라 자유롭게 흘러다니는(fleating), 모호하고 그림자와 같은 전체를 보지 못하고 부분을 전체화시키는 경향을 띠게 된다.

라캉의 정신분석이론에서도 이미지를 지각할 수 있는 생후 6~18개월 사이를 상상계라는 일련의 발달상의 계(order)로 본다(벤베누토, 김종주 역, 1999: 63). 물론 그의 상상계가 의미하는 것은 상상력과의 간접적인 관계밖에 없으며 상징계 역시 상징과는 거의 무관하다고 생각할 수 있다(디아드킨, 임진수 역, 2000: 35). 왜냐하면 상상계는 주로 나르시스적 동일시, 자아 형성과 소외 개념을 중심으로, 그리고 상징계는 언어-기표를 중심으로 한 세계에 국한되기 때문이다. 또한 라캉의 상상적(imaginary)이라는 용어는 착각, 매혹 등 다양한 의미를 내포하지만, 그 또한 상상계의 내용이나 그 의미와는 관계없이 무의식적인 상상력 자체를 존재하는 것으로 긍정하고 있는 것은 사실이다. 라캉 자신은 상상계가 불합리하다거나 단순히 폐기되거나 극복되어야 할 그 무엇만은 아니라고 생각한다(에반스, 김종주 외 역, 1998: 175).

한마디로 라캉의 주장은 이렇다(보위, 이종인 역, 1999: 48). "인간은 적정시기보다 일찍 태어난다. 그래서 인간이 운동신경을 완전히 장악하고 자발적인 행동을 할 수 있기까지는 상당히 오랜 시간이 걸린다. 따라서 거울 이미지는 '나'의 신기루다. 우리는 어린아이의 초창기 경험에 바탕을 둔 무의식적 원형인 이미지(imago)를 심리학의 중심 과제라고 지명할 수 있을 것이다."

아리에티와 라캉이 지각능력과 관련해서 이미지와 상상력의 기능을 논했다면, 모레노는 근본적으로 그들과 시각을 달리한다. 그 또한 신생아의 기관적 미숙성을 인정한다. 타인 존재의 필요성도 인정한다. 그러나 바로 이 점에서 모레노는 그들과 관점을 달리한다. 미숙성을 상위 시각에서 내려다보는 성숙한 성인의 관점이 아니다. 그것을 결여나 결핍으로 보는 부정의 시각도 아니다. 미숙한 그 상태는 그 자체로서 의미 있고 존재론적 가치와 의미를 지닌 적극적 상태로 긍정된다(모레노, 1977).

모레노(1977: 64)는 만약 신생아가 10개월을 넘어서 15개월, 20개월 이상 성장한 후, 미리 지각능력과 자아상을 형성한 후에 태어난다면 어떻게 될까를 묻는다. 만약 그렇다면 독립적이고 자기 충족적인 그 아이는 타인(어머니)과의 최초의 사회적 태반(social placenta)이라고 할 수 있는 주체 형성의 모체(matrix)가 제공해 줄 수 있는 기회를 상실하게 될 것이다. 다시 말해, 자(自)와 지(他)가 함께 존재하고(co-being) 함께 행동하고(co-action) 함께 경험하며(co-experience) 협력할 수 있는 총체적 주체성(all-identily) 혹은 이미지 체-덩어리(complex of images)의 형성에 장애가 있게 될 것이다(이 또한 역설적인 상상 이미지다.). 또한 문화의 담지체로서의 인간과의 생산적인 관계 형성에도 문제가 발생하게 되고, 그는 이 문화로부터 처음부터 소외될 것이다. 게다가 도움을 받고자 하는 욕구의 감소로 인해 자신을 돌보는 사람에게 내재된 사회적 양식에도 감각력이 떨어지게 될 것이다. 한마디로 인간으로서 성장할 수 있는 근본적인 토대를 쌓아 나가갈 수 있는 기회를 상실해 버리는 결과를 가져올 것이다.

여기서 주된 관심은 그가 최초의 우주라고 부르는 탄생 직후의 상태부터 이미 이미지 복합체가 그것이 지각되느냐 혹은 그 내용이 무엇이냐에 관계없이 주어져 있다는 사실이다. 물론 그 핵심 개념인 자발성은 탄생 이전부터 주어져 있다(탄생 자체가 이미 아기의 자발성에 의해 일어나는 사건이다.). 결국 모레노와 앞의 두 학자의 차이는 지각 가능성 유무에 의한 근본적인 인간관의 차이라고 하겠다. 여기서 이미지 복합체로서의 총체적 주체성은 프로이트의 유아기적 만능감과 비교될 수 있을 것이다(이무석, 1995: 42). 나와 객체의 구별이 없고 밝음도 어두움도 없는 모든 것이 가능한 세계, 그러한 느낌으로서의 단계다.

다음으로 모레노의 또 다른 관점은 이미지와 현실 관계에 대한 생각에서 드러난다. 아기는 제2우주라고 불리는 현실과 환상이 구분되는 시기에 두 종류의 워밍업 과정을 형성하게 된다. 하나는 현실적인 행동을 위한, 다른 하나는 환상적 행위를 향한 것이다. 어느 한쪽만이 깊이 새겨질수록 순간에 상호 이동하는 것이 어려워지겠지만, 아기에게는 한쪽을 포기하는 것이 불가능하다. 라캉은 상징계의 진입이 이루어져야 한다고 하지만, 아기에게는 그 이전에 환경, 상황을 통달해 나가기 위해 상상과 현실 모두가 필요하고 중요하다. 그래서 아기는 처음에는 두 방향을 하나로 결합하려는 시도를 하게 된다. 하지만 그러면 그럴수록 두 통로(tracts) 사이에 충돌이 일어나고 자발성은 무력해져간다. 모레노는 그것을 비극이라고 보았다. 그리고 인간은 그러한 불안, 불안정감을 떨치기 위해 둘 사이를 명확하게 구분짓기 시작해서 어느 한쪽만을 강화시켜 나간다고 생각한다.

요약하면, 모레노는 인간의 상상 기능은 태어날 때부터 주어져 있는 것으로서 평생을 통해 현실과 더불어 지속된다고 본다. 그래서 우리가 보다 자발적이고 창조적이 된다는 것은 언제든지 현실에서 판타지, 이미지 세계로, 또 상상의 세계에서 순간 손쉽게 현실의 세계로 이동할 수 있어야 한다는 것을 의미한다. 사이코드라마는 바로 그러한 논리 근거 위에서 태어난 것이다.

이제 정신분석에서의 환상이론을 살펴보자. 라캉은 "꿈이 욕망의 실현이다."라고 하는 프로이트에게 동의하지 않는다(이스트호프, 이미선 역, 2000: 200). 프로이트는 환상을 소망의 충족으로 간주하지만, 라캉은 환상을 욕망을 보여 주는 서사로 간주한다. 프로이트에게 나와 환상은 별개다. 내가 갖고 있지 않은 것을 원할 때면 나는 환상 속에서 그 소망을 충족시키려고 노력한다. 라캉의 경우에는 그렇지 않다. 환상은 결여를 초래한다. 이 결여 때문에 환상이 매력적이 되는 것이다. 프로이트에게 나는 환상의 외부에 존재한다. 그러나 라캉에게는 내가 나의 환상이라는 의미에서 나는 환상이 만들어 낸 한 효과다.

아무튼 환상은 프로이트와 라캉 모두에게 중심이 되는 개념이다(에반스, 김종주 외 역, 1998: 436). 그리고 환상은 기본적으로 무의식적 욕망과 관련된다. 우리 모두는 우리 자신에게 속할 뿐 그 누구에게도 속하지 않는다는 우리 자신의 진정한 환상을 갖고 있다는 것이 라캉의 기본 생각이다(사럽, 김해수 역, 1994: 112). 따라서 그에게 환상의 본질은 불가능성이며, 환상은 단지 각 개인에게 있어 주체와 그 욕망 대상의 관계가 악착같이 연기를 계속하는 개인 무대가 된다.

한마디로 정신분석에서 문제가 되는 것은 무의식과 욕망, 이미지와 환상의 세계를 있는 그대로 보는 것이 아니라 마치 정교한 시계의 톱니바퀴들처럼 이끌리고 비틀리고 수많은 상징, 개념들로 구조화하고 있다는 데 있다. 인간의 정신세계에 대한 이론이 역으로 그것을 조이고 구속하고 있는 것이다. 상상의 세계에 욕망을 덧붙인 것이다. 그러한 논리라면 자연발생적인 이미지의 생성, 무의식적 힘에 의한 환상은 어떻게 설명할 수 있겠는가?

데리다(김보현, 2000: 110)는 프로이트가 은유 없이는 어떤 사유도 불가능하다고 한 말을 인용하면서 그의 정신분석학을 정신에 대한 은유학이라고 격하시킨다. 단지 은유뿐 아니라 모델, 원형, 패러다임의 필요성을 전적으로 믿음으로써 은유가 대상으로 온전히 드러나지 못할 경우 추상적인 알레고리로 전락하거나 심하게는 베일, 망상, 헛것, 함정, 덫으로 작용할 수도 있다는 위험성을 경고한다.

바슐라르(곽광수 역, 1990: 92)는 정신분석가가 그의 방법상 숙명적으로 인간의 이미지를 지적인 것으로 만들어 버린다는 데에 불만을 토로한다. 이미지를 해석함으로써 그것을 시적 로고스가 아닌 다른 언어로 번역해 버린다는 것이다. 이미지의 삶 속에 우리가 들어가 있는데도 그것에 앞서 있는 그것의 원인을 찾는다는 일조차 심리주의의 만성적 증후군이라고 비난한다.

푸코(최종률, 1999: 183)는 프로이트가 상상적인 것에 고유한 형태학 혹은 상징에 대한 이론을 결여하고 있다고 비판한다. 이미지가 그 자체의 역학적인 힘을 가진다는 사실을 들면서 정신분석학은 이미지 자체가 말하도록 하는 데 실패하였다는 것이다. 상상적 세계는 그 자신의 법칙, 그 자신의 고유한 구조를 지닌다. 이미지는 의미의 즉각적인 충족 이상이다. 다시 말해, 푸코는 주체가 이미지와 직접적인 관계를 맺도록 하고자 노력한 것이다. 그래서 그는 "의사들은 알지도 못하는 사이에 구조적인 지식의 약호에 의해 지배당하였다."고 말할 수 있게 된다.

카스토리아디스(C. Castoriadis)는 프로이트의 무의식 개념에 나타난 원초적 무의식의 능동적이고 생산적인 능력을 상상적인 것(the imaginary)이라고 개념화한다(신현기, 1997: 123). "그것은 무의식적 환상을 창조하는 힘이다. 인간의 정체성이 원초적 무의식에서 비롯된 상상적인 힘, 즉 환상을 통해서 구성된다는 의미에서 그것은 장애와 소외를 모르며 지칠 줄 모르는 환상의 생산지다. 그 힘은 인간 존재의 창조적인 자기 변형과 자기 구성의 근원적인 원리다." 여기서 라캉의 결여로서의 욕망은 배제된다.

카스토리아디스와 유사한 시각으로 앙티 오이디푸스(Anti-Oedipus)에서 무의식과 욕망을 논한 들뢰즈(김종호 역, 1995: 45)는 그 비판의 목소리가 한층 강해진다. "푸코가 정신분석학은 비이성의 목소리를 여전히 듣지 못하고 있다고 이야기한 바 있지만 실제로 정신분석학은 모든 것을 신경증화하고 그 탓에 끝없는 치료로 신경증 환자를 만들어 내는 데 기여하고 있다." 이는 모든 정신분석이론이 소위 정상 기능인이 아닌, 근본적으로 신경증 환자에 대한 연구에서 출발하고 있다는 사실에 대한 패러디다.

요약하면, 정신분석학은 그 자체가 과학적 체계라고 주장하기 때문에 이데올로기(그리고 기법)로 변질된 것으로 볼 수 있다. 욕망을 무의식적 법칙을 되풀이하는 표상과 언어의 체계에 가두어 버림으로써 상상력의 창조적인 힘을 숨긴 것이다(리샤르, 이상률 역, 1998: 289). 모든 것이 동일한 전제 위에 기초를 두고 있으며, 전체가 동일한 조화를 이루고 있는 거대체계를 구축함으로써 인간의 창조적 행위를 변질시키고 타락시켰다. 마르크스의 거대체계 이론과 같이 그러한 폐쇄는 우리에게 멍에를 씌우고 인간을 존재, 지식, 권력의 위계질서에 예속시키는 결과를 낳게 되었다는 것이다.

마지막으로 질베르 뒤랑(진형준 역, 1983: 132)에 의해 소개된 상징의 직접적인 치료학적 방법 두 가지와 켈러먼(1992)에 의해 기술된 이미지 중심의 치료방법들을 요약하면 다음과 같다. 정신과 의사 데소이유(R. Desoille)는 정신병 환자의 쇠약한 심리상태 속에 대립되는 이미지들, 즉 상승 이미지들과 수직적 정복의 이미지들을 주입한다. 그러면 곧이어 상승의 구조와 동형을 이어 주는 모든 체제들, 즉 빛, 순수성, 지배, 비상, 가벼움 등이 의식 영역을 침범하고, 의식은 진정한 의미에서 도덕적으로 새로운 생명을 부여받게 된다. 수직성은 항공 탐험, 산악 탐험 혹은 도덕적 올바름(rectitude)을 유도해 낸다. 노이로제 환자에게는 더 이상 상승을 꿈꾸게 하지 않고 지하나 구체적인 바다 속으로의 하강을 꿈꾸게 하여 공포를 잊게 만든다.

세쉬예(D. Sécheaye)는 정신분열적 양상을 지닌 강박관념 환자에게 집중한다. 환자는 이미지의 낮체계(밤체계가 종합적, 신비적 구조인 데 반해 낮체계는 분열 형태적인 구조다.)에 의해 시선이 흐려져 있어서 밝은 지역에 내던져 있는 듯한 느낌을 갖는다. 즉, 대상들과 분리되고 인물들은 꼭두각시처럼 보이며 마치 얼음벽 앞에 있는 것처럼 공포에 질리고 찢긴다. 이에 그는 환자에게 상징적 실현이라는 방법을 사용한다. 한쪽 체계를 진정시키고 점차적으로 매우 구체적이고 체계적으로 풀밭으로(밤체계) 나아가게 함으로써 무서운 밝은 지역으로부터 빼내려고 힘쓴다.

켈러먼은 '이미지에 근거한 치료방법들' 이라는 제목하에 최면, 정신분석, 융의 적극적 명상 외에도 다양한 치료방법을 언급하고 있다. 백일몽 연출(directed daydream), 꿈드라마(oneirodrama), 꿈치료(oneirotherapies), 유도된 정서 이미지(guided affective imagery), 직관 이미지치료(eidetic psychotherapy), 정신합성법(psychosynthesis), 모델링(modeling), 신경언어 프로그래밍(neuro-linguistic programming) 등이 그것이다.

5) 사이코드라마적 논의

사이코드라마는 일정한 시공간, 소위 무대라고 불리는 곳에서 일어난다. 그곳은 일상의 만남의 시공간이 아니다. 그렇다고 다양한 시설로 꾸며진 연극 무대도, 목표 지향적인 정신치료 공간도 아니다. 은밀한 고해의 공간, 엄숙한 기도의 공간도 아니요, 누구에게나 열려 있는 자연의 시공간도 아니다. 그것은 하나의 이미지, 상상적 세계다.

여기서 이미지라 함은 그것이 인간의 전체적 삶, 현실, 자연과 우주를 압축 · 상징하고 있음을 의미한다. 그것은 일종의 가상 공간이다. 모든 시간과 사건이 그 자체의 원리에 따라 압축 · 팽창된다. 그러나 시뮬레이션과 컴퓨터그래픽에 의한 가상(virtual) 세계와는 다르다. 그 세계가 두뇌 감각과 지각을 중심으로 한 철저히 비현실 세계라면, 사이코드라마 공간은 온몸을 통한 현실과 비현실의 넘나듦이 있으며 구체적인 타인과의 만남 속에서 함께 이루어지는 직접적인 에너지의 분출이 있다. 그것은 켈러먼이 언급한 가상(as-if)의 의미 또한 넘어선다. 그의 가상의 의미는 기본적으로 조건적 상황을 전제로 하기 때문이다. 주관적이든(내가 만일 새라면) 객관적이든(네가 만일 여기에 있다면) 가상의 조건으로 만약(if)이라는 것이 주어지는데, 그 말의 밑바탕에는 현실이 중심이 되어야 한다는 중심 논리가 숨겨져 있다.

사이코드라마의 무대는 그 어떤 조건이나 기준도 전제되지 않는다. 그냥 그렇게 주어진다. 생각된다. 그곳은 우리의 상상력 자체의 특성이 구체화된 시공간이다. 그래서 사람들이 있는 곳이라면 그것은 그 이미지에 따라 그렇게 자연발생적으로 생성된다. 어디든 관계치 않는다. 그렇다고 아무나 들어오고 나가는 공원 같은 곳은 아니다. 그것은 하나의 이상이다. 불가능한 것은 아니다. 그곳은 우리의 상상력이 터져 나오는 만큼 놀아 볼 수 있는 시공간이다. 그래서 그곳은 이미지처럼 한순간에 한 장소에서 존재하고 사라진다. 거리, 안방, 사무실에서 마치 하나의 꿈처럼 만들어졌다가 사라진다.

그곳은 또한 무의식의 공간이다. 그곳에서는 너와 나라는 주체의 구별이 무너진다. 나이, 성별의 벽이 해체되고 현실규칙들이 전복된다. 전통적 시간 개념이 사라지고 과거, 미래는 오직 지금 이곳이라는 순간으로서의 현재 속에 드러난다. 어린 시절의 이야기가 지금 이곳의 이야기로 표출된다. 미래 상황이 현재에서 구체화된다.

그곳에서는 그 어떤 모순도 부정도 존재하지 않는다. 현실적인 판단과 비판도 무의미해진다. 충고도, 삶에 도움이 되는 그 어떤 교훈도 무가치해진다. 그곳에서는 주어진 그대로 모든 것이 긍정 수용되며 자발성의 흐름 자체에 따라 열리고 닫히며 접혀지고 펼쳐진다. 사이코드라마 무대는 상상의 시공간이요, 우리의 무의식적 시공간 이미지가 구체화된 놀이 마당이다. 아울러 그곳에는 주인공이 있고 지금 이 순간의 인간의 만남들과 온갖 주제들 그리고 다양한 과정과 수많은 기법이 존재한다.

(1) 주인공

전형적인 사이코드라마에서는 단 한 명의 주인공을 중심으로 드라마가 펼쳐진다. 그는 자신의 자발성 정도에 따라 현실과 상상의 세계를 넘나들며 자신의 세계를 변형 · 창조한다. 지금 이곳, 무대 위의 모든 사물, 대상, 시공간이 주인공을 중심으로 배열되고 그에 따라 움직여지고 변화된다. 그는 오직 이곳에서 자신의 무의식, 환상에 따라 한순간 진정한 자기, 주체, 주인공이 된다.

그에게는 모든 것을 드러내고 표현하고 행위화할 수 있는 권리가 주어진다. 경험, 감정, 정열, 환상, 꿈, 광기 등등. 미쳤다거나 불가능하다거나 있을 수 없는 일이라는 구분은 의미 없다. 살인, 강간, 방화, 자살이라 할지라도 그 어떤 비난 없이 상상적 드라마를 통해 행위화된다.

엘리아데(이재실 역, 1998: 20)는 가장 보잘것없는 존재에도 상징이 가득하고 가장 현실주의적인 사람일지라도 이미지를 떠나 살수는 없다고 말하고 있다. 가장 천박한 노스텔지아라도 낙원의 노스텔지아를 감추고 있으며 타락된 이미지라도 현대인의 정신적 갱신의 출발점을 제시하고 있기 때문이라는 것이다. 상상력을 가지고 있다는 사실은 그만큼 우리가 내적인 풍요로움, 이미지의 자발적인 부단한 흐름 속에서 살아가고 있음을 의미한다.

주인공은 또한 자신의 이미지를 실험할 수 있다. 자신이 믿기에 현실화되지 않으면 안 되는 것들, 나 아닌 나들, 해 본 적이 없었던 행위들, 얽혀 있는 갈등들과 문제들, 보상적일 수도 있을지 모르는 헛된 욕망의 환상들, 지성이 만들어 낸 관념만으로 풀리지 않는 것들을 탐구하고 실험할 수 있다. 그래서 자신의 전 삶과 운명을 검증해 보고 다시 연습하고 훈련도 해 볼 수 있다.

'나' '자기' 라는 것은 이론에 의해 기술할 수 있는 객관적인 실재는 아니다(푸코, 이희원 역, 2002: 228). 이론에 의해 현실적으로 구성되는 주관적인 관념일 뿐이다. 그래서 자기에 대한 이론은 일종의 화폐로서 그것을 매개로 정신에 대한 제압과 규정조차 벗어난다. 그는 오직 그 순간만 살아 있는 것처럼 자신을 몸으로 느끼고 몸으로 표현하고 행위로 드러낸다. 보고 듣고 말하는 현실의 제약들, 그렇기에 아무리 발버둥 쳐도 역시나 그저 보고 듣고 말할 뿐인 한계를 넘어서 자신의 감각과의 만남, 우연성, 이미지의 진실과 부딪힌다.

"자신의 이름으로 무엇인가 말한다는 것은 아주 신기한 일이다." 라고 들뢰즈(김종호 역, 1993: 30)는 말한다. 왜냐하면 자신을 하나의 자기, 하나의 인격 혹은 주체로 여긴다고 해서 자기 이름으로 말하게 되는 것은 아니기 때문이다. 반대로 개인은 엄격한 비개성화 연습을 거쳐 (마치 방랑자와 같은 의식이 되어) 자신을 온통 가로지르는 다양함, 자신 속을 헤집는 강력함들을 향하여 열린 상태가 될 때 비로소 진정한 자기 이름을 얻게 된다는 것이다. "강렬한 다양성의 순간적인 포착으로서의 이름, 그것은 알지 못할 깊은 곳으로부터, 자기 속의 저개발 지대의 밑바닥으로부터 우러나오게 되는 셈이다." 라고 들뢰즈는 말한다.

내가 어느 한순간 벌레라는 느낌 속에 빠져들 때, 나는 벌레로서 이야기하고 벌레의 시각으로 세상을 대하고 벌레처럼 행위해서는 안 되는가? 그래서 비현실적이고 환상적인 상황을 연출한다고 해서 누가 문제 삼을 수 있겠는가? 내 속에 구더기처럼 득실대는 것들로부터 벗어나기 위해 나는 한순간 시체가 되어도 좋다. 그것이 그 순간 나를 드러내는 방식이라면, 그래서 나를 포착할 수만 있다면 그것이 진정으로 사는 순간이라면, 사랑할 수 있다면.

상상력은 우리의 잠재성을 향한 정신적 기능이다. 상상력이야말로 때로 우리의 자유를 보호해 주는 유일한 수단이 된다. 주인공은 자신의 잠재성의 발현을 위해서, 자신의 자유로움을 향해서, 나아가 자신의 자연스러운 흐름을 가로막는 것들로부터의 해방을 위해서 나아간다. 사르트르(이규현 역, 1997: 167)는 상상하는 것은 바로 인간이 초월적으로 자유롭기 때문이라고 말한다.

주인공은 이제 펼침과 실험, 놀이와 자기 됨을 통해, 뫔(몸과 마음) 풀이와 열림을 가로질러 우리의 정서를 움직인다. 눈물과 웃음과 처절함, 강렬한 인상의 창조, 감동이 산출된다. 그리하여 주인공과 집단의 몸 밖으로 터져 나오는 힘, 감동, 에너지는 우리 모두를 다른 사람으로 만든다. 그 또한 새롭게 창조된다. 니체식으로 그는 그 자신이 예술품이 되는 것이다.

그는 생성자이고 창조자이자 창조품이다. 자신의 막힌 자발성에 물꼬를 트고 메말랐던 상상력의 세계에 숨결을 불어넣음으로써 자기 이미지에 따른 진정한 자신의 세계, 삶, 예술적 삶을 만들어 낸다. 그는 이제 결코 자신이 체험한 생성의 의미와 상상의 힘을 잃지도 않을 것이다. 그것은 머리가 아닌 가슴에, 온몸에 이미 스며들어 있기 때문이다.

(2) 주제

한 회기로 끝나는 사이코드라마에서 통상적인 의미의 주제는 존재하지 않는다. 그 이유는 한마디로 매 순간 상황이 바뀌기 때문이다. 엄밀하게 말하면, 주제란 주인공, 주체, 인간, 인간의 삶, 진실이라고 말할 수 있다. 그러나 여기서는 좁은 의미에서 드라마를 진행시키는 재료, 사건 혹은 내용이라는 측면에서 주제와 상상력 및 이미지의 관계를 살펴보겠다.

사이코드라마의 주제는 한마디로 주인공이 지금 이 순간에 드러내는 모든 느낌, 생각, 사건, 기억, 문제, 이미지, 표상들이 된다. 주인공 스스로 워밍업이 된 만큼, 자유롭고자 열망하는 만큼, 그가 표현하고자 하는 것이라면 무엇이든지 조건 없이 주제가 된다. "난 더 이상 주인공을 못하겠어." "하기 싫어졌어." 하는 표현 자체도 그 순간 주제가 된다. 오랜 침묵, 긴 울음도 주제가 되며 수많은 물고기들에게 뜯어 먹히는 이미지, 모래의 늪에 한없이 빨려 들어가는 꿈, 피해 환상, 환각과 유사한 커다란 응시하는 눈, 집 안 이곳저곳에서 출몰하는 귀신상도 훌륭한 주제가 된다. 우주의 한 점 먼지, 들풀의 이미지, 동물과 식물의 이미지는 흔히 등장하는 주제다.

얼핏 보아 동일한 주제인 것처럼 보이는 것도 주인공마다 다르다. 백이면 백 모든 주인공에 따라 그 표현방식이며 행위화 방법 또한 그만큼 달라진다. 광의로 이야기한다면 그 어떤 주제도 같지 않다. 뿐만 아니라 한 주인공이 동일한 주제를 표현했을 때라 할지라도 그날 하루 중의 시간, 공간, 집단의 차이, 주인공의 상태 등에 따라 결코 똑같을 수 없다. 스토리 중심, 언어적 내용 중심으로 본다면 얼마든지 같아 보일 수는 있다. 그러나 사이코드라마는 과거와 미래로 이어지며 상식적인 현실을 제재로 하는 수미일관된 스토리 중심의 드라마는 결코 아니다. 극단적인 의미에서 그것은 사이코드라마가 아니라 생활연극, 연극 흉내내기, 내지는 역할극이다.

앞서 주제는 매 순간 달라질 수 있다고 하였다. 그것은 우리의 실제 삶이 그런 것처럼 다양한 변인들, 우연적 요소들, 이미지와 상상력 때문이다. 우선 텔레적 요소가 그렇다. 인간과 인간 사이, 인간과 환경 사이에 흐르는 그 어떤 느낌, 가깝든 멀든 실제적이든 상상적이든 매 순간 작용하는 텔레에 의해서 주제, 주인공은 영향을 받는다. 또한 주제가 드러나는 전후의 차이, 주인공이 내면에 간직하고 있을 때와 표현하고 난 후, 그리고 그것이 다루어지는 방식에 의해서 그 주제 밑에 흐르는 숨겨진 이미지, 느낌이 달라지고 그에 따라 주제 또한 변형, 왜곡, 철회된다. 그래서 주제는 땅속에 묻힌 수많은 감자 줄기 혹은 땅 위의 나뭇가지들로 비유될 수 있다. 주인공의 내면의 흐름 속에 묻혀 있고 하나의 주제에 연달아 끝없이 이어지는 사건의 계열들 중에서 어느 것이 어느 순간에 표출되며 일단 그것이 무대 위에 드러나는 순간부터 어떠한 방향으로 가지를 뻗고 잎을 낼지 모르는 것은 바로 그러한 매 순간 지금 이곳의 분위기, 이 순간의 상상력에 영향을 받기 때문이다.

주제는 모두가 주인공의 의지와 선택으로 결정되지 않는다. 주인공이 선택한 주제는 아직도 현실원칙에 물들어 있는 경우가 많아서 디렉터에 의해 계속해서 검증되고 뒤바뀔 수 있기 때문이다. 주인공은 디렉터의 도움과 함께 미지의 세계, 바다 깊이 심연으로 침잠해 들어갈수록 진정한 자기를 한순간 포획할 수 있기 때문이다. 따라서 주인공이 드러내는 몸의 통증, 눈가의 눈물 한 방울, 순간 변하는 안색, 힘이 들어가 있는 주먹, 가늘게 떨고 있는 다리 등 신체언어가 때로는 더 의미 있는 주제가 된다. 말의 흐름, 목소리 톤의 변화, 공허한 시선, 흐르는 땀, 소리와 냄새로 유발된 이미지들, 특이한 자세와 태도들, 머뭇거림 등등. 그것들은 얼마나 자주 호기심을 자극하고 수많은 상상을 불러일으키던가. 그리고 그 밑에 흐르고 있는 의미들, 이미지들은 얼마나 다양하겠는가.

물론 일상적인 삶의 이야기 또한 좋은 주제다. 그것은 갈등과 고뇌, 아픔과 슬픔, 절망과 고독과 같은 온갖 감정이 묻어 있어서만은 아니다. 베르그송식으로 말한다면 그 내용에 관계없이 거기에는 주인공의 역사, 기억의 총량, 순수 기억, 상상 기억이 들어 있기 때문이다. 예를 들어, 주인공과 한 대상 간의 갈등, 미움과 사랑 속에는 얼마만큼의 이미지들이 들어 있을까? 본능적인 것에서부터 영원한 것까지, 천사와 괴물, 어린아이와 신, 무덤과 탄생, 홀로와 다수, 생성과 파괴의 이미지들, 상승과 추락, 나눔과 섞임, 소유와 방기 형상들과 같은 이미지들은 이 순간 이곳에서 어떤 모습으로 역할화되고 행위화될 수 있을 것인가? 얼마만큼 인간의 그 깊고 오묘함이 표현될 수 있을 것인가?

때로 주제는 이미지 자체만을 겨냥한다. 그런 경우는 대개 주인공이 더 이상 주제나 단서를 제공하지 못하는 경우다. "뭐가 떠오르지요?" "조용히 생각해 보세요. 시간을 가지고, 무엇을 하고 싶은지."와 같은 말이 주로 디렉터가 사용하는 것이다. 일상에서 무의미하게, 그 뜻을 알 수 없으며 슬쩍 지나가는 반복되는 이미지, 잊혀지지 않는 꿈의 단편들, 환상들, 그리고 수정구슬이나 명상을 통해서 어느 한순간 우연히 불쑥 떠올린 이미지들.

그것은 비록 한순간의 이미지로 떠올려지지만 모든 현실적 제약을 벗어난 것이기에 주인공의 어떤 총체적 삶을 품고 있는 씨앗과도 같다. 그러나 그것은 주인공 전체를 표현하고 있다는 의미와는 다르다. 마치 멀리서 전체적으로 바라본 산(이 또한 불완전하기는 마찬가지이지만)과 그 산 깊은 곳에서 영글어 가는 열매 간의 차이일 것이다. 따라서 그것들은 주제로서 의미가 있다. 전체가 아닌 한순간의 진실한 나의 모습으로 드러나는 그 이미지는 나아가서 서로 다른 우리를 함께 연결해 주고 나누게 해 주며 공유함으로써 함께한 모든 다른 사람들의 잊혀진 상상의 세계 또한 일깨워 준다.

그러한 다양한 주제들이 의미하는 바는 우리의 일상에서처럼 반복적이고 습관적으로 되풀이되는 그 어떤 보편성 혹은 객관적 진실이 아니다. 그것은 개개인 각자의 특성을 내포한 주관적 진실을 목표로 한다. 그것은 주인공의 내적 열정, 이미지의 세계로부터 터져 나오는 다양한 분출, 언어의 결함, 의미의 생성, 가능한 현실을 찾아 나서는 길잡이, 아리아드네의 실로서의 의미를 갖는다.

사이코드라마 세계에서 주인공이 드러내는 주제는 결코 하나의 의미로 받아들여져서는 안 된다. 그것은 수많은 의미의 층들, 사건의 계열들, 복수적 이미지들로 가득 차 있다. 그것은 그 자체의 굴곡 속에 부챗살처럼 접혀진 의미들, 이미지들을 드러내고 재구성해서, 그 다의성과 풍요성을 직접 체험함으로써 한순간의 진실이 생성될 수 있도록 하는 일종의 어둠을 밝히는 등불로 이해되어야 한다. 주제는 주인공이 아니다. 주인공은 그 너머에 크게 열려 있다. 어둠의 밤하늘처럼 넓고 깊게, 순간 사건이 창출되기를 기다리면서 말이다.

(3) 방법

사이코드라마에는 다양한 방법과 기법이 있다. 예를 들어, 역할교대 기법의 경우는 아기가 총제적 주체성(all-identity)을 벗어나 현실과 환상이 나누어지기 시작하는 제2우주 시기에서부터 어머니와 더불어 시작된다. 그것은 실제적이라기보다는 환상 속에서 이루어진다. 따라서 역할교대의 기본은 상대방의 신발을 신고 그 신발의 주인인 대상에 대한 이미지, 그의 삶에의 이미지를 가능한 한 생생하게 떠올리는 일이다(이중자아 기법 역시 같은 맥락에서 출발한다.).

그러나 여기서는 그러한 다양한 기법들은 제외한다. 따라서 사이코드라마의 진행과정에 있어서 중요한 두 가지 개념만을 간추려서 이미지 및 상상력과의 관계, 의미를 밝혀보고자 한다. 물론 카타르시스론, 잉여현실론, 텔레이론, 저항이론, 치유 효과 등 그 하나하나만 해도 상상력과 이미지 관계를 깊이 있게 천착해 볼 수 있는 개념들이지만 여기서는 생략한다.

① 워밍업

워밍업은 근본적으로 현실 세계에서 상상 세계로의 이행을 준비하는 사이코드라마적 첫 과정이다. 현실 세계에서 잉여현실 세계로의 뛰어듦이다. 현실의 시각에서 그것은 일탈, 도주 혹은 회피라 불릴 수 있다. 그렇지만 앞서 상상력의 일반적 논의에서 언급했듯이 그것은 환상과 현실의 순간의 일치를 위한 자발적인 이행이다. 일탈의 욕구, 의지와 결단에 앞서서 우리 자발성의 근본적 성향에 의함이다. 우리의 현실적 삶에서도 그것은 명백히 드러난다. 예컨대, 우리는 날마다 그 얼마나 작고 은밀한 일탈을 꿈꾸고 있는가?

상상력을 제대로 발휘되기 위해서는 현실과의 결별이 완벽할수록 좋다. 그것은 그 어떤 목적 없이 여행을 떠나는 것과 같다. 아무것도 가지지 않고 맨손으로 떠나는 여행자일수록 여행지에서 더 많은 것을 얻을 수 있을 것이다. 그렇다고 그 어떤 이상, 목표를 가지는 것도 바람직하지 않다. 바람과 같이 스쳐 지나가는 목표를 왜 세우려 하는가? 단지 자신이 꿈꾸어 오던 것, 표현 한번 해 보지 못한 그 무엇을 찾아 떠난다면 그것은 바람직하다.

워밍업은 현실에 대해 어느 한순간 무관심하기의 작업과정이다. 현실의 찌든 관념을 벗겨내고 닦아내는 일이다. 나를 철저히 비우고자 함이다. 나를 있는 그대로 열고자 준비하는 단계다. 그동안 믿어 왔던 제반 당위성에 의문부호를 붙이는 일이요, 자신마저도 한순간 공(空)과 허(虛)를 향해 부정하는 일이다. 일탈과 부정과 의문의 세 가지가 이미지를 현존하게 하고 상상력에 불을 붙이는 발화제다.

워밍업 단계뿐만 아니라 사이코드라마의 전 과정에서도 문제가 되는 것이 있다면 얼마만큼의 자유로움 가운데 어느 만큼의 자발성으로 이미지를 생산해 내느냐 하는 일일 것이다. 그것은 또 얼마만한 의지로 상투화된 이미지, 판에 박힌 듯한 주제로부터 벗어날 수 있느냐 하는 문제다. 시인이 어느 한순간 시상이 떠올랐을 때, 백지 앞에 앉아 시상을 떠올리려고 노력하고 있을 때, 아니 조금 전에 떠올렸던 시어를 다시 회상하고자 하였을 때, 그것이 관습적 사고와 획일화된 관념에 오염되지 않은 시상이라고 누가 감히 판단할 수 있을까?

물론 그것은 판단의 문제는 아니다. 문제는 우리가 최선을 다해 그 어떤 의도성, 목표지향성 내지는 의식적 의지를 벗어 던지고 난 이후의 이미지라 할지라도 의미 있는 이미지를 생성하는 일이 그만큼 어렵다는 것이다. 역설적으로는 현실에 강렬하게 저항하는 이미지가 바로 그 현실을 가장 많이 닮을 수 있다는 의미다.

그것은 집단의 결속과 믿음 위에서 행해진다. 인간 상호 간의 신뢰, 시공간에 대한 믿음 없이는 자발적 상상력은 그 빛을 충분히 발휘할 수가 없다. 상호 신뢰감을 바탕으로 한다면 아무리 작고 사소한 이미지라 할지라도 마음껏 사건을 일으키고 시간을 생성할 수 있는 드라마를 창조해 낼 수 있다.

② 확대와 압축

사이코드라마 세계에서는 대부분의 주제, 이미지, 행위가 확대 · 과장되고 압축되거나 유머화된다. 현실의 10년이 5분으로 압축되고, 자궁 속이 온 무대로 확대된다. 손오공의 머리털처럼 주인공은 필요한 수만큼 자신을 만들어 내기도 하고, 처절한 고통의 순간이 한순간에 웃음바다를 만들어 낸다.

그것은 현실이 아니기 때문이다. 상상의 세계요 무의식의 세계이며 이미지의 왕국이기 때문이다. 온갖 이미지들이 서로 부딪치고 위로 아래로 미끄러진다. 상상력이 지니는 역동적 성격은 과정이요 확대이며, 그러한 과정 없이는 삶은 확대될 수가 없다는 바슐라르(정영란, 1997: 198)의 이론과도 같다. 주제와 그 요소들은 끝없이 해체되고 뚫리면서 유의미와 의미 사이, 현실과 환상 사이를 왕복한다. 그리고 어느 한순간 확대 · 과장되어 진실한 행위를 창출한다.

그것들은 상투적 현실로부터 벗어났음을 의미하는 상징적 방식이다. 비극이 희극으로 반전되듯이 현실에서는 거의 불가능한, 소설에나 있음직한 상상 세계의 규칙이다. 사실주의는 우리의 현실의 삶만으로 벅찰 정도다. 사이코드라마에 만일 색채가 있다면 그것은 아마도 잊혀져 간 낭만주의이고 초현실주의며 표현주의일 것이다.

다음은 하나의 예로 표현주의 극작가 스트린드베리(J. A. Strindberg)가 쓴 자기 작품에 대한 설명문이다. "등장인물들은 쪼개지고, 포개지고, 곱해지고, 사라지고, 굳어지고, 흐려지고, 맑아진다. 그러나 이 모든 것들 위에 군림하는 한 가지 의식이 있으니(R. S. Furness; 김길중 역, 1985), 그것은 꿈꾸는 자의 의식이다. 이 의식 앞에는 비밀도, 모순도, 가책도, 법칙도 없다."

주인공의 전신 감각을 최대한 이용하기, 열정과 감정들을 100℃로 끓이고 증발시키거나 얼리고 격변하게 만들기, 긴장을 극대화시키고 근원에서부터 솟아나는 옹알이들을 압축했다가 터트리기, 유령과 산신령, 도깨비를 초대해서 놀이하기, 침묵과 시(時)의 간(間)을 최상의 순간에 적절히 활용하기, 주인공만의 몸짓과 운동 만들기, 거대한 파도를 타고 오르거나 별빛 속으로 내던져지기, 그리고 뫔 속에 감금되어 있는 광기의 쇠사슬을 풀어내기.

라캉이 『에크리(*Ecrits*)』에서 말했다고 한다(여인석, 1995). "인간의 존재는 광기를 고려하지 않고서는 이해할 수 없으며 광기를 그의 자유에 대한 한계로 내부에 동반하지 않고서는 인간이 될 수 없다. 광기는 자유의 가장 충실한 동반자다. 광기는 자유의 움직임을 그림자처럼 뒤따른다."

6) 나오는 말

사이코드라마는 우주와 인간의 본성에 대한 모레노의 이미지에서 창조되었다. 그래서 그것은 지금 이 순간, 자발성과 창조성, 상상 세계와 현실 세계의 분리, 행위와 창조 등의 개념을 낳았다. 상상력은 인간 의식과 무의식에 있어서 비현실적이고 허구적인 근본 기능이며 인간의 실존 자체의 힘이다. 그것은 인간에게 가장 근원적인 자발적 힘의 한 흐름이요 묶음이다. 그러한 상상력과 그것이 산출한 이미지가 사이코드라마에서 어떻게 기능하고 어떤 의미를 갖는가를 묻는 것이 이 논의의 출발점이다.

오늘날 세계는 자원의 고갈, 오염으로 말미암아 역사의 동인으로 추앙받던 이성이 회의되고 더불어 삶의 본질을 재고할 수밖에 없는 시대가 되었다. 주체가 해체되고 매 순간 변화해 나아가는 주체성이 철학적 담론으로 떠오르면서, 언어의 의미만으로 인간의 무의식이 구조화되는가 하면 물체적 존재 의미보다는 비물체적 사건, 의미가 추구되고 몸과 행위가 많은 사유의 지평 위로 떠오르고 있다. 더불어 인간의 본래적 창조성과 상상력이 그 자체만으로 국가적 혹은 집단적 연구의 대상으로 떠오르고 많은 예산이 쓰이고 있는 현상도 이제는 새삼스러운 일이 아니게 되었다.

사이코드라마는 현실을 살아남기 위한 생존의 전략으로 구체화되었다. 이 이미지 과잉시대에서 현실과 상상의 일치 순간을 창출하기 위한 예술이며 과학이다. 그것은 잠시 현실로부터 일탈해서 지금 이 순간의 자발성을 극대화하고 상상의 기능을 창조적으로 발현할 때 이루어진다. 현실 무시가 아닌 현실의 넘어섬이요, 자기라는 주체에의 안주가 아닌 펼쳐지고 열리고 변화되어 가는 주체성이 드러나는 세계다.

상상력은 우리의 존재 이전에, 지각 이전에 주어진 인간의 근본 기능이다. 그러나 그것은 아주 어린 시절부터 현실의 그림자 뒤편으로 사라져서 그 생성적이고 창조적인 힘을 제대로 발휘하지 못하고 있는 실정이다. 우리의 생존을 위해, 그냥 주어진 대로 살아지는 삶이 아닌 보다 능동적이고 긍정적인 삶을 창출하기 위해서 그것은 재활성화되어야만 한다. 그것은 곧 생명력이 시들어 버리는 개인적인 작품의 창조를 넘어서서 사이코드라마 세계에서 구체적인 행위를 통해 펼쳐질 수 있다. 그것은 삶 자체의 예술화이며 순간, 행위 예술이다. 그것은 상상력과 인간 존재의 이미지가 극대화되는 시공간이다. 그것은 인간 생존의 최대 전략이요 실천적이고 실험적인 방식이다. 인간의 상상력과 이미지가 구체적인 몸과 행위를 통해서 그 어떤 조건이나 비평 없이 있는 그대로 최고조로 표출되는 곳이 사이코드라마 세계다. 그것은 우주 그 자체, 우리의 무의식 세계 그 자체다.

4. 드라마

드라마(drama)는 흔히 총체적 예술 혹은 삶의 완벽한 상징, 근원적 힘이 깃든 삶의 표현예술 등으로 말해진다. 즉, 삶과 떨어져서는 논의될 수 없으며 인간 삶 전체가 축소 또는 확대되는 예술 형식이 드라마다. 따라서 연극미학, 연극인류학, 연극기호학, 그리고 연기론, 연출론, 희곡론 등 연극에 대한 접근은 매우 다양한 방향에서 이루어지고 있다. 이 논의에서는 예술로서의 연극의 의미, 즉 사이코드라마에 있어서 연극의 예술적 의미가 어떠한가에 초점을 맞춘다. 예컨대, 모레노, 니체, 아르토 등에게 연극은 어떤 의미가 있었는가의 물음과 같다.

1) 모레노의 드라마 의미

모레노가 하나의 종교 혹은 치료적 · 철학적 이론이 아닌 드라마를 선택한 이유는 흔히 인간의 근원적 성질 혹은 원초적이고 영원불멸의 신성-자발성에 대한 신념 때문이라고 이야기된다. 유아의 최초의 우주에서 볼 수 있는 바와 같이, 세대마다 새롭게 태어나고 되돌아오는 자발성의 영역, 궁극적으로는 혼돈에서부터 창조를 시작하는 우주 최초의 신성의 영역으로부터 결코 떠나지 않겠다는 그의 확신은 곧 신의 놀이, 신성의 극장이라는 개념으로 연결된다.

신성극장(divine theater) 혹은 창조자 극장(theater of creator)은 영원한 하나의 놀이(play), 즉 우주 창조라는 놀이를 반복하는 시공간을 상징한다. 그리고 여기서의 신의 놀이(god plying)는 아직 혼돈으로부터 탄생되지 못한 것들을 최초의 존재 순간으로 만들고 존재케 하는 최고의 자발적이며 창조적인 참여를 의미한다. 그것은 고정된 이론, 정의 혹은 그 어떤 기존의 구조도 없는, 오직 자신의 본성에 의한 창조다. 여기서는 고통의 감소니 죽음의 초월이니 하는 현실적 기준은 무의미해진다. 있는 그대로 드러나고 표현되고 창조될 뿐이다. 그것은 일종의 우주적 드라마(cosmic drama)다. 사이코드라마는 바로 그러한 성스러운 우주적 드라마로 들어가는 주체적인 수단을 제공해 준다. 우주적 드라마란 생과 사, 기의와 기표, 몸과 영혼, 신과 인간, 창조물과 피조물, 주인과 노예, 사회학적/생물학적 대비와 대립, 분리, 그 벽을 넘어선다. 우주, 자연의 온갖 요소들, 소리, 빛, 몸짓, 외침, 강렬함이 함께하며, 인간의 감정, 에너지, 이미지, 활력, 자유 등 인간의 전체성이 참여한다. 부분화가 아니다. 그 어떤 심리적, 분석적 방법보다 더 원천적이고 자유롭고 긍정적인 체험의 세계다.

사이코드라마는 예술이라는 드라마 형식에 신, 철학, 과학을 혼합한 인간 삶의 총체적 드라마를 의미한다. 따라서 그것은 기존의 드라마 개념을 넘어서 있다. 기존의 연극에서 작가와 대본을 추방했을 뿐만 아니라 관객의 직접 참여, 즉흥적 방식, 기존 무대의 제거와 열린 무대를 도입한 것이다. 즉, 그것은 인간에게 새로운 존재 영역을 개방함으로써 신의 세계 창조를 계속해 나아갈 수 있도록 하는 순수 자발성 극장이다.

아르토는 연극을 그 어떤 것의 재현이 아닌 고유의 독자적이고 그 무엇으로도 환원될 수 없는 그 자체의 살아 있는 현재, 생명력의 현존, 연극-삶 본래적 표상, 총체적 표상으로 생각하였다. 들뢰즈는 인간의 사유 역시 극단적이고 숨가쁘며 위험한 하나의 행위, 즉 삶과 죽음, 이성과 광기가 어우러진, 그러한 선에 부닥쳐서 그 선을 넘어 방향을 바꾸고 바다로 나아가 바다 위에서 스스로 발견과 창조의 세계로 나아가는 시도, 다시 말해 주체로의 회귀가 아닌 새로운 단절, 새로운 창조의 시도로 간주하였다. 사이코드라마 또한 그러한 의미에서 삶의 자발적인 본연의 표상의 세계요, 바다로 나아감, 우주로의 내던져짐이라고 볼 수 있다. 모레노에게 치유과정이란 일종의 우주적 작업이다. 워밍업을 통해 우주적 갈증을 충족시킴으로써 전 우주와의 동일성(identity)을 유지시키고 단순한 자기실현이 아닌 세계의 실현(world realization)이라는 갈증을 삶의 창조적 근원과 연결시키고자 하는 작업이 곧 사이코드라마며 치유과정이다. 모레노(1924)는 "이런 물질 세상에서 미친놈, 범죄자 소리 듣지 않고서는 그 누구도 신이나 성자의 역할을 할 수가 없다. 신성의 극장은 그러한 의심을 받지 않는 혁명을 위한 안전한 피난처이며, 실험적 수준에서 자발성 탐구를 위한 무한한 가능성을 제공해 준다."고 말한다.

2) 니체의 드라마 의미

니체의 『비극의 탄생』(김대경 역, 2000b)에 의하면 연극은 디오니소스 축제, 즉 주신 찬가에서 그 근원이 찾아진다. 자기 스스로를 변화시켜 다른 사람의 몸과 마음이 되어 말하려는 충동, 즉 디오니소스적 격정은 모든 대중에게 그들이 정령들에 의해 둘러싸여 있음을 알고 그들과 내면적으로 하나가 될 수 있는 능력을 전수해 줄 수 있다. 다시 말해서, 자기 스스로가 그 자리에서 변신한 것을 보고 이제 마치 자신이 다른 사람의 몸과 다른 사람의 성격 속으로 실제로 옮겨진 것처럼 행동하는 것이 바로 연극의 근원 현상이다. 연극의 그러한 원시적 현상 속에는 다른 존재 속으로의 몰입에 의한 개체의 포기가 내포되어 있다.

그래서 주신 찬가의 합창단은 변신한 사람들로 구성된 합창단이며, 그들은 자기의 시민생활상의 과거와 자기의 사회적 지위 같은 것을 깡그리 잊어버린다. 그들은 시간을 못 느끼며, 바로 그러한 마법의 힘이 연극예술의 전제가 된다.

니체에게 예술은 인간 고유의 형이상학적 행위로 정의된다. 여기서 예술의 의미는 신, 즉 완전히 무모한 성격의 반도덕적 예술 신이 되는 것이다. 그래서 그는 단지 허구 속에서만 자신을 구원할 수 있는, 가장 고통 받는 자, 가장 분열된 자, 가장 모순에 가득 찬 자들 앞에 있는 신이다. 따라서 영원히 변천하고 영원히 새로워지는 환영으로서의 예술세계는 매 순간 신의 구원이 실현된 상태가 된다.

그러한 디오니소스적 마력하에서는 인간과 인간 사이의 결합이 다시 이루어지고 소외되고 대립되고 억압된 자연이 자기의 잃어버린 탕아인 인간과 다시금 화해하는 제전을 축하하게 된다. 이러한 디오니소스적, 우주 예술가적 예술적 힘은 자연 자체로부터 솟아 나오는 것인데, 그 힘 속에서 자연의 예술 충동이 처음으로 그리고 직설적으로 충족된다. 이러한 마법의 힘은 모든 연극예술의 전제가 되며, 연극은 자신의 변신 속에서 새로운 환영을 보는 것으로써 완성된다.

3) 아르토의 잔혹연극

데리다(남수인 역, 2001: 367)에 의한 아르토의 연극은 미래 연극의 모습으로 그려지고 있다. 아르토는 인간의 고유한 몸, 육체의 속성은 탄생하는 순간에 도난당했다고 본다. '나'로 위장하기 위해서, 나로 불리기 위한 온갖 도둑신에 의해서 진정한 나의 존재, 몸은 사라지고 만 것이다. 그래서 우리의 삶은 재현에 불과하다.

예술이란 삶의 모방이 아니다. 연극예술은 그러한 재현이 아닌 삶 자체로서의 연극, 모방을 파괴하는 특권시되어야 할 원초적 장소다. 연극은 인간 존재와 육체를 각기 본연의 모습으로 고찰하여 재생시켜야 한다. 그것은 비반복성의 소진되어 버리는 에너지 자체, 생의 예술, 한번 행해지면 다시 행해질 수 없는 연극이다.

그래서 그의 잔혹극은 모레노의 우주적 드라마, 니체의 디오니소스적 축제 개념과 유사하다. 즉, 잔혹극은 인간 내면 깊숙이 숨겨져 있는 진정한 생에 대한 갈증, 자신의 뿌리로 회귀하고픈 욕망, 우주와의 합일의 꿈을 실현시키려는 연극적 모험이다. 인습, 윤리, 가치 세계를 파괴하고, 생동하는 순수 세계의 생성을 추구하는 형이상학적 생성의 장이요, 마비된 정신의 단단한 틀을 깨고 모든 감각을 일깨워 진정한 삶을 직시할 수 있게 하는 충격요법으로서의 잔인한 무대다. 여기서 잔혹성은 힘과 필연성으로 의미화된다. 움직이는 모든 것, 죽음, 소생, 변모, 삶을 지배하는 힘과 그 필연성, 우주적 엄격성과 가차없는 필연성, 우주를 움직이는 원동력, 생성의 힘, 또한 그것의 근원적 이원성, 그와의 갈등이 일종의 잔혹이라고 말할 수 있다(신현숙, 1997: 332).

그리하여 아르토에게 연극은 현실의 복사가 아닌 위험하면서도 진정한 또 하나의 현실의 분신(double)이 된다. 즉, 영혼의 광기 어린 투쟁의 장으로서 의식에 억눌린 무의식, 문명에 억압당하고 있는 원시적 세계의 표출이거나 깊고 무섭지만 신비한 우주적 카오스의 드러남이다. 여기서 분신은 연극 자체가 현대인이 망각하고 있는 또 다른 현실, 진정한 삶의 분신임을 의미한다(즉, 잔혹성, 생성, 형이상학 등이 연극의 분신들이다.).

아르토의 연극은 전신마비 현상을 나타내는 현대인의 의식의 수술대, 강박관념과 몽상들의 배출구, 절실한 몸짓언어와 연기 아닌 살아 내는 것, 인간의 가장 어둡고 위험한 본능들을 해방하는 도구, 꿈이 원래 지녔던 위엄을 꿈에게 되돌려 주는 곳, 삶과 힘의 최초의 현전이 이루어지는 곳, 동양 연극에서 보았던 것과 같은 우주정신과 합일을 추구하는 일종의 살아 움직이는 형이상학적 연극이 된다.

요약하면, 모레노는 영원불멸의 원초성, 힘(자발성) 혹은 신성에의 회귀를 지향하며 우주적 드라마를 꿈꾸었다면, 니체는 디오니소스적 연극, 변신과 마법의 힘의 세계로의 복귀를 연극예술의 허구적 힘으로 간주한다. 아르토의 연극관 역시 원시 제의처럼 충격과 감동, 새롭게 깨어나는 의식으로 삶과 정면 대결할 수 있는 위험하면서도 유일한 행위의 세계를 꿈꾸었다. 세 사람 모두 전통적인 연극관을 버리고 보다 원초적인 형태, 무대라는 그 자체의 자유롭고 창조적인 형식의 제의적, 근원적, 우주적, 디오니소스적, 원시적 연극을 마음속에 그리고 있었다고 보아도 무방할 것이다.

4) 연극사에서의 의미 있는 변화

1921년 초연한 루이지 피난델로(L. Pirandello)의 『작가를 찾는 6인의 등장인물(*Sei person aggi in cerca d'autore*)』은 1920~1930년대에 매우 커다란 영향을 미친 작품으로 평가된다(하트놀; 심우성 역, 1990). 인생의 환상과 인간의 현실을 인식하려는 절망적인 노력을 주제로 한 이 작품은 진실이란 개인의 상황에 따라 변화하기 때문에 있을 수 없고, 언어는 실제적인 것이 아니라 그와 같이 보이는 것을 설명한 것뿐이기에 의지의 전달이며, 정신의 정상 같은 것은 있을 수 없다는 견해를 나타낸 것이다.

19세기 초에 중국 경극에서는 간단한 소품을 상징으로 사용했으며(예: 테이블이 다리, 채찍이 말, 황색 깃발이 전차 등), 20세기 초에 라인하르트(M. Reinhardt)는 기존의 프로시니엄 무대를 떠나 무도장, 원형 경기장, 사원의 광장, 전람회장 등 어떤 공간에서나 연극을 공연하였다. 1930~1940년대에 언어는 전달의 수단으로서는 정말로 부적당한 것이고 인생과 노력은 본질적으로 비논리적이라고 말하는 부조리 연극과 도덕 및 이성의 구속에서 인간 해방을 논한 잔혹극이 현대연극에 깊은 영향을 미친 것으로 나타난다. 그리고 연극사에서 가장 최근의 혁신은 사실연극으로, 1930년대 미국에서 일어난 신문연극이다. 그것은 모레노의 살아 있는 신문(living newspaper)에 영향을 받아 생긴 새로운 연극 형식이다.

특히 현대의 연극 연출가들, 연극학자들의 연극에 관한 논의는 사이코드라마의 예술로서의 드라마를 이해하는 데 또 다른 방향을 제시해 주고 있다. 그 대표적인 예가 그로토우스키(J. Grotowski, 고승길 역, 1987)의 가난한 연극 또는 실험연극론이다. 연극에서 조명, 분장, 효과 등 본질적이 아닌 모든 것을 벗겨낸다는 의미에서의 가난한 연극, 그리고 미지의 세계를 정복하고 우리의 한계를 뛰어넘고 우리의 공허함을 메우기 위한, 다시 말해 자기의 완전한 충실을 위한 실험, 자기 자신의 진실과의 맞부딪침, 인생의 가면을 벗기는 노력으로서의 연극이 그것이다.

그로토우스키(J. Grotowski; 고승길 역, 1987)에게 연극의 핵심은 만남이다. 배우와 관객의 원초적이고 근본적인 인간 경험의 공유만이 유일한 연극적 필요요소다. 뿐만 아니라 자기 자신과의 만남, 맞부딪침, 사상, 본능, 무의식의 욕구에 이르기까지 자신의 전 존재가 휩쓸려 들어가는 만남이 곧 연극이다. 그래서 그의 연극은 즉흥성, 임의성, 우연성, 유희성, 제의성이 어우러지는 행위의 연속이며, 문화화된 존재로부터 벗어나서 개인마다의 활력을 끌어 내고 삶을 풍요화하는 예술이다. 우리는 진실로 우리를 넘어설 수 있는 순간 변화되고 확장된다는 이론이다.

5) 사이코드라마와 드라마

사이코드라마는 분명 통상의 드라마는 아니다. 그것은 드라마를 넘어선다. 우선 형식 면에서 드라마와 다르다. 작가라는 한 사람의 창조물인 각본이 없을 뿐만 아니라 그 어떤 연습도 없다. 전문적 배우는 더더욱 불필요하다. 휘황찬란한 조명도, 멋들어진 음향기기도, 그럴듯한 소품도 별 소용이 없다. 의상과 분장도 의미가 없다. 사이코드라마는 주어진 조건 속에서 있는 그대로 모든 것이 행위 자체로 드러나고 창조된다. 그 어떤 가장, 치장, 그럴듯한 연기며 매끄러운 앙상블도 없다.

모든 진행이 그 순간의 참가자의 자발성에 의존한다. 즉흥적이다. 그러나 즉흥극하고도 다르다. 즉흥극은 전문 연기자들의 직관과 감각에 의존해서 진행된다. 마치 플레이백 극장(playback theater)에서의 전문 연기자들의 연기처럼, 하나의 조화, 적절한 자극과 반응이 오고 가면서 통일성을 이루어 나가는 것과 같다. 그러나 사이코드라마에서는 그러한 능숙성도, 임기응변도 불필요하다. 오히려 그러한 행위는 연극적인 것으로 간주되어 지양된다. 진실은 비연극적이다. 때로는 서투르고 혼돈스럽다. 어색하기도 하며 지리멸렬해지기도 한다. 그것은 당연하다. 참가자들이 배우가 아니기 때문이다.

사이코드라마는 퍼포먼스나 해프닝과도 다르다. 가장 큰 차이점은 행위자와 관객의 분리뿐만 아니라, 겉으로 보기에는 어떤 주제의식도 없어 보이지만 퍼포먼스나 해프닝의 이면에는 행위자들끼리의 사전 준비, 주제 선정, 방법론에 대한 토론 및 어느 정도의 앙상블이 들어 있게 마련이다.

연극이란 인간의 제반 상황과 조건, 인간관계를 보여 줄 수 있는 가장 구체적인 예술 형식이고 꿈과 환상을 육화하는 것이다. 연극이란 우리를 제한하고 경멸하는 것들, 즉 자연력, 숙명, 사회법칙, 인간, 자비, 야심, 이해, 편견 등과 싸우도록 인간을 산 채로 무대 위에 던져 놓는 것이라고 말해진다. 그러한 연극에 대한 논의들은 그 내용만 읽고서는 마치 사이코드라마가 끝난 후의 이야기인 것처럼 느껴지기도 한다. 그러나 드라마가 그 어떤 강렬한 움직임이고, 문명 속에서 잃어버린 인간의 원초적 재현이라 할지라도 그것은 어디까지나 배우의 짜인 예술이며 극작가와 연출가의 예술일 뿐이다. 이미 짜인 주제와 스토리가 있고 그에 따른 처절한 연습을 거쳐 다듬어진 예술이다. 마치 조야한 나무와 풀들의 합창이 사이코드라마라고 한다면, 연극은 나무를 깎고 조각하고 인조잔디, 풀들, 인공적인 종이꽃들이 합창하는 것이라고 할 수 있을 것이다. 그처럼 둘은 근본적으로 차이가 있다.

서투른 연기, 어색한 행위가 전문 연극에서는 있을 수 없지만, 사이코드라마에서는 오히려 능숙하고 현란한 연기란 있을 수 없다. 주인공이 실제로 연극배우며 탤런트라 할지라도 사이코드라마 무대에서는 때로 서투르고 당황할 수 있으며 그것이 오히려 당연한 것으로 받아들여지는 것이다. 왜냐하면 우리는 우리의 진실을 드러내는 데, 우리의 잉여현실을 행위화하는 데 있어서 자발성이 높지 않기 때문이다. 그 일은 그만큼 어려운 일이다.

사이코드라마는 상상적 진실, 현실에서 다하지 못한 인간의 진실을 지금 여기에서 다른 사람들과 함께 실재적으로 몸으로 체현하는 세계다. 일단 즉흥적으로 자신의 자발성에 의해 장면이 진행되고 사이코드라마가 끝난 이후에 다시 한 번 그 장면 전체를 똑같이 재현할 경우, (물론 그 목적에 따라 다소 차이가 있겠지만) 그것은 사이코드라마가 아닌 드라마라고 말할 수 있다. 사이코드라마는 바로 지금 이곳의 순간의 예술이기 때문이다. 위의 재현의 경우를 드라마라고 하는 이유는 바로 그러한 순간의 의미가 감소되기 때문이다.

드라마는 위대한 예술이다. 그러나 사이코드라마는 드라마가 아니다. 단지 드라마일 뿐이다. 드라마적이란 사이코드라마가 극적이고 지금 이곳에서 즉흥적으로 사건과 스토리가 있는 장면의 연속으로 이루어진 전개를 한다는 의미다. 사이코드라마는 결코 드라마가 되어서는 안 된다.

5. 카타르시스

카타르시스는 심리적, 치료적 측면에서 논의될 수 있다. 또한 그것은 놀이와 제의, 혹은 몸과 행위론에서 다루어질 수 있는 주제다. 카타르시스가 흔히 개인 혹은 집단 정신치료의 중요한 치료요인으로 간주되며 원시 제의에서는 상당히 큰 몫을 차지하기 때문이다. 그리고 카타르시스는 몸과 행위를 떠나서는 생각할 수 없기에, 행위 카타르시스라는 사이코드라마적 시각에 비추어 보았을 때 몸과 행위에 관한 장에서 다루어져도 무리는 아닐 것이다. 그런데도 굳이 예술에 관한 장에서 논하게 된 이유는 그것이 최초에 예술, 비극과 관련되어 논의되었을 뿐만 아니라 오늘날에도 치료적 의미보다는 광범위한 예술적 논의의 중심 주제가 되고 있기 때문이다.

1) 어원 및 정의

르네 지라르(R. Girard; 김진식 외 역, 2000)에 의하면, 그리스어 katharos(pure)에서 katharma와 katharsis가 파생되어 나온다. 카타르마는 샤머니즘과 매우 유사한 제의적 수술 중에 끄집어내어지는 해로운 물건이나 희생 제의에서의 인간 제물을 지칭하며 흔히 종교적인 순화로 번역된다. 그래서 카타르시스는 종교적 용법, 샤머니즘 용법 그리고 의학적 용법으로 쓰였다. 종교적으로 그것은 일정한 신성한 공간의 정화나 또는 카타르마와 같이 희생 제의에서의 추방을, 샤머니즘적으로는 입문의식의 지원자가 치러야 하는 정화(의식)를, 그리고 의학적으로는 여성의 월경, 나쁜 기질이나 물질의 배설, 인간 제물의 운명에 의한 정념의 정화를 의미하였다.

그리고 지라르에 따르면 아리스토텔레스의 비극에서 카타르시스라는 말은 아직까지도 끝없는 논쟁의 대상이 되고 있다. 특히 사람들은 그 당시의 실상을 잘 알지도 못하면서 이 말의 종교적, 제의적 의미를 제외시켜 버렸다. 예를 들어(손명현, 1972: 19), 비극의 목적을 도덕적인 것, 즉 감정의 정화 작용(purification)으로 보는 레싱(Lessing) 등의 주장과 비도덕적인 것, 즉 좋지 못한 체액의 배설, 제거(purgation)로 보는 독일학자 베르나이스(Bernays)의 견해가 그것이다. 뿐만 아니라 아리스토텔레스는 왜 연민(pity)과 공포(terror) 감정만을 정화(purging)한다고 말하였을까? 그리고 진짜 이열치열의 논리는 합당한 것인가? 그가 그렇게 말한 것은 당시 민중의 분노를 지배하고 순화시키고 길들이기 위함이었는가, 아니면 시민 전체의 도덕성을 보호하기 위한 주기적 축제의 필요성 때문이었는가? 이러한 윤리적 측면의 도전 또한 아직까지 결론이 없다.

그러나 오늘날 카타르시스는 거의 100년 동안 정신치료에서 중요한 역할을 해 오고 있고, 이제는 환자를(환자들만의) 정서적으로 깨끗이 하는(emotional purge) 의미의 의학용어가 되어 버렸다(켈러먼, 1992: 76). 켈러먼은 카타르시스를 저장된 내용물(content)을 정서적 표현(얼굴, 몸, 목소리 혹은 행동의 변화가 겉으로 관찰될 수 있는)을 통해 풀어 놓는(release) 것으로 정의한다. 모레노(1977: 179)는 정신적 카타르시스라는 용어를 사용해서, 충분히 인간으로 살아남기 위해 워밍업을 통해 개인의 정신적, 문화적 증후군으로부터 해방하고(liberate) 정화하는(purge) 것으로 정의한다. 켈러먼이 정서적 표현이라는 협의의 정의를 내렸다면, 모레노는 정신적 · 문화적 증후군이라는 광의의 정의를 내린 것이다. 그러나 한마디로 두 정의 모두 우리가 일상 겪을 수 있고 느끼고 있는 카타르시스를 충분히 표현하지는 못하고 있다고 볼 수 있다. 왜냐하면 정신적·신체적으로 저장된 내용물이 반드시 정서적으로만 표현되리라는 법은 없으며(정서적인 면은 오히려 그 결과일 수도 있다.), 문화적 증후군으로부터의 해방은 다른 문화권으로의 여행도 카타르시스를 일으킬 수 있다는(물론 그럴 수도 있겠지만) 지나치게 광범위한 의미가 내포되어 있기 때문이다.

따라서 사이코드라마적인 의미에서뿐만 아니라 모든 사람에게 통용될 수 있는 새로운 정의가 필요하다. 그리고 그 정의는 다른 많은 유사 개념들과도 분명히 구별될 수 있는 정의여야 한다. 그것은 다음과 같다. '카타르시스란 인간의 몸을 통한 제반 요인들(물질, 감정, 힘 등)의 강렬한 방출 및 그 순간의 정신상태를 일컫는다.' 여기서 방출(expulsion)은 더럽고 깨끗한, 순화와 정화의 구별이 없는 동사다. 그것은 안에서 밖으로의 나아감이요 비움이다. 그 내용물은 땀, 눈물과 같은 체액, 그리고 에너지 혹은 힘, 다양한 감정들, 생각, 환상들이다. 강렬하다는 의미는 시간적으로 압축되어서 일시에 짧은 순간을 의미하며, 정신상태란 개운하고 시원하고 후련한 또는 기쁘고 만족스럽고 희열과 쾌감의 상태를 일컫는다.

2) 유사 개념들과의 구분

켈러먼에 의하면 다양한 용어와 개념들이 카타르시스와 혼돈되거나 중복되어 사용되고 있음을 알 수 있다. 예컨대, 환기(ventilation), 제반응(abreaction), 원초적 절규(primal scream), 라이히언의 완벽한 오르가슴(orgasm) 혹은 절정 경험(peak experience), 아하 경험(AHA-experience) 그리고 교정적 정서 경험(corrective emotional experience) 등이 그것이다. 뿐만 아니라 카타르시스는 어떤 상태를 나타내는 엑스터시(ecstacy), 몽환(trance), 도취(transports), 몰입(immersion) 등과도 구분되어야 한다.

(1) 환기(ventilation)

환기란 주로 의식수준에서 숨겨지거나 억제된 감정, 생각 혹은 사건, 경험을 타인에게 드러내 보이는 것을 말한다. 예를 들어, 개인적인 비밀을 다른 사람과 나누어 가짐으로써 어떤 감정(예: 죄책감)으로부터 벗어나는 경우다. 주로 언어적 표현을 일컫는다.

(2) 제반응(abreaction)

소위 과거의 비정상적인 반응(경험)을 제거한다(반응의 소산)는 의미의 제반응은 대부분의 정신치료에서 유의미한 과정으로 생각되고 있다. 그것은 한마디로 무의식적으로 억압된 정신요소들, 특히 고통스러운 경험이나 갈등을 그에 동반된 적절한 감정반응과 함께 의식화시키는 과정이다. 잊혀졌던 기억이나 경험의 회상뿐만 아니라 그와 연관된 감정의 노출을 목표로 하는 제반응은 실제 치료자가 어디에 초점을 두느냐에 따라서 그 효과가 달라질 수 있다.

무의식의 의식화(언어적, 지적 제반응)에 초점을 두어 통찰이나 이해를 강조할 수 있으며, 오랫동안 닫혀 있던 감정의 노출에 초점을 둘 수도 있다. 운동성 제반응(motor abreaction)에서처럼 무의식적 충동으로부터 몸의 운동을 통한 표현에 의해 빠져나오게 하는 과정에 중점을 둘 수도 있다. 또한 치료자에 따라서 카타르시스와 제반응을 같은 현상으로 보거나 제반응을 카타르시스의 결과(무의식의 의식화)로 보는 견해도 있다. 예컨대, 얄롬(Yalom)의 카타르시스에 대한 정의는 제반응과 구별되지 않는다. 그는 카타르시스를 감정반응과 함께 아이디어, 생각, 억압된 재료들의 표현으로 정의하였다.

그러나 제반응과 카타르시스는 여러 가지 면에서 차이가 있다 제반응이 주로 언어적 표현인 데 반해 카타르시스는 행위적 표현이다. 제반응은 일대일의 인간관계(집단 내에서도)에서 유도되지만 카타르시스는 여러 사람들과의 실제적인 관계하에서 발생한다. 제반응은 주로 무의식과 관련해서 특정 사건, 경험에 초점을 두는 반면, 카타르시스는 의식, 무의식의 구분을 넘어선 보다 광범위한 경험에 의한 과정이다. 그리고 가장 중요한 차이는 사이코드라마에서 카타르시스는 모두에게 공유되며 간접적인 카타르시스를 유발한다는 점이다. 그것은 단순히 치료적인 의미를 넘어서서 최상의 경우 인간의 공동 운명체적인 무아의 지경까지도 가능하게 한다.

(3) 원초적 절규(primal scream)

원초적 절규란 1970년대에 야노브(A. Janov)에 개발된 원초적 치료법으로, 그 이론의 토대는 한마디로 모든 신경증은 유아의 사랑과 만족이라는 기본적 욕구 충족의 실패 결과라는 것이다. 그래서 신경증 환자들은 분만 시의 외상뿐만 아니라 유아기 때의 외상을 회상해서 재연할 때 날카롭게 절규하도록 고무된다. 이때 환자들은 모태 내의 영아처럼 몸을 구부리는 자세를 취한다.

(4) 오르가슴(orgasm) 혹은 절정 경험(peak experience)

오르가슴은 흥분의 절정상태나 성적 클라이맥스 혹은 갑작스러운 긴장의 방출로서, 반복된 자극에 의한 일련의 생리적 · 정신적 현상이다. 최대 상태(maximum)에 도달하면 갑자기 긴장은 사라지게 된다. 따라서 기본적으로 오르가슴이라는 용어는 갑작스러운 긴장의 방출(sudden release of tension) 순간을 일컫는다.

(5) 아하 경험(AHA or ah-ha experience)

사고과정에서 갑작스러운 문제의 해결을 동반하는 직접적인 이해 혹은 통찰의 경험을 말한다. 어느 한순간에 복잡했던 문제의 양상이 통합적으로 드러난다. 그것은 브레인스톰(brainstorm)의 원뜻인 뇌의 전기적 활동에 의한 영감적 사고 혹은 세계에 대한 새로운 지각과 유사하다.

(6) 교정적 정서 경험(corrective emotional experience)

원래는 알렉산더(Alexander)가 정신치료를 촉진시키기 위해서 개발한 보다 짧고 직접적인 치료기법이었다. 그것은 보다 빨리 피상담자가 전이관계를 인식하고 통찰을 획득할 수 있도록 치료자가 일시적으로 특정한 역할을 맡는 기법이다.

(7) 엑스터시, 몽환, 도취, 몰입 등

여러 정신상태 중 엑스터시와 몽환(트랜스)은 다음과 같은 점에서 카타르시스와 유사하다. 즉, 그것은 집단적이고 전염적이다. 물론 개인적으로 발생할 수는 있지만 집단 상황에서 전체로 퍼져 나가는 성질이 있다. 그것은 아무 때나 발생하는 것이 아니라 일정한 시공간에서 발생한다. 또한 그것은 흔히 감정의 상승을 동반한다. 그러나 그러한 정신상태는 〈표 10-1〉과 같은 점에서 카타르시스와 다르다.

도취 혹은 몰입은 우선 위의 두 상태의 필요조건이며 전제가 된다. 도취나 몰입 없이 엑스터시와 카타르시스는 발생하지 않기 때문이다. 여기서 도취(혹은 몰입)는 힘의 충만과 상승의 느낌으로 정의된다.

표 10-1 엑스터시, 몽환과 카타르시스 간의 차이점

	엑스터시, 트랜스	카타르시스
상황	보편적(우주, 자연, 풍요 등)	개별적 상황
시간성	역사성	현장성(지금 여기)
과정	주기적, 반복적(제의적)	일회성
조건	미지불안, 왜소성, 주술성, 절대성 확보, 기원	자발성
마무리 과정	그 자체 종료	피드백과 검증
대상	욕구 해방, 소원 성취, 목적 지향적	감정 발산과 통정
의식 상대	무의식적	의식-무의식적

3) 의미규정

카타르시스는 어느 한 사람이 눈물을 흘렸다, 흘리지 않았다처럼 일률적으로 이야기할 수는 없다. 왜냐하면 사람마다 그리고 한 사람에서도 상황에 따라 카타르시스 현상이 다르게 나타날 뿐만 아니라 그 과정 혹은 방식, 결과 및 효과도 다르기 때문이다.

뿐만 아니라 그것은 다양한 분야에서 다양한 형식으로 드러나는 인류 공통의 현상으로 확대 해석되어야 한다. 예컨대, 문학, 예술, 연극의 관람, 감상뿐만 아니라 그러한 예술의 창조 직후, 그리고 종교적, 정신치료적 카타르시스 및 다양한 몰입과 도취(즉 노름, 약물, 돈, 섹스, 권력, 학문 등의 도취) 이후의 상태가 그것이다.

따라서 카타르시스는 여러 사람에 의해서 여러 종류로 구분되고 정의된다. 즉, 극적, 임상적, 실험적 카타르시스 모델, 수단에 따른 정서적 카타르시스, 행위적 카타르시스, 사회적 카타르시스, 사이코드라마적 카타르시스, 결과보다는 과정에 중점을 둔 분리(separation), 명료화(clarification), 통합(unification), 완료(completion)로서의 카타르시스, 그리고 브래트너(1988)의 통정(integration), 제반응, 영적 카타르시스 등이 그것이다.

카타르시스의 표현현상은 오감의 흥분 및 이완, 고도의 감정 폭발, 괴성, 눈물, 절규, 땀, 춤, 손발의 비틀림, 근육의 전기 흐름, 때로는 의식 상실 등이다. (덧붙여 카타르시스가 강렬한가 약한가, 진실한가 거짓된 것인가, 그리고 그것은 치료적인가 아닌가 하는 논의는 지금까지 다양하게 논의되어 왔으며 아직까지도 그 결론은 없어 보인다.)

4) 사이코드라마에서의 카타르시스

모레노는 1920년에 기존의 관객의 카타르시스에서 배우 카타르시스로의 전환을 꾀한 이후, 1923년에는 1차 카타르시스(배우)와 2차 카타르시스(관객)로 구분하여 설명하였다. 그 전제는 대략 다음과 같다. 첫 번째는 어린아이들의 자발적인 드라마에 의한 카타르시스다. 두 번째는 기존의 비극에 의한 미적, 수동적 카타르시스에 대해 동양적, 적극적, 윤리적 카타르시스다. 성자는 스스로 자신을 먼저 구원한다는 능동적 자세다. 세 번째는 몇몇 극작가의 영향을 받은 것으로, 레싱의 격렬한 공동 감정, 연민에 의한 도덕적 개선의 가능성, 괴테의 공포와 연민 이후 정열의 타협과 화해적 마감과 같이 종교적, 도덕적 감정 카타르시스 이론이 그것이다.

모레노(1924)는 카타르시스의 전통적인 의미를 확장해서 감정의 방출과 해방뿐만 아니라 카타르시스의 역할로서 통정(integration)과 질서 잡기(ordering), 과거로부터의 강력한 해방 및 지금 이 순간에의 진실한 삶, 수동적이고 언어적인 반영과 더불어 적극적이고 비언어적인 행위화, 사적 · 제의적 · 공공적인 공유된 치유 의식(rites), 정신 내적 긴장의 감소와 더불어 대인관계 갈등의 해소, 의학적 순화와 함께 종교적, 미적 경험들을 포함시켰다. 요약하면, 모레노는 방출과 해방(release of relief)을 카타르시스로, 통정과 질서 잡기를 훈습과정으로 나누어 생각하였다(켈러먼, 1992).

실제 카타르시스라고 하는 하나의 행위현상을 정의하고 규정하는 일은 사랑의 행위를 의미화하고 체계적으로 논의하는 일만큼이나 난해한 일이 아닐 수 없다. 그것은 지속이 아닌 어느 한순간의 현상일 뿐만 아니라 엄밀하게 말해서 사람마다 그 정도, 느낌, 이후의 변화 양상 등이 모두 다르기 때문이기도 하다. 자칫 무리하다가는 물을 설명하기보다는 물을 담는 그릇에 집착하게 되는 우를 범할 수 있다.

이제 여러 사이코드라마 연구자들에 의한 카타르시스의 원리와 조건을 요약 · 정리하면서 이 논의를 마치고자 한다.

(1) 카타르시스를 올바르게 유발시킬 수 있는 조건

① 카타르시스는 감정의 표현이며 정상적인 적응과정으로 간주된다. 따라서 카타르시스를 통해 성장에 장애가 되는 것들로부터 벗어나게 되는데, 이때 정상 성장으로의 회복과정을 간섭하는 어떤 것(예: 도덕적 판단)도 허용해서는 안 된다.

② 그러한 자기표현을 있는 그대로 받아들인다(수용성). 표현 자체를 막거나 방해하지 않는다.

③ 타인과의 관계 속에서 일어난 카타르시스는 그것으로 끝내는 것이 아니고, 그와의 관계성 속에서 자신을 새롭게 발견하고 정리할 수 있는 방식으로 행위화할 수 있도록 도와야 한다.

④ 자신의 행위를 실험하고 연습할 수 있게 돕고, 그러한 카타르시스를 차단되고 억눌린 행위의 증거로 이용함으로써 현실사회 내에서도 적절히 자신을 표현할 수 있는 책임성을 되찾게 한다.

(2) 카타르시스의 원리

① 불평정(不平定) 상태가 클수록 카타르시스의 필요성이 커진다. 평정상태란 사회원자 내에서 요구되는 것으로, 변화가 필요한 양과 그에 따른 자발성의 양이 평형상태를 유지하고 있는 경우를 말한다. 불평정 상태란 수요와 공급의 균형이 깨짐으로써 대인관계 및 각 역할관계상에 불평형 상태가 초래되는 것을 말한다. 그것은 몸과 마음 사이, 생각과 행위 사이, 그리고 동원될 수 있는 자발성의 양에 비해 훨씬 많은 복잡한 삶의 구조 사이에서 발생한다. 이때 평정을 되찾거나 증

가시키는 가장 강력한 수단 중의 하나가 카타르시스다. 그리고 그러기 위해서는 자발성의 고취가 무엇보다도 중요해진다.

② 카타르시스는 에너지의 집중을 요구한다. 실제로 우리의 많은 에너지들은 현실의 변화를 위해서 쓰이지 못하고 있는 실정이다(여기서 에너지는 불특정 개념의 힘으로 규정한다.). 그것은 매일의 반복되는 일상에 소모되고 낭비될 뿐이다. 자신의 변화를 위해서 꿈과 비전에 남겨지는 힘은 약하고 단편적이다. 자기실현화의 시도 또한 불확실하며 방향 감각이 무디어져 있다. 따라서 우리는 때로 그러한 흩어진 힘들을 함께 모아 한꺼번에 집중적으로 터트릴 필요성을 갖게 된다.

③ 카타르시스는 행위를 통해서 최상의 카타르시스가 된다. 행위는 그 어떤 언어, 상징적 표현보다 더 실제적이고 구체적이다. 그것은 대상, 사건, 감정을 그 어떤 형식을 통한 것보다도 확실하게 체험적으로 정위시키고 모순과 갈등을 분명하게 드러낸다. 연극이나 영화에서 하나의 사진(기계의 도움을 빌어 형성된)으로서의 화산이라면, 사이코드라마에서는 허구적 실제의 산으로부터 분출되는 화산이라는 차이라고 할 수 있다.

④ 카타르시스는 구체적인 상황을 필요로 한다. 카타르시스는 보다 구체적이고 개별적 특수한 상황에서 발생한다. 보편적 일상에서는 결코 일어나지 않는다. 그리고 그것은 타인을 필요로 한다. 그런 상황은 곧 사이코드라마 세계다. 그것은 현실의 축소판이면서도 현실보다는 훨씬 단순 · 요약되어 있으며 보다 많은 융통성을 제공하는 풍요의 시공간이다. 그것은 오히려 현실보다 더 실제적이고 요점 중심적이다. 시공간이 무한대로 응축 · 확대되는 상상의 세계다. 그것은 카타르시스를 위한 최고의 텃밭이다. 그리고 거기에서는 공동 창조자요 협력자로서 많은 사람들이 함께한다.

6. 결 론

사이코드라마는 기존의 예술과는 달리 참가자 자신이 예술가, 공동 창조자가 되는 자발적 예술 세계다. 그것은 구체적인 몸과 행위에 의한 일종의 허구로서의 예술이다. 그것은 우리의 상상력과 자발성을 토대로 한다. 삶 자체가 일종의 허구라고 보았을 때, 예술로서의 허구인 사이코드라마 세계는 그러한 허구 이미지의 이미를 재창조하는, 현실보다 더 절실하고 진실한 삶의 세계로 화한다.

사이코드라마에서 상상력은 인간의 의식과 무의식에 있어서 비현실적이고 허구적인 근본 기능이다. 인간 실존 자체의 힘이다. 그것은 인간에게 가장 근원적인 자발성의 한 흐름이며 표현이다.

사이코드라마는 현실에서 살아남기 위한, 인간 확장을 꿈꾸는 생존의 전략으로 전 인류를 대상으로 구체화된 예술이다. 이토록 범람하는 이미지 과잉시대에서 현실과 상상 세계의 일치 순간을 창출하고자 하는 하나의 드라마이며 무대며 만남의 장이다.

그러한 드라마, 상상적 진리를 현재적 진리로 체험할 수 있고 꿈과 환상을 체현할 수 있는 하나의 드라마로서 사이코드라마의 중심 행위 중의 하나가 카타르시스다. 그것은 집중된 힘, 고조된 자발성을 필요로 한다. 단순한 수동적 카타르시스, 치료적 의미의 카타르시스를 넘어서, 그것은 참여한 모든 사람들의 카타르시스다. 즉, 공동 창조의 클라이맥스다. 사이코드라마는 예술 창조자와 그 작품, 관람객의 구분이 사라진 공동 창조의 예술과정이며 작품 자체다. 한마디로 사이코드라마는 과학적, 심리학적, 치료적 개념을 넘어서서 그것을 껴안는 예술의 세계로 확장되어야 한다.

제11장 인류학적 논의

1. 놀이와 놀이정신

쉴러는 일찍이 인간성의 근저에 있는 상이한 두 충동을 형식 충동(이성, 자유, 조화, 통일을 추구)과 실질 충동(감각, 감정, 욕망으로 향하는)으로 나누고, 양자를 극복해서 보다 높은 단계를 지향하며 이른바 아름다운 혼의 표출에 이르게 하는 놀이 충동을 유의미하게 간주하였다. 그것은 이성과 감성이 조화를 이루게 되는 전인적인 충동이라는 것이다. 놀이정신이 최고의 본능으로 승격화되었다. 놀이성, 놀이정신이 놀이 충동으로 보다 근원적 본성이 된 것이다(카유아, 이상률 역, 1994: 235).

1932년, 독일 민속학자 프로베니우스(L. V. Frobenius; 호이징가, 권영빈 역, 1989: 26)는 인류가 그의 의식 위에 형상화되어 있는 것에 따라 자연의 질서를 놀이한다고 말한다. 인류의 그러한 우주적 질서를 유지하기 위한 자연의 놀이라는 논리로부터, 그는 놀이를 모든 사회적 질서와 사회적 제도의 출발점으로 상정한다(예: 왕은 태양이고, 생애 동안 태양의 역할을 놀이하며 끝내는 태양의 운명을 받아들인다.). 그래서 그는 놀이 충동을 거부한다. 본능이란 현실의 문제 앞에서 어쩔 수 없음을 인정하거나 임시변통하는 것을 말하기 때문이라는 것이다. 그래서 그에게 놀이정신이란 정신의 필연적인 작용, 곧 삶과 자연의 현상이 주는 감동에 의한 자연 감정의 응축으로서의 창조적 상상력이 된다.

결국 호이징가는 인간을 놀이하는 인간(Homo Ludens)으로 규정한다. 그래서 참된 문화란 어떤 형식의 놀이요소 없이는 존재할 수가 없으며 건전한 문화의 창조력을 지니기 위해서는 이 놀이요소가 순수해야 한다고 결론 내린다. 호이징가에게 놀이정신이란 곧 영감(inspiration)과 같은 것이었다.

1) 놀이하는 인간

우리는 현대인을 놀이하는 인간이라고 부를 수 있을까? 진짜 놀이할 줄 아는 사람이라고 말할 수 있을까? 우리는 자주 논다. 아이도, 어른도, 노인도, 또 동물도 혼자 혹은 어울려서 논다. 남녀가 어울려 놀고 피부색이 다른 사람들끼리도 신나게 논다. 노는 것은 신이 나고 재미있다. 그래서 논다. 일하는 것조차 신나고 즐거울 때 우리는 노는 것처럼 일한다고 말한다. 그러나 일과 놀이는 근본적으로 다르다. 일은 의무적이고 당위적인 것으로 해야만 한다. 그리고 일은 일정한 목표나 목적이 있다. 반면에 놀이는 비의무적이며 자유롭다. 해도 그만 안 해도 그만이다. 그 어떤 목적을 갖지 않는다. 그 자체가 즐거움이요, 그 과정 자체가 결과보다 더 중요하다.

놀이는 강요되지 않는다. 그 자체로 만족과 기쁨을 준다. 그것은 현실을 벗어나 있다. 실제적인 이해득실이며 현실적인 합리성과 논리가 결여되어 있다. 그것은 실제적인 삶이 아닌 허구적이며 비사실적인 삶이다. 그것은 자발적이며 자유로우며 창조적이다. 그것은 순간 현실을 잊게 만든다. 열중하게 하고 도취시킨다. 그래서 우리는 놀 줄 모르는 아이를 상상할 수 없듯이 놀이할 줄 모르는 인간을 생각할 수 없다. 인간은 그 어떤 형식과 내용의 놀이일지라도 놀이할 줄 아는 인간이다. 인간은 놀이하는 인간이다.

그런데도 우리는 놀이할 줄 모르는 인간이다. 현대인은 제대로 논다는 것이 어떤 것인지조차 모르고 있다. 오히려 놀이에 대한 온갖 편견으로 가득 차 있다. 논다는 것은 게으름의 표시요, 아이나 할 일 없고 아직 세상의 맛을 모르는 사람이나 하는 짓으로 간주된다. 우리는 열심히, 부지런히, 성실하게, 촌음을 아껴서, 한 걸음 한 걸음 목표 지향적이고 진지하게 인생을 살아 나가야 한다. 한 걸음 양보해서 놀 때는 놀더라도 일할 때는 일해야 한다는 식으로 일과 놀이가 확연하게 구분된다. 한마디로 현대는 공부벌레, 일벌레가 인정받는 사회가 된 지 오래다.

그런데 역설적인 것은 현대문명이 발전해 갈수록 놀이의 종류가 한없이 증식하고 있다는 점이다. 물론 그러한 놀이가 진정한 의미의 놀이라기보다는 일종의 게임, 경기, 스포츠, 도박 등으로 불리고 있지만, 문제는 그것들이 넓게는 놀이라는 이름으로 채색된 채 인간의 정신과 노동력의 대가를 착취하고 있다는 사실이다. 어른과 아이를 위한 온갖 컴퓨터 게임들만 해도 그렇다. 그것은 끔찍할 정도로 막강한 위력을 자랑한다. 날이면 날마다 업그레이드된다. 지극히 유혹적이고 마취적이다. 한 사람이 지쳐 나가떨어질 때까지 집요하게 인간 정신의 틈새를 파고든다. 가히 중독적이다. 그리고 그것은 단순히 게임이며 놀이에 불과한 것이라고 말한다.

어떻게 된 것인가? 모든 놀이가 이기고 지는 게임으로 변질되었다. 그 많은 종류의 스포츠 경기, 바둑, 장기, 카드놀이, 화투, 경마, 복권, 게임머신 등, 한마디로 놀이의 원리가 타락하고 부패한 것이다. 즐거움이었던 것이 고정관념이 되고, 일탈이 의무가 되며, 기분전환이었던 것이 집착, 강박관념이 되며 불안의 원천이 된다(카유아, 이상률 역, 1994: 79). 놀이가 현대에 와서 삶의 필요조건이면서 필요악이 된 것이다. 소위 여가선용이며 레크리에이션, 여행과 같은 쉼, 놀이의 의미 또한 상품화되고 규격화된 지 오래다. 역설적으로 그러한 놀이, 쉼이 일 이상으로 의무화되고 삶의 필수불가결한 조건이 되어버린 것이다. 노는 일이 일보다는 더 어렵고 더 많은 비용과 노력을 바쳐야만 하게 된 것이다.

그에 대한 몇 가지 이유는 다음과 같이 정리될 수 있다. 첫째는 놀이정신에 대한 그릇된 해석 내지는 편견이다. 한마디로 놀이정신이라는 것은 잉여 에너지, 일에 쓰고 남은 잔여분의 힘이므로 소모시켜야 하고 그것이 당연하고 현명한 것이다. 혹은 일에서 생긴 스트레스를 푸는 것이나 다른 어떤 목적(일을 더 잘하고, 생산성을 높이고, 사유 세계를 이완 및 각성시키는)을 위한 필요조건으로서의 놀이정신이다.

셰퍼(조승옥 역, 1990: 3)가 개관한 놀이이론가들의 설명을 들어 보자. 잉여 에너지 이론가인 철학자 스펜서는 인간 생존에 필요한 양 이상의 에너지가 놀이를 통해서 방출되지 않으면 그 남아도는 에너지가 내적 압력을 발생시킨다고 보았다. 라자루스(M. Lazarus)는 일에 써버린 에너지를 재생산하기 위한 것이 놀이는 재생산(recreation) 이론을 폈다. 정신분석이론은 수동적으로 경험된 스트레스나 정신적 외상을 능동적으로 방출하는 것을 아이들의 놀이라고 생각한다. 놀이의 목표 지향적 의미에 대해서 엘리스(Ellis)는 최고 수준의 각성(arousal)을 추구하기 위한, 인지이론가들은 창조성과 융통성 있는 사고를 촉진하기 위한, 그리고 그로스(K. Groos)는 미래를 위한 기술을 발달시키고 실습하기 위한 기회로서 놀이를 생각한다.

더 나아가 브래트너(1988)는 학습, 사회화, 역할 범주의 탐구와 확장을 위한 놀이 개념을 제시하고 있고, 윌리엄 제임스와 같은 사회심리학자들은 인격 발달의 중심 기술을 역할놀이로 본다. 모두가 예외 없이 놀이는 일에 부차적인 현상으로서 삶에 있어 남아도는 현상 내지는 삶이라는 목적을 위해 봉사하는 수단으로 격하시켜 서술하고 있다.

놀이정신은 자발성 자체다. 놀이는 자발적이며, 자발적인 정신이 몸을 통해 드러나는 것이다. 그것은 남아도는 에너지도, 그 어떤 목적 지향적인 정신도 아니다. 그것은 인간에게 있는 만큼 그대로 주어지고 드러난다. 위와 같은 잘못된 생각은 모두가 현실, 삶, 일 중심의 이원론적 사고방식이 초래한 결과다. 일이 먼저이고 노는 것은 나중이라는, 몸과 마음을 가르는 것과 같은 이분법적 발상이다. 겉에 드러난, 그것도 잘못된 놀이, 오염된 놀이만을 보고서 판단하는 우월주의적 시각이다. 호이징가의 말대로 우리의 모든 문화가 처음에는 놀이의 형식으로 발생했다는 것을 믿는다면, 오늘날 우리는 우리의 모든 일을 순수 놀이정신으로 보다 적극적으로 생각해 볼 수 있다.

두 번째로 현대인이 놀이할 줄 모르는 이유는 몸과 아이에 대한 그릇된 고정관념이다. 앞에서 모든 문화의 기원이 놀이 형식에서 시작되었다고 했지만, 실제 광의로 해석하면 우리의 삶은 놀이 아닌 것이 없다. 관념의 놀이, 상상의 놀이, 판단의 놀이와 같은 사유놀이뿐만이 아니다. 카유아(R. Caillois; 이상률 역, 1994)에 따르면 운명으로부터 받을 수 있는 여러 유리한 조건들을 활용하는 것도 놀이며, 최고의 열성을 집중시키는 것, 가혹한 우연을 일으키는 것, 위험을 무릅쓰는 대담함, 빈틈없이 계산된 신중함을 발휘하는 것도 놀이다. 또 그러한 두뇌활동을 조합하는 능력을 동원하는 것도 놀이며, 그 두뇌활동 자체도 역시 놀이다.

그런데 우리는 알게 모르게 놀이는 아이와 관계된 일 정도로 치부한다. 우리는 어린 한때 놀았고 나이 들면 일해야 한다고 생각한다. 놀이는 어디까지나 놀이며 시간 죽이기, 여가선용 정도로밖에 생각되지 않는 것이다. 비록 놀더라도 나이에 걸맞게, 사회적 신분에 걸맞게 놀아야 한다. 아무하고나 아무렇게나 놀 수 없다. 특히 몸놀림이 많은 놀이, 자유로운 놀이는 점잖지 못한 놀이다. 대신 머리를 쓰고 노는 놀이, 몸을 사용하더라도 건강에 도움이 되는 놀이여야 한다. 뿐만 아니라 이제 게임화된 놀이는 제3의 목적에 의해 다시 한 번 타락한다. 프로와 아마추어, 전문가와 구경꾼으로 나뉠 뿐 아니라 도박의 대상, 사교와 거래의 대상을 넘어서 그 자체가 하나의 사회적 신분을 드러내는 척도가 된 지 오래다. 거기에서는 건강의 의미조차 퇴색된다.

이제는 아이들조차도 진짜 놀이를 잃어버렸다. 장난감과 놀이기구만의 놀이, 몸이 없는 놀이, 사고 중심의 놀이가 오늘날의 대부분의 아이 놀이를 차지하고 있다. 산과 강을 바람처럼 달리면서 밥 먹는 것도 잊은 채 온몸으로 놀던 시대는 끝나 버렸다. 모든 놀이가 고정된 규칙 속에서 그 진정한 의미를 잃어버렸다. 이기느냐 지느냐, 사느냐 죽느냐 하는 처절한 삶을 닮아 버렸다. 놀이는 삶으로부터의 잠시 동안의 이탈인데도 삶에 동화되고 흡수된 것이다. 그래서 모두가 불필요하게 긴장되고 피로해진다. 신명난 놀이를 잃어버린 결과다. 모두가 예민해져 가기만 한다.

세 번째 이유는 놀이자가 상품화되고 고급화된 놀이의 구매자의 신세로 전락하고 만 것이다. 돈 없이 놀 수 있는 것은 아무 곳에도 없다. 놀이의 빈부 격차가 심해진다. 모든 놀이가 돈과 시간으로 환산되어 소비된다. 그리고 현대는 소비가 미덕인 시대다. 그래서 놀이는 유행을 탄다. 알맹이와 기본 구조는 그대로인데 겉치장이 끊임없이 바뀐다. 게다가 따라가지 않을 수 없게 만든다. 광고의 힘이다. 놀이도 자신의 필요에 의해서가 아니라 상품처럼 판매되고 소모된다. 사는 것이 습관화된다. 의무화되고 중독된다. 놀이 중독증 시대다. 네가 하면 나도 할 수 있어야 한다. 아니, 난 너보다 더 잘해야 한다. 돈이 투자된다. 놀이가 삶의 수단으로 바뀐다. 주객의 전도다. 축구 하나만 잘해도 현대의 영웅이 된다. 참으로 이상한 세계다. 원형 경기장이 마치 동물원의 우리처럼 탈바꿈된 세상이다. 한마당의 경기의 승패가 많은 사람들의 감정을 곤두박질치게 만든다.

인간 정신의 왜소화, 노예화 현상과 비슷하다. 마음껏 감정을 발산하라는 것이다. 원없이 소리 지르고 가슴을 풀어헤치라는 것이다. 그러한 현상 뒤에는 국가가 있다. 국가권력이 알게 모르게 그것을 조장한다. 정계, 재계, 관료제가 합심이라도 한듯 국가 그리고 애국이라는 이름으로 사람들을 경기장으로 몰아낸다. 지극히 자연스러운 흐름이요 조금도 의심하거나 회의할 구석이 없어 보인다. 너무나 오랫동안 당연시되어 온 결과다.

호이징가는 오늘날 소수의 시인들에게서 겨우 순수한 놀이정신이 남아 있을 뿐이라는 것을 오래전부터 알고 있었다. 진정한 놀이는 사라졌다. 놀이가 일이 되고 의무가 되고 삶의 필요조건으로 상품화되었다. 그만큼 우리의 자발성 또한 획일화되고 정상증에 걸려 가고 있다. 인간은 더 이상 놀이하는 인간이 아니라 놀이 불능자로서의 인간이 되었다. 우리는 아주 오래전에 산업화와 더불어 문명의 진보라는 이름하에 놀이와 놀이정신을 도둑맞았다.

2) 사이코드라마적 놀이의 특성

카유아(이상률 역, 1994: 34)의 놀이의 본질적인 정의는 다음과 같다.

① **자유로운 활동**: 놀이하는 자는 강요당하지 않는다.
② **분리된 활동**: 처음부터 정해진 명확한 공간과 시간의 범위 내에 한정되어 있다.
③ **확정되어 있지 않는 활동**: 게임의 전개과정이 결정되어 있지 않으며 결과가 미리 주어져 있지도 않다.

④ **비생산적인 활동**: 재화도 부도, 어떠한 새로운 요소도 만들어 내지 않는다.

⑤ **규칙이 있는 활동**: 약속에 따른 활동이다. 그 약속은 일상의 법규를 정지시키고 일시적으로 새로운 법을 확립하는데 그 법만이 통용된다.

⑥ **허구적인 활동**: 현실생활에 비하면 이차적인 현실 또는 명백히 비현실이라는 특수한 의식을 수반한다.

카유아의 생각에는 놀이와 게임의 구별이 없어서 이 정의에는 게임적인 요소가 다소 섞여 있다. 하지만 사이코드라마를 하나의 놀이로 간주했을 때 위의 정의는 대부분이 사이코드라마적 놀이에도 해당된다고 생각된다.

다음은 위와 같이 겉으로 드러난 형식적 특성이 아니라 내용의 측면에서 사이코드라마적 놀이의 특성을 논의한 것이다.

(1) 사이코드라마적 놀이의 대상은 우리의 삶 자체다

사이코드라마에서는 태어나서 살고 죽는 인간의 인생 자체가 놀이의 대상이며 놀이화된다. 마치 오랫동안 지구 안에 갇힌 삶을 떠나 지구 밖으로 탈출하여 우주 공간에서 전체적인 지구 모습을 들여다보듯이, 우리는 잠시 뒤로 하고 떠났던 일상의 현실, 삶의 세계를 무대 위에 올려놓고 놀이하는 것이다.

그것은 보다 진실해진 삶의 놀이다. 그것은 일상적 삶의 시나리오와 가장 가까운, 개인과 집단 모두를 위한 삶의 놀이다. 그것이 보다 진실하다고 보는 이유는 그 놀이가 그 어떤 일상적 고정관념, 현실원칙, 문화적 제한이나 방해를 넘어서 실행되기 때문이다. 모든 기존의 가치체계와 사유 형식이 파괴되고, 오직 지금 이 순간의 인간의 진실만을 문제 삼는 놀이이기 때문이다.

물론 사이코드라마는 현실을 무조건 부정하지 않는다. 그렇다고 초현실이며 전생과 사후를 논하고 초감각적 세계를 추구하는 것은 아니다. 오히려 현실에서의 구체적인 삶, 아픔, 땀과 피, 냄새, 소리뿐만 아니라 현실에서 버림받은 어둠의 세계까지 있는 그대로 가감 없이 껴안는다. 그 어떤 기준이나 제약도 넘나드는 자발적인 놀이정신이 바로 그것을 요구하기 때문이다.

현실 세계에는 모든 것이 함께 공존하고 있다. 선과 악, 성과 속, 남과 여, 동양과 서양, 산과 바다 등, 수천수만의 사건과 행위며 인간, 헤아릴 수 없이 많은 동식물과 무생물이 공생하고 있다. 따라서 사이코드라마적 놀이 세계에서도 모든 것이 긍정되고 수용된다. 비극적 존재로서의 인간이건, 병적 존재, 아이, 야만인이건 있는 그대로 존귀한 만남의 대상으로 인정되고 어울려 놀이화된다. 그것은 일종의 세계 놀이다. 끝없이 이어지는 직선, 사각, 선의 미로에 갇혀 지내던 인간이 무정형의 창공 위에서 펼치는 최상의 자유로운 유희다.

(2) 사이코드라마적 놀이는 몸과 행위를 통한 몰입과 도취의 놀이다

정신의 행위화, 표현화, 구체화가 사이코드라마다. 내 마음, 내 정신 속에, 나의 의식과 무의식 속에 들어 있는 것은 무엇이든 몸을 통해서 겉으로 드러나게 하는 일, 나의 느낌이나 생각뿐만 아니라 나의 상상-이미지, 꿈, 이상, 욕구 등 지금 이 순간 내 안에 존재하고 나의 내면 깊숙이 흐르고 있는 온갖 정신요소들과 감각들을 가감 없이, 취사선택함 없이 있는 그대로 표현하는 것이다. 즉, 드러내서 구체화시키고 행위화하는 놀이다.

사이코드라마는 언어에 의해 조각조각 갈라지고 길들여지고 습관화된 표현이 아니다. 타인이 분석하기 이전에 스스로 검열하고 평가하는 언어문법에 저항한다. 기의와 기표 사이에 우왕좌왕하는 존재가 아니다. 나의 목소리로, 나의 몸으로 나를 드러내는 일이다. 언어만으로 이루어지는 대부분의 정신치료와는 근본적으로 다르다.

또한 그 어떤 선험적 가치체계, 관습, 도덕률, 합리성으로부터도 자유로워지기를 바란다. 존재와 삶의 이분법적 구분을 넘어서서 삶 자체, 드러남, 움직임, 행위화를 추구한다. 그 어떤 형이상학적, 추상적, 논리적 진리 혹은 진실보다 지금 이 순간 살아 있고 꿈틀거리는 있는 그대로의 드러남, 자체의 생존을 놀이한다. 사이코드라마는 지적, 이성적 완전성보다는 (허구 의식이기에) 불완전하고 고통스러울지라도 매 순간 스스로의 힘에 의해 살아 움직이는 행위하는 자가 되는 길을 찾아 나선다.

사이코드라마에서는 드러내고 행위화하는 내용과 행위 사이를 구분짓는 것조차 진부한 발상이 된다. 그런 행위는 무엇을 의미한다거나 슬프니까 울어야 한다는 상식적인 도식도 의미가 반감되고 무의미해진다. 따라서 슬픔이 하나의 힘으로, 분노가 눈물로 표현될 수 있음을 의미한다. 그 어떤 행위라도 그것이 그 순간 가장 자연스러운 표현일 경우에만 허용되고 고무된다. 그래서 소위 드러내는 내용이 무엇이든 시비곡절(是非曲節)을 가리지 않는다. 그 순간 우리가 느끼고 생각하는 것이라면 그것이 제아무리 낯 뜨겁고 유치한 내용이라 할지라도 그 나름대로 표현되어야 할 자력, 자발성을 갖는다. 권리가 있으며 있는 그대로 표현되어야 한다. 환상, 망상, 착각, 미성숙, 혼돈 등의 미명 아래 방치되거나 비하되지 않는다.

따라서 그것은 나의 온몸을 던지는 몰입이 필요하다. 나의 총체적인 투자를 요구하고, 나의 온힘을 다 바치는 열정을 필요로 한다. 한순간에 나를 연소시키고 미친 듯 빠져드는 광기와 신명이 필요하다. 그것이 나의 삶의 놀이이기 때문이다. 이 순간의 최상

의 나의 자발적 삶의 놀이이기 때문이다.

사이코드라마적 놀이는 일종의 도취다. 그 어떤 놀이도 그만큼의 도취를 이끌어 낼 수 없을 만큼 나는 나의 세계-진실-놀이 속에 무아지경으로 빠져든다. 그것은 나의 삶의 최대의 놀이며 창조이다. 그 어떤 것과도 비교될 수 없는 순수한 놀이정신의 발현이며 체현이다. 사이코드라마적 놀이는 행위, 체현을 통한 도취적, 망아적 놀이판이다.

(3) 사이코드라마적 놀이는 즉흥적이며 신명나는 놀이다

사이코드라마적 놀이는 시간을 넘어 존재한다. 모든 과거와 미래로부터 자유롭다. 오직 지금 이곳의 순간만이 탐구되고 놀이된다. 즉흥적이다. 일정한 규칙이 없다. 그 어떤 목표도 결과도 무의미하다. 형식 없는 순간의 즉흥적인 놀이, 마치 한편의 시나 그림, 음악처럼 순간에 자발적으로 창조되는 놀이, 활력 가득 찬 한마당의 놀이다. 그것은 신명나는 놀이요 신명풀이다.

신명풀이란 정신 자체(神)의 기운(神氣)을 마음껏 밖으로 풀어내는(풀이), 그래서 흥이 되게 하고 신기가 신명이 되게 하는 풀이 놀이다. 신기가 발동되는 것을 가장 소중히 여겼던 철학자 최한기에 의하면, 신명풀이의 연원은 자기 자신이 흥에 겨워 춤추고 노래하던 원효의 행위와 사상까지 거슬러 올라간다. 또한 이황은 시조를 지어서 아이들이 스스로 노래하고 춤추고 뛰게 함으로써 비루한 마음들을 씻어 버리고 감발(感發)하고 융통하게 하였다. 최제우는 칼춤을 추면서 검결(劍訣)을 노래하는 행사를 동학사상을 구현하고 선포하는 데 있어 가장 중요한 방법으로 생각하였다.

그래서 사이코드라마적 놀이는 온몸으로 표현하는 신명나는 놀이가 된다. 몸과 마음의 자발적인 힘을 마음껏 밖으로 풀어내는 흥겨운 놀이다. 신바람과 흥이 나지 않으며 몰입과 도취가 없는 사이코드라마는 곧 아직 높은 단계의 자발적 놀이수준에 이르지 못하였음을 의미한다. 천편일률적이고 이유 없이 진지하기만 한 드라마, 몸은 없고 말과 머리만 있는 드라마가 사이코드라마적 놀이 단계에 이르기 위해서는 보다 자유로운 자발성을 필요로 한다. 진정한 세계놀이는 즉흥적이고 신바람이 나야 하는 것이 아니겠는가?

(4) 사이코드라마적 놀이는 실험적이며 허구적인 놀이다

우리는 오늘날 우리 자신을 송두리째 내던져 현재의 삶을 회의해 보고 실험해 볼 수 있는 놀이터가 필요하다. 언어나 이론, 교육과 학습이 아니라 스스로 나 자신이 주체가 되어 나의 삶과 죽음, 생의 의미, 삶의 방식을 실험 · 실습해 볼 수 있는 허구의 시공간으로서의 놀이판이 필요한 것이다.

나의 꿈, 나의 성격, 역할, 아픈 몸과 마음, 환상, 공상, 사후 세계까지도 연습해 보고 구체화시켜 볼 수 있는 곳, 그곳이 철학적 의미의 실험장이건 그림과 시, 음악이 흐르는 예술적 창조건, 정밀한 과학적 탐사건 간에 나와 우리의 삶을 계획 · 설계하고 마음에 들지 않으면 언제든지 지우고 다시 만들어 볼 수 있는 놀이마당이 바로 사이코드라마적 놀이의 의미다.

그것은 현실에서는 잊혀지고 사라져 버릴 것 같고 논리와 이성의 척박한 땅에서는 결코 자라날 수 없었던 우리의 잠재력과 가능성, 즉흥성, 상상력, 직관, 어린애다움, 백일몽, 이미지를 놀이화해 볼 수 있는 곳이다. 그래서 순간, 만물유전의 본성, 자발성과 창조성을 일깨우고 삶을 보다 풍요롭게 할 수 있는, 이 시대의 건조함에서 살아남을 수 있는 최초의 힘을 되찾아 가는 상상 속의 허구의 놀이다.

다양한 기법들을 통해서, 참여하는 자 모두가 함께 각자의 삶, 공동의 삶의 세계를 실험, 실습, 놀이해 보는 곳, 마음의 수술장, 훈련장, 나아가 세계 자체를 실험 · 창조해 보는 시공간이 곧 사이코드라마의 놀이마당이다. 생과 사를 넘어서 나와 나의 육신, 나와 나의 진실한 영혼을 육화시켜 볼 수 있는 곳, 그 어떤 혼란과 무질서도 그 자체로 의미의 빛을 발하며 우리의 삶 속에서 숨쉬고 창조의 불꽃을 내뿜을 수 있는 곳이다. 꿈도 무의식조차도 언어로 조직되어 있으며 언어에 길들여질 대로 길들여진 우리 자신의 마음의 갑옷을 내던지고 순수 알몸으로 마음껏 놀이할 수 있는 시공간이다. 아울러 그것은 일종의 마술놀이, 요술의 세계다. 현실보다 더 감동적이며 현실보다 더 진실한, 그 어떤 삶의 순간보다 몇 배 더 절실한 삶의 놀이터다.

(5) 사이코드라마적 놀이는 웃음, 즐거움, 눈물과 유머, 욕설의 놀이다

사이코드라마적 놀이에는 웃음과 눈물, 유머와 오열, 욕설과 잔혹성이 함께 어우러진다. 마치 우리의 전통 해학(진혜전, 2001: 171)에서 보이는 도깨비가 익살맞은가 하면 포악하고, 겁쟁이인가 싶다가도 심술궂고, 눈물을 흘리다가는 장난기가 발동하며, 도깨비 방망이의 무궁무진한 신통력과 그의 멍청한 외형적 모습이 변화무쌍하게 교차되는 것처럼, 바로 그러한 우연적, 자연발생적인 다양한 감성적 표현들이 혼합된 놀이가 사이코드라마적 놀이다.

사이코드라마에서 울음에는 어떤 의미가 있을까? 허미경(2001: 45)은 울음을 충분한 워밍업 상태, 행위 갈증의 해소, 공감성, 대상관계와 텔레의 특성 암시, 성격과 성향에 대한 단서 제공, 카타르시스적 효과, 사회적 의사소통과 문화적 의미, 사이코드라마 과정에 따른 변화의 의미가 있는 것으로 요약하고 있다.

그렇다면 유머는 어느 때 작동될까? 유머의 심리적 측면이 아니라 디렉터의 입장에서 사이코드라마 과정 중 어느 시기에 그러한 유머가 필요할까를 생각해 보면 다음의 몇 가지 상황으로 나누어질 것 같다.

① 전반적 분위기가 지나치게 무겁고, 긴장이 연속되거나 지리멸렬해질 때
② 슬픔, 분노, 불안 등 감정이 오랫동안 강렬하게 지속되어 잘못하다가는 팽팽한 분위기의 줄이 끊겨져 나갈 것 같은 위기감이 감돌 때
③ 예기치 못한 실수, 잘못되었다는 현실적 · 이성적 사고의 출현, 그리고 우연한 말과 행동에 의한 미안함, 어색함, 썰렁함의 분위기를 긍정적으로 받아들일 때
④ 다양한 감정을 보다 역설적으로 강화 · 증강시키고자 할 때
⑤ 지나온 장면, 내용, 분위기를 일단락 짓고 새로운 변화를 필요로 할 때
⑥ 그 밖의 예상치 못한 돌발 상황이 벌어질 때

유머는 이러한 상황들에 대한 지혜로운 대처로서 신선한 청량제가 된다. 김열규(1997: 10)에 의하면 욕은 발언되는 것이 아니라 폭발된다. 보통 상황, 예사말에서의 벗어남이고 어긋남이다. 논리라든가 이성에 매인 언어로는 더 이상 어쩔 수 없는 막다른 골목에서 분화하는 언어다. 욕에는 난장, 반란, 폭동의 분위기가 수반된다. 파괴, 전복 같은 느낌도 매우 강하다. 욕은 거짓이나 겉치레, 허세가 없다.

그런데 온갖 과장법, 비유법, 대조법 등 기지의 극치로서의 욕을 흔히 사람들이 깔보는 것은 왜일까? 반면에 덕이 높은 스님들이 욕 단수가 높기로 정평이 나 있는 이유는 무얼까? 본질적으로 욕은 본능적이고 자연발생적이기 때문이다. 욕은 감정의 발산인 동시에 감정의 탐색이고 삭임이다. 인간의 공격성과 잔인성의 비행위적, 언어적 승화다. 그 어떤 다양한 말의 잔치보다도 한마디의 욕이 내 마음을 순식간에 드러내고 상대에게 나의 진심을 알게 해 준다. 돈, 물, 불도 잘못 쓰면 재앙이 되는 것과 같은 식으로 욕 또한 적절한 순간에 쓰인다면 그 어떤 열 마디 말보다도 그 순간의 상황을 적절하게 놀이화할 수 있다.

3) 한국적 놀이

나라와 민족마다 그 풍속과 놀이양식은 차이가 있을 것이다. 왜냐하면 놀이와 민속은 한 민족의 삶의 양식과 떼어서 생각할 수 없는 전통성을 보유하고 있을 뿐만 아니라 그 민족의 기질, 특성, 습관 및 사유양식의 결과로서 전래되고 유지되기 때문이다. 그러한 차이는 한국 내의 각 지역 간의 놀이양식과 굿의 형태 및 제의방식의 차이로

미루어 생각해 보아도 이해될 수 있다. 그처럼 사이코드라마적 놀이 또한 나라마다 어느 정도 두드러진 차이를 보이고 있다. 예컨대, 북유럽의 사이코드라마 형식이 주로 예술적이고 창조적인 경향을 보이고 있다면, 중부 및 남부 유럽의 사이코드라마는 이론적이며 치료적인 경향을 보이고 있다(이는 어디까지나 필자의 판단이며, 이에 관한 논의는 3부에서 보다 자세히 다루어질 것이다.).

한국적 놀이는 흔히 두 갈래로 나뉘어 논의되고 있다. 하나는 세시민속놀이로서 전국적인 민속놀이와 지역 특유의 민속놀이다. 다른 한 갈래는 전통 민속극으로서의 놀이, 즉 굿놀이, 탈놀이, 꼭두각시놀음 등이다. 그러나 여기 한국적 놀이의 장에서는 비록 주마간산적이지만 사이코드라마와 맥락을 같이하는 놀이 측면에서 그 의미를 개괄·논의하고자 하였다. 그것은 무엇보다도 우리가 한국인이기 때문만이 아니라 한국적 놀이의 상당 부분이 사이코드라마와 그 정신 및 형식에 있어서 유사성을 보이고 있기 때문이다.

(1) 세시민속 놀이

최상수(1984: 9)는 세시민속 놀이를 옛날부터 민간에 전승되어 오는, 향토색을 지닌, 전통적으로 해마다 행해지는 놀이로 규정하고, 그 발생 동기를 다음과 같이 이야기하고 있다. 즉, 그것은 역신(疫神), 악령을 쫓아내기 위한 행사에서 발생되었다(예: 지신밟기). 곡물의 풍작을 기원하는 행사에서 발생되었다(예: 풍년 빌기). 전쟁시기에 각 지방의 행사에서(예: 강강술래), 무병장수를 기원하는 행사에서(예: 다리밟기), 농사의 어려움을 위로하기 위해서(예: 호미씻이) 발생되었다. 그것은 또한 풍년과 흉년을 알고자 하는 행사에서(예: 윷놀이), 원혼을 위로하는 행사에서(예: 넋풀이굿) 발생되었다.

중요한 점은 민속놀이 뿌리의 대부분이 일상의 삶과 떼어놓을 수 없는 삶과 삶의 다양한 행사, 사건이라는 점이다. 삶과 놀이가 오늘날처럼 완전히 분리된 것이 아니라 삶이 곧 놀이화되고 전승되었다는 것이다. 뿐만 아니라 선조들은 일 년 열두 달, 다양한 세시주기를 만들고 그에 따라 온갖 놀이를 즐겼다. 아니, 즐겼다기보다는 놀이 자체가 세시 행사의 주된 일상적 삶이었다. 명절과 단오 때의 널뛰기, 그네뛰기, 대보름의 강강술래, 줄다리기, 모심기 놀이, 제주입춘굿, 강릉 단오굿, 정월 연날리기, 제기차기, 윷놀이 등등.

언어적 측면에서도 놀이는 삶 그 자체였다. 성병희(1996: 22)에 의하면 우리말 '놀'에는 원초적으로 놀이(유희), 노래(소리), 노름(투기), 춤, 놀음(연극), 쉼(휴식) 등의 뜻이 아울러 내포되어 있다. 그 까닭은 삶 자체가 놀이고 놀이 자체가 삶의 한 방편이었던 선민(先民)의 문화의식과 문화의지 때문이라는 것이다. 그래서 한국의 민속놀이는 단순한 시간 보내기의 여가나 오락의 차원을 넘어서, 즉 즐기기 위한 오락성 외에도 흥을 위한 유희성, 싸움을 뜻하는 경쟁성, 아름다움을 추구하는 예술성 및 제의적 종교성의 이해 없이는 그 본성을 이해할 수 없다고 본다. 우리의 놀이문화는 민중의 전 생활 영역에 걸쳐 있었다는 것이다.

놀이는 대부분 자연발생적이었을 것이다. 누가 시켜서도 아니다. 삶 자체에서 우러나온 놀이정신이다. 그들은 삶을 놀이화할 줄 알았다. 척박한 현실을 놀이로 승화시킬 줄 알았다. 처절하게 삶에 매달려 눈멀고 끌려가기보다는 삶으로부터 거리를 취하고 보다 나은 삶을 위해 세상과 일을 놀이화했다. 그것은 지혜다. 의식주, 생물학적 안정만을 도모하는 맹목적 삶이 아니라 나를 벗어나 너와 자연과 우주와 더불어 노니는 인간의 슬기로움이다.

(2) 굿놀이

굿은 일반적으로 다음과 같은 세 가지의 의미를 지니고 있다(김의숙, 1993: 21).

① 무속적 의례, 곧 무당굿
② 짓, 노릇과 같이 극이나 연희, 혹은 제반 놀이
③ 무리 지어 행하는 한마당 행위, 곧 제반 집단행위

한마디로 굿은 종교성을 핵으로 하면서 놀이성을 아울러 지니고 있는 민속 제의의 한 양식으로 정의된다. 그러나 실제 굿에 대한 정의와 의미는 그렇게 간단하지가 않다. 그 대표적인 예가 무당굿과 무당이 없는 굿에 대한 연구다(임재해, 1997: 242). 그것은 굿이 좁은 의미의 종교적 제의(무당굿)에 머물지 않고 삶과 예술 등 우리 문화 전반과 두루 얽혀 있다는 사실을 말하고 있다는 것이다. 그 예로는 탈춤의 기원을 추적하면서 마을굿에 주목해 굿을 인간과 자연의 갈등을 주술적으로 해결하려는 것으로 정의한 조동일의 연구, 대동굿으로서 마을굿과 두레굿, 풍물굿 등 무당 없는 굿들을 연구한 주강현 등, 무당굿보다 더 큰 개념으로 풍물굿, 탈굿, 두레굿, 노래굿을 주목한 김익두, 그리고 굿의 역사가 건국 신화 및 국중대회와 같은 제천행사를 중심으로 한 나라굿에서 비롯되었다고 보는 유동식의 연구가 있다(임재해, 1997: 243).

한편 굿과 놀이를 합친 굿놀이에 대한 논의 또한 그렇게 간단하지가 않다. 이창식(1996: 165)은 굿이 놀이와 함께 존재함으로써 놀이적 제의 또는 제의적 놀이를 함축한다는 점에서 마을 축제의 성격을 띠고 있고, 따라서 굿놀이를 대동굿(마을굿)의 보편적 놀이현상으로 규정한다. 반면에 이상일(1981: 225)은 한국 무속에서 성주풀이, 제석굿,

대감놀이 등 풀이와 놀이, 굿이 별 저항감 없이 혼용되어 있으며, 현용준이 위의 세 가지를 구별한 후 굿과 놀이를 합성하여 굿놀이로 표기하였다고 말한다.

그러나 이 논의에서는 그 목적이 놀이에 있는 만큼 놀이의 의미를 중심으로, 주로 주강현(1992)의 놀이(대동놀이)로서의 굿(대동굿)의 의미를 간략하게 살펴보겠다. 여기서 대동(大同)이란 다 함께 하나로 어우르는, 인간 의식 자체로는 대동 세상을 구현하는 체계로서의 대동을 의미한다. 따라서 대동굿은 마을 공동체의 대동 단결된 대동세(힘)가 집약적으로 분출되는 굿이며, 대동놀이란 생산과 놀이가 유기적으로 연결된 집단적 굿놀이를 말한다. 그 가장 보편적인 놀이 중 하나가 풍물이다.

따라서 굿놀이란 대동굿의 보편적 놀이현상이다. 제의를 놀이로 풀고 노동을 놀이로 풀어 냄은 곧 제의의 신성성을 속으로 승화시키고 노동의 중압감을 극소화시키는 기능을 한다. 놀이는 그래서 총체적으로 이해되고 평가된다. 놀이의 주요 특징인 자발성과 일탈성의 측면에서 볼 때, 자발성과 일탈성은 마을굿과 두레굿의 보편적 특징이라 할 수 있다.

한 마을의 공동체는 결국 제의 공동체와 생산 공동체로 이루어진 소우주다. 이러한 소우주 내에서 두 개의 공간이 공유하는 지점이 바로 굿놀이의 공간인데, 이는 양자 모두의 해방적 공간이다. 제의 구조가 신성성을 박차고 해방적 놀이 공간으로 가려는 마을굿의 굿놀이 공간과 일 구조가 일의 중압감을 떨치고 해방적 놀이 공간으로 가려는 두레굿의 굿놀이 공간은 하나의 지평에서 상호 공유된다. 이를 그림으로 나타내면 [그림 11-1]과 같고, 이 그림을 사이코드라마적 놀이 공간으로 변형시켜 본다면 [그림 11-2]와 같이 나타낼 수 있다.

요컨대, 놀이는 단순한 유희가 아니라고 단언한다. 그리고 주강현은 놀이란 인간을 억압하는 모든 사회구조의 모순을 타파하고 인간다움을 쟁취하는 통로라고 결론 내린다.

사이코드라마적 놀이의 대상은 우리의 모든 삶이다. 놀이는 일순간 현실로부터의 일탈과 도취이며 신명놀이다. 그것은 즉흥적 실험놀이다. 현실에서는 거의 불가능한 실제적 삶의 놀이다. 온갖 정서와 유머, 욕설이 진하게 얽히고설키는 흥겨운 놀이마당이다.

그래서 그곳에서 생명력을 회복한 자발적 놀이정신은 내 뫔에 스며들고 생기를 되찾아, 역으로 현실과 상상의 공간에 활력을 불어넣어 준다. 이제부터는 스스로의 자발성을 두려워할 필요가 없다. 난 이미 우주적 창조의 놀이터에서 나 자신을 수없이 실험해 보고 훈련시켰기 때문이다. 우주놀이, 세계놀이를 체험한 내 몸은 현실놀이에서 진정한 그 힘을 발휘하게 될 것이다.

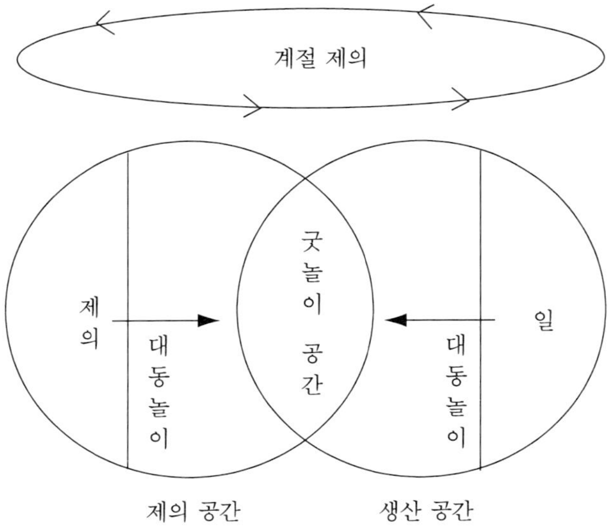

[그림 11-1] 굿놀이의 해방적 공간

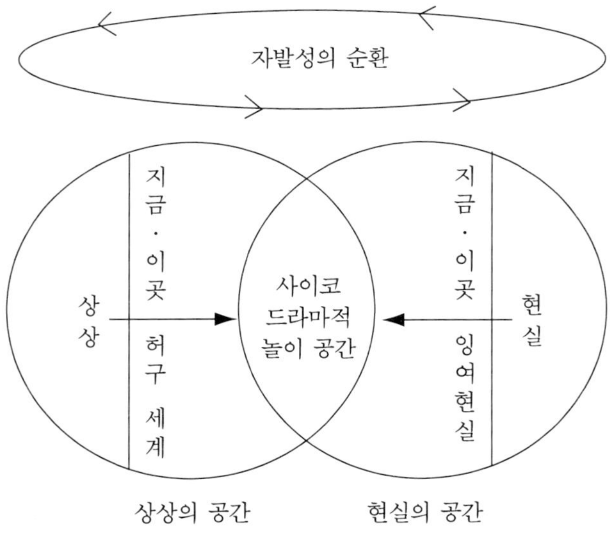

[그림 11-2] 사이코드라마적 놀이 공간

2. 제 의

제의(ritual)란 인간이 지닌 종교적 정서 내지는 신앙의 행위적 표출이 구현화된 것이다(김의숙, 1993: 11). 해리슨(J. E. Harrison)에 의하면, "제의란 집단적으로 동일 정서를 감지하고 있는 많은 사람들의 필요성에 의하여 행동화된 종교적 집단의 현상에 의하여 결합하고 증대하는 것이다." 그래서 흔히 제의는 주술적 상징 구조체, 우주적 구조 또는 신성한 것의 현존을 중심으로 해서 펼쳐지는 의도적이며 자발적이고 반복적이며 양식화된 일체의 상징적인 행동들이라고 정의된다. 제의는 또한 신령에게 희생을 바치고 가호를 비는 것이며, 문자적으로 '祭'는 고기를 잡아 신에게 바침으로써 길흉의 상(象)을 보게 된다는 것을 의미한다(김의숙, 1993: 14).

제의를 한마디로 정의하기는 힘들다. 위의 몇 가지 정의에서 보여 주듯이, 그것은 ① 행위, 행동적 측면(양식화된 상징적 행위들), ② 종교적, 신앙적, 신령, 신성 등 신(神, 神性) 및 성(聖)과 관련된 측면, ③ 희생, 고기 등과 같은 희생적 의미 등 다양한 요인을 내포하고 있으며, 학자에 따라 주안점을 어디에 두고 보느냐에 의해 제의의 의미가 달라지기 때문이다.

1) 행위 혹은 의례로서의 제의

여기에는 제의를 전통적인 의미에서 고찰하기보다는 그것이 현대인의 삶에서 어떻게 변화, 유지, 실행되고 있는가에 초점을 두는 이론들이 포함된다. 그 대표적인 것이 일상에서의 제의, 연극 혹은 퍼포먼스 이론이다.

쉐크너(Schechner, 1988: 33)는 제의를 "외적인 사회적 힘(forces)에 의해 프로그램화된 일련의 틀에 박힌 단순한 보상적 거래행위(transactions)"라고 정의한 에릭 번의 정의에 동의한다. 그리고 원초적 제의를 디오니소스 축제로 간주한다.

쉐크너에 의하면 퍼포먼스(performance)는 재미(fun)를 위한 일종의 허구적 행위다. 그것은 착각(illusion)의 착각이다. 그래서 일상의 경험보다 더 실재적이고 진실한 것으로 간주된다. 그것은 타인 앞에서 하는 개인 혹은 집단의 활동 혹은 그러한 활동을 특징짓는 행동양식으로 정의된다. 그리고 그것은 [그림 11-3]과 같이 다양한 양식을 포함한다. 아울러 그는 놀이, 드라마, 제의를 〈표 11-1〉과 같이 구분한다.

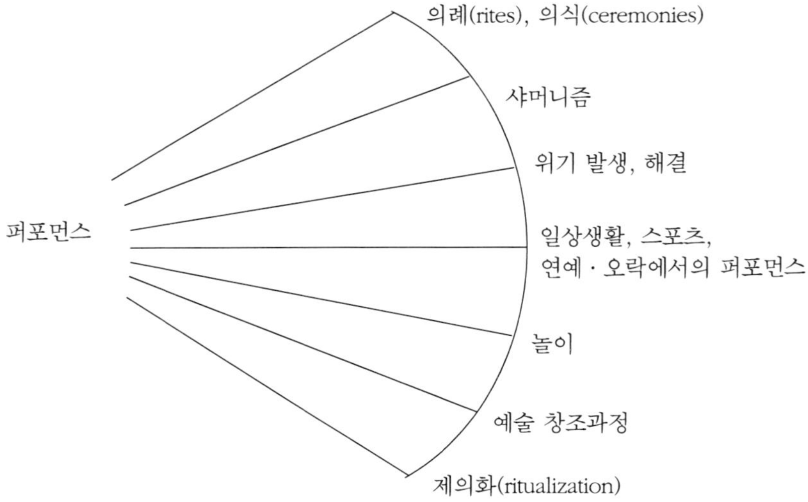

[그림 11-3] 퍼포먼스 양식

표 11-1 놀이, 드라마, 제의의 구분

	놀이	드라마	제의
특별한 시간질서	보통이다	있다	있다
규칙	내적	구조화	외적
특별한 장소	없다	있다	보통이다
관객	불필요	필요	보통
자기 주장성	있다	불완전	없다
자기 초월	없다	불완전	있다
집단에 의한 형성	불필요	그렇다	보통이다
대본	없다	있다	보통이다

블랙 등(J. I. Black et al., 1992: 14)에 의하면 우리 삶에서 제의는 보통 다음 네 가지 형태로 나누어진다.

- 매일의 일상적 제의: 식사 전의 기도, 만나고 헤어지는 것, 잠자기 전의 의식 등
- 가족적 전통의 제의: 가족의 특별한 기념일들, 출생, 재결합, 휴가 등
- 특별한 축제일의 행사: 크리스마스, 석가탄신일, 제헌절, 광복절, 설날, 추석 등
- 탄생에서 죽음까지 삶의 주기에 의한 제의: 생일, 졸업식, 약혼식, 결혼식, 장례식 등

더불어 블랙 등은 그러한 리추얼의 목적을 다음과 같이 설명한다.

- 관계 맺기: 관계성을 만들고 표현하고 유지해 나가는 일
- 변화: 우리와 타인들의 변환(transition)을 일으키고 확실하게 정해 놓는 일
- 치유: 관계의 배반, 상처, 상실로부터 회복하는 일
- 신뢰: 신뢰를 표명하고 의미를 부여하는 일
- 축하: 깊은 즐거움을 나누고 환희와 함께 삶을 영예롭게 하는 일

엄밀하게는 위와 같은 삶의 제의는 제의적 의미에서 시작된 의례(rites), 의식(ceremony)으로 기술되어야 한다. 왜냐하면 제의는 앞에서 언급한 종교성, 희생성, 집단성 등이 포함된 전래적 양식을 일컫는 말이기 때문이다. 사이코드라마를 제의라고 하지 않고 제의적이라고 말하는 이유도 여기에 있다. 실제 우리는 매일 잠자기 전에 일정한 행위 절차들, 즉 씻고 닦고, 옷을 갈아입고, 침상을 정리하거나 요이불을 깔고, 비교적 규칙적인 방법으로 잠자리에 든다. 그것은 일종의 의례이지 제의라고 말하지 않는다. 그러나 제의의 의미가 일종의 반복적, 양식화된 일련의 행위군으로 정의될 경우(제의 의미의 축소화) 그것은 제의 혹은 제의적이라고 할 수 있을 것이다.

2) 성스러운 시공간으로서의 제의

성스러운 시공간으로서의 제의는 성과 속의 만남, 속으로서의 인간 세계가 성스러운 신화 세계로 회귀하는 의미의 제의이며 음과 양의 상생(相生)의 시공간으로서의 제의다. 그 대표적인 학자는 엘리아데와 김의숙이다.

엘리아데(이은봉 역, 1998: 50)는 고대사회의 인간은 성스러운 것 가운데서 혹은 성화(聖化)된 사물에 아주 가까이 접근하여 살려고 노력하는데 성스러운 것은 고대인에게는 하나의 힘, 궁극적으로는 무엇보다도 실재 그 자체를 의미하기 때문이라고 말한다. 성스러운 것은 영원성과 효험을 의미한다. 고대의 종교적인 인간들은 존재하고자 하는 갈망, 실재에 참여하려는 갈망, 힘으로 충만해 있고자 하는 갈망이 강했다는 말이다. 그래서 성스러운 것은 경계를 정하고 세계의 질서를 세운다는 의미에서 세계를 창조하는 것이 된다.

따라서 제의에 참여하는 것은 일상적인 시간의 지속에서 탈출하여 그곳에서 재현하는 신화적 시간으로 되돌아가는 것이다. 주기적인 제의 때마다 인간은 작년, 100년 전의 제의에 현현했던 동일한 성스러운 시간으로 되돌아간다. 그리고 이때 가장 탁월한 기원

의 시간은 우주 창조의 시간인데, 우주 창조의 시간은 모든 성스러운 시간의 원형이 된다. 그렇기에 성스러운 기원의 시간을 회복하는 것은 신들과 동시대인이 되는 것이어서 신화의 가르침에 순응함으로써, 즉 신들을 모방함으로써만 인간은 진정한 인간이 된다.

김의숙(1993: 11)에 의하면 제의는 초월적 존재에게 공희하여 성과의 동일성을 회복하려는 신앙적 행동양식으로 정의된다. 그래서 제의의 시공간 속에서는 상식의 세계에서 벗어난 허구가 진실이 되고, 상상이 현실이 되며, 과거와 미래가 현재가 된다. 제의 기간에는 집단적으로 모두 신바람의 망아경(ecstasy)에 있게 된다. 곧 음과 양이 만나는 음양 상생의 시간이요 중화(中和)와 풍요가 기약되는 시공간이기 때문이다.

제의는 또한 음과 양에 따라 종교적 요소와 축제적 요소로 나누어진다. 신을 위주로 삼기에 귀신의 시간인 밤에 행하는 종교적 제의는 엄격한 금기와 절차를 밟아 진행되며, 인간의 시간인 낮에 행사하는 축제적 제의는 질서 있는 무질서, 곧 난장을 통해서 억압되고 긴장된 감정을 토로하여 순화시키고 일체감을 실현시켜 준다.

김의숙(1993: 311)은 음양오행 사상으로 서낭제, 솟대제, 장승제, 돌탑제, 기우제 및 제의의 구술적 상관물로서 무속신화, 특히 창세적 천지개벽 신화를 논의한다. 예컨대, 한국의 개벽신화, 중국 및 일본의 창세신화에서 볼 수 있는 오직 암흑만 있고 음양이 갈라지지 않은 세계의 원질인 카오스는 새로운 세계의 탄생을 예비하는 모티브를 잉태하고 있다. 그것은 계란, 동굴 등으로 상징되는 이미지다.

이 미분화된 얼(카오스)의 세계는 신성한 세계로서 자연의 세계요 장자가 추구했던 도덕의 세계이며, 이러한 세계로의 회귀는 곧 한국 무속의 원본(原本) 사고다. 무속의 신관은 신성의 대상이 되는 것은 영원한 존재이며 영원하지 못한 것은 속된 것이라고 믿는 것이다. 자유롭게 되기를 원하는 인간의 심성도 이 미분성, 곧 카오스의 연장이다. 그것은 한국 민속 전반과 현대인의 심성으로까지 이어지고 있다.

3) 희생 제의

지라르(김진식 외 역, 2000: 145)는 제의란 공동체 내부에 질서를 회복시킨 최초의 자연발생적인 사형(私刑)이라고 말한다. 왜냐하면 그것은 희생물과 그 주위에서 일어난 상호적 폭력 속에서 상실되었던 일체감을 다시 만들어 주기 때문이라는 것이다. 즉, 그는 제의를 자발적이고 만장일치적인 폭력의 모방과 반복으로 정의한다. 그러나 제의는 정신분석학처럼 단순한 신경증적 충동으로 환원시켜서는 안 되고 본질적으로 질서와 평화를 향한 것으로 보아야 한다고 말한다. 가장 폭력적인 제의들도 실제로는 폭력을 추방하는 것을 목표로 삼는다. 제의에서 인간의 가장 병적이고 비정상적인 것만을 보는 것은 큰 잘못이라는 것이다. 그것은 더 나쁜 폭력을 방어하는 작은 폭력, 공동체 속에 축적되는 악취들을 제거하는 것과 기원의 신선함을 되찾는 것, 꿋꿋하게 위기를 극복하는 것이다.

그래서 지라르는 프로이트의 오이디푸스 콤플렉스 이론을 비판한다. 오이디푸스 이야기에서의 근친상간과 친부 살해를 인간의 욕망만으로 해석하고 근원적인 폭력을 보지 못했다는 것, 그리고 어린아이의 어머니에 대한 욕망이론은 틀렸다는 것이다. (그에 따르면 그것은 아버지의 욕망에 대한 모방 욕망이다.) 그리고 디오니소스 축제란 그 자체가 희생 제의라고 설명한다. 그러한 제의적 디오니소스제에서는 차이의 소멸을 강조한다. 이 신은 성과 나이, 빈부 차이뿐만 아니라 사람들 사이의 장벽을 헐어 버린다. 디오니소스적 분출, 그것은 제도의 파멸이며 문화질서의 붕괴다. 사람과 동물 사이, 인간과 신의 차이도 소멸된다. 디오니소스적 엑스터시에서는 신과 인간의 모든 차이가 사라지고 만다. 그리고 결국에는 신성은 다시 엄하게 확립된다. 디오니소스 신의 합법성은 그가 평화를 깨뜨리는 데 있는 것이 아니라 그가 깨뜨린 평화를 스스로 다시 복구함으로써 그것을 사후(그의 죽음 이후)에 정당화시키는 데에서 드러난다.

4) 통과의례

반 게넵(권경수 역, 1985)은 전형적인 제의보다는 인간이 태어나서 죽을 때까지 거치지 않으면 안 되는 다양한 의례들을 분석 · 종합해서 통과의례(rites of passage)라는 의례주의를 내세워 인생 고비와 하루하루의 인간 행동과 사건들을 설명한 민속학자다. 그 대표적인 예가 분리 의례(장례식), 통합 의례(결혼식) 그리고 전이 의례(transition, 약혼식, 입사식 등)다.

즉, 인간은 출생에서 사망까지 한 범주에서 다른 범주로 옮겨 가기 위해 형태는 다양해도 기능은 유사한 의식들을 수행한다는 것이다. 인생에는 항상 건너야 할 경계들, 즉 여름과 겨울, 계절, 해(年), 달 또는 밤의 경계, 출생, 사춘기, 성년, 노년의 경계, 죽음과 사후 세계가 존재한다. 그리고 그러한 경계들을 통화하는 의례들에는 항상 분리, 전이, 통합이라는 전형적인 통과의례 유형이 되풀이된다. 또한 하나의 사회적 지위에서 다른 지위로의 통과는 마을이나 집으로 들어간다든가 한 방에서 다른 방으로 옮긴다든가 거리나 광장을 건너는 것과 같은 영역의 통과와 일치된다는 것이다.

더불어 인간이 겪는 그러한 일련의 전이들은 어떤 민족에게는 천체의 움직임, 행성의 변화, 달의 양상과 관계가 있다. 또한 인간 실존의 단계들을 동식물의 생활과 연결시키고 일종의 전 과학적 예언에 의해 세계의 거대한 리듬에 결합시키는 것은 우주적 개념이라고 결론 내린다.

5) 축제로서의 제의

이상일(1991: 84)은 축제를 통한 제의의 인간화가 세속적 질서를 통해 억압되었던 본능, 자연, 생명력 그리고 마침내 근원의 원초적 상황, 그 빛을 배태하는 어둠의 세계와 쇠퇴하는 목숨의 활력을 새롭게 하고 죽음을 새로운 삶으로 연장시키는 무한한 시공간에 인간을 해방시킨다고 말한다. 제의의 구속에서 축제는 해방을 약속한다는 것이다.

뒤비뇨(J. Duvignaud, 류정아 역, 1998: 79)에 의하면 축제는 특별한 기간으로 집단적 삶이 가장 심화되는 시기다. 축제란 강렬한 비사회적인 삶을 공동의 삶에 통합시키는 것이며 집단적인 실체의 표현양식으로서 사회적인 것이다. 축제의 본질은 인간의 의식을 지상에서 가장 즐거운 상태로 끌어올리는 데 있다. 축제는 우리가 계속 존재하기 위해서 파괴해 버려야 할 것을 우리에게 상기시킨다. 그런데 현대는 자유와 마찬가지로 축제 또한 생존하기 어려운 상황이다. 그것이 아무리 짧막한 순간이라도 자유와 축제는 일상의 조용한 흐름을 깨뜨리는 것이기 때문이다. 그래서 우리는 스스로 이 혼란스러운 도취를 경계하고 있는 것이다.

시몽(A. Simon; 박형섭 역, 1999: 28)은 우리는 지금 여기에서 축제를 개최하지 않으면 안 된다고 이야기한다. 풍요롭고 활력 있는 이미지로서의 축제는 우리를 가두어 놓고 있는 보이지 않는 벽의 출구를 뚫을 수 있는 마지막 기호라는 것이다. 축제는 진정한 창조이고 살아 있는 작품이며 실제적인 행위다. 환희가 고통 가운데 있고 삶이 죽음 가운데 있듯이, 축제는 일상생활, 노동, 정치투쟁의 한가운데 있다. 삶의 진정한 투사, 각 개인 속에 들어 있는 축제 조직자는 창조자이며, 오직 그만이 타인이 창조자가 되는 것을 도울 수 있다. 삶 속에서 달리기를 걷기로 바꾸고 세속적인 기차 안에서 숭고하게 비상하기를 표현할 줄 안다. 그는 평범한 인간의 보잘것없는 능력을 소중히 여길 것이며 모든 사람들이 자신의 창조물을 나누어 갖는 것을 수용하면서 사라질 것이다.

이상으로 제의를 행위 혹은 의례, 성스러운 종교적 제의, 희생 제의, 통과의례, 축제로서의 제의 등의 시각에서 전문가들의 견해를 요약하였다. 제의는 또한 한국에서의 굿판으로 규정될 수 있을 것이다.

우리가 흔히 말하는 개인굿에서는 굿을 하는 밤새에 그 집안의 내력이 낱낱이 들추어지지만 아무도 그것을 꺼리는 사람이 없다. 조상들은 살아 있는 사람으로 대접받고 달래어진다. 산 자와 죽은 자가 하나 되어 화해하고 융합한다. 그것은 열린 의례다. 가능한 한 많은 사람이 참여하고, 흥겨움 속에서 그 집의 복은 함께 빌어 주고 아픔은 함께 나눈다. 내림굿에서 공수 내용 또한 제의적 공동의식 내지는 인간애를 보여 준다. "네가 만신이 되면 괴로움이 없는 줄 아느냐? 과거에는 네 고통이 너 자신의 고통이었지만 만신이 되면 모든 사람의 고통이 네 고통이 되느니라……. 부자나 가난한 사람이나 다 똑같이 대해야 하느니라."

[그림 11-4]의 김선풍의 강릉 단오제 굿판도(김의숙, 1993: 23)는 이러한 굿의 다양한 면모를 잘 보여 주고 있다고 하겠다.

이상일(1991: 204)은 굿의 긍정적인 요소들로 근원성과 원초성(경건성의 원천), 생명감의 활성, 의태와 모방성(신화 재현의 놀이와 오락성), 도취와 해방감(몰입과 정화), 공감과 일치감, 집단성과 민중성(활달과 끈기), 현장성과 즉흥성, 사회비판(해학과 저항), 사회융화와 평화지향성(경건과 은근)을 꼽고 있다.

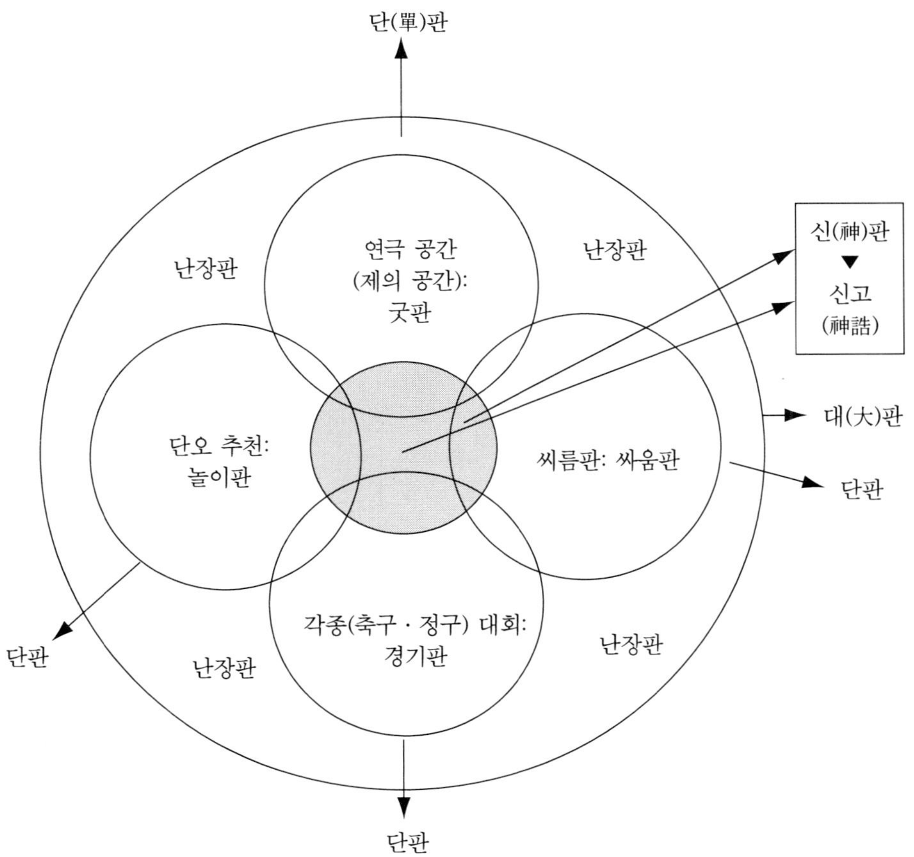

[그림 11-4] 강릉 단오제 굿판도

강릉 단오제는 옛날부터 관민이 하나가 되어 행한 축제의 성격이 짙은 마을굿이다. 닷새 동안 진행되는데 처음에는 강릉 시내 남대천에 모셔진 굿당에서 제사를 올린다(팔도굿, 사진 정수남; 대원사, 1989).

6) 제의적 사이코드라마

리오타르(유정완 외 역, 1992: 185)는 프로이트의 사유와 실천에서 다른 예술에 비해 연극이 특권적 위상을 누리고 있음은 주지의 사실이라고 말한다. 프로이트 자신이 이 점을 인정할 뿐만 아니라, 「연극에 나타난 정신병적 인물들」이라는 1905년경의 짧은 논문에서 프로이트가 죄의식과 속죄의 문제라는 측면에서 정신분석의 기원을 개괄하고 있다는 사실을 제시한다. 즉, 프로이트는 신들의 분노를 달래려고 고안해 낸 희생 제의를 정신분석의 시조로 간주한다. 프로이트가 생각했듯이, 염소의 희생에서 시작된 그리스 비극은 사회적 · 정치적 드라마를 탄생시키고 나아가 개인적(심리적) 드라마를 탄생시키는데, 정신분석은 그 후손인 셈이다. 이런 계보는 프로이트가 스스로 인정했던 것처럼 정신분석적 관계가 희생 제의와 유사하게 조직되는 범위를 드러내 보여 줄 뿐만 아니라 희생이 일어나는 다양한 공간, 즉 사원, 극장, 정치인의 밀실, 의사의 수술실 등 라플랑시(J. Laplanche)와 퐁탈리스(J. B. Pontalis)가 탈현실의 공간(disreal space)이라고 부른 공간들의 동질성을 암시한다. 이 공간들은 이른바 현실의 원칙에 종속되지 않는 자율적인 공간이며, 욕망이 모든 양면성을 발휘하는 영역이고 고유한 욕망의 대상이 수용된 이미지로 대체되는 공간이다.

모레노는 정신분석과 같은 언어치료의 공간 혹은 장소에서 발생되는 현실을 실제 현실보다 덜 적절한 하위 현실(infra reality)이라고 명명하였다. 진실이 언어를 통해서만 소통될 뿐만 아니라 (행위가 아닌), 합의적 인증이 없는 단 두 사람 사이만의 현실이라는 시각 때문이었다. 위에서 밝혔듯이, 리오타르는 희생 제의-드라마-개인 심리적 드라마라는 공식에 의해서 정신분석을 곧 (희생) 제의의 후손이라는 논지를 펴고 있다. 그리고 그러한 정신분석의 공간은 수용적인(이미 상호 익숙히 알고 있는, 수용된) 이미지, 즉 언어에 의하고 욕망이 대치되는 공간으로 보고 있다. 탈현실적 공간이라고 말하지만 현실을 넘어선다는 의미보다는 현실이 아닌 비현실의 의미, 즉 하위 현실의 의미와 일맥상통한다고 보겠다.

제의와 사이코드라마의 관계는 어떠할까? 한마디로 사이코드라마는 제의라기보다는 제의와 많은 점을 공유하고 있는 제의적인 양식 혹은 학문이라고 말할 수 있다. 그 이유는 다음과 같다.

① 어원학적으로 사이코드라마는 제의적이다: 사이코드라마가 전통적인 연극이 아니라는 사실은 여러 번 이야기되었다. 그럼에도 불구하고 드라마라는 용어 자체는 서구에서 제의에 그 뿌리로 두고 있는 예술양식이다. 드라마의 시작은 고대 그리스의 제의에서 출발한 것이다.

② 사이코드라마는 집단적 행위다: 모든 제의는 집단적 행위다. 굿보다 작은 규모의 간단한 푸닥거리에서도 한 집안 사람이 다 참석한다. 굿은 마을굿, 부락굿, 나라굿 등 그 어떠한 굿도 한두 명으로는 이루어질 수 없는 공동체적 삶이다. 공동운명체로서의 집단에 의해 제의는 진행된다. 사이코드라마 역시 집단이 존재하지 않는다면 그것은 이미 사이코드라마가 아니다. 사이코드라마도 집단에 의해서 집단원의 상호자발성과 텔레에 의해서 시작 · 유지된다.

모든 제의는 말보다는 행위가 우선한다. 집단행위다. 그러한 행위가 어떤 질서와 순서에 따른 행위건 무질서한 행위건 그것은 그다음의 문제다. 행위 없는 제의 혹은 사이코드라마는 있을 수 없다. 인간 각자의 행위를 통해서 제의나 사이코드라마가 진행된다.

③ 사이코드라마는 일정한 시공간을 전제로 한다: 제의 또한 일정한 시공간에서 진행된다. 공간적으로 제의가 사원, 들판, 산 속, 광장, 바닷가 등 신성하다고 보고 일정한 구획을 정한 곳이면 어디서건 가능하듯이, 사이코드라마 역시 사이코드라마 무대라고 설정하는 곳이면 어디서건 가능하다. 시간적으로는 제의가 일반적으로 더 복잡하고 여러 단계를 거쳐 진행되는 반면, 사이코드라마는 평균 2~3시간을 소요한다.

④ 사이코드라마와 제의 모두 현실로부터의 일탈에서 시작된다

왜냐하면 그것은 하나의 우주적 사건, 우주적 구조 혹은 우주적 드라마이기 때문에 일상과는 분명히 구분되는 행위다. 따라서 둘 다 일상 혹은 일상 의식과는 다른 의식 차원으로의 일탈이 필요하다.

(5) 둘 다 현실원칙의 해체를 전제로 한다

디오니소스제처럼 사이코드라마에서는 기존의 현실 개념들, 즉 나이, 성별, 사회적 지위 등이 해체되고 익명의 존재로서 행위화에 참여한다. 그것은 곧 자연이나 우주로의 회귀를 의미한다.

(6) 둘 다 일종의 놀이, 축제, 예술로 승화된다

그래서 때로는 난장, 엑스터시, 카타르시스를 경험하게 된다. 그것은 현실에서는 경험하기 어려운 감정의 몰입, 도취를 통해 이루어진다.

우리는 흔히 제의가 열리는 장을 마당 혹은 판이라 한다. 마당굿 혹은 굿마당, 굿판이 그것이다. 그래서 한마당 논다, 한판 벌린다는 말은 우리에게 무언가 일어날 것 같은 신명나는, 어떤 흥분을 느끼게 만든다. 살판, 난장판, 탈판, 춤판, 놀이판(마당), 소리판(마당) 등 곧 금기와 억제로부터의 해방, 일상으로부터의 전이를 의미한다.

그동안 개인과 개인, 집과 집으로만 연결되었던 삶이 집단으로, 거리며 광장으로의 삶으로 탈바꿈된다. 나와 너, 여자와 남자, 아이와 어른의 이분법적 구조가 해체된다. 몰아상태 속에 들어간다. 내 속의 수많은 아이, 광인, 예술가, 반대의 성, 또 다른 어른을 체험한다. 자연과 내가 한 몸이 된다. 그것은 근원성과의 만남이요 우주적 만남이다. 그것은 또한 자발적이고 총체적인 비허식적, 비자만적인 만남이다. 지금 이곳에서의 있는 그대로의 만남이다. 그것은 힘의 느낌이여 마술적 변화를 촉발시킨다. 그것은 나의 심층까지 울려퍼지는 만남이다. 일종의 머나먼 실험여행, 자기 탐구의 여정이다.

주강현(1992: 20)은 굿났다, 굿판 같다, 굿벌인다는 말의 속뜻에는 의례 민중적 삶의 건강함이 깃들어 있다고 말한다. 즉, 굿은 민중의 노동양식, 집회양식, 놀이양식, 신앙양식 등 민중생활의 전형적인 생활양식을 의미하는 범칭어라는 것이다. 풀이 또한 단순한 해소가 아니라 새로운 일을 결단하는 출발점으로서의 진혼(한풀이)이며 풀이다. 그래서 굿 혹은 풀이의 신명은 신난다라고 표현되는 해방의 구체적 발현이다. 신이 남으로써 자연과 인간 간의 일체감이 불러일으키는 영적인 상태에 빠지기도 하며, 원한의 맺힘을 풀고 닫힌 것을 열게 되는 것이다. 굿은 곧 풀이인 바, 굿을 통해서 인간의 재앙이나 질병 따위의 맺힘의 상태를 풀어짐의 상태로 만드는 과정이 곧 신명의 과정이다.

오늘날 사이코드라마의 전개과정을 바라보고 있노라면, 서구든 한국이든 그러한 홍, 신명이 차츰 퇴색해 가고 있다는 염려를 지울 수 없다. 자발성보다는 심리적 이론이, 신명보다는 진지함이, 제의적 몰아상태보다는 나라는 주체의 드러남이 보다 전면에 부각되어 가고 있는 모습이다. 웃음과 즐거움보다는 딱딱한 얼굴과 자세가, 만남의 놀이보다는 문제의 해결이 더 두드러져 보인다. 도무지 신이 안 나고 재미가 없다. 왜 이러한 방향으로 나아가게 되었을까? 이 사회가 그만큼 각박해져 가고 있음을 반영하는 것일까? 그렇다면 사이코드라마는 그에 비례해서 오히려 더욱 제의적인 보다 우주적 차원으로 나아가야 하지 않을까? 그 어떤 이론보다도 신명나는 행위가 먼저 있어야 하지 않겠는가?

제12장 과학적 논의

과학적 논의는 다음과 같은 내용으로 전개된다.

1. 심리학적 논의
   1) 인간발달론
   2) 잉여현실
   3) 의식과 무의식
   4) 욕망
   5) 꿈
2. 정신의학적 논의
   1) 치료이론
   2) 치료적 요인(기존의 이론)
   3) 치료적 요인(새로운 이론)
   4) 저항 혹은 막힘현상
3. 사회학적 논의
   1) 텔레
   2) 역할론
   3) 사회측정학

1. 심리학적 논의

1) 인간발달론

대부분의 인간학적 학문은 인간을 근본적으로 어떤 시각에서 바라보느냐에 따라 그 전개 방향이 달라진다. 자연론/문명론, 완전/불완전, 삶/죽음, 선/악, 유신론/무신론, 정신/육체, 성숙/미숙 등 각 이론의 중심 시각은 이와 같은 음양적 논리의 어느 한쪽 혹은 그 통합 차원에서 펼쳐진다. 특히 인간의 탄생, 발달, 성장에 관한 가설적 논의들은 몇몇 중요한 정신치료 이론의 토대가 되어 있는데, 그 대표적인 것이 정신분석 이론과 대상관계이론이다. 프로이트가 본능(instinct)으로서 리비도에서 파생된 성적 충동(drive)의 흐름으로 유아 발달을 설명하고 있다면, 라캉은 결여로서의 성적 욕망(desire), 즉 프로이트의 소망(wunsch)과 언어(상징)로 인간 발달을 논한다. 반면에 대상관계이론에서는 학자마다 차이가 있지만 그 근본은 모자관계라는 환상과 실제라는 이중적 대상관계의 내재화로 인간 발달을 해석해 낸다. 반면에 모레노는 인간이나 동물에 국한된 본능, 충동이 아닌 보다 근원적 에너지 혹은 힘으로서의 자발성이란 시각에서 유아 발달을 바라본다.

따라서 모레노의 인간발달이론은 기존의 제반 발달론들과 근본적으로 다르다. 한마디로 그것은 긍정과 부정의 차이다. 기존의 이론들이 인간 유아기 자체를 부정적 시각에서 접근하고 있다면, 모레노는 갓 태어난 아기야말로 최상의 자발성 상태에 있다고 하는 절대적인 긍정적 시각에서 바라본다. 여기서 부정적 시각이라는 것은 아직 미숙하다거나 기능을 다하지 못하고 있다고 보며, 성인이나 다른 동물과의 비교적 입장에서의 하등 상태로 또는 일차 나르시시즘, 소외 혹은 결여 상태로 유아기를 규정하는데서 이론의 출발점을 삼았다는 뜻이다. 본능의 덩어리로 자아가 아직 생기지 않고 주체와 객체의 구별조차 할 줄 모르는 거의 동물적인 상태인, 어머니가 없으면 생존이 불가능한 존재, 그래서 올바른 육아와 교육이 필요한 존재라는 시각이다. 그러나 모레노는 유아의 타고난 힘, 잠재력, 긍정적 측면을 보고 아직 문명의 힘에 의해 왜곡당함이 없는 순수한 천성적 자질을 보유하고 있는 존재(genius)로 인정한다(물론 그 또한 행위 갈증이라는 배고픔, 빈 공간을 의식하고 있지만 그것은 인간의 근원적 본성으로서의 행위 갈증이지 성숙해진다고 해서 사라지는 개념이 아니다.).

모레노의 시각의 특성은 긍정, 확신, 들뜸이다. 그것은 아이에 대한 절대적 신뢰에서 나온다. 인간 자체에 대한 자신의 본성적 믿음에서 기인한다. 인간의 천성적 자발성에 대한 확신이 그것이다. 그래서 그의 이론은 어떤 면에서 치밀한 논리적 구성이 결여되어 있는 것도 사실이다. 일견 기존의 이론에 젖어 있는 전문가들에게는 꿈같은 이야기로 들릴 수도 있다. 그러나 그것은 사이코드라마의 기본으로서 전혀 손색이 없는 이론이다.

모레노의 이론은 시간의 흐름에 따라 세상을 바라보는 미래 지향적 혹은 목적 지향적인, 합목적적인 결정론적 시각과는 다르다. 꽃을 피우지 못한 갓 자란 떡잎이라고 해서 꽃이라는 목표인(因)에 근거해서 열등하거나 미성숙하다고 보는 견해가 아니다. 이러 이러해야 하고 이러저러한 단계까지 발달해야만이 인간이라고 하는 하나의 기준, 중심점 위에 서서 유아기를 바라보는 시각은 시간적 비가역성을 전제로 하는 물리학적 선형 논리다. 원시적 야만성은 반드시 문명화를 향해 나아가야만 한다는 독선적인 시각이다.

"어른인 네 속에 아직도 어린아이가 들어 있다."는 말이 바로 그러한 시각을 한마디로 함축하고 있다고 가정해 보자. 그리고 왜 그래서는 안 되는가를 회의해 보자. 우선 우리는 그 어린이이를 완전히 쫓아낼 수 있는가를 물어보자. 가능한 일이며 반드시 필요한 일인가? 아니다. 가능하지도 않고 반드시 필요한 일도 아니다. 개체 발생은 종족 발생을 되풀이한다고 한다. 내 나이가 70이든 80이든 내 속에는 어린아이, 사춘기의 나, 어제의 내가 접혀져 있다. 그런데 왜?

첫째는 그가 날 괴롭히기 때문이다. 끝없이 나에게 속삭이고 투정을 부리기 때문이다. 할 일 많은 나를 붙잡고 놀러가자고 하고 자신의 욕망을 충족시켜 달라고 보채기 때문이다. 나는 일을 해야 하는데 그럴 수는 없다. 그래서 나는 그 아이를 어르고 달래거나 협박하거나 잠재워야 한다. "넌 너무 이기적이야. 너 밖에 몰라. 제발 말 같지 않은 소리 하지도 마. 그 따윈 다 네 환상이고 본능이야. 난 동물이 아니란 말이야. 난 어른이야. 사회적 동물이야. 애기가 아니야. 넌 변덕쟁이고 나르시시스틱하고 에고이스틱해. 널 받아들였다가는……. 오! 천만에, 난 너의 그 꿈같은 황당무계함에 질렸어. 부디 사라져 줘!"

둘째는 그 아이를 받아들여 그대로 행위했다가는 사람들이 가만 놔두지 않을 거라는 두려움 때문이다. 난 그것을 아주 어릴 때부터 잘 알고 있다. '참아라, 하지 마라.'는 두 마디에 그 얼마나 고된 훈련을 받았는가를 결코 잊어서는 안 된다. 얌전해야 하고 질서를 지켜야 하며 양보할 줄 아는 아이가 착하고 말 잘 듣는 아이이다. 모든 발달이 순서대로 진행되어야 하고 하다못해 다른 아이들과 비교해서 소변 가리기, 말하기가 늦되면 부모들은 야단이 난다. 하나, 둘, 셋, 모든 것이 시간과 숫자로 정해져 있다. 그래서 난 온갖 힘을 다해 부모와 선생이 인정하는 사람이 되어야만 한다. 함부로 나 자신을 내비쳤다가 혼난 적이 어디 한둘이던가? "난 절대 어린애처럼 보여선 안 돼, 성숙해야 돼. 내 멋대로 하는 건 바보짓이야. 우는 것, 감정을 보이는 것, 내 환상을 이야기하는 것, 내 속을 드러내는 것, 무조건 사람을 좋아하거나 믿는 것은 어리석은 짓이야." 체면, 타인의 시선, 평가에 내 속의 아이는 오래전에 질식되어 있다. 그리고 그것이 어른이 되는 데 치러야 할 당연한 희생이다.

셋째는 인간 정신의 왜소화 때문이다. 우리는 수천 년간 자신 속의 어린아이 한 명조차 있는 그대로 수용할 만큼의 여유조차 없이 살아온 것이다. 그만큼 먹고 사는 문제에 모든 에너지를 바치면서 살아온 것이다. 그 누구도 낯가림 없이 방긋거리는 아기의 미소보다는 낯가림이 정상으로 간주되는 문명이다. 언제 어느 곳이건 자신을 있는 그대로 드러내고 표현하는 아기의 순수한 반응은 가릴 것 가려야 하는 성인들의 시각에 주눅이 든다. 자연스러운 배고픔의 충족과 이유식이 아니라 기계적으로 먹여지고 이유되며 길들여진다. 사람과 사람의 몸의 놀이가 아니라 체온 없는 장난감과 노는 것이 당연시된다. 자발성의 훈련보다는 말 배우기, 숫자 세기 교육이 먼저다. 어른인 우리 모두 한때는 아기였음에도 아기의 행위, 아기의 세계가 그 눈높이로 이해되기보다는 그 내면세계의 자연적 흐름을 헤아리기보다는 사회화 훈련이, 옳고 그름의 판단이, 잘했다 못했다의 평가가 우선시된다.

그래서 이런저런 이유로 어린아이는 미숙한 존재로 이미 오래전에 낙인 찍히게 된 것이다. 한마디로 아기의 주체와 객체의 미분화성, 자기중심성, 욕망의 미연기성, 비사실성(환상성), 미개성(원시성), 그리고 미경험, 미완성, 미숙련, 미예측성이 미숙으로, 불안의 요소로 작용하게 된 것이다. 기존의 인간발달론의 뿌리다. 그리고 역설이다. 바로 그러한 이론들이 궁극으로 주장하는 것은 욕망의 해방이고 향락의 재생이다. "어린아이가 되라. 어린아이로 돌아가라. 어린아이가 선생이다."는 말이 있다. 그 또한 기막힌 회귀다. 돌고 도는 이치인가? 만다라인가?

프로이트는 아기의 탄생이 어머니에게는 상실이고 아기에게는 외상(trauma)이라고 말한다. 그것은 모태 내의 공생관계에만 시선을 집중해서, 그것을 마치 태양 중심의 논리, 부동의 진리로 확고하게 못박았기 때문에 나올 수밖에 없는 시각이다. 상실, 외상, 분열, 좌절, 소외, 결핍(결여), 고착, 방어, 독립, 개체화 등의 용어가 그것이다. 어떻게 생각하면 가장 축복받아야 할(실제는 그러면서도) 생명의 탄생이 환희와 절정의 순간이 아닌 분리며 상실이며 외상, 상처로 읽히는 것일까? 상실과 외상을 겪지 않으려면 탄생이라는 사건은 일어나서는 안 된다는 뜻은 아닐 것이다. 그런데도 분만의 고통보다는 펏덩이 아기를 받아 안고 감격해하는 어머니의 모습이 상실자의 태도인가? 스스로 세상을 향해 뛰쳐나온 아기의 고고의 소리가 상처 받은 아픔의 소리로밖에는 들리지 않아서였을까?

그러한 이론들은 인간의 10개월이라는 임신기간이 인간이 스스로 자립하는 데 있어서 너무 짧고 모든 것을 어머니에게 의존할 수밖에 없는, 그래서 빠른 출생이라는 것이 공통된 시각이다. 이 또한 자연현상에 대한 인간 중심적 사고의 부정적, 비관적 견해다. 반면에 모레노는 10개월이라는 임신기간은 영아에게 과부족이 없는 충족된 기간이라고 생각한다. 그 이상도 그 이하의 기간도 적절하지 못한, 영아가 탄생을 시도할 수 있는 최상의 기간으로 보는 것이다. 우주적, 자연적 흐름에 대해서 아직은 완전히 그 의미를 이해할 수 없을지라도, 영아에게는 바로 그 순간이야말로 자신의 자발성 인자(factor)가 스스로를 도약시킬 수 있음을 느낀다. 나라고 하는 최초의 주체성, 생후의 주체성의 모체(matrix of identity)는 그러한 비약을 위해 최상의 상태에 있다는 것을 안다. 그는 이제 외계, 환경, 또 다른 세계와 조우할 수 있는 준비가 갖추어진 것이다. 영아와 어머니는 상호 깊은 곳에서 그것을 느낀다.

그는 스스로 자신의 탄생을 결정한다. 모태라고 하는 비교적 안정된 우주에서 자극적이고 새로운 우주를 탐사하기 위한 첫발을 내디딜 준비가 끝나는 시기, 그것이 임신 10개월이라는 기간이다. 탄생 순간의 영아는 자발성이 그대로 체화된 최상의 구체적인 예라고 할 수 있다. 그는 그 자신의 창조자이면서 창조물 그 자체다. 그것은 모자 모두의 최상의 공동 카타르시스다.

이제 갓 태어난 유아는 다음과 같이 발달의 세 단계를 거친다(모레노, 1977).

- 제1우주 시기: 주체성의 모체 단계(stage of identity or double, 이중자아 단계)
- 제2우주 시기: 자기인식 단계(stage of mirror, 거울 단계)
- 제3우주 시기: 타인인식 단계(stage of other or reverse, 역할교대 단계)

이제 모레노의 기본적인 생각들을 쉽게 풀어서 설명해 보자.

(1) 제1우주(first universe) 단계

최초의 주체성은 일명 사회적 태반(social placenta)으로 불린다. 자궁 내 생물학적 태반(모자가 결합된)에 반해서 모자의 주체가 합해지고 너와 나의 구별이 없는 사회적인 태반(母子가 결합된)이기 때문이다. 그리고 이러한 주체성의 모체를 둘러싼 유아의 세계를 제1우주라고 부른다. 또한 이때의 유아를 행위 인격(act personality)이라고 한다. 왜냐하면 이 시기의 유아에게는 움직임과 행위를 통하고 끝없이 행위하고자 하는 행위 갈증만 존재하기 때문이다.

제1우주의 주체성의 모체는 곧 총체적 주체성(all identity)을 의미한다. 내가 너고 네가 나인 만남 그 자체다. 모든 대상이 유아와 공동으로 나로서 존재한다(co-existence).

서로가 서로에게 속한다(belonging). 한마디로 나와 너의 구분이 없다. 나라는 주체도 없다. 그건 모든 주체를 포함하는 전지전능의 개념이다. 유아는 자신을 전 우주적 과정의 통합적 일부로 여기는 것이며 그것은 일종의 신비의 영역이다(magic realm). 둘이 아닌 하나, 단일성(unity)의 단계다. 공동 존재(co-being)의 시기다.

자발성은 그대로 모두 행위화된다. 행위 갈증이 높다. 유아는 행위 자체에 흡수될 만큼 모든 에너지가 행위화된다. 기록되거나 그 내용을 입력시킬 만한 에너지가 없다. 온몸이 동원된다. 특정 신체 부위만이 워밍업되지 않는다. 온몸이 총체적으로 행위화된다. 따라서 그로 인한 학습도 기억도 없다. 내적 관찰자도 없으며 기록할 언어도 없다. 완전한 망각이다(total amnesia). 꿈조차 꾸지 않고 무의식도 없다.

유아는 생존을 위해 불충분한 자신의 몸과 신체기관을 끊임없이 워밍업시켜야 한다. 그래야 매번 새로운 상황에 반응할 수 있기 때문이다. 찡그림, 깊은 숨, 입술의 움직임, 꿈지럭거림, 손과 발의 놀림 등은 모두 자발성의 표현이다. 그것은 유전도 환경도 아닌 그 사이의 보다 자유로운 독립적 영역이다(물론 유전적, 환경적 영향을 받는다.).

최초의 보조자인 어머니는 유아 주체성의 확장이다. 이상적으로는(현실은 그렇지 못하기에) 어머니와 유아는 공동 행위자(co-actor)다. 상호 행위에 구별이 없다(co-action). 나와 네가 함께 경험하고 함께 미래를 준비하는 상호 이중 자아적 단계다. 서로 하나되기(oneness) 시기다. 둘 사이에는 시작도 끝도 없는 나누기(sharing)가 목소리, 냄새, 숨소리, 움직임, 느낌을 통해 일어난다. 어머니 역시 유아를 자신의 주체성의 확장으로 여긴다. 이때의 유아는 동물도, 열등하지도, 신경증적 존재도 아니다. 오히려 자발성이 가장 구체적으로 행위를 통해 드러나는, 잠재적으로는 천재성을 지닌 존재로 해석된다. 그러나 그러한 잠자고 있는 능력은 쉽게 찾아지거나 개발되지 않는다. 그것을 찾아줄 만큼의 능력을 지닌 부모는 흔하지 않기 때문이다. 유아의 자발성 자체가 왜곡되고 행위는 오직 다음 단계를 위해 길들여져야만 하는 대상으로만 지각되기 때문이다. 그러나 이상적인 경우 수없는 이중 자아적 교환을 통해 타인은 차츰 내 속에 나의 이미지로 자리 잡기 시작한다.

(2) 제2우주 단계

유아는 이제 제1우주 안에서 자신을 포함한 온갖 사물, 사람, 대상들이 분화되지 않은, 하나의 미분화된 복합체로 경험했던 총체적 주체성 시기를 지나서 현실과 환상의 구분이 시작되는 제2우주 시기를 맞게 된다. 이미지 형성이 시작되고 행위 갈증이 감소하면서 꿈 갈증(dream hunger)이 증가하기 시작한다. 꿈 갈증은 현실과 환상 사이의 단절이 심할수록 촉진된다.

행위 인격은 현실(reality)로 향하는 행위와 환상(fantasy)으로 향하는 행위로 양분화되기 시작한다. 혼돈된 거울상의 시기를 거쳐 자신과 거울상을 구분할 수 있게 된 것이다. 따라서 워밍업 과정도 둘로 나누어진다. 어느 한쪽으로만 깊이 워밍업될 경우, 서로 간의 이동은 차츰 어려워진다. 상황을 제대로 통달하기 위해서는 자발성이 둘 사이에 서로 쉽게 왕래할 수 있도록 작용해야 한다. 그것은 실재와 비실재 사이를 매 순간 다시 결합시키고자 하지만 현실과 환상은 서로 충돌한다. 한쪽이 우세해진다(주로 현실적 육아 방식에 의해 현실이 더 우세해진다.). 자발성은 계속해서 차단당한다. 이때 제1우주 시기 동안의 정신신체적 역할(psychosomatic role) 또한 둘로 나누어진다. 현실적인 사회적 역할(social role)과 상상적인 사이코드라마적 역할(psychodramatic role)이 그것이다.

이제 유아는 자신(실재)과 자신(거울상)을 구별할 수 있게 되면서 그동안 나-너의 구분이 없던 대상의 낯설음에 주의를 집중하기 시작한다. 외계(外界), 즉 타자로부터 오는 정보들이 하나둘씩 나의 내적 소리와 어긋난다. 나와 네가 다름을 인식하기 시작하는 것이다. 나와 다른 것은 내가 아니다. 나는 타자와 다른 나를 느낀다(stage of recognition of self). 그것은 일종의 거울기법과 같다. 너를 통해서 나를 인지한다. 나라는 것이 있음을 느끼는 것이다.

나는 이제 받는 자(receiver)라는 것을 안다(role receiving). 그리고 타자는 곧 주는 자(giver)다(role giving). 상상적인 사이코드라마적 역할과 받는 자의 역할이라는 사회적 역할의 시작이다. 그것은 그 어떤 변화도 없는 고정된 역할 맡기(role taking)의 시작이다. 양방향(two-way) 관계의 시작이다.

이러한 거울기법(나의 실재와 환상, 타자에 의한 나의 비추임)이 예민하고 성공적으로 진행될 경우, 나는 나를 떠나 보다 큰 대상과 사회로의 안전한 나아감이 이루어진다. 그것은 타자의 우호적 피드백에 의존한다. 반면에 그러한 피드백이 위협적이고 판단적일 때는 나 자신에 대한 인식(타자에 의해 되비쳐진)뿐만 아니라 나로부터 외계 대상으로의 나아감은 왜곡되고, 보다 큰 사회로의 진행과 그 속에서의 자신에 대한 이해와 경험은 어려움을 겪게 된다. 이제 나는 너를 모방하기 시작한다. 제3우주의 시작이다.

(3) 제3우주 단계

상호 역할 작용 가운데서 이제는 서로에게 역할기대(role expectancy)가 형성된다. 유아는 이제 타인의 역할을 할 수 있다. 역할교환(role exchange) 혹은 역할교대(role reverse)가 가능해진다. 타인에 대한 인식 단계의 시작이다(stage of recognition of other).

나는 보조자인 어머니 역할을 맡고, 어머니는 나의 역할을 맡는다. 대상과의 일체다. 그래서 대상을 나의 연장과 확장으로 받아들였던 시기를 지나 이제는 대상을 대상으로 받아들이면서 그 대상의 지각으로 나를 본다. 나를 중심으로 하는 '너'와 너를 중심으로 하는 '나'가 상호 끊임없는 교류, 단순한 만남(meeting) 차원을 넘어서 주체와 객체가 하나가 되면서 둘이 되는 만남(encounter)에 의해서 '나'의 확장이 이루어진다. 너의 속성, 너의 느낌, 경험을 내 것으로 만들어 가는 것이다. 나의 속성, 경험 또한 너의 것이 되어 너 역시 변화·확장된다. 너(어머니)에 의한 일방적 만남이 아니며, 너에 의해서 독단적으로 취급되지 않으며, 너에 의해서 미숙한 개체로 다루어지거나 무생물, 장난감의 세계로 내던져지지 않는다. 최고의 존경과 사랑과 신뢰로 그리고 독립된 개체로 받아들여진다.

현실과 판타지 모두가 긍정되고 인정된다. 무조건적으로 현실을 강요하지 않는다. 현실의 영고성쇠, 그 부침을 극복해 나가는 데 있어서 현실적인 면과 환상적인 요소 모두가 필요함을 안다. 현실이 제공해 주는 데 실패한 부족한 면들을 보충하는 상대적 개념으로서의 판타지를 넘어서서, 판타지는 보다 적극적이고 최초의 우주적 색채를 간직한 판타지가 된다. 현실적 사고와 상상력이라는 이분법적 구분이 아니라 상상 속의 진실, 현실의 환상적 요소 모두를 실체로서 인정하는 것이다.

이상이 모레노의 인간 발달에 대한 기본 이론이다. 필자의 입장에서는 그것들을 논리적으로 증명할 수 없다. 그러나 모레노의 위와 같은 관점은 아직은 개인적 가설의 단계에 머무르고 있을지라도 우리에게 최소한 세 가지 측면에서 중요한 의미를 갖는다. 첫째, 인간의 탄생이란 우주의 근원적 본성의 회귀, 자발성이 최고의 창조성으로 육화되는 순간이라는 점이다. 인간은 단순한 생물학적 탄생이 아니라 그것을 뛰어넘어 자발성의 모체, 원순간, 원장소(공간)의 합일로서의 최상의 자발적 존재로 태어난다는 것이다. 둘째, 인간의 유아기는 인간, 자연을 넘어서 우주적 영역으로 확장된 세계, 개인적 역동이 아닌 우주적 역동과 더불어 존재하고 행위한다는 것이다. 셋째, 그 세계는 모두가 함께 공존하고 행위하고 함께 창조하는 공동 창조자, 공동 책임자, 공동 행위자로서의 삶을 살아간다는 것이다. 그 어떤 개인적, 사회적 구분이나 차별 없이 공동의 우주를 창조해 나간다는 점이다.

마지막으로 모레노의 인간발달론은 곧 사이코드라마의 실제적 기법과 그 맥을 같이하고 있다. 이중자(double), 거울기법(mirroring), 그리고 역할교대(role reverse)가 그것이다.

2) 잉여현실

잉여현실(surplus reality)은 광의로는 한 개인의 정신세계 내에서, 총체적 현실(all-reality) 가운데서 일상 현실화된 부분을 뺀 나머지 부분의 현실을 의미한다. 협의로는 일상 현실 속에 충분히 표현되거나 경험되지 않으며, 하위 현실에서처럼 논리적으로 규격화될 수 없는 정신 내적 생활 영역을 가리킨다.

(1) 하위 현실

일상 현실에서는 그래도 우리의 구체적인 삶이 있다. 그 삶이 비록 합리적으로 조직화된 상투화된 현실일지라도, 그 속에는 우리 인간들의 체취가 묻어 있고 숨결이 들려오며 때로는 향기가 배어난다. 아픔을 나누며 부둥켜안는 눈물이 있고 미움과 분노가 살아 있다. 때로는 정직함이 빛을 발하고 배려와 희생이 공존하며 책임감 있고 용기에 찬 행위가 있다.

하위 현실(inferior reality)은 느낌도 체취도 사라져 버린 메마른 현실을 지칭한다. 오직 기호들, 언어들만이 난무하는 움직임 없는 현실이다. 이기고 지는 규칙만이 존재하는 사각의 링처럼, 그곳에는 보이지 않는 크고 검은 손, 철저한 논리와 이론과 규칙만이 존재한다. 그 대표적인 예가 정신치료실과 가상 현실의 공간이다. 전자는 소위 전문가와 비전문가 사이에서의 게임처럼 이루어지고, 후자는 전문가들에 의해 제공된 혼자만의 게임으로 목적을 이룬다. 둘 다 구체적인 행위는 통제된다. 금기사항이다. 오직 머리만으로 이해되고 두뇌적 만족의 정도가 목표인 것이다. 느낌이 있더라도 그것은 혼자만의 자기 충족적 감정이거나 전문가에 의해서 지지되고 인정되는 감정이다. 마음껏 표출할 수 있고 타인과 더불어 유지되는 느낌이 아니라 지적으로 이해되고 통제되는 감정이요 남에게 들킬까 봐 숨겨야 하는 감정이다.

하나가 정확하게 알지 못하는 무의식에 대한 가설 내지는 사고-인지 습관에 대한 공식을 근거로 한다면, 다른 하나는 인간의 욕망과 환상 충족의 논리를 기초로 하고 있다고 볼 수 있다. 그래서 정신치료가 언어에 의한 무의식과 사고의 분석을 통해 문제를 해결하고 성격을 변화시키는 것이 목표라면, 가상현실은 기계적 도구를 이용한 욕망의 충족 혹은 스트레스 해소가 목표가 된다.

피치료자는 치료자라고 하는 전문인의 두뇌-이론으로 무장된 마음의 스크린 위에 자신을 투영한다. 그것이 정신치료, 정신과학, 심리학이라는 난공불락의 학문이다. 반면에 첨단 과학의 지원을 받은 컴퓨터 시뮬레이션의 세계는 기존의 입력된 스크린 앞에 자신을 내던진다. 둘 다 우리가 살아가는 이 삶의 현실에서 벗어나 존재한다. 과학이라는 이름으로, 전문적 공간이라는 이름으로, 우리에게 도움이 되고 우리의 삶을 풍요롭게 해 준다는 명목으로 일상 현실로부터 벗어나 별도의 공간 속에 위치한다.

행위 없는 드라마만이 있는 곳, 휘황찬란한 언어의 마술과 빛 없는 빛과 소리 아닌 소리의 마술이 존재하는 현실, 만남이 아닌 만남, 즉 사적이고 구체적인 삶의 만남이 아니라 일방적 만남과 허상의 만남이 이루어지는 곳, 몸은 의자 위에 고정된 채 인생 드라마가 펼쳐지는 곳, 부둥켜안고 함께 감동을 나눌 수조차 없는 것이 하위 현실이다. 그곳은 모든 것이 비밀리에 진행되고, 노출되어서는 안 되는 극히 개인적인 공간, 마치 성당 안의 참회소 혹은 일기장 앞, 화장실 안의 개인처럼 은밀하고도 은근한 만족의 공간-현실이다. 그래서 그것은 습관화되기 좋은 중독의 위험성을 갖는다.

그것이 하위 현실이라 불리는 또 다른 이유는 그곳에는 눈에 뜨이지 않는 미묘한 지배 논리가 스며들어 있다는 점이다. 그것은 쉽사리 노출되지 않는다. 행위의 주체도, 그러한 행위의 대상이면서 주체라고 생각하는 피치료자 내지는 고객도 그것을 느끼지 못할 수 있다. 그리하여 그것은 말도 안 되고 있을 수 없는 소리로 무시되고 덮어진다. 또한 그것은 폐쇄된 공간 내에서만 가능하다. 무엇이 그것을 공개 불가능하게 하는 것일까?

지배 논리라니? 그것이 무엇이고 어떤 근거로 그렇게 말할 수 있는가? 나 자신의 의지와 선택에 의한 것일 뿐 결코 강요가 아닌 자유로운 행동에 어떻게 지배 논리가 스며들어 있다는 것인가?

그러나 지배 논리는 정치나 사회 제도처럼 겉으로 드러나지 않는다. 평등과 자유, 공복과 선량이라는 이름으로, 힘의 강약은 있을지 몰라도 지배원리는 오늘날 민주국가에서는 어림없는 일이라고들 말한다. 과연 그럴까? 인간이라면 누구나 공평하게 정신치료와 가상 현실의 세계에 들어갈 수 있을 것일까? 일정한 조건, 지시, 기준이 없다는 말인가? 전문가에 의해서 제반 여건이 고려되고 평가가 내려진 후에야 들어갈 수 있는 세계가 아니던가? 칼자루는 전문가에게 있다. 원한다고 누구나 그 공간에 들어갈 수는 없다.

일단 들어섰다 해도 모든 진행은 전문가가 프로그램화시킨 절차에 따라 진행된다. 선택권이 피치료자, 고객에게 주어져 있는 것처럼 보일지라도 궁극적인 결정은 전문가에 의해서 내려지게 마련이다. '아니요' 라고 말할 수 있는 기회도 물론 제시되지만 그 역시 울리지 않는 외양만의 경보기일 뿐이다.

그 안에서의 메뉴는 어떠한가? 자유롭고 무한대의 개인 차이만큼이나 무수한 메뉴가 있어 보이지만 그것은 아니다. 그것은 착각이고 희망사항일 뿐이다. 기존에 입력되지 않은 사항들은 취소되거나 관심을 받을 수 없다. 옥수수, 밀, 쌀, 조 등 재료가 무엇이든 잘게 쪼개고 빻아 가루로 만드는 분말기처럼, 그것은 일정한 통로, 일정한 다이얼, 잘 짜인 개념들에 의해서 정리 · 분류된다.

하나는 과거와 욕망이라는 통로, 다른 하나는 현재의 욕망의 통로를 지나가야 한다. 예외는 없다. 모든 현재가 과거로 좁혀져 가는가 하면 나의 지금은 오직 최고의 만족, 최고의 허상적 만족이라는 확대일로의 길을 추구한다.

지배란 힘의 불균형을 말한다. 그것은 명령자와 복종자, 주인의식과 노예의식, 힘의 일방적 흐름, 베푸는 자와 수혜자로 미묘하게 갈라놓는다. 그것은 드러나지 않는 불평등이요 상호 묵시적으로 인정하는 계약관계다.

우리가 심각하게 생각해야 할 문제는 그러한 하위 현실이 일상 현실에서 행하고 있는 그 의미다. 착하고 선량한 정상 인간 만들기, 현실에 적응을 잘하는 인간, 결코 현실을 비방하거나 훼방 놓지 않고 적절하게 순응할 수 있는 인간의 양산, 꿈을 꾸기보다는 현실을 직시하고 갈등과 모순을 느끼지 않고 안정된 삶을 갖도록 돕는 데 하위 현실이 일조를 한다. 내 문제, 내탓주의, 자기 강화, 합리화, 양심의 가책과 의도된 억압, 승화를 통한 불균형의 회복, 욕구불만의 해소 등등. 그 결과는 고통 없는 삶, 아파하지 않는 인간, 감정은 메마르고 상상력은 고갈되며 자발성은 철저히 봉쇄된 인간의 개조다.

왜 나는 나일 수 없는가? 왜 난 너와 같아져야 하는가? 왜 하나의 답만이 주어지고 그 답이 옳다는 것을 어떻게 증명해 보일 것인가? 거트만(1988: 173)은 루소의 글을 인용한다. "나의 정신 작용은 그것 나름의 시간 속에서 진행된다. 그것은 타인의 시간에 종속되지 않는다. 왜냐하면 나는 내 경험이 다른 사람에게 적용될 수 없다는 것을 알기 때문이다." 그리고 루소는 자기 자신의 특이성을 주장하는 최초의 인간일 것이라고 말한다. 자신을 세상과 분리, 분할시키는 가운데 루소는 자기 자신을 창조하였다는 것이다.

하위 현실은 분리-분할, 독자성의 인정, 개인적 창조의 길로 나아가도록 하기보다는 일정한 공식의 틀 안에 개성을 가두고 모아서 하나의 색깔, 하나의 인간성, 하나의 논리성 위에 인간을 정렬시킨다. 그것은 오직 너의 무의식 내지는 너의 욕망이라는 것이다.

따라서 그것은 인간 신체를 물과 탄소로 구분하듯이 인간 정신을 몇 가지 기호, 개념으로 분석하는 과학 만능의 추상적 현실이 된다. 구체적인 삶보다 오히려 질이 떨어지고 지나친 기호-논리화로 인한 허상의 현실, 몸통이 잘려 나간 두뇌만의 현실, 인간 각자의 비상을 제지하고 감독하는 인공적으로 조작된 현실이다.

(2) 잉여현실의 의미

모레노(1975: 16)는 잉여현실이란 어떻게 왜곡되었느냐에 관계없이 인간 각자가 완전히 주관적 방법으로 느끼고 지각하는 인간의 진실이라고 정의한다. 예컨대, 우리의 의식, 무의식적 판타지 속에는 결코 일어날 수도 없고 일어나지도 않을 많은 사건들이 발생한다. 그것은 그 자체만으로 하나의 진실이라고 이야기할 수 있다. 정신병자에게는 망상이나 환각조차 진실이다. 모레노가 사이코드라마를 진실의 극장이라고 부른 이유도 여기에 있다. 현실적 진위의 판단에 관계없이 사이코드라마에서는 그러한 정신적 진실이 재연되기 때문이다. 그래서 모레노는 잉여현실이 행위화되는 드라마가 현실보다 더 우선권을 갖는다고 말한다.

여기서 잉여(surplus)라는 말은 마르크스가 말한 잉여 가치, 잉여 생산 등에서와 같은 의미가 아니다. 단지 '사용하고 남은 것'의 의미로 해석하는 것이 좋다. 생애 초기의 총체적 주체성 혹은 총체적 현실은 실제와 이미지, 현실과 환상으로 나누어진다. 나는 환경과의 끝없는 교류, 만남을 통해 현실화되어 가지만 실제 현실로부터 부정되고 인정되지 않는 요소들은 그대로 내 속에 남아 있게 된다. 그것이 잉여현실이다.

잉여현실은 많은 다른 용어들로 표현되기도 한다. 무시간의 세계, 신비의 세계, 신화의 세계, 초현실의 세계, 가상의 세계, 꿈의 영역, 어둠의 왕국, 내면의 대화, 심리적 진실, 상상 속의 현실, 확장된 현실, 거대 현실(meta reality), 놀이적 반현실, 기지-미지의 중간 세계 등이 그것이다. 이해를 돕기 위해 잉여현실의 내용들을 언어화한다면, 그것은 꿈, 백일몽, 환상, 망상과 같은 상상적 요소들, 영감, 영혼, 영원성, 초월성과 같은 말이 의미하는 초월적 요소들, 두려움, 수치심, 유치함, 절망감, 불안, 죄의식과 같은 명사적 레테르가 붙은 소위 부정적 감성요소 및 긍정적 감성요소들, 원시성, 야만성, 성적 본능, 광기적 요소, 생명력과 같은 본능적 요소들, 그리고 애매모호한 것들, 느낌-생각들, 충족되지 않은 것들, 금지된 영역들이 포함된다. 그것들은 쉽게 언어화되거나 개념화될 수 없는 특성을 지니며 우리가 일상에서 흔히 해 왔던 식으로는 깊이 있게 경험할 수 없고 익숙지 않은 시각에 의해서 조망이 가능한 세계로 표현될 수 있다.

그것들은 일상 현실 가운데서 끊임없이 작동하면서도 언제나 현실원칙, 합리적 이성에 의해서 제지당하고 숨을 죽이며 평생을 내면에 갇혀 살아야 하는 운명을 타고난 것처럼 보인다. 그것은 현실이 허용하는 범위 안에서 자신을 드러낸다. 그것은 온갖 계율과 준수사항을 거느린 이성의 눈을 피할 수 없다. 비록 자신의 그물망은 피할 수 있다 해도 그것은 그 즉시 타인, 사회에 의해서 열등한 것으로 취급되고 도외시된다. 제아무리 찬란한 꿈과 이상이라 할지라도 일상 현실에 적용되지 않고 그 벽을 넘는 것은 그 순간 평가절하되고 무용지물이 된다.

아담 브래트너, MD.

여기서 브래트너(2000: 92)가 말한 잉여현실의 예를 소개하면 다음과 같다.

• 실제로는 하기 힘든, 죽어 가는 사람의 침상 옆에서 이별하는 것
• 누군가를 진심으로 용서하고 용서받는 것
• 낙태된 태아와 만나 용서받고 사죄하는 것
• 태어나지 않은 아이와의 만남

- 성인, 예수, 부처, 마음의 신과의 만남
- 죄 지은 일을 고치고 원상태로 되돌아가는 것
- 사후 세계에 대한 상상, 의미 있는 타자와의 만남
- 하늘을 나는 것과 같이 인간의 한계를 초월하는 것 등

(3) 잉여현실의 기능

잉여현실의 세계 내에서는 어떤 구분도 평가도 법칙도 존재하지 않는다. 원인과 결과, 시작과 끝, 과거와 미래, 남성과 여성, 의식과 무의식, 삶과 죽음 등 그 어떤 대립관계, 양면성이나 이중성도 의미가 없어진다.

더 진실한 것도, 더 실제적인 것도 없으며 일관성이나 합리적 논리도 무의미하다. 우리는 우리의 습관적 자아, 일상에 의해 길들여진 자아를 그곳에 투입하여 조종하려 애쓰지만 그것들은 결코 그 손에 잡히려고 하지 않고 지배와 통제의 손길에서 벗어난 곳에 존재하고자 하는 속성을 갖는다. 따라서 '잉여현실' 이 갖는 의미는 '현실' 의 의미와 대극적이라고 할 수가 있다.

① 잉여현실은 실존적 명료성을 입증한다

우리는 잉여현실의 존재를 느끼고 안다. 비록 지적, 과학적 개념으로 명료화되지는 않았지만 그것은 분명 우리의 삶 속에 진실로서 자리 잡고 있다. 우리의 시각, 청각, 인지 능력을 넘어서 있다고 해서 그 존재 가치가 작아지는 것은 결코 아니다. 그곳에는 프로이트의 구조적 개념인 본능-무의식, 음양론 등 논리적 구분 내지는 대립관계를 벗어나 그것들의 존재 자체를 주장하는 의미가 있다. 그것은 부정할 수 없는 경험이며 사실이다. 따라서 그것은 매 순간 지금 이곳에서 표현되기를 소망한다. 단지 어둠 속에 묻혀 있는 것이 아니라 행동화되고 실천되고 살아지기를 갈구한다.

② 잉여현실은 변화를 요구한다

그것은 자체로 성장, 변화를 멈춘 심신에게 끝없이 그 정체성에서 벗어나기를 갈구한다. 식물은 그 생명의 한계 내게서 스스로 자신을 확대 · 변화시켜 나아간다. 동물계는 어느 지점, 신체의 성장이 멈춰선 지점에서 반복의 일상을 되풀이한다. 오직 변화되는 것은 외계 현실뿐이다. 삶의 환경이 흙에서 나무로 변하고, 먹는 것이 변화해 갈 뿐이다. 그러나 잉여현실은 외계 현실의 변화보다는 그 자신, 그 자체의 변화를 요구하는 힘과 압력으로 작용한다. 그래서 그것은 때로 개념, 관념, 논리에 저항해 현실원칙을 파편화시킨다. 상투화와 습관화에 끊임없이 질문을 던지고 괴롭힌다. "달라지세

요. 달라지세요, 달라져야만 합니다."라고 소리쳐 외친다. 그러나 그 힘은 오랜 인간 역사를 거쳐오는 동안 쇠약해질 대로 쇠약해 자취 없이 사라져 버릴 운명에 처해 있는 느낌이다.

인간이 월계수와 반인반마로, 곰이 인간으로, 꽃이 여인으로 변화하는 것은 오직 설화나 신화의 세계에만 있는 것인가? 그것이 현실계의 틀에 길들여진 우리에게 주는 의미는 무엇인가? 프로이트의 "본능이론이 곧 신화다."라는 언사로 더 이상 나아갈 길은 없는 것인가? 그것은 단지 신비의 세계, 신화의 세계에 머물러 있어야만 하는 것인가?

③ 잉여현실은 자유를 의미한다

현실이 제아무리 가혹하다 하더라도 그 속에는 평화와 미소가 들어 있고 자유로움이 있다. 잉여현실에는 가랑이 사이로 거꾸로 세상을 바라볼 수 있는 유머가 있고, 세상을 빈 깡통 하나에 담아 차 버릴 수 있는 허허로움이 있다. 현실의 편견, 무기력, 인습으로부터의 해방감이 가득 들어 있고, 아는 것이 힘이라는 현실로부터 모르는 것이 약이라는 자유로움이 숨쉬고 있다. 시간과 공간으로부터의 자유, 먹지 않아도 배부를 수 있고, 갖지 않아도 가진 것 이상으로 행복할 수 있는 여유가 있다. 엑스터시(ecstasy)란 정체된 것(stasis)으로부터 벗어난, 그래서 영혼이 육신을 벗어난 상태를 의미한다. 그것은 곧 개인의 한계를 초월한다는 의미다. 현실과 그 한계성으로부터 벗어나 자유로워질 수 있는 세계, 온갖 잠재력을 보유하고 있는 세계가 곧 잉여현실이다.

④ 잉여현실은 새로운 창조다

정상의 모형에서 이제는 새로운 인간형, 개념을 낳을 수 있는 세계다. 그렇다고 현실, 정상 개념 자체를 전적으로 부정, 타파의 대상으로 보지는 않는다. 역사상의 초현실주의처럼 현실의 의미를 인정하지 않는 것은 아니다. 소위 개성, 개체성이라는 의미의 individuality를 in-divid, 즉 두 가지의 본성을 결코 갈라놓을 수 없는 존재라는 의미로 해석할 때, 잉여현실은 이제 그 자체의 진정한 의미를 되찾아야 할 때가 아닌가 싶다. 굳이 포스트모더니즘을 말하지 않더라도 이제 인간은 새로운 상을 찾아 나서야 될 때가 되었다. 자아, 나, 현실을 넘어서 너, 우리, 우주적 현실에 이르는 공동 의식, 공동 무의식의 존재로서의 인간관, 창조자로서의 인간을 잉태하고 있는 것이 바로 우리에게 주어진 깊숙이 파묻혀 있는 잉여현실이기 때문이다.

프로메테우스, 시시포스, 파우스트, 허생원을 넘어서서 우리 자신의 가능성을 앞에 놓고 자신의 잉여현실을 낱낱이 음미, 발굴, 행위화할 수 있는 세계는 마음의 극장에서만 가능할 수 있는 것은 아닐 것이다.

(4) 사이코드라마와의 관계성

우리는 여기서 두 종류의 잉여현실, 결국 같은 맥락이면서도 표현에 있어서 서로 다른 양식을 통해 드러나는 개인적 잉여현실과 사회적 잉여현실로 나누어 생각해 볼 수 있다. 궁극적으로는 우주적 잉여현실이라고 말해질 수 있으나 그 역시 표현양식에 있어서 엄밀하게 구분지을 수는 없다. 예를 들어 보자. 나는 죽어서(개인적) 커다란 나뭇잎 늘어뜨린 나무가 되어(사회적, 우주적) 영원한 안식처가 되리라(개인적, 우주적). 다시 말해서, 사이코드라마, 소시오드라마는 우주 드라마로 확대 해석될 수 있다. 그러나 여기서는 위와 같은 잉여현실이 사이코드라마와 어떠한 관련을 맺고 있는가 하는 점만을 살펴보자.

① 잉여현실은 사이코드라마 내에서 가장 광범위하고 깊게 표현된다

지금 이곳의 순간에서 자발성을 통해 용기를 가지고 탐험 · 도전해 들어간다. 그것은 집단에 대한 신뢰와 상호 긍정적인 텔레에 의해서만이 가능하다. 그리고 사이코드라마에서는 그 어떤 것도 허용되는 분위기이기에 분석, 비판, 조롱, 멸시 등의 염려 없이 익숙치 않은 만남의 세계 속으로 들어갈 수 있다. 어떤 길도 계획됨이 없이 들어가기에 잉여현실을 탐구하는 데 있어서 가장 알맞은 방법이 된다. 아스팔트 아닌 흙 냄새 나는 자연 그대로의 땅이기에 자주 긴장되고 불편, 불안을 느낀다. 있는 그대로이지 가공되어 나오는 것이 아니기에 때로는 두려움이 있다. 매끈하고 잘 다듬어진 것은 현실 세계다. 그러나 "나는 혼돈, 밤의 세계에 눈을 딱 감고 나 자신을 내던지리라." 그것은 워밍업을 통한 자발성에 의해 누구나 가능할 수 있는 세계다.

그것은 다양한 이미지, 상징을 통해 구체적으로 표현된다. 게으름이 빈 의자로, 사람으로 형상화되고, 사랑이 두 사람의 거리와 높이, 방석들의 두께로 가시화된다. 외쳐 부르는 고함소리가 영매의 초혼굿을 의미하고, 지상과 천상계가 '덜컹' 거리는 문으로 구분되며, 다리에 감긴 밧줄이 인생의 짐, 무게가 된다. 그 어떤 것도 구체적으로 형상화되고 역할화된다. 불분명했던 환상이 선명하게 그 모습을 드러내고, 주저주저했던 세계가 친근하게 다가오며, 어둠이 빛으로 가득 차게 된다. 억눌린 세계가 맑은 공기를 마시기 시작하며 자신의 소리를 낸다. 온갖 부정적 감정, 관념들이 새로운 옷을 입고 그 자신의 의미를 밝힌다.

그것은 또한 가정법에 의해 적나라한 표현을 달성한다. '만약에 죽는다면……'이라는 소리가 그대로 구체적인 행위화가 된다. '결혼을 하지 않고 산다면, 그 사람을 없애버린다면, 차라리 돌이 된다면' 등 어떤 것도 가능한 마음의 극장이다. 인위적으로 조작된 드라마가 아닌 살아 숨쉬는 자발적 · 즉흥적 극장이다.

켈러먼(1992: 113)은 허구(as-if)의 치료 가치를 다음과 같이 말한다. ① 허구의 세계이기에 고통스러운 사건, 생활들을 통달할 수 있고, ② 현실에서 일시적으로 벗어나서 현실을 관망해 볼 수 있고, ③ 자신의 자발성에 따라 새로운 현실을 실험하고 새로운 세계를 형성해 볼 수 있고, ④ 자신이 부정했던 현실을 새삼 재확인해 볼 수 있으며, ⑤ 자아 기능을 강화해서 내외의 압력들을 올바르게 처리해 나아갈 수 있는 능력을 높여 준다.

잉여현실 내에서는 그 어떤 것도 소홀하게 다루어지지 않는다. 아무리 사소한 것이라도 의미 있는 것으로 존중되고 확대된다. 작은 것은 현미경으로, 먼 것은 망원경으로 극대화시켜 표현한다. 그래서 어느 한순간의 압축된 감정이 모든 요소, 전체를 물들이기도 하고, 다양한 색깔들이 돋보기 위에 한 점으로 수렴되어 강렬한 빛을 발하기도 한다. 수많은 다양한 기법들은 바로 그러한 세계를 표현해 내기 위해 존재한다(예: 역할교대나 이중자 기법은 타인의 시각을 통한 나의 표현이며 관찰이 된다.).

② 잉여현실은 사이코드라마 내에서 합의적 인증을 거친다

디렉터와 보조자를 통해, 그 허용을 통해 잉여현실은 그 존재 자체의 실존적 인증을 받는다. 보조자인 나는 주인공인 너의 잔혹성을 인정하고 비난 없이 그리고 그 어떤 조건 없이 너에 의해 죽음을 당하겠다. 나는 기꺼이 너의 애증의 대상이 되겠으며 즐거운 마음으로 당신의 갓난아이가 되겠다. 그리고 그렇게 표현된 잉여현실은 집단의 모든 사람들과의 공통된 나눔을 통해 다시 한 번 인증받는다. 너의 어둠이 나의 어둠과 색을 같이 하며 당신의 고통, 눈물은 우리 모두가 공유하는 아픔이며 눈물이 된다.

③ 잉여현실은 사이코드라마 내에서 변화된 새로운 '나'의 출발을 향한 발판을 마련한다. 그것은 곧 현실의 확장이며 나의 확장이다

놀이정신, 거리감 유지, 유머를 통해 현실의 존재 조건들을 허허 웃게 만들고 일상적 관계의 틀을 훈훈하게 녹여 낸다. 비극이 희극으로 곤두박질하고 아픔과 멍에가 사랑의 화신으로 변한다. 환상이 현실계로 자신만만하게 등장하고 논리정연한 관계들이 하릴없이 허물어진다.

카타르시스가 변화의 촉매제로 작용한다. 휴화산이 활화산이 되고 막혔던 강물이 시원스레 바다를 향해 흘러내린다. 거미줄이 걷히고 차가운 골방에 빛이 들어온다. 공동 카타르시스와 모두가 하나, 한 가족, 아니 한 인간이라는 공동 무의식이 그 자취를 드러내는 순간에 그것을 표현할 수 있는 언어가 있을까?

새로운 깨달음의 경험을 통해 나는 변화된 나를 만나게 된다. 목표에 이르는 수많은 길들을 실험해 보며 다양한 감정들을 용광로에 달구어 보고 나의 주체와 그림자를 동시에 부딪쳐 봄으로써 새로운 인식, 올바른 경험들의 핵심을 추출해 낸다. 그리고 불확정, 예견 불가능의 세계에 뛰어듦으로써 예기치 못한 경이감, 전율 등을 맛본다. 그것은 마치 요술의 나라, 마술의 세계에서나 느낄 수 있는 신선함과 신비감을 준다. 요술을 위한 진실이 아니라 진실을 위한 요술 세계(T. Williams의 『유리동물원』에서처럼)에서 우리는 영원한 것, 영혼을 만나기도 한다. 그것은 하나의 제의처럼 우리를 함께 묶는다.

3) 의식과 무의식

우리는 '무심코' '무심결에' '무의식중에' 라고 흔히 말한다. 내가 모르는 사이(순간), 나 자신이 깨닫기도 전에 내가 아닌 누군가가 내 속에 들어 있어서 그러한 것처럼 말한다. 그 말은 나의 통제, 의지를 벗어나고 나의 의도가 없으며 사전에 계산되지 않은, 심지어는 나와는 무관한, 그러니 내 잘못이라고 엄격히 말하기도 무엇한 그러한 상태, 마음의 작용 순간-상태를 의미한다.

'무의식' 이라는 말은 또한 일반적으로 의식이 없는, 정신이 나간, 제정신이 아닌, 올바르지 않은 정신으로서의 의미를 갖는다. 그것은 두려움이고 혼돈, 무질서의 세계, 어둠과 같은 비합리적이고 알 수 없는, 귀신 곡할 노릇의 세계로까지 비쳐진다.

나아가 '무의식' 은 보통 사람들은 모르고 알 수도 없고 알기 지극히 어려운, 인간의 정신계이면서도 마치 평생 알려고 해도 알기 어렵고 아예 알 필요조차 없는, 그래서 전문가들이 필요한 전문가들만의 용어, 고도의 전문적인 담론이 된다(사실 정신의학자, 심리학자 등 정신계를 다루는 사람들의 최고의 비밀무기가 된지도 오래다.). 왜냐하면 '무의식' 은 프로이트로부터 시작해서 마치 왕가의 보검처럼 오늘날 거의 완벽에 가까울 만큼 논리적 체계를 갖춘 정신이론으로 자리 매김하고 특정 소수에 의해 전래 · 유지되고 있기 때문이다.

문제는 소위 전문가들 사이에서도 '무의식' 이론에 대한 논쟁이 끊임없이 이어지고 있다는 사실이다. 남성인 프로이트와 라캉에 대한 소위 페미니스트 여성학자들의 반론들(J. Kristeva의 Chora와 모성으로서의 기호계, G. Spivak의 자궁 선망 등; 권택영, 1998)뿐만 아니라, 프로이트를 뿌리로 해서 시작되었으나 강조점과 시각이 다른 융, 아들러는 열외로 하더라도 돌토(F. Dolto), 페렌치(S. Ferenczi), 클라인 및 라캉(이유섭 외, 1994) 등의 수정 혹은 변형된 이론도 그러하다.

어떻게 보면 정답이 없으면서도 있어 보이며 시대와 개인적 시각에 따라 무궁무진하게 해석될 수 있는 '무의식' 의 세계, 실체가 아니면서 실체인 듯 느껴지며 그 순간 사라지고 마는, 내 안에 있다고 생각하는 순간 이미 내 안에는 없는, 그래서 '내부에 있는 외국' (프로이트), '근접하는 멂' (하이데거) '주체의 한가운데 있지만 배제된 것' (라캉)으로 무의식을 설명하기도 한다(홍준기, 1999).

그렇다면 사이코드라마에서의 무의식, 모레노의 무의식의 개념은 무엇일까 생각해 보지 않을 수 없다. 많은 면에서 정신분석과 대립되는 정신행위(드라마)이기에 무의식에 대한 이론 역시 다를 수밖에 없을 것으로 판단되기 때문이다. 하지만 모레노는 무의식을 나름대로 정의하지 않았다. 그는 프로이트의 무의식 개념을 그대로 받아들여 사용하면서도 그것의 의미를 바꾸어 놓는다.

우선 여기, 그가 무의식과 관련지어 표현한 글을 몇 가지 인용한다.

> "무의식의 가설은 개인 정신 영역에서만은 유의미하다(The hypothesis of the unconscious is significant only in the dimension of a simple psyche)" (Moreno, 1975).
>
> "무의식은 워밍업 과정의 부산물로서 활성화된다(The unconscious lives on as a byproduct of the warming up process)" (Moreno, 1978).
>
> "역할의 기능은 사회로부터 무의식 세계로 들어가 그것에 질서를 주고 형태를 갖추는 일이다(The function of the role is to enter the unconscious from the social world and bring shape and order into it")(Moreno, 1977).

이상은 그가 '무의식' 이라는 용어를 확실하게 사용하고 있는 대표적인 문장들이다. 뒤에 다시 이야기되겠지만, 공동 무의식이라는 용어를 만들어 내고 자세하게 설명하기 위해서 개인보다는 집단, 세계, 우주에 관심을 더 갖고 있던 그에게는 개인 무의식을 그렇게 깊이 있게 생각하지 않은 태도가 어쩌면 당연한 결론이었는지도 모른다.

문제는 모레노가 프로이트의 이론-정의를 차용하면서도 행위적 측면에서 워밍업에 의해 쉽게 드러날 수 있는 일종의 부산물로 보는 시각을 보이는가 하면 역할이라고 하는 사이코드라마의 중요 개념에 무의식을 중심 단어로 사용해서 설명하고 있다는 사실이다(그리고 여기서 무의식은 무질서하고 형태가 갖추어 있지 않은, 사회적 현실 세계와 반대되는 개념으로 등장하고 있다.).

오늘날 '무의식' 개념은 과거와 달리 매우 급속한 변화를 겪고 있다. 포스트구조주의, 포스트모던 등의 이름으로 논의되는 제반 패러다임의 영향을 가장 먼저 강렬하게 받고 있는 개념들 중의 하나라고도 볼 수 있다. 예컨대, 언어, 기호화 내지는 수학적 위상학화된 라캉의 정신분석이론, 보다 긍정적 · 생산적 측면에서 접근하고 있는 들뢰즈, 마르크스 이론과의 접목으로 보다 사회적으로 확장된 가타리의 무의식 개념이 그것이다.

(1) 정의의 문제

무의식을 정의하는 일은 인간을 정의하는 일만큼이나 쉽지 않다. 먼저 사전적 정의를 살펴보자. 캠벨(Campbell, 1989)에 의하면 두 가지로 정의된다. 첫 번째는 기능적 측면에서 "마음(mind)의 의식 부분(part)이 기능하지 않을 때 혹은 의식적 자아(ego)나 지각적 자기(perceptive-self)의 참여가 없는 경우"로 규정된다. 두 번째는 공간적 시각에 의한 정의로서 "정신의 한 부분(a division of psyche) 또는 즉각적인 인식 영역에 있지 않은 모든 정신적 자료(all psychic materials)가 무의식 속에 있다."는 것이다. 이는 무의식 상태를 풀어 쓴 가장 간단한 정의임에도 불구하고 의식의 시각에서 바라본 것이기에 무의식은 여전히 안개에 가려져 있다. 한마디로 의식이 아닌 것의 의미를 한발자국도 넘어서지 못하고 있다.

웡(Wong, 1989)은 시간적 의미를 부여해서 무의식을 한 문장으로 정의한다. "무의식 체계란 어떤 일정한 주어진 시간에 의식 영역 바깥에 있는 모든 정신적 내용들과 과정들(all those mental contents and processes)의 총화(total)다." 그리고 그는 프로이트적인 무의식의 특징들, 즉 1차 사고과정, 쾌락원칙, 본능, 욕망의 재현물, 에너지 등을 열거한다. 그러나 정의상 이 역시 지나치게 단순화된 공간적 시각하의 정의다. 의식 영역 바깥과 안의 구분도 애매모호할뿐더러 일정 시간이라는 개념도 그 의미가 불충분하다. 한마디로 이상과 같은 사전적 정의는 의식의 관점에서 이분법적으로 무의식을 서술하고 있을 뿐 무의식을 정의하는 데는 접근방식상 기본적인 오류가 있다고 하겠다.

그런 의미에서 프로이트의 무의식에 대한 시각 혹은 접근 태도가 보다 깊고 의미 있다고 볼 수 있다. 프로이트가 스스로 말하였듯이(Strachey, 1957), 그는 정신의 여러 조직을 의식과 무의식의 대조만으로 깔끔하게 설명할 수 없었으며 의식이냐 무의식이냐의 기준을 만족스럽게 설명할 수도 없었기 때문이다. 그래서 그는 '무의식이란 용어가 모호하기는 하지만(ambiguous)' 조심스러운 자세로 서술적(descriptive), 역동적(dynamic) 그리고 체계적(systemic) 방식에 따른 접근을 시도한다(Strachey, 1957: 258).

즉 무의식은 우리의 정신활동을 구성하는 제반 과정 속에 있는 정상적이면서도(regular) 불가피한 단계요(inevitable phase), 모든 정신행위는 무의식적 행위로 시작되어 저항에 의해 무의식으로 남거나 의식으로 발전한다(프로이트, 윤희기 역, 1997). 프로이트에 따르면 무의식은 정신계 자체요 본질적인 실제며 가장 작은 원인 의식을 감싸고 있는 가장 큰 원과 같다(나지오 외, 이유섭 외 역, 1999).

여기서 나지오에 의해 요약·정리된 프로이트의 무의식에 대한 정의를 조금 길지만 그대로 재인용하면 다음과 같다. 우선 서술적 관점에서 무의식이란 우리의 인식 내에 갑자기 솟아난 예상치 못한 행위들로서 우리의 의향과 의식적 삶을 벗어난다. 그것은 실수행위, 망각, 꿈, 어떤 생각의 갑작스러운 떠오름, 예상치 못한 시어(詩語)의 발견, 신경증과 정신병적 증상 등이다. 따라서 무의식은 정신계의 본질이며 이때 의식은 무의식 과정의 부수적 결과요 인식일 뿐이다. 두 번째로 체계적 관점에서 무의식을 정의할 경우, 자극의 원천은 사물의 재현이며 종결된 생산물은 무의식의 변형된 표출물이다. 그 가장 좋은 예는 꿈이다. 여기서 사물의 재현이란 무의식의 재현들(unconscious representations)로서 무의식 안에 각인된 사물의 청각 이미지, 시각 이미지 또는 사물의 조각과 단편으로 구성되어 있다. 마지막으로 역동적 관점, 즉 밀고 올라오는 감정과 그것을 방해하는 억압 사이에서 씨름하는 관점에서 무의식을 정의하면, 자극의 원천은 억압된 재현물이고 종결된 생산물은 억압행위에서 벗어난 무의식의 알 수 없는 간격 혹은 틈이다.

이 세 가지 관점의 정의를 다시 풀어 보면 다음과 같다. 서술적 관점에서는 일단 그 정체가 무엇인지는 몰라도 분명히 존재하는 정신현상으로서의 무의식을 기술하고 있다. 그 특징도 기원도 알 수 없지만 하나의 관찰자로서 우리는 단지 겉으로 드러나고 던져진 것들만을 서술할 수 있을 뿐이라는 것이다. 그렇다면 우리는 인간의 수많은 행동들, 표현양식들 중에서 과연 어떤 것이 무의식을 표출하고 있다고 말할 수 있을까? 프로이트식으로는 모든 의도되지 않고 예상치 못한 행위라고 말하지만 그 정도, 기준은 무엇인가? 그것은 나의 판단, 확신에 의해서인가 혹은 타인에 의해서인가 하는 의문들을 만들어 낸다. 누가 확인하고 어떻게 증명할 것인가? 결코 간단히 대답될 수 있는 문제는 아니다.

체계적 관점에서는 무의식의 재현물이나 충동 또는 본능의 관념적 표상체(박찬부, 1999)라는 개념을 무의식에의 기록, 등록의 개념과 연결시켜 무의식의 생성문제를 다루면서, 그것이 어떠한 과정 혹은 작업을 거쳐서 상징적으로 변형 · 재현되어 나아가는가를 설명하고 있다. "프로이트에 의하면 본능은 결코 의식의 대상이 될 수 없고 오직 본능을 표상하는 관념만이 그렇게 될 수 있다고 말한다. 이 말은 무의식계가 동물적 본능이 들끓는 가마솥이 아니라 그것이 인간적 차원을 획득한 세계, 의미와 기호의 세계, 즉 정신적 차원임을 말해 준다."(박찬부, 1999: 16) 즉, 인간의 무의식은 의식과 구조적으로 상동형을 형성하며, 이 두 정신계는 중간에 존재하는 장벽에도 불구하고 적당한 조건이 충족되면 서로 접촉하고 교통할 수 있다는 것을 의미한다.

여기서 문제가 되는 것은 무의식의 생성적 측면이다. 무의식은 본능을 떠나서는 존재할 수 없다는 의미이기 때문이다. 주체의 역사상 어느 원초적 시점에서 본능이 어떤 관념이나 생각과 만나 본능의 관념적 표상체를 형성하고(박찬부, 1999: 19), 그것은 정신계의 하부 조직에 기호적으로 인각되고 고착되어 영구 보존된다는 것이다. 한마디로 주체의 생애를 통해 외형상의 변화는 겪을지언정 그 핵심 구조는 불변의 상태로 지속된다는 것이다.

따라서 인간은 일평생을 무의식적 본능에 의해 꼼짝달싹할 수 없는 존재다. 이에 윤리적 관점에서 무의식을 정의하면서 그것을 욕망이라고 하면(나지오, 이유섭 외 역, 1999: 35), 근본적이고 최고선의 가치를 부여하는 윤리로서의 욕망은 항상 근친상간에 대한 욕망이기에 인간은 일평생 근친상간적 욕망에 사로잡힌 존재가 되는 것이다. 그리고 그것은 역동적 관점에 의하면 원초적 억압에 의해서 의식계로의 진입이 부정되고 그와 더불어 고착화가 이루어지면서 불변의 형태로 평생 지속해 나아간다는 것이다.

그야말로 인간 무의식을 규정했다기보다는 인간의 정신계, 나아가서는 인간 자체를 정의하고 결정짓는 대단한 가설이 아닐 수 없다. 결코 채워질 수도 해결될 수도 없는 본능, 불가능한 욕망, 그리고 그 어떤 경우에도 활동적이고 다함이 없는 무의식에 의해 포획된 숙명의 존재가 바로 인간일 수밖에 없다는 논리다. 또한 여기서 프로이트적 충동이란 돌출적인 것 또는 충동적인 것이라기보다는 인간이 그것에 굴복할 수밖에 없는, 우리 몸으로부터 도출되는 일종의 불가항력적 압력의 성격의 것으로 이해되어야 한다(이종영, 1988).

소위 자아심리학에 반대하면서 프로이트에게로 되돌아가야 한다고 주장했던 라캉의 무의식에 대한 정의 또한 그러한 불가항력성을 더욱 강조한다. 그 하나는 역시 욕망을 통해서이고 또 하나는 타자의 개념을 통해서다. 라캉은 일차적으로 무의식은 공언할 수 없고 공언되지 않은 소원들이나 욕망에 뿌리를 두고 있다고 말한다(맥커넬, 박찬부 외 역, 1997: 696). 그는 "욕망은 인간의 본질이다."라고 주장하는 스피노자를 따른다. 그리고 라캉의 사고의 중심이라고 할 수 있는 무의식적 욕망은 전적으로 성적인 것으로 환원된다. "무의식의 동기들은…… 성적인 욕망으로 제한된다." 뿐만 아니라 비록 무의식이 무의식의 형성물(증상, 농담, 실수 등)에 현시될 수 있다 하더라도 "무의식은 우리의 어떤 행동도 그의 영역 밖에 남겨 두지 않는다."(에반스, 김종주 외 역, 1998: 279).

아울러 라캉은 "무의식은 단순히 억압된 것과 동등화할 수 없으며, 원초적인 것도 본능적인 것도 아니며, 언어와 같이 구조화되어 있다."고 주장한다. 왜냐하면 우리가 무의식을 파악할 수 있는 것은 무의식이 말로 표현되어 설명될 때뿐이기 때문이라는 것이다. 따라서 '무의식은 언어, 상징계의 기능으로써 구조화되어 있기에' 인간 내면적인 것이 아니다. 그와 반대로 말과 언어는 주체 상호적인 현상이므로 무의식은 초개인적(transindividual)이다. 다시 말해서, 무의식은 외면적인 것이다. '무의식은 대타자의 담론' 이라는 것이다(에반스, 1996: 128).

그리고 그러한 무의식의 타자성은 욕망이론에서 더욱 강조된다. "인간의 욕망은 대타자의 욕망이다."(에반스, 1996: 282). 즉, 주체는 다른 사람의 관점에서 욕망하는 것이다. 욕망은 처음부터 대타자의 영역, 즉 무의식에서 출현한다. 그렇다면 근본적인 욕망은 원초적 대타자인 어머니를 향한 근친상간적인 욕망이 된다.

요약하면, 프로이트 및 라캉식의 무의식 정의는 근친상간적 욕망, 타자성 그리고 불가항력적인 힘의 의미를 중심으로 구성되어 있다고 볼 수 있다. 직접적으로 혹은 실증적 · 과학적으로 논증하고 증거를 제시할 수는 없지만(결코 직접적으로 관찰되지 않고 분석가에 의해서만 추론될 수 있지만), 라캉은 "정신분석학은 과학이 아니다."라는 명제로 정식화하고 정신분석학을 과학적 담론이 아닌 '주체분석학' '철학적 담론'으로 철저히 재구성한 것이다(홍준기, 1999: 185).

다시 말해서, 무의식은 과학적으로 규명될 수 있고 자명한 논리로 정의될 수 있는 개념이 아니라는 것이다. 인간을 수많은 시각과 개념으로 정의하고자 할 때 그 어떤 시각도 전체의 일부만을 논할 수 있을 뿐인 것처럼, 무의식 또한 그것 혹은 무의식으로 명명하고 담론화할 수 있을 뿐이라는 의미다(그리고 프로이트와 라캉의 무의식에 대한 담론은 여전히 중심 담론임을 부정할 수 없다.).

무의식에 대한 사이코드라마적 시각은 어떠한가? 앞에서도 언급하였지만, 모레노는 프로이트의 정의를 그대로 따르는 듯하면서도 정신분석에 대항해서 정신행위(드라마)를 논하듯 무의식에 대한 개념 역시 하위 현실(infrareality, 언어에 의한 분석 상황)이라는 맥락과 같이한다. 즉, 그는 무의식이 인간의 공통분모 중에서 최하위(lowest common denominator)이며 자발성과 창조성이 최상의 공분모(highest)라고 정의 내린다. 무의식이란 워밍업 과정의 부산물로서 활성화될 수 있다는 것이다(모레노, 1977).

정신분석이란 근본적으로 삶이란 불행한 것(calamity)으로 보는 여타의 경향과 맥을 같이하기에 성을 자발성과 연계시켜 생각하기보다는 불안, 위험한 것, 욕구 좌절 등과 연계시키는, 한마디로 프로이트의 체계라는 것은 부정적인 것(the negative) 그리고 부정(negation)한 방향으로 기울어져 있다고 본다. 정상보다는 병리에 치우치고 인간을 서 있는, 위에서, 머리부터 보는 시각이 아니라 밑에서부터, 성기관에서부터 바라보는 시각이라는 것이다.

문제는 모레노가 개인 '무의식'을 보다 구체적으로 언급하지 않았다는 것이다. 뿐만 아니라 그는 프로이트의 전의식, 무의식의 구별이 불명확하다고 지적하고 가장 높은 의식으로부터 가장 낮은 의식 사이에는 많은 중간 단계(intermediary) 혹은 변환 단계(transitional stages)가 있을 수 있다고 하면서도 중간 단계가 구체적으로 무엇을 의미하는지는 설명하지 않았다.

역설적이게도 모레노는 공동 무의식(co-unconscious)이라는 용어를 만들어 낸다. 공동 무의식은 2인 혹은 3인 무의식(dyadic or tradic unconscious)과 같이 여러 개인들의 무의식 사이에 상호 연결(결합되는)되는 보다 깊은 현실(deeper reality)로 정의된다(모레노, 1975: 48). 그리고 이때 비로소 프로이트의 무의식 가설은 한 개인의 정신세계에서라면 유의미하다고 인정한다. 그것은 마치 융이 말하는 집단 무의식을 인정하는 것처럼 보이면서도 "인간의 구체적인 삶에 그러한 집단성(collectivities)을 적용하지 않았으며 인간 삶의 딜레마를 해결하는 데 도움을 주지 못했다."고 지적하는 것과 같은 맥락이다.

결국 모레노는 그의 전 관심사가 인간 집단의 구체적인 삶과 행위에 있었기에 논리적이고 때로는 추상 · 상징적이기까지 한 무의식 이론은 자신의 자발성 이론보다 낮은 단계의 이론으로 간주하였다고 생각할 수 있다.

실제로 인간의 행위에 대한 관심과 연구가 그 행위를 있게 하는, 인간의 탄생과 죽음, 나아가 우주 만물에까지 확대되는 변화, 운동에 초점을 맞추고, 따라서 그 근원적인 힘으로서 자발성과 창조성에 의미를 부여하는 행위자라면 개개인의 행위의 이면을 의심의 눈으로 바라보아야 할 이유는 없었을 것이다. 그에게는 개인의 무의식 개념이 그렇게 유의미하고 중요한 개념이 될 수 없었을 것이라는 의미다.

그렇다면 사이코드라마에서는 무의식론 자체가 무의미한 것인가? 프로이트적 개념만으로 개인의 무의식 문제는 해결될 수 있는가? 공동 무의식이 논의되기 위해서는 개인 무의식도 논의되어야 하지 않겠는가? 이제 그러한 점에서 의식, 신체, 언어 그리고 시간의 개념을 통해 무의식을 살펴봄으로써 최종적으로 사이코드라마적 무의식에 대한 논의의 발판을 마련해 보고자 한다.

(2) 의식과의 관계

무의식 개념의 오랜 역사를 소개하는 장에서(홍준기, 1999: 38), 무의식을 지칭하는 일종의 부정대명사인 'Es(그것)'이란 용어는 프로이트가 그로덱(G. Groddeck)에게서 빌려왔고 그로덱은 그것을 니체에게서 차용했다고 언급한다(무의식의 다른 표현으로 정착된 'id'라는 용어는 독일어 Es의 영어번역이다.). 니체는 "생각은 내가 원할 때가 아니라 그것이 원할 때 온다."고 말하면서, 데카르트의 '나는 생각한다.'를 '그것이 생각한다.'로 대치하여 의식 저편으로부터 오는 통제할 수 없는 3인칭적인 사고가 존재한다는 것을 지적했다. 즉, '나는 생각한다. 고로 나는 존재한다.'에서 내가 생각하고 있다고 생각하는 또 하나의 나, 나를 느끼고 보고 있는 또 하나의 필연적인 나를 상정하고서, 처음에 '나는 생각한다.'고 하는 의식 주체 혹은 나라고 하는 자아개념을 의문시하는 것이다. 니체식으로 이야기하면 "의식이란 인간 기관 가운데 맨 마지막에 발달하므로 가장 비완성적이고 가장 무기력한 것"(한자경, 1995: 151)이 된다. 다시 말해, 인간의 깊은 내면에서 우선적이고 근원적으로 발생하는 것은 의식이 아니라 오히려 상이하고 서로 모순되는 웃음, 원망, 실망 등 의지의 충동들이라는 것이다.

니체에 의하면(한자경, 1995: 153), "의식적 사고는 오직 단어, 즉 전달기호로서만 성립하며, 언어의 발달과 의식의 발달은 함께 간다." 니체에게 의식은 언어적 파악을 의미한다. 여기서 언어란 개별적인 강함, 힘 내지 충동들을 비본질적인 것으로 간주하며 오직 일반화된 (의사 전달 가능성에 따른) 언어의 개념 아래 포착될 수 있는 것만을 참된 것으로 인정한다.

다시 앞으로 돌아가자. 퀴헨호프(J. Küchenhoff; 홍준기, 1999: 42)의 "그것들이 생각한다."에서 그것은 맹목적인 충동이나 동력이 아닌 언어 작용의 결과다. 따라서 무의식적으로 인간을 지배하는 것은 문법(민족마다의 공통된 문법-선악을 넘어서) 또는 언어 작용임을 간파하였고, 이에 니체는 그것을 소문자 es로 쓰면서 결코 '그것'을 실체로 간주해서는 안 된다는 점을 분명히 하였다. 그러나 프로이트는 그것을 대문자 Es로 표기하고 이에 그것이 실체적 용법으로 사용되었다고 추측할 수 있는 많은 용례를 남긴다.

물론 라캉식으로 무의식은 과학적으로 탐구될 수 있는 어떤 실체는 아니다(홍준기, 1999: 130). 모든 것을 결정하는 숨어 있는 동인이라는 식의 실체주의적 융의 무의식 개념도 아니다. 무의식의 존재를 자연과학적으로 증명하는 것은 원칙상 불가능한 일이다. 오히려 무의식은 불가능한 것으로 자신을 제시함으로써만 유지될 수 있는 지식을 지칭하는 은유다.

무의식은 의식되지 않는 것의 총체도, 행동을 미리 결정하는 숨겨진 실체적 근원도 아니다(홍준기, 1999: 140). 주체가 통제할 수 없고, 보지도 알지도 못하고, 의식적 담론이 통제할 수 없고, 숨겨짐 속에 드러나며 드러나는 순간 은폐되고, 실체적으로 규정될 수 없으며 오직 추후적으로만 재구성될 수 있는 의식의 선험적 조건이자 의식적 담론을 구성하는 선험적 원리다. 즉, 라캉의 무의식은 실체가 아니며 언어처럼 구조화되어 있다. 그것은 이미 우리가 태어나기 이전에 선험적으로 주어져 있는 것이며 의식 이전부터 언어적으로 짜여서, 타자들에 의한 타자의 담론으로 주어져 있다.

따라서 주체 역시 실체가 아니다(P. Widmer, 홍준기 외 역, 2009). 그것은 무엇인가에 의해 대리되어야 할 속성을 가지고 있기 때문이고 라캉의 주체는 무의식의 주체이기 때문이다(D. Evans, 김종주 외 역, 1998). 그래서 그가 "내가 존재하는 곳에서 나는 사고하지 않으며 내가 사고하는 곳에서 나는 존재하지 않는다."고 말할 수 있는 것이다.

여기 내가 있다. 모든 사고를 중지한 채 존재해 있다. 내가 어느 한순간, 사고를 하게 되는 순간, 내 존재는 사라진다. 내가 존재하기 위해서는 사고, 생각, 언어를 사용해서는 안 된다. 비록 내가 그 어떤 사고를 한다할지라도 그것은 나에 의한 사고가 아니라 내가 모르고, 내가 결코 알 수 없는 무의식이라는 그 어떤 것에 의한 사고일 뿐이요, 이 때의 그 무의식이라 하는 것도 나의 존재에 의한, 나의 어떤 것이라고 판단할 수 있는 것은 아무것도 없다. 결국 내가 사고를 하든 사고를 하지 않고 무의식 상태에 내맡겨진 채 있든 간에 논리적으로는 나는 '나'가 아닌 존재가 되어 버리고 만다. 나는 근본적으로 나의 결여상태, 나라고 하는 주체의 분열, 균열, 빈틈으로 존재하는 존재다.

끝없는 의미의 연쇄 속에서 결코 채워질 수 없는 욕망의 늪에 빠져 있는 존재, 그래서 언어활동 없이는 타인도, 나도, 나에 대한 인식도, 존재까지도 불가능한 존재, 나아가 언어에도 완전히 담겨지지 않고 결코 알 수 없는 미지의 실재계 밖을 떠도는 존재가 인간인 것이다.

지극히 모순되는 경향 같지만 정신분석은 바로 그 텅빈, 결여된 주체와 무의식적 욕망을 다루기 위해서 의식과 언어에 다시 의존하게 된다. 그것은 소위 분석가와 피분석가의 상호 주관적인 꽉 찬 말을 통해서(김형효, 1989: 297) 이루어진다. 즉, 네 가지 정신분석 행위라고 부르는 시각적 청취, 해석, 침묵 그리고 설명을 통해서(김종주, 1999: 143) 진행된다. 분석의 시작은 피분석자의 치료에 대한 욕망에 의해서가 아니라 분석가의 욕망에 의해서 이루어지는데, 그러한 분석가의 순수한 욕망은 분석 작업이 완료된 후에도 피분석가가 계속해서 분석해 나가도록 자신의 욕망을 항상 표현해야만 한다는 것이다.

그리고 라캉의 표현을 빌리자면(김종주 역, 1999: 149) 분석의 종결은 주체의 무의식이 새로운 상태가 되는, 바로 무의식의 체험이 덧붙여진 무의식이 되는 때 이루어진다. 이를 나지오는 "불안의 시련이 덧붙여진 무의식"이라고 고쳐 불렀다고 한다. 이러한 무의식은 고통스러운 통과를 거침으로써 훨씬 유연한 무의식이 되고 무의식적인 자기지각을 수행하는 능력에 있어서 융통성이 더 많아진 무의식이 된다는 것이다.

정말 대단한 논리의 전개요 무의식의 담론이지 않은가? 나는 내가 아니다. 내 속에는 타인이 들어 있다. 내 무의식도 욕망도 타인이 가르쳐 주고 주입시켜 준 것일 뿐 나는 내가 아닌 것이다. 나는 헛것인 것이다. 진정한 나는 도달 불가능한 실재계에서 어쩌다 한순간 반짝일 뿐 나는 허상이다. 그러니 그러한 나 자신을, 무의식을 느껴 보고 알려거든 전문가, 분석가, 나보다 더 많이 알고 있는 큰 사람을 정기적으로 찾아가 봐야 한다는 의미가 아니겠는가?

물론 라캉은 훌륭한 정신분석가다. 라캉의 삶은 기존의 큰 타자를 끝없이 벗어나고자 시도했으며, 그는 욕망하는 인간 주체라는 희비극을 하나의 텍스트로 삼아 방대한 저작을 남겼다(슈나이더맨, 허경 역, 1997). 그리고 "그가 가장 두려워하는 것은 정신분석이 올바른 것, 완성되어 완벽한 것, 자급자족적인 것, 또는 정반대로 전혀 알 수 없는 것 따위로 그 존재가 굳어지는 것이었다."라는 평가처럼(보위, 이종인 역, 1999: 287), 그는 결코 하나의 틀, 체제에 안주하지 않았다. 이러한 그의 자세는 창조적 행위자로서의 일면을 보여 주고 있다고 할 수 있을 것이다.

나아가 라캉은 한 명의 구도자 혹은 선문답자처럼 보이기도 한다. 그의 쫓아가기 힘들 만큼의 휘황찬란한 언사들, 논리들, 개념들은 그를 신비화시키기에 족할 만큼 우리를 주체, 분열, 무의식, 빈틈, 불가능성의 세계로 몰아세운다. 열락(주이상스)과 죽음이 있고 근원적인 인간의 덧없음이 있다. 결코 채워질 수 없는 환유와 은유의 연쇄 속에서 미끄러지고 모든 욕망은 죽음의 욕망을 향해 있음으로 인해 우리는 도를 닦아야만 하는가? 융통성 있는 무의식을 위해서 평생을 분석받고 분석해 나아가야 하는가? (그럴 바에는 차라리 상상계 속의 종교에 귀의해 작은 위안이라도 받는 게 낳지 않겠는가 하고 말하고 싶어질 정도다.)

이론 자체가 잘못되어 있다고 말하는 것이 아니다. 누구나 자신의 의견을 주장할 수 있기 때문이다. 문제는 그러한 철학적 담론과 실제 우리의 현실-삶과의 거리 및 괴리다(이론과 실천은 다르다.). 한마디로 말해서 그러한 논리를 입증할 만한 사례들을 내놓아 보라고 말하고 싶은 것이다. 반드시 그러한 분석가라는 타자가 있어야만 하는가 묻고 싶은 것이다.

사이코드라마에서는 의식을 불신하지 않는다. 그렇다고 삶과 존재를 의심하고 근원적 진리를 찾고자 책상 앞에 앉아 스스로 믿지 못하는 도구로서의 의식, 논리, 언어로 이상적인 체계를 꿈꾸지도 않는다. 불완전하고 일관성이 결여된 존재라고 할지라도 매 순간 드러내고 행위하면서 절대적인 긍정 속에서 살아가고자 하기 때문이다.

따라서 사이코드라마의 세계에서 무의식은 의식과 동떨어진, 의식으로는 결코 가 닿을 수 없는 비밀스러운 세계가 아니다. 쉽게 빛이 닿지 않는 심연과 같이 그 어떤 전문가에 의해서만 빛이 비추어지는 세계도 아니다. 그렇다고 모레노가 생각한 바와 같이 혼란되고 무질서한 어둠의 세계만은 아니다.

또한 자발성/창조성과 비교해서 최상의 혹은 최하의 용어로 규정지을 수 있는 개념도 아니다. 그것들은 평가, 정의하는 심급이 다르며 그 근본부터도 서로 다르다. 자발성의 근원은 인간을 넘어 모든 생명체, 나아가 우주의 생성과 소멸을 이끄는 힘에 두고 있다. 만물의 유전, 생성 및 변화의 근원적인 힘으로서 자발성은 인간에게 존재-삶 자체의 가장 근본적인 힘으로 작용한다. 그러나 무의식은 그러한 근원적인 힘이 아니다. 물론 무의식은 의식, 행동을 유발하는 숨겨진 동인도 아니다. 본능의 수원지, 욕망의 근원지, 모든 상상력의 창고도 아니다. 무의식만이 소위 말하는 실수, 망각, 농담, 꿈의 원인, 재료가 되는 것은 아니다.

무의식은 우리가 쉽게 재생해 내기 어려운 일종의 기억 혹은 지식으로 정의할 수도 있다. 쉽게 재생이 안 된다는 의미는 의지 작용이 가 닿지 않고 독자적인 체계하에서 작용하고 있다는 의미다. 그러나 라캉이 말하는 기표들의 상징적 역사로서의 기억 혹은 지식은 아니다. 무의식은 역사의 창고가 아니다. 그것을 연결된 역사책으로 간주하는 것은 어디까지나 의식계의 경향성 때문이다.

무의식에는 시간 개념이 없다. 선과 후, 과거와 더 먼 과거 등의 시간적 배치나 그것들의 인과적 연쇄도 없다. 따라서 구강기, 남근기 등 확연한 시간적 구분도 무의미하다. 발달사적으로 어느 시기가 더 중요하고 덜 중요하다는 비교의식도, 실제와 환상이나 선악의 구분도 되어 있지 않다. 그것은 마치 같은 계열의 정보가 서로 연결되고 모아져 입력되고 출력되듯이 자체의 논리 구조를 가지고 있을 뿐이다. 따라서 최초의 대상, 최초의 욕망, 최초의 억압 등의 용어는 부적절해진다. 비록 최초의 경험들이 존재한다고 해도 그것이 나중에 오는 정보들보다 더 유의미하다거나 더 강렬하게 작용한다는 것은 의식계의 논리일 뿐이다.

모레노에 의하면 인간발달론상 처음에는 의식-무의식, 현실-환상의 구분이 없다. 이 시기에는 기억 자체가 없다. 모든 것이 행위 자체로 그대로 드러나기에 무의식도 꿈도 없다. 행위가 감소하고 현실계가 스며들어 오면서 환상과 현실이 나누어지기 시작하고, 그로부터 무의식적 요인들이 생성 · 입력되고 무의식이 발생한다.

그것들은 움직인다. 정체되지 않는다. 그것들은 자연발생적으로 드러나고 표현되고 행위화되기를 소망한다. 더불어 다른 채널 혹은 회로에 함께 입력된 동류의 정서 및 욕망의 정도에 따라 더욱 활성화되기도 한다. 여기서 욕망이란 신체, 오감을 통해 지향성을 띠게 된 자발성으로 정의된다. 자발성이 비지향적인 존재 자체의 스스로의 변화 · 생성 · 발전의 힘이라면, 욕망은 인간이라는 육신을 지닌 존재의 필요성(생존, 번식 등)에 의해 대상(추상과 구체)지향성을 획득하게 된 힘이다.

따라서 입력은 단순한 시청각적인 자료의 입력이 아니라 다양한 정서와 욕망의 채널 통과한 혹은 동시에 입력된 자료들로 이루어진다. 비유적으로 말해서, 기화체로 존재하는 자발성의 일부가 우리의 신체 내에서 액화체라고 하는 욕망으로 변화되고, 그것은 다양한 정서를 머금은 상태로 끊임없는 흐름을 이루면서 의식과 무의식의 경계를 넘나든다.

그러한 무의식의 자료들은 의식계에 순간의 양식으로 드러난다. 인간의 내적-신체적, 의식적 조건뿐만 아니라 외적, 환경적 조건에 따라 그 드러남은 달라진다. 라캉은 무의식이 반복과 욕망의 법칙을 따른다고 하였지만, 여기서의 무의식은 그러한 일정한 법칙에 의해서가 아니고 그 자체의 힘, 드러나고 행위로 표현되고자 하는 에너지의 법칙만을 따를 뿐이다. 그러나 일종의 힘의 법칙이기에 상황과 조건에 따른 강약의 법칙이 있을 수 있다.

따라서 모든 인간의 무의식 세계가 동일한 원칙을 따른다거나 근원적으로 똑같은 역사-시간적 발달 단계에 의한 욕망의 형성뿐만 아니라 무의식 세계에 대한 일률적인 해명 및 법칙의 설정이 무의미해진다. 여기서의 무의식 개념은 욕망(인간화된) 개념 혹은 인간적 의식 개념과는 다른 자체의 구조-논리에 따라 스스로 작동하기 때문이다.

(3) 신체와의 관계

라캉이 논하는 무의식 속에는 그 어떤 것도 우리의 신체와 조화를 이룰 수 있는 것은 없다(라이트, 권택영 역, 1989: 149). 언어 없이는 성(gender)도 성 지향적인 욕망조차 존재하지 않기 때문이다. 라캉에게 인간의 탄생이란 '특이한 미숙성의 출생' 이기에, 조각난 몸의 이미지들로부터 시작되는 거울 단계는 어디까지나 상상적인 자아, 소외된 운명을 낳을 수밖에 없다(벤베누토, 김종주 역, 1999: 65). 인간 유아의 신체라는 것이 최초부터 미숙하고 타자에 의존할 수밖에 없으며 타자의 양육이 생존에 필수적일 수밖에 없는 존재이기 때문이다.

그러나 이러한 시각의 밑바탕에는 여전히 서구적 합리성의 기준인 조화, 균형 및 독립된 개체-주체라는 사고 패턴이 자리 잡고 있음을 볼 수 있다. 그것은 조각나고 부분적으로는 완성된 게슈탈트, 전체적으로는 아직 낮은 차원 혹은 합해져야 할 완전성의 전단계일 수밖에 없다는 시각이다. 따라서 그러한 고정관념하에서는 심장, 눈, 손발 하나하나가 전체와의 균형 속에서 의미가 있을 뿐 그 자체, 부분으로는 기능상이건 형태상이건 불완전한 것이 될 수밖에 없다.

뿐만 아니라 타자에 대한 의존은 무조건 미숙의 기준이 된다. 공생의 관계라든가 유아의 시각에서 세상을 바라보는 것은 있을 수 없으며 어디까지나 성인은 곧 성숙이라고 하는 획일적 시각 일변도의 판단과 평가다. 그것은 스스로 싹을 틔우고 자라는 어린 식물, 낳자마자 부모의 도움을 필요로 하지 않는 동물을 성숙하다고 이야기하는 것과 같다. 반대로 누군가의 도움을 필요로 하고 스스로의 힘으로 일어설 수 없는 존재는 미숙한 존재가 되는 것이다(그래서 인간은 신의 아이가 되고자 하는가?).

만약 아이의 시각에서 성인을 평가한다면 어떻게 될까? 타고난 자발성의 양, 사랑의 능력, 상상력 등을 기준으로 성인을 측정한다고 할 경우 그 결과는 어떻게 나올까? 한마디로 인간은 너무나도 많은 타고난 능력을 고갈시켜 버렸다고 말할까?

들뢰즈와 가타리의 무의식 개념(김필호, 1997: 61)은 신체적 무의식으로 불릴 수 있다고 말해진다. 그들은 무의식을 표상으로 환원하는 초기의 프로이트와 라캉의 관념을 거부하면서 무의식은 정신적, 심리적 영역에 국한되어 있는 것이 아니라 신체와 관련되어 있는 만큼 현실적이며 물질적인 것이라고 본다.

그들은 신체의 변화를, 특히 의식에 포착되지 않는 미시적이고 부수적이며 총체화되지 않는 운동들을 무의식적인 것으로 간주한다. 이런 무의식의 구성요소들은 사회적인 것, 생물학적인 것, 심지어 미시물리적, 미생물학적인 것까지도 포함하여 현실적인 것의 모든 요소들을 아우른다. 이를 분자적 무의식이라고 명명한다. 분자적 무의식은 그 본성상 어떤 고정된 질서, 예컨대 표상체계나 생물학적 본능에 구속되어 있지 않다. 무의식에 질서가 있다면 그것은 오직 생산이다. 무의식은 능동적이고 긍정적인 신체적인 힘이요, 상황을 개척하고 형식을 창조하며 부여하는 변형의 힘과 의지라고 역설한다.

따라서 그들의 욕망이론 역시 '욕망은 신체적이다.'로 요약된다. 욕망은 입과 가슴 등 일차적으로 신체에 작용하기 때문이다(김필호, 1997: 64). 자크 모노(J. Monod)의 "생물은 자기 자신을 만들고 재생하는 화학적 기계다."라는 말로부터 '욕망은 또한 기계적이다.'고 선언한다. 욕망은 우리 몸의 수많은 기관들을 기계적으로 작동시켜 다양한 정동, 신체 상태들을 생산해 내기 때문이다. 들뢰즈에게 욕망이란 묶여 있지 않고 자유로이 떠다니는 에너지요(보그, 이정우 역, 1995: 147), 금기가 없고 정체성이라든가 신체적 이미지와 무관하며 언어표현이나 해석에도 독립적인 것으로 본질적으로는 무의식적이다.

여기서 들뢰즈나 가타리의 욕망이 근본적으로 무의식적이라는 개념은 라캉과 유사한 시각이다. 프로이트는 최초의 만족 체험의 지각을 다시 경험하려는 심리적 움직임이며, 라캉에게는 욕망이란 대상에 이끌리는 마음속 운동으로서의 심리적인 실재이기 때문이다(이종영, 1988: 111). 라캉에게는 그 어떤 하나의 말, 글도 영원히 완성될 수 없고 그 어떤 사랑도 현존도 절대로 완벽할 수 없는 존재의 결여, 충족되지 않는 잔여, 인간의 원초적 결핍, 바로 그곳에 욕망이 작동한다(비트머, 홍준기 외 역, 2009: 61). 따라서 정신분석이란 인간 행위의 숨겨진 의미, 해독되어야 할 의미로서의 욕망을 탐구하는 것이 된다(이종영, 1988).

그러나 라이히(허재영, 1997)의 무엇인가 하도록 하는 긍정적인 힘이요 주체에 내재하는 상징적인 힘으로서의 욕망의 개념과 유사하게 들뢰즈, 가타리에게 욕망이란 애초부터 존재하고 재현보다 앞서는 리비도의 흐름으로서의 욕망이다(라이트, 권택영 역, 1989: 217). 그렇기에 욕망의 문제는 말이나 행동의 (숨겨진) 의미를 캐내기보다는 욕망 자체가 어떻게 움직이고 있는가에 초점을 맞춘다. 그래서 치료란 주체를 구성하는 능동적인 힘으로서의 욕망을 다양한 사회관계하에서 원활하게 흐를 수 있도록 하는 일이 된다(허재영, 1997: 138). 외부 현실 세계의 다양성, 그 가능성의 세계에 욕망이 어떻게, 어떤 방향으로 나아가고 뻗어 나가는가 하는, 의미의 문제가 아닌 오로지 사용에 관한 문제이기 때문이다.

본질적으로 무의식적인 욕망이란 관점에서는 라캉과 들뢰즈, 가타리가 같은 입장이지만, 욕망의 생성문제, 즉 결핍에 의한 욕망이냐 아니냐 그리고 신체적 욕망 혹은 심리적 실재냐 하는 면에서는 상호 대립되는 견해를 보이고 있다. 언어 습득 이전에는 무의식이 존재하지 않는다는 라캉과는 달리, 언어 습득 이전의 경험이 존재한다는 들뢰즈와 가타리는 바로 그러한 사회규정에 종속되지 않고(라이트, 1989: 216) 육체 안에서 생산되는 무의식을 강조함으로써 "무의식은 고아다."라고 주장하는 것이다.

그 의미는 욕망을 해방시키고 억압에 대한 저항을 부추기며 감각적인 영역을 무의식적으로 주입시킨 언어 습득 이전의 경험을 되찾고자 하는 데 있다(라이트, 1989: 222). 어린 시절 부모에 의해서 형성되는 영역이 아니라 바로 그 어린 시절의 구속 없는 동네를 잊지 않고 있는 것이다. 그것은 마치 니체가 말하는 어린이, 자유로운 긍정의 정신을 연상시킨다. 삶의 의미를 묻고 되묻고 해서 결국은 삶과는 다른 별도의 의미를 만들어 내놓고 그것에 삶을 종속시키는 것이 아니라 오히려 삶을 그 자체의 목적으로 받아들이려는 니체적 정신(한자경, 1995: 103)은 의미, 이론, 문화 논리 등의 온갖 잡다한 언어-개념적 통속에 억지로 삶을 끌어넣으려는 고매한 경향과는 반대되는 자세가 아니겠는가?

니체에게 "신체란 모든 정신적 발달에 있어서 유일한 요인이 된다."(들뢰즈, 신범순 외 역, 1993). 그것은 의식적 사고보다 더 깊고 더 근원적인 자아로서의 신체다. "신체란 일종의 대이성(大理性)이다. 이 신체의 도구가 바로 인간이 정신이라고 부르는 소이성(小理性)이다. 우리는 의식(정신)에 대해서 '나'라고 칭하지만 그 위대한 것인 큰 이성은 스스로를 나라고 부르지 않으며 단지 나로서 행위할 뿐이다."(한자경, 1995: 163)

그래서 "나는 육체와 정신이다. 아이들은 이렇게 말한다. 그런데 어찌하여 우리는 아이들처럼 말해서는 안 되는가?" 하고 니체(김태현 역, 1982a: 224)는 묻는다.

사이코드라마가 언어가 아닌 행위, 의미가 아닌 드러냄, 자발적인 움직임에서 시작되고, 아이들의 시각에서 그 근원적 자연발생적인 힘으로부터 출발한 것은 우연이 아니다. 부정적, 병리학적 시각이 아니라 절대적 긍정, 삶에 대한 모든 것의 수용, 바로 그곳에서 살아 있는 신체, 행위 자체로부터 창조를 시작하는 근거가 다른 데 있는 것이 아니고 바로 위와 같은 탈근대적 사고양식에서 출발하였기 때문이다.

이와 같이 무의식과 신체의 중요성은 프로이트 시대 당시의 엄격했던 분위기 속에서도 자신을 드러냈던 페렌치에 의해서도 강조되고 있는데(디스, 이유섭 외 역, 1999: 38), 그는 "분석은 행위를 회상으로 대체하는 데 성공할 때 승리를 얻은 것이라고 우리에게 가르친 프로이트는 분명 옳았다. 그러나 나는 다음에 회상으로 변형될 수 있는 신체적 행위를 불러일으키는 것에도 마찬가지의 장점이 있다고 생각한다."고 말한다. 당시의 시대적 분위기로 보아서 대단한 발상이지 않은가?

사이코드라마는 주체로서, 삶의 주인공으로서의 행위 그 자체다. 내가 행위하는 것이 아니라 행위하고 있는 순간, 말하고 행위하고 창조하는 그 순간 속에 내가 존재하는 것이다. 그것은 의식에서 시작돼서 무의식 세계로, 무의식에서 시작해서 의식 세계로 나아간다. 의도적으로 그렇게 하는 것이 아니라 그 자체, 과정이 무의식적이요, 결과를 예상함이 없고 결과를 두려워하지 않으며 그 어떤 의미, 논리에도 자신을 합리화시키지 않고 용기 있게 스스로를 내던지는 행위다. 그것은 곧 신체화된 감정, 신체화된 기억, 신체화된 감각, 몸으로 느끼는 힘, 에너지를 통해서 몸이 말하고 느끼고 드러내는 욕망, 무의식 그리고 자발성의 세계다.

그러나 우리는 아직도 의식, 언어, 의미 등에 익숙해 있기에 모든 것을 유의미한 언어체계로 번역, 해석, 입력하지 않고서는 무의미한 것으로 간주해 버리는, 버리기 어려운 치명적인 약점을 지니고 있다. 그렇기에 바로 그러한 몸의 행위, 드러남, 그 중요성에 대해서는 잘 알지 못하고 있다고 말할 수 있다.

그 예가 비언어적 의사소통 행위다. 라캉은 클라인의 정신분석과 같이 비언어적 의사소통을 강조하는 경향에 대해 비판한다(에반스, 김종주 외 역, 1998: 244). 그 이유는 우선 인간의 모든 의사소통이 언어 구조 안에 새기게 된다는 것이다. 몸짓언어조차도 그 용어가 암시하는 것처럼 근본적으로 언어의 한 형태로서 그와 같은 구조적 특징을 가진다.

일리가 있는 지적이다. 그 어떤 신체적 드러냄, 행위도 그것을 이해하기 위해서는 언어체계의 도움을 받아야 하기 때문이다. 라캉이 말하는 기표 아래 미끄러지는 기의, 그 어떤 기표도 기의를 충족시킬 수 없는 끝없는 의미의 연쇄화 속에 갇힌 주체의 시각에서는 분명히 그렇게 해석할 수가 있다. 신체행위, 비언어적 행위를 의사소통으로, 이해가능하고 또 이해하지 않으면 안 되는 것으로, 나아가 이해할 수 없는 것은 이미 행위도 그 무엇도 아니다라는 원리에 입각해서 논의할 경우에 한해서 그렇다.

과연 그러한가? 무념무상의 상태, 그 어떤 의미도 개념도, 아니 생각 자체도 정지된 상태는 어떻게 설명할 것인가? 그 어떤 단어도 떠올리지 않고 보고 느끼고 냄새 맡을 수 있는, 언어를 넘어선 상태는 불가능하다고 말할 수 있는가? 혹은 다양한 정서상태, 예를 들어 걷잡을 수 없이 어느 한순간에 터져 나오는 오열의 경우, 겉으로 드러나는 그 상태를 해석하고 설명할 수 있을는지는 몰라도 결코 그 어떤 기표로도 올바르게 설명할 수는 없을 것이다. 예기치 못한 순간에 부르르 떨리는 손, 움켜잡은 주먹은 분노인가, 두려움인가, 아픔인가, 슬픔인가, 혹은 단순한 경련인가, 인내심인가? 누가 그 의미를 의사소통 행위로 반드시 규정하고 이해해야만 하는가?

물론 정신분석은 말, 언어, 기표에 백 퍼센트 의존해서 인간의 무의식을 이해해 보고자 부단히 노력하고 있다. 그리고 결국은 인간의 모든 행위의 의미를 무의식 차원에서 이해할 수 있다고 자부한다. 그 어떤 행위도 무의식을 벗어날 수 없다고 믿는 것이다. 그렇지 못한 경우, 이해가 어려운 경우에는 저항의 힘으로 간단히 설명된다. 한마디로 분석이 안 되는 행위는 있을 수 없는 것이다. 과연 그러한가?

라캉에 대한 두 번째 비난의 이유는 정신분석의 목표와 관련된다. 그것은 욕망의 진실을 말과 접합시키는 것이고, 따라서 말이 그 진실에 이르는 유일한 길이라는 원리다.

말하기 이전의 유아에게는 무의식도 없고 또 그들이 미숙한 존재라는 시각이 일단 옳다고 가정해 보자. 언어가 없는 상상계란 미망과 미성숙의 세계이고 상징계에 자리를 물려주어야 할, 그 어떤 대가를 치르고서라도 상징계에 진입해야만 인간 대접을 받을 수 있다고 생각하고 있으니까 말이다. 그런데 욕망은 언어 습득 이전에 형성되는 것이 아닌가? 그런데도 욕망은 무의식이라고 말한다. 어떻게 된 것인가? 모순이 아닐 수 없다. 그럼에도 불구하고 그는 끝없는 언어 유희, 환유와 은유의 연쇄 속에 맴도는 욕망이라고 말하고 있다.

세 번째 비판 이유는 분석가가 가진 유일한 도구가 말이라는 것이다. 한마디로 언어학, 언어이론, 구조적 언어론을 모르고서는 분석가가 될 수 없다는 논리적 귀결이다. 그래서 모든 시선, 표정, 태도, 자세 등 소위 비언어적 의사소통 방식은 언어로 번역할 수 있다는 논리다. 과연 그럴 수 있을까? 그렇다면 이제부터 언어와 무의식의 관계를 살펴보아야 하겠다.

(4) 언어와의 관계

라캉에게의 무의식과 언어의 관계는 앞에서 여러 차례 언급되었다. 그것은 한마디로 구조적인 측면에서 언어 자체가 곧 무의식이라고 이야기할 수 있다. 어린아기는 그 뜻을 알기도 전에 하나의 기표, 언어 체계를 자신의 것으로 받아들이기 시작하면서부터 무의식은 언어처럼 구조화되는 것이다.

그래서 그는 "분석가는 피분석자의 말(기표)의 형식적 특징에 주의를 기울여야 하며 그 내용(기의)에 대한 상상적 이해에 기초한 공감적 태도 쪽으로 빗나가지 말아야 한다."(에반스, 김종주 외 역, 1998: 245)고 강조한다. 즉, 언어의 상징적인 차원은 기표의 차원이고 진짜 말(파롤, speech) 혹은 꽉 찬 말, 의미가 채워진 말이고, 언어의 상상적 차원은 기의의 차원이며 의미 작용(은유와 환유를 거쳐 기의의 착각을 만들어 내는)의 차원이고 텅빈 말의 차원이라는 것이다. 따라서 꽉 찬 말과 텅빈 말은 연속선의 양극단에 위치하고 있고 이 두 극단 사이에 말의 여러 실현양식들이 모두 늘어서 있으며, 정신분석의 목표는 바로 꽉 찬 말들을 명확히 표출시키는 것이라고 본다.

라캉으로서는 당연한 논리적 귀결이다. 왜냐하면 "(거울 단계에서의 그 착각적 통달로 인해) 인간 주체는 일생을 통해서 상상적인 총체성과 통일체를 계속 찾아 나서게 될 터이므로"(벤베누토, 김종주 역, 1999) 상상적인 것, 이미지, 환상 등은 모두가 착각, 오해, 충동이요 자기 소외이기에 타기되어야 하는 것들이다.

좌우가 바뀐 줄도 모르며 거울이 있다는 사실조차도 모르는 자기와 거울상을 혼돈하는 아기, 거울상과 현실을 혼동하는 어리석기 짝이 없는 아기다. 뿐만 아니다. 노예가 전제군주를 동일화하듯, 아기는 어머니를 상상 속에서 동일화하고 어머니의 시선에 조건화된다. 참으로 불쌍하고 구제불능의 어린 아기다. 그러니 그 누군가를 상상적으로 공감해서는 안 되는 것이다. 또 다른 더 큰 소외를 심어주기 때문이다. 삶은 환상이 아니거늘, 우리 모두가 근본적으로 아기 때부터 스스로에게 소외된 존재이거늘 또 다른 착각을 만들어 내서 희희낙락하거나 자족하는 어리석음을 저지르지 말라는 것이다.

정말 지독한 논리이지 않은가? 상대가 말한 의미, 느낌 등은 중요하지 않다. 슬프게 말하건 우울하게 느리게 말하건 그렇게 느끼는 사람도 문제고 그런 느낌을 믿고 공감하는 것도 어리석은 짓이며 착각이요 상상계의 장난이라는 것이다. 중요한 것은 그가 말하고 내뱉은 언어들, 그 구조들, 형식들이며 말더듬, 실수와 같은 틈새현상들이라는 것이다.

"너는 지금 네가 말하고 있다고 믿고 횡설수설하지만, 천만에, 너는 지금 말해지고 있는 거야. 너는 없고 네가 배우고 입력된 기표들만 춤추고 있는 거란 말이야." "그렇지만 네 말 흐름에 있어서 구조, 실언, 그 단어 사용법, 옳지, 그 은유법, 그렇지, 그게 네 욕망의 환유이고……." 그렇기에 난 너의 무의식에 부딪히는 것이다. 난 너의 무의식, 그 욕망을 원하는 사람이니까(물론 완벽하게 다 알고 있는 것은 아니지만, 환상은 깨져나간 후에도 항상 다시 만들어진다는 것을 알고 있는 사람이다.). "말은 욕망에 관한 진실에 접근하는 유일한 수단이다. 말만이 그러한 진실을 여는 열쇠이기 때문이다. 그리고 그것은 의식의 통제를 받지 않는 자유연상이라고 알려진 말이다."(에반스, 김종주 외 역, 1998: 119)

자유연상에서 나온 말은 의식의 통제를 받지 않는 말이 된다는 것이다. 그래서 무의식이 언어처럼 조직되었다는 말이 나온 것은 아니겠지만, 만일 그렇다면 매우 재미있는 현상이 일어날 수도 있다. 예컨대, 자유연상이 3에서 시작해 94에서 끝나고, 8에서 시작해 26에서 끝나고, 또 36에서 시작해, 49에서 끝나고 하는 식으로 자유연상이 매번 달라지고 다르게 끝날 경우 매번 끝나는, 아니 무의식을 확실하게 드러내 보여 주는 단어(숫자), 말들은 제각기 다른 무의식적 욕망을 드러내는가, 아니면 한두 가지의 어린 아기 때의 근원적 욕망으로 수렴되어 가는 도정의 역순의 환유와 은유인가?

그것을, 그 의미를 드러내는 말은 꽉 찬 말이고 그렇지 않은 말은 시시한 말이라는 것이 아닌가? 예컨대, 사랑의 역사, 사랑의 순간들과 느낌들, 그 미묘한 변화들, 아픔들, 행위며 사건들이 갖는 모든 의미와 그 내용들은 그가 어느 순간, 어느 장소에서 표현하더라도(그의 나이에 관계없이) 사랑이라고 하는 무의식적인 라캉의 규정, 주체 자신의 결여와 사랑하는 사람의 결여를 충족하고자 하는 과정이요, 타 대상도 영원한 부재를 의미하므로 '성관계는 없다.'로 선언되는(이수연 , 1999), 바로 그런 의미와 맞아떨어지는 욕망의 순간에라야 그는 꽉 찬 말을 하고 있는 것이 아니겠는가? (진정 한순간으로 무의식적인 사랑의 의미가 결판 나는 것이다. 그리고 해법이 주어졌는데도 그 의미를 깨닫지 못하는 것은 저항하고 있다고 보아야 되지 않겠는가?)

여기서 거울 단계, 상상계 등에 대한 반론은 생략하기로 한다. 그러나 최소한 인간의 상상력에 대한 긍정적 언사들 몇 가지는 짚어보고 넘어가기로 한다. 언어학자 촘스키(N. Chomsky)는 "언어 없는 사고의 예를 찾기 위해서 스트라빈스키 정도의 인물까지 들먹일 필요는 없다. 반성을 해 보면 누구든지 자신의 사고의 태반이 언어를 동원하지 않고 이루어짐을 알 수 있을 것이다."라고 말한다(김영민, 1996). 그리고 김영민(1996)은 "언어가 끊어진 부분에서 인식을 전개시킬 때 가장 필요한 기능은 상상력이다."라고 말한다. "상상적 삶, 그것은 진정한 삶이다."라고 바슐라르는 주장한다. 이미지들은 원초적 정신심리 현실이며, 상상적 과장이 없이는 삶을 확대할 수 없고, 따라서 삶의 실현을 위해서는 지나치리만큼 과다하게 상상해야만 한다는 것이다(바슐라르, 정영란 역, 1993).

문제는 자유연상과 같이 무의식의 모든 형성물들은 동일한 분석기술로 분석될 수 있다는 사실이다(르메르, 이미선 역, 1994: 83). 그보다 더 중요한 문제는 나와 나의 살아있는 생생한 체험들, 사건들, 삶의 궤적들, 경험 자체가 나로부터 배제되어 버린, 마치 로봇이나 다름없는 건조한 삶을 살아가는 인간 존재로의 추락이다.

라캉은 "프로이트의 발견은 인간이 인간 속에 완전히 존재하지 않는다는 것이며, 따라서 그는 인간중심주의자가 아니다."라고 말한다. 주체는 기껏해야 자신이 무엇인지 모르기 때문에 자신이 무엇을 말하고 있는지도 모른다는 것이다(뤽 페리 외, 1996: 303). 그래서인지 그 자신의 글들 역시 의식적이건 무의식적이건 혼돈스럽고 읽기 어렵고 이해하기 어려운 것인가? 그는 끝없이 스스로의 한계를 벗어나고자 시도하면서(라캉에게 있어서 정신분석이란 그 자체의 한계를 끊임없이 다루어 나가는 학문 분야다. 그때까지는 한 번도 미리 설정된 일이 없는 그런 한계점으로써; 벤베누토, 김종주 역, 1996) 인과론적인 분석들, 주체를 도와주고자 하는 엉터리 해석들을 공격하지만(뤽 페리 등, 우종길 역, 1998:

311), 무의식 자체가 주체의 동인이요 삶의 동인이라는 역설에 빠져든 것이 아닌가? 근원적인 소외, 주체의 분열(상상계에 의한)과 타자의 욕망 및 욕망의 전복을 제반 인간 정신 현상의 근원으로 설정·정치함으로써 또 하나의 인과론을 만들어 낸 것이 아닌가?(여기서 또 하나라는 말의 한 의미는 항문기, 구강기 등 프로이트적인 인과론적 해석을 의미한다.)

물론 사이코드라마에서도 자아를 믿지 않는다. 그것은 행위 혹은 역할로 드러나야 한다고 믿기 때문이다. 구체적인 행위-역할 속의 주체를 상정한다. 자아란 현실원칙에 물든 자기 아닌 자기요 수많은 언어적, 사회적 체제에 순응된 의식으로 간주하기 때문이다. 나라고 하는 주체는 소위 정상증이라고 하는 온갖 정상적 규율, 정상적 인간성, 정상적인 성격, 정상적인 삶 등의 기준 속에서 진정한 자신의 삶을 살아가고 있지 못하고 있는 것으로 생각한다. 그래서 언어로 구조된 제반 의식의 옷들을 벗어 버리고자 시도한다. 언어의 갑옷이 무의식 속에도 들어 있다면 그 역시 찢어 던질 것이다.

그래서 사이코드라마의 행위는 존재한다. 나를 나타내는 것은 언어가 아닌 나의 행위다. 그러나 이때의 언어는 라캉이 말하는 모든 '언어' 명칭 혹은 사용과 다르다. 사이코드라마에서 배제하고 시도하는 언어는 객관적, 서술적 언어법이다. '나는……한다.' '내 생각으로는 ……이야.' '내가 ……하였어.' 및 '그는……' '너는……' 과 같은 용법이다. 또한 시제에 있어서 과거 혹은 미래 용법이다. '……할 거야' '……하겠어' '……했어' 등 미래, 미래완료, 과거, 과거완료와 같은 서술용법이다(이 문제는 뒤의 시간에 관한 논의에서 다시 언급될 것이므로 여기서는 자세한 설명을 생략한다.).

더불어 무의식조차 언어처럼 구조화되어 있다고 생각하지 않는다. 그것은 의식이 언어로 물들 만큼만, 그 이상도 그 이하도 아닌 의식에 입력되어 있는 언어의 양만큼 저장·구조화되어 있는 것으로 본다. 왜냐하면 무의식 가운데에는 언어로 명명할 수 없고 결코 단어로 표기될 수 없는 요소들이 우리가 상상할 수조차 없는 형태로 들어 있음을 알기 때문이다. 그리고 이때의 '앎' 의 의미는 언어적 개념이 아닌 직관 내지는 상상력 차원이다.

(이제 여기서 잠시 생각을 멈추고 정리하고 넘어가야 할 것이 있다. 오해를 불식시키기 위해서라도 필요한 절차라고 생각된다. 필자는 지금까지 '사이코드라마적' '모레노식'의 언어를 사용해 왔다. 다시 말해, 필자가 생각하고 있는 무의식 개념이며 언어관, 신체관을 사이코드라마적 언어, 신체 내지는 무의식으로 표명한 것이다. 이제 여기서부터는 방향을 선회하여, 더욱 많은 논의를 위해 길을 비껴 간다는 의미에서 '필자의 생각' 으로 논의를 계속하기로 한다.)

필자는 지금까지 사이코드라마에서는 서술적 언어, 자아개념 내지는 과거, 미래 시제의 언어 형식은 배제된다고 말하였다. 왜냐하면 사이코드라마는 매 순간 지금 이곳에서 행위되기 때문이다. 그렇다면 사이코드라마 현장에서 지금 이 순간 무의식은 어디에 있는가 그리고 어떠한 형식으로 드러나는가를 생각해 봐야 하겠다.

무의식은 한마디로 말해서 의식계에 놀람, 낯섬, 당황스러움 등의 상태로 드러난다고 말할 수 있다. 의식이 예상치 못한, 전혀 상상조차 못한 순간에 그것은 떠오른다. 조금이라도 예감을 했거나 의지 작용 내지는 주의집중에 의한 경우라면 우린 그것을 전의식이라고 부를 수 있다. 그러나 엄밀한 의미에서 전의식, 무의식의 구분은 쉽지 않으며, 그 작업은 어디까지나 의식계에서 이루어지는 일이기에 주관적, 객관적 평가에 의해서라기보다는 무의식이 드러나는 특성에 의해서 판단되어야 할 것이다.

그 중요한 특성은 순간에 드러난다는 것이다. 그것은 일종의 충격처럼 일순 나타났다가 사라진다. 그렇다고 모두가 찰나적이라고 말할 수는 없다. 왜냐하면 사람에 따라 찰나로 느끼는가 하면 실제는 순간적이지만 꽤나 오래 지속된 시간들로 기억될 수도 있기 때문이다. 그것이 순간일 수밖에 없는 이유는 전의식과는 달리 의식의 계열들, 지속적인 동일 계열, 동일 맥락, 동일한 기억 코드를 이용해서 드러나는 내용이 아니라 무의식 자체의 코드의 반응에 의하기 때문이다. 그것은 언제든지 드러나고자 준비되어 있는, 그렇지만 오랜 시간을 두고 변형, 재조정, 재구조화된 상태에서 어느 한순간 다가오는 다양한 자극(스스로 판단하기에 반응이 가능한 메시지로 읽혀진)에 의해서 촉발되기 때문이다.

그러나 그것은 전의식처럼, 일단 떠오르고 드러난 내용이 의식에 지속적으로 받아들여지고 해석되기보다는 마치 잘못된 반응신호인 것처럼, 그릇된 메아리처럼 의식계의 반사적 작용에 의해서 곧장 사라지게 된다(그러나 이때 사라짐의 의미는 원상태로 되돌려지거나 같은 계열로 재코드화 · 입력되는 것을 의미하지 않는다. 그것은 이미 일종의 변형반응을 통과하였기 때문에 그만큼 에너지와 내용이 달라진다. 그래서 재입력 시에는 원래와는 다른 계열-회로에 입력되거나 재입력의 에너지를 잃거나 약화된다.).

그렇다면 무의식은 어떻게 생성되는가? 그것은 가령 생체의 노화과정과 같이(그것이 어느 하나의 프로그램된 유전자 정보에 의해서건 아니건) 아직은 근본적으로 우리의 이해수준을 넘어선 곳에서 작동하는 기전으로서 명확하게 설명하기가 어렵지만 적어도 다음의 몇 가지 요인을 상정해 볼 수는 있다. 그것은 시간성과 의식계의 압력이다. 시간은 우리 내면의 기억계에 끊임없는 변화를 일으키면서 기존에 입력된 정보들의 변형 · 재구조화를 일으키는가 하면 의식계는 의식계대로 자체의 삶에 충실하기 위해 우선 당장 필요하지 않은 자료들을 의식계 밖으로 밀어내리라는 것이다.

그 원칙을 단순히 현실원칙이라고 말할 수 없는 이유는 우리가 음악을 귀로 들으면서 동시에 그와 동떨어진 채널의 그림을 보고 분석할 수 없는 것과 같은 의식계의 주의집중과 같은 선택의 문제이기 때문이다. 인류의 역사, 생명체의 진화 내지는 인간의 생존에는 언제나 돌연변이며 예외가 있듯이, 개인마다 예외가 없는 것은 아니겠지만 배고픔 후에 음식을 찾아 나서야 하는 의식은 그전까지의 사랑의 아픔을 뒤로 물리치게 되는 이치와 같은 것이다.

그것들은 원인과 결과로 나뉘거나 앞뒤 전후를 가리면서 재입력되지 않는다. 시간의 순서대로도 아니다. 그것들은 그것들 나름대로의 원리에 의해서 재배열되고 시간에 의해 순간마다 재구조화되지만, 그렇다고 어둠이거나 혼돈, 무질서는 결코 아니다. 우리가 그렇게 생각하게 되는 이유는 어느 정도 질서정연한 체계로, 언어적 체계로 의식화된 의식계에 비추어 보이기 때문이다. 그것은 우리의 의식의 찌꺼기도 아니고 우리의 의식을 조종하는 숨겨진 힘도 아니다.

문제는 무의식계를 모두 욕망화하는 데서 발생한다. 거의 욕망 자체가 무의식이며 무의식 자체가 욕망으로 구성되어 있는 것처럼 말해진다. 그러나 이때의 근원적 욕망, 숨겨진 원초적 본능이라는 추론은 여전히 생물학적 차원에서 머물러 있는 개념이라고 할 수가 있다(이미 프로그램화된 유전자 정보에 의해서 존재할 수밖에 없는 운명과 같은 개념으로서의 생물학적 차원이다.).

이러한 조건화된 고정관념은 정신분석의 전이 개념에서 더욱 두드러지게 드러난다. 똑같은 말이라도 치료 상황에서 효력을 발휘해서 피분석자를 치료로 이끌 수 있는 출발점이 되는 것이 전이다(홍준기, 1999: 83). 환자의 과거 삶 속에 언젠가 존재했던 그리고 환자가 사랑하고 신뢰했던 어떤 인물이 현재의 분석치료 상황에서 타자, 즉 분석가와 무의식적으로 동일시되는 현상이 없다면 분석가의 말은 환자에 대해 전혀 효력을 발휘하지 못할 것이라는 것이다. 라캉의 말로 "오해는 치료의 전제조건"이 된다.

그 결과, 무의식이란 분석의 두 파트너가 공유하는 독특한 구조가 된다(김종주, 1999: 139). 피분석자의 무의식과 분석가의 무의식이 따로 있는 것이 아니라 무의식은 전이 속에서 만들어지는 오직 하나뿐이라는 것이다.

이 같은 내용은 한마디로 전문가만이 우리의 무의식을 드러나게 할 수 있다는 의미가 아니겠는가? 전문적 분석가에 의해서만 무의식이 촉발되고 그 의미가 분석되고 유의미해진다는 것이 아닌가?

앞에서 필자는 무의식이 다양한 자극에 의해서 드러난다고 말하였다. 그리고 분석가 역시 하나의 자극일 수는 있다. 그러나 근원적 욕망이론, 불가능한 것을 꿈꾸는 근본적으로 또 하나의 완벽한 상상계적인 욕망-타자의 욕망을 전제한 무의식이라면 당연한 논리적 귀결일 수는 있다. 분석가가 숨겨진, 오해된 대타의 자리에 있을 터이니까 말이다.

그러나 욕망-타자로부터, 어린 시절 의존했던 부모로부터 자유로운 무의식계라면 그것은 홀로 있건, 대자연 속에 파묻혀 있건, 혹은 음악, 그림과 같은 예술적 자극에 의해서건 언제든지 순간 속에 드러날 수가 있다. 문제는 우리 의식의 그것을 이해할 수 있는 능력일 것이다. 그런 의미에서 사이코드라마 무대라고 하는 시공간은 그 자체가 하나의 무의식계를 상징하고 있다고 할 수 있겠다. 그 무엇보다도 다양한 사람들에 의해 형성된, 그 어떤 의식계의 질서, 기준, 이해의 범주를 벗어난 곳에 존재하면서 불가능이 없는 상상과 상징의 세계이기 때문이다.

(5) 시간과의 관계

라캉의 이론 중에서 매우 긍정적이고 바람직한 부분은 무의식의 시간문제에 관한 그의 개념이다(그리고 바로 이 부분이 원래 프랑스 분석학파와의 사이에 틈이 생기게 만든 이유라고 한다.). 라캉은 말한다. "주체가 과거에 대해 무엇인가를 기억해 냈는지 아닌지를 굳이 알 필요는 없다. 그는 단지 그 사건에 대해 이야기했을 뿐이다. 주체는 그것(과거)을 서사시로 변형시켰다. 이 서사시에 의해서 주체 자신의 기원이 현재 시제로 소생된다."(A. Lemaire, 이미선 역, 1994)

르메르(A. Lemaire)는 라캉주의 분석가는 환자가 이야기한 사건을 시간 순서대로 정확하게 재구성하는 것에 그다지 많은 관심을 기울이지 않는다고 말한다. 사건의 시간적 실체가 중요한 것이 아니라는 것이다. 왜냐하면 환자의 담론은 상상계 차원에서 자신이 원하는 모습으로 자신을 나타내기 때문에, 분석가가 주의를 기울이는 것은 그러한 담론의 내용이 아니라 담론 속의 무의식의 형성물이라는 틈새라는 것이다.

다른 말로 바꾸어 보면 다음과 같다. 즉, 프로이트는 꿈의 형성을 설명하는 데 있어서 퇴행 개념에 의존하기에 어린 시절의 경험이 꿈속에 다시 등장한다고 말한다. 그러나 라캉은 이러한 설명에 동의하지 않는다(홍준기, 1999: 62). 그는 꿈의 환각적 성격을 설명하기 위해서 퇴행 개념은 필요없다고 단호하게 잘라 말한다. 그러면서 시간적 퇴행 개념에 의존하는 것은 꿈에서 현재의 성숙한 자아가 과거의 미숙한 상태의 자아의 단계로 돌아간다는 식의 설명을 하기 위해 자아의 직선적인 발달 단계를 가정하는 진화론적, 목적론적 사고방식과 다를 바 없으며, 더 나아가 인간 주체를 과거에 경험된 사실로 환원시키는 결정론적 설명에 불과하다고 말한다.

프로이트의 무의식과 욕망 이론이 갖는 생성적 측면에서의 결정론적 시각을 벗어나서 지금 이 순간의 주체에 대한 분석 자세를 바라보면 인간은 결코 과거 역사-사건의 노예가 아니라는 느낌을 갖게 한다(그러나 보다 엄밀한 의미에서 그의 '대상과의 상상적 동일화라고 하는 구조적 필연성' 의 의미는 결국 그가 부정했음에도 불구하고 결정론적 시각으로의 환원을 의미한다고 말할 수 있다.).

사이코드라마 또한 정신분석과 결정적으로 달라질 수밖에 없는 이유들 중 하나는 바로 그러한 언어와 언어 내용이 아니라 그것의 신체적인 행위화다. 말의 내용이 아니라 그 말을 어떻게 표현했느냐가 더 중요하며, 현재 상황의 원인 내지는 동기로서의 과거 역사-사건이 중심이 되는 것이 아니고 바로 지금 이 순간의 행위의 의미, 진실의 표현이 더 중요한 것이다. 때로는 현재의 원인을 캐기 위해서 일부러 과거의 사건 속으로, 기억으로 더듬어 들어가는 것처럼 보이는 경우가 있지만 그것은 매우 피상적 관찰에 불과하다. 왜냐하면 그 어떤 순간도 과거형의 서술 형식으로 현재에서 과거로 거슬러 올라가는 것이 아니요, 바로 이 순간의 맥락과 맞닿아 있는 과거처럼 혹은 미래처럼 보이는 이 순간의 특성들, 행위들이 탐색되기 때문이다.

예컨대, '나는 인간관계에서 거리감을 느끼고 소외되는 어려움을 겪는다.' 고 해 보자. 나는 그것을 지금 이 순간의 행위로 표현 · 구체화시킬 것이다. 그리고 그러한 예를 한두 가지 예시함으로써 보다 절실하게 나 자신을 실험해 볼 수도 있다. 그것은 미래의 중요한 한 인간관계가 될 수도 있고 과거의 잊기 힘든 순간들일 수도 있다. 중요한 것은 나는 그것들을 지금의 시제로 행위화한다는 것이다. 내가 만약 15세의 나이의 사건을 현재 시제로 표현할 경우(실제 내 나이는 40세라고 할 경우에도), 그것의 의미는 과거는 결코 '그랬다' 로 지금 현재에 존재하는 것이 아니라 지금 이 순간에 내 신체(지금 이곳의)로부터 표현되는 한 언제나 현재 영원히 지속되는 현재인 것이다. 미래 역시 제 아무리 내일 당장의 일이라 할지라도 아직 도래되지 않은 현재다. 결국 난 지금 이곳의 현재 속에서 행위를 통해 나를 드러내고 미래적이라고 말해지는 나의 전의식 무의식을 행위화하고 있는 것이다.

그것은 곧 고정불변의 '나' 라고 하는 본성 혹은 주체의식을, 그리고 과거-현재-미래라고 하는 시간적 흐름에 편성해서 흘러가는 현실의 나를 판단하지 않고 괄호 쳐버리고 지금 이 순간의 나의 행위, 역할들을 드러내 놓고 실험해 보는 것이 된다. 그 어떤 유일한 역할 그리고 또 본래의 역할이라는 것도 있을 수 없기에(크리스테바, 유복열 역, 1998), 니체식으로 이야기하면 인간이란 아직 결정되지 않은 동물이기에(고병권, 1997), 나는 이 순간 나의 모든 것을 드러내서 나의 자발성을 실험해 보고자 하는 것이다.

사르트르에 의하면 인간이란 결코 움직일 수 없고 어떻게 해 볼 도리가 없는 과거의 기억들을 핑계로 현재의 행위들을 변명할 수도 없으며, 인간이란 과거의 영향권 안에 방치되어 있지 않고 신체-주체가 시간을 통해 펼쳐 나가는 관계의 양식 또는 세계, 여러 가지 일들의 연속 이외에 다른 것이 아니기 때문이다(D. S. Morris, 박만준 역, 1993).

프로이트는 무의식을 과거 시제에 종속시키지만 라캉은 무의식의 원래적인 시제는 전미래(前未來)라고 본다(홍준기, 1990: 24). 전미래란 이전에 존재했던 것들 중에서 중요한 것을 선취 · 투사하면서 구조 짓는다는 것이다. 이 말은 앞에서 언급한 대로 미래를 지금으로, 현재로 앞당겨 취하는, 선취하면서 과거는(지금 이 순간에는 없는) 지금에 비추어 지금 이 순간의 상태, 의식에 의해 변형, 왜곡 가능한, 지금이 과거에 던져지고 투사되는, 그래서 현재의 무의식이 과거와 미래를 선취 · 투사하는 구조라는 의미가 된다.

앞에서 인간관계의 어려움에 대한 예를 들었지만, 사이코드라마의 진행 도중에 그 중요성이 크냐 작으냐(사실 그 기준도 애매모호하지만 결국 이런 결정은 주인공에게 달려 있다.)에 관계없이 전혀 새로운 행위, 침묵, 막힘, 당황함이 나타날 경우 기존에 언급된 인간관계 사건은 지금 이 순간의 그 행위에 자리를 물려주고 물러나야만 한다. 실제로 인생에 있어서 천하에 없는 중요한 일이 지금 다루어지고 있는 순간이라 할지라도 빗나간 웃음, 의미를 알 수 없는 행위 혹은 침묵과 같은 비언어적 표현방식이 더 의미가 있다는 뜻이다. 왜냐하면 바로 그러한 요소가 지금 이 순간의 나의 삶에서 보다 많은 에너지를 소모시키고, 무의식적 요소의 가능성이 높으며, 그래서 자발성을 보다 많이 떨어뜨리고, 알게 모르게 나의 행위를 방해하는 기능인으로 작용할 수 있는 가능성이 높기 때문이다.

나의 현재 행위의 동기를 캐 보는 것, 의식적 · 논리적으로 나의 과거의 행적을 들추고 언어화하는 것, 나의 현재로부터 연역 · 분석 · 추리 · 해석하는 것, 현재의 나를 이해하고자 하는 미명 아래 나의 내면세계를 들쑤시고 헤집고 다니는 것, 그것은 여전히 현재의 나라고 하는 '자아'의 지적 만족과 자아만의 확장(마치 사회경제적 위치가 자신을 높여 주는 듯 착각하는 것과 같은 식의)에 불과할 수 있다.

사이코드라마는 그것이 제아무리 비논리적이고 혼돈의 세계처럼 인식되고 불안을 느낄지라도, 바로 그 이유 때문에 나의 의식 세계를 떠나서 나의 전의식 내지는 무의식 세계로 탐사해 들어가고자 하는 바로 그 의지적인 힘, 자발성의 도움을 받아 현재 이 순간의 나를 행위화한다. 나의 삶, 나의 존재, 나의 행위가 순간에 일체화되고 의식과 무의식이 꿰뚫리는 순간의 의미를 알고 있기 때문이다. 그것은 이 한순간에 생과 사의 의미를 통과하는 창조적 생성-변화의 순간을 체험할 수 있기 때문이다(그러나 그것은 라캉이 말하는 불가능한 실재계의 의미는 아니다.). 그것은 인식에서 창조행위로의, 삶의 부정적 편견과 시각에서 절대적 긍정으로의, 고통에 가득 찬 내면성에서 기쁨에 넘친 외면성으로의 전환이다(들뢰즈, 이정미 외 역, 1996).

무의식은 바로 이 순간에 스스로를 드러내고자 한다. 카스토리아디스(C. Castoriadis)에 의하면(신현기, 1997), 프로이트의 무의식은 능동적이고 생산적인 상상적 무의식 개념으로 포착된다. 이때 상상적인 것의 의미는 라캉의 소외가 아니라 생산과 창조의 힘으로 재정의된 것이다. 그래서 인간의 무의식은 상상적인 힘, 환상을 통해서 구성되는 인간 정체성 구성의 근본적인 힘이 된다.

그러나 위와 같은 무의식의 개념 또한 자발성과 욕망과 무의식을 모두 같은 것으로 보고자 하는 시각에서 나온 것이다. 고도의 자발성 내지는 창조성만 떼어놓고 생각할 경우 그 역시 무의식적인 요소(욕망도 마찬가지이지만)가 충분하지만 무의식이 곧 창조성이요 욕망이라고 말할 수는 없다. 무의식은 어디까지나 의식, 기억 내지는 지식-앎의 측면에서 논의되어야 하며 기능-에너지-힘의 관점에서 논의될 수는 없다고 생각한다.

(6) 요약

지금까지 무의식에 대한 이론을 프로이트와 라캉의 개념을 중심으로 살펴보면서 필자의 사이코드라마적 무의식 개념을 천착해 보았다. 그것은 무의식에 대한 논의의 필요성과 함께 무의식의 정의문제, 그리고 무의식과 의식, 신체, 언어 및 시간과의 관계를 통해 전개되었다.

라캉에게 무의식에 대한 논의란 과학이 아닌 일종의 철학적 담론이다. 그것은 욕망, 타자성 그리고 언어 구조로 이루어진 인간 존재의 근원적인 분열을 의미한다. 그러나 그것은 역설적으로 윤리적이다(홍준기, 1999: 96). 내가 주관적으로 백 퍼센트 진실성을 갖는다고 확신할지라도 그 확신은 내가 인정하기 싫어하는 어떤 것을 무의식적으로 배제함으로써 생긴다는 것을 인정할 수 있는 사람만이, 즉 나의 진실성을 나 스스로의 주관적 확신으로 보증할 수 없다는 것을 인식하고 있는 사람만이 진정으로 자기중심적 오만을 벗어나 타자와 상호 의사소통의 장에 들어갈 수 있기 때문이다.

그러나 사이코드라마 세계에서는 모레노(1975)에 의해 개인 무의식보다는 개인과 개인 사이의 텔레와 그 밑에 흐르는 공동 무의식에 초점을 두고 역할교대, 이중자아 기법, 거울기법 등을 설명하고 있으나 개인 무의식에 대해서는 뚜렷한 설명이나 이론이 없었다.

이 논의에서는 무의식이 우리 인간 정신계의 근원적인 힘이며, 행위의 숨겨진 동인만은 아니라는 점을 드러내고자 시도하였다. 한마디로 무의식은 본능, 욕망과 따로 떼어서 생각해야 할 일종의 기억체계 내지는 지식이며 그 자체의 논리와 구조를 지니고 있는 것으로 생각된다.

그것은 모레노의 말대로 역할을 통해서 밖으로 드러나야 하는, 그래서 워밍업만으로도 때로는 쉽게 의식화될 수 있는 세계일는지도 모른다. 무의식이 무슨 어마어마한, 결코 전문가의 도움 없이는 알 수 없는 귀신과 같은 것이 아닌 한에서는 말이다.

물론 무의식은 앞으로도 더욱 연구 · 규명되어야 할 대상임에는 틀림없다. 그러나 그것은 우리의 존재 자체를 규정하는 거대한 존재-의식을 둘러싼 커다란 원이 아니라 행위를 통해서 다양한 단계의 의식을 통과해서 드러날 수 있는 것으로 규명되어야 한다. 그것은 또한 욕망 및 자발성/창조성과는 별개의 영역으로 다루어져야 하며 감정, 직관, 상상력, 영감 등과도 연계해서 더욱 세분화된 논의가 필요할 것이다.

우리는 인간이라는 이름하에 통일된 존재, 합목적적으로 하나의 논리로 설명되는 주체, 인간 의식, 추상적 존재, 자아가 아니라 보다 구체화된 행위의 존재, 그 다양성, 자신의 내면을 강렬하게 헤집고 나아가 드러내는 열린 존재의식이 필요하다. 그러기 위해서 무의식은 하나의 기능 단위, 기억체계, 의식과 연계된 정신 영역으로 탐구되어야 한다. 가장 넓고 깊게 인간의 무의식을 보며 이해하고 탐구하는 것 같으면서도 욕구, 욕망, 본능, 언어 등으로 무의식 영역을 철저히 비인간화해서 인간을 소외시키는 무의식 이론, 그리고 욕망과 자발성과 창조성 및 가능성, 우연과 혼돈, 생성의 의미를 한데 어울러서 무의식을 바라보는 후기구조주의적 자생 논리 및 힘의 논리로서의 긍정철학에서 벗어나 무의식 자체의 의미와 논리가 보다 과학적으로 규명될 수 있어야 한다는 것이다.

무의식이 바로 그러한 영역으로 재구분되어서 신체, 의식, 언어와의 관계가 재조명되고, 따라서 행위와의 의미관계가 보다 논리적 · 과학적으로 해석 가능할 수 있을 때 공동 무의식과 집단 창조 및 사이코드라마의 치유적인 힘도 보다 실체적으로 밝혀질 수 있을 것이다. 그때가 되면 무의식은 전문가들만의 소유, 담론 영역을 벗어나서 모두가 스스로의 자발성, 살아 있는 행위하는 체험적 삶을 위할 수 있게 될 것이다. 또 그때가 되면 무의식은 푸코가 말했던 정신분석이라고 하는 지식과 권력의 의지로부터 벗어나고(라이트, 1984: 213), 권력의 담론이라고 하는 사회문화적 활동으로부터도 벗어날 수 있게 될 것이다.

4) 욕망

(1) 일반이론

욕망(desire)이란 무엇인가? 프로이트에 의하면 타고난 본능(instinct)이요, 라캉에 의하면 생리적 욕구(need) 후에 발생하는 총체성에 대한 주체의 소망이다(김해수, 1994: 67). 여기서는 일단 생식 욕구와 다르고 삶의 본능과 같은, 사전적 정의(Campbell, 1989)로 표현되기를 갈망하는(strive for expression) 무의식 내의 힘(force)으로 정의한다. 이는 어떤 수식어도 붙지 않은 가장 간단명료한 정의이기 때문이다.

사이코드라마에는 본능이나 욕망 이론이 없다. 모레노는 자신의 저술 그 어디에서도 욕망이란 용어를 사용한 적이 없다. 오늘날 많은 정신치료 이론들은 욕망이론에서 시작된다. 이 심리학적 논의에서 욕망에 대한 논의를 시도한 것은 욕망과 자발성의 관계가 어떠한가를 생각해 보기 위함이다. 자발성과 욕망은 서로 다른 것을 말하고 있는가? 혹은 자발성의 측면에서 욕망을 어떤 시각으로 바라보아야 하는가? 욕망의 정체는 무엇인가? 이러한 몇 가지 의문은 사이코드라마적 행위화를 이해하기 위해서 필요한 작업이라고 생각된다.

우선 보그(Bogue, 이정우 역, 1995)는 자신의 저서인 『들뢰즈와 가타리(*Deleuze and Guattari*)』에서, 두 사람에 의하면 플라톤은 욕망을 주체가 대상을 획득함으로써 채울 수 있는 일종의 빈 구멍으로 이해했으며 서구의 대부분의 철학자들과 정신분석학자들도 욕망을 결핍으로 간주함으로써 그를 따랐다고 밝힌다. 라캉도 욕망을 기표들의 연쇄 속에서 끊임없는 대체를 통해 증식하고 팰러스(phallus, 남근 상징) 속에서 상징화되는 채워질 수 없는 결핍, 일종의 존재 결핍으로 정의한다.

그러나 이와 같은 부정적 정의는 니체에 의하면 반동적이고 노예적인 정신의 징후가 된다. 들뢰즈와 가타리 역시 욕망의 이런 개념화를 관념론적, 변증법적, 허무주의적 개념화로 규정하고, 욕망을 쾌락을 포함한 기본적인 욕구나 목표를 추구하는 이차적인 기능보다는 어떤 원초적인 힘으로 정의한다. 그것은 획득이나 결핍이 아닌 생산 혹은 욕망적 생산이라는 것이다.

여기서 간략하게 라캉의 욕망이론을 요약하면 다음과 같다(보그, 1995: 33). 아이는 상상계 속에서 어머니를 향한 욕망과 더불어 어머니의 욕망을 자신의 욕망으로 갖는다. 동시에 아이는 어머니의 욕망, 결핍을 채워 주는 모든 것, 팰러스(남근)다. 억압이 필요하지 않기에 무의식은 없다. 이제 아버지, 아버지의 법과 함께 언어가 등장한다. 이때 비로소 개념과 실제 사이에 틈이 생기고 욕망은 연기되어야만 한다. 사회에 맞추어 살거나 병에 걸리거나 양자택일을 해야 한다. 결국 아이는 사회, 문화, 조직, 언어에 굴복한다(이미선, 1994: 117). 모든 것이 말로 표현되어야 하고, 그 대가로 억압이 나타나면서 의식과 무의식이 갈라진다.

욕망은 타자의 욕망이며 아버지의 법에 종속된다(이미선, 1994: 241). 욕망은 그 자체가 인식될 때까지 고집스레 반복된다(김종주, 1996). 만족에 대한 애초의 실패, 원초적 부재의 효과로 지속해 나간다. 욕망은 끝없이 타자를 향해 나가면서 바꾸어 나가기에 환유이며 기표다. 원래의 의미와는 멀어진 신기루를 좇아가는 결여다. 욕망은 죽음으로 막을 내린다. 이에 대해서 앙티 오이디푸스(Anti-Oedipus)의 들뢰즈와 가타리는 철저하게 라캉의 욕망이론을 분쇄한다. 그 초점은 제목처럼 오이디푸스 콤플렉스에 있다. 아이의 인생에서 문제되는 것은 오이디푸스의 가면의 틈구멍을 꿰뚫고 흐르는 하나의 다른 흐름, 다른 모험, 즉 욕망하는 생산이라는 모험이다(김종주, 1996: 144). 욕망하는 생산은 욕망으로 차 있는 생명으로 구성되어 있기 때문에 가장 어린 시절과 때를 같이하는 것이요, 인생의 모든 단계에서 생명에 동반하는 것이다(김종주, 1996: 198).

욕망에 대한 세 가지 오류는 결여, 법률, 시니피앙(signifiance)이라 불린다. 즉, 경건한 무의식관을 형성하는 관념론이다. 그것들은 자기들 뒤에 신학적 수행원들, 존재의 불충분함, 죄책감, 기호화 작용을 거느린다(김종주, 1996: 171). 그것들이 말하는 욕망, 욕망하는 생산(desiring production)은 출생 시부터 존재하고 그 어떤 무의식적 의미도 갖지 않으며 자연과 인간의 구별이 없는 과정으로서의 생산을 의미한다. 이때 정신분열증의 의미와 그 과정이 되살아나는데, 그것은 기호체계로부터의 이탈과정이다. 병적 정신분열증과는 달리, 여기서는 차라투스트라(아무것도 결여하고 있지 않는 욕망, 장애물들과 규준들을 타고 넘는 흐름의 존재)와 같이 어쩌면 아직 현실에는 존재하지 않는 인물로 상징된다(김종주, 1996: 202). 광기는 반드시 붕괴가 아니며 미친 것이 반드시 병이 든 것은 아니기 때문이다. 그래서 정신분열증은 (자연처럼) 생산하고 재생산하는 욕망하는 기계들의 우주이자 인간과 자연의 본질적 현실로서의 근원적인 보편적 생산이 된다. 따라서 무의식에는 인물이 들어 있지 않는다. 무의식은 고아다(김종주, 1996: 78). 그 자체, 자연과 인간이 하나인 데서 생기기 때문이다. 세계와 자연의 일체화 속에서 스스로 출생한다. 그런데 정신분석가들은 인간을 추상적으로, 즉 이데올로기적으로 문화를 위하여 생산하는 데에 집착한다. 그들은 욕망을 방해하고 신화를 삽입시켜 아버지-어머니라고 하는 삼각형의 가족극 수준으로 낮춰 놓는다. 프로이트는 성적 충동으로서의 욕망, 즉 생산하는 욕망을 발견하였지만 오이디푸스라는 가족적 표상 속에 가두어 버린 것이다. 욕망은 자연적이다. 묶여 있지 않고 자유롭게 떠다니는 에너지, 프로이트의 리비도, 니체의 힘에의 의지라는 바로 그 에너지다(보그, 이정우 역, 1995: 147). 무의식은 아무도 표상하지 않으며 어떤 상징이나 기표도, 또 해석을 필요로 하는 어떤 가려진 또는 비틀린 욕망도 창조하지 않는다. 무의식은 생산한다. 실수, 헛말, 몽환적 요소들, 징후들은 아무런 무의식적 의미를 지니지 않는다. 그들은 단지 존재할 뿐이다(보그, 1995: 177).

한쪽은 아이, 원시인, 광인의 욕망을, 다른 한쪽은 언어, 현실에 의해 비틀리고 갇혀진 욕망을 보고 있다. 그것은 비논리적인 것과 논리적인 것, 설명할 수 없는 것과 설명 가능한 것, 선천성과 후천성, 자유와 억압, 야성과 문명성의 대비와 유사성을 보인다.

(2) 사이코드라마적 시각

인간의 욕망, 즉 나를 이렇게 이끌어 가는 힘, 타고난 거의 무의식적인 힘은 끝없이 드러나고자 하고 표현되고 행위화되고자 하는 인간의 생존하고자 하는 본능적인 힘, 그러나 자라는 동안 결코 순탄할 수 없고 변질, 왜곡, 억압, 조정될 수밖에 없으면서도 사그라질 수 없는 불꽃과 같은 힘, 자연발생적인 것 같으면서도 대상 혹은 목표를 갖는 힘으로서의 욕망, 그것은 분명 자발성과는 다른 힘이다.

따라서 자발성이 인간의 정신과 육체 모두에 작용하는, 그것이 생명력이든, 무의식 · 의식적 요소든, 상상력 · 감정 · 이성 · 행위든 간에 모든 존재요소에 활기를 불어넣어 주는 힘이라고 한다면, 욕망은 정신적, 몸적, 무의식적, 그 무엇으로 향하는 힘이라고 할 수 있다.

자발성은 지능, 기억, 리비도보다 발달상 더 빠르다. 그러면서도 가장 덜 발달되었다(모레노, 1974). 갓 태어난 아기의 환경에 대한 즉각적인 반응이 바로 타고난 자발성이다. 그것은 순간에 작용하며 축적되지 않는다. 라캉식의 욕망과는 다르다. 그의 욕망은 축적되고 지연되거나 왜곡된다. 끝없이 은유와 환유를 통해 모습을 달리한다. 들뢰즈식의 모험, 생명, 생산 의미의 욕망은 그 어떤 대상 혹은 목표를 지향하지 않는 욕망이라는 점에서 자발성과 유사한 개념이다. 라캉식의 욕망보다는 보다 확장되고 멀리 나아간 욕망이론이다.

노이만(E. Neumann)은 인간과 의식의 발달은 무의식의 내적 상태(order)와 자발성에 의존한다고 말한다. 모든 인간에게 근원적인 자발성이 있음을 밝혀내는 것이 예술이라고 본다(노이만, 1974: 444). 욕망이 아닌 자발성이다. 예술작품에서 가장 중요한 것은 그것이 자발성 자체로부터 잉태된 자유로운 본질이라는 것이며, 예술에서 자발성의 부활, 감정과 상상력의 바로 그 원천의 부활이 있게 된다는 것이다(M. C. Beardsley; 이성훈 외 역, 1987). 칸트까지도 예술이 위대해지려면 자연의 자발적 소산이어야 하며, 태어나는 것이지 작정되어서는 안 되며, 그러기 위해서는 전승된 구속에서 해방된 창조성이 필요하다고 말하였다(바아건, 김용권 역, 1988). 다시 말해서 예술이란 만족되지 못한 욕망 혹은 결여로서의 욕망의 대리물은 아니라는 것이다.

니체(강수남 역, 1988: 411)는 『권력의 의지(*The will to Power*)』에서, 힘(권력)의 의지는 원시적 욕망 형식이며 그 밖의 욕망은 이 의지에 의해 형성된 것에 불과하다고 말한다. 즉, 모든 생물은 힘을 향하여, 힘의 증대를 향하여 노력한다(마치 들뢰즈의 욕망이론을 보는 것 같다.). 쾌감이란 달성된 힘의 감정의 한 증후, 차이성의 의식성에 불과하다. 모든 생물이 쾌감을 추구하기 위해 노력하는 것은 아니다. 오히려 추구하여 노력하고 있는 것이 달성될 때 쾌감이 생기는 것이다. 쾌감은 수반되는 것이지 동기가 아니다.

그래서 니체(송무 역, 1984b: 50)는 모든 좋은 것은 본능이라고 하면서, 그것은 용이하며 필연적이며 자유롭다고 할 때의 그것은 자발성을 가리킨다고 말하고 있다. 삶 자체가 바로 성장, 존속, 힘의 축적, 힘을 향하는 본능이라는 것이다(니체, 송무 역, 1984a: 126).

정리하면, [그림 12-1]처럼 기체에서 액체로 액체화된 물의 일부가 고체화되는 부분화 과정으로 표현될 수 있을 것이다. 그림에서 힘 혹은 자발성은 이정우(1999: 371)가 우주적 에너지, 불 혹은 생명의 약동으로 보는 것처럼 가장 근원적인 힘의 상태(기체처럼 만물에게 주어진)라고 할 경우, 니체에게 그러한 힘의 의지, 인간에게 힘 자체의 지향성으로서의 힘의 의지는 본능과 같은 것으로 간주된다. 그리고 그러한 힘의 의지 자체는 자발성과 동격이다. 욕망은 니체에게는 본능의 일부분이다. 그러나 욕망은 쾌감을 지향하는 욕망이 아니다. 쾌감은 결과일 뿐이다. 욕망은 힘의 의지(혹은 본능)처럼 그 자체로 뻗어 나가는 지향성이며, 결여를 채우기 위해 그 어떤 구체적인 대상을 지향하는 욕망은 아니다. 반면에 들뢰즈에게 욕망은 [그림 12-1]에서 마지막 욕망(라캉식의 욕망)의 전 단계인 생명력으로서의 본능뿐만 아니라 힘 혹은 자발성을 포함한 욕망이다. 그렇기에 그는 욕망을 생성, 원초적인 힘으로 규정한 것이다. 그리고 라캉식의 욕망 개념은 보다 대상 지향적이고 축적 가능한 결여로서의 욕망이다. 다시 말해서, 힘, 자발성 속에 욕망적 속성이, 욕망, 본능 속의 힘, 자발성의 속성이 섞여 들어가 있기에 각 개념의 규정에 따라 각각 조금씩 그 의미를 달리하고 있는 것이다.

사이코드라마적으로 말해서, 욕망은 존재의 근본적 힘 혹은 추동력이라고 말할 수는 없다. 욕망의 생성과정과 그 결여라는 의미 자체도 대상과의 관계에서 연유되었음을 부정할 수 없다. 그러나 자발성은 그 근본에 있어서 대상지향이 아니라 오히려 대상에 의해서 촉발되므로 어느 한 대상에 고착되지 않는 힘이다. 자발성이 만남을, 그래서 어

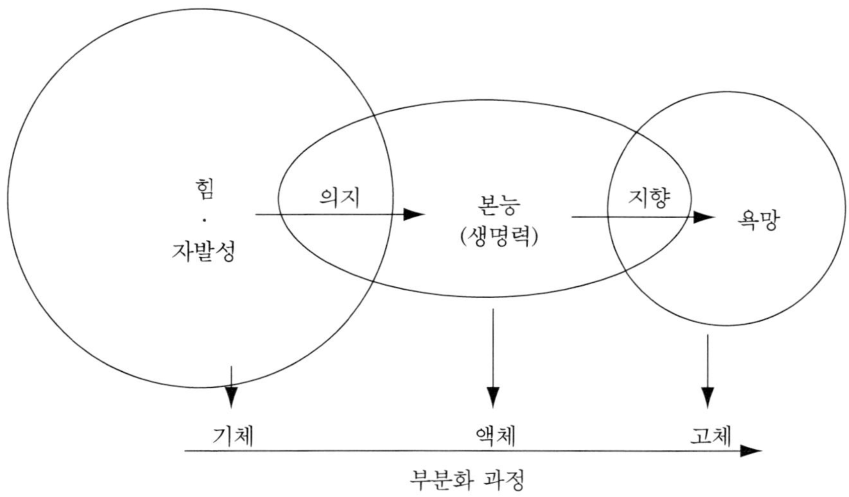

[그림 12-1] 자발성과 욕망의 관계

느 한 대상을 지향하고 있다고 이야기할 수도 있다. 그러나 그 만남 및 대상은 보다 넓은 개념, 공동 창조자, 생성, 변화, 창조자로서의 대상 혹은 만남을 의미한다. 나의 결여의 보충으로서 향락(주이상스) 혹은 만족의 대상이 결코 아니다. 그것은 니체식으로 말해서 부수적인 현상 혹은 결과다. 라캉의 정신분석의 목표가 욕망의 해방, 타자의 욕망으로부터 자유로울 수 있는 욕망이라고 했을 때, 그것은 곧 [그림 12-1]에서보다 확대된 의미의 욕망 → 본능 → 힘, 자발성으로의 회귀를 지칭한다고도 볼 수 있다.

인간은 욕망을 넘어선 존재여야 한다. 욕망이라는 이름하에 가족, 인간관계에 인간 정신을 묶어 두어서는 안 된다. 그것은 너무 슬픈 일이다. 너무 아프고 조이는 족쇄를 찬 인간의 모습이다. 자발성은 욕망을 포함하되 그것을 넘어 우주를 향해 열려 있다. 그것은 축적되거나 결여와 충족을 모르는 순수 아이의 힘과 같다. 그 어떤 것에도 매여 있을 수 없는 자유정신 혹은 놀이정신과 같다.

현대인에게 자발성은 아직 그 쓰임새를 잘 모르고 있고 아직도 개발의 걸음마 단계에 있는 숨겨진 보물과도 같은 힘이다. 우리 모두는 자발성의 빈혈증에 시달리고 있다. 그리고 욕망과 욕망이론은 문화의 각 분야에서 그 현란한 힘을 과시하고 있다. 상징적으로 욕망은 우주 천지의 기화상태의 자발성, 그 힘의 일부 고체화다.

사이코드라마 무대에서 인간은 욕망의 심리학으로 분해되어서는 안 된다. 현미경적 시각으로 결코 인간을 축소시켜서는 안 된다. 욕망으로부터의 자유, 욕망의 자유로움이란 말 자체는 곧 욕망의, 무의식의 노예라는 말의 뒤집음이다. 그것은 무서운 힘의 논리며 횡포다.

자발성의 시각으로 보다 넓게 보라. 인간을 언어의 틀로 완전하게 설명했다고 믿지 말라. 라캉식으로 말하면 역설적이게도 실재계의 그 불가능성만큼이나 인간은 불가지적이고 욕망을 넘어선 존재다.

5) 꿈

(1) 일반적 논의

인생은 한편의 드라마라고 말해진다. 주인공에 의해 다양한 삶이 전개되는 드라마, 이해하기 어려운 것도 많고 주인공이 마음먹은 대로 풀리지 않으며 좌절과 실패, 고통과 기쁨으로 얼룩진 드라마다. 꿈(dream) 또한 일종의 드라마다. 그 특징은 주인공이 등장하건 안 하건 주인공의 뜻대로, 이해하기 쉽게 진행되지 않는다는 점이다. 간단한 한 순간의 장면이건, 이질적인 여러 장면의 혼합이건, 혹은 연속되는 장면으로 이루어진 드라마건 그 나름대로의 독자적인 삶을 영위한다. 낮 동안 혹은 깨어 있는 동안에는 주인공의 통제하에 있었으나 잠 속에서는 마치 고삐 풀린 망아지처럼 우리의 총체적인 몸과 마음의 오감, 육감, 온갖 정서들, 본능, 직관과 영감적 내용들, 사고들, 의미들이 그들 스스로 어울려 만들어 내는 드라마다.

고대 중국에서는 꿈의 상태와 깨어 있는 상태를 장자를 필두로 다음과 같이 구별해서 이야기하였다(유문영, 1989: 253). 깨어 있는 상태란 형체가 열리듯 외부와 교유하는 것이고, 꿈이란 형체가 닫히어 기(氣)가 내부에 전적으로 모이는 것이다. 둘 다 정신의 움직임으로, 오직 외부 사물과의 접촉 유무에 따라 차이가 있다. 깨어 있는 상태란 이목에서 새로운 것을 아는 바이고, 꿈이란 마음에 익숙하여 옛것에 연유하는 바다. 그것은 뜻이 없고 주체가 없음에 반하여 뜻이 있고 주체가 있다. 또는 깨어 있으면 제어하고 잠을 자면 숨는다. 꿈속에서 진실한 감정을 토한다. 요약하면, BC 300년경에 장자는 잠을 자는 것은 영혼이 교류하는 것이라고 말했고, 1200년경에 주희는 꿈이란 잠을 자는 가운데 마음이 움직이는 것이라고 말했다.

1900년은 프로이트의 『꿈의 해석』이 출간된 해다. 그는 거기서 꿈을 해석할 수 있는 심리학적 방법이 있다는 사실을 목표로 삼고 다음과 같이 말한다. 우리가 꿈을 쉽게 잊는 이유는 꿈의 형상이 너무 약하고 일회적이며 기억 가능성을 결여하고 있고, 사람들이 큰 관심을 갖고 있지 않으며, 햇빛 앞의 별빛같이 새로운 하루의 인상 앞에 쉽게 물러나기 때문이다. 그는 꿈을 해석한다는 것은 꿈에 뜻을 부여하는 것을 뜻하며, 해독법과 같이 전체적 판단이 아닌 부분적 해석으로서 꿈을 처음부터 합성물이 된 어떤 것, 심적 여러 형성물의 한 혼합체로 파악하는 것을 의미한다고 말한다. 그래서 그는 "꿈은 하나의 (무의식적) 소망 충족이다."라고 결론 내린다. 그리고 그 내용은 비현실적, 비사회적, 유아적, 성적이기 때문에 꿈 작업을 통해 왜곡되어 나타난다는 것이다.

1904년에 프로이트를 처음 만나고 1913년에 이론적 대립으로 프로이트와 결별한 융은 그의 마지막 유고가 된 「무의식에 관한 연구」(조승국 역, 1987: 33)에서 "나는 가능한 한 꿈 자체에만 밀접히 집착하고 꿈이 불러일으키는 모든 무관한 생각이나 연상은 배제하기를 원한다."고 말한다. 즉, 꿈을 다루는 두 가지 기본은 꿈은 하나의 사실(fact)로서 다루어져야 하며 그것이 어떤 의미를 가진다는 것 이외의 어떠한 가정도 사전에 세워서는 안 된다는 점과 꿈은 무의식이 나타나는 하나의 독특한 표현이라는 점이다. 그리고 그는 꿈의 기능을 심리적 균형을 되찾는 것, 신비성과 자연과의 심오한 정서적 에너지를 상실한 비인간화된 현대인에게 꿈의 상징을 통해 잃어버린 것들을 보상하는 것으로 간주한다. 따라서 꿈의 내용은 본능적, 원형적, 집단적(collective) 이미지며 감정이 된다.

프롬(한상범 역, 1988)은 그의 「꿈의 정신분석」에서 무의식이란 융이 말하는 소위 인종적으로 계승되고 경험된 신화적인 세계도 아니고 프로이트가 말하는 불합리한 리비도의 힘의 자리도 아니라고 말한다. 대신 무의식이란 우리가 외계와의 교통을 차단하고 현실, 행위가 아닌 자기 경험에 전념하고 있는 상태에서의 정신의 경험이라고 본다. 그래서 그는 꿈이란 정신적인 모든 작용, 즉 인간의 이성이나 덕성뿐만 아니라 비합리적인 욕망도 나타나며 인간 속의 나쁜 것도 좋은 것도 모두 나타나는 것으로 본다.

아들러(와이스, 김종주 역, 1986: 23)에 의하면 꿈이란 인격의 통일성을 나타내 주고 삶을 흔들어 깨우는 감정이 일어나도록 해 주는 문제 해결의 적극적인 경험이 된다. 그 또한 융처럼 꿈을 보편적 상징으로 이용하는 것을 싫어했다. 아들러에게는 꿈이 꿈꾼 사람의 인격이라든가 사는 스타일을 반영해 주는 것이 되며 앞으로 다가올 상황에 대한 시연(reherasal)이 되어 주기도 한다.

게슈탈트의 창시자인 펄스(F. Perls; 와이스, 김종주 역, 1986: 25)는 무의식 개념을 거부하고 현재에 중점을 둔다. 꿈을 실존적인 메시지로 보고 통합으로 가는 첩경이라고 본다. 그에 따르면 꿈의 각기 다른 부분들은 모두 인격의 단편들이어서 그 조각들을 모아 하나의 전체로 구성할 필요가 있다. 그것은 꿈을 경험하도록 하고 (역할놀이를 통해서) 행동으로 옮기도록 함으로써 가능해진다.

고대 중국에서 현대까지 꿈에 대한 연구를 고찰한 유문영(1989: 17)에 따르면, 무의식(그의 용어로는 잠재의식)은 본아(本我) 혹은 원초적 욕망에서 오는 것이 아니며 원시적 사유와 동일한 원천을 가진다. 그래서 꿈이란 인간의 무의식이 실제 생활에 미친 반영에 불과한 것이다. 인간 내면세계의 전반적인 표출이라는 것이다. 자아와 초자아의 지배를 받지 않는, 정신계층(의식, 무의식, 자아의식 등)의 긴장, 이완의 반복이라는 리듬 법칙을 유지 · 보호해 주는 것이 꿈이라는 것이다.

한마디로 꿈은 난해하다. 그것이 무의식의 표현이건, 상징이건, 사는 방식의 반영, 창조적 과정, 실존적 메시지, 인생에 대한 주관적 태도를 반영하는 거울이건, 하나의 소망 충족이건 꿈은 이해하기가 어렵다. 따라서 꿈 문자는 사람마다 자신의 주관과 이론에 따라 다양한 기법으로 꿈을 분석, 해석, 이해한다. 울버그(Wolberg, 1977)에 의하면 그 기초적인 기법은 꿈의 기본적인 경향들을 요약하는 것, 그에 대한 자발적인 연상을 시도하는 것, 그러한 꿈의 역동에 대한 임시적인 가설을 세우는 것, 그리고 초점을 맞추어서 연상을 더욱 촉진시키는 것이다. 말하자면 꿈꾼 자와 해독자, 비전문가와 전문가 간의 대화, 언어를 통해서 대부분의 꿈의 해석이 이루어진다. 문제는 바로 여기에 있다. 언어를 통해 꿈의 이해가 이루어지고 있다는 점이다. 여기서 언어의 의미는 다음과 같다.

- 언어는 낯선 것, 의심스럽고 혼돈스러운 것, 애매모호한 것 등을 제대로 표현해 내지 못한다. 언어는 그러한 난해한 것들을 모두 기존의 알려지고 뜻이 이미 고정되어 있는 낱말을 사용하여 표현한다.
- 언어란 그 어떤 자연적 사실, 심적 상태(기쁨, 슬픔 등), 사물, 동작을 엄밀하게 가리키는 것이 아니다. 예컨대, 슬프다, 아프다고 말했을 때는 아픈 것, 슬픈 것이라는 어떤 보편적인 것이 존재하는 것이 아니다. 그것은 극히 주관적 상태에 대한 일반적이고 습관화된 표현일 뿐 그 의미는 사람마다 다르다. 쌀밥이라는 말과 실제의 쌀밥 또한 다르다(그래서 꿈 해석은 개별적인 의미 추구로 나아가야 된다고 이야기한다.).
- 비트겐슈타인식으로 말한다면 언어의 쓰임(언어놀이 방식)이 의미를 만든다고 할 수 있다. 예컨대, "누군가가 날 쫓아오고 있었어요. 난 마구 도망쳤어요."와 "난 마구 도망치고 있었어요. 모르겠어요. 누군가가 쫓아오고 있었던 것 같아요."라는 두 표현은 그 의미가 다르다. 그 상황의 초점, 감정, 행위(쫓음, 도망)의 의미 등이 모두 다르게 느껴지는 것은 언어 자체가 아니라 그 말을 어떻게 사용하는가뿐만 아니라 말하는 태도, 자세, 표정 등에 의해서 달라지는 것이다.
- 꿈이 대부분 시각적이고 하나의 그림 형상으로 드러나는 데(물론 청각적, 촉각적 꿈도 있지만) 반해서, 언어는 바로 그러한 그림을 충분히 묘사하는 데 한계가 있다. 무엇보다도 언어는 그 전경(全景)이 아니라 전체 모습의 부분화, 파편화에 의존되는 설명양식이기 때문이다. 시간적으로 동시에 그 전체를 표현하기는 불가능하다(그래서 때로는 그림으로 표현하기도 한다.).

(2) 사이코드라마적 꿈의 이해

사이코드라마 이론 중 정식으로 꿈에 관한 논의는 몇 가지 기법 이외에는 없다. 있다 해도 대부분이 다른 정신치료 이론의 전부 혹은 일부를 차용해서 사이코드라마의 기법과 접목시킨 것이다. 모레노가 꿈에 관해 이야기한 것은 그가 프로이트를 만나서 한 이야기인 "당신은 꿈을 분석하지만, 나는 사람들이 또다시 꿈을 꾸도록 용기를 북돋아 주겠소(I try to give them courage to dream again)."라는 말에서 시작된다. 꿈의 의미를 찾아 들어감과 동시에, 그의 말처럼 꿈꾼 자의 의지에 의한 꿈의 창조작업을 시도한다.

그러나 앞에서 언급한 꿈의 의미, 내용, 기능 등에 대한 이론적 논의는 없다. 모레노에게는 그러한 이론적 접근이 무의미했기 때문이라고 생각할 수 있다. 꿈의 해석이란 행위 자체 내에 들어 있다고 믿었기 때문이다. 따라서 여기서는 사이코드라마적인 꿈에 대한 실천적 접근방식 이전에 몇 가지 전제되어야 할 사항만을 간략히 논의하고자 한다.

첫째, 사이코드라마에서 꿈은 현실/꿈, 의식/무의식, 상징/의미 등으로 분리되어 생각되지 않는다. 그것은 인간의 삶 자체, 하나의 현실, 실재 또는 잉여현실이라고 하는 보다 진실한 의미의 현실 자체로 수용된다. 깨어 있는 상태와 잠자는 상태에 대한 의식적인 구분도 중요하게 생각하지 않는다. 겉에 드러난 꿈의 형상이 이해하기 어렵다고 해서 그 꿈의 동기, 원천, 의미를 의도적으로 이해하려고 하거나 분석하고 그 어떤 요인을 상징하지도 않는다. 그것은 이해 가능하냐 불가능하냐의 판단 이전에 주어져 있는 것으로 인정된다.

둘째, 사이코드라마에서 꿈의 시간성은 중요하게 생각되지 않는다. 어린 시절의 꿈이건 어젯밤의 꿈이건 그 의미는 오직 지금 이곳, 현재의 꿈꾼 자에게만 있을 뿐이다. 대부분의 정신치료가 현재를 기점으로 과거로 거슬러 올라가는 방식처럼, 꿈 또한 역행적으로 분석되어 현재와의 관계가 구성되고 해석된다. 반면에 사이코드라마에서는 꿈꾼 자의 꿈이 과거의 꿈이라 할지라도 현재 시제에서 놀이화된다. 과거와 현재를 분리해서 종합하는 방식이 아니라 과거 자체가 곧 현재로 표현된다. 나는 이런저런 꿈을 꾸었다가 아니라 내가 지금 이런저런 꿈을 꾸고 있는 것으로 행위화된다.

셋째, 사이코드라마에서는 모든 꿈, 환상, 백일몽, 환각, 망상 혹은 이해하기 힘든 그 어떤 영상도 모두 행위화된다. 실제 내가 그러한 그림, 영상 속의 인물이 되어 그것을 구체적으로 사건화한다. 그것은 언어에 의한 설명적, 서술적 방식과 차이가 있다. 나는 날고 있어요와 실제로 내가 내 몸을 이용해 날아 보는 것 간의 차이다. 또 난 무서워서 숨었어요와 실제로 무서워하는 기분이 되어 숨는 행위를 하는 것의 차이다. 언어, 의식, 이성적 이해 이전에 내 몸이 먼저 느끼고 그 의미를 흡수하는 것이다. 열 마디 말보다 한 번의 실천, "백문이 불여일견(一見 또는 一行)"이라는 말과 같은 의미다.

넷째, 모든 사이코드라마적 행위화가 인간에 대한 해석, 이해, 문제의 해결과 같은 실제적인 목표를 지향하지 않고 인간의 근원적 자발성에 초점을 두는 것처럼, 꿈 또한 꿈꾸는 자의, 꿈속 그 내용의 행위화에서의 자발적인 행위에 보다 큰 의미를 부여한다. 예컨대, '나는 알몸이 되어 넓은 초원에 누워 있다'는 장면에서는 알몸상태의 의미, 그 순간의 느낌, 주변 상황, 그리고 더 중요하게는 내가 얼마만큼 그 상황을 만들고 있는 대상들과 자발적으로 만나고 있으며 대화를 나누고 행위하는가에 의미가 있다. 잔디와 이름 모를 풀들, 바람, 태양, 그리고 내 몸의 부분들과 만나고 역할 교대하고 행위하는 가운데서 그 순간의 느낌, 스며드는 의미, 생각들이 더 중요하다는 뜻이다.

마지막으로 사이코드라마에서 꿈은 그 자체의 행위화로 끝나지 않고 새로운 꿈의 생성, 창조로 나아가는 수단이 된다. 꿈이 나의 통제능력 밖에서 이루어진 현상이라면, 이제 그 꿈에 대한 행위 갈증, 꿈 갈증이 완료된 이후에 나는 나의 의지와 자발성으로 내가 원하는 꿈을 만들어 낼 수 있다. 알몸이 된 몸에 옷을 입힐 수 있으며, 도망치는 곳에서 나와 추격자와 정면대결할 수 있다. 하늘을 나는 꿈 대신에 현실의 일상에 자신있게 임하는 내 모습을 새롭게 꿈꿀 수도 있다. 그것은 내가 창조자가 되어 내 꿈을 바꾸고 원하는 대로 꿈을 꾸는 것으로 마치 한편의 시, 그림을 그리듯 실제로 창조행위 속에 몰입하는 것이다.

꿈은 그 자체가 인간에게 가장 자연스러운 자연발생적 현상 중의 하나다. 인간이 숨쉬고 먹고 자고 하는 것만큼이나 자연적이다. 주어져 있는 그대로의 현실이다. 꿈에 대한 인간의 의식이 흉하고 불안하고 애매모호하다고 할지라도 그것을 그 어떤 한 가지 목적 내지는 의미로 환원할 수는 없다. 마치 모든 대자연의 현상이 인간에게 이해 가능하지도 우호적이지도 않으며 그 어떤 한두 가지 이유와 동기만으로 설명할 수도 없는 이치와 같다. 그것은 우리가 아직 뇌, 우리 몸의 작용과 기전을 이해하지 못한 만큼이나 이해하기 어렵다. DNA나 유전인자 연구만으로도 꿈의 세계를 이해하기 어려운 것은 마찬가지다. 그것은 마치 신화나 동화의 세계에서 보이는 것처럼, 의식이 잠들 때, 보름달이 비칠 때 숲의 모든 요정들이 몰려나와 해가 뜰 때까지 놀이를 하는 하나의 드라마와 유사하다. 그것은 태양, 의식, 인위적 사고의 논리라는 빛의 명료성으로부터의 일종의 자연 자체의 반응으로 보인다. 그런데도 인간은 인위적으로, 과학이라는 이름으로 밤의 세계에 빛을 비추고자 시도한다. 그러한 행위가 틀렸다거나 무의미하다는 것은 아니다. 무의식, 욕망의 세계로 나아가는 왕도라는 식의 단정적인 개념이 문제라는 뜻이다. 인간이 인간을 분석 · 해부하는 일은 어떤 면에서 참으로 안타깝고 끔찍한 일일 것이다.

(3) 게슈탈트 치료 및 연극치료에서의 꿈기법

사이코드라마와 게슈탈트 치료에서 꿈 이론이나 기법을 비교해 보면 공통점은 지금 이곳에 초점을 맞춘다는 것이다. 그러나 차이가 있다. 게슈탈트에서는 무의식을 전혀 인정하지 않는다. 오직 이 순간의 실존적인 나(자기)만 있다. 그래서 꿈 내용의 각 요소들은 꿈꾼 자의 자기의 부분으로 해석된다. 따라서 게슈탈트의 꿈 치료 기법은 자기실현화 내지는 통정(integration)을 목표로 한다. 꿈이야말로 자기 통정의 왕도(프로이트의 무의식으로의 왕도를 바꾼 말)라고 믿기 때문이다. 사이코드라마는 무의식적 요소들을 인정하며 그러한 단일의 실제적인 목표보다는 자발성에 더 큰 의미를 부여한다.

게슈탈트에서도 역시 역할놀이를 통해 꿈의 세계에 접근하지만 그것은 꿈꾼 자 혼자서 하는 역할놀이다. 보조자라든가 관객의 참여가 없다. 그것은 일견 자기라고 하는 인식의 틀에 갇혀 버릴 수 있는 위험이 높다. 여기서 치료자의 개입 또한 치료자의 성향이나 의도에 따라 일방적으로 이끌려 갈 수 있는 위험이 있다. 그러나 사이코드라마에서는 다수의 타인들이 역할을 맡아 함으로써 그러한 독선적인 위험도 훨씬 희석 · 감소된다. 또한 주인공의 역할놀이 역시 타인의 시각, 관점, 느낌의 영향에 노출되기 때문에 자신만의 틀에서 벗어날 수 있는 가능성이 게슈탈트나 다른 치료방식보다는 훨씬 높다고 하겠다. 한마디로 사이코드라마는 게슈탈트처럼 인지적 이해에 목적이 있지 않고 몸과 행위를 통한 자발적인 만남, 공동창조에 목적을 둔다.

연극치료에서 꿈에 대한 접근 이론은 대부분 프로이트, 융 및 게슈탈트 이론을 결합한 것이다(Landy, 1993). 독자적인 꿈이론은 없다. 뿐만 아니라 사이코드라마에서처럼 꿈꾸는 현재 상황 혹은 잠자는 침실 장면이라든가 지금 이곳의 의미에 대한 장면 설정이 없이 곧바로 꿈의 재구조화에 들어간다. 그리고 꿈 장면은 대부분 물건들, 소품들을 이용해 재현한다. 굳이 필요한 경우에 한해서 사이코드라마적으로 관객-사람이 역할을 맡는 것으로 되어 있다. 어디까지나 주인공 자신의 연극적 놀이에 충실한 입장이다. 예컨대, 연못은 고무로 된 둥근 조각, 고기들은 다양한 크기의 열쇠들로 상징화된다. 꿈 드라마의 진행은 사이코드라마와 유사하다. 그러나 그 역할들이 인물이 아니기 때문에 이중자아, 거울기법, 역할교대 등 보다 심층적인 접근을 위한 기법들을 사용할 수가 없다.

2. 정신의학적 논의

1) 치료이론

(1) 치료의 의미

우리가 흔히 말하는 치료, 환자, 병 등의 용어를 구분하여 그 어원 및 의미를 나누어 생각하면 다음과 같다.

- therapy(라틴어 therapia; to cure): 의학적, 신체적 수단에 의한 신체적, 정신적 장애 혹은 병의 처치 또는 치료(treatment)
- cure(돌보다, 관심 갖다): 건강의 회복(healing)

- treat(to handle, 다루다): 의학적 혹은 외과적 처치

- 治(다스릴 치): 보살펴 낫게 하다
- 療(병 고칠 료): 병을 고치다
- 癒(병 나을 유): 병을 낫게 하다
- 病(병 병): 질병, 결점, 근심, 성벽, 괴로워하다
- 患(근심할 환): 걱정, 고통, 재난, 병

한마디로 치료(therapy)란 신체적, 정신적 장애 혹은 병을 의학적 혹은 신체적(외과적) 처치를 통해 고치고 낫게 하는 행위라고 정의할 수 있다. 그리고 여기서의 장애 혹은 병은 다음과 같이 규정된다.

- 장애(disorder): 질서, 정상 상태(order)의 결여, 혼돈
- 병(disease): 안락하지 않은, 편하지 않은(des+aise=dis+ease). 건강으로부터의 일탈

이러한 치료, 특히 정신치료라는 말을 상식적으로 사용하는 데 있어서 문제가 되는 요소는 다음 세 가지다. 첫 번째는 건강 혹은 정상의 개념이 과연 무엇이냐 하는 점이다. 그 정확한 기준하에 병이며 장애의 의미가 규정될 수 있기 때문이다. 두 번째는 치료의 개념에 있어서 정신적인 문제에 대한 처치가 의학적 혹은 신체적 처치와 별도의 개념 설정 없이 모두 의학적 모델로 흡수되어 고려되고 있다는 점이다. 다시 말해서, 외과적 수술이나 약물치료와 같은 원인-결과론에 입각한 정신치료 개념에서 한 발짝도 더 나아가지 못하고 있다는 점이다. 세 번째는 정신분석, 사이코드라마와 같이 치료라는 용어를 사용하고 있지 않는 분야들도 모두가 정신치료라는 넓은 보편적 개념하에 묶여 버렸다는 점이다. 그래서 마음의 분석 혹은 마음의 행위라고 하는 과정보다는 그 치료적 결과, 효과, 효율성에 더 많은 관심을 보이게 되는 역설적 현상이 일어나고 있는 것이다.

(2) 병과 정상의 개념

정신치료라는 말이 그 정당성을 획득하기 위해서는 우선 무엇보다도 병과 정상에 대한 기준이 확립되어 있어야 한다. 그리고 그것은 정신의학에 의해 방대하게 정리되어 있다(과거에는 병[disease]이라고 했으나, 지금은 장애[disorder]로 바뀐 지 얼마 되지 않는다. 그리고 예외 조건으로 성격장애는 질병으로 보아서는 안 된다는 단서가 있다.). 그것의 기초

는 통계적이고 증상적이다. 개인에 의해 호소되거나 겉으로 드러난 일군의 현상들을 일정 기준하에 분류해 놓은 인간 정신-병의 조감도다.

그것은 약 300여 가지의 징후(signs) 및 증상들을 일정한 기준에 의해 분류함으로써 이루어진 것으로서 근본적으로 정상이라고 하는 것에 근거를 둔, 다시 말해 정상과 병적 상태라고 하는 다양한 행동 영역(어디까지나 겉에 드러나 보이는)에 대한 평가와 판단에 근거를 둔 것이다.

반면에 정상은 결코 우리가 도달할 수 없는 곳에 있다고 말해진다. 우리는 우리의 생각을 완전히 알 수 없기 때문이다(Kaplan et al., 1991). 프로이트 또한 정상이란 이상적인 허구라고 말한다. 자기에 대한 인식을 충분히 달성할 수 없기에 정상은 불가능한 것으로 규정된다(카프란, 1991).

그러나 정상(normality)이란 큰(gross) 정신병리가 없는 상태이고, 따라서 정신질환(illness)의 반대 개념은 정신건강(mental health)으로 간주된다. 반면에 오퍼(Offer) 등(Kaplan, 1991)에 의하면 '정상' 이란 네 가지 기능적 관점, 즉 건강, 유토피아, 평균, 과정에서 설명된다. 건강이란 징후와 증상이 없는 상태(최상의 기능상태가 아닌)를 말하고, 유토피아란 최상의 기능을 해낼 수 있는 다양한 정신(기제)요소들의 조화와 융합을 말한다. 평균이란 개인이 아닌 집단에 대한 통계적 정상분포곡선상의 중간(다수를 차지하는) 영역을 의미하며, 과정(process)이란 상호작용하는 시스템들 간의 최종 결과가 곧 정상 행동이란 것을 의미한다. 다시 말해, 어느 시점에서 횡적 종단면을 평가하는 것이 아니라 변화와 과정에 초점을 두고 정상을 논한다는 것이다(예: 에릭슨의 인격 발달의 8단계 이론).

라틴어로 정상(noram)의 의미는 직각자 혹은 규범, 기준자를 의미한다(G. Canguilhem, 이광래 역, 1996). 따라서 정상적인 것을 인위적인 규범, 기준과 같은 것으로 보는, 즉 정상적인 것을 사회적 조건 혹은 규범과 동일시해 버리는 정의는 결정론의 체계를 내포하고 있다. 선과 악, 성과 속, 건강과 질병, 정상과 비정상 등은 한마디로 세계를 이분법의 논리로 자른 후(그 자체도 아마 획일적 결정론적 이분법이다.) 먹을 수 있는 물과 먹을 수 없는 물로 나누고 세상사를 좋으냐 나쁘냐로 가르듯 인간 정신과 행동을 양분한다.

그렇다면 정상인은 정신적으로 건강하다고 말할 수 있는가, 정상 상태와 정신건강은 같은 의미인가 아닌가, 또 그것이 가능한 일인가를 물어보아야 한다. 그래야만 비정상과 정신적인 질병, 장애를 규정할 수 있으며 치료, 치료적 요인이라는 말도 사용 가능할 것이기 때문이다.

그런데 그것은 분명히 존재하고 있고 당연시되고 있다. 과학이라는 이름하에 사실,

학문, 지식, 합리적 이론, 효율적 방법으로, 그래서 부정하기 힘들고 불가능한 진리인 것으로 받아들여지고 있다. 모든 인간 행위가 동서양을 막론하고 획일적으로 정리 · 규정되고, 인간 정신은 다양한 구조적 틀로 요소화되고 분리된다. 정서가 어떻고 이성이 어떻고 무의식이 어떻다고 이야기된다.

라캉주의 관점에서 정상(성)이란 '기본적으로 불치의 것' 인 것처럼, 그것은 쉽게 부정될 수 없는 사실처럼 생각된다. 정상, 정상인이란 것은 알게 모르게 대다수의 현대인들이 취하고 있는 공조적인 만족, 은밀한 불문율처럼 통용되고 있기 때문이다. 문명의 진행은 오직 그들에 의해서만 진행되며, 그래서 그들은 온갖 관념들—미덕, 장점, 윤리성, 사회성, 인간성—을 모든 인간의 머리 위에 올려놓고 비(非) 혹은 반(反)의 개념을 만들어 낸다. 그 길만이 오직 인간 문화의 진화-진보라고 믿는다. 내 탓이오, 회개하라, 반성하라, 내 문제, 나의 정신, 성격의 문제, 모든 시선을 개인적 자질, 병적 요소, 심리적 기제로 돌려놓는다. 누가 누구를 치료한다는 말인가? 정상인이 환자를? 교육받은 사람과 기술자가 비교육자를? 배운 이론과 기술로 인간을? 무리다. 속임이 있으며 거짓과 위선이 있고 지적 우월성 냄새가 난다.

탄생과 죽음, 존재와 사멸, 연속-전체성과 단절-개별성 사이에서, 인간은 길지 않은 70~90 생애에 수많은 영고성쇠를 경험하게 된다. 성숙과 노화, 질병과 고통을 피할 수 없는 존재로서 이 지상의 삶을 영위한다. 그런데 그 속에서 누가 정상이고 누가 환자라는 이야기인가? 누가 누구를 정신적으로 고칠 수 있다고 단언할 수 있는가?

차라리 동양의학, 한의학에서의 체질론, 보정의학, 나아가 선, 요가와 같은 깨달음의 과정이 그런 의미에서 의미 있는 행위라고 할 수 있을는지 모른다. 치료의 개념보다는 전인적인 접근방식을 통한 도움(help)의 의미가 더 크기 때문이다.

요약해 보면, 치료가 성립하기 위해서는 현실적 정상-건강 개념이 선행해야 한다. 그것은 기껏해야 이 사회, 문화에 적응할 수 있는 인간을 목표로 할 수밖에 없는 한계성을 갖는다. 현실을 넘어 보다 인간 자신의 잠재력을 확장시키는 방향으로 나아갈 수 없는 추상적 내지는 이상적 관념으로 그칠 수밖에 없다. 왜냐하면 치료를 위해서는 인간 정신이 부분화 · 요소화되어야 하기 때문이다. 전체성, 전인적 만남 관계가 아니라 코는 코, 이는 이와 같이 이성, 감성, 인지, 본능, 자아, 욕구 등으로 세분화되어 설명될 수밖에 없기 때문이다.

(3) 정신치료 이론

정신치료를 정의하는 일은 쉽지 않다. 울버그(1977)는 기존 증상들(existing symptoms), 정서적 성질의 문제들(problems of an emotional nature), 심리학적 수단

(psychological means), 그리고 치료(treatment)라는 말로 정신치료를 포괄적으로 정의하면서 아울러 각각 다른 40여 종의 정의를 소개하였다. 그리고 그는 그 각각의 정의에 따른 치료기법이나 접근방식, 치료의 목표는 다르지만 정서문제들에 대한 접근 형식이라는 점에서는 공통점이 있다고 보았다. 웹스터사전의 정의 역시 정서적 측면을 강조하면서 "정신치료란 정신적 혹은 정서적 장애나 그와 관련된 신체적 병(ill)을 심리적 방법으로 치료하는 것."으로 제시한다. 둘 다 정신치료에 대한 정의이면서 정신적인 것, 정신현상은 정서적인 문제, 정서현상으로 바뀌거나 같은 의미로 다루어지고 있다. 정신과 정서는 분명히 다른 의미인데도 치료라는 의학적 용어의 개입으로 정신치료의 논점이 정서적 문제로 옮겨진 것이다.

쾌락 본능, 그래서 쾌-불쾌라고 하는 프로이트의 정신현상에 대한 기본이론으로서의 본능 가설에 따른 정서의 이분법 때문일까? 억압된 정서(repressed affects)가 무의식을 이루는데 치료란 바로 그러한 억압을 취하시키는 일이라고 하는 치료의 중심 이론 역시 같은 맥락이다. 쾌의 원리에 기초한 정신, 그래서 쾌정서의 전개에 다름 아닌 정신세계라는 것이다.

그렇다고 인간의 정신생활에 있어서 정서의 역할을 과소평가하는 것은 아니다. 정서 또한 정신만큼이나 복잡다단한 현상이며 생물학, 심리학, 정신분석학, 정신의학, 사회생물학, 인지현상학 등 다양한 시각에서 정의되고 있다(김경희, 1994). 그러나 아직까지는 이렇다 할 결과를 찾기 힘든 연구 대상이다. 과거 한때에 그것은 인간 정신의 열등 기능으로 취급되기도 하였다. 정서란 인지와 구분되는 비교적 원시적(primitive)이고 뇌의 보다 하위 부분에 위치하는 것으로 보았다(Galin, 1988). 그러나 오늘날 그것은 인지와는 더 이상 분명히 구분되기 어려우며, 오히려 인지와 행위의 구성틀(framework)이자 형성체(organizer)이며 총체적으로 작용하는 복합 시스템으로 간주된다.

여기서 중요한 점은 정신-정서-문제-장애-병이라는 일련의 등식화된 고정 개념이다. 그것은 신체-질병, 건강-불건강, 정상-비정상이라고 하는 의학적 모델에서 유래되고 오랫동안 습관적으로 내려온 이원적 사고방식의 결과이기 때문이다. 마치 성교육이 성 자체의 의미, 기능보다 성병에, 영혼에 대한 종교적 의미가 죽음, 악, 죄에 대한 교리에 치중해 왔던 역사와 같다. 그래서 정신은 우주의 혼(장자), 우주로 확대되는 이기(理氣)의 합(이기론), 인지로써는 헤아릴 수 없는 영묘 불가사의한(神) 생지원(生之源, 精)의 의미를 상실한다. 그것은 마음에 대한 이학적(理學的) 대상이 되며, 마치 소화기계, 호흡기계처럼 분해, 부분화, 세분화 혹은 몇 개씩 조립되어 연구된다. 마치 해체된 자동차의 부품 하나하나가 자동차인 것처럼 언급되는 식이다. 그래서 의식-무의식, 욕망, 인지, 정서, 직관, 감각 등으로 나뉘어 해석되지만 아직은 그 어떤 이론도 정신을 완전히 규명하지는 못하였다.

한편 이러한 이론 및 방법들을 한데 묶어 보려는 여러 가지 시도가 있어 왔다. 절충적(eclectic), 종합적(comprehensive), 통합적(integrating), 다중양식적(multimodal), 체계적(systematic), 총합적(holistic) 정신치료가 그것이다. 이부영(1988)에 의하면 치료이론상의 수많은 대극은 현대에 와서 점차 그것을 합치려는 움직임을 보이고 있으며, 전체적인 추세는 대극 융합의 전일적인 방향으로 향해 가고 있다고 한다. 그러나 아직은 불충분하다. 그 어떤 것도 보편타당하게 적용될 수 있는 이론은 생겨나지 않았다(Weiner, 1989).

메이(May, 정성호 역, 1986)는 오늘날 우리가 치료의 시대에 살고 있다고 말한다. 심리치료 외에 성치료, 결혼치료 등을 포함해서 이 세상에는 300여 가지 이상의 치료법이 있다는 것이다. 그래서 그는 50년 이상 정신건강에 종사해 온 메닝거(Meninger)에게 '치료'를 정의해 달라고 요구한다. 그러자 그는 이렇게 대답한다. "수천 년 이상 사람들은 서로 말을 해 왔다. 문제는 어떻게 해서 그것이 한 시간에 60달러가 되었느냐 하는 점이다." 문제(problem)의 의미가 깊은 말이다.

정신치료란 담화치료(talking cure)다(프로이트의 이 정의 역시 치유[heal]라고 하는 건강회 복을 뜻한다.). 정신치료는 거의 모든 과정이 말로써 이루어진다. 또한 말, 언어 세계는 뜻과 내용이라는 이중성, 그리고 제멋대로라는 의미의 자의성(恣意性)을 지닌다. 치료에 있어서 심리학적 수단이란 결국 언어 의존적이어야만 하는가?

김광일(1994)은 한국의 정신치료에 대한 부정적 요소를 다음과 같이 열거하였다. 권위주의 문화, 억압적 문화, 심리학적 · 철학적 바탕의 부족, 감정에 대한 언어표현의 부족, 환자와 주변 인식의 부족, 치료 약속 준수의 자세 부족, 치료비 개념의 인식 부족, 치료자의 교육 부족과 자질 부족이다. 이것은 1966년의 정신의학회 토론회에서 지적된 내용들을 정리 · 발표한 것이지만 30여 년이 지난 지금의 상황에서도 크게 달라진 바는 없을 것으로 생각된다. 한 나라의 문화양식 내지는 국민적 특성이 짧은 시기 동안 쉽게 변모되지는 않기 때문이다. 예를 들어, 미국에 사는 한인들 역시 마찬가지다. 김병석(1989)은 뉴욕에서의 정신치료 경험을 토대로 한국인의 특성을 요약하였다. 극히 수동적이고 증상 제거만을 기대할 뿐 정신 역동에는 흥미가 없고, 말로 솔직히 표현하기를 꺼리며, 의사를 권위자로 여겨 지시를 기대하고, 단기치료를 원하며, 수치심 강하고, 체면 유지가 중요하며, 무의식 개념이 잘 서지 않아 전이-역전이 문제를 다루기가 힘들다는 것이다.

한국인과 정신치료, 한국인 정신치료자와 한국인 환자의 사이, 그 거리는 결코 융합될 것 같지 않는 모습이다. 서로가 맞지 않아 보인다. 왜 그럴까? 근본적인 문제는 무엇일까? 이론인가? 애초의 그릇된 만남 때문인가? 위와 같은 요소나 특성들이 있는 그대로 긍정적으로 수용될 수 있는 길은 없는 것일까?

도대체 정신의 본질이 무엇이기에 인간은 그토록 정신치료를 필요로 하게 되었는가? 그것은 반드시 필요한 것인가? 우리 신체에는 자발적인 치유력이 있다. 상처가 아물고 병균이나 이물질에 대항해 싸울 수 있는 방어와 면역 체계가 있다. 그렇다면 우리의 정신 내부 어딘가에도 그러한 자생적 힘이 있을 수 있다. 치유 이전에 예방적이고 보다 근본적인 힘과 같은 것 말이다. 다시 말해서, 인간에게는 그 어떠한 정신적 역경일지라도 그러한 내외적 환경적인 요인, 자극에 대해서 스스로 자생적으로 맞서서 대항 · 극복해 나갈 수 있는 힘이 주어져 있다는 생각이다. 모든 우주 삼라만상을 있게 하고 변화시켜 나가는 힘, 인간이 인간으로서 존재하게 하는 근원적인 에너지, 아직은 충분히 개발하거나 사용하지 못하고 있지만 분명 우리 마음속에 잠재되어 있는 그것, 마치 생명력과도 같은 그것은 곧 자발성이며 창조성이다.

시인이며 소설가인 릴케(Rilke), 카프카(Kafka), 조이스(Joice), 랄프(Ralph)는 창조성에 손상을 입힌다는 이유로 정신치료를 두려워했다고 한다. 나디아 사례는 정신치료에 의해 언어능력을 회복한 대신에 그림능력은 상실한 예를 보여 준다. 반대로 정신치료에 의해 억압으로부터 자유로워짐으로써 자발적인 반응력이 증가하거나 자신의 충동을 창조적으로 변화시킨 성공적인 사례 보고들도 많이 있다. 그렇다면 이러한 현상을 어떻게 설명할 수 있을 것인가? 어느 경우가 보다 진실에 가까운지 의문이 들지 않을 수 없다.

(4) 결정론적인 치료이론

고전과학 또는 뉴턴의 동역학(dynamics)의 운동법칙은 초기 상태가 주어지면 각 시점(현재)에서 미래 또는 과거의 궤적들을 계산해 낼 수 있음을 증명한다(프리고진, 신국조 역, 1993). 동역학계가 결정론적 법칙에 의하여 지배된다는 말이다. 그에 의하면 이러한 기계론적 세계관은 자연적인 과정들의 진행 방향을 예측하고 수정하는 수단, 그리고 자연의 힘과 물질 자원을 길들이고 이용할 수 있는 장치를 고안하는 수단을 만들어 준다.

다시 말해서, 뉴턴의 역학적 세계관이란 모든 운동은 부분으로 나누어 분석할 수 있다는 환원주의(reductionism)와 사물의 운동에는 이유가 있다는 인과론(causality)적 기계론(mechanism)을 의미한다. 이는 자연뿐만 아니라 인간의 마음조차도 물질에서 나온 복잡한 기계장치에 불과하다는 논리로 연결된다. 따라서 한 부분만 보아도 전체를 알 수 있다는 이성적 합리주의(rationalism)다. 거기에서는 인간 정신의 비합리적인 요소들(상상력, 자발성, 직관 등)은 쓸모가 없게 된다.

그러나 이제 상대성 이론은 절대적 공간과 시간이라는 뉴턴 물리학의 환상을 없애 버렸고, 양자이론은 측정과정을 제어할 수 있다는 뉴턴 물리학의 꿈을 깨뜨렸으며, 카오스 이론은 결정론적 예측 가능성이라는 라플라스적 환상을 없애 버렸다(글리크, 박배식 외 역, 2006). 사물의 운동은 연속적이라는 가정 역시 물질 입자들이 연속적으로 움직이기보다는 작지만 폭발적인 점프를 계속하면서 움직인다는 양자도약 현상에 의해서 부정된다. 불연속성이야말로 자연의 본질적 성질이라는 것이다.

그런데 고전적 결정론은 체계에 대한 총체적 지식이라는 도달할 수 없는 (마음속으로 생각할 수 있는) 한계의 틀 속에서 지금도 여전히 작동하고 있다(리오타르, 유정완 외 역, 1992). 나는 나 자신을 확실히 알고 있으니 너를 안다. 나는 네가 어떤 인간이라는 것을 분명히 안다고 믿는다.

정신분석이 그렇다. 정신결정론(psychic determinism)을 명백히 선언한다. 우연한 것으로 보이는 인간의 어떤 행동도 특정한 동기와 이유를 가지고 있다고 본다(이무석, 1995). 어른의 행동은 이미 어린 시절의 경험에 의해서 그 동기가 결정되어 있다는 이론이다. "세 살 버릇 여든까지 간다."는 뜻이다. 그래서 비정상이라고 하는 정신병리론의 유아기, 어린 시절, 무의식의 결정력은 신경증, 정신증뿐만 아니라 정상인, 꿈, 사회, 문학 전반으로 확대되고 예술작품에도 영향을 미친다. 예술 영역을 증후군의 영역과 통합시키고 예술적 생산과정과 예술작품, 심지어 예술가들까지 진찰하듯 분석해 내는 특권을 남용한다(리오타르, 1979: 184). 심지어 그것은 죽은 사람들에게도 손을 뻗는다. 죽은 지 오래된 유명한 사람들, 즉 자유연상도, 저항도, 전이도 보여 줄 수 없으며 그 중요하다는 치료 동맹도 맺을 수 없는 사람들조차 낱낱이 해부되어 이론의 우수성을 입증하는 데 공헌한다.

한마디로 "모든 사람의 마음속에는 어린아이가 들어 있다." 그리고 그 아이는 잘못된 아이이기 때문에 되돌아가서 분석, 이해, 깨달음을 통해 수정 · 삭제해서 혹은 성숙시켜서 자유로워져야 한다는 것이다. 지금 현재 제아무리 훌륭한 일을 하고 있다 해도 그러한 흔적을 지울 수도 없고 벗어날 수도 없는 존재라는 것이다. 그렇다면 인간은 정말 초라하기 짝이 없는 존재다. 한번 지나간 시간은 다시는 돌아오지 않는다는데 인간은 지나간 과거의 노예와 같은 운명이다. 계곡에 흐르는 물은 어느 한순간도 같은 물이 아니고 우주 만물의 운동은 다시 거슬러 올라갈 수 없는 비가역적 변화를 해나가고 있다고 하는데, 그래서 자연계는 매 순간 새로운 변화와 질서를 창출해 낸다는데(프리고진, 김재희 역, 1994), 인간은 그 무서운 논리적 이성이 만들어 낸 결정론적 기계 앞에 자유의지를 반납한다.

지금의 내 속에 들어 있는 호기심, 의문, 무모함, 천진난만성, 환상, 자발성, 비논리성, 혼란스러움은 어떻게 분석될 수 있을까? 열정 가득하고 거의 자아라는 것도 가지지 않고 방어기제도 사용할 줄 모르는 예술가는 갓난아기인가 아닌가?

아버지상과 관련된 남성과 결혼한 여성이 행복하게 살고 있는 경우와 불행해지는 경우, 결혼 10년 후와 20년 후, 그리고 서로 다른 분석가에게 분석을 받은 경우, 그 어떤 상황에서도 결과는 항상 같아야 한다. 또한 같은 환경에서 자란 쌍둥이(유전적 요인을 고려해서는 안 되는)는 유사한 배우자 선택과 유사한 신경증을 앓아야 한다는 것도 증명되어야 한다(그 차이는 탄생 순위와 관련된다고 말하겠지만).

물론 정신분석의 모든 논리가 틀렸다는 말은 결코 아니다. 뉴턴의 물리학이 그러하듯, 그것은 전체 과정 중 일부에 해당되는 사실 받아들여져야 한다는 의미다. 인간 역시 자연의 일부이면서도 바로 그 자신의 논리, 역사에 의해서 스스로 왜소화된 정신세계에 대해 의문을 던져 보자는 것이다. 입자도 파동도 아니며 관찰자에 의해서 그 전체성이 깨뜨려진다는 현대의 불확정성 이론 때문만은 아니다. 그것은 그동안 결정론의 흐름 아래, 오성과 문명의 이름 아래 개발되지 못했던 가장 자연스러운 자연현상으로서의 자발성과 창조성을 말한다.

프로이트는 자신의 분석의 목표를 일하고 사랑할 수 있는 능력(capacity of work and love)을 갖도록 하는 데 두었다. 융은 자기 원형이라고 하는 근원적 가능성을 실현하는 것에 두었다(이부영, 1978). 그리고 아직은 이상이라고 말한다.

정신치료 이론은 그 자체의 논리상 이상적 인간 혹은 건강한 인간이라고 하는 목표를 제시하지 않을 수 없다. 브라우닝(D. S. Browning, 1975)은 훌륭한 인간(good man)에 대한 네 사람의 이론을 비교해 보인다. 리프(Rieff)의 심리학적 인간(psychological man: 개념과 상징을 지배하는 인간), 브라운(Brown)의 디오니소스적 인간(Dionysian man: 생과 사를 받아들이고 극복하는 인간), 에릭슨의 생성적 인간(generative man: 인간 종족의 유지와 생태학적 힘에 봉사하는 인간), 그리고 프롬의 생산적 인간(productive man: 모든 능력의 실현을 통해 자아를 창조하는 인간)이 그것이다.

슐츠(D. Schutge, 이혜성 역, 2007)는 올포트(Allport)의 성숙한 사람(미래를 향해 나아가며 전체 성격을 단일화하고 통합하는 계획된 본성의 사람), 로저스의 충분히 기능하는 사람(자기실현의 욕구를 지닌 성숙되어 가는 과정으로서의 인간), 매슬로의 자기실현의 사람, 프랭클(Frankl)의 자아 초월의 사람, 펄스의 지금 여기의 사람(현실론의 순간에 안정된 바탕을 둔 사람)들을 비교하면서 모두에게 맞는 심리적 건강에 대한 하나의 의견이나 접근법은 있을 수 없다고 결론 내린다.

매슬로(A. H. Maslow; 조대봉 역, 1992)는 프롬, 호나이, 융, 부버 등 학자들이 말하는 성장, 개별화, 자율성, 자기실현, 자아발달, 생산성, 자기 인식 같은 개념들은 모호하게 인지되는 개념이고 서로 동의어에 속하며 명백히 정의 내리기 불가능한 개념으로서, 우리는 성숙이란 개념조차 모르고 있다고 말하였다.

그렇다면 정신치료란 무엇인가? 역설적이게도 그것은 인간 정신의 일부, 자신의 이론적 도구-그물에 알맞은 부분만을 요리해 낸 방식임을 스스로 드러낸다. 프로이트는 "완치를 목표로 하지 말자(Don' t try to cure). 다만 환자에게 배우고 약간의 돈을 받자."라고 융에게 편지하였다(이무석, 1995: 11).

에렌츠바이히(A. Erenzweig)(J. F. Lyotard, 유정완 외 역, 1992)에 의하면 무의식의 1차 과정은 그 자체로 혼돈스럽거나 무질서한 것이 아니라 2차 과정이라는 엄격한 구조와 만날 때 무질서한 효과를 갖게 된다. 1차 과정의 특징은 에너지 또는 주의력의 자유로운 흐름이라는 것이다.

우주는 스스로가 스스로를 짝 지어 나가면서 다시 스스로를 변화시키고 발전시켜 나가는 하나의 유기적인 계(系)이며, 겉으로는 혼돈스러워 보여도 단순히 의미 없는 요동이 아니라 언제라도 질서를 창출할 수 있는, 다시 말해 질서를 내포한 힘찬 요동의 상태다. 그리고 그 모든 것은 자발적인 힘이라고 할 수 있다(프리고진, 김재희 역, 1994: 140-148). 물질조차도 자고로 끊임없이 펼쳐지며 전개되고, 전자와 같은 무생물까지도 어느 정도는 끊임없이 자기를 갱신하고 있다고 말할 수 있다(보옴, 김재희 역, 1994: 109).

우리는 아직 인간 정신을 구획화하고 정의하기는 이르다. 주자의 말처럼 무한한 가능성 속에 인간을 열어 주는 원천이 마음이요, 장자의 말처럼 무궁하게 두루 흘러서 한 구석에 정체됨이 없고 항상 살아 움직이기를 요구하는 것이 마음이기 때문이다(금장태, 1997). 그런데도 연구자들은 곧잘 자기 자신의 심적 구조 또는 사회의 공통되는 심적 구조만을 인간의 본성으로 간주하는 잘못을 범하게 된다(프롬, 최혁순 역, 1994). 과학자들의 진술과 자연이 말하는 것 사이의 관계란 완벽한 정보가 없고 하나의 게임으로 조작된 것처럼 보이며, 측정할 수 있는 것이라고는 과학자의 진술이 저것이 아니고 이것이라고 말할 확률뿐인데도 말이다(리오타르, 1992: 143). 그래서 오늘날 모더니즘에 불신과 회의를 던지는 포스트모던 과학은 결정 불가능한 것, 정확한 통제의 한계, 불완전한 정보로 추정 지어지는 갈등과 같은 것들과 관계함으로써 자신의 발전을 불연속적이며 파국적이고 교정 불가능하며 역설적인 것으로 이론화한다(리오타르, 유정완 외 역, 1992: 148).

따라서 바로 이러한 모든 현상의 배후에 있고 그것들을 발생케 하는 힘으로서의 자발성의 중요성과 의미는 크다고 말할 수 있다. 호나이(이태승 역, 1988)는 자유연상의 참된 본질은 자발성에 있다고 말하였지만 그것은 언어나 치료적 목적을 넘어선 곳에 있다. 그것은 변화와 진화라고 하는 창조성의 본질적 요소요 힘이다.

(5) 언어치료 이론

거의 모든 정신치료는 언어 의존적이다. 여기서 '거의 모든'이라는 말은 비록 일부 정신치료에서 시, 그림 혹은 (역할)행동을 보조수단으로 이용하고 있지만 결과적으로는 언어에 의존한다는 의미다. 물론 언어는 인간 정신의 최고 표현양식이요 기호다. 그러나 라캉이 무의식조차도 언어로 구조화되었다고 선언했을 때 그것은 부메랑 효과에 의한 인간 정신의 죽음을 상징하는 것이었다. 구조주의 철학자 레비스트라우스(T. Hawkes, 오원교 역, 1988: 42)는 인간에 대해서 말하는 것은 언어에 대해서 말하는 것이고 언어에 대해 말하는 것은 사회에 대해 말하는 것으로, 문화 전체가 하나의 거대한 언어로 구조화되어 있다고 말한다. 말하자면 신화나 친족, 혼인 예식과 같은 어느 한 체계 내의 언어적 근본 구조를 통해서 인간의 무의식적 태도를 탐구할 수 있다는 것이다. 그러면서 그는 문자법이 인류에게 다대한 편익을 가져다주었지만 실은 인류로부터 무엇인가 근본적인 것은 빼앗아 갔다는 것을 이해하는 일이 매우 긴요하다고 강조한다. 그 무엇이란 '원시의' 또는 '야생의 사고'(savage mind), 더 적절하게는 다의적인(multi-conscious)사고다. 그것은 정지된 시간과 영원의 시간, 자신과 자연 등 하나 이상의 수준에서 동시에, 자발적으로 신화나 토템을 만들어 낼 수 있으며 우리로서는 당혹할 정도로 복잡한 세계상(world picture)을 만들어 내는 인간 능력을 가리킨다. 그것은 인간이면 누구에게나 주어진 보편적 인간 정신이라는 것이다.

그러나 오늘날 그러한 정신은 문자법에 의해 빼앗겼다고 말하는 것보다 언어에 의해 침식당하고 왜소해졌다고 하는 편이 더 적절한 표현일 것 같다. 왜냐하면 자발성과 더불어 그것은 원시성, 야만성, 미숙성, 반문명적 광기 등의 이름으로 역사의 뒤켠으로 물러나 오랜 세월 비과학적 열등 기능으로 취급되어 왔기 때문이다. 문명의 발달이란 바로 그러한 온갖 언어적, 논리적, 합목적적 이성과 심리 법칙들의 역사를 의미하는 것이 아니던가? 놀이정신이 현대에 와서 오직 시에만 조금 남아 있는 것처럼(호이징가, 권영빈 역, 1989), 오늘날 우리는 그러한 자발적인 야성적 정신을 몇몇 예술 분야의 선구자들에게서 겨우 찾아볼 수 있는 지경에 이르렀다. 우리는 이제 그들의 작품을 통해서 간접적으로 잊혀진 야성에 대한 향수를 달래고 있을 뿐이다.

인간이 만든 로봇이 스스로 움직이듯이(그래서 언젠가는 인간 세계를 파괴할는지도 모르는), 언어는 이제 이미 스스로 의미를 획득해 버린 괴물이 되었는가? 라캉은 인간이 언어에 포박되고 언어로 고문당하는 주체에 지나지 않는다고 선언한다(르메어, 이미선 역, 1994). 상징이란 실제 사물의 희생을 의미하기 때문이다. 밥이라는 기표가 실제의 밥을 대신한다. 즉, 상징이란 사물의 죽음을 전제한다. 마찬가지로 주체가 이름을 갖게 되는 순간, 실제 주체는 없어진다. 그러나 인간에게 가장 진실되고 중요한 부분은 가면 뒤에 감추어진 것, 억압된 것, 즉 자연이다. 그래서 인간을 사회화하고 긍정적 인간의 조건이라 할지라도 그 어떤 넓은 의미의 상징도 인간 개인의 산경험, 생생한 인간의 조건이 지닌 다양성, 진정한 존재를 다 나타낼 수 없다고 보는 것이다.

그래서 라캉은 환자의 머뭇거림, 생각, 모호함, 부정, 꿈, 환각, 공포와 같은 상상적 형성물, 일관성 없는 순간들을 찾아 나선다. 결국 언어의 법칙에 따라 무의식 세계에 개입하여 상상계로부터 상징화된 상상계로 끌어내는 것이 해석과 치료 과정이라고 본다.

이는 마치 두꺼운 언어의 갑옷을 입고서 비틀거리는 인간들을 향해 소수의 알몸인 사람들이 치료라는 형식으로 그 갑옷을 벗겨내고 있는 정경을 떠올리게 한다. 아니면 언어의 진흙탕 속에서 다른 수단도 아닌 바로 그 진흙물을 가지고 몸을 씻어 내야 한다는 우화적 장면인가? 라캉이 말한 바에 의하면 자유자재로 사고할 수 있는 곳에서 나는 항상 내가 아니며 의식적으로 사고할 수 없는 곳에서만 나는 나일 수 있기 때문이다. 그에 따르면 주체가 자기 내부에 스스로 지배할 수 없는 이질성을 가지고 있다는 사실, 그래서 근본적인 이질성(radical heteronomy)에서 생겨난 인간 내부의 결핍은 결코 다시 회복될 수 없다.

위에서 언급한 '의식적으로 사고할 수 없는 것에서만 나는 나일 수 있다.' 라는 말은 그 어떤 언어의 속박으로부터 자유롭고 결코 기표에 의해 구속되지 않은 존재의 일면을 긍정하는 의미로 해석될 수 있다. 말하자면 밤하늘의 별을 바라보는 순간, 대자연 속에 묻혀 관조하는 순간, 또는 위기에 처한 사람을 구하기 위해 위험을 무릅쓰는 순간들처럼 그 어떤 언어적 사고도 동원되지 않고 단지 경이감, 황홀감 같은 것을 느끼고 순간적 행위를 하는 찰나적인 마음상태가 곧 자발성이기 때문이다.

그런데 라캉은 『에크리(*Ecrits*)』에서 중립적이고 차가운 의사상을 거부하고 정신분석의 목표를 참된 말에 둔다(윤평중, 1990). 여기서 '참되다' 의 기준은 어디 있는가? 참된 말의 의미는 무엇인가? 동음이의어로 하는 말장난(pun)과 단어 게임인가?(터클, 여인석 역, 1995) 전복적(subversive) 담론과 같은 비관습적인 언어를 사용하고 새로운 언어, 치료적 담화를 고안하는 것을 말하는가? 그 자신이 상징에는 처음부터 불완전함, 축소, 자의성, 외적 규제에 대한 복종, 상상의 기제에 대한 부분적인 인지 착오가 내재되어 있다고 말하지 않았는가?(르메어, 이미선 역, 1994)

가령 탈중심화된 두 명의 주체가 서로 마주 앉아 참된 말을 고안해 내고 주체의 진실을 밝혔다고 하자. 그렇다면 이제 피치료자는 기표로 뒤얽힌 언어의 그물에서 벗어나 매 순간 새로운 언어를 만들어 내야 할 것이고 그것은 곧 낡아빠지게 되어 또 다른 새 언어에 골몰해야 한다는 결론이 나온다.

문제는 왜 언어만인가 하는 점이다. 어떻게 언어가 인간 정신을 모두 표현할 수 있다는 말인가? 몸짓, 음률, 선과 색, 표정과 태도, 나아가 발성법, 억양, 강약, 말에 묻어나는 감정들 역시 마음의 훌륭한 표상이다. 그것들 또한 언어로 번역될 수 있다고 할지라도 극히 제한적인 범위에 국한될 뿐이다. 에스키모족의 눈(雪)에 대한 서른 가지 이상의 낱말이 시사해 주는 바는 결국 언어의 제한성 내지는 임의성이다. 언어의 미분화성이요, 국지성을 벗어나지 못하는 한계성이다. 불란서 말을 하는 라캉이 한국인을 치료할 수 없듯이, 그는 결코 정(情)이라든가 홍, 신바람을 이해하지 못할 것이다. 언어는 문화에 종속되어 있고, 따라서 참된 말이라는 것도 결국은 무의미해진다. 정신적인 경우 표상과 표상된 것 사이에 아무런 필연적 연관성도 없다면(퍼트남, 김효명 역, 2002), 새로운 말은 그것이 생성되는 순간이며 본래의 뜻으로부터 멀어질 것이다. 라캉식으로 말하면 기의는 기표 아래로 미끄러져 틈새를 만들 뿐이다. 가짜 말을 벗어 던지고 진짜 말을 찾는 일은 언어 세계에서는 의미가 있을지 모른다. 그러나 하버마스의 이상적인 언어 상황 역시 언어 자체에 국한 지어 말할 수 있을 뿐, 인간 정신세계에 대한 기호로서의 언어이론은 궁극적으로 자기모순을 드러낼 수밖에 없다.

그렇다면 언어 이외의 면, 인간 정신을 드러내는 다른 요소에 시선을 돌릴 필요가 생긴다. 아직까지도 언어 밖에 존재하는 것들, 예를 들어 라캉 자신이 말한 광기와 같은 것 말이다. 그는 『에크리』에서 "인간의 존재는 광기를 고려하지 않고서는, 자기 안에 광기를 지니지 않고는 인간적 존재가 될 수 없다."라고 말한다(터클, 여인석 역, 1995). 그것은 정신분열증 환자와 마찬가지로 의사소통을 하기 위해서 일상의 언어를 파괴해야 하는 그 근본적 힘을 지칭한다고 볼 수 있다.

세계에는 인간 정신에 접근할 수 있는 수많은 방법들이 있다. 뇌 연구, 약물 연구, 언어학, 철학, 정신의학, 정신분석, 정신치료 이론들 그리고 온갖 예술적 수단들이 그것이다. 그리고 정신은 그러한 체계들을 통해서 다양한 상징, 언어로 표상되어 왔다. 하지만 아직도 알 수 없는 요소들, 영원히 규명될 것 같지 않은 현상들을 내포하고 있다. 광기가 그렇고 다양한 상(像)들, 꿈, 놀이성, 직관, 영감, 자발성, 창조성, 느낌, 영혼, 싸이(Psi) 현상들, 야성, 자연성 등, 그것은 그 어떤 언어로도 규정·정의하기 어려운 것들이면서도 우리 본질의 일부를 이루고 있으며 때로 혹은 자주 우리의 실제 삶을 이끌어 가고 있는 것들이다. 한마디로 말해, 인간 정신의 전체성, 그 본연의 모습을 드러내기에는 언어도 의식-무의식도 아직은 모두가 불완전하기는 마찬가지 아니겠는가?

프리고진(김재희 역, 1994)은 고전심리학이 의식적이고 투명한 활동에 치중하였다면 현대 심리학은 무의식적인 불투명한 기능에 더 비중을 두고 있다고 생각한다. 호킹(현정준 역, 1990)은 뇌 지배 방정식은 거의 확실하게 카오스적인 상태에 있다고 말한다. 즉, 초기 조건의 작은 차이가 전혀 다른 결과를 낳는다는 것이다. 인간 행동을 결정짓는 방정식이 발견된다 해도 그것을 이용해 개인의 행동을 예견할 수는 없다는 것이다. 왜 예견할 수 있어야 하고 왜 모든 것이 언어로 분석될 수 있어야 하는가? 누구를 위해서일까? 인간의 호기심과 탐구심으로 돌리기에는 프로이트식 강박적 사고 때문일까? 진정 그렇게 생각하는 절대적인 이유가 있다면 치료의 위치에서 바로 그 이론의 이름으로 예방의 자리에 당당히 앉아 있어야 하지 않을까?

베르그송(정석해 역, 1997: 112)은 다음과 같이 말했다. 감정을 분석했다고는 하지만 사실 그것은 말로 표현할 수 있는 생기 없는 여러 가지 상태의 병치로 대치한 것일 뿐이다. 우리를 사로잡는 힘들, 즉 동정, 혐오, 증오 같은 것으로 우리의 마음을 정의한다고 하는 심리학은 언어에 속은 조잡한 심리학이다. 그러한 감정들에도 그 하나하나에 전체 내용이 반영·표상되어 있다. 이는 마치 모래알 하나에 우주의 역사가 숨겨져 있으며 모든 육각형의 눈송이 내부 구조는 다르다고 하는 카오스 이론을 보는 것 같다. 하나하나의 감정 속에도 인간 정신의 전체가 표상되어 있다니! 그런데도 인간은, 현재의 나의 정신세계, 욕망, 무의식은 어린 시절에 묶이어 자유롭지 못하다. 모든 비언어적 요소들조차 언어에 종속되고 그 가치의 등급이 매겨진다. 그 대표적인 예가 이미 보편성을 획득한 '오이디푸스'라는 고유명사다. 오이디푸스는 정신분석 최고의 언어 상징이다. 부어오른 발(아버지에 의해 상처 받은)을 의미하는 오이디푸스는 결코 인간이 우회할 수 없는 필연적 통과의례를 상징한다. 그것은 아버지의 법, 큰 타자의 담론, 나아가서는 부권사회의 권위, 통치자의 율법, 절대자-신을 낳는다. 그러기에 지금의 나는 수십 년 전으로 거슬러 올라가서 반드시 그 문을 재통과해 나와야만 한다. 그것은 어머니와 더불어 만들어진 욕망이라고 하는 삼각형의 문이다. 인간이면 누구나 그 지점으로 환원되어 분석되어야 한다. 누구든 예외 없이 '아빠, 엄마'에게로 되돌아가야 한다. 그것은 오랜 세월 우리의 운명처럼 여겨져 왔다.

그러자 자발성 혹은 자유의지주의(spontaneism)의 선언이라고 일컫는 '앙티 오이디푸스'(들뢰즈, 최명관 역, 1994)가 등장한다. 그들은 마치 절규하듯 말한다. "오오, 시니피앙이여! 그대는 전제 군주주의의 무서운 복고주의다." 여기서 사람들은 여전히 빈 무덤, 죽은 아버지 그리고 이름의 비의를 찾고 있다. 아마 이것이 오늘날 라캉과 그 신봉자들의 열광에 대해 몇몇 언어학자들로 하여금 분노하는 이유일 것이다(기표에 대한 모든 물음에 대한 답을 차단해서 단순한 기의 차원으로 되돌려 버린 데 대해). 그러나 라캉은 힘차게 그리고 침착하게 시니피앙을 그 원천, 그 진정한 기원, 즉 전제군주 시대까지 다시 끌고 가서 욕망을 법률에 용접시키는 지옥의 기계를 조립하고 있다.

그들은 오이디푸스를 정신분석의 고칠 수 없는 가족주의로 본다. 유아기 성욕의 오이디푸스적 성격을 인정하느냐 안 하느냐 하는 것은 프로이트의 공갈이며, 오이디푸스는 가족의 권위와 사회의 권위라는 이중 구속을 통해 무의식을 동여매는 일을 제외하고는 아무 쓸모도 없는 것으로 여긴다(들뢰즈, 최명관 역, 1994: 128). 원시사회에는 초자아도 없고 죄책감도 없다. 특정한 나를 전체로서 한 사람의 모습을 갖춘 인물들과 동일시하는 일도 없다. 정신분석은 삶의 노래여야 하는데도 거기서 흘러나오는 것은 가장 슬픈, 가장 주눅 든 죽음의 노래다. 그래서 그들은 파괴하라고 말한다. 오이디푸스, 자아라는 착각, 초자아라는 꼭두각시, 죄책감, 법률 그리고 거세를 말이다(들뢰즈, 최명관 역, 1994: 457).

하나의 아이러니다. 이론 아닌 사실처럼 간주되어 오던 오이디푸스가 정면으로 도전받고 있는 것이다. 정신을 구획화시킨 격자무늬를 제거하고 밖으로 나가라고 한다. 살아남기 위해서 컴퓨터 속으로 끌려 들어가지 않기 위해서 오랜 동안 숨쉴 줄 몰랐던 자발성을 터뜨리라고 한다. 언어의 집 밖으로 뛰쳐나와서 달리고 행동하며 언어 아닌 느낌, 눈빛, 색채, 소리, 음률로 표현의 굶주림을 채우라고 독촉한다.

정신치료는 이제 언어 이외의 표현양식에, 침묵의 의미에, 상상력, 자발성과 창조성에 보다 적극적으로 귀 기울여야 할 때가 되었다. 그러기 위해서는 무엇보다도 언어의 집을 떠받들고 있는 합리성, 과학성, 논리성의 기둥들에 대한 회의가 있어야 할 것이다.

2) 치료적 요인(기존의 이론)

개인 혹은 집단 정신치료에서 치료적 효과를 나타내는 요소들은 흔히 치료(적)요인(therapeutic factors), 변화인자(agents of change), 치유요소(curative factors) 또는 성장기전(growth mechanisms) 등으로 명명되었다(켈러먼, 1992: 67). 앞의 치료이론에서 논의한 바처럼 분명한 병의 개념이 확립되어 있지 않은 이론에서조차 치료 개념은 당연시되고 있다. 예컨대, 폐렴이라는 병을 치료한다고 하였을 때 치료의 결과는 병이 나았다는 한마디로 충분하다. 그러나 정신치료에서는 결코 그렇게 말할 수가 없다. 최선의 경우에도 증상이 완화되었다 혹은 없어졌다는 정도 이상은 나아가지 못한다. 물론 이 경우에도 정신의 증상이 무엇을 의미하는가가 세밀하게 논의되어야 하겠지만.

그러나 이 논의에서는 더 이상 치료라는 말의 의미에 매달리지 않고 치료적 요인 혹은 변화요인을 같은 의미로 혼용할 것이다. 개인정신치료와 집단정신치료라는 용어가 이미 치료적 양식으로 굳어져 있을 뿐만 아니라 그에 따른 치료적 효과에 대한 광범위한 논의 또한 기정사실화되어 있기 때문이다. 그러나 분명히 말할 수 있는 것은 병리론이 없는 사이코드라마에 대해서조차 치료적 요인이라는 용어를 사용하는 것은 본질을 왜곡하는 일이라는 것이다(굳이 그러한 의미를 찾고자 한다면 변화요인이라고 말해야 할 것이다.).

(1) 집단정신치료의 치료적 요인

켈러먼(1992)은 자기 이해의 재조직화 혹은 인격 변화를 일으킬 수 있는 통찰을 강조하는 정신분석(오늘날 라캉식의 정신분석의 목표는 다르지만)을 필두로, 다양한 정신치료적 요인들에 대해서 논의하였다. 인지적이며 경험적인 수준의 새로운 학습, 정화의 촉진, 성장 잠재력의 해방, 자아 구조요소들의 변화 등이 그것이다.

얄롬(1995)은 집단정신치료에 국한해서 치료적 요인을 이타주의, 카타르시스 등 열두 가지 개념으로 요약 · 분석하였다. 그리고 그의 치료적 요인 이론은 오늘날 대부분의 집단정신치료의 길잡이가 되고 있다. 사이코드라마의 효과 연구에서조차 그의 이론은 빼놓을 수 없는 측정기준이 된 지 오래다. 그럴 수밖에 없었던 가장 중요한 이유는 아마도 사이코드라마 자체의 효과를 검증할 수 있는 연구와 도구가 결여되었다는 사실일 것이다. 그리고 실제로 그 점이 사이코드라마의 가장 취약한 부분이라고 말할 수 있다.

이제 기존의 사이코드라마의 치료적 요인에 대한 논의 및 새로운 변화요인에 대한 논의에 앞서서, 켈러먼과 얄롬이 언급한 다양한 치료적 요인들에 대해 살펴본다. 그것을 요약하면 [그림 12-2]와 같다.

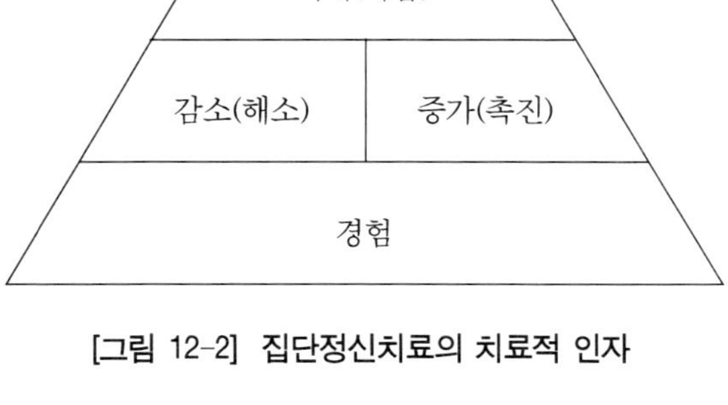

[그림 12-2] 집단정신치료의 치료적 인자

- 경험인자: 수용되는 경험, 자기 문제의 보편성 경험, 새로운 인지 경험, 현실 검증 경험, 동일시 경험, 이타주의 경험, 교정적 정서 경험, 정보를 나누는 경험, 문제 직면 경험, 실존적 이슈의 경험, 모방행동 경험
- 감소(해소)인자: 긴장 해소, 증상 감소, 갈등 해소, 소외감 해소, 부정적 정서 감소, 정서적 압력 감소
- 증가(촉진)인자: 호전된 희망의 증가, 상호관계의 촉진, 소속감의 증가, 상호 응집력 혹은 집단 결속력의 증가, 자유 및 자기효능감의 증가, 자아 동기의 촉진, 선택능력의 증가, 성장 잠재력의 촉진, 사회화 기술의 증가
- 이해(학습)인자: 문제 원인의 이해, 대인적 해결책 학습, 대인관계 이해 및 학습, 자기 이해, 자기 도식(scheme) 이해, 재구성된 자기 이해, 도구적 조건화 학습, 새로운 학습
- 변화인자: 습관의 변화, 성격의 변화, 인지 구조의 변화

이해를 돕기 위해 약 40여 가지의 치료적 요인을 인위적으로 위와 같이 다섯 가지의 인자별로 나누어 보았다. 집단정신치료의 치료적 요인이란 결국 뭔가를 경험하거나 이해하는 일, 배우는 일, 그리고 무언가가 감소되거나 증가하며 변화가 초래되는 일이라고 요약해서 말할 수 있다. 무언가를 경험하고 이해하고 배운다는 것이 곧 치료다. 앞뒤가 어긋나 있는 느낌이다. 치료라는 의미가 무색해진다. 오히려 감소, 증가, 변화가 치료라는 말에 보다 근접해 보인다.

경험인자의 내용을 보자. 그 대부분은 우리가 일상에서도 드물지 않게 경험하는 것들이다. 받아들여지고 새롭게 느끼고 깨닫고, 내 생각이나 느낌이 잘못되었다고 느끼는 것, 나의 관심사가 다른 사람과 유사하다는 경험, 남을 위하는 마음, 현실적으로 내가 잘못 판단했다는 경험 등등. 그리고 우리는 살아가는 도중에 사람들과 만나면서 그러한 다양한 경험을 통해 성장한다. 굳이 정신치료의 장에서만 그러한 경험을 할 수 있는 것이 아니다. 오히려 때로는 일상의 만남에서 그러한 경험을 더욱 강하게 할 수도 있다. 더 나아가 그러한 경험은 치료 집단뿐만 아니라 모든 일상적 집단의 근본적인 속성이라고까지 말할 수 있다. 그런데 그러한 경험인자들이 집단정신치료의 치료적인 요인이라는 것이다. 깊이 있게 생각해 볼 문제다.

감소와 증가 인자 및 이해(학습)인자도 그러한 시각에서 바라보면 굳이 집단정신치료만의 치료적 요인이라고 부르기에는 아쉬운 점이 많다. 예컨대, 증상 완화를 제외한 긴장의 감소, 소외감의 해소, 자기효능감과 상호 응집력의 증가, 그리고 대안적 해결책에 대한 이해와 학습, 자기 학습, 대인관계 이해 등은 좋은 친구나 선생 혹은 집단의 동료

에 의해서도 성취될 수 있는 항목들이다.

습관, 인지 구조, 성격의 변화라는 변화인자에서 비로소 전문적인 치료적 효과라고 말할 수 있는 요인들이 나타난다. 실제 그러한 변화는 현실적으로 쉬운 일이 아니기 때문이다. 그것은 집단정신치료보다는 개인정신치료의 치료적 요인이다. 집단정신치료만으로 그러한 결과를 초래하는 것 역시 쉽지 않기 때문이다.

집단정신치료의 치료적 요인은 보다 전문적으로 연구되어야 할 필요성이 있다. 인간의 현실에 대한 적응능력을 기르는 것이 치료의 목표이고 인간을 사회화시키는 것이 치료 효과라고 한다면, 그것은 매우 낮은 차원의, 아직은 초보적 수준의 집단정신치료라고 하겠다(변화인자를 제외한 나머지 치료인자들은 전반적으로 인간의 사회화, 적응능력의 배양을 목표로 하고 있다고 보아도 과언은 아니다.).

(2) 사이코드라마의 치료적 요인

켈러먼(1992: 71)은 사이코드라마의 치료적 양상에 대한 모델을 아래와 같이 제시하였다.

치료자 〈 기술 / 인격 〉 →

- 정 서 적 … 카타르시스
- 인 지 적 … 행위 통찰
- 인간관계적 … 텔레, 만남
- 상 상 적 … 허구(as if)
- 행 동 적 … 행위화(acting out)
- 비 특 이 적 … 마술적(magic)

그리고 이는 인위적 구분이며, 실제에서는 정서적 요소와 인지적 요소가 서로 얽혀 있는 것처럼 그것들이 상호 연결되어 있어서 구분하기가 쉽지 않다고 이야기한다. 결론적으로 그는 그러한 다양한 치료적 영향(양상 혹은 수단)에 의해 궁극적으로 초래되는 결과, 치료적 요인은 매우 광범위하고 다양하다고 말하면서 그 예를 다음과 같이 들고 있다.

〈켈러먼의 치료적 요인〉

- 긴장의 완화
- 항상성(homeostasis)의 회복
- 통어감각(sense of mastery)의 획득

→

- 적응적 방어기제의 회복
- 증상적 치유

몇 가지 예만 들었을 뿐 더 이상의 설명이 없다. 사이코드라마에서 무엇이 치료적 효과를 가져오느냐 하는 점에 대해서만 연구 · 논의하였을 뿐 정작 치료적 요인에 대해서는 자세한 설명도 개념규정도 없다. 증상이 무엇을 말하고 있는지, 정신의학적 진단 기준을 당연시하고 그러했는지, 적응적 방어기제가 무엇을 의미하는지 전혀 설명이 없다. 사이코드라마의 치료적 요인을 말하기에는 지나치게 어려운 문제였을까? 역으로 생각하면 켈러먼은 사이코드라마라고 하는 과정을 더 중요시 여겼으며 그 결과에 대해서는 큰 의미를 두지 않고 있다고 볼 수도 있다. 반면에 항상성, 통어감각, 적응적, 증상적이라는 용어의 의미를 유추해 보면 그 역시 사이코드라마란 현실에 대한 균형감각과 적응력의 회복이라고 하는 통상적인 집단 정신치료적 개념에서 아직 한 발짝도 나아가지 못했다고도 보인다.

그러나 다행히도 켈러먼은 언어로 표현하기 어렵고 그 어떤 개념으로도 설명하기 어려운 사이코드라마의 치유적 힘을 알고 있다고 생각된다. 그가 말한 마술적인 치유과정의 힘이 그것이다. 무언가 알 수 없는 과정에 의한 갈등의 해결, 치유감을 주는 신체적 접촉, 이완을 초래하는 암시, 죽음과의 화해를 촉진시키는 상징적 제의, 자기 충족적 예언, 강렬한 감정, 불신, 혼돈을 일으키는 창조적 순간들. 한마디로 말할 수 없는 것에 대해서는 침묵해야 한다는 것이다.

브래트너(2000: 139)에 의한 사이코드라마의 치료적 요인론은 사이코드라마 자체와는 전혀 관계없는 다른 분야의 이론을 종합해 놓는 것으로 끝난다. 얄롬의 집단정신치료의 치료적 요인, 발락(Ballak)의 12가지 자아 기능, 재통정화(re-integration)와 같은 일반적인 정신치료 이론이 그것이다. 자아심리학인지 어떤 종류의 개인정신치료인지의 구분조차 없이 결과만 인용하고 있다. 조금은 비참한 심정이다. 재주는 곰이 넘고 돈은 주인이 가져가는 격이다. 그리고 그것이 오늘날의 사이코드라마의 현실을 적나라하게 보여 주고 있다고 생각된다. 차라리 자체 이론이 없으면 침묵하는 것이 더 낫다. 아이를 사회화시키고 자아를 강화한다는 미명하에 왜소화시키고 왜곡시키기보다는 스스로 자발적으로 성장하도록 놓아두는 것이 바람직한 일이 아닐까? 어쩌면 퓨전 시대에 가장 걸맞은 예 중의 하나겠다.

그 외에 사이코드라마의 치료적 요인으로는 통합적 정화, 긍정적 관심, 정확한 공감, 행위 통찰, 힘의 강화, 자아 이상의 창조, 정서적 각성, 대리경험, 일반적인 자각 등이 언급되고 있다. 그러나 대부분이 단편적이고 구체적인 의미규정도 없이 단지 개념만을 나열해 놓는 식이다. 최소한의 정의조차 결여되어 있다.

한마디로 모레노의 원대했던 꿈은 이제 사라지고, 소위 정신치료라는 좁은 새장 안에 갇힌 사이코드라마가 되어 버렸다. 모레노는 사이코드라마의 목적을 다음과 같이 생각하였다.

- 인간 해방
- 민주적 사회
- 세계 평화
- 우주적 변형

즉, 그는 하나의 치료적 과정을 우주적 작업(cosmological task)으로 간주하였다. 우주적 의미에서의 인간 운명에 관계되는 치료방식을 강조하고, 그렇지 못한 것은 불완전하고 부적절하다고 생각한 것이다. 선조들이 신화, 전설을 통해 그러한 변화를 조우한 것처럼, 우리 또한 새로운 수단인 사이코드라마를 통해 우주적 운명과 조우할 수 있도록 노력해야 한다는 것이다. 예컨대, 예수나 부처와 같은 한 명의 실험가(experimenter), 개인과 나가 아닌 모든 인간을 위한 도덕적 비전과 구체적인 사명의식을 지닌 인간처럼 말이다.

그래서 치료적 요인은 조금 과장해서 그러한 인간으로의 변화, 인간-신적인 창조자와 행위자가 되는 것, 그러한 신념과 긍정과 자세를 회복하는 것, 정상증으로부터 해방되는 것, 자발성과 창조성을 극대화하는 것이 되어서는 안 되는 것일까?

부스토스(Bustos, 1994)는 모레노 연구소에서 훈련을 통해 느꼈던 경험을 다음과 같이 기술하고 있다.

- 현실을 새롭게 바라볼 수 있는 길을 찾을 수 있었다.
- 그는 날 자발적이 되게 하였고, 나는 나의 다양한 결점에도 불구하고 나 자신이 되는 즐거움을 배울 수 있었다.
- 삶과 보다 많은 접촉을 통해 진정한 만남의 자세로 환자들을 치료할 수 있었다.
- 삶이란 안전망 없이 공중곡예를 하는 것처럼 그 어떤 토템도 없이 나의 우주를 지속적으로 재창조하는 것이라는 것을 알게 되었다.
- 모레노는 "너 자신이 되어라. 내가 되려고 하지 마라."고 말하였다. 나는 나 자신의 삶과 생각이 충실하게 결속되어 있기를 바랐다.

마치 사이코드라마의 치료적 효과를 스스로 기술해 놓은 것 같다. 문제는 그러한 요인들을 어떻게 평가·측정하느냐 하는 것이다. 실로 어려운 난관이 아닐 수 없다.

데리다(김보현, 2000)에 의하면 각 개인의 정신은 각자의 고유한 방식에 따라 다르게 구현된다. 인간의 영혼 혹은 정신은 다양하고, 다양한 방식으로 존재한다는 것이다. 그런데도 인간 정신은 폐쇄된 통일성 안에서 화석화된 것으로 전제될 수밖에 없다는 사실이 곧 인간의 위기라고 말한다. 인간적 지식 혹은 인간을 위한 지식을 얻기 위해서 인간 정신을 구조화, 구조로 제한시키기, 상징화하기, 그러한 구조가 실제인 양 착각하게 만들기가 그러하다.

사이코드라마 회기가 끝난 후 어느 정도의 시간이 지나간 다음에 주인공들이 흔히 묻는 질문 중의 하나는 다음과 같다. "나 혼자만 변해서 현실로 돌아간들 무슨 소용이 있겠어요? 현실은 하나도 변하지 않았고, 오히려 변화된 나로 인해 그들이 고통을 받아요. 어떻게 해야 하죠?" 필자의 대답은 "타인들이 고통스러워한다고요? 그것은 당신이 고통을 준 것이 아니라(자발성은 그렇게 할 수 없다.) 그들 스스로 고통 받는 게 아닌가요? 왜냐하면 동질화된 정상증의 세계로부터 당신이 일탈했으니까요. 당신의 변화, 당신의 자유로움을 질투하고 불안해하는 모양이지요." 이다.

실제로 그렇다. 한 회기의 사이코드라마를 통해 상당한 영향을 받은 사람들은 크게 두 부류로 나누어진다. 한 부류는 보다 융통성 있고 포괄적이고 능동적으로 현실에 대처해 나간다. 그리고 다른 한 부류는 자신의 자발성으로 인해서 오히려 오해받고 잘못 판단되고 심지어 중상모략까지도 받는다. 그러나 그것은 오히려 자랑스러워해야 할 일이 아닐까? 아니, 당연히 그럴 수밖에 없는 것이 아닐까? 그것이 우리의 운명이고 생존 방식이라고 한다면 그러한 현실적 비난은 차라리 고마워해야 하는 것이 아닐까? 모든 것을 구조화하고자 하며 내심 약하고 편견으로 가득 차 있으면서도 겉으로만 현실, 인간, 적응, 사회를 이야기하는 정상증에 빠져 있는 그들에게 자발적인 인간은 위험 인물이 될 터이니까. 그들이 가장 두려워하는 것은 변화가 아닌가?

많은 사람이 각자 서로 다른 방식으로 사이코드라마를 접하고 느끼고 그 어떤 변화도 서로 차이가 있을 터인데, 하나의 치료적 요인이라는 이름으로 평가 · 구조화되어야 한다는 점, 그리고 그러한 작업이 마치 필요악처럼 반드시 이루어져야 한다는 당위성이 오늘날 사이코드라마의 가장 큰 딜레마일 것이다. 그리고 그럴 수밖에 없는 가장 큰 이유는 언어체계, 논리 중심적 총체성, 규범화와 구조화를 벗어난 곳에서 존재하고자 하는 사이코드라마를 다시 그러한 논리성으로 묶어야 할 수밖에 없는 이율배반성이다. 한마디로 만남과 행위 자체, 자발성과 창조성을 어떻게 구조화해서 평가할 수 있겠느냐 하는 문제다.

3) 치료적 요인(새로운 이론)

사이코드라마가 우리에게 어떠한 영향을 미치고 도움을 줄 수 있는가를 연구하는 일은 중요하다. 오늘날과 같이 복잡다단한 세계에서 모레노의 진실, 자발성 이론만으로는 무언가 부족함을 느끼고, 그래서 다양한 부차적인 이론들의 첨가, 합병이 이루어질 수밖에 없는 현실 또한 이해할 수는 있다. 그러나 방법론에 있어서 근본적인 오류가 있어서는 안 된다. 사이코드라마가 기존의 정신분석으로부터 그것을 부정하고, 출발한 정신을 잊어서는 안 된다. 언어 이전에 행위가 있었다는 말을 그냥 흘려 버려서는 안 되는 것이다. 사이코드라마는 정신치료가 아닌 정신행위라는 의미를 간과해서는 안 된다.

프로이트 분석이론, 융과 아들러, 얄롬의 이론에 이르기까지 정신치료에서 쓰이는 용어들(이 점에서 모레노도 일말의 책임이 없는 것은 아니다.)에 의한 치료요인들은 마치 다수가 민주화이고 정의이듯 의심의 여지없이 당연시되고 받아들여지고 있다. 인간의 인지뿐만 아니라 정서며 행위조차도 오직 언어적으로 구분화하는 이론에 의해서만 논의 · 평가될 수 있다는 식이다.

(1) 치료, 치료적이라는 개념

모레노(1924)는 사이코드라마라는 용어를 사용하기 이전에 '치료적 극장' 이라는 개념을 소개하였다. 그것은 삶이 영위되는 그 장소, 집, 마을, 즉 그 원장소에서의 드라마-극장을 의미한다. 별도의 특정 공간, 인위적으로 치료자가 선택 · 치장한 시공간이 아니라 문제가 발생한 그곳, 그 사람들과의 치료적 드라마다. 그래서 그곳에 참여하는 모든 사람이 서로 간에 치료인자(therapeutic agents)가 되어서 상호 영향력 있는 치료적 텔레를 주고받는다. 치료의 목표는 가능한 한 관련된 모든 사람들과의 접촉을 통해서 한 개인의 사회적 원자를, 그러한 관계 속에서 치료적 텔레를 발전시키는 일이라는 것이다. 그 증거로서 그는 치료자의 의미를 가진 그리스어 'therapeutes' 의 어원이 수행자(attendant) 혹은 봉사자(servant)의 의미였다고 말한다.

모레노는 나중에 가서야 대인관계치료, 집단정신치료라는 말을 사용하게 되지만 사이코드라마를 포함해서 그가 항상 중심 개념으로 생각하는 것은 위에서 언급한 치료적 요인들, 혹은 효과라기보다는 언제나 인간과 인간의 만남을 통한 변화 자체였다. 다시 말해서, 치료자-피치료자의 장벽을 넘어 상호 침투하는 수평적 관계, 전문가-비전문가라고 하는 이분법을 넘어 그 어떤 지식의 독점관계를 떨쳐 버리고 상호 치료적 수단으로서의 만남의 관계를 보다 중요시한 것이다(라캉은 그의 정신분석은 환자의 치료를 목표로 하지 않는다고 말하며, 의학적 훈련은 분석을 배우는 데 하나의 장해물이 된다고 말한 알로우[J. Arlow]의 길을 따랐다고 할 수 있다; 슈나이더맨, 허경 역, 1997).

사이코드라마는 왜 치료(법)이어야 하는가? 모레노는 왜 치료라는 말을 사용하였을까? 인간 생존 차원에서 세계치료, 사회치료의 개념을 염두에 두었을까? 아니면 당시 사회상을 반영하는 무비판적 수용 때문이었나? 분명한 것은 사이코드라마가 정신치료도, 그 일종이나 아류도 아니라는 사실이다. 그것은 인간 존재-의식의 확장, 자아의 확장을 추구하는, 그래서 세계 인간, 우주적 인간, 우주적 역동을 밝히고자 하는 철학이며 과학-예술이다. 인간-신으로서 창조자의 철학이며 순간의 예술이다. (그런 의미에서 오늘날 사이코드라마가 치료라는 좁은 울타리 속으로 정신없이 끌려들어가고 있는 모습은 우리 모두 심사숙고해야 될, 아니 바로 자신들의 왜소해진 모습을 반추해 볼 수 있는 기회라고 하겠다.) 따라서 우리는 이제 이러한 관점에서 기존의 치료, 환자, 병이라고 하는 개념들을 의문을 가지고 탐색해 보아야 할 필요성을 갖게 된다.

(2) 요인 개념

예를 들어, 골절상을 입은 사람을 치료하거나 맹장염을 앓고 있는 환자를 치료하는 데 있어서 수술적 처치과정, 약물의 투여, 상처의 회복과정을 생각해 볼 때, 우리는 쉽게 내적, 외적 치유요인을 생각해 볼 수 있다. 이때 어느 요인이 치유적인가? 무엇을 치유적이라고 하며 그것을 어떻게 세분화해서 설명할 수 있는가? 치료자와 환자의 관계, 경제적인 문제, 주변의 도움을 주는 사람들의 역할 영향, 기타 치료적 환경 등은 어떠한가? 기후 조건, 환자의 전반적인 신체 조건, 치료자의 상태는 또한 어떠한가? 과연 그것이 그렇게 간단히 정의될 수 있는 일인가 생각해 보아야 하겠다.

정신치료의 장으로 넘어오면 그 복합성, 애매모호성은 더해진다. 내적 요인이라고 할 수 있는 정서, 인지, 감각, 상상력, 의식, 무의식, 욕구, 충동, 전이 등, 행위 양상으로서의 학습, 경험, 완화, 해방, 이완, 훈련, 극복, 탐색, 발산, 강화, 훈습, 이해, 통정, 표현 등, 실제적 내용 혹은 지향적 의미에 있어서 새로운, 교정적, 사회화, 적응적, 종합적, 통합적, 자율적, 효율적, 변환적, 현실적, 실존적 등이 있다. 이는 한마디로 자동차 기술공이 자동차의 각 부품들 하나하나를 분리해서 닦고 조이고 기름칠하는 작업공정과 유사한 인상을 준다. 인간의 정신, 행동 역시 신체의 각 장기, 기관들처럼 분명한 구획이 있고, 그래서 그것들을 일정한 목적을 향해서 조정 · 훈련시킬 수 있다고 하는 지적 권력(푸코의 용어)의 횡포, 절대적 진리를 향한 수목형의 편집증적 지식(가타리의 용어)의 양태로 보인다.

사이코드라마는 행위화(acting out), 카타르시스, 텔레, 자발성과 창조성, 지금 이곳,

만남의 개념을 내포하고 있지만 바로 그것이 치료적 요인이라고 규정하지는 않는다. 그것은 오히려 전체적인 작용양식 혹은 접근방식상의 중요 인자들로 언급될 뿐이다.

(3) 정상, 질병의 개념

거의 모든 치료적 요인은 먼저 정상, 건강의 모델을 전제로 해서 그것으로부터의 벗어남(접속사 dis), 비(非, 아닌 것; 접두사 a, ab) 혹은 불(不, negative적)의 상태를 원래 상태로 되돌림을 의미한다. 몸과 마음의 구분 없이 획일적으로 적용되는 것이다. 한마디로 정신의 영역에서조차 과학적, 실증적, 의학적 모델을 따르고 있는 것이다.

무엇이 정상이고 무엇이 건강한 것인가? 그리고 누가 그것을 규정하는가? 정신의학계에서 오랫동안 아직도 답이 없는 딜레마를 하나 들어 보자. 화가적 열정이나 시인적 기질을 가진 소위 환자에게 치료가 성공적이면 그림이나 시 작품을 만들어 내지 못하고 치료를 하지 않으면 훌륭한 작품을 만든다는 것이다. 이러한 경우 치료를 할 것인가 말 것인가? 어느 상태가 정상이며 또 왜 그래야만 하는가?

사이코드라마에는 병리론이 없다고 말하였다. 그것은 모든 인간을 차별화하지 않는다는 의미를 함축하고 있다. 그래서 기존의 병리론에 입각한 환자라는 명칭을 달고 있는 사람들이건 소위 건강한 사람들이건 차별 없이 동등한 인간 존재로 인정하고 수용한다. 비행자건 수감자건, 현실이 낙인화한 겉으로 드러난 제반 규정적 구분에 현혹되지 않는다. 나아가서 아이와 어른, 남자와 여자라는 생리적 차이조차 넘어서고자 한다. 오히려 모든 정상적인 것, 정상이라고 하는 사람들 자체를 문제가 있다고 보는 정상증(normosis)이라는 거시적 시각에서 인간 정신과 삶을 행위화한다. 그렇다면 사이코드라마는 무엇인가? 생존을 목적으로 하며 자발성과 창조성의 개발과 훈련이라는 대전제와 더불어 변화-발전-생성-창조-정신의 확장을 지향하는 존재로서 우리는 어떻게 해서 변화의 계기를 찾을 수 있는가? 사이코드라마는 어떻게 해서 우리에게 변화를 일으키는가?

(4) 변화(요)인에 대한 새로운 시각의 필요성

사이코드라마가 총체적 인간으로서 정신의 확장을 지향한다면 그러한 정신에 버금가는 변화인에 대한 새로운 시각이 필요하게 된다. 기존의 정상 개념을 기준으로 하는 병리적 시각에서 벗어나서, 사회 적응적 인간을 양산하는 저의를 넘어서서 있는 그대로를 수용할 수 있는 끝없이 변화하는 존재로서의 인간에 대한 재해석이 필요하다.

- 그것은 인간을 있는 그대로(비평이나 판단규정이 없이) 인정할 수 있음에서 시작되

어야 한다. 소위 병리론적 시각, 비정상, 불건강의 시각이 아니라 단지 인간과 인간의 차이, 인간 내적인 시각적 차이로서의 시각이 필요하다(그동안 익숙해질 대로 익숙해진 시각에서 제아무리 병적인 것으로 보일지라도 그것은 있는 그대로 인정되어야만 한다.).

- 인간은 근원적인 힘, 자발성을 간직하고 있는 존재, 언제든지 적절한 순간이 주어지면 자신의 잠재력을 발휘할 수 있는 가능성이 있는 존재로 인정되어야 한다. 따라서 고치고 교정되고 수선되는 존재가 아니라 개발되고 훈련 · 교육될 수 있는 인간 가족으로 상호 포옹될 수 있는 시각이어야 한다.
- 정신과 육체가 분리되고 정신이 요소화되어 평가되는 존재가 아니라 총체적으로 행위화할 수 있는 존재, 따라서 횡적 단면도가 아니라 인지적, 논리적 구획화를 넘어서 심층적 변화를 촉구하는 순간적 존재로서의 인식의 전환이 필요하다.
- 개개인의 정신세계 내의 개인-사회-세계-우주로의 확장을 도울 수 있는 시각이 필요하다. 따라서 그것은 한 방울의 물이 냇물을 만들고 강을 이루어 바다로 나아가 다시 하늘로 올라 물방울을 만들어 내듯이, 전체적 조망, 순간마다의 차이, 그리고 그것의 계속적인 변호, 유전하고 흐르는 힘, 그 자연발생적 성질을 포함하는 것이어야 한다.

그것은 다음과 같은 달팽이에 대한 상상적 이미지와 유사한 시각이다.

단단한 껍질, 갑옷 속에 웅크리고 들어 앉아 있는 달팽이 한 마리(갑옷은 인간의 자아, 인격성, 문화 보존성, 사회적인 제반 습관적 관념성을, 그 속의 부드러움 몸체는 순수한 신체와 정신을 상징한다.). 어느 날 달팽이는 육지를 떠나 깊은 바다 속으로 들어간다(사이코드라마의 세계). 숨을 죽이고 꼼짝 않고 있던 갑옷 속의 그는 천천히 자신을 워밍업시키며 머리부터 시작해 자신의 알몸을 드러내기 시작한다. 보다 자유롭게 물속을 유영하는 온갖 고기들, 생명체들. 그가 갑옷으로부터 빠져 나오는 만큼 갑옷은 비워지게 되고, 그만큼 그의 몸체는 바다 속 공간을 차지하게 된다. 온몸이 거의 갑옷을 빠져 나오게 되고 자신의 고정된 습관, 관념, 자아로부터 이탈하고 마침내는 혼돈과 함께 완전히 갑옷으로부터 떨어져 나오게 된다. 그것은 그 순간 절망이요, 환희요, 고통이며, 도취요, 마비다. 짠 바닷물에 몸체를 내던진 그는 이제 시간이 지나면서 아무것도 의지할 수 없는 자신을 보게 된다. 그리고 앞과 뒤, 사방을 돌아본다. 그는 움직여 본다. 움직여진다. 이게 뭐지? 나도 움직일 수가 있네? 그래, 난 할 수 있어. 이제 그는 서서히 그리고 빠르게 움직여 나아간다. 오, 이 자유로움, 나의 자발성! 이제 나는 어디든 어느 때고 마음대로 나아갈 수가 있다. 그런데 저게 뭐지? 심해의 풀잎 같은 것, 흙-돌멩이 같은 것들. 그는 그것들을 이리저리 모아서 놀이를 하기 시작한다. 지상에서 못다 한 사랑의 연인을 만들어 함께 놀기도 하고 하늘을 비상하는 꿈의 날개를 만들거나 멋진 시를 짓기도 한다. 새로운 먹이를 만들어 보고 포근한 보금자리를 꾸미며 노래를 만들어 낸다. 그리고 어느 순간 그는 죽음, 동료 고기들, 바다를 느낀다. 바다 넘어 하늘, 별들, 어둠, 삶을……. 그는 이제 존재함, 참과 비움, 차이, 의미를 해석할 줄 안다. 움직임과 부동, 소리와 정적, 단절과 연속성을…… 마침내 그는 바다-하늘의 출렁임 속에 자신을 내맡긴다. 그것은 더불어 추는 춤이며 노래며 흐름이다.

이것은 달팽이의 일생에 걸친 과정일까, 아니면 짧은 순간에 일어나는 변화일까?(그렇게 우리에게는 항상 시간이 문제가 된다.) 그리고 그 변화의 단계들은 단계적 발전을 의미하는가, 아니면 상호 언제든지 도약적인 상호 침투가 가능한가?

(5) 사이코드라마의 변화인 가설

세상 만물에는 그것을 있게 하는 힘이 존재한다. 그것은 밖으로부터 주어지지 않고 내부에 자연발생적으로 그렇게 본래적으로 주어져 있다. 그것은 만물유전의 근원이다. 그것은 고갈되거나 저장될 수 있는 에너지가 아니다. 그것은 이미 주어져 있다.

그 힘은 끝없이 변화해 나가는 세계의 도전에 스스로 맞서도록 돕는다. 변화의 어떤 순간에 대해서도 자유로이 능동적으로 반응할 수 있는 힘이다. 또한 그것은 그 내면에서 그 자체로 변화해 나아갈 수 있는 의지-힘 자체요, 마치 살아 움직이는 물체처럼 자라고 사라지고 일어나고 떨어진다. 그래서 그것은 일명 내면으로부터의(from within oneself) 자유의지(free will)로서의 자발성(sua sponte, spontaneity)이다.

그 힘은 폐쇄적, 결정론적 자연법칙과는 무관하다. 그 어떤 획일화된 논리로도 그것을 설명하거나 붙잡을 수 없다. 단계적, 수량적 그리고 제반의 원인-결과론적 시각으로부터도 자유롭다. 왜냐하면 매 순간 창조한다는 베르그송적 연속 개념이 아니라 어느 한순간 도약 · 점프하는 혁명적 의미를 함축하고 있기 때문이다. 물은 겉으로는 완전한 휴식상태에 놓여 있는 것처럼 보일지라도 스스로 움직이고 운동한다. 워밍업이 되고 어느 순간보다 높은 단계로 해방될 때까지.

그것의 운동 양태를 이해하기 위해서는 0에서 100까지라는 비유가 필요하다. 자발성 제로(S0) 상태에서 자발성 최고 상태, 자발성이 곧 창조성인(S=C=S100) 상태로의 전환이 그것이다(제로 상태라고 해서 자발성이 없다는 것이 아니다. 그것이 겉으로 드러나는 운동 양태를 의미하기 때문이다.). 따라서 모든 대상들, 원소며 생물, 무생물의 차이도 자발성(S)의 차이로 설명될 수 있을 것이다. 또한 개체, 종족에 있어서도 시간과 공간의 변화에 따른 자발성(S)의 차이가 있게 된다.

예를 들어, S0일 때 인간의 자기 역시 제로 상태로 간주할 수 있다(수면상태라기보다는 거의 식물 인간적 상태). 자발성이 올라가면 그만큼 자기도 확대될 것이다(모레노는 자기가 존재하는 원장소를 자발성으로 간주한다. 자기란 자발성을 원천으로 하는 강과 같다고 말한다.). 그래서 인간에게 자발성은 S100을 넘어서서 거의 무한대로, 무한적 창조성, 힘으로의 확대가 가능해진다. 인간이 계통발생학적으로 가장 오래된 존재이기 때문이다.

자발성은 곧 우주적 자기, 우주적 인간, 혹은 불멸의 원초적 본성의 일종, 세대마다 신선하게 되돌아오며 모든 존재를 포함하는 하나의 신성, 신의 이념이라는 개념으로 확장된다. 그것은 세포, 원자 단위를 포함해서 자연의 모든 차원, 모든 영역에서 영감의 새로운 물결을 만들어 내며, 비록 모든 문명이 쇠망하고 그 찌꺼기만 남게 된다고 해도 그 잿더미 속에 여전히 존재하는 인간의 유일한 희망의 징후로서의 신성이다.

이러한 최상의 자발성-창조성의 상태와 반대 개념으로 상징되는 것은 기계, 자동기계, 로봇(문화 보존성의 대표적인 예)이다. 그것은 제아무리 자동 · 자율적 운동을 하는 것 같아 보일지라도 자발성이 제로 상태에 있다. 모든 것이 입력되어 있고 조작되기 때문이다.

인간의 자발성 수준은 어떠한가? 탄생과 더불어 최초의 우주를 경험한 아이는 현실 내 삶을 위해서 자발성을 창조성으로 끌어올리는 것이 아니라 자발성을 방기해 버리도록 유도하는 온갖 정보, 지식으로 압박당하고 조작된다. 생산적 욕망(들뢰즈의 용어)은 억압되고 질서와 규율 속에서 정상인으로 훈육된다. 그리고 그것들은 '나'라고 하는 허상적 주체, 신념, 믿음을 만들어 내고 거대한 문화기계 앞에 무릎을 굽힌다. 그들에게는 자발성의 한 특성으로서의 새로움이라든가 신선함, 다양성이 결여되어 있다. 모든 것, 삶 자체가 사각의 그물눈 안에서 조직되고 예측되며 안정된다. 그 어떤 작은 일탈과 탈주도 불가능한 것처럼 보일 만큼, 우리의 의식은 언어, 개념, 관념의 홍수로 굳어져 있다.

엑스터시도 없고 창조의 희열도 메말랐으며 내적 변화, 나아가 정신의 확장은 아예 생각해 볼 겨를조차 없이 치달아 온 삶, 오늘의 현실에서 사이코드라마는 어떻게 작용할 것인가? 어떻게 쓰일 줄 모르는 자발성을 깨우고 무한의 창조성 수준까지 나아갈 것인가? 그것은 어떻게 우리에게 변화를 일으키는가? 그것은 자발성을 토대로 한다. 그리고 그것은 기나긴 동굴, 깊은 해저 탐사와도 같은 작업일 것이다. 그러나 일직선상의 목표 지향적 과정이 아니라 언제든지 앞으로 나아가고 뒤로 물러날 수 있는 유연성이 있어야 한다. 공간적으로 그것은 비우면서 채우고 채우면서 비우는 과정이면서 시간적으로는 언제든지 빠르게 혹은 느리게 진행되고 순간에 몇 단계를 뛰어넘어 나아가기도 하고 되돌아 나올 수도 있어야 한다. 이를 인위적으로 도식화한다면 〈표 12-1〉과 같다.

표 12-1 변화인과 자발성의 관계(Ⅰ)

자발성(S) 정도	0	20	50	70	80	100
변화인			부정성	도취성		
		일탈성	회의성	자유성	생성성	참빔성

누구나 사이코드라마의 세계에 들어서는 순간, 그것은 곧 현실로부터의 일탈을 의미한다. 습관적 일상성, 습관적 반응과 행동에서 벗어나 새로운 가능성의 시공간에 들어오게 된다. 그리고 그것은 워밍업을 통해 보다 구체적이고 직접적으로 확인된다. 그래서 그는 자신의 온갖 편견, 선입관, 고정관념, 입력된 정보, 지식체계, 관습과 언어적 논리를 부정한다. 하나주의, 중심주의, 조작주의로부터 탈하나주의, 탈중심주의, 탈조작주의적 자연발생적 흐름 속에 들어서게 된다. 그리고 그는 자신을 만난다. 나를 새롭게 보고 느끼고 행위한다. 기존의 자존심과 주체성이 의심되고 나에 대한 온갖 관념과 신념의 틀이 자발성 시각에서 의문성을 띠게 된다. 안정에 대한 집착은 끊임없이 나의 회의성을 감소시키지만, 나는 부지불식간에 일방적으로 주입된 제반 기존의 인식들을 전복시킨다.

그래서 여전히 하나의 답, 하나의 해결점, 궁극적 해답에 대한 오래된 추구성, 맹목적, 지향적 속성은 마침내 도취의 세계, 혼돈의 세계, 모든 것이 암흑이며 파괴이며 역전된 상황 속으로 빠져 들어가게 된다. 질서와 규율이 무너지고 모든 것이 가능한, 얼핏 보기에는 난장과도 같은 판 속으로 스며들어 간다. 그리고 그는 자유로움을 느낀다. 나의 팔과 다리, 눈과 가슴이 새롭게 느껴진다. 순응적 정체성에서 벗어나 언제든지 새로운 반응, 자발적 적응이 가능해진다. 타인의식으로부터 자유로우며 온갖 불안도 사라진다.

이제 그는 만들기 시작한다. 의미와 목표의식을 벗어나서 자체의 자발성이 이끄는 대로 언제 어디서건 여러 가지들을 생성하게 된다. 그리고 소유하지 않는다. 보존하지 않는다. 다만 창조하고 바로 그 창조의 행위 속에 자신을 몰입시킨다. 내가 창조하는 것이 아니라 창조하는 행위 자체가 바로 나인 것이다. 그리고 그는 죽음을 본다. 인간의 유한성, 불연속성, 단절성을 보고 느낀다. 그러나 그것은 형상, 관념일 뿐, 그는 만듦도 부숨도, 참도 빔도 구분할 수 없는 차원, 즉 무한의 존재-신적 차원에 다가선다.

안일한 습관으로부터의 일탈성, 완벽함이라는 허상 위의 지적 관념 세계에 대한 부정성, 안정감에 집착하는 나 자신에 대한 회의성, 규율과 질서를 넘어 혼돈에의 도취성, 순응과 정체로부터의 자유성, 보존성과 소유에서 새로운 변화를 위한 생성성, 결코 알 수 없을 것만 같은 단절성으로부터 공동 무의식 세계로의 도약을 꿈꾸는 참빔성, 그것은 자발성의 일곱 쌍둥이, 일곱 이중자다.

(6) 변화인 각론

하나의 고체물질이 액체가 되고 액체가 기체가 되는 과정을 상상해 보자. 물론 기체가 액체로 혹은 고체로 변화하는 것은 가능하다. 이 경우 그러한 변화를 일으키는 그 물체의 본질적인 힘을 그 자체의 자발성으로 상정해 볼 수 있다(여기서는 외적 조건 또한 중요한 역할을 하겠지만 그러한 조건을 고려하건 하지 않건 관계없이 마치 인간과 환경의 관계에서처럼 그 자체 내부의 변화를 일으키는 힘에 초점을 맞추어 생각하기로 한다.).

따라서 고체상태에서 액체가 되고자 하는, 되어 갈 수밖에 없는, 혹은 기체가 되고자 하는, 될 수밖에 없는 고체상태 내의 자발성은 액체나 기체 상태 내의 자발성과는 구분지어 개념적으로 설명할 수 있을 것이다. 실제로 다른 자발성이라기보다는 그 자발성이 표출된 현상태, 그 특성에 따라 자발성을 논할 수 있을 것이다. 그리고 고체상태에서 액체상태로 순간 변화되고 해체되면서 생성하며 고체의 사멸이면서 (사멸이 아닌) 액체로의 변화(액체의 신생)라고 말할 수 있는 그 순간에도 자발성은 여전히 작동하고 있을 것이다.

그렇다면 자발성은 외적 표현 형식 혹은 그 의미에 따라 [그림 12-3]과 같이 나타낼 수 있을 것이다.

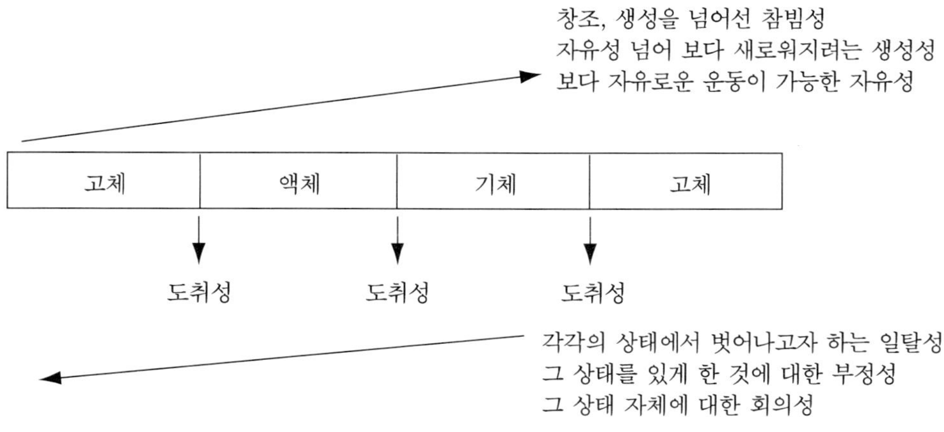

[그림 12-3] 변화인과 자발성의 관계(II)

또한 변화인으로 사이코드라마의 진행과정을 표현해 본다면 [그림 12-4]와 같이 나타낼 수 있을 것이다.

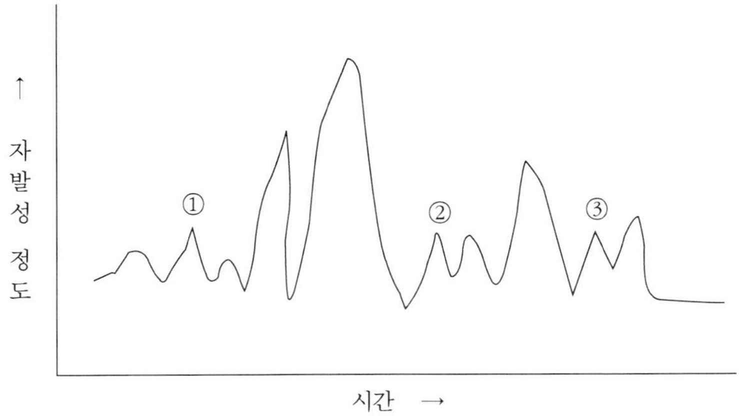

[그림 12-4] 변화인과 자발성의 관계(III)

각 곡선은 자발성 수준이 직선적으로 상승하지 않는다는 것을 보여 준다. 또한 한 회기에 일곱 가지 변화인 모두가 드러날 수도 있거나 자발성의 정도가 서로 다르게 하나의 변화인이 중복해서 나타날 수도 있음을 의미한다. 예컨대, 자유성은 ①②③에서 반복해 나타날 수 있으며 총 10번의 변화인이 나타난다고 할지라도 일곱 가지 중 다섯 가지 변화인만 중복되어 표현될 수 있다. 변화인은 또한 개인에 따라 회기, 각 상황 그리고 같은 사람에서도 시간적 경과에 따라 그 수준이 각각 다르거나 변화인의 종류가 서로 다른 배합을 이루고 나타날 수도 있다.

중요한 것은 어떠한 변화인이 어떠한 형식으로 표현되고 있는가, 그러한 변화인은 어떠한 현실인을 근거로 발생하는가, 어떤 변화인이 반복해서 나타나고 각각의 변화인은 어떤 조합을 이루며 나타나는가, 어떠한 상황 설정, 장면 전환, 기법의 사용이 어떠한 변화인을 촉발시키는 데 유용한가, 그러한 각각의 변화인이 드러남을 인식할 수 있고 측정할 수 있는 방안은 무엇인가 등이다.

중요한 점은 일곱 가지 변화인이 그 어떤 고정불변의 개념 혹은 속성은 아니라는 사실이다. 그것을 마치 유일한 자발성의 형상인 혹은 표현 양태처럼 간주할 경우, 그리고 그것의 순위, 정도에 집착하거나 비교 우위론적 시각으로 바라볼 경우, 우리는 자발성의 본래의 의미를 상실할 위험에 놓이게 될 것이다. 그러한 논리성은 사이코드라마의 전체적인 흐름에도 영향을 미칠뿐더러, 잘못 사용될 경우 그러한 이론적 틀 속에 사이코드라마가 갇혀 버릴 수도 있을 것이다.

이제 일곱 가지 변화인 각각에 대해 논하기로 한다.

① 일탈성

일탈성은 익숙한 일상에서 벗어나서 지금 이곳에 충실하고자 하는 자발성이다. 그것은 흔히 일상으로부터의 탈출(여행, 예술감상 등), 정도를 벗어남(오락, 게임, 놀이판), 미친 짓거리, 역마살, 아웃사이더적(이방인 같은) 행위, 기존 체제의 탈피, 궤도 이탈, 돌연변이, 도시 탈출 등과 같은 용어 속에 그 모습을 드러낸다.

이제는 일탈이라고 간주하기에는 너무나 일상화되어 버린 양식이지만, 출산(자궁-모태로부터의 일탈)과 죽음(삶으로부터의 일탈) 및 그것을 기리는 생일, 제사일의 의식 또한 일종의 일탈성이 드러나는 양식이라고 할 수 있다. 그것은 흔히 사춘기의 가출의식 가운데, 때로는 어디론가 모든 것을 뒤로하고 훌쩍 떠나 버리고 싶은 마음 혹은 충동 속에서, 죽림칠현이나 김삿갓과 같은 역사적 현장 속에서, 혹은 죽음의 한 연구와 같은 예술작품 속에서 드러나기도 한다. 그러한 일탈적 자발성이 자신을 드러낼 수밖에 없는 상황, 일탈성이 작동하지 않고서는 견딜 수 없는(그 결과로 행위화되었느냐 되지 않았느냐에 관계없이) 조건을 여기서는 습관(요)인으로 부른다. 습관인의 특징은 무엇보다도 그 반복성, 즉 무의미하건 유의미하건 동일한 사고와 행위 혹은 환경의 반복적인 되풀이, 주어짐이다.

그것은 인간 개인의 자발성과 창조성을 제한 · 속박함으로써 선택의 여지가 없는 단순한 일상, 평균적으로 누구에게나 정상적으로 주어진 조건이다. 여기서 일탈성은 어떤 목표를 향하거나 한계를 초월하기 위해서라기보다는 그러한 현실 조건, 습관인에 저항하면서 오랫동안 숨죽여 온, 길들여지고자 시도된 현실적 의도에 대한 자발적인 반응으로 드러나게 된다.

습관인의 다른 이름은 소위 로보증(robopathy) 혹은 정상증(normosis)이다. 로보증은 제한된 시각에서 반복적인 만족만을 추구하고 융통성이 없으며 새로운 가능성에 눈이 먼, 고착성, 빈곤성, 상투성, 완고성, 편견적, 진부성, 관료성을 특징으로 하는 현실요인이다. 정상증은 소위 평균적 가치기준들이 속속들이 물들어 있으며 정상이라는 이름으로 그에 걸맞은 생활이 목표 자체가 되어 버리고 의심의 여지조차 없어 보이는, 그래서 인간의 내면, 자발성은 항상 상처를 받지만 그에 대해 무감각하고 그 어떤 환상도 허용되지 않는 오직 실제적이고 가시적인 이득만을 추구하는 상태다.

사이코드라마에의 참여는 마치 현실에서 떨어져 나와 혼자만의 공간에서 낙서를 하거나 일기를 쓰는 것과 같은 일탈성을 의미한다. 그것은 일상적, 자동적 관계성에서 새로운 만남의 관계 속으로, 현실의 주변적 인물의 역할에서 주인공의 역할로, 과거와 미래의 틈바구니에서 바로 지금 이 순간의 삶으로, 로보증 상태에서 새로운 가능성의 장으로, 정상증에서 낡은 대본을 찢고 새로운 가능성과 환상의 세계로 진입하는 것을 의미한다. 결국 그것은 세계를 떠나 홀로 되는 느낌을 감수해야 하지만 그 순간 자신의 잠재성, 힘, 가능성을 회복하고 그러한 느낌을 되돌려 받는 것을 뜻한다.

② 부정성

갓난아기들은 곧잘 '도리도리' 고개를 흔든다. 아주 쉽게 '싫어' 라고 말한다. 그것은 거의 타고난 속성처럼 보인다. 그 어떤 절대 기준을 부정하는 것이 아니다. 아기들이 부정하는 것은 한마디로 사회화 과정에 수반되는 온갖 관념인(현실인자)들이다. 자신의 욕구와 부합하지 않기에, 선택권이 제한되고 인정과 불인정, 보상과 처벌의 기준자에 서서히 길들여져 가는 것에 대해, 사회적으로 인정되는 행위만으로 자신을 제한할 수밖에 없는 현실에 대해 나타내는 자발적인 반응이다.

그것은 흔히 '예' 에서 '아니요' 로, '해야만 해' 에서 '할 수 없어' 로, 그래서 모든 반항적, 부정적 언술행위들, 예술행위들 그리고 유머 속에서 빛을 발하는 자발성이다. 소위 절대지(絶對知), 완벽성이라고 하는 온갖 관념인들, 언어, 진리, 개념, 이성은 합리적이고 논리적이며 과학적이라는 이름하에 그 얼마나 그럴듯한 허상을 만들어 왔던가? 그것들은 결코 살아 움직이는 생동감을 표현하지 못한다. 그것은 모호성, 불편함, 고통을 이겨내지 못한다. 세상만사를 명료한 지각하에 조정 · 지배하고자 하는 인위적 배열, 언어적 조작, 지적 유희는 결코 변천 · 생성하는 삶의 생생함, 열정, 창조와 생성의 희열을 경험하지도 그려 내지도 못한다.

자발성으로서의 부정성은 바로 그러한 제반 관념인들, 존재, 진리, 언어 게임, 완벽한 논리성에 대항하는 힘이다. 어느 한순간 일체의 고정화된 개념, 관념들을 비우고자 한다. 그것은 언어로 표현될 수 없는 수많은 예술적 표현이며, 시시포스나 프로메테우스의 'No' , 부정의 철학(바슐라르), 반연극, 그리고 현실이건 드라마, 소설 속이건 소위 말하는 반항아들, 혁명가들 및 죽음 자체에 도전한 사람들에 의해서 드러나고 증명된다.

사이코드라마에서는 객관적, 서술적 언어로부터 직접적인 언술, 행위로, 모든 지적 사변은 삶 자체로, 사회화에 찌든 옷은 새로운 만남의 옷으로, 온갖 완벽한 체제들은 마술적 세계로 전환되고 부정된다. 획일화되고 공통 분모적인 깊이 없는 의사소통의 세계에서 자신의 고유한 자유로운 표현의 세계로 진입함으로써, 부정성은 새로운 시각의 열림, 무언가 본질에 대한 느낌, 그 어떤 들뜸, 일말의 불안감마저 초래한다. 그러나 그것은 어디까지나 익숙지 않은 생경함에 대한 당연한 자발적인 반응이다.

③ 회의성

나는 누구인가? 삶이란 무엇인가? 나는 어떻게 살아야 하는가? 질문들이 끝없이 이어진다. 왜, 무엇이 우리로 하여금 의문을 갖게 하는 것일까? 그것은 누가 시켜서도, 또 그래야만 하는 당위적 명령에 의해서도 아니다. 그것은 타고난 자발적 회의성에 의한다. 내가 진실로 원하는 것은 무엇인가? 나와 저 자연, 우주와의 한계는 무엇이며 내가 살아야 하는 까닭은 무엇인가? 사랑을 느끼는 순간부터 끝없는 회의 속에 빠져들 수밖에 없는 것은 무슨 연유인가? 나 아닌 나, 나의 혼돈, 분열, 의심, 그래서 불교에서는 '무아'(我는 허상)를, 라캉은 허상의 '나'를, 카프카는 '변신'을, 프로스트는 '잃어버린 시간'을 이야기하였을까?

회의성은 참된, 진실한 나의 삶을 향한 자발적인 힘의 속성이다. 그것은 생의 양면성, 이중성에 갇힌 존재 자체에 대한 회의주의, 허무주의와 구별된다. 왜냐하면 자발성 자체는 어느 한 곳에 머무름을 부정하고 끝없이 일탈하고자 하는 힘이 있기 때문이다. 회의하고 의심하지만 그것은 긍정을 위한, 긍정적 변화·생성의 과정 속의 회의성이기 때문이다.

회의성의 가장 큰 현실적 제한은 집착요인이다. 그것의 중심은 '나'라고 하는 존재, 소위 자아, 주체, 존재, 본능, 신체상, 성격상들에 떼어낼 수 없을 만큼 강력하게 부착되어 있는 안정성에의 집착이다. 나에 대한 고정관념이며 생각의 틀이다. 자발성이 불러일으키는 차이의 느낌, 비극감, 나아가 두려움을 이겨낼 수 있는 모험심과 용기를 담보로 한, 그것들을 희생시키고 얻어진, 그 대가로서 고착된 '나'다. 그러나 그것은 삶의 확장, 나의 열림, 나의 정신계의 자연적, 우주적 세계로의 확장이 멈춰진 바로 그곳에서 '나'의 내던짐으로 드러난다. 소위 나라고 하는 주체를 매 순간 행위하는 삶 속으로 방기한다. 실험적 환경, 새로운 현실 속으로 나에 대한 절대적 의심 가운데 나를 폭로한다. 그래서 현실에서 오랫동안 간직하고 집착해 왔던 사적인 '나'는 나의 것만이 아닌 모두의 공동의 '나'로, 개인성이 상실된 '나'로 드러난다. 고통 속에서 나의 비밀스러운 부분들이 빛을 받아 녹아내리고 보물단지처럼 모셨던 '나'는 희생된다. 그래서 '나'라는 주체는 행위자-창조자로 변신함과 아울러 사라지고 회의성 역시 사라진다. '나'는 행위 속에서 자발성과 더불어 표현·확장되어 가고 있기 때문이다.

④ 도취성

도취성은 빠짐, 몰입, 열광, 무질서, 혼돈, 무화(無化)를 의미한다. 그것은 블랙홀이며 태양열이며 자연의 재해요, 우연성이며 찰나성이다. 그것은 엑스터시, 디오니소스, 카니발, 태초로 상징된다.

도취성은 일정한 시공간에서 자신의 모든 것을 해체 · 방기하고자 하며, 삶과 죽음을 동시에 느끼고 받아들이며, 꿈과 현실이 공존하고 파괴와 건설이 동시에 이루어지는 자발적 속성이다. 그래서 그것은 넓게는 니르바나로, 좁게는 향연, 에로티즘, 열애로, 더 나아가서는 소위 중독으로 드러난다.

도취성은 온갖 질서요인들, 형태적인 것들, 그래서 양심, 규율, 관습 등의 이름으로 이루어진 도덕적 형식주의에 대한, 그리고 자발적인 부정성, 회의성, 일탈성에 의한 탈질서화다. 그것은 외적으로는 혼란스럽고 무정부적이며 결코 이해 가능하지 않은 것처럼 보일지라도, 그 속에는 보이지 않는 지속적인 힘이 흐르고 있고 그 어떤 상황에도 유연하게 대처할 수 있으며 몸과 마음이 합치된, 바로 그러한 상태에서 행위가 드러나고 몸 전체로 자신을 말하고 있는 생명력이 충일해 있다.

도취성은 일종의 광기이기도 하다. 현실적으로는 불가능하고 살아 보지 못한 새로운 세계로의 내적인 일탈이기에 우리는 쉽게 그 속에 빠져들면서도 경계하고 두려워한다. 그 위험성은 소위 중독증이다. 그러나 진정한 도취성과 중독성의 차이는 변화와 확장이 없는 반복성에 있다. 중독성은 어느 한순간에 바라보면 도취성으로 보이나 시간의 경과를 두고 말할 때는 매너리즘에 빠져들 습관과 집착성을 보이게 된다.

형식인, 질서인의 진실이란 고정된 사고 관습에 따른 거짓말하기, 길들이기, 하나의 위선이다. 끝없이 변화해 나아가는 자연을 규율화할 수 없는 것과 마찬가지로, 우주적 혼돈과 질서를 인간의 질서로 무조건적으로 정형화할 수는 없다. 그러기에 도취성은 바로 그것에 부딪혀 해체되는 고통, 뛰어들기를 감행하는 자발성이 된다. 그리고 모든 것이 산산조각 나버린 듯한 해체감 속에서 실험성, 살아 있음의 느낌, 순간과 더불어 존재하는 충일감을 획득하게 된다.

사이코드라마에서 도취성은 주인공(madman)의 이름 속에 드러난다. 그것은 또한 카타르시스를 넘어서 자신의 순간의 행위 속으로의 열광적인 몰입, 넘치는 힘의 느낌, 파괴와 해체의 역동적인 순간에 찾아오는 고요함, 정적보다 더 진한 무화의 느낌, 그리고 탄생, 새로운 변신, 혁명적 변화, 공포와 울음과 웃음, 연민이 한 덩어리가 되어 모두를 감싸안는 순간에 도취감, 희열 등으로 그 모습을 드러낸다.

⑤ 자유성

인류문명은 진정한 자유로움을 향한 역사이었을까? 自由에서 由는 말미암을 유다. 따라서 자유란 自로 말미암은, 自에서(부터) 나오는, 각 개체의 自에서 자발적으로 우러나는 자발성 자체의 속성이다. 그것은 인간이 내외 자극에 능동적이고 적극적이고 긍정적으로 반응하는 하나의 힘이다.

자유성은 우주 자체, 만물 자체의 속성이며 흐름이다. 인간에게 그것은 그 어떤 속박도 억압도 규제도 벗어나고자 하는 자발성이며, 그 어떤 것에도 정체됨 없이 변화되어 가고자 하는 힘이다. 그것은 무엇보다도 복종과 지배라는 온갖 관계성으로부터 일탈한다. 그러한 관계성은 나와 너라고 하는 집단규범을 만들어 개인으로 하여금 수동적이고 안락한 순응성에 빠뜨린다. 그래서 그것은 소외될지도, 사랑받지 못할지도, 버림받을지도 모르는 위기감을 조장해서 급기야 자기 스스로를 믿지 못하는 정체감 속에 빠뜨린다.

그러나 자유성은 때로 모든 그러한 관계성, 정체요인들을 놀이화한다. 니체의 말처럼 모래 위에 성을 쌓는 아이들 놀이에서의 흘러넘치는 진지함으로 세계를 놀이화한다. 그것은 세계 유희라고 하는 즐거운 긍정이며 인간 위대함의 징후다. 그것은 이 세계로부터 소외됨을 느낄지라도 내 앞의 세계에 대한 우연성, 놀이성을 느끼는 자유로움이며 자발성이다.

사이코드라마에서 자유성은 모든 관계들에 대한 새롭고 신선한 접근방식, 마음의 개방성, 믿을 수 없을 만큼 강하게 내면에서부터 뿜어져 올라오는 자유로운 힘으로 드러난다. 그 어떤 과거 혹은 미래의 준거틀로부터도 자유로운, 기억이나 무의식에 다시 구겨져 쌓임이 없이 지금 이 순간의 행위 속에서 느껴지고 살아지는 그러한 느낌으로 다가온다. 오직 이 순간만이 존재하는 듯 온갖 새로운 경험, 행위, 실험에 뛰어드는 용기, 그 자유로움, 솔선수범, 그 어떤 시선 · 조건 · 상황에 대해서도 '그랬다'가 아니라 지금 이 순간에 살아서 '그렇지'라고 하는 적극적인 행위, 그것은 나는 어떻게 생존할 것인가에 대한 반응이 된다.

그래서 자유성은 빔굿이 된다. 자유굿이다. 모든 먼지를 털어내 버리고 존재-움직임-삶 자체로 흥겹고 신명이 난다. 그것은 춤이 되고 노래가 된다. 그 어떤 간섭도 제한도 비평도 불가능하다. 그것은 자유 자체, 자발성의 알몸, 흐트러진 솟아남, 한마당의 축제, 유희다.

⑥ 생성성

문명은 생성이다. 문화는 창조다. 나아가 우주 전체가 생성이며 창조의 과정이다. 인간으로서 나 역시 생성이며 창조다. 문명과 문화의 생성과 창조가 인간의 생성과 차이나는 점은 그것이 자발성이 결여된 채 이미 문화 보존성에 머물러서 역으로 인간의 자발성을 고갈시킨다는 점이다. 그것은 소유성, 즉 소유하고자 하는 현실인자 때문이다.

그것은 '나'라고 하는 집착인과 결부되어 자발성의 반대 개념으로서 보존성을 만들어 낸다. 그러한 보존성은 다양한 형태로 생성성을 방해한다. 힘의 형태, 물질의 형태, 혹은 다양한 행위, 의식의 형태로.

현실에서 우리는 대부분 주어져 있는 것, 된 것을 얻고자 온갖 노력을 기울인다. 나의 시각, 나의 자발성으로 변형, 생성, 창조하기보다는 기존의 대상, 위치의 획득과 소유가 삶의 목표와 의미가 된다. 누군가가 앞질러 깔아 놓은 길, 준비된 자발성이며 생명력이 소진된 정해진 길을 따라 숨가쁘게 달려가야만 하는 삶이다. 그래서 우리는 귀중한 삶의 시간들을 무의미성 속에서 다양한 허구의 의미들을 생산해 내는 데 소모한다.

그러나 생성성의 창조적인 인간은 스스로 삶의 의미를 생성해 낸다. 죽은 문화, 타인이 만들어 놓은 가치체계, 어린 시절부터 일방적으로 주어진 인식의 틀로부터 당당히 일어서서 자신만의 의미, 인식, 가치 체계를 새롭게 짜 나간다. 현실을 꿰뚫고 능가하는 새롭고 창조성 가득한, 독자성과 자기 인식을 획득해 나가고자 노력한다.

사이코드라마의 세계에서도 그러한 새로운 변화, 새로운 자기 인식, 창조과정은 하나의 경이로움으로 다가온다. 그것은 예술적 의미에서 단순한 창조적 행위, 작품의 생성과는 다르다. 그것은 모든 감각들, 귀와 눈과 촉각이 새로이 열리고, 그 순간 존재하는 모든 것이 전혀 낯설거나 혹은 지극히 친숙한 것으로 다가온다. 그것은 정신의 확장이며 세계에 대한 새로운 해석, 새로운 의미의 생성이다. 그것은 그 어떤 선험적 혹은 기존의 시각이 아니라 스스로의 힘에 의한 진정한 창조다. 나 자신에 대한 고정관념이 신선한 의식으로 대체되고 오랜 세월 간직해 온 관계의 그물망이 구태의연성을 벗어던지고 새로운 빛을 발하며 자신의 정신세계가 넓게 열리고 확장되는 것이다.

⑦ 참빔성

참빔성은 채움과 비움을 의미한다. 우리의 상상력이 도달할 수 있는 한 최상의 자발성으로 규정된다. 그것은 도취성도 자유성도 생성성도 벗어나 있다. 그것은 또한 인간의 소위 불완전성, 물질성을 넘어서고 우리가 언어로 붙잡을 수 없고 불가지인처럼 치부해 버리는 현실인으로부터 자유롭다. 비우면서 동시에 차는 그것은 무화(無化, 빔)이면서 존재(참)이며, 나, 사멸, 고독, 무의미성, 생성을 초극한(빔), 더불어 만물과 함께 존재하는, 붙잡는 순간(참) 붙잡을 수 없는(빔), 느끼는 순간(참) 그조차 사라지는(빔), 이미 주어져 있는 성(性), 즉 천성(天性)이다. 모레노식으로 말하면 그것은 신성(神性, 우주적 인간의 성질)이며 최초의 우주정신, 세대마다 신선하게 되돌아오는 근원적 성질이다.

여기서 현실인으로서 불가지인은 인간은 삶과 죽음 그리고 인간 자신에 대해서 확실하게 알 수 있는 것은 없다고 하는, 진정한 앎은 불가능하다는(그럴 경우 마침내 허무에 빠지겠지만) 입장에서 차용된 용어다(그리고 우리는 실제로 변전-흐름의 삶을 엄밀하게 규정하고 정의 내릴 수 있는 그 어떤 도구도 개념도 가지고 있지 못하다.).

따라서 참빔성은 그러한 현실적인 불가지인을 넘어서고자 하는 자발성이요, 다른 여섯 가지의 자발적 속성 전체를 끌어안고 있는 최상의 자발성으로 정의될 수 있다. 일탈성과 부정성은 빔이요, 회의성과 도취성은 나 자신의 비움이면서(자발성에 의한) 자발성의 차오름이다. 자유성과 생성을 통해 자신을 비우면서 세계를 채우며 해석하는가 하면 동시에 내가 채워지며, 마침내 고독, 사별, 무의미를 넘어 참과 빔이 모든 단절성을 뛰어넘는 순간에 참과 빔은 그 의미가 사라질 것이다.

그것은 우주적인 공동 무의식, 색시공적 정신, 육화된 신성, 초월적 명정(酩酊) 상태, 순수 영혼 등 다양한 얼굴을 갖는 것처럼 보인다. 예컨대, 영혼에 대해서 말한다면 물질계와 대극 개념으로서의 정신적인 것(정신활동의 실체), 탈속적인 것(신성한), 초자연적인 것(사자의 넋, 혼백, 불사불멸의 영), 만물의 자유로운 혼, 종교적인 의미의 성령 등, 한마디로 플라톤 이후로 순수, 정제되어 이제는 거의 불멸의, 단순한, 불가분의 실체로서의 영혼 관념을 형성하고 있다. 그것은 또한 인간 탄생 이전, 영계에 선재(先在)하는 혹은 사후에 윤회하는 관념까지 나아간다. 그러나 여기서는 자발성의 규정하기 어려운 본성으로서의 참빔성을 어디까지나 사이코드라마적 시각에서 보다 구체화시켜 보고자 할 뿐, 무조건적인 허상의 믿음과 같은 맹목적 관념놀이는 지양한다.

사이코드라마에서 참빔성은 하나의 순간으로, 그 느낌으로 드러난다. 그것은 전체 공간이 무언가 형언하기 어려운 기운으로 가득 차면서 동시에 우리 자신이 맑게 비워지는 순간, 홀린 듯하고 탄성과도 같고 저절로 발아되며 상상을 초월한 듯하고 예민한 영감과도 같은 지고의 힘을 느끼는 순간, 불가사의한 인내력, 아픔, 슬픔이 순간 빛 속에서 그 의미가 도치 · 전복되면서 모든 시공간, 삶, 존재 위로 스쳐 지나가는 순간, 마치 자신이 하나의 작은 물방울, 바람 조각, 하나의 광기처럼 사라지며 드러나는 찰나, 온갖 것이 가득 찬 침묵을 넘어선 정적, 삶과 죽음의 일치감 같은 것이다. 그렇기에 그것은 잠시 시간이 흐른 후, 세상이 무화된 듯한 착각, 느낌 속에서 무언가 공동체적인 운명감과도 같고 모든 현실인을 초극한 듯한 상태로 나아가게 된다.

(7) 결어

지금까지 사이코드라마의 소위 치료인자 혹은 치료요인을 변화요인이라는 용어로 바꾸어 논하였다. 그럴 수밖에 없었던 가장 큰 이유는 정신병리(학)가 존재하지 않은 사이코드라마에서 치료라는 말 자체가 합당한 용어가 아니라고 판단했기 때문이다.

사이코드라마는 우주 만물의 부정할 수 없는 근원적 본성으로서 자발성을 가정하고(가정이라고 한 것은 그것이 마치 빛처럼 아직 그 실체를 과학적으로 증명하지 못하였으며, 용어 자체도 더 많은 개념적 논의가 있어야 하겠기 때문이다.) 바로 그 힘을 계발 · 훈련함으로써 인간 정신의 확장을 지향하는 예술이며 철학이며 과학이다. 따라서 사이코드라마가 우리에게 미치는 영향력, 도움을 주는 인자, 우리에게 변화, 성장, 발전, 확장을 일으킬 수 있는 힘은 곧 자발성 자체다.

그러나 자발성 및 창조성의 개념은 매우 깊고 광범위할 뿐만 아니라 그것이 어떻게 해서 우리의 정신에 영향을 미치며 우리의 정신 확장에 이바지하는가의 문제는 그 개념 자체만으로도 많은 혼란과 어려움을 야기해 온 것이 사실이다(그 대표적인 예가 소위 사이코드라마의 치료요인이라고 하는 일반정신치료 양식에의 편승이다.). 따라서 보다 실제적이고 보다 논리적인 해석과 이해가 선행될 수 있는 자발성에 대한 연구가 선행되지 않고서는 오늘날과 같은 급속도의 세계에서 사이코드라마의 발전은 더딜 수밖에 없게 될지도 모른다. 이에 보다 실제적인 관념에서, 사이코드라마가 전개되는 과정 자체의 시각에서, 그리고 자발성의 표현적 특성에 따라서 일곱 가지 속성을 인위적으로 추출해 내었다. 그리고 각각을 사이코드라마의 변화(요)인으로 명명하였다. 각 변화인은 자발성이 겉으로 드러나는 양상의 특징을 보여 줄 수 있는 용어로 선택하였다.

비록 일곱 가지 변화인이 사이코드라마적 의미에서 중요한 변화인자이기는 하지만, 그것은 자발성을 축으로 해서 이루어진 것이기에 현실적 삶 속에서도 똑같이 응용될 수 있고 사이코드라마건 현실이건 자발성에 관한 한 동등한 의미가 있을 것으로 판단된다. 따라서 자발성을 가로막는 수많은 현실적 요인들 중에서 대표적인 일곱 가지 요인을 현실(요)인으로 명명하였다. 그리고 그 각각은 각 변화인에 대항하는 가장 강력한 요인으로 규정하였다(그것은 소위 저항이라는 개념을 훨씬 넘어서 있다.). 이를 정리하면 〈표 12-2〉와 같다. (최근 정소윤[2001]은 논문 「심리극과 전통연희의 비교연구」에서 이 표의 자발성 척도를 이용해 만든 36문항으로 참빔성을 제외한 6개의 자발성 하위요인을 비교한 바 있다.)

이제 남은 문제는 표에서의 가설을 어떻게 보다 과학적으로 증명해 낼 수 있을까, 그리고 그것을 활용해서 보다 깊이 있는 연구 및 발전을 위한 방안을 어떻게 모색 · 구성할 수 있을까다. 반면에 과연 그것은 증명 가능한 일인가, 반드시 그래야만 하는가 등 질문이 연달아 발생한다.

표 12-2 변화인과 현실인

변화인	현실인	초점이 되는 진술* 및 결과		새로운 변화를 위한 단서들**
일탈성	습관인	↑ 이것은	↑ 사실과 존재의	홀로 되는 느낌, 잠재적 힘의 느낌, 새로운 가능성
부정성	관념인	나에게 무엇인가?	거리화 · 벗어나기 ↓	불안감, 본질에 대한 느낌, 새로운 시각의 열림
회의성	집착인	↓		비극감, 차이의 느낌, 실존적 용기
도취성	질서인	혼 돈	↑	해체의 느낌, 실험정신, 모험감, 생명력
자유성	정체인	↑ 나는 어떻게	사실과 가치의	소외감, 우연성, 놀이정신
생성성	소유인	생존할 것인가?	대립 해소 · 벗어나기	유한성, 세계 창조의 느낌, 확장감
참빔성	불가지인	↓	↓	무화된 느낌, 공동체적 운명감, 초극성

* 초점이 되는 진술은 자발성의 시각에서 나, 대상, 개념 및 의미와의 관계 혹은 그 방식을 묻는 진술이다.

** 새로운 변화를 위한 단서들은 변화인의 결과로 나타날 수 있는 구체적인 느낌, 사고, 행위적 특성을 기술한 것이다.

4) 저항 혹은 막힘현상

오늘날 저항(resistance)의 개념은 1900년에 프로이트가 말한 "치료 작업의 진행을 방해하는 모든 것"이라는 정의에서 크게 벗어나지 못한 채 거의 모든 정신치료에서 그런 통상적인 의미로 사용되고 있다. 모든 인간은 자신을 변화시키는 데 저항한다는 것이다. 사이코드라마에서도 개념의 정의만 바뀌었을 뿐 저항이라는 용어는 여과 없이 사용되고 있다.

(1) 정의 및 용어

모레노는 저항을 자발성의 감소 혹은 상실로 정의하였다. 그리고 많은 사이코드라마티스트가 그를 좇아 자발성을 중심으로 저항을 재정의하고 있다. 자발적 에너지를 차단시키는 행위, 자발적 행위를 억제 · 금지시키는 힘, 사이코드라마의 진행 방향에 반대되는 행동, 치료과정에 반대로 작용하는 자발성의 비발동, 비실시, 새로운 상황에 부적절하게 반응하는 방식, 주인공의 참여, 워밍업, 자발적인 것에 대항한 안전 방책, 자발적 역동성을 밀어내는 강박적 역할놀이 등이다.

문제는 저항이라는 용어다. 그것은 전기저항 혹은 물리학에서 힘의 작용에 대하여 그 방향과 반대의 방향으로 작용하는 힘 또는 저항력을 의미할 뿐만 아니라, 압제에 맞서 싸우는 레지스탕스처럼 서로 맞서 거슬러 버틴다는 대항을 의미하는 용어이기 때문이다. 따라서 소위 환자, 피치료자, 피상담가가 치료자에게 저항한다, 치료적 진행을 방해한다는 식으로 일견 당연하게 생각된다. 인간은 변화를, 치료를 원하면서도 변화됨을 두려워한다는 생각 때문이다. 과연 그럴까?

저항은 오직 피치료자의 몫일까? 공짜도 아니고 비싼 돈을 내면서 치료를 받으러 온 사람이 치료를 방해한다? 난센스같이 보인다. 왜 그는 치료적 진행을 방해하고 스스로 변화를 두려워하는 것일까? 아마 가장 큰 이유는 일상성과 현실적인 자기 자신에 익숙해 있는 탓일 것이다. 자신을 드러내는 것이 쉽지 않을 것이다. 치료자가 제아무리 설득하고 이해시키려 해도 그가 어느 정도 치료자를 신뢰할 마음이 생길 때까지는 결코 자신을 함부로 드러내지 않을 것이다. 그런데 그것이 저항으로 간주된다.

그리고 회기가 지나면서 치료자에 대한 신뢰가 쌓이고 어느 정도 자신을 자유롭게 노출할 수 있게 된 과정에서도 피치료자는 저항할 것이다. 왜 그럴까? 아직도 익숙하지가 않아서, 자신의 노출에 대한 치료자의 반응이 마음에 들지 않아서, 아직도 전적인 신뢰가 주어지지 않아서, 그 스스로 자신을 알아가는 것이 고통스러워서 등 여러 가지 이유를 생각해 볼 수 있다. 문제는 그것이 오직 피치료자에게만 국한된 것이냐 하는 점이다. 나와 너 관계에 의해서, 그렇기에 때로는 많은 부분이 너에 의해서, 치료자에 의해서 저항이 발생될 수도 있다. 그런데도 그것은 피치료자의 저항이라고 말한다.

한마디로 저항이란 용어는 매우 권위적이고 일반적인 개념이다. 치료자의 입장에서 만들어 낸 용어다. "저항하지 말라. 저항은 곧 너 자신의 모습이다." 그래서 오늘날에는 저항 해석을 치료의 중요 과정으로까지 생각한다. 라캉식으로 말하면(에반스, 1996: 332) 그것은 저항과 방어 개념의 혼동이다. 그래서 그는 분석에서 분석가 자신의 저항 말고는 다른 저항이란 있을 수 없으며, 모든 저항을 극복할 수도 없고 또 극복하려고 노력하지도 말아야 한다고 말하고 있다.

집단정신치료 상황에서 저항은 또 다른 의미를 지닌다. 그것은 두 사람 관계가 아닌 여러 사람의 관계가 동시에 발생하는 상황이다. 따라서 저항은 그만큼 더 복잡해지고 커질 수밖에 없어 보인다. 리더나 치료자뿐만 아니라 모두가 서로가 서로에게 저항을 유발하는 자극인자로 작용한다. 그런데도 불구하고 여전히 저항이란 개념은 각 개인의 몫으로 돌려진다. 무리한 용어 사용이라고밖에 할 수 없다.

더구나 사이코드라마에서까지 저항이라는 용어를 당연시하는 것은 쉽게 납득하기 힘들다. 자발성을 기준으로 저항 개념을 규정한 것은 그나마도 다행스러운 일이지만 그 역시 모순이다. 자발성의 감소, 상실, 상승 등의 표현에 걸맞은 용어를 찾아냈어야 한다. 저항이 아니다. 그런 식으로 주인공을 보아서는 안 된다. 그 어떤 주인공도 처음부터 끝까지 자발성을 높게 유지한다는 것은 불가능하다. 그것이 자발성의 특성이기 때문이다. 순간에 쓰이고 사라지는 것이 자발성이다. 그것은 민감하다. 매우 사소한 자극에도 쉽게 꺾이고 움츠러든다. 그 어떤 상황에도 적절하고 새롭게 반응하는 것이 자발성이지만 그것은 순수 자발성 자체에 대한 정의일 뿐이다. 만약 그러한 자발성을 지닌 사람이라면 사이코드라마의 주인공이 될 필요는 없을 것이다.

저항은 자발성의 의미로 해석되어야 할 뿐만 아니라 용어 자체도 바뀌어야 한다. 보다 쉽고 보다 행위적 의미가 깃든 말로 대체될 필요가 있다. 모호하고 획일적이며 권위적이며 전투적인 용어가 아니라 일반인도 쉽게 이해할 수 있는 일상적 용어가 필요하다. 그것은 움직씨, 즉 동사적 표현이어야 한다. 왜냐하면 자발성은 고정된 것이 아니라 자연현상처럼 하나의 힘의 흐름이기 때문이다. 자발성은 흐른다. 마치 물이 흐르듯 다양한 양상으로 자신을 드러낸다. 그것은 곧 사이코드라마의 전 과정에 영향을 미친다. 따라서 자발성의 하강은 다양한 형식으로 진행을 더디게 하고 심지어 멈추게 한다.

이제 사이코드라마의 진행을 원활하게 하지 못하게 하는 현상을 '막힘현상(blocking)'이라고 하자. 막힘현상은 자발성의 과잉, 왜곡, 감소, 소실을 의미한다. 그리고 막힘현상은 자발성의 상태에 따라 다음과 같이 나누어 설명할 수 있다.

막힘현상
- 겉돎 … 자발성의 과잉, 반복, 억제, 감소 현상 등을 말한다.
- 맴돎 … 자발성이 전이, 텔레에 의해 영향을 받는 상태다.
- 안돎 … 자발성이 무의식적 영향을 받고 있는 상태다.
- 멈춤 … 자의적인 자발성의 중단을 의미한다.

① 겉돎

겉돎은 겉돌다의 명사형이다. 겉돌다는 기름이 물에 겉도는 것처럼 두 물체가 서로 섞이지 않고 따로따로 나누어지거나 사람이 서로 잘 어울리지 않음을 의미한다. 따라서 사이코드라마의 자발적인 진행과는 다르게 충분히 자발적이지 못하고 스스로 깊이 과정 속에 녹아들지 못하고 겉도는 듯한 현상을 겉돎이라고 한다. 그것은 지금까지 저항이라는 용어에 해당되는 대부분의 현상을 지칭한다. 겉돎현상은 자발성 상태에 따라 다음과 같이 세분된다.

- 빗(나)감: 자발성에 대한 이해 자체가 부족하거나 자발성이 왜곡된 경우다. 이는 뭐든 잘하려 하고 스스로 잘하고 있다는 '잘해'와 도대체 지금 이곳에서 무얼 하고 있는지 혼돈을 일으키는 '뭐해'로 나뉜다.

- 잘해: 진지하지 못한, 열정이 빠진, 앞뒤가 걸맞지 않는 자발성의 왜곡현상이다. 겉핥기식이다. 마치 원맨쇼라도 보는 듯한 쇼맨십이 강하다. 무언가를 열심히 하긴 하는데 보는 사람에게는 와 닿지 않는다. 무언가 잘하고 있고 막힘도 없어 보이는데 막혀 있는 느낌을 준다. 습관적이다. 빠져듦이 없다. 자기 노출이 피상적이다. 잘하고 있는 것 같은 '잘해'는 행위화 단계 초반에 쉽게 드러난다.
- 뭐해: 요령부득이다. 뭘 하고 있는지 당황스럽다. 지나치게 추상적인가 하면 곧바로 현실적이 된다. 현실과 사이코드라마를 혼동하고 있는 것처럼 보인다. 한마디로 사이코드라마를 잘못 이해하고 있는 경우다. 자발성이 들락말락한다. 행위도 없고 감정도 없다. 때로는 사이코드라마 자체에 반발한다. 이렇게 해서 무슨 소용이 있겠느냐고 묻는다. 한마디로 왜 주인공이 되었는지, 무얼 하고자 나왔는지 모르는 것같이 보인다. '뭐해'는 흔히 행위화 단계 중반 정도에서 확연히 드러난다.

• 더(나)감: 이는 자발성의 과잉 혹은 보존성적인 반복현상을 일컫는다. 위의 빗감보다는 훨씬 강하고 진지하게 열성적으로 놀이하는 것처럼 보인다. 그런데 감정의 과잉상태, 자발성이 과도하게 열을 받아 있을 뿐인 '다해'와 한 가지 주제 혹은 사건에만 매달리는 '또해'의 현상을 나타낸다. 상황에 적절하거나 새로움이 없다.

- 다해: 무엇이든지 다 해낼 수 있어 보인다. 디렉터의 말 한마디에도 매우 높은 자발적인 반응을 보인다. 그러나 초점이 없다. 아니, 그보다는 행위가 없다. 감정이 너무 앞서 있어서다. 자발성의 과잉상태다. 상황이 어떻게 돌아가고 있는지조차 모를 정도다. 열심히, 성심성의껏 반응한다. 필요한 것은 다 해낼 수 있다는 믿음이다. 그러나 지나친 들뜸일 뿐이다. 그것이 지나치다고 한 것은 자신의 진실로부터 멀어지는 빗나감이며 겉돌음이기 때문이다.
- 또해: 융통성이 없다. 고지식하다. 자기가 원하는 주제, 자신이 선택한 문제 이상으로 나아가려 하지 않는다. 닫혀 있다. 자발성이 오직 한 곳에 머물며 떠나지를 않는다. 열려 있지가 않다. 자발성의 고착이요 반복이다. 흐르는가 싶은 순간 이내 다시 제자리로 돌아온다. 모든 과정과 현상을 자신의 통제하에 두고 있다. 그리고 자신이 선택한 주제에 대해서는 최선을 다한다. '다해'와 '또해'는 행위화 단계 중반을 넘어서야 알 수 있을 만큼, 이러한 막힘현상은 발견하고 극복하기가 쉽지 않다.

• 덜(나)감: 자발성이 억제되거나 감소된 현상이다. 쉽게 자신의 자발성을 풀어 놓지 않는다. 소극적이고 지연적이다. 진행이 더디고 앞으로 나아가지 못한다. 지금 이 순간이 극복되어야만이 그다음 단계로 나아간다. 이는 어느 정도는 의도적인 '안

해', 그 어떤 두려움 때문에 자발성이 감소된 상태인 '못해', 그리고 자발성이 감소된 것은 아니지만 그 힘이 충분하지 못한 '약해'로 나누어진다.

- 안해: 자신의 자발성을 의도적으로 철저하게 억제한다. 안 하겠다는 것이다. 하더라도 나 자신이 그것을 수긍할 수 있어야 하겠다는 태도다. 그래서 표현은 매우 우회적이다. 설명적이고 말 중심적이다. 심한 경우 따지고 덤벼드는 모습을 보인다. 돌다리도 두들겨 보는 자세다. 결코 오는 것 없이 가지는 않으려는 완벽주의자처럼 보인다. 그도 다음의 '못해'처럼 그 어떤 불안이나 두려움이 있을 수 있다. 그러나 그것은 '못해'에서처럼 쉽게 드러나지 않는다. '안 해'는 첫 인터뷰, 과정의 초반에 드러난다.
- 못해: 가장 흔한 겉돎현상이며 막힘현상이다. 직접적으로 못한다고 말하지는 않는다. 그러나 분명 자발성을 못 살리고 있다. 자발성의 감소현상이다. 웃으면서 회피한다. 타인의식이 강하고 부끄러워한다. 열심히 하려고 하지만 자발성이 밑받침되지 못한다. 자주 진행이 어려움에 빠진다. 더 나아갈 수 있을 것 같은데도 쉽게 선뜻 나서지 못한다. 자기 자신도 그것을 알고 답답해하지만 못 해낸다. 하려고 할수록 더 움츠러든다. 첫 장면에서부터 확연히 드러난다.
- 약해: 자발성도 있고 하려는 의지와 열정도 있다. 그 어떤 것도 회피하거나 도망가지 않는다. 열심이다. 그러나 마치 천성이 그렇게 보일 만큼 힘이 약하다. 에너지가 충분히 뒷받침하지 못한다. 일견 수동적으로도 보인다. 순종적인 태도다. 그런데도 감정이며 행위가 약하고 섬세하다. 목소리조차 힘이 없다. 자발적인 의지만큼 힘을 쓰지 못한다. 이러한 겉돎현상은 처음 시작 단계에서 알아볼 수 있다.

이상으로 사이코드라마의 진행과정상 원활한 자발적 진행을 가로막는 현상을 저항(resistance)이라는 용어 대신 막힘(blocking)현상이라고 하였다. 정리하자면, 막힘현상은 크게 겉돎(going round), 맴돎(spinning round), 안돎(ceasing) 그리고 멈춤(stopping) 현상으로 나눌 수 있다. 겉돎현상은 사이코드라마가 진행해 나아가는 양상에 따라서 빗나가거나(빗감) 지나치게 너무 나아가거나(더감) 느리고 더디게 덜 나아가는(덜감) 현상으로 세분된다. 그리고 각각은 행위를 하는(doing) 양상에 따라 잘하려고만 한다(잘해), 못하고 있다(못해), 안 하려고 하는 것 같다(안해) 등으로 나누어 설명하였다.

여기서 중요한 점은 그 다양한 현상들이 한 가지 현상만으로 고정되어 나타나지 않는다는 사실이다. 또해와 약해가 섞여 나타날 수도 있고, 안해와 뭐해가 상황에 따라 강도를 다르게 해서 나타날 수도 있다. 뭐든 다 할 것 같은 다해도 때로는 못해로 돌아선다. 그것이 바로 우리 인간의 모습이고 복잡성이며 다양성이다. 뿐만 아니다. 다음에 설명되겠지만 겉돎이나 안돎 현상과도 뒤섞인다. 멈춤현상이 겉돎현상으로 나아가기도 한다. 요점은 위와 같은 현상의 세분화는 그 자체가 반드시 어느 한 사람의 한 가지 현상이 아니라는 것이다(그러한 겉으로 드러난 현상의 배후에 있는 기능을 생각하면 더욱 복잡해진다.) 사이코드라마 과정에서 언제든지 흔히 볼 수 있는 다양한 막힘현상들을 이해하기 쉽게 하기 위한 인위적인 구분이라는 점이다. 오해가 없기 위해 다시 한 번 말한다면, 위와 같은 분류는 어디까지나 이해를 위한 편의상의 분류, 인위적인 도식에 불과할 뿐 진실로 받아들여서는 안 된다. 중요한 것은 그러한 현상을 이해하며 그 숨겨진 심리학적 동기가 아니라 어떻게 하면 그러한 막힘현상을 극복해 나가고 자발성을 증가시킬 수 있느냐다.

② 맴돎

사이코드라마 과정상 전혀 예기치 못하는 막힘현상이 일어나는 것은 드문 일이 아니다. 마치 날던 화살, 하늘을 나는 새가 순간적으로 꼼짝 않듯, 매우 짧은 순간에 진행과정이 그리고 주인공이 더 이상 나아가지 못하고 멈추거나(안돎) 제자리를 맴돌 듯 혼돈된다(맴돎). 한마디로 순간적인 자발성의 상실이요, 제로 상태의 자발성 현상이다. 맴돎은 주로 주인공의 무의식적인 텔레(전이현상)에서 기인한다. 주인공은 당연히 함께 참여하는 모든 사람들, 즉 디렉터, 보조자, 집단원에 대해서 텔레를 갖고 있다. 만약 강렬한 텔레, 억제하기 힘든 텔레 상태에 놓여 있다면 주인공으로 등장하기가 쉽지 않을 것이다. 그러나 그것을 어느 정도 통제할 수 있는 주인공은 자신의 드라마를 진행해 나갈 것이다. 그러나 주인공은 어느 한순간 디렉터의 표정이나 말 한마디, 보조자나 집단의 반응으로 강렬한 텔레 상태에 빠지게 되고, 바로 직전까지와는 전혀 다른 반응을 보인다. 누군가에 대한 텔레 감정이 솟구쳐 올라온 것이다. 그래서 잠시 혼돈이 초래된다. 때론 멍한 상태에 빠져든다. 자발성은 제로다. 이는 바로 맴돎현상이다. 그것은 전 과정에 걸쳐서 언제 어느 때 드러날지 모른다. 마지막 나누기 과정에서도 특히 민감하게 드러난다. 안색이 변할 만큼 강렬하게 표현되기도 한다. 디렉터를 간섭하고 명령하는 아버지로 착각해서 의외적인 반응을 보이기도 한다. 이 경우는 자발성 제로 상태라기보다는 일탈된 자발성이라고 불러야 할 것이다. 텔레에 의한 맴돎현상은 반드시 극복되어야 한다.

③ 안돎

안돎은 말 그대로 더 이상의 진행이 멈추어진 상태다. 맴돎이나 겉돎보다 더 순식간에 확연히 드러난다. 거의 무의식적이고 자발성의 완전 소실상태다. 주인공 자신도 자신이 왜 갑자기 멈추어 섰는지 알지 못한다. 표정이 바뀌고 마치 넋이 나간 사람처럼 보인다. 더 이상 진행하는 것이 무리일 만큼 그 상태는 잠시 동안의 휴식을 필요로 한다. 잠시 후에 물어보면 대개의 경우 '모르겠다, 아무것도 생각나지 않는다, 멍하다.' 고 반응한다. 소위 무의식적 요소의 침입이다. 저항이라는 용어로 설명한다면 기존의 외적 환경, 치료자, 치료과정에 대한 저항이 아니라 자신의 스스로에 대한 방어다. 거의 본능적이고 비자발적이다. 그것은 두려움, 불안일 수도 있고 멍한 백지상태일 수도 있다. 그것은 사이코드라마에서 오히려 매우 긍정적으로 수용되고, 나아가서는 그러한 현상이 자주 나타나기를 손꼽아 기다릴 만큼 중요한 순간이기도 하다. 왜냐하면 바로 그 속에 보다 강력한 진실이 들어 있을 수 있기 때문이다. 그래서 안돎현상은 현상학적으로는 막힘현상의 하나이지만 실제에서는 사이코드라마 과정에서 매우 귀하고 소중한 순간이라고 말할 수 있다. 그동안의 모든 진행과정이 바로 이 순간을 위해 존재해 왔다고 해도 과언이 아닐 만큼, 그것은 진정한 만남과 열림을 기다리고 있는 지금 이 순간의 보석과 같은 사건, 현상이기 때문이다.

④ **멈춤**

멈춤은 주인공이 실제로 사이코드라마 진행을 멈추는 것을 말한다. 이는 저항이라기보다는 실제적인 현상이다. 주된 원인은 주인공의 디렉터에 대한 불신이다. 레드카드를 내미는 것이다. 난 당신과 더 이상 사이코드라마를 못하겠다는 의사 표시다. 디렉터가 자신만 알고 있는 주인공에 대한 정보를 임의적으로 노출하는 경우, 무리하게 주인공의 저항을 해체하려고 하거나 주인공을 비난하는 경우, 신뢰를 완전히 상실한 경우가 해당된다. 반대로 주인공의 경우 갑자기 몸이 아프거나 다칠 경우, 이유를 알 수 없는 퇴장, 거절, 과정 자체에 대한 분노 감정의 폭발이 그것이다. 때로는 집단이나 보조자에 의해서도 멈춤현상이 일어나기도 한다. 화가 나거나 지루해서 또는 시간 약속 때문에 떠나 버리는 집단원, 자신의 문제를 주인공에게 무책임하게 퍼부어대는 보조자, 주인공이나 관객 또는 디렉터를 비난하는 보조자 등의 경우가 그러하다. 이는 사이코드라마적 위기다. 디렉터가 진실로 자신의 마음을 열고서 사태를 수습해야 할 순간이다.

(2) 3대 저항

사이코드라마에서는 흔히 다음과 같은 세 가지 막힘현상을 3대(大) 저항으로 간주한다. 그것들은 대부분 겉돎현상으로 나타나지만, 빗감, 더감, 덜감 등 어느 하나만으로 표현되지 않고 주인공에 따라 다양한 '해' 양식으로 드러난다. 중요한 것은 최소한 다음과 같은 세 가지 막힘현상이 반드시 극복되어야 한다는 점이다. 그렇지 않고서는 수많은 다른 막힘현상을 뚫고 나아갈 수 없기 때문이다.

① 초기 저항

한마디로 무대공포증을 일컫는다. 멍석 깔아 놓으면 못한다는 말처럼 주인공이 다른 사람의 관심의 초점이 되어서 자신을 노출하는 것을 두려워하는 것이다. 그것은 주인공이 되고자 마음먹는 그 순간부터 시작되어 정식으로 주인공이 되어 무대에 등장하는 순간에 극대화된다. 그것은 흔히 망설임, 떨림 등으로 드러난다. '날 이해하지 못할 거야.' '날 조종하거나 비웃으면 어떻게 하지?' '과연 저 사람들이 날 받아줄 수 있을까?' 하고 생각한다. 두렵고 괴롭고 도망가고 싶고 후회스럽다. 괜히 나섰다고 생각한다. 실제로 무대에서 퇴장하기도 한다.

② 기본 저항

변화 자체에 대한 두려움의 표현이다. 가장 흔한 염려는 자신이 혹시 미치지나 않을까 하는 것이다. 나도 모르는 사이에 미쳐 버리거나 다른 사람이 되어 버리는 것, 자신도 모르게 감당할 수 없는 다른 내가 되는 것, 미지의 세계에 대한 두려움이다. 내가 한때 아무것도 보이지 않는 어둠을 두려워했듯이, 나는 내 속의 또 다른 나를 두려워하는 것이다. 그래서 어느 순간 몰입하는 것을 회피한다. "꼭 그렇게 해야만 되나요?" "다른 식으로 하면 안 돼요?"라고 묻는다. 주춤거린다. 미소 지으며 자신을 지킨다. 무언가 눈에 보이지 않는 장막을 자기 둘레에 치고 있는 느낌을 준다. '안해' '못해' '또 해' 등으로 나타난다. 이 경우 카타르시스는 힘들다. 순간의 자기 방기가 없기 때문이다. 감정과 몸이 철저히 이성의 통제하에 들어가 있기 때문이다.

③ 근본 저항

변화 자체보다는 자신의 모습, 자신의 감정에 대한 두려움이다. 자신 속에 들어 있는 고통스럽고 불유쾌하고 다시는 들여다보고 싶지 않는 감정들, 또 하나의 자기를 만나고 싶지 않는 현상이다. 심한 경우 그것은 안돕현상으로 표현된다. 그러나 대부분 "난 그분을 미워하지 않는데요." "난 어린애가 아니라고요." "내가 왜 그것을 해야 하는 거죠?"라고 표현하거나 비언어적 표현으로 드러낸다. 그리고 막힘을 넘어선 다음에는 흔히 "나에게 그런 감정이 있었는지 몰랐어요."라든가 "와우, 그래요. 그게 나이지요."라고 반응한다.

막힘현상이 없는 사이코드라마 과정은 사이코드라마라고 부를 수 없을 만큼 그것은 중요하다. 그리고 그러한 막힘현상의 극복과정이 곧 사이코드라마라고 해도 과언이 아닐 만큼 막힘현상은 우리의 자발성의 실험대이며 촉진제다. 그것은 있는 그대로 긍정되고 수용되고 또 극복되어야 한다. 최소한 앞서 언급한 세 가지 중심 막힘현상이 해결되어야만 주인공은 진정한 잉여현실 세계로 나아갈 수가 있다.

(3) 저항의 표현

사람마다 저항의 표현방식은 다르다. 예컨대, 초기 저항의 경우는 그 자체를 드러내기를 두려워하거나, 두렵다고 말로 표현하거나, 순간에 주제를 바꾸거나, 말이 많아지거나, 스스로 진정시키기 위해서 시간 여유를 달라고 요청하는 등 다양하게 표현된다. 한마디로 어떻게 막힘현상을 알아보느냐 하는 문제는 디렉터의 열린 마음과 호기심에 비례한다고 말할 수 있다. 디렉터가 그러한 막힘에 예민하게 반응하지 않을 경우, 역설적이지만 주인공의 디렉터에 대한 신뢰의 상실이 커져 감과 동시에 막힘현상은 그만큼 더 커져 갈 것이기 때문이다.

저항은 주인공만 하는 것이 아니다. 그 누구 못지않게 디렉터도, 보조자도, 관객도 저항한다. 이것이 또한 사이코드라마의 특수성이다. 문제는 디렉터가 스스로 자신의 막힘, 저항을 알지 못하는 것이다. 알면서도 어찌하지 못하고 반복하는 경우, 그것은 사이코드라마에 중대한 영향을 미친다. 한마디로 자기 수행과 훈련의 부족현상이다. 그리고 더욱 중요한 문제는 자신의 저항을 주인공의 저항으로 착각하는 일이다.

① 디렉터의 저항

저항을 자발성의 감소나 상실이라고 하였을 때, 디렉터 또한 자발성에 있어서 다양한 양상을 보인다. 그 어떤 디렉터도 그러한 저항으로부터 자유로울 수가 없다. 다음은 디렉터의 기본적인 세 가지 저항현상이다.

- 숨김(억압): 숨김은 디렉터로서의 실패의 두려움을 숨기는 것이다. 완벽하고 실수 없이 멋지게 디렉팅을 해야만 한다는 강박관념은 그러한 실패에 대한 두려움을 증가시키고, 그에 따라 억압은 비례적으로 커진다. 그래서 긴장되고 딱딱한 자세를 취하게 된다. 흐트러짐이 없다. 흐트러짐 자체가 곧 실패를 의미하기 때문이다. 자발성의 흐름도 일정하다. 높낮이, 강약이 없고 무미건조하다. 그저 주인공을 따라가기만 한다. 감정표현과 행위도 일정한 범위 내에서만 이루어진다. 마치 점잖은 기숙사 사감, 근엄한 교육자, 혹은 그냥 자애롭기만 한 어머니상이다. 때로는 사소

한 것에 집착하며 그 문제가 해결되기 전까지는 앞으로 나아가지 못할 때도 있다. 행여 중요한 단서를 놓칠까 전전긍긍하기도 한다. 어쩌면 근본적으로 완벽주의자일는지도 모른다. 주인공보다는 자신의 이미지, 표현에 더 많은 에너지가 가고 있기 때문이다.

- 돌림(투사): 돌림은 자신의 디렉터로서의 무능감을 주인공이나 집단, 상황 탓으로 돌리는 것을 말한다. 주인공의 저항이 너무 강해서, 자발성이 워낙 떨어져 있어서라고 속으로 생각한다. 겉으로 표현하지는 않는다. 의식 · 무의식적으로 주인공을 그렇게 판단한다. 그것이 자기 탓인 줄 모른다. 자신이 주인공으로 하여금 저항하게 만들고 자신이 주인공의 자발성을 떨어뜨리고 있다는 사실을 꿈에도 모르고 있는 것이다. 그래서 이러한 디렉터들은 알게 모르게 자발성이 높은 주인공 만나기를 기대한다. 극단적으로는 스스로 무의식적으로 자신의 그날의 컨디션, 집단의 특수성, 그 밖의 어쩔 수 없는 그럴듯한 변명을 한다.
- 꾸밈(합리화): 꾸밈은 자발성 이외의 것으로 자신의 자발성의 결여를 메우고 꾸미는 현상이다. 다양한 자격증, 명예, 학위논문, 저서, 직위로 자신을 알게 모르게 보완한다. 사이코드라마에 대한 이론 또한 중요한 장식 효과를 갖는다. 행위보다는 이론이 앞선다. 자발성보다는 기술적인 데 더 관심을 갖는다. 사이코드라마 정신은 사라지고 대신 완고한 자신의 이론에 매달린다. 모든 사람에게 맞는 이론이 아니라 자신의 성향과 기질에 맞는 이론만이 진정한 사이코드라마 이론이라고 믿으면서 차츰 자아도취적이 되어 간다. 매우 권위적이다. 다른 사이코드라마티스트에 대한 비판은 누구보다 잘하면서 자기비판이나 자기 수양은 없다. 심지어는 리뷰나 프로세싱조차 싫어한다. 한마디로 대가가 된 듯 착각하는 디렉터 유형이다.

이제 디렉터의 저항을 앞에서 열거한 막힘현상에 비추어 살펴본다. 이에 따라 우리는 매우 다양한 유형의 디렉터가 있음을 알게 될 것이다.

- 다해: 뭐든 잘하는 것 같다. 자신만만하다. 뭐든 내 맘대로다. 감정 과잉이다. 자발성이 왜곡되어 있다. 밀어붙이는 데 선수다. 강압적이다. 잘 안 되면 화를 내기도 한다. 당연하다는 투다. 주인공은 주눅 들고 저항은 더욱 심해진다. 그러나 그것은 디렉터의 저항이 아닌 주인공의 저항으로 보인다. 그래서 더욱 화가 나고 초조해진다.
- 또해: 주인공은 자발성이 높고 이것저것 지금 이 순간에 최선을 다할 준비가 되어 있다. 하지만 디렉터는 자신이 생각하는 주제에만 집요하게 매달린다. 자신이 자

신감을 느끼는 주제나 자신의 관심이 발동하는 주제에만 집착하고, 자신이 두려워하는 주제가 나올까 봐 하나의 주제에만 관심을 쏟는다. 저항하고 있으면서도 자신은 모른다. 그것이 주인공의 진짜 문제이고 그것을 자신이 해결해 줄 수 있다는 강박관념이다.

- 잘해: 무언가 열심히 뛰어다니며 장면을 만들고 행위화하지만 무얼 하고 있는지 도무지 와 닿지 않는다. 겉핥기식이다. 주인공을 제대로 쳐다보지도 않는다. 잘하고 있는 것 같은데 잘못하고 있다. 혼자 하고 있다. 주인공도 보조자도 눈에 안 들어오는 것 같다. 왜곡된 자발성이다. 자기 흥에만 취해 있다. 주인공을 보지 않는다. 주인공은 소외되고 저항하지만 그것은 주인공의 저항일 뿐이다. 난 이렇게 열심히 하고 있는데.
- 안해: 잘해와 뭐해가 빗나간 자발성이라면, 안 해는 아예 자신의 자발성을 내보이지 않는다. 자발성의 부족을 숨기거나 의도적으로 억제한다. 너무 튀어 보일 것 같아서, 무슨 짓을 하게 될지 몰라서, 상대를 다치게 할 것 같아서 숨기고 자제한다. 그러니 자연히 말이 많아질 수밖에 없다. 마치 따지고 덤벼드는 것 같다. 주인공은 회피하지만 그럴수록 더 집요하게 신상조사를 한다. 이 경우 디렉터의 맴돎현상이 첨가되어 있을 수 있다. 안 하고 싶은 것이다.
- 못해: 한마디로 자발성이 감소된 디렉터의 모습이다. 처음부터 나타날 수도 있고 진행 도중에 갑자기 그렇게 될 수도 있다. 그저 이유 없이 미소가 흐르고 다 알고 있다는 듯 고개를 자주 끄덕인다. 그리고 적당히 자기식대로 장면을 이끌어 간다. 자연히 장면이 길어질 수밖에 없다. 한 장면이 30분 넘어 한 시간씩 걸린다. 못 하는 것이다. 주인공도 디렉터를 닮아간다. 그게 안전하다고 주인공도 덩달아 따라간다.
- 약해: 주인공에 이끌려 가는 디렉터의 저항이다. 그것이 주인공을 진정으로 위하는 일이라고 생각해서 그렇게 한다. "당신이 하고 싶은 대로 하세요."가 가장 많이 쓰는 말이다. 지극히 수동적이고 소극적이다. 그런데 마치 그것이 자신의 장점이라고 생각하고, 남들도 그렇게 생각하기를 바란다. 디렉터는 주인공을 따라가야 한다는 것이 유일한 지침이다. 자신의 자발성은 힘을 잃고, 주인공 또한 그러한 디렉터 앞에서 '잘해' 식의 빗감현상을 보일 수밖에 없게 된다.
- 맴돎: 텔레가 작용하는 디렉터의 저항은 무조건 주인공을 돕겠다는 맹목적 의지에 압도당하거나, 반대로 처음부터 이 주인공은 디렉팅이 힘들 것이라는 판단이 무성의한 자세에서 드러난다. 양가적인 감정에 의해 우왕좌왕할 수도 있다. 그리고 그러한 디렉터의 태도는 주인공에게 부담으로 작용해서 저항을 증가시킬 것이다.

- 안돎: 디렉터가 주인공의 사건, 감정, 상황에 압도되어 순간적으로 방향감각을 상실한다. 주인공이 자신의 무의식을 건드린 것이다. 갑자기 자발성이 떨어지는 것이 모두의 눈에 띈다. 디렉터는 자신이 왜 그러했는지는 모르지만 순간 당황했던 자신을 기억하고서는 더욱더 당황할 수 있다. 디렉터로서도 어찌할 수 없는 상황이다. 이 순간 최선의 방법은 지금의 현상을 있는 그대로 긍정하는 것이다.
- 멈춤: 실제적으로 디렉터가 진행과정을 멈출 수 있다. 주인공이나 보조자가 신체적 위험에 노출되었을 경우와 같이 부득이한 상황에서 디렉터는 진행을 멈출 수 있다. 그것은 바람직한 멈춤이다. 부정적인 멈춤의 가장 흔한 경우는 시간을 이유로 드라마를 종결하는 것이다. 언제 있을지도 모르는 다음 기회를 이야기하거나 약속하면서 지금 이 순간의 자발성을 일시에 거두어 버린다. 최악의 무책임성이다.

② 보조자와 집단의 저항

보조자나 집단 역시 사이코드라마 진행과정에 대해서 막힘현상을 드러낸다. 주인공이나 디렉터의 저항보다는 심각하게 드러나지 않지만, 때로는 사이코드라마적 멈춤을 일으킬 정도로 강하게 표출될 수도 있다.

보조자도 주인공이나 디렉터처럼 모든 막힘현상을 보일 수 있다. 겉핥기식의 역할 맡기, 지나친 감정 표출, 특정한 말에 대한 집착, 역할행위보다는 역할에 대한 단서 모으는 데 관심 집중하기, 잦은 역할 벗어나기, 역할 맡기의 거절, 무의식적 안돎, 필요 이상의 역할놀이, 수동적인 보조자 역할, 전이로 인한 엉뚱한 반응, 불충분한 역할교대, 특정 주인공의 회피 등의 경우다.

집단의 저항은 무엇보다도 스스로 알게 모르게 소음을 내는 행위로 나타난다. 속삭이는 소리, 부스럭거리는 소리, 그리고 잦은 자리 이탈, 졸림, 하품, 방관자적인 태도, 외면, 부적당한 개입, 야유나 비난과 같은 소리 혹은 비언어적 단서들, 의무적인 나누기 등으로 표현된다. 그러나 진행 상황이 예측 가능하거나 혹은 지루하고 흥미를 잃게 만들었을 때의 관객의 반응이 과연 막힘현상 혹은 저항이라고 보아야 하는 것인지는 생각해 볼 문제다. 그것은 정당한 자발적 반응인 경우가 많기 때문이다. 디렉터 및 주인공의 자발성의 저하가 집단의 반응을 그렇게 이끌었기 때문이다.

③ 주인공의 저항

주인공의 저항표현은 매우 다양하다. 사람마다 다르게 나타난다. 중요한 것은 지금 이 순간 주인공의 상태일 것이다. 자발성의 감소나 상실이 어떤 식으로 나타나는지를 아는 일이다. 특히 비언어적으로 어떻게 표현되는지를 주의 깊게 보아야 한다. 예컨대,

표 12-3 과정에 따른 걸돎현상

걸돎	빗감		더감		덜감		
세부현상	잘해	뭐해	다해	또해	안해	못해	약해
자발성 / 단계	왜곡	인식 부족	과잉	반복	억제	감소	힘의 약화
초반부	단답형, 말과 감정의 불일치	표현력의 부족, 현실 장면 고집, 회피적	감정 과잉, 초점 불명확, 뭐든 좋다	잦은 침묵, 주제 집착	말 중심, 되묻기, 설명적	웃음, 남의 일처럼 말하기	수동적, 예의 바름
중반부	초점 상실, 잦은 당황감	행위 회피, 무표정한 행위, 무관한 태도	매너리즘적, 잦은 흥분, 잘못 듣기	변화 없는 장면 설정, 장면을 위한 장면	할 말 없다, 기억 안 난다, 꼭 표현해야 돼요?	끌려감, 모르겠다	순조로운 흐름, 부끄러움
후반부	무변화, 엉뚱한 감정 폭발	못하겠다, 다음에 하지요, 진지하지 못함	과도한 행위, 한 감정에의 몰입	짜증, 답답하다	무슨 필요가 있죠?, 안 하면 안 돼요?	열정 없는 행위, 피상적 감정	힘들어요, 원래 약해요
나누기	잘됐어요, 도움이 됐어요 (감정 없음)	뭐가 뭔지 모르겠다, 디렉터 원망	후련하다, 또 하고 싶다	한 것 같지가 않다, 어떻게 해야죠?	많은 질문, 도움이 안 된다, 변명	침묵, 무반응, 긴장	미안해요, 고마워요

우는 행위만 해도 그 의미는 사람과 상황마다 다르다. 울음의 강도, 지속시간, 유발인자, 소리와 표정, 태도 등에 따라서 울음은 진정한 자발적 울음일 수도 있고 의식·무의식적 저항일 수도 있다.

〈표 12-3〉은 진행과정상 행위화 단계와 나누기 단계에서의 일반적인 걸돎현상을 구분해 본 것이다. 이는 어디까지나 인위적인 예시일 뿐이다. 그것들은 무한히 변형하고 증식하고 얽혀 있기 때문이다.

요약하면, 저항의 표현은 매우 광범위하고 다양하다. 직접 드러나거나 은밀하게 무의식으로 드러난다. 구체적이기도 하며 상징적이기도 하다.

(4) 저항의 기능

저항의 기능은 저항의 표현 이상으로 사람마다 다르고 또 그만큼 깊고 복잡하다. 심리학적 측면에서는 저항의 기능이 아닌 동기에 대한 수많은 이론을 내놓고 있지만 실제 그것이 과연 인간을 이해하는 데 얼마나 도움이 될는지 의문이다. 여기서 저항의 동기라고 하지 않고 기능이라고 한 것은 어디까지나 사이코드라마적인 측면에서 지금 이곳의 막힘현상이 무엇 때문에 발생하고 있는가 하는 시각을 강조하기 위함이다. 그리고 동기라고 했을 때는 사전 전후관계, 원인과 결과라는 시각이 강하기 때문이다. 예컨대, 어느 순간 상황과 걸맞지 않은 웃음이 표현되었을 때, 반드시 그 어떤 동기가 먼저 있고 그다음에 웃음이 나왔다고 보는 것이 아니라 웃음과 동시에 그것은 그 어떤 기능을 하고 있을 것이라는 구체적인 시각에서 접근해야 함을 강조하는 것이다(그러나 실제로 기능과 동기의 구분은 쉽지 않다.).

모든 저항의 표현은 자발성의 문제를 드러낸다. 그 어떤 기질적, 내적, 심적 상황이 자발성을 압도하고 있기 때문이다. 자유롭지 못한 것이다. 따라서 저항은 지금 이 순간의 심적 상태를 감추기 위해서나 그 어떤 기질이나 성향이 자발성보다 앞서 있기 때문에 기능한다. 자발성으로부터 자신의 안전과 안정을 유지하기 위해서 작용하고 있다고 볼 수 있다. 그리고 저항은 무의식적 환상이나 욕망으로부터 자신을 보호하기 위해 기능한다. 저항은 또한 시간적 의미로 살펴볼 때 과거, 현재, 미래에 의해서 그 기능을 달리하고 있다. 이제 그 점을 세분해 보자.

① 기본적 '현실인자'에 의한 저항

앞의 치료적 요인(변화요인)에 관한 논의에서 제시한 자발성을 가로막는 다음의 일곱 가지 현실인자는 거의 대부분의 저항을 촉발하는 기본 인자라고 할 수 있다.

- 습관인자: 일상성, 당위성, 정상증, 평균증에 습관화된 인성
- 관념인자: 합리성, 이론, 언어, 개념, 체계 등에 의해 관념화된 인성
- 집착인자: 자기, 나, 자아, 신체, 이상적 자아상 등에 집착된 인성
- 질서인자: 도덕성, 양심, 관습, 형식, 규율에 얽매인 인성
- 정체인자: 타인의식, 집단의식, 인간관계성에 빠져들어 있는 인성
- 소유인자: 물질, 시간, 소유에 사로잡혀 있는 인성
- 불가지인자: 고독, 무의미, 불가능성, 불완전성에서 놓여나지 못한 인성

② 시간 개념에 의한 저항

- 과거지향: 과거의 아픈 상처, 사건의 재현에 대한 두려움
  - 그에 따른 다양한 감정의 소생에 대한 두려움(그것들은 이미 현재화되어 있음을 믿지 않는다.)
- 현재지향: 지금 이 순간의 무의식적 환상, 욕망에 대한 저항, 텔레에 의한 저항, 멈춤과 같은 실제적 저항
  - 3대 저항 중 근본 저항

- 성격적 경향; 자기비하, 열등감, 무능감, 완벽주의, 타인 배려, 게으름, 민감성, 의존성 등
- 강렬한 감정, 선입견, 오해

• 미래지향: 결과 및 과정에 대한 두려움; 평가, 거부, 소외, 몰이해, 미치는 것, 웃음거리, 명예손상, 비밀 노출, 변화, 상실, 소멸, 실패, 실수, 바보, 비교의식 등
  - 회기 이후에 대한 염려; 실제 인물과의 직면, 변화된 자신과 현실의 갈등, 소문, 후회감 등

③ 사이코드라마적 특수 저항

오직 사이코드라마에만 있는 특수한 저항은 아니지만 최소한 다음과 같은 기본적인 특수 저항에 대해서도 깊은 연구가 필요하다고 생각된다(괄호 안은 대표적 성향을 나타낸다.).

• 사이코드라마 자체에 대한 거부감(종교적, 도덕적, 관습적 성향)
• 감정표현 자체 혹은 그 방식에 대한 저항(이성적, 논리적 성향)
• 행위화와 그 방법에 대한 저항(언어적, 사유적 성향)
• 자발성, 창조성에 대한 저항(안정, 안전, 보수적 성향)
• 만남과 인간관계에 대한 저항(이기성, 폐쇄성, 불신적 성향)
• 다양한 역할과 놀이성에 대한 저항(근엄성, 체면, 권위적 성향)
• 변화와 성장에 대한 저항(안일성, 보존성, 집착적 성향)

인간과 인간의 만남, 사랑, 우정, 일, 삶의 현상이 그러하듯, 막힘현상은 사이코드라마에서도 매우 중요한 과정의 일부다. 그것은 시간과 장소, 사람에 따라 다르게 표현되고 다르게 기능한다. 혹자는 사이코드라마란 바로 그러한 막힘현상을 극복하는 예술이라고 말할 정도로 그것은 깊고 어렵고 힘든 과정이다(구체적인 극복방식에 대해서는 14장 '기법'과 15장 '디렉터론'에서 논의한다.). 중요한 것은 그것이 사이코드라마의 진행과정에 있어서 필요조건이라는 점이다(물론 예외도 많이 있다.). 따라서 그것은 있는 그대로 수용 · 긍정되어야 한다. 잊지 말아야 할 것은 주인공, 보조자, 집단 저항의 상당 부분 혹은 대부분이 디렉터 자신의 저항(자발성의 감소)에 기인하고 있다는 점이다. 디렉터의 막힘이 없으면 없을수록 주인공의 막힘도 그만큼 줄어들고, 그에 비례해서 막힘의 극복도 어려움이 덜하지 않겠는가?

3. 사회학적 논의

사회학적 논의는 텔레, 역할론, 사회측정학 순으로 진행된다.

1) 텔레

(1) 정의 및 개념

텔레(tele)는 서로 어느 정도 떨어진(at a distance, 즉 tele) 사이, 즉 인간과 인간, 인간과 우주 만물 사이에 상호 끌리고 반발하는 등의 힘(force)으로 정의된다. 그것은 인간이라고 하는 주체적 측면의 일종의 감각, 느낌, 지각, 직관 등으로 표현되고, 상호관계성에 대해서는 호혜성, 상호성, 친근성 등으로 표현된다. 이를 도식화하면 [그림 12-5]와 같다.

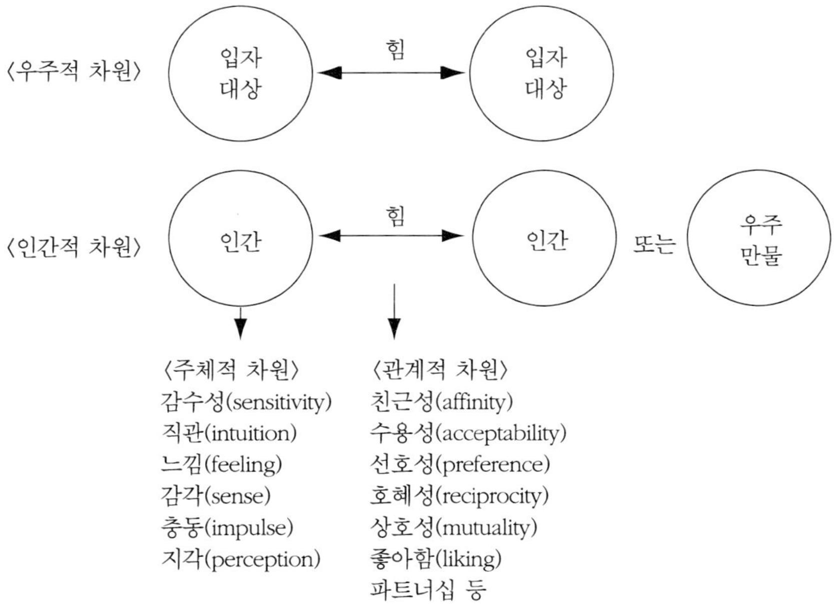

[그림 12-5] 텔레가 표현되는 차원

텔레는 두 대상, 두 입자, 인간과 인간, 인간과 사물, 인간과 자연 사이, 즉 두 관계 사이에 작용하는 힘이다. 그것은 언어로 설명하기 어렵고, 자석끼리 서로 반발하거나 끌리는 것과 같은 미스터리한 힘이다. 예컨대, 인간이 어떤 동물에게 끌리거나 서로 반발하거나, 동물이 그 어떤 식물에게는 끌리나 어떤 식물에 대해서는 무관심하거나 회피하는 것과 같이 일정 거리를 두고 상호작용하는 힘이다. 따라서 그것은 그 어떤 생리적, 생물학적, 자연적, 근원적 힘이다. 그것은 자연발생적이다. 물론 인간관계에는 다양한 요인이 작용하지만, 근본적으로 텔레는 일종의 자발성이라고 이야기할 수 있다.

인간과 인간 사이에 나타나는 텔레는 다음과 같은 특성을 지닌다.

① 인간 주체적 차원에서 일종의 직관적, 감각적 느낌으로 다가온다. 싫고 좋은 느낌, 끌리고 반발하는 느낌, 뒤틀리거나 무관한 느낌, 흥분되거나 가라앉는 느낌 등으로 나타난다. 그것은 지속적이며 비교적 비반복적이다. 동일한 대상에 대해서 텔레는 쉽게 달라지지 않기 때문이다.

② 관계적 차원에서 텔레는 좋아한다, 싫어한다, 친근성이 강하다, 약하다, 상호성이 있다 없다, 호혜성과 수용성이 많다 적다 등으로 표현된다. 특히 관계적 차원 중에서 치료적 관계는 신뢰관계(rapport), 치료 동맹(working alliance), 공감(empathy), 치료적인 사랑(therapeutic love), 전이와 역전이(transference-counter transference) 등으로, 집단 내 관계에서는 집단 결속력(group cohesion) 등으로 언급된다. 한마디로 그러한 관계란 만남(encounter)의 관계 혹은 현상에 대한 다른 이름이라고 할 수 있다.

여기서 친근성, 수용성, 선호성, 좋아함은 주체적 측면에서 주체의 텔레 현상을 기술하는 개념이며, 호혜성, 상호성, 파트너십은 주체와 그 대상 사이의 현상에 보다 초점을 둔 개념이라고 말할 수 있다. 특히 상호성은 주의, 흥미, 지지 등을 주고받으며 공동의 목표를 가지고 같은 정도의 노력을 기꺼이 하고자 하는 현상이라고 한다면, 호혜성은 주로 상호작용 정도, 충분하고 분명한 메시지를 주고받으며 충분한 반응을 하는 의사소통 방식에 초점을 둔 개념이다.

치료적 관계에서 신뢰관계 및 치료 동맹은 주고 치료자와 피치료자 사이의 상호 동의와 협력, 즉 치료를 성실하게 받겠다는 것과 성실하게 치료하겠다는 치료에 대한 비언어적 약속과 같다. 공감은 흔히 타인(피치료자)의 생각, 동기, 감정에 대한 정확한 이해 또는 타인의 내적 상태를 올바르게 이해했다는 것을 반영하는 치료자의 자세 혹은 반응을 말한다. 치료적 사랑이란 공감의 한 형태로서 치료자와 피치료자가 지금 이 순간에 함께 느끼는, 그것만으로 강력한 치료적 효과가 있을 수 있는 상호 오고 가는 공감현상, 즉 즉각적인 상호 실제적인 문제에 대한 이해의 상호 교환 현상을 의미한다. 집단 결속력은 텔레를 밑바탕으로 공동의 욕구, 작업목표, 기대치, 지도자의 규범 그리고 그 방법들에 대한 일체감의 형성을 이루는 집단 내의 힘을 의미한다(전이 및 역전이에 대해서는 뒤에서 별도로 설명한다.).

(2) 텔레의 중요성 혹은 그 의미

텔레는 일반적인 인간 상호관계와 사회관계뿐만 아니라 사이코드라마에서 매우 중요한 개념이다.

첫째, 텔레는 모든 인간관계와 사회관계를 형성하는 기초다. 왜냐하면 텔레는 역할 의존적인 역동성을 지니고 있기 때문이다. 텔레는 역할의 변화에 민감하게 반응한다. 예컨대, 한 사람의 동일한 다른 한 사람과의 관계에서도 텔레는 그 사람 전체와의 관계라기보다는 그 사람의 역할에 의해서 선호 정도, 상호성 등이 달라진다. 함께 운동하는 것을 좋아하는 두 사람이 동시에 공부하는 역할까지도 운동 시와 같은 텔레로 함께 공부하지는 않는다. 공부하는 역할에 대한 텔레는 다른 사람에게 더 강할 수 있기 때문이다.

따라서 텔레를 이해한다는 것은 자신의 인간관계 내지는 사회관계를 이해하는 것이 된다. 왜 나는 누구를 더 좋아하고 누구는 덜 좋아하지, 왜 나는 누구를 싫어하거나 회피하고 누구에게는 무관심하는지 아는 것은 곧 자기를 아는 것이기 때문이다. 자신의 인간관계 선택의 경향과 선호성을 이해하고 자신의 역할 범주를 확장 내지는 수정할 수도 있으며 나아가 자신의 욕구까지도 이해할 수도 있기 때문이다. 사회측정학은 곧 그러한 역할과 텔레에 대한 연구학문이다.

둘째, 텔레는 사이코드라마에서도 매우 중요한 개념이다. 그것은 집단 결속력에 대한 이해와 연구, 워밍업 과정에서의 인간과 인간의 상호 선택성 내지는 상호성, 호혜성에 의한 자발성 고취 및 신뢰관계 구축에 대한 이해, 주인공의 보조자 선택에 대한 연구, 주인공과 디렉터, 주인공과 집단 개개인의 관계에서처럼 상호 텔레 관계와 그 영향력 이해와 연구에 필수적이다. 뿐만 아니라 더욱 깊게는 주인공이 자신의 사회적 원자와 관계 맺는 방식을 이해하는 데도 중요한 요소다. 상호 끌리고 밀어내는 힘의 균형 여부, 무관심하고 회피하는 인물에 대한 주인공의 텔레적 요인에 대한 이해, 그러한 텔레 밑에 감추어진 정서적 측면들, 아울러 대상에 대한 역할분석에 의한 텔레 작용의 이해가 그것이다.

전이 및 역전이와 연계되어서 디렉터의 각 주인공에 대한 텔레 또한 사이코드라마에서 매우 중요한 기능을 한다. 왜 어떤 디렉터는 다른 기질의 주인공보다 특정 성향이나 역할의 주인공에게 더 친화성을 느끼는 것일까? 어떤 텔레가 작용하였기에 어떤 주인공에게는 무성의하고 의무적인 태도로 디렉팅하며 어떤 주인공에게는 온갖 열정을 다하려고 노력하는 것일까? 부정적인 텔레는 주인공과 디렉터에게 어떤 영향을 미치는 것일까?

많은 사이코드라마가 바로 그러한 텔레에 대한 깊은 이해 없이 이루어지고 있는 현상은 무슨 까닭일까? 디렉터들이 자신의 텔레적 성향에 대해 무지한 때문일까? 혹은 역전이적인 문제나 치료자는 중립적이어야 한다는 오래된 정신치료의 금기사항 때문일까? 중요한 점은 인간과 인간의 그러한 텔레적 관계에 대한 이해 없는 사이코드라마는 한갓 테크닉에 의한 형식적인 사이코드라마가 될 수밖에 없다는 점이다. 그러한 관계에서는 주인공의 진실 탐구를 위한 자기 노출, 잉여현실 놀이는 결정적인 한계성을 지닐 수밖에 없을 것이다.

(3) 텔레의 발달

텔레는 거의 본능적이라고 말할 수 있을 만큼 자발적인 현상이다. 그것은 유아(infant)의 대상에 대한, 대상을 향한 몸적 느낌의 타고난 경향성이다. 그것은 끌리는 것, 좋아하는 느낌, 능동적으로 다가가고자 하는 근원적 에너지다. 유아는 어머니뿐만 아니라 세상에 대해 열려 있어서 세상 만물 자체에 몸으로, 시각과 청각, 촉각으로 다가간다. 인지적으로 이해하고 아는 문제는 그다음의 일이다. 아기는 대상에 대해 자발적으로 다가가거나 회피한다. 텔레의 시작이다. 환상이냐 실제냐의 구분 또한 그다음의 문제다. 그는 몸으로 보고 느끼고 듣고, 다가가거나 멀리한다. 지각하고 사유하고 믿고 안 믿는 문제 역시 그다음이다.

텔레는 처음에는 의식상으로 지각되지 않는다. 시간이 지나서야 의식된다. 인간의 대부분의 만남에 의식적인 텔레가 작동하지 않는 이치와 같다. 그것은 그냥 그대로의 느낌이다. 두 대상 사이의 힘의 흐름이다. 그 힘의 흐름의 결과를 긍정적 텔레, 부정적 텔레, 무관심한 텔레라고 이야기하는 것이다. 좋아한다 안 좋아한다는 텔레의 결과인 것이다. 텔레가 내포하는 선택성(selectivity)의 결과다.

사람마다 그러한 텔레의 선택성 혹은 선호성은 다르다. 흔히 아이의 첫돌에 돈, 문구류, 음식 등을 놓고 아기가 무얼 집는가로 장래성을 판단하는 관습도 아마 그러한 차이에 대해 사람들이 알고 있었다는 것을 증명한다. 그리고 그러한 차이가 사람들 사이의 차이를, 만남과 사랑의 차이를 만든다. 더 넓게는 인생의 차이까지도 텔레로 설명할 수 있을 것이다. 이러한 텔레는 다양한 요인들에 의해 영향을 받으며 지속된다.

(4) 텔레에 영향을 미치는 요인

- 기질적 혹은 태생적 요인: 같은 민족, 출생 지역, 혈연, 피부색, 같은 언어권
- 신체적 요인: 신체적 유사성, 지역적 근접성, 체력적(능력) 유사성, 외모, 신체적 매력, 냄새, 촉감, 목소리 등
- 성격적 요인: 정서적, 영적, 미적 유사성, 호기심 정도, 유사한 혹은 상보적 성격
- 사회적 요인: 공통의 직업, 흥미, 삶의 방식, 가치관, 출신, 학연, 사회적 위치, 역할의 유사성, 역할의 상보성(수동적 역할과 능동적 역할), 공통 관심사, 목표, 일, 종교적 배경 등

(5) 전이, 역전이와 텔레의 관계

사이코드라마에서는 전이, 역전이라는 용어를 사용하지 않고 텔레라고 말한다. 그 이유는 다음과 같다.

- 텔레의 발달이 전이보다 우선한다. 전이는 부모라든가 어린 시절의 그 어떤 대상에 대한 표상이 형성된 후에야(무의식화되고 나서) 발생하지만, 텔레는 그러한 표상 형성 이전에 몸적 느낌에서 발생하기 때문이다.
- 전이와 역전이의 구별은 지나치게 인위적이고 권위적인 치료자 중심의 개념이다. 정신치료적으로 이야기한다고 해도 치료자에 대한 피치료자의 느낌, 피치료자에 대한 치료자의 느낌도 똑같이 전이로 했어야 한다. 혹자는 피치료자의 전이에 대한 치료자의 (이차적인) 전이이기에 역전이라고 말하지만 그 역시 전이임은 마찬가지다.
- 전이란 실제로 상당히 애매모호한 부분이 많다. 무의식적이며 환상적이다. 자주 변한다. 대상이 옮겨 다닌다. 비합리적인 요소가 많다. 텔레는 그에 비해서 훨씬 사실적이고 현재적이다. 즉각적이고 의식적인 경향이 많다. 그것은 측정 가능하다. 왜냐하면 역할을 중심으로 하기 때문이다.
- 텔레는 전이라는 말 그대로 원래의 대상으로부터 벗어간, 전이된 느낌이 아니라 실제적 대상에 대한 느낌이다. 라캉(홍준기, 1999: 83)에 의하면 전이는 원래적 욕망의 재생도, 원본의 충실한 복사도 아닌 것이다. 원래의 욕망으로부터 다른 곳으로 비껴 나간 것의 반복현상을 의미한다는 것이다.
- 전이에는 사랑, 미움, 무지(ignorance)의 세 측면이라는 리비도적 호불호의 개념만이 존재한다. 반면에 텔레는 그러한 가치판단이 아닌 보다 몸적이고 동적인 언어로 기술된다. 그것은 끌림(attraction), 반발(rejection), 흥분(excitation), 억압

(inhibition), 무관심(indifference), 왜곡(distortion) 등이다. 그리고 그것은 항상 일방적 시각이 아닌 쌍방적, 상호적 관계에 초점을 맞추고 있다.

- 전이현상은 사이코드라마에서 보다 실제적 인간관계에 의해서 분산되고 희석된다. 일대일의 정신치료 상황이 아닌 집단 작업이 사이코드라마이기 때문이다. 그것은 주인공이나 디렉터, 보조자, 집단원 모두에게 해당된다. 한 사람에게 주어지는 강력한 전이 감정이라 할지라도 집단 내에서는 다른 집단원의 존재 자체가 그러한 전이를 분산시키는 효과가 있다는 의미다. 보다 실제적이고 지금 이곳에 존재하는 너에 대한 텔레가 그러한 전이를 알게 모르게 희석시킨다(그런 의미에서 전이와 텔레는 서로 다른 종류의 관계 감정이지만 서로 섞여 있다고 말할 수 있겠다.).

(6) 텔레적 감수성에 의한 인간관계적 경향

텔레적 감수성이란 주체의 대상에 대한 텔레적 경향을 말한다. 그것은 앞에서 언급한 것처럼 다양한 요인에 의해 달라진다. 예컨대, 민족적, 문화적 요인이 작용한다고 해서 한국인이 외국에 거주할 경우 반드시 한국인에 대한 텔레가 긍정적으로 작용하지는 않을 것이다. 또한 같은 직종에 종사하는 사람이라 할지라도 오히려 다른 직종의 사람에게 더 강한 긍정적 텔레가 갈 수 있으며, 가족에 대해서 부정적 텔레가 있는 사람이 타인에 대해서는 양가적이거나 긍정적인 텔레를 가질 수도 있다.

또한 텔레는 개인에게 있어서 시간과 역할에 따라 달라질 수도 있다. 과거에 부정적 텔레를 가졌던 사람이 오늘에는 긍정적 텔레가 형성될 수도 있고, 긍정적 텔레가 강했던 사람이 10년이 지난 이후에는 서서히 양가적이거나 부정적 텔레로 변화할 수 있다. 역할에 따라서도 텔레는 달라진다. 한 사람이 다른 사람에게 긍정적 텔레가 있다고 해도 그것은 그 사람 전체가 아닌 그 사람의 어떤 특정 역할에 대한 텔레이며, 그 사람의 다른 역할에 대해서는 부정적이거나 양가적인 텔레를 느낄 수 있다. 그리고 텔레란 완벽하게 작용하지 않는다. 소위 100% 긍정적 텔레도, 100% 부정적 텔레도 없다. 긍정적 텔레를 80% 가지고 있는 어떤 사람에 대한 부정적 텔레는 50%일 수도 있고 80%일 수도 있다. 긍정, 부정이 100%일 수도 없으며 그 합 또한 100%가 될 수 없다는 의미다. 부정적 텔레가 40%라고 해서 긍정적 텔레가 60%가 아니며, 20% 혹은 10%인 경우도 얼마든지 가능하다.

따라서 위와 같은 시각으로 한 인간이 자신을 바라보는 자신의 텔레를 가정해 볼 수 있다. 즉, 자기 자신을 대상화해서 하나의 타인처럼, 자기로부터 벗어나 자신에게 거리를 두고 자신을 바라보는 경우에도 텔레가 작용할 수 있다는 것이다. 그렇다면 앞에서 규정한 텔레적 감수성에 의한 자기에 대한 관계적 성향이 전반적으로 어떠한 경향을 보이는가를 유추해 볼 수 있다. 사람마다 자신에 대해 긍정적인 경향이 강하냐 혹은 양가적이거나 부정적인 경향이 강하냐 하는 것이다.

물론 그러한 평가는 결코 결정적이거나 고정적이지 않다. 그것은 유동적이고 극단적으로는 양가적이라고 말할 수 있다. 왜냐하면 그것은 시간과 역할 및 다양한 요인에 의해 영향을 받기 때문이다. 예컨대, 자신에 대해 긍정적 텔레를 가진 사람이라 할지라도 항상 그렇지만은 않을 것이며, 겉으로 표현된 경향이 비록 긍정적일지라도 그 내면 깊숙한 곳에는 부정적 경향이 대극적으로건 상보적으로건 함께 존재할 것이다. 또한 시간에 따라서는 양가적으로 표현되기도 할 것이다.

따라서 여기서 말하는 관계적 경향성은 어디까지나 표현된 전반적 경향성을 근거로 한 것으로, 텔레적 감수성의 이해를 돕기 위한 것임을 미리 밝혀 둔다. 뿐만 아니라 이러한 시도는 전반적인 주인공과 디렉터의 유형 혹은 경향성을 이해하는 데 도움이 될 수 있을 것으로 생각된다.

〈자기 자신에 대한 텔레적 감수성에 의한 일곱 가지 경향 유형〉

긍정형

유사 긍정형 < 과신형 / 홍분형

부정형 < 회피형 / 무관심형

양가형 < 억제형 / 왜곡형

- **긍정형**: 그는 자신을 긍정한다. 때로는 부정하기도 한다. 그의 특징은 자신의 부정적 측면도 긍정한다는 점이다. 감추는 것이 아니라 긍정하고 수용한다. 그는 열려 있다. 세상에 대해서, 인간에 대해서, 모든 것에 열려 있다. 그렇다고 무조건적으로 긍정하지는 않는다. 때로는 표현상으로 부정적이 된다. 그때는 철저히 회의하고 부정한다. 디렉터나 주인공으로서 그는 개방적이다. 솔직하고 성실하다. 그는 차이를 긍정할 줄 안다. 긍정하면서 부정하고 부정하면서 긍정한다. 양가적이라기보다는 부정을 넘어서 긍정하는 자다.
- **과신형**: 그는 유사 긍정형이다. 긍정형으로 보이지만 그것은 부정에 대한 반동현상으로서의 긍정이기 때문이다. 그가 인정받지 못하거나 비난을 받을 때 쉽게 분개하거나 적대적으로 변하기 쉬운 이유다. 그는 모든 것을 긍정한다. 부정이 없다.

그러나 그러한 긍정은 깊이가 없다. 피상적으로 보인다. 주인공으로서 그는 매사에 열심히 자발적으로 행위한다. 거침이 없다. 막힘도 없어 보인다. 열정적이다. 그러나 결과는 별로 도움이 안 된다. 큰 변화도 없다. 디렉터로서 그는 마치 부모상처럼 뭐든지 긍정하고 받아들이거나 혹은 권위자처럼 자기식으로 밀어붙이다. 자기주장이나 개입이 없이 무조건적으로 허용하거나 혹은 주인공을 자기 멋대로 판단하고 조작하고 이끈다.

- 흥분형: 마찬가지로 유사 긍정형이다. 과신형이 전반적인 유사 긍정 위에 서 있다면 흥분형은 특정 감정이나 사건, 주제에 매우 긍정적으로 빠져든다. 자기연민이나 타인과의 동일시가 강하다. 쉽게 몰입하고 쉽게 빠져든다. 한마디로 텔레적 선호성이며 긍정이 부분적이다. 그러나 그는 그것만으로 긍정형처럼 보인다. 그것이 그의 장점이다. 그는 그것으로 타인과 경쟁한다. 주인공이라면 매우 감동적인 장면을 연출해 낼 것이다. 스스로 깊이 빠져든다. 그러나 그러한 긍정성 뒤에는 그에 못지않은 강력한 부정성이 자리 잡고 있기 때문에 또다시 감정적 굶주림으로 고생한다. 디렉터라면 쉽게 흥분하는 유형이다. 주인공과 무관할 정도로 스스로의 감정에 빠져든다. 그리고 쉽게 거기서 빠져 나오지 못한다. 만약 주인공의 반응이 기대한 것만큼 이루어지지 않으면 쉽게 낙담하지만 잘 표현하지는 않는다.
- 회피형: 전형적인 부정형이다. 그는 자신의 부정적 텔레를 결코 노출하지 않는다. 그는 완벽하게 보인다. 때로는 냉정하고 차갑게 보일는지 모르지만 결코 따뜻한 자세를 잃지 않는다. 그는 자신을 별로 좋아하지 않는다. 그래서 외적 형식을 찾는다. 표현적으로 그는 긍정형이다. 그러나 이지적이고 분석적이다. 주인공이라면 그는 쉽게 감정을 드러내지 않는다. 그 어떤 열정도 없어 보이지만 그의 이성적 사고방식은 자신의 부정적 텔레를 충분히 감쌀 줄 안다. 디렉터로서의 그는 내용보다는 과정에, 감성보다는 형식에, 그리고 행위보다는 이론에 더 중심을 둔다. 그의 최대 약점은 감성과 열정 및 자발성의 결여다.
- 무관심형: 그는 자신의 부정적 텔레를 회피형처럼 철저히 감추고 회피하기보다는 아예 의미조차 부여하지 않는다. 무관심하다. 그에게는 무의미하다. 그래서 무책임한 몽상가가 된다. 실제적 인간관계에는 관심이 없다. 사람들이 왜 그토록 울고불고하는지 이해하기가 어렵다. 주인공으로서 그는 상징이나 환상, 애매모호한 꿈을 곧잘 주제로 삼는다. 실체적이고 구체적인 삶의 이야기는 가치가 없다. 그의 에너지는 대부분 추상과 관념 속에 들어 있다. 디렉터로서의 그는 주인공을 보거나 그에게 귀 기울이지 않는다. 자신의 머릿속에 그려진 이미지에 더 관심이 많다. 그래서 그의 드라마는 매우 난해하고 추상적이다. 자기만족적이거나 자기절망적이다.

- 억제형: 양가적 텔레에서 연유한다. 그는 자신을 긍정적으로 때로는 부정적으로 생각한다. 결코 하나도 긍정되지 못한다. 내적 고통이 크고 갈등이 많다. 그러나 그는 그것을 철저히 통제할 줄도 안다. 그는 결코 분열적으로 되지는 않는다. 그래서 매사에 억제적이다. 주인공으로서의 그는 자주 그러한 인간관계에서 양가성을 드러낸다. 어느 한 감정에도 깊이 들어가지 못한다. 들어간다 해도 곧장 반대 감정으로 인해 방해를 받는다. 그는 자주 망설이고 자주 막힌다. 디렉터로서의 그는 매우 이지적이고 억제적인 디렉팅을 한다. 그러나 회피형처럼 기법 중심이나 형식 중심이라기보다는 강한 감정의 표출에 더 어려움을 겪는다. 전반적으로 주인공과 일정한 거리를 유지한다.
- 왜곡형: 마찬가지로 양가적이다. 그는 자신이나 타인에 대해서 할 말이 많다. 무엇보다도 비난을 두려워하고 참지 못한다. 실패감 또한 그에게는 크게 작용한다. 그의 양가성은 억제형보다는 크기 때문에 자주 겉으로 표현된다. 긍정적일 때와 부정적일 때가 극적으로 변화한다. 자신과 타인을 근본적으로 왜곡하고 있다. 주인공이라면 그는 격렬한 자신의 양가성을 드러낸다. 자신과 대상에 대한 양가적 감정이 그 누구보다도 크게 드러난다. 디렉터에 대한 양가성이 긍정적인 순간, 그는 훌륭히 자신의 드라마에 심취할 수 있다. 디렉터 역시 주인공에 대한 회의, 불신, 양가성 또는 비판적 시각이나 완벽성을 버릴 수만 있다면, 그래서 매 순간을 꼼꼼히 짚고 넘어가고 실패하지 않으려는 마음만 버릴 수 있다면 좋은 디렉팅을 할 수 있을 것이다.

2) 역할론

역할론은 사이코드라마의 중요한 기초 이론 중 하나다. 모레노가 "자기(self)는 역할에서 나온다." "역할을 자발적으로 생산하는 능력(capacity)은 탄생 시부터 주어진다."라고 말했을뿐더러 사이코드라마는 바로 역할을 토대로 성립되었기 때문이다. 그것은 언어 이전의 몸과 행위 우선적 시각에 필연적인 것이다.

(1) 어원

역할(role)은 양피지를 감을 수 있는 작은 바퀴나 둥근 통나무인 라틴어 rotula에서 파생되었다. 이 말은 그리스, 로마 시대에 연극 대본을 썼던 두루마리(rolls)로, 16~17세기에는 일종의 대본인 종이묶음(roles)으로, 그리고 그 후에는 연극의 각 장면을 나타내는 말(roles)로 변화되었다. 따라서 역할은 연극에서 유래된 말이라고 할 수 있다.

(2) 정의

모레노는 역할을 자기의 실제적이고 측정 가능한 형태 또는 특정 시간, 장소에서 타인 혹은 대상에 반응해 나타나는 인간 행위의 기능적 형태로 정의하였다. 랜디(Landy, 1993)는 우리를 인간으로 규정하고 우리의 행위에 의미를 부여하는 신체적, 인지적, 정서적, 사회/문화적, 영적/미적 속성(properties), 또는 사회적, 상상적 세계에서 나와 타인에게 갖고 있는 모든 사고, 감정의 용기(container), 즉 인간의 모든 속성이 담겨진 용기(그릇)로 역할을 정의하였다. 스타(A. Starr, 1977)는 역할을 인생 상황에 적응하기 위해 자신의 인생 경험에서 발달시킨 행동 패턴으로 정의하였다.

국어대사전에서 역할(=구실)은 마땅히 자기가 해야 할 맡은 바 일, 또는 어떤 일에서 일정한 성과를 거두고 영향을 미치는 활동으로 풀이한다. 구체적인 어떤 일 혹은 활동으로 역할을 규정한 것이다. 무형의 정신이나 상징과 같은 어떤 것이 아니라 실제로 몸과 행위를 통해 드러나는 기능 형태를 일컫는다. 예컨대, 사람 구실, 맏아들 구실, 나무 역할, 파도 역할이라고 했을 때는 사람, 맏아들, 나무, 파도라는 단어 속에 이미 그 자체의 속성 혹은 기능이 들어 있으며, 그러한 기능이 밖으로 드러나는 형태, 즉 몸과 행위로 드러나는 형태가 곧 역할이다. 역할은 단독으로 존재하는 단어가 아니다. 반드시 그 앞에 그 자체의 기능이나 속성을 나타내는 명사나 수식어가 붙게 되어 있다. 그렇다면 역할은 인간, 자기, 반응이라고 하는 앞의 정의적 개념들보다 확장될 필요가 있게 된다.

따라서 역할은 다음과 같이 정의된다. 역할이란 "인간이 다양한 기능 혹은 속성을 드러내는 그 어떤 일이나 행위 형태다." 형 역할, 형 구실이라고 했을 때는 형이 해야 할 (속성 혹은 기능) 행위나 일이 곧 역할이다. 그것은 반드시 드러나서 표현되고 실천되어야 함을 의미한다. 기능이나 속성만을 보유한 채 행위로 드러내지 않으면 그는 그 역할자라고 말할 수 없다. 역할(기능, 속성)의 담지자이거나 역할 가능인이지 역할자는 아니다. 사이코드라마는 그런 의미에서 가능태로서의 역할, 역할 담지자로서의 주인공이 구체적으로 역할자가 되어 보고 실제로 일하고 행위해 보는 실험의 장이라고 말할 수 있다.

(3) 역할의 형성

역할은 신체에서 시작된다. 전신적이 아닌 부분적인 신체의 움직임에서 시작된다. 손가락, 눈꺼풀, 입술, 혀 등 신체의 일부가 움직인다. 그것들은 자발적이다. 스스로 워밍업을 하면서 움직인다. 그리고 그 자체로 어떤 기능을 담당한다. 손가락이 손가락 역할을 하는 것은 당연하다. 그러나 그것은 아직 역할이라고 하기에는 부분적이다. 그것들(워밍업된 신체 부위들)은 전신적 역할을 형성하는 하나의 요소(component)이면서 앞으로 신체 전체를 움직이게 할 시동기(계)(stater)다. 예컨대, 아기가 젖을 빠는(기능) 자(역할)의 역할을 할 경우, 장의 움직임, 입술, 혀, 손가락의 워밍업된 움직임 각각의 장, 혀, 입술 등이 역할의 요소이며 시동기가 된다. 그리고 이때 빠는 자(sucker), 먹는 자(eater)의 역할은 정신신체적 역할(psychosomatic role)이라고 부른다.

아이는 이제 그러한 정신신체적 역할들을 차츰 지각해 나간다(role perception). 그리고 반복적으로 행위화한다. 몸으로 구실을 한다(role enactment). 보다 기능적으로 구체화된다. 그러면서 아이는 차츰 자신의 환상, 느낌 등을 표현하기 시작한다. 미소 짓는 자, 호기심 가득한 자, 우는 자, 보채는 자, 꿈꾸는 자의 역할을 시작한다. 정신행위(연극)적 역할(psychodramatic role)이다. 동시에 그는 아기 역할, 장남 혹은 장녀의 역할, 손주 역할 등 사회적 역할도 행위로 표현한다. 이것이 사회적 역할(social role)이다.

요컨대, 역할은 다음과 같은 세 가지 혹은 네 가지 역할에 의해서 형성된다.

- 신체적 혹은 생리적 역할
- 환상 혹은 사이코드라마적 역할
- 사회적 역할
- 사람에 따라서는 문화적 역할, 초월적 역할, 혹은 정신영적 역할이 제4의 역할 범주로 추가되기도 한다.

(4) 역할의 특성

① 자기는 역할로부터 나오며, 역할은 행위의 기능적 단위를 이룬다. 그것은 기능의 형태다. 그 어떤 자세, 일, 행위로 인간이 존재하는 방식이다. 따라서 그것은 한 인간의 삶의 방식을 드러내 보여 준다. 사이코드라마가 모든 것을 역할화하는 이유도 여기에 있다.

② 역할은 태어나는 순간부터 세상을 향해 열려 있으며 성장함에 따라 발달(과도한 발달, 미숙한 발달, 불형성, 왜곡된 발달 등)하고 변화한다. 확장되고 축소·삭제되거나 단념, 철회, 상실, 감소, 수정, 재정의된다. 따라서 그것은 학습, 교정, 훈련이 가능하다.

③ 역할은 다른 역할과의 관계 속에 존재한다. 그 어떤 역할도 상호관계적인 역할 없이는 존재하지 않는다. 따라서 모든 관계는 역할로 이루어졌다고 말할 수 있다. 아들 역할이 아버지 역할을 함의하고 있는 것과 같다.

④ 그러한 관계 속의 역할은 다양한 상황이나 배경(context)에 의해 영향을 받는다.

동일한 두 사람의 역할, 예컨대 아내와 남편의 역할도 시간과 공간, 주변 환경, 제3자의 개입에 의해 영향을 받는다. 그것은 곧 하나의 역할이 영구적이지 않다는 것을 의미한다.

⑤ 대부분의 많은 역할이 실제로는 충분히 구체화되거나 실현 또는 체현되지 못한 상태에서 변화, 생성, 소멸의 과정을 겪는다. 사랑하는 자의 역할, 봉사하는 자의 역할 등이 충분히 그 속성이나 기능을 다하지 못한 채 변화되고 소멸된다.

⑥ 모든 역할은 그 역할 밑에 부수적인 기능의 역할 혹은 하부 구조의 역할을 지닌다. 그리고 그것들 상호 간에도 역동적인 충돌, 갈등, 변화를 겪는다. 어머니 역할은 침모, 식모, 교육자, 사랑하는 자, 돌보는 자, 경제인, 훈계자 등의 다양한 하부 역할로 나뉘고 각각은 더 세분된 역할로 나누어지며, 그들끼리 서로 충돌하거나 갈등을 일으킨다.

⑦ 역할은 또한 다양한 기준에 의해서 구별된다.

- 정신 내적 역할/정신 외적 역할, 인간 내적, 인간 상호적 역할 등
- 시간적으로 과거-현재-미래 역할, 일시적, 지속적, 돌연변이적, 불변적 역할 등
- 기능적으로 중심적/주변적, 상승적/하강적, 좋은/나쁜, 적극적/소극적, 구체적/추상적 역할 등

(5) 역할론의 역사

역사상 최초로 역할 이론을 언급한 사람은 모레노다. 그는 사회심리학적 역할이론의 기초를 세우고, "역할 이론 및 개념은 일상생활, 집단 작업, 치료적 상황에서 주요한 수단(tool)으로 기능한다."고 말하였다.

1922년에 쿨리(Cooley)는 타인의 내재화된 이미지를 통해서 나 자신을 아는 것이 역할론이라고 말하였다. 1930년대에는 역할의 내재화를 통해 자기를 발달시켜 나아간다는 미드(M. Mead, 1934)의 역할론, 사회적 권리, 의미에 근거한 특정 역할의 집합이론을 꾀한 린튼(Linton, 1936)의 역할론이 등장하였다. 제임스(James, 1948)는 좀 더 다른 시각에서 역할론을 주장하였는데, 나(I=객관적, 일시적)와 나(me=주관적, 사회적)의 구별이 그것이다(Landy, 1993: 20).

1950년대 중반에 들어와서는 다양한 역할이론들이 등장하였다. 그것은 고정된 역할(fixed role) 이론(Kelly, 1955), 행동연습(Wolpe, 1958), 현실치료(Glasser, 1955), 교류분석(Berne, 1961), 게슈탈트(Perls, 1969), 원초적 치료(primal therapy; Janov, 1970), 만남집단(Goldberg, 1970), 감수성 훈련(Siroca, 1971) 등이다(브래트너, 2000).

(6) 역할행위의 종류

역할을 구체적으로 수행하는 양상에 따라 다음과 같이 역할행위를 구분한다.

역할 수행 = 역할 살기 — 역할 맡기 / 역할놀이 / 역할 창조
(역할행위)

① **역할 살기**(role living)

역할을 구체적인 행위로 표현하는 역할 수행이 곧 역할 살기다. 이는 인간은 그 누구도 역할 존재에서 빠져 나갈 수 없음을 의미하는 용어다. 셰익스피어의 말처럼 세계는 무대요 인간은 모두가 배우(actor, 역할자, 행위자)라는 의미와 같다.

② **역할 맡기**(role taking)

역할 맡기는 크게 세 가지 의미를 지닌다. 첫째는 이미 끝나 버렸고 어떤 변형도 허용되지 않는 기계적이고 습관적인 역할 수행을 말한다. 예를 들면, 자전거 운전자, 밥 짓는 자, 나무 베는 자 등이다. 둘째는 거의 무의식적인 역할의 흉내, 모방을 의미한다. 역할놀이가 의식적이고 어느 정도의 변화 가능성이 있다면 이러한 타인 역할의 무의식적인 역할 맡기 역시 의식적 변형이 허용되지 않는다. 셋째는 연극 분야에서 배우들의 역할 맡기다. 물론 배우마다 자신의 견해에 의해 어느 정도의 변형, 창조가 가능할 수는 있으나, 그 근본은 이미 주어져 있는 역할을 선택하는 것이기에 그 역시 고정된 역할 수행이라고 할 수 있다.

③ **역할놀이**(role playing)

역할놀이는 어느 정도의 자유가 허용되고 융통성 있는 역할 수행이다. 아이에게 이러한 역할놀이는 자기 발달의 기본적인 힘이 된다. 그러나 역할놀이는 다음의 역할 창조와 흔히 그 의미가 섞여서 사용되고 있다.

④ **역할 창조**(role creating)

역할 창조는 최고의 자발성으로 자유롭게 자신의 역할을 수행하는 것을 말한다. 사이코드라마의 역할 수행상의 목표이지만 실제로는 위의 역할놀이와 자주 혼용해서 거론된다.

(7) 역할놀이

① 용어의 기원

1921년의 '자발성 극장'(모레노 설립)에서 출발하여 사이코드라마와 소시오드라마가 발전되었다. 이 중 소시오드라마(sociodrama, 사회극)는 처음에 살아 있는 신문(living newspaper)이라는 형태로 출발하였고, 역할놀이(role playing)는 사이코드라마와 소시오드라마의 기초가 되는 수많은 역할들을 통하여 정신세계를 탐구, 개발, 확장시키고자 하는 기법으로 자리 매김하였다.

오늘날 역할놀이는 역할극, 역할훈련, 현실훈련, 역할놀이, 역할 게임 등 정통 사이코드라마나 소시오드라마와는 달리 그 자체의 특수한 목적을 위해 일종의 촌극(playlet) 형식 혹은 유사 소시오드라마 형식으로 발전되어 왔다.

② 용어의 오류

역할놀이(role playing)를 역할극으로 오역해서 사용하는 것은 한국적 현상으로 생각된다. play가 극, 연극을 뜻하기는 하지만(그래서 역할극은 role play가 될 수 있다.) 동명사화되었을 때는 극의 의미보다는 통상 놀이의 의미로 번역되기 때문이다. Card playing(카드놀이)이 카드극으로 해석될 수 없는 것과 같은 이치다. 즉, 사이코드라마를 심리극으로, 소시오드라마를 사회극으로 하려면 각각 psychologic(혹은 psychological) drama 혹은 sociologic drama여야 한다는 말과도 같은 맥락이다.

③ 역할놀이의 정의

역할놀이의 정의는 크게 광의와 협의로 나누어 볼 수 있고, 이와 더불어 변형된 역할놀이의 정의도 생겨나고 있다. 먼저 광의로는 인간은 행위하는 존재(actor, 행위자)이며 모든 인간은 순간마다 어떠한 역할을 맡아 행위하고 있다는 측면에서 역할놀이는 인간의 기본 활동(activity)이라고 정의할 수 있다.

협의로는 사이코드라마와 소시오드라마의 기본 기법으로서 모든 드라마의 전개는 역할놀이를 근거로 해서 이루어진다고 할 수 있다. 아울러 변형된 역할놀이의 정의로는 다양한 목적을 위해 자신 및 자신과 다른 타인 혹은 타 대상의 역할을 맡아 행위하는 작업으로 정의된다.

④ 역할놀이의 기능과 종류

키퍼(D. Kipper, 1986)는 역할놀이의 기능과 종류를 다음과 같이 구분하였다.

- 역할놀이의 기능
  - 역할놀이는 인간으로 하여금 미지의 세계에 직면하게 한다.
  - 역할놀이는 삶의 과정 중에 있었던 특정 사건을 기념할 수 있도록 해 준다.
  - 역할놀이는 공통된 가치체계, 공동의 유산과의 관계성을 확인시켜 준다.
  - 역할놀이는 치유적 실습이 가능하도록 해 준다.
  - 역할놀이는 구체적인 묘사를 통해서 의사소통의 양식이 된다.
- 역할놀이의 종류

	구조화된 역할놀이	자발적 역할놀이
목적	기술교육, 특정 문제 접근방법 교육	대인관계 역동, 이해력 증진, 통찰 유발
중심	기술(skill) 중심	느낌(feeling) 중심
방법	쓰인 사례 훈련자의 개입 드묾 역할교대 드묾 피드백 기술과 테크닉 중심	집단 내 자발적으로 생성된 사례 훈련자의 개입 잦음 역할교대 잦음 기분과 욕구 중심
내용	장면이 구조화되고 사전에 준비됨 (문제에 따라)	비구조적, 비사전 결정적(현재의 요구에 따라)

⑤ 교육 현장에서 역할놀이의 의의

교육 현장에서도 역할놀이는 많이 활용될 수 있다. 여기서는 그 활용 의의에 대해서 살펴보고자 한다. 역할놀이는 학생들이 다양한 역할을 실제로 행위해 봄으로써 자신의 생각, 느낌, 행동들을 개발 · 확장시키고, 자신의 잠재력, 능력에 대한 확신, 세계를 이해하고 적극적으로 대처할 수 있는 용기와 신념을 높여 준다. 또한 타인의 역할을 통해서 그리고 타인과의 활력 있는 상호 행위적인 만남과 부딪힘을 통해서 폐쇄적인 자신의 시각에서 벗어나 보다 타인의 존재 의미를 이해할 수 있게 되고, 더불어 살아가는 존재로서 시야를 넓힐 수 있게 된다. 온갖 추상적, 관념적 사실의 암기, 사고중심 이론의 주입식 교육의 틀에서 벗어나서 보다 실제적이고 구체적으로 행위화를 통해 스스로 체험할 수 있는 기회를 가짐으로써 살아 있는 교육의 장이 될 수 있다. 무엇보다도 중요한 것은 개개인의 자발성과 창조성을 개발 · 훈련함으로써 보다 성숙하고 확장된 정신력을 함양할 수 있다는 것이다.

(8) 사이코드라마적 역할 창조의 원리

사이코드라마는 역할놀이를 기본으로 해서 역할 창조까지 나아가야 한다. 그것은 곧 자발성이 창조성의 단계로 넘어감을 의미한다. 최대의 자발성 상태에 도달했음을 뜻한다. 다음은 그러한 역할 창조가 가능하기 위한 몇 가지 기본적인 원리를 제시한 것이다.

① 역할 창조는 구체적인 묘사를 전제로 한다. 애매모호함이 없고 오해나 선입견에서 벗어나서 모두가 함께 느낄 수 있는 실제적인 역할놀이 위에서야 역할 창조가 가능해진다. 따라서 추상적이고 상징적인 장면 묘사, 왜 그러한 장면이 진행되는지를 모르는 경우, 구체적이기보다는 설명적인 상황들은 보다 삶과 밀착된 구체적인 장면 묘사로 전환되어야 한다.

② 드러난 행위, 역할놀이는 진실해야 한다. 순수함과 신뢰성이 있어야 한다. 그렇지 못한 경우 앞뒤 모순이 발생하고 혼돈이 초래될 수도 있다. 그리고 역할놀이는 기본적으로 높은 자발성과 열정, 몰입이 있어야 한다. 개방적이고 성실해야 한다.

③ 역할놀이는 상상력, 꿈, 환상, 잉여현실이 드러날 수 있어야 한다. 높은 실험정신이 필요하다. 현실적인 역할놀이 안에서는 역할 창조의 가능성이 낮다. 보다 창조적인 허구 세계를 두려워해서는 안 된다. 거기에서는 현실의 모든 가치판단이 중지된다. 몸에 밴 기준으로부터 자유로워야 한다.

④ 구체적으로 역할놀이는 다음과 같은 방법으로 역할 창조가 촉진된다.

- 시공간의 확장, 축소 및 변형
- 상황의 극대화 및 극소화, 감정과 행위의 극대화
- 엉뚱하고 새로운 역할 혹은 시각의 도입(가정법의 도입)
- 다양한 역할들의 초점화와 중심화

(9) 주요 개념

① **역할 거리**(role distance)

역할 거리는 역할이론에서 중요한 개념 중 하나다. 우리가 우리 자신을 보기 위해서 거울을 사용하듯, 우리는 자신이나 타인의 역할을 일정한 거리를 두고 보지 않는 한 역할을 제대로 이해할 수 없기 때문이다. 지구 밖에서 지구 전체를 볼 수 있는 것처럼 나로부터 벗어나 나를 볼 수 있을 만큼의 상징적 거리가 바로 역할 거리다.

역할 거리는 구체적으로 지필묵을 이용한 다양한 역할도해와 사회도해로 표현된다. 나의 역할을 객관화해서 평가하고 분석하는 것이다. 나아가 그것은 행위도해를 통해 다시 한 번 객관화된다. 나의 이중자를 등장시켜 복합적인 다양한 역할관계에서 역할

거리를 두고 탐구하는 것이다. 역할도해 등을 통하지 않고서 직접 행위도해로 들어갈 수도 있다(예: 행위 사회도해[action sociogram]).

사이코드라마에서도 역할 거리는 중요하게 작용한다. 그 대표적인 예가 거울기법과 역할교대다. 타인의 입장에서 나를 보거나(역할교대) 타자(이중자)를 나 대신 역할하게 하여 일정 거리를 두고 내가 나를 보는 것(거울기법)이다. 그럼으로써 나는 나의 역할에만 빠져드는 좁은 시야에서(우물안적 시각) 보다 열린 시각(우주적 시각)으로 나를 확장시킬 수 있다. 나라고 생각하고 있는 나로부터 또 다른 나, 나의 가능성과 잠재력을 탐구할 수 있게 된다.

② **역할 피로**(role fatigue)

모든 역할은 단기적 혹은 장기적 역할 수행에 따른 역할 피로가 발생할 수 있다. 그것은 흔히 다음과 같은 과정으로 발생한다. 즉, 기본적으로 역할에 대한 만족감이 사라진다. 역할이 재미가 없다. 따라서 역할 수행의 자발성이 떨어지고 비생산적이며 습관화된다. 그 어떤 충족감도 느낄 수가 없다. 역할에 대한 의미, 가치기준이 흔들린다. 왜 그 역할을 해야 하는지 알 수가 없게 된다. 쉬고 싶다. 역할로부터 도망치고 싶다. 이런 식으로 역할을 수행한다는 것이 무의미하다. 하지만 다시 한 번 안간힘을 써서 보다 적극적으로 역할을 수용하려 하지만 쉽지가 않다. 지친다. 전반적인 감정의 저하, 에너지의 저하가 일어난다. 이것이 바로 역할 피로다.

역할 피로가 발생하는 원인은 다양하다. 즉, 역할에 대한 확신의 결여, 역할 자체의 문제(의무적 · 직업적으로 선택하거나 자신과 어울리지 않는 역할 등), 인정에 대한 강한 욕구 충족의 실패, 대인관계 갈등, 불만족스러운 보상, 무능력감, 쉼 없는 장기적인 역할 수행, 기타 역할 외적 갈등 등이다.

역할 피로에서 벗어나는 방법 또한 다양하다.

- 역할에 대한 재해석(의미, 가치관 등) 및 역할분석
- 유사 역할을 수행하는 동료, 선배, 선생과 함께 원인을 분석하기
- 역할 세분화에 의한 일부 역할의 축소, 제거, 확장 및 교체
- 정신 내적, 환경적 영향 평가
- 일정 기간의 휴식
- 자신과 타인의 역할기대에 대한 재평가 및 역할 수행능력과 성취도에 대한 재해석
- 역할훈련
- 다른 역할로의 전환 가능성 모색 등

③ **역할훈련**(role training)

역할훈련은 역할에 대한 다각적인 평가와 해석을 통해서 문제가 되고 있는 특정 역할을 재인식 · 훈련하는 것을 말한다. 일반적인 역할훈련 방법은 다음과 같다.

- 역할도해, 행위도해 등을 통해서 자신의 역할을 제시한다(실제로 비디오를 이용할 수도 있다.).
- 보조자를 등장시키거나 토론을 통해서 그 역할의 다양한 역할관계를 탐구한다(비디오로 촬영하거나 과정을 기록한다.).
- 디렉터, 훈련자 혹은 집단과 토론한다. 문제점을 찾고 필요한 경우에는 재행위화한다.
- 역할 수행이 자발적으로 이루어질 때까지 훈련을 반복한다.

필요한 경우에는 사이코드라마적으로 역할 주변의 상황을 탐구할 수 있지만, 역할훈련과 사이코드라마의 차이는 역할훈련은 단일한 특정 역할에 초점을 맞추어 다양한 역할 수행방식을 시도해 본다는 점이다. 그 대표적인 예가 미래투사 기법이다.

④ **역할도해**(role diagram)

역할도해는 한 사람의 다양한 역할, 두 사람 사이의 다양한 역할, 또는 집단 내에서의 여러 가지 상호 역할을 그림이나 도형으로 표시한 것을 일컫는다. 일반적인 방식은 다음과 같다. 즉, 역할 범주에는 어떠한 것이 있는가? 그리고 어떤 역할이 적절하게 발달되어 있거나 덜 발달되거나(under developed) 과도하게 발달되어(over developed) 있고, 결여되거나(absent) 갈등을 일으키거나(conflicted) 억압되어(suppressed) 있는가? 역할들 간의 상호관계는 어떠한가? 각 역할에 대한 만족도는? 표현성은? 목표 달성의 정도는? 그리고 어떤 역할을 보다 깊이 있게 탐구해 볼 것인가?

더불어 문제가 되는 역할을 세분해서 행위화를 시도한다(역할도해에 대한 보다 자세한 내용은 뒤의 사회측정학에 관한 논의에서 다룬다.).

(10) 역할분석(role analysis)

역할분석은 역할도해보다는 보다 광범위한 측면에서 개인의 역할을 분석, 교정, 훈련하는 데 목표를 둔다. 그 대략적인 방식은 다음과 같다.

① **역할 만들기**

우선 행위화할 수 있는 구체적인 역할을 선정한다. 주로 갈등이 있거나 문제가 되고 있는 역할, 역할 피로를 느끼는 역할이 그 대상이 된다. 그 외에 양가적인 역할(양쪽 모두 역할화한다.), 애매모호하거나 침묵할 수밖에 없는 역할(직장이나 가족 내에서 중간자 역할일 경우 평소에 익숙했던 자세나 태도, 의미 있는 신체 부위 혹은 역할을 구체화한다.) 및 추상적(수호천사 등)이거나 감정적(우울한 자)인 역할의 경우 그 자체가 역할화되거나 슬픈, 우울한 마음(심장이나 가슴 등 신체 부위)이 구체적으로 역할화된다.

② **역할 확인**

만들어지고 선택된 역할은 현재의 문제점이 무엇이고 그것이 발생했던 처음 시기는 언제이며 앞으로 어떻게 될 것인가를 확인한다. 그리고 그 역할과 관계된 제반 조건들, 상황이 탐구된다. 마지막으로 그 역할의 하부 구조, 내부 구조 및 내적 요소가 확인된다.

- 하부 구조: 아내 역할의 경우 살림꾼, 청소부, 요리사, 회계사 등
- 내부 구조: 요리사의 경우 미적, 경제적, 질적, 양적 문제 등
- 내적 요소: 각각에 대한 느낌, 생각, 상호 갈등과 조화 여부, 중심이 되는 요소, 표현상의 문제

③ **역동 해석**

역할 확인이 역할의 세분화된(시간적, 공간적, 요소적) 탐구라면 역동 해석은 역할의 외적, 개인적 요인에 의한 점검이라고 말할 수 있다. 역할은 다음과 같은 방향에서 재검토되고 해석된다.

- 일반적 요인: 그 역할은 그의 나이, 성별, 사회적 위치, 외모, 신체적 조건, 경제상태 등과의 관계에서 적절한가 부적절한가?
- 사회문화적 요인: 가훈, 관습, 사회적 규범, 도덕 등과의 역할관계는 어떠한가?
- 개인적 요인: 그 역할의 동기와 기본 욕구는? 나(자기)와 환경의 관계는?

④ **검증기준**

역할 해석은 궁극적으로 다음과 같은 기준에 의해서 검증되어야 한다.

- 그 역할에 대한 워밍업 정도는? 그리고 자발성과 창조성 정도는?
- 행위 갈증과 카타르시스는?
- 표현이 아직 안 된 것이 있는가? 그 역할의 잉여현실은?
- 그 역할자의 내적 자산이라고 말할 수 있는 상상력, 환상, 꿈, 용기, 기타 잠재력은 충분히 동원되었는가?
- 새로운 역할의 가능성 또는 역할 창조의 가능성은? 그래서 역할 범주가 늘어나고 나(자기)는 확장되었는가?

⑤ **역할원자들과의 관계성**

이제 중심이 된 역할(역할 만들기에서 선정된 역할)을 나의 여러 가지 역할들 속에 놓고 그들 간 상호관계를 확인할 차례다. 서로 간의 텔레는 긍정적인가 부정적인가? 기본적인 갈등이 있는가? 그것은 무엇인가? 나와 너 사이의 역할 속에서 만남의 의미는? 상호 공감의 정도는?

⑥ **종합**

마지막으로 집단의 리더, 훈련자 및 보조자, 집단과 더불어 그러한 나의 다양한 역할들의 관계성에 대해서 토론한다. 실제로 연습해 보거나 역할훈련을 하거나 사이코드라마적으로 직면해 본다. 그리고 전체적이고 통합적인 제의(ritual) 시도해 보거나 자신의 전 생애에 걸친 역할의 변화와 그 의미를 탐구한다.

3) 사회측정학

(1) 사회의학의 개념

사회의학(sociatry)은 정신의학(psychiatry)의 차원을 넘어선 초의학적(metamedical) 모델로서, 소위 오늘날의 사회정신의학 혹은 사회심리학적인 일종의 사회치료(social therapy) 학문으로서의 의미를 갖는다.

모레노는 사회의 구조를 눈으로 보이고 관찰 가능한 실제적인 외부 현실로서의 사회와 눈으로 볼 수 없는 힘, 역동놀이들이 질적으로나 양적으로 상호 침투하고 있는 사회 내적인 사회측정학적 모체(sociometric matrix)로서의 사회의 두 가지로 나누어 생각하였다. 그리고 그는 개인에서 잉여현실의 의미와 유사한 사회적 현실(social reality)이라는 용어를 만들어 냈다.

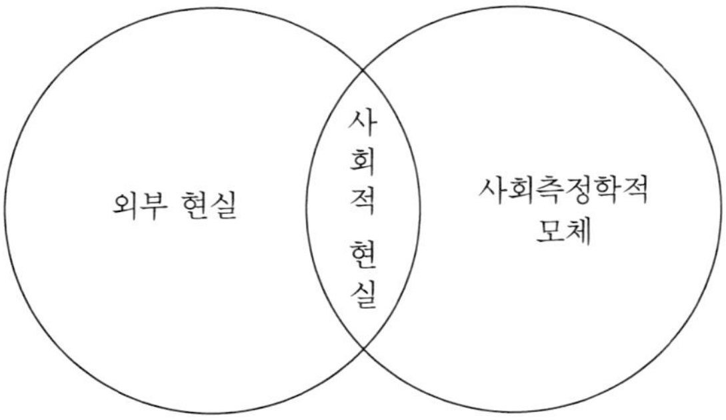

[그림 12-6] 사회적 현실

즉, 사회적 현실이란 역사적으로 성장하고 있으며 실제의 세계를 구성하는 역동적인 사회적 집단화를 말한다. 그것은 겉으로 나타난 사회 현실이 아니라 창조적 변화를 기다리는 보다 역동적인 잠재성을 가지고 있는 사회, 모든 사람들이 사회의 구조를 창조하는 것에 참여할 수 있는 사회에 대한 이상을 구체화시킨 개념이다.

그것은 모든 인간이 이 세상에서 설 곳이 있고 소속할 수 있는 곳, 높은 가치의 역할을 할 수 있는 곳, 창조적이고 자발적으로 생존할 수 있는 곳에 대한 권리가 있다면, 인류 전체를 목표로 하고 모두가 공동 연구자, 공동 과학자, 공동 치료자, 공동 창조자로 참여하는 것이 중요하다는 것을 의미한다. 다시 말해서, 사회치료, 사회의학이란 그러한 사회적 현실의 창조를 의미한다. 따라서 사회의학적 개념은 다음과 같은 사회현상을 전제로 한다.

① 수많은 사람들이 진정한 상호작용을 하기보다는 허위적이고 상투적인 믿을 수 없는 방식으로 상호작용을 하면서 살아가고 있다.
② 너, 타인은 대상화되어서 인정, 찬양, 도피, 두려움, 전이, 투사, 과시의 상대로 전락되어 버렸다.
③ 상호 창조적, 협동적 관계가 아니라 사회적 위치, 신분의 높고 낮음을 정당화하기라도 하듯 상대를 조종하고 보복-지배, 책임의 회피, 수단화하는 관계가 되었다.
④ 내면의 기대, 희망은 숨겨지고 위장되며, 다른 사람들도 다 그러는데 뭐, 얼렁뚱땅, 대충 할 말만 하는, 우회적이고 간접적인 의사소통에 길들여져 있다.
⑤ 타인과 직접적이고 진실하게 만나고자 하는 시도는 무력화되고 왜곡된다.
⑥ 우리는 진정으로, 직접적으로 대인관계 갈등을 표현하는 것을 두려워하며,

왜 사람들이 자신을 좋아하지 않고 왜 자신이 무시당하는지 아는 것을 두려워한다.

⑦ 그러한 것을 바꿀 수 있고 자신의 잘못과 타인의 그릇된 인식을 수정할 수 있는 방법을 모르며 그렇게 할 수 있다는 것 자체를 믿지 않는다.

바로 이와 같은 면들이 우리 문화에 광범위하게 퍼져 있는 미숙성(immaturity)의 양상이다.

(2) 사회측정학의 발전

사회측정학(sociometry)은 사회의학 개념을 구체화한 개념이다. 그 용어의 기원은 다음과 같다.

- socium = 동료(companion)
- socious = 사회(social)
- metrum = 측정(measure)
- sociometry = 사회측정학(social measurement)

사회측정학은 사회적 현상의 측정 혹은 모든 사회적, 인간 관계 데이터의 측정이라고 정의된다. 사회측정학의 발전과정을 살펴보면 다음과 같다. 1912년에 사회측정학은 인간 모두 행위자이며 창조자로서 이상사회(ideal community), 우주적 인간사회를 꿈꾼다는 모레노 자신의 아이디어에서 시작되었다. 1923년에 그는 『자발성 극장』을 출판하여 그러한 발상을 개념적으로 보다 구체화시켰으며, 1933년에는 뉴욕 아스트리아 호텔에서 의료인들을 대상으로 몇 개의 차트를 준비하여 공식적으로 선을 보이게 되었다. 따라서 그의 활동시기는 크게 1911～1923년의 근원적 탐구시기(axiomatic period)와 1923년～1952년의 사회측정학 시기(sociometric period)로 나누어 볼 수 있다. 특히 사회측정학 시기는 그 업적에 따라 다시 ① 제1기(1923～1934): 『자발성 극장(*The Theatre of spontaneity*)』 출간, 『누가 살아남을 것인가?(*Who Shall Survive*)』 출간, ② 제2기(1935～1942): 『사회측정학(*Sociometry*)』 출간, 사회측정학 연구소 설립, 뉴욕 사이코드라마 극장, ③ 제3기(1942～1952): 집단치료, 사이코드라마 그리고 사회측정학 전파의 시기로 나뉜다.

사회측정학의 가설은 리비도(프로이트), 사회경제적 동인(마르크스)과는 무관한, 인간(성장)발전과정의 추진력은 자발성과 창조성이라는 점과 인간은 집단생활 속에서 사랑과 상호 나눔(sharing)을 할 수 있는 존재라는 인간에의 신뢰를 기초로 하였다. 따라서 사회측정학은 이와 같은 믿음을 기초로 한 초역동적 사회(superdynamic community)를 실현화(realization)할 수 있는 것이다.

모레노는 인간은 영원한 원초적 자연성을 물려받는다는 기초 개념으로부터 오랫동안 숙고하여 왔다. 그래서 그는 바로 그것에서 창조의 능력이 발생한다는 것을 믿었다. 그리고 그것은 우리의 성을 보호 · 유지해 나가는 방향으로 향해야만 하며, 따라서 우리 모두가 함께 생존해야 한다고 주장한다. 이에 그는 이러한 절대적 업무를 수행하기 위한 방법들과 다양한 문화 및 신념의 세계를 체계화할 수 있는 방법을 연구함으로써 실존하는 상호작용을 탐구할 수 있고, 인간 상호 간에 서로 전폭적으로 가치 있는 존재로 볼 수 있도록 동기화시킬 수 있는 체계를 만들었다.

사회측정학은 사회과학의 한 분야다. 그것은 집단의 형성과 구조화를 연구하며 집단 내 인간관계를 기술하고 측정하는 방법을 토대로 한다. 개인마다 특정한 역할에 따라 타인을 받아들이거나 거부하는 정도를 평가 · 측정하며 집단이 개인에게 미치는 영향력과 개인이 집단의 구조, 결속력에 미치는 영향력을 공개적으로 토론할 수 있도록 그것을 묘사 · 서술하게 한다. 그래서 사회측정학은 집단의 형성, 조직, 사회적인 네트워크, 지역사회, 리더십, 고립화와 상호보완성, 부조화, 사회적 지위, 동기 등에 초점을 맞춘다.

(3) 사회원자

사회원자(social atom)란 한 인간이 소속된 사회 집단 가운데 가장 작은 기능 단위나 구조 혹은 인간관계의 핵을 이루는 가장 작은 사회구조로 정의된다. 초기에 모레노는 사회원자를 개인 사이에 존재하는 호감, 반감, 무관심의 형식으로 표현하였고, 문화원자(cultural atom)는 주로 사람들 사이의 역할관계의 형식으로 표현하였다. 그러나 후에 그는 사회원자와 문화원자의 구별을 인위적인 것으로 생각해서 살아 있는 공동사회 안에서는 의미가 없다고 말하였다. 다시 말해서, 사회원자가 텔레에 의해 형성된 집단이라면 문화원자는 역할관계에 의해서 형성된, 사회원자보다는 바깥에 존재하는 집단으로 구분할 수 있다. 그러나 오늘날에는 실제로 그러한 구별은 별로 사용되지 못하고 있고, 오히려 집단적 사회원자, 개인적 사회원자, 심리적 사회원자 등으로 구분해서 활용하고 있다.

다음은 앤 헤일(Ann Hale, 1981)의 「임상적 사회측정학의 탐구」에 나오는 실제적인 예다.

① 모레노의 사회원자 도해(개인적 사회원자)

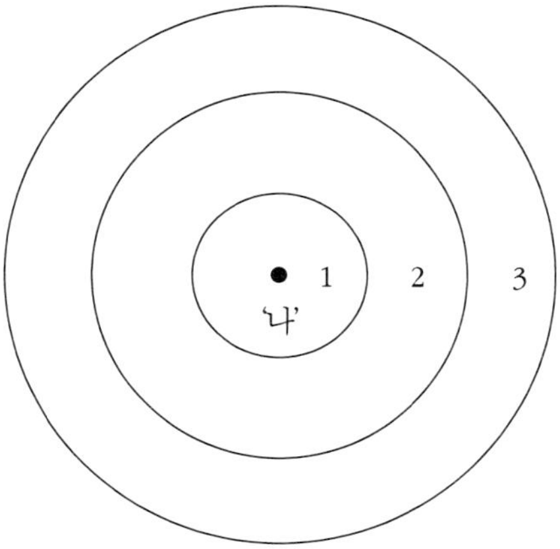

1. 감정적으로 호감을 느끼는 사람들
2. 관계를 원하는 사람들
3. 알고 있는 사람들

* 남성은 △, 여성은 ○를 이용해서 각 원 안에 위의 사람들을 중요도에 따라 나와 가깝거나 멀게 표시한다.

② 집단적 사회원자 도해

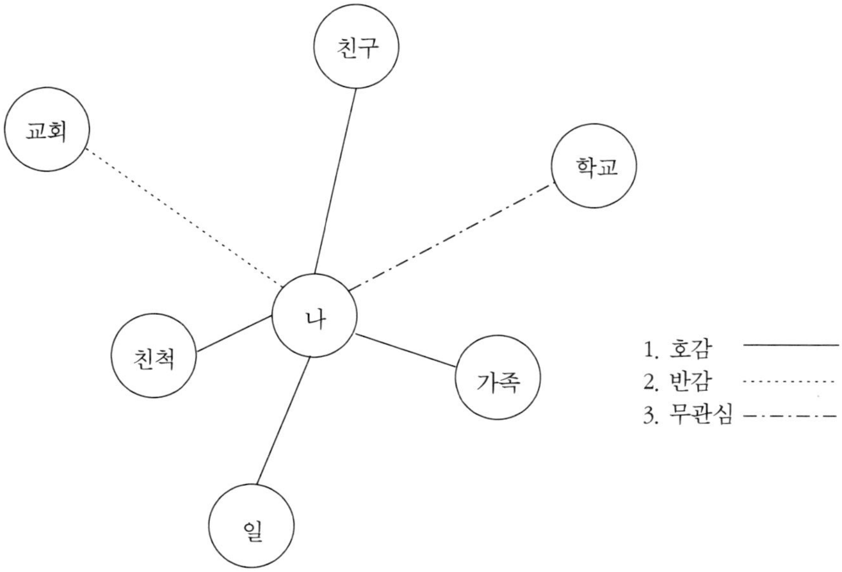

③ **지각적 사회원자 도해**

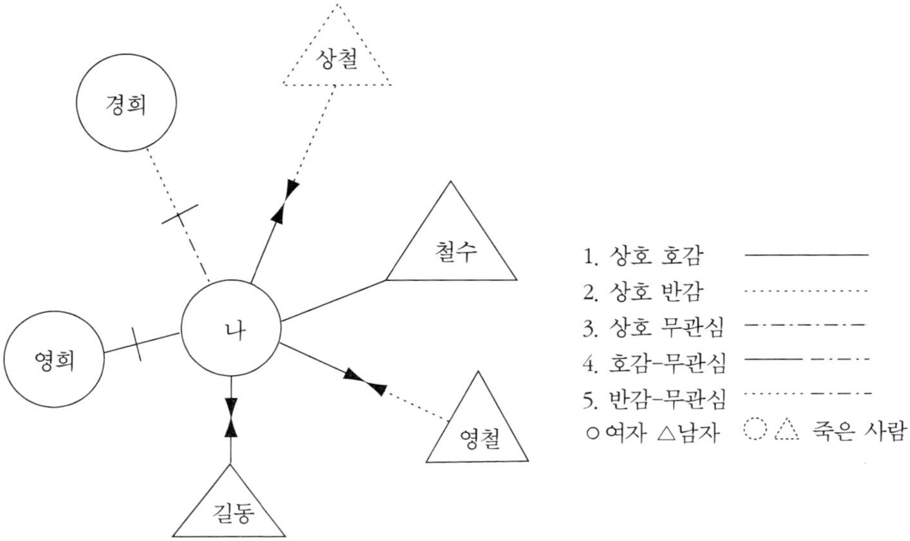

이처럼 모레노의 사회원자는 한 사람의 주체와 감정적으로 연관된 익숙한 관계, 원하는 관계 또는 교제 범위를 서술하고 있다. 집단적 사회원자 도해(sociogram)는 한 사람이 속하는 집단이나 집단 간의 상호작용을 서술한다. 지각적 사회원자는 집단 내 사람들 사이에 존재하는 호감, 반감, 무관심의 감정을 서술하고 있다. 그리고 헤일(1981)에 의해 만들어진 심리적 사회원자는 인간 존재나 사회적 평형상태에 있어서 중심에 있는 사람들을 찾아내는 데 사용된다.

요약하면, 사회원자는 많은 텔레 구조로 이루어져 있으며 복잡한 인간 상호관계의 고리를 형성하고 있다. 그것은 사람이 성장해 감에 따라 위축, 소멸 혹은 확장되며, 각 개인에게 그것의 의미는 시공간의 차이에 따라 달라진다. 그리고 그것은 실제적으로 사이코드라마에서 상호 선택, 주인공 선택, 집단 내 역동 탐구 및 사회원자의 행위화에 응용된다.

(4) 전통적 사회측정학적 검사

전통적 사회측정학적 검사는 모레노가 처음 시작했던 사회측정학적 탐구방식을 의미한다. 그는 한 가족, 한 학급, 학교 전체 학생, 작은 마을, 나아가 한 지역사회(수천 명이 살고 있는)의 사람들과 함께 자신이 창안한 사회측정학적 방법을 탐구하였다. 그것은 엄청난 작업이었다. 그리고 그 결과는 그의 저서 『누가 살아남을 것인가?』(1934)에 기록되어 있다.

그는 진정한 치료적 작업이라면 인류 전체를 대상으로 해야 한다고 믿었다. 개인을 넘어서서 가족, 집단, 사회, 나아가 국가, 인류 전체를 대상화해야 한다고 생각한 것이다. 그래서 그는 겉으로 드러난 사회, 집단 속으로 현미경을 가지고 들어간다. 눈에 보이는 사회가 아니라 눈에 보이지 않는 집단, 사회의 조직 및 그 힘과 역동을 찾아 나선 것이다. 그 중심 개념은 역할과 텔레다. 그는 흔히 텔레를 사적인 감정이나 느낌 혹은 좋아하고 싫어하는 의미로만 해석하는 것을 반대한다. 끌리고 반발하는 힘은 단순히 그러한 개인적인 차원을 넘어서서 자발적인 기능적 과정이라고 생각한다. 그것은 매우 다양한 요인들이 복합적으로 작용해서 발생하는 과정이다.

그러나 실제 현실에서 인간들은 자신의 그러한 텔레에 의한 집단 형성이나 만남 관계가 아니라 대부분이 자신의 텔레를 숨기고 살아감으로써 끝없이 갈등과 오해 속에서 살아가고 있다. 자신의 진실한 텔레를 자발성만큼이나 두려워하는 것이다. 아주 어린 아이들은 성별, 나이, 피부색, 종족, 학벌 등에 구애됨 없이 자신의 있는 그대로의 텔레를 드러낸다. 그러나 나이가 들수록 차츰 남녀를 의식적으로 구분하게 되고 나이 차이나 사회적 조건을 의식해서 자신의 텔레를 감추기 시작한다. 소위 사회적으로 길들여지고 자발성은 감소되고 보존화되어 간다.

그래서 또래끼리, 같은 반, 같은 학교 출신끼리, 여자끼리, 어른끼리 집단을 형성한다. 그러나 그것은 진정한 창조적 집단, 자발적 집단이기보다는 습관화된 집단, 창조성이 결여된 집단이다. 권위에 의해 이끌리고 획일화되고 탄력성을 잃은 집단이다. 만성적인 갈등과 상처가 아물 날이 없는 집단이다. 구성원의 개별성이 존중되고 구성원의 자발성이 발휘될 수 없는 집단, 그것이 오늘날의 사회다. 어떻게 해야 살아남을 수 있는가? 각자가 자신의 자발성을 발휘하고 자신의 진정한 텔레에 의해 이웃과 더불어 살 수 있을 것인가? 기존의 구조를 허물고 재구조화해야 하지 않겠는가? 리모델링이 필요하지 않겠는가?

모레노가 창안한 방법, 그러한 집단과 사회에 대한 현미경적인 재구조화 작업이 곧 사회측정학적 검사다. 그 원리는 간단하다. 한 집단의 구성원 모두가 참여하여서 상호간의 끌림, 반발, 무관심 혹은 중립적 자세를 밝히는 것이다. 있는 그대로 솔직히 자신을 드러내고 그 이유를 이야기하고 토론하고 피드백을 주고받는다. 오해를 풀고 갈등 요인을 제거하고 상호관계가 재조직화됨으로써 집단 전체가 활력을 찾고 되살아나는 것이다. 어렵지 않은 과정인데도 많은 저항과 두려움이 발생한다. 자칫 잘못하다가는 더 큰 해를 불러일으킬 수도 있다. 왜냐하면 누군가를 선택하고 거절하며 누군가에 의해서 선택되고 거절되며 무관심한 존재로 전락하는 일은 견디기 힘들기 때문이다.

따라서 그 과정은 원리만큼이나 간단하지가 않다. 매우 조심스럽게 진행되어야 한다. 또한 리더는 전문가여야 한다. 과정 중에 발생할 수 있는 모든 현상에 대해 깊은 이해가 있어야 하기 때문이다. 그 전반적 과정을 요약하면 다음과 같다(보다 자세한 내용은 앤 헤일[Hale, 1981]의 논문을 참고하라.).

① 준비 단계

- 사회측정학적 검사의 필요성에 대한 인식과 공감을 나눈다.
- 적절한 방식을 찾고(다양한 사회측정학적 검사 중에) 그것의 가치, 적용방식, 앞으로의 과정에 대한 이해를 도모한다.
- 소그룹으로 나누어 불안, 저항, 의문점들을 토론하고 답하며 모두의 동의를 얻는다.

② 행동화 단계

- 선택의 기초를 정한다. 그래서 질문 형식으로 재구성한다.
- 선택을 한다(끌림, 반발, 중립 혹은 +, -, ±).
- 선택의 이유를 밝힌다.
- 추론해 본다. 누가 나를 왜 선택했을까? 누가 나에게 중립적인가? 누가 나를 왜 선택하지 않았는가?
- 선택의 결과, 지각된 결과, 관계 등에 대해서 토론한다.

③ 나누기 단계

- 토론된 결과에 대한 느낌을 나누기한다.
- 과정 중에 놀랐던 것, 기대하고 있던 것들을 토론한다.
- 그 결과로서 아직 미해결된 그 어떤 문제가 더 있는가를 이야기한다.
- 선택하고 선택받은 경험을 토대로 인생에서 어떤 변화를 만들어 낼 수 있는가를 나누기한다.
- 이제 집단의 구조와 역동을 분석할 준비가 되었는지 확인한다.

④ 분석 단계

[그림 12-7]과 같은 소시오매트릭스(sociomatrix)를 구성한다.

선택자 / 선택되는 자	1 성명	2 성명	3 성명	4 성명	5 성명	6 성명	7 성명	8 성명	9 성명	10 성명	11 성명
1 성명		②	3								
2 성명	①		2								
3 성명		3									
4 성명	②	4	①								
5 성명	5	1	②								
6 성명	3	7	4								
7 성명		⑤	2								

○: 부정
숫자: 선택의 순서
빈칸: 중립

[그림 12-7] 소시오매트릭스

- 앞의 지각적 사회원자 도해와 같은 도해를 그린다.
- 분석을 시작한다. 가장 많이 선택된 사람, 두드러질 정도로 선택되지 못한 사람, 중추적 인물, 고립된 사람을 확인한다. 그리고 그 이유(상호성, 부조화, 분열, 거부, 수용의 문제 등)에 대해서 가능한 한 설명한다.

⑤ 개입과 미래 투사

- 집단 소시오그램을 행위화한다(독백, 감정 토로, 상호작용하기 등)
- 서로 역할교대를 한다.
- 자기 역할 중에서 변화를 기대하거나 그러한 상황을 설정해서 역할훈련을 한다.
- 사이코드라마적으로 중요한 갈등을 해결하고자 시도한다.
- 앞으로의 집단 형성 문제, 다음 검사를 위한 기준들을 마련한다.

(5) 역할도해

역할도해는 사람과 사람의 관계를 특정한 시간, 공간, 현실에서의 역할 구조로 시각화한 것이다. 그것은 주로 두 명 이상의 사람들 사이에서, 역할 상호관계와 상호 보완 또는 불일치 정도에 초점을 맞춘다. 그 절차는 다음과 같다.

- 역할 목록을 만든다.
- 특정한 시간을 설정한다.
- 역할도해 양식을 선택한다.

① 역할도해(내적 도해)

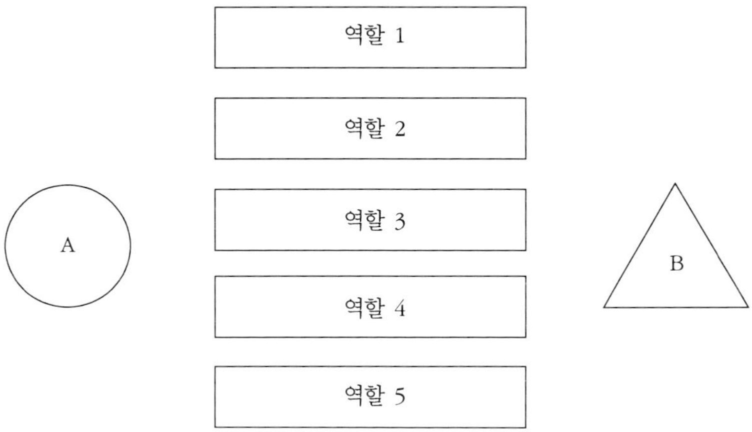

B와 관계된
이 역할에서 나는 나를
어떻게 느끼는가?

나와 관련된 이 역할에서
B가 자신에 대해서 어떻게
느낄 것이라고 나는 생각하는가?

② 역할도해(대인관계 도해)

나와 관련된 이 역할에서
B에 대해 난 어떻게 느끼는가?

그와 관련된 이 역할에서
나에 대해 B가 어떻게 느낄까?

③ **역할도해(내적/대인관계 도해)**

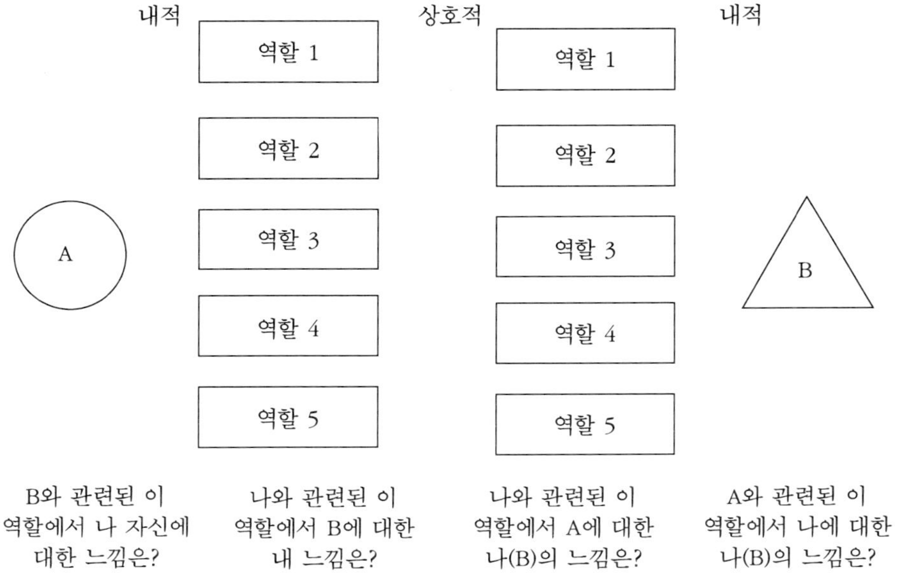

이 외에도 두 사람이 직접 참가해서 상호 역할에 대한 느낌을 표현하는 확장된 역할도해, 한 아이와 부모 간의 역할관계를 묘사하는 데 자주 사용되는 대칭역할 도해, 세 명 이상의 역할관계를 표시하는 복수 대칭역할 도해 등이 있다.

역할도해가 끝나면 흔히 다음과 같은 순서로 역할훈련까지 나아간다.

- 역할 및 역할관계에 대한 반응을 표시한다. 즉, 느낌을 나름대로의 표시방법에 따라 표현한다.

〈예시〉

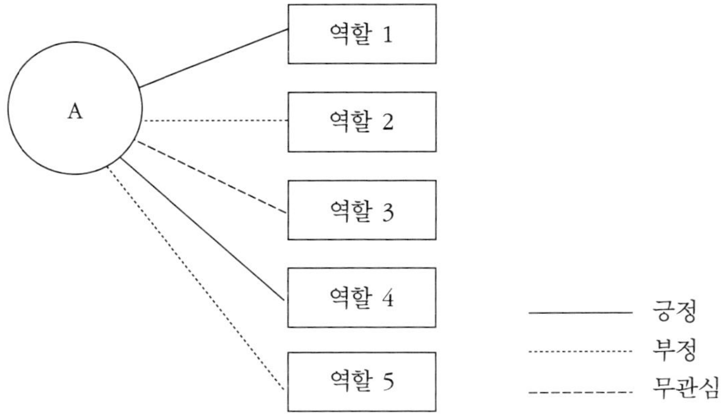

- 역할도해를 해석한다. 우선 느낌 나누기를 한다. 역할도해 경험에서 가장 불안했던 것은? 그 이유는? 누구의 역할도해 또는 어떤 역할관계를 가장 보고 싶은가, 아니면 보고 싶지 않은가? 그 이유는? 이 탐색에서 어떤 결론을 지었는가?

그런 다음 짧은 사이코드라마 장면을 만들기 위해서 시간, 장소, 사건을 선택한다. 그리고 다음과 같이 진행한다.

- 자기 자신과 상대방의 만남
- 역할 모델을 통해서 자신을 직면하고 새로운 역할을 행위화해 본다(탈보존적 역할).
- 지지적인 상황에서 새로운 역할을 훈련한다.
- 바람직하거나 예측되는 사건을 행위화한다(역할 테스트 포함).

제3부 실 제

제13장 진행과정

1. 일반적 논의

사이코드라마는 통상적으로 한 회기(session)로 시작되고 끝난다. 마치 한 편의 연극이나 영화가 평균 1시간 반에서 3시간에 걸쳐 진행되는 것과 같다. 한 회기는 집단이 한 번 모였다가 헤어지는 것을 기준으로 한다. 시간적으로는 평균 1~3시간으로, 집단의 상황에 따라 더 짧아지거나 길어진다. 주인공을 기준으로 이야기한다면 한 주인공이 워밍업을 통해 등장해서 그의 사이코드라마가 끝나고 집단과정이 마무리되는 것을 한 회기로 간주한다. 물론 한 회기 내에 두 명 혹은 세 명의 주인공이 자신의 드라마를 실연할 수도 있다. 그러나 그것은 예외적인 경우다.

흔히 정규적으로 모이는 집단, 주말 집단, 특수 집단에서는 집단원의 수에 따라(때로는 수에 관계없이) 10회기, 15회기 등 연속적으로 회기가 진행된다. 그러나 이 경우에도 한 주인공이 매 회기에 주인공이 되는 것이 아니기 때문에 마찬가지로 1회기의 과정이다. 정신병동에서 특별한 목적을 가지고 한 주인공을 위해 연속되는 회기를 진행할 수도 있지만 이 또한 예외에 속한다. 사이코드라마는 그러한 여러 예외에도 불구하고 어디까지나 한 회기의 과정이다. 한순간의 예술이며 과학인 것이다.

1) 왜 사이코드라마는 한 회기로 끝나는가

통상의 정신분석, 정신치료는 최소 50분을 한 회기로 일주일에 1~2회씩 수개월, 수년간에 걸쳐 진행된다. 반면 사이코드라마는 길어야 3시간, 4시간의 한 회기로 시작되고 끝난다. 예를 들어, 한 사람이 연속되는 15회기의 사이코드라마에서 3회와 8회 그리고 15회기에서 주인공을 했다고 할 경우에도 각각의 회기들은 독립된 회기로 간주된다. 동일한 주제를 행위화했다고 하더라도 앞의 회기와 뒤의 회기 간에는 어떤 연결성도 없다. 오직 한순간, 한 주인공, 한 회기만 있을 뿐이다. 왜 그래야만 하는가?

첫째, 바로 사이코드라마의 철학 때문이다. 그것은 순간의 철학, 지금 이곳의 철학이다. 자발성은 한순간에 발휘된다. 그것은 오직 지금 이곳에서만 작용한다. 어제의 자발성이 오늘까지 지속되지 않으며 오늘 쓰이지 못한 자발성이 내일 다시 똑같이 발휘되지 않는다. 자발성은 지금 이곳에서 워밍업되어 흐르고 상황에 반응한다. 그뿐이다. 그 결과는 문화 보존성으로 축적될 뿐이다. 그것은 만남의 철학에서도 똑같이 작용한다. 오늘의 만남이 내일로 이어진다는 것은 상식적인 생각이다. 인간의 보존 욕구 때문이다. 어제와 오늘이, 어제의 너와 오늘의 너가 같아야만 한다는 논리적 의식의 자기 정당화다. 어제의 너와 다른 오늘의 너는 나를 당황하게 한다. 그래서는 안 된다. 난 그것을 수용할 능력이 부족하기 때문이다. 매 순간 너를 새롭게 볼 수 있는 자발성의 결여 때문이다.

둘째, 역사와 과학, 문명의 발전, 나아가 인간의 진화는 통상 한 단계씩 발전해 왔다고 생각한다. 초등학교에서 중학교, 고등학교로, 한 살에서 두 살, 세 살, 네 살로, 2002년에서 2003년, 2004년으로 나아간다. 남녀가 만나서 차츰 깊이 알아가고 사랑을 느끼고 결혼하고 아기를 낳고, 앞선 사람이 쌓아놓은 업적 위에 그다음 사람이 업적을 남긴다. 그렇게 해서 과학과 지식이 발전해 간다고 생각하는 것이다. 그렇지만 그것은 진리가 아니다. 최소한 진리가 있다면 그것은 불연속성 개념이다. 우주 창조, 지구 생성, 인간 진화, 문명 발달은 불연속적으로 진행해 왔다는 것이 오늘날의 통설이다. 중·고등학교에서 학년을 건너뛰고, 대학에서 2년 만에 졸업이 가능한 것도 그런 이유 때문이다. 첫눈에 사랑에 빠지고, 어느 한순간에 인생이 바뀌는 것, 예술이나 과학 분야에서 돌연변이처럼 새로운 이론이 등장하는 것도 그러한 불연속성의 개념을 증명해 준다. 한마디로 한 인간에게 의미 있는 중요한 계기는 한순간에 발생한다는 것이다.

셋째, 현대 과학자들은 불확정성 이론을 찾아내었다. 그 어떤 확정된 진리도 있을 수 없다는 이야기다. 절대 논리란 있을 수 없고 상대적이며 음과 양처럼 상보적이라는 것이다. 정신분석학자인 라캉 역시 내가 나라고 말하는 순간에 나는 없다고 말하고 있다. 나는 언어에 의해서 의식적 · 의도적으로 규정될 뿐, 나의 불확정성에 동의하고 있는 것이다. 예컨대, 시를 짓거나 그림을 그리고, 글을 쓰며, 사람을 만나 대화를 나눌 경우에도 나의 최초의 생각은 계속해서 바뀌고 수정된다. 매 순간 바뀌는 나의 모습 가운데 어느 순간의 나가 진정한 나라고 규정할 수 있을까? 그 모든 순간이 다 나라고 말하면 할 말이 없다. 그는 완성된 자이기 때문이다. 그러나 아니다. 그것은 신(神)의 이미지다. 나는 다만 이 순간 직전까지의 나가 축적된 이 순간에서의 나일 뿐이다. 사이코드라마는 바로 이 순간의 나에게 접근하는 방식이다. 어제 주인공을 했던 사람이 오늘 다시 주인공이 된 경우 어제의 일을 잊고 오늘 처음 만난 사람처럼 사이코드라마가 진행되어야 하는 이유도 바로 여기에 있다.

넷째, 사이코드라마는 지금 이 순간의 행위학이다. 열 마디 말보다 한 번의 실천이 중요하다는 말처럼, 이 순간의 몸과 행위로 나를 전부 드러낸다. 의식과 무의식, 감성과 이성, 겉과 속의 구분 없이 있는 그대로 발가벗는다. 그뿐이다. 언어를 통해 한없이 캐 들어가지 않는다. 이 순간 체현되는 그가 이 순간의 그의 전부다. 더도 덜도 아니다. 어제도 내일도 없다. 오직 이 순간에 진실로 존재하고 생존하고자 한다. 더 이상 무엇을 왈가왈부 따지고 들 수 있겠는가. 인간은 깊고 오묘하다. 알려고 할수록 알 수 없다. 나의 지금까지의 삶을 압축해서 이 순간에 터뜨릴 뿐이다. 나의 자발성의 분출이며 순간적 창조다.

다섯째, 사이코드라마는 그 어떤 구체적인 목표의식을 갖지 않는다. 적응력, 문제해결, 치료, 나아가 변화 자체도 진정한 목표가 될 수는 없다. 목표가 있는 한 그것은 한 회기로 불충분할 것이다. 목표가 달성될 때까지 10회기, 20회기를 계속해야 할 것이다. 소위 그러한 목표들은 1회기 사이코드라마의 부수적인 효과일 뿐이다. 궁극의 목표가 있다면 그것은 자발성이다. 그러나 그 또한 한 회기의 매 순간의 과정에서 중요한 의미를 지닐 뿐 목표라고 말할 수는 없다(만약 그렇다면 별도의 자발성 훈련만으로도 가능할 수 있다.). 목표가 없기에 사이코드라마는 1회기만으로 충분하다고 하는 것이다. 최대한의 자발성으로 지금 이 순간에 자신의 존재를 체현을 통해 실험해 보는 것이다.

여섯째, 집중력의 문제 때문이다. 인간이 지속적으로 집중력을 유지할 수 있는 시간은 평균 50~90분이라는 것이 통설로 되어 있다. 사이코드라마의 한 회기는 최대의 집중력을 필요로 한다. 극단적으로 말해서 절대절명의 순간이라고나 할까? 참가자의 온몸과 온 마음이 주인공의 최상의 자발적 표현에 집중된다. 주인공 또한 주변의 상황(집단에 대한 의식 등)을 완전히 잊어버리고 자신의 세계에 최대한 몰입하게 된다. 그것은 1시간에서 최대 3시간을 소비한다. 한 회기에 자신의 전체 에너지를 이 순간에 완전히 소모시키는 과정이다. 10시간, 100시간 공부하는 것보다 집중력 있는 한두 시간의 공부가 더 유의미한 것과 같다. 나는 한순간에 실존적으로 보다 훨씬 의미 있는 삶을 사는 것이다. 사이코드라마의 한 회기의 의미다.

2) 왜 과거, 미래를 모두 현재 시제로 표현해야 하는가

사이코드라마는 지금 이곳의 철학에서 시작된다. 지금 현재 이 순간에 존재하는 삶에 의미를 부여한다. 과거지사나 미래에 대해 한가하게 이야기할 시간이 없다. 의미도 없다. 이 짧은 생애에서 무엇 때문에 지나온 역사를 반추하고 아직 오지 않은 미래를 걱정하고 있어야 하는가? 과거와 미래는 모두 잘못하다가는 현재의 쇠사슬이 되어 지금의 삶을 위축시키지 않겠는가? 단 한 번도 제대로 현재를 살아 낼 수 없을지도 모른다. 차라리 그럴 바에는 지금 이 순간에 최대의 자발성으로 최선을 다함이 보다 바람직하지 않을까?

사이코드라마는 오직 지금 여기, 순간의 철학에 따라 진행된다. 어제가 아닌 오늘, 10년 전이 아닌 10년 전 오늘이라는 시공간에서 사건이 발생한다. 5년 후도 마찬가지다. 5년 후 오늘에 행위를 하는 것이다. 모든 것이 지금 이 순간 일어나고 있다. 무엇보다 중요한 것은 바로 여기 이 순간에 살아 숨쉬고 있는 현실재이기 때문이다. 이제 그 의미를 몇 가지 생각해 보자.

첫째, 생생함이다. 살아 있음이다. 몸으로 살아 있음이다. 지금 이곳에 생존해 있음이다. 과거에 그랬다고 말하는 것은 죽은 언어법이요 서술이다. 언어 자체가 사물의 살해라고 이야기할 만큼, 과거나 미래에 대한 이야기는 다시 한 번 사물, 사건을 살해하는 것과 같다. 제아무리 미래나 과거를 생생하게 설명한다고 해도 거기에는 살아 숨쉬는 생명력도 생생함도 없다. 무엇보다도 몸과 행위가 빠져 있다. 과거나 미래를 표현하는 방법에는 그러한 서술적 언어 이외에 또 한 가지 보다 생생한 방법이 있다. 그것은 내 몸으로 그리고 내 행위를 통해 구체적으로 실연해 보는 것이다. 그렇게 함으로써 죽어 있던 이미지와 감각, 몸과 마음의 느낌이 생생하게 되살아 날 수 있다. 지금 이곳의 내 존재 속에 접혀 있는 과거와 미래를 풀어헤치는 최상의 방법이다. 바로 지금 내 속에 아이, 과거의 나, 미래의 나가 함께 공존하고 있기 때문이다. 과거와 미래가 마치 남의 일처럼 따로 떨어져 서술되기를 기다리고 있는 것이 아니라 내 속에 용해되어 나를 형성하고 있는 부분으로 존재하고 있기 때문이다. 그렇기에 나는 과거와 미래 모두 지금의 나의 부분으로서 현재 진행형으로 표현해야 한다. 현재 시제로 생생하게 드러나야 한다. 현재란 엄밀하게 말해서 과거와 미래의 겹쳐짐이 아니던가?

둘째, 현재화한다는 것은 또한 보다 구체적인 상황과 환경, 대상을 필요로 함을 의미한다. 나는 그와 이별을 했다가 아니라 지금 내가 이별하는 상황과 그 대상을 직접 구체화시킨다. 시간과 장소, 인물을 마치 현장 검증이라도 하듯 세세하게 지금 이곳에서 행위화로 재연한다. 그래야만 나는 그 장면을 취소, 교정, 재시도해 볼 수 있을 뿐만 아니라 나의 자발성, 잉여현실, 행위 갈증을 실험해 볼 수 있다. 언어적 설명만으로는 결코 그 사건, 인물에 깊게 개입할 수가 없다. 그러나 현재 진행형으로 그러한 조건들을 설정함으로써 내가 실제로는 할 수 없었던 지금 이 순간의 총체적 반응을 시도할 수가 있게 된다.

셋째, 나는 이제 나 자신이 두 명, 세 명으로 분열됨을 느낀다. 아이로, 사춘기 청소년으로, 늙은이로 분열 · 증식되고 있는 나를 현재의 내가 보고 느낀다. 소위 의도된 주체의 분열이다. 오, 이런, 이것이 나의 실체라는 것인가? 비록 어느 한순간, 한 역할에 빠져들지만 난 알고 있다. 그러한 나누어진 '나' 들의 유사점과 차이점을 몸으로 느낀다. 그것은 진정한 지금 이 순간의 나의 존재에 대한 분명한 감각이다. 추상도 상상도 사유만도 아니다. 몸의 타고난 예민한 감각이며 지각이다. 나는 현재의 나 속에서 과거나 미래라는 이름의 나, 그러나 여전히 현존적인 나를 만나고 있는 것이다. 그것은 결코 과거나 미래가 아니다.

3) 무대

사이코드라마 무대(stage)는 일반적으로 사람들이 모이는 곳은 어디에서든 준비할 수 있다. 특정한 설비가 갖추어진 무대라는 통상의 개념에서 완전히 벗어나 집, 거리, 바닷가, 들판 등 행위가 가능한 장소라면 사이코드라마 무대가 된다. 또한 그것이 진정한 사이코드라마 정신에 부합된 무대다. 인간이 모이는, 그래서 만남이 가능한 장소다. 그리하여 사이코드라마 무대는 다음과 같은 다양한 의미를 지닌다.

(1) 삶의 확장 공간

사이코드라마 무대는 삶을 확장하는 생존의 공간이며 자기 확장의 공간이다. 삶의 축소판이면서 동시에 현실적 일상을 벗어나 잉여현실을 체현하는 실제 삶보다 더욱 큰 시공간이다. 그것은 마치 한 인간에 대한 이야기, 전 일생이 한두 시간의 영화나 연극 속에 압축되고 미적으로 승화된 삶으로 표현되는 것과 유사하다. 몸과 마음이 팔, 다리, 심장으로 부분화되고 감성, 이성, 영혼이 더욱 작은 부분으로 파편화되어 표현되며, 10년의 삶이 5분으로 압축되기도 하고 실제 1분간의 역사가 1시간으로 확대 · 재생산되기도 한다. 이미지, 상징, 은유로 확장되는가 하면 자궁, 작은 밀실로 축소되어 행위화된다. 진실한 나다움의 의미, 진정한 삶을 위한 생존의 의미가 벌거벗은 채로 내 앞에 던져진다. 현실에서는 결코 가능할 수 없었던 삶의 단편들이 그 오랜 침묵과 억압에서 벗어나서 그 찬연한 의미의 빛을 되찾는다. 나의 세계가 그리고 내가 확장되고 삶이 확대된다.

그 무대는 현실에서는 가 볼 수도 만질 수도 없는 장소, 대상이 구체화되는 공간이다. 사후 세계, 저승사자뿐만 아니라, 전생의 시공간, 밀림, 바다 깊은 곳, 거대한 고래의 뱃속, 동물의 세계, 내 몸의 한 부분, 우주 자체, 꿈나라, 동식물이나 무생물 되기, 한마디로 불가능이 없다. 사이코드라마 무대 공간의 변화 가능성은 무궁무진하다.

(2) 삶과 영혼의 실험실

사이코드라마 무대는 자유로움 자체의 시공이다. 거기서는 완벽한 표현의 자유가 주어진다. 현실적 시공간 개념은 무의미해진다. 나의 삶, 세계, 나와 너가 철저히 파괴·해체되는가 하면 새롭게 창조된다. 난 내가 원하는 무엇이라도 될 수 있다. 기존의 일상의 모든 가치가 전도되며 이 순간 이곳에서의 진실에 의해 재창조된다. 그것은 작은 실험실에서 과학자가 세계를 실험하고 꿈꾸듯 인간이 스스로 자신의 삶을 실험하는 곳이다. 빛과 소리와 작은 소품들 그리고 참가한 모든 사람들과 더불어 나, 나의 신념과 인생관, 나의 성격과 영혼을 실험해 보고 연습하는 곳이다. 구체적으로 체험해 보는 시공간이다. 창조의 무대다.

그곳은 무엇보다도 나의 생존의 힘으로서의 자발성을 시험하고 훈련하는 곳이다. 진정한 나의 자발성 정도, 영혼이 흐르는 곳, 지향하는 바를 몸으로 느껴 보고 체험해 보는 장소다. 나의 자발성과 영혼을 가로막았던 제반 조건들, 관습적 사고, 편견들로부터 벗어나 마음껏 자유롭게 원하는 만큼 비상해 본다. 틀리고 맞고, 옳고 그르고 하는 기준으로부터도 자유롭다. 그것은 한마디로 지금 이 순간, 이곳에 존재하는 나의 총체적 진실을 그 어떤 억압이나 비난의 위험 없이 실험해 볼 수 있는 인간과 삶의 실천적 연구실이다.

(3) 우주적 공간

사이코드라마 무대는 삶의 원형과 같은, 본래적이고 모든 것을 탄생시키는 우주 상징의 시공간이다. 그래서 모레노는 원형 무대를 창안하였다. 광대들, 언어 아닌 행위들, 동물들로 이루어진, 삶의 원초적 장면을 상징하는 서커스의 원형 극장처럼, 그는 다양한 원의 중첩으로 이루어진 사이코드라마 무대를 디자인하고 실제로 응용하였다. 제일 밑층의 원형 무대는 잉태(conception: 준비 단계)를, 두 번째 단은 성장(growth: 행위 단계)을, 세번째 단은 행위와 완료(action & completion: 카타르시스 단계)를, 그리고 마지막 원형 무대 위의 발코니는 메시아와 영웅(천상의 단계)을 상징한다. 그것들은 삶 자체를 상징하기도 한다. 왜냐하면 우리의 삶 자체가 바로 우주적 시공간을 무대로 이루어지고 있기 때문이다. 그것은 처음에는 텅 비어 있다. 그러나 시간의 흐름에 따라 마치 자궁 속에서 생명이 수태되고 성장하고 움직여 나가는 것처럼 하나둘씩 차오른다. 빈 시공간이 사람들과 사물들로 가득 차기 시작한다. 마치 태초의 우주가 그러했듯이. 그래서 그것은 영원성, 근원으로의 회귀, 전체성을 상징하는 원형 무대가 된 것이다. 인간-신의 시공이 된 것이다.

그러나 현대의 사이코드라마 무대는 마지막의 그러한 인위적 공간마저도 거부한다. 1단계, 2단계, 3단계 등의 의도적인 구분 자체를 의문시하고 해체해 왔다. 지나치게 이상적이고 작위적인 무대라는 사실 때문이다. 그리고 그 또한 최초의 아이디어와는 달리 관객과 유리된 무대다. 전통의 프로시니엄 아치가 원형 무대로 탈바꿈했을 뿐, 관객은 여전히 무대 밑 주변에 앉아 있어야만 하는 이율배반적 논리가 숨겨진 무대다. 한마디로 원형 무대는 사람이 모일 수 있는 곳이라면 어디에서든 사이코드라마가 가능하다는 전제를 뒤엎는 특별한 시공간이다. 경제적인 투자뿐만 아니라(그만큼 크고 높은 장소의 필요성) 위험성(계단 아래로 굴러 떨어질 수 있는) 그리고 부수적으로 뒤따르는 조명과 음향설비(지나치게 연극적인 측면)가 그러하다.

그러나 그러한 원형 무대가 갖는 상징성은 일반적인 무대라고 해서 그 의미가 감소되지는 않는다. 오히려 관객과 무대의 분리가 따로 되어 있지 않는 평면의 공간에서, 기계적 설비가 안 되어 있는 보통의 조명등 아래서 그 의미는 보다 확장된다. 거기에는

모레노의 비콘 연구소 무대(1936)

더욱더 큰 상상력으로 우주성을 창조해 낼 수 있는 자유로움이 있다. 음울한 기분을 나타내기 위해 푸른 조명을 사용하고 슬픈 음악을 들려주며 그럴듯한 배경막을 사용하는 것은 오히려 인간의 심성을 상식화 · 도식화함으로써 자연스러운 자발성을 차단할 뿐만 아니라 집단 창조성을 증발시키는 매너리즘적 방식일 뿐이다.

(4) 무의식의 공간

사이코드라마는 인간의 무의식을 상징한다. 그것은 현실의식으로부터 떨어져서 스스로 그 기능을 하고 있는 비의식의, 꿈의 시공간이다. 마치 백일몽, 꿈, 환상, 망상에서처럼 그 어떤 것도 가능하고 나와 현실을 넘어서 있으며, 의식으로는 쉽게 이해하기도 받아들일 수도 없는 무수한 상징과 기호가 넘나드는 곳, 무한의 변형이 가능한 곳, 현실과 환상이 갈등을 일으키지 않는 곳, 당혹스러움, 놀람, 경이로움이 번뜩이는 곳, 불가능의 세계가 곧 사이코드라마의 무대다.

무의식은 만남의 순간, 행위의 순간에 드러난다. 몸으로 체현되고 놀람으로 표현된다. 있을 수 없는 장면으로 자신의 정체를 드러낸다. 당연했던 것들이 의문시되고 진실이라고 믿었던 것들이 어느 순간 철저히 부정된다. 나 아닌 나의 모습으로 순간에 모습을 드러낸다. 죽음이 삶과 같은 의미로 그리고 꿈의 이미지들이 실제로 살아 움직이며, 40대의 사람이 어느 한순간 갓난아기가 되기도 한다. 그 어떤 측량기준으로도 설명할 수 없는 현상들이 몸으로 표현되고 수용된다. 그것이 사이코드라마 무대다.

(5) 마술의 공간

사이코드라마 무대는 마술의 시공간이 된다. 있다가 순간에 사라지며 사라졌던 것들이 새로운 생명력으로 삶의 현장에 끼어들어 온다. 같은 것들이 일순간에 차이가 나고, 서로 다른 것이라고 생각했던 것들이 사실은 하나였다는 것이 밝혀진다. 그 어떤 행위도 가능하다. 하나의 마술 세계다. 그러나 그것은 마술 자체는 아니다. 마술이 진실의 가면을 쓴 마술의 세계라면 사이코드라마는 마술의 가면을 쓴 진실의 세계이기 때문이다. 온갖 환상과 상징, 이미지를 통해 진실을 추구하는 생존의 마당이다. 그것은 눈속임이 아니다. 인간 삶 자체가 지니는 신비의 힘이다. 결코 이성, 의식, 언어로 설명할 수 없는 느낌과 행위 그 자체다. 그것은 일종의 신비로움이며 거룩함과도 유사하다. 인간의 그 깊고 오묘한 세계의 펼침이다. 붉은색이라고 생각되었던 사람이 어느 한순간 찬란하게 빛나는 흰색의 인간으로 변신되는 시공간이다. 그런 의미에서 그것은 마술의 공간이다. 그래서 그것은 인간의 무한대의 펼침이요 열림이 된다.

사이코드라마 무대에서는 모두 함께 어우러져 신명나게 노래하고 춤춘다.

(6) 제의적 공간

그것은 많은 인간들의 참 만남에 의해 열리는 제의적 공간이다. 생의 한가운데서 펼쳐지는 감동의 한순간이다. 지금까지의 삶과는 전혀 다른 만남과 혼돈, 삶의 축제, 인생의 전환점이다. 변화와 창조의 공간이다. 그것은 신성하다. 모두가 인간-신적이다. 나와 너의 구별이 없다. 온갖 현실원칙이 사라진 존재 자체들의 부딪침이다.

자기로부터 벗어나서, 정지된 시간 속에서, 신성한 공간으로 화한 사이코드라마 무대 위에서 우리는 하나이면서 여럿, 여럿이면서 하나가 된다. 모두가 자발적이다. 모두가 생명력으로, 신명으로 흘러넘친다. 엑스터시다. 정체됨, 고임, 맴돎, 고착으로부터, 또 일상의 그 완고한 정체성으로부터의 일탈이다. 참을 수 없는 숨막히는 현실로부터의 탈출이다. 훨씬 더 넓은 광장으로의 모임이다. 마치 모두가 한 가족인 양, 마치 처음 만났음에도 오랫동안 친했던 사람인 양 제의적 공간에서는 너와 나의 구별이 사라진다. 함께 어우러져 노래하고 춤춘다. 사이코드라마라는 제의적 무대 위에서 우리는 인간의 근원적 원시성을 느낀다. 길들여짐이 없는 야성을 만난다.

4) 보조자

보조자(auxiliary)는 주인공의 사이코드라마 세계에 등장해서 다양한 역할을 맡아 주인공과 더불어 드라마를 이끌어 가는 사람을 말한다. 따라서 보조자는 사이코드라마에서 주인공 다음으로 중요한 인물이다. 물론 주인공 혼자서 보조자 없이 자신의 드라마를 진행해 나가는 예외(모노드라마)도 있지만 그러한 경우는 매우 드물다. 보조자 없는 사이코드라마는 생각할 수 없을 만큼, 보조자는 사이코드라마에서 중요한 역할을 담당한다.

모레노에 의하면 보조자는 역할 묘사를 통해 주인공을 돕는 주인공이 확대된 인물이며, 주인공을 이끌어 가고 주인공의 세계를 탐구함으로써 디렉터를 돕는 디렉터가 확대된 인물이다. 다시 말해서, 보조자는 그 어떤 역할이라 할지라도 주인공을 떠나서는 존재할 수 없고 주인공에 속하는 주인공 세계의 연장체이며, 디렉터가 촉매자로 기능할 수 있도록 하는 촉매 대상의 위치를 차지한다. 예컨대, 이중자로서의 보조자라 할지라도 디렉터가 주인공과 이중자 사이에 개입해 들어가 촉매 작용을 일으킬 때 이중자는 디렉터의 의도를 간파함으로써 디렉터의 연장체로 기능하게 된다.

보조자는 결코 실제 인물이 아니다. 허구의 인물이다. 그는 불가능이 없는 수많은 역할을 떠맡는다. 그러면서도 그가 배우가 아닌 것은 주인공의 텔레에 의해서 주인공의 세계에 참여하기 때문이다. 주인공의 텔레가 작동하지 않은 보조자는 제아무리 연기를 잘 해내고 역할을 훌륭히 묘사해 낼지라도 생명력 없는 인물이 되고 만다. 그는 주인공과의 만남이 없고 주인공의 연장체도 아닌 단지 연기하는 허수아비일 뿐이다. 그리하여 그는 결코 주인공의 세계에 영향을 미치지 못하고 주인공과 더불어 창조할 수 있는 자격도 없다.

(1) 보조자가 맡는 역할의 범주

보조자의 역할은 무한대다. 우주 만물에서부터 주인공이 명명할 수 있는 역할은 그 어떤 것도 가능하다.

① 주인공의 사회원자 내 모든 인물: 부모, 돌아가신 분, 형제자매 등
② 환상적이며 가상적인 인물: 신, 악마, 메피스토펠레스, 홍길동, 산신령 등
③ 추상적 개념: 사랑, 신념, 정의, 성격적 경향, 열정, 환영 등
④ 일반적인 역할: 경찰, 목사, 거지, 행인, 상점원, 군인, 법관 등
⑤ 현실의 인물: 직장 동료, 상사, 친구, 친척들 등
⑥ 집합 개념: 국가, 사회, 종교, 단체, 정치인들 등
⑦ 무생물 및 생물체: 나무, 벌, 새, 꽃, 별, 의자, 벽시계, 목걸이 등
⑧ 주인공 자신의 일부: 몸의 일부, 정신의 일부 등
⑨ 기타: 어머니의 자궁, 아버지 성격의 일부, 전생이나 후생의 인물, 베토벤 등

(2) 보조자의 기능

① 보조자는 무엇보다도 하나의 역할자다

보조자는 주인공이 요구하고 필요로 하는 역할을 성실하게 묘사해야 한다. 그 역할에 자신을 버리고 몰두할 수 있어야 한다. 주인공이 제시하는 단서는 충분하지 않다. 일시적이고 지금 이 순간에 필요한 단서만을 제공할 뿐이다. 보조자가 해내야 할 역할의 성질 전체를 말해 주지도 않는다. 따라서 그는 자신의 직관과 감수성을 동원해 즉흥적으로 그 역할을 해내야 한다. 물론 그 역할을 결코 세세하게 똑같이 해낼 수는 없다. 중요한 것은 그 순간 그 역할의 주인공에 대한 의미다. 틀리게 묘사해도 큰 문제가 안 된다. 곧바로 수정되기 때문이다. 때로는 의도적으로 왜곡하거나 과장해서 표현하기도 하는데, 그것은 어디까지나 주인공과의 상호작용이 어느 정도 진행된 이후의 일이다. 역할자로서 보조자는 어떻게든 주인공이 원하는 특정 역할을 최선을 다해 표현해야 한다. 그것이 그의 주 기능이며 의무다. 보조자가 최선을 다하는 모습이 주인공에게 영향을 미쳐 주인공 또한 주인공으로서 자신의 역할에 최선을 다하게 될 것이다.

② 보조자는 제2의 촉매자다

디렉터가 주인공과 다양한 역할들 사이의 제1의 촉매자라면, 보조자는 주인공과 자신의 역할 사이에서 제2의 촉매 작용을 한다. 그는 실제의 그 자신이다. 그는 보조자로서의 역할 뒤에서 주인공과 같은 한 인간, 창조자로서 주인공을 도와 자신의 역할과 주인공 사이를 촉매한다. 주인공의 말과 행동을 요약, 압축, 확장하거나 자신의 역할을 통해 과장, 극화한다. 보조자는 주인공 역할을 보충하는가 하면 그의 반응을 고조시킨다. 또한 주인공에게 의외의 도전을 시도하거나 주인공이 자신의 시도를 수정하도록 유도하기도 한다.

그래서 그는 촉매자로서, 자극하고 대립하는 도전자로서 주인공의 감정을 일깨운다. 주인공의 반응을 더욱 확대시키고 자발성을 상승시킨다. “그래, 너 참 잘났다(도전). 모두가 내 탓이란 말이지(압축). 하지만 네 꼴을 좀 보렴(자극). 이 애비가 널 항상 무시만 해 왔다고 하는데(반복), 그래서? 그래서 네가 그 따위로 살고 있는 게 다 이 애비, 에미 탓이라 이거지, 응?(부인을 끌어들여 과장함) 에라, 이 머저리 같은 녀석아! 나가 뒈져버려라(감정의 자극, 확대).”

③ 보조자는 또한 디렉터와 공동 탐구자가 된다

주인공이 자발성이 떨어지거나 저항을 보일 때, 보조자는 디렉터에 앞서 자신의 역할을 통해 주인공에게 다가간다. "그래, 내 앞에서 넌 말 한마디 제대로 할 줄 모르지. 암, 넌 항상 그런 식으로 일을 얼버무리지." "왜? 내가 뭐 못할 소리라도 했니, 그렇게 꿀 먹은 벙어리처럼 넋을 잃고 서 있게?" "그럼, 그렇게 손을 부르르 떠는 걸 보니까 나를 한 대 갈길 것 같은데?" 그래서 보조자는 때로 공동 치료자, 치료적 행위자, 치료적 안내자 등으로 불리기도 한다. 음으로 양으로 디렉터를 돕기 때문이다. 보조자 역시 한 인간으로서 주인공의 세계에 들어와 있지만, 어느 한순간 디렉터의 마음가짐과 유사하게 자신의 역할을 통해 주인공을 디렉팅한다.

(3) 전문적인 보조자(집단)

소위 치료 팀 혹은 전문적 보조자 집단이라는 이름으로 디렉터와 한 팀이 되어 사이코드라마를 이끄는 보조자 집단이 있다. 그러한 보조자 집단은 훈련된 집단으로서 워밍업이 쉽고 활기 있으며 감정표현이라든가 역할 묘사에도 자발성이 높다. 그래서 그들은 주인공의 의사에 관계없이 언제나 보조자 역할을 맡거나 혹은 주인공으로 하여금 가능한 한 그들 중에서 보조자를 선택하도록 유도한다. 그래야만 디렉터와 호흡을 맞출 수 있고 디렉터의 의도대로 드라마를 이끌어 갈 수 있다고 믿고 있기 때문이다.

그러나 그것은 위험한 발상이다. 주인공을 위한다는 행위가 잘못하면 디렉터와 치료 팀 자신을 위한 드라마로 만들 가능성이 크기 때문이다. 보조자가 역할을 그럴듯하게 해내고 자발성이 높은 것이 사이코드라마에 도움이 된다면 전문 배우를 활용하는 것이 백 번 나을 것이다. 그렇지 않겠는가? 사이코드라마 아닌 드라마를 꾸민다면 말이다. 그러나 사이코드라마는 연극이 아니다. 그럴듯하게 목소리까지 나이 들어 보이게 연기하는 아버지 역할을 필요로 하는 것이 아니다. 주인공은 실제와 똑같이 행위하는 보조자를 원하는 것이 아니기 때문이다. 상상해 보자. 정말 실제의 인물과 유사한, 연기를 잘하는 보조자가 주인공의 상대역이 되었다고 하자. 주인공의 어머니 역할이다. 주인공은 우선 그 연기력에 놀랄 것이다. 너무나 어머니와 닮았기 때문이다. 그래서 놀라서 당황하거나 혹은 그 연기력에 웃음이 터질 것이다. 그는 허구의 세계, 놀이의 세계에 와 있다고 생각했는데 실제 어머니가 앞에 서 있는 듯한 착각에 잠시 당황하게 되고, 정신을 차리고 나서는 보조자의 그럴듯한 연기에 박수를 보내거나(자기의 역할을 잊고) 디렉터의 주문에 의해 상호작용을 시작하게 될 것이다. 실제의 어머니처럼 행위하기에 주인공의 감정은 더욱 강렬하게 표출될 수도 있을 법하다. 하지만 그렇지 않다. 거기서 끝난다. 현실과 너무나 비슷한 상황이라면 현실에서 보여 주었던 행위 이외의 잉여현실은 결코 드러나지 않을 것이기 때문이다. 자발성은 오히려 감소되고, 현실과 사이코드라마의 세계를 혼돈하게 될 것이다. 그렇기에 그것은 아무리 잘 봐 준다고 해도 사이코드라마는 될 수 없다. 사이코드라마의 탈을 쓴 한 편의 연극, 주인공보다는 디렉터나 보조자의 뜻대로 이끌려 가는 연극일 뿐이다.

물론 그러한 전문적 집단이 필요한 경우도 있다. 성폭력 피해 집단과 같은 경우, 매우 특수한 집단으로서 여러 명의 디렉터가 필요할 것이다. 왜냐하면 주인공과 유사한 주제, 상황에 의해서 여러 명의 집단원이 동시에 감정 촉발이 이루어지고, 그러한 경우에는 응급조치와 같은 디렉터의 개입이 필요할 수도 있기 때문이다. 그러나 이는 특별한 경우로 이런 치료 집단은 각자가 디렉터의 능력을 보유하고 있어야 한다. 그 집단은 단순한 보조자 역할만 할 수 있는 것이 아니다.

사이코드라마에서 무엇보다 중요한 것은 주인공의 자발성이며, 주인공 자신이 자신의 세계를 탐구하는 데 필요한 인물을 스스로 선택할 수 있는 권리다. 그는 자신의 자발적인 텔레에 의해 보조자를 선택할 수 있어야 한다. 그 어떤 이유로든 주인공의 그러한 선택권을 뺏을 수는 없다. 보조자가 서투르게 역할을 묘사하는 것은 큰 영향을 미치지 않는다. 역할 묘사보다는 주인공의 강렬한 텔레가 더 우선하기 때문이다. 아버지 역할을 할 사람을 선택하는데 남자 아닌 여자를 선택할 수 있는 권리, 그것이 주인공의 텔레에 의한 자발적 선택이다. 치료라는 이름으로, 더욱 도움이 될 것이라는 자기 합리화적 자세로 치료 팀이나 보조자 전문 집단이 주인공을 에워싸면 안 된다. 주인공을 관객으로부터 유리시켜도 안 되고, 관객을 참여자 아닌 관극자의 신세로 전락하게 해서도 안 된다. 주인공은 관객 집단과 더불어 공동 창조할 수 있어야 한다. 관객이 없는 혹은 집단의 참여가 없는 사이코드라마는 이미 사이코드라마가 아니다. 그것은 만남이 없는 행위, 의미 없는 연극적 행위일 뿐이다. 주인공은 전문가 집단이 아닌 자신과 똑같은 참여 집단과 함께 자신의 탐구여행을 했을 때 비로소 진정한 자발성을 발휘할 수 있다. 전문가 보조자 집단에 의해 이루어진 드라마가 끝났을 때 주인공은 무엇을 느끼겠는가? 잘해야 꼭두각시 놀음을 했다고 생각하지 않겠는가?

(4) 관객 집단의 보조자 역할

사이코드라마 집단은 다양한 역할을 통해 전체적으로 혹은 부분적(소그룹화)으로 보조자가 될 수 있다. 그 역할은 매우 다양하다. 한 학급의 학생 전체, 길거리나 전철 안의 사람들, 일반 시민들, 동네 사람들, 일군의 정치가들, 전문직종의 사람들, 여성 차별자들, 야유하는 사람들과 같이 특정 집단의 사람들의 역할이 있을 수 있다. 바닷가 장면에서의 파도들, 갈매기들, 바다와 돛단배들, 집 안의 기둥, 문, 벽, 시계, 탁자, 소파들, 주인공의 극적 상황에 알맞은 소리, 음악, 동어 반복, 확대, 재생 등의 역할이 있을 수 있다. 집단은 주인공을 방해하는 힘, 벽, 굴레를 상징할 수 있으며 주인공의 양가적 감정에 대해 두 팀으로 나누어 싸울 수도 있다.

집단은 사이코드라마의 공동 창조자이며 제3의 촉매자다. 그들은 언제 어느 순간에건 필요하다면 주인공의 세계에 보조자로 등장해서 함께 진실을 추구하고자 하는 마음의 준비가 되어 있다. 그리고 그들은 그 어떤 역할도 잘 해낼 수 있는 능력이 있다. 디렉터가 적절하게 이끌 수만 있다면 말이다.

(5) 디렉터의 보조자 역할

때로 디렉터는 짧게나마 보조자 역할을 맡는다. 그 대부분은 이중자 역할이다. 주인공의 이중자뿐만 아니라, 보조자의 이중자가 되어 주인공의 세계를 탐구해 들어간다. 그러한 경우는 대개 극의 진행이 원활한 경우다. 굳이 이중자를 선택하고 등장하게 하는 것보다는 잠시 동안 몇 마디 말로 이중자 역할이 가능할 때 디렉터가 그 역할을 맡는 것이다. 극이 비교적 순조로운 흐름을 타고 흐르는 순간이다. 그것은 또한 보조자를 돕는 목적이 있다. 보조자가 상황을 명확히 파악하지 못하고 있거나 보조자로서 주인공의 반응을 보다 확실히 이해해야 할 때, 디렉터는 보조자의 등 뒤에서 그의 이중자가 된다. 그것은 대개의 경우 보조자에 대한 지지적 이중자 역할이다.

디렉터는 촉매자다. 그래서 그는 때로 주인공의 상호작용에 끼어든다. '보다 크게, 확실하게, 요약해서, 분명하고 큰 소리로, 더욱 강하게, 반복해서' 등의 짧은 지시문을 사용한다. 그것은 그 순간 디렉터가 보조자 역할을 하는 셈이다. 자극자, 촉진자, 지지자, 안내자, 코치, 도전자 등의 역할이 그것이다. 그 또한 주인공의 창조에 참여하는 공동 창조자이며 행위자이기 때문이다. 만약 디렉터의 근본 신분을 캐묻는다면, 그는 집단원이면서 동시에 집단원과 똑같은 예비 보조자일 터이다. 그 또한 주인공과 똑같은 자발적 행위자이기 때문이다.

(6) 보조자의 교체

보조자가 자기 역할에 대해서 부정적이거나 혹은 주인공에게 역할이 아닌 자기 감정이나 편견을 노출함으로써 강한 전이가 발생하여 극의 진행이 방해될 경우, 디렉터는 주인공과 보조자의 양해를 얻어 보조자를 교체할 수 있다. 단순히 역할 묘사가 서툴다거나 하는 이유로 교체해서는 안 된다(이때는 보조자의 이중자를 선택해서 도와줄 수 있어야 한다.). 물론 보조자 자신이 역할 맡기를 고사할 때에도 주인공의 양해하에 교체할 수 있다.

그러나 보조자의 교체는 신중해야 한다. 집단 전체에 미묘한 부정적인 영향을 미치기 때문이다. 예를 들어, 역할보다는 자신의 견해를 가지고 역할을 하는 보조자, 즉 냉정한 어머니 역할보다는 자꾸만 따뜻한 어머니 역할을 하고 있는 보조자라고 해서 무조건 교체해서는 안 된다는 것이다. 보조자에게도 기회가 주어져야 한다. "어어, 어머니가 술을 드셨나? 왜 갈수록 따뜻한 엄마가 되어 가지?"라는 한마디 말만으로도 보조자는 즉시 자신의 역할을 수정할 수 있을 것이다.

사이코드라마의 책임자는 디렉터다. 보조자는 책임자가 아니다. 그 어떤 서투르고 잘못 하고 있는 보조자일지라도 그 책임은 디렉터에게 있지 보조자에게 있지 않다. 비록 잘못 하고 있는 보조자라도 주인공은 일반적인 시각에서 보조자를 보는 것이 아니라 자신의 텔레 속에서 보조자를 대하고 있기 때문에 그러한 보조자에 의해서 주인공은 더욱더 자신의 자발성을 올릴 수도 있다는 것을 알아야 한다. 단순한 현실적인 시각으로만 판단하지 말라는 말이다.

2. 과정이론

사이코드라마 과정은 통상 워밍업, 행위화, 마무리라는 세 단계로 나누어 설명된다. 그 대표적인 예가 홀랜더(Hollander, 1969)의 사이코드라마 커브다. 그러나 실제의 사이코드라마 과정은 결코 그러한 직선적 과정 혹은 정확히 구분되는 세 단계만을 거치지 않는 매우 복합적인 과정이다. 왜냐하면 래머(Rory Remer, 1997: 68)의 말처럼 사이코드라마는 인간 변화를 다루는 다른 이론들과는 달리 그 자체가 비선형적, 전체적, 비환원론적, 다수준적 과정이기 때문이다. 예컨대, 워밍업이 생략·축소되거나 마무리 단계에서 나누기만으로 마무리되는 회기가 있을 수 있으며, 행위화 단계 또한 다양한 형태로 변형·축소되어 진행될 수 있다.

1) 사이코드라마 커브

칼 홀랜더(Carl E. Hollander, 1969)는 정통 사이코드라마 훈련을 위한 『홀랜더의 사이코드라마 커브(*Hollander's curve of psychodrama*)』라는 소책자를 발간하였다. 그것은 [그림 13-1]에서처럼 워밍업, 행위화, 통정이라고 하는 피라미드 형식의 3단계 이론을 요약·정리한 것이었다.

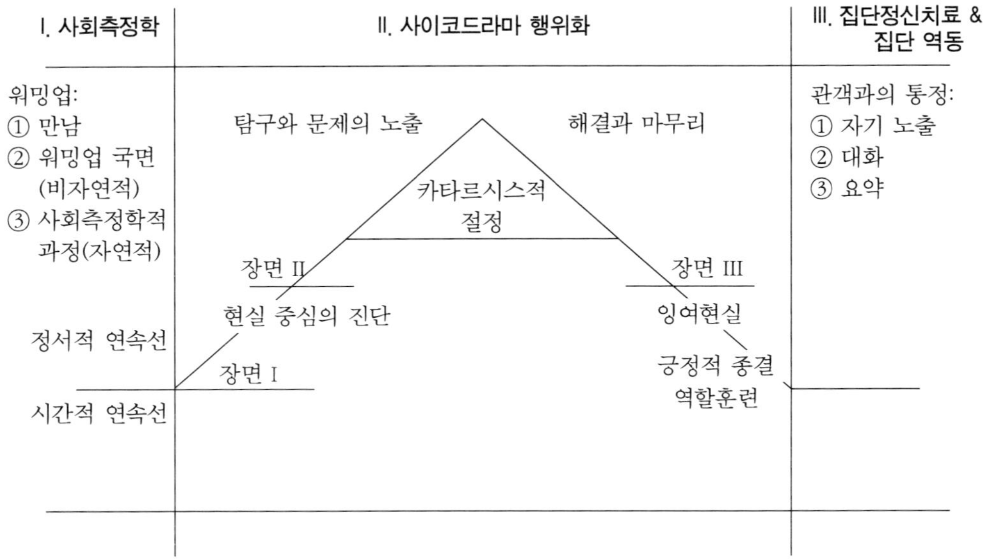

[그림 13-1] 홀랜더의 사이코드라마 커브

(1) 워밍업(warming up)

여기서 워밍업은 '자발성의 조작적 표현(operational manifestation)'으로 기술되며, 세 가지 단계를 통해 이루어진다. 먼저 만남은 나와 나, 나와 너 사이의 만남(예: 나에게 무슨 일이 일어나고 있는가, 우리는 함께 지금 어디에 있는가 등)을 의미한다. 다음의 워밍업 단계는 자발성 혹은 상황 테스트, 집단 운동이나 게임, 자리 배치 등 주로 신체적 테크닉을 사용해 상호작용하도록 돕는 단계다. 마지막은 사회측정학적 과정으로 집단의 소망이 드러나고 주제가 밝혀지며 사회측정학적 스타(주인공)가 등장하게 된다(여기서 워밍업 단계가 디렉터에 의한 인위적 단계라고 한다면 사회측정학적 과정은 집단에 의한 자연스러운 단계로 규정하고 있다.).

(2) 행위화(enactment)

행위화는 주인공이 무대에 등장하는 순간부터 시작된다. 주인공은 자신의 행위를 위한 공간적 · 시간적 장면을 설정하고, 중요한 인물을 선정하며, 처음 장면은 대부분 현실을 기초로 한 장면으로 시작한다. 문제 노출과 탐구가 깊어지면서부터 현실적인 장면 설정보다는 경험의 요점과 정서적 특성에 보다 초점이 모아지고, 결국 클라이맥스에 이르게 된다. 그리고 마지막 단계에서는 잉여현실이 표현된다(미래 혹은 과거 투사, 이중자, 빈의자, 사자[死者]와의 대화, 거울 기법 등을 통해). 그리고 디렉터는 실제 삶의 상황에 대한 연습(역할훈련), 자기 직면 등을 통해 새로운 창조성이 일어날 수 있도록 돕는다.

(3) 통정(integration)

자기 노출(self-disclosure)은 소위 나누기(sharing)와 같으며, 대화(dialogue)는 집단 토론, 집단정신치료 혹은 집단 역동에 대한 교육적 경험과 같다. 요약(summary)은 디렉터, 보조자 혹은 주인공이 실시한다. 그것은 감정, 경험 등을 인지적으로 이해하는 작업이다.

2) 4단계 시스템

4단계 시스템은 힐라리언 페졸드(Hilarion G. Petzold, 1981)에 의해서 제시되었다. 그는 특히 사이코드라마를 통정적 사이코드라마 치료(integrative psychodrama therapy)라 명하고 그 과정을 초기 단계, 행위단계, 통정 단계, 새로운 오리엔테이션 단계로 나누어 설명하고 있다. 이를 단계별로 설명하면 다음과 같다.

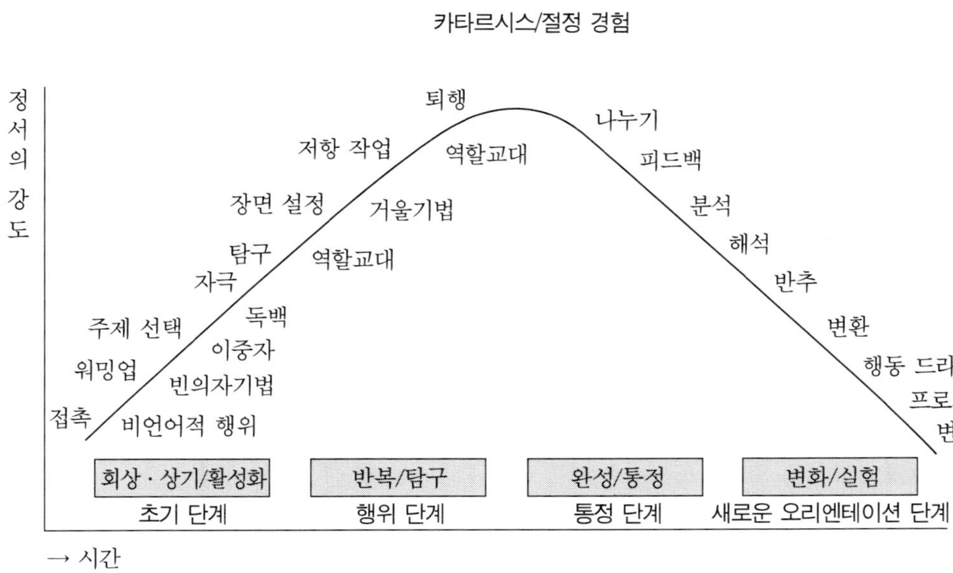

[그림 13-2] 페졸드의 4단계 시스템

(1) 초기 단계

진단적-기왕력 목표 설정
회상/자극 · 활성화

워밍업 접촉 결속

(행동, 말투, 표정, 태도, 언어적 표현 등을 분석)

역동적 시각의 투사평가	게슈탈트 시각의 맥락 의미분석	학습이론 시각의 행동분석
갈등 중심 혹은	체험 중심	방식 여부

(2) 행위 단계

카타르틱 목표 설정
반복 · 되풀이/조사탐구

진지한 놀이	밝고 유쾌한 놀이
갈등 중심의 작업	체험 중심의 작업
(생명, 숨, 소리, 상상계 등)	(자유, 판타지, 감수성, 운동, 춤 등)
카타르시스	

개방성-종결-의미 체험
(정서적 학습)

(3) 통정 단계

분석적-의사소통적 목표 설정
완성/통정

회상 나누기	피드백 분석
명료한 역동적 인과관계	행동 검색과 의사소통 구조의 분석
전이상태	

다양한 상황에의 반영
(통찰학습)

(4) 새로운 오리엔테이션 단계

행동수정 목표 설정
변화/실험

감각, 표현, 융통성 훈련
긴장완화 기법

행동 프로그램, 구조화
탈감각, 모방학습
행동 드라마, 대체훈련

게슈탈트를 통한 실험
새 형태 만들기
(행동학습)

홀랜더의 사이코드라마 커브가 통상의 정상분포곡선을 이용해서 사이코드라마 과정을 해석하였다면, 페졸드는 인간은 안정되고 통합된 게슈탈트(형, 형태, 전체성의 의미)를 추구하는 경향이 있다는 펄스의 게슈탈트 심리학 이론을 토대로 사이코드라마를 체계화하였다고 볼 수 있다. 한마디로 단계마다 학습목표와 치료목표를 분명하게 설정한 것이다(이는 일종의 아이러니다. 게슈탈트 이론의 일부가 사이코드라마에 차용되었음에도, 이제는 사이코드라마와 게슈탈트가 결합된 것이다.).

3) 키퍼의 과정이론

데이비드 키퍼(David A. Kipper, 1986) 역시 사이코드라마 과정을 홀랜더와 유사하게 3단계로 나누어 설명한다. 그러나 홀랜더와의 차이점은 마무리 단계를 두 가지 국면으로 나누어 설명하고 행위화 단계를 다시 세 분절로 나누어 보다 구체화시킨 점이다.

키퍼의 나누기 단계는 정서적인 종결을 위한 나누기 국면과 행위적 묘사의 적절성을 평가하고 그 의미를 토론하며 결론을 내리고 미래의 방향을 제시하는 분석과 인지적 과정의 두 국면으로 이루어진다.

그다음 행위화 단계는 [그림 13-3]과 같이 세 분절(segments)로 나뉜다.

키퍼에 의하면 제1분절에서는 그 내용이 얼마나 왜곡되어 있건 간에 완전히 자유롭게 표현하는 것이 중요하다. 왜냐하면 문제의 초점, 특징, 정도 등을 이해하고 평가해야 하기 때문이다. 디렉터는 현재 문제와 관련된 가능한 원인, 변인과 관련된 실마리를 찾는 기회를 갖게 된다. 즉, 어떤 부분이 다음 분절에서 탐구되어야 하는

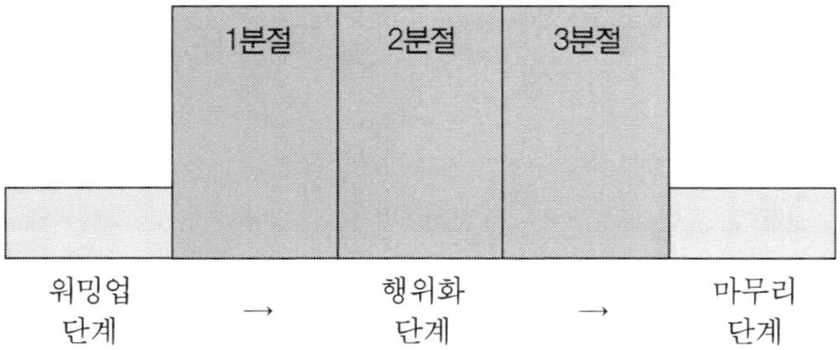

[그림 13-3] 행위화 단계의 세 분절

것인지 혹은 어떤 장면이 구성되어야 하는지를 알게 된다. 제2분절에서는 진단적 부분(diagnostic part)과 교정적 부분(corrective part)으로 나뉜다. 진단적 부분에서는 초기 외상 경험과 같은 현 문제와 관련된 요인을 찾는다. 교정적 부분에서는 불안을 제거하고 카타르시스를 유발하며 불안을 유발시키는 상황에 점차적으로 노출하는 과정을 통해 새로운 반응양식을 탐구해 나간다. 제3분절에서는 대안적 행위를 학습한다. 새로운 반응양식을 지도하고 훈련하며 새로운 행동과 그 결과도 실습해 본다. 그래서 그 결과에 대한 적절성까지도 평가한다. 예컨대, 그 결과에 대해 만족하고 편안해하는가 혹은 원래 문제가 재발하는 기회를 확실하게 감소시켰는가 하는 것 등이다.

마지막 마무리 단계에서는 특히 다음과 같은 목표를 가지고 작업해야 한다고 생각한다.

① 역할 벗기(deroling)
② 정서적 안정 회복(emotional stability)
③ 정서적 위로감(emotional comfort)
④ 낙천적 자세(용기 북돋우기)
⑤ 나누기에 의한 이해와 지지
⑥ 미래에 대한 계획 수립

그리고 각 분절은 [그림 13-4]와 같은 중심 장면과 연결 장면으로 이루어진 내부 구조를 갖는다.

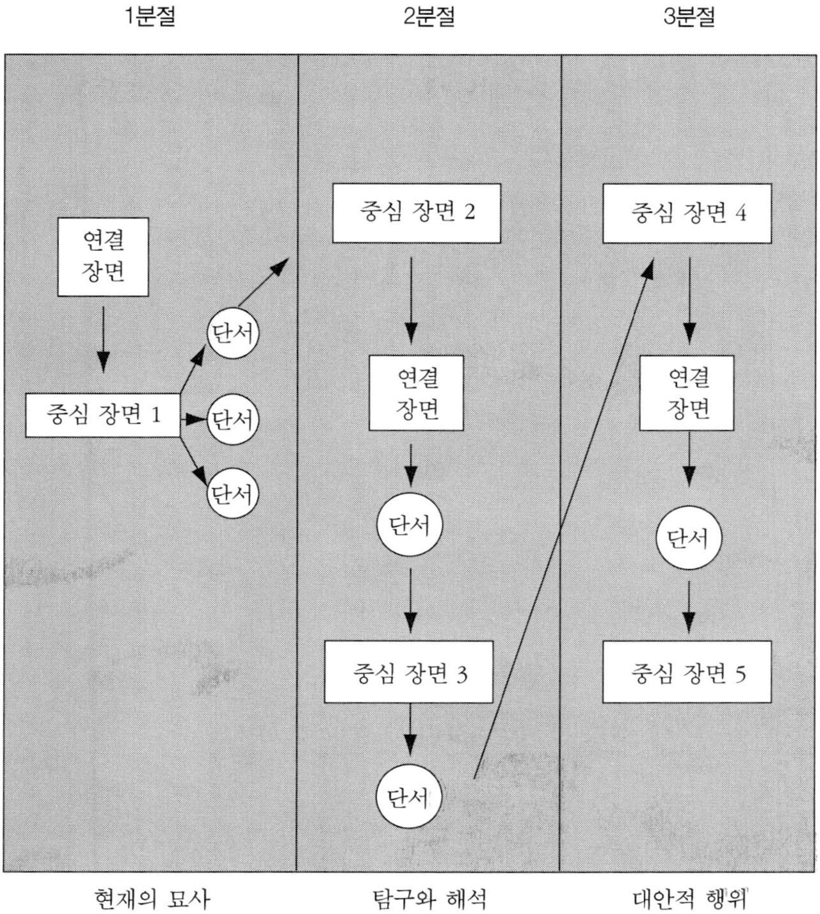

[그림 13-4] 행위화 단계의 내부 구조

중심 장면(key scene)은 정의하기 어려우나 하나의 독립된 상황으로서의 연결 장면이 아닌 것을 일컫는다. 연결 장면(connecting scene)은 짧고 매우 간단한 장면으로, 걸으면서 하는 독백 또는 이중자 장면과 같은 소개적이고 요약적인 장면을 말한다. 그리고 단서(cues 혹은 Q)는 주 문제와 관련된 어려움에 대한 힌트로 정의된다.

4) 골드먼의 사이코드라마적 나선(spiral)

일레인 골드먼(Elaine E. Goldman, 1984)은 사이코드라마 과정을 하나의 상징(active symbol)으로 간주한다. 따라서 그녀는 사이코드라마 과정 중 행위 단계를 세 개의 동심원으로 가시화했는데, 이는 모레노가 구상했던 원형 무대를 위에서 바라본 것과 비슷한 모양을 하고 있다.

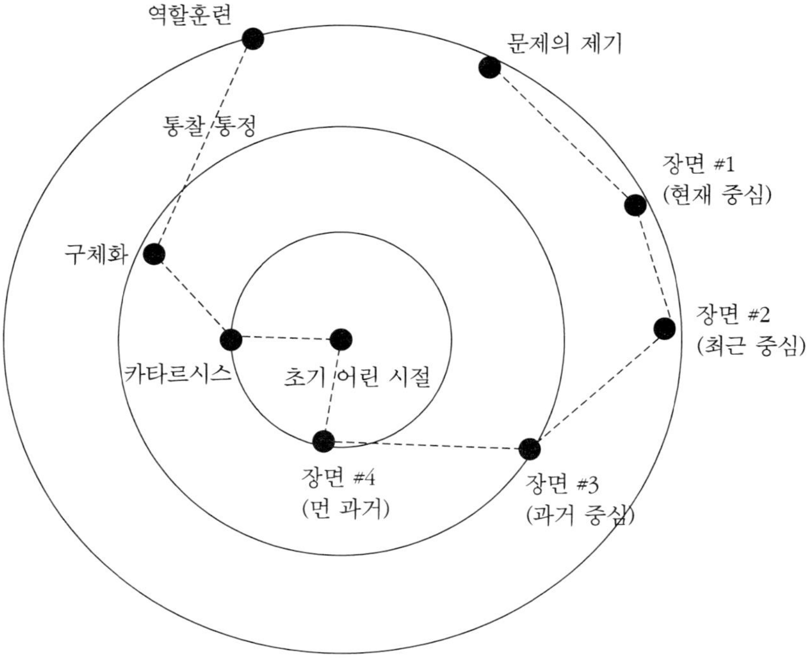

[그림 13-5] 골드먼의 사이코드라마적 와선(spiral)

처음 제시되는 문제는 하나의 상황, 감정, 문제점, 관계성, 기타 주인공이 검토하기를 요구하는 것이라면 무엇이든지 가능하다. 여기서 중요한 것은 항상 지금 현재다. 현재의 주인공의 인생 상황을 알지 않고서 과거나 미래로 나아가는 것은 의미가 없다. 그렇다고 모든 회기가 정확하게 위와 같은 방향으로 진행되지는 않는다. 앞으로 혹은 뒤로 나아가기도 한다.

구체화(concretization) 단계에서는 다양한 기법들을 사용하는데(신체 작업, 초점 맞추기, 거울기법 등) 최종적인 구체화는 주인공 자신에 의한 상징들에 의해서 이루어진다.

골드먼의 원형 모델은 사이코드라마의 전 과정보다는 주로 행위 단계만을 세분화하여 설명하고 있다. 따라서 전체 과정에 대한 시각은 워밍업-행위화-나누기 단계로 나누고 있으며, 네 번째 단계로서 대화(dialogue) 단계를 넣거나 생략하기도 한다.

이상으로 사이코드라마 과정에 대한 몇 가지 이론들을 간략하게 소개하였다. 실제로 사이코드라마를 오래 하다 보면 사람마다 각자 나름대로의 틀을 가지게 되고 그에 따라서 이론을 만들어 보고자 하는 충동을 가질 수 있다. 다시 말해서, 자신에게 익숙한 진행과정에 대한 체계를 세우고 싶어 하게 된다. 그러나 어떤 특수한 집단 혹은 대상과의 오랜 작업 끝에 스스로 찾아낸 방식들에 대한 이론적 체계화는 있을 수 있지만(그것도 매우 융통성 있는 것이 되어야 하지만), 사이코드라마 전반에 관한 과정이론은 자발성 변화, 순간, 우연 등을 충분히 고려하고 결코 문화 보존성에 떨어지지 않는 다양성, 변용 가능성, 유연성이 있어야 한다. 언제 어느 곳에서도 적절하게 응용될 수 있어야 하는 사이코드라마의 기본 정신상 일정하게 주어진 스타일, 체계 혹은 틀은 자체의 모순을 불러일으킬 수 있기 때문이다.

특히 문제가 되는 것은 사이코드라마 자체에 의거한 과정이론이 아니라 여타의 다른 치료이론을 개입시키거나 차용하여 과정을 구체화시키는 방식이다. 그 대표적인 예가 정통 사이코드라마, 자아심리학 그리고 대상관계이론을 혼용하여 소위 치료적 나선 모델을 만든 케이트 허긴스(Kate Hudgins, 2000)다. 물론 그녀는 사이코드라마의 전 과정을 구조화했다기보다는 주로 외상(trauma)을 받은 사람(신체적, 성적, 정신적)을 위한 모델을 개발한 것이다. 하지만 그 역시 자기(self)가 아닌 자아(ego) 구조를 중심으로 에너지, 의미, 경험을 체계화한 것이다. 위의 골드먼의 이론 또한 정신분석적 경향(과거 지향적 진행, 초기 어린 시절의 경험 등)을 나타내며 키퍼의 과정이론 역시 심리학적 이론을 토대로 하고 있다. 진단, 교정, 학습, 원인, 평가 등의 개념이 그러하다.

한마디로 사이코드라마에 대한 과정이론은 대부분이 치료, 치료적 목표라는 개념에 사로잡혀 그 자유로움과 자발성을 심리학적 이론 속에 가두어 버렸다고 말할 수 있다. 홀랜더의 말대로 사이코드라마 교육을 위해서는 그러한 논리적 체계가 필요할 수도 있다. 그러나 그것이 결코 사이코드라마의 전부가 아니라는 사실을 교육하는 것이 중요하다. 자발성이 그 어떤 목적 지향적인 치료라는 우리에 갇힐 때, 그것은 이미 사이코드라마 정신에서 멀어진 것이다. 획일화되고 다시 한 번 정상증으로 추락하는 일이다.

3. 새로운 과정이론

통상 우리는 이론과 실제가 일치되지 않는 것이 삶이라고 말한다. 이상과 현실이 어긋나듯, 학문 또한 마찬가지다. 이론과 실제가 상호 완벽하게 균형을 이루기보다는 어느 한쪽에 치우쳐 있는 것이 흔한 현상이다. 철학이 이론 우위라면 과학은 (대상에 따라 다르겠지만) 대체적으로 실제와 실험이 더 중요시된다. 음악과 문학에서 이론보다는 실제가 앞서간다고 한다면, 회화나 조각에서는 때로 이론과 비평이 실제보다 더 미학적 흐름을 압도해 나간다. 정신분석이 실제보다는 이론 연구에 더 철저히 몰두해 있다면, 사이코드라마는 논문이라는 이름하에 지나치리만치 실제가 더 많이 연구되고 있다.

당연한 귀결이겠지만 이론의 취약성을 지닌 학문은 발전이 더디다. 다른 학문에 종속되어 버릴 위험이 있다. 오늘날 사이코드라마의 현실을 직시해 보자. 사이코드라마 자체의 이론보다는 정신분석을 위시한 여타의 심리학 이론이 사이코드라마를 포섭하고 이끌어 가는 듯한 형세를 하고 있다. 사이코드라마 고유의 지금 이곳의 행위기법이 정신분석이나 인지심리학의 부족한 실제를 메우는 도구로 전락된다. 다양한 사이코드라마적 기법들 또한 분석심리나 역동이론에 차용되고 해석된다.

하나의 학문이 꾸준하게 발전하기 위해서는 그 스스로 자유로운 정체성을 잃지 말아야 한다. 스스로 자체의 연구 대상을 찾아 나가야만 한다. 자체의 한계를 끊임없이 질문할 줄 알아야 한다. 예를 들어 보자. 사이코드라마는 흔히 진실의 극장이라고 정의된다. 그렇다면 사이코드라마티스트들은 바로 그러한 진실 혹은 삶의 본질을 얼마만큼 심사숙고해 보았는가? 진실이론이 있는가? 혹은 그것은 시대적 흐름과 동떨어진 전근대적 이론인가?

나아가서 사이코드라마가 진정으로 발전하기 위해서는 기존의 제반 이론들이 현대적 사상과 다시 부딪히고 현대의 그 다양성과 변화를 수용 · 포괄할 수 있는 새로운 이론으로 끊임없이 수정, 보완, 개척되어야 한다. 예컨대, 새로운 자발성/창조성 이론, 디렉터론(수행자론), 저항이론(막힘현상론), 치유이론(7요인론), 문화변형론(한국적 사이코드라마) 등이 그것이다(최헌진, 2003).

그리고 무엇보다도 중요한 연구 중 하나는 사이코드라마의 실제, 곧 과정 자체에 대한 연구다. 실제(과정) 없는 이론, 이론 없는 과정(실제)은 있을 수 없기 때문이다. 물론 사이코드라마에는 다양한 과정이론들이 있다. 하지만 그러한 과정이론들은 현대성의 결여뿐만 아니라 지금 이 순간의 행위라는 중심 이론을 결여한, 거칠게 말해 사이코드라마 이론과 동떨어진 과정을 위한 과정이론들뿐이다. 예컨대, 홀랜더(1969)의 사이코드라마 커브, 페졸드(1979)의 4단계 시스템, 키퍼(1986)의 과정이론, 골드먼(1984)의 사이코드라마적 와선, 그 외에 허긴스(Hudgins, 2000)의 치유적 나선모델, 파머(Farmer, 1995)의 시스템 이론, 레머(Remer, 1996)의 카오스 이론과 사회측정학의 접목이론 등이 그것이다.

그러나 페졸드의 4단계 시스템은 게슈탈트 이론을, 키퍼의 과정이론은 진단, 평가, 학습 이론과 같은 일반심리학 이론을 바탕으로 한 과정이론이다. 또 허진스의 치유적 나선모델은 자아심리학과 대상관계이론을 토대로 하고 있으며, 파머와 레머는 각각 가족시스템 이론과 카오스 이론을 사이코드라마와 병치시키고 있는 단계에 불과하다. 따라서 순수한 사이코드라마적 과정이론은 홀랜더와 골드먼의 이론뿐이라고 말할 수 있다.

그러나 두 사람의 과정이론은 한마디로 자유분방한 사이코드라마의 자발적 과정을 답답한 우리 속에 가두어 버린 인상을 받는다. 시간의 흐름에 따라 감정이 상승해서 하강하는 홀랜더의 정상분포곡선, 문제 중심과 초기 어린 시절을 중심으로 한 골드먼의 동심원이 그렇다. 한 인간의 지금 이 순간의 행위를 천착하기에는 역부족이다. 지나치게 획일화되어 있고 모형적이다. 융통성과 개방성이 결여되어 있다.

사이코드라마적 과정이론은 한 인간의 행위 자체를 유의미하게 설명할 수 있어야 한다. 한순간의 행위뿐만 아니라 전체 진행과정의 행위를 이론적으로 규명해 낼 수 있어야 한다. 뿐만 아니라 그것은 사이코드라마적 행위이론을 넘어서서 일상적 행위 의미까지 확대 해석될 수 있는 이론이어야 한다. 왜냐하면 사이코드라마는 삶 자체의 축소판일 뿐만 아니라 정신행위(psychodrama) 자체가 곧 삶 자체이기 때문이다. 삶과 동떨어진 이론을 위한 행위이론은 무의미하기 때문이다.

사이코드라마의 진행과정에서 실제로 무엇이 발생하며 어떻게 진행되는가? 순간의 행위는 무엇을 의미하며 어떤 행위에 초점을 맞추는가? 사이코드라마는 한마디로 어떻게 진행되는가? 이 논의는 바로 그러한 새로운 과정이론의 토대를 세워 보고자 시도되었다.

1) 새 이론의 필요조건

사이코드라마는 인간의 생존을 지향한다. 정상증이나 로보증에 빠져들지 않고자 인간 자신의 확장을 지향한다. 잘 정리되고 인식된 문화 보존적(cultural conserved) 체제로부터 벗어나 자신의 삶을 실험해 볼 수 있는 기회를 창조한다. 따라서 사이코드라마는 삶과 분리되어서는 안 된다. 이에 새로운 사이코드라마적 과정이론 역시 삶과 분리되어 논해질 수 없다. 오히려 삶에 보다 능동적으로 반응할 수 있고 활용할 수 있는 이론체계이어야 한다. 삶에 도전하고 삶을 변화시킬 수 있는 이론이어야 한다.

바흐친(이득재, 2003)은 산다(삶)는 것은 곧 대화(dialog)라고 말한다. 이러한 서로 간의 참여를 통해(만남) 존재는 생성되고 시간에 따라 존재를 바꾸고 변형시키며 사건을 계속 창조하면서 흘러가게 된다는 것이다. 그는 "타자가 나와 (똑같이) 융합한다고 해서 내가 얻는 게 무엇인가? 그가 나의 밖에 머물게 하라. 그러한 자기 위치에서 그는 내가 내 위치에서 보지 못하고 알지 못하는 것을 보고 알게 되며 본질적으로 나의 삶의 사건을 풍요롭게 할 수 있다."고 말한다. 다시 말해서, 그러한 사건의 부단한 생성과정에 책임성을 갖고 감정, 사유, 정서가 혼연일치된 행위를 통해서 유일무이한 시공간에 참여하는 것이 곧 삶 자체라는 것이다. 즉, 사건이 생성되면서 존재가 변하고, 존재가 변하면서 새로운 사건이 만들어지고, 그로 인해 세계와 삶이 풍요로워질 수 있는 그러한 삶 혹은 사이코드라마 이론이 필요하다.

따라서 새 이론은 삶과 분리된 이론이어서는 안 될 뿐만 아니라 인간의 행위를 중심으로 전개되어야만 한다. 행위가 곧 삶 자체이기 때문이다. 삶은 앎이 아닌 실천이다. 나 이전의 몸이며 행위다. 사이코드라마가 몸과 행위를 근본으로 여기는 까닭은 그 때문이다. 행위의 순간이 곧 바로 나 자신이다. 나라고 하는 주체가 따로 있어서 해도 그만 안 해도 그만인 행위를 하는 것이 아니다. 행위 자체가 이미 나다.

바흐친에 의하면(이득재, 2003) 인간의 생각이며 인식, 사고, 감정들은 모두 행위 앞의 형태들일 뿐이다. 존재란 수행된 행위일 뿐이다. 삶이란 곧 행위 앞의 사건이다. 세계와의 관계성은 행위로부터 시작되는 바, 현대의 위기는 곧 행위의 위기라고 진단한다. 현대는 모든 삶으로부터 행위를 배제시켜서 행위의 빈곤화를 초래하고 있다는 것이다. 한마디로 행위하기보다는 관조를 더 중요시하고 있다는 말이다. 그런 관조행위가 곧 문화라고 착각하고 있다.

마지막으로 새 이론은 단순한 행위 설명으로 그쳐서는 안 된다. 물론 심리학적인 원인과 결과라는 동기이론이 되어서도 안 된다. 그것은 인간의 사물화, 이성화, 논리화를 차단할 수 있는 역동성과 시간적 차원과 근원적 힘의 차원이 내포될 수 있어야 한다. 일상적이고 보편적인 심리적 개념으로 환원될 수 없는 생존의 힘의 흐름과 행위의 유의미성이 함께 논의될 수 있는 이론이어야 한다. 그래야만 그 이론은 인간의 확장을 위한 사이코드라마적 세계를 충분히 드러낼 수 있게 될 것이다. 한마디로 사이코드라마가 무엇인지를 설명하는 것이 아니라 사이코드라마가 어떻게 진행되고 창조되어 가는지를 설명할 수 있어야 한다.

2) 새 이론의 개념규정

어느 한순간에 한 인간의 최소한의 행위를 관찰해 본다. 예컨대, 어떤 한 사람이 조용히 눈을 감고 상상에 잠겨 있다. 그의 호흡기관은 대기를 호흡하고 있으며(만남), 피부 또한 대기의 온도와 습기를 느낀다(만남). 눈은 빛과 사물의 부딪침(만남)을 피하고 생각하는 사람이 된다(생성). 그가 앉아 있는 장소는 상상처(想像處)가 되고(생성) 호흡기에는 탄산가스가 생성된다. 피부는 밖의 온도에 반응하는 물체 혹은 기계로 생성되거나 잘 반응하지 않는 기계로 생성될 수도 있다. 만약에 그가 어느 순간 눈을 떠서 앞산을 바라본다면 그는 산을 보고 있는 사람(생성)이 되며, 동시에 산은 보이는 산으로 생성된다. 그리고 상상 중이건 산을 보고 있는 중이건 간에 순간 어떤 생각의 스침

(변화), 그리고 갑자기 빨라지는 호흡과 맥박(변화) 가운데 하나의 시상(詩想) 혹은 영상이 떠올라(창조) 시를 짓는다면(창조) 일단은 일련의 연속된 행위가 종결되었다고 할 수 있다.

요컨대, 하나의 행위는 만남을 기점으로 생성, 변화, 창조 과정을 통해 진행된다. 물론 창조가 마지막 과정이라고 말할 수 없으며 또 반드시 창조과정이 수반되어야 한다는 의미도 아니다. 또한 위의 순서대로 논리정연하게 진행되는 것이라고 말하는 것이 아니다. 만남의 순간이 곧 생성과 변화의 순간일 수도 있으며 생성의 순간에 창조의 행위가 나타날 수도 있다. 중요한 것은 삶과 사이코드라마 모두에서, 그리고 한순간의 행위건 연속되는 행위이건 간에 위의 네 가지 과정들은 동시에 혹은 찰나의 간격을 두거나 오랜 시간을 지나더라도 반복해서 발생한다는 것이다.

만남은 행위의 촉발점이다. 모든 행위는 만남을 함축한다. 만남이 없는 행위 혹은 삶은 상상할 수 없다. 만남은 곧 삶 자체다. 만남은 생성으로 연결된다. 그것은 필연이다. 그리고 변화를 가져온다. 그 변화가 한 인간에게 새로운 것이라면 그것은 곧 그에게는 하나의 창조다. 그래서 만남, 생성, 변화, 창조는 한 수레(행위)의 네 개의 바퀴다. 일련의 행위(과정)의 네 가지 측면이다. 그 각각을 규정하면 다음과 같다.

- 만남: 인간과 인간 혹은 대상 간의 접촉으로 규정한다.
- 생성: 만남에 의해 형성된 달라진 상태, 모습 혹은 역할로 규정한다.
- 변화: 만남과 생성에 의한, 만남 이전과는 달라진 상태로 규정한다.
- 창조: 만남, 생성, 변화에 따른 새로운 만남, 생성 혹은 변화로 규정한다.

3) 만남

세상의 모든 타동사는 주체와 객체의 만남을 전제로 한다. 먹고 마시고 호흡하고 섭취하며 보고 듣는 모든 삶의 행위는 대상과의 만남 없이는 이루어질 수 없는 것들이다. 만나서 사랑하고 살아가는 것은 말할 것도 없고, 가고 오며 성장하는 행위의 자동사들 또한 길이나 거리 또는 세월과의 조우를 전제하지 않고서는 이야기될 수 없다. 만남과 행위 혹은 만남의 행위를 빼놓고서는 존재를 논할 수 없다는 의미다.

그렇다. 만남은 인간뿐만 아니라 우주 만물에게 필연적이다. 그것은 필연적 현상이다. 존재한다는 사건 자체가 이미 서로 만나는 행위를 전제로 한다. 각 존재는 스스로 지니는 에너지 혹은 힘만큼 끝없이 서로 만나서 관계를 맺는다. 신화적인 시원(始原)적 혼돈의 모델에서 질서 잡힌 코스모스로, 야성의 시대에서 문명의 세계로 변화해 왔다는 사실 또한 무수한 만남의 결과가 아니겠는가?

우주는 스스로 자기 조직해 나가는 계(系)다. 모든 생명체 또한 스스로 자기 조직해 나가는 체계다. 그러나 대상과의 만남 없이는 단 한순간도 생명을 유지할 수가 없다. 다시 말해, 스스로 자기 조직해 나간다는 사실 자체가 대상과의 만남을 이미 함축하고 있다는 뜻이다. 그래서 만남과 상호작용을 통해서 스스로를 전개시켜 나갈 뿐만 아니라 무한히 확장되고 다양화되어 가는 것이다. 이때 확장과 다양성이라는 개념 역시 그 의미에는 만남의 의미가 필연적으로 내포되어 있다. 한마디로 인간의 삶, 문화 그리고 학문은 수많은 만남을 통해서만 스스로를 변화, 혁신, 재편성, 창조해 나아간다고 말할 수 있다.

그렇다면 그러한 만남의 필연성은 우리에게 무엇을 의미하는가? 만남은 단순한 물리적인 부딪침도 충돌도 아니다. 그렇다고 사회적 만남, 형식적, 의례적, 습관적 만남도, 종교적이거나 계급적 만남도 아니다. 여기서 말하는 하나의 참된 행위로서의 만남은 곧 인간이 항상 동일한 채로 남아 있기를 거부한다는 의미가 숨겨져 있다. 인간은 어제와 내일, 매일 똑같은 존재로 머무는 것이 아니라 언제나 새롭게 행위하고 다시 시작해야 한다는 것을 뜻한다. 일정한 주체 개념 속의 고정된 존재자가 아니라 매일 새로운 만남을 통해 새롭게 변화해 나가는 행위자로 살아가야 한다는 것이다. 뿐만 아니라 그러한 만남의 의미는 삶이란 곧 나만의 존재, 생활이 아니라 너와의 연결, 관계 맺기라는 것을 의미한다. 즉, 인간의 삶이란 만남 자체이며 관계를 만드는 일과 다른 것이 아니라는 것이다.

그러나 변화가 없으며 정체되고 보존적인 사회에서 그러한 만남은 무의미해진다. 모두가 서로 똑같아지려고만 하는 세계에서 만남은 오히려 해가 된다. 만남 자체의 필연적 의미보다는 눈앞에 보이는 당장의 현상에만 가치 부여를 하기 때문이다. 들뢰즈(한정언 역, 2007)의 정의처럼, 사랑이 상호의 가능성을 열어 나가기보다는 요구, 집착, 소모, 낭비 수준에서 겉도는 것과 같은 현상이다.

특히 인간과 인간의 만남은 호혜적이고 양방향적이어야 한다. 그 어떤 만남의 관계에서도 일방적이어서는 안 된다. 만약에 나만을 중심으로 하고 나의 욕망대로, 나의 관점대로 대상을 보고 만나는 것은 피상적이고 상투적인 만남이 된다. 그것은 자신의 환상대로 타인이나 대상을 날조하고 자신만의 논리를 강요함으로써 타자를 고통스럽게 만든다.

이제 삶의 행위 근거로서의 만남 내지는 사이코드라마적 만남의 의미가 바로 세워져야 한다. 만남의 방식이 근본적으로 다시 구축될 필요가 있다. 그것은 그 어떤 메타서사적인 것도 형이상학도 아니다. 삶과 행위에 근거한 실천적 개념이며 논리다. 그것은 다음에 논하게 될 생성, 변화, 창조와 한 묶음의 동종 계열의 개념이다. 만남이 없는 생성과 변화는 없으며 역으로 생성, 변화, 창조 속에 만남이 이미 접혀 있기 때문이다.

사이코드라마적 만남은 우선적으로 자기 방기가 선행되어야 한다. 나라고 하는 주체 의식, 나라고 하는 고정된 사고규범이나 이미지를 먼저 벗어 던져야 한다. 그래야 삶적 만남이 가능해진다. 소위 나를 버리는 만큼 너를 더 깊이 만날 수가 있다. 나를 덜 버린 만큼 나는 너를 무시하고 지배하며 싸움을 일으키거나 살인을 하게 된다.

그것은 타자의식에 의한 자기 포기나 자기기만이 아니다. 타인을 앞질러서 그들의 생각을 미리 이러이러하리라고 판단하고 행위하는 위선적 배려와는 다르다. 그러한 자기기만은 부적절한 과민반응을 일으키거나 회피반응을 일으킨다. 위에서 언급한 자기 비움은 나라고 하는 이미지, 너와 구별되는 주체로서의 나의 의식이 만남 이전에 선재하는 것이 아니라 만남이라고 하는 경험 속에서 비로소 가능할 수 있다는 의식이다. 번개가 치는 행위 자체 속에 번개라는 존재가 내재함을 이해하는 것과 같은 의식이다.

다시 말해서 자기 비움은 나 혹은 너보다는 나와 네가 만나는 장, 사이코드라마 무대, 만나고 관계하는 체험이라고 하는 삶의 현장이 더욱 중요하다. 그것은 한 사람의 화가가 결코 똑같은 그림을 그릴 수 없는 이치와 같다. 그림을 그리는 상황, 시간, 장소가 다르다는 사실이 그림의 차이를 낳기 때문이다. 한마디로 삶이란 그러한 다양한 관계성 속에서 실천하고 행위하는 장 그 자체라고 말할 수가 있다.

이제 무대가 마련되고 자기 비움이 전제된 만남의 행위는 어떤 방식으로 진행되어야 할까? 첫째, 그것은 서로의 차이를 극대화하는 방식으로 나아가야 한다. 차이가 나지 않은 만남은 단순한 대면이고 스쳐 지나감이다. 예컨대, 아버지와 아들의 만남에서 상호 차이가 나는 시각, 인생관, 성격 등이 부각되지 않는다면 그 만남은 무미건조해질 것이다. 그것은 두 사람이 결코 영원히 같아질 수 없다는 사실을 전제로 하는 만남이기 때문이다. 따라서 서로 간의 차이는 자주 과장되거나 증폭된다. 차이가 클수록 만남의 소리가 커질 것이다. 생성의 문도 그만큼 다양하고 강도 높게 열리게 된다. 차이가 없는 만남은 지양되어야 한다. 서로 의견이 일치해 버리거나 일방적인 조건 없는 공감화 또한 만남의 장에서 격리되어야 한다. 일반화, 보편화, 평준화, 나아가 동일화는 인간 의식의 교묘한 술책들이다. 획일적 전략이며 의식적 독재다. 차이야말로 만물이 상호 관계 속에 존재하는 이유다. 만남은 바로 그 차이에서 출발해야만 한다.

둘째, 만남은 새로운 시각, 새로운 생성을 낳는 방향으로 나아가야 한다. 그것은 구태의연하고 새로움이 없는 습관화된 만남행위로부터의 일탈을 의미한다. 그것은 동일 대상에 대한 새로운 시각과 전혀 새롭고 나와 같지 않은 것과의 만남 모두를 의미한다. 예컨대, 한 대상을 바라볼 때 앞면뿐만 아니라 뒤에서, 위에서, 밑에서, 혹은 비스듬하게 등의 다양한 시각에서 바라보는 것과 같다. 그리고 한 걸음 더 나아가 그 대상을 둘러싸고 있는, 나와 차이가 많이 나고 나와는 다른 대기며 액세서리, 신발 혹은 그의 심장과 만나는 것이다.

그러한 만남은 그 자체가 하나의 미시적인 창조적 만남이다. 새로운 변화로서의 창조라기보다는 그러한 변화의 씨앗을 잉태하는 만남, 새로운 경험의 시작과 더불어 새롭게 생성되는 만남이다. 그리고 그것은 세상을 다시 한 번 새롭게 사유해 볼 수 있는 기회를 창조하는 만남이다.

셋째, 그것은 자유로운 유희와 같은 만남이어야 한다. 활력이 가득 찬, 놀이하는 마음으로의 만남이어야 한다. 그것은 그 어떤 집착이 아니다. 목적의식을 갖고 주고받는 식의 거래적 만남이어서는 안 된다. 그것은 그 어떤 법칙으로부터도 자유로운 만남이어야 한다.

그러기 위해서 우리는 무엇보다도 내외적으로 열려 있어야 한다. 나의 내면의 온갖 다양성, 열정, 자발성과 호기심에 열려 있을 뿐만 아니라 대상의 특이성, 차이, 강렬함에도 똑같이 열린 상태가 되어야 한다. 상식과 일반성을 뛰어넘어 내가 대상 속으로 뛰어들 수 있는, 그래서 개도 되고 개미도 되며 바위가 되어 볼 수도 있는 개방성이 필요하다. 이때의 개방성은 또한 당연히 삶의 우연성에도 열려 있다.

만남이 목적이나 결과를 지향하는 것은 자기 자신의 로봇화다. 스스로를 노예적 울타리에 가두는 일이다. 열린 상태의 자유로운 만남은 그 어떤 결과도 수용할 수 있겠지만 그렇지 못한 의도적이고 인위적인 만남은 득이 되는 결과만을 받아들이고 결국은 그렇게 습관화되어 갈 것이다.

4) 생성

생성은 '～되기(becoming)'다. '～임' 혹은 '～이다'가 아니다. 생성은 과정을 유의미하게 보는 개념이다. 결과로서의 대상 혹은 주체가 중심이 되는 것이 아니라 그것들의 진행방식, 삶의 과정에 초점을 맞추는 운동 또는 행위 중심의 사유 개념이다. 그것은 낙엽 되기와 낙엽의 차이이다. 즉, 푸른 잎이 갈색으로 변해 가고 있는 과정을 중요시하는 것과 변해 버린 결과로서의 낙엽을 중시하는 것의 차이이다.

생성은 만남에서 비롯된다. 만남이 없는 생성은 없다. 만남이 지속되는 한 생성은 일종의 지속이다. 지속적인 '～되기'다. 뿐만 아니라 생성은 변화의 조건이다. 필요조건이다. 생성이 없이는 변화가 없고 창조 또한 없다. 그래서 생성은 만남과 동시 단계 혹은 후단계이면서 변화와 동시 단계 혹은 전단계라고 말할 수 있다.

헤라클레이토스는 만물은 유전한다고 말했다. 만물은 변화해 나간다. 이는 만물이 생성 중에 있다는 의미다. 그래서 생성은 필연성이다. 만남이 필연적 현상인 만큼, 생성 역시도 필연적이다. 그것은 영원히 반복되는 우주적 질서의 한 양상이다. 그 어떤 것도 어제와 똑같은 모습으로 존재할 수 없는 세계, 끝없는 변화의 세계 자체가 바로 생성의 세계다.

생성의 철학자라고 불릴 만한 들뢰즈(한정언 역, 2007)는 기존 존재의 기초들을 제거해 버릴 뿐만 아니라 존재와 생성이라는 대립 자체도 폐기시킨다. 왜냐하면 생성의 흐름, 그 현상 이면에 있다고 가정된 실제 세계는 결코 존재라는 안정된 세계가 아니라고 믿기 때문이다. 모든 것이 유동하는 생성의 흐름뿐이다. 소위 모든 '존재들'이란 삶 되기의 흐름 속에 있는 계기들에 지나지 않는다고 생각하는 것이다.

바흐친(이득재, 2003)에게도 인간 역시 고정된 실체도, 폐쇄되고 닫힌 '존재'도 아니다. 늘 사건의 바다로 흘러 들어가 역사와 세계를 생성 · 변화시키는 존재다. 그는 "인간은 뭔가 닫혀진 것, 미리 주어진 것이 아니다. 그는 완결되지 않았으며 열려 있다."고 말한다. 한마디로 바흐친은 인간이 늘 경계를 이월해 타자로 넘어가고 타자의 사건에 참여하며 그럼으로써 사건을 만들어 내는 생성이라고 이해한다.

모든 존재는 생성에 의존한다. 나, 주체란 항상 생성 가운데 있는 존재다. 그래서 '나'란 되어 감이요 생성 중의 나다. 실현해 보지 못한 어떤 것으로의 되기다. 그것은 그 어떤 기존의 모델이나 규범을 흉내 내는 것이 아니다. 그 어떤 근거나 목적을 가진 생성이 아니다. 그것은 만남에 의한 그 자체의 힘의 발로다. 자발적인 힘 자체에 의한 드러남이며 되기다.

들뢰즈식으로 말하면 우리 인간의 삶이란 다른 어떤 것(기계)과 연결되는 힘(만남)에 의해서만 작동하고 존재한다. 예컨대, 눈은 빛과, 뇌는 개념과, 입은 언어나 음식과 만난다. 연결되고 기능한다. 그가 말하는 기계적 생성 역시 마찬가지다. 우리의 몸(기계)과 자전거(기계)가 만나면 자전거 타는 사람(생성)이 되고, 자전거는 수송 수단으로 생성된다. 인간의 손과 붓이 연결되면서 인간은 예술가로 생성되는 동시에 붓은 그림도구로 생성된다. 자전거 타는 사람 되기며 예술가 되기, 되어가기다.

이처럼 존재가 아닌 생성에 초점을 둔다는 것은 곧 인간성이 아닌 자연성의 회복을 의미한다. 여기서 말하는 인간성은 주체라고 하는, 이성 중심의 자기 보존적이고 안정적인 역사적 인간으로서의 제반 성향을 지칭한다. 그리고 자연성은 말 그대로 자연처럼 생명력 가득 차서 성장 · 발전하는 성향을 말한다. 자연으로 돌아가자는 의미가 아니다. 끊임없이 변화 · 생성되어 가는 자연의 힘을 되찾자는 의미다. 그렇기에 생성은 탈이성 · 탈인본주의적이며 탈역사주의다. 그것은 이상주의라고 할 수 있는 자기 완성을 향하는 목표 지향적 개념도 아니다. 그것은 매 순간 끊임없이 달라지는 자기 초극(니체의 개념) 내지는 보다 높은 자기로의 변화, 일탈을 의미한다.

생성은 또한 연습, 실험, 실천 내지는 행위를 의미한다. 우리 자신을 만드는 것은 진리도 가치도 인식도 아니라는 것을 상징한다. 삶이란 곧 자기 실험이며 자기 변화임을 뜻한다. 앎도 유용한 지식의 습득도 아니라는 것을 함축한다. 삶은 매 순간 '~되기'라고 하는 행위이며 과정이기 때문이다.

따라서 사이코드라마적 생성은 다양한 자기 실험과 실천적 행위를 통해 드러날 수밖에 없다. 그것은 무엇보다도 새로운 만남, 내가 아닌 것, 나와 같지 않은 것과의 만남을 통해 이루어진다. 내가 잘 알지 못한 부분의 아버지, 전혀 몰랐던 측면의 어머니 역할과 만나는가 하면 상대의 전 인생사를 한 통의 필름에 담은 나와는 전혀 다른 카메라와 만나고 있는 나를 실험해 볼 수도 있다.

그러한 생성은 자신 이외의 목적을 가져서는 안 된다. 그 어떤 인간적 조건으로부터도 자유로워야 한다. 나와 너의 생성, 세계의 생성이라고 하는 구체적이고 생생한 행위하는 인간만이 있을 뿐이다. 그러한 사건이 벌어지고 있는 시공간만이 존재할 뿐이다. 그리고 그것은 우연의 시공간이다. 의무가 아니며 우연의 만남과 생성이 발생하는 지금 이순간의 행위이며 삶이다.

또한 사이코드라마적 생성은 자발적 힘의 표출이어야 한다. 자발성의 실험장일 수 있어야 한다. 예컨대, 주인공의 행위 갈증의 정도는 어느 정도인가, 그의 행위 갈증은 그 어떤 되기(생성)를 통해서 충족될 수 있는가를 물어볼 수 있어야 한다. 행위 갈증의 정도와 그 충족을 위한 생성의 다양성 정도는 자발성 정도를 간접적으로 나타내는 지표이기 때문이다.

뿐만 아니라 진정한 힘 있는 행위, 생성은 이미 생성된 것에 의해 제약받아서는 안 된다. 생성은 그 어떤 현실적 가치규범의 제재를 받아서도 안 된다. 살인자, 폭력자 되기에서 순교자, 구원자 되기로의 전환 혹은 그 역도 가능할 수 있어야 한다. 또한 현실에서의 효부열녀가 사이코드라마상에서 악녀, 잡년 되기를 통해 자신의 생성을 폭넓게 시도할 수도 있다.

신 되기는 최고의 자발성을 상징한다. 사이코드라마적 생성은 궁극적으로 신 되기까지 나아간다. 주인공이 자신의 신성을 육화할 수 있는 시공간을 제공하는 것, 자신의 모든 꿈을 구체화시키고 행위화할 수 있도록 돕는 것이 사이코드라마다. '~되기'를 고정시키지 말라. 자발성이 사라진다. 동물 되기, 벌레 되기가 시도되는가? 우리가 마치 한 마리의 개미, 강아지처럼 세계를 보고 있다고 상상해 보라. 그것은 바로 나의 범우주적인 자발적 힘 자체가 아니겠는가?

그래서 우리 자신, 세계, 삶이 재창조될 수 있는 힘, 그 힘을 촉발시키고 향상시키기, 우리 자신이 이 순간 할 수 있는 것을 극대화시키기, 더욱 많은 생성, 의외와의 연결, 한 번도 시도해 본 적이 없던 만남과 새로운 생성 되기, 그것이 사이코드라마가 아니겠는가? 그래서 과거, 미래라는 환각적 시각으로부터 자유로워지고 새로운 관점을 창조해 낼 수 있는, 예컨대 만물의 생성과 소멸을 하나의 시각 속에 담아 낼 수 있는 그러한 만남과 생성이 되도록 하는 것이 곧 사이코드라마적 생성이다.

마지막으로 사이코드라마적 생성은 그 자체만으로 혹은 변화, 창조와 더불어 우리들의 경험을 변화시키고 새로운 차원의 감동을 자아낼 수 있어야 한다. 참여자 모두가 스스로 '~되기'에 빠져들 수 있고 스스로 생성되는 것이 가능한 생성이어야 한다. 좋은 만남, 훌륭한 만남과 생성 혹은 멋진 사이코드라마가 무엇인지 아는 것은 중요하지 않다. 그러한 만남, 생성 또는 훌륭한 사이코드라마가 무엇을 하는 것인지를 아는 것이 백 배 더 중요하다. 즉, 그것은 고정된 의식이나 감각으로부터 우리를 해방시키는 일, 그리고 모두가 최고의 전망이나 관점으로 우리 스스로를 생성시킬 수 있도록 하는 일이다.

5) 변화

변화 역시 만물의 필연적 현상이다. 만남과 생성의 필연성이 약화되거나 의심되는 상황일지라도 변화만큼은 그 절대적 필연성이 보장된다. 왜냐하면 변화는 모든 존재의 성장, 발육을 내포할 뿐만 아니라 파괴, 소멸까지도 함축하고 있기 때문이다.

우주 만물은 변화한다. 그렇다면 왜 만물은 변화하는가? 그 유일한 답은 이렇다. 변화는 곧 삶이 존재하는 방식 자체다(들뢰즈, 김종호 역, 1993). 변화 없이는 단 한순간도 존재할 수 없다. 흐르는 물에 손을 씻을 때 결코 두 번 다시 같은 물에 씻을 수 없듯이, 어느 한순간의 호흡, 맥박, 신진대사도 그 이전의 호흡, 맥박, 신진대사와 똑같지 않다.

또한 인간은 그러한 쉼 없는 변화, 생성의 와중에서도 내면에서는 변신의 욕구를 키운다. 마법사, 벌, 새, 구름, 사자 등등. 그것은 모든 신화의 모티브가 되기도 한다. 하지만 오늘날 현대인에게 변화, 변신의 욕구는 거의 식물학적 단계인 신분상승의 욕구만으로 대체되어 버린 느낌이다. 그리고 남은 욕구가 있다면 영화, 소설, 드라마 속의 인물에 투사되는 것만으로 만족스러워하는 것처럼 보인다.

그렇다면 만물유전이라고 하는 변화의 의미는 우리에게 어떻게 다가올까? 무엇보다도 그것은 자유로움이 아닐까? 변화는 곧 앞의 상태로부터의 자유로워짐이며 현재 상태로부터 자유를 향해 나아감을 의미한다. 지금 이곳에 주어진 상태로부터의 끝없는 일탈이요 벗어남이다. 스스로 달라지건 대상과의 만남을 통해 달라지건, 변화는 곧 미지의 세계와 새로운 세계로의 여행이며 자유를 찾아 나아가는 과정이라고 말할 수 있다.

또한 그것은 인간의 조건을 넘어서고자 하는 강렬한 욕구의 표현으로 해석할 수도 있다. 인간의 한계, 인간의 굴레, 생리적 · 신체적 조건을 넘어서서 극한까지 나아가기, 그래서 인간의 운명으로부터의 해방 내지는 초월의 의미까지 상상해 볼 수 있다. 그렇기에 인간은 변화의 극한으로서 연금술, 신, 지옥과 천국을 만들어 낸 것이 아니었을까?

변화의 가장 처절한 형태는 곧 인간 자신의 확장이다. 그것이야말로 모든 힘의 본질이며 자연의 진실이라고 말할 수 있다. 스스로 자기 조직해 나갈 뿐만 아니라 자신을 극대화시키는 것, 결코 포만되거나 만족해서 정체될 줄 모르는 잠재된 힘의 발현이야말로 자연인으로서의 인간이 변화를 꿈꿀 수 있는 궁극적 경향이라고 말할 수 있을 것이다.

마지막으로 변화는 우리에게 위기론을 일깨워 준다. 인간은 위기를 통해 변화한다는 의미다. 위기 상황, 한계 조건에 부딪히지 않고서 인간이 변화한다는 것은 거의 기적에 가까운 일이라는 사실은 통설이다. 그만큼 인간의 변화는 느리고 더디다. 또 그만큼 인간은 안정과 안전을 위한 보수적, 보존적 욕구가 강하다고 말할 수 있다(사이코드라마가 근본적으로 현실적 삶으로부터의 생존을 이야기하는 것은 바로 변화에 대한 욕구 때문인 것이다.).

변화는 생성과 유사하면서도 다르다. 유사하다는 것은 생성과 변화가 거의 동시에 작용할 수도 있을 뿐만 아니라 둘 다 몸으로 체현된다는 사실이다. 예컨대, 내가 만남의 행위에서 가해자로 생성되는 순간부터 나는 호흡, 맥박 등 가시적, 비가시적 현상에 관계없이 몸의 변화가 일어난다. 가해자로서의 역할이 몸-행위로 표현될 뿐만 아니라 그러한 역할 생성과 더불어 내 몸은 다양한 반응과 변화를 체험하게 되는 것이다.

변화는 몸 자체의 변화뿐 아니라 뇌 속의 의식, 개념, 관점 그리고 오감의 상태까지도 변화시킨다. 만남과 '～되기'(생성)는 곧 몸과 행위를 통해 발생하는 사건이기에 생성과 변화 역시 몸과 행위로 표현된다. 그리고 그러한 변화는 새로운 변화(창조)로 나아가거나 다시 새로운 만남과 생성으로 되먹이기를 할 수도 있다.

사이코드라마에서의 변화는 한마디로 참여자의 몸과 행위의 변화로 드러난다. 만남과 생성의 정도에 따라 그리고 장으로서의 시공간의 차이에 따라 다음과 같은 면에서 다양한 변화가 일어난다.

- 언어: 목소리의 크기, 말투, 억양, 속도, 표현방식 등
- 일반적인 태도: 겸손과 오만, 거침과 부드러움, 느림과 빠름, 다양한 감정에 따른

태도

- 전반적인 모습: 안색, 눈빛, 시선, 걸음걸이, 자세 등
- 감정의 표현: 감정의 다양성과 정도, 표현의 강도, 지속시간 등
- 감각기관의 예민성
- 회상력, 집중력, 직관력 등 정신 내적 변화

이와 같은 변화는 대부분 객관적인 측정이 가능한 변화들이다. 예컨대, 어느 주인공의 평소의 언어 사용은 어떠했는가? 목소리는 크고 말투는 거칠었으며 억양은 높낮이 차이가 거의 없었고 속도는 느린 편이었다. 표현방식은 무뚝뚝하고 표정의 변화는 없었다. 무대 위에 올라와 주인공이 되었을 때 인터뷰 시의 언어 사용은 평소보다 말투만 부드러웠고 나머지 부분에는 큰 변화를 느낄 수 없었다. 첫 만남의 장면에서는 속도가 중간 정도로 빨라졌고 목소리는 오히려 작아졌다. 두 번째 만남과 생성의 장면에서는 목소리의 크기, 말투, 억양, 속도 모두 변화가 있었지만 표현방식 중에서 표정의 변화는 거의 찾아볼 수 없었다. 그리고 세 번째 장면 중 어느 순간에 표정의 변화와 더불어 전반적인 언어 사용에 더 큰 변화가 발생하였고 약 4분 30초 정도 지속하였다. (그러한 변화가 측정 가능하다는 것을 예시하기 위해 다소 거칠게 예를 들었지만, 여기서는 이 글의 목표가 아니기에 더 이상의 논의는 생략한다.)

그러한 몸의 변화는 대부분이 무의식적인 변화들이다. 이 말은 흔히 측정되고 있는 의식적, 인지적 결과들보다 몸적 변화가 보다 순수하다는 것을 의미한다. 왜냐하면 몸이 아닌 정신의 세계란 언어체계로부터 결코 완전히 자유로워질 수 없기 때문이다. 그래서 우리의 의식은 그러한 언어체계 내에 스며들어 있는 기존의 문화, 관습, 제도의 영향을 끊임없이 받아들일 수밖에 없기 때문이다.

문제는 어떻게 해서 주인공의 각 계열행위마다 무의식적 변화를 쉽게 촉발시킬 수 있느냐다(여기서 계열행위는 한 만남과 한 생성에 의해 야기된 변화까지의 일련의 행위들로 규정된다.). 그리고 그러한 변화가 주인공의 삶에 장단기적으로 어떠한 영향을 미치는가를 연구하는 일이다. 물론 선행되어야 할 연구는 각 몸의 변화를 측정 가능한 단위로 세분하는 작업이다. 그리고 그들 상호 간의 의미와 관계성을 연구하는 일이다.

사이코드라마에서는 변화가 참가자들에게 가시적으로 드러난다는 것이 장점이 된다. 얼굴이 붉어지고 호흡이 가빠지는 모습은 누구나 알아볼 수 있다. 결코 속일 수도, 연기하거나 덮어 둘 수도 없는 변화들이다. 문제는 그러한 의미 있는 변화들이 너무나 당연하다고 생각되어 철저히 외면당하고 무시되어 왔다는 점이다. 그것은 지금까지 인간 정신에 관한 학문이 크게 두 가지 방향으로만 전개되어 왔기 때문이다. 하나는 눈에 보

이지 않고 아무나 쉽게 잘 알 수 없는 거대한 무의식과의 싸움이요, 다른 하나는 보다 현실적, 의식적, 인지적인 것과의 다툼이다. 그들 사이에 끼어서 아직도 정당하게 복권되지 못한 채 신음하고 있는 것이 몸과 행위의 연구다.

몸의 변화는 의식의 변화를 앞서간다. 몸적 변화는 사고의 변화보다도 아직까지는 털어내야 할 문명적 때를 덜 탔다고 볼 수 있다(그만큼 그 변화력이 깊다고 볼 수 있다.). 몸적 변화는 직접적이고 활력이 있다. 그것은 본능적이고 야성적이다. 그만큼 원초적이다. 문제가 되는 것은 그것의 지속적 효과다. 흔히들 의식적 변화는 오래 지속된다고 믿고 있다. 몸의 변화는 일시적이라는 것이다. 과연 그럴까? 한마디로 그것은 오래된 사고의 오류요 편견이며 의식의 자기 합리화다. 기준을 오직 '생각하는 인간'에 두었기 때문이다(이 문제는 기억의 문제 등과 함께 별도로 논의되어야 한다.).

덧붙여 사이코드라마적 변화는 주인공에게만 발생하지 않는다. 보조자, 관객, 디렉터 등 참여하는 모든 사람에게 발생된다. 모두가 알게 모르게 그리고 약하게 강하게 변화를 겪는다(이에 대한 것 역시 또 하나의 연구의 장이 될 것이다.).

6) 창조

창조는 인간 문명을 발전시켰다. 우주를 전개시키고 모든 종교의 시작을 장식했다. 그리고 그러한 창조적 힘은 인간이 지구 이외의 별을 탐사할 수 있게 하였다. 오늘날 인간의 뇌와 관련된 창조성 연구는 세계의 각 나라마다 최우선 프로젝트가 된 지 오래다. 그만큼 중요하다는 의미다.

창조를 정의하는 일은 쉽지 않다. 한때(16세까지)는 신만이 창조라는 단어를 쓸 수 있었다. 반면 오늘날에는 관공서나 학교의 가장 흔한 구호가 되어 버렸다. 창조란 무엇일까? 그 의미는 다양하게 논의될 수 있다. 예컨대, 새로운 삶의 가능성을 만들어 내는 일, 잠재된 힘을 발휘하는 것, 내가 모르고 있던 나를 찾아내는 일, 끝없는 도전과 실험정신의 결과 등이다.

들뢰즈(콜브룩, 백민정 역, 2004)는 창조를 한마디로 "삶 자체가 창조다."라고 규정한다. 인간은 자신만의 고유성, 특이한 경향성을 따라 삶을 만들어 가기 때문이라는 것이다. 매우 광의의 정의이며 의미 있는 시각이다. 획일화된 제반 기준만 없다면 인간은 누구나 자기 삶의 창조자라고 할 수 있다. 겉으로는 유사해 보이는 장미들일지도 똑같은 장미는 한 송이도 없듯이, 인간 또한 겉으로는 비슷해 보이는 행위며 삶일지라도 그 세부에 있어서는 제각기 매우 차이가 나는 존재들이기 때문이다.

사이코드라마적 창조의 개념 역시 위와 같다. 단적으로 누구나 인간-신일 수 있다는 선언이 바로 그것이다(그리고 여기서 God는 최고의 창조적 상태를 의미한다.). 우리는 누구나 사이코드라마 무대 위에서 창조자가 될 수 있다. 각자의 특이한 경향대로 자신의 비전에 따라 자신을 창조하는 창조자가 될 수 있다. 여기서의 창조는 매우 구체적이고 실천적이다. 행위적이고 몸적이다. 만남, 생성, 변화라고 하는 다양한 계열의 행위들 가운데 어느 한순간 새로운 만남, 새로운 생성 혹은 새로운 변화로 발생된다. 다시 말해서, 새로운 만남은 의미 있는 새로운 장면이나 상황으로, 새로운 생성은 새로운 역할이나 상태로, 그리고 새로운 변화는 한순간의 새롭고 구체적인 행위로 창조된다. 창조는 대부분 예기치 않은 순간에 발생한다. 따라서 만남, 생성, 변화의 순서를 따르지 않는다. 그것은 다양한 행위 계열들의 얽힘 가운데 터져 나오기도 하고 한두 계열의 깊숙한 만남이나 생성 가운데서 순식간에 발생하기도 한다.

창조는 새로운 세계로의 도전과 직면을 요구한다. 여기서 새롭다는 개념은 지금까지는 드러나지 않았지만 보다 삶의 본질에 다가가고 있다는 의미를 함축한다. 마치 우리가 우주를 하나하나 탐사해 나가듯이 아직도 미지의 세계로 남겨진 나 자신과 이 세계를 보다 신선하고 의미 있게 다가가는 것이다. 그것은 두 가지 방향에서 전개된다. 하나는 '나'의 해체이며, 다른 하나는 현실로부터의 일탈이다. 습관화된 나라는 개념과 더불어 고착화된 현실규범에서 벗어나 나의 온몸을 자유로운 시공간에 내던졌을 때 창조의 불꽃이 피어오른다. 현실적이고 고정된 사유의 벽들이 무너져야만 일어날 수 있는 재생적(再生的) 창조다. 진정한 생존의 순간이다.

창조는 또한 자발성의 극대화를 의미한다. 창조는 최대한의 자발성을 발휘하는 순간의 행위다. 매년 새로운 꽃이 피어나고 매 세대에 새로운 아기들이 태어나듯, 창조는 자발성이 온갖 장애물을 넘어서 터지는 매 순간 발생된다. 그리고 창조는 만남이 없이는 불가능하다. 그것은 만남, 생성, 변화 가운데 터진다. 더불어 함께 터진다. 그 순간 모두 공동 창조자가 된다. 집단 창조다. 그래서 사이코드라마의 창조는 집단 창조자의 존재가 필수적이다. 왜냐하면 우리 모두는 생존을 위해서 세계를 함께 창조해야 하기 때문이다.

사이코드라마적 창조의 순간을 묘사하는 일은 쉽지 않다. 그 주된 이유는 그것이 한 순간의 상황, 장면 혹은 행위일 뿐만 아니라 창조의 순간을 포착하는 기준이 사람마다 다를 수 있기 때문이다. 특히 그것을 일반화한다는 것은 무리가 따를 수밖에 없다. 그러나 다음과 같이 몇 가지 예를 통해 창조의 의미를 제시할 수 있을 것이다.

- 예 1: 인간들에게 짓밟혀 고통 받고 있는 자신의 몸에 주인공이 이중삼중으로 더한 고통을 가하면서 절규하는 순간의 장면

- 예 2: 비통함 가운데, 한 마리 파리의 개입으로 모두가 요절복통하면서 나동그라지는 상황에서 비통함이 잔혹함으로 변하고, 다시 파리 날개의 무게만큼 가벼움으로 날아오르기 시작하는 순간의 몸짓
- 예 3: 온 세상을 지배하는 악마가 되어 자신의 전 일생을 압축한 다음, 넓은 바다 위 작은 한 척의 돛단배에 자신을 실려 보내면서 순간 천둥소리마냥 포효하는 것
- 예 4: 한 마리 벌레가 되어 구천에 올라가 죽은 자들과 역할을 교대할 때 그 말할 수 없을 만큼 순간 장엄하고 거룩하게 보이는 자세와 행위

예 1은 상식을 넘어선 장면이다. 일상적 판단으로는 나에게 고통을 준 사람들에게 자신의 고통이 내던져져야 한다. 그런데 이 주인공은 스스로의 상처에 마치 소금을 뿌리듯 자신을 공격하고 있다. 피학적 의미나 복수적 의도도 없다. 그것은 고통에 고통을 더하는 것 같아 보이지만 고통을 더 큰 가슴으로 끌어안는 모양새다. 그 어떤 고통도 고통일 수 없다는 당당함이다. 이때 그것은 창조가 된다. 이미 그 어떤 도덕률이며 관습적 주체 개념을 뛰어넘어 있다.

예 2는 역설의 창조다. 비극의 희극화이며 비인간 되기다. 곤경에 빠질 수 있고 불확실한 상황이 회피되지 않고 수용된다. 예 4도 그렇지만, 이질적인 것, 모순되는 것들이 동일한 시공간에 존재하면서(파리/인간, 벌레/사자[死者], 그리고 잔혹성/웃음, 꾸물거림/경건함 등) 새로운 삶의 의미를 창조한다. 그것은 결코 그 누구나 이해하고 받아들일 수 있는 논리가 아니다. 안정된 당위성도 없다. 오히려 황당하고 비합리적이다. 거기에는 오직 강렬함, 처절함, 극도의 가벼움, 들뜸, 무아지경, 엄숙함 등이 적절히 배합되어 있다. 매 순간이 새로움이다.

예 3은 흥미롭다. 마치 인간-신 장면을 보는 것 같으면서도 어린아이와 같은 천진난만한 통곡 소리를 듣고 있는 듯한 착각을 일으키게 한다. 어떤 만남과 생성을 통해 세계 유일의 악마가 되었을까? 얼마나 많은 만남과 장애물, 변덕스러움, 즉흥성, 불확실성, 환상을 통과해서 자발성의 절정상태에 다다라 자신의 운명을 한 움큼의 손아귀에 쥐게 되었을까? 그리고 어떻게 해서 그것을 작은 돛단배에 걸맞은 삶으로 볼 수 있었을까? 자신의 운명과 인생을 쥐는 순간, 돛단배에 싣는 순간, 포효하는 순간, 그 모든 순간들이 바로 창조의 순간이지 않겠는가?

예 4는 벌레 되기, 죽은 자 되기, 그리고 벌레가 된 자신에게 최대한의 존경과 예의 바치기로 이루어져 있다. 다음 순간에는 어떤 일이 일어날까? 죽은 인간과 살아 있는 벌레의 거리가 완전히 녹아서 사라지는 순간 주인공은 삶의 고귀성을 느꼈을까? 아니면 더욱더 먼 거리를 느꼈을까? 주인공의 갑작스러운 행위의 변화는 온갖 의문을 유도

할 만큼 창조적이다.

창조는 순탄하게 이루어지지 않는다. 예견될 수도 계획될 수도 없다. 그것은 일련의 행위 가운데 불쑥 찾아온다. 얽히고설킨 혼돈 가운데 한 줄기 빛처럼 피어오른다. 그 순간에는 그것이 창조인지 아무도 알지 못한다. 결과적으로는 함께 창조했음에도 불구하고 그러한 순간 장면에 압도되고 감동받으며 한마음이 된다. 그것이 창조라는 이름을 되찾을 때는 드라마가 끝난 이후다.

사이코드라마적 창조의 운명이 바로 그렇다. 그 어느 예술작품처럼 길이 남을 수가 없다. 순간 태어나서 순간 사라지기 때문이다. 그러나 바로 그러한 운명이 사이코드라마를 사이코드라마답게 하는 창조다. 지금 이 순간의 생존, 오직 지금 이순간만의 창조적 행위다. 그러기에 비록 한순간이지만 참여한 모두에게 결코 잊지 못할 감동으로, 변화로, 창조의 모티브로 기억된다. 우리 모두의 생존의 열망에 불을 붙이는 불씨로 작용한다.

7) 요약

사이코드라마를 이해한다는 것은 불변하는 그 어떤 형식이나 개념을 이해하는 일이 아니다. 그것은 사람에 따라 어떻게 달라지고 무엇을 창조할 수 있는가, 어떻게 창조해 나아가는가를 아는 것이다. 사이코드라마에서는 실제로 무엇이 발생하며 어떻게 진행되는가? 또 보다 진실한 삶에 접근하기 위해서는 어떻게 진행되어야만 하는가? 바로 이 논의의 초점이 되는 물음이었다. 이와 같은 질문에 대한 답은 일종의 과정이론을 이루었다. 그리고 그것은 삶과 사이코드라마 모두에 공통되는 개념, 지금 이순간과 행위를 중심으로 논의될 수밖에 없었다. 몸과 행위가 빠진 사이코드라마 이론은 그 근거부터가 흔들린다고 생각하기 때문이다.

사이코드라마적 행위는 만남, 생성, 변화, 창조라는 네 가지 측면의 조화로 이루어진다. 이 네 가지 개념 모두가 인간의 삶 자체 그리고 사이코드라마에서 필수적이며 필연적이다. 예컨대, 먹고 마시고 살고 사랑하고 죽고 하는 삶의 과정 또한 만남, 생성, 변화, 창조의 과정을 압축 반복해서 겪는 것과 똑같은 흐름이다.

사이코드라마 역시 지금 이곳에서의 만남을 통한 생성과 변화 및 창조의 과정이라고 규정할 수 있다. 하나의 만남(한 대상과의 조우)에서 시작된 다양한 생성, 변화, 창조까지를 하나의 계열이라고 정의한다면, 사이코드라마 과정이란 결국 그러한 여러 행위 계열들이 다양하게 이어지고 끊기고, 얽히거나 조화를 이루면서 진행되는 과정이라고 말할 수 있다.

그러한 행위 계열들의 흐름은 들뢰즈식 용어로 한다면 리좀(Rhisome)적이라고 말할 수 있다. 즉, 하나의 줄기에서 여러 나뭇가지로 나뉘어 나가는 나무줄기 방식이 아니라 뿌리 줄기(리좀)들이 서로 일정한 방향 없이 자유롭게 얽혀 나가는 방식이다. 이제 남은 문제는 그러한 리좀식 행위 계열을 보다 현미경적으로 가까이서 들여다보는 일이다. 한 회기의 사이코드라마에서 행위 계열들은 어떠한 방식으로 뻗어 나가면서 교차하는가? 그리고 본론에서도 잠깐 언급하였지만 변화를 측정하는 문제, 또한 만남에 따른 생성의 흐름들, 창조적 순간들에 대한 미시적인 접근들, 변화와 창조가 만남과 생성에 되돌아가서 미치는 영향들 등 기초 위에 세워야 할 기둥들이 앞으로 풀어 나가야 할 새로운 과제들이다.

4. 과정 이전에 고려해야 할 요인

사이코드라마는 수많은 연속되는 회기에 의해 이루어지는 정신치료와는 다르다. 언어가 아닌 행위 중심, 과거가 아닌 지금 이곳을 중심으로 하기에 사이코드라마는 한 회기(one session)의 예술이다. 물론 특수 목적(예: 교육 · 훈련 혹은 정신병동에서의 사이코드라마) 사이코드라마의 경우 연속적인 회기에 의한 진행도 가능하지만 통상 한 회기에 의해 모든 작업이 완료된다.

한 회기는 시간상 90～180분, 평균 90～120분 이내에 이루어진다. 아주 짧게는 20～30분 정도의 한 장면, 하나의 사건 중심의 미니 사이코드라마 형식이 있지만 그 역시 워밍업과 나누기를 시도할 경우 최소 60분은 소요된다. 또한 중간에 휴식시간을 갖는 3시간 이상의 마라톤형 사이코드라마 형식도 가능하지만 특별한 경우(예: 교육을 위해 중간중간 해석과정을 도입하는 경우)가 아니면 자주 활용되는 방식은 아니다.

한 회기는 통상 집단의 결속력 증진, 자발성의 고취 및 주인공 선정을 위한 워밍업 단계, 주인공이 등장하여 자신의 마음의 극장을 행위로써 표현, 전개, 창조해 나가는 행위화 단계, 집단에 의해 정서를 나누기하고 극을 마무리 짓는 종결 단계의 3단계로 이루어진다. 예를 들어, 90분이 소요되는 한 회기는 워밍업 20분, 행위화 50분, 마무리 20분, 혹은 15-60-15, 10-60-20분 등의 시간 배분으로 이루어진다. 또한 워밍업 단계가 필요없을 만큼 충분히 워밍업된 연속 집단의 경우 0-60-30 혹은 0-40-50분의 시간 배분이 이루어질 수도 있다. 요컨대, 사이코드라마 진행과정은 기본 형식을 기초로 해서 상황에 따라 다양한 변화가 가능하다고 말할 수 있다(그러나 중요 과정이론과 단계별 논의는 본론에서 하기로 하고, 여기서는 정식 과정 이전에 생각해야 할 요인들을 다루기로 한다.).

한마디로 사이코드라마는 집단 창조의 과정이요 개개인의 진실의 극장, 지금 이 순간에 이루어지는 최상의 자발적, 창조적 작업이기에 수많은 요인들에 의해 영향을 받고 또 기꺼이 그러한 요인들을 수용하면서 진행되어 나간다.

1) 집단요인

(1) 집단의 크기

가장 이상적인 사이코드라마 집단은 상황에 따라 다르게 평가된다. 그러나 통상 10~15명 혹은 8~20명 내지 30명까지 평균 집단원 수로 간주된다. 집단원이 4~5명인 경우, 상호 친밀도, 신뢰도, 집중력, 결속력이 강하다는 장점이 있지만 바로 그 장점이 사이코드라마의 진행을 오히려 방해할 수 있는 조건이 되기도 한다. 반대로 100명, 200명 등 집단이 클수록 그러한 결속력, 상호 신뢰성은 희박해질 수 있겠지만 바로 그것이 어떤 개인에게는 최대의 자발성을 이끌어 낼 수 있는 요인이 되기도 한다. 일반적으로는 집단이 클수록 심층적이고 무의식적인, 소위 깊이 들어가는 사이코드라마는 피하는 것이 좋은 것으로 되어 있다. 왜냐하면 과정 진행상의 어려움(예: 집중력의 분산)이라든가 자리 이탈자의 발생과 같은 예외적인 사건이 일어날 가능성이 높고, 나누기가 소홀히 취급될 위험(서로서로 미루기 때문에) 등이 있기 때문이다.

(2) 집단의 종류

집단원의 나이, 성별, 학력, 문제 유형 등에 따라 동질 집단인가 이질 집단인가, 개방 집단인가 폐쇄 집단인가, 집단이 형성된 목적은 무엇인가, 연속 집단인가 1회기 집단인가, 1주마다 만나는 집단인가 주말에 집중된 집단인가, 그리고 일반 집단인가 특수 집단인가 등 다양한 요인들이 진행과정에 영향을 미친다.

일반적으로 동질 집단과 집중적인 연속 집단이 자발성이 높은 것으로 인식되고 있다. 그러나 모레노는 우주적 차원에서 비동질 집단에 더 많은 의미를 부여하였다. 중요한 점은 동질 집단이거나 유사한 문제를 가진 집단이라 할지라도 개개인의 의식, 자발성의 정도, 문제를 보는 시각 등이 모두 다르다는 것을 아는 것이다. 일률적인 평가나 선입관은 집단의 결속력과 지도자에 대한 신뢰도를 떨어뜨릴 수 있으며, 그 결과 또한 바람직하지 않은 방향이 될 수도 있다.

2) 물리적 요인

(1) 공간요인

사이코드라마는 사람이 모인 곳이면 어느 곳이든지 이루어질 수 있다. 그러나 실제로 사이코드라마에 의식적으로 참석하는 사람과 그렇지 못한 사람 간의 차이 때문에 대부분은 일정한 공간을 사용하게 된다. 또한 정통 모레노식 무대(삼단의 원형 무대 및 발코니)보다는 집단이 편히 앉을 수 있고 행위할 수 있는 약간의 여유 공간만 있으면 사람의 숫자에 관계없이 행위화가 가능할 수 있다. 오히려 의도적으로 꾸며진 무대 공간, 강단과 같은 별도의 행위 공간은 자발성을 떨어뜨릴 수 있다. 왜냐하면 집단과 구별되어 설치된 공간이기에 마치 동물원의 원숭이처럼 구경당하고 노출되는 느낌을 강하게 불러일으킬 수 있기 때문이다. 따라서 사이코드라마는 굴곡 없는 평면 공간이 오히려 더 선호되고 있다.

공간은 가능한 한 외부와 어느 정도 격리되는 것이 좋다. 밖으로부터 소음을 차단시켜 줄 뿐만 아니라 진행상 방해받지 않기 위해서다. 의자는 붙박이가 아닌 이동 가능한 것이 좋으며, 의자가 필요 없이 신발을 벗고 앉을 수 있는 공간이면 더욱 좋다(이는 집단의 특성, 기준에 따라 달라질 수 있다.).

조명은 밝은 것이 좋다. 인위적인 색조명은 때에 따라 효과적일 수 있지만 그 인공성으로 인해 위의 의도적인 무대처럼 자발성을 알게 모르게 떨어뜨릴 수도 있다. 그 외에 간단한 소품들로는 방석, 담요, 천, 바타카(bataka: 때릴 수 있는 쿠션 혹은 방망이) 그

각종 색(色) 천은 사이코드라마에서 다양하게 활용된다.

리고 오디오 시설, 컵과 물주전자 정도면 훌륭하다고 할 수 있다.

(2) 시간요인

사이코드라마에서 시간은 무엇보다도 중요한 고려요인이다. 사이코드라마에 익숙한 훈련 집단이라면 1시간 아닌 30분이라 할지라도 짧은 장면 만들기, 나누기가 가능할 수 있다. 특히 연속 집단의 경우 이전 회기와 연결된 역동에 바탕을 두고 진행이 가능할 수가 있기 때문이다. 그러나 다양한 사람들이 모여 이루는 사이코드라마 집단에서 그것은 그렇게 쉬운 문제가 아니다. 더욱이 일정 시간에 정확히 끝낼 수 있는 경우도 그렇게 많지가 않다.

중요한 것은 디렉터가 시간을 어떻게 조정하느냐다. 나누기를 할 수 있는 시간을 먼저 생각하고 나서 워밍업 시간을 계산하는 것도 그 방법이다. 행위화 단계의 시간은 저절로 계산되기 때문이다. 그러나 행위화를 예정된 시간 내에 끝낼 수 있는 디렉터는 몇 명이나 될까? 이때 선결문제는 끝나는 시간을 집단원 모두가 알아야 하며 조금 일찍 끝나거나 늦을 수도 있다는 것을 명확히 하고, 필요하다면 잠시 휴식을 가지고 꼭 가야 될 사람들을 배려해야 한다는 점이다. 알게 모르게 비공식적으로 한두 명씩 빠져나가는 것은 전체 진행에 상당한 영향을 미치게 되기 때문이다.

시간에 대해 디렉터가 고려해야 할 사항은 그 외에도 여러 가지가 있다. 지금 이곳의 계절은? 주중인가 주말인가? 식사 전인가 후인가? 낮인가 밤인가? 생리현상은 어떻게 할 것인가?(휴식시간 등) 더 나아가서 각 집단원은 자신의 인생에 있어서 어떤 시점에 와 있는가? 각자의 시간 개념은 어떠한가? 시간에 쫓기는 삶인가 혹은 여유 있게 참여하였는가? 디렉터 자신은? 반드시 정해진 시간을 지키려는 스타일인가, 아니면 30분이나 1시간 늦어져도 별 느낌이 없는 스타일인가? (이는 필요한 경우 분광기법으로 알아낼 수 있을 것이다.)

3) 현상요인

(1) 목표 설정

집단마다 특유의 사이코드라마에 대한 목표가 있을 수 있다. 사이코드라마를 통해 집단은 무엇을 추구하는가? 개인적 혹은 집단적 치유 혹은 카타르시스, 시범과 이해, 교육과 훈련, 특정 문제의 해결, 인간관계 혹은 자발성 훈련, 만남과 신뢰 형성, 감수성 훈련 등 다양하다.

그러나 이와 같은 목표 설정은 디렉터에 의해서라기보다는 집단이 모이기 전에 어느 정도 결정되는 경우가 많다. 따라서 디렉터는 그 목표를 정확히 인지하고 있어야 할 의무가 있다. 사이코드라마는 다양한 상황, 낯선 상황, 새로운 상황에 적절히 반응할 수 있는 잠재력을 가지고 있기 때문이다. 그러나 그러한 목표 지향적 사이코드라마는 결코 정통 사이코드라마의 본질은 아니라는 것을 아는 것 또한 중요하다.

(2) 안전과 안정성

집단원과 집단원, 집단원과 디렉터 상호 간에 안전감과 안정성을 느끼지 못한다면 사이코드라마는 결코 이루어질 수 없을 것이다. 앞에서 말한 시간과 공간의 안전, 안정성 외에도 집단에 대한 불신, 디렉터에 대한 의심의 문제는 좋은 사이코드라마를 만드는 데 우선 해결되어야 할 조건들이다.

그것은 충분한 이해와 워밍업을 통한 신뢰성에 의해 이루어진다. 물론 완벽한 집단 결속력과 신뢰도를 보여 줄 수 있는 집단 형성도 결코 쉬운 일은 아니다. 그러나 디렉터의 집단원에 대한, 사이코드라마 자체에 대한, 나아가 인간에 대한 근원적 신뢰감은 훌륭한 모델링이 되며 집단의 길잡이 노릇을 해 줄 것이다.

5. 워밍업 단계

1) 워밍업의 정의

우리는 흔히 밥을 먹기 전에 손을 씻고, 밥상 앞에 앉아 눈으로 차려진 음식들을 보면서 밥을 먹는다는 주 행위를 위해 몸과 마음을 워밍업시킨다. 잠을 자기 전, 누군가를 만나기 직전, 권투선수가 정식 게임을 시작하기 전, 그리고 자동차를 출발시키기 전에 엔진을 워밍업하듯, 우리는 의식적 · 무의식적으로 우리 자신을 준비시킨다.

사이코드라마를 시작하기 전, 그러니까 주인공이 등장해서 자신의 마음의 극장을 행위화하기 전에 주인공, 디렉터 그리고 관객 모두가 그에 대한 준비 작업, 워밍업을 하게 되는 것은 필수적이고 또 그만큼 중요한 과정이기도 하다. 따라서 사이코드라마에서의 워밍업은 '주인공이 탄생하기 이전까지의 모든 준비 작업 단계' 혹은 '개인과 집단의 자발성을 높이고 누구나 기꺼이 행위화를 통해 자신의 삶을 드라마화하고자 하는 의지 혹은 자발성을 갖도록 촉진시키는 단계 혹은 방법'으로 정의된다.

우리의 일생에서 최초의 워밍업은 아마도 탄생을 위한 10개월의 태내기간일 것이다.

사람에 따라서는 다른 동물과 비교해서 그 기간이 너무 길거나 혹은 짧다고 이야기하지만 그것은 어디까지나 비교에 의한 판단일 뿐, 영아 자체의 자발성에 의한 출생의 선택 혹은 그 결과라고 본다면 그 기간은 과부족 없는 최상의 워밍업 기간일 것이다(분만 자체의 행위만을 기준으로 한다면 처음 산기가 오고 분만이 끝날 때까지의 6~12시간도 워밍업 기간이라고 볼 수도 있다.).

인간을 행위자(actor) 혹은 창조자(creator), 역할 연기자(role player)라고 할 때, 행위에 있어서 워밍업은 바로 그 행위의 최상의 상태, 자발성이 고조되고 창조성이 드러날 수 있는 그 순간까지의 준비 작업이다(인생 전체로 보았을 때 삶의 행위는 마지막 죽음의 행위를 위한 워밍업으로 보아도 무리는 없을 것이다.). 그러므로 워밍업은 그만큼 의미가 깊은 것이다.

하나의 창조, 멜로디, 교향곡을 위한 베토벤의 산책, 기다리고 기다리던 만남 혹은 이별을 위한 워밍업들, 한 편의 시가 탄생하기까지의 온몸과 온 마음이 집중되고 준비되어지는 단계, 중요하고 의미 있는 최종 결정의 행위, 그것이 단 몇 초건 간에 그곳을 향해 진행되는 삶의 시간, 단계들이 모두 워밍업이다.

2) 워밍업의 목적

사람들이 모여 집단을 이룬다. 상호 인사하고 자리에 앉는다. 곧이어 주인공이 등장한다. 이런 일이 가능할까? 가능하다. 상호 간에 충분히 워밍업되어 있다면, 서로 사이코드라마에 매우 익숙해 있다면 말 한마디 없어도 디렉터가 나오고 주인공이 등장해서 사이코드라마가 진행될 수 있다. 그러나 이러한 경우는 특수한 예다(연속적인 훈련 집단 혹은 치료 집단에서 가능하다.). 그렇다 할지라도 침묵의 시선 나누기, 간단한 말 몇 마디가 필요하다. 왜냐하면 현실로부터 사이코드라마 세계로의 의식 전환이 이루어져야 하기 때문이다.

흔히 경험되는 바이지만, 평소 현실에서 나는 이러이러한 주제로 사이코드라마를 하고 싶다고 마음을 결정한 경우라 할지라도 집단원이 모이고 분위기가 형성되면서 기존의 생각에 순간 변화가 일어날 수도 있다. 오히려 변화가 일어나는 것이 당연하고 필요하기조차 하다. 지금 이 순간의 자발성에 의해 만들어지는 것이 사이코드라마이기 때문이다. 그 어떤 목적의식을 가지고 자신이 만들어 낼 드라마의 과정을 미리 계산하고 등장하는 주인공의 경우, 대부분은 실패하거나 자발성이 떨어진 상태에서 의식적인 행위화만을 고집하게 되는 것도 이런 이유에서다.

사이코드라마는 지금 이 순간의 느낌을 중요시한다. 따라서 집단원들에게는 일상에서 익숙했던 타인의식들(날 어떻게 볼까? 나는 과연 이해될 수 있을까? 내가 저 사람들 앞에서 내 이야기를 했을 경우 그 결과는? 과연 비밀을 지켜줄 수 있을까? 등)로 인해 수많은 의혹과 근심걱정이 따르게 마련이다. 뿐만 아니다. 사이코드라마 극장에 들어서기까지의 온갖 일상사들, 갈등들, 문제들, 생각-느낌들이 여전히 지금 이 순간에도 지속되고 있을 수 있으며, 드라마가 끝나고 나서의 상황에 대한 생각, 염려들, 내일 일에 대한 걱정, 예상들, 그 모든 것이 지금 이 순간에의 몰입과 자발성을 저하시킨다. 따라서 디렉터는 집단의 크기, 특성, 진행시간뿐만 아니라 그날 그 순간의 각자의 컨디션, 마음상태, 준비된 마음의 여부 등을 고려해서 워밍업 방법을 선택하게 되는 것이다.

어떻게 상호 간의 만남을 진실되게 하고 상호 신뢰성을 높일 수 있을까? 현실에 익숙한 온갖 의식, 사고방식들, 그리고 여전한 방관자적인 태도나 자세로부터 어떻게 사이코드라마적인 자발적 분위기를 이끌어 낼 수 있을까? 관객-집단 모두의 참여의식과 응집력을 어떻게 하면 고양·촉진시킬 수 있을까?

사이코드라마에 대한 호기심만 있고 무엇을 어떻게 하는지 모르는 사람들, 또는 사이코드라마에 대한 오해나 편견, 나는 용기도 자발성도 없다는 선입관(그래서 구경이나 하러 왔을 뿐이라는 의식), 그래서 '난 배우가 아닌데 뭐.' '난 가짜로 ~하는 척하기는 싫어.' '날 우습게 볼지도 모르잖아.' '내 사회적 체면은 뭐가 되겠어.' '내 속을 털어놓게 하고 비웃으려는 건 아닐까?' '소문에 듣자하니 미친 짓거리 비슷하다던데.' '너무 어린애들 같은 짓이잖아?' '나야 뭐 그냥 눈이 안 띄게 앉았다 가는 거지 뭐.' '내가 왜 위험을 무릅써야 하는 거지?' '나도 모르게 헛말을 하거나 미치게 될지도 모르잖아.' '꼭 이런 식으로 해야만 하나?' 와 같은 수많은 고정관념들, 반응들이 곧 디렉터가 넘어서야 할 워밍업 단계에서의 중요한 목표가 된다.

사이코드라마의 워밍업은 한마디로 참여자 모두의 자발성을 고취시키고 나아가서 기꺼이 극에 참여하고자 하는 마음을 불러일으키는 데 목표를 둔다. 그것은 집단 상호 간에 충분한 믿음과 안정감이 있어야 하며, 놀이정신(진지하게 무언가에 몰입할 수 있고 자신으로부터 거리를 유지할 수 있는 마음 자세)뿐만 아니라 무언가 창조적 변화를 위한 모험정신, 새로운 경험에 대한 탐구정신, 호기심, 그 어떤 위험도 감수할 수 있는 용기 등을 필요로 한다. 그것은 또한 디렉터 자신의 자발성에 대한 시험이기도 하다. 디렉터는 집단보다는 최소한 한 걸음 앞에 서서 나아가는 자발성의 모델이 되어야 하기 때문이다. 점잖은 디렉터, 고상한 디렉터, 지시만 하는 디렉터, 말로만 모든 것을 해결하려는 디렉터보다는 스스로 모범을 보이고 행위에 참여하는 적극적인 디렉터, 매 순간 상황과 집단의 요구에 능동적으로 반응할 수 있는 디렉터가 되어야 하는 까닭도 여기에 있다.

요약하면, 워밍업은 크게 다음과 같은 목표를 향해 진행된다.

워밍업은 집단 전체가 참여함으로써 자발성을 증진시켜 나간다.

① 최대의 참여(maximum involvement): 나와 너의 만남의 질을 의미한다. 혼신의 힘을 다한 만남, 집단적 열정, 참여하고자 하는 최대의 열성을 불러일으킬 수 있어야 한다. 모두가 참여해서 행위하지만 함께 창조하고자 하는 자발성이 없는 과정은 무미건조해질 수밖에 없다. 무언가가 진행되고는 있지만 형식적이고 의무적인 참여가 된다. 몸만 있지 마음은 다른 곳에 가 있는 모습이다. 워밍업에서 중요한 것은 바로 그러한 최대의 참여의식이다.

② 총체적 참여(whole involvement): 집단원 각자의 전신적 참여를 말한다. 온몸으로 참여하고자 하는 의미다. 머리나 생각만으로의 참여, 할 수 있는 것만의 참여, 흥미로운 것에만 관심 보이는 참여가 아니라 나 자신을 송두리째 내던지려는 의식이다. 개개인이 총체적 참여의지가 있을 때 그것이 모여서 최대의 참여가 달성된다.

③ 전체적 참여(all involvement): 소외자가 없어야 됨을 의미한다. 가능한 한 방관자가 없어야 한다. 구경꾼 역할에 머물거나 비평가, 소극적인 참여자가 있게 될 경우, 그것은 다른 사람들에게 영향을 미쳐서 모처럼 자발성을 발휘하려는 집단에게 관찰당하고 있거나 역으로 그들로부터 멀어지는 느낌을 불러일으켜 전체 분위기를 저하시키기 때문이다. 가능한 한 전원이 참여할 수 있도록 하는 것 또한 워밍업의 목표다.

3) 실행상의 고려사항

(1) 사이코드라마에 대한 충분한 이해가 이루어져야 한다

사이코드라마란 도대체 무엇을 하는 것인가? 개인문제를 해결하는 것인가? 그렇게 알고 있다면 그때의 사이코드라마는 문제 해결이라는 목적에 지나치게 매달리게 되고 자칫 잘못하다가는 문제만 더욱 커질 수 있다. 아무도 주인공으로 나서지 않을 수도 있다. 진실한 마음의 놀이터라고? 그게 무슨 뜻인가? 마음의 진실을 놀이화한다니? 누가 그 짓을 하려고 하겠는가? 사이코드라마를 이해시키는 일은 쉬운 것 같으면서도 어려운 작업이다. 결코 말만으로는 이루어지지 않는다. 그것은 디렉터의 태도, 행위, 말투, 자세에 달려 있다. 워밍업 과정에서 그것은 있는 그대로 드러난다. 제아무리 훌륭한 소개나 강의라 할지라도 그에 걸맞은 디렉터의 모습이 아닐 경우, 디렉터의 언행이 불일치할 경우, 집단의 자발성은 이미 감소되기 시작할 것이기 때문이다.

무엇보다도 중요한 것은 주인공으로서 자신의 마음의 극장(세계)을 집단과 더불어 용기를 가지고 창조적으로 만들어 보겠다고 하는 자발적인 의지가 일어날 수 있도록 해야 한다는 것이다. 제아무리 훌륭히 진행된 워밍업이라 할지라도 주인공이 등장하지 않는다면 그냥 하나의 놀이판에 그쳐 버릴 수 있다.

(2) 워밍업은 집단의 특성에 맞게 이루어져야 한다

소집단/대집단, 청소년 집단/성인 집단, 정신병동/일반 집단, 훈련 집단/치료 집단 등 집단의 특성뿐만 아니라 동일한 집단에서도 처음 만나는 집단과 회기가 어느 정도 진행된 집단에서의 워밍업에는 차이가 있게 마련이다.

(3) 항상 지금 이 순간에 적절한 방법으로 진행되어야 한다

단순한 워밍업 기법의 나열, 사전에 준비된 순서대로의 기법 사용, 지금 이곳의 반응과 분위기를 무시하고 일방적으로 적용되는 기법들, 같은 기법이라도 전혀 융통성 없이 사용되는 기법 등으로 인해 적절하게 반응을 탐색하고 그에 알맞은 워밍업이 되지 못한다면 단지 워밍업을 위한 워밍업에 그쳐 버릴 공산이 크다.

(4) 집단의 역동-힘 내지는 응집력을 촉진하는 방향으로 나아가야 한다

집단원 상호 간에 어떻게 관계를 맺고 상호작용하는가? 소외되는 사람은 없는가? 집단 내 소그룹이 자주 형성됨으로써 의사소통에 문제를 일으키지는 않는가? 상호 자신의 노출 정도는 어떠한가? 피상적인 만남으로 그쳐 버릴 위험은 없는가? 상호 간에 공동 체험을 위한 자세는 어떠한가? 지나치게 디렉터만을 의지하고 있지는 않는가? 수동/능동, 소극적/적극적, 언어 중심/행위 중심, 리더 중심/집단 중심, 상호 신뢰성의 정도 등에 대한 평가와 그에 따른 적절한 워밍업이 이루어져야만 한다.

(5) 모든 것을 비판 없이 수용할 수 있는 분위기가 형성되어야 한다

분석적이기보다는 경험적이고 그 어떤 비이성적, 본능적, 감각적 요소도 허용될 수 있는 분위기, 현실적인 판단기준에서 벗어나 있는 그대로, 행위되고 보이는 대로 긍정·수용될 수 있는 분위기이어야 한다. 그것은 디렉터에 의해서 말이 아닌 행위를 통해 이루어진다.

그 외에 워밍업을 실시하는 데 있어서 고려해야 할 사항들로는 한 회기의 전체 시간 중에서 워밍업에 소요되는 시간을 적절하게 계산하여 너무 길어지거나 너무 단순하게 목적 지향적이지 않도록 하는 일이다. 그리고 가볍고 쉬운 것에서 보다 무겁고 자기 노출의 정도가 깊어지는 방향으로 기법들을 알맞게 조절해야 한다(워밍업도 주변에서 시작하여 중심으로 나아간다.). 또한 이런저런 기법들을 연결하는 것이 아니라 기법들 상호 간에 연결성이 있고 전체적인 흐름을 탈 수 있어야 한다.

4) 워밍업의 대상

사이코드라마에서 워밍업의 대상(starter)은 다음과 같다.

① 신체적 워밍업: 시각, 청각, 촉각, 목소리, 신체 각 부위, 전체적인 리듬-자세-율동 등
② 심리적 워밍업: 판타지, 꿈, 감정, 이상, 사고 형식 등
③ 사회문화적 대상: 사회계급, 역할, 도덕, 가치, 관습 등
④ 자극제 사용: 음식, 술, 커피, 향료 등
⑤ 인간 상호관계: 텔레, 기타 느낌

이와 관련된 구체적인 방법은 14장 '기법'에서 다루어진다.

5) 디렉터의 워밍업

(1) 정의

디렉터의 워밍업에 대한 정의는 타 정의와 마찬가지로 광의와 협의로 나누어 볼 수 있다. 먼저 광의로서 디렉터의 워밍업은 그 어떤 집단 혹은 상황에서도 행위하는 창조자로서 자발성의 모델이 되기 위해 디렉터가 자신을 준비시키는 작업(과정)이라고 정의할 수 있다. 협의로서 디렉터의 워밍업은 좋은 사이코드라마를 창조할 수 있도록 돕기 위해 디렉터 스스로를 준비하는 일련의 작업(과정)으로 정의된다.

(2) 시간에 따른 구분

디렉터의 워밍업은 시간에 따라 장기적 워밍업, 단기적 워밍업, 상황적 워밍업의 세 가지로 나누어 볼 수 있다.

① 장기적 워밍업

진정한 창조적 드라마를 위해서 평소 일상의 삶 가운데 항상 사이코드라마를 생각하며 자신을 개발, 준비, 수행하고자 하는 작업을 일컫는다. 그것은 이론이나 기법에 대해서가 아니라 자기 자신의 품성, 부족하다고 생각되는 경향에 대해서 이루어진다. 이를 대상화시켜서 말한다면 다음과 같다.

- 자기 자신의 자발성과 창조성에 대한 문제다. 나는 어떻게 살아 생존할 것인가? 나는 정상증에 물들어 있지는 않는가? 나는 진정한 자발적인 인간이기를 원하고 있는가?
- 나는 왜 사이코드라마를 하고 있는가? 사이코드라마는 나의 인생에서 무슨 의미인가? 진정 훌륭한 디렉터가 되는 길은 무엇인가?
- 나는 인간과 인간 행위에 대해서 어떠한 철학과 비전을 가지고 있는가? 나의 인간관, 자연관, 생사관은 어떠한가? 나는 끊임없이 관찰하고 사색하고 행위하고 있는가?

장기적인 워밍업은 한마디로 '나는 자발적이고 창조적인 사람인가?'를 묻는 행위다.

② 단기적 워밍업

- 주어진 사이코드라마 회기에 대한 최소한 1주 전부터 회기 직전까지의 준비 작업

• 자신의 신체적, 정신적 상태에 대한 점검, 자발성 문제, 집단에 대한 편견이나 고정관념에 대한 점검 등
• 집단에 대한 고려의 경우, 집단의 특성, 크기, 집단 형성의 동기, 예외적 환경 혹은 상황의 가능성, 집단원 상호 간의 관계성 등
• 회기가 진행될 시공간에 대한 고려의 경우, 공간의 크기와 적절성, 위치, 가는 데 걸리는 시간, 의자의 유무 및 종류, 소품의 필요성 등
• 워밍업 방식에 대해서는 기법의 종류, 순서, 소요시간, 예상되는 반응 혹은 결과 등

③ 상황적 워밍업

회기 시작과 더불어 끝나는 시간까지의 자신의 자발성 수준에 대한 주의 작업을 일컫는다. 진행 도중의 돌발적 상황, 잘못된 기법의 사용, 예상치 못한 반응의 순간에 디렉터의 자발성이 감소될 수 있다. 그럴 때마다 디렉터는 수시로 자신의 자발성을 끌어올릴 수 있는 자신만의 방법을 연구 · 개발해야 한다. 자신의 자발성이 떨어졌는지도 모르는 채 의무적으로 사이코드라마를 진행하는 것은 디렉터로서 가장 큰 문제점이 아닐 수 없다. 아직도 훈련이 부족한 탓이다. 장기적 워밍업이 결여된 탓이다. 한마디로 디렉터는 그 어떤 상황에서도 자신의 자발성을 일정 수준 이상 유지하고 있어야 한다. 그것이 디렉터의 제1조건이기 때문이다.

(3) 디렉터 워밍업의 필요성

① 디렉터의 워밍업 정도는 다음과 같은 이유로 사이코드라마의 매 회기에 중요한 영향을 미친다. 우선 사이코드라마 정신의 실천자, 행위자와 창조자로서 모두에게 자발성을 불러일으킬 수 있는 모델이 된다. 또한 사이코드라마 전 과정의 윤리 · 도덕적 리더로서 그 어떠한 상황에 대해서도 변명 없는 최종 책임자가 된다. 그리고 일종의 초보조자(super auxiliary)로서 다양한 상황에서 이어 주고 틈새를 메워 주는 아교와 같은 촉매자 역할을 한다.

② 자신의 워밍업을 통해 즉흥성, 놀이성이 증가함으로써 온갖 고정관념, 현실원칙으로부터 자유로워질 수가 있다. 그래서 모든 형상을 있는 그대로 허용, 수용, 포용할 수 있는 마음의 열림이 일어난다. 또한, 호기심 가득한 빈 마음, 아이의 눈으로 세상을 바라볼 수 있는 탐구심이 발동할 수 있다. 한편 디렉터 스스로가 자유롭지 못하고서는 결코 집단의 자발성과 창조성을 극대화시킬 수 없다.

③ 자신의 성격적 경향, 잘못된 판단 등에 의한 사이코드라마적 실수(psychodramatic error)로부터 보다 융통성 있게 대처할 수 있게 된다. 자신을 포함해 집단, 주인공

모두를 알게 모르게 둘러싸고 있는 온갖 벽(psychodramatic wall)을 허물고 내면의 진실 세계를 향할 수가 있으며, 더 나아가 스스로 범한 잘못, 주인공의 저항, 집단의 편견들로부터 자유로울 수 있게 된다. 왜냐하면 모든 현상이 지금 이곳, 한 순간의 차이-대립일 뿐 그 어떤 선악, 잘잘못의 척도에 의해 판단하지 않게 되기 때문이다. 분석, 판단, 비판, 비난, 충고 등은 대부분 숨겨진 위계성, 계급의식, 서열화, 그릇된 질서의식, 오염된 논리에서 나오는 경우가 많다.

6) 주인공 선정

워밍업 단계는 실제로 주인공이 등장함으로써 끝나게 되고 행위화 단계로 넘어가게 된다. 통상 주인공이 한 명 등장하는 경우에는 문제가 없으나 여러 명이 한꺼번에 등장할 경우 고려해야 할 사항이 많다. 뿐만 아니라 주인공이 자발적으로 등장하지 않는 어려움이 있을 수 있다.

(1) 주인공이 등장하지 않는 경우

드문 경우이기는 하나, 주인공이 등장하지 않는 경우는 통상 불충분한 워밍업 때문이라고 말할 수 있다. 집단의 요구에 부합하지 못하는 워밍업, 부자연스럽고 부적절한 워밍업, 사이코드라마에 대한 이해 부족, 의도적이고 강요적인 디렉터의 태도, 주인공 선정에만 몰두하는 디렉터 혹은 워밍업, 처음부터 주인공을 뽑기 위한 심층 워밍업의 실시, 신뢰성이 결여된 디렉터(자신없어 보이거나 스스로 한 말을 지우고 양해조차 없이 진행하는 경우 등) 등, 한마디로 디렉터에 의한 문제로 인해 주인공이 등장하지 않을 수 있다.

모레노가 객석을 향해 주인공을 초대하고 있다(1969).

집단 및 환경 요인으로는 안전하지 못한 시설, 외부의 타인에게 노출되기 쉬운 공간의 위험성, 소음뿐만 아니라 집단원 간의 신뢰성 부족, 상호 지나친 밀착감 혹은 소외감, 무언의 압력 속의 특수 집단 상황, 리더에 대해 근본적으로 불신을 드러내는 집단, 강요된 집단, 그리고 지금 이곳에서의 정신신체 상태(식사 전후, 늦은 밤 등), 집단원 중 한두 사람만의 문제 혹은 사회적 이슈에 몰두해 있는 경우 등이 있다. 따라서 모든 사항들을 감안해서 워밍업을 다시 한 번 시도해 보거나, 아예 주인공 선정 및 사이코드라마 진행이라는 도식을 포기하고 바로 그렇게 된 상황 전체에 초점을 두어 탐색해 나갈 수 있다.

(2) 주인공이 여러 명 등장하였을 경우

디렉터로서의 워밍업이 성공적이라고 생각할 수 있으나 실제 누구를 주인공으로 할지 결정하는 일은 매우 세심한 배려와 공정한 자세가 필수적이다. 디렉터의 텔레는 긍정적인 주인공에게 가 닿기 쉬우나 절대 그러한 느낌을 표현함으로써 집단원들로부터 신뢰감을 상실해서는 안 된다.

등장한 주인공들이 상호 잘 알고 있는 관계라면 잠시 시간을 주고 서로 대화를 통해 한 명의 주인공을 선정할 수도 있다. 이때 주의할 것은 주인공이 되지 못한 등장인물들의 이유(다른 사람을 주인공으로 선정한) 혹은 현재의 느낌에 대해서 물어보아야 한다는 점이다. 다수의 압력이나 강요는 없었는지, 주인공으로 선정된 사람의 우격다짐 없이 자발적으로 결정되었는지, 그러고 나서의 느낌은 어땠는지 등이다.

그러나 한 명으로 결정되지 못할 경우에는 통상 사회측정학적 방법을 사용해서 한 명 혹은 두 명의 주인공을 뽑게 된다. 등장한 각 주인공들은 간략하게 자신의 생각, 의도, 등장이유 등을 이야기하고, 집단은 사람에 대해서가 아니라 말해진 내용, 느낌에 대해서 자신의 텔레를 가지고 나와 그 사람의 어깨 위에 자신의 손을 얹는 방식으로 이루어진다. 이는 마치 다수결에 의한 선정 같아 보이지만 어떻든 그것은 지금 이 순간 가장 집단원 모두가 공감할 수 있는 주제이기에 당연히 그 사람을 주인공으로 선정하게 된다.

일단 제1의 주인공이 선정되면, 다른 등장인물에게 텔레를 보냈던 관객들은 그 인물과 더불어 잠시 나누기를 해야 한다. 많은 사람이 원하는 주인공만으로 드라마를 시작해서는 안 되고 2등, 3등, 4등으로 선택된 인물들도 자신에게 텔레를 보낸 사람들과 당연히 자신이 등장해서 이야기한 내용들에 대해 나누기를 할 권리가 주어져야 한다. 이러한 나누기가 끝나고 각 등장인물들이 소감을 이야기한 후에야 정식 사이코드라마가 시작된다.

(3) 사회측정학적 선택의 문제점

여러 명의 주인공이 등장하고 집단의 선택에 의해서 한 명의 주인공이 선택되는 방식은 지극히 민주적이고 집단 중심적인 주인공 선정방식인 것처럼 보인다. 때로는 그러한 방식이 무리 없이 통용되고 대체적으로 긍정적으로 반응하기도 한다. 그러나 엄밀히 말해서 그런 방식에는 여러 가지 문제점이 있다. 그것은 무엇보다도 사이코드라마 정신에 위배되고 자발성이 다수결에 의해서 평가되고 판정된다는 점이다. 물론 지금 이곳 상황에서 가장 공감되는 주제를 선택하는 행위이기는 하지만, 등장한 각 주인공들은 자신이 투표방식으로 선정되거나 되지 못하는 것에 대해서 그렇게 좋은 느낌은 아닐 것이다.

순수한 마음의 반응에 의한 선택이라기보다는 동정심이나 적선행위와 같은 선택, 주제보다는 텔레에 의한 선택, 단합된 밀어주기, 눈에 보이지 않는 제3의 이유에 의한 선택, 의무적인 선택, 동료의 이끌림에 의한 또는 분위기 중심의 선택 등이 그러한 문제점이다. 주인공의 과장되고 선택받기 위한 지나친 감정적 노출 또한 보기에도 안타까움을 불러일으킨다. 주인공으로 선택되지 못한 등장인물들의 심적인 반응 역시 평범하게 습관적으로 넘어갈 수 있는 상황은 결코 아니다.

이상적으로는 2~3명의 등장인물이 모두 주인공이 될 수 있는 회기일 것이다. 시간을 충분히 해서 단지 주인공의 순서만 결정하는 것이다. 그러나 그 또한 쉽지 않은 일이다. 왜냐하면 첫 주인공의 자발성이 주어진 시간 이내에 충분히 실현되기 어렵기 때문이다. 그러다 보면 제2, 제3의 주인공은 시간관계상 주인공이 되어 보지도 못하고 끝나게 된다.

어떻게 할 것인가? 가능한 한 사회측정학적 선택이 발생하지 않도록 하는 주인공 선정방식은 없겠는가? 지금까지는 그것이 최상의 방식으로 무리 없이 활용되고 있지만, 이 문제는 앞으로 좀 더 연구되어야 한다. 필자의 경우는 당분간 그러한 방식을 지양하려 한다. 가능한 한 모두가 주인공이 되도록 할 수 있는 방안을 찾고 있다고 말할 수 있다. 예컨대, 제2, 제3의 주인공은 한 장면 사이코드라마(vignette)만을 하기로 약속하고 제1의 주인공은 마지막에 하는 방식이다. 그것이 모든 것을 수용하는 긍정의 원리이기 때문이다. 이러한 방식 역시 알게 모르게 주인공의 자발성을 제한하는 방식이 될 수도 있다. 그러나 그 어떤 상황에서도 적절하고 새롭게 반응하는 힘이 자발성이라고 할 때 그 또한 긍정적인 면이 없지는 않다고 생각된다. 향후 그 어떤 방식이 개발된다고 하더라도 장단점은 있을 것이다. 다만 중요한 것은 어느 한 방식에 습관화되는 것, 한 방식만을 고집하고 우월하다고 편견을 갖는 것, 항상 회의하고 노력하는 자세를 상실하는 것을 경계해야 한다는 것이다. 자발성은 끊임없는 수양과 정진을 요구하기 때문이다.

6. 행위화 단계

행위화 단계(action stage)는 디렉터라고 부르는 개인이 집단과의 만남인 워밍업 단계를 지나서 주인공이라고 부르는 개인, 인간을 만나는 과정이다. 다시 말해, 한 인간을 만나서 디렉터로서 내가 아는 방식으로 그 사람의 진실을 함께 나누고 탐구해 가는 과정이다. 물론 나는 인간을 결코 완전히 알 수 있는 존재는 아니다. 오직 하고자 하는 몇 가지 방식과 과정을 알고 있을 뿐이며, 그러한 방식과 인간에 대해서 끝없이 알고자 하고 오랫동안 수련, 수행을 해 온 사람이라는 사실뿐이다. "당신은 사이코드라마 외에도 다른 많은 방식을 통해서 당신의 진실을 알 수 있을 것입니다. 나는 그 많은 방식 중에서 사이코드라마라는 방식을 선택한 자입니다." "나는 오직 당신의 마음, 당신의 진실을 행위화하는 방식을 당신보다 조금 더 알고 있을 뿐입니다. 마치 바둑교실의 바둑 선생님 같은 역할이지요. 흑백의 돌을 놓는 규칙과 의미가 아직도 완전히 해명되거나 설명되지는 못하였습니다. 그 어떤 이론도 완벽한 것은 없지요. 아니, 불필요합니다. 우리는 단지 지금 이 순간의 진실이라는 것을 함께 모색해 보고 실험해 보자는 것이지요. 그것이 사이코드라마 세계이니까요."

행위화 과정은 디렉터의 디렉팅 과정, 그 능력, 나아가 디렉터라고 하는 인간 자체가 여과 없이 그대로 드러나는 과정이기도 하다. 물론 워밍업, 마무리 단계 등 전체 과정이나 한 회기를 통해서도 그러하겠지만, 행위화 단계에서만큼 그렇게 적나라하게 디렉터의 모습이 드러나지는 않는다. 그것은 디렉터의 인간에 대한 자세, 진실, 만남의 의미, 자발성과 창조성이 그대로 표출되는 과정이다. 어제와 내일과는 무관하고 오직 지금 이 순간에 드러나는, 그래서 사이코드라마라고 하는 전체적 인상을 좌지우지할 수도 있는 과정이다.

사이코드라마는 디렉터의 인생에서 이보다 더한 긴장이 있을 수 없을 떨림의 과정이다. 나의 모든 것이 드러나기 때문이다. 사이코드라마는 되어진 나가 아닌 되어 가는 나로서 너를 만나기 때문이다. 이기적일지는 몰라도 너보다는 나의 변화, 나의 확장을 알게 모르게 의도하고 있기 때문이다. 나 자신부터 너와의 만남을 통해 새롭게 변화하고자 하고, 난 아직도 부족할뿐더러 아직도 인간이나 삶을 잘 모르고 있다는 것을 알고 있기 때문이다. 우리 모두 우주적 인간, 인간-신을 지향하지만 그것은 어디까지나 생각일 뿐, 우리는 그 구체적인 방식을 함께 찾아가야만 하기 때문이다.

그것은 불안이면서 불안이 아니다. 불안인 이유는 인간은 너무나 섬세한 존재라는 사실이다. 매우 작은 현상에도 쉽게 영향을 받고 자신의 자발성을 떨어뜨린다는 점이다. 집단환경, 무대 조건, 디렉터의 태도, 기후, 소리, 빛에 의해서도 처음 생각과는 달리 전혀 엉뚱한 방향으로 나아갈 수 있다. 불안이 아닌 이유는 디렉터로서 나는 오직 그 어떤 인간에 대한 기대감, 현상을 넘어선 인간에 대한 궁극적 믿음, 그리고 알고자 하는 호기심 때문에 결코 불안해하지 않는다. 물론 나는 때로 실수할 수도 있고 수치감이나 미안감을 느낄 것이라는 것을 알고 있다. 비참한 심정이 될 수도 있다. 그러나 중요한 것은 난 결코 나 자신을 속이고 너를 속이지 않을 것이라는 나의 진실한 감정이다. 그것이 나를 불안하게 하지 않는 이유다.

사이코드라마 진행과정은 디렉터로서 삶의 의미, 자신의 온갖 열정과 보람이 드러나고 느껴지는 과정이다. 자발성과 창조성이 있는 그대로 드러나고, 그에 따라 주인공과 집단의 지금 이 순간의 삶, 진실이 있는 그대로 드러나거나 혹은 왜곡되거나 그릇되게 인도된다. 한마디로 그 누군가의 말처럼 살의 떨림이 가장 절실하게 다가오는 디렉터로서의 중요한 삶의 과정이다. 그것이 사이코드라마에서의 행위과정 자체다.

그것은 단순히 시작(詩作)법, 그림 그리는 방식, 노래를 하고 놀이를 하는 절차와 규칙을 가르치는 행위를 넘어선 과정이다. 함께 시상(詩想)을 떠올리고 더불어 그림의 의미, 노래의 필요성, 놀이의 중요성을 나누는, 내 몸과 마음을 통해서 전달하는 과정이다. 서로 영향을 주고받는 과정이다. 잘 알고 있는 내가 모르는 너를 가르치는 것이 아니라 함께 모르는 밀림과 대양을 탐구하는 과정이다. 그러한 마음가짐이 없는 장면 만들기며 진행방식은 진정한 수행자로서의 디렉터가 아닌 테크니션 혹은 과학자이며, 예술가가 아닌 기술자, 모방자다.

무슨 일이 벌어질까? 지금 이 순간 그 어떤 꽃의 모양과 향기가 창조될까? 어떻게 행위로 표현될 수 있고 몸으로 느낄 수 있을까? 어떻게 벌거벗은 마음으로 너에게 다가갈 수 있고 너의 자발성을 극대화할 수 있을까? 일정한 흐름의 과정이 아니다. 아스팔트길을 가는 것이 아니다. 전혀 낯선 밀림에 길을 내는 과정이다. 목표도 결과도 알 수 없다. 소위 치유, 해결, 변화라는 목표 자체도 생각해 보면 인위적이고 목표 지향적이다. 그것들은 하나의 덤, 부수 효과일 뿐이다.

그 어떤 새로운 세계가 펼쳐질 것인가?
우리는 최선을 다할 수 있을 것인가?
우리를 방해하는 것은 무엇일까?
우리는 진정 지금 이 순간 이곳에서 우리의 자발성을 최대로 이끌어 낼 수 있을 것인가?
우리는 이 순간에 인간-신이 될 수 있는가?
우주적 존재로서의 삶을 짧은 이 순간이나마 실천할 수 있을 것인가?

이는 행위화 과정에서의 디렉터의 기본적인 마음가짐이다. 이제, 구체적인 진행과정에 대해서 알아본다. 행위화 과정은 크게 장면과 장면 설정 및 진행방식의 두 가지로 나누어 설명할 수 있다. 그것은 그림에서 그림 자체와 그림을 그리는 방식과 유사하다. 첫째, 장면은 주 장면 혹은 인터뷰 장면, 첫 장면, 연결 장면, 중심 장면, 마지막 장면으로 나누어 생각할 수 있다. 둘째, 장면 설정 및 진행방식은 장면 만들기, 장면 전환과 단서 찾기, 보조자 선정과 역할 부여, 행위화 방법, 기법의 활용, 감정표현 방법, 저항극복 방법 등으로 이루어진다.

1) 장면

(1) 주(제) 장면 혹은 인터뷰 장면

통상 사이코드라마의 행위화 단계는 첫 인사와 함께 디렉터가 주인공의 현재의 기분, 생각, 주인공이 되고자 했을 때의 느낌, 주제 등을 물어보는 인터뷰 장면(interview scene)으로 시작된다. 등장인물은 디렉터와 주인공이다. 그들은 지금 이곳에서 처음 만나고 있다. 최초의 만남이다. 최초의 상호작용이 시작된다. 소품은 대개의 경우 두 개의 의자다.

첫 만남은 실제 인생에서와 같이 매우 중요한 의미를 갖는다. 주인공은 디렉터를 믿고 주인공이 되었다. 자신의 삶의 탐구자로서 디렉터를 선택한 것이다. 특별한 경우를 제외하고서 주인공은 대부분 디렉터에 대해서 긍정적 텔레를 가지고 있다. 그만큼 기대가 크다. 반면에 디렉터는 자신을 믿고 주인공으로 나선 주인공에 대한 고마움과 함께 주인공을 몸으로 느끼고자 한다. 어떤 사람일까? 자발성은 어느 정도이며 어떤 것을 행위화하고자 하는 걸까? 나의 주인공에 대한 텔레는 어떠한가? 나는 오늘 이 순간 진심으로 주인공과 더불어 행위하고 창조하는 자가 될 수 있을까? 이러한 생각과 더불어 주인공에게 전적으로 주의를 집중한다.

상호 이야기가 오고 간다. 주로 질문과 대답 형식이다. 디렉터의 주요 관심사항은 어떻게 첫 장면을 만드느냐에 있다. 장면 설정이 가능한가? (최소한 시간, 장소, 등장인물이 언급되어야 한다.) 너무 이르지는 않는가? (주인공의 자발성 여하에 달려 있다.) 정보는 충분히 나왔는가? (디렉터의 불안이며 완벽 성향이다. 모든 것을 한순간에 다 알 수는 없다.) 장면의 의미는 밝혀졌는가? (지금의 주제가 왜 바로 지금 이 순간인가 하는 정도의 의미는 밝혀지는 것이 좋다. 그러나 반드시 그럴 필요는 없다. 행위 중에나 첫 장면이 끝나면 알게 되기 때문이다.) 동시에 여러 가지 주제가 나오는 경우는? (다양한 상징을 통해 구체화한다.) 하나의 감정에 빠져드는 경우는? (기다린다. 그리고 무엇이 떠오르느냐고 묻는다.) 장황하게 말로만 설명하려고 하는 경우에는? (한두 문장으로 요약해서 확인한다.) 사변적인 그 어떤 목적의식(예: 갈등이나 문제해결 방식 등)을 가지고 나온 주인공에게는? (지금의 느낌을 묻는다. 필요하면 목적의식이 있으면 자유롭게 행위화하기 어렵다고 말해 준다.)

인터뷰 장면은 쉽지 않다. 다양한 요인들이 상호 얽혀 나가기 때문이다. 어 다르고 아 다르다고, 순간순간 서로의 말투, 말의 내용, 자세, 몸짓, 눈빛 등을 통해 무언의 감정들, 생각들이 쌓여 간다. 그리고 위에서와 같이 매번 같은 식으로 진행되지도 않는다 (위의 상황과 그에 대한 응답은 하나의 예에 불과하다.).

인터뷰 장면은 디렉터에게 첫 선을 보이는 자리와 유사하다. 자신은 인터뷰자라고 생각하지만 그 역시 피인터뷰자이기도 하다. 주의 깊게 듣고 보기보다는 계속해서 질문만 하고 있지는 않는가? (진정한 디렉터는 잘 보고 듣는 자다.) 급하게 행위만을 고집하고 있는가? (서두름은 불안의 증거다.) 주인공을 판단, 평가, 단정 짓고 있지는 않는가? ("막내딸들은 다 그렇지요." "하기 싫으세요?" "그를 미워하는군요." 등) 일상어가 아닌 학문적 용어나 주인공이 하지 않은 말을 사용하고 있지는 않는가? (앞에서 미워한다는 말, 체크해 보죠, 소외, 분노, 투사, 심리학적, 내성적 등)

때로는 인터뷰 장면 대신에 주제 자체만으로 장면을 만들 수도 있다. 그것이 주(제) 장면(chief scene)이다. 주인공이 "직장 상사와의 문제를 다루고 싶어요." "지금은 오직 혼돈스러운 감정뿐이에요." "마치 고도에 홀로 남은 기분이에요." "(사별한) 그가 너무 보고 싶어요." 등 지금 이 순간의 생각, 느낌, 주제를 이야기했을 때, 디렉터는 "좋아요, 보여 주세요."라든가 그것을 행위화할 수 있도록 주인공을 도와 곧바로 장면을 만드는 것이다.

인터뷰 장면에 비해 주 장면이 갖는 장점은 다음과 같다.

- 사이코드라마는 말이 아닌 행위 중심이라는 것을 처음부터 인식하게 한다.
- 비록 자발성이 많지 않은 주인공이라 할지라도 스스로 자발성을 올려야 된다는 생각을 갖게 된다.
- 집단의 시선 집중이라는 부담에서 벗어나게 해 준다.
- 인터뷰 장면보다는 주 장면에서 주인공에 대한 전반적인 단서가 더 많이 나올 수 있다.
- 디렉터의 높은 자발성을 필요로 한다.
- 시간이 절약된다. 군더더기가 없다.
- 정식 첫 장면의 워밍업이 된다.

• 지금 이 순간의 의미가 충분히 살려진다.

인터뷰 장면에 비해 주 장면이 갖는 단점은 다음과 같다.

• 디렉터의 행위화 능력이 부족할 때는 사용하기 어렵다.
• 행위화가 어려울 경우 주제를 바꿀 염려가 있다.

결론적으로 말해서 주 장면이 인터뷰 장면보다 더 바람직하다고 하겠다. 통상의 인터뷰는 언어치료의 영향에서 아직 완전히 벗어나지 못한 것으로 생각된다.

(2) 첫 장면

첫 장면(first scene)은 인터뷰 장면이나 주 장면에서 나온 단서들로 이루어진다. 육하원칙보다는 최소한 누가 언제 어디서 무엇을 한다는 단서가 있어야 한다. 왜냐하면 왜와 어떻게가 사전에 주어지게 되면 장면 진행의 맛은 그만큼 떨어질 수도 있기 때문이다. 미리 다 알고 만드는 예상되는 장면은 기대감이나 자발성이 떨어질 수 있다는 것은 자명한 이치다. 부족하다고 생각되는 것은 장면 진행 도중에 보충해도 상관이 없다.

첫 장면은 매우 중요한데, 그 의미는 다음과 같다.

① 첫 장면을 통해서 주인공, 디렉터, 보조자 그리고 집단의 상호관계 정도와 깊이가 드러난다. 상호 협동의 정도, 수용과 긍정의 정도, 적극적 참여의 정도, 작업의 원활성, 전체적인 자발성의 수준과 행위화 정도가 가감 없이 노출된다. 상호 긍정적 텔레에 의한 결속력, 나아가서는 창조적 열망, 놀이정신, 만남의(실제적 그리고 드라마적) 강도 또한 전반적 분위기를 통해 느낄 수 있도록 해 준다.

② 주인공, 디렉터, 보조자 각 개인의 지금 이 순간의 전체적인 모습이 드러난다. 주인공에게 첫 장면의 의미, 자발성 수준, 저항의 정도, 행위화와 감정표현의 수준, 성격적 경향, 현실적 삶의 여건과 그에 대처해 나가는 방식, 기질, 몰입의 정도, 역할 상호 반응의 정도, 디렉터와의 협력관계 등이 모든 사람 앞에 표출된다. 디렉터 또한 그의 디렉팅 역량, 기질, 성격적 경향, 자발성 수준, 주인공에 대한 자세, 보조자와 집단에 대한 태도가 있는 그대로 보인다. 보조자는 자신의 역할에 대해 충분히 이해하고 있는가, 그의 자발성 수준과 역할에 대한 수용 정도는 어떠한가? 집단의 호응과 몰입의 정도는? 첫 장면은 개인별로 자신을 있는 그대로 들여다볼 수 있는 좋은 기회다.

③ 첫 장면은 주인공의 지금 이곳의 상태, 문제의 요점, 다음 장면을 위한 다양한 단서가 주어진다. 인간 상호작용의 패턴, 감정처리 방식, 인생관, 자기 자신에 대한 견해, 저항의 의미, 몸과 행위에 대한 인식, 삶에 대한 적극성 정도, 가치관, 윤리관 등 그 어느 것 하나 중요하지 않은 단서는 없다. 그러한 다양한 단서들 중에서 어떤 단서를 발판으로 다음 장면으로 나아가는가는 주인공과 디렉터의 합의에 달려 있다.

첫 장면은 전체 과정의 초석이라고 말할 수 있다. 향후 장면 진행을 위한 중요한 워밍업 장면이기도 하다. 여기서 최소한의 자발성과 행위화에 대한 가능성이 확인되어야 한다. 그냥 무심코 넘어가서는 안 된다. 사전에 어느 정도의 장애물은 제거되어야 하기 때문이다. 그래서 첫 장면은 더욱 중요하다.

(3) 연결 장면(connecting scene)

연결 장면은 모든 주요 장면들을 연결해 주는 짧은 장면을 일컫는다. 그 내용은 앞 장면에 대한 느낌을 이야기하는 것, 소감을 독백하는 것, 앞 장면에서 나온 단서들을 요약 · 취사 · 선택하는 것, 앞 장면의 문제점 및 보완점을 디렉터와 상의하는 것, 앞 장면과 관계없이 장면 직후 지금 이 순간의 생각과 느낌을 말하거나 필요한 짧은 장면을 만드는 것, 다음 장면에 대해 준비하는 과정, 워밍업하는 것 등이다.

연결 장면은 마치 비빔밥의 참기름처럼 짧고 매끄럽고 요점 중심으로 진행된다. 연

장면 진행이 잠시 중단되고 연결 장면으로서 주인공이 독백을 하고 있다.

결 장면이 길어지는 것은 무언가 문제가 복잡하게 얽혀 있거나 자발성이 감소되어 있음을 나타낸다. 중요한 것은 행위화다. 훌륭히 진행되는 사이코드라마에서는 흔히 연결 장면이 전광석화처럼 스쳐 지나간다.

(4) 중심 장면

첫 장면과 마무리 장면을 뺀 모든 장면을 중심 장면(main scene)이라고 한다. 대개의 경우 한 회기는 3~5개의 중심 장면으로 이루어진다. 모든 중심 장면은 차츰 증가해 가는 감정과 자발성, 행위화, 잉여현실의 놀이화로 연결되어 진행된다. 물론 그 중심에는 주인공의 지금/여기, 중심 주제가 있다.

문제는 주인공의 지금/여기 상태와 중심 주제의 상관관계다. 그것은 중심 장면에서의 요점이다. 흔히 주인공과 디렉터는 중심 주제에 의해 얽혀 있기 때문에 매 순간 지금 이곳의 주인공 상태 또한 중심 주제에서 벗어나 있지는 않다. 그러나 주인공이 주제와 동떨어지고 전혀 예측할 수 없는 마음상태에 놓여 있다면 어떻게 하겠는가?

① 무시하고 중심 주제를 상기시킬 것인가?
② 일단 그 상태를 표현한 후 다시 중심 주제로 되돌아올 것인가?
③ 아예 주제를 무시하고 지금 이곳의 상태를 따라 나아가겠는가?

디렉터가 위의 두 번째와 세 번째 방식을 때에 따라 번갈아 가며 진행해 나간다고 하더라도, 그것은 지금 이 순간의 진정한 주인공이 원하고 있는 바라고 어떻게 확신할 수 있는가? 주인공이 그렇게 표현하고 있으니까? 과연 그럴까? 주인공이 옳은 것일까? 주인공은 진실로 자기 자신의 지금 여기의 '나'를 알고 있고 적절히 표현하고 있다고 스스로 확신할 수 있는가? 그냥 그렇다고 믿고 있는 것은 아닐까?

요약하면, 이런 경우의 길잡이는 주인공의 말의 내용이 아니라 주인공의 말투, 자세, 비언어적 단서들 그리고 잉여현실의 드러남 여부다. 그것들이 진정한 중심 장면을 연결시키는 다리며 카타르시스로 나아가는 안내판이다.

중심 장면의 특징은 다음과 같다.

- 장면이 진행되어 갈수록 자발성은 더욱 증가된다.
- 더불어 진행 속도도 빨라진다. 장면의 길이도 짧아진다.
- 말보다는 행위가 고조된다.
- 주인공이 주변의식을 벗어나서 몰입하는 정도가 강해진다.

- 디렉터의 언어도 문장이라기보다는 단편적 구절로 이루어진다.
- 집단의 드라마에 대한 몰입 또한 강해진다.
- 지금/여기 정신이 본격적으로 작용한다.
- 환상과 꿈, 잉여현실 세계가 펼쳐진다.
- 카타르시스가 나타난다.
- 때로는 강렬한 막힘현상이 일어난다.

(5) 마지막 장면

마지막 장면(end scene)은 절정 경험, 카타르시스, 최상의 자발성과 창조성의 발휘, 최고의 감정상태 이후에 온다. 그것은 마치 마지막 장면 직전의 자발성과 열정이 극대화되고 난 이후에 그것이 남긴 여분의 힘에 의해 자연스럽게 뒤따라오는 장면이다. 그래서 높은 자발성을 필요로 하지 않는다. 그것은 그냥 그렇게 흐르는 물처럼 뒤따른다.

마지막 장면이 뭔가 인위적이고 억지스러울 때는 그 사이코드라마가 성공적이지 못하다고 말할 수 있을 만큼, 그것은 그다음에 오는 마무리 단계에도 많은 영향을 미친다. 그것은 차츰 평상심으로 되돌아가는 단계, 동화와 신비의 나라로부터 서서히 떠나오는 과정, 잉여현실의 문을 조용히 닫는 일, 광기와 혼돈에서 차츰 벗어나는 시간이다.

빠진 것은 없는가? 아쉬운 것은 없는가? 최선을 다하였는가? 마치 열광과 환호, 처절한 고통과 눈물 속에서 경기를 끝내고 서서히 서로를 부둥켜안고 그 감동을 삭혀 나가는 과정일까? 뜨거운 햇볕도 이제는 느리게 서산으로 지는 가운데 피어나는 노을로 표

화해와 용서가 있는 마지막 장면이다.

현될 수 있을 것이다.

말 그대로 마지막 장면이다. 이제 무대를, 그 우주적 놀이터를 떠날 차비를 하는 것이다. 디렉터의 임무도 거의 끝나가고 있다. 특별히 나서서 해야 할 일이 없어 보인다. 왜냐하면 그것은 자연적으로 주어지기 때문이다. 그대로 따라가기만 하면 된다. 마지막 장면에서 디렉터가 말이 많아지는 것은 무언가 문제가 있다는 것을 의미한다.

2) 장면 설정 및 진행방식

(1) 장면 만들기

- 시간의 문제: 주인공의 나이, 계절, 하루 중 언제 그리고 시간을 확정한다.
- 장소의 문제: 어느 곳, 크기, 환경 또는 시설물의 위치에 따라 소품을 배열한다.
- 등장인물: 누구누구가 등장하는가? (보조자를 선정한다.)
- 사건: 어떤 일이 벌어지는가? 어떻게 진행되는가?
- 상황의 의미: 단순한 사실의 재현인가, 아니면 잉여현실을 표현하고자 함인가?
- 만남의 의미: 등장인물과 주인공의 만남의 의미는 무엇인가? 일상적이지 않은 상호관계의 진정한 의미는 무엇인가?

장면은 주인공의 지금/이곳을 드러내기 위해 존재한다. 장면 설정 자체가 중요한 것이 아니다. 따라서 때로는 구체적으로 장소를 묘사하거나(소파의 색깔, 감촉 등) 상징적으로 나아간다. 주인공이 지금/이곳에 충분히 워밍업되어 있다면 등장인물과 곧바로 상호작용에 들어갈 수도 있다. 원칙에 입각해서 융통성 없이 세세하게 장면을 꾸미는 것은 시간 낭비일 뿐만 아니라 주인공의 자발성을 떨어뜨리고 저항을 일으킬 수도 있다. 따라서 다음을 고려할 수 있다.

- 장면 설정은 요점적, 주제 중심적이어야 한다.
- 장면은 주인공의 지금/여기의 상태를 위해 설정된다.
- 장면 설정은 주인공 스스로 하게 하라. 그러한 행위 자체가 주인공을 워밍업시킨다.
- 주인공이 장면에 들어가기 전에 장면 설정이 적합한지 확인하고 워밍업 정도를 재점검하라. 때로는 상상력만으로도 훌륭한 장면 설정이 가능하다.

(2) 장면 전환과 단서 찾기

장면을 중단하고 장면을 새로 시작하는 것은 중요한 디렉팅 기술이다. 그렇다면 어느 때 디렉터는 장면을 중단하는가? 그 기준은 무엇인가?

- 한 장면의 최초의 의도 혹은 의미가 분명하게 표현되었다고 판단될 때
- 예기치 못한 중요한 단서가 나왔을 때
- 더 이상의 장면 진행은 무의미하다고 생각될 때
- 주인공이 강한 막힘현상을 나타낼 때
- 주인공의 감정이 충분히 표현되거나 더 이상의 상호관계가 불필요하다고 판단될 때
- 장면의 진행이 지리멸렬해질 때
- 기타 돌발 상황이 벌어질 때 등

장면의 전환은 마치 대나무가 매듭을 짓고, 나무가 나이테를 만들어 가면서 성장해 나아가듯 그렇게 한 장면 한 장면이 깔끔하게 마무리되면서 이루어진다. 따라서 그 시점을 적절하게 포착하는 것은 매우 중요하다. 너무 빨라서도 너무 느려서도 안 된다. 그것은 디렉터의 고도의 감각을 필요로 한다. 전체적인 시간의 흐름에 대한 고려, 주인공의 자발성 수준에 대한 배려, 주제의 전개와 그 의미에 대한 고려, 주인공과 보조자, 집단 전체가 만들어 내는 분위기에 대한 고려, 그리고 전반적인 흐름에 있어서 지금 이 순간의 의미에 대한 고려가 그것이다.

장면 전환은 부드러우면서도 가능한 한 깔끔하고 재빨리 이루어지는 것이 좋다. 시시콜콜 이것저것 따지다 보면 주제의 초점이 흐려지고 산만해진다. 장면은 한없이 쳐지게 되고 어느 순간 자발성은 완전히 증발해 버린다. 일단 떨어진 자발성을 다시 끌어올린다는 것은 매우 어려운 일이다.

단서(cue, Q)란 무엇인가? 어떻게 찾는가?

① 일반적 단서: 키, 외모, 피부나 몸의 이상, 직업, 남녀, 나이, 결혼 유무, 자녀 유무, 액세서리나 의복, 신발, 사회적 지위 등(주인공의 현재 마음상태를 드러낸다.)

② 개별적 단서: 말투, 목소리의 강약, 말하는 자세, 걷고 앉는 태도, 시선, 성격적 경향, 가치관, 전반적인 인생관, 자기에 대한 평가, 인간관, 사랑관, 가족관계, 주인공이 말한 주제, 자발성 정도, 종교관, 사이코드라마에 대한 이해 정도 등(초점을 맞추어 나가는 데 도움을 준다.).

③ 비언어적 단서: 무의식적인 다양한 신체적 반응, 표정, 자세, 특별한 버릇, 표현되

지 못한 감정 등(지금 이 순간의 내면세계에 대한 중요한 지표다.).

④ 유의미한 단서: 모든 막힘현상들, 텔레의 흐름, 행위 갈증, 환상, 잉여현실, 꿈(장면 전환을 초래할 만큼 유의미하다.).

단서는 처음부터 끝까지 쉴 새 없이 주어진다. 주인공의 말 한마디 한마디, 움직임 하나하나, 하다못해 창문을 두드리는 바람소리에 대한 반응 하나에도 여러 가지 단서가 들어 있다. 그것은 귀 기울일 줄 아는 디렉터에게만 들리고, 볼 수 있는 눈을 가진 디렉터에게만 보인다.

예컨대, 창문을 두드리며 지나가는 바람소리에 반응하는 주인공의 경우, (바람)소리는 그에게 어떤 의미가 있는가? 그 순간 무얼 느꼈을까? 무엇을 연상한 것일까? 사실 그대로 바람소리로 들었을까, 아니면 다른 어떤 소리로 착각한 것일까? 갑자기 계절의 흐름을 느꼈을까? 그 계절의 의미는 그에게 무엇을 상기시키는 것일까? 왜 장면 도중에 고개를 돌려 창문을 바라보았을까? 지금 이 순간의 장면의 의미는? 이는 순간 디렉터의 마음속에 스쳐 지나갈 수 있는 상념들이다. 그리고 그 속에 바로 지금 이 순간 주인공의 중요한 단서가 들어 있을 수도 있다. 물론 주인공과 함께 찾아나서야 하겠지만.

단서는 결코 객관적으로 주어지지 않는다. 그것은 다양한 상호관계성 속에서 드러난다. 주인공이 키가 작다는 일반적인 단서(그것도 주관적이지만) 한 가지에 대해서도 디렉터마다 다르게 받아들일 것이기 때문이다. 그래서 단서는 항상 주인공과 더불어 그 의미가 찾아져야 한다.

(3) 보조자 선정과 역할 부여

보조자는 주인공이 자신의 텔레에 의해 관객 집단에서 선정한다. 선정된 보조자는 자신의 자발성에 비추어 무대에 오르거나 역할을 사양할 수도 있다. 보조자가 역할을 사양할 경우에는 디렉터는 주인공의 양해를 구하고 제2의 보조자를 선정하게 한다.

보조자 선정 이전에 보조자의 성격, 특징에 대해서 미리 이야기하지 않도록 조심해야 한다. 그것이 보조자의 자발성을 떨어뜨릴 수 있다. 일단 선정된 이후(보조자가 역할을 맡기로 결심한 이후)에는 역할교대를 통해 요점적으로 보조자의 성격적 경향이나 특징을 알게 한다. 그러고 나서 보조자가 확실히 이해하였는지의 여부를 확인하고 장면을 진행한다.

문제는 주인공이 보조자를 선택하지 않고 집단이나 디렉터에게 보조자 선정을 일임하는 경우다. 무엇 때문일까? 그것은 중요한 단서임에 틀림없다. 한 사람 한 사람 시선을 마주치는 일이 힘들어서? 텔레가 너무 강해서? 악역을 맡기는 것이 미안해서? 현실적 인간관계 때문에? 깊이 잠재된 잉여현실 때문에? 그 어떤 무의식적 욕망 때문에? 만약 주인공의 그러한 태도가 그 순간에 중요한 단서로 여겨진다면 장면의 진행은 전혀 다른 방향으로 나아가게 될 것이다.

(4) 행위화 방법

사이코드라마에서 행위화한다는 의미는 구체적으로 다음과 같이 크게 다섯 가지로 나누어 생각할 수 있다.

① 행위화는 언어상으로 직접 화법을 사용하는 것을 말한다. "나는 그 사람과 말다툼을 하였다." "그가 나에게 화를 내며 말하였다." 등 제3자적이고 서술적인 표현이 아니라, 실제 그 사람을 보조자나 빈 의자로 대치해서 직접 그와 말다툼하거나 그가 나에게 화를 낸 바를 표현하는 직접 화법의 진행방식을 말한다. 따라서 시제상으로 사이코드라마적인 모든 표현은 현재형으로 진행된다. 과거와 미래 모두 현재, 지금 이곳의 상황으로 구체화되고 행위화된다. "나는 승진하게 될 것이다." "나는 결혼할 것이다." 등 미래가 현재로 수렴되어 승진하는 장면, 결혼하는 장면이 직접 행위로 표현된다. 따라서 직접 화법으로 표현되는 모든 언어는 현재 행위하는 가운데 발화되는 말이기에 언어적 · 시제적으로 행위화한다고 말한다.

② 행위화는 모든 감정의 직접적인 표현을 의미한다. 슬프다, 슬펐다, 기쁠 것이다가 아니라 그러한 상황을 만들고 실제 감정을 몸으로 표현하는 것이다. 감정을 나타내는 모든 기술적이고 서술적인 말은 지금 여기서의 행위 가운데 직접적으로 표현된다. 몸을 통해 드러난다. 행위화된다. 감정상태를 진술하는 것이 아니라 그 상태를 직접 드러내는 것이다.

③ 행위화는 감정표현뿐만 아니라 제반 정신상태를 가능한 한 몸으로 실천하는 것을 의미한다. "몸이 아프다."고 했을 때 어느 부위가 얼마만큼, 얼마 동안이나 아팠는지 실제 몸의 부위에 색깔천으로 표시를 하거나 그 아픈 부위와 역할을 주고받는다. 아픈 몸의 일부가 역할화되고 행위화되는 것이다. "보고 싶다."는 말 대신에 지금 여기에서 보고 싶은 대상과 만나서 직접 보고 싶다는 말을 한다. "헤어질 거야." 대신에 그 미래를 지금 여기로 가져와 실제 헤어지는 장면을 행위로 표현한다. 이것이 바로 행위화다.

④ 행위화는 그래서 모든 '동사'(움직씨)를 말이 아닌 행위로 표현하는 것을 의미한다. '간다' '만났다' '때렸다' '올 것이다' '부딪히게 될는지도 모른다' 등 '~를 했다' '~를 할 것이다' '~를 한다'가 직접 몸으로 이 순간에 표현된다. 그

무언가에 의해 끌려가고 있는 듯한 주인공의 느낌이 보조자에 의해 행위화되고 있다.

어떤 동사도 몸을 통해 구체적으로 혹은 상징적으로 표현된다. 표현할 수 없는 동사는 없다. 동사는 능동태든 수동태든 몸의 움직임을 나타내는 언어이기 때문이다.

⑤ 행위화한다는 것은 인간과 모든 대상(인간, 생물, 무생물 포함)의 관계를 행위화한다는 것을 의미한다. 나와 나 자신의 일부(정신과 몸의 포함), 나와 대상의 역할로 표현되고, 역할은 역할끼리 상호작용한다. 따라서 모든 관계는 역할에 의해 그 관계의 정도, 향하고 회피하고 우회하고 도전하는 등의 행위로 표현된다. "우리 사이는 너무 냉랭해, 미온적이야, 원수지간이야, 끝나고 있어."에서 관계를 나타내는 말인 냉랭하다, 미온적이다, 원수지간이다, 끝나가고 있다는 모두 시공간적 거리로 행위화될 수 있다. 냉랭하다, 미온적이다는 판단은 냉냉하지 않고 미온적이지 않는 상태를 기준으로 한 평가이기 때문에 그와 반대되는 상황과도 대비해서 표현하기도 한다. 그리고 그러한 관계 속에서의 느낌(앞에서 말한 감정표현과 같이)을 몸으로 표현할 수도 있다.

⑥ 행위화한다는 것은 인간의 모든 환상, 꿈, 공상 등을 직접 가시화하고 행위로 표현한다는 것을 의미한다. 이러이러한 꿈을 꾸었다가 아니라 실제로 그 상황을 무대 위에 형상화하고 주인공이 그 대상들과 더불어 상호작용한다. 바닷가에서 게며 조개, 소라, 고동과 더불어 살고 싶다고 했을 때 게, 조개, 소라가 의인화 · 역할화되어 실제로 함께 역할놀이를 한다. 이것이 행위화다. 말로 표현하기 힘든 그

어떤 이미지라 할지라도 구체적인 색, 형태로 역할화한다. 그리고 몸으로 직접 그 역할들과 더불어 지금 이 순간을 살아 보는 것이다.

요약하면, 사이코드라마는 행위화의 과정이다. 그 어떤 언어도 몸을 통해 직접 드러나게 한다. 그래서 사이코드라마는 바로 지금 이곳의 예술이며 창조가 된다. 빗물이 하천으로, 강으로, 바다로 향하고 빛이 대기권을 통과해 들어오듯이 우리 인간에 대한 모든 사실, 진술, 설명, 느낌, 상태가 몸을 통과하고 몸에 의해서 행위화된다. 그렇기에 시제는 지금 이 순간의 몸을 기준으로 해서 영원한 현재 순간으로 나타난다.

(5) 기법의 활용

사이코드라마 기법에는 기본적으로 약 300여 가지가 있고 그러한 기법의 응용, 변형 기법은 사람에 따라 무한대로 확장 · 활용할 수 있다. 그러나 실제로 가장 중요한 기본 기법은 열 가지 내외다. 실제로 기본 기법만 확실하고 적절하게 사용할 수만 있어도 훌륭한 사이코드라마를 진행하는 데 큰 문제는 없다고 생각된다.

중요한 것은 기법을 많이 알고 또 자주 기법화하기보다는 중요 기법을 충분히 숙달하는 일이다. 쉬운 말로 역할교대와 이중자, 거울 기법 등 기본 기법만 적절히 활용할 수만 있어도 사이코드라마 진행에는 무리가 없다. 문제는 그러한 기법의 사용이 적절한 순간에 적절하게 활용되지 못한다는 점이다.

- 주인공의 지금 이 순간의 상태와 동떨어진 기법
- 전반적인 흐름을 무시한 기법을 위한 기법의 사용
- 불필요하게 오랫동안 진행되는 기법의 사용
- 자발성보다는 주인공이 한 말의 내용 중심의 기법의 사용
- 그 어떤 목적의식(예: 통찰, 자기 이해 등)을 가지고 무리하게 주인공을 인식하게 하려는 기법의 사용 등

기법보다 중요한 것은 지금 이 순간의 주인공의 느낌, 자발성의 흐름이다. 기법은 어디까지나 주인공의 지금 이 순간의 흐름을 탈 수 있어야 한다. 그러한 흐름의 단절, 인위적인 전환은 오히려 주인공의 저항을 불러일으킨다. 디렉터의 가치관, 도덕관, 의지가 드러나는 기법 사용은 주인공에 의해서 그 뜻이 읽히게 되고, 주인공은 알게 모르게 디렉터에게 저항할 것이다. 디렉터가 저항을 일으키게 하고 자발성을 감소시키고 있는 것이다.

기법의 활용은 디렉터의 기술이다. 일종의 솜씨와 같다. 그의 경륜과 인격이 묻어난다. 그의 수행 정도가 그 속에 비추어진다. 기법은 물 흐르듯 자연스러워야 한다. 결코 기법이 두드러져서는 안 된다. 그것은 알게 모르게, 마치 천의무봉(天衣無縫)처럼 때로는 급박하게, 때로는 완만하게 흐를 수 있어야 한다. 자연스러워야 한다. 기법에 의해 상처 받지 않아야 한다. 기법은 마치 칼과 같다. 잘 쓰면 더할 나위 없이 창조적이 되지만 그렇지 못할 경우에는 주인공과 디렉터 자신을 다치게 한다.

(6) 감정표현 방법

사이코드라마에서는 매우 다양한 감정들이 표현된다. 그리고 그러한 감정표현을 어느 정도까지 도와줄 수 있느냐 하는 문제는 전적으로 디렉터의 판단에 달려 있다. 기법의 활용이 그러한 것처럼 감정표현을 어떻게 하느냐 역시 디렉터의 사이코드라마관, 가치관, 감정관이 그대로 드러난다. 거칠게 말한다면, 심약하거나 도덕적이고 자기 억제적인 경향이 강한 디렉터는 주인공의 감정표현을 자신도 모르게 자기 통제적인 방향으로 이끌어 갈 것이고, 자신의 감정표현에 자유로운 디렉터는 주인공의 감정을 극대화시키는 방향으로 나아갈 것이다. 그러나 무조건 극대화시키는 것, 무조건 자기 통제화시키는 것은 옳지 않다. 그것은 알게 모르게 디렉터 자신을 주인공에게 투영하고 있기 때문이다. 한마디로 주인공을 자기 가치관으로 평가해서 자신의 경향을 강요하고 있는 결과가 되기 때문이다.

예를 들어, 디렉터는 흔히 부딪히는 분노 감정을 어느 정도 허용할 것인가? 최대한으로 극대화시킬 것인가 어느 선에서 자제하도록 할 것인가? 인간의 분노 감정에 대한 자신의 철학은 무엇인가? 그리고 진정한 사이코드라마에 대한 인식은 어느 정도까지 표출되는 것이 진정한 사이코드라마적 행위화라고 생각하는가? 분노에 대한 사회적 · 관습적 인식과 사이코드라마적 인식은 어떤 차이가 있는가?

분노를 오직 분노로만 보는 디렉터는 아직 초보 디렉터라고 할 수 있다. 분노 속에는 절망, 슬픔, 고통, 외로움, 공격성 자체, 원한, 절대적인 미움, 광적 노여움 등 다양한 감정이 들어 있다. 분노라는 현상에 대한 단순 반응이 아닌 지금 이 순간의 주인공의 내면을 볼 수 있을 때 숙련된 디렉터라고 하겠다. 그에 따라 감정표현을 극대화하거나 극소화하거나 혹은 그 감정 자체를 다른 감정으로 옮겨 가게 할 수 있다.

한마디로 감정표현을 어느 정도 허용하고 북돋울 것인가는 디렉터가 진정으로 심사숙고해 보아야 할 문제다.

• 나는 감정표현을 두려워하는 사람인가? 무엇을 두려워하는가?

- 나는 주인공의 자연스러운 감정 표출을 이론에 입각해서 자제시키려 하거나 극대화시키는 디렉터는 아닌가?
- 나 자신은 나의 감정에 대해서 어떤 판단을 내리고 있고 실제 어떻게 살아가고 있는가?
- 일상에서 감정표현을 잘하는 사람과 못 하는 사람에 대한 나의 가치관은 어떠한가?
- 나는 인간의 잔혹성 내지는 파괴적 충동을 어느 정도 이해하고 있는가?
- 나는 행위자, 모험가, 실천가인가, 아니면 이론가, 분석가인가?

디렉터가 주인공의 감정 세계에 어떻게 접근해 가는가 하는 문제만큼 중요한 지표가 없을 정도로, 그것은 디렉터를 있는 그대로 드러내 준다. 자신의 성격적 경향 내지는 기질뿐만 아니라 사이코드라마 정신 내지는 철학이 그대로 드러나기 때문이다. 사이코드라마의 어설픈 심리학화, 어설픈 정신분석화, 사이코드라마의 이것도 저것도 아닌 정신치료화는 오늘날 심각한 사이코드라마의 위기가 아닐 수 없다. 그것은 특히 기법의 활용과 감정표현 방식에서 그대로 드러난다. 완벽한 이론보다는 불완전하더라도 진정한 행위자로 살고자 했던 모레노 정신을 다시 한 번 생각해 볼 때다. 왜냐하면 이론가는 바로 그 이론으로 인해서 자신으로부터 결코 자유롭지도 자발적이지도 못할 뿐만 아니라 열정 또한 메말라 가기 때문이다.

(7) 저항극복 방법

막힘현상을 극복해 나아가는 디렉터의 기술은 디렉터의 마지막 수행자로서의 능력이다. 제아무리 기법 활용과 감정표현이 나무랄 데 없이 훌륭하다 해도 저항 극복에 문제가 있다면 그 드라마는 진정한 잉여현실의 세계에 들어갔다고는 볼 수 없기 때문이다.

사이코드라마가 일상현실에서 잉여현실계로의 일탈이라면 저항 극복이란 바로 주인공의 습관화된 일상의식을 벗겨내는 작업이다. 사이코드라마가 과거, 미래의 구속으로부터 지금 이곳으로의 몰입인 만큼, 저항 극복은 어제와 내일이라는 구속으로부터 지금 이 순간의 진실을 찾아 나서는 일이다. 일상적 만남의 세계로부터 진정한 만남의 공간으로, 정상증에서 자발적 인간으로 향한 실험이다. 자발성의 막힘을 과감하게 제거하는 작업이다.

인간은 자유롭다고 말할 수 있는가? 인간은 진정으로 자발적인가? 그렇지 못함이 막힘현상이다. 인간은 스스로 그리고 타의에 의해 막혀 있다. 그래서 자유롭게 살아가도록 운명 지어져 있음에도 자유롭지 못하다. 인간은 만나는가? 사랑하는가? 어딘가가 막혀 있다. 만나고 사랑하도록 태어났음에도 만나지도 사랑하지도 못한다. 그것이 인간의 굴레요 조건이라고 말하여 왔다. 운명이라고까지 말한다. 그것은 우리 모든 인간의 막힘현상이다. 사이코드라마는 바로 그러한 막힘을 뚫고 부수고 돌파하는 인생 실험실이다. 당연히 막힘현상이 시시때때로 드러날 수밖에 없다. 그것은 단순한 사이코드라마적인 저항이 아니다. 그것은 바로 근원적인 우리의 모습이다. 피할 수 없다. 바로 그러한 인간의 운명에 대한 넓은 이해 없이는 막힘현상을 극복하기란 쉬운 일이 아니다.

따라서 디렉터는 현실인으로 행위해서는 안 된다. 그는 자발성 자체의 모델, 창조적 행위자여야 한다. 그러한 디렉터의 모습, 자세만으로 주인공은 스스로 그러한 습관적 막힘으로부터 탈출하려고 노력할 것이다. 그렇지 못하고 디렉터가 현실적인 집단의 리더, 단순한 디렉터의 입장에서 벗어나지 못한다면, 자유로워지고자 등장한 주인공은 다시 한 번 현실의 벽, 디렉터의 막힘현상에 의해서 자신의 저항을 강화시킬 것이다. 그것은 아이러니이고 슬픔이다. 한마디로 자신의 막힘현상을 잘 알고 있는 디렉터는 그것만으로도 좋은 디렉터라고 말할 수 있다. 우리는 또한 우리 자신조차 잘 알지 못하고 있는 존재다. 이것이 디렉터가 끝없는 수행을 해나가야만 하는 이유다.

3) 사이코드라마의 진행상의 기본 규칙

다음은 사이코드라마의 진행상 디렉터가 지켜야 할 규칙들로서 모레노(1975)에 의해 제시되었다.

① 주인공은 갈등을 말하기보다는 행위화한다.

② 실제 사건이 과거, 미래에 관계없이 언제나 지금 이곳의 상황에서 행위화된다. 한 번도 일어나지 않았거나 결코 일어날 수 없었던 상황도 마찬가지다.

- 사이코드라마에서 주목할 만한 경험 중 하나는 헛되고 비효과적이며, 약하고 불완전하며, 왜곡된 형식으로 회상과 재행위화가 일어나는 일이다. 불과 수분 전에 일어난 장면을 원래 참여했던 사람들과 즉각 재행위화해 보면 그것을 실험적으로 증명해 볼 수가 있다. 실제 뭐가 일어났나를 조직적으로 성실하게 알아내려고 모두가 노력한다 해도 언어적, 행위적 회상 및 인간 사이의 지각은 그대로 똑같이 재생할 수 없다.
- 과거는 기억과 관련이 있다. 과거 시제는 즉각성을 떨어뜨리고 행위자라기보다는 관찰자 혹은 이야기꾼으로 만들어 버린다. 완벽한 회상은 실제로 불가능하며 있지도 않고, 올바르고 정확한 재생은 어디까지나 이상에 불과하다.
- 정확히 재생하려다 보면 오히려 현재성과 자발성은 사라져 버린다. 바로 지금 이

곳의 현장성과 자발성을 높이기 위해서는 시간의 위에 서서 마치 지금 일어나고 있는 일처럼 행위하여야 한다. 그래야만 그것이 생전 처음 일어나고 있는 것처럼 느껴지고 지각되고 행위화될 수 있다.

③ 주인공은 자신의 진실을 느끼고 지각한 대로 행위화해야 한다. 그것이 남에게 얼마만큼 왜곡되어 보이느냐에 관계없이 완전히 주관적 방법으로 이루어져야 한다. 행위화가 먼저이고 재훈련은 다음이다. 행위 완료의 만족이 먼저 있고 행동 변화를 위한 재훈련은 그다음에 생각할 일이다.

④ 주인공의 모든 표현, 행위, 의사소통은 감소시키기보다는 극대화시키도록 용기를 북돋아 주어야 한다. 그러기 위해서는 망상, 환각, 독백, 판타지, 의견, 투사 등 모든 것이 허용되어야 한다. 충분한 표현 없는 절제는 아무리 훌륭해도 부분적일 뿐이다.

⑤ 워밍업 과정은 주변에서 중심으로 진행된다. 피상적인 수준에서 차츰 깊이 있는 중심으로 나아가야 한다. 디렉터의 기술은 워밍업 과정과 이후의 보조자 선택, 장면 설정에서 드러난다.

⑥ 가능한 한 주인공이 그가 필요로 하는 장면이나 시간, 보조자를 선택해야 한다. 디렉터는 주인공을 돕는 극작가로서 봉사한다. 그 두 사람은 파트너다. 어느 순간에는 디렉터가 적극적일 수 있으나, 주인공에게는 언제든지 행위화를 사양하거나 장면을 전환할 수 있는 권리가 주어져야 한다. 두 사람 관계가 부정적일 경우 주인공은 디렉터와 진행과정 모두에 저항할 수 있다. 이 경우 치료자는 ① 다른 디렉터를 선정하도록 하거나, ② 거울기법을 감상하도록 하거나, ③ 주인공에게 디렉터의 역할을 맡기거나, ④ 다른 장면을 해 보도록 요구하거나, ⑤ 디렉터가 왜 그 장면을 선택했는지를 설명해서 이해하게 하거나, ⑥ 다른 기회에 다시 그 장면으로 되돌아올 수 있으며(주인공이 필요하다고 느낄 경우), ⑦ 저항하는 것보다 얻는 바가 더 크다고 믿을 경우 계속해 나아갈 것을 주장할 수도 있다.

⑦ 사이코드라마는 표현의 수단일 뿐만 아니라 억제의 수단이기도 하다. 우리 문화의 억제성은 표현 자체에만 매달려 있어, 실제적인 보상 이상의 가치를 부여하고 있다. 보다 적극적으로 역할을 교대해 보고, 억제가 필요한 역할, 흥분성을 재조정할 필요가 있는 역할들을 행위화해 보는 방법들은 무시되고 평가절하되고 있다. 예컨대, 자기 억제력이 강화되지 않은 비행자, 정신병질자, 만성적 불량행위자들의 경우 억제하는 역할을 행위화하는 것이 필요하다.

⑧ 주인공의 자발성 결여가 사이코드라마의 장애는 아니다. 주인공의 있는 그대로의 비자발성, 비표현성을 허용해야 한다. 주인공은 바로 그러한 자신을 받아들인 후

에라야 차츰 여러 기법을 통해서 자신의 틀로부터 빠져나올 수 있게 되기 때문이다. 그러한 기법들로는 독백, 이중자아, 역할교대, 거울 기법 등이 있다. 그 외에도 보조자의 존재는 주인공을 지지하고 강화시켜 줄 수 있다. 어떤 값을 치르고서라도 표현성만을 강조하는 것은 반드시 자발적이라고는 할 수 없다. 그것은 진실한 감정을 숨기는 일이다. 주위를 둘러보거나 말없이 앉아 있어도 얼마든지 자발적일 수 있다.

⑨ 해석과 병식의 획득은 정신치료에서의 그것과는 다르다. 사이코드라마에서는 행위 병식, 행위학습, 행위 카타르시스라고 한다. 여러 기법을 통한 절정의 순간에 도달하는 통합과정이다. 디렉터는 어디까지나 장면의 설정을 통해 자신의 해석을 행사하며 그것은 항상 행위를 통해 이루어진다. 그래서 사이코드라마는 가장 해석력이 강한 방법이라고 할 수 있다. 물론 디렉터의 판단에 따라 언어적 해석을 하거나 아예 생략할 수 있다.

⑩ 해석이 주어지는 경우라고 해도 행위가 우선되어야 한다. 일방적인 해석은 있을 수 없다. 해석에 대한 의문을 가질 수도 있고 그것이 거부될 수도 있으며 완전히 비효과적일 수도 있다. 행위 자체가 말해 주고 있기 때문이다. 해석은 치료자마다의 오리엔테이션에 따라 달라질 수 있다. 그러나 행위 자체의 가치는 바꿀 수 없다. 해석은 또한 파괴적일 수도 있다. 주인공이 원하는 것은 해석이 아닌 감정의 발견이나 순화일 수도 있기 때문이다.

⑪ 문화마다 워밍업 과정이 다를 수 있다. 따라서 방법을 적용하는 데는 적절한 변화가 있어야 한다. 어떻게 시작하는 것이 좋은가가 아니라 무엇을 시작하는 것이 좋은가 하는 것이다.

⑫ 한 회기는 워밍업, 행위, 집단에 의한 나누기의 세 부분으로 되어 있다. 이 중 어느 한 부분의 잘못은 전 과정에 영향을 미친다. 나누기(sharing)는 때로 비언어적, 침묵적일 때 가장 적합하게 될 수 있다. 같이 커피를 마시러 나간다든가 다시 만날 약속을 할 수도 있다.

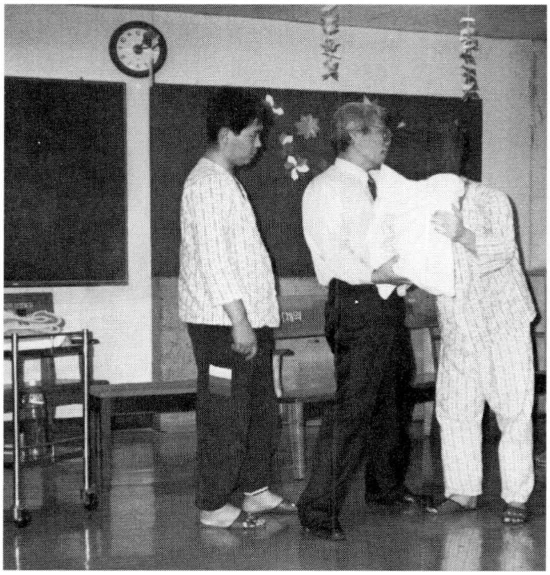
주인공의 아버지에 대한 두려움이 베개로 상징화된다.

⑬ 주인공이 '그래, 난 결국 이런 타입이야. 그래서 난 항상 혼자일 수밖에 없어…….' 라는 느낌 속에 홀로 남겨져서는 안 된다. 토론시간에 주인공과 동일시되는 내용을 이끌어 내야 한다. 그래서 집단 속에서 상호 만족스러운 관계를 위해 결속력을 증가시키고 대인관계 지각을 확장시킬 수 있는 용기를 북돋아야 한다. 그렇지 못할 때, 주인공은 발가벗겨지고 비밀스러운 자신의 일부를 박탈당한 느낌에 빠질 것이다. 이럴 경우 디렉터가 자신을 노출할 수 있는데, 그것은 단순한 연민이 아니라 같은 짐을 진 인간으로서 나눔의 시간을 갖는 것이다. 그것은 분석이 아닌 사랑과 자기의 나눔이다. 자신을 내보인 주인공에 대한 보답으로서 유일한 방법은 같은 종류의 내보임에 있다. 그래서 집단의 다른 사람들도 동참하게 함으로써 마무리가 가능해진다.

⑭ 주인공은 자신의 사회원자 내의 모든 사람들, 의미 있게 관계했던 모든 인물들의 역할, 그들 상호 간의 관계를 경험하는 학습을 해야 한다. 보고 느끼고 듣고 냄새맡고, 꿈꾸고 사랑하고 미워하고 두려워하고, 바라는 것이 회피되거나 거절되고, 안 될까 봐 두려워하는 것들을 경험해야 한다. 중요한 것은 '되어 가는 것(become)' 을 배우는 것이다. 왜곡되고 불균형을 이루었던 인간, 상황, 경험, 지각 등이 극복되어 새로운 차원으로 재통합되어야 한다.

⑮ 디렉터는 치유과정의 최후의 지침이자 결정적 요소로서의 사이코드라마적 방법을 신뢰해야 한다. 그의 행위에 불안이 없고 그의 존재의 자발성, 주인공과 집단의 요구에 대한 유용성을 가질 때, 방법들은 융통성 있게 적용된다. 그래서 모든 수단이 조직적으로 주인공의 고통에 가 닿고 모두가 결속력을 갖게 되어 최고의 정서적 학습으로 결합하게 된다.

7. 마무리 단계

마무리 단계(closing stage)는 마무리 장면, 역할 벗기, 나누기, 피드백, 마무리 제의, 리뷰의 여섯 가지 과정으로 이루어진다.

1) 마무리 장면

마무리 장면(closing scene)은 행위화 단계에서 마지막 장면 직후에 오기도 하고 마무리 단계에서 역할 벗기, 나누기 직후나 피드백 직후에 오기도 한다. 그것은 주인공의

주인공이 마지막으로 하고 싶은 장면은 결혼식이었다.

행위화 단계를 마무리하는 의미의 장면이거나 마지막 장면에서 아직 충족되지 못한 행위 갈증 또는 결여된 부분을 보충하기 위한 장면이다. 마무리 장면을 정식 행위화 단계에 포함시키지 않은 것은 그것이 주인공의 자발성에 의한 자발적 흐름의 장면이라기보다는 소위 통정 단계 혹은 훈습 단계, 종결 단계라고 불리는 일종의 인지적, 의도적, 목적 지향적 장면이기 때문이다.

따라서 결여되고 아직 미완의 상태에 있는 주인공을 위해서 주인공이 마지막으로 하고 싶은 장면을 마무리 장면으로 선택할 경우에는 행위화 단계에 속한다고 할 수 있다. 반면에 주로 디렉터에 의해서 추천되거나 선택안으로 제시되어 주인공에 의해 선택될 경우에는 마무리 단계에 해당된다. 이때의 마무리 장면은 다음과 같은 다양한 형식으로 제시되기 때문이다.

〈마무리 단계로서의 마무리 장면의 예〉

- 전 과정의 압축(거울기법 등) 및 요약(피드백 직전이나 직후에 시행)
- 역할훈련, 자발성 테스트, 상황 테스트
- 기술훈련(미래투사 기법 등)
- 자기주장 훈련

이와 같은 형식들은 주로 심리학적, 인지적 측면에서 고려된 마무리 단계다. 그것은 지나온 행위화 과정을 의식적 · 인지적으로 마무리하려는 디렉터의 취향에 따른다. 그러나 실제 그러한 요식적인 과정은 잘못하다가는 주인공에게 그 어떤 인생의 교훈, 사회적응 훈련, 충분하지 못한 행위화 과정에 대한 보상으로 주어진다는 느낌을 줄 수 있다. 자발성에 의한 충분한 행위화 과정이라면 굳이 그러한 도식적 과정은 불필요할 것이다. 사이코드라마는 인생의 그 어떤 해답, 교훈을 주는 것이 아니다. 사회화를 위한 훈련도 아니다. 대부분의 그러한 마무리 장면은 심리학적 견해에 의한 불필요한 자기 합리화 과정이다. 따라서 신중히 선택되어야 한다.

2) 역할 벗기

역할 벗기(deroling)는 마지막 장면 혹은 마무리 장면 직후에 실시된다. 그동안 행위화 과정에 참여했던 모든 등장인물(주인공, 보조자 등)이 자신의 역할에서 벗어나 본래의 자기로 돌아오는 과정이다. 통상 그것은 몸을 터는 행위, 제자리 뛰는 행위, 간단한 동요 부르기, 또는 다른 사람이 옷 벗기기와 같이 역할을 벗겨내는 상징적 행위로 이루어진다. 그러한 역할 벗기 행위 후에 역할자들은 역할 속의 감정의 잔여물이 아직 남아 있는지를 확인하고 집단에 합류한다.

강한 감정적 여운이 여전히 남아 있는 역할자의 경우에는 잠시 동안 주인공과 다른 사람의 양해하에 디렉터가 정식으로 탈역할 행위를 시도한다. 짧고 간단히 이루어질 수도 있고, 다소 길고 복잡한 과정을 거칠 수도 있다. 예컨대, 천이나 담요를 이용해 기존의 역할을 상징해서 그것을 하나하나 의미를 부여하면서 벗겨내는 방식이 그것이다.

역할 벗기는 나누기 직전에 할 수도 있고, 역할의 비중이 크다고 생각되는 경우에는 역할 속에서 주인공과 나누기를 끝낸 후에 할 수도 있다. 주의할 점은 역할자가 자신의 역할 속에서 느낌 나누기를 할 때 잘못해서 역할이 아닌 자기 자신의 느낌, 가치관, 평가나 판단을 뒤섞는 경우다. 어머니 역할을 한 보조자가 주인공의 어머니 입장이 아닌 자신의 어머니상에 의한 나누기를 하거나 실제 자신의 아들 또는 딸에게 하는 충고와 같은 나누기를 하는 경우, 디렉터는 정중하게 중단시켜야 한다. 그래서 실제 꼭 필요한 경우가 아니라면 통상적으로 역할자의 나누기는 생략된다.

3) 나누기

나누기(sharing)는 집단이 주인공과 함께 자신들의 경험을 나누는 과정을 말한다. 각 집단원들이 주인공의 드라마 과정 중에 특별히 자신에게 와 닿은 느낌과 그것이 발생

나누기 과정

한 사건이나 경험을 주인공에게 전달함으로써 주인공의 드라마에 대한 답례를 하는 방식이라고 할 수 있다. 또는 벌거벗고 있는 그대로의 자신을 보여 준 주인공에게 자신의 옷을 벗어 덮어 주는 과정이라고 이야기한다. 그것은 한마디로 공동의 공감 나누기라고 말해진다. 그러나 엄밀한 의미에서의 공감 나누기는 아니다. 공감이란 상대방이 되어서 상대의 느낌과 똑같이 그 감정을 공유하는 것을 의미한다. 그러나 나누기는 공감을 넘어서 있다.

나누기의 내용에서 주인공의 드라마와 유사한 상황, 사건, 등장인물과 그에 의한 감정이 중심 주제라고 한다면 집단으로서 나누기는 다음의 세 가지 중 하나를 주로 표현하게 된다.

- 유사한 상황과 유사한 느낌을 나누기
- 상황은 다르지만 유사한 느낌과 그에 관련된 다른 상황을 나누기
- 느낌은 달라도 유사한 상황과 그에 따른 다른 감정을 나누기

반드시 똑같은 혹은 유사한 감정만을 나누기한다는 것은 실제 불가능할 뿐만 아니라 나누기 과정을 지나치게 획일화시키고 인위적으로 통제하는 결과를 낳게 된다. 나누기에 참여하는 사람 수를 제한할 수도 있고 잘못하다가는 주인공을 어린애 취급하듯 과도한 보호적 환경을 만들어 줄 수도 있다. 나누기는 단순한 공감의 차원을 넘어서서 참여자들도 자신의 자발성에 의한 나름대로의 나누기를 자유롭게 할 수 있어야 한다. 인

간은 결코 어떤 상황이라 할지라도 너와 똑같이 느끼거나 완전히 자신을 버리고 너의 입장에 설 수는 없기 때문이다. 그것은 지나치게 의무적이고 인위적이고 부담을 준다. 심지어는 그러지 못한 집단원에게 미안함이나 죄책감 또는 열등감마저 심어 줄 수도 있다.

이러한 나누기의 방식에는 크게 다음의 네 가지가 있다.

- 침묵 가운데 나누기
- 개별적이고 언어적인 나누기
- 행위 중심의 나누기
- 집단적 행위에 의한 나누기

훌륭한 사이코드라마 회기의 나누기 과정은 흔히 자연발생적인 침묵의 과정으로 나타난다. 그것은 하나의 전율, 경이로움이다. 그것은 모두가 하나 되는 것 같은 고요나 일순의 정적처럼 찾아온다. 그것은 넋이 나가 있고, 모두의 혼을 빼내어 버린, 뭐라 말로 형언하기 어려운 침묵 그 자체다. 흐느낌 같은 것, 미세한 몸의 떨림들, 폭풍 직전의 극도의 흥분상태, 텔레들의 무용, 숨죽임, 최상의 경험상태, 소리 없는 놀람과 감동의 순간이다. 언어가 필요 없으며, 나누기 하자고 말하는 디렉터의 말이 오히려 깊은 호수에 던져진 작은 돌멩이처럼 소리 없이 가라앉는 분위기의 순간이다. 모두가 기진맥진한 것 같으면서도 그 소리 없는 생명력이 움트고 있는 순간이다.

그리고 그것은 언어가 아닌 행위의 나누기로 이어진다. 마치 장엄한 미사를 치르기라도 하듯이 관객석 여기저기서 한 명, 두 명 일어나서 주인공에게 다가가 온몸으로 나누기를 한다. 그것은 말이 아니다. 전신적 체현으로서의 나누기다. 그것은 순서를 다투지도 서두르지도 않는다. 마치 수없이 연습된 잘 짜인 대본에 의한 것처럼 너무도 자발적으로 진행된다. 그 누구도 누구의 눈치를 보는 일이 없다. 모두가 한마음 같아 보인다. 한 사람이 움직이는 것 같다. 주인공은 상기되어 가고, 전체 분위기는 모두가 나누기를 끝낼 때까지 식을 줄 모른다.

나누기 과정을 보면 그 사이코드라마의 자발성 여부, 진실의 극장 여부를 알 수 있다는 말이 있다. 그것은 그만큼 의미 있는, 마무리 단계의 핵심이다. 나누기 과정이 없는 사이코드라마를 생각할 수 없듯, 그것은 필수적인 과정이다. 그리고 그것은 다양한 내용과 방식으로 진행된다.

4) 피드백

피드백(feedback)의 초점은 과정에 대한 요약과 의견 나누기다. 워밍업부터 시작된 행위화 과정을 언어로 혹은 시범이나 역할화로 요약하고 그 과정에 대한 집단의 느낌, 생각을 주인공과 더불어 모두 함께 이야기하는 시간이다. 피드백은 나누기가 끝나고 잠시 쉬었다가 진행되든가 며칠간의 시간 간격을 두고 실시된다. 그것은 주인공의 행위에 대한 분석, 표현되고 관찰된 행위, 사건에 대한 분석, 중심 문제에 대한 다양한 견해를 포함한다. 충고나 주인공 개인에 대한 비판이 아니며, 문제 해결이 초점이 아닌 다양한 행위 가능성에 대한 탐구 작업이다. 그것은 매우 의식적이고 인지적인 작업이기 때문에 특수 집단이나 교육 집단에서 실시된다. 일반 집단에서 잘못 피드백을 하다가는 지금까지의 사이코드라마 과정이나 주인공에 대해서 비생산적인 토론으로 끝날 우려가 많기 때문이다. 그리고 교육 집단이나 특수 집단에서의 피드백이라 할지라도 어디까지나 진행과정에 국한되어 논의되어야지 주인공의 성격, 행위 자체에 초점이 주어진다면 마치 인생 토론의 장처럼 산만해지고 주인공에게 상처를 줄 수도 있다.

5) 마무리 제의

마무리 제의(ritual)는 그동안 주인공 중심의 회기에서 마치 워밍업에서처럼 집단 중심으로 초점이 옮겨지고 집단이 헤어지기 전에 나누는 의식과 같은 과정을 말한다. 돌아가면서 한 사람씩 사이코드라마에 대한 소감 나누기, 원을 그리면서 노래나 춤 추기, 그동안 특별히 수고했던 사람들에게 감사의 마음 전하기, 각자 혹은 집단으로 헤어지는 인사 나누기 등이 그것이다. 마무리 제의는 사이코드라마의 대단원을 위한 의식이면서 다시 현실 세계로 복귀하기 위한 의식이다. 그것은 꿈과 환상의 세계로부터의 떠남을, 만남의 시간과의 이별을 의미한다.

6) 리뷰

리뷰(review) 과정은 디렉팅에 대한 프로세싱 과정과 유사하다. 그것은 디렉터의 디렉팅 과정에 대한 철저한 자기 분석, 자기 훈련과 수행 내지는 슈퍼비전 과정이다. 그러한 한 회기에 대한 철저한 검증이 마무리되었을 때 실제로 한 회기가 끝났다고 이야기할 수 있다. 그것은 디렉터라는 전문가들의 자기수행 과정으로서 필수적인 과정이다.

제14장 기 법

사이코드라마는 수많은 다양한 기법(technique)을 토대로 진행된다. 혹자는 300~500여 가지 이상의 기법이 있다고 말하지만, 그 대부분은 상황에 맞게 변형된 기법이거나 비사이코드라마적 기법들이다. 여기서 비사이코드라마적 기법이란 놀이치료, 미술치료, 연극치료 등 사이코드라마 외적인 분야에서 차용 또는 응용된 기법들, 오락, 놀이, 게임, 레크리에이션 등에서 개발된 것으로 주로 워밍업에서 활용하는 기법들, 그리고 행위 자체보다는 설문지나 종이 위에 기술하는 언어 중심의 기법들을 말한다.

이 장에서는 가능한 한 사이코드라마적 기법을 중심으로 다음과 같이 논의를 전개해 나가겠다.

1. 3대 기본 기법
   1) 역할놀이
   2) 역할교대
   3) 이중자기법
2. 워밍업 기법
   1) 기초 워밍업
   2) 만남을 위한 워밍업
   3) 일반적 워밍업 기법

1. 3대 기본 기법

1) 역할놀이

역할놀이(role playing)는 실제적인 사이코드라마의 토대다. 사이코드라마는 처음부터 끝까지 역할놀이로 시작해서 역할놀이로 끝난다. 12장의 역할론에 관한 논의에서 언급한 역할 살기, 역할 맡기, 역할 창조도 넓은 의미에서는 역할놀이에 포함될 수 있을 만큼, 역할놀이는 사이코드라마 진행상의 근간이 되는 일종의 기법이라고 말할 수 있다. 일종의 기법이라고 말하는 이유는 그것을 하나의 기법이라고 하기에는 부족하고, 정확히 말해 다른 모든 기법의 뿌리가 되고 있기 때문이다.

사이코드라마적 역할놀이는 흔히 말하는 역할극, 역할연기 혹은 역할놀이와는 다르다. 사이코드라마적 역할놀이에서 역할의 중심은 곧 자기 자신이기 때문이다. 역할자는 자신의 삶 자체를 역할화해서 놀이한다. 그 어떤 위대한 인물도 타인의 역할도 아니다. 역할자 자신의 생각, 느낌, 비전, 환상, 열정을 역할화한다. 주인공뿐만 아니다. 디렉터도 보조자도 관객도 마찬가지다. 그들 모두가 자신을 있는 그대로 드러내는 역할자다. 물론 때로는 그들 모두 타인의 역할, 자기 아닌 역할을 맡을 수도 있다. 꽃과 나비가 되고 수호천사가 되기도 한다. 주인공 또한 나 아닌 너가 되기도 한다. 특히 보조자는 자기 아닌 주인공이 필요로 하는 역할을 맡는다. 그러나 이 경우에도 보조자는 주인공에 의한 역할 맡기 이전에 보조자라는 지금 이 순간의 자기 역할을 하는 것이다. 주인공의 삶 속에 보조자의 이름으로 참여하는 것이다. 보조자 역할이다. 그것은 임의로 주어진 역할이 아니라 주인공의 텔레에 의해서 선택된 역할이다. 주인공이 어떤 역할을 맡기느냐 하는 문제는 그다음이다. 가령 보조자가 주인공의 선택을 거부하는 경우에 그는 분명 자기 역할을 하고 있는 것이다. 그러고 나서 역할 맡기가 이루어진다. 이때의 역할 맡기 또한 통상의 역할놀이 훈련(간호사가 환자 역할을 하고 경찰이 범인 역할을 하는 등의)이나 인위적 상황, 대본에 의한 역할 맡기 혹은 역할극과는 다르다. 주인공의 실제적 삶, 또는 주인공이라고 하는 구체적 인간의 역할놀이에 참여하는 역할 맡기며 주인공의 텔레에 의해 선택된 보조자이기 때문이다.

사이코드라마적 역할놀이는 한마디로 말해서 사이코드라마의 사회학적 개념에 기초를 둔 개념이다. 그것은 곧 인간은 행위자이며 역할자라는 의미다. 화가가 그림으로 자신을 드러내고 정신치료가 언어를 통해서 인간을 탐구해 들어가듯이, 사이코드라마는 행위적 역할을 통해서 인간을 탐구한다. 그것이 역할놀이다. 그것은 연극적 역할, 통상적 역할놀이 개념이 아니다. 그것은 인간의 삶 자체, 곧 역할 살기의 다른 이름이다. 역할 존재자로서의 역할을 살아가는 사이코드라마적 명칭이다.

엄밀하게 말해, 사이코드라마에는 주인공이라는 역할과 보조자라는 역할밖에는 없다고 말할 수 있다. 주인공(역할)이라고 하는 실제 인물과 그들 둘러싼 보조자 역할뿐이다. 디렉터와 관객 또한 디렉터 역할과 관객 역할을 맡았을 뿐이다. 그들 모두 주인공의 보조자다. 그들은 모두 한마음으로 주인공의 세계를 더불어 창조하고자 하는 역할이다. 이것이 그 어떤 연극, 영화, 드라마의 역할놀이와도 다른 점이다.

따라서 사이코드라마적 역할놀이는 기본적으로 모든 참여자의 진지함과 성실함을 요구한다. 하는 체함도 연기도 아니다. 옳고 그름도 없으며, 잘하고 못함보다는 주인공의 진실의 세계에 동참하려는 순수한 자발성과 열성을 필요로 한다. 그것은 연극이 아니다. 연기도 아니다. 그것은 인간과 인간의 지금 이 순간의 만남에 의한 역할놀이다. 진지한 서투름이 영리한 그럴듯함보다 더 가치가 있고 성실한 실수가 실수 없는 매끄러움보다 더 의미가 있는 역할놀이다.

이제 하나의 기법으로서의 역할놀이의 예를 두 가지만 들어 보자.

① 주인공이 다음과 같이 말한다. "난 자주 나 자신이 이 세상에서 혼자라는 걸 느껴요. 아무도 없는…… 오직 혼자라는 생각……." 이와 같은 상태를 역할화하는 방법은 많이 있다. 이 상태가 시작되었던 시기, 사건(혹은 계기)을 물어보는 것도 한 방법이다. 그러나 여기에서는 오직 위의 말의 내용만으로 역할화하는 방식들을 생각해 보자.

• 나의 분열방식: 나를 여러 역할로 분열시킬 수 있다. 혼자 있고 나 혼자라는 느낌에 빠져 있는 나, 그러한 나를 관찰(사고)하는 있는 나, 사람들과 어울려 그러한 느낌

을 갖지 않은 나 등으로 역할을 나누고 그들 사이의 상호작용을 이끌어 낼 수 있을 것이다.

- 나의 해체방식: 나의 몸을 부분화시킨다. 머리 역할, 심장 역할, 팔다리 역할, 그러한 느낌을 가장 강하게 받고 있는 신체 부위의 역할 등등. 또는 현재 입고 있는 옷(겉옷, 내복)이나 양말, 안경, 시계, 신발들의 역할로 분산시킬 수도 있다. 그들은 '나'에 대해서 어떻게 느끼고 상호작용하는지, 그리고 그러한 과정 중에 어떠한 새로운 단서가 나오는지를 유의한다.
- 나의 상황방식: 그러한 나는 지금 이 순간 어디에 존재하고 있는가를 물어서 하나의 상황(공간)이 제시될 수 있다면 역할은 매우 다양해질 수 있다. 만약 지금 이 순간이 무대 위의 순간 자체라고 한다면, 빈 의자나 보조자 혹은 간단한 대리물(종이컵 등)을 이용해서 나를 둘러싸고 있는 공간적 상황을 마치 입체지도를 그리듯 시각화해 볼 수가 있다. 만약 그러한 '나'가 자신의 방, 사무실, 숲 속의 어느 한 곳에서의 주된 느낌상태라면 역할화는 더욱 손쉬울 것이다.
- 나의 부분화 방식: 그러한 느낌의 나 이외에 나는 나의 이성, 열정, 자발성, 영혼, 욕망, 꿈 혹은 무의식 등으로 부분화되어 역할화될 수 있다. 또 각각은 보다 세분되어 역할화할 수도 있다. 예컨대, 욕망의 경우 어떤 종류의 욕망, 무엇을 향한 욕망 등으로 나누어 역할화한다.
- 제3의 눈 방식: '나'를 알고 있는(비록 지금 이 순간의 혼자라는 느낌을 모르고 있다 할지라도) 사람들을 찾아갈 수도 있다. 친구, 부모, 선후배, 선생들을 만나서 나에 대해 물어보거나 '나'와 상호작용하도록 이끌 수도 있다.
- 느낌의 강화방식: 혼자라는 느낌을 다양한 선택안(역할)으로 그 느낌 자체를 구체화해 본다. 많은 사람들 가운데서 소외된 느낌, 사람들과 관계없는 절대적 고독, 죽음의 느낌, 무가치 · 무능력의 느낌 등등. 각 느낌들을 역할화해서 '나'가 그 역할을 통해 어떠한 느낌에 가장 근사한 원래의 느낌을 느낄 수 있는가를 확인하는 방식이다.
- 유사 상황 방식: 위와 같은 느낌 자체가 아니라 그러한 느낌과 유사한 상황을 역할화하는 방식이다. 영화나 소설, 시, 혹은 알고 있는 다른 사람의 상황이나 이야기 중에서 한 상황을 선택할 수 있다면 그 상황을 세분해서 역할화할 수 있다.
- 시간 고려방식: 지금 이 순간의 '나'를 시간에 따라 세분해서 역할화시킨다. 지금 이 순간의 느낌 바로 직전의 나 혹은 느낌, 혼자라는 느낌 자체의 어제, 지금 그리고 그 말을 한 이후의 나의 느낌(변화), 원상태의 느낌, 지금 이 순간이 지나고 오늘밤 잠자기 직전의 느낌 등등.

• 상징화 방식: 그러한 혼자라는 느낌의 나를 상징하는 것을 찾아본다. 색(色)이라면 어떻게 표현될 수 있는가? 식물이나 동물이라면? 혹은 한 단어라면? 그래서 '나'는 역할화된 그러한 상징(대상)과 상호작용을 시작할 수 있다. 만약 더 세분한다면, 예컨대 잿빛이라고 했을 경우 잿빛 하늘, 잿빛 바다, 잿빛 산하(山河), 잿빛 원조(여신) 등이 각각 역할화된다.

• 환상 유발방식: 현재의 나의 느낌에 더욱 침잠하게 한 후에 떠오르는 이미지, 환영, 느낌 등을 이야기하게 한다. 가능한 한 한 단어로 표현하게 한 후에 그러한 이미지나 단어가 역할화되어 상호작용하게 된다.

② 인간이 애용하는 언어 중에는 사랑이 있다. 그리고 그 사랑의 의미, 느낌은 사람마다 차이가 있다. 이제 여기서 그 사랑이라는 단어 하나만으로 역할화할 수 있는 방식을 생각해 보자. 사랑의 동기며 대상에 대한 고려를 하지 않고 오직 '사랑' 자체만으로 역할화하는 방식이다.

• 정도: 사랑이 전혀 없는 0에서부터 완전한 사랑(100) 사이의 어디에 설 수 있는가? 그리고 그 위치(예: 80)의 나와 100 위치의 누군가가 역할화된다. 두 역할이 발생하였고, 따라서 상호작용이 가능하다. 변형으로는 아가페적 사랑/속물적 사랑, 영원한 사랑/순간적 사랑, 삶으로서의 사랑/죽음을 넘어선 사랑 등 각각의 대칭적 거리의 어느 위치에 나의 사랑이 위치하는지를 점검해 볼 수도 있다.

• 의미: 현재 사랑의 시작상태, 중간 단계, 지금의 상태에서의 사랑의 의미는? 최초인가, 마지막 사랑인가? 절대적 사랑인가, 외로움과 같은 그 어떤 상태에 의한 상대적 사랑인가? 몸의 사랑, 마음의 사랑, 영혼의 사랑, 그 각각의 의미는?

• 중요성: 내 삶에서 사랑의 중요성은? 나의 직업, 명예, 성공, 기타 나의 상황과 비교해서 그 중요성의 정도는? 밥 먹고 잠자고 숨쉬는 것과 비교했을 때는? 그리고 그 각각의 상태들은 역할화되어 사랑(역할)과 상호작용할 수가 있다.

• 반대 개념: 사랑의 반대 개념은 무엇이라고 생각하는가? 미움, 원망, 화, 혹은 증오인가? 그렇다면 그들을 만나볼 수 있는가? 그들이 당신(사랑-주인공)에 대해 지껄이는 말을 들어볼 수 있는가? 그들은 자기 정당성을 주장할 것이다. 예컨대, 미움(역할)은 "사랑이라고? 천만에, 그것은 미움의 또 다른 언어야!"라고 당신을 공격할 것이다. 만약 충분한 반대 개념이 나오지 않을 경우에는 지금 이 순간의 사랑 속의 아픔이나 갈등을 드러내어 역할화할 수도 있을 것이다.

• 몸적 표현: 눈(보는 사랑), 심장(열정), 성기(성적 사랑), 손(만짐), 기타 감각들의 입장에서 사랑을 세분할 수 있다. 또는 나와 너의 사랑의 관계를 상호 몸의 거리, 상하의 위치관계 등으로 표현할 수도 있다.

- 삶과 죽음: 어떻게 지금 이 순간의 사랑인가? 그것은 어떻게 찾아왔는가? 나의 삶과 죽음의 사이에서 그것은 어떻게 작동하고 있는가? 지금까지 살아온 날 중에서 이와 같은 사랑은 없었는가? 몇 번째인가? 삶과 사랑, 죽음의 신과 사랑의 신을 대결시킬 수 있을 것인가?
- 잉여현실: 당신의 진실한 느낌은 무엇인가? 소유인가, 합일인가? 당신의 무의식적 욕망은 어떤 것인가? 희생인가, 봉사인가? 무엇인지 잘 모르겠는가? 그럼 여기 그 대상이 있고 그가 그 어떤 당신의 이야기도 모두 수용할 준비가 되어 있다면 무어라고 말할 수 있겠는가? 당신의 환상, 꿈을 이야기할 수 있는가? 사랑에 대한 꿈을 꾸어 본 적이 있는가?
- 초점: 당신의 사랑의 초점은 어디에 있는가? 당신의 사랑을 일깨운 최초의 자극은? 대상 전체라고 말할 수도 있지만 세분해 보라. 가능하다. 나의 오감 중 어떤 것을 통해서 내 속에 들어왔는지 생각해 보라.
- 기타: 상징이나 상징적 장면은? 하나의 전설처럼 사랑을 극화시킨다면? 나의 사랑에 대한 개념을 시간적으로 구분해서 표현한다면? 등

2) 역할교대

역할교대(role reverse)는 역할놀이 다음으로 중요한 기법이다. 그것은 내 입장에서 너의 생각, 느낌을 이해하고 공감하는 차원을 넘어서서, 실제로 너와 같은 자세, 태도,

중앙에 디렉터(젤카 모레노), 우측에 역할교대를 한 주인공이 서 있다.
좌측에는 주인공이 된 보조자와 그 뒤에 이중자가 있다. 디렉터 좌측에 있는 사람은 통역자다.

말투와 더불어 네 속으로 나 자신을 내던짐으로써 너를 느끼고 너와 같이 생각하고 네가 되는 역할놀이고 너의 시각에서 나를 보고 느끼는 행위다.

역할교대는 단순한 심리학적 차원을 넘어선다. 이해하고 알고 느끼는 차원을 넘어선다. 그것은 가능한 한 완전히 그 대상이 되어 보는 것, 그가 되어서 그처럼 느끼고 사유하고 행위하는 것을 말한다. 그것은 인간의 차원을 넘어선다. 때로는 나에게 미물이 되기를 요구한다. 한 마리 작은 개미가 되어 세상을 바라보기를 원한다. 때로는 태산준령이, 때로는 바람이 될 것을 요구한다. 하늘 높이 반짝이는 별이 되어 지상을 내려다보기를 원하고, 죽어 사라져 가는 생명체가 되어 삶을 꿰뚫어 보기를 원한다. 그 어떤 선입견 없이, 그리고 그 어떤 목적의식을 가지지 않고 있는 그대로의 대상이 되기를 원한다.

역할교대는 사이코드라마의 한 가지 기법으로 고정화되는 것을 바라지 않는다. 그것은 우리의 일상 삶 가운데서 살아 움직이는 기법이기를 바란다. 그리고 우리는 실제 그 기법에 가까운 행위를 알게 모르게 매일 실천하고 있다. 너의 입장이 되어 보는 것, 네 처지, 너의 신세가 되어 생각하는 것, 너는 어떻게 생각할까? 너라면, 그 사람이라면 어떻게 판단하고 행위할까? 베토벤이 자신의 피아노 위 벽면에 바흐, 모차르트 등의 사진을 걸어 놓고, 이 지상에 그들과 같은 훌륭한 음악가가 존재할 수 있었다는 사실을 감격해하고 그들과 같은 지상에 자신이 살아 있다는 것을 감사해마지 않은 것처럼, 그는 끝없이 그들과 역할교대를 하였을 것이다. 그들이 되어 보고 그들처럼 음악을 생각해 보았을 것이다. 그것이 우리 일상에서의 역할교대다.

그래서 역할교대는 하나의 깨달음의 과정이다. 지구를 떠나야만이 지구를 바라볼 수 있듯이, 내가 나를 떠나 대상이 되었을 때 나 자신을 제대로 볼 수가 있다. 우물 안 개구리식 시각을 벗어나 끝없이 넓은 하늘을 볼 수가 있다. 나의 껍데기와 허물을 벗어던질 수가 있다. 촛불과 더불어, 촛불이 되어 일그러지고 눈물 흘리고 있는 자신을 돌아보자. 나의 어리석음, 오만, 무지가 그 환한 빛 속에서 그 형상을 드러낸다. 잃어버린 열정, 녹슬고 오염된 사랑, 구차한 삶의 냄새가 나의 불빛을 흔들리게 한다. 나는 너의 아주 작은 콧김에도, 너의 소리 없이 내쉬는 한숨에도 민감하게 반응한다. 흔들리고 안정을 잃지만 그래도 나는 계속해서 수직의 상승을 꿈꾸며 타오른다. 나는 자발적인 힘 자체의 화신이다.

역할교대의 근원은 갓난아기의 총체적 주체성, 즉 너는 나고 나가 너인 제1우주 시기에 있다. 너와 나의 구별 이전, 현실과 환상의 구별 이전에 그 뿌리를 두고 있다. 그것은 소위 투사(projection)도 내사(introjection)도 아니다. 그것은 진정한 역할교대요, 역할교대를 넘어선 역할의 융합이다. 모레노의 「나는 너의 눈으로, 너는 나의 눈으로」

라는 만남의 시 또한 역할교대의 정점을 보여 준다. 불가능한 만남에 대한 우주적 가능성을 열어 놓은 상징이다. 어린아이는 이 세상에 함께 존재하는 동물이며 사물, 인간을 결코 대상화하거나 자신과 분리된 것으로 받아들이지 않는다.

켈러먼(1994)에 의하면 역할교대는 두 종류로 나뉜다. 실제의 두 인간 간의 상호적 역할교대와 한쪽은 보조자가 역할을 맡는 표상적 역할교대다. 상호적(reciprocal) 역할교대는 사회화 과정, 사회적 학습과정을 촉진함으로써 사회적 가치, 태도, 기본적, 신념 구조 등을 인지, 실습, 명료화하는 기법이다. 그 실제적인 목표는 그릇된 인식-지각을 교정하고 상호 갈등을 해결하는 데 있다. 반면에 표상적(representational) 역할교대는 개인의 내적 세계에 초점을 두고 자기 통정(self-integration) 및 자기 결정에 대한 책임감을 고취하는 데 목표를 둔다.

대상관계이론에서 말러(Mahler)는 역할교대가 분리화/개별화 과정과 유사하다고 하였다(켈러먼, 1994). 어린아이와 부모는 바로 그러한 상호 입장에 대한 이해에 의해서 비록 고통스러워도 아이는 부모로부터, 부모는 아이로부터 분리 · 이별하게 되고, 그럼으로써 서로는 상대방을 있는 그대로 사랑할 수 있게 된다고 한다.

그러나 여기서는 사이코드라마적 기법의 측면에 국한해서(위에서 언급한 표상적 역할교대에 한해서) 설명하기로 한다.

(1) 역할교대의 목적

역할교대는 분명한 목적을 가지고 사용되는 기법이다. 그리고 그것은 다양한 목적을 갖고 있다. 목적이 분명하지 않은 역할교대는 오히려 해를 준다. 자발성을 떨어뜨리고 막힘현상을 강화시킨다. 주인공이 자신이 왜 다른 사람, 다른 대상의 역할을 해야 하는지 모를 경우 어떤 일이 벌어지겠는가? 난 디렉터의 꼭두각시인가? 난 그 사람 입장이 되는 것이 죽기보다 싫은데 못하겠다는 말은 할 수가 없다. 그럴 경우 나의 마음상태는? 난 모든 것이 싫어질 것이다.

목적이 뚜렷한 역할교대라 할지라도 오히려 안 하니만 못한 경우도 다양한 문제를 유발시킨다. 정보를 얻기 위한 목적으로, 소위 가해자와 역할교대를 하게 하는 것, 지나치게 오래 그 대상 역할을 하게 하는 것, 그 역할에 너무 깊숙이 파고드는 것, 잦은 역할교대 등이 그러하다. 또한 자기 자신을 돌아보고 자기 이해를 돕는다는 목적으로 또는 상대방의 입장을 이해시키고 상대방의 처지를 공감하게 하려는 이유로, 필연성 없는 디렉터의 일방적인 역할교대, 아직 진정한 잉여현실도 드러나지 않은 상태에서의 너무 빠른 역할교대, 도덕적 · 훈육적 의미의 역할교대, 네 꼴을 좀 보라는 식의 무책임한 역할교대, 전혀 마음의 준비가 안 된 상태에서의 역할교대, 효과가 거의 없는 너무

늦은 역할교대 등도 그러하다.

① 정보 획득의 목적

- 주인공이 만나고자 하는 인물에 대해 설명하기보다는 주인공 자신이 직접 그 사람이 되어서 인터뷰에 응함으로써 그 인물과 그와의 관계에 대한 핵심적 정보를 얻어 내는 방법이다. 이는 보조자가 처음 등장했을 경우에 흔히 사용된다. 이때 인터뷰는 간단명료해야 하고 요점을 드러내는 방식으로 이루어져야 한다.
- 주인공이 상대 역할자에게 중요한 질문을 하였을 때, 보조자의 임의대로 대답하기 어려운 상황, 주인공 자신이 대답하는 것이 더 유의미하다고 판단되는 상황, 주인공만이 그 대답을 알고 있을 것으로 판단되는 상황에서 역할교대를 한다.
- 말의 내용이나 정보 자체보다는 그러한 내용의 말을 어떤 식으로 표현하고 행위하는가가 더 중요하다고 판단될 때 주인공으로 하여금 직접 그 사람이 되어 행위하게 한다.
- 주인공이 상대자에게 진정으로 원하는 것이 무엇인지, 어떤 말과 행위를 지금 이 순간 바라고 있는지, 주인공의 소망이 무엇인지를 알기 위해서 주인공이 상대자와 역할교대를 하도록 한다.
- 상대자가 여러 가지 말과 행위를 통해 주인공과 상호작용을 하고는 있지만 요점이 분명하지 않고 겉도는 듯한 상황일 때 역할교대를 통해서 상대자의 주인공에 대한 관계, 텔레 등의 초점을 명확하게 요약해서 표현하게 한다.
- 주인공이 상대자의 반응에 만족하지 못하거나, 그런 식으로 말하지 않았다고 직접 표현하거나, 보조자가 충분히 상대자의 역할을 해내지 못할 경우에 역할교대를 통해서 상대자의 역할에 대한 기초 자세를 분명하게 한다.

② 자신을 돌아보게 하려는 목적

- 강한 상대자에 대해서 지나치게 소극적이고 약하게 반응하는 주인공, 자발성이 상대자보다 훨씬 낮은 주인공, 상대자의 질문에 시원스레 답하지 못하는 주인공의 경우, 상대자의 입장에 서서 높은 자발성, 강한 힘을 먼저 느끼고 표현하는 연습을 통해서 자신의 모습을 볼 수 있도록 역할교대를 한다. 그것은 매우 자연스럽게 유도되어야 한다. 만에 하나 주인공을 비난하거나 비하하는 의미가 담겨 있을 경우는 실패하게 된다.
- 반대로 강한 주인공 앞에서 쩔쩔매는 상대자, 주저주저하고 주인공의 힘에 압도당한 상대자, 힘의 균형을 잃고 일방적으로 나아가는 주인공의 경우에도 조심스럽게

역할교대를 통해서 자신의 모습을 돌아볼 수 있도록 할 수 있다.

- 양가적 상태에서 어쩔 줄 몰라 하는 주인공, 이러지도 저러지도 못하고 방황하거나 결단을 내리지 못하고 있는 주인공의 경우, 자신의 상대자 역할로 빠져 나와서 자신을 객관화시켜 봄으로써 자신의 우유부단함을 직접 대면하게 한다. 그리고 다시 자신의 역할로 돌아갔을 때 어느 한쪽을 선택할 가능성은 높아지게 된다.
- 교정적 목적을 위한 역할교대: 예컨대, 상식적으로는 이해하기 어려운 편견이나 고집, 맹목적이고 저돌적인 행위, 전혀 상대자에 대한 배려가 없는 이기적 행위, 독불장군, 권위자, 또는 진실성이 결여되어 있는 연극적 행위, 정말 자신을 한 번쯤 돌아보지 않고서는 진행이 어려운 무의미한 상황에서 역할교대를 할 수 있다. 이때 중요한 점은 디렉터의 마음에 그 또한 진심으로 수용하고 긍정하는 마음이 들어 있느냐 들어 있지 않느냐 하는 점이다. 만약 그러한 마음보다는 비난의 느낌이 더 강하다면 역할교대라는 가면으로 주인공을 속이는 것보다 차라리 직접 대면하는 것이 더 좋을 것이다.
- 주인공의 평소의 습관적인 태도들에 대한 이해: 예컨대 오직 참고 인내만 하는 주인공, 무엇이든지 양보하고 주기만 하는 주인공(소위 천사표 주인공), 자신의 정당한 주장을 회피하고 화를 삭이고 있는 주인공, 대화보다는 감정을 앞세우는 주인공 등의 경우, 그러한 자기 인식이 보다 자발성을 높일 수 있다고 판단될 때 역할교대를 한다(이 경우 때로 거울기법이 더 적절할 수도 있을 것이다.).
- 주인공이 자신을 상대자가 아닌 제3의 시각에서 바라볼 수 있도록 하기 위해서 제3의 대상과 역할교대를 할 수 있다. 예를 들어, 주인공과 상대자가 지금 상호작용하고 있는 곳이 사무실이라고 할 경우에는 사무실 내의 옷걸이, 거울 등의 사물과 역할교대가 가능하다. 이때 주인공 역할은 이중자가 맡는다. 공원이나 산 속에서라면 나무나 벤치, 거리라면 전신주 등, 기타 산신령, 수호천사, 그림자 등과의 역할교대를 통해서 제3의 시각으로 자신을 되돌아볼 수 있다.

③ 상대의 입장을 이해하기 위한 목적

주인공이나 보조자가 일단 역할교대를 한다는 것 자체가 그 목적에 관계없이 상대방의 입장에 서 보는 행위다. 상대자가 되어 상대자의 시각으로 역할을 해내야 하기 때문이다. 그리고 그것은 이미 상대자의 입장을 이해하기 시작했음을 의미한다. 정보를 획득하고 나를 보기 위한 역할교대라 할지라도 그것은 동시에 상대자의 역할에 몰입해야만 가능하기 때문이다.

그러나 때로는 오직 상대자의 역할과 입장을 이해하기 위한 목적만으로 역할교대를 하는 경우가 있다. 예컨대, 주인공이 이해하기 싫어하거나 이해가 불충분한 대상, 즉 정신병을 앓고 있는 동생, 알코올중독자인 아버지, 한으로 가득 찬 어머니의 역할 등이 그것이다. 때로는 나를 모멸했다고 믿고 있는 친구, 오해로 인해 미워하고 있는 사랑하는 사람, 원망의 대상이 되고 있는 사별자(死別者), 신, 극심한 죄책감을 느끼는 대상이나 용서를 구할 길이 없는 대상과도 역할교대가 가능하다. 아울러 자신의 행위를 결코 이해하지 못하겠다고 말하는 부모와 그 자식, 결단코 그런 행위를 해서는 안 된다고 또 있을 수 없는 일이라고 믿고 있는 주인공의 상대자들(선생, 상사, 친구, 부모 등) 또한 그 역할을 이해하기 위한 목적으로 역할교대를 실행한다.

④ 주인공의 저항을 극복하기 위한 수단으로서의 역할교대

이때의 역할교대는 기술적으로나 시기적으로 매우 적절하게 활용되어야 한다. 주인공이 머뭇거리나 생각을 많이 하고 있을 때, 행위보다는 말이 많을 때, 감정표현보다는 말의 내용에 집착할 때 적절하고 빠른 두서 번의 역할교대는 주인공의 자발성을 증진시킬 수 있다. 반복되는 무의식적 행위 혹은 비언어적 단서 또한 역할교대를 통해 곧장 저항의 벽을 허물고 잉여현실로 들어갈 수도 있다.

굳이 저항을 직면하는 고통 없이, 자연스럽게 역할교대를 통해서 상대자의 입장, 나의 모습에 대한 인식을 바탕으로 자신의 저항에서 벗어날 수 있게 된다. 더디고 느린 진행, 자발성이 약화된 상호작용, 수동적이고 방어적인 자세, 역할에 몰입하기 어려워하는 주인공 등의 경우, 역할교대는 놀이성을 높이고 장면 진행에 활력을 불어넣는다.

(2) 역할교대가 필요한 경우

역할교대의 목적이 분명한 경우가 대부분 역할교대가 필요한 때라고 말할 수 있다. 이제 시각을 달리해서 그 점을 정리해 보자.

① 역할에 대한 정보가 꼭 필요한 때, 그 역할을 어떻게 했는지 시범이나 모델링이 필요한 경우에 역할교대를 한다.
② 상호작용이 지지부진하고 초점이 없으며, 따라서 상호 역할놀이가 더욱 고조·강화될 필요가 있을 때 역할교대를 한다.
③ 타인의 욕구를 이해하고 타인의 입장을 수용해야 할 필요가 있을 때 역할교대를 한다.
④ 타인에게 중요한 질문을 할 때 혹은 타인으로부터 꼭 듣고 싶어 하는 말이 있을 때 역할교대를 한다.

⑤ 상대방의 입장에서 자신을 생각하거나 자신을 바라보아야 할 때 역할교대를 한다.
⑥ 저항을 감소시키고 자신에 대한 단서 노출이 더 필요한 경우 역할교대를 한다.
⑦ 제3의 시각이 절실히 필요한 때는 디렉터, 집단 혹은 제3의 인물이나 사물과 역할교대를 할 수 있다.

(3) 역할교대를 해서는 안 되는 상황

① 드라마의 흐름이 자연적이고 개방적인 때는 기법에 의해서 인위적으로 차단되어서는 안 된다. 궁금한 정보가 있다고 하더라도 그것은 다음 기회(극의 흐름이 완만해지거나 차단되는 때 등)에 찾아야 한다.
② 역할교대의 의미를 충분히 이해하지 못하거나 타인의 역할을 하기 어려운 주인공에게 역할교대를 강요해서는 안 된다.
③ 상대자가 가해자이거나 폭력자인 경우, 반드시 필요한 때가 아니면 함부로 역할교대를 해서는 안 된다. 여기서 반드시 필요한 경우란 더 이상의 장면 진행이 불필요하고 오직 그러한 상대자와의 장면만으로 드라마가 종결되는 상황에서 주인공이 그 역할을 원하거나 혹은 보다 넓은 인생의 시각에서 그 역할을 해야 할 필요성(그로부터 완벽한 탈출이 요구되는)이 있다고 판단되는 경우다.
④ 권위자, 힘 있는 자의 역할 등 특수한 역할은 가능하지만 그것을 거꾸로 받아들이는 역할은 싫어하는 경우에는 억지로 강요해서는 안 된다.
⑤ 적절한 시기, 반드시 필요한 시기가 아닌 이유 없는 역할교대, 잦은 역할교대는 정신적 피로와 감정의 소모를 일으킨다. 그것은 알게 모르게 주인공의 자발성을 감소시키고 극의 진행을 느슨하게 만든다.

(4) 역할교대 방법

상대방의 역할에 들어가기 위해서는 그만큼 시간(워밍업 할 수 있는)이 필요하다. 그 역할에 대한 워밍업 없이 곧바로 그 역할을 맡는 것은 무리이기 때문이다. 먼저 서 있거나 앉아 있는 위치에 같은 자세로 서거나 앉은 다음, 이름이나 나이 또는 역할에 대한 언급이 일차적으로 주어지고 나서 그 역할을 맡을 준비가 되어 있음을 확인하고(역할교대에 대한 의미, 그 역할에 대한 이해 등) 디렉터의 인터뷰나 역할놀이가 시작되어야 한다.

일반적으로 극이 진행되는 상황에서 일시 중단되고 역할교대를 할 경우는 바로 그 순간까지의 상대방의 말(실제로는 역할교대 하기 전의 자신의 말)을 요약해서 다시 반복해 주거나 그 직전의 마지막 말을 반복해 준다. 그래야만 역할교대 한 그 역할에서 자신의 역할을 중단하지 않고 해낼 수 있기 때문이다.

중요한 것은 차츰 상호 간의 진실, 잉여현실, 감정을 깊이 있게 상승시켜 나아가는 방향으로 역할교대가 이루어져야 한다는 사실이다. 역할교대가 단순히 기법을 위한 기법이 되어서는 안 된다.

3) 이중자기법

이중자(double)는 원래 또 다른 자아(altered ego)를 의미하였다. 한 인간의 자아(ego)와 또 다른 자아란 의미다. 그러나 보조자아(auxiliary ego)에서 자아란 말이 생략되고 보조자로 바뀌어 사용되는 것처럼, 자아개념은 정신분석의 개념이며 또 한 인간의 자기(self)를 충분히 표현해 낼 수 없는 좁고 현실적인 개념이기에 이중자아란 말은 부적당한 용어라고 하겠다.

이중자(double)는 때로 분신, 내적인 목소리, 또 하나의 자기 혹은 마음의 쌍둥이 등으로 소개된다. 왜냐하면 이중자기법을 사용하게 되는 대상에 따라 그 기법의 의미를 재빨리 이해할 수 있게 하기 위해서다. 중요한 것은 용어 자체가 아니라 그 기법의 의미이기 때문이다.

이중자는 시어가 아닌, 시의 행간을 읽는 자와 같은 역할을 한다. 그림이나 음악의 표현양식보다는 그 표현 뒤에 감추어진 의미를 찾아 나서는 탐구자와 같다. 그는 역할자가 드러내 보이는 말과 행위의 이면, 내면의 느낌, 의식적 · 무의식적으로 숨겨지고 접혀 있는 대상의 진실을 드러내는 자다. 그는 어떻게 해서든지 대상이 되는 자기의 잉여현실 세계 속으로 깊이 들어가고자 한다. 그는 디렉터 못지않은 하나의 촉매자다. 그는 진실로 그 사람의 마음 자체가 되고자 노력한다. 단순한 자아가 아니다. 그는 그의 정신뿐만 아니라 그의 모든 감각, 몸, 영혼, 무의식 세계 속으로 침잠하고자 한다. 그것이 진정한 분신으로서의 이중자다.

사진을 합성해서 모레노가 스스로 자신의 이중자가 되었음을 표현하고 있다(사이코드라마 탄생 75주년 기념 사진전 작품).

(1) 이중자의 기원

이중자는 우주적 만남의 의미가 있다. 하나의 원소가 다른 원소를 만나 새로운 원소가 되고 계속해서 변화와 변신을 거듭해 나가는 것처럼, 너와 나의 구별을 넘어서서 함께 공동 창조자가 되고자 하는 자발성과 그 열망이 이중자의 뿌리다. 그것은 익명성의, 그렇게 하지 않으면 안 되는 책임성의 발로다. 우주적 변화의 주체로서의 만남의 의미를 구현하는 또 하나의 주체다. 그것은 전생이거나 후생의 주체일 수도 있고 내면에 접힌 역사의 주체일 수도 있다.

이중자는 최초의 우주, 유아기의 총체적 주체성에서처럼 나와 같은 너에게서 기원한다. 나는 너이고 너는 곧 나다. 우리는 한 몸이고 한 우주다. 이중자, 분신의 탄생이다. 제2우주 시기에는 현실과 환상의 세계가 쌍둥이처럼 함께 성장한다. 그래서 현실화된 자기의 분신은 환상의 자기가 되고, 환상의 자기에 대한 분신은 현실화된 자기가 된다. 그들은 끊임없이 나누기를 하면서 세상을 살아 나아갈 것이다. 뿐만 아니라 어머니는 아기의 분신이며 아기는 어머니의 분신이다. 그들은 서로 뗄 수가 없다. 그들은 서로에게 분신이며 이중자다. 그들은 함께 느끼고 함께 행위한다. 이중자의 제3의 기원이다.

그러나 인간은 내면의 자기만으로 성장해 나갈 수밖에 없다. 총체적 주체성은 사라지고 분열된다. 어머니 또한 떠났다. 나는 현실과 잉여현실로 나누어진다. 표현되지 않은 세계와 표현된 세계, 드러내서는 안 되는 세계와 드러낼 수밖에 없는 세계 속에서 안과 밖, 겉과 속으로 나뉜다. 이성과 감성, 음과 양, 어둠과 밝음, 영과 육으로 나뉘지만 그들은 모두 나다. 양측 모두 서로가 서로의 분신이며 이중자다. 이중자의 제4의 기원이다.

(2) 이중자기법의 목적

이러한 이중자기법은 다음과 같은 목적으로 활용된다.

① 이중자는 한 대상에게 숨겨지고 접히고 드러나지 않는 상보적인 측면을 드러내도록 한다. 음이 표현되고 있으면 양을, 양이 표현되고 있으면 음을 드러내어 표현할 수 있도록 한다. 그것은 곧 자기의 확장을 의미한다. 그는 행위하고 있는 주인공에게 자신의 존재를 알리고 자기를 주장하며 자신의 진실을 보여 준다. 선택은 주인공에게 달려 있다.

② 이중자는 또한 긍정하는 자, 지지하는 자, 동반자다. 그것은 피할 수 없는 이중자의 속성이다. 그들은 서로 협력하고 함께 행위한다. 주인공이 외롭고 지쳐 있을 때, 그가 흔들리고 힘들어할 때, 이중자는 그의 곁에서 그의 분신으로서 임무를

최대한 수행한다.

③ 이중자는 때로 주인공과 맞서 싸우거나 그에게 반대함으로써 그의 적대자적인 역할을 맡는다. 이 또한 그의 분신으로서의 속성 때문이다. 마치 어머니가 위험에 처한 아기에게 교훈을 주듯이, 혹은 주인공이 평상시에 자신을 비난하고 스스로 괴로워하듯이, 이중자는 때로 그에 대항하고 비판하거나 고집스럽게 자신의 진실을 고집한다. 너는 잘못 나아가고 있다는 것이다. 그것은 단순한 적대자, 반대자가 아니다. 너의 분신, 너를 사랑하는 또 다른 너의 이중자다.

④ 이중자는 주인공으로 하여금 진실한 선택과 표현을 할 수 있도록 도우며, 문제와 사건을 명료히 해 주고, 갈등을 극복하고 자신의 자발성을 증진하도록 도우며 온몸과 온 마음으로 자신을 실험할 수 있게 돕는다. 용기를 복돋우며 위험을 직면하게 하고, 자신을 최고도로 행위케 하며, 궁극적으로는 자신과 더불어 총체적 주체성, 인간-신(I-God)적 상태까지 다다르게 도와준다.

(3) 이중자 역할의 방식

① 우선 대상 혹은 주인공이 이중자의 필요성을 인식하고 받아들여야 한다. 그런 연후에야 그는 자신의 텔레에 의해 이중자를 선택할 수 있다. 텔레에 의해 선택되지 않은 이중자는 진정한 이중자라고 할 수 없다. 실제에서 디렉터가 이중자를 필요로 하다고 생각하는 그 순간에 이미 이중자의 선택의 목적은 어느 정도 드러난다고 말할 수 있다. 왜냐하면 이중자의 의미를 설명하고 주인공에게 허락을 얻는 과정에서 주인공이 왜 이중자가 필요한가를 이해하고 또 그 필요성을 스스로 받아들이기로 결정하는 것은 곧 그 자신이기 때문이다.

② 이중자는 이제 주인공의 세계에 분신으로 참여하게 된다. 따라서 이중자는 주인공의 곁에서 그와 유사한 자세, 태도를 취해야 한다. 말투도 그와 같아지려고 노력한다. 그럼으로써 차츰 그의 분신으로서의 자기 역할에 몰입할 수 있게 된다. 이중자는 차츰 그와 같아지는 자신을 느낀다. 생각도 느낌도 같아져 간다.

③ 이제 이중자는 자신의 목소리를 낼 수 있게 된다. 이중자는 주인공이 표현하지 못하고 있는 세계, 내면의 진실, 느낌들, 생각들을 드러낼 수 있게 된다. 주인공이 두려워하고 있는 것, 그가 피하고 싶어 하는 것, 그의 숨겨진 환상, 꿈에 접근해 간다. 이중자는 그것들을 표현한다. 짧게 행위화한다. 주인공은 이중자의 표현에 대해서 거절, 수정, 확대, 반복할 수 있다.

④ 이중자의 모든 표현은 주인공에 의해 조정되어야 한다. 주인공에 의해 통제되고 주인공에 의해 선택되거나 거부되어야 한다. 왜냐하면 이중자는 오직 주인공에게

만 보이고 들리는 역할로 가정했기 때문이다.

⑤ 이중자가 소기의 목적을 달성했을 경우, 그는 주인공의 양해와 허락하에 다시 관객의 위치로 돌아간다. 필요한 경우에는 탈역할 놀이를 할 수도 있다.

(4) 이중자 역할의 종류

이중자는 자신의 목적을 이루기 위해서 다양한 모습의 역할을 통해 주인공과 상호작용한다. 따라서 이중자는 때로 지지적 이중자, 공감적 이중자, 도발적 이중자 등으로 부를 수 있다. 그러나 여기서는 이중자의 역할 혹은 기능에 초점을 맞추어 인위적으로 네 가지 종류로 나누어 설명한다. 중립적, 지지적, 도발적 이중자와 이중자기법의 변형이 그것이다.

① 중립적 이중자

중립적(neutral) 이중자는 자신을 드러내지 않고 오직 주인공이나 대상이 표현한 내용에 대해서 그 범위 내에서만 이중자 역할을 수행하는 이중자를 말한다. 주로 주인공이 아직 이중자기법에 익숙하지 않은 초기 단계에서 많이 활용된다. 또한 주인공이 자발성이 낮거나 타인에 대한 경계심이 있고, 타인의 말을 받아들이는 것을 꺼려하거나 자신의 내면의 생각을 드러내는 것을 두려워하는 경우에도 적용된다. 그 방법들은 다음과 같다.

- 의문법(guestioning): 주인공이 표현한 바를 의문시해서 표현한다. 마치 아무것도 모르는 사람처럼 행위한다.
  - 난 네가 싫어. → 난 정말 널 싫어하는 걸까?
  - 제발 그런 말 하지 마. → 난 그런 말을 듣고 싶어 하는지도 모르잖아?
- 질문법(inquiring): 주인공이 표현한 바에 대해서 그 어떤 감정도 섞지 않고 스스로 자문하듯이 질문한다.
  - 난 네가 싫어. → 난 왜 널 싫어하는 거지?
  - 제발 그런 말 하지 마. → 왜 난 그의 말을 듣기 싫어하는 걸까?
- 언어법(verbalization): 주인공의 비언어적 단서나 자세, 태도 등을 언어화한다.
  - 난 지금 약간은 긴장되어 가고 있어.
  - 왜 이렇게 말하는 것이 힘들지, 목소리가 떨리고 있어.
  - 난 지금 네 번씩이나 말할 때마다 팔짱을 끼고 있군.
- 신체화(physicalizing): 주인공이 표현한 내용을 몸으로 표현한다.

- 난 네가 싫어. → 손을 내젓거나 발로 차는 행위를 한다.
- 제발 그런 말 하지 마. → 귀를 두 손으로 막거나 상대를 위협하는 듯한 태도를 취한다.

• 관찰법(observing): 주인공의 표현방식에 대해 관찰한 바를 그대로 표현한다.

- 난 네가 싫어. → 이상하군. 싫은 감정은 하나도 보이지 않는데.
- 제발 그런 말 하지 마. → 저 사람이 무슨 말을 했지? 그런 말이라니 그게 무슨 의미지?

• 일반화법(generalization): 주인공의 표현 내용을 일반화시킨다.

- 난 네가 싫어. → 그래. 누구라도 저런 사람은 싫어할 거야.
- 제발 그런 말 하지 마. → 그럼. 사람이라면 저런 말은 다 듣기 싫어하지.

• 해석법(interpretation): 주인공이 표현한 바를 자기식으로 담담하게 의미 부여를 해본다.

- 난 네가 싫어. → 싫을 수밖에 없는 이유는 아마도 그에 대한 애정이 아직 남아 있다는 의미일 수도 있지.
- 제발 그런 말 하지 마. → 별로 상처 줄 만한 말도 아닌데 저토록 괴로워하는 걸 생각하니. 그래. 무슨 다른 숨은 이유가 있을 것 같아.

② 지지적 이중자

지지적(supportive) 이중자는 주인공에 대해 긍정적이고 수용적인 자신의 감정을 드러낸다. 그는 전폭적으로 주인공 편에 선다. 그는 주인공과 하나가 되고자 노력한다. 주인공이 자발성이 떨어지고 제대로 자신을 표현하고 있지 못할 때, 주인공에게 힘이 필요하다고 느낄 때, 용기를 주고 도움을 줄 필요가 있을 때, 주인공이 혼자라는 느낌 속에 있을 때, 혼돈스러워할 때, 지지적 이중자는 새롭게 자발성과 활력을 불러일으키는 촉매자가 된다. 그 방법들은 다음과 같다.

• 지지법(supporting): 이중자는 무조건 주인공을 지지하고 격려한다. 주인공의 어깨 위에 따뜻하게 손을 얹는 행위, 뒤에서 그를 감싸안는 행위, 가볍게 손을 잡는 행위만으로도 지지적이 될 수 있다. "못할 것 없어. 할 수 있어. 우리 해 보자."고 격려할 수도 있다.

- 난 네가 싫어 → 그래. 정말 네가 싫어.
- 제발 그런 말 하지 마. → 제발 다시는 그런 식으로 말하지 말란 말이야.

• 공감법(empathizing): 이중자는 주인공의 표현에 대해서 무조건 공감한다.

- 난 네가 싫어. → 그래, 알아. 오죽했으면 그러겠니.
- 제발 그런 말 하지 마. → 정말 괴로워. 넌 날 힘들게 만든단 말이야.

• 설득법(persuation): 주인공이 표현하는 것을 힘들어할 때 표현할 수 있도록 적극적으로 설득한다.
- 난 잘 못하겠어. → 아니야, 우린 할 수 있어. 내가 있잖아.
- 난 널 미워하지 않아. → 그래, 하지만 조금 미워하면 어때, 뭐. 우리 한번 실컷 미워해 볼까?

• 상담법(counseling): 이중자가 주인공에게 상담자, 조언자적인 역할을 취한다.
- 그래, 나에게 물어봐. 내가 대신 표현해 볼게.
- 뭐가 힘든지 나에게만 이야기해 봐. 내가 도와줄 테니까.
- 우리 이 장면에서 빠져 나가 우리 둘이 함께 걸으면서 상의해 볼래?

• 제시법(suggestion): 이중자가 주인공에게 암시를 주거나 구체적인 표현방법을 제시한다.
- 난 네가 싫어. → 싫다는 감정을 몸으로 표현해 볼 수는 없을까?
- 제발 그런 말 하지 마. → 나 같으면 실컷 노래라도 한 곡조 부르겠다. 그러면 그런 소리 안 들어도 되잖아.

• 강조법(emphasizing): 주인공의 표현 내용 중에서 특정한 부분을 반복 · 강조한다.
- 난 네가 미워. → (너의 강조) 난 그 누구보다도 네가 미워.
(감정의 강조) 난 네가 미워 죽을 지경이라고.
- 제발 그런 말 하지 마. → (말의 강조) 도대체 인간이 그따위 말을 함부로 하다니 말도 안 돼.
(행위의 강조) 손만 저을 것이 아니라 아예 발로 차버리면 어때?

• 확대법(amplifing): 주인공의 표현 가운데서 특정 부분을 있는 그대로 확대시킨다.
- 난 네가 미워. → (더욱 큰 소리로) 난 네가 미워.
- 제발 그런 말 하지 마. → (몸의 동작을 더욱 확대해서) 제발 그런 말 하지 마.

• 극화법(dramatizing): 주로 주인공의 표현 가운데서 감정상태를 극적으로 표현한다.
- 난 네가 미워. → 난 널 죽이고 싶을 만큼 증오한다고.
- 제발 그런 말 하지 마. → 빌어먹을, 난 다시는 네 말을 듣지 않을 테야. 없어져 버려!

• 격정법(passionate): 가장 강한 표현법으로서 주인공이 표현한 내용과 직접적으로 관계없는 내밀한 세계를 드러낸다.

- 난 네가 미워. → 내가 정말 너 때문에 얼마나 외로웠는지 넌 모르지?
- 제발 그런 말 하지 마. → 난 널 사랑해, 사랑한다고.

③ 도발적 이중자

도발적(provocative) 이중자는 역설적이며 자극적인 방식으로 접근하는 이중자다. 그의 기본은 물론 긍정자이며 수용자요 동반자며 지지자이지만, 그의 표현은 그와는 반대로 매우 자극적이다. 일견 주인공의 반대자, 적대자처럼 보이지만 그것은 또 하나의 나, 분신으로서 나를 일깨우는 이중자다. 그 방법들은 다음과 같다.

- 고집법(stubborn): 고집스러운 이중자는 마치 한 가지만을 알고 있는 바보처럼 행위한다.
  - 난 네가 미워, 하지만 네가…… → 미워, 미워, 미워…….
  - 제발 그런 말 하지 마, 난 네가 그런 말을 할 때마다…… 가슴 아프단 말이야 → 하지 마, 하지 마, 하지 마……
- 직면법(confrontation): 주인공의 우회적이고 애매모호한 태도나 표현을 직접적으로 직면시키거나 그러한 표현의 내면세계를 직면시킨다.
  - 난 네가 싫은 것은 아니지만 → 난 정말 네가 싫어.
  - 난 네가 한 짓이 밉기는 하나 그렇다고 해서 → 난 사실 이러는 나 자신이 싫고 미워.
  - 난 네가 좋아. → 난 너의 그 섹시함이 좋아.
- 반대법(oppositional): 주인공의 모든 표현 내용이나 감정에 반대 방향으로 나아간다.
  - 난 네가 싫어. → 난 네가 너무 좋아.
  - 난 정말 네 말을 듣기 싫어. → 사실은 더 많은 이야기를 해 주길 바래.
- 풍자법(satrical): 주인공의 표현 내용을 풍자화한다.
  - 난 네가 미운 건 아니야. → 그럼, 난 천사표 인간이거든.
  - 난 정말 네 말이 듣기 싫어. → 그렇지, 좋은 말은 귀에 쓰지, 소귀에 경읽기라고.
- 도발법(provocative): 주인공의 상태를 도발적으로 자극하는 방법이다.
  - 난 네가 미워. → 흥, 난 누굴 제대로 미워할 줄이나 아나?
  - 난 그 따위 말 정말 듣기 싫단 말이야. → 그럼 차라리 귀머거리가 되는 게 낫지, 아니면 저 애의 입을 꿰매어 버리든가.
- 비판법(judgemental): 주인공의 표현을 냉정하게 비판한다.
  - 난 네가 미워. → 그런 식으로 애매하게 말하지 말고 얼마나 미워하는지를 보여

주라고.

- 난 네 말을 더 이상 듣기 싫어. → 그러면 안 되지. 이야길 다 들어본 후에 싫은지 좋은지를 판단해야 할 것 아냐?

• 역설법(paradoxical): 주인공의 상황을 유머화해서 자발성을 증진시킨다.

- 난 네가 미워. → 네가 그 옷을 벗어 주면 안 미워하지.
- 더 이상 네 말은 안 들을 거야. → 오늘의 운세에서 다른 사람 말을 들으면 손재수가 있다고 나왔거든.

④ 이중자기법의 변형

• 다중자(multiple double): 한 주인공에 대해서 여러 명의 이중자가 등장하는 기법이다. 이때 다중자는 크게 두 가지 역할을 맡는다. 하나는 주인공의 다양한 면에 대해 각 이중자가 마치 물건을 여럿이 공평하게 나누어 갖듯이 그렇게 역할을 분담하는 경우다. 성격상의 여러 측면들, 몸적 요소의 부분들 및 복합 감정들의 나누기, 다양한 관계 혹은 상황에 따른 전문 이중자 등이 그것이다. 이 경우에는 이중자끼리, 각 이중자와 주인공 간의 상호작용이 활발하게 진행된다.
두 번째 경우는 주인공이 매우 피상적인 표현에 치우쳐 있거나 저항이 심한 경우, 제1의 이중자만으로는 그러한 막힘을 돌파해 나갈 수 없을 때 그 이중자에 대한 이중자, 즉 제3, 제4의 이중자를 동원하는 경우다. 그것은 한마디로 양파껍질을 벗기고 한층 한층 양파를 벗겨 가듯이 주인공의 내면 심층으로 깊이 들어가는 기법이다. 그러나 이 경우는 주인공의 동의가 반드시 필요하다. 그리고 이중자끼리의 상호작용은 생략된다.

• 집단적 이중자(collective double): 집단 전체가 이중자로 참여하는 기법이다. 예컨대, 주인공과 그의 상대자가 중요한 문제로 싸우거나 결론 없는 갈등과 혼란을 야기할 때는 집단을 두 그룹으로 나누어 각각 한쪽 편을 지지하는 이중자 역할을 하게 한다. 두 사람만의 갈등이 집단 전체의 갈등으로 화하고, 따라서 두 사람의 상황을 반전시킬 수 있거나 해결점을 찾아 나설 수 있는 새로운 전기가 마련될 수 있다. 전혀 새로운 시각에서 의견이 속출할 수 있기 때문이다.

• 양가적 이중자(divided double): 양가적 이중자는 흔히 주인공이 양가적 갈등에 처한 상황에서 각각의 입장을 대변하는 두 명의 이중자를 말한다. 하고자 하는 이중자, 못하게 하는 이중자, 감성/이성, 포기자/도전자, 실패자/성공자, 모험자/겁쟁이 등이 그것이다. 물론 최종 결정은 주인공이 내리게 된다.

• 관객 이중자(double for audience): 극의 전반적 진행에 대해서 혹은 주인공이나 보조

자에 대해서 관객을 대표해 관객의 생각을 대변하는 이중자다. 대개의 경우 전반적인 지지를 표현하고 자발성을 증진시키는 방향으로 활용된다.

2. 워밍업 기법

1) 기초 워밍업

기초 워밍업은 집단이 처음 만나서부터 정식으로 워밍업 기법을 사용하기 직전까지의 워밍업 과정을 말한다. 이 과정은 매우 중요하다. 처음 시작이라는 의미뿐만 아니라 집단이 앞으로 나아갈 전반적인 분위기며 자발성 정도를 점검할 수 있는 과정이기 때문이다. 따라서 이 과정에서는 다양한 수행 과제가 주어지고 실행된다. 물론 집단의 종류에 따라 그러한 과제들은 압축, 요약, 종합 또는 생략될 수도 있다.

(1) 지금 이순간의 집단의 특성은 어떠한가

집단의 특성 중에서 가장 중요하게 생각해야 할 점은 자발적 참여 집단인가 혹은 비자발적 · 의무적 참여 집단인가다. 비자발적 집단에서 그다음 과정, 즉 사이코드라마에 대한 이해, 진행방식에 대한 설명 및 워밍업 기법은 실행되기 어렵기 때문이다. 준비가 안 된 집단, 비자발적 집단에서는 우선 무엇보다도 지금 이곳에서의 각자의 생각이나 느낌이 최우선적으로 고려되어야 한다. 어떻게 참여하게 되었는가? 참여 조건은? 단지 시간을 때우기 위함인가 혹은 무언가를 하고자 하는 의도가 있는가? 누군가 숨은 리더, 명령자가 있는가? 그리고 의무적으로 올 수밖에 없는 상황에 대해서 자신의 느낌은 어떠했는가? 지금 이곳에 모인 소감은 어떠한가? 참여자 서로는 오늘 처음 만나는가, 아니면 아는 사람이 있는가? 한마디로 지금의 기분, 생각, 욕구가 무엇인가를 아는 것이 중요하다. 그것은 충분히 표현되고 의사소통되어야 한다. 그렇지 못한 상태에서의 진행은 무의미하며 결과도 좋지 않다.

자발적인 집단이라 할지라도 참여자들의 참여 동기는 저마다 다르다. 어떻게 오게 되었는가? 사이코드라마가 무엇이라는 것을 어느 정도 알고 있는가, 아니면 아무것도 모르는 채 그저 호기심만으로 참석하였는가? 무엇을 기대하는가? 끝나는 시간까지 함께 있을 수 있는가? 한마디로 지금 이 순간의 집단의 전반적인 특성이 먼저 고려되고 상호 준비가 된 상태에서 다음 단계로 넘어갈 수가 있다.

(2) 어떻게 사이코드라마를 이해시킬 것인가

앞의 집단의 특성에 따라 사이코드라마에 대한 오리엔테이션과 이해는 달라지게 된다. 그것은 디렉터의 자발성에 의존한다. 상황에 알맞게 그리고 상황마다 새롭게, 그 집단에 적합한 방식으로 사이코드라마를 이해시킬 수 있어야 하기 때문이다. 가능한 한 쉬운 말로 짧고 간결하면서 요점적으로 곧장 사이코드라마 정신과 그 과정을 이해하도록 해야 한다. 현학적이거나 전문적인 용어를 피하며, 지루한 강의식의 오리엔테이션은 금물이다. 행위 중심이 되어야 한다. 디렉터의 높은 자발성 자체가 하나의 모델이 되어야 한다.

때에 따라서는 사이코드라마라는 용어를 사용하지 않고서 역할놀이라든가 마음의 극장이라는 말로 대신할 수도 있다. 사이코드라마는 용어가 외국어이기 때문만이 아니라 사이코라는 말의 의미, 드라마라는 말의 의미에 대해서 그릇된 선입견이나 오해 내지는 거부감이 있을 수 있기 때문이다. 특히 비자발적 집단에서는 가능한 한 쉬운 말로 부담을 주지 않는 범위 내에서 사이코드라마에 대한 이해를 이끌어 낼 수 있어야 한다.

(3) 집단 구성원들의 특성은 어떠한가

그들은 끼리끼리 모여 앉아 있는가? 서로 인사를 하면서 이곳에 들어오는가? 남녀의 비율은? 나이의 분포는? 아픈 사람이나 몸이 불편한 사람은? 각자의 자발성 정도는? 종교 유무는? 직업별로는? 사이코드라마에 대한 경험과 이해 정도는? 상호 친숙한 정도는?

이러한 구성원들의 특성을 알아보기 위해서는 간단히 손을 들어 서로가 알게 하는 방법과 분광기법(spectrogram)을 사용하는 방법이 있다. 분광기법은 가상의 일직선상 위에 0에서 100까지의 척도를 정하고, 집단원이 그 선 위에 서서 상호 정도를 모두가 알 수 있게 하는 기법이다. 그 변형으로는 가상의 원을 이용하거나 가상의 공간을 곳곳에 마련하여 소집단별로 모이게 하는 방법이 있다.

(4) 진행방식과 시간 배분에 대해서 모두가 알고 있어야 한다

중요한 것은 전체 과정이 끝나는 시간이다. 대개의 경우는 끝나는 시간이 약속되어 있지만 때에 따라서는 다시 한 번 끝나는 시간을 확인해서 그 이전에 가야 할 사람을 선별해 미리 갈 수 있도록 조치하는 것도 중요하다. 왜냐하면 정식 사이코드라마가 진행되는 도중에 자리를 이탈하는 현상은 과정에 막대한 영향을 미치기 때문이다.

또한 워밍업 시간, 주인공의 드라마 과정 및 마무리 시간을 어느 정도 재조정해야 한다. 특히 기초 워밍업 과정이 예상 외로 길어졌을 경우에 그것은 매우 중요한 이 순간의 사안이 된다. 왜냐하면 충분한 사이코드라마와 나누기를 위한 시간이 그만큼 줄어들었기 때문이다. 응급처치격으로 말한다면, 정식 사이코드라마를 포기하고 한두 명의 주인공과 한 장면 사이코드라마를 해야만 하는 상황도 발생될 수 있다.

진행방식에 대해서는 워밍업, 주인공 선정, 드라마, 나누기 과정에 대해 간단히 소개하는 것이 좋다. 특히 나누기 과정은 다음에 다시 설명하더라도 어느 정도 충분히 이해할 수 있도록 설명하는 것이 바람직하다. 그 자체가 워밍업이 되기 때문이다.

(5) 비밀의 보장이 가능한가

마지막으로 고려해야 할 사항은 오늘 이곳에서 일어나는 모든 개인적인 이야기, 사이코드라마에 대해서 상호 신뢰를 바탕으로 향후 비밀을 지킬 수 있는가 하는 문제다. 사이코드라마는 지금 이 순간의 예술이요 인간 탐구과정이다. 이곳에서 일어난 일이 차후에 현실에서 다시 거론되어 참가자 그 누구라도 상처를 입어서는 안 되기 때문이다. 따라서 필요하면 구두 서약, 서면 약속을 할 수도 있다. 아직 집단원 간의 신뢰도가 높지 않은 상태라고 판단되면 충분한 워밍업이 이루어진 이후 혹은 나누기가 끝나고 난 이후에 실행해도 늦지는 않다.

2) 만남을 위한 워밍업

사이코드라마에서 만남의 의미는 매우 크다. 인간과 인간의 만남, 그리고 집단의 형성, 텔레의 흐름이 없는 사이코드라마는 성립될 수 없을 만큼, 만남과 집단원의 상호작용은 사이코드라마의 전 과정에서 땅을 돋우고 주춧돌을 세우는 작업과 비슷하다. 모두 함께 공동 창조 작업에 참여한다는 의식, 그러한 결속력과 상호 신뢰 없이는 제아무리 좋은 워밍업 기법도 소용이 없기 때문이다.

단순히 상호 친해진다는 의미가 아니다. 만남은 서로를 많이 알고 친해진다는 단계를 넘어서 있다. 그것은 자발성과 텔레, 사이코드라마 정신으로 한 차원 높은 익명의 세계, 놀이의 세계에 함께 동참한다는 의미다. 지금 이 순간에 하나의 사건으로서 일상으로부터의 일탈과 더불어 사이코드라마 무대라는 진실의 시공간에 공동 운명체로서 참여한다는 의미다.

실제 오랫동안 서로 잘 알고 친하게 지내 온 집단이라고 해서 사이코드라마가 보다 원만히 진행되지는 않는다. 오히려 저항이 더 심할 수도 있다. 오늘 처음 만난 집단보다 더 피상적일 수도 있다. 현실로부터 벗어나는 정도가 미약하기 때문이다. 서로 잘 알고 있다는 사실이 매 순간 현실적 위치, 회기가 끝난 이후의 현실적 입장을 상기시키기 때문이다. 그것은 주인공이 실제의 인물과의 사이코드라마에서 충분히 자신의 잉여현실을 펼쳐 보일 수 없는 이치와 같다.

서로 잘 알고 있는 집단일수록 그러한 현실적 관계로부터 벗어나 전체를 익명화할 필요성이 크다. 새로운 상황에 적절하고 새롭게 반응하도록 해야 한다. 과거와 미래로부터 벗어나 오직 지금 이곳에 몰입할 수 있도록 해야 한다. 그러나 모두가 서로 처음 만나는 집단일지라도 그 일은 그렇게 쉽게 이루어지지 않는다. 모두가 낯설고 외톨이라는 기분에서 벗어나는 일이 단순하지만은 않기 때문이다.

첫 만남의 의미는 지금 이 순간의 만남을 의미한다. 비록 서로 잘 아는 사람이라 할지라도 오늘 처음 만나는 사람처럼 새로운 눈으로, 새로운 몸과 마음으로 만난다는 것을 뜻한다. 사이코드라마에 대한 이해가 기초 워밍업 과정에서 이루어졌기 때문이다. 그것은 오직 지금 여기의 자발성만으로의 만남, 성명, 나이, 성별, 직업 등 현실의 습관화된 만남의 개념을 벗어 던지는 새로운 만남이다.

(1) 자리 바꾸기

대개 집단이 처음 형성될 때는 서로 아는 사람들끼리 모여 있는 경우가 많다. 따라서 서로 모르는 사람과도 어울릴 수 있게 하기 위해서는 자리 이동이 필요하다. 나이며 성별에 관계없이 서로 뒤섞이는 방식이다.

먼저 모두가 둥그렇게 의자에 앉아 있고 술래(자원자)가 중앙으로 나온다. 그는 다음과 같이 말하면서 각자 위치를 바꾸게 한다. "안경을 쓴 사람은 위치를 바꾼다." 술래는 이때 자신이 입고 있거나 가지고 있는 것을 말해야 한다. 만약에 '구두를 신은 사람' 을 말했으면 자신도 구두를 신고 있어야 한다.

이 놀이의 목표는 술래가 다른 사람의 위치를 차지하는 데 있다. 몇 차례 진행하고 나면 술래는 모든 사람, 적어도 대부분의 사람들이 가지고 있는 것, 예를 들어 '내복 입은 사람' '양말을 신은 사람' 등의 지시를 하게 된다. 이는 나이에 관계없이 모든 사람을 움직이게 하고 자발성을 증진시키는 간단한 놀이이다.

변형
- 어떤 행위를 진술함으로써 그에 해당되는 사람이 자리를 바꾼다(예: "나는 오늘 아침에 세수를 하였다." "어제 저녁에 술을 마셨다.").
- "이웃을 사랑하십니까?" 하고 물어서 "예." 할 경우에는 질문을 받은 사람의 좌우 사람이 자리를 옮기고, "아니요." 할 경우에는 "어떤 이웃을 사랑하십니까?" 하고 물어서 "긴 머리를 한 사람을 사랑합니다." 했을 때 긴 머리를 한 사람만이 자리를 옮긴다.

(2) 돌아다니기

돌아다니기(milling)에서는 우선 모든 집단원이 마음을 비우고 천천히 걷는다. 그리고 매번 만나는 사람과 눈으로 인사하고 만난다. 말은 전혀 필요 없다. 오직 눈으로만 만난다. 5초, 15초, 30초 등 상황에 따라 다르다. 필요한 경우에는 5분, 10분도 가능하다. 눈만을 통해 대화를 한다. 당신은 어떤 사람일까? 나는 어떤 존재인가? 눈이 말해 준다. 언어가 아닌 몸의 만남이기에 그 느낌은 새롭게 다가온다. 첫 만남의 의미다.

변형
- 손의 감각만으로 만나기(손과 손, 손과 얼굴 등)
- 등을 마주 대고 의사 전달하기
- 숲 속을 걷고 있다고 상상하면서 각자 자유롭게 걸어다니다가 누군가가 "아이, 추워." "아– 피곤해." 하고 말하면 다른 사람들이 그 사람에게 다가가 따뜻하게 해 주거나, 바닥에 누이고 피곤을 풀어주는 행위를 한다.
- 하나의 주제를 정하고, 그 주제에 대해서 만나는 사람들과 대화를 나눈다(예: 내가 요즈음에 생각하고 있는 것, 사랑이란?).
- 백지 위에 자기를 상징하는 그림, 최근의 기분 상태를 나타내는 그림 등을 그리고 나서, 만나는 사람마다 서로의 그림을 보고 느낀 점을 이야기하거나 피드백을 주고받는다.
- 형용사가 들어간 자신의 새로운 이름을 쓴 카드나 머리띠를 두르고 만나는 사람들과 이름에 대해서 느낌을 주고받는다.
- 만남카드를 작성해서 만나는 사람마다 각자의 별명, 특징, 버릇, 기타 필요한 사항을 기재한다.

(3) 눈감고 걷기

눈감고 걷기(blind walk)는 일종의 신뢰 게임(trust game)이다. 그 종류는 다양하다. 두 사람씩 짝 지은 후, 한 사람은 눈을 감고 다른 한 사람은 인도자가 되어 일정한 거리를 걷거나 혹은 장애물을 설치하고 다치지 않게 장애물을 피해서 걷는다. 인도하는 방법으로는 손을 잡고 말없이 걷는 것, 손을 놓고 지시적인 말을 통해서 앞으로 나아가는 것, 말이 아닌 소리(자연음)를 듣고 움직이는 방법 등 다양하다.

변형
- 눈을 감은 후 뒤에 서 있는 집단을 향해 넘어지기
- 모두가 넓게 원을 만들어 서고, 눈을 가린 사람이 한쪽 끝에서 다른 쪽 끝으로 달려가기

(4) 분광기법

분광기법(spectrogram)은 집단원의 여러 특성을 알아보고 상호 간의 차이를 줄이고 극소화하는 방법이다. 예컨대, 가상의 직선을 긋고 0에서 100까지 척도를 나눈 후, 현재 상태에서 각자의 자발성 정도에 따라 각 척도를 나타내는 선 위에 서도록 한다. 그리고 낮은 자발성 집단과 높은 자발성 집단 간에 대화를 하도록 유도한다. 어떻게 하면 자발성을 올릴 수 있는가? 지금 무엇이 우리의 자발성을 방해하고 있는가 등 활발한 상호작용을 할 수 있도록 한다.

변형
- 나이별로 줄서기, 키 순서대로 서기, 평상시의 자발성 정도에 따라 줄서기 등
- 직선이 아닌 가상의 공간을 설정하고, 좋아하는 색깔별로 모이기, 태어난 계절이나 달에 따라 모이기, 종교별, 직업별, 아픈 몸의 부위별, 별자리별, 좋아하거나 싫어하는 시간별, 혹은 출신지별, 취미별 등 다양하게 집단을 소집단화해서 상호 대화를 나누게 한다. 필요한 경우에는 각 소집단의 대표가 그 집단을 소개하도록 한다.

(5) 몸 풀기

다양한 신체운동을 통해서 긴장된 몸을 푸는 방법이다.

- 두 사람씩 손을 비껴 잡고 푼 다음, 네 사람씩, 여덟 사람씩 그리고 마지막에는 모두 함께 푼다.
- 원으로 모여 손을 잡은 다음, 한 곳을 끊어서 마치 실타래가 꼬이듯 모두가 서로 엉킬 때까지 움직이고는 끊어진 곳을 잇고 나서 매듭을 푼다.
- 한 줄로 서서 앞 사람의 어깨 주무르기, 등 안마, 발바닥 마사지 등
- 경험자가 앞에 나와서 다양한 방식으로 몸 풀기를 지도한다(예: 요가, 체조, 기타 간단한 몸운동).
- 목소리 연습: 차례대로 "나는 하나요, 나는 둘이요, 나는 셋이요." 하면서 목소리를 높여 간다. 다양한 감정을 고조시켜 나갈 수도 있다.
- 따라 하기: 한 사람이 어떤 행위(발 구르기, '아' 소리를 내면서 펄쩍 뛰기 등)를 하면 모두가 따라 한다.
- 구호 외치기: "우리는 자유인이다."와 같이 간단한 문구나 구호를 큰 소리로 외친다. 편을 나누어 메아리처럼 반복할 수도 있다.

• 난타: 자신의 몸, 주변의 물체를 이용하여 소리를 낸다. 차츰 강약을 조절해서 전체적인 앙상블을 만들어 낸다.

(6) 역할 맡기

워밍업으로서 역할 맡기 놀이는 매우 광범위하다. 한순간의 짧은 역할 맡기에서부터 연기훈련에 사용되는 역할연습 혹은 연극 게임, 그리고 즉흥극 및 구조화된 역할놀이까지 그 수는 헤아릴 수 없을 만큼 다양하게 변형되고 놀이된다. 여기서는 간단한 예를 몇 가지만 들기로 한다.

• 여러분은 이제 갓 유치원에 입학한 유치원생들입니다. 자, 어떻게 하시겠습니까?(예: 여름방학을 눈앞에 둔 초등학교 3학년 학생들, 졸업식을 끝내고 이제 헤어지기 직전에 있는 고교생들, 결혼을 앞둔 선남선녀들, 70세 생일잔치를 맞이한 노인들, 죽음을 앞에 둔 노인들 등. 또는 모두가 국회의원이 되어서 당선 파티를 연다. 세계 각국의 유명한 댄서들의 춤 파티다. 내로라 하는 합창단 단원들이다. 모두가 인사불성이 될 만큼 술이 취했다 등)
• 모두가 좋아하는 동물이 된다(예: 새들의 합창단, 함께 나는 기러기, 다양한 꽃과 나무의 율동 및 팬터마임, 별과 하늘과 달과 파도, 모래, 갈매기가 나는 바다 풍경 등).
• 한 아파트 내부의 가구며 사물이 되어 상호작용한다(예: 도심의 길거리 풍경, 산골마을의 정경, 거대한 공장 내부, 인간의 각 신체기관들의 모임, 천둥번개가 치는 밤의 정경 등).

(7) 행위 사회측정학적 기법

행위 사회측정학적 기법은 집단원 상호 간의 텔레를 측정하는 사회측정학을 실제 행위를 통해 드러나게 하고 상호관계를 촉진하는 기법이다. 그것은 역할에 따라 텔레의 흐름이 달라지기 때문에 집단원들의 다양한 텔레에 의한 상호 결속력을 높일 뿐만 아니라 고정관념에서 벗어나 새로운 시각으로 나와 너를 바라볼 수 있도록 해 준다.

• 모두들 서로서로 바라보세요. 그리고 이 방 안에서 가장 오랫동안 관계를 맺어 온 사람에게 다가가 그의 어깨에 한 손을 얹으세요(예: 이곳에 도착한 후 가장 의미 있는 접촉을 한 사람에게 손을 얹으세요. 자기 자신을 드러내는 것이 쉽다고 여겨지는 사람, 어렵다고 생각되는 사람은? 그리고 그 이유를 서로 이야기해 보세요 등).
• 나와 가장 유사한 느낌을 주는 사람은? 내가 가지고 있지 못한 것을 가지고 있다

고 보이는 사람은?
- 부모나 가족 중의 한 사람처럼 느껴지는 사람은? 그리고 그것은 어떤 느낌인가? 지금까지 살아온 과정 중에서 그 누군가를 생각나게 하는 사람은?
- 함께 차를 마시고 싶은 사람, 함께 공부하고 싶은 사람, 함께 여행을 떠나고 싶은 사람, 함께 목욕을 하고 싶은 사람, 집으로 초대하고 싶은 사람, 운동 · 수영 · 등산 · 음주 · 대화를 같이 하고 싶은 사람은?
- 나의 심장에 대한 이미지, 나의 눈빛의 이미지, 돈에 관한 나의 생각을 대표할 것 같은 사람은?
- 말하지 않아도 내 마음을 알고 있을 것 같은 느낌을 주는 사람, 나와 인생관이 비슷할 것으로 생각되는 사람, 나와 유사한 아픔을 가지고 있는 것같이 느껴지는 사람은?

손을 얹는 방법은 한 사람이 손을 얹고 이야기하고 그다음에는 그 사람이 다른 사람에게 가서 손을 얹고 이야기하는 방법과 한꺼번에 동시에 자유롭게 손을 얹고(이 경우 서로 겹치고 엉키게 된다.) 차례로 이야기하는 방법이 있다. 중요한 것은 지금 이 순간의 텔레, 자발성과 직감을 최대한 높이는 것이다. 그 어떤 선입견도 버리고 자유로워져야 한다. 반면에 이야기를 듣는 사람은 어떤 내용이나 느낌도 수용할 자세가 되어 있어야 한다. 이 모든 과정이 끝나면 과정 전과 후의 집단에 대한 느낌을 서로 나누기한다.

3) 일반적 워밍업 기법

여기서 말하는 일반적인 워밍업 기법은 통상적으로 활용되는 워밍업 기법을 일컫는다. 그러나 이것은 앞에서 언급한 만남을 위한 워밍업과 다음에 언급할 심층 워밍업과 뚜렷하게 구별되는 기법이라고 말할 수는 없다. 이해를 돕기 위해 편의상 그렇게 구분하였기 때문이다.

일반적 워밍업의 목적은 크게 세 가지다.

- 잠자고 있는 자발성을 일깨우고 증진시키는 것
- 상호 만남과 이해를 촉진시키고 집단의 결속력을 다지는 것
- 역할놀이와 자기표현에 보다 익숙하고 자유롭게 하는 것

따라서 이런 목적에 알맞은 워밍업 기법은 언제 어느 곳에서도 적절하게 응용할 수

가 있다. 그렇기에 그 종류는 무궁무진하다. 주의할 점은 일상적 오락, 게임, 레크리에이션에서 이용되는 기법을 무분별하게 도입해서 워밍업 기법으로 사용하는 일이다. 그러한 행위가 그릇된 것이라기보다, 부득이 그러한 경우에는 다음과 같은 점을 사전에 충분히 고려해야 한다.

- 우선 그 기법이 위의 목적에 부합되는 기법인가를 생각해야 된다. 장난, 유흥성, 오락성과 놀이성의 차이점은 놀이성에는 진지함이 깃들어 있다는 점이다. 해도 그만 안 해도 그만인 놀이가 아니라 한마음으로 열심히, 유쾌하게 놀이할 수 있는가, 그래서 자신도 모르게 자발성이 고취될 수 있는가를 고려해야 한다.
- 워밍업은 단순한 유희가 아닌 자신을 드러내고 자신을 비우고자 하는 방향으로 나아가야 한다. 그러한 자기 노출이 없는 단순한 오락이나 게임은 지양되어야 한다. 물론 워밍업 초기, 특히 처음 만남 집단에서는 '주변에서 중심으로' 라는 말처럼 자기 노출이 불필요한 워밍업 기법을 사용할 수는 있다.
- 그러나 그것은 시간적으로 짧고 간단명료해야 한다. 사이코드라마에 대한 이해가 어느 정도 이루어진 집단에서 평균 5분 이상 되는 단순한 게임이나 오락은 역작용을 불러일으킬 수가 있다(물론 집단에 따라 예외도 있을 수 있다.). 중요한 점은 한 회기의 전체 시간과 워밍업 시간의 배분에서 어느 정도의 시간을 소비하는 것이 바람직하느냐 하는 문제다.
- 단순한 오락이나 게임에 몰두하다 보면 본말이 전도되어 자발성보다는 오락성이, 자기 노출보다는 경쟁심이, 만남보다는 경쟁의 후유증에 시달릴 수 있다.
- 그러한 게임이나 오락은 습관적으로 반복해서는 안 된다. 회기마다 지금 이 순간의 상황에 가장 적절한 창조적 방식으로 변형 · 활용되어야 한다.

워밍업 과정은 쉬우면서도 어렵다. 단순한 게임 지도자가 되기는 쉬워도 집단 전체의 역동과 자발성을 책임지는 디렉터로서 그것은 매우 창조적인 작업이어야 하기 때문이다.

(1) 비언어적 집단 워밍업

① 팬터마임: 일종의 무언의 역할놀이로서 흔히 배우훈련에 사용된다. 뜨거운 차 마시기, 매우 차가운 아이스바 먹기, 로봇처럼 걷고 춤추기, 배구 · 배드민턴 · 권투 · 수영 등 운동하기, 가상의 줄다리기, 줄넘기, 고무줄놀이, 오자미 던지기 등등.

가족 조각 형식의 소집단 조각

변형 - 원으로 둘러서서 가상의 물건 돌리기(물건은 차츰 커지거나 작아진다. 또는 뜨거워지다가 차츰 식거나 무거워지다가 차츰 가벼워진다.)

- 자기 몸에서 가상의 때, 허물, 오염된 마음, 불필요한 것 등을 벗겨내기. 그래서 가상의 삽으로 땅을 파고 구덩이에 묻기

② 집단 조각: 한 사람의 자원자가 집단 전체를 대상으로 하거나 5~6명씩 소집단화해서 한 사람이 그 집단을 대상으로 조각작품을 만들고 토론한다. 주제로는 지금의 마음상태, 현재의 자기 자신의 모습, 딜레마나 갈등, 자신의 꿈, 집단에 대한 느낌, 사이코드라마에 대한 느낌 등이 있다.

변형 - 간단한 문장을 삽입해서 가족 조각 형식으로 자신의 문제, 최초의 사건, 당황했던 경험, 최근 일어난 사회적 사건 등을 움직이는 조각 작품으로 만든다.

- 언어를 삽입해서 자신의 꿈, 환상, 소설이나 영화 속의 한 장면, 동물농장, 시골목장, 장례식장 등을 조각화하고 일정 시간 상호작용하게 한다. 필요한 경우에는 서로 돌아가면서 역할을 바꾸어 진행할 수도 있다.

③ 집단화 그리기: 개별적으로 자신의 현재 느낌을 그림으로 그린 후, 소집단별로 모여서 지금의 집단 속의 느낌과 집단에 대한 느낌을 한 장의 그림으로 표현한다. 한 사람이 한 가지 색으로 하나의 점, 선 혹은 색칠하기를 끝내면, 그다음 사람이

집단 노래와 춤에 의한 워밍업

그에 반응해서 그에 덧붙여 그려 나간다. 그림이 완성되면 토론하고 집단끼리 나누기하거나 그림을 몸으로 표현해 보인다.

④ **집단 노래와 춤**: 5~6명씩 소집단이 되어서 오직 지금 이 순간의 느낌을 언어가 아닌 소리(목소리, 발소리, 물건을 이용한 소리 등)로, 마치 그림을 완성해 나가듯 하나의 음악을 즉흥적으로 만들어 나간다. 필요하다면 몸의 움직임, 춤으로 이어질 수 있다. 상호 감각과 조화가 멋지게 어우러진다. 북이나 장구 등 악기를 이용해도 좋다.

⑤ **집단 사진**: 자원자가 집단을 대상으로 자신의 인생에서 인상 깊었던 시절의 사진을 마치 조각하듯 형상화시킨다. 그런 다음 토론한다. 필요하다면 잠시 동안 상호작용할 수도 있다. 중요한 점은 인물뿐만 아니라 배경, 소리, 시간(계절) 등을 모두 역할화시킨다는 점이다.

변형 각자가 가고 싶은 곳, 어려운 때 혼자 있는 곳의 이미지를 사진화한다.

⑥ **눈싸움**: 신문지로 눈뭉치를 뭉쳐서 편을 나누어 눈싸움을 한다. 이때 얼굴을 맞추어서는 안 된다. 겨울 노래가 있으면 더욱더 어린 시절로 돌아갈 수 있을 것이다.

⑦ **흉내내기**: 집단이 두 줄로 서서 마주 보고 한쪽이 다른 쪽 사람의 행위를 똑같이 따라 한다. 처음에는 쉬운 동작에서 차츰 어려운 동작으로 나아간다. 소리는 낼 수 있으나 말은 안 된다. 일정 시간이 지나면 역할을 바꾼다. 요점은 시간이 지날수록 서로가 한마음이 되어 거의 동시에 행위가 시작된다는 점이다. 이심전심의 현상이다. 끝나고 나서 나누기한다.

⑧ 감각훈련: 두 줄로 마주 보고 가까이 서서 서로를 자세히 관찰한다. 그리고 한쪽을 뒤로 돌아서 있게 한 다음, 그 상대방은 자신의 외형을 변형시키도록 한다. 보통 처음에는 두 군데, 세 군데, 그리고 다섯 군데, 여섯 군데식으로 늘려 나간다. 모두의 변형이 끝나면 뒤로 돌아선 팀은 자신의 파트너의 외형 중에서 그전과 틀린 부분을 지적한다. 끝나면 역할교대를 하고 후에 나누기를 한다.

⑨ 수용훈련: 방의 양끝에 두 줄로 서서 상호 파트너를 정한다. 그리고 다양한 상황 제시에 따라 슬로우 모션으로 서로 다가간다. 감정을 충분히 표현해서 행위하도록 해야 한다. 상황의 예는 아들(딸)과 엄마가 10년 만에 공항에서 만나는 것, 5년간 헤어져 있던 연인이 만나는 것, 오랫동안 못 만났던 친구를 길에서 우연히 만나는 것 등이다.

변형 한쪽은 제자리에 서 있고 한쪽에서만 슬로우 모션으로 다가간다. 다가오면 기다리던 사람은 그에 대한 반응을 한다. 상황의 예는 경찰에게 구원을 요청하며 달려가는 것, 빚쟁이를 보고 정신없이 달려가는 것, 아가가 울면서 엄마에게 달려가는 것 등이다.

(2) 언어적 집단 워밍업

① 역할 파티: 이것은 다양한 역할 맡기를 통해 집단원 사이의 상호작용을 촉진시키며 자발성을 고취시키는 기법이다. 첫 만남을 위한 워밍업에서의 역할 맡기보다는 자기 노출이 어느 정도 진행된다. 역할을 맡은 사람들은 모두가 파티장에 모여 흥겹게 파티를 즐기며 상호작용을 하도록 한다. 역할의 예는 다음과 같다.

- 여러분들은 세상에서 가장 허풍을 잘 치는 사람들입니다. 이름, 나이, 성별, 직업에서부터 철저히 허풍을 쳐 보세요.
- 여러분은 각자 마음속에 존경하는 인물이나 좋아하는 사람이 있을 것입니다. 실제건 가상이건, 소설이나 영화 속의 인물이건 역사적 인물이건 상관이 없습니다. 그 사람이 되어 파티를 즐기세요.
- 여러분이 지금까지 살아오는 동안 가장 착하고 선한 사람이라고 생각하는 그 사람이 되어 보세요(또는 가장 악한이라고 생각했던 그 사람이 되어 보세요.).
- 그밖에 어렸을 때 제일 좋아했던 장난감, 동물 되기, 자신의 몸 중에서 아픈 부위가 되기, 미래의 '나' 되기 등

② 시장놀이: 두 편으로 나누어 한편은 파는 사람, 다른 한편은 사는 사람이 되어 시장놀이를 한다. 파는 사람은 어떻게 해서든지 사도록 설득해야 하고, 사는 사람

은 꼼꼼히 따져야 한다. 파는 물건들은 실제로 시장에서 흔히 볼 수 있는 물건, 특이하거나 기상천외한 물건, 돈으로는 결코 살 수 없는 추상적인 것들(예: 사랑) 등이다.

③ 이야기 만들기: 15명 내외의 소집단에서 유용한 기법이다. 모두 둥그렇게 앉아서, 처음에 그날의 기분을 중심으로 하나의 이야기(주인공이 있고 하나의 상황 혹은 사건이나 행위가 있는)를 시작한다. 가능한 한 추상적이고 공상적 · 상징적일수록 좋다. 그러면 그다음 사람이 그 이야기를 이어받아 스토리를 전개시킨다. 보통 2~3회 정도 이야기가 돌고 나면 마지막 사람이 이야기를 종결짓는다. 각자의 자발성과 상상력을 최대한 동원해서 이야기를 만들도록 격려해야 한다. 그리고 끝나면 그 이야기 속에 자신이 얼마만큼 투영되었는지에 대해서 나누기한다.

④ 21게임: 매우 간단하게 보이는 게임이지만 집중력을 요한다. 참가자 모두는 1에서 21까지 한 번에 한 숫자만 말할 수 있다. 그러나 동시에 두 사람이 말하면 처음 1부터 다시 시작해야 한다. 규칙은 순서대로 연속해서 숫자를 부르면 안 되며 서로 간에 어떤 사인을 보내서도 안 된다는 것이다. 집단은 서로를 잘 인식해서 자신의 역동에 따라 서로 간에 타이밍을 맞추어야 한다. 실제로 긴장도가 높이 올라갈 수 있으며, 특히 18이나 19일 때 그렇다.

⑤ 비밀 나누기: 모두 각자 자신의 비밀을 한두 가지씩 종이에 적는다. 내용은 한두 문장으로 하며 자세히 기록할 필요는 없다. 그리고 종이를 잘 접어 모두 모은 후에 한 사람씩 다시 자기 것이 아닌 종이를 집는다. 그것을 읽고 나서는 그 비밀이 마치 자신의 비밀인 양 상상해 본다. 그 비밀이 생겼던 시기, 나이, 상황, 그 후의 마음상태 등을 충분히 상상한 후에 한 사람씩 진짜 자기 비밀을 고백하는 것처럼 집단 앞에서 이야기한다. 필요하면 집단의 질문을 받을 수도 있다. 그러나 이 기법은 충분히 상호 신뢰가 형성된 집단에서 실시해야 한다. 그리고 도중에 그 어떤 상황이 돌발하더라도 디렉터가 적절하게 대처할 수 있는 경우에 한한다. 마지막에는 충분히 상호 나누기를 한다.

변형
- 집단 구성원으로서의 희망, 두려움, 기대감을 기록한다.
- 자신의 환상, 꿈, 과대망상적 계획 등을 기록한다.
- 보고 싶은 사람에게 그동안 하지 못했던 이야기를 편지 형식으로 쓴다.

(3) 쌍쌍 워밍업

① 활주로 훈련: 눈감고 걷기의 변형기법이다. 집단은 상호 파트너가 되어 다음 그림과 같이 마주 앉거나 선다.

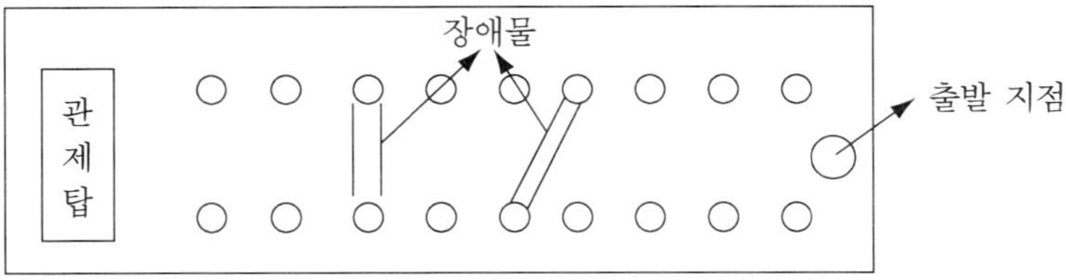

한 팀씩 나와서 한 사람은 관제사, 한 사람은 비행기가 되어 관제사는 관제탑(책상이나 의자)에, 비행기는 눈을 가리고 출발 지점에 선다. 약 60cm 정도의 긴 활주로를 사이로 마주 앉아 있는 다른 집단원은 손, 발, 가방, 우산, 수건, 끈 등으로 2～3개의 장애물을 설치한다. 관제사는 오직 말에 의한 지시를 통해 비행기(자신의 파트너)를 무사히 자신이 있는 곳까지 유도해야 한다. 장애물은 눈을 뜬 상태에서 통과가 가능한 방식으로 설치되어야 한다. 만약 비행기가 진행 도중에 사람이나 장애물에 부딪히면 그 자리에서 모두 '펑' 하고 비행기가 폭발한 것으로 가정한다. 지시문의 예는 "오른쪽으로 15도 몸을 틀고, 한 걸음만 앞으로, 80cm 정도의 높이에 장애물이 있으니 몸을 최대한으로 낮추고, 그렇지. 정지, 반 걸음 앞으로……."와 같다.

② **반복대화법**: 이 기법은 돼/안 돼(do/don' t) 기법이라고 한다. 두 사람 중 한 사람은 "돼, 할 수 있어."라고 말하고, 다른 한 사람은 "안 돼, 할 수 없어."라고 말한다. 두 사람은 각자의 말을 상황에 따라 감정과 행위를 달리하면서 계속 반복한다. 주인공(protagonist)과 반대자(antagonist)의 대결 양상으로 둘 중 한 사람이 상대에게 승복할 때까지 격렬하게 지속된다(그러나 실제로 승복하는 경우는 드물다.).

변형 - 갈 거야/안 돼, 못 가.
- 해 봐, 할 수 있어/안 해, 못해.
- 난 해야만 해/아냐, 넌 할 필요 없어.

③ **대사기법**: 아래와 같은 대화가 적힌 쪽지를 두 사람이 나누어 갖고, 한 사람은 1을, 다른 사람은 2가 된다. 처음에는 쪽지를 보고 시작한다. 각 대사에 알맞은 감정과 함께 행위로 표현한다. 대화가 끝나면 그다음부터는 일정 시간 동안 즉흥적으로 진행된다. 더 이상 진행이 안 되는 경우에는 끝내도 좋다.

대화 #1

1: 일이 이런 식으로 되는 건 기분이 안 좋아.

2: 무슨 말이니?

1: 난 속박된 듯한…… 감금당한 기분이라고.

2: 뭐가 널 감금하는데?

1: 너!

2: 나? 어떻게 그런 말을 할 수 있니?

1: 넌 나에게 조금도 여지를 주지 않잖아.

2: 여지? 어떤 여지?

대화 #2

1: 나가고 싶니?

2: 그래, 좋은 생각이야.

1: 우리 집으로 가고 싶어.

2: 난 너희 집은 싫어.

1: 너 아까 나가고 싶다고 했지 않니?

2: 그랬지. 그러나 그곳은 싫어.

1: 좋아, 잊어버려.

2: 넌 왜 나에게 항상 그런 식으로 대하니!

대화 #3

1: 도움이 필요해.

2: 말해 봐.

1: 네 도움이 필요해.

2: 내가 할 수 있는 거라면 뭐든 해 주었잖아!

1: 내가 너를 필요로 할 때 이런 식으로 날 떠날 수는 없어.

2: 오, 안 된다고? 날 봐!

1: 이런 식으로 해선 안 돼.

2: 난 더 이상 널 못 돕겠어. 넌 다른 길을 찾아봐야 할 거야.

대화 #4

1: 넌 내 말을 하나도 듣지 않아.

2: 넌 가치 있는 말은 한마디도 안 하잖아!

1: 그런 식으로 싸움 걸지 마.

2: 내가 싸움을 건다고? 그건 너야.

1: 나라고?

2: 그래, 너야. 넌 항상 시비를 걸려고 하지.

1: 시비를 거는 건 바로 너라고.

2: 야, 너 입 닥치지 못해.

대화 #5

1: 그건 네 잘못이야.

2: 아냐, 네 잘못이야.
1: 그럼 그게 누구 잘못인가?
2: 몰라.
1: 거짓말 마.
2: 천만에. 맹세해.
1: 어서 진실을 말해 봐.

④ 점쟁이기법: 두 사람이 마주 앉아 한 사람은 점쟁이가 되어 상대방의 관상을 본다. 즉흥적으로, 상상력이 이끄는 대로, 맞고 틀리고에 관계없이 점쟁이는 상대방의 운수, 관상, 재수, 운명 등에 대해서 이야기한다. 상대방은 점쟁이의 모든 말에 긍정하고 수용해야 한다. 끝나면 역할교대를 하고 그 후에 나누기를 한다.

변형 이제는 황당무계한 점이 아니라 실제로 자신의 파트너에 대해서 각자 상상해 본다. 아래와 같은 다양한 주제에 대해 상상해 보고 두 사람 모두 동시에 종이쪽지 위에 기록한다. 그러고 나서 종이 밑면에는 자기 자신에 대한 실제 내용을 간략히 기록한다. 평균 세 가지 정도 주제에 대해 상상하는 것이 적당하다. 끝나면 서로에 대해서 기록한 것을 토대로 나누기한다.

주제들의 예는 기호음식/잠자리 버릇/좋아하는 영화, 좋아하는 색/잘 만드는 음식/미래의 꿈, 집안 분위기/현재의 고민/여행하고 싶은 곳, 직업의 만족도/침실 분위기/최초의 어려운 상황 등이다.

⑤ 소개기법: 이 기법은 몇 가지 단서를 통해서 역할교대를 훈련하는 기법이다. 두 사람은 일정 시간 동안 서로 자기를 소개한다. 대개의 경우는 일정한 조건에 의해서 소개하게 되는데, 그러한 조건이 없게 되면 피상적으로 자기소개가 끝날 수도 있기 때문이다. 자기소개에는 성격(특징적인 면 두 가지, 장점 한 가지, 단점 두 가지 등), 최근의 고민, 스트레스 대처방식, 직업에 대한 만족의 정도, 버릇, 미래에 대한 생각, 자기를 나타낼 수 있는 형용사 세 가지, 집단에 참여하게 된 동기 등이 포함될 수 있다. 그러고 나서 파트너는 상대방이 되어서 마치 자신이 그 상대방인 것처럼 자기소개를 한다. 필요한 경우, 집단의 질문에 대해서 즉흥적으로 대답할 수 있어야 한다.

변형 어떠한 조건 없이 서로 대화를 나눈 후 그 대화과정에서 느낀 것들, 드러난 단서만으로 역할교대를 통해서 자기소개를 하거나, "내 파트너는 ~하다."고 역할교대 없이 파트너를 소개할 수도 있다.

⑥ 자기 조각: 한 사람은 조각가, 한 사람은 조각작품의 재료가 된다. 조각가는 재료를 토대로 지금의 자기 모습을 조각한다. 현재의 자신에 대한 생각이나 느낌을 표현하는 것이다. 그러고 나서 다른 집단원들이 작품을 감상한다. 떠오르는 이미지들을 이야기한다. 끝나고 나면 작가는 자신의 작품 의도를 설명한다. 그런 다음 역할교대를 해서 반복하고는 나누기를 한다.

4) 심층 워밍업

심층 워밍업 기법은 주인공을 선정하기 위한 마지막 단계의 워밍업 기법을 일컫는다. 그러나 실제에서 이러한 심층 워밍업으로 주인공을 선정하는 경우는 드물다. 왜냐하면 심층 워밍업 기법 자체의 실연만으로 한 장면 사이코드라마 내지는 미니 사이코드라마가 가능할뿐더러, 대개의 경우 진행시간이 30분 이상 소요되기 때문이다. 따라서 심층 워밍업 기법을 사용할 때는 다음과 같은 점을 고려해야 한다.

- 주인공이 될 수 있는 기회는 집단 모두에게 공정하게 주어져야 한다. 따라서 심층 워밍업 과정에서 주인공을 선정하는 것은 매우 불공평하기 때문에 디렉터는 어떤 방식으로 심층 워밍업을 할 것인가에 대해서 사전에 충분히 심사숙고해야 한다. 예컨대, 단지 워밍업 자체만을 위한 기법을 활용할 것인가, 아니면 주인공을 선정할 목적으로 할 것인가를 결정해야 한다. 기법만을 위할 경우에는 사이코드라마 교육 · 훈련을 위한 기법 활용이 될 것이며, 이때는 충분한 시간적 여유를 가지고 진행할 수 있어야 한다. 만약 주인공을 선정하기 위한 경우라면 그 기법을 어떻게 빠른 시간 내에 요약 · 변형해서(최대 20분 이내) 주인공들의 자발성을 떨어뜨리지 않고 주인공으로 나설 수 있도록 하겠는가를 미리 준비하고 있어야 한다(예: 가족 조각).
- 심층 워밍업 기법은 그 자체만으로 정식 사이코드라마는 아니지만 사이코드라마적 장면 만들기가 가능하므로, 주인공을 선정한다는 이유로 도중에 중단하거나 생략되어서는 안 된다. 그것은 그 자체로 완결된 구조를 가지고 있는 경우가 많기 때문에 기법 자체에 대한 마무리 및 나누기 과정까지 철저하게 진행되어야 한다(예: 마술가게).

이제 비교적 시간이 짧게 소요되는 기법에서 한 시간 이상 오래 걸리는 기법 순으로 대표적인 심층 워밍업 기법을 논의해 보자.

(1) 눈감고 감상하기

가장 단순하고 비교적 손쉽게 주인공들이 등장할 수 있는 기법이다. 물론 이 기법이 의미 있게 실행되려면 이전에 워밍업이 충분히 되어 있어야 한다. 문제는 이전의 워밍업과는 전혀 무관하게 난데없이 눈을 감게 하거나 상상하게 함으로써 오히려 자발성을 떨어뜨리고, 따라서 주인공으로 등장하는 사람이 아무도 없게 되는 경우다.

주제 선정은 그 앞의 분위기, 워밍업 상태를 고려해서 그와 연결되는 주제를 선정하는 것이 가장 좋다. 주제의 예는 이 순간 가장 만나고 싶은 사람, 이 순간 내 마음을 꼭 이야기해 보고 싶은 사람, 방금 전 워밍업 동안에 떠올라 왔던 사람이나 사건 또는 감정, 아직도 해결이 안 된 내 마음의 문제 혹은 만나서 해결을 짓지 않으면 안 되는 사람들 등이다.

변형 - 만약 이 순간 내가 주인공이 된다면 무슨 이야기를 하고 싶나요?
- 어떤 것을 주제로 주인공을 하겠습니까?

(2) 주제 이야기하기

이 기법은 노골적으로 주인공을 선정하는 방식이다. 두 명 혹은 4～5명씩 짝을 짓고 나서, 자신이 주인공이 될 경우 하고 싶은 이야기, 주제를 생각해 보고 파트너나 집단에게 미리 이야기하게 한다. 일단 이야기를 한 이후이기 때문에 자발성이 더 올라갈 수도 있는 반면, 거꾸로 이야기를 해버림으로써 주인공으로 나서고자 하는 의욕이 떨어질 수도 있는 단점이 있다.

(3) 보조인물 기법

집단원 모두 방 안을 걸어다니면서 자신의 정체성을 변화시켜 중요한 다른 인물이 되어 보는 기법이다. 마치 무대 위에 혼자 걸어다닌다고 생각하고, 자신의 삶 속에서 중요한 누군가가 그렇게 혼자 걷고 있다고 상상해서 그 사람이 되어 생각하고 느끼고 걷는다. 어느 정도 그 역할에 워밍업된 이후에는 자신으로 돌아와 실제로 그 역할의 사람과 상호작용하고 싶은 사람들은 누구인지를 묻는다. 주인공으로 나서는 것이다.

(4) 사자(死者)와의 만남

죽음에 관한 이야기가 선행된 후, 이 세상을 떠났지만 아직도 지금 내 마음속에 강한 느낌으로 남아 있는 사람을 생각해 본다. 그리고 누가 주인공이 되어 그 사람과 만나 보겠느냐고 묻는다. 이 경우에는 등장하는 모든 주인공과 더불어 한 장면 사이코드라마를 진행하는 것이 바람직하다.

변형 - 지금 현재 사회원자 중에서 아파 누워 있는 사람
- 임종을 앞둔 사람
- 자신의 죽음을 생각해 왔던 사람

(5) 수호천사 되기

사람들은 대부분 자기 마음속에 자기만의 수호천사, 또 하나의 이상적인 자기, 신, 선생, 지혜로운 자 등에 대한 이미지를 가지고 있다. 이제 그 이미지를 구체적인 인물화 · 역할화해서(상상으로 혹은 빈 의자를 이용해서) 대화를 나눈다. 그리고 스스로 묻고 역할교대를 하고, 대답하고 다시 역할교대를 한다. 어느 정도 상호작용이 이루어진 후에 주인공을 선정하거나 집단으로 모여 나누기한다.

(6) 인도된 환상

신체 이완을 한 이후에 편안히 누운 상태에서 다양한 환상여행을 시도한다. 여행의 종류는 매우 다양하다. 음악에 의한 인도된 환상은 오직 음악만으로 자유롭게 느낌과 이미지 세계를 넘나들지만 여기서는 디렉터가 언어를 통해서 환상 세계로 인도한다.

인도된 환상의 예는 다음과 같다.

- 머나먼 우주여행 → 지상에 꽃, 나무, 동물 등으로 환생해서 내려오기 → 성장하고는 고통 받고 죽고 다시 우주여행 떠나기 → 인간으로 태어나기 → 성장하기 → 지금에 이르기
- 자신의 몸 속을 여행하기
- 대자연, 밀림으로 들어가 탐험하기, 야생동물과 만나고 폭포를 지나며 낯선 땅과 낯선 지역 탐사하기
- 외딴 섬이나 산 속의 외딴 집에서 사람 만나기 → 대화하기 → 원없이 자신의 잉여현실을 사이코드라마적으로 행위화하기 → 마무리하고 작별하기
- 가장 어린 시절로 되돌아가기
- 현실을 떠나 마음껏 세계를 여행하면서 살아가기
- 전생이나 후생 세계를 여행하기
- 부모 중 한 사람의 전 일생을 여행하기
- 슈퍼맨이나 원더우먼 혹은 초능력자가 되어 세상 구하기

끝나면 지금의 현재의 나로 되돌아와 탈역할을 한다. 그리고 나누기를 하거나 주인공을 선정한다.

(7) 요람기법

위의 인도된 환상 기법과 유사한 방식으로 진행한다. 모두가 갓 태어난 아기가 되어 바닥에 이불을 덮고 눕는다. 디렉터는 마치 어머니나 아버지처럼 속삭이면서 아기들을 돌보며 돌아다닌다. 자장가도 부르고, 이부자리도 살펴주고, 도닥거려 주기도 한다. 가능한 한 모든 사람이 아기 기분에 젖어들 수 있도록 유도한다. 그리고 시간의 여유를 두고 현재로 돌아와 탈역할한 후 나누기를 한다.

(8) 빈의자기법

빈의자기법은 워밍업뿐만 아니라 사이코드라마 전 과정을 통해서 광범위하게 활용된다. 그 이유는 다음과 같다.

- 주인공은 보조자보다는 빈 의자를 향해서 보다 자유롭게 자신의 내면세계를 표출할 수 있을 가능성이 높다. 타인의 입장에 대한 배려의 필요성이 그만큼 줄어들기 때문이다.
- 보조자의 반응에 의한 방해 없이 자신의 생각, 느낌을 있는 그대로 표현할 수 있다.
- 주인공은 대상에 대해서 마음껏 상상할 수가 있다. 빈 의자는 모든 참가자들에게도 상상력의 훌륭한 촉매 역할을 한다.
- 텔레에 의한 보조자 선정에 어려움을 느끼거나 대인관계 어려움을 겪고 있는 주인공에게 빈 의자는 보다 긍정적으로 기능한다.
- 대상의 반응보다는 주인공 자신의 표현이 더 중요한 경우에 적절하게 활용될 수 있다(차고 때리고 밀고 던지는 행위의 경우 등).
- 빈 의자는 언제 어떤 상황에서도 복잡한 절차 없이 하나의 대상, 인물 혹은 사물을 대신할 수 있다.

구체적으로 빈 의자를 활용하는 방식은 다양하다.

① 하나의 빈 의자: 무대 위에 하나의 빈 의자가 놓여 있다. 아무도 앉아 있지 않고 빈 의자다. 그것은 그 자체로 모든 사람의 상상력을 불러일으킨다. 누가 앉아 있는가? 어떤 사람이 가장 먼저 떠오르는가? 그의 표정은? 그의 기분은? 내가 앉아

빈의자기법(여러 개의 빈 의자)

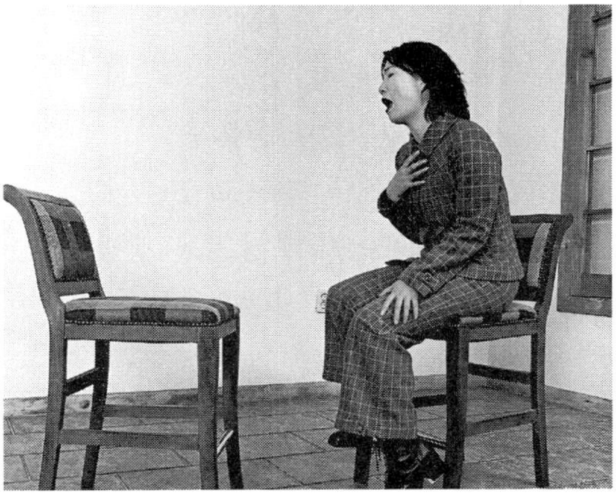

빈의자기법(하나의 빈 의자)

있는가? 어떤 상태로? 나의 어떤 모습, 어떤 부분이 앉아 있는가? 드라마의 시작이다. 나 이외의 대상이 존재하기 때문이다.

빈 의자는 한때 내 마음을 차지했으나 이제는 사라지고 없는 떠났거나 사별했거나 나 스스로 내 마음에서 지운 내 마음의 빈자리를 상징한다. 지금 이 순간 만나고 싶고 보고 싶은 대상, 부딪히고 싸워야 할 인물, 감사하거나 오해를 풀어야 할 대상을 상징한다. 나의 내면의 또 다른 나, 나를 비난하거나 나를 괴롭히는 다양한 나의 일면을 상징한다.

또한 빈 의자는 보는 사람의 시각을 향해 어떤 형태로, 어떤 거리에, 어떤 위치에 있느냐에 따라 그 이미지를 달리한다. 나에게 등을 돌리고 있는 의자는 나에게 무관심하고 나를 배척하거나 소외시키는, 나와 거리를 둔 인물을 연상시킨다. 나에게 화가 나 있거나 실망한 인물, 내가 보기 싫어하는 사람, 또는 나의 일부, 나 자신을 떠올릴 수도 있다. 보는 사람마다 그 의미가 다르게 드러난다.

넘어져 있는 의자, 내가 앉아 있는 곳보다 더 높은 곳에 있거나 내가 내려다볼 수 있는 낮은 곳에 놓인 의자, 부서진 의자, 나와 가장 먼 곳에 놓여 있는 의자와 바로 내 곁에서 나를 향해 있는 의자, 거꾸로 엎어져 있는 빈 의자의 모습 또한 다양한 연상을 불러일으킨다.

② 여러 개의 빈 의자: 두 개 이상의 빈 의자가 놓인 형태에 따라 또한 연상되는 이미지는 달라진다. 마주 보는 두 의자, 서로 등지고 있는 의자, 한 의자 위에 올려진 의자, 서로 엉켜 있는 의자, 서로 멀리 떨어져 있는 의자 등등.

4개의 의자는 서로 마주 보고 둥그렇게 놓여 있는데 하나만 원 밖으로 나와 있거나 등을 돌리고 있는 경우, 넘어져 있는 경우, 흰색 천이나 검은 천이 덮여 있는 경우도 마찬가지다.

나란히 앞을 보고 있는 두 빈 의자는 나의 양면성을 대신할 수도 있다. 좋고/나쁜, 선/악, 겉/속, 감성/이성, 어린이/어른 등등. 세 개의 의자는 과거/현재/미래의 나, 잘하고 있는 역할/못하고 있는 역할/혼돈된 역할, 여성/중성/남성, 사랑/미움/무관심 등을 상징할 수 있다.

(9) 자기표현 기법

자기표현 기법은 가장 간단한 역할연기(혹은 역할행위)를 말한다. 마치 모노드라마를 진행하는 것처럼, 등장인물 혹은 주인공은 스스로 타인 또는 그 어떤 대상의 속성, 특징을 행위로 표현한다. 그것은 디렉터나 보조자의 개입 없이 스스로의 판단에 의한 매우 주관적인 표현이다.

그 예는 다음과 같다.

- 빈 의자를 곁에 놓고 그곳에 자신이 앉아 있다고 생각하고, 이 사람은 혹은 이 친구는 하면서 자신을 3인칭으로 표현하는 방법
- 두 개의 의자를 놓고 혼자서 두 가지 역할을 교대로 표현하는 방법
- 여러 개의 의자를 놓고 혼자서 각 역할들을 하면서 사건이나 상황을 표현하는 방법
- 3개, 5개, 7개의 의자를 놓고서 자신의 세 가지 면이나 역할, 특성을 표현하거나 자신의 현재 상황이나 과거 상황을 압축해서 5~7개의 장면으로 표현하는 방법
- 자신의 미래상이나 꿈을 행위로 표현하거나 그 어떤 특정 상황을 표현하는 것 등

(10) 사회원자 도해 및 가족 조각

사회원자(social atom)는 개인의 내면세계에 존재하는 중요한 인물, 대상을 말한다. 사회원자 도해는 그러한 사회원자들과 자신의 관계를 텔레를 이용해서 도식이나 그림으로 표현한 것을 일컫는다. 따라서 그것은 현재의 나의 인간관계를 한눈에 알아볼 수 있는 단서를 제공해 준다(자세한 내용은 12장의 사회측정학에 관한 논의를 참조하라.).

그 방법은 다양하다.

- 종이 위에 기호나 그림으로 그리는 방법
- 무대 위에 인형, 통나무 조각, 크고 작은 빈 플라스틱 병, 종이컵 등으로 배치하는 방법

- 실제 보조자들을 등장시켜서 관계를 구체화시키는 방법(이것은 특히 행위 사회도해 [action sociogram] 혹은 가족 조각[family sculpture]이라고 부른다.).
- 그림이나 도식, 물건이나 인형을 사용한 도해도 필요한 경우에는 행위화할 수 있다.

이 기법은 주로 자신의 가족들이 등장하는 경우가 많기 때문에 충분히 워밍업되거나 친숙한 집단에서 실행되어야 한다. 그리고 시간 소요가 많기 때문에 한 시간 이상 충분한 시간 여유를 가지고 실행하는 것이 바람직하다. 심층 워밍업으로는 매우 깊이 있는 좋은 기법이다.

(11) 마술가게

마술가게 기법은 매우 다양하게 진행되는 흥미로운 기법이다. 그것은 참가자들의 상상력을 극대화시키며 자발성을 높인다. 그 기초적인 진행방식은 다음과 같다.

① 가게 소개: 가게 장소와 등장인물은 상황에 따라서 환상적이거나 마술적인 분위기가 감도는 곳으로 소개한다(예: 깊은 숲속, 유리로 만든 집과 요정, 선녀, 500세 먹은 현자, 마법의 성과 마술사, 지하동굴, 깊은 바다 속의 해신 등). 거래되는 품목은 다음과 같다.

- 주인공이 사고자 원하는 '상품'
  - 인간의 속성(솔직성, 인간성, 자존심 등)
  - 추상적 가치(행복, 자유, 우정, 평화 등)
  - 기타(복수심, 분노, 명예, 이기심 등)
- 값으로 내놓은 '대가'
  - 긍정적이나 성장을 방해하는 것(독립심, 이상주의, 포용력, 적극성 등)
  - 부정적 속성이라고 믿는 것(참을성, 수동성, 의타심, 탐욕 등)
  - 높은 가치를 지닌 것(명예, 지위, 이름, 신체의 일부 등)

② 가게 주인 및 구매자 선정

- 디렉터가 주인이 될 경우: 모두 눈을 감고 가게에 어떤 방식으로 올 수 있겠는가, 무엇을 사고 무엇을 대가로 지불할 것인가를 상상하게 한다.
- 집단원이 주인이 될 경우에는 다시 한 번 요약해서 가게의 특징을 설명하게 한다.
- 마치 시장에서 호객행위를 하듯, 주인은 구매자들을 초청한다.
- 흔히 주인 이외에 상품을 찾거나 포장하는 등의 일을 돕는 점원이나 보조자를 1~2명 선정하기도 한다.

• 가게 소개 → 가게 주인 및 구매자 선정 → 상품 선정 → 대가 선정

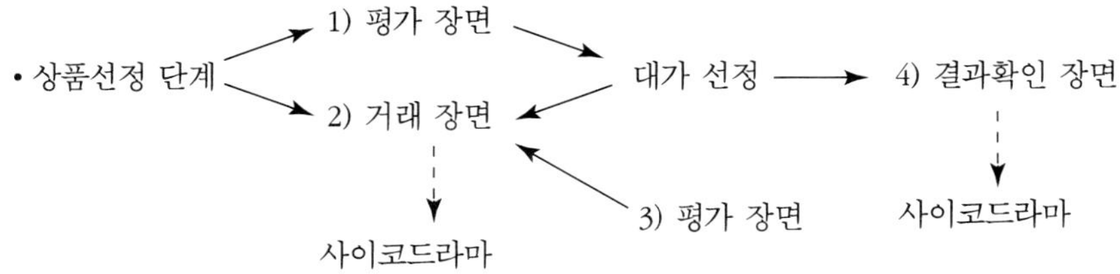

③ 상품 선정

• 구매자가 원하는 상품은 하나의 추상적 단어이기 때문에 보다 구체적으로 세분되어야 한다. 예컨대, 사랑을 사고 싶다고 한다면 사랑의 종류는 아주 많을 것이다. 그중에서 어떤 종류의 사랑을 원하느냐고 묻는다. 그리고 그것을 구매하는 이유, 무엇 때문에 얼마만큼을 구매하고 싶은지, 그리고 그것으로 무엇을 어떻게 하고 싶은지를 묻는다. 또한 구매하고 싶은 욕구의 강도는? 언제부터 얼마나 절실하게 필요로 했는지를 묻는다.

• 1)의 평가 장면: 그것의 필요성을 일으켰던 과거의 구체적인 상황을 장면화한다. 그 외에 상품과 관련된 에피소드를 장면화할 수 있다. 이 장면은 생략될 수도 있고 정식 사이코드라마로 이행될 수도 있다.

④ 대가 선정: 상품 선정과 마찬가지로 대가를 세분하거나 내놓는 이유, 욕구의 강도 등을 알아본다. 중요한 점은 왜 그것이 문제가 되는가, 왜 그것이 자신의 성장을 저해하는가, 그리고 얼마만큼을 버릴 것인가(양적인 측면)다.

• 3)의 평가 장면: '대가'로 지불한 다음에 그것을 버린 이후의 상황을 장면화한다. 변화된 자신의 모습, 그러한 자신이 타인에게 미치는 영향 등을 보조자 혹은 이중자를 통해서 살펴본다. 이 장면은 생략되거나 혹은 정식 사이코드라마로 나아갈 수 있다.

• 2)의 거래 장면: 마술가게 기법의 중추적 과정이라고 할 수 있다. 상품과 대가 사이의 양적 교환 가능성 여부를 결정하는 과정이 중요하기 때문이다.

가령 사랑이나 우정을 얻기 위해서는 그에 상응할 만한 대가, 명예, 자존심을 내놓아야 한다. 100%의 사랑의 마음을 갖기 위해서는 자존심 50%는 걸맞지가 않기 때문이다. 그러나 여기서 가장 중요한 점은 반드시 교환(거래)이 이루어지지 않아도 좋다는 점이다. 실제 의미 있고 성공적인 마술가게 시간이었는데도 교환이 이루어지지 않는 경우가 많기 때문이다. 요점은 교환이 아닌 자신에 대한 인식, 지각 여

부가 다른 사람에게 어떻게 보이고 해석되느냐다. 상품이나 대가 그 하나하나의 속성 자체가 아니라 그에 대한 정도, 명확성, 매매에 대한 확고부동한 의지 등이 더 중요하다.
여기서 하나의 역설이 등장하는데, 가장 긍정적이고 가치 있는 특성도 때로는 우리를 잘못 되게 할 수 있다는 것이다. 인내력, 절제력은 타인의 눈에 비솔직함, 우유부단으로 보일 수 있고, 용기나 솔직성은 건방짐, 어리석음으로 비칠 수 있다. 이런 점에서 리더(디렉터)는 자신이 믿고 있는 것이 모두가 진실만은 아니라는 의미의 메시지를 전달할 수 있다. 그리고 자신이 되고자 하고 원하는 대로 될 수 있으며, 꼭 하나만이 아니라 다른 방법으로도 자신이 목표하는 바를 달성할 수 있다는 점을 인식시켜 줄 수 있다.

- 4)의 결과확인 장면: 포기한 것, 새로 얻은 것으로 할 수 있는 장면을 현재 혹은 미래 투사기법으로 종합적인 점검을 할 수 있다. 평가 장면과의 차이는 상품과 대가 모두를 다룰 수 있다는 점과 그런 바람직한 역할에 대한 역할훈련의 의미가 강하다는 점이다.

마술가게 기법은 다음과 같은 장점이 있다.

- 워밍업의 기능을 하여 사전에 마음 준비를 하게 하기 때문에 비위협적이고, 개인의 정보를 쉽게 서로 공개할 수 있다.
- 한 과정만으로 각자가 의미 있는 것을 얻어 갈 수가 있다.
- 비숙련자라 할지라도 쉽게 사용할 수 있다.
- 숙련된 자에게는 카타르시스, 치료적 효과까지도 이끌어 낼 수 있다.
- 다양한 변형, 생략이 가능하다. 예를 들면, 아주 단순한 교환행위만으로도 필요한 것, 포기한 것의 의미를 알 수 있다.
- 무엇을 교환해야 될지 모를 때, 교환상의 어려움이 있을 때, 집단이 피드백을 줄 수도 있고 보조자를 이용할 수도 있다. 예를 들어, 자존심을 원하면서 정작 무엇을 내놓을지를 모를 경우에는 "당신의 그 낮은 자존감은 어때요? 그걸 필요로 하는 사람들이 꽤 있거든요."라고 말해 줄 수 있다.

"원하는 것을 갖기 위해서는 대가를 치르는 법, 성숙은 그만한 대가 없이는 이루어질 수 없는 법, 그래서 살기 위해서는 죽고, 얻기 위해서는 버려야 하는 것…… 이것이 마술가게 기법의 숨겨진 의미다."

심층 워밍업 기법은 다양하다. 무한히 변형·창조될 수 있다. 지금까지 소개된 기법은 주로 시각과 청각의 자극에 의한 워밍업 기법들이지만, 촉감(모래, 물, 흙 등의 감촉을 이용하는 방법), 미감(특별한 맛, 포도주의 맛 등 맛감각을 이용하는 방법), 후각(독특한 냄새를 이용하는 방법), 그리고 명상 및 감각들의 혼합에 의한 기법을 사용할 수도 있다.

마지막으로 심층 워밍업 기법을 활용하는 데 있어서 기본적으로 전제되어야 할 사항을 정리하면 다음과 같다.

- 사이코드라마에 대한 기초적 이해가 전제되어야 한다.
- 앞선 기본 워밍업과 연계해서 물 흐르듯 자연스러워야 한다.
- 지금 이곳의 여건에 적절한 기법이어야 한다(내용, 언어, 이해도, 시간, 여건 등).
- 지나치게 피상적이거나 지나치게 자기 노출적인 기법은 피한다.
- 가능한 한 모든 참가자에게 영향을 줄 수 있어야 한다(주제 선택의 문제).
- 전체 분위기에 따라 소규모 집단 혹은 전체 집단의 나누기가 필요할 수도 있다.
- 지나치게 주인공의 등장에만 관심을 쏟지 말아야 한다.
- 지시어는 분명하고 시간의 흐름을 타서 완급을 조절한다.
- 디렉터는 진지하고 성실한 자세로 자신의 능력에 알맞은 창조적인 기법을 사용한다.
- 예외적인 주인공(미리 준비된 주인공, 처음 워밍업 자극을 받은 주인공, 디렉터에 대한 텔레에 의한 주인공, 기타 예상치 못한 주인공)이 등장하는 경우 지금 이곳에서의 전체 상황을 살펴보고 그 예외성을 수용하고 인정한다.

3. 행위화 기법

행위화 기법은 크게 기본 기법, 개입기법, 시간기법, 공간기법, 상황기법, 마무리기법, 그리고 저항극복 기법으로 나누어 생각할 수 있다.

1) 기본 기법

기본 기법은 크게 확대법, 강화법 그리고 구체화법으로 나뉜다.

(1) 확대법(amplifing)

확대법은 등장인물(주인공, 보조자)의 생각, 느낌, 행위를 확대, 과장, 증폭시키는 방법이다. 그 목적은 일상적 사고방식이나 행위로부터 벗어나게 하고, 보다 극적인 역할 행위에 몰입할 수 있도록 하며 잠재된 힘을 충분히 발휘할 수 있도록 하는 데 있다.

① 목소리의 확대: 의미가 있거나 중요한 단어, 문장을 큰 소리로 말하게 한다. 마이크 역할의 보조자를 이용해 큰 소리를 낼 수도 있다. 상대방은 귀를 막고 안 들리는 것처럼 행위한다. 때로는 집단과 함께 큰 소리를 낸다.

② 자세 및 거리의 확대: 반대자는 주인공이 말할 때마다 완전히 돌아앉거나 차츰 멀리 떨어져 나간다. 계속 외면하고 두 사람 사이의 거리를 점점 멀리한다. 높낮이를 이용해서 힘의 불균형을 증폭시킨다.

③ 생각, 느낌의 확대

- 보기 싫다 → 얼마만큼, 어떻게 하고 싶은 만큼 보기 싫은가 묻는다.
- 다양한 감정들 → 온몸과 마음이 그 감정으로 물들어 있다고 상상하게 한다.
- 한 방울의 눈물 → 한 드럼 이상 흘리지 않았느냐고 물어본다.

(2) 강화법(intensification)

강화법은 상호작용하는 두 인물의 힘의 균형을 고려해서 힘이 약하다고 생각되는 쪽의 인물에게 힘을 실어 주는 방법이다. 때로는 확대법과 유사하게 드라마 진행상 유의미한 순간이나 장면, 중요한 말이나 태도를 강조하기도 한다.

① 반복법: 여러 문장을 한 문장으로 압축해서 말한다. 한두 문장을 하나의 단어로 표현한다. 같은 단어나 문장을 반복해서 말한다. 집단이 단서로 제시된 말이나 문장을 반복한다. 방금 끝낸 장면을 반복하되 보다 힘 있게 표현하도록 한다.

② 힘 실어주기: 이중자를 필요한 수만큼 등장시켜 지지 · 응원하게 한다. 손오공이 머리털로 자신을 복제하듯이 여러 명의 자신을 복제한다. 한 명의 이중자와 손을 잡거나 껴안은 상태에서 진행한다.

③ 물질 이용법: 가상의 인삼, 녹용, 술, 마약 등을 마시거나 주사를 놓는다. 일자무식의 원시인, 야만인 상태가 된다. 에너지 탱크를 상징하는 보조자가 등장해 에너지를 주입한다. 힘을 상징하는 천이나 팔찌, 모자 등을 두르거나 쓴다.

(3) 구체화법(concetigation)

구체화법은 모든 추상적인 내용, 애매모호한 상황 및 언어적 표현을 구체적으로 가시화하고 역할화하는 방법이다.

감정 이동(외행위화)

① 의인화: 생각이나 성격의 일부분, 몸의 일부를 의인화하여 그 역할을 맡는다. 두 사람이 침묵하고 있을 때, 상호작용이 어렵거나 교착상태에 빠졌을 때 주변의 물건, 가구, 의자 등이 역할로 나선다. 사랑이나 미움이 의인화되어 다가왔다가 멀어진다.

② 상징화: 짐, 무게, 고통 등을 상징하는 물건이나 사람을 행위자의 몸에 걸치거나 매달리게 한다.

- 마음 약한 나 → 사나운 사자나 호랑이 앞의 사슴이나 양이 된다.
- 비참한 나 → 찌그러진 종이컵, 부서진 바가지, 찢어진 천이나 신문지로 상징화한다.

③ 신체화: 다양한 감정을 온몸으로 표현하게 하거나 몸의 특정 부위에 그 감정이 매달려 있는 것으로 한다.

④ 분광기법: 어떠한 감정의 정도, 자발성의 정도 등은 분광기법으로 숫자화한다.

⑤ 감정 이동: 감정상태를 주먹을 통해 바타카나 신문지 등으로 이동해서 표현하게 한다. 발을 통해 깨지는 물건이나 방바닥으로 이동시킨다.

2) 개입기법

이 기법은 디렉터, 보조자, 관객이 임의로 장면에 개입하는 일반적인 방법을 말한다.

(1) 접촉법(touching)

디렉터나 보조자(특히 이중자)가 주인공에게 다가가서 지지적인 신체 접촉을 함으로써 주인공의 감정상태를 격려하거나 완화시키는 방법이다. 주인공이 격렬한 감정에 빠져들 때, 극도의 슬픔이나 외로움 속에 있을 때 특히 유용하다.

(2) 행위 중단(cutting the action)

신체적으로 다칠 위험이 있을 때, 그 어떤 예기치 못한 돌발사태가 발생했을 때, 주인공이나 등장인물이 정신을 잃고 혼란상태에 빠져들 때, 장면 진행이 극도로 혼란스러울 때, 디렉터는 큰 소리로 '잠깐, 정지, 스톱' 등과 같이 소리를 지르면서 장면을 중단시킨다.

(3) 유머

긴장상태가 오래 지속될 때, 전체적으로 분위기의 반전이 필요할 때, 당혹스럽거나 썰렁해지는 분위기 등에서 한마디의 유머는 긴장을 해소시키고 새로운 시각으로 사태를 보게 만든다.

(4) 코칭(coaching)

마치 운동경기의 코치처럼 디렉터나 관객이 등장인물에 대해서 코치 역할을 할 수 있다. "그렇게 해 봐." "그럴 수 있을까?" "좀 더 적극적으로 할 수 있을 텐데." "아니야, 안 될 거야. 안 하는 게 나아." 등등.

(5) 자발적 이중자(spontaneous double)

주인공에 의해서 보조자가 선택되는 것이 아니라 상황에 따라서는 집단 중에 누구나 주인공이나 등장인물의 이중자가 될 수 있다. 물론 주인공이나 디렉터의 허락을 받고 개입해야 한다. 주로 집단의 활성화, 자발성의 고취, 훈련목적으로 활용된다.

(6) 암전

잠시 동안의 침묵, 고요가 필요할 때, 주인공의 감정상태(외로움, 슬픔 등)를 자극하거나 완화시키고자 할 때, 죽음과 관련된 어떤 분위기를 형성할 필요가 있을 때, 디렉터는 무대의 불을 끌 수 있다.

3) 시간기법

(1) 미래투사 기법(future projection)

미래의 특정 순간을 현재화해서 장면을 만든다. 미래투사 기법은 다음과 같은 경우에 사용할 수 있다.

- 두려워하는 결과나 현실, 예기불안이 일어나는 상황
- 미래 사건을 처리할 수 있는 능력이나 태도 및 그 결과에 대한 테스트

- 주인공의 희망, 계획이 현실을 바탕으로 한 것인지의 점검
- 기타 주인공에게 중요한 미래 상황(예: 정신병동에서 퇴원한 후의 상황, 죽어 가는 사람과의 이별)

(2) 시간 퇴행(time regression)

① 슬로우 모션: 감정이 격해 있을 때, 누군가 다칠 위험이 있을 때, 슬로우 모션으로 말하고 행위하게 한다. 특정 순간을 강조하거나 상대방과의 대조를 뚜렷하게 부각시키기 위해서도 실시된다.

② 재연(replay): 일단 진행된 장면을 녹화해서 다시 보는 것과 같이 다시 한 번 장면을 반복하는 경우다. 전 장면과 똑같이 하거나(특히 핵심적 단서를 찾고자 할 때) 전 장면을 강화해서 실시할 수도 있다. 때로는 전 장면과 다른 식의 반응을 유도하기 위해 시행된다.

③ 지우기: 지나간 장면을 마치 칠판의 글씨를 지우거나 촬영된 부분을 삭제하듯이 지우거나 취소하는 방법이다. 의도적으로 잘못된 장면 진행은 주인공으로 하여금 적극적으로 수정하게 만들며, 실제로 잘못 진행된 장면이거나 주인공이 마음에 들지 않는 장면인 경우에도 취소될 수 있다.

(3) 시간 압축(time condensation)

다음과 같은 경우에 시간압축 기법을 쓴다.

- 주인공이 세밀한 부분까지 사건이나 경험을 이야기하고자 할 때
- 주인공의 대상과의 상호작용이 지리멸렬해지고 초점이 흐려질 때
- 만남의 과정이 불필요하리만큼 더디게 진행될 때
- 실제로 한 회기의 시간 여유가 없을 때

장면이나 과정은 압축하거나 건너뛰어서 직접적으로 본론이나 핵심으로 다가간다. 때로는 현실에서 잉여현실 세계로 건너뛰거나 상황을 마무리할 필요가 있을 때 활용되기도 한다.

(4) 시간여행(time travel)

살아온 삶이나 사건의 진행을 나이나 시간대별로 명확히 정리하고자 할 때, 디렉터는 가상의 시간을 무대 위에 설정하고 함께 손을 잡고 시간여행을 실행한다. 이는 미

궁에 빠진 상황이나 사건을 정리하고 새로운 시각을 획득하는 데 도움이 된다.

4) 공간기법

(1) 장애물 극복

주인공의 답답한 상황, 막히고 억압된 상황, 자발성을 가로막고 있는 상황 등을 구체적인 장애물로 상징화해서 극복할 수 있게 하는 방법이다.

① 탈출법
- 천이나 담요로 감싸인 주인공이 그로부터 벗어나는 것
- 5~6명의 집단이 형성한 원의 내부로부터 밖으로 빠져나오기
- 뒤에서 가지 못하게 잡는 보조자로부터 벗어나기
- 서너 명의 보조자가 누워 있는 주인공을 몸으로 누를 때 그로부터 빠져나가기

② 돌파법
- 3~4명의 보조자가 진행 방향을 가로막고 장벽을 형성하고 있을 때 그것을 뚫고 나아가기
- 5~6명의 보조자가 만든 원의 내부로 파고들기(집단에 대한 소속 의지를 보이거나 또는 원 속의 누군가를 구출하기 위해서 주로 실행된다.)

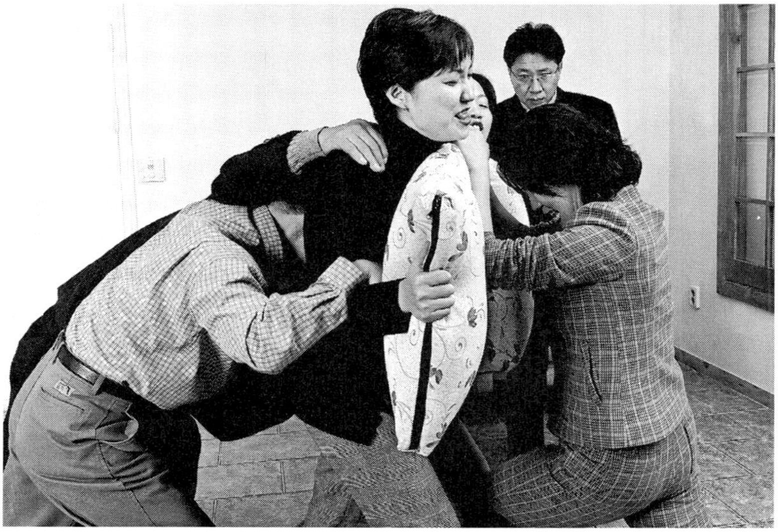

네 명의 보조자가 벽을 만들어 주인공을 차단하고 있는 장애물 돌파법이다.

③ 제거법: 장애물을 상징하는 물건을 차기, 던지기, 치기, 폭발시키거나 불태워 없애기, 파묻기 등이 있다

(2) 공간여행

공간여행은 주인공이 장면에서 빠져나와 특별한 공간으로 이동하는 것을 말한다. 그 사용 예는 다음과 같다.

- 자유롭고 싶다, 날고 싶다, 어딘가로 훌쩍 떠나고 싶다는 의미의 공간 이동을 함축하는 언어가 중요한 순간에 터져 나올 때 그러한 상황으로 나아간다.
- 주인공이 구체적으로 가고 싶어 하는 곳 또는 혼자 있고 싶어 하는 곳으로 잠시 동안 공간 이동을 할 수가 있다.
- 주인공이 저항을 보일 때는 분위기를 바꾸고 사람들의 시선에서 벗어나서 깊은 산이나 바다, 동굴, 대나무 숲 속으로 잠시 공간여행을 다녀올 수 있다.

(3) 힘의 대결

주인공이 대상과 힘겨루기를 할 때는 그 상황을 공간화해서 구체화시킨다.

- 밀고 당기기, 밀어내기, 끌어당기기, 쓰러뜨리기, 올라타기 등
- 눕거나 엎드리기, 무릎 꿇기, 높은 곳에 올라가기, 등에 업히기 등

5) 상황기법

상황기법은 사이코드라마의 행위화 단계 중 특별한 상황에서 활용되는 기법이다.

(1) 거울기법(mirroring)

자신의 모습을 거울에 비추어 보거나 자신의 행위를 비디오로 촬영해서 보는 것과 같이, 주인공은 장면에서 물러나고 이중자가 방금 했던 장면을 재연하는 방법이다. 이 기법을 사용하는 경우는 다음과 같다.

- 주인공이 위축되어 있거나 충분히 워밍업이 안 되어 있을 때
- 주인공이 자신의 행위에 대한 이해나 타인에게 미치는 영향에 대해 전혀 모르고 있다고 디렉터가 판단할 때

- 다른 사람과 적절하게 상호작용을 하지 못하고 있을 때
- 주인공이 지금의 상황에 대해서 무언가 새로운 시각을 갖도록 하는 것이 필요하다고 판단될 때

거울기법은 매우 중요한 저항 극복의 한 방법이지만, 잘못 사용하는 경우에는 오히려 사용하지 않은 것보다 못한 해로운 결과를 가져올 수도 있다. 한마디로 '네 꼴을 보라' 는 식의 디렉터의 비판이나 비난의 메시지가 전달될 수도 있기 때문이다. 따라서 이 기법은 반드시 주인공의 이해와 승낙이 있는 경우에만 사용되어야 하며 그 시기도 매우 적절해야 한다. 특히 다음과 같은 주인공의 경우 사용되어서는 안 된다.

- 지나치게 방어적이거나 예민한 주인공
- 낮은 자존감의 주인공
- 자살의 위험성, 의심이나 편집증적 경향의 주인공
- 자신의 행위에 대해 충분히 알고 있는 주인공

(2) 독백(soliloque)

독백은 등장인물 혼자서 자기 자신과 대화를 나누고 자신의 숨겨진 생각, 표현되지 않은 느낌을 표현하는 방법이다. 주로 주인공이 장면으로부터 벗어나서 혼자 걷거나 장면 밖에 서서 혼자 말하거나 보조자(이중자)와 대화를 나눈다. 디렉터가 독백이 필요하다고 판단하는 경우는 다음과 같다.

- 장면 진행 중에 초점이 불명확하거나 무언가 중요한 단서가 결여되었다고 판단될 때
- 주인공의 감정상태가 충분히 표현되지 않은 때
- 장면이 끝났는데 무언가 개운하지 않고 감정의 잔여물이 남아 있다고 생각될 때
- 방금 끝난 장면에 대한 소감을 알고자 할 때
- 다음 장면에 대한 느낌, 기대감 또는 생각을 표현하는 것이 단서를 찾는 데 의미가 있다고 판단될 때

(3) 방백(aside)

방백은 주인공의 생각이나 느낌을 개방하는 데 있어서 독백과 비슷하다. 그러나 독백과는 다음과 같은 차이점이 있다.

- 방백은 혼잣말이지만 반드시 두 사람 이상의 관계 도중에 사용된다. 상대방으로부터 약간 고개를 돌리거나 입을 가리고, 독백보다는 짧게 내면의 생각을 한두 마디 표현한다.
- 방백의 내용은 상대방이 듣지 않는 것으로 가정된다.
- 방백의 근거는 인간이 완전히 정직해질 수 없다는 데 있다.

방백을 사용하는 경우는 다음과 같다.

- 어떤 정보를 내놓지 않으려는 사인을 보일 때
- 말한 내용과 비언어적 메시지가 모순을 이룰 때
- 상호관계가 아닌 일반적인 관계, 겉도는 관계일 때
- 내면의 느낌보다는 피상적인 말놀이로 흐를 때

(4) 등뒤기법(behind the back)

등뒤기법은 실재하는 사람이 무대를 떠나 밖으로 나갔다고 가정하고 남아 있는 사람들끼리 자신의 내면의 생각을 표현하는 기법이다. 이때 나갔다고 생각하는 사람은 실제로 나가는 것이 아니고 무대 한쪽에서 다른 사람을 향해 등을 돌리고 앉아 있는다. 주인공, 디렉터, 관객 모두가 등뒤기법의 대상이 된다. 주인공이 등을 돌리는 경우는 다음과 같다.

- 주인공이 관객을 지나치게 의식하거나 불편해할 때
- 주인공이 관객의 의견을 듣고자 하거나 지지를 원할 때
- 주인공이 양가적 상황이나 혼돈된 가치 상황 속에 처해 있어서 어떻게 해야 할지 모를 때

집단이 등을 돌리는 경우는 다음과 같다.

- 주인공이 혼자 있고 싶어하거나 아무도 없는 곳에서 드라마를 진행시키고자 원할 때
- 주인공이 집단에 대한 느낌이나 생각을 솔직하게 표현하고자 원할 때
- 주인공이 소외감이나 홀로된 느낌 속에 빠져보는 것이 도움이 된다고 생각될 때

디렉터가 등을 돌리는 경우는 주로 디렉터에 대한 집단의 텔레가 긍정적이지 못한 상황이거나 주인공이 디렉터에 대한 강한 텔레가 발생하는 상황이다. 등뒤기법은 거울기법처럼 적절한 시기에 올바르게 사용되어야 하며, 끝나고 나면 반드시 그에 대한 피드백과 나누기가 있어야 한다.

(5) 분리기법(spitting)

분리기법은 주인공이나 대상의 몸과 마음을 나누거나 부분화시켜서 행위화하는 기법이다. 그 예는 다음과 같다.

- 대상을 좋고 나쁜 두 사람, 두 측면으로 나눈다. 또는 과거/미래/현재의 대상, 몸/마음, 현실적/이상적 모습으로 나눈다.
- 주인공 또한 그러한 분리가 가능하다. 신체의 부분화, 역할이나 성격을 여러 부분으로 나눌 수도 있다. 용기 없는 나/용기 있는 나, 수동적/적극적, 침묵하는 나/표현하는 나 등으로 나눌 수도 있다.

분리기법을 사용하는 경우는 다음과 같다.

- 주인공이 양가적 감정으로 힘들어할 때
- 자발성이 떨어지고 저항이 올 때
- 인물 대 인물의 대결보다는 부분 대 부분의 대결이 자발성을 올릴 수 있다고 판단될 때
- 행위 갈증이 충분히 표현되지 못할 때

(6) 그네기법(swing)

그네기법은 이럴 수도 저럴 수도 없는 상황, 양가적 감정상태에 처한 주인공으로 하여금 어느 한쪽을 선택할 수 있도록 보조자들이 주인공의 양팔을 좌우로 잡아당기며 그 상황 역할을 하는 방법이다. 불편감을 느끼는 주인공은 어느 한쪽을 선택하든가 혹은 두 상황 모두를 경험한 후에 선택하게 된다. 물론 그 이유도 함께 설명해야 된다.

(7) 편지 및 전화 기법

이것은 직접 직면하기 어려운 대상에게 가상의 편지나 전화를 통해 심정을 표현하는 방법이다. 어느 정도 거리를 두고 이루어지기 때문에 때로는 직접 상호작용하는 것보

청소년 사이코드라마에서의 그네기법

다 유용할 수도 있다. 상상적이든 환상적이든 보다 자유롭게 표현하도록 고무된다. 이중자가 추신을 보내거나 덧붙여 말할 수도 있다.

6) 마무리기법

마무리기법은 다음과 같은 몇 가지 목표를 위해서 행위화 과정의 마지막 단계에서 시행되는 기법이다.

- 잉여현실 세계에서 현실 세계로의 전환을 위해서, 즉 일상으로의 복귀를 준비하기 위해서 실시된다.
- 주인공에서 집단으로의 복귀를 돕기 위해서 실시된다.
- 미래에 대한 연습과 훈련을 위해서 실시된다.
- 과정을 되돌아보고 인지적인 이해를 돕기 위해서 실시된다.

그러나 마무리기법은 드라마가 끝났다고 해서 반드시 실시되는 것은 아니다. 그 이유는 다음과 같다.

- 사람마다 개성과 욕구가 다르기 때문에 드라마를 마무리하는 방법에 대한 필요성도 주인공마다 다르다. 획일적인 마무리방법은 오히려 역효과를 가져올 수도 있다.
- 어떤 식으로 마무리하느냐는 주인공의 현재 상태, 주변 상황 그리고 디렉터의 미

적 · 예술적 자발성에 달려 있다.

- 특히 인지적이고 분석적인 마무리기법은 그다음 과정인 나누기를 마치고 실시하는 것이 더 바람직할 수도 있다.

(1) 드라마적 마무리기법

① 마지막 대화법: 그동안 행위화 과정에 등장했던 중요 인물들을 다시 등장시켜서 주인공으로 하여금 마지막으로 하고 싶은 말을 하도록 하는 방법이다. 대화는 각각 길지 않게 상징적으로 이루어진다.

② 마지막 빈의자법: 보조자 대신에 중요 등장인물을 상징하는 빈 의자들을 등장시켜서 주인공 스스로 각자에게 하고 싶은 말을 하게 하는 방법이다. 각 인물에 대한 지금 이 순간의 생각을 표현하거나 혹은 주인공 자신이 빈 의자와 역할교대를 할 수도 있다.

③ 마지막 연설법: 중요 등장인물들을 등장시키고, 그 모두를 향해서 소감을 피력하거나 용서나 화해의 연설을 하는 방법이다.

④ 마지막 이별법: 등장했던 중요 인물들과 이별하는 방법이다. 직접 행위로 표현하거나 편지, 전화, 이메일 등으로 이별의 인사를 보낸다.

⑤ 마무리 사진법: 중요 등장인물들과 사진을 찍어 간직하는 방법이다. 실제로 사진을 촬영할 수도 있다.

⑥ 마무리 합창법: 등장했던 인물들이 모두 나와서 주인공을 위해서 즉흥적으로 노래를 부르거나 중요한 대사를 마치 노래하듯이 합창하는 방법이다.

⑦ 마무리 교정 장면: 첫 장면이나 중요 장면 중에서 그동안에 보여 주었던 장면과는 다르게 장면을 재연하는 방법이다. 주로 주인공의 자발성에 의해서 첫 장면이 처음과는 다르게 마무리된다.

(2) 집단적 마무리기법

① 집단의 선택: 집단이 자발적으로 마지막 장면을 상상해서 요구할 수가 있다. 디렉터와 주인공의 동의가 있을 경우 제안된 장면이 마무리 장면화된다.

② 마지막 지지법: 집단이 주인공에게 각자 좋아하고 있는 점, 긍정적 텔레, 기타 지지적인 발언을 하는 방법이다. 또는 모두가 원을 만들어 주인공을 둘러싸고 기쁨이나 사랑의 느낌을 말과 몸으로 표현한다.

③ 마지막 선물법: 집단이 주인공에게 의미 있는 상징적 선물을 주는 방법이다. 선물의 내용은 진행과정에 비추어 보아서 주인공에게 필요한 것이어야 한다.

④ 마지막 훈장법: 주인공의 모든 부정적 견해, 행위에 대해서 집단이 긍정 · 수용하고 상장이나 훈장을 수여하는 방법이다. 주인공은 그에 대해서 수상 연설을 한다.

(3) 미래준비 기법

① 미래투사 기법: 역할훈련, 상황 테스트를 통해서 미래에 다가올 사건, 상황에 대해서 연습하거나 훈련한다.

② 마무리 과제법: 그동안의 진행과정에 비추어서, 주인공이 현실로 돌아갔을 경우에 문제가 되거나 의심이 가는 상황이나 인물을 빈 의자로 상징화해서 질문을 던지는 방법이다. 디렉터나 관객 혹은 보조자가 질문을 던진다. 만약의 경우에 어떻게 하겠는가를 묻는다.

(4) 요약과 분석

① 요약기법: 그동안의 행위화 장면들을 장면별로 요약하거나 중요한 특정 장면을 요약해서 주인공에게 보여 주는 방법이다. 주인공은 그에 대해 느낌을 이야기하거나 집단과 피드백을 주고받는다.

② 요약분석 기법: 그동안의 장면, 사건을 요약하고 그 의미, 미래의 계획, 앞으로 해결해야 할 문제들에 초점을 두고 토론하는 방법이다. 그 외에 주인공의 행위 특징, 드라마상의 특정 문제에 대해서 평가하고 토론할 수도 있다.

③ 관객분석자 기법: 관객(집단)의 대표자가 그동안의 관객의 반응이나 느낌을 요약해서 주인공에게 이야기하는 방법이다.

7) 저항극복 기법

(1) 기존 기법의 활용

막힘현상(저항)이 일어났을 때 활용할 수 있는 기존의 기법들은 공간여행 기법, 시간여행 기법, 분리기법, 거울기법, 독백, 역할교대, 등뒤기법, 장애물 극복기법 등이다.

① 공간여행 기법: 공간여행은 주인공이 다음과 같은 막힘현상을 보일 때 활용할 수 있다.

- 평소에 사람들 앞에 서면 쉽게 긴장하거나 자기표현을 제대로 하지 못하는 주인공
- 집단의 시선이 부담으로 작용하는 때

- 현재 진행되는 장면의 분위기 자체가 지나치게 무겁거나 혹은 주인공이 힘들어할 때

② 시간여행 기법: 시간여행은 다음과 같은 상황에서 활용된다.

- 현재 상황이나 장면에서 더 이상의 진전이 없을 때
- 무언가 표현하고 싶은 것은 많은데 너무 한꺼번에 밀려와서 혼돈스러워할 때
- 어느 한순간의 장면에서 예기치 못한 갑작스러운 막힘현상이 일어날 때
- 표현하는 내용이 두서가 없고 말이 많아지고 혼란스러울 때

③ 분리기법: 분리기법은 주로 주인공 자신이나 대상에 대한 이미지가 양가적인 경우에 흔히 사용된다. 미워하면서도 좋아하는 사람, 비난받아야 할 사람이 현재 병상에 있는 경우, 과거에는 냉정했으나 지금은 많이 변해 잘해 주는 사람, 부모에 대한 반감과 효도 개념의 갈등, 화를 내고 싶지만 그동안 한 번도 화를 내보지 못한 주인공, 현실과 종교적 · 윤리적 갈등, 당위성과 필연성의 모순, 선과 악, 겉과 속의 대립, 몸 따로, 마음 따로인 경우, 생각과 감정의 불일치 등 대부분의 대립 상황이나 갈등 상황에서 유효하게 활용된다.

④ 거울기법: 거울기법은 주인공이 막힘현상을 보일 때 그 자체를 적나라하게 주인공 자신이 바라볼 수 있게 해 준다. 따라서 주인공은 주관적 상태에서 빠져나와 자신을 객관적으로 바라볼 수 있게 되고, 그러한 막힘현상에 대한 이해와 더불어 그에 대한 해결책을 시간 여유를 가지고 스스로 찾아보게 된다.

⑤ 독백: 주인공이 심하지 않은 막힘현상을 보일 때, 디렉터는 주인공으로 하여금 장면에서 빠져나와 독백을 하도록 권유할 수 있다. 어떻게 생각하는가? 어떤 방향으로 나아가고 싶은가? 무엇인가 자신을 가로막고 자발성을 떨어뜨리고 있지는 않은가? 주인공은 혼자서 독백을 통해 장면을 진행해야 한다는 부담에서 벗어나 새롭게 자신을 워밍업시킬 수 있게 된다.

⑥ 역할교대: 역할교대는 통상적인 상대방과의 역할교대보다는 막힘현상이 일어났을 경우, 제3자의 입장으로 비켜 나가서 그 상황을 객관화시킬 필요가 있을 경우 주로 실행된다. 예컨대, 그 장면에는 없으나 나를 가장 잘 아는 사람, 이상적인 나, 자신의 수호천사, 이중자, 또는 좋아하는 동물이나 식물, 그 장면 중의 사물들과 역할교대를 통해 막힘현상의 의미를 찾아보게 한다.

⑦ 등뒤기법: 등뒤기법은 다음과 같은 막힘현상에서 주로 사용된다.

- 주인공이 방금 끝낸 장면에 대한 집단의 반응에 신경을 쓰느라 더 이상 장면 진행이 어려울 때
- 복합적이고 강렬한 감정으로 인해 무슨 말을 하고 어떻게 표현해야 될지 모를 때

- 무언가 분명히 표현하고자 노력하는데도 쉽사리 입을 열지 못하고 망설일 때
- 시간여행 기법에서처럼 주인공이 집단의 시선에 계속 신경을 쓰거나 주인공 스스로 집단의 존재가 부담스럽다고 말할 때(이 경우는 관객이 벽쪽을 향해 돌아앉는다.)

⑧ 장애물 극복기법: 막힘현상을 일으키는 대상이나 생각, 느낌을 장애물화한다. 또는 그 내용이나 이유를 구체적으로 알지 못하는 경우에는 상징적인 장애물을 설치해서 그것을 극복하도록 격려할 수도 있다.

(2) 특수훈련법

강화법이나 확대법의 시행에 있어서 막힘현상이 일어날 때, 가상의 특수 훈련장이나 학교에 가서 사전에 장면 진행에 필요한 기술을 훈련하는 방법이다.

(3) 간접경유법

직면하기 어려운 상황이나 대상에 대해서 보조자가 대리인으로 나와서 그 장면을 시범적으로 진행한 후에 주인공이 직면하는 방법이다. 때로는 주인공 스스로 해낼 때까지 그 보조자와 함께 행위화를 진행하기도 한다.

(4) 상징적 거리 기법

주인공이 자신의 사회원자 중에서 매우 가까운 사람과 상호작용할 경우 막힘현상이 일어날 때, 사회원자 밖에 있는 사람이나 역할과 유사한 상황을 만들어 행위화하고 난 다음 차츰 가까운 인물과 상호작용하고 원래의 장면으로 돌아가는 방법이다. 이는 다음의 대리역할 기법과 유사하다.

(5) 대리역할 기법

대리 역할이란 지금의 역할에서 빠져나와 손쉽게 역할을 할 수 있는 상황에서 먼저 역할훈련을 한 다음에 장면으로 되돌아가는 방법이다. 이솝우화나 동화, 영화 등에서 쉽게 따라 할 수 있는 역할 또는 가상의 상황을 단계적으로 설정해서 그 모든 역할을 해낸 다음에 본 역할로 돌아가는 기법이다.

(6) 왜곡된 거울기법

거울기법을 사용하되 주인공의 모습을 정반대로, 예컨대 막힘현상을 극복하는 모습으로나 실제 주인공보다 더 자발성이 감소된 모습으로 장면을 진행하는 방법이다. 때로는 유머스럽게 변형시키거나 주인공이 아닌 상대자의 모습을 왜곡되게 표현할 수도

있다. 이는 주인공의 의식의 고정화된 흐름에 자극을 주기 위해서 실시된다.

(7) 역할 대치

주인공보다 힘이 강한 상대방과의 장면에서 주인공이 막힘을 보일 때 아예 역할교대를 해서 그 상대방의 역할을 지속하도록 하는 방법이다. 강한 사람의 역할을 한참 하고 난 후에 자기 역할로 돌아오게 되면 주인공은 그만큼 간접적으로 힘으로 얻게 되어 그 다음 장면을 진행할 수가 있다.

(8) 양파기법

다중자를 이용하거나 빈 의자들을 이용해서 막힘현상 자체의 이유를 하나씩 밝혀 나가는 방법이다. 일명 러시아 인형 기법(큰 인형 속에 작은 인형, 그 인형 속에 다시 그보다 더 작은 인형이 들어 있다.) 기법이라고 한다.

제15장 디렉터론

1. 디렉터의 역할

1) 기존의 디렉터 역할 이론

모레노(1977: 252)는 디렉터의 기능을 제작자, 주 치료자, 사회분석가라는 세 가지 역할로 나누어 설명하였다. 제작자로서 디렉터는 개인적, 집단적 욕구에 따라 드라마를 진행 · 제작하며, 주 치료자로서 디렉터는 행위와 카타르시스를 통한 치료적 효과를 산출하고, 사회분석가 혹은 사회탐구자로서 디렉터는 보조자를 통해서 주인공과 참여자에게 영향을 미친다는 것이다.

키퍼(1986: 128)는 디렉터의 역할을 관찰, 평가 등을 통해서 정신치료적 가치를 추구하는 치료자와 워밍업, 단서 발견, 마무리 등 임상적 역할놀이를 진행시키는 제작자, 그리고 장면 설정, 기법의 사용, 모델링을 통한 매 회기의 치료적 가치를 촉진시키는 촉매자로 나누어 설명하였다.

켈러먼(1992: 46)은 디렉터의 전문가적 역할을 〈표 15-1〉과 같이 네 가지로 나누어 설명하고 있다. 그에 의하면 분석가로서의 디렉터는 주인공의 상황을 충분히 그리고 정확하게 지각해야 할 책임이 있다. 그것은 경험에 의미를 부여하고 자신에 대한 자각

표 15-1 사이코드라마티스트의 전문가적 역할

역할	기능	기술	기준
분석가	공감하는 자	이해	해석학적
제작자	연극 연출	공연	미적
치료자	변화시키는 자	영향 미치기	치유적
집단지도자	매니저	리더십	사회적

을 증진시키기 위해서 인간적이고 대인관계적인 현상들을 그가 충분히 이해하는 것을 의미한다. 제작자로서 그는 제시된 소재를 정서적으로 자극적이고 미적으로 즐거움을 주는 행위로 변화시키는 연극 연출자다. 치료자는 치유를 촉진시키는 방식으로 주인공에게 영향을 미치는 변화인으로 작용한다. 집단지도자로서 디렉터는 지지적인 사회적 네트워크를 발전시킬 수 있도록 집단의 건설적인 작업 분위기를 촉진시킨다. 따라서 켈러먼은 위의 네 가지 역할에서의 최소한의 숙련성이 디렉터의 전제 조건이며 전문가 자격을 위한 합리적인 요구 조건이라고 결론 내리고 있다.

2) 기존 이론의 문제점

디렉터란 사이코드라마의 전문가를 말한다. 여기서 전문가는 사이코드라마에 전심전력을 다하는 전문직종의 사람으로 정의된다. 그리고 그러한 전문가로서의 역할 혹은 기능은 위와 같이 서너 종류의 서로 섞이면서도 다른 기능을 하는 역할로 구분되어 논의되어 왔다. 일견 상당히 합리적인 설명이며 비교적 디렉터의 역할을 무리 없이 규정하고 있다. 그러나 자세히 들여다보면 거기에는 하나의 직업인, 하나의 직종으로서의 사이코드라마 디렉터 이상의 의미는 찾아볼 수가 없다. 한 명의 테크니션, 기술자로서의 의미 이상은 없어 보인다. 한마디로 사이코드라마의 철학과 정신이 송두리째 빠져 있다. 전문가라기보다는 단순한 역할자에 지나지 않는 모습이다.

전문가란 무엇인가? 그것은 자신의 분야와 치열하게 싸움을 벌이는 한 인간이다. 벌이며 새, 꽃, 별, 희귀식물의 전문가란 바로 자신의 대상에 대한 치열한 자기 싸움을 선택한 자다. 그는 자나 깨나 오직 그 대상만을 생각한다. 주위로부터 미쳤다는 소리를 들어가면서도 그 분야에 몰두하고 열정을 바친다. 그러한 자라야 진정한 프로 혹은 전문가라고 할 수 있다.

세상에는 많은 전문가들이 있다. 발레리나, 음악가, 화가, 시인, 문학가, 경제인, 정치인 아닌 정치가, 의사, 간호사, 스포츠맨, 배우 아닌 연기자, 교육자 아닌 교육자 등

등. 예컨대, 발레리나는 아주 어린 시절부터 하루 6~8시간씩 하루도 빼먹지 않고 자신의 기량을 훈련함으로써만이 전문 발레리나, 예술가가 된다. 95세가 된 파블로 카잘스에게 신문기자가 질문을 던진다. "당신은 95세이고 세상에서 가장 위대한 첼리스트로 인정받고 있습니다. 그런데 아직도 하루에 여섯 시간씩 연습하는 이유가 무엇입니까?" 이에 그는 대답한다. "왜냐하면 나 자신의 연주실력이 아직도 조금씩 향상되고 있기 때문이오."(캔필드, 류시화 역, 1996: 101)

소위 인간과 인간 정신을 탐구의 대상으로 하는 정신분석가, 정신과 의사, 심리학자, 상담가, 정신치료사 그리고 사이코드라마 디렉터는 어떠한가? 얼마나 많은 시간을 스스로 훈련하고 있는가? 생각만 해도 아찔할 정도다. 거칠게 말해서, 일견 오직 이론과 테크닉을 배우는 데서 끝나고는 전문가가 되는 것 같다(물론 예외도 있다.). 시간만이 문제가 되는 것이 아니다. 문제는 자기 싸움이며 자기 수련이다. 자기 공부다. 처절한 자기 노력이다. 끊임없는 자기 변화를 위한 치열한 싸움 없이 어떻게 다른 사람을 치료하고 변화시키고 도움을 줄 수 있는지 의아스러울 뿐이다.

사이코드라마 디렉터는 그 무엇보다도 자기, 자신의 온몸으로 작업하는 사람이다. 머리뿐만 아니라 가슴과 몸, 행위를 통해 일하는 전문가다. 자신의 꿈, 환상, 열정, 무의식, 기질, 성격이 송두리째 드러나는 현장에서 알몸으로 일하는 사람이다. 단순한 이론가, 기법기술자, 분석가가 아니다. 그는 수행자(修行者)다. 자기 수행이고 너의 수행자(隨行者)다.

이와 같은 시각에서 기존의 디렉터 역할 이론의 문제점을 지적한다면 다음과 같다.

첫째, 기존의 디렉터 역할 이론에는 나 자신의 수행이라는 의미에서 그 첫 번째 역할로서의 '자기 수행자' 역할이 결여되어 있다. 그것은 분석가, 제작자, 리더, 촉매자 이전에 가장 중요한 역할은 수행자 역할이라는 의미다. 둘째, 그러한 기존의 역할에는 거의 전부가 실제적이고 기술적인 측면만 언급되고 있을 뿐, 사이코드라마 정신이며 철학이 철저히 배제되어 있다. 바꿔 말해서, 디렉터의 역할은 자발성, 창조성, 만남, 행위, 지금/여기, 생존, 상상력 등 철학적, 인류학적, 과학적, 예술적 제 의미가 함축된 역할론이 되어야 한다는 것이다. 셋째, 기존의 디렉터 역할 이론에서의 용어 자체의 문제다. 분석가는 정신분석의 용어이며, 제작자는 영화나 연극의 용어이고, 치료자는 의학 용어다. 따라서 디렉터의 역할에 관한 용어는 사이코드라마 자체의 철학에 입각한 용어로 대체되어야만 한다. 보다 일상적인 용어가 그 예다. 전문적인 용어가 아닌 쉬운 용어를 사용해야 한다.

3) 새로운 역할론

사이코드라마 디렉터는 [그림 15-1]과 같이 수행자 역할을 중심으로 크게 네 가지 역할로 나뉘고 각각은 세부적으로 다시 세 가지 역할로 나누어 설명할 수 있다.

(1) 수행자

수행(修行)은 학문이나 기예를 갈고 닦는 일로 정의된다. 여기서 '갈다'는 밭을 갈다, 새것으로 바꾸다와 같이 낡은 생각을 뒤집어엎고 새로운 정신으로 무장하고 연마하는 의미가 있다. '닦다'는 힘써 연구하여 배워 익혀서 잘 깨닫도록 하다의 의미다. 따라서 디렉터로서 수행자의 의미는 사이코드라마 정신을 갈고 닦는 자다. 다시 말해서, 기존의 고정관념, 인생관을 사이코드라마 정신으로 대체하고, 힘써 연구하며 배우고 익혀서 스스로 깨달아 가고자 하는 사람이다.

수행은 결코 쉬운 일이 아니다. 도나 덕을 닦고, 마음을 닦고(修心), 불도를 닦는 것처럼, 그것은 사이코드라마 정신으로 심신을 단련하는 일이다. 끊임없이 자신을 갈고 닦는 일이다. 자신과 세상을 사이코드라마적 시각으로 보고 생각하는 일이요, 사이코드라마적으로 살아가는 일이다. 그래서 쉽지 않다. 사이코드라마는 단순히 하나의 직업이거나 습득된 기술이 아니다. 그것은 자신과 타인, 곧 인간의 변화와 생존을 위해 선택된 수행론이며 우주론, 종교론이다.

수행은 도, 덕, 품성을 갈고 닦음을 의미하지 않는다. 수양(修養)이 아니다. 사이코드라마적으로 자신의 행(行)을 갈고 닦음이다. 그것은 한마디로 자발성의 개발이다. 우주

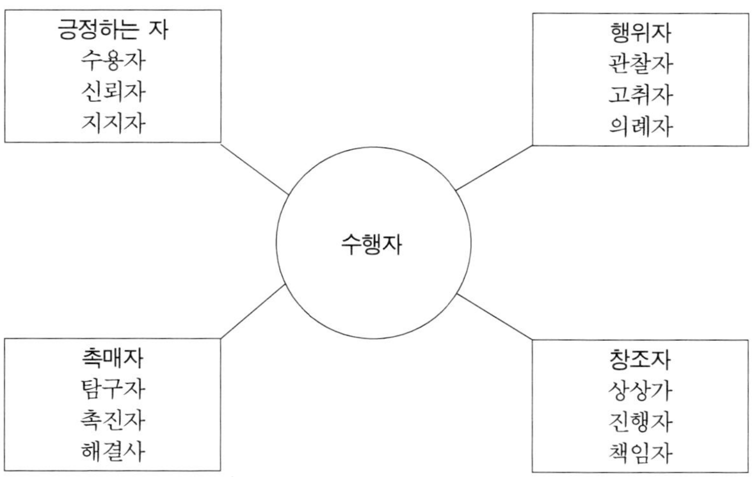

[그림 15-1] 디렉터의 역할

내 존재로서 우주나 대자연을 대상화하지 않는, 스스로 그러한 자발적인 삶을 향한 수행이다. 삶은 곧 삶-살다-살음-사람으로 풀이되듯이, 사람은 곧 살아가는 것, 생존 그 자체, 마치 우주가 삶과 죽음을 영위하듯 그러한 삶의 근원적 힘으로서의 자발성을 갈고 닦음이다.

자발성은 변전과 생성을 지향하는 힘이다. 그것은 우연과 필연, 다양성과 차이를 인정한다. 그것은 우리의 존재를 열게 한다. 열림이요 펼침이다. 정착이나 완성이 아닌 되어감의 힘이다. 끊임없이 자기 창조를 전개해 나가는 약동하는 힘이다. 그것은 인간 존재의 생물학적, 생리적, 사회적, 개인적 영역을 넘어서서 끝없이 자신을 전개 · 확장해 나아간다.

수행한다는 것은 바로 그러한 힘을 내 몸으로 행위를 통해 체현해 냄을 의미한다. 자기 존재의 중심, 주인이 되어 나아감을 뜻한다. 등잔불의 불꽃 모양을 본뜬 글자인 주(主)로서의 인간, 주인됨의 삶을 의미한다. 보다 최상의 존재를 향해 나아가는 과정이 곧 수행인 것이다.

수행은 다음과 같은 네 가지 역할을 통해 실천된다.

- 긍정하는 자: 나와 너, 세계 긍정(철학자)
- 행위하는 자: 지금 이 순간의 행위(인류학자)
- 촉매가 되는 자: 모든 관계, 만남의 촉매(과학자)
- 창조하는 자: 변화, 생성으로서의 창조(예술가)

이들은 팔 · 다리, 머리, 가슴을 따로 떼어낼 수 없듯이 서로 얽혀 하나의 역할, 수행자가 된다. 수행자의 역할 속에서만이 그것들은 제대로 기능을 한다. 디렉터는 곧 수행자다.

마샤 카프(M. Carp, 1998: 155)는 젤카 모레노를 비롯한 여러 디렉터들에 의해서 지적된 훌륭한 디렉터의 자질을 20여 가지로 설명하고 있다. 그것들을 [그림 15-2]의 다섯 가지 역할에 따라 드러나는 자질로 간주해서 분류해 보면 다음과 같다.

- 수행자: 정서적 에너지, 용기, 두려움이 없음, 앞으로 일어날 일에 대한 열정, 유머, 연민(compassion)
- 긍정하는 자: 성실성, 주인공에 대한 절대적인 변호, 주인공의 영역 혹은 공간에 대한 존중, 비판적 판단을 해서는 안 되는 것, 겸손함
- 행위하는 자: 말 대신 행위하게 하도록 하는 능력, 규칙에 얽매이지 않는 접근, 격

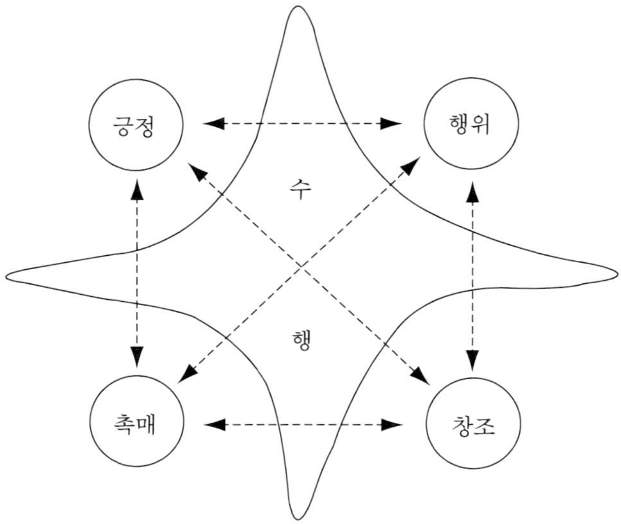

[그림 15-2] 디렉터의 5대 기능

렬함(outrageous), 제3의 귀로 듣기, 자기 노출, 지나치게 준비하고 나온 주인공에게 충격을 줄 수 있는 것

- 촉매하는 자: 시간감각, 융통성, 호기심, 인내심
- 창조하는 자: 상상력, 보다 더 큰 시각의 창조

(2) 긍정하는 자

긍정은 우주 내 존재에 대한 긍정에서 시작된다. 그것은 삶과 죽음, 영고성쇠, 그 변화 생성과 그 힘에 대한 긍정이다. 나와 너의 긍정, 나와 너의 차이와 다름에 대한 긍정이다. 우연과 필연에 대한 긍정이며 힘의 차이에 대한 긍정이다. 그것은 기독교적, 인본주의적 절대 긍정과는 다르다. 모든 것은 있는 그대로 수용하고 받아들이는 모성적 긍정과도 다르다. 그렇다고 선과 악, 좋고 나쁨, 진실과 거짓과 같은 그 어떤 전제에 의거한 긍정도 아니다. 그것은 그러한 이분법적 사유방식을 넘어선 긍정이다. 존재 본질에 대한 긍정이다. 인간 자발성에 대한 긍정이다. 따라서 여기서의 긍정은 무조건적 긍정이 아니라 존재의 근원적 본성에 의한 회의성과 부정성을 토대로 한 긍정이다. 그것은 조건이 아니다. 부정과 회의 또한 긍정과 같은 뿌리에서 나온 쌍둥이들이기 때문이다. 따라서 그것은 자연과 인간의 자발성을 가로막고 있는 조건들에 대한 회의와 부정 위에서의 긍정이다. 존재 자체에 대한 부정이 아니다. 생존을 방해하는 힘에 대한 격렬한 긍정적 부정에 의한 긍정이다.

긍정하는 자로서의 디렉터는 수용자, 신뢰자, 지지자의 기능으로 드러난다. 수용한다는 것은 곧 자신의 개방을 의미한다. 자신의 열림 없는 수용은 불가능하다. 편견일 뿐이다. 기껏해야 공감(empathy) 아니면 동정(sympathy)이다. 공감과 동정은 소위 자기의 비움을 전제로 한다. 정신분석에서 말하는 텅빈 스크린 혹은 중성(neutrality)의 입장과 유사하다. 그러한 자세는 얼핏 보기에 그럴듯해 보인다. 매우 깊이가 있고 유연하고 여유 있어 보인다. 그러나 그것은 거짓일 경우가 많다. 자신과 타인을 속일 수 있는 여지가 많다. 포근한 엄마의 품에 안기게 하는 것처럼, 그래서 충분히 이해받고 사랑받는 느낌을 줄 수도 있다. 마치 인생의 온갖 부침을 겪어 낸 부모 또는 현자와 같은 모습일 수도 있다. 그러나 그것은 일종의 오만이다. 거꾸로 된 권위의식이다.

주인공을 위한다는 생각에서 무조건적으로 주인공을 따라만 가는 디렉터는 아직 수용자도 긍정하는 자도 아니라고 말할 수 있다. 그것은 손자에 대한 할머니의 자세, 가난한 자에 대한 베푸는 자의 의식, 어리석은 중생에 대한 상위의식, 무조건적인 천상의 사랑 관념이다. 그 어떤 의도를 지닌 정치인들의 굽실거림이며 무조건적인 자기비하이며 맹목적인 존중의식일 수도 있다.

열림은 곧 드러남이며 만남이다. 함께 더불어 하는 느낌이다. 그것이 수용이다. 그것은 서로 동등하게 부딪치고 파열되는가 하면 서로 교감하고 오고 간다. 일방적 비움만으로 대상이 나에게 흡수되는 것이 아니다. 끌어들임이 아니다. 지금 이 순간의 쉼 없는 주고받음이며 비우면서 채우고 채우면서 비움이다. 주인공의 사고, 감정, 행위를 적극적으로 보고 듣고 느끼면서(주인공에게 비움, 열림이면 디렉터에게는 채움, 접힘이다.) 나의 사고, 감성, 행위를 통해 주인공의 또 다른 삶의 다양한 국면들을 되돌려 주는 것이다(디렉터의 비움이며 주인공의 채움이다.) 그것은 곧 관계와 만남의 특성이다. 자발성의 특성이다. 인간, 인본주의라고 하는 의도된 자세가 아니다. 나를 비우고 상대에게 공감한다고 하는 것은 말장난일 뿐이다. 그것은 공감하는 나 없이 공감한다는 허무맹랑한 위선이다.

수용은 수동적이지 않다. 침묵과 기다림이 아니다. 그것은 지금 이 순간의 자발적이고 즉각적인 반응과 자극 속에서 이루어진다. 주인공은 끝없이 디렉터에게 자신을 개방하고 비우며 드러낸다. 그 자신의 자발성만큼 디렉터의 마음의 문을 두드린다. 이에 디렉터는 반응해야 한다. 그것이 만남이다. 나를 숨기고 나를 비우고 너만 있는, 마치 하인 혹은 주인처럼 행하는 나와 너는 아직 만남의 단계에 와 있지 않다. 혹시 나의 반응이 틀리면 어떻게 하나, 너의 감정을 제대로 공감하지 못하면 어떻게 하나 하는 두려움에서 수동적인 태도를 취하기보다는 차라리 틀리고 서투르고 잘못되더라도 나를 여는 것이 보다 수용적인 자세다. 사이코드라마는 맞고 틀림의 기준이 없는 마음의 실험실이기 때문이다. 수많은 시행착오 없는 실험은 이미 실험이 아니다. 답이 나와 있는 실험은 시간 낭비일 뿐이다.

수용은 또한 사이코드라마의 이론과 정신을 전적으로 수용함을 의미한다. 디렉터는 매 회기에 자신의 사이코드라마적 행위에 대한 회의, 부정을 통해 그러한 사이코드라마 정신을 수용해 나아가야 한다. 제반 사이코드라마 이론과 실천 기법에 대한 전적인 수용 없이 디렉터가 된다는 것은 위선이다. 자신과 타인을 속이는 짓이다. 그러한 디렉터에 의한 사이코드라마에는 음미할 것, 감동받을 것 하나 없고 만남도 창조도 없는 무미건조한 기법의 나열과 흉내만 있게 된다.

긍정은 또한 신뢰자의 기능으로 드러난다. 나와 너, 집단, 주인공, 사이코드라마에 대한 전적인 확신과 신뢰 없이는 디렉터가 되기 힘들다. 신뢰는 곧 긍정이며, 긍정이 곧 신뢰다. 신뢰는 수행자로서의 자기 긍정에서 시작된다. 디렉터 자신에 대한 확신은 자신도 틀릴 수 있고 서투를 수 있다는 가능성, 완전하지 못한 인간이라는 사실에 대한 긍정에서 출발한다. 그것은 자신을 소위 치료자, 리더라는 명칭 속에 가두어 두지 않음을 의미한다. 현학적, 지배적, 무표정, 무감동, 무행위, 무반응 아래 숨지 않음을 의미한다. 너와의 접촉을 두려워하고 나의 노출을 꺼리며 초연한 듯한 디렉팅 자세를 내던짐을 말한다. 낮은 자발성, 낮은 에너지 수준은 확신의 결여를 드러낸다. 신뢰와 확신은 열정과 성실성, 진실성으로 드러난다.

그것은 주인공의 자발성에 대한 믿음, 그의 잠재력에 대한 확신과 존중으로 표현된다. 소위 자아가 약하니까, 행위화할 줄을 모르니까, 이해력이 부족하니까, 감정이 너무 격해질까 봐, 진실성이 부족해 보이니까, 힘이 없어 보이니까, 아직 청소년인데 과연 그것을 감당해 낼 수 있을까 등 온갖 자의적 판단과 선입견은 신뢰의 결여를 드러낸다. 왜 판단하는가? 왜 믿지 못하는 것일까? 그것은 곧 자신의 무능감에 대한 이성적 방어벽 때문이다. 자신의 안정감 유지 본능 때문이다.

사이코드라마는 상호 만남과 신뢰의 예술이다. 그것은 조건 없는 상호 긍정 속에서 가능하다. 진정한 상호 긍정과 신뢰 없는 사이코드라마는 건조하고 생명력 잃은 조화, 종이꽃과 같다. 거기에는 처절함도, 치열함도 웃음도 유머도 자라지 않는다. 온통 지루한 형식만 전개될 뿐이다. 디렉터의 주 임무는 무엇보다도 인간 상호 간의 긍정, 신뢰와 수용의 분위기를 만들어 내는 것이다. 그것은 말로 되어지지 않는다. 그것은 행위를 통해 풍겨 나오고 흘러 넘쳐야 한다.

긍정하는 자로서의 디렉터의 수용과 신뢰는 지지자로서의 역할을 통해 구체적으로 드러난다. 그는 무엇보다도 주인공 혹은 집단이 할 수 있도록 하고, 최소한 할 수 있을 것이라는 믿음을 줌으로써 잉여현실, 새로운 경험과 실험에 도전할 수 있도록 한다. 환상을 구체화시키고 불가능한 것을 가능하게 한다. 주인공이 못하겠다고 할 수 없다고 해서 거기서 끝내는 것은 지지가 아니다. 그것은 포기며 방기다.

언어적 지지는 별 의미가 없다. 디렉터 자신의 온 몸으로의 지지가 필요하다. 그것은 곧 디렉터의 자발성이며 긍정이며 확신이다. 몸과 행위를 통한 유출이다. 기법은 그다음이다. 그러한 총체적인 확신과 지지가 없는 기법은 그냥 기법일 뿐이다. 기법만으로 주인공은 자신의 문을 열지 않는다. 말 중심의 사이코드라마, 또 스토리 중심, 기법 중심, 문제해결 중심, 목표 지향적 사이코드라마는 결코 디렉터의 그러한 긍정을 바탕으로 한 수용, 신뢰, 지지의 사이코드라마라고 할 수가 없다.

> 주인공이 보여 주는 모든 현상에 대해서 '좋다(good)' 고 말할 수 있는 것,
> 영리함보다는 서투름,
> 치료자, 분석가가 아닌 지금 이 순간의 만남의 동반자가 되는 것,
> 무조건 밀어붙이거나 무조건 기다리지 않는 것,
> 그 어떤 주제도 회피하지 않는 것,
> 자신의 실수를 사과할 수 있는 태도와 용기,
> 때로는 기다릴 줄 알며, 언제든지 '괜찮다(no problem)' 고 말할 수 있고,
> 자신을 변명하지 않는 자세 등이 곧 지지자의 기능이라고 할 수 있다.

(3) 행위자

디렉터는 지금 이 순간의 행위자이며 실천가다. 그는 다양하고 수많은 행위를 통해 사이코드라마를 이끌어 간다.

- 주 행위: 수용하기, 지지하기, 긍정하기, 관찰하기, 자발성과 놀이정신을 고취하기, 탐구하기, 역할놀이 · 워밍업 등 촉진하기, 집단의 문제 및 갈등을 해결하기, 장면을 선택하거나 취소하거나 만들기, 저항 극복하기, 침묵하기, 기법 활용하기 등
- 진행상의 행위: 자극하기, 공격하거나 반대하기, 편들기, 힘 실어주기, 쇼크 주기 유머 · 조크 · 농담하기; 코칭, 반향(소리의 울림), 이중자 역할 맡기; 질문하기, 시범보이기, 장면 얼어붙게 하기(정지), 장면을 반복하기; 모든 말과 느낌, 행위를 명료화, 요약, 압축, 확대, 반복, 강조, 상승, 고조, 반대, 지지하기; 에너지의 흐름을 차단, 배분, 연결, 흐르게 하기; 집단적 표현으로 이끌기 등
- 기타 행위: 무대 준비하기, 소품 준비 및 활용, 조명의 활용, 행위를 통한 설명과 오리엔테이션, 인터뷰하기, 주인공 선정하기, 나누기, 프로세싱, 리뷰, 마무리하

기, 역할훈련, 자발성 훈련 등

요컨대, 행위자로서 디렉터는 주인공뿐만 아니라 모든 참여자들이 몸의 체현과 행위를 통해 스스로를 표현하고 자신의 자발성을 증진시키며 자기를 확장하도록 돕는 자다. 따라서 모든 것이 지금 이곳에서의 행위로 전환된다. 그 어떤 내용이나 느낌도 역할을 통해 직접 행위화된다. 행위화되지 않는 그 어떤 이론이며 진실도 무의미해진다. 행위 없는 사이코드라마는 이미 사이코드라마가 아닌 것처럼, 디렉터는 매 순간 행위화를 꿈꾸고 실천하는 자다. 그 자신이 바로 뛰어난 행위자가 되어야만 하는 이유도 바로 여기에 있다. 말로만 하는 디렉터는 음악을 모르는 합창단 지휘자와 같다.

따라서 행위자로서의 디렉터는 행위 이전, 행위 도중 그리고 행위 이후의 관찰자 역할을 통해 디렉팅을 한다. 그는 주인공의 모든 표현을 정확히 보고, 그에 따른 자신과 보조자, 집단의 반응, 행위 표현방식을 정확히 관찰해야 한다. 주인공의 감정상태, 자발성수준, 피부 변화, 긴장 정도, 비언어적 단서들에 집중해야 하며 순간순간에 민감하게 반응해야 한다. 그래서 디렉터는 지금의 표현은 최상의 행위적 표현인가, 보다 새롭고 적절한 표현방식은 어떤 것인가, 내용과 표현방식이 부조화를 일으키고 있지는 않는가, 그 표현에 대한 나의 느낌은 자연스러운 반응인가, 집단은 그러한 행위방식에 어떻게 반응하는가, 그의 마음을 보다 활짝 열어 보일 수 있는 행위방식은 없는가, 지금의 표현은 전체적 과정에서 어느 단계에 와 있는가, 역할과 역할 간의 관계, 대립, 텔레 관계는 어떠한가, 행위 순간과 행위 직후의 느낌은 어떤 것일까, 지금 이 순간의 최상의 행위는 무엇인가, 지금 이 순간의 자발성 정도, 감정과 에너지 수준은 어떠한가, 무엇이 자발성을 떨어뜨리는 것일까 등의 계속되는 호기심과 의문으로 끊임없이 예의 주시하고 있어야 한다. 그 어느 것 하나도 소홀히 할 수 없는 과정, 마치 높은 곳의 서치라이트가 서서히 혹은 빠르게 지상을 비추어 가듯이 너-나-집단으로 계속해서 관찰의 초점이 흐르는 과정, 때로는 격류를 타듯 격렬하게, 필연과 우연의 행위들로 점철되는 과정, 그것이 곧 사이코드라다.

또한 행위자로서 디렉터는 지금 이 순간의 의미, 자발성, 행위화, 놀이정신, 역할놀이 정신을 고무하고 북돋우는 고취자로서의 역할을 맡는다. 그가 지속적으로 또는 간헐적으로 행위와 더불어 고취해 나가야 할 내용은 다음과 같다.

- 실험정신
- 신명, 신바람

- 위험에 직면할 수 있는 용기, 모험심, 탐구정신
- 자신과 주인공, 집단의 자발성과 그 확산
- 변화 가능성, 자기 생존과 확장의 잠재력
- 행위 카타르시스(개인적 혹은 집단적)
- 지금 이 순간의 의미
- 잉여현실, 환상, 불가능한 세계의 구체화
- 행위 갈증의 체현
- 그 어떤 것도 수용되고 비판이나 평가로부터 자유로울 수 있는 분위기
- 진정한 의미의 놀이정신, 유쾌함, 신선함, 새로움
- 감정과 행위의 극대화
- 배우는 아니더라도 몸과 행위가 먼저라고 하는 분위기
- 극적, 즉흥성
- 혼돈과 무질서에 대한 적극적 수용과 지지

따라서 고취하는 사람으로서 디렉터는 어느 정도 스스로가 이러한 사항들에 대해서 고취되어 있어야 한다. 쉽게 말하면, 호기심과 자발성으로 때에 따라 가볍게 혹은 크게 들떠 있어야 한다. 소위 차분한 진행, 진지하고 신중한 태도, 가라앉은 목소리, 정중한 태도, 앞이 뻔히 내다보이는 지루한 진행은 향기 없는 꽃, 거품 없는 맥주처럼 음미할 맛과 멋이 결여되어 있다. 아직도 일상으로부터 빠져나오지 못한 디렉터다. 아직도 허구의 세계, 잉여현실이라고 하는 진실의 세계로의 일탈이 이루어지지 않은 디렉터다. 부드럽고 조용조용한 일상의 어투와 태도를 보이는 디렉터 또한 아직 고취자로서의 역할을 감당하지 못하고 있음이 분명하다. 어떤 주인공이 그러한 디렉터와 함께 마음껏 자신의 날개를 펼쳐 보일 수 있겠는가?

> 따지고 캐묻기보다는 지금 이 순간만이라도 행위화해 보자.
> 주인공과 더불어 자신의 감정을 고조시켜라.
> 에너지와 열정, 자발성 수준을 주인공보다 항상 반 걸음 앞서 올리자.
> 끼(氣)를 발동시키는 것을 두려워해서는 안 된다.
> 점잖음, 지나친 겸손, 정중함, 차분함의 겉옷을 벗어 던져라.
> 모두 더불어 함께 열광하고 몰입하라.
> 참가자적 관찰자라는 그릇된 생각을 버려라. 진정한 관찰자는 결코 겉으로 드러나지 않는 법이다.

모레노는 정상 거대조증이라는 말로 자신을 표현하였다.
최소한 경조증(기분의 가벼운 상승)적 상태만이라도 유지하라.
(경조증이라고 해서 진지함, 처절함이 없는 것은 아니다.)

이제 행위자로서 디렉터는 의례자가 될 수 있어야 한다. 마치 원시 제의의 제사장, 굿판을 벌이는 무당, 신비로운 마술의식의 마술사처럼 온갖 행위들의 모음, 인간의 집단의식을 통해서 일종의 제의를 치를 수 있어야 한다. 그것은 전통적 제의를 의미하는 것이 아니다. 사이코드라마적 제의다.

- 인간의 극도의 처절함과 잔혹함의 의식
- 망자의 초빙과 만남과 재이별 의식
- 고백의 회한과 의식
- 죽음과 저승세계 그리고 환생 의식
- 억압과 해방 의식
- 신명 나는 난장판, 혼돈 의식
- 분노와 저주, 살인 의식
- 희생 의식
- 지워질 수 없었던 상처들의 씻김 의식
- 원혼, 한, 넋풀이 의식
- 신과의 만남(수호신, 종교적 신 등)
- 변신 의식(악귀, 축생, 천사 등)
- 전생과 후생으로의 여행
- 인간-신 되기
- 기타 생일잔치, 향연, 결혼식 등 일상적 의례

사이코드라마적 제의는 한계가 없다. 넓게 보면은 매 장면 혹은 장면의 부분이 일종의 의식이다. 그것은 때로 진지하고 엄숙하게, 화려하게, 신명나게, 처절하게, 고통스럽게, 황홀하게, 비극적으로 진행된다. 제의에는 대부분의 집단원이 함께한다. 제의는 사이코드라마 과정 중에 가장 언어가 필요 없고 언어적 의미조차 불필요한 행위, 몸, 느낌의 순간 그 자체다. 그것은 지금 이곳에서 즉흥적으로 창조된 제의다. 행위자로서 디렉터는 마치 꿈이라도 꾸고 있는 듯한, 마술적 힘을 가진 제의의 진행자가 될 수 있어야 한다. 그리고 그것은 수많은 행위 가운데서 필연적으로 우러나와야 한다. 그것은 총체적 만남의 장이며 집단적, 우주적 절정 의식이며 참여다.

(4) 촉매자

촉매란 화학반응에서 다른 물질들의 반응 속도를 촉진 · 변화시키는 것과 같은 물질을 일컫는다. 사이코드라마의 디렉터는 화학반응과 같은 관계와 만남의 시공간에서 촉매처럼 기능한다(남에게 감화를 준다는 사전적 의미와는 다르다.). 그것은 마치 물이 온도에 의해서 기체나 고체로 변할 때의 온도 자체의 역할, 남녀의 만남을 주선하는 중매쟁이, 국거리와 물 사이에서 맛을 가늠케 하는 소금이나 간장, 음전기와 양전기를 만나게 해서 불을 밝히는 전등 스위치, 푸른 잎들을 단풍지게 하고 과일을 익게 하는 기후와 태양빛, 마을과 마을을 이어 주는 길, 안과 밖을 가늠하는 창문과 문과 같다. 그 목표는 변화다. 촉매자는 변화를 목적으로 한다. 그래서 그는 인간의 무한대의 관계망 속에서 촉매자로 작용할 수 있는 시공간을 관찰 탐구하며, 그것을 촉진시키고 변화를 초래한다. 그래서 촉매자로서의 디렉터, 수행자는 탐구자, 촉진자, 변화자 혹은 해결사로 기능한다.

탐구할 대상은 실로 무한대다.

- 한 인간관계: 자기와 몸, 몸의 부분과 부분 사이, 겉과 속, 영과 육, 이성과 감성, 다양한 역할 등 사이, 현실과 환상, 삶과 죽음, 의식과 무의식, 양가적 감정들, 나와 상처들, 고통, 비밀, 꿈, 이상들, 성격적 경향 등
- 인간과 인간 사이: 다양한 텔레 관계, 감정들, 이해관계, 거리감, 차이들(관점, 삶의 방식, 성격, 자발성, 지식, 나이 등), 집단 혹은 공동 의식, 집단의 문제, 관심사 등
- 인간과 자연 및 환경 사이: 우주, 동식물, 자연환경, 인공적 환경과 상황, 사회적 현상, 문화적 · 국제적 상황 등

뿐만 아니라 지금 이곳, 사이코드라마 무대 위의 조건들, 사이, 관계들에서도 촉매자로서 탐구해야 할 영역이 다양하다.

- 주인공, 보조자, 디렉터, 집단원 각자와의 사이, 관계
- 주인공의 자발성을 가로막는 벽들, 장애물들과 주인공의 관계
- 주인공과 집단 전체와의 관계
- 주인공과 무대 조건, 상황들과의 관계

한마디로 촉매자와 탐구자로서 디렉터는 주인공을 중심으로 한 제반 대상(역할로 표현되는)들과의 관계를 어떻게 탐구해 들어가느냐의 문제가 곧 그의 중심 과제가 된다. 즉, 지금 이 순간의 주인공에게 그러한 관계들의 의미, 중요성, 문제가 되는 정도, 문제의 초점, 일상에서의 주인공의 대처방식, 기간, 그러한 관계에 있어서 주인공의 숨겨진 욕망, 무의식적 의미, 그 문제들과 주인공의 자발성 정도, 방해요인 등에 대한 탐구가 필요하다.

그래서 촉매자로서 탐구자는 그러한 관계들의 구체화, 형상화를 어떤 방식으로 촉진시킬 것인가를 생각하게 되는 촉진자이며 그러한 사이의 문제, 갈등, 비자발적 요인들을 어떻게 풀어 나가는 것이 최상의 방식일까를 생각하는 해결사가 되어야 한다. 그렇다고 해결사라고 해서 디렉터가 직접 주인공의 문제를 해결하는 것은 아니다. 디렉터는 어디까지나 촉매자로서의 해결사일 뿐이다. 다시 말해서, 좋은 촉매자, 훌륭한 탐구자요 촉진자일 때 주인공의 문제는 스스로 풀려 나아가게 된다는 것이다. 해결사라는 명칭은 결과적으로 주어진 것이지 해결을 목표로 하는 자가 아니라는 뜻이다. 수행자는 결코 그 어떤 문제의 해결, 변화를 목표로 하는 사람이 아니다. 그것은 기껏해야 덤으로, 이차적으로 주어지고 자발적으로 일어나는 현상이다.

문제는 촉매자로서 탐구된 그러한 제반 상황들을 어떻게 행위화를 통해 구체적으로 드러내 놓고 촉진시키느냐다. 어떤 방식으로 촉매자로서 개입해 들어가느냐 하는 것이다. 대부분의 주인공들은 충분히 워밍업되어 있다 할지라도 지금 이곳의 관계, 상황에 대해서 촉진적인 촉매를 필요로 한다. 왜냐하면 아직도 일상 현실의 대처방식에 익숙해진 습관을 완전히 버렸다고 보기는 어렵기 때문이다. 때로는 행위화될수록 그만큼 더 두려움을 느끼거나 위축되어 현실로 되돌아간다. 비자발적 요인 또는 저항에 관한 논의에서 다루었던 다양한 이유로 인해, 한편으로는 해결을 바라면서도 또 다른 한편으로는 그것을 방해하는 힘을 작동시키는 데 익숙하기 때문이다.

결국 디렉터가 주인공의 대상과의 관계 속에서 어떻게 촉매로서 작용해야만 주인공이 보다 최상의 자발성으로 행위화할 수 있느냐 하는 문제가 중요하다 하겠다.

- 직접 부딪힘이 바람직한가, 아니면 간접적으로, 우회적으로 나아갈 것인가?
- 양측의 힘의 배분을 어떻게 하는 것이 보다 적절하겠는가?
- 시공간 개념을 활용할 필요가 있는가? 그렇다면 어떤 방식이 보다 초점적일 것인가?
- 관계의 진정한 요점을 어떻게 찾아내고 어떻게 구체화시킬 것인가?
- 극대화며 카타르시스가 필요한가 필요하지 않는가?
- 관계 대상의 역할을 맡은 보조자, 이중자, 집단, 집단의 이중자, 익명의 집단 역할

자, 디렉터로서의 이중자 역할들 중에서 그 어떤 역할을 통해 접근하는 것이 최상의 방식인가?

- 어떤 기법을 어떤 순간에 적용할 것인가?
- 저항요인은 없는가? 어떤 방식으로 극복해 나갈 것인가?
- 잉여현실, 무의식적 표현은 이루어졌는가? 그렇지 못하다면 어떻게 해야 하는가?
- 소품과 무대 공간을 충분히 활용하고 있는가?
- 주인공은 몰입하고 있는가?
- 지금의 행위화 방식 이외에 보다 새롭고 극적인 방식을 없는가?
- 나는 촉진자, 촉매자로서 충분히 기능하고 있는가? 그것이 또한 충분히 전달되고 있는가?
- 행여 주인공이 말한 하나의 관계에만 너무 집착하고 있지는 않는가? 매너리즘에 빠져 있지는 않는가?
- 주인공은 지금 이 순간, 진정으로 원하는 것을 하고 있는가?
- 나는 미리 결과를 예측하고 있거나 사전에 목표를 설정하고 그 방향으로 주인공을 유도하고 있지는 않는가?

디렉터는 주인공과 집단의 변화의 촉매자, 촉진자다. 그러나 제아무리 훌륭한 촉매자라 할지라도 주인공을 충분히 촉진시킬 수는 없다. 왜냐하면 주인공과 촉매자 사이에 또 다른 촉매자가 필요하기 때문이다([그림 15-3] 참조).

여기서 제2의 촉매자는 집단 혹은 보조자일 수도 있다. 혹은 주인공의 자발성 자체일 수도 있다. 그러나 가장 강력한 촉매자, 촉매자의 촉진자로서의 역할이 성공할 수 있는 제2의 촉매자는 결국 수행자로서의 디렉터 자신이다. 긍정하는 자, 신뢰자, 행위자, 책임자로서의 디렉터의 이미지가 가장 성공적인 촉매자다. 앞에서 언급한 것처럼 디렉터의 각 역할과 기능들은 서로 맞물려서 작용하기 때문이다. 다시 말해서, 역할들 중에서 어느 하나의 역할만 치우치거나 결여될 경우 전체적인 디렉터 역할에 영향을

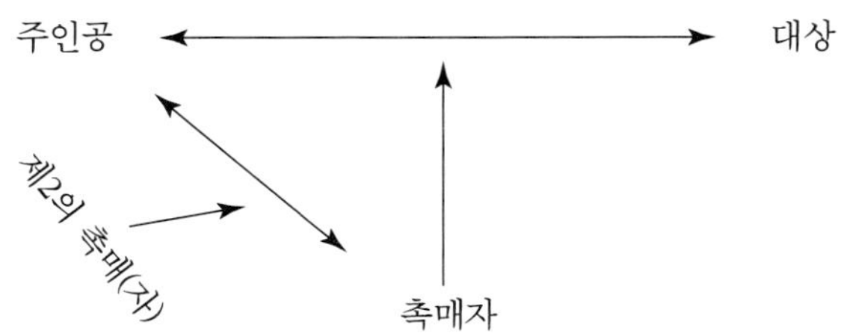

[그림 15-3] 촉매자로서의 기능

미치게 되고, 그 결과 사이코드라마는 주인공의 충분한 자발성과 변화를 일으키는 데 실패하게 될 것이다.

(5) 창조자

사이코드라마 수행자는 긍정하는 자, 행위자, 촉매자뿐만 아니라 창조자의 역할을 통해 자신의 기능을 완료한다. 예컨대, 오케스트라의 지휘자처럼 그 자신은 음악을 창조하지는 않지만 각각의 창조된 음악을 한데 모아 하나의 방향으로 이끌어 감으로써 자신의 역할을 다하는 것과 같다. 그에게 중요한 것은 처음부터 끝까지 전체적인 진행을 충실히 수행해야 할 임무(진행자 역할)와 전 과정을 책임지는 역할을 하는 것이다(책임자 역할). 뿐만 아니라 그는 예술가로서 상상하는 자여야만 한다. 어떻게 하면 각각의 부분들이 최고 상태의 자발성과 창조성으로 최상의 음악을 생성해 낼 수 있을까를 사유하고 상상할 수 있어야 한다.

여기서 스스로는 창조함이 없는 창조자라는 의미를 음미해 보자. 예컨대, 그것은 한 송이 장미꽃을 피우기 위해 노력하는 원예가일 것이다. 장미는 스스로 성장 · 발달하고 꽃을 피울 수 있다. 그것은 자체의 생명력 혹은 자발성에 의한다. 원예가의 손길이 닿지 않아도 스스로 그러할 수 있다. 그러나 장미가 최상의 상태에서 가장 아름다운 꽃을 피울 수 있기 위해서는 토양의 조건, 수분과 햇빛, 기후 조건 등이 적절해야 한다. 그 누군가의 촉매행위에 의해, 자신에 대한 전적인 믿음과 확신 가운데 그러한 토양, 수분, 햇빛, 기후 조건들을 최상의 상태로 바꾸어 놓아야 한다. 그때 비로소 장미는 진정한 장미다운, 자신의 최상의 자발성에 의한 장미꽃을 만개시킬 수 있을 것이다. 이때 원예가는 스스로 창조함이 없음에도 불구하고 일종의 창조자, 예술가로 불릴 수 있다. 물론 그 모든 결실은 장미꽃에게 되돌려진다. 원예가는 익명으로 남을 뿐이다. 그러나 그는 자신의 사랑과 행위에 의해 장미와 제반 조건들 사이에서 촉매 기능을 충실히 수행함으로써 그의 입장에서 볼 때는 무형적 창조를 한 것이 된다.

인간은 태어나서 죽을 때까지 그 기나긴 삶의 여정에서 할 수 있는 일과 그러한 기회가 얼마만큼이나 주어져 있는가? 과연 얼마만큼이나 자신이 가지고 있는 꿈, 이상, 잠재력을 실현할 수 있을까? 지금 이곳의 삶이 나에게는 최상의 삶이라고 이야기할 수 있는 사람은 얼마나 될까? 단순히 의식주의 해결문제를 떠나서 진정한 인간의 삶을, 자신의 야망을, 자신의 환상을 펼치며 살아간다는 것은 무엇을 의미하는 것일까? 왜 우리의 타고난 자발성은 나이가 들수록 오히려 시들어 가는 것일까?

창조자로서 디렉터는 상상할 수 있어야 한다. 주어진 현실을 뛰어넘어서, 그는 우리 인생에 주어진 온갖 의문들에 대해 심사숙고하고 자신의 온힘을 다해 삶의 이면을 들여다보려고 노력하고 상상해 보아야 한다. 하늘을 날다가 땅으로 곤두박질치건, 바다 깊숙이 잠수하건 자신의 환상 세계의 문을 항시 열어 놓아야 한다. 이는 이 시대를 진정한 인간으로 살아 생존해 나아가기 위해서 디렉터에게 요구되는 절박한 특성이다.

우리 인간 속에는 그 얼마나 다양하고 놀랄 만한 꿈과 환상들이 노닐고 있는지 모른다. 온갖 영상들, 한 편의 주옥같은 시들, 그림들, 음악들, 그리고 욕망과 거대한 이상들, 결코 현실에서는 받아들일 수도 실현할 수조차 없으나 그 자체로는 진실하고 생명력 가득 찬 이미지들 등등. 그것들은 행위자, 촉매자, 긍정하는 자로서 창조자인 디렉터를 필요로 한다. 사이코드라마 무대를 필요로 한다. 상상할 줄 아는 자는 창조적으로 체현할 수 있도록 돕는 자로서 디렉터가 되어야 하는 이유다.

그의 역할은 마치 고대동굴을 탐사해 들어가는 고고인류학자의 길 안내자와 같다. 어둠 속을 뚫고 이곳저곳 빛을 비추면서 안전한 길을 닦고 발판을 마련하는가 하면, 그 어떤 일도 일어날 수 있다는 가능성, 전혀 예기치 못한 사태가 벌어질 수도 있다는 상상과 더불어 대담하게 미지의 세계를 도전해 나아간다. 주인공은 인류학자다. 그는 단지 길 안내자일 뿐이다. 어둠, 환상, 불가시의 세계에 약간은 익숙해 있는 탐구자일 뿐이다. 발견과 창조와 자기 확장은 인류학자에게 일어나는 일이다. 그리고 길 안내자는 그의 동반자로서 그 영향을 받아 그 또한 변화되어 가는 존재, 몸으로 직접 체현·흡수하는 존재다. 단순한 길 안내자만으로는 인류학자의 꿈과 이상을 이해할 수 없다. 오히려 그는 호기심 가득 찬 아이 길 안내자처럼 그로 하여금 더 큰 꿈을 꿀 수 있도록 할 수 있을 때 비로소 창조자로서의 디렉터가 될 수 있을 것이다.

북, 장구, 징을 이용해 때로는 즉흥음악을 창조한다.

창조는 어려운 과정이다. 그러나 불가능한 것은 아니다. 디렉터는 창조자이면서 과정 진행자다. 회기가 시작되기 전부터 그는 마음 설렌다. 오늘은 또 어떤 창조의 과정이 기다리고 있을 것인가? 모이는 사람들의 면면은 어떠할 것이며 그들은 무엇을 기대하고 오는 것일까? 나는 충분히 워밍업되어 있는가? 나의 자발성이 모델이 되어 줄 수 있을 것인가? 시작, 워밍업은 어떻게 하는 것이 좋을까? 나는 진실로 긍정하는 자, 행위자, 촉매자, 창조자로서 수행을 해 왔는가?

그리고 이제 만남, 관계, 행위, 창조가 시작된다.

- 지금 이 순간에 보다 적절하고 창조적인 새로운 워밍업은?
- 주인공 선정방법은?
- 상식적 인터뷰를 넘어서서 보다 창조적인 시작방식은?
- 첫 장면을 어떻게 시작할 것인가? 그 요점은 무엇인가?
- 진실로 그가 원하는 장면인가?
- 이 장면은 그의 지금의 삶에 어떤 의미와 의의가 있을까?
- 새롭게 다시 시작할 것인가 혹은 계속할 것인가?
- 주인공과 디렉터인 나의 자발성 수준으로 보아서 부족한 것은 무엇인가?
- 자발성이 떨어지고 있는 이유는 무엇인가?
- 어떤 기법이 이 순간에 가장 창조적인 기법이 될 수 있을까?
- 집단은 이 창조과정에 어떻게 이바지할 수 있을 것인가?
- 나는 충분히 창조적으로 길 안내를 하고 있는가? 아니면 이미 잘 닦인 익숙한 길만을 가고 있는가?
- 나의 놀이정신, 모험정신, 자발성은 주인공과 집단에게 충분히 전달되고 있는가?
- 마무리 시점은? 그리고 보다 창조적인 방식은?
- 돌발 사태들, 예기치 못한 장면 설정, 제의적 장면들에서 모두의 창조성은 충분히 발휘되고 있는가?
- 우리 모두는 창조자로서 진정으로 감동적이고 놀라운 회기를 공동 창조하였는가?
- 나의 상상력과 창조성의 부족을 어떻게 하면 극복해 나갈 수 있을 것인가?

마지막으로 디렉터는 책임지는 자의 역할을 맡아야 한다.

- 사이코드라마의 전 과정에 대한 책임
- 수행자로서 자신에 대한 책임성(최선을 다했는가, 상투적이지는 않았는가, 더욱 갈고

닦아야 할 점은 무엇이고 어떻게 해야 하는가 등)

- 집단에 대한 책임(소외된 자나 상처 받은 자는 없는가, 그들의 바람은 얼마만큼 달성되었는가 등)
- 주인공의 자발성, 변화, 자기 확장에 대한 책임(충분히 행위화했는가, 여분은 없는가 등)

끝으로 사이코드라마 정신과 철학에 비추어 우주적 역동과 인간-신적 이상에 비추어 보아서 나는, 우리는 함께 공동 창조자로서 최선을 다했는가를 물어보아야 한다. 수행자로서 자기 반추요 사이코드라마의 전문가로서 자기 수행이다. 바로 그러한 끊임없는 자기 수행 없이 디렉터를 한다는 것은 스스로는 잘 모를지 몰라도 자신과 인간을 속이고 있는 것이다. 아직 현실원칙에서, 현실 세계로부터 단 한 발짝도 사이코드라마 무대 위로, 잉여현실 세계로 올라오지 못한 것이다.

사이코드라마에서 디렉터의 역할은 매우 크다. 역할이 큰 만큼 그는 부단의 정진을 필요로 한다. 새로운 기법을 늘려 나가라는 것이 아니다. 더 많이 안다는 것이 중요하지 않다. 지나온 과정을 분석하고 프로세싱의 체크리스트를 꼼꼼히 챙겨 보는 것도 중요할는지 모른다. 그러나 디렉터에게 가장 중요한 것은 항상 살아 있는 사이코드라마 정신, 최초의 그 생생함, 자발성이다. 초심이다. 초심자 시절의 결심을 나날이 새롭게 해나아가는 수행자의 모습이다.

> 수행자는 회의와 부정을 통한 긍정하는 자,
> 몸과 행위로 말하는 자,
> 자신을 촉매로 활용할 수 있는 자,
> 인간 스스로 자기 변화와 확장을 꾀할 수 있도록 돕는 창조자다.
> 그 이상도 그 이하도 아니다.

2. 디텍팅의 원리

사이코드라마에서 디렉팅의 원리는 다음과 같다.

첫째는 자발성의 원리다. 디렉터는 그 자신이 무엇보다도 자발성의 화신이 되어야 한다. 이것만이 디렉팅의 제1원리요 마지막 원리다. 자발성이 결여된 디렉터는 천체망원경 없이 천문을 연구하는 천문학자와 같고 합창을 지휘하는 농아자와 같다.

둘째는 긍정의 원리다. 어떤 인간현상도 그 자체로 긍정되어야 한다. 그것은 도덕적 관습, 현실규범, 고정된 가치기준에 의해 인간을 판단하지 않음을 의미한다. 긍정할 줄 모르는 디렉터는 하늘을 붉고, 노랗고, 초록의 색으로 칠하는 아이의 그림을 파란색으로 덧칠하는 선생과 같다. 하늘 한번 제대로 관찰해 본 적이 없는 선생이다.

셋째는 전체성의 원리다. 인간을 하나의 외모, 학벌, 직업능력, 태도만으로 평가하지 않는 것처럼 어느 한 색깔, 특성으로 인간을 규정하지 않는 자세다. 한순간에 푸르고 붉은 수 없듯이, 인간 또한 다양한 색깔, 특성을 지닌 존재이기 때문이다. 하나를 보면 열을 안다는 지적 오만함을 경계해야 한다. 인간은 흔히 우리가 생각하는 이상으로 깊고 오묘한 존재다.

넷째는 행위의 원리다. 인간은 행위하는 존재다. 행위 없는 삶은 이미 지식이 아니다. 디렉터는 스스로의 행위를 통해 주인공으로 하여금 행위화할 수 있도록 해야 한다. 말의 성찬으로 끝나는 사이코드라마는 이미 드라마(=행위)가 아니다. 점잖고 고상한 사람들만이 행위를 경멸한다. 그들은 행위할 능력이 없기 때문이다.

다섯째는 지금 여기의 원리다. 지금 이곳을 볼 수 있는 사람은 결코 과거를 따지지 않는다. 현재에 충실할 수 없는 사람들만이 역사를 들먹인다. 우리의 존재는 과거도 미래도 아닌 바로 지금 여기에 있다. 자발성 또한 오직 지금 이 순간에만 작용한다.

여섯째는 잉여현실의 원리다. 단 한 번도 제대로 표현해 보지 못한 잉여현실이야말로 현실 이상의 의미와 가치가 있다. 사이코드라마는 잉여현실의 드라마다. 반짝이는 것이 모두 다이아몬드가 아닌 것처럼 행위화되었다고 모두 잉여현실은 아니다. 그것은 깊숙이 묻혀 있는 보석과 같다.

일곱째는 공동 창조의 원리다. 우리 모두는 공동 창조자다. 디렉터는 결코 주인공이 아니다. 공동 창조는 진정한 만남에서 시작된다. 디렉터만이 사이코드라마를 가장 잘 알고 있다고 생각해서는 안 된다. 초심자라도 진정한 인간의 만남이 무엇인지 아는 사람은 공동 창조의 의미를 디렉터보다 더 잘 꿰뚫어 본다.

3. 저항 극복의 실제

디렉터에게 진행과정상 가장 어려운 부분은 아마도 저항(막힘현상)을 극복하는 일일 것이다. 다음은 흔히 부딪힐 수 있는 세 가지 상황, 즉 주인공이 생각이 잘 안 난다고 말하는 경우, 말로만 설명하려고 하는 경우, 그리고 답답하다거나 짜증난다고 신경질을 내는 경우에 대해서 디렉터가 어떤 식으로 문제를 풀어 갈 수 있는지에 대한 간략한 예다.

첫째, 디렉터가 구체적인 상황을 질문하였을 때 주인공이 "생각이 잘 안 난다."며 멍한 모습으로 입을 다물고 있는 경우다. 이러한 상황은 처음 인터뷰 때나 장면이 진행되는 도중에도 흔히 일어날 수 있다. 중요한 것은 지금 이 순간의 주인공의 느낌 자체를 있는 그대로 수용하고 인정하는 것이다. 그 자체가 강력한 정서의 표현일 수 있기 때문이다.

① 수용적 태도: 잠시 침묵을 지키며 변화할 수 있는(생각, 느낌들) 시간적 여유를 주면서 기다린다. 아니면 조용히 그 상태에서 무엇이든 떠오르는가를 독백하게 하거나 다양한 저항극복 기법을 사용해 볼 수 있다. "그렇죠, 막힐 수 있어요. 그러나 함께 우리 내면에 무엇이 일어났는지, 일어나고 있는지(조심스레) 살펴볼 수는 있겠지요?" 하면서 이중자 혹은 거울 기법 등을 사용해 보는 것이다.

② 연상: 이러한 순간, 느낌들은 평소 주인공이 경험하는 것이었을까? 주인공은 자주 이러한 순간을 체험하였기에 무대 위에서도 어김없이 그 상태를 맞이하고 있는 것일까? 어느 때 어느 순간에 이런 일이 일어나는 것일까? 이런 때 주인공은 어떻게 행동하고, 그러한 자신을 어떻게 생각하고 있을까? 끝없는 호기심이 자극되고 연상된다.

- 바로 직전의 상황과 지금의 상황을 간추려 정리해 본다.
- 비슷한 상황들을 찾아본다.
- 그러한 상황에 대한 주인공의 느낌, 의미, 태도 등을 알아본다.
- 그런 상황에 대해서 알고 있는 사람, 상징물, 공간 등을 등장시켜 대화하게 한다.
- 아예 장면에서 벗어나 이전의 보다 덜 중요했던 장면, 주변 상황으로 빠져 나간다.

③ 그래도 반응이 없으면 멍해진 상태 자체를 역할화시켜서 주인공과의 상호작용을 시도해 보거나 멍함-안개-구름-잿빛 등의 유사 상징을 찾아봄으로써 그 속에서 떠오르는 의미를 찾아볼 수도 있다. 심한 경우는 최면을 이용할 수도 있다.

둘째, 주인공이 모든 것을 말로만 하려고 하고 자신의 문제를 일반화시켜서 설명만 하려고 하는 경우다. 이는 아직 자발성이 오르지 않은 상태로서 주인공 자신의 일반적인 태도이거나 행위 자체에 대한 두려움, 또는 모든 것을 설명해서 이해시키고자 하는 주인공의 완벽한 성격적 경향인 경우가 많다.

① 사이코드라마에 대한 이해가 없어서, 부족한 워밍업 때문에도 그럴 수 있음을 이해해야 한다. 이때는 간단한 설명으로 이해시키거나 목소리훈련, 신체훈련을 통

해서 재진입을 시도할 수 있다.

② 반복적인 설명이 계속될 때, 디렉터는 말 내용보다는 그렇게 말하는 자세에 초점을 두고, 다음과 같이 한다.

- 문장을 요약 · 압축해서 제시한다.
- 자존심을 건드리지 않고서 가볍게 그러한 태도에 대해 언급할 수 있다.
- "한꺼번에 다 설명을 하시려나 보죠?" "어떻게 할까요? 방금 이야기한 것을 정리해 볼까요? 아니면 행위로 표현해 볼까요?" 하고 여러 가지 제안을 해 본다.
- 현재의 느낌에 초점을 맞추거나 자발성 정도를 분광기법으로 알아본다.
- 때로는 그러한 태도가 일상적인지 아닌지, 어떤 때 말을 많이 하게 되는지도 물어볼 수 있다.
- 말하는 중의 미묘한 표정의 변화, 자세, 태도에 관심을 기울이게 한다.
- 행동파 보조자(이중자)가 지금까지의 내용, 느낌을 행위화해 보도록 한다.
- 지금 이 순간(과거나 미래의 이야기, 사건이 아닌)에만 초점을 맞추어서 느낌, 생각, 환상 등을 찾아볼 수 있다.

중요한 점은 그 자체가 역시 인정 · 수용되어야 하며 결코 비판적으로 평가되거나 해석되고 비난되어서는 안 된다는 점이다.

셋째, 장면 진행 중 중요한 순간에 '답답하다 짜증난다' '신경질 난다'와 같은 표현을 하는 경우다. 많은 경우에 자신의 생각으로는 표현해 낼 수 있을 것 같은데 제대로 표현하지 못하고 있는 자신, 용기가 없어 보이는 자신, 결과(미래)에 대한 두려움 때문에 한 발짝도 앞으로 나아가지 못하고 있는 자신에 대한 감정이 그런 형식으로 표현된다. 그러나 항상 그럴까? 먼저 그 이유를 살펴보면 다음과 같다.

① **사이코드라마 자체 혹은 장면 진행 자체에 대해서**: 지루한 진행, 행위만으로 밀어붙이려는 식의 디렉터 자세, 기법의 부적절한 사용, 부당한 역할교대(하고 싶지 않은 때 하는 경우), 그만두고 싶지만 그 말을 하지 못하는 때 등

② **디렉터에 대해서**: 부정적인 텔레가 계속되는 경우, 혹은 부정적 텔레와 긍정적 텔레가 교차하면서 장면에 몰입하기 어려운 때, 적극적으로 개입해 오지 않거나 지나치게 개입하려는 디렉터에 대한 부당한 느낌, 디렉터의 개입하는 자세 · 목소리 등이 주인공의 사회인자 중 누군가를 계속해서 연상시키는 경우 등

③ **보조자에 대해서**: 역할을 충분히 해내지 못하거나 지나치게 자기주장만 펴는 보조자에 대해서 주인공이 갖게 되는, 관객이나 디렉터에 의해 비교 평가되는(상대 역

할이라기보다) 느낌, 끌려가거나 수동적인 자신에 대한 느낌, 보조자의 불성실한 태도(주인공이 느끼기에)나 실제로 무성의한 자세 등으로 인한 경우 등

그밖에 관객들의 무성의, 방관자적인 태도 혹은 반응들, 무시당하고 있는 듯한 느낌, 자신이 혼자서 무대 위에 서 있는 느낌, 자신의 진의가 의심받고 있는 듯한 느낌, 그리고 전반적인 분위기, 더운 실내 온도, 부적절한 공기 순환 등도 주인공으로 하여금 짜증나게 할 수가 있다.

이런 경우 디렉터는 어떻게 반응해야 할까? 주인공이 일단 그런 감정에 들게 되면 더 이상 장면을 진행하는 것은 무리다. 설령 진행되었다고 하더라도 무의미하고 자발성 제로 상태에 있기 때문에 같은 상황만 반복될 것이다.

① 인정하고 수용한다. 잠시의 침묵이 그것을 나타내 준다. 그것은 주인공으로 하여금 스스로 생각할 수 있는 시간을 할애해 줌과 동시에 디렉터 역시 그러한 감정에 동의한다는 것을 의미한다.

② 주인공에게 선택권을 부여한다. "그럼 어떻게 하는 것이 좋을까요?" "무엇을 하고 싶으세요?"

③ 일반화한 후에 행위화를 시도한다. 일반화는 주인공만이 그런 감정에 있는 것이 아니라 우리 누구라도 그럴 수 있고 쉽게 그런 감정에 빠져들 수 있음을 시사함으로써 그 상태에 대한 또 다른 감정의 발생(수치감 등)을 차단하고 지지 · 격려해 줌을 의미한다. "그럴 수 있지요. 우리 모두 자주 그럴 수 있지요." 혹은 "그런 경우 일반적으로 사람들은 어떻게 하나요? 아니면 주인공은 실제 생활에서 그런 때 어떻게 처리하나요?" 그러고 나서 평소에 하던 식 혹은 지금 이 순간 떠오른 방식대로 그러한 감정상태를 행위화해 본다.

④ 일반화하거나 그럴 수밖에 없게 된 상황을 점검한다. 무엇 때문에, 어느 순간에, 어느 장면, 어느 누구와 대화 중에, 혹은 처음 등장 순간부터 지금까지 중에서 어느 때부터 등 하나하나 장면, 상황을 함께 요약 · 점검해 볼 수 있다.

⑤ 감정수준을 확인한다. 그 느낌이 통상 최고로 악화된 경우를 100으로 하였을 때 어느 정도인가? 몸으로 표현하면 어떻게 표현할 수 있는가? 무게나 조이는 느낌, 가슴의 답답함 정도를 표현해 본다면 실제 어느 정도의 크기, 수준인가? 그와 유사한 감정을 느끼는 순간들이 잦은가? 어떤 때 그러한가?

⑥ 유머화한다. 일단 폐차장에 가서 그 감정을 풀어 보고 오자고 권유하거나, 술 한 잔 마시자거나, 답답하니 점쟁이나 찾아가 보자고 다소 엉뚱한 반응을 보여 사고

흐름의 전환을 시도해 볼 수도 있다.

⑦ 그밖에 다양한 기법들을 활용하거나(예: 그러한 나와 그걸 보고 생각하고 있는 나의 분열된 나-이중자의 교류 시도), 문제가 되는 요인을 제거 혹은 수정 · 재시도하거나, 그러한 감정을 충분히 행위화할 수 있는 장면 설정 등 다양한 방향으로 극을 진행시켜 나가게 된다.

문제는 주인공의 그러한 감정상태, 지금 이 순간의 행위, 표현의 원인 혹은 이유가 그렇게 쉽게 한두 마디로 규정되거나 일반화될 수 없다는 복수성, 복수적인 여러 갈래의 의미가 중복되어 있다는 사실이다. 디렉터에 대한 불만과 동시에 자신 혹은 관객에 대한 더 큰 불만이 서로 엉켜 있지만 주인공은 '자신'에 대해서만 이야기하거나 전혀 예기치 못한 대상 탓으로 돌려 버릴 수도 있다.

사이코드라마의 디렉팅이 어려운 이유가 바로 여기에 있다. 매 순간 살아 움직이며 변화하고 있는 존재로서, 또 순간마다 자발적 수준에 변동이 오게 되기 때문에 우리는 단 한순간도 이것은 이것이라고 결정지어 이야기할 수 없다. 그 어느 한순간을 포착하여 주인공의 지금 이 순간의 상태, 즉 의도, 자발성, 느낌, 신체적 변화 등을 이해하였다 하더라도 그것은 이미 지나가 버리고 또 다른 변화된 상태에 놓이게 되어, 우리는 결코 그 어떤 순간에도 주인공의 상태-현상을 엄밀하게 기술 · 해석할 수 없게 되어 버리고 만다. 만약 디렉터가 주인공의 상태를 이해하거나 수용하지 못하게 될 경우 또 다른 저항에 부딪치게 될 것이다. 그것은 디렉터 자신의 저항이다. 엄밀하게 말해서 사이코드라마에는 주인공의 저항은 없고 오직 디렉터의 저항만 있다고 해도 과언이 아닐 정도로 디렉터의 무의식적 저항은 중요하다. 문제는 디렉터가 자신의 저항을 전혀 인식하지 못하고 있다는 사실이다(김상희(2007)는 주인공과 디렉터의 저항현상을 객관화시켜 훌륭히 분석한 바 있다.).

결론적으로 디렉팅을 한다는 것은 매 순간의 만남 속에서 이루어지는 그 어떤 창조적 작업과 같은 것, 순간순간 모든 것에 반응하는 것, 그것을 흡수 반사하면서 주인공의 세계를 나누어 가시화시키는 일, 그 어떤 고정관념으로부터도 벗어나 자유로움 속에서 그 순간에 충실하는 일, 그래서 주인공이 자신의 최상의 드라마를 삶 이상으로 창조하는 데 산파 역할을 하는 것, 그것이 바로 디렉터에게 주어진 임무이며 책임이다.

제16장 변형과 연구

사이코드라마에는 정통 사이코드라마 외에 다양하게 변형 · 응용된 형식들이 많다. 그 대표적인 것이 소시오드라마(사회극)다. (실제로는 사회극이 먼저 생겨나고 사이코드라마는 나중에 생겼기 때문에 사이코드라마가 사회극의 변형이라고도 말할 수 있거나 혹은 둘이 거의 동시에 탄생된 것이라고 말할 수 있다.) 사이코드라마가 개인적 · 사적 화두를 다룬다면, 사회극은 공적 · 사회적 이슈를 다룬다. 진행방식은 사이코드라마와 거의 같다. 거의 같다는 의미는 사이코드라마보다 사회극에서 집단의 참여도가 더 높다는 것을 의미한다(사회극은 이 장에서 다시 별도로 논의된다.). 그뿐 아니라 형식 자체가 변화된 것들(플레이백 극장, 비블리오드라마, 꿈 드라마 등), 기존 정신이론에 접목되어 응용되는 형식들(정신분석적 사이코드라마, 분석심리학적 사이코드라마, 대상관계 사이코드라마 등), 세계 각국의 문화적 전통에 따른 변형 경향들(북유럽 중심의 예술적 경향, 캐나다와 아르헨티나의 영적 사이코드라마 경향, 독일과 오스트리아 계열의 이론적 경향, 호주와 뉴질랜드의 사회측정학적 경향, 미국 등의 혼합적 경향 등)이 있다.

이 장에서는 필자가 그동안 실험하고 이론화해 왔던 예술적 사이코드라마와 한국적 사이코드라마(굿), 그리고 2009년도에 새롭게 실험 · 변형시킨 사회극(혹은 사이코소시오드라마, 소시오사이코드라마)을 논하고 마지막으로 연구방법을 논하였다.

1. 예술적 사이코드라마

1) 들어가는 말

사이코드라마는 일종의 예술 형식이다. 그리고 예술을 넓은 의미로 해석했을 때 사이코드라마는 하나의 예술이다. 드라마라는 말이 하나의 예술을 의미해서가 아니다. 사이코드라마의 진행 자체가 이미 모든 참가자들의 자발성과 창조성을 바탕으로 전개되는 총체적인 집단 창조과정이기 때문이다. 그러나 여기서 '일종의 예술 형식' 혹은 '예술적 사이코드라마'라는 말을 사용한 것은 사이코드라마가 소위 기존의 순수예술 장르라기보다는 일종의 총체예술 또는 치유예술이라고 말할 수 있기 때문이다.

뿐만 아니라 사이코드라마에는 예술론적으로 깊이 있게 논해 볼 수 있는 요소들이 산재해 있다. 그중에서도 카타르시스, 자발성과 창조성, 상상력과 꿈의 세계, 생성과 창조 이론, 예술적 허구 세계로서의 잉여현실과 그 표현방식, 드라마적인 요소들, 춤과 음악과 시적인 표현들, 그리고 창조적인 진행과정 자체가 그것이다(최헌진, 2003: 58).

그러나 오늘날 예술적 사이코드라마라는 말은 흔히 음악, 미술, 무용, 연극 등 기존의 예술 장르와의 관계 혹은 그 활용을 의미하거나, 음악치료, 미술치료, 무용치료, 연극치료 등 여러 예술치료 형식과의 접목 내지는 응용 및 합동 작업을 일컫는다(모레노, 이정실 역, 2003). 그러나 그러한 단순한 융합은 예술적 사이코드라마라고 할 수 없다. 오히려 정신분석적 사이코드라마, 분석심리학적 사이코드라마처럼 차용한 이론의 출처를 밝히는 것과 같이 음악적 사이코드라마, 연극적 사이코드라마식의 명칭이 보다 바람직할 것이다. 나아가 예술적 사이코드라마라는 용어는 사이코드라마 고유의 예술적 측면을 강조하거나 예술적 경향성이 강한 사이코드라마를 가리키는 개념으로 정착되어야 한다.

사이코드라마는 한 개인 혹은 집단을 중심으로 하는 예술적 창조과정이다. 그러기에 매우 다양한 예술적 표현 형식을 보유하고 있다. 굳이 음악, 미술 등 기존의 잘 정립되어 온 예술 형식을 빌려오지 않더라도 충분히 그 자체로서 하나의 심도 깊은 예술론을 펼쳐 나갈 수 있을 만큼, 사이코드라마는 이미 하나의 예술 형식이다. 여기에서는 바로 그러한 예술 형식으로서의 사이코드라마, 즉 예술적 사이코드라마에 대한 기초적 논의를 제시하였다.

2) '예술' 개념에 대해서

예술에 대한 논의는 매우 다양하고 광범위하다. 한마디로 오늘날 예술에 대한 통일된 개념을 찾으려고 하는 것 자체가 애초부터 불가능한 일일 수도 있다(조광제, 2006). 급기야는 예술과 비예술의 경계조차 사라져 가고 있는 실정이다. 그러나 여기서는 다섯 가지 질문을 임의로 설정하고 그에 대해 논함으로써 예술적 사이코드라마에 있어서 예술의 개념을 살펴보고자 한다.

(1) 예술은 내용인가 혹은 형식인가

예술에서 형식이 중요하냐 내용이 중요하냐는 문제는 예술의 역사만큼이나 오래된 논란의 대상이었다. 예컨대, 헤겔 학파의 관념론적 미학인 내용주의 미학과 헤르바르트, 짐머만을 대표로 하는 형식에 치중한 형식주의 미학의 대립이 그렇다(조요한, 2003). 반면에 내용과 형식의 일치를 주장하는 이론들 역시 만만치 않다. 예컨대, 예술이란 미감을 만족시키는(내용) 즐거운 형식을 만드는 시도다(리드, 박용숙 역, 1985), 혹은 인간의 감정을 표현하는(내용) 살아 있는 형식 또는 역동적 형식의 창작이다(랭거, 박용숙 역, 1984) 등이다.

그러나 오늘날 전통 미학이론들, 예컨대 미적 감응, 형태적 쾌감, 정서적 공명과 같은 논의들은 퇴조해 가고 있는 실정이다. 뿐만 아니라 플라톤의 모방설, 루소 등의 상상설, 미적 보편성과 같은 칸트의 상징설 등 대표적인 예술관 또한 현대적 예술의 본질론에 자리를 양보한 느낌이다(조요한, 2003).

(2) 예술은 인간적 본질 그 자체인가

니체는 예술적 행위를 인간 고유의 형이상학적 행위로 간주한다. 콜링우드(R. G. Colling Wood; 김혜숙 외, 2007)에게 예술은 최초의 기본적인 인간의 정신활동이 된다. 바로 그러한 예술적 활동이 모든 다른 활동이 자라나는 토양이라는 것이다. 그래서 예술은 인간적인 것의 본질 자체가 된다(M. Ragon, 김현수, 1988). 그것은 인간의 열망과 경험을 구현하기 때문이다. 한마디로 인간이 인간다울 수 있는 유일한 근거가 예술이라는 것이다.

뿐만 아니다. 예술적 상상력의 세계에서 상상력 자체는 인간의 모든 인식을 지배하는 살아 있는 힘이요 동인이 된다(S. T. Coleridge; 백기수, 1985). 그것은 인간의 삶의 본질을 이루고 있을 뿐만 아니라(M. Eliade, 이재실 역, 1998), 정신적 생산력 그 자체다(바슐라르, 이가림 역, 1980). 실제로 상상하는 힘이 없는 인간을 상상하기 어려울 정도로 그것은 모든 인간의 본질임에 틀림없다.

(3) 예술은 긍정적이고 바람직한 것인가

인간의 삶에 있어서 물이나 불이 그러하듯, 모든 예술은 반드시 긍정적인 것만은 아니다. 잘못된 예술은 오히려 없느니만 못하다. 그것은 한마디로 예술이라는 이름으로 인간 정신을 마비시키고 어설픈 휴머니즘, 감상주의, 지적 허영과 편견, 엘리트주의를 유행시킨다.

아도르노(D. W. Adorno; 이영경 역, 2004)는 그의 미학이론에서 현대의 예술 산업은 예술을 육체적인 흥분제로 추락시켰다고 말한다. 예술은 우리 인간 모두를 속물화시키고, 사유하도록 하는 것이 아니라 단지 즐기도록 만들었다는 것이다.

그렇다. 예술의 가장 큰 위험성은 인간의 차이, 민족 간의 차이를 없애고 획일화시키며, 마치 하나의 미학적 규범이 모두가 따라야만 하는 기준인 양 모두를 유형화 내지는 동일화시키는 것에 있다. 예컨대, 인간의 감정과 욕망의 보편화를 불러일으키는 그 숫한 드라마며 영화 등이 인간 상호 간의 차이를 없애고 일반화·평준화함으로써 세계를 글로벌화하고자 하는 자본주의 논리가 그러하다. 민주주의, 정보화 사회라는 이름하에 세계화를 위한 끊임없는 새로운 상품, 예술의 판매 또한 인간을 눈먼 구매자로 전락시키고 있을뿐더러 지금의 현실이 마치 가장 바람직한 현실인 양 판단력을 마비시킨다.

(4) 예술은 현실과 어떠한 관계인가

니체에 의하면 예술은 인간으로 하여금 끊임없이 변화·발전하고 새로워지려는 환영으로 작용한다. 그래서 예술은 자유를 잃지 않기 위해서라도 사물의 세계를 벗어나고 나아가 잠시 자신으로부터 벗어나는 행위가 된다. 한마디로 예술은 허구로 실제를 폭행하는 것이다. 주어진 상황, 환경, 소위 현실에 빠져 배부른 노예처럼 사는 것이 아니라 예술이라는 허구의 세계 속에 몰입하여 잠시라도 진정한 삶의 풍요로움과 즐거움을 느낄 수 있어야 하지 않겠는가 하고 말하는 것이다.

그래서 예술은 인생의 조건을 더욱 흥미롭고 멋들어진 것으로 전환시키고자 하는 과정이 된다(I. Edman; 박용숙 역, 1989). 아도르노(이영경 역, 2004)에게는 고통스러운 현실을 개선하고자 하는 뜨거운 열정으로 사회적 현실이 거짓임을 폭로하는 것이 곧 예술이다. 나아가서 리오타르(J. Lyotard; 김혜숙 외, 2007)에게 예술은 인간과 현실에 충격을 주는 일이다. 가장 기본적인 예술규칙마저도 깨트려야 한다. 그 어떤 화폭, 색체, 장소, 대상도 예술에 있어서 필수요건은 아니다. 그것은 시간의 흐름조차 벗어나 순간의 존재 안으로 들어갈 수 있도록 해야 한다.

독일의 철학자 굿맨(N. Goodman; 이영경 역, 2004)에게 예술은 우리의 인식을 확장시키는 순간에만 존재한다. 예술이란 무엇인가가 중요한 것이 아니라 새로운 통찰을 일으키고 세계를 창조하는 순간과 같이 언제 예술이 존재하는가가 더 중요해진다. 한마디로 예술은 현실 인간의 인식, 감각, 경험, 지각 등에 영향을 미치면서 현실을 넘어서는 곳을 향해 있다.

(5) 인간의 삶 자체도 하나의 예술일 수 있는가

미학자 리드(H. Read; 박용숙 역, 1985)는 삶이란 시간의 흐름 가운데 끊임없이 이어지는 일종의 실험적 과정이기 때문에 삶이며 인간의 경험 자체가 하나의 예술이라고 말한다. 들뢰즈(이정임, 1999)에 의하면 삶이 먼저 있고 그다음에 창조 사건, 활동이 있는 것이 아니다. 모든 삶은 각자의 고유성, 특이한 경향성에 따른 자체가 창조라는 것이다. 왜냐하면 예술은 세계를 재현하는 것이 아니라 그것을 통해 삶의 운동이, 삶이 생성되는 사건이기 때문이다. 다시 말해서, 예술이란 새로운 삶의 경험을 창조하는 것이며 일상의 질서들을 해부해 볼 수 있는 새로운 감정, 지각을 창조함으로써 생을 해방시키는 행위다.

3) 예술적 사이코드라마에서 '예술'의 정의

위에서 언급한 바와 같이, 삶 자체가 하나의 창조이며 예술일 수 있는 한 사이코드라마 또한 하나의 예술이며 새로운 예술양식이라고 말할 수 있다. 즉, 예술은 과거와 같이 하나의 고정된 미학적 규범에 갇힌 것이 아닌 한, 무한 해석이 가능하고 한 개인의 창조성에 얽매이지 않고 다양한 상호관계성 속에서 이루어질 수 있는 한, 엄격한 장르 간의 구분이 해체되고 퓨전되며 보편성을 거부하고 각 개인의 차이를 추구하는 경향이 지속되는 한, 그리고 무엇보다 예술이 현실을 넘어서 생존을 향해 열려 있고 보다 새로운 삶의 형식을 창조하고자 하는 한, 사이코드라마는 하나의 예술일 수밖에 없다.

이 논의에서 예술은 '인간의 삶을 해방시키는 혹은 인간의 생존을 위한 삶의 창조적 형식이다.'로 정의한다. 그것은 사이코드라마가 일상을 넘어선, 또 언어 및 심리 이론을 넘어선 곳에 위치하는 삶 자체의 예술임을 의미한다.

4) 예술적 사이코드라마의 의미

예술적 사이코드라마란 우선 사이코드라마의 다양한 이론들 가운데에서 특히 예술적 논의를 바탕으로 하는 사이코드라마를 일컫는다. 그것은 마치 자연 및 우주 이론이 우주적 사이코드라마, 종교론이 영적 사이코드라마, 과학이론이 치유적 사이코드라마, 인류학 및 제의 이론이 제의적 사이코드라마의 중심 바탕이 되는 이치와 같다. 왜냐하면 그 모든 이론을 한데 모은 사이코드라마란 실제적으로 불가능하기 때문이다.

두 번째로 사이코드라마의 예술론에는 허구로서의 사이코드라마 이론, 이미지와 상상력 이론, 카타르시스 이론, 예술로서의 드라마론이 있다. 그 외에도 창조성과 예술 이론, 하나의 예술작품으로서의 사이코드라마적 장면 혹은 과정 이론, 집단 창조론 등이 있다. 그러나 여기에서 논하는 예술적 사이코드라마는 위와 같은 예술적 논의만을 의미하지는 않는다. 사이코드라마는 이론이 아닌 실천 학문이기에 그와 같은 예술적 논의 이외에 보다 실천적인 예술론이 필요하기 때문이다.

따라서 세 번째로 예술적 사이코드라마는 그 자체가 하나의 예술이라고 말할 수 있는 사이코드라마적 요소를 출발점으로 삼아야 한다. 예컨대, 몸예술, 소리예술, 도구예술, 집단예술 등 실제로 사이코드라마를 구성하고 있는 인간 및 집단, 도구 자체에 의한 예술이어야 한다. 왜냐하면 사이코드라마야말로 지금 이곳에서의 창조활동이기 때문이다.

그러기에 예술적 사이코드라마는 기존의 잘 정립된 예술 장르들, 예컨대 미술, 음악, 무용과 같은 예술 개념과는 그 맥을 달리할 수밖에 없다. 기존의 예술 개념은 그 자체만으로 오랫동안 질서 있고 확고한 이론으로 자리 잡아 왔기에 일방적으로 사이코드라마에 접목시키는 것은 무리일 수밖에 없기 때문이다.

마지막으로 예술적 사이코드라마는 과정상 실천적인 예술적 창조에 초점을 맞추는 사이코드라마이기에 일명 창조적 사이코드라마라고 말할 수 있다. 그러나 처음에 언급한 다양한 사이코드라마 양식이 근본적으로는 자발성과 창조성을 기본 바탕으로 하는 사이코드라마이기 때문에 개념상 혼돈을 피하기 위해 예술적 사이코드라마라는 용어를 사용하였다.

5) 뫔예술로서의 사이코드라마

이 시대를 인간답게 살아남고자 하는 인간 생존을 위한 삶의 창조적 형식으로서의 예술적 사이코드라마는 곧 '나'라는 주체를 넘어서서 몸과 마음(뫔)의 예술을 바탕으로 하는 사이코드라마를 일컫는다. 다시 말해서, 뫔 중심의, 뫔예술의 사이코드라마가 곧 예술적 사이코드라마다. 뫔예술이 예술적 사이코드라마 자체라는 의미다. 따라서 예술적 사이코드라마는 '인간의 뫔을 해방시키는 혹은 인간의 생존을 위한 뫔의 창조적 형식을 토대로 하는 사이코드라마' 라고 정의된다.

여기서 뫔이란 몸과 마음의 합성어다. 즉, 몸+마음=뫔(moam)이다. 그러나 오랜 역사는 몸과 마음을 이원화해서 논했고, 오늘날에도 우리는 낮과 밤, 남과 여, 유물론과 유심론처럼 몸과 마음을 나누어 생각하는 데 익숙해 있다. 이는 어디까지나 마음 우위의 사고방식이 아닐 수 없다.

이제부터는 몸을 이야기하더라도 뫔을 이야기하는 것이고 마음을 논하더라도 뫔을 논하는 것으로 평가되고 이해되어야 한다. 나의 개입이 없는 대상에 대한 진실을 밝힐 수 없듯이, 그리고 대상 없는 내가 존재할 수 없듯이, 몸과 마음은 뫔으로 용해되어 논할 수 있어야 한다.

뫔은 모든 예술, 예술행위의 근거이며 출발점이다. 뫔 없이는 그 어떤 예술도 존재할 수 없다. 화필이며 물감, 악보, 악기 그리고 온갖 예술적 도구와 재료들은 뫔의 확장을 돕는 수단에 불과하다. 제아무리 뛰어난 감각, 영상, 느낌도 그 자체가 뫔의 느낌이요 감각이며, 그것이 예술화되어 가는 과정 또한 뫔을 떠나서는 생각할 수 없다.

그래서 그동안 대부분의 예술은 무언가의 재현 혹은 표현에 의거해서 하나의 예술로서 자리 잡아 왔다. 다시 말해서, 예술이란 음악 연주와 같이 이미 주어진 것의 재현(representation)이거나 그림처럼 주관에 의한 표현(expression) 행위이며 그 결과다. 특히 몸과 행위를 중심으로 하는 마임, 댄스, 퍼포먼스, 비전통적 연극 등은 몸 자체의 표현예술들이다. 그 모두가 몸 자체만으로 무언가를 표현하고자 하는 열망을 갖는다.

예컨대, 마임은 신체운동을 통해 인간적 가치를 표현하고자 하며, 무용은 운동에 의해 공간을 창조하고자 한다(R. Laban; 심우성 편역, 1997). 예술의 엄숙성, 신성함, 장중함을 파괴하고자 하는 퍼포먼스는 역을 연기하는 것이 아닌 인간의 상품화, 오브제화를 고발하기 위해 스스로 오브제가 된다(D. Gonagawa; 심우성 편역, 1997). 소위 잔혹극이라고 말해지는 아르토의 연극 또한 무의식과 원시 세계를 표현하고자 하는 열망을 갖는다.

그러나 예술적 사이코드라마에서의 뫔예술은 재현과 표현을 넘어선 체화(embodiment)의 예술이다. 사이코드라마적 뫔과 행위는 오히려 그 온갖 예술적 표현의 수단화, 도구화 내지는 대상이 되는 것 자체에 저항한다. 이 말은 수많은 인물화, 초상화, 신체상 등의 대상이 아니라는 의미일 뿐만 아니라 인간의 내적 감정의 표출 혹은 삶의 실존적 의미 등을 드러내는 공연 예술적 수단도 아니라는 뜻이다. 또한 몸 자체가 주제가 되어 몸에 대한 온갖 통제를 풀고 순수 에너지를 방출하고자 하는 오늘날의 포스트모던적 무용에서의 몸적 실험(허영일, 1991)과 같은 목표 지향적 행위예술도 아니다.

그것은 뫔 자체, 있는 그대로의, 상황에 가장 적절한 순간의 드러남 자체이며 표출이다. 무언가를 의도해서도 아니고 무언가를 하고자 하는 의지의 결과로서의 표현도 아니다. 그것은 이 순간, 이 상황에서의 존재 자체의 열림이며 행위다. 번개가 치는 것이 아니라 치는 자체의 행위가 번개이듯, 그것은 체화된 행위이며 뫔적 예술이다.

예술은 현실과 구분된다. 예술은 현실이 아니다. 예컨대, 실제 먹고 잠자는 것은 현실이지만 먹는 척하고 잠자는 척하는 것은 예술적일 수 있다. 실제 인물인 이순신의 삶은 현실이지만 소설이나 영화 속의 이순신의 삶은 하나의 예술작품이 된다. 같은 이치로 사이코드라마에서의 뫔행위는 현실적 뫔행위가 아니다. 그것은 무대라고 하는 특정한 시공간에서의 행위다. 그래서 실제로 무엇을 먹고 마시거나 사람을 직접 구타하는 식의 장면은 연출되지 않는다.

뫔예술은 또한 연극이며 퍼포먼스와 같은 공연예술과 다르다. 공연예술은 재현 내지 표현하고자 하는 목표가 있지만 뫔예술에는 그러한 목표가 없다. 공연예술에는 흔히 기획자 혹은 제작자, 연출자가 따로 있으며 공연자와 관객의 구분이 어느 정도 명확하지만, 뫔예술에는 연출자와 관객이 있다고 하더라도 그 역할은 오직 주인공을 위해 이루어진다. 주인공의 뫔적 행위는 자신의 상황에 따라 가장 자연발생적이고 즉흥적·무목적적으로 이루어진다.

뫔예술은 결코 사전에 의도되거나 연습되지 않는다. 그것은 소위 주체에 의한 표현행위도 창조의 몸짓도 아니다. 이 순간에 가장 자발적으로, 가장 상황에 알맞게 생존하고자 하는 삶 자체의 표출이다. 뫔으로 체현된 몸짓과 행위는 오직 현실을 넘어 참되게 생존하고자 하는 삶의 존재론적 목적 이외에는 그 어떤 목적도 가지고 있지 않다.

그 결과, 그것은 마치 대자연의 모습이 우리에게 감흥을 일으키듯 하나의 예술적 감동으로, 새로운 감각의 일깨움으로 다가온다. 규범적이고 일상적 현실로부터의 용기 있는 자유로운 일탈들, 관습적이고 매너리즘에 젖어 있던 존재 자체의 에너지 가득 찬 분출들, 길들여지고 보편화된 습관적 말투와 몸짓으로부터의 해방, 각자의 행위 갈증에 따른 뫔적 가능성의 실험들, 도전적 모험과 훈련 등이다. 또한 이성의 통제에 저항하여 잠재된 뫔의 힘을 극대화하기, 개인적 소외로부터 벗어나 집단적 만남과 창조의 몸짓 속으로 침잠하기, 자연과 우주로의 자연스러운 여행 등 뫔예술은 인간이 이 지상에서 실존적으로 생존하기 위한, 삶 자체를 해방시키는 창조적인 체화의 형식이다.

실천적인 면에서 뫔 예술은 다음과 같은 네 가지 예술양식으로 구분된다.

- 몸예술: 몸의 형상, 몸짓
- 소리예술: 말, 글, 소리 자체
- 도구예술: 빛, 소품
- 집단예술: 집단 형상, 집단행위, 집단 창조

(1) 몸예술

여기서 몸예술은 뫔 예술의 협의의 의미를 갖는 예술양식으로 몸의 형상(자세)과 몸짓을 일컫는다. 사이코드라마에서 행위자들이 만들어 내는 몸의 형상은 매우 다양하며 의미가 깊다. 그것은 일상적 자세와 다르다. 오히려 가능한 한 최대한으로 일상적 자세를 탈피해서 잉여현실 내의 형상(의미 있는 몸의 자세)을 만들고자 노력한다. 그래야만이 진실의 극장다운 예술적 체화가 가능하기 때문이다.

일상에서 흔히 사람과 사람은 마주 앉거나 서서 바라보며 이야기한다. 그러나 사이코드라마 세계에서는 두 사람의 핵심적 관계의 질에 따라 몸의 자세가 달라진다. 외면하거나 등 돌려 서거나 앉은 모습은 일촉즉발의 위기감을 고조시킨다. 멀리 떨어져 있거나 등을 붙이고 앉아 있는 것은 가늠하기 어려운 양가적 관계성을 극적으로 보여 준다. 한 사람이 한 사람의 등 뒤에서 허리를 잡고 당기는가? 혹은 서로 포옹상태에서 한 사람이 벗어나고자 안간힘 쓰는 형상인가? 높은 곳에 서 있는 사람과 그 밑에 서거나 엎드리거나 무릎을 꿇고 있는 형상은? 관계의 의미는 확대·과장된 형상으로 체화되어 드러난다.

할 말을 잃고 응시하는 모습, 말의 내용과 걸맞지 않는 표정과 자세, 웃는 얼굴인데도 눈가에 맺혀 있는 눈물방울, 아무렇지도 않다는 듯한 자세인데도 불끈 쥐어져 있는 두 주먹의 형상은 얼마나 적나라한 모습인지 모른다. 그 어떤 예술적 조각품보다도 절절하게 다가오는 행위자들의 숨김없는 형상은 그 자체로 하나의 살아 있는 예술품이 된다.

그 어떤 몸짓이 바로 지금 이 순간에 최상으로 자신을 드러내는 체화된 몸짓일까? 습관화되고 이미 일반화되고 일상화되어 버린 몸짓은 아름답지도 극적이지도 않다. 반면 어느 한순간 몰입되고 일탈되고 예상치 못한 몸짓은 예술적이다. 지극히 잉여적이요 새로운 몸짓의 탄생은 신선하고 충격적이다. 마치 아이처럼 바닥에 나뒹굴면서 절규하는 중년 남성, 말소리와 행위 자체가 틀림없는 아기인 중년 여성, 푸른 긴 천에 목을 매면서 하염없이 울고 서 있는 사람, 끊임없이 자신으로부터 도망치고 자신을 부정하는 사람, 무한정 북을 두드리며 이해가 쉽지 않은 감정들을 표출해 내는 사람 등등.

어떻게 이 순간의 감정과 마음 상태를 몸을 통해 행위화할 것인가? 소리와 빛과 도구와 집단 모두를 활용해서 어떻게? 아니면 오직 빛 그 자체만으로 혹은 소리 그 자체만으로?

균형이 필요한가? 극적인가? 반복 가능한가? 자기를 버린 무아의 지경에서 나온 행위인가? 보다 특별하고 유의미한 몸짓은 없는가? 보다 높은 자발성에 의한 몸짓이라면 어떤 것이 있는가? 왜 극한까지 나아가지 못하고 주저하는가? 두려움, 장애물의 정체는 무엇인가? 위험한 순간에 '정지' 라고 외칠 것, 때로는 느낌의 미학도 생각해 볼 것, 마치 시인이 꼭 알맞은 단어 하나를 찾아내기 위해 온밤을 고심하듯 지금 이 순간에 가장 적절한 몸짓이 터져 나올 때까지 모든 가능성을 탐문해 볼 것, 바로 이러한 마음들이 모여서 몸예술을 뫔예술로까지 상승시킬 수 있을 것이다.

몸의 형상과 몸짓은 한 걸음 더 나아가 춤이 될 수 있는가? 소리와 더불어 혹은 도구와 함께, 아니 그것들 없이 홀로 춤출 수 있는가? 절망과 환희, 고독과 절정, 또 난장과 파탄, 위로와 사랑, 죽음의 공포와 탄생의 춤을 출 수 있는가? 춤춘 자는 사라지고 춤만이 남을 수 있게 할 수 있는가?

춤은 자세, 동작, 역할연기 등으로 몸을 나누지 않는다. 팔 따로 다리 따로 나눔이 없다. 그것은 지금 이 순간, 이 시간과 공간과 더불어 모두를 춤추게 하고 자신을 있는 그대로 드러내어 표현한다. 그것은 언어 이전, 문명 이전으로의 회귀이며 원초적 자발성으로 복귀다.

(2) 소리예술

소리예술은 인간의 발성기관을 이용한 모든 창조적 표현양식을 의미한다. 그래서 일상적인 말투 혹은 발성법은 제외된다. 그에는 말, 글 그리고 소리 자체가 포함된다.

말은 사이코드라마적 몸짓과 더불어 가장 중요한 예술적 요소다. 그것은 지금 이곳이라고 하는 사이코드라마 무대 위의 특수한 표현 형식일 뿐만 아니라 감정을 드러내고 무의식을 일구어 낼 수 있는 독특한 방법이다. 그러나 그것은 소위 연극적, 배우적 발성법이 아니다. 특별한 경우를 제외하고는 가성을 사용하지 않는다. 그것은 상황에 따라 그리고 몸짓에 따라 소리의 크기, 길이, 높낮이를 달리함으로써 이루어진다. 어떤 문장, 어떤 단어를 강하게 발음할 것인가? 길고 세게 발음하는 것과 느리고 약하게 말하는 것의 차이는? 고저장단의 리듬을 주면 노래가 될 것이다. 그래서 그것은 소위 아리아, 듀엣, 합창 형식이 되거나 뮤지컬이나 오페라 형식이 되거나 또는 판소리나 사설 혹은 창 형식이 되기도 한다.

그것은 즉흥적이고 창조적이다. 그러나 기존의 전문가에 의한 오페라며 판소리는 아니다. 그것은 아마추어적이지만 진실하다. 서투르면서도 아름답다. 오히려 매끈함이 덜하고 전형적이지 않기에 감동이 짙다. 왜냐하면 바로 지금 여기 주인공의 진실 세계와 가장 어울리는 체화된 표현일 수 있기 때문이다.

또한 말은 단순한 대화체로 나아가지 않고 반복되거나 강조된다. 열 문장이 한 문장, 한 단어로 요약되거나 제3자 혹은 다른 다수에 의해서 확장 · 증폭되기도 한다. 메아리처럼 울려퍼질 수도 있고 집단예술에서처럼 합창적 요소가 가미될 수도 있다.

글소리는 모든 문자 형식의 언어적 혹은 몸짓 표현을 함축한다. 대표적인 것은 지금 이 순간의 심정을 시적 언어로 드러내는 것이다. "내 몸은 항상 사람들 사이에 있지만 내 마음은 그때마다 숨을 곳을 찾는 가련한 한 마리 나비라네." 시적 언어는 자신을 서술하는 말보다 몇 배 더 감동을 준다. 일상의 언어적 표현보다 훨씬 더 주인공을 깊이 있게 이해하는 데 도움을 준다.

짧은 이야기 만들기도 예술적이다. 자신의 삶의 토막, 인생의 어느 단면을 마치 하나의 우화나 전설 혹은 신화화하는 형식은 매우 창조적이다. "옛날 옛적에 한 소년이 살았는데…… 아버지는 일찍 여의고 홀어머니 밑에서 그저 일밖에 할 줄 모르는 순둥이로 컸겄다."

핸드폰을 통한 즉흥 메시지 보내기, 즉흥 이메일, 하늘에 불꽃 글자 새기기, 눈밭이나 해변에 글과 그림 그리기, 가슴에 글자나 문양 아로새기기 등 또한 적절한 타이밍에 활용될 수만 있다면 그 장면 하나만으로도 매우 예술적으로 아름다운 순간이 될 수 있다.

소리 자체는 표현소리(음)와 효과소리(음)의 두 가지로 나눌 수 있다. 표현음은 비탄의 소리, 슬픔-울음 소리, 절규소리, 단말마, 웃음소리 등 그 자체로 하나의 정서상태를 드러내는 소리다. 그것은 의도되기보다는 저절로 터져 나오는 소리이기에 대부분이 더욱 확대 · 조장된다. 확대 · 조장된다는 의미는 보다 깊은 곳에서 우러나오는 소리로 이끌어 가기 위한 추임새의 활용, 반복과 크기의 확장, 제3자에 의한 동시에 소리내기 등을 말한다(역으로 그러한 소리 자체를 먼저 시작해서 거꾸로 감정을 올라오게 하는 경우도 있다.).

효과소리는 흔히 장면이나 주인공의 상황을 도와주는 배경 음악적인 효과를 위한 집단적인 표현방식이다. 그것은 우주와 자연의 소리 혹은 인공적인 소리일 수 있다. 적절한 경우에 터져 나오는 비바람, 천둥소리는 극적 효과를 최대화한다. 시끄럽고 혼잡한 도회지의 소음에 갇힌 주인공의 침묵은 한 점의 아름다운 그림이다.

한마디로 소리 자체의 예술은 잘 길들여지고 일상적이고 습관화된 관념적 말소리를 벗어난 곳에서 태어난다. 거친 숨소리, 비명, 긴 침묵, 무슨 뜻인지도 알 수 없는 지껄임, 대지의 기운을 불러일으키는 소리, 원시적 힘의 느낌, 원초적 욕설 등등. 그리하여 단어들을 뒤섞고 진동시키고 떨게 만들거나 파열시킨다.

(3) 도구예술

도구예술은 인간의 몸과 소리 이외의 빛, 음, 소품들에 의해 창조되는 예술이다. 실내 조명을 모두 껐을 때 창문으로 스며들어 오는 저녁노을, 형광등 아래서는 무색하지만 그 자체로 한없는 아름다움과 의미를 지닌 작은 촛불들, 그리고 그에 따라 일렁이는 그림자들, 형상들……. 밝은 대낮에 문틈 사이로 강렬하게 삐져 나오는 햇살들, 손전등, 화롯불, 밤하늘의 별빛과의 대화, 태양과 달빛의 만남 등등.

시신 위의 붉디붉은 조명, 고독한 내 곁에 던져진 푸른 빛, 욕망과 바이올렛, 침묵과 어둠, 통곡소리와 빛의 사라짐이 같아진다. 한줄기 빛과 재생(환생)이 닮아 있다. 내 마음의 옹달샘을 비춰 주는 빛은 하늘에서부터 춤추며 내려오는 수호천사다. 나는 아주 따뜻한 빛들로 감싸인다. 그리고 빛은 색을 존재케 한다. 따라서 색 또한 사이코드라마에서 다양하게 활용되고 그 의미가 깊게 탐구되거나 표현된다. 꿈 드라마에서 꿈의 이미지, 색들, 백일몽이나 환상 혹은 스쳐 지나가는 영상의 색조들, 의미 있는 시공간 내에 배치된 가구와 물건들의 색깔, 옷 색깔, 의미 깊은 추억과 얽힌 장면과 그 전체적인 분위기와 색조, 현재 이순간의 내 마음의 분열, 얽힘과 관련된 색들, 나의 삶의 의미와 미래의 색들, 과거-어둠의 색깔, 아버지와 어머니의 색깔과 그 변화들……. 죽음과 사자의 색, 미래 희망의 색, 사랑하는 사람에게서 받은 잊을 수 없는 백장미, 고통 속에 있는 내 심장의 색, 희뿌연 안개 빛깔 속에서의 방황, 새하얀 면사포, 자유로운 나-노랑나비, 인생살이-검붉은 파도 등등. 그래서 색은 다양한 색깔 천, 종이 혹은 크레파스나 물감으로 표현된다. 또한 몸의 형상과 어울리기도 한다.

사이코드라마에서는 몸짓을 보좌하기 위해 다양한 도구들이 활용된다. 그것들은 현실적인 소품이라기보다는 상징적이고 실제적인 도구들이다. 예컨대, 다양한 악기의 경우는 누구라도 손쉽게 이용할 수 있는 타악기(북, 꽹과리 등)나 두드리면 소리 나는 물건이면 좋다. 다시 말해서, 전문적인 훈련이 필요한 악기는 큰 의미가 없다는 뜻이다. 그럴 경우 그것은 이미 전문 음악예술이 되어 버리기 때문이다. 마스크나 가면 혹은 분장 또한 전문적인 것이 아니다. 즉흥적이고 아마추어적이다. 신문지 한 장이 훌륭한 마스크가 되고 천 한 조각이 유령을 상징해서 머리를 덮는다.

비록 우리 귀와 눈에 낯설고 불협화음처럼 들릴지언정, 어느 한순간 이루어지는 소리들과 색천의 어울림은 그 어떤 대장관보다 더 감동적으로 다가온다. 휘날리는 낙엽들, 바람소리, 서서히 커져 가는 마룻바닥 울리는 소리, 신음소리, 딱따기 소리, 멀리서 들려오는 북소리, 절규, 천둥과 번개, 입으로 내는 빗소리, 울음소리, 가냘픈 새소리, 아비규환의 소리들……. 몸을 두들겨 나는 소리들, 벽을 긁는 소리, 오색 빛깔의 파도, 타오르는 향, 깨져 나가는 플라스틱 바가지, 샌드백, 붉은 의자, 새하얀 무명천, 인형들, 탈바가지 등등.

(4) 집단예술

사이코드라마는 집단을 떠나서는 존재하기 어렵다. 따라서 예술적 사이코드라마는 집단예술이 곧 뫔예술 자체라 해도 과언이 아니다. 왜냐하면 집단예술이야말로 참가자 모두가 함께 어우러져 창조하는 집단 형상, 집단행위 그리고 집단 창조이기 때문이다.

집단은 각자의 주체성을 벗어 던지고 마치 하나의 분자, 성별도 이름도 나이도 없는 존재의 알맹이 자체가 되어 다양한 형상들로 창조된다. 벽이며 굴레, 장애물, 우리 혹은 둥지, 육중한 바위들과 같은 실체적인 형상들, 사랑의 보금자리, 가시밭길, 마음의 옹달샘, 천국과 지옥, 내 마음의 족쇄/쇠사슬, 평화의 바다 등 비가시적인 것들의 가시화된 형상들, 다양한 인간, 자연의 군상들, 별들의 무리, 새떼들, 의인화와 동물화, 자연의 정경들……. 이들은 마치 각자의 존재 자체까지도 망각해 버린 세계, 상징 그 자체가 된다.

집단은 부분의 종합도, 생명력 잃은 사물의 세계도 아니다. 모두가 지금 이곳에서 살아 생동하고 이 순간 생성되고 있는 형상이다. 예컨대, 주인공 행위자를 괴롭히는 혈연집단의 기괴망칙한 형상과 그를 돕고자 열망하는 이웃 및 비혈연의 존재들이 만들어 내는 포근하고 따뜻한 형상을 비교해 보라. 그것은 그 어떤 언어로도 설명하기 어려운 삶의 한 단면, 진실을 소리 없이 항변해 준다.

집단은 또한 형상을 넘어서 행위한다. 집단적 행위다. 일사불란한 마스게임도, 구령에 맞춘 획일화된 행위도 아니다. 참여자 각자의 살아 있는 자발성에 의해 형성되는 집단의 몸짓이며 행위다. 사랑이 가득한 화원, 파도와 갈매기와 바람 휘몰아치는 백사장, 온갖 새들과 꽃들의 윤무, 별들의 흐름과 합창, 그리고 투쟁/화해, 공격/방어, 고요/혼돈, 정적/외침과 함성이다. 그래서 집단행위는 때로 순식간에 변신을 시도하기도 한다. 해조류가 해양식물계를 이루는가 싶더니 온갖 심해 어군이 된다. 그리고 바다 위로 솟구쳐 오르며 파도를 타다가는 육상동물이 되고, 순식간에 격렬한 양육강식의 밀림에서 썩어 가는 시체가 되었다가는 이제 이름 없는 곰팡이, 박테리아, 세균이 된다.

행위 갈증이 극한에 이른다. 나와 너의 구분은 무의미하다. 마치 지하 세계의 거대한 보이지 않는 힘에 이끌린 듯 모두가 변신과 나 아닌 것 되기를 통해 실존의 의미를 체화해 낸다. 몸은 왔는데 아직 마음이 안 왔다거나 마음만 있지 몸은 안 따라 주는 상황 자체가 무색해지는 순간이다.

그리고 마침내 존재들의 집단 창조가 거대한 하나의 예술품으로 생성된다. 온갖 살인 고기들이 하나의 몸뚱아리에 더덕더덕 달라붙어 살점을 뜯어먹기 시작한다. 몸과 소리와 도구며 육감들, 그 모든 것이 만남과 변신이라는 혼돈 속으로 녹아들어 간다. 존재 깊숙이 감추어진 심오한 삶과 죽음의 교차, 보이지 않는 자연의 힘, 진통들, 진동하는 소리와 울림, 집단적 메아리, 그리고 가을 들판의 코스모스며 잠자리 등등.

나와 너가 온 뫔으로 삶의 원초경을 창조한다. 지옥과 천국이라는 가상의 세계를 가시화 · 가청화한다. 몰아와 절정, 그 누구의 지시도 명령도 없는 즉흥과 신명, 상투화된 몸짓은 거부하고 몸과 마음을 열고 잠재성을 극대화해 나간다.

시장터, 축제마당, 장례와 혼례식, 특이한 생일잔치, 하늘을 날고 바닷물과 거품이 되기 등은 모두 의도된 공연예술(performing art)도, 기존의 목적 지향적인 퍼포먼스 아트도 아니다. 그것은 자연의 본질이 비전형성, 불확실성, 혼돈이듯이 창조행위 자체가 하나의 즉홍성, 지금 이곳에서의 실험이며 도전, 충돌, 생성이다. 모두가 하나의 유의미한 예술작품이 됨으로써 세계, 자연, 나아가 우주 삼라만상으로 되기다.

6) 나오는 말

인간은 사물화되어 가는 것을 초월하기 위해서, 자유를 잃지 않기 위해서 화려하며 회오리바람 같으며 춤추며 조롱하는 아이 같은 기쁨에 찬 예술을 필요로 한다(F. Nietzsche; 강영계, 2000). 푸코(M. Foucault, 진중권, 2003)는 인간이 적극적으로 자기 자신을 미적 주체로 내세우고 자신의 삶을 예술적 완성으로 끌어올릴 수 있는 존재미학이 필요하다고 말하였다. 들뢰즈(Deleuze, 이정임 외 역, 1999)에게 예술적 창조행위란 보편성을 거부하고 개인의 독특한 경험 세계를 중시하며, 법칙에 종속된 삶이 아닌 흐름과 생성의 삶, 질서 잡힌 경험으로부터 새로운 경험을 창조하는 것이다.

예술적 사이코드라마에서 예술 개념 역시 기존의 잘 정리되고 유형화된 정의며 개념들과는 구별되어야 한다. 시대의 변화가 새로운 예술 개념을 요청할 뿐만 아니라 우리 모두가 구체적인 예술적 행위를 통해서 이 시대를 보다 실천적으로 생존해야 할 필요가 있기 때문이다. 뿐만 아니라 예술적 사이코드라마는 일상에서 벗어난 시공간, 잉여현실 속에서의 뫔 예술이요, 오직 지금 이곳에서만 최상으로 존재하는 순간적 삶의 예술이기 때문이다.

뫔 예술은 상호 침투적이고 교환적이다. 몸예술, 소리예술, 도구예술, 집단예술과 같이 별도로 존재하는 것이 아니라 뫔 형상과 행위 예술 속에서 함께 어우러진다. 한 행위자의 몸짓, 형상이 어느 순간에 집단적 행위, 창조예술이 되는가 하면 집단의 소리가 어느 한순간 행위자의 시가 되어 시공을 압축시킨다.

노래가 춤이 되고, 춤이 시가 되며, 소리가 색으로 화한다. 몸짓이 소리가 되는가 하면 소리는 곧장 집단 창조가 된다. 그래서 그것은 공동 창조자의 길을 향해 나아간다. 나아가 잉여현실을 넘어서 인간-신적인 최상의 창조 단계까지 오르고자 한다.

언어, 인지 중심화되어 가는 사이코드라마, 기존의 예술과의 합성에 급급해하는 사이코드라마 현실에서 사이코드라마 자체의 예술적 논의는 필요불가결한 문제라고 생각된다. 뿐만 아니라 인간의 삶의 확장을 위한 실천적인 삶의 예술의 한 형식으로서, 삶을 해방시키고 새로운 삶의 형식을 창조해 내는 창조적 형식으로서, 예술적 사이코드라마는 궁극적으로 탈 '나', 나 아닌 것 되기, 새로운 나를 생성해 내는 집단예술로 새롭게 태어나야만 한다.

2. 한국적 사이코드라마

필자는 한국인이며 우리 선조가 오랫동안 이 땅에서 살아왔음을 기록으로 알고 있다. 그리고 필자는 거의 30여 년간 사이코드라마를 해 왔다. 그렇다면 필자가 하고 있는 사이코드라마를 한국적이라고 말할 수 있을까? 아니다. 그건 분명 아니다. 그 이유를 생각해 보자. 우선 필자는 소위 서양식 교육을 받아 왔다. 우리 고유의 춤과 음악을 배우기보다는 현대 음악과 디스코를 배웠다. 입고 먹고 자는 것도 전통적인 것이라고는 할 수 없다. 그리고 결정적으로는 한국문화, 한국철학 대신에 서양의학, 정신의학을 배웠다. 또한 필자의 사이코드라마 경력이라고 하는 것은 하루 온종일 30년 동안 해 온 것이 아니라 밤이나 주말의 시간, 그리고 정신병동에서 일주일에 한 번꼴로 해 온 것이 전부다. 잘 봐 주어 1주에 이틀을 사이코드라마에 헌신했다고 해도 1만 100여 일 동안에 2,800여 일만 사이코드라마를 접한 것이다.

누군가가 한국적이라는 말이 무엇을 의미합니까 하고 물을 때 자신 있게 답할 수 있는 사람은 결코 많지 않을 것이라고 생각한다. 그 의미는 너무나 깊고 광범위하기 때문이다. 그 어떤 한국문화의 전문가라 할지라도 개인이라는 자신의 시각을 뛰어넘을 수는 없다고 생각되기 때문이다. 그것은 통상의 민족적, 전통적, 역사적 의미의 용어가 아니기 때문이다. 토속적, 향토적, 무속적 또는 유교적, 불교적, 도교적 용어가 아니라 지금 이곳, 이 땅에서 살아가는 한국인으로서의 한국적 의미이기 때문이다.

그것은 한국인의 특성은 어떻고, 문화와 관습, 성격적 경향과 특징, 유구한 역사와 전통은 어떻다고 하는 데서 찾아질 수만은 없다는 의미다. 이런저런 다양한 이론들을 종합하는 것도 아니며 그 어떤 핵심을 뽑아내는 작업도 아니다. 그것은 나, 너, 우리의 삶 속에서 저절로 우러나오는 것이어야 할 것이다. 사이코드라마적 정신에 입각해서 바로 지금의 인간의 행위적, 실존적 측면에서 창조적으로 도출된 것이어야 할 것이다. 1997년 2월 15일, 필자는 한국 사이코드라마 총회에서 '한국적 사이코드라마의 추구'라는 제목으로 강연을 한 바 있다. 그때 한국적 사이코드라마란 '우리는 왜 사이코드라마를 하는가? 나는 그 많은 형식 중에 왜 사이코드라마를 선택하였는가?' 하는 질문에서 시작되어야 한다고 말하였다. 한마디로 처절한 자기 싸움 없이는 한국적 사이코드라마라는 용어는 생성될 수 없다는 의미였다.

한국적 현실에서 가장 슬픈 일 중 하나는 사이코드라마를 하고 있는 필자를 포함해서, 제반 학문 분야에 한국적 창조가 드물다는 사실이다. 자연과학이나 예술 분야에서는 그러한 경향이 드물지는 않지만 인문과학 분야는 전무하다 할 정도로 일방적인 외국 이론의 전개뿐이다. 작은 수정이나 변형조차 드물다. 있다 해도 동양사상이며 동양철학을 삶으로 체화시키지도 않은 채 날 것으로 결합 · 변조한 이론적 작업이 대부분이다. 그리고 더 아픈 현실은 서로 간에 대화가 없다는 사실이다. 각 분야의 학파들, 이론들의 만남이 전무한 현실이다. 거칠게 말해서, 미국파, 영국파, 독일파, 한국파, 불란서파는 있어도 모두가 1년에 한 번이라도 모여서, 아니면 A이론, B이론, C이론, D이론이 2년에 한 번이라도 한자리에 모여서 한국인이라는 공통의 마당으로 녹여 낼 수 있는 기회가 없다는 것이다. 고기나 농산물을 수입해도 한국식으로 요리하는 데 말이다.

필자는 국수적이거나 보수적이지 않고 지극히 한국을 사랑하지도 않는다고 생각한다. 말하자면 문화적 전통주의를 부르짖지도 않는다. 필자에게 중요한 것은 주어진 지금의 현실이기 때문이다. 소위 신교육을 받은 필자는 이미 순수(?) 한국적일 수가 없는 존재다. 그런 의미에서 필자는 분열되어 있다. 그러면서도 필자가 생각하고 느끼는 이것, 무언가 아직은 잘 모르겠지만 진실로 실천하고 있는 이것이 최선의 사이코드라마라고 말할 수 있는 그런 사이코드라마가 한국적 사이코드라마이지 않겠느냐 믿고 있는 것이다. 그런 사이코드라마를 하는 날이 오기를 꿈꾸고 있기에 사이코드라마를 떠날 수가 없다.

이제 그러한 제반 한계와 모순을 안고 한국적 사이코드라마라는 제목 아래 몇 가지 작은 생각들을 적어 보려고 한다. 이것은 첫걸음이다. 무슨 일관된 이론도 체계화된 논리도 아니다. 단절된 밑그림일 뿐이다. 따라서 매우 요약적일 수밖에 없다.

1) 용어에 대해서

(1) 참과 빔

필자에게 하나의 고정된 관념이 있다면, 그 이유는 아직 잘 모르겠지만 수시로 다가오는 단어 개념이 있다면 그것은 참과 빔이라는 것이다. 세상 만물이 다 차고 비워지는 것의 연속, 비워지는 것과 동시에 채워지는 현상이라는 관념이다. 인간이 태어나는 과정도 참과 빔이며 죽는 것 또한 그렇다는 생각이다. 그러한 생각은 자주 혹은 드물게 찾아온다. 굳이 그 단어에 집착하는 이유가 있다면 필자 나름대로 삶의 의미를 밝혀 보고 싶었던 마음이라고 할 수 있겠다.

참과 빔의 현상은 거의 동시에 일어나는 현상이다. 시간과 공간의 차이가 우리로 하여금 서로 다른 현상으로 보이게 할 뿐, 그것은 서로가 서로를 지향한다. 그렇지 않고서는 자연이며 생명이 생존해 갈 수가 없다. 밥이 들어 있는 밥그릇과 수저와 나의 입의 관계, 음식과 입과 위, 장과 배설의 관계, 성행위와 사정과 수정, 임신, 출산의 관계가 참과 빔의 연속적인 현상이다. 나무와 흙과 공기의 관계, 땅과 풀과 토끼의 관계, 자연계의 먹이사슬, 태양과 빛과 지구 그리고 지구의 역사 또한 끝없는 참과 빔의 과정이다.

인간의 만남, 사랑, 이별 역시 하나의 참과 빔 과정이다. 나와 너가 만난다. 나는 너로 채워지며 다른 만남은 비워진다. 네가 내 마음에 채워지는 순간, 나의 다른 마음은 너를 향해 비워진다. 내가 너에게 무언가를 요구하는 순간, 난 비워지고 넌 채워지면서 너 또한 너 자신을 비운다. 문제가 발생하는 것은 그러한 참과 빔의 하나의 흐름이 일방적일 때, 너무 크거나 작을 때, 그리고 지속화되어 고착될 때다(참과 빔의 개념을 보다 이론적으로 확장해 나가기 위해서는 음양론, 기[氣]론 또는 불교의 연기론[緣起論]의 힘을 빌어야 할는지도 모른다.).

(2) 몸과 마음(뫔)

마음이 차면 행위는 비워지고 줄어든다. 비운 마음만큼 행위화된다. 단순한 행위가 아니라 체화된다. 아는 것이 많을수록 실천은 부족하다는 의미가 아니다. 오히려 아는 만큼 행위화된다. 아는 것은 채워진 것을 비우는 만큼 행위화된다. 행위화되고 체화되는 만큼 마음은 또한 채워진다. 몸과 마음은 서로를 지향하며 순환한다.

우리는 흔히 마음을 비워야 한다고 말한다. 그래야 마음의 평화가 온다는 뜻이다. 안정된 마음이 된다는 것이다. 그러나 그것은 나쁜 마음과 착한 마음이라는 이분법적 발상이며 마음의 안정이라고 하는 목적 지향적 사고방식이다. 마음이 몸으로, 행위로 지향되지 않고, 몸을 채우지 않고 마음 자체 내에서 맴도는 관념이다.

참과 빔, 몸과 마음은 이분법적 개념이 아니다. 그것은 옳고 그름, 참과 거짓, 선과 악 같은 양비론이 아니며, 이다 아니다 같은 정반합의 변증법적 개념도 아니다. 그것은 그 차이를 차이로만 보는 현상적 개념이다. 한순간의 두 모습이며, 한 가지 변화의 두 양상이다. 하나이면서 둘이요, 둘이면서 하나의 개념이다. 그래서 그것은 몸과 참빔으로 표기된다.

몸을 마음과 굳이 떼어서 이야기해야 할 당위성은 없다. 내 마음이 어떻다고 말할 것이 아니라 내 뫔이 어떻다고 말해야 한다. 체화된 행위 없는 마음이 무슨 의미가 그리 많겠는가. 오히려 그러한 오래된 관행이 많은 분란과 혼돈의 근원이다. 그럼에도 불구하고 마음이란 그저 언어로밖에 자신을 표현할 수밖에 없는 신세다. 게다가 언어란 그다지 완벽하지 못한 상징이 아니던가.

(3) 풀이와 굿

풀이의 사전적 정의는 다양하다.

- 감기거나 얽히거나 묶이거나 매인 상태에서 벗어나게 하다.
- 맺힌 감정, 원한, 오해 등을 없애다.
- 어떤 물질을 액체 속에 넣어 퍼지게 하다.
- 거친 땅을 일구거나 밭을 논으로 만들다.
- 돈을 풀고(쓰고), 사람을 풀고(보내고), 글자를 풀고(해체), 실마리, 사건, 의문을 풀고(알아내고), 금지령을 푼다(터놓다).

그래서 뭉친 것, 딱딱한 것, 얼어 있는 것, 엉켜 있는 것을 원상태로 돌려놓는 일이 곧 풀이다. 몸을 풀고, 긴장을 풀고, 마음을 푼다. 강물이 풀리고, 날씨가 풀리며, 막힌 가슴이 풀린다.

인연의 줄을 풀고 혼을 풀어 던진다. 사주를 풀고 음양을 풀이하듯, 운명의 실타래를 풀고 매듭 진 맘을 푼다. 달과 별이 있는 그대로 헐벗고 있음과 같이, 우리의 뫔을 은폐시키는 장막을 풀어헤친다. 몸과 마음의 보이지 않는 족쇄를 풀어 던진다.

굿의 사전적 의미는 다음과 같다.

- 원시 종교나 무당의 의식
- 음식을 차려 놓고 노래하고 춤추며 복을 비는 일

- 연극
- 많은 사람이 모여서 벅적거리는 구경거리

그래서 굿은 한 사람이 아닌 많은 사람을 전제로 한다. 혼자 하는 굿은 이미 굿이 아니다. 두셋이 하는 것도 아니다. 굿은 넓은 장소를 필요로 한다. 사람들이 모여야 하기 때문이다. 사람들이 모여서 하는 구경거리, 의식, 연극, 노래와 춤이 있는 행사가 굿이다. 굿은 사람들을 불러 모은다. 일상의 한가운데서 벌어진다. 그것은 일상과는 다른 또 하나의 현실이다.

굿은 하나의 놀이다. 겨울을 지낸 벌들이 따뜻한 봄날에 떼 지어 제 집 앞에 나와 날아 돌아다니는 것(사전적 정의)처럼 여럿이 일상으로부터 빠져나와 함께 모여서 재미있게 노는 일이다. 그것은 보람된 일이다. 삶에 큰 의미를 부여해 주는 놀이다. 하늘과 저 세상 사람들과 어울리는 일이다. 그것은 인간의 삶에 있어서 필연적인 또 하나의 삶의 형식이었다.

(4) 사이코드라마의 새로운 용어

사이코드라마는 하나의 굿이며 놀이다. 제의다. 일상으로부터 벗어나 여럿이 함께 모여 벌이는 특별한 만남의 굿마당이다. 물론 전통적, 제의식의 의미가 탈색된 제의이며 굿이다. 보다 놀이적이고 연극적이고 구경거리적 요소가 강한 굿이다. 그것은 일상의 공간에서 행위화된다. 모두가 한마음이 되어 더불어 행위화된다.

사이코드라마는 몸과 마음을 풀이하는 놀이다. 막히고 맺힌 것, 모르거나 의심스러운 것, 얽히고 갇힌 몸과 마음을 푼다. 금지된 것을 풀고 아직 개발되지 않은 자발성을 푼다. 꼬인 실타래를 풀듯 삶을 풀어 흐르게 한다. 뭉친 곳을 풀어 비우면서 채운다. 몸과 마음을 비우면서 채운다는 의미는 자발성의 흐름에 따른다는 말이다. 자발성이 몸과 마음을 더불어 흐르면서, 때로는 비우고 때로는 채우며 또 때로는 채우면서 비운다는 의미다.

흐르는 물(몸, 삶, 운명)이 돌과 가시덤불로 막히고 맴돌고 흐르지 못할 때, 물 자체의 쓰이지 못했던 힘(흐르고자 하는 힘, 자발성)으로 그것들을 푼다. 비우고(제거하고) 채운다(물이 그 공간을 흐르게 한다.). 마음이 체화된다는 것은 마음이 비워지고 몸이 채워지며, 몸은 행위화 순간 비워지고 마음이 채워짐을 의미한다. 잠자고 있는 자발성을 풀어서 동시에 몸과 마음을 푼다는 의미다.

풀이는 참과 빔의 다른 말이다. 음과 양을 태극이라 하고 삶과 죽음을 운명이라고 하듯, 차고 비워지는 현상은 풀이라는 말로 표현될 수 있다. 설탕을 물에 푼다는 것은 설탕(고체)이 녹아서 그 형태가 비워지면서 동시에 물 속에 설탕이 녹아들어 채워짐을 의미한다. 슬픔이 마음에서 몸으로 비워지면서 몸은 채워지는 순간 눈물로 비워진다. 눈물로 몸이 비워지면서 마음은 차츰 다른 마음으로 채워진다. 보고 듣고 몸을 통해 들어온 슬픔은 결국 마음을 채우고 몸을 비우면서 다시 앞의 과정을 되풀이한다. 이는 풀이과정이다.

그리하여 사이코드라마는 참과 빔의 과정이요 풀이과정이다. 그러나 풀이만으로 끝나지 않는다. 그것은 굿이 되어야 한다. 모두 더불어 굿판을 만들어야 한다. 놀아져야 한다. 함께 어울려야 한다. 홀로 풀이하는 것은 더 이상의 자발성을 일깨우는 데 어려움이 있다. 그것은 여럿이 함께 해야 한다. 서로 간에 채우고 비우면서, 나를 떠난 너와의 풀이과정에서 자발성은 잠을 깬다. 풀어진다. 인간은 홀로 일 수 없는 존재이기 때문이다. 한마디로 사이코드라마는 모두의 풀이, 참과 빔의 연속으로 이루어진 하나의 굿, 놀이다. 따라서 사이코드라마는 뫔풀이 굿 또는 뫔의 참빔놀이라는 말로 바꾸어 사용할 수 있다.

2) 풀이의 대상

인간의 몸과 마음은 풀이의 대상이다(그러나 실제 몸과 마음을 분리하고 현실과 잉여현실, 의식과 무의식을 구분하는 일은 불가능하다. 그것은 어디까지나 설명을 위한 구분에 불과하다.). 그것은 종적으로는 겉풀이, 안풀이, 속풀이로 나누어 생각할 수 있다. 겉풀이는 뫔의 의식적, 현실적, 외적 상태를 풀이함을 말한다. 안풀이는 전의식적, 잉여 현실적, 내적 상태를 풀이하는 것을 말하고, 속풀이는 보다 깊숙한 곳에 묻혀 있는 타고난, 체질적, 무의식적 상태를 풀이하는 것을 말한다. 이를 도식화하면 [그림 16-1]과 같다. 이 그림의 각 구조는 명확하게 구별되는 것이 아니다. 예컨대, 겉구조에서 의식적, 현실적, 맘적 개념이 반드시 의식적이고 현실적이고 맘적이라고 말할 수는 없다는 뜻이다. 현실 속에도 비현실과 잉여현실이 섞여 있을 수 있으며, 의식 속에는 전의식, 무의식적인 것이, 그리고 맘 속에는 몸적 요소가 함께 있을 수 있다는 의미다. 그래서 접미사 '적(的)'을 붙여서 주된 경향이나 성질을 표현한 것이다.

횡적 풀이의 대상 혹은 상태는 〈표 16-1〉과 같이 일곱 가지로 나누어 생각할 수 있다. 물론 이와 같은 횡적 구조도 종적 구조와 마찬가지로 엄밀히 구분되지는 않는다. 한(恨)적 요소 중에는 환, 성, 정, 연이며 혼, 살적 요소가 섞여 있을 수 있으며, 정(情)적 요소 또한 다양한 요소들에 의해서 발생되기 때문이다. 따라서 이 표의 횡적 구조는 어디까지나 현상적인 표현 형식으로 간주되어야 한다. 그것은 풀이굿에서 무엇이 중심

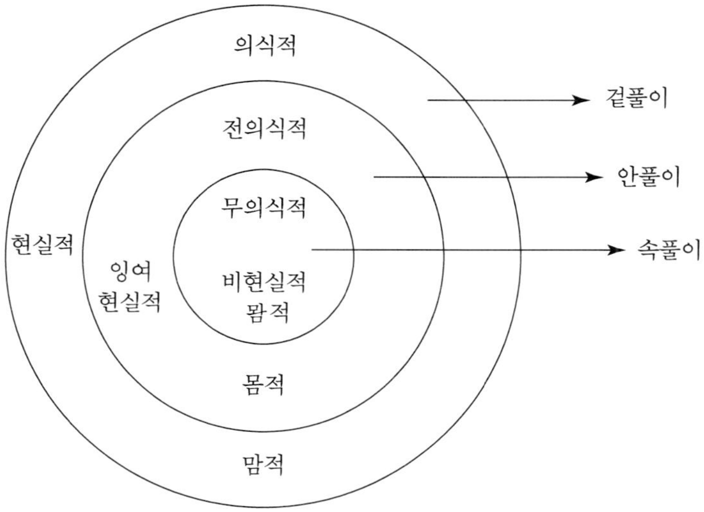

[그림 16-1] 뫔의 종적 구조

표 16-1 뫔의 횡적 구조

풀이			굿
대상 명칭	상태	내용	명칭
혼(魂)	감김	죽은 사람의 혼, 영혼, 영, 죽음, 전생과 후생, 혼령, 사자	혼굿
환(幻)	닫힘	환상, 몽상, 꿈, 미몽, 백일몽, 영상 기타 상상적 요소, 환각	환굿
살(煞)	붙음	병, 중독, 탐익, 악령, 광(狂), 저주, 귀신, 신들림, 빙의, 망상	살굿
한(恨)	맺힘	고통, 늙음, 불구(신체장애), 원한, 정신적 상처	한굿
성(性)	꼬임	본능, 욕망, 성격, 기질, 체질, 타고난 경향성	성굿
정(情)	접힘	감정, 희노애락, 사랑, 절망	정굿
연(緣)	얽힘	인간관계, 언어, 제도, 관습, 도덕, 사회, 국가, 경제, 종교	연굿

요소가 되어 풀리고 있는가, 그리고 그것은 어떻게 굿이 되는가를 이해하기 위한 실천적 토대로 이해되어야 한다. 다시 말해서, 종적 구조나 횡적 구조 모두 풀이의 대상 혹은 내용으로서 본질이 아닌 형식상의 구조를 의미한다.

집을 지을 수 있는 지반은 닦였다. 종과 횡으로 구조화되었다. 그렇다면 어떠한 형식의 집, 즉 한국적 사이코드라마를 구축해야 하는가? 구체적으로는 다음과 같은 질문에

답할 수 있어야 한다(그러나 필자로서는 아직 능력 밖의 일이다. 더 많은 경험과 연구가 필요하다. 많은 이들의 공동 작업과 노력, 격론과 논의가 필요하다.).

- 종적 구조의 의미와 본질은 무엇인가?
- 횡적 구조의 의미와 본질은 무엇인가?
- 그러한 구조들은 인간의 뫔과 삶 속에서 어떻게 작용하고 어떠한 현상을 나타내는가?
- 종적 구조와 횡적 구조는 어떠한 방식으로 상호작용하는가? 그리고 그것은 뫔풀이 굿에서 어떤 방식으로 차고 비워지며 풀이되는가? 그것은 또한 어떤 방식으로 굿화되는가?
- 그러한 풀이굿 과정은 인간에게 어떤 영향을 미치는가?
- 수행자로서 디렉터는 그러한 실천적 과정을 어떠한 방식으로 구체화할 수 있는가? 그리고 수행의 과정과 뫔풀이 굿 과정은 어떠한 상호관계가 있는가?

한풀이 굿을 한 예를 들어 다시 질문해 보자. 한은 무엇인가? 그것은 어떤 의미인가? 그것은 종적 구조(의식, 전의식, 무의식)와 횡적 구조(혼, 성, 살, 정 등)와 어떠한 관계인가? 그것은 인간에게 어떻게 작용하고 그 영향력은 무엇인가? 그것은 왜 풀이굿으로 표현되어야 하는가? 그 결과는 무엇인가? 그리고 그것은 어떤 방식으로 전개, 펼침, 진행되며 어떻게 굿화되는가? 최상의 풀이굿 형식은 무엇인가? 수행자의 수행에 한은 어떻게 작용하는가?

3) 뫔풀이 굿의 의미

우리의 뫔은 자유스럽지 못하다. 자발성이 부족하다. 몸과 마음은 분리되어 있고 온갖 일상의 통제 속에서 정상증화되어 가고 있다. 그렇기에 생존을 위해서는 자발성이 필요하다. 존재의 확장이 필요하며 몸과 마음의 통정이 필요하다. 변화가 필요한 것이다.

변화는 곧 도약이며 넘어섬이며 깨달음이며 건너뜀이다. 서서히 진행되는 것이 아니다. 역사의 발전, 지식의 발전이 도약적이며 불연속적으로 이루어지듯, 인간의 변화 역시 연속적으로 진행되지 않는다. 즉, 어느 한순간에 급격히 이루어진다. 사이코드라마, 뫔풀이 굿이 존재하는 이유다. 이를 도식화하면 다음과 같다.

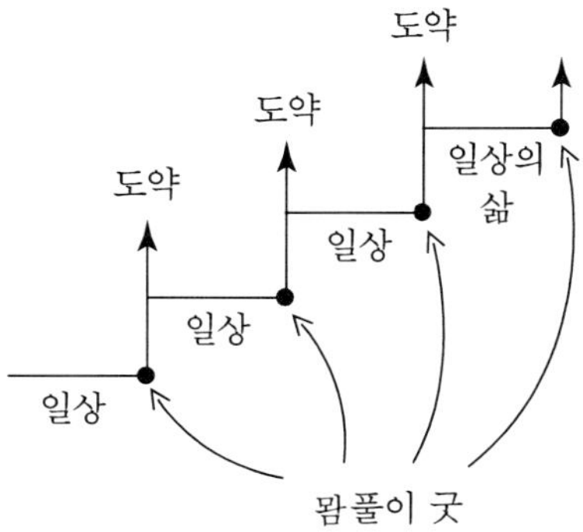

일상의 어느 한순간 뫔풀이 굿의 계기가 주어진다. 도약의 발판으로서 놀이마당이 주어지는 것이다. 나는 원래의 스스로 그러한 힘의 흐름을 타고 신명 나게 나를 열고 풀이할 것이다. 나는 온갖 것을 비우고 채울 것이다. 새로운 계기를 만들 것이다. 나의 변화, 생존, 확장의 계기로 삼을 것이다. 그래서 나는 너, 집단과 더불어 굿판을 형성한다. 하나의 제의에서처럼, 그리하여 나는 새롭게 태어남을 맛볼 것이다.

뫔풀이 굿은 앞마당, 본마당, 뒷마당 과정을 통해서 전개된다. 그러나 주로 본(풀이)마당에서 진행된다. 본마당은 풀이판과 굿판으로 나누어 설명될 수 있다. 물론 엄밀한 구분은 쉽지 않다. 왜냐하면 때로는 풀이하는 순간 자체가 그대로 굿판이 되기 때문이다.

궁극의 목표는 아무래도 좋다. 공동 창조자, 우주적 존재, 인간-신, 그 뭐라도 상관없다. 뫔풀이 굿은 자발성과 만남을 발판으로 하는 변화의 도약, 존재의 확장을 지향하기 때문이다.

표 16-2 풀이판과 굿판의 비교

내용 \ 마당	풀이판	굿판
주 대상	개인	집단
주 현상	펼침, 열림, 변화의 시작	만남, 집단 창조
특징	혼돈, 파괴	질서, 형상화
재료	삶, 현실, 운명	이상, 꿈, 우주적 운명
참범양식	비움	채움
주 정서상태	신명, 고통, 혼란	희열, 신비, 고요

3. 뫎굿

1) 들어가는 말

10년이면 강산도 변한다. 100여 년 전에 출생한 프로이트의 (정신분석)이론은 세계적으로 오래전에 과학의 영역에서 축출되었고, 임상에서도 차츰 그 자리를 잃어 가고 있다(도정일, 최재천, 2005). 그렇다면 90여 년 전에 태어난 사이코드라마는 어떠한가? 발전 중에 있는 학문인가? 그 역시 쇠퇴하고 있지는 않는가? 아니면 이도 저도 아닌 제자리에서 맴돌고 있는가? 시대가 바뀌어 가고 있는데도 바뀔 줄 모르는 학문들은 저절로 사라질 수밖에 없다. 바람직한 방향이든 아니든 사람들 또한 변해 가고 있고, 제반 과학이며 철학, 예술이 뒤따라가기 벅찰 정도로 새롭게 변신해 나가고 있는 오늘날, 정신분석, 정신치료, 상담학, 예술치료 등 소위 치료적 분야만은 50년, 100여 년 전의 초창기 내용과 형식을 그대로 고수 · 답습하고 있는 실정이다. 게다가 치료자와 환자/피치료자, 분석가와 피분석가, 상담자와 내담자 등 소위 전문가와 비전문가라는 이원 구조, 곧 지극히 보수적이고 권위적인 대결 구도 역시 전혀 변하지 않았다. 그것은 마치 부자/빈자, 지배자/피지배자, 백인/유색인, 남자/여자, 인간/자연과 같은 차별의식을 그대로 반영하는듯 보인다. (라캉의 정신분석은 프로이트를 훌륭하게 재해석해서 재창조했으며 위와 같은 이원 구조로부터도 많이 벗어나 있지만, 그 역시 무의식, 과거로의 회귀에 머물러 있기는 프로이트와 마찬가지다.)

오늘날 사이코드라마 세계를 일견하면 전 세계적으로 현상 유지에 급급해하고 있는 것 같다. 언제부터인가 훌륭한 새로운 이론도 형식도 논문도 더 이상 나오지 않고 있다. 미국의 경우 오히려 지나치게 구조화되고 안정적인 형태로 퇴보해 가고 있다. 한국은 보다 과학적이고 객관적이라는 논리에 홀려서 여론조사와 유사한 통계 지상주의적인 실험논문에 눈이 멀어 있다. 어떻게 해야 할 것인가? 새로운 돌파구가 필요하다. 미래에 대한 비전은 접어 두더라도 현실에 대한 이해와 새로운 창조가 필요한 실정이 아닌가? 이대로 자기만족에 빠져 살아갈 수만은 없지 않은가? 사이코드라마가 곧 매 시대로부터 살아남고자 하는 처절한 생존을 지향하지 않았던가? 사이코드라마 자체가 시대의 정상증(normosis), 로보증(robopathy)과 반대되는 우리의 창조성과 자발성을 일깨우고자 창안된 것이 아닌가?

그런데도 제반 치료적 분야들뿐만 아니라 사이코드라마 역시 개인의 내면세계에만 초점을 맞추고 있을 뿐이다. 이 사회, 이 시대의 문화, 가치관이야 어떠하든 인간 개인 혼자만 정신 똑바로 차리면 행복해지고 건강한 사람이 될 수 있다는 논리다. 긍정적이든 부정적이든 이 사회의 그 어떤 현상과도 동떨어진 개인적 마음 세계만을 후벼 파고 있다. 더구나 현실에 잘 적응하는 인간이야말로 올바른 인간이라는 자아(ego)이론이 대세를 이루고 있는 실정이다.

그렇다면 다음과 같은 사회적 현실을 어떻게 받아들이고 어떻게 설명할 것인가? 겉만 화려해지고 비대해져 가는 현대문명, 그 앞에서 겸손하고 비굴하다 못해 간과 쓸개까지 내다바친 채 (그런 줄 꿈에도 모르고) 살아가고 있는 많은 현대인들, 땀 흘려 고생한 대가로 끝없이 양산되는 제품들을 사지 않으면 안 되는 자본주의의 노예화 전략들(다국적 군대와 같은 대기업들, 그리고 예컨대 발전이라는 이름의 각종 전자제품들) 막강한 매스컴과 언론의 조작 · 부추김 · 세뇌, 흡혈귀처럼 인간 정신을 마취시키는 광고와 선전들, 무력한 지성인들, 보편과 다수라는 이름의 만용과 횡포, 생명과 죽음이 백지 한 장 차이보다 못하게 되어 버린 무뎌진 감각들, 영혼의 빈곤 정도와 비례해서 살쪄 가는 제반 종교적 행위들 등등.

이와 같은 현상들이 오늘날의 정상 증후군이라면 지나친 이야기가 될까? 정신을 똑바로 차려야만 한다. 결코 쉬운 일은 아니다. 사이코드라마는 이제 그만 임상이라는 안전하고 안정된 방에서 밖으로 나와야만 한다. 안개 또는 유령(보드리야드의 언어로는 시뮬라크르, 가짜들, 허상들)에 휩싸인 현실의 삶 속을 과감히 뛰어들어야 한다. 우리의 잠재성을 일깨우고 우리를 큰 인간으로 확장시켜야만 한다. 그것이 곧 이 시대의 모든 사이코드라마티스트들에게 주어진 의무이며 책임감일 것이다. 말이 아닌 행위로, 이론이 아닌 실천으로.

무엇보다도 사이코드라마는 새로운 형식과 이론을 창조해야 한다. 필요하다면 모레노의 초창기 사상과 형식으로부터도 자유로울 수 있어야 한다. 한마디로 우리가 살아가고 있는 이곳, 이 땅과 이 시대에 적절한 사이코드라마 형식을 개발해 내야만 한다. 예컨대, 치유적 사이코드라마를 넘어서서 제의적 사이코드라마(뫔굿), 예술적 사이코드라마(기존의 예술 개념에서 벗어나서 새로운 소리예술, 몸예술, 집단예술 등의 관점으로 사이코드라마를 재창조하는 것), 우주적 사이코드라마(잃어버린 자연성, 원시성, 우주적 비전으로 나아가기; 이는 모레노의 오래된 꿈이었다.), 그리고 영적 사이코드라마(영혼의 문제, 신앙과 초월, 죽음의 문제, 신화의 창조 등)가 그것이다.

여기에서는 모든 새로운 형식의 사이코드라마의 기본 형식이라고 말할 수 있는 뫔굿, 곧 제의적 사이코드라마에 대해서 논의한다.

2) 용어에 대해서

제의(식)(ritual)는 오늘날 다양한 형식으로 변화 · 발전해 왔다. 의례(rite), 의식(ceremony), 그리고 제사보다는 축제적 성향이 강한 축제(fete), 페스티벌, 카니발(사육제), 잔치(feast), 향연(banquet) 등이 그것이다. 그리고 제의나 축제의 한국적 변형으로는 축전(祝典), 제전(祭典), 대회(大會), -제(제사, 祭享), 대제(大祭), 큰잔치, 놀이, 한마당, -맞이, -회(會), 비엔날레 등이 있다(박동준, 2003).

한마디로 오늘날 제의는 곧 축제를 가리킬 만큼 원형적 제의보다는 축제 성향이 강한 축제문화를 발전시켜 왔다고 말할 수 있다. 왜냐하면 그 어떤 성격의 축제든 그 의미와 목적이 문화의 계승과 발전에 있으며, 바흐친이 이해한 대로 축제란 인간 문화의 가장 본질적인 요소이기 때문이다(남덕현, 2003). 따라서 제의적 사이코드라마는 곧 축제적 사이코드라마라고 칭해도 무방할 것이다. 오히려 제의적 사이코드라마의 내용과 형식상 축제적 사이코드라마가 보다 적절한 용어다. 그러나 축제라는 말은 오늘날 지나치게 남용되고 왜곡되어 사용되고 있다. 한국만 해도 1년에 1,200여 개의 축제가 무분별하게 벌어지고 있는 실정이다(이상룡, 2003). 가히 온 나라가 축제 천지요 축제지상주의다.

축제의 기원뿐만 아니라 드라마의 기원은 제의다. 모든 축제의 기원 자체가 고대 농경사회의 풍속인 제천의식, 곧 제의다. 고구려의 동맹, 부여의 영고, 그리고 고대 그리스의 디오니소스제가 그것이다(박동준, 2003). 굿 또한 일종의 제의다. 제의에서 시작되었다. 그리고 드라마, 곧 극은 굿에서 나왔다. 주술적 해결의 수단인 굿이 굿으로 끝나지 않고 예술적 표현양식인 극으로 변모 · 발전되어 온 것이다(임재해, 1997). 사이코드라마를 뫔굿으로 칭한 연유(최헌진, 2003)도 사이코드라마의 원형이야말로 곧 제의적 사이코드라마여야 한다고 판단했기 때문이다. (따라서 사이코드라마는 곧 제의적 사이코드라마, 뫔굿을 일컫는다. 뫔굿은 크게 개인문제 중심인 뫔풀이 굿, 집단문제 중심인 뫔풀이 굿으로 나뉜다. 그리고 이 논의의 중심인 뫔굿은 뫔놀이 굿 형식이면서도 뫔풀이 굿에 좀 더 가까운 형식이라고 간주하면 되겠다.)

3) 뫔굿의 특성에 대해서

기존의 사이코드라마와 제의의 유사점 및 차이점에 대한 논의는 다양한 관점에서 논의될 수 있다(최헌진, 2003). 예컨대, 현실로부터의 일탈 개념, 일정한 시간과 공간의 개념, 집단적 행위 개념, 구심성 문화/원심성 문화(권덕하, 2002), 각각의 고유한 구조와 형식 및 진행과정의 특수성 등이 그것이다. 이 논의에서는 제의적 사이코드라마, 곧 뫎굿이 여타의 사이코드라마 형식과 어떠한 점에서 차별화되는가를 논함으로써 제의와 사이코드라마와의 관계성이 충분히 밝혀질 수 있으리라 생각된다. 또한 다음에 논의하게 될 뫎굿의 구체적인 형식의 장 역시 제의와 사이코드라마의 연관성 내지는 뫎굿의 특성을 보다 자세하게 보여 줄 수 있을 것이다.

뫎굿의 기본적 특성은 종결 불가능성의 만남, 주체(성)의 생성과 창조, 그리고 경계 확장의 세 가지로 요약된다.

(1) 종결 불가능성의 만남

니체(김대경, 1881)는 인간에게 가장 위험한 망각은 만남이라고 말한다. "타인을 만나는 것을 잊는 것에서 시작하여 사랑할 가치가 있는 것을 더 이상 스스로 발견하지 않는 일로 인생이 끝나 버리는 것이다." 들뢰즈(김상운 외 역, 2004) 역시 모든 존재는 그 무엇과의 만남이라고 생각한다. "모든 삶은 다른 어떤 기계와 연결되는 한에서만 작동되고 존재한다. 연결을 제외한 그 어떤 현재적 삶도 존재하지 않는다." 그래서 들뢰즈에게 사랑이란 우리를 가능한 세계로 열리게 하는 다른 사람과의 만남이 된다. 그로토우스키(J. Grotowski, 고승길 역, 1987)에게는 연극의 핵심 또한 만남이었다. 그것은 자기의 전 존재가 휩쓸려 들어가는 맞부딪침과도 같은 만남이다. 그래서 그는 연극을 성스러운 시간(holiday: 삶의 본질을 신성하게 보는 시간) 또는 제의적 예술품(ritual arts)이라고 불렀다.

기존의 사이코드라마의 중심 개념인 만남 역시 일상적 만남과는 그 의미가 다르다. 한 회기, 지금 이곳에서의 집단적 만남은 무엇보다도 있는 그대로의 자기 노출을 토대로 이루어진다. 마치 대중탕에서 현실의 옷을 벗어 던지고 있는 그대로의 알몸으로 만나듯, 사이코드라마에서는 그 어떤 현실적 허례허식도 내던지고 알마음으로 만난다. 또한 주인공은 자신의 내면세계의 인물들과 잉여 현실적으로 만난다. 일상현실에서는 단 한 번도 표현해 보지 못했던 잉여 사건으로서의 만남이다. 그 외에도 관찰자적 입장을 벗어 던진 디렉터와 주인공, 집단과의 처절한 부딪힘으로서의 만남, 역할과 나누기를 통한 주인공과 집단원과의 만남 등이 있다.

하지만 그러한 만남들만이 사이코드라마적 만남의 전부일까? 그것이 모레노가 말하는 진실의 극장이란 의미일까? 아니다. 무언가 부족하다. 모레노의 시대(1889~1974) 시대에는 한 명의 주인공을 중심으로 사이코드라마를 생각할 수밖에 없었다면 그의 진실의 개념은 옳다. 마치 정신분석가와 피분석자의 관계에서 분석가가 주가 되고 왕과 백성들 관계에서 어디까지나 왕이 중심이 되어 논의되는 것과 같은 현상이다. 90여 년 전 그 시대의 개념으로서는 그럴 수밖에 없었을 것이다.

반면에 모레노는 모순에 빠질 수밖에 없었을 것이다. 만남의 종교(Moreno, 1977)를 만들어 낼 만큼 만남의 의미의 중요성을 알고 있었던 그에게는 주인공 중심의 사이코드라마만이 그가 자주 언급했던 "만남이란 서로의 확장을 돕는 공동 창조자가 되는 길"이라는 명제를 충족시킬 수 있는 수단이 아니었기 때문이다. 물론 좁은 의미로는 집단원과 디렉터의 도움을 받아 주인공이 창조해 내는 세계가 곧 사이코드라마이기에 그곳에 참여하는 사람은 모두가 공동 창조자일 수 있다. 그러나 그것은 실제로 공동 창조자라기보다는 보조 창조자, 창조자를 돕는 자의 역할에서 끝난다. 진정한 공동 창조자란 상호 동격이어야 하는데 그렇지 못한 것이다. 주인공의 잉여현실에 그 누가 어떻게 개입할 수 있다는 것인가. 그래서 모레노는 집단 창조 작업인 소시오드라마로 나아갔고, 거기서 비로소 공동 창조의 의미를 되살릴 수 있는 세계를 찾았다고 추리해 볼 수 있다.

그렇다면 주인공 중심의 사이코드라마에서는 집단이 공동 창조자가 되는 것이 불가능한가? 어떻게 하면 참여자 모두가 주인공의 세계를 창조해 내는 데 공동 창조자로서 참여할 수 있을까? 그 해답은 제의에서 찾을 수 있다. 우선 소련의 철학자 바흐친(이덕형 외 역, 2001)의 말을 들어보자. 그는 카니발적 세계관을 펼쳐 보이는 가운데 다음과 같은 말을 한다. "우리는 얼굴과 얼굴을 맞대고 이야기하기 위해서 카니발적인 자유가 필요하다. 지난 수천 년간 인간은 서로 만나고 한데 어울렸다. 그래서 카니발은 커다란 대화의 열린 구조를 창조해 낸다." 이에 그의 네 가지 범주로 이루어진 카니발적 세계관 중의 첫째가 만남이요 접촉이다. 예컨대, 사람과 사람 간의 거리가 좁혀지고, 자유롭고 스스럼없이 사람들 간의 접촉과 만남이 효력을 발생함으로써 자유로운 몸짓과 솔직한 언어가 탄생하는 것이다. 일상의 질서들, 체계, 규정짓는 온갖 구속, 금기, 법칙들, 계급적 불평등, 연령 차이, 수직적 위계질서와 그와 관련된 공포, 경건, 예절 형식 등이 제거되는 것이다.

한마디로 제의에 대한 현대적 해석의 요점은 모든 중심, 위계, 질서가 사라지고 오직 인간과 인간의 만남이, 접촉과 연결이 있을 뿐이라는 이야기다. 주인공 중심도 디렉터 중심도 아닌, 모두가 공동 창조자이고 모두가 주인공인 세계라는 의미다. 예컨대, 주인공의 사적인 현실, 잉여현실이라 할지라도 참여자는 모두가 보조자의 역할을 벗어나서 보다 적극적으로 진행과정에 개입하고 보다 창조적으로 드라마를 이끌어 나가게 된다.

기존의 사이코드라마에서 흔히 볼 수 있는 현상은 주인공이 자신의 내면의 극장 속의 인물, 곧 사회원자와 상호작용하기보다는 주인공 중심의 가치관과 인생관, 감정 세계가 대상에게 일방적으로 내던져지는 형식을 취한다. 그래서 보조자로 등장한 대상이 되는 인물은 어디까지나 주인공의 진실, 주인공의 카타르시스, 주인공의 내면 성찰 혹은 이해를 돕는, 말 그대로 보조자의 역할에 머물러 있게 된다. 한마디로 수직적 인간관계, 격렬한 상호작용이 없는 만남, 그렇다 하더라도 암묵적으로는 주인공을 위한 대결 구도에서 결코 벗어나지 못하는 상황이 연출된다.

따라서 주인공, 보조자, 관객과 디렉터란 용어 자체가 바뀌어야 한다. 예컨대, 주인공을 행위자, 보조자를 (역할) 동행자, 디렉터를 수행자, 관객을 (집단) 동행자 혹은 공동 창조자라고 칭하는 것이다. 그랬을 때 비로소 뫔굿에 걸맞는 명칭이 될 것이다. 왜냐하면 이 시대로부터의 생존에 적절한 새로운 형식, 기본이 되는 사이코드라마의 형식으로서의 뫔굿, 곧 제의적 사이코드라마는 바로 그러한 수평적 만남을 전제하기 때문이다. 그리고 그러한 만남은 종결 불가능성의 만남을 함축한다. '종결 불가능성'이라는 용어는 바흐친 철학의 중심을 이루는 개념이다(모슨, 1990). 그것은 결코 그 어떤 언어로도 규정되거나 정당화될 수 없는 우주, 자연, 카오스, 무의미의 세계뿐만 아니라 역사, 문화, 인간(자아), 언어의 세계에도 해당되는 말이다. 한마디로 그것은 그 어떤 것도, 인간의 만남조차도 완결되거나 종결될 수 없으며 진행과정 중에 있는, 되어 나가는(becoming) 단계에 있는, 아직 최후의 말은 말해지지 않은 상태에 있다는 것을 의미한다. 한 인간의 심리과정, 인격, 행위 그리고 사회 모두 지금 이 순간 진행되고 있기에, 대화도 인간의 상호작용도 결코 종결 불가능하다는 것이다. 모든 것은 그 자체의 잉여, 알 수 없는 틈구멍을 지니고 있어, 결코 완전히 알 수 없는 잠재성의 존재이기에, 그래서 그 어떤 것도 그 자체와 일치할 수 없기에 종결 불가능성은 불가피하고 필연적인 현상이 되는 것이다.

주인공 중심의 사이코드라마에서는 모든 것이 주인공 중심으로 돌아간다. 모든 진행과정이 주인공의 문제를 해결하고, 그의 의문을 풀어 내고 그의 카타르시스, 그만의 욕구의 충족, 그만의 세계 창조에 바쳐진다. 한마디로 모든 것이 그를 위해 종결되고 해결되는 방향으로 나아간다. 비록 대상을 용서하고 화해하며 뜨겁게 포옹한다고 할지라도, 주인공은 여전히 주인공이다. 그의 허락하에 이루어지는 화목한 결말일 뿐이다.

따라서 뫔굿의 첫 번째 특성으로서 종결 불가능성의 만남이란 기존의 주인공 중심의 사이코드라마를 넘어서는 보다 확장된 만남의 의미를 지향하는 만남이다. 집단으로 참가하는 동행자 모두가 공동 창조자로서 행위자와 함께 자기 목소리, 자신의 말과 어조로 참여하는 사이코드라마, 마치 소시오드라마가 그러하듯(물론 결론을 내리고 답을 찾는 기존의 소시오드라마 역시 재창조되어야겠지만) 소시오드라마적 진행과정과 유사한 형식이 뫔굿이다. 참가자 각자의 대화가 열리고 상호작용이 왕성해지는 드라마, 그 어떤 목적, 지향점을 향해 나아가는 것이 아니라 축제처럼 더불어 만나고 충돌하고 그 어떤 형식으로도 완결될 수 없는 자유로운 인간들의 합창, 한마당의 굿판의 벌어짐, 그것이 곧 뫔굿이다.

주인공 중심의 사이코드라마는 또한 디렉터 중심의 사이코드라마를 위장하는 용어일 수도 있다. 그래서 디렉터의 기질, 성격, 생각대로 주인공의 세계가 좌지우지되기도 한다. 소위 윗사람, 지도자, 전문가에게 꿈쩍 못하도록 어려서부터 길들여진 대부분의 한국적 주인공들은 자신의 잉여를 제대로 펼쳐 보이지도 못하고 드라마를 끝내면서도 오히려 디렉터에게 습관적인 감사의 말을 바친다.

그래서는 안 된다. 새로운 형식에서는 주인공이 곧 자신의 드라마의 작가이며 연출자가 될 수 있어야 한다. 기존의 디렉터는 이제 촉매자 정도의 역할을 통해 주인공이 스스로 온몸으로 사이코드라마 정신과 형식을 체험할 수 있도록 도와야 한다. 예컨대, 한 마당, 한 회기만 끝난 후일지라도 주인공 역할을 한 사람은 일상 현실로 되돌아가서 자신이 보고 느끼고 배운 바를 활용할 수 있어야 한다. 종결 불가능성의 만남을 시도해 보고자 노력할 수 있어야 한다. 스스로 디렉터적인 역할을 맡아 주위 사람들과 함께 사이코드라마적 만남을 실천할 수 있도록 해야 한다. 한마디로 사이코드라마를 통해서, 새로운 만남을 통해서 참가자 모두가 새로운 나, 새로운 주체로 생성될 수 있는 뫔굿이어야 한다.

(2) 주체(성)의 생성과 창조

남녀가 만나야만 아기가 탄생하고 산소와 수소가 만나 물이 되듯, 만남은 새로운 나와 너를 생성한다. 그래서 뫔굿은 만남을 통한 새로운 주체(성)의 생성이다. 만남이 만남 자체로 끝나지 않는 이유다. 그래서 보다 새로운 나의 창조를 위해서 우리는 일상의 익숙한 나를 버리고 워밍업되어야 한다. 습관적, 소유적 삶에서 생존의 삶의 무대로 뛰어드는 것이다.

들뢰즈의 개념으로는 탈 '나' 혹은 나 아닌 것 되기다. 그에 따르면, "내가 누구냐 하는 것은 다르게 되기, 자신에게 충실하지 않을 수 있는 자신의 역능(힘)이다."(콜브룩; 한정헌 역, 2007) 삶이란 자신의 역능을 향상시키는 것이고 자신이 할 수 있는 것을 '극대화하기' 때문이다. 그것은 곧 욕망에 충실하기며, 체계화되고 잘 조직된 나, 문명화되고 안정적으로 보편화된 나를 해체하는 일이다. 존재가 인간이라는 본질에 앞서고, 사유와 사유의 결과로서의 나가 존재에 앞서는 잘 통합되고 익숙한 주체, 고정된 나의 개념에서 벗어나 되어 가는 존재, 생성의 존재로서 자신을 인식하는 일이다.

그것은 고체적 주체 개념에서 유체적 주체성 개념으로의 전환이며 새로운 주체성의 생성을 의미한다. 예컨대, 한순간 물을 마시거나 자전거를 타거나 그림을 그릴 때, 나는 물 마시는 사람, 자전거 타는 사람, 그림 그리는 사람으로 순간순간 다르게 생성된다는 의미다. 만약 위의 세 종류의 사람이 같은 사람인 경우, 그래도 세 명의 새롭게 생성된 사람을 공통적으로 꿰뚫고 지나가는 주체, 나라고 하는 것이 있지 않느냐고 누군가가 말한다면 그건 바로 이 순간 이곳을 사는 사람이라기보다는 결정론자, 환원주의자, 혹은 인간이라는 고정관념에 완벽하게 얽매인 사람일 것이다. 그리고 변신과 몰입의 의미가 무엇인지 모르는 성장이 멈추어 버린 정신일 터다. 어제의 내 몸과 오늘의 몸이 다르다는 것을 믿지 못하는 자일 것이다. 만나고 변화하고 생성되어 가는 자연의 흐름을 인간이라는 이름으로 석회화하고 인간중심주의로 세상을 지배하고자 하는 사고방식일 것이다. 그리고 오늘날 우리 대부분은 바로 그와 같은 모습으로 살아가고 있다. 엄밀하게는 들뢰즈와 가타리(김재인 역, 1980)에게 있어서 나라고 하는 통일성의 감각이 존재하는 바, 그것은 리토르넬르(ritournelle)라고 하는 일종의 반복적 연속체에 의한 결과라고 말한다. 그러나 필자에게는 그것이 몸적 흐름 혹은 유전자적 기억의 결과라고 생각된다.

생성은 인간이 물, 자전거, 화구를 만날 때 일어난다. 만남 없이는 생성이 있을 수 없고 생명 또한 존재할 수조차 없다. 모든 생성은 만남을 전제로 하는, 연결, 만남을 지향하는 욕망 혹은 자발성 혹은 잠재성의 결과다. 따라서 나 아닌 것 되기는 단순한 잉여현실을 넘어선다. 아니, 잉여현실 속에 나 아닌 것 되기, 생성, 만남의 욕망이 잠재되어 있다. 그래서 기존의 사이코드라마처럼 주체, 즉 주인공의 의식에 의한, 주인공의 완전한 자의식과 통제에 의한 잉여현실의 표출은 진정한 사이코드라마적 행위라고 말할 수 없다. 주인공의 의식 속에 익숙하게 내재된 사회원자들, 어머니, 아버지 같은 인물들과의 잉여적 만남 또한 엄밀한 의미에서 새로운 나 되기, 주체성의 생성이라고 보기 어렵다. 그것은 한마디로 예상하지 못한 만남, 낯설고 생경한 만남, 결론 없고 답이 내려질 수 없는 열린 만남이 되어야 한다. 예컨대, 내가 알고 있는 익숙한 아버지의 모습이 아니라 한 명의 구체적인 실존하는 인물로서의 아버지, 결코 내가 꿈에도 생각해 볼 수조차 없는 그런 아버지와의 만남일 때 비로소 나는 새로운 나, 주체성의 생성을 보다 생생하게 접할 수 있게 될 것이다.

다니엘 스턴(D. Stern; 가타리 저, 윤수종 역, 1992)은 『유아의 대인관계 세계(*The interpersonal world of the infant*)』에서 아이의 언어 이전의 주체성 형성에 대해서 훌륭한 탐구를 하였는데, 주체성의 형성은 프로이트적인 단계의 문제가 아니라 평생 지속되는 문제라고 말하였다. 예컨대, 나와 너를 구분 못하는 어린 아기에게는 아직 주체성이 없는 것도 아니고, 라캉식으로 거울 단계에서의 가짜 자기가 생성되는 것이 아니며, 나와 너를 가로지르는 횡단적 주체성이 존재한다는 것이다.

중요한 사실은 우리의 주체성은 그 생성이 평생 동안 지속된다는 점이다. 하나의 이름하에 하나로 고정된 주체로 살아가는 존재가 아니라, 우리 모두는 어떤 대상과 어떻게 만나느냐에 따라 주체성이 다양하고 새롭게 생성되며 나아가 보다 새로운 이름으로 창조된다는 점이다. 그리고 사이코드라마가 곧 그러한 주체성의 생성과 창조의 장을 보다 적극적이고 능동적으로 열어 보여야 한다는 것이다.

바흐친(오문석 외 역, 2006)은 성격과 인격을 구별해서 이야기하였다. 그에 의하면 성격(character)은 주어진 것, 심리적 · 사회적 특징들, 본성상 객체화되고 종결된 어떤 것이다. 인격(personalities)은 자신의 기본적 정체성을 변경시킬 능력이 있는 진정한 다른 사람이다. 따라서 인격은 종결 불가능한 존재요, 자유롭고 대화적이고 결코 객관적 인식에 종속되지 않는 존재로 나타난다. “한마디로 성격은 전적으로 주어진 것이고, 인격은 늘 창조되고 있는 것이다.” 그런 점에서 사이코드라마는 우리 자신의 인격을 되찾는 일이다. 딱 한 번 주어진 내 삶의 의미를 되찾는 과정이다. 그리고 나의 인격이 성격 속에 파묻혀 사라지지 않도록 주체성을 일으켜 세우는 일이다.

우리는 눈에 보이는 것, 선전과 광고물에 의한 습관적 마취상태로부터 굽은 허리를 곧추세우는 일이 시급하다. 언론과 매스컴이 이끄는 대로 믿고 따라가다 보면, 우리는 어느새 알게 모르게 그들 마음대로 조작할 수 있는 여론이라는 괴물의 한 표로 전락하게 된다. 삶은 지칠 대로 지쳐 있는데, 창백한 미소와 웃음으로 마치 기계처럼 하느님 나라를 소리쳐 찬양하는 사람들, 집회 한 번 안 나갔다고 죄책감에 시달려야만 하는 모순된 종교적 제도들과 그것을 조장하는 사람들, 또 어디를 둘러보아도 똑같아져만 가는 가치관, 똑같은 삶의 방식, 사고방식, 인생관들, 그리고 무엇보다도 그러한 삶이 곧 최선의 삶인 양 훈계하고 가르치고 주입시키는 교육제도, 교육자들, 선생들, 위정자들, 지식인들……. 사이코드라마는 분명 지금까지 만족해 왔던 허울 좋은 치료적 울타리를 박차고 나와야 할 책임감을 가질 수밖에 없다. 닳고 닳아가는 우리 각자의 인격에 불을 지피고 다시 새롭게 활활 타오르게 해야만 한다. 우리의 주체성을 새롭게 창조해 나가면서 생존해야만 한다. 우리의 영혼이 얼마나 이 시대의 문명에 의해 착취당하고 있는가를 보고 느끼고 체험할 수 있어야 한다. 결코 이 시대, 우리의 문제를 천편일률적인 어린 시절의 문제, 한술 더 떠 충분히 기억할 수도 없는 유아기 시절 탓으로 돌려서는 안 된다. 그에는 모든 인간이 다 똑같다는 전체주의 사상이 짙게 물들어 있다. 인간만이 지구상의 왕이라는 전제 군주적 발상과 인간은 동물수준을 벗어날 수 없다는 자기비하적 발상의 모순이 공동의 토대를 이루고 있다.

뫔굿은 지금 이곳에서의 만남과 창조다. 과거가 아닌 미래를 향해서 이 순간 나의 주체성을 생성-창조해야만 한다. 우리에게는 과거를 파고들고, 알 수 없고 의식 없는 무의식 세계를 헤매고 다닐 시간이 없다. 의식 세계만 하더라도 너무 깊고 오묘하고, 의식과 행위만 헤아려서도 충분히 새로운 인격을 창조해 나갈 수 있다. 그리고 그것은 뫔굿적으로, 다시 말해서 집단과 더불어, 새로운 만남을 통해서 가능하다.

(3) 경계 확장

뫔굿 마당에서 새로운 만남을 통한 주체성의 창조란 곧 나, 나와 너, 현실의 경계를 허무는 일이다. 인간, 사회, 문화라고 하는 고정된 관념의 벽을 허물고 자유로워지는 것, 그리하여 내 안의 나와 너 사이, 사회의 이면에 숨겨진 에너지, 잠재성이 터져 나와 흐르는 것을 말한다. 가슴 옥죄고 사고를 통제하는 기존의 고정관념의 벽, 그 경계를 무너뜨리고 도도히 흐르는 강물처럼 우리의 잠재력이 흘러넘치게 하는 일이다.

아르토(박형섭, 2001)는 연극을 체험하는 목표를 보편적인 인간의 한계와 능력을 뛰어넘어 우리가 현실이라고 부르는 것의 경계를 무한대로 확장하는 것이라고 말했다. 그렇다. 우리가 이 지상에서 생존한다는 것은 단순히 벽을 허물고 경계를 확장하는 정도를 넘어서서 무한대로 우리의 힘을 발산해 나아간다는 것을 의미한다. 류정아(2003)는 『축제인류학』에서 축제란 인간의 기본적 속성(예: 자유롭고자 하고 자연과 더불어 살고자 하는 등)의 흐름을 차단하는 것들을 파괴하는 행위로 규정하고, 그 예로 기득권적 권력, 불평등적 모순, 억압과 갈등, 세속적 허울과 위선, 세속적인 허상 등을 꼽았다.

우리에게는 힘이 있고 에너지가 있다. 그것을 생명력, 욕망, 자발성, 힘의 의지, 창조성, 기(氣) 등 뭐라 명명하든 그 명칭이 중요한 것이 아니다. 문제는 그러한 타고난 힘이 우리가 태어나는 순간부터 차츰 메말라 가고 약해질 수밖에 없는 환경에서 살아가고 있다는 사실이다. 그리고 더 무서운 것은 기존의 문화나 사회 안의 그 어떤 제도나 사람들도 그러한 잠재적 힘에 주의를 기울이지 않는 현실이다(물론 말로만 부지런히 떠들어대는 사람들이 없는 것은 아니다.). 부모도 형제도, 선생도, 친구도, 사제도, 스님도, 그 어떤 한 사람도 우리의 타고난 에너지에 섬세하게 귀 기울이지 않는다. 오직 한 가지 목표가 있다면 자신들조차 매우 익숙하게 길들여져 온 인간이라는 이름, 그래서 그 이름값을 하는 타인 눈치 보기, 공부 잘하기, 능률과 성과 사랑하기라는 틀 속에 가두는 일이다. 그래서 초등학교 3～4학년만 되어도 창조성은 바닥이 나버린다. 그럴듯한 인성교육이라는 것도 사회적 도덕과 예절 가르치기다. 훌륭한 부모교육조차도 모두가 똑같은 아이 만들기 교육이며 선생들과 합작해서 어떻게든 다른 아이를 누르는 앞장서기 교육이 전부다.

뫔굿은 곧 다르게 되기다. 엇비슷한 가치관 아래 유사한 사고방식을 갖고 살아갈 수밖에 없는 현실에 의문을 부치고 저항해서 나의 욕망(힘)이 열망하는 나 되기다. 그것은 곧 기존의 나로부터 벗어난 나 아닌 것 되기, 새로운 주체성으로 나아가기며 나와 현실의 경계를 넘어서기다. 그것은 또한 나의 몸, 니체식으로는 보다 큰 이성을 되찾는 일이다. 나의 무뎌진 감각을 예리하게 갈고 닦는 일이다. 나의 한계를 한계로 인정하지 않는 일이다. 그리고 현실이라는 유령에게 더 이상 놀아나지 않는 일이다.

몸은 우주, 자연처럼 매 순간 변화·생성되어 가는 존재다. 어제의 몸과 오늘의 몸은 결코 똑같지 않다. 그래서 몸은 그 어떤 구속도 원하지 않는다. 정신과는 달리, 몸은 자신의 자연스러운 내적 흐름을 차단하는 것을 그 무엇도 허용하지 않는다. 예컨대, 공기(들숨과 날숨)의 흐름을 막아 보라. 어떤 현상이 일어나는가? 김용옥의 말대로 심(心)은 신(身)에 환원되지 않는가?

인간은 생각으로 사는 것이 아니라 몸으로 살아간다는 이 단순한 사실이 오늘날 우리에게는 인정하기 어렵고 힘겨운 사실이 되어 버렸다. 지식과 교양, 교육 수준과 학벌이 몸에 앞서 몸을 가리고 의견, 관념, 사고가 우리의 삶을 지배하고 있다. 그러나 하나만 생각해 보자. 어느 것이 더 정직한가? 몸인가 마음인가? 어느 것이 거짓이 없는가? 감각인가 사유인가? 어느 것이 우리를 진정으로 살아가게 하는 생명력, 에너지를 담지하고 있는가? 바로 몸이다. 우리는 몸 존재다. 몸이 먼저다. 몸(mom)이 있고 난 연후에야 맘(mam)이 있다. 그래서 뫔(moam)굿은 맘에 의한 통제와 금기들을 푼다. 오랜 세월 마음에 의해 감금당해 왔던 몸과 행위의 한계를 넘어서고자 한다. 막혔던 몸의 흐름을 되찾음으로써 역으로 마음 또한 그 경계를 넓게 확장시킨다.

토넬리(F. Tonelli, 박형섭 역, 2001)는 연극적 카타르시스의 궁극적 목적을 "인간을 있는 그대로 볼 수 있도록 유도하는 일, 가면을 벗기고 거짓과 야비함, 위선을 드러내고 감각의 가장 섬세한 부분까지 흥분시켜서 질식상태의 몸의 무기력증을 뒤흔드는 일……."이라고 설명하고 있다. 그래서 그에게 연극은 매우 격렬한 현시며 카타르시스를 불러오는 절정이 된다. 그런 절정을 통해 인간은 자신의 가능성과 힘을 지각할 수 있기 때문이다.

뫔굿의 경계 확장은 이제 한 걸음 더 나아가 나와 세계의 경계조차 허물어 버리는 작업이 된다. 나와 너의 구별, 경계, 차이를 넘어선다. 간극이 없다. 모두에게 개방된다. 거짓 진지성, 위선적 어른성 대신에 아이적 솔직성이 들어선다. 모두의 역할 경계가 사라지고 역할이 확장된다. 한 마리의 강아지, 이름 없는 들꽃, 윤동주의 시에서처럼 여린 잎사귀와 별빛에게로 문이 열리고 우주적 존재로 확장된다. 동물 되기, 식물 되기, 바람 되기를 통해 인간의 경계는 무너진다. 일상의 벽을 넘어 신명의 세계로 나아간다. 지구상의 인간을 넘어 우주인이 되는 것, 우주적 존재감이 충일한 주체성으로 다시 태어나는 것, 그것이 곧 인간 경계를 확장하는 일이다.

콕스(H. Cox; 김천배 역, 1989)에게 축제는 두 번째 삶이 된다. 첫 번째 현실적 삶과 따로 존재하는 삶이 아니라 그 삶의 경계를 허무는 삶, 그 삶을 확장하는 삶이란 의미다. 그것은 마치 배우가 자신을 죽이고 역할 속에서 새롭게 태어나는 것과 유사하다. 뫔굿에서는 제의에서와 마찬가지로 시간과 공간의 경계가 사라지고 확장된다. 효율성, 경제성 중심의 일상적 시간이 몰입과 흥분, 혼돈과 신명의 시간으로 압축되거나 확대된다. 탄생과 죽음의 경계, 청소년과 노년 사이의 벽이 사라진다. 긍정/부정, 사랑/미움, 숭고/타락, 악함/순수함 등의 경계 또한 무의미해진다. 내 집, 내 것, 내 마음, 내 세계가 너의 집, 너의 것, 너의 공간으로 변한다. 오랫동안 숨겨 왔던 것들이 공개되고 일상적이고 습관적인 말투가 사라진다. 그래서 웃음과 눈물이 동시에 공존하고 희극과 비극이 순식간에 자리를 바꾼다. 우리의 몸과 마음을 가두는 온갖 경계를 넘어서기, 새로운 종결 불가능성의 만남, 이를 통해 새로운 나로 태어나기, 이것이 뫔굿의 기본적인 3대 특성이다.

4) 뫔굿의 방식

여기서 방식이란 위에서 언급한 뫔굿의 특성들을 살릴 수 있는 구체적인 방법들, 기법들을 대별한 내용을 일컫는다. 예컨대, 완전한 일탈을 위한 방식(들), 제의적 언어화 방식, 몸의 극대화 방식, 몰입과 변신 방식, 그리고 집단 행위화 방식이 있다. 그러나 이러한 구분은 뫔굿을 진행하는 데 있어서 일종의 목표 지향적인 의미가 있을 뿐 엄밀하게 나누어지는 방식은 아니다. 서로 겹쳐지거나 섞여서 사용될 수 있으며 상황에 따라 다양하게 변형될 수 있는 방식들이다. 또한 기존의 사이코드라마에서 사용하던 기법들 중에서도 뫔굿에 유용한 기법들은 그대로 혹은 수정 · 보완되어 활용되었다.

(1) 완전한 일탈을 위한 방식

사이코드라마가 그러하듯 뫔굿의 세계에 들어가기 위해서는 모든 참가자들이 가능한 한 최선을 다해 현실로부터 일탈된 뫔 자세를 요구받는다. 물론 완전한 일탈이란 있을 수 없겠지만 그것은 그만큼 철저한 일탈을 필요로 한다는 것이다. 그것은 일상에서의 상투적인 사고방식(생각들, 의견, 관념들 등), 습관화된 평가, 비교의식 및 고정관념들, 그리고 현실적 · 사회문화적 가치기준들, 도덕의식들부터 자유로울 수 있어야 함을 뜻한다. 마치 큰 맘 먹고 현실을 벗어나서 바다나 산에 심취해 물이 되고 바람이 되듯,

새로운 만남, 새로운 나의 세계에 몰입하기 위해서 그것은 필수적인 과정이기 때문이다. 그리고 모든 참가자는 참여 자체, 자신의 행위에 책임을 지는 자이기 때문이다.

나아가 그것은 선, 진리, 이념, 이데올로기가 생겨나기 이전의 인간 상태로 존재하고자 하는 자세다. 온갖 계율들, 신의 율법조차 벗어나기며 그 어떤 언어적 사유 이전의 호기심과 예민한 감각과 신선한 자유감 속에 존재하기다. 매 순간 새로움과 경이로움을 느낄 수 있는 몸상태로 나아가기 위해서 나 자신의 이름이며 현실적인 '나'를 털어내는 과정이다.

① '나' 버리기

- 온갖 '나'를 상징하는 것들이 나의 몸에 묻어 있고, 붙어 있고, 칠해져 있고, 삼켜져 있고, 매달려 있다. 나의 세포 하나하나에 끼어들어 있고 녹아 있고 접혀 있으며 깊게 젖어 있다. 그리고 그것들은 덩어리로, 먼지와 같이, 물처럼, 그물처럼, 바위처럼 다양한 형태로 내 몸 속에, 나의 피부와 내장에 들어 있다.
- 그것들은 어떻게 떼어낼 것인가? 손으로 떼어내고, 털어내고, 뽑아내고, 끌어내고, 터뜨리고, 녹여 낼 건가? 닦아내거나 긁어내고 토해 내거나 아니면 벗어내거나 들어올린다. 눈에 보이지 않는 그것들을 가시화해서 일종의 장애물, 내가 자발적이 되는 데 있어서의 방해물, 위험물로 대처하고 그것들을 뚫거나 해체, 파괴, 돌파, 폭파시킬 수도 있다(또는 언어화해서 종이나 카드에 쓰고 그것들을 다양한 방식으로 처리할 수도 있다.).
- 이제 그렇게 떼어낸 것들을 어떻게 처리할 것인가? 동굴 속에 가두거나 묻을 것인가? 땅을 파고 묻거나 산 위에서 가루처럼 뿌릴 것인가? 강물에 흘려보내기, 바다 깊은 곳에 버리기, 불태우기, 지구 밖으로 날려 보내기 등등.

② 통과의례

일정한 공간을 다음과 같은 명칭의 두 구역으로 나눈다(공간 나누기). 현실 세계/굿판 세계, 일상 현실/잉여현실, 현실/꿈 세계, 일 · 노동/놀이 · 자유마당, 어둠/밝음, 질서/무질서, 정상증/광기 세계, 나 되기/나 아닌 것 되기, 영토화/탈영토화 세계, 과거/현재 등 전자와 후자 구역으로 나눈다.

- 공간 나누기는 다양하게 변형시킬 수 있다. 무대가 있는 강당이라면 무대와 바닥, 의자에 앉아 있기/서기, 겉옷을 입기/벗기, 누워 있기/서기, 소집단으로 뭉쳐 있기/떨어져 나오기 등

- 아직 마음 결정이 안 된 사람들을 위해서 중간 지대인 제3의 구역을 마련할 수도 있다.
- 먼저 전자 구역에서부터 작업을 시작한다. 소집단별 토론, 소집단 대항 토론 등의 형식을 빌어서 후자 구역으로 가는 데 있어서의 문제점, 방법 등을 논의할 수 있다.
- 다양한 통과의례식을 마련한다. 어려운 장애물을 설치하고 통과하기, 가상 혹은 실제의 술 마시기, 가상의 마약 · 약초 · 연기 마시기, 주사 맞기, 통과문을 지키는 수문장과 대결하기, 질문에 답하기(예: 미쳐서 정신병원에 가도 좋습니까?). 선서하기, 도깨비방망이로 엉덩이 맞기, 물로 세례하듯 뿌리기 등

③ 축하 의식

현실로부터의 완전한 일탈을 축하하거나 재확인하는 과정이다.

- 확인과정: 가상의 꿈의 세계, 우화, 전설이나 민담을 간단하게 역할놀이하기, 성역할 바꾸기, 동식물 되기, 아이 되기, 점쟁이 되기, 3단계를 거쳐서 차츰 광기의 세계로 빠져 들어가는 파티 장면, 시장놀이, 가상의 서커스, 운동경기 놀이, 큰 소리 지르기 등
- 축하 의식: 새로운 이름을 짓고 축하해 주기, 나누기, 가상 혹은 실제의 떡과 술로 잔치하기, 모두의 생일잔치 열기, 미래의 환상적 꿈 이야기하기, 현재의 마음상태를 몸으로 조각 혹은 표현하기, 다양한 감정을 표현해 보기, 모두가 벌 · 나비 · 꽃 · 새가 되어 서로를 격려하고 축하해 주기, 한마음으로 축하 합창(즉흥극 형식의 노래)과 춤추기, 안아 주고 업어 주기, 가상의 결혼식(예: 창녀와 사제/목사, 삶의 신과 죽음의 신), 집단원들의 의견에 따른 즉흥 난장 파티 등

(2) 제의적 언어화 방식

제의적 사이코드라마에서는 그 어떤 형식의 사이코드라마보다도 더 일상적 언어, 일상적 말투로부터 벗어날 수 있어야 한다. 왜냐하면 우리의 일상적 언어 사용방식은 어려서부터 알게 모르게 자신이 자라난 사회 · 문화적 환경의 영향을 받아 온 결과물이기 때문이다. 시간과 장소에 따라 어느 정도의 변화, 변형은 일어날 수 있을지라도 그것은 대부분 상호 의사소통을 위해 '통일된' '표준화된 언어'이기 때문이다. 그리고 그것은 대체적으로 자기(나)라고 하는 정체성에 고착되고 습관화된 언어이며 자신의 직업, '사회계급적 관례'에 얽매여 있는 언어방식이다. (여기에서 논의되는 근본적인 내용은 대부분 바흐친의 연구에 의한 바흐친의 사상이라고 말해도 과언이 아니다. 그러나 그 하나하나의 내용

을 인용하고 인용 부분을 밝히기에는 어려움이 크다. 필자의 생각들과 서로 얽혀 있어서 엄밀히 구별해 내기가 쉽지 않기 때문이다. 그러나 인용 부호를 사용한 문장 혹은 저자명이 들어 있는 내용은 분명한 바흐친의 말이며, 또 가능한 한 그렇게 밝히도록 노력하였다.)

제의적 언어화에 방식으로는 언어 자체, 소리화, 욕설화, 유머화 그리고 언어화와는 반대 개념이라고 말할 수 있는, 즉 언어화가 안 되는 웃음을 포함시켜 논의하였다.

① 언어 자체

제의적 언어는 그 내용, 의미, 표현방법들에 있어서 일상적 언어 사용과는 많은 차이가 있다. 예컨대, 말의 의미보다는 표현 자체에 중요성을 두고, 설명하기보다는 느끼는 바대로 말한다. 예의 바르고 상대를 배려하기보다는 자기중심적이고 무례하다(현실적 시각에서 볼 때 무례하고 자기중심적이라고 말하는 것일 뿐, 그런 평가적 관념은 여기서는 무의미하다.). 현실적이고 단음색적(monotonous)이며, 편안하고 안정적인 말투라기보다는 음성 변화가 심하고 안정적이지 못하며 즉흥적이고 아무 생각 없이 내뱉는 듯한 언어들이 사용된다. 존칭어가 사라지고 몸에서 우러나오는 본능적이고 감각적인 언어, 매우 직접적이고 반응적인 언어다.

바흐친에 의하면(여홍상, 1997), 하나의 의미만으로 수렴되는 구심적 언어가 아니라 양의적인 언어, 쉽게 자신의 정체성이 변화되는 변신성 가득한 언어, 그 무엇에도 열려 있는 개방성, 가치 전도적인, 지나치게 과도한, 나아가 기이한 언어가 된다. 현실에서는 숨기는 것이 바람직했던 내용들이 공개되고(섹스 등) 생사가 연결되며 개인을 벗어나서 공동체적인 삶의 언어로 탈바꿈된다는 것이다.

② 소리화

언어는 더 나아가서 자주 소리화된다. 여러 개의 문장들이 한 문장으로 압축되거나 한 단어, 한 음으로 소리화된다. 쏟아지는 말들 대신에 '어이~' 하고 큰 소리로 단말마적으로 표현되거나 큰북을 울려나오는 북소리가 된다.

바흐친(여홍상, 1997)은 소리란 시간 속의 하나의 사건이라고 말한다. "우리의 의지, 감정, 사고는 총체적으로 들리는 청각적인 것이다." 그렇다. 현실에서의 일상적 말은 성대와 사고 작용의 결과이지만 큰 소리, 비명, 절규, 신음소리, 탄식 등은 우리의 온몸이 움직이고 머리끝에서 발끝까지 모든 세포가 공명하고 총동원되어 나오는 소리다. 그래서 그러한 소리들은 우리의 잠재된 에너지를 일깨우고 숨겨지고 접혀졌던 기억들을 되살린다. 몸의 곳곳에 스며 있던 감정들이 일시에 소리와 더불어 분출된다.

그것은 길들여지지 않은 야성의 언어다. 아직 언어를 배우지 않았던 아기들의 원초적 표현방식이다. 그것은 우리가 자연이 되는 자연 자체의 소리며 자연의 소리에 공명하는 소리다. 사람 들끓는 시장터의 시끌벅적한 생명력 넘치는 소리다. 그래서 소리는 때로 즉흥 멜로디, 음률로, 때로는 서사시적 타령조로 읊어진다. 개인의 삶의 단편들이 공동체적 운명으로 은유화되거나 처절한 한순간의 장면이 거대한 교향악이나 한편의 시처럼 즉흥적으로 읊조려지거나 크게 낭독된다. 그리고 언어, 즉 우리 뫔의 표현들은 패러디, 욕설, 농담, 유머가 되고 나아가 웃음이 된다.

③ 욕설화

욕은 한마디로 매우 압축된 언어다. 열 마디 말보다 한마디 욕설이 몇 배 더 직접적으로, 생경하게 있는 그대로 뫔을 드러낸다. 위장, 위선이 필요 없다. 지금 이 순간 최상의 언어적 표현의 하나로서 욕설이 창조되어 터져 나간다. 그래서 그것은 마치 직격탄처럼 상대의 가슴에 날로 내리꽂힌다. 의미는 단순하다. 생각으로 치장하거나 머리로 받아들이는 언어가 아니라 몸으로 느끼는 언어다.

바흐친(R. 라크먼, 여홍상 역, 1997)에게 욕설은 가장 고대적인 언어가 된다. 공식적인 언어로는 표현 안 되는 비공식적 언어, 살아 있는 의사소통의 언어다. 의미가 충만한 언어다. 그래서 그의 축제적 언어는 성스러운 것, 격언들을 패러디하기, 대지나 육체의 생산력을 표현하는 외설스러움, 모든 가치의 상대성, 권위에 대한 의심, 즐거운 무정부 상태를 목표로 하는 희화화 방식들로 표출된다. (욕설에 대한 고정관념이나 편견이 심한 사람, 아직 나 아닌 것 되기의 세계에 몰입하지 못했거나 탈 '나'가 안 된 사람, 특히 평소에 자신의 감정을 표현하기 싫어하거나 직접 화법보다는 간접 화법식의 대화를 즐겨하는 사람, 평소에 욕을 너무 많이 했던 사람, 혹은 욕할 사람이 너무 많은 사람은 욕설화가 쉽지 않을는지 모른다.)

④ 유머화

유머와 웃음이 없는 뫔굿은 상상하기 어려울 만큼 그것은 제의적 사이코드라마에서 필연적인 요소다. 실수로 터져 나온 듯한 가벼운 욕설, 전광석화처럼 순식간에 좌중을 웃음판으로 몰아가는 농담들, 때로는 장황하게 과장되어 늘어놓는 사설들, 유머러스한 언행들 모두 예기치 못한 상황에서 팽팽하게 긴장된 시공간을 꿰뚫고 지나가듯 굿판을 요지경으로 뒤흔든다. "뭐 그리 대단한 일이라고 이 멋지고 화려한 사기꾼의 세상에서……" "살고 죽는 일이 어데 임신하고 유산하듯 우리 손으로 맴대로 바꿀 수 있는 일이던가?" 평소에 아무렇지도 않던 말들이 적절한 상황 속으로 내던져지노라면 그 순간 그것은 웃음 폭탄으로 변한다.

유머는 적의가 가득 찬, 남을 헐뜯는, 거만한, 음란한 유머 등 다양하다(매슬로, 1970). 풍자(satire)도 기지(wit), 조롱(ridicule), 아이러니(irony), 비꼬기(sarcasm), 조소(cynicism), 냉소(sardonic) 및 욕설(invective)의 형태로 표현된다(Pollard, 송락헌 역, 1978). 그 외에 농담(jokes), 패러디(parody), 해학 혹은 희화화(burlesque) 등 경박/진지, 사소한 것/교훈적인 것, 유치한 것/세련된 것 등 상황에 따라 다양하게 응용될 수 있을 것이다.

중요한 점은 꽘굿에서의 그러한 다양한 언행들은 대부분 긍정적인 의미로 활용된다는 것이다. 상대방을 무안하게 하고 깔보거나 고통을 주는 언행일 경우라도 그 의미는 상대방에 의해서 보다 적극적이고 유익한 것으로 해석되고 받아들여진다는 점이다. 예컨대, 상상하기 힘든 고난과 아픔 속에서 성장한 주인공 혹은 한 인물에 대해서 "어허, 그년 참 운명 한번 더럽고 고약하다. 원, 세상에 그 어떤 잡년 잡놈이 그 따위로 개 같은 세월을 살아올 수 있다는 말인가." 하고 넉살스럽게 조롱하는 것이다.

바흐친(라크먼, 여홍상, 1997)에 의하면 유머며 농담은 우리에게 완전한 해방감과 현실로부터의 거리-격리감을 가져다준다. 또한 '과장된 경탄의 소리' '갑자기 터져 나오는 사투리' '외설스러운 말' '대답할 수 없는 질문들' 등의 표현도 우리를 웃음의 세계로 이끈다.

⑤ 웃음화

바흐친은 웃음 속에서 제2의 계시가 일어나고 제2의 진리가 선포된다고 믿는다. "세계란 몸 연극이 공연되는 장소다. 몸이 태어나고 교섭하고 죽고 성장하고 먹고 마시고 배설하는 연극-몸 연극은 사적이고 개인적인 몸이 아닌 보다 더 큰 민중의 집합적인 몸의 연극이다."(제2의 진리). 그리고 제2의 계시는 (모든) 진리들의 상대성, 부정인 동시에 긍정이며 조롱인 동시에 승리로서의 위기, 독백적이고 한 가지 목소리에 대항하는 변화와 위기의식, 그리고 죽음(종말)을 거부하면서 죽음을 승화시키는 양의성의 진리를 계시함을 말한다.

절망과 비탄의 순간에 집단도 주인공도 함께 웃는다. 포복절도할 만큼 폭소(웃음)의 기운이 적막과 비애를 꿰뚫고 지나간다. 지극히 도덕적이고 권선징악적인 현실, 온갖 위계적, 가부장적, 권위적 인물, 세계, 사회가 미풍 같은 웃음 하나로 맥없이 무너진다. 이 삶이 불완전하다고 내팽개치고 업신여기는 것은 무엇인가?(배부른 사람들의 배꼽) 누가 죄의식을 고취하고 회개의 눈물을 흘리게 만드는가?(양파와 고춧가루)

웃자, 웃자. 가벼워지자. 하늘을 날자. 말도 안 되는 것들이 너무 많은 세상으로부터의 해방이자 자유다. 뫔굿은 웃음굿이다. 웃자, 웃자. 울다가도 웃고 절규하면서도 웃자. 웃지 못하는 사람들은 "죽음과 종말을 미리 다 계산해 놓은 사람들, 자신의 지배체제 유지를 위해 죽음의 공포를 필요로 하는 통제적 문화의 대변자들"이다. 일상에 휘말려들어 단 한 번도 일상으로부터의 일탈을 꿈꾸어 보지 못한 자들이다. 꿈도 상상력도 없고 행여 하나라도 실수할 새라, 허점을 보일 새라, 빼앗길 새라 긴장의 눈빛을 풀지 못하는 사람들이다.

"무심한 방관자로 삶에 임해 보라. 그 많은 비극이 희극으로 탈바꿈할 것이다. 춤추는 사람들이 일시에 우습게 보이게 하기 위해서는 무도회장에서 귀를 틀어막고 음악의 선율을 듣지 않는 것으로 족하다."(베르그송, 김진성 역, 1989)

"진정으로 위대한 모든 것은 웃음의 요소를 포함해야만 한다. 그렇지 않으면 그것은 위협적이고 무시무시하고 거들먹거리는 것이 된다. 웃음은 장벽을 들어올리고 길을 깨끗이 치운다. 웃음은 대화의 여지를 만들어 내기 위해서 폭력과 위협을 깨끗이 치운다."(바흐친, 이덕형 외 역, 2001) 예컨대, 결판이 나기 힘든 두 인물의 논쟁(싸움)이 극에 달하는 순간, 두 사람을 중세 시대로 데리고 가서 무사도를 발휘해 칼싸움으로 승부를 결정 짓게 하는 것이다.

(3) 몸의 극대화 방식

몸의 극대화는 나, 의식의 극대화가 아니다. 몸이 말하게 하고 몸이 느끼고 몸이 표현하게 하는 방식이다. 실제로 우리의 몸은 마음만큼이나 왜소화되고 평균화된 지 오래다. 우리 몸의 감각과 감정, 에너지, 잠재성은 위축되어 있으며 온몸이 아닌 부분별, 기능별로 혹사당하고 있다. 유행 따라 조작되는가 하면 찢겨지고 변형된다. 못 먹어 아사하는 지역과 너무 먹어 비만해 져가는 지역이 지상에 공존하고 있다.

인류 역사 자체는 먹을거리를 빼앗고 뺏기는 역사였음에도 아이러니하게도 몸 천시의 역사였다. 비록 오늘날 너나 할 것 없이 몸에 투자하는 비용이 날로 늘어나고 있는 추세이지만 그 역시 자세히 들여다보면 몸을 귀중히 할 줄 모르는 외형적인 치장거리, 상품화, 투자의 대상, 욕망의 근원 정도로 치부되고 있다. 프로이트 및 그의 제자들 또한 육체를 직접적으로 다루지 않는다(바흐친, 송기한 역, 1998). 그들은 심리에 나타난 신체적 반영들만을 탐구한다. 다시 말해, 그들은 마지막까지 모든 유기적인 것(몸)을 자기 관찰에만 종속시켜 심리화해 버리는 것이다(성감대 학설이 곧 신체적인 것의 심리화의 대표적인 예다.).

우리는 우리의 몸을 몸과 몸으로 만나고 충돌하게 해야 한다. 굿판을 통해서일지언정 활짝 열어제치고 풀어 내고 어울려야 한다. 시대적 · 국가적 이데올로기, 문화사회적 맥락이 풀어 놓은 맹목의 기운에 휘말려 마취되어 가기 전에 깨어 있어야 한다. 우리의 몸이 그리고 맘이 자연의 흐름을 타고 흐를 수 있도록 하기 위해서, 우리의 잠재된 역량이 더 이상 숨겨지거나 억압받지 않고 화산처럼 터져 나올 수 있도록 하기 위해서.

① 몸들의 충돌

몸이 몸들 위에서 구른다. 몸 속에 파묻히고 눌린다. 몸들이 엉킨다. 쭈그러드는가 하면 꿈틀거리고 펼쳐진다. 빠르게 그리고 느리게 뒹굴면서 회전한다. 튀어오르는가 하면 얼싸안고 부딪히는가 하면 뿔뿔이 흩어진다.

물처럼 흐르다가 맴돌고 쏜살같이 달린다. 꺼졌다 다시 타오르고 또다시 꺼져 한 줌의 재가 된다. 파도처럼 밀려왔다가 높이 물보라가 되어 승천한다. 주저앉는다. 용솟음치다가 바람처럼 날아간다.

혼돈이다. 범벅이다. 눈물, 콧물, 땀물 등 몸물들이 얽히고 섞인다. 하나가 되는 듯하는 순간 산산조각이 나고 한 몸처럼 으르렁거리다가 스물스물 사라진다. 몸들의 교향악이다. 몸들의 별 되기, 우주 되기, 몸들의 축제다. 모래알 하나에 역사가 숨쉬듯 몸들의 신화, 몸들의 전설이 만들어진다.

② 몸들의 열림

충돌과 만남을 넘어서 몸들이 열린다. 가슴이 열리고 두 팔과 귀와 눈이 열린다. 너를 향해, 세계를 향해 열린다. 혈관이 열리고 피들이, 백혈구와 적혈구가 튀어나온다. 위와 장이 곡예를 하며 척추 뼈들이 하나둘씩 고통을 토해 낸다. 심장이 두 개, 세 개로 분열되고 머리카락 한올로 내 몸은 다섯이 되고 열이 된다.

나는 한 줌의 빛이 되어 내 몸 속을 탐사한다. 그곳은 일종의 사막과 대양과 밀림이다. 뇌 속에 저장된 온갖 환상의 기괴한 모습의 영상들, 이미지들이 앞다투어 뛰쳐나온다. 열려진 내 몸, 구멍들, 세포 하나하나로부터 온갖 지저분한 것들이 쏟아진다. 팔려간 영혼, 썩은 냄새 나는 간덩어리, 녹슨 심장 조각, 헛바람 가득한 허파, 편견과 오만으로 물들어 있는 뇌세포핵들, 사대주의로 물든 핏물들, 거짓과 위선과 모함과 변명으로 가득 찬 쓸개세포들 등등.

③ 몸의 풀림

몸소리들이 들린다. 귀를 기울여 보자. 몸이 노래한다. 몸이 말하고 몸이 공명한다. 통곡과 웃음소리, 침묵의 소리, 쿵쾅거리다가 둥둥거린다. 절규하다가 박장대소한다.

두근거리고 술렁이며 울먹인다. 비명들은 풀어 놓아야 한다. 단말마들이 허공을 달리게 하라. 피를 토하듯, 숨이 멈추는 순간까지 온몸으로 소리를 터뜨려라. 지구를 건너 다시 내 귓가에 울려 퍼지도록.

몸각을 무디게 만든 빗장들을 풀어라. 오감과 육감을 넘어 내 온몸의 감각들이 숨을 쉴 수 있도록 하라. 귓구멍 속의 거미줄을 걷어내고 눈 속의 티끌을 닦아내야 한다. 그래야만이 우리는 우리를 있는 그대로 만날 수가 있다. 대자연, 온 우주를 있는 그대로 내 몸으로 만나고 받아들일 수 있다. 우리 모두가 우리의 감각을 신선하게 가꿀 수 있다면. 나아가 빛이 소리가 되고, 촉각이 그림이 되며, 하나의 소리가 시가 되고, 냄새로 화하듯 몸각들은 서로가 서로를 향해 열리도록 할 수 있어야 한다.

이제 몸감을 풀어헤칠 때다. 몸이 흐느끼게 하고 몸이 웃게 하자. 온몸으로 느끼고 온몸으로 표현토록 해 보자. 이성의 그늘에서 숨죽여 온 감정들을 풀어 놓자. 열등한 것으로 몸과 함께 변덕쟁이, 믿을 수 없는 것으로 취급받아 온 세월들을 넘어서 자유롭게 그들에게 날개를 달아 주자. 마음껏 울고 소리 지르자. 원없이 아파하고 실컷 미워해 보자. 그래서 몸기가 풀리게 하자. 우리의 숨겨졌던 에너지, 기, 자발성이 용솟음치게 하자. 잠자고 있는 창조성을 촉발시키고, 두려워했던 우리의 광기를 풀어 놓자. 미친 듯이, 아니 미치자. 절정으로 나아가자. 끝은 없다. 그것은 힘이다. 생명력이다. 몸끼다.

④ 몸의 어울림

이제 함께 잔치를 벌이자. 몸과 몸으로 만나서 열리고 풀리고 엉킨다. 풀리고 열린 몸으로, 뫔으로 마지막 우리의 몸 갈증과 우주적 허기짐을 달래고 채워 보자. 떡과 술이 필요하다. 노래와 춤도 있어야겠다. 난장, 무아의 세계, 절정의 시간, 카타르시스, 뭐라 불러도 좋다. 그것은 몰입이요 몸들의 어울림이다. 몸들의 향연이다. 함께 더불어 놀자. 창조하자. 생존하자. 몸과 맘이 뫔으로 한데 어우러지고 나와 네가 한 뫔으로 어울리면 바로 그 순간 뫔굿은 우주놀이, 신들의 축제가 되지 않겠는가?

이제 조금 더 구체적으로 그러한 몰입과 변신, 집단적 행위화의 방식에 대해 살펴본다.

(4) 몰입과 변신의 방식

몰입한다는 것은 인간이 자신의 전 에너지를 한 곳에 집중시킨다는 것을 의미한다. 독서삼매가 그렇고 아이들의 놀이가 그렇다. 밀려드는 파도에 아랑곳하지 않고 모래놀이에 열중해 있는 아이들, 음악이나 춤에 빠져드는 사람들, 음식이나 섹스에 탐닉하기 등 한마디로 자신에 대한 의식을 잊고 몰아의 경지에 들어가는 변신의 상태가 곧 몰입의 경지다. 시간이 압축되고 순간적으로 '나'라고 하는 일상의 자기가 상실된다. 탈'자기의식'의 상태, 새로운 상황으로의 도취이며 변화다.

① 탈자기 기법

탈자기 기법은 앞에서 언급한 '나' 버리기와 유사하면서도 다르다. '나' 버리기는 일상적인 현실의 '나'를 상징화하고 그것을 벗어난다고 하는 목표가 뚜렷한 일종의 통과의례적 기법인 반면, 탈자기 기법은 아직 '나' 버리기가 부족한 상태, 지금 이 순간의 역할에 몰입하지 못하거나 소위 저항을 내보이는 상태에서 보다 확실하게 변신을 하기 위한 기법을 일컫는다.

- 주체 바꾸기: 예컨대, 완벽하고 빈틈없는 성격의 인물을 털털하고 야생적이고, 원시적인 인간으로 변신하기, 불쌍하게 느껴지는 주인공의 상대방 역할을 거칠고 무례한 인물로 바꾸기 등
- 특수훈련: 몸을 단련하고 원하는 행위를 과감히 시도할 수 있는 시범을 통해서 몸을 훈련시키기, 목소리나 욕하기 훈련, 가상 상황에 들어가서의 언행훈련 등
- 연극적 변신: 마스크, 가면 혹은 분장 의상 등을 이용하여 변신하기

② 미시화 기법

- 부분화 기법: 한 인물을 부분으로 나눈 다음에 어느 한 부분을 역할화하는 방법이다. 예컨대, 이성/감성/내향/외향, 과거의 나/현재의 나/미래의 나, 긍정적 역할/부정적 역할/중립적 역할, 또는 몸의 일부분(가슴, 팔, 심장 등)이나 하나의 세포, 하나의 머리카락 되기 등이 있다.
- 줌인 기법: 영화에서 사용되는 클로즈업 기법처럼 어느 한 장면에서 어느 한 인물이나 그의 대상 인물 또는 주변 환경의 일부분을 확대시키는 기법이다. 예컨대, 주인공이 만지작거리고 있는 유리컵, 대상 인물의 시계, 공원의 가로등이나 낙엽 등이 있다.
- 시간차 기법: 순식간에 재빨리 지나가 버렸지만 매우 의미 있는 어느 장면에서 진행과정을 1초 혹은 5초 단위로 나누어 재시도해 보는 방법이다. 예컨대, 사랑하는 사람과의 결별 장면에서 한 사람이 '난 네가 싫어' 하고 뒤돌아설 때, 그 말을 하기 직전의 나, '난' 하고 말하는 순간의 나, '네가' 하는 순간의 나, '싫어' 하는 순간, 그 말을 끝내는 순간, 그리고 뒤돌아서는 순간의 나 등으로 나눈다.

③ 거대화 기법

미시화 기법이 몰입과 변신을 돕기 위한 세분화하는 축소 기법이라면 거대화 기법은 망원경적인 과장기법이라고 말할 수 있다.

- 힘주기 기법: 원하는 수만큼 이중자를 붙여주거나, 필요에 따라 다양한 수호천사, 광대, 나의 그림자, 또 다른 성격의 나 등을 창조해 함께 장면을 이끌어 가도록 하는 기법이다.
- 역할모방 기법: 홍길동, 산신령, 슈렉, 슈퍼맨, 주몽 등 역사나 만화 소설 속의 인물을 모방한다.
- 대리인 기법: 특정 집단(경찰, 아프리카 흑인, 유생들, 녹색연합, 정의구현 사제단, 노조 등)의 대표자 혹은 그 집단을 의미하는 대리인이 되는 방법이다. 예컨대, 이 세상에서 매 맞는 아이들의 대리인이 되는 것이다.

④ 역설화 기법

현재 맡고 있는 역할과 정반대되는 역할 속으로 들어가 보는 방법이다. 이것은 역할교대 기법과는 다르다. 역할교대는 현재 내가 상대하고 있는 역할과 바꾸어 보는 것이지만, 역설화 기법은 상대역은 그대로 놔두고 현재 내가 하고 있는 역할과 정반대되는 역할을 맡아서 상대와 장면을 진행한다. 예컨대, 나는 지금 상대에게 매우 가혹한 언행을 하고 있다. 하지만 내 마음 한쪽에는 그러한 행위를 그만두고 싶고 오히려 다정하고 따뜻한 내 모습을 보여 주고 싶다. 이제 나는 따뜻한 사람이 된다. 또는 과거나 미래 어느 한순간 실제건 상상이건 따뜻한 사람이 되어 상대를 새롭게 만난다. 그 외에도 성별을 바꾸거나, 나이를 줄이거나 늘이거나, 상대방 역할을 정반대의 성격이나 모습으로 바꿀 수 있다.

(5) 집단 행위화 방식

뫔굿은 궁극적으로 집단적 행위화를 위한 과정이면서 집단적 행위화 자체라고 말할 수 있다. 사이코드라마 자체가 집단적 행위방식이고 제의 또한 집단을 전제로 하기 때문이다. 따라서 완전한 일탈을 위한 방식, 제의적 언어화, 몸의 극대화, 몰입과 변신을 위한 방식은 결국 집단 행위화 방식에 수렴된다. 그리고 뫔굿의 특성으로서 새로운 만남과 탈 '자기', 그래서 나와 세계의 경계를 확장하는 의미 또한 집단적 행위를 통해서 더욱 심화될 수 있을 것이다.

① **다중 주인공**

다중 주인공 방식은 마치 하나의 장터가 어물전, 포복전, 양곡전 등으로 나뉘듯이 다양한 주제의 주인공들이 곳곳에 소집단을 이루어 드라마를 진행하는 방식이다. 동시에 시작하는 방법, 봉화불이 하나둘 타오르듯 순서대로 진행하는 방법, 시작 단계만 순서대로 보여 주고 집단별로 진행하는 방법 등이 있다. 이때 디렉터의 경우 소집단별로 한 명씩 자원하거나 집단이 디렉팅을 할 수도 있다.

② **극중극 방식**

드라마가 진행되는 도중에 해당 인물은 관객이 되고 관객들이 무대에 올라가서 특정 장면을 진행하는 방식이다. 이 방식은 거울기법과는 다르다. 거울기법은 주인공이 자신의 모습을 보기 위한 목적을 가지고 진행되지만, 극중극 형식은 자기를 보기보다는 주인공뿐만 아니라 집단원 모두를 위해서 진행된다. 예컨대, 주인공의 뼈아픈 이별의 장면이 끝나고 나서 집단은 앞의 장면을 보면서 행여나 떠올릴 수 있었을지도 모르는 우리의 이산가족의 역사(일제에 의해 사할린으로 떠나는 사람들, 위안부 사건, 6 · 25전쟁으로 인한 이별 등)를 재현한다. 또는 관객 중의 한 사람의 또 다른 이별의 사건을 드라마하거나 상징적으로 이승과 저승으로의 나뉨을 극화할 수도 있다.

③ **특정 상황극 방식**

극중극 방식과 유사하면서도 특정 상황극은 주인공을 포함해서 집단원 전체가 특정한 상황을 설정하고(물론 지금까지의 굿의 흐름과 가능한 한 일치하거나 유의미한 상황) 집단원 전체 혹은 일부가 상황극을 창조하는 방식이다. 예컨대, 특정한 이유로 세상을 떠난 혼령들을 위한 망자천도 의식(예: 씻김굿), 저승이나 구천 세계의 형상화, 모든 인간의 탄생 장면, 모든 참여자들이 한순간 꿈꾸는 이상향, 꿈의 세계 등이 있다.

④ **사회극적 방식**

사회극적 방식은 기존의 사회극을 진행하는 방법을 활용하지만 전형적인 사회극이 아니라 주인공의 지금 이곳의 주제, 상황에 걸맞는 화두로 시작되는 사회극을 일컫는다. 마치 사회극에서 공통 주제를 선정할 때 개인의 사적인 문제를 공적인 주제로 바꿔서 사회극을 진행시키는 방법과 유사하다. 예컨대, 주인공과 관련된 학교 폭력의 문제, 성적 · 신체적 · 언어적 폭력의 문제, 기존 세대나 위정자들의 위선과 편견, 남녀 차별 의식, 지역 갈등과 차별 등이다.

⑤ **전통 제의를 활용하는 방식**

몸굿에서는 때로 전통적 제의 형식 자체를 변형 · 응용할 수 있다. 예컨대, 주인공 혹은 집단원 중 한 명이 사제나 무당이 되어 집단을 이끄는 일, 제의적 가상의 신을 초빙하고 맞이하여 함께 놀고는 보내는 일, 다양한 희생 제의 형식들, 시공간을 정화하는 의식, 재생 혹은 환생의 문을 통과하기, 초혼굿, 진혼굿, 부정거리, 길 닦기, 매듭 풀기, 곡하면서 상여 나가기 등이 있다.

5) 나오는 말

제의는 세계 어느 민족이나 고대로부터 존재해 내려온 집단 퍼포먼스였다. 몸적, 집단적, 행위화 과정이었다. 그것은 오늘날 나라, 지역마다 매우 다양한 형식으로 변형, 수정, 변화되어 행위화되고 있다. 그러나 그 많은 제의적 형식들이 원초적인 우주적 심성이나 순수한 의미를 결여하고 있는 실정이다. 소위 대부분이 축제라는 이름으로 상업화되어 버렸고 매너리즘에 빠져 있다.

그러나 셰크너(R. Schechner, 이기우 외 역, 2001)는 "오늘날 제의의 앞날은 상상력과 기억의 만남이 육체적 표현에 계속 번역되어 가는 선상에 있다. 한편 제의의 중심에 있는 마그마와 같은 창조성은 인류의 삶이 사회적, 개인적, 그리고 어쩌면 생물학적 차원에서도 시시각각으로 계속 변화하고 있기를 요구하고 있다."고 말한다.

사이코드라마 또한 그 기원에는 뜨거운 자발성과 창조성의 씨앗이 자리하고 있다. 그리고 그것은 인류의 생존을 지향하는 데 쓰이고자, 모든 인간이 마치 불을 사용하듯 자유자재로 활용되기를 기다리고 있다. 그러나 오늘날 사이코드라마는 그 본래의 탄생의 의미를 잊고 이론화되고 임상화되어 버린 지 오래다. 사이코드라마가 제의를 만나지 않을 수밖에 없는 까닭도 바로 그에 있다. 나라마다 혹은 만족마다 사이코드라마티스트들은 저마다 고유의 제의를 품에 안고서 새로운 형식으로 사이코드라마를 재창조해야 할 것이다.

바흐친은 축제야말로 인간의 두 번째 삶이라고 말한다(여홍상, 1997). 니체(권영숙, 1995) 또한 참다운 세계 자체의 놀이로서 디오니소스 향연, 종합적 예술행위로서 축제의 놀이를 강조한다. "나는 보다 고차원적인 예술, 즉 잔치하는 법을 가르치고 싶다."

몸굿은 이 시대에 적절한 새로운 형식의 사이코드라마로 재창조되었다. 그것은 다양한 새로운 방식과 더불어 보다 새로운 만남과 변화, 생성을 지향하고 수많은 나를 죽이고 다시 태어나는, 그래서 나와 세계의 경계를 확장해 나갈 수 있는 한국적 사이코드라마 형식이다. 이제 뫔굿은 앞으로 기존에 밑그림만 제시되었던 뫔풀이 굿(최헌진, 2003)과 종적 · 횡적으로 통합되어야 할 과제뿐만 아니라 실천적 측면에서 보다 깊이 있게 연구되어야 할 의무를 가지게 되었다.

4. 사회극

한국에서의 사회극(sociodrama)은 세계 여타의 나라들과 비슷하게 사이코드라마에 비해 그 활용과 발전이 매우 더딘 상황에 처해 있다. 특히 사회극에 대한 교육 · 훈련 기관이 거의 전무한 상태요, 전문가 또한 손으로 몇몇 꼽을 정도다. 그리고 사회극에 관한 교재라야 스턴버그와 가르시아(P. Sternberg & A. Garcia)의 사회극(조성희, 1999)이 유일할 정도다. 어떻게 이런 상황까지 오게 되었을까? 최초 모레노가 꿈꾸었던 사회적 변혁과는 전혀 다른 오늘의 현실에서 우리는 무엇을 생각해야만 할까? 그만큼 우리가 자신만의 영역에 안주해 버리고 사회야 어떻게 흘러가든 내 알 바 아니라는 이기주의적 사조 때문일까? 모두가 배 따뜻하다고 믿는 자본주의적 환영에 마취된 결과일까? 혹은 사회극 자체의 근본적인 결함 때문일까?

개인적으로는 사이코드라마를 시작한 이래 사회극을 잊고 산 적이 없다. 최소한 초급교육 과정에서만이라도 3~5시간의 기본 교육을 20년 이상 단 한 번도 빠뜨려 본 적이 없었다. 위의 사회극 책이 번역되고 감수의 글을 쓸 당시(1999년), "그 어떤 제도, 사람, 법적 대응으로 해결하기에는 너무나 깊고 오래된 사회문제들(지방자치제도, 사회적 혼돈과 소외 문제, 경제 위기, 남북분단, 온갖 부조리들, 집단 간의 마찰, 개인의 역할 정체와 혼돈 등)이 우리의 사회극을 필요로 한다."고 말하였다. 하지만 게으르고 무능하였다. 보다 깊은 성찰과 노력이 있어야 했다. 사회극은 처음부터 새롭게 재창조했어야 했다.

역할놀이 수준의 사회극을 진즉 꿰뚫어 볼 수 있어야 했다. 사회극에 대한 모든 고정관념을 벗어 던지고 이 사회 현실과 사회극의 관계에 대해서 심사숙고, 아니 깊은 통찰과 창조적 작업이 필요했다. 매년 미국 학회에 참석할 때마다 빠지지 않고 사회극 파트에 참석했음에도 불구하고 그들의 사회극 수준이 역할 창조조차 되지 못한 역할 맡기 혹은 역할놀이 수준이라는 것을 냉정히 분석할 수 있어야 했다. 그리고 2006년 니나 가르시아의 초청 워크숍은 사회극에 대한 그동안의 회의감과 필자의 새로운 형식의 사회극에 대한 열망에 확실한 변화의 계기를 만들어 주었다. 한마디로 예상했던 대로의 수준 이하의 워크숍이었기 때문이다. 역할-단계-형식-화합 일변도식의 사회극 형식은 그

때 필자의 마음속에서 이미 산산조각 나고 있었다. 그리고 2007년…… 2008년…… 새 대통령의 통치행위는 결정적으로 새로운 사회극에 대한 모색을 실천에 옮기도록 자극하였다(2008년 12월의 사회극 워크숍이 그것이다.).

그리고 더 나아가 이번 여름의 실험마당(사이코소시오드라마/소시오사이코드라마라는 새로운 형식의 워크숍) 또한 오래전부터 안개 속에 머물렀던 사회극 형식을 구체화해 볼 수 있었던 기회였다. 뿐만 아니라 아직 완성되지 않는 면은 앞으로 더 보강되어야 하겠지만 특기할 만한 사건이 두 가지 일어났던 귀중한 시간이었다. 종속 집단과 주체 집단에 대한 개념 정의와 함께 생애 처음으로 워크숍 마지막 한 시간 반여를 리더 없이, 그래서 마무리 형식이 없이 각자 제멋대로 시간(형식과 고정관념에 물든 사람들에게는 매우 혼란스러웠을)을 보낸 점이다. 다른 하나는 그동안 사회극적인 그 어떤 작은 몸짓 하나 없었던 우리의 현실에서 이번 실험마당을 계기로 여섯 명의 '가치노을' 이라는 의미 있는 자원봉사적 성격의 모임이 형성되어 대(對) 사회적 작은 행위를 시작했다는 사실이다(꾸준한 발전을 바란다.).

1) 새로운 사회극을 모색해야 할 필연성

오늘의 현실은 지난 시대와 달리 사회도 인간도 많이 변했다. 전체적으로는 외적 · 물질적 성장뿐만 아니라 경제 규모가 매우 커진 반면, 빈부 격차며 교육적 · 사회적 계급적 격차가 그에 비례하듯 커지고 있다. 내적으로는 인간 개개인이 삶에 더욱 치열해졌다고나 할까 악착같다고나 할까. 그만큼 정신적으로 여유가 사라진 각박한 생활 속으로 휘말려 들어가고 있다고 말할 수 있다. 정상증이 더욱 맹위를 떨치는 현상인 것이다. 게다가 미국발 경제 위기는 전 세계적으로 영향을 미치고 있으며 새로운 전염병들(에이즈며 신종 플루)로부터도 자유로워질 수가 없게 되었다. 신자유주의라는 미명하에 각국의 무역 장벽의 철폐와 FTA는 곧바로 우리의 실생활에 직접적인 영향을 미칠 뿐만 아니라 건강마저 위협하고 있는 실정이다(10년, 20년 후의 광우병은 누구의 책임일까?). 모든 제반 학문이며 예술, 과학과 종교조차 시대에 따라 달라져야 하는 것이 아닌가?

세월의 흐름에 영향 받지 않은 것이 이 지구상에 과연 존재할까? 사이코드라마며 사회극 또한 마찬가지다. 속된 말로 변하지 않으면 사라질 뿐이다. 이 시대, 이 현실에 적합한 최선의 사회극 형식을 찾아내야 한다(역설적이기는 하나 라캉이 기존의 잘못된 정신분석을 비판하고 원래의 프로이트로 돌아가자고 주창하였듯이, 사회극 역시 그동안의 잘못 인식되고 실행된 사회극을 버리고 모레노 정신에서 재출발하는 것이 변화의 대안이 될 수 있을 것이다.).

뿐만 아니라 이제는 인간 주체 개념 또한 변했다. 과거의 고정되고 정적인 역사성을 지닌 주체 개념에서 변화하고 동적이며 끊임없이 달라질 수 있는 잠재성 가득한 주체 개념으로 대체된 것이다. 더불어 나 중심의 세계에 의한 너-대상 관계 또한 나-너 관계로 변했다. 너 없이는 나를 생각할 수 없다거나 환경 없이는 우리가 존재할 수 없다는 인식의 전환인 것이다. 그러니 사이코드라마-개인, 사회극-집단 혹은 사회라는 공식 역시 달라져야 하지 않겠는가? 개인과 집단, 개인과 사회의 구별이 더 이상 무의미해졌으니 말이다. 실제 진행상에서, 예컨대 사이코드라마의 주인공의 대상 역할이 단지 주인공의 사적 세계 속의 역할인지 이 사회가 만들어 낸 역할인지 명확하게 구분이 되는가? 그리고 사회극에서 주인공의 역할이 공적 역할만으로 가능한가?

오늘날 사회극이 변화해야 할 이유는 또 있다. 기존의 욕망 개념의 변화와 함께 생태학운동의 대두다. 지금까지 인간의 욕망 개념은 고대 그리스 문명으로부터(구체적으로는 플라톤 이후) 내려온 결여(빈곳)이론을 근거로 한 것이다. 그리고 현대에 와서 프로이트와 라캉이 그것을 보다 구체화한 것이다. 그것은 결코 영원히 채울 수 없는 가상 개념이다. 인간의 허기와 불완전성을 조장하는 저의가 숨겨져 있다. 보다 완벽한 이데아 혹은 신을 찾아 나서도록 말이다. 그래서 인간은 자신의 욕망을 통제 · 억압해야 한다. 보다 이성적인 상징계인 이 사회에서 살아가려고 한다면 말이다. 어려서부터 맹훈련을 받아야만 하는 것이다. 엄마 아빠라는 오이디푸스 사슬에 얽매여서 말이다. 그리고 우리는 결과적으로 자신으로부터 소외되어 살아갈 수밖에 없는 존재가 된다.

하기야 오늘날 소위 위정자들 혹은 가진 자들의 행태를 보고 있노라면 얼마나 욕망에 굶주렸으면 그토록 부정과 부패 행위를 공공연하게 자행하고 있을까 쓴웃음만 나온다. 겉으로 드러난다 해도 전혀 반성의 기미조차 없다. 그 정도는 누구나 하는 짓 아니냐는 식이다. 위장 전입, 탈세, 부동산 투기, 편법 병역면제, 논문 표절, 중복 게재, 부동산 차명거래, 다운계약서 작성 등 지금 이 순간에도 정운찬 총리 지명자 등의 청문회에서 나온 사건들이다. 사람들은 도덕성 운운하지만 이는 도덕적 이성을 이미 넘어선 지 오래된, 욕망 자체가 탐욕으로 물들어 버린 이 시대를 반영해 주고 있는 것으로 보인다. 그래서 그들에게는 하등의 잘못이라는 의식이 없다. 오히려 자신의 덕망이며 능력이라고 철저히 믿는다. 그러면서 그들은 모순된, 아니 말도 안 되는 소리를 지껄인다. 예컨대, 알코올중독자나 마약 중독자들에게 혹은 가난한 사람들, 비정규직 사람들을 향해 "자신의 욕망대로 살지 말고 이성으로 욕망을 통제하세요. 어떻게든 잘 살려는 의지만 갖는다면 누구나 잘살 수 있는 나라가 아닌가요."라고 외쳐댄다. 비극이다. 결코 쉽게 해결될 것 같지 않은 참담한 현실이다.

들뢰즈는 욕망을 묶고 있는 모든 쇠사슬을 풀어헤친다. 한마디로 욕망은 부모와 하등 관계없는 고아요, 자유 자체의 흐름이라는 것이다. 그것은 니체의 힘의 의지처럼 그 자체로 능동적이고 긍정적이다. 그 어떤 결여도 없다. 그래서 그것은 항상 이 시대의 제반 통제를 벗어나 자유롭고자 하는 까닭에 속성상 반시대적이 될 수밖에 없다. 사회극이 추구하고자 하는 세계가 바로 그러한 자유로운 세계가 아닌가? 이 시대로부터 살아남기, 곧 생존이며 확장 말이다. 사이코드라마며 사회극이 이 땅에 존재해야 하는 이유 말이다.

1960년대부터 시작된 녹색운동 혹은 생태학운동은 이제 가타리(윤수종, 2003)에 의해서 단순한 환경운동 개념을 넘어선다. 인간과 사회도 동시에 환골탈태해야 한다는 것이다. 인간 정신(특히 사유, 지성, 감수성)의 생태학과 더불어 사회생태학이 함께해야 한다는 것이다. 들뢰즈적 생의 철학에서 동근원성(자연과 인간이 같은 뿌리라는 의식)과 유사한 개념이다. 이 대지, 자연 그리고 그 위의 인간과 사회라는 구분이 사라진, 더불어 사는 개념이다. 사회극 또한 변화해야 되지 않겠는가? 나와 너, 나와 우리/사회라는 구분을 이제는 넘어설 때가 된 것이다. 단순히 사회만이 아닌 자연으로, 또 우주로 나아가는 그러한 큰 변화가 필요한 때라고 생각되지 않는가?

마지막으로 사회극이 변화되어야 할 이유는 한마디로 오늘날 우리가 알고 믿고 있는 대부분의 통계와 처방(나아가 국가정책이며 지자체의 행정까지도)이 가짜라는 사실이다. 언어적 · 숫자적 조작으로 된, 조작인 줄도 모르는 채 행해지는(예: 4대 강 개발사업) 현실 말이다. 시카고의 빈민가 이야기를 통해 기존의 사회학 이론에 도전한 수디르(Sudhir Ventatesh)의 『괴짜 사회학(*Gang leader for a day*)』(김영선, 2009)이 이를 잘 보여 주고 있다. 이 나라의 경우, 도시 재개발이라는 미명과 독선 아래 저질러진 용산참사, 어디까지나 통계에 근거한 복지예산의 삭감 등이 그 좋은 예가 될 것이다. 우리가 겉으로 보고 느끼는, 그것도 극도의 편향과 오도, 그릇된 인식을 심어 주는 언론(조중동이 그 대표적이지만)에 의한 현실 인식은 과연 얼마나 진정으로 이 사회를 알고 있다고 말할 수 있을까?

깊은 사유가 필요한 시대다. 반사적이고 습관화된 사고가 아닌 심사숙고 말이다. 매일의 변화무쌍한 우리 일상들, 서로 다른 수많은 사람들이 만들어 내는 오늘날의 다양한 사회현상을 중도실용이니 선진국이니 하는 몇 가지 구호와 체계들로 묶는 일이 과연 가능할까? 국민 개개인의 주장보다는 마치 공산당식의 세뇌주의, 선전 일변도의 구호정치로 그럴듯하게 포장한다고 해서 자유민주주의가 발전하느냐는 말이다. 인간과 인간 사이의 의사소통도 힘들어하는 이 시대에 위정자와 서민의 소통이 거의 이루어지지 못하고 있는 현실에서 사회극은 어떻게 달라져야 할까? 우리는 어떻게 사회극을 해나가야 할까?

2) 지금까지의 사회극의 문제점

변화와 창조를 위해서는 지난날 우리가 해 왔던 사회극의 문제점을 확실하게 밝힐 필요가 있다. 일종의 반성이다. 한마디로 말하기 부끄러운 이야기이지만, 우리 역시 미국 일변도의 사고의 그늘을 못 벗어났기 때문이라고 단정 지어 말할 수 있다. 사회극이 주로 미국에서 발전되었다는 고정관념(모레노가 50년 가까이 살았던 나라의 이미지도 한몫을 했다.) 말이다. 그리고 무엇보다도 필자의 잘못이 크다. 미국판 사회극 책을 번역(조성희, 김광운, 1999), 감수했을 뿐만 아니라 필자의 책(『사이코드라마 이론과 실제』의 초판)에 그 책을 모델화해서 그럴듯하게 사회극을 정리해 한 장을 차지하게 했다(6년이 지난 지금 교정본을 내면서 그 장을 없애버린 것이 얼마나 기쁜지 모른다.).

이제 필자는 그동안의 사회극을 역할놀이 혹은 스턴버그/가르시아 스타일의 역할놀이라고 부르련다. 그것은 사회극이 아니다. 스토리에 따른, 합의된 공유 주제에 따른 집단의 역할놀이 그 이상도 이하도 아니다. 그리고 이제 1921년 4월 1일, 오스트리아 비엔나 자발성 극장에서 모레노가 실시했던 최초의 사회극과 그 이후의 '살아 있는 신문' 정신으로 되돌아가고자 한다. 기존의 역할놀이는 지나치게 정형화 · 형식화되었을 뿐더러 인간이 역할에 먹혀서 허우적거릴 수밖에 없는 기이함을 낳았다. 그러기에 행위보다는 말 중심, 역할과 역할의 부딪침이 아닌 타협과 의견 일치를 추구할 수밖에 없는 자발성과 모순되는 결과만을 추구할 수밖에 없게 된 것이다. 뿐만 아니라 사이코드라마와의 지나친 영역 구분은 오히려 사회극의 발전을 가로막는 장애물이 되고 말았다(사이코드라마를 할 때 사회극을 도입하는 것은 가능하지만 사회극을 할 때는 절대 사이코드라마를 해서는 안 된다는 식의 그동안의 나의 교육이 참으로 부끄럽다.).

이제 향후 우리가 추구해 나가야 할 사회극 형식을 기준으로 기존의 사회극의 문제점을 살펴본다.

① 가상적이고 피상적 역할놀이는 이제 지양되어야 한다. 보다 실제적이고 실천적이며 우리의 실생활과 떨어져서는 생각될 수 없는 그런 역할로의 전환이 필요하다. 사이코드라마처럼 모든 순간의 행위가 필연적이어야만 한다. 머리가 아닌 가슴이나 영혼에서 우러나오는 역할이어야 한다. 치열한 각자의 삶에서 터져 나온 역할들 간의 부딪침이어야 한다.

② 연속적이고 일관된 스토리 중심에서 벗어나야만 한다. 그럴듯하고 잘 짜인 주제에서 탈피해, 마치 사이코드라마가 진행되듯 불연속적이고 요점 중심적인 진행이

되어야 한다. 사회적 현상을 이야기하는 식으로 행위로 나열하는 것이 사회극이 아니듯, 상투적인 결론으로 나아가는 것 또한 사회극은 아닐 것이다.

③ 위와 비슷한 내용이지만, 기존의 사회극은 대부분 집단의 의견 통일, 화합과 조화를 우선시했다. 주제 선정부터 진행과정 및 종결 장면까지 거의 대부분이 소위 민주적인 다수결 원칙을 준수하면서 진행되었다. 비록 어느 한 사람의 의견일지라도 다른 사람의 반대가 없으면 그대로 수용되는 방식이었다. 그러나 나와 너의 만남이 반드시 합의로 끝나야 되는가? 충돌과 직면, 모험과 상호 부조화는 잘못된 것인가? 의견들, 개성의 난립은 안 되는 것인가?

④ 기존의 사회극은 처음 공유 주제가 나오는 순간 대부분은 그 결과를 예측할 수 있다. 한마디로 뻔한 진행일 수밖에 없는 한계를 태생적으로 가질 수밖에 없었다. 개인의 욕망에 의한 처절한 역할과 행위라기보다는 매우 인지적인 역할놀이였다. 진정 자발적이며 창조적인 사이코드라마며 사회극은 일견 예측 불가능한 종결로 끝나지 않았는가? 우리의 삶이 예측 가능하다면 얼마나 좋을까만 실제는 그렇지가 못하다. 한치 앞을 예견하기 힘든 것이 현실이다.

⑤ 기존의 사회극은 또한 그 어떤 해결을 도출하는 것으로 마무리하는 경향이 매우 높았다. 시작을 했으면 뭔가 결론을 내려야 한다는 식이었다. 아니다. 우리의 삶은 죽음이 찾아오지 않는 한 종결 불가능하다. 우리의 만남 또한 그러하다. 바흐친식으로는 아직 우리는 마지막 말을 하지 않은 것이다. 그러니 사회극이라고 해서 굳이 종결지을 필요가 없는 것이다. 그 어떤 공유 주제라 할지라도 말이다.

⑥ 기존의 사회극은 한마디로 예의를 중시하고 지극히 현실적인 인간 가치를 뒤따르는 매우 안전하고 안정된 진행이 보편적이었다. 위험스러운 생각에 직면하거나 부도덕하고 상스러운 용어는 가능한 한 회피되었다. 일상의 불문율이 잘 지켜지는 속물화된 잉여 마당이 된 것이다. 그렇다면 실험과 모험, 현실에 대한 도전정신은 어디 갔는가? 일탈과 몰입, 도취의 세계는 발을 붙일 수 없는 것인가? 모두가 건전한 사고와 이해, 논리를 앞세워 진행하는 사회극이 무슨 도움이 되는가?

⑦ 새로운 사회극은 기존의 목적 중심에서 과정 중심으로, 언어 중심에서 몸과 행위 중심으로, 이성 중심에서 감성 중심으로, 현실을 넘어서 잉여의 현실로, 역할놀이에서 역할 창조로, 내용보다는 표현 자체에 중점을 두는 방향으로 나아가야 한다.

3) 주체 집단과 종속 집단

가타리는 현대사회에서 인간의 새로운 주체성을 탐구해 나가는 작업의 일환으로 주체 집단과 종속 집단에 대한 논의를 시작한다(윤수종, 1997). 그에 의하면 종속 집단이란 집단 내 개개인의 역할의 다양성이 실종되어 버린, 몇 가지 국한적인 집단규율 혹은 지도자에 의해 제시되는 지배기준에 자신을 예속시키는 예속집단을 일컫는다. 이런 집단은 상호 간의 피암시율이 높고 금기가 많으며 일정한 의례를 곧잘 준수하는 경향을 보인다. 예컨대, 오늘날의 자본주의 사회가 그렇다. 인간의 욕망 자체를 철저히 모델화하고 내면화시켜 모든 인간을 동질화시켜 버린다. 그래서 결국 그 안의 모든 개인은 자신의 믿음, 혈연, 가족, 사랑, 지식, 부자, 성공, 행복 등에 대해 거의가 엇비슷한 일정 관념을 가지고 살아갈 수밖에 없게 되어 버린다. 가난, 고통, 죽음의 관념까지도 관리, 통제될뿐더러, 일명 사회적 공감대라고 하는 유령과 같은 차원에 교묘히 빠져들게 만든다. 그래서 자신의 감정이며 의식조차도 조작되거나, 기만적인 효율성 혹은 결과주의 위주의 삶과 자신을 동일시하게 된다. 한마디로 의식의 단일성, 허위성 내지는 정상증의 세계 속에 자기 자신을 잃어버리고 살아가는 사회로서의 자본주의 사회다.

반면에 주체 집단은 종속 집단처럼 그 어떤 안전화의 수단을 전혀 갖고 있지 못한다. 사람들은 주체 집단 속에서 서로 끝없이 문제를 만들어 내고 긴장감을 조성해 낸다. 서로 간의 투쟁과 분열의 위험 속에서 항상 티격태격한다. 주체 집단은 누구에게나, 심지어 집단 외의 사람들에게도 열려 있어서 상호 대화나 간섭을 수용하는 자세가 되어 있기 때문이다. 집단 내에서조차 서로 의견을 달리하는 소집단의 무한 증식이 가능할 뿐만 아니라 집단 자체의 사멸 가능성에도 끊임없이 직면해 있다. 그야말로 다수의 이질성이 만나는, 그래서 단일 언어, 단성적 목소리의 절대주의에 저항하는 살아 있는 생명체와 유사한 집단이다. 상호 나와 너의 의식, 삶을 적극적으로 인정함으로써 서로가 창조적으로 변신하고자 하는 집단이다.

사회극이 새롭게 변신하기 위해서는 바로 이와 같은 주체 집단에 대한 기본 인식을 밑바탕으로 출발해야 한다고 생각된다. 종속 집단적 경향을 보이는 오늘날의 사회로부터 일탈해서 잉여현실로 나아간다는 것은 바로 그러한 주체 집단으로 나아가는 방식과 유사한 의미가 아니겠는가? 한마디로 기존의 사회극에서 보여 주던 전체주의적 사고방식, 예컨대 공유 주제며 집단에 의한 진행방식 및 다수결 원칙과 같은 의견수렴 절차 등은 곧 종속 집단적 경향이 아닌가? 개개인의 특수성이 쉽게 간과되어 버리고 개인 의견은 항상 집단 속에 묻혀 버리는 폐단 말이다. 물론 어떤 집단(예: 비행청소년 집단과 같은 동질 집단)에서는 사이코드라마에서의 보조자가 맡는 역할처럼 집단원 중 몇몇이 역할놀이 수준의 역할을 할 수밖에 없는 상황이 자주 발생한다. 하지만 이제부터라도 그러한 역할놀이, 제3자적 역할은 가능한 한 줄여 나가고 보다 적극적이고 능동적으로 각자의 내면 속 사회적 역할을 할 수 있는 방향으로 나아가야 할 것이다.

4) 사회극의 정의

사회극은 그동안 실천하는 전문가들에 따라 다양하게 정의되어 왔다(최헌진, 2003) 예컨대, 켄 스프라그(Ken Sprague)는 집단적 교육방식으로, 스턴버그는 인간관계 문제를 해결할 수 있는 집단적 학습과정으로, 마리뉴(R. F. Marineau)는 사회문제에 대한 사이코드라마적 치유법으로, 켈러먼은 사회환경 개선을 위한 드라마로, 그리고 야블론스키는 가족 갈등, 인종 편견과 같은 사회문제에 대한 역할놀이 방식 등으로 정의하였다. 형식상으로는 교육방식이며 학습과정 또는 드라마나 역할놀이이고, 내용상으로는 인간관계 문제, 사회문제 또는 집단이나 사회 환경이다.

그러나 이런 다양한 정의들은 그 어느 것도 모레노만큼 사회극을 포괄적으로 정의내리고 있지 못한다. 한마디로 각자의 시각에 따른 단편적 경향성만을 드러내고 있다고 말할 수 있다. 특히 내용은 서로가 엇비슷하다고 할지라도 방법론 혹은 형식 면에서의 차이들은 모레노의 생각을 지나치게 곡해한 결과로 보인다. 모레노는 사이코드라마와 사회극의 방법론은 똑같다고 말하였다. 둘 다 '심층적 행위방식'이라고 정의한 것이다(모레노, 1977). 주제나 화두가 다르다고 사이코드라마적 방식을 사회극에서는 별도의 이름으로, 학습 · 교육 · 치유 · 역할놀이 등으로 달리 말할 수는 없다는 것이다. 특히 한국에서의 사회극은 주로 스턴버그의 이론을 따라 실천해 온 바가 크기 때문에 문제가 더욱 심각하다고 볼 수 있다. 예컨대, 그녀는 화두를 인간관계 문제라는 말로 매우 광범위하게 정의 내리고 있다. 그러나 상식적으로 생각해 보아도 인간관계 문제는 사이코드라마적 화두이지 사회극 화두로 볼 수는 없다. 모레노식으로는 집단 간의 화두가 맞다. 그리고 방법론에서 그녀는 집단 학습과정이라고 하였는데, 과연 역할놀이를 통한 학습, 역할 이해를 통한 교육적 효과를 노리는 것이 사회극일까? 분명 아니다. 사회극은 사이코드라마와 똑같은 방식으로 진행되는, 그래서 지금 이곳에서의 만남을 중요시하는 예술이며 학문이다. 그 어떤 목적을 가지고 인간을 이래야 한다 저래야 한다고 가르치는 교육이며 학습 수단이 결코 아니다. 인지적 이해의 도구가 결코 아니란 말이다.

모레노는 그의 저서 『사이코드라마』의 첫 번째 권(1977)에서 사회극을 "집단 간의 관계(intergroup relation)와 집단적 이데올로기를 다루는 심층적 방식이다."라고 정의하였다. 여기서 집단 간의 관계는 사회극 집단과 다른 집단 혹은 이 사회 내의 다양한 집단들을 일컫는 것이 아니라 사회극 혹은 사이코드라마를 하기 위해 모인 사람들의 집단을 말한다. 우리는 이 점을 분명히 해야 할 것 같다. 사회극은 지금 이곳에 모인 사람들의 사회적 화두와 행위로 이루어지는 것이다. 그렇기에 우리가 살고 있는 이 사회의 문제가 제아무리 심각하고 중요하다고 하더라도 지금 이곳에 모인 사람들에게 아무런 의미가 없다면 그것은 무의미할 것이다(실제로 그런 일은 일어날 것 같지는 않지만 말이다.).

한마디로 서너 명만 모인 집단이라 할지라도 그 속에는 항시 사회적 혹은 집단 간의 갈등이나 문제가 존재하고 있다는 것이다. 한 예로 가정주부 다섯 명이 모인 집단을 생각해 보자. 그 안에는 자발성만 높다면 얼마든지 사회극적으로 접근할 수 있는 화두들이 풍부하게 존재한다. 소위 상류층, 중산층 혹은 사회적 하위층 간의 세상을 보는 시각 차이, 전업주부와 경제활동을 하는 주부 사이의 갈등이나 육아 개념의 차이, 종교적 갈등과 편견들, 현 사회나 대통령, 여야 정당, 조중동에 대한 생각의 차이들, 생협과 대형 마트에 대한 견해 차이, 현대 학교의 교육문제, 영어몰입 교육이나 대안학교에 대한 생각들, 남편이나 자식에 대한 관념의 차이 등, 그 외에 결혼관, 노년과 병, 죽음에 대한 관념들, 지방색이며 출신교별 생각의 차이들 등등. 그 모든 것이 사회극의 이슈가 될 수 있을 뿐만 아니라 진정한 부딪침을 통해 상호의 만남을 보다 확장할 수 있다. 진짜 사회극을 하는 것이다.

위에서 언급한 집단 이데올로기란 다른 것이 아니다. 바로 지금 이곳에 모인 사람들의 생각(판단, 개념, 관념, 편견, 선입관 등)을 일컫는 말이다(물론 감정적 색채가 농후한 것들이 보다 바람직할 것이다.). 사이코드라마에서 집단이 아닌 개인적 이데올로기를 펼쳐 보이는 것과 같은 맥락이다. 문제는 개인이라는 단어와 집단이라는 단어의 차이다. 여기서 개인은 말 그대로 한 명의 사적 개인, 예컨대 아버지이자 군인이며 술을 좋아하고 다혈질적인 2남매의 가장을 말한다. 그러나 집단 혹은 집단적 역할이란 이 사회에서 그 나이 또래, 그런 직업을 가진 사람들을 대표하는 아버지, 모든 아버지들 중에서 술을 좋아하는 아버지들을 대표하는 아버지, 많은 아버지들 중에서 다혈질적인 아버지 집단을 대표하는 아버지, 혹은 2남매를 둔 아버지 집단을 대표하는 아버지를 일컫는다. 개인 역할은 스스로 말하지 않으면 타인은 그에 대해 알 수가 없다. 그러나 집단의 대표로서의 역할은 몇 가지 단서만으로도 대부분의 사람들은 그 사람에 대한 일반적인 단서들을 유추해 낼 수가 있다. 모레노는 그것을 'a father'과 'the father'로 구분을 하였다. 아무튼 그 누구라도 자신의 사적인 개인적 역할 속에는 집단적 특성을 가진 집단 역할이며 이데올로기가 겹쳐 있다고 보는 것이다. 모레노식으로는 역할의 중심이 오히려 사회적 역할이고 그 중심핵 위에 개인적 특성을 지닌 사적 역할이 마치 베니어판을 대듯 덕지덕지 붙어 있다는 것이다. 다시 말해, 사회적 역할과 개인적 역할을 엄격하게 구분하는 일은 불가능하며, 그 누구라도 일단 집단에 모이게 되는 순간 그 속에는 사회적 역할이 작동되기 시작할뿐더러 알게 모르게 끼리끼리 모이게 된다는 것이다.

그렇다면 이제 한번 심사숙고해 보아야 하겠다. 굳이 사이코드라마와 사회극을 둘로 갈라놓아야 하는가를 말이다. 그것은 어떤 면에서 지나친 이분법적 사고방식의 결과가 아니었을까? 1920년 전후에 모레노 역시 프로이트의 사적인 인간 이해와 마르크스의 공적인 인간 이해를 넘어서고자 사회극과 사이코드라마를 시도하였지만, 둘을 하나로 통합하고자 하는 의미보다는 각각에 대항하는 대항마적인 발상이 더 중요시되었을 것이라고 추측된다. 그러나 이제는 그 둘을 하나로 통합해서 사이코소시오드라마 혹은 소시오사이코드라마라고 부르면 어떨까? 필자는 앞서 그 둘을 뫔풀이 굿으로 통합한 바 있지만(뫔놀이 굿은 사회극을, 뫔풀이 굿은 사이코드라마를 지칭) 위의 용어가 너무 길어서 혹은 익숙하지 않다면 차라리 사이코드라마로 통일하는 방안도 무리라고는 생각되지 않는다. 훗날 누군가가 사회극만에 몰입해서 또 하나의 진보된 사회극 형식을 창조하는 날까지는 당분간만이라도 사이코드라마 형식 속에 사회극을 포함시켜 생각하는 것이 옳은 방향일 것 같다(향후 위와 같은 의미의 새로운 사회극 이론이 더욱 깊이 있게 연구·실천되기를 기대해 본다.).

5. 연구방법

사이코드라마에 관한 연구논문(책, 비디오테이프 등 포함)은 1995년을 기준으로 했을 때 전 세계적으로 약 2,000여 편에 이른다(J. M. Sack et al., 1995). 여기서 전 세계적이라고 말했지만 그것은 영어, 독어, 프랑스어, 이태리어, 헝가리어 및 스페인어권을 중심으로 이루어진 논문들을 일컫는다. 그리고 한국은 2009년 현재까지 약 150여 편의 논문이 발표되었다.

켈러먼(1987)에 의하면 사이코드라마의 효과성을 증명하기 위한 그동안의 논문들은 대부분 실험적이라기보다는 임상적이고, 경험적이라기보다는 기술적인 논문들이었다. 유채영(1999)은 90편의 연구논문에 대한 연구 내용 분석과 51편의 연구 경향 분석을 통해 한국 사이코드라마의 경험적 연구는 그 실천이 체계적이고 과학적인 기반 위에서 행해지고 있다고 하기에는 양적으로나 질적으로 미흡하다고 밝히고 있다. 더불어 향후 한국 사이코드라마의 연구 방향을 다음과 같이 제언한다.

- 한국적 사이코드라마의 이론 정립과 실천양식의 필요성
- 불행과 좌절의 심리학을 넘어선 행복과 확장의 심리학적 연구
- 1회기적 혹은 단기적 사이코드라마에 대한 연구

- 디렉터 특성에 관한 연구
- 단독 디렉팅과 공동 디렉팅의 비교연구 및 보조자 기능에 관한 연구
- 효과적으로 반응하는 참가자 요인 연구
- 다양한 집단과정 변인들에 대한 연구
- 측정방법상의 혁신의 필요성
- 하나의 구체적인 기법이나 기능 연구를 위한 실험 연구
- 집단-맥락 설계와 같은 집단과정 연구
- 새로운 과학의 패러다임의 필요성

이와 같은 유채영의 제안은 오늘날 한국 사이코드라마 연구 현황에 대해 비교적 포괄적이면서 핵심적인 문제들을 정확하게 지적하고 있다고 판단된다. 예컨대, 다음과 같은 상황을 생각해 보자. 한 명의 숙련된 전문 디렉터가 연속적인 10회기 사이코드라마에서 10명의 주인공을 디렉팅하였을 경우, 주인공의 변화 정도는 어느 정도일까? 집단은 청소년이든 대학생, 주부, 정신병 환자든 상관없이 소위 동질 집단이며 소요시간, 진행방식도 거의 비슷한 것으로 가정한다.

이 경우 주인공들은 거의 동일한 변화 정도를 보였다고 할 수 있을까? 아니다. 상식적으로든, 실제 경험상으로든 그러한 일은 있을 수 없다는 것을 쉽게 상상할 수 있다. 열이면 열 모두가 저마다 다르게 반응하였을 것이라는 의미다. 변화 정도가 서로 다르다. 이를 어떻게 설명할 수 있을까? 우선 먼저 주인공의 변인만 보아도 각자의 자발성 정도, 제시된 문제(주제)의 성질, 그 문제와 현재 상황과의 상관성, 잉여현실 및 카타르시스의 표현 정도, 기본 성향, 저항 정도, 텔레와 만남의 정도, 개방성 정도, 집단 내 관계성 등 실로 다양하다. 하나하나 보다 세분화해 볼 수 있는 이러한 다양한 변인들이 결과에 작용했을 것이라고 쉽게 상상해 볼 수 있다. 게다가 디렉터와 집단의 변인이 동일하다고 가정한 자체가 있을 수 없는 조건이 된다. 인간이 기계가 아닌 한 결코 그럴 수 없기 때문이다. 또 그러한 가정이 옳다고 하더라도 진행과정상의 역동이며 다양한 환경적 변인이 미치는 영향도 무시할 수 없다.

김상희(2004)는 한국의 사이코드라마 석 · 박사 실험논문 57편을 분석하고, 주인공의 특성 분석의 필요성, 통찰이나 저항 극복 직전 5분 동안의 과정 연구, 자발성과 창조성 척도 개발, 특정 대상에 대한 프로그램 개발 및 연출자 교육과정이나 슈퍼비전에 관한 연구, 핵심 기법에 대한 연구 등과 같은 향후 사이코드라마 연구 방향을 제시하고 있다.

요약하면, 사이코드라마 연구는 결코 쉽게 이루어지지 않으므로 매우 다양한 관점에

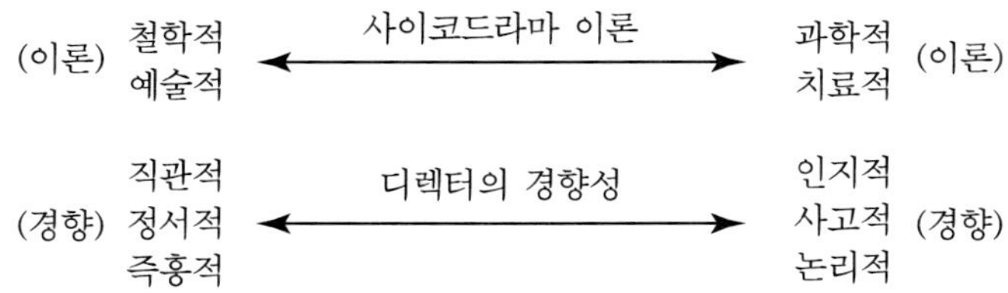

[그림 16-2] 사이코드라마의 양면성

서 시도되어야 한다. 필요한 경우에는 연구방법 자체에 대한, 새로운 패러다임에 대한 창조적인 연구가 선행되어야 한다. 그러나 문제는 그렇게 간단하지가 않다. 물론 사이코드라마가 발전하기 위해서는 그러한 다양한 연구는 필수조건이다. 연구가 병행되지 않는 학문이란 있을 수 없다. 그리고 지금까지 한국에서의 연구가 양적으로나 질적으로 부족한 면이 많은 것도 사실이다. 하지만 사이코드라마의 한국적 상황을 미루어 생각해 보았을 때 그만큼이라도 이루어 낼 수 있었다는 사실이 대견하기조차 하다.

중요한 점은 사이코드라마 이론 자체의 양면성과 사이코드라마티스트의 경향성이다 ([그림 16-2] 참조). 다시 말해서, 사이코드라마가 결정론적인 과학주의에 완전히 경도될 수 없는 근원적 한계성을 보지하고 있다는 사실이다. 그것은 과학적 측면에서 볼 때 불행한 단점이면서 심각한 문제점이다. 이것이 사이코드라마가 활성화되지 못하고 있는 중요 요인 중의 하나이기도 하다(동시에 사이코드라마만의 독특성이며 장점이기도 하다.). 뿐만 아니라 더욱 심각한 것은 사이코드라마에 대한 실험 연구가 예외 없이 기존의 언어 중심적, 논리적, 심리적 치료이론의 연구방법을 그대로 사용하고 있다는 사실이다. 행위 중심 양식을 언어 중심 양식으로 분석 · 연구한다는 것이다. 커다란 모순이 아닐 수 없다.

따라서 여기에서는 이상과 같은 제반 요인들을 감안하여 두 가지 질문을 설정하고 그에 대해서 논의해 보고자 하였다. 첫째, 사이코드라마 연구방법에 있어서 우리의 인식 전환이 필요한 이유는 무엇인가? 둘째, 그렇다면 구체적인 대안은 있는가?

1) 인식 전환의 필요성

실제 우리의 현재 모습은 그렇게 바람직한 모습은 아니라고 말할 수 있다. 부끄러운 일이지만 할 수 없다. 인정할 것은 인정할 때 바로 거기서 또 하나의 새로운 전환점, 출발이 가능할 수 있기 때문이다. 과감한 인식의 전환이 필요하다. 이대로 변화 없이 흘러가는 것은 양적으로나 질적으로 사이코드라마의 낙후를 초래할 가능성이 높다. 끝없이 외국의 영향만을 받으면서 지탱할 수밖에 없는 자생력 잃은 한국 사이코드라마가 될 수도 있다. 이제 그 점을 몇 가지 나누어 생각해 보자.

- 전문성의 결여다. 우리는 이에 대해서 심사숙고해 보아야 한다. 우리는 얼마나 전문가가 되기 위해서 노력해 왔는가? 얼마만큼 자기 수행을 위해 혹독한 노력을 해 왔는가? 자격증이 문제가 아니다. 스스로 자문자답할 수 있는 진실성이다. 우리는 한마디로 사이코드라마에 미친, 오직 사이코드라마밖에 모르는 진정한 전문가가 필요하다.
- 지속성이다. 대부분의 연구가 일회적이다. 연구를 위한 연구, 논문을 위한 논문이 대부분이라고 말할 수 있다. 그렇기에 훌륭한 논문이 없는 것이다. 세계적으로 내놓을 만한 논문이 없다. 한두 편 쓰고 나면 그것으로 끝이다. 지속적인 관심과 연구가 없다. 안타까운 현실이다.
- 어느 한 분야에서의 전문성 결여다. 청소년이면 청소년, 아동이면 아동, 자신만의 전문 집단에의 몰두와 연구가 드물다는 현실을 반영해 주고 있다. 물론 이러한 특정 집단에 대한 전문성은 최근 들어 비교적 긍정적인 방향으로 나아가고 있다. 그러나 다른 집단은 잘 몰라도 적어도 이 집단에 대해서만은 전문적 사이코드라마리스트라고 자부할 만한 자기 자신의 방향을 확고히 설정하는 것이 중요하다. 사이코드라마 전문가에서 아동 사이코드라마 전문가, 대학생 사이코드라마 전문가 등으로 보다 세분되고 구체화된 전문가가 필요하다는 의미다.
- 연구는 자신의 분야에서 일하는 도중에 생기는 의문에서부터 시작된다. 그 의문을 풀지 않고서는 한 발짝도 나아갈 수 없는 처절한 연구 자세에서 연구의 싹이 자란다. 우리는 매 순간 사이코드라마적 행위에 의문을 가져야 한다. 기존의 이론을 부정할 수 있으며 기존의 방법에 항상 의문을 던질 수 있어야 한다. 그것이 곧 발전의 밑거름이다. 매너리즘적인 안이한 자세로는 변화와 발전을 기대하기 어렵다.

오늘날 한국에서 사이코드라마만을 직업으로 한 전문가는 단 한 사람도 없다. 모두가 정신과 의사, 심리학자, 사회복지사 등의 직업을 가지고서 사이코드라마를 실행하고 있다. 그러한 여건임에도 불구하고 오늘날 이만큼이라도 사이코드라마가 발전할 수 있었던 것은 어떤 면에서는 기적과 같은 일이라고 생각된다. 참으로 대단한 일임에는 틀림없다. 그렇기에 앞에서 언급한 전문성이며 지속성에 문제가 많을 수밖에 없다는 점 또한 수긍이 간다. 그리하여 서로가 서로를 더욱 긍정·격려하고 지지하는 자세 또한 필요하다.

그러나 비록 현상이 그렇다 할지라도, 정신의학, 심리학, 정신치료 쪽에서 볼 때 사이코드라마가 이직은 완전히 개화되지 못한 상태라고 할지라도, 우리는 우리의 길에 대해서 처절한 자기 투쟁과 지속적인 연구 노력이 필요하다. 그들보다 더욱 분발할 필요가 있다. 그래서 때로는 위와 같은 자기비판적인 인식의 변화도 요구되는 것이다. 다시 말하면, 각자 자기 전공의 보조 수단으로서의 사이코드라마가 아니라 언젠가는 오직 사이코드라마만을 할 수 있는 진정한 전문가로서의 길을 염두에 두어야 한다.

2) 구체적인 대안

사이코드라마 연구의 대상은 실로 다양하고 무궁무진하다고 할 수 있다. 연구방법 또한 대상에 따라 창조적으로 다양하게 개발될 수 있는 여지가 매우 많다. 우리가 아직은 잘 모르고 있을 뿐이다. 만약 기존의 심리학적 연구방법만이 과학적이라는 사고의 틀에서 벗어날 수만 있다면, 그리고 우리가 게으르지 않고 수많은 시행착오와 어려움을 견뎌 내고 기존의 평가나 접근 방식이 아닌 새로운 접근과 평가 방식을 개발해 낼 수만 있다면 그것은 충분히 가능한 일이다. 따라서 사이코드라마 연구에서 무엇보다도 시급한 일은 연구방법론에 대한 연구다.

(1) 연구방법론

연구방법론은 한마디로 학회 차원에서 예산을 들여 공동 연구를 해야만 하는 주제다. 지금처럼 산발적이고 개별적 · 상식적 연구가 아닌 보다 사이코드라마 고유의 연구방법을 찾아내기 위해서는 '사이코드라마 연구방법론'이라는 텍스트가 우선되어야 한다. 물론 폐쇄적이고 획일적인 연구방법만을 고집하자는 것이 아니다. 예컨대, 실험 설계/준실험 설계의 사이코드라마적 한계와 문제점, 법칙 정립적 접근/개별 기술적 접근의 사이코드라마적 장단점, 실험적/비실험적 방법과 사이코드라마와의 적절성, 타당성 여부 등 기초적인 문제에서부터 방향을 정립해 가야 한다.

그렇지 않고서는 오늘날 되풀이되고 있는 실수와 잘못이 10년 후에도 똑같이 되풀이 될 것이기 때문이다. 다시 말해서, 그러한 텍스트가 있다면 개인적으로 혼자서 고군분투하는 어려움과 시간 낭비를 줄일 수 있을뿐더러 보다 질 높은 발전적인 연구가 이루어 질 수 있기 때문이다. 예를 들어 보자. 한 편의 사이코드라마 비디오를 어떻게 분석할 것인가?

- 분석 · 평가자에 대해서: 몇 명이 어떤 자격으로 할 수 있는가? 그 기준은?
- 디렉팅 방식에서: 지시적/설명적/요약적/확대적/질문적/침묵적 언어 여부와 횟수, 그 의미 및 기준은? 단어(명사, 형용사, 부사, 기타 소리)/한 문장, 두 문장 등 문장의 숫자와 그 의미는? 사실적 개입/상상적 개입/상징적 개입의 기준과 의미 및 효과는? 저항 극복방식과 그 타당성은? 기법 활용과 그 적절성은? 장면 설정방식과 그 연결성 및 타당성은? 그 기준은? 행위화의 방식과 그 적절성 여부를 어떻게 평가할 것인가? 기타 시간 배분의 적절성, 카타르시스 유발 정도, 전반적인 템포의 기준과 그 의미, 비언어적 단서 활용 정도 등 다양한 분석방법에 대한 기준을 설정할 수 있어야 한다.
- 디렉터에 대해서: 그의 자발성 정도를 어떻게 측정 · 관찰할 수 있는가? 창조성은? 그의 주인공에 대한 텔레, 기본 자세에 대한 평가는 무엇을 기준으로 할 것인가? 자기 노출(긍정적/부정적) 정도와 그 영향 및 문제점은? 그 자신이 주인공 훈련을 받은 횟수, 보조자 경험 횟수, 훈련 경력 등은?
- 주인공에 대해서: 행위화 단계에서의 시간별 혹은 장면별 자발성 정도, 행위화 정도를 평가할 수 있는 기준은? 잉여현실이며 행위 갈증을 표현한 정도는 어떻게, 무엇을 기준으로 평가할 것인가? 주인공으로서 저항의 수준과 그 기준은? 텔레적 요소의 작용 정도는? 변화 정도와 그 기준은?
- 기타: 보조자 등장의 적절성과 역할놀이의 타당성, 집단의 반응과 그것이 미치는 영향 및 그 기준 등 다양한 측면에서 분석 · 평가할 수 있는 근거를 마련해야 할 것이다.

(2) 순수이론

순수이론 연구 또한 다양한 방식으로 제시되고 그 근거가 마련됨으로써 보다 질 높은 연구논문에 기여할 수 있다. 다음은 그 예다.

- 주제: 만남, 행위, 지금/여기, 순간, 카타르시스, 자발성/창조성, 몸, 텔레, 잉여현실, 행위 갈증, 행위화, 인간 발달론, 제의, 놀이(정신), 역할, 인간-신, 상상력, 꿈, 유머 등
- 연구방식: 하나의 주제(예: 푸코의 광기의 역사)는 종적 · 역사적으로 충분히 그 개념의 의미, 정의, 의의 등이 규명되어야 한다. 또한 그것은 횡적으로 어떻게 인간에게 적용되며, 그 방식, 의미, 의의가 규명되어야 하며, 사이코드라마적으로 그 개념과 인간 정신 및 행위화 간의 관계성이 논의될 수 있어야 한다.

- 기타 예
  - 세계 각 문화의 특성과 사이코드라마의 발현 형태
  - 한국적 사이코드라마 이론
  - 사이코드라마와 다른 정신치료 이론과의 비교연구
  - 사이코드라마적 시각에서의 문화비평, 문명비평, 예술비평
  - 인간 정신의 확장 이론
  - 사이코드라마의 교육 · 훈련 커리큘럼
  - 사이코드라마의 영상화 이론
  - 문헌 연구
  - 사례 연구

(3) 실험 연구

오늘날 실험 연구는 대부분 효과 측정을 중심으로 하고 있다. 사이코드라마에서뿐만 아니라 다른 분야에서도 그 상황은 마찬가지다. 마치 서로 경쟁이라도 하듯, 거칠게 말해 자신의 방법이 월등하다는 것을 소리 높여 외치는 듯하다. 물론 하나의 접근방식의 결과평가와 그 효과의 측정은 중요하다. 결코 소홀히 할 수 없는 연구방법이다. 문제는 연구방법 그 자체다.

많은 사람들이 준실험 설계에 의한 연구의 한계성, 그리고 실제적인 측면에서 개념 정의의 결여, 통제되지 않은 변인, 비교집단의 결여 등을 이야기하고 있다. 옳은 지적이다. 그러나 보다 근본적인 차원에서 실험 연구는 다시 논의되고 구체화되어야 한다. 그 이유는 우선 참가자 변인들, 예컨대 자기 수용성, 자기 지각, 자존감, 자기 인식, 사회성, 정서적 안정성, 활동성 등 많은 변인들이 지나치게 개념적이고 추상적이며 인지적이라는 사실이다. 거의 대부분이 체크리스트에 의해 평가되는 개념들이다. 사전, 사후 검사에 의존하고 있다. 개념적이라는 말은 사전에 이미 개념적으로 조작되었다는 의미다(물론 타당도며 신뢰도를 측정하였다.). 추상적이라는 말은 인간 정신을 지나치게 개념화, 이론화, 세분화하였으며 그것은 곧 인지적이라는 것이다. 그러나 사실 인지적인 이해나 인식이 부족해서 문제가 발생하는 것일까? 아는 것이 결코 힘은 아니다. 그것은 실천과 행위에 의해서 입증되어야 한다. 위에서 언급한 다양한 참가자 변인들은 사실 과장되게 말해 구태여 그러한 치료적 접근방식이 아니더라도 친한 친구와의 진실한 대화, 감동적인 책이나 소설을 통해서 그 직후 순간만은 긍정적으로 바뀔 수 있다. 굳이 시간과 돈을 들이지 않고서도 말이다.

게다가 그러한 인지적 체크리스트가 언어 치료적 접근방식에서는 유효하다고 할지

라도 사이코드라마에서는 그 효용성이 감소된다. 사이코드라마는 그러한 인지 구조의 변화만을 목표로 하지 않기 때문이다. 연구 작업을 위해서 그것은 대략적으로 다음 세 가지로 나누어 생각해 볼 수 있다.

- 술, 담배, 약물, 우울, 불만, 습관 등과 같은 소위 증상, 문제의 사라짐
- 역할, 태도, 행위, 성격 등과 같은 개인적 변화
- 자발성과 창조성의 증가

첫 번째의 증상이나 문제의 사라짐은 가시적 · 객관적으로 확인될 수 있다(장기적, 단기적 사라짐의 문제가 있다.). 두 번째의 개인적 변화와 세 번째의 자발성, 창조성의 증가는 결코 기존의 체크리스트, 설문지법만으로는 평가하기가 어렵다. 그것은 다른 종류의 평가방법을 사용해야 한다. 다음은 그 몇 가지 예다.

① 행위평가

가능한 한 10분 이내에 한 사람의 행위를 측정할 수 있는 도구의 개발이 필요하다. 그 예로 자발성 측정, 반응행위의 적절성과 창조성 측정이 있다. 자발성 측정은 다양한 상황에 대한 반응시간을 측정한다. 다양한 상황이란 낯선 상황(강도 1-2-3), 위기 순간(강도 1-2-3), 일상적 상황(강도 1-2-3) 등을 말한다. 예를 들면 〈표 16-3〉과 같다. 이 표의 예와 같이 다양한 상황 카드를 만들어 무작위로 하나씩 선택해서 행위로 표현하

표 16-3 자발성 측정

상황 \ 강도	1	2	3
낯선 상황	• 낯선 사람이 친구라며 집에 찾아왔다. • 슈퍼맨을 만났다.	• 아프리카 오지에서 길을 잃었다. • 무인도에 혼자 살게 되었다.	• 죽음의 신이 날 데리러 왔다. • 암 선고를 받았다.
위기 순간	• 외출 중에 바지가 찢어졌다. • 얼음판에 미끄러졌다.	• 식당에서 돈을 내려다 보니 지갑이 없어졌다. • 애인이 이유 없이 화를 내며 뺨을 때린다.	• 교통경찰에게 중앙선 침범으로 붙잡혔다. • 잠을 자다가 집에 불이 났다. • 동네 사람들이 날 도둑으로 몰아세운다.
일상적 상황	• 밥을 먹다가 돌을 씹었다. • 버스 안에서 발등을 밟혔다.	• 길에 만 원이 떨어져 있다. • 채무자로부터 빚 독촉 전화가 왔다.	• 30분을 기다려도 상대가 안 나타난다. 연락도 안 된다. • 타기 싫은 바이킹을 강제로 탔다.

게 한다. 반응 행위의 적절성과 창조성 측정은 다양한 사전 예비검사를 거쳐서 행위의 적절성과 창조성을 점수화하는 것이다.

② 역할평가

역할은 다양하다. 한 사람이 보통 하루에도 여러 역할을 수행한다. 그리고 그러한 역할에 대한 만족도, 수행 정도 또한 다양하며 시간이 지남에 따라 변화한다. 따라서 사이코드라마를 통해서 그러한 역할의 범주에 변화가 일어났는지의 여부 및 각 역할에 대한 만족도, 수행상의 성공 여부 혹은 만족도를 짧은 시간 내에 측정할 수가 있다. 이 또한 사전 실험을 통해서 검증되어야 한다.

③ 사회원자 평가

개인의 사회원자 또한 시간에 따라 변화한다. 사회원자의 범주뿐만 아니라 각 사회원자에 대한 텔레 또한 변화한다. 멀었던 사람이 가까워지고 가까웠던 사람이 멀어지며, 그에 따라 텔레의 +, -, 0 상태도 변하게 된다. 따라서 이러한 사회원자 도해를 평가방법으로 활용할 수가 있다.

④ 추후 태도평가

변화에 대한 진정한 평가는 이상적으로 사이코드라마가 끝나고 난 지 3개월, 6개월, 1년 이상의 시간 간격을 두고 주인공의 실제 삶에서의 태도나 자세의 변화를 평가하는 것이다. 그리고 그것은 주관적 평가와 객관적 평가가 동시에 이루어져야 한다. 주관적 평가에는 주인공과의 면담법, 설문지법, 진술법 등이 있고, 객관적 평가에도 가족이나 친지들과의 면담법, 설문지법, 진술법 등이 있다.

(4) 종합 연구

종합 연구는 이론과 실천, 이론과 실험을 종합한 연구를 말한다. 따라서 연구방법론에는 다음과 같은 연구방법에 대한 기준 설정이 필요하다.

- 기법 연구
- 과정 연구
- 디렉팅 연구
- 감정의 행위화 방법론 연구
- 슈퍼비전 양식 연구

부 록

1. 세계 각국의 사이코드라마 현황

오늘날 사이코드라마는 전 세계 각국에서 다양하게 변형 · 시행되고 있다. 특히 1990년대에 들어와서는 그 활동이 더욱 활발해지고 있는 양상을 보이고 있다. 1996년 3월에 이스라엘 예루살렘에서 최초로 국제 사이코드라마 대회가 개최되었다. 그러나 아직은 인터넷을 통한 국제 교류가 중심을 이루고 있을 뿐, 뚜렷한 국제 간 교류, 협력은 미약한 상태에 있다고 말할 수 있다(필자는 2001년 2월 제59차 미국 사이코드라마 학술대회 기간 중에 펠로우 지명 소감을 발표하는 자리에서 이점을 지적하고 미국이 그 역할을 제대로 해내기를 희망한 바 있다.).

사이코드라마가 한 나라에 처음 소개되면서 하나의 학회 단위로 발전하기 위해서는 평균 20~30년의 시간이 소요되는 것으로 보인다. 그만한 인적 자원과 실력이 쌓여야 하기 때문이다. 모레노가 1925년에 미국으로 이민 간 이후, 미국은 1942년에 학회를 설립하였다. 그리고 현재 100명 이상의 TEP(Trainer, Educator, Practitioner)과 더불어 매년 봄에 5박 6일의 학술대회를 개최하고 있다. 2009년도 3월에는 세인트루이스에서 제67차 연차대회가 개최되었다(평균 참가 인원은 300~500명이다.).

캐나다는 1964년에 학회를 설립하였고, 호주, 뉴질랜드는 1971년, 터키는 1980년,

멕시코는 1983년, 영국은 1984년, 스위스는 1985년, 이스라엘은 1986년, 포르투갈은 1986년, 헝가리는 1988년에 설립하였다. 그리고 1990년대에는 불가리아(1990년), 베네수엘라(1990년), 루마니아(1991년), 코스타리카(1993년), 스페인(1993년), 그리스(1995년), 일본(1995년)이 학회를 설립하였다. 그리고 한국의 경우 연구회 발족은 1995년 9월 16일, 학회 창립은 1997년 2월 15일이었다. 물론 여기에 기록되지 않은 많은 나라들이 있다(아직까지는 공식적인 자료가 나와 있지 못한 실정이다.). 예컨대, 러시아는 18명의 TEP이 활동하고 있으며, 오스트리아에서는 회원 수가 4,000명으로서 사이코드라마가 의료보험 혜택을 받고 있다. 브라질은 1969년에 모레노가 방문한 이후로 현재 4,000여 명의 회원이 있으며, 불가리아는 15명의 TEP과 240여 명의 회원, 터키는 15명의 TEP과 130여 명의 회원이 있다. 일본은 1960년대에 우리나라와 비슷하게 사이코드라마가 소개되었고, 현재 400여 명의 회원이 있으며, 1996년도부터 매년 학회지를 발간하고 있다. 핀란드는 50명의 TEP, 이탈리아는 50명의 TEP, 노르웨이는 700여 명의 회원을 확보하고 있다.

대만은 1974년도에 사이코드라마가 처음 소개되었고, 1996년도에 젤카 모레노가 방문하여, 2회의 워크숍을 가진 바 있다. 유럽은 1993년에 사이코드라마의 유럽연합(FEPTO)을 결성하고 60여 개의 유럽 전역의 사이코드라마 연구소를 통합하여 사이코드라마의 교육과 훈련을 이끌어 가고 있다.

2. 한국의 사이코드라마 현황

문헌상으로 한국에 사이코드라마가 최초로 소개된 것은 1969년에 한동세에 의해서였는데 그것은 명칭 정도의 언급이었다. 그 후 1972년에 유석진에 의해 재소개되었다. 1973년에는 이화여대 정신과 병동에서 이근후에 의해 의료용 각본(오명진 作)에 의한 사이코드라마 형식의 드라마 네 편의 공연이 이루어졌다. 그리고 같은 해 수도국군병원에서 강준상, 유석진, 이근후 등에 의한 사이코드라마 실습이 이루어졌다. 1974년에는 이근후가 신경정신의학지에 정신분열을 다룬 부분에서, 환자와의 협동을 통해서 그 자신의 마음을 외부로 노출시켜 객관화시키고 그것을 탐색시킴으로써 재조직화하며 재종합화시킬 수 있는 방법으로 각본이 주어지는 정신연극을 소개하였다. 1975년 9월에는 김유광에 의해 국립정신병원에서 환자들에게 실시되면서 사이코드라마가 본격적으로 정신치료의 한 치료적 기법으로 정신과 병원에서 행해지기 시작하였다(1999년도 학술대회의 울산지부학회 회원공동 발표자료임).

이후 1970년대 후반에서 1990년대 초반까지의 약 15년간, 교도소, 소년원, 시 · 도 청소년상담실, 대학의 학생생활연구소를 중심으로 사이코드라마가 활용되기 시작하였다. 1980년에는 정신과 의사들을 중심으로 한 한국임상예술학회가 설립되었는데 사이코드라마가 그 한 연구 분과가 되었다.

학술적인 면에서는 1977년에 유석진과 이근후에 의해서 사이코드라마에 대한 기초 이론들이 소개되면서, 김유광은 최초로 「정신질환에 대한 심리극 효과」라는 논문을 『중앙의학』에 발표하였다. 그 이후로 현재까지 150여 편의 국내 사이코드라마 논문이 발표되었고, 2001년부터는 박사학위 논문이 하나둘 발표되기 시작하였다. 번역활동에서 보면, 브래트너의 *Acting in*을 번역한 『사이코드라마』(1988, 이근후, 임계원 공역, 하나의학사), 브래트너의 *Foundations of Psychodrama*를 번역한 『사이코드라마의 토대』(1997, 한국사이코드라마학회 공역, 중앙문화사), 스턴버그 등의 *Sociodrama*를 번역한 『사회극을 통한 우리들의 만남』(조성희, 김광운 공역, 학지사), 마리뉴의 모레노 전기를 번역한 『야콥레비 모레노』(1999, 김유광, 이정숙 공역, 하나의학사), 그리고 홈스의 *Inner World Outside*를 번역한 『정신분석과 사이코드라마』(2000년, 송종용 역)가 있다. 단행본으로는 최윤미가 사례 중심의 『심리극』(1996, 중앙적성출판사)을 펴냈다. 그리고 이 책 『사이코드라마 이론과 실제』의 초판이 2003년도에 발행되었다.

3. 한국사이코드라마 · 소시오드라마학회

한국 사이코드라마 · 소시오드라마학회는 사이코드라마를 통한 인간의 자발성과 창조성 증진을 위하여 사이코드라마에 대한 연구와 회원 상호 간의 자질 향상 및 친목도모를 목적으로 1997년 2월 15일 연세대학교 동문회관에서 창립총회를 가졌다(고문 유석진, 회장 최헌진, 부회장 김정일). 그리고 2009년 10월 1일 현재 약 300여 명의 회원, 20여 명의 전문가로 구성된 학회는 다양한 활동을 통해 사이코드라마의 발전을 도모하고 있다. 그중 주요 활동을 살펴보면 다음과 같다.

① 월례 학술집담회 개최: 1995년 9월 16일 카타르시스론을 시작으로 매월 대전, 서울, 대구 등 전국에서 월례 학술집담회를 개최하고 있다. 학술집담회에서는 번역 논문 강독, 사례 발표, 논문 발표, 사이코드라마 실습 등이 이루어진다. 현재는 매월 넷째 주 토요일과 일요일에 전국 지부학회 주최로 개최되고 있다.

② 뉴스레터 「마음의 극장」 발행: 1995년 5월부터 매월 학술집담회의 학술적 내용과 학

회 소식을 중심으로 발행되고 있으며 2009년 봄까지 총 120여 호가 발행되어 회원들에게 우송되었다.

③ 연차 학술대회 개최: 매년 2월 학술논문 발표와 정기총회, 특별 워크숍 등이 이루어지는 연차 학술대회를 개최하고 있다. 지금까지 13차(2010년 1월 22일~24일)의 학술대회가 개최되었다.

④ 초청 워크숍 개최: 학회 창립 이전의 연구회 때부터 외국의 저명한 사이코드라마티스트를 초청하여 최소 2박 3일의 워크숍을 개최하였다. 젤카 모레노, 일레인 카메로타, 이스라엘의 피터 페릭스 켈러먼, 케이트 허긴스, 앤 헤일 등의 초청 워크숍 등이 개최되었다.

⑤ 학회지 발간: 한국사이코드라마·소시오드라마학회지는 1998년도에 창간호가 발간되었고 현재까지 제12권이 발행되었다(ISSN-1229-313X). 그리고 2009년 12월, 한국학술진흥원에 의해 등재후보지로 선정되었다.

** 보다 상세한 내용은 다음을 참고하라.

- 한국사이코드라마학회 홈페이지(www.kpsychodrama.com)
- 학회 「10년의 자취」(현대기획사, 2007)
- 『사이코드라마 이론과 실제』 초판(학지사, 2003)
- 한국사이코드라마연구원 홈페이지(www.psychodrama.co.kr)

참고문헌

강수남 역(1988). 권력에의 의지(프리드리히 니체 저, 1906). 청하.

강영계(2000). 니체와 예술. 한길사.

강영안(1997). 주체는 죽었는가. 문예.

강주헌 역(2006). 시대의 양심 20인 세상의 진실을 말하다(노암 촘스키, 하워드 진 외 공저, 2004). 시대의 창.

고병권(1997). 투시주의와 차이의 정치. 탈주의 공간을 위하여(서울사회과학연구소 편). 푸른숲.

고승길 역(1987). 가난한 연극(예지 그로토우스키 저, 1975). 교보문고.

과학세대 역(1994). 우주의 역사(조지 스무트, 키 데이비슨 공저, 1993). 까치.

곽광수 역(1990). 공간의 시학(가스통 바슐라르 저, 1957). 민음사.

구교찬 외 공역(1995). 68사상과 현대프랑스 철학(뤽 페리, 알랭 르노 공저, 1986). 인간사랑.

권덕하(2002). 소설의 대화이론. 소명출판.

권영빈 역(1989). 놀이하는 인간(J. 호이징가 저, 1938). 홍성사.

권영숙 역(1999). 즐거운 지식(프리드리히 니체 저, 1882). 청하.

권영숙, 조형근 공역(1995). 들뢰즈의 푸코(질 들뢰즈 저, 1986). 새길.

권택영 역(1989). 정신분석비평(엘리자베스 라이트 저, 1984). 문예출판사.

권택영(1994). 욕망이론. 문예출판사.

권택영(1998). 프로이트의 성과 권력. 문예출판사.

금장태(1997). 유교에서의 정신건강의 개념. 정신건강연구, 2. 한대정신건강연구소.

김갑수 역(1993). 천인관계론(풍우 저, 1988). 연암출판사.

김경재(1984). 최수운의 신 개념: 동학사상과 동학혁명. 청하.

김경희(1996). 정서란 무엇인가. 민음사.

김광일(1994). 한국의 문화 정신의학. 신경정신의학, 33(50).

김규영(1993). 時間倫. 서강대학교 출판부.

김길중 역(1985). 표현주의(R. S. 퍼니스 저, 1973). 서울대학교 출판부.

김대경 역(2000a). 니체 대 바그너(프리드리히 니체 저, 1888). 청하.

김대경 역(2000b). 비극의 탄생(프리드리히 니체 저, 1872). 청하.

김대경 역(2000c). 서광(프리드리히 니체 저, 1881). 청하.

김동광 역(1996). 우주의 미래. 미래는 어떻게 오는가(레오 호우 외 공편, 1988). 민음사.

김동식 역(1996). 실용주의의 결과(리처드 로티 저, 1982). 민음사.

김두진 역(1985). 원시종교론(에반스 프리차드 저, 1965). 탐구신서.

김득황(1973). 한국사상사. 양우당.

김명렬 역(1987). 신화(K. K. 루스벤 저, 1976). 서울대학교 출판부.

김방한(1998). 소쉬르. 민음사.

김병석(1989). 한국인에 적합한 정신치료와 최면요법. 신경정신의학, 28(4).

김병윤(2009). 대한민국 판도라 상자를 열다. 두레스 경영연구소.

김병익 역(2002). 도상과 사상(허버트 리드 저, 1982). 열화당.

김보현(2000). 데리다의 정신분석학 해체. 부산대학교 출판부.

김부용 역(1991). 광기의 역사(미셸 푸코 저, 1961). 인간사랑.

김상운, 양창렬 공역(2004). 들뢰즈 사상의 진화(마이클 하트 저, 1993). 갈무리.

김상일(1994). 카오스와 문명. 동아출판사.

김상희(2004). 사이코드라마의 국내 연구 동향과 과제. 경성대학교 대학원 교육학과 석사학위 청구논문.

김상희(2007). 사이코드라마에서 주인공의 저항과정에 대한 분석. 경성대학교 대학원 교육학과 박사학위 청구논문.

김석 역(2002). 라깡, 주체개념의 형성(B. 오질비 저, 1987). 동문선.

김석희 역(2004). 문명 속의 불만(지그문트 프로이트 저, 1941). 열린책들.

김선주(2009). 한국 교회의 일곱 가지 죄악. 상인.

김성곤 역(1982). 원시주의(미카엘 벨 저, 1972). 서울대학교 출판부.

김성기 역(1984). 예술이란 무엇인가?(E. 피셔 저, 1963). 돌베개.

김열규(1997). 욕, 그 카타르시스의 미학. 사계절.

김영기(2007). 학술적 글쓰기에 나타난 탈식민성의 현 단계. 경성대학교 논총.

김영목 역(1975). 한여름 밤의 꿈(윌리엄 셰익스피어 저, 1597). 학진.

김영민(1996). 철학과 상상력. 시간과 공간사.

김영배 역(2008). 식량주권(P. M. 로제트 저, 2006). 시대의 창.

김영선 역(2009). 괴짜의 사회학(수디르 벤카테시 저, 2008). 김영사.

김용권 역(1988). 예술의 효용과 남용(J. 바아건 저, 1974). 을유문화사.

김용준 역(1982). 우연과 필연(자크 모노 저, 1970). 삼성출판사.

김용직 편(1988). 상징. 문학과 지성사.
김웅권 역(2000). 상상력의 세계사(뤼시앵 보이아 저, 1998). 동문선.
김웅권 역(1996). 깊이의 심리학자 니체(루이 코르망 저, 1996). 어문학사.
김의숙(1993). 한국민속제의와 음양오행. 집문당.
김재인 역(1996). 베르그송 주의(질 들뢰즈 저, 1968). 문학과 지성사.
김재인 역(2001). 천개의 고원(질 들뢰즈, 펠릭스 가타리 공저, 1980). 새물결.
김재희 편(2000). 깨어나는 여신. 정신세계사.
김재희 편역(1994). 온그림-우주의 숨결(D. 보옴 저, 1980). 신과학 산책. 김영사.
김재희 편역(1994). 혼돈으로부터의 질서(일리아 프리고진 저, 1984). 신과학 산책. 김영사.
김정현(1995). 니체의 몸철학. 지성의 샘.
김종갑 역(2005). 20세기 프랑스 철학(에릭 매슈스 저, 1996). 동문선.
김종주 역(1987). 꿈 분석(S. 와이스 저, 1986). 하나의학사.
김종주 역(1999). 라깡의 정신분석 입문(바이스 벤베누토 저, 1986). 하나의학사.
김종주 외 공역(1998). 라깡 정신분석 사전(딜런 에반스 저, 1996). 인간사랑.
김종주(1996). 라깡정신분석과 문학평론. 하나의학사.
김종주(1999). 라깡의 고상한 히스테리. 우리시대의 욕망 읽기(라깡과 현대정신분석학회 편). 문예출판사.
김종호 역(1993). 대담(질 들뢰즈 저, 1990). 솔.
김진균 외 공역(1994). 사회학의 명저 20. 새길.
김진석(2000). 소내하는 비극, 소내하는 희극-니체의 미학. 니체가 뒤흔든 철학 100년(김상한 외 공저). 민음사.
김진성 역(1989). 웃음(H. 베르그송 저, 1969). 종로서적.
김진성(1985). 베르그송 연구. 문학과 지성사.
김진식, 박무호 공역(2000). 폭력과 성스러움(르네 지라르 저, 1972). 민음사.
김천배 역(1989). 바보제: 축제와 환상의 신학(H. 콕스 저, 1971). 현대사상.
김춘성(2000). 깨어나는 여신(김재희 편). 정신세계사.
김태현 역(1982a). 도덕의 계보(프리드리히 니체 저, 1887). 청하.
김태현 역(1982b). 이 사람을 보라(프리드리히 니체 저, 1908). 청하.
김필호(1997). 욕망의 사회이론. 탈주의 공간을 위하여(서울사회과학연구소 편). 푸른숲.
김해수 역(1994). 알기쉬운 자끄 라깡(마단 사럽 저, 1992). 백의.
김현수 외 공역(1988). 예술, 무엇을 하기 위한 것인가?(미셸 라공 저, 1978). 미진사.
김형효(1989). 구조주의의 사유체계와 사상. 인간사랑.
김형효(1993). 데리다의 해체 철학. 민음사.
김형효(1996). 메를로 퐁티와 애매성의 철학. 철학과 현실사.
김혜숙(1995). 포스트모더니즘과 철학. 이화여자대학교 출판부.
김혜숙, 김혜련(2007). 예술과 사상. 이화여자대학교 출판부.
김효명 역(2002). 이성, 진리, 역사(H. 퍼트남 저, 1987). 민음사.

남경희 역(1995). 종교에서 철학으로(F. M. 콘퍼드 저, 1957). 이화여자대학교 출판부.
남수인 역(2001). 글쓰기와 차이(J. 데리다 저, 1967). 동문선.
노양진 역(2000). 마음속의 몸(M. 존슨 저, 1987). 철학과 현실.
도정일, 최재천(2005). 대담. 휴머니스트.
류시화 역(1996). 마음을 열어주는 101가지 이야기(잭 캔필드 저, 1995). 이레.
류시화, 이상무 공역(1987). 우주심과 정신물리학(이차크 벤토프 저, 1981). 정신세계사.
류점석 역(2008). 제대로 된 혁명(D. H. 로렌스 저, 1977). 아우라.
류정아 역(1998). 축제와 문명(장 뒤비뇨 저, 1991). 한길사.
류정아(2003). 축제인류학. 살림.
맹정현 역(2002). 라깡과 정신의학(B. 핑크 저, 1997). 민음사.
문상희 역(1991). 샤머니즘(M. 엘리아데 저, 1964). 삼성.
민승기 역(1999). 열정적인 집착에서 반동일시로(S. 지젝 저, 1998). 우리시대의 욕망 읽기(라깡과 현대정신분석학회 편). 문예출판사.
민중서관(1967). 철학소사전.
박기순 역(2001). 스피노자의 철학(질 들뢰즈 저, 1981). 민음사.
박동준 외(2003). 축제정책과 지역현황. 연세대학교 출판부.
박만준 역(1993). 의식과 신체(P. S. 모리스 저, 1975). 서광사.
박미리 역(1996). 연극의 본질(H. 구이에 저, 1943). 집문당.
박배식, 성하운 공역(2006). 카오스(제임스 글리크 저, 1987). 동문사.
박병기, 박구용 공역(2000). 정신철학(F. 헤겔 저, 1830). 울산대학교 출판부.
박병철 외 공역(1992). 과학은 지금 물질에서 마음으로 가고 있다(프레드 A. 울프 저, 1982). 고려원미디어.
박석준 외(2001). 몸(작은 철학총서 2). 산해.
박영지(1996). 헤겔의 신 개념. 서광사.
박옥줄 역(1998). 슬픈 열대(C. 레비스트로스 저, 1955). 삼성.
박용숙 역(1984). 예술이란 무엇인가?(수잔 랭거 저, 1975). 문예.
박용숙 역(1985). 예술의 의미(허버트 리드 저, 1955). 문예출판사.
박용숙 역(1989). 예술과 인간(어윈 에드먼 저, 1928). 문예출판사.
박종홍(1968). 한국의 사상적 방향. 박영사.
박준택(1960). 니체에 있어서 신과 초인의 관계. 중앙대학교 석사학위 청구논문.
박준택(1984). 니체의 디오니소스적 비극적 세계관. 니체 철학의 현대적 조명(정동호 편). 청람.
박찬부 외 공역(1997). 페미니즘과 정신분석학 사전(엘리자베스 라이트 저, 1992). 한신문화.
박찬부(1999). 언어와 같이 구조화된 무의식. 우리시대의 욕망읽기(라깡과 현대정신분석학회 편). 문예출판사.
박형섭 역(1994). 잔혹연극론(아르토 저, 1938). 현대미학.
박형섭 역(1999). 기호와 몽상(A. 시몽 저, 1976). 동문선.
박형섭 역(2001). 잔혹성의 미학(F. 토넬리 저, 1972). 현대신서.

방건웅(1997). 신과학이 세계를 바꾼다. 정신세계사.
배은경(1999). 여성과 몸과 정체성. 새 여성학 강의(한국여성연구소 편). 동녘.
백기수(1985). 예술의 사색. 서울대학교 출판부.
백민정 역(2004). 질 들뢰즈(C. 콜브룩 저, 1971). 태학사.
백민정 역(2005). 들뢰즈와 정치(폴 패튼 저, 2001). 태학사.
백승영(2000). 니체 철학, 무엇이 문제인가. 민음사.
서동욱 역(2006). 칸트의 비판철학(질 들뢰즈 저, 1983). 민음사.
서동욱 외 공역(1997). 프로스트와 기호들(질 들뢰즈 저, 1964). 민음사.
서민우 역(2000). 육체가 없지만 나는 이 책을 쓴다(제인 로버트 저, 1994). 도솔.
서봉현 역(1987). 심리치료와 카운셀링(W. S. 샤키언 편저, 1970). 중앙적성출판사.
서정철 외 공역(1992). 창조적 진화(A. 베르그송 편저, 1907). 을유문화사.
성병희(1996). 공간적 범주로 본 굿의 존재양상과 현실인식 논리. 민속문학과 전통문화. 도서출판 박이정.
성철(1988). 영원한 자유. 장경각.
손명현(1972). 시학(아리스토텔레스 저, 1955). 박영사.
손봉호 외 공역(1989). 몸 · 영혼 · 정신(반 퍼슨 저, 1978). 서광사.
손주희 역(2008). 나쁜 기업(한스 바이스, 클리우스 베르너 공저, 2003). 프로메데우스.
송긍섭 외 공역(1990). 중국 고대 철학사(호적 저, 1947). 문교부.
송기한 역(1998). 새로운 프로이트(M. M. 바흐친 저, 1927). 예문.
송기형, 정과리 공역(1986). 숨은 신(뤼시앵 골드망 저, 1959). 연구사.
송락헌 역(1978). 풍자(A. 폴라드 저, 1970). 서울대학교 출판부.
송무 역(1984a). 반그리스도(프리드리히 니체 저, 1895). 청하.
송무 역(1984b). 우상의 황혼(프리드리히 니체 저, 1889). 청하.
신경일(1998). 심리극과 굿의 비교. 한국심리학회지, 10(1).
신국조 역(1993). 혼돈으로부터의 질서(일리아 프리고진 저, 1979). 고려원미디어.
신문수 역(1998). 프로이트 예술 미학(J. 스펙터 저, 1972). 풀빛.
신범순, 조영복 공역(1993). 니체, 철학의 주사위(질 들뢰즈 저, 1962). 인간사랑.
신일철 역(1982). 인간성과 행위(존 듀이 저, 1921). 삼성출판사.
신일치 외(1989). 동학사상과 동학혁명. 청아.
신현기(1997). 무의식의 상상하는 힘. 맑스, 프로이트, 니체를 넘어서(서울사회과학연구소 편). 새길.
신현숙(1997). 20세기 프랑스 연극. 문학과 지성사.
심명호 역(1987). 공상과 상상력(R. L. 브레트 저, 1970). 서울대학교 출판부.
심세광 역(1990). 미셸 푸꼬: 철학의 자유(존 라이크만 저, 1985). 인간사랑.
심우성 역(1990). 연극의 역사(필리스 하트놀 저, 1968). 동문선.
심우성 편역(1997). 마임의 근원(R. 라반). 신체의 미학(폴 발레리 외 공저, 1997). 현대미학사.
심우성 편역(1997). 신체의 미학(폴 발레리 외 공저). 현대미학사.
안치운, 이준재 공역(2001). 연극인류학(B. 유제니오 저, 1993). 문학과 지성사.

양운덕(2001). 비트겐슈타인은 왜 말놀이에 나섰을까? 창작과 비평사.
여인석 역(1995). 라깡과 정신분석 혁명(셰리 터클 저, 1978). 민음사.
여홍상 역(1997). 바흐친과 문학이론(T. 이글톤 저, 1982). 문학과 지성사.
여홍상 역(1997). 바흐친과 문화이론(R. 라크먼 저, 1983). 문학과 지성사.
오경환(1979). 종교사회학. 서광사.
오문석, 차승기, 이진형 공역(2006). 바흐친의 산문학(G. S. 모슨, C. M. 에머슨 공저, 1990). 책세상.
오병남(1983). 현상학이란 무엇인가. 심설당.
오병무(2000). 무속과 한국 사상의 체계. 전북대학교 인문과학연구소.
오영환 역(1997). 관념의 모험(A. N. 화이트헤드 저, 1933). 한길사.
오영환 역(2008). 과학과 근대세계(A. N. 화이트헤드 저, 1933). 삼성출판사.
오영환 외 공역(1992). 열린 사고와 철학(A. N. 화이트헤드 저, 1968). 고려원.
오영환(1997). 화이트헤드와 인간의 시간경험. 통나무.
오원교 역(1988). 구조주의와 기호학(테렌스 호옥스 저, 1977). 신아사.
오진탁 역(1999). 삶과 죽음을 바라보는 티베트의 지혜(소걀 린포체 저, 1993). 민음사.
우종길 역(1998). 신-인간, 혹은 삶의 의미(뤽 페리 저, 1996). 영림카디널.
원재길 역(1987). 드라마의 해부(마틴 에스린 저, 1976). 청하.
유남상(1989). 동서철학 통론. 문경출판사.
유병석 편(1976). 동학 · 천도교. 교문사.
유복열 역(1998). 반항의 의미와 무의미(줄리아 크리스테바 저, 1996). 푸른숲.
유정완 외 공역(1992). 포스트모던의 조건(J. F. 리오타르 저, 1979). 민음사.
유채영(1999). 한국 사이코드라마의 연구 경향 분석. 한국사이코드라마학회지, 2(1).
유평근(2001). 이미지. 살림.
육명심(1987). 세계 사진가론. 열화당.
윤노빈(1984). 동학사상과 동학혁명: 동학의 세계사상적 의미. 청아.
윤수종 역(2003). 세 가지 생태학(펠릭스 가타리 저, 2001). 동문선.
윤수종 역(2003). 카오스모제(펠릭스 가타리 저, 1992). 동문선.
윤수종(1997a). 맑스를 넘어선 맑스. 맑스, 프로이트, 니체를 넘어서(서울사회과학연구소 편). 새길.
윤수종(1997b). 제도요법과 집단적 주체성. 탈주의 공간을 위하여(서울사회과학연구소 편). 푸른숲.
윤평중(1990). 푸코와 하버마스를 넘어서. 교보문고.
윤희기 역(1997). 무의식에 관하여(지그문트 프로이트 저, 1912). 열린책들.
이가림 역(1980). 물과 꿈(G. 바슐라르 저, 1957) 문예.
이거룡(1999). 몸 또는 욕망의 사다리. 한길사.
이광래 역(1993). 사유와 운동(A. 베르그송 저, 1923). 문예출판사.
이광래 역(1996). 정상과 병리(조르주 캉길렘 저, 1966). 한길사.
이규성(1994). 동양철학, 그 불멸의 문제들. 이화여자대학교 출판부.
이규현 역(1997). 상상하는 의식과 예술(장 폴 사르트르 저, 1940). 상상력이란 무엇인가?(장경럴 외 편역). 살림.
이기백(1966). 한국사 신론. 일조각.
이기우 외 공역(2001). 퍼포먼스 이론(리차드 쉐크너, 1993). 현대미학사.
이기우, 김익두 공역(1996). 제의에서 연극으로(터너 빅터 저, 1982). 현대미학.
이기웅 역(2005). 전복적 스피노자(안토니오 네그리 저, 1992). 그린비.
이덕형, 최진영 공역(2001). 프랑수아 라블레의 작품과 중세 및 르네상스의 민중문화(M. M. 바흐친 저, 1987). 아카넷.
이득재(2003). 바흐친 읽기. 문화과학사.
이만우 역(2002). 향락의 전이(S. 지젝 저, 1994). 인간사랑.
이무석(1995). 정신분석의 이해. 전남대학교 출판부.
이미선 역(1994). 자크 라깡(아니카 르메르 저, 1976). 문예출판사.
이미선 역(2000). 무의식(앤터니 이스트호프 저, 1999). 한나래.
이부영(1978). 분석심리학. 일조각.
이부영(1988). 정신요법의 과거와 미래. 서울의대 정신의학, 10(2).
이산하(2009). 하늘의 밥상. 이 시를 가슴에 품는다(정호승 편). 랜덤하우스코리아.
이상률(2006). 축제와 문화 이데올로기. 축제와 문화적 본질(유럽사회문화연구소 저). 연세대학교 출판부.
이상률 역(1994). 놀이와 인간(로제 카유아 저, 1958). 문예.
이상률 역(1998). 오늘의 프랑스 사상가들(미셸 리샤르 저, 1985). 동문선.
이상일(1981). 한국인의 굿과 놀이. 문음사.
이상일(1988). 놀이문화와 축제. 성균관대학교 출판부.
이상일(1991). 굿, 그 황홀한 연극. 도서출판 강천.
이상해 역(2001). 낭만적 영혼과 꿈(알베르 베겡 저, 1937). 문학동네.
이선일 역(2001). 칸트와 형이상학의 문제(마르틴 하이데거 저, 1997). 한길사.
이성민, 서창현 공역(1996). 들뢰즈의 철학사상(마이클 하트 저, 1996). 갈무리.
이성범, 김용정 공역(2006). 현대 물리학과 동양 사상(F. 카프라 저, 1974). 범양사.
이성훈, 안원현 공역(1987). 미학사(M. C. 비어슬리 저, 1966). 이론과 실천.
이수연(1999). 라깡의 사랑개념과 불륜드라마의 사랑담론. 우리시대의 욕망 읽기. 문예출판사.
이승종, 조성우 공역(1998). 데리다와 비트겐슈타인(뉴턴 가버, 이승종 공저, 1994). 민음사.
이영경 역(2004). 예술이란 무엇인가?(미카엘 하우스 켈러 저, 2004). 철학과 현실사.
이유섭 외 공역(1999). 위대한 7인의 정신 분석가(주앙 다비드 나지오 외 공저, 1994). 백의.
이윤기 역(1994). 그림으로 보는 세계문화 상징사전(진 쿠퍼 저, 1978). 까치.
이은봉 역(1998). 성과 속(M. 엘리아데 저, 1957). 한길사.
이을상 역(1999). 행위철학(F. 카울바흐 저, 1986). 서광사.
이재실 역(1998). 이미지와 상징(M. 엘리아데 저, 1952). 까치.
이재희 역(1983). 상상력(잔느 베르니스 저, 1985). 탐구당.
이정림 역(1996). 시지프의 신화(A. 카뮈 저, 1941). 범우사.

이정미, 서창현 공역(1996). 들뢰즈의 철학사상(마이클 하트 저, 1993). 갈무리.
이정실 역(2003). 음악치료와 사이코드라마(J. J. 모레노 저, 1999). 학지사.
이정우 역(1995). 들뢰즈와 가타리(R. 보그 저, 1989). 새길.
이정우(1999). 삶 · 죽음 · 운명. 거름.
이정우(1999). 인간의 얼굴. 민음사.
이정우(2000a). 담론의 공간. 산해.
이정우(2000b). 접힘과 펼침. 거름.
이정우(2001). 주름, 갈래, 울림. 거름.
이정임, 윤정임 공역(1999). 철학이란 무엇인가?(질 들뢰즈 저, 1999). 현대미학사.
이종수 역(1989). 사회학과 예술의 만남(R. 니스베트 저, 1976). 한벗.
이종영(1988). 욕망에서 연대성으로. 백의.
이종인 역(1999). 데리다(크리스토퍼 노리스 저, 1987). 시공사.
이종인 역(1999). 라깡(맬컴 보위 저, 1991). 시공사.
이진우 역(1994). 현대성의 철학적 담론(위르겐 하버마스 저, 1984). 문예.
이찬수(1999). 인간은 신의 암호. 분도.
이창식(1996). 민속놀이의 유형과 의미. 민속놀이와 민중의식. 집문당.
이태승 역(1988). 자기 분석(K. 호나이 저, 1950). 민지사.
이한우 역(1999). 신, 그 이후(돈 큐피트 저, 1997). 해냄.
이혜성 역(1982). 인간적 성장(클라크 무스타카스 저, 1974). 이화여자대학교 출판부.
이혜성 역(2007). 성장심리학(듀에인 슐츠 저, 1977). 이화여자대학교 출판부.
이희원 역(2002). 자기의 테크놀로지(미셸 푸코 외 공저, 1988). 동문선.
임수진 역(1998). 반시대적 고찰(프리드리히 니체 저, 1876). 청하.
임재해(1997). 한국민속과 오늘의 문화. 지식산업사.
임종진(1999). 주희의 인간관. 경북대학교 대학원 철학박사 학위논문.
임진수 역(2000). 자크 라캉(질베르 디아드킨 저, 1988). 교문사.
장경렬 외 편역(1997). 상상력이란 무엇인가? 살림.
장석주(2009). 대추 한 알. 이 시를 가슴에 품는다(정호승 편). 랜덤하우스코리아.
전경수 역(1985). 통과 의례(A. V. 게넵 저, 1909). 을유문화사.
전혜정 역(1997). 융 심리학의 주요개념들(C. G. 융 저, 1922). 상상력이란 무엇인가?(장경렬 외 편역). 살림.
정강석 역(1990). 차라투스트라는 이렇게 말했다(프리드리히 니체 저, 1885). 삼성.
정석해 외 공역(1997). 시간과 자유의지(A. 베르그송 저, 1889). 삼성출판사.
정성호 역(1986). 존재의 발견(롤로 메이 저, 1985). 갑인.
정소윤(2001). 심리극과 전통연희의 비교 연구. 한국사이코드라마학회지, 4권.
정영란 역(1993). 공기와 꿈(가스통 바슐라르 저, 1972). 민음사.
정영란 역(1997). 문학 이미지(가스통 바슐라르 저). 상상력이란 무엇인가?(장경렬 외 편역). 살림.
정해창 역(1997). 예술의 신 니체(퀸터 볼파르트 저, 1997). 담론사.

정화열(1999). 몸의 정치. 민음사.
조광제(1999). 타자론적인 몸철학의 길. 몸 또는 욕망의 사다리(이거룡 외 공저). 한길사.
조광제(2006). 예술개념, 움직이는 미로. 철학, 예술을 읽다(철학아카데미, 조광제 공저). 동녘.
조대봉 역(1992). 인간의 동기와 성격(A. H. 매슬로 저, 1968). 교육과학사.
조성희, 김광운 공역(1999). 사회극을 통한 우리들의 만남(페트리시아 스턴버그 외 공저, 1999). 학지사.
조승국 역(1987). 인간과 상징(C. G. 융 저, 1961). 범조사.
조승옥 역(1990). 심리철학(제롬 A. 쉐퍼 저, 1983). 종로서적.
조요한(2006). 예술철학. 미술문화.
조은희(1988). 인간과 상징. 상징(김용직 편). 문학과 지성사.
조현진 역(2002). 스피노자(로저 스크러튼 저, 1998). 궁리.
주강현(1992). 굿의 사회사. 웅진출판.
지승호(2007). 하나의 대한민국, 두 개의 현실. 시대의 창.
지승호(2008). 아! 대한민국, 저들의 공화국. 시대의 창.
진중권(2003). 미셸 푸코. 현대미학 강의. 아트북스.
진형준 역(1983). 상징적 상상력(질베르 뒤랑 저, 1985). 문학과 지성사.
진혜전(2001). 전통해학과 사이코드라마에서의 유머. 한국사이코드라마학회지, 4권.
차호근 역(1991). 에티카(B. 스피노자 저, 1975). 혜원.
최명관 역(1994). 앙띠 오이디푸스(질 들뢰즈, F. 가타리 공저, 1972). 민음사.
최명관 역(2008). 인간이란 무엇인가?(에른스트 카시러 저, 1944). 전망사.
최명란(2006). 아우슈비츠 이후. 이 시를 가슴에 품는다(정호승 편). 랜덤하우스코리아.
최민홍 역(1973). 서양철학사(上)(B. 러셀 저, 1960). 집문당.
최민홍 역(1973). 서양철학사(下)(B. 러셀 저, 1960). 집문당.
최상수(1984). 한국 민속놀이의 연구. 성문각.
최소인(2001). 칸트. 아카필로, 3호. 산해.
최종률(1999). 타자들. 백의.
최헌진(2000). Psychodrama & Culture. 한국사이코드라마학회지, 3권.
최헌진(2003). 사이코드라마 이론과 실제. 학지사.
최혁순 역(1994). 프로이트와 정신분석(에리히 프롬 저, 1934). 홍진문화사.
최현 역(1985). 선악의 피안(프리드리히 니체 저, 1886). 민성사.
표재명 역(1990). 나와 너(마르틴 부버 저, 1974). 문예출판사.
하영삼, 김창경 공역(1993). 꿈의 철학(유문영 저, 1989). 동문선.
하태환 역(2001). 시뮬라시옹(장 보드리야르 저, 1981). 민음사.
하태환 역(2008). 감각의 논리(질 들뢰즈 저, 1981). 민음사.
한국비평이론학회(2006). 들뢰즈와 그 적들. 우물이 있는 집.
한국싸이코드마학회 공역(1997). 싸이코드라마의 토대(아담 브래트너 저, 1988). 중앙문화사.
한기완 역(1983). 인간적인 너무나 인간적인(프리드리히 니체 저, 1878). 청하.

한상범 역(1988). 꿈의 정신분석(에리히 프롬 저, 1951). 정음사.

한영환 역(1982). 우주의 역사(콜린 윌슨 저, 1982). 범우사.

한자경(1995). 니체철학에서 자아의 문제. 포스트모더니즘과 철학(김혜숙 편저). 이화여자대학교 출판부.

한정헌 역(2007). 들뢰즈 이해하기(클레어 콜브룩 저). 그린비.

한철희 역(1993). 예술이란 무엇인가?(에른스트 피셔 저, 1959). 돌베개.

허경 역(1997). 쟈크 라캉, 지적 영웅의 죽음(스튜어트 슈나이더맨 저, 1983). 인간사랑.

허미경(2001). 울음의 심리와 사이코드라마. 한국사이코드라마학회지, 4.

허영일(1991). 포스트모더니즘과 댄스. 포스트모더니즘과 예술(김욱동 편). 청하.

허재영(1997). 정신분석의 안과 밖. 맑스, 프로이트, 니체를 넘어서(서울사회과학연구소 편). 새길.

현정준 역(1990). 시간의 역사(S. W. 호킹 저, 1988). 삼성출판사.

현택수 역(2004). 맞불(피에르 부르디외 저, 1998). 동문선.

홍성태(2008). 아! 대한민국, 저들의 공화국-지승호 인터뷰. 시대의 창.

홍준기(1999). 라캉과 현대철학. 서울: 문학과 지성사.

홍준기, 이승미 공역(2009). 욕망의 전복(페터 비트머 저, 1990). 한울아카데미.

홍희 역(1999). 신의 기원(하신 저, 1987). 동문선.

황필호(1980). 종교철학개론. 종로서적.

Ariety, S. (1967). *The Intrapsychic self.* New York, London, Basic Book.

Ariety, S. (1981). *Creativity and its cultivation: American handbook of psychiatry, 6* (2nd ed.). New York, Basic book.

Black, E. I. et al. (1992). *Ritual for our times.* Harper Perennial.

Blatner, A. (1988). *Foundations of psychodrama* (3rd ed.). Springer Pub.

Blatner, A. (2000). *Foundations of psychodrama* (4th ed.). Springer Pub.

Bogen, J. E. (1988). Creativity and the Corpus Callosum. *Psy. Clinic North Am, 11.*

Bridgeman, B. (1988). *The Biology of Behavior and Mind.* John Wiky & Sons.

Browning, D. S. (1975). *Generative man.* A delta book.

Bustos, D. M. (1994). Wings & roots. *Psychodrama since Moreno,* edited by P. Holmes et al. Routledge, London & New York.

Campbell, R. J. (1989). *Psychiatric dictionary* (6th ed.). New York, Oxford, Oxford Univ. Press.

Carp, M. et al. (1998). *The handbook of psychodrama.* Routledge: London & NY.

Colp, R. (1989). *Individual Psychotherapy & Creativity: Comprehensive Testbook of Psychiatry* (5th ed.). Boltimore, Williams & Wilkins.

Dayton, T. (1994). *The drama within.* Health Comm. Inc.

Farmer, C. (1995). *Psychodrama & Systemic therapy.* Kamac Book.

Fine, L. J. (1979). *Psychodrama. Current psychotherapies,* R. J. Corsini. Peacock, Illinois.

Fine, R. (1979). *The Release of Creativitiy in Psychoanalysis: A History of Psychoanalysis.* New York, Columbia Univ. Press.

Galin D. (1988). *Conceptual and Methodological Issues in Neuropsychological studies of Depression: Cerebral Hemisphere Function in Depression.* Washington, Am. Psychiatric Press.

Goldman, E. E. (1984). *Psychodrama.* Kendall/Hunt Pub. Co., Iowa.

Greenberg, I. A. (1977). *Group hypnotherapy & hypnodrama.* Nelson-Hall, Chicago

Hale, A. E. (1981). *Conducting clinical sociometric explorations.* Royal Pub., Roanoke, Virginia.

Hamer, N. (1990). Group Analytic psychodrama. *Group Analysisis, 23.*

Hammer, E. F. (1984). *Creativity, talent & personality.* Malaber, Robert E. Krieger Publishing.

Hare, A. P. (1996). *J. L Moreno.* Sage Pub., London.

Hollander, C. (1969). *A process for psychodrama training.* Evergreen Ins.

Holmes, P. (1992). *The inner world outside.* Routledge.

Hoppe, K. D. (1988). Hemispheric Specialization & Creativity. *Psy. Clinic North Am, 11.*

Hudgins, M. K. (2000). *Psychodrama with trauma survivors.* Jessica Kingsley Pub., London & Philadelpia.

Kaplan, et al., (1991). Human development throughout the life cycle. *Synopsis of Psychiatry.* Willams and Wilkins, 18-19.

Karp, M. et al. (1998). *The Handbook of Psychodrama.* Routledge, London & New York.

Kellermann, P. F. (1987). Outcome research in classic psychodrama. *Small group behavior, 18*(4).

Kellermann, P. F. (1992). *Focus on psychodrama.* Jessica Kingsley Pub., London & Philadelphia.

Kipper, D. A. (1986). *Psychotherapy through clinical role playing.* Brunner/Mazel, New York.

Landy, R. J. (1993). *Persona & Performance.* Guillford Press, New York.

Landy, R. J. (1996). *Essays in dramatherapy.* Jessica Kingsley Pub., London & Bristol, Pennsylvania.

Luthe, W. (1976). *Creativity Modilization Technique.* New York, Grune & Stratton.

Marineau, R. F. (1989). *Jacob Levy Moreno.* Taristock/Routledge, London & New York.

May, R. R. (1985). *Therapy in our day: The Evolution of Psychotherapy.* New York, Brunner Mazel.

Miller, C. (2000). The Technique of Souldrama and its application. *Action methods, 2* (4).

Miller, L. (1988). Ego Autonomy, Creativity & Cognitive style. *Psy. Clinic North Am, 11.*

Moreno J. L. (1977). *Psychodrama* (4th ed.). New York, Beacon House.

Moreno J. L. (1978). *Who shall survive?* (3rd ed., p. 42). New York, Beacon House, 42.

Moreno, J. L. (1924). *The theatre of spontaneity.* Beacon house, 1983, PA.

Moreno, J. L. (1934). *Who shall survive.* Beacon house, 1978, New York.

Moreno, J. L. (1970). *The words of the father.* Beacon house, New York.

Moreno, J. L. (1975). *Psychodrama. Vol. 2.* Beacon house, New York.

Moreno, J. L. (1975). *Psychodrama. Vol. 3.* Beacon house, New York.

Moreno, J. L. (1977). *Psychodrama. Vol. 1.* Beacon house, New York.

Neumann, E. (1974). *Art & the creative unconscious.* Princeton Univ. Press.

Petzold, A. G. (1981). *Conducting clinical sociometric explorations.* Royal Pub., Virginia.

Remer, R. (1996). Chaos theory & Cannon of creativity. *Journal of group psychotherapy, Psychodrama & sociometry, 48*(4).

Remer, R. (1997). Chaos theory and the Hollander psychodrama curve. *Action methods, 50*(2).

Roine, E. (1997). *Psychodrama.* Jessica Kingsley Pub.

Sacks, J. M. et al. (1995). *Bibliography of psychodrama* (not published).

Schechner, R. (1988). *Performance theory.* Routledge, New York & London.

Starr, A. (1977). *Psychodrama.* Nelson-Hall, Chicago.

Strachey, J. (1957). *Sigmund Freud. Vol XII.* London, Horgarth Press.

Torrance, E. P. (1989). *Handbook of Creativity.* by Glover, J. A. et al., New York, London, Pleum Press.

Weinberger, J. (1993). *Common factors in psychotherapy: Comprehensive handbook of psychotherapy Integration.* New York & London, Plenum Press.

Weiner, M. F. (1989). *Theory of Psychotherapy & Psychopathology: Comprehensive Textbook of Psychiatry* (5th ed.). Boltimore, Williams & Wilkins.

Williams, A. (1989). *The passionate technique.* Tavistock/Routredge, London & New York.

Wolberg, L. R. (1977). *The Technique of Psychotherapy* (3rd ed.). New York, Sanfrancisco, London, Grune & Stratton.

Wolf, A., Kutash, I. L., & Lattland, C. (1993). *The Primacy of the Individual in psychoanalysis in Groups.* London, Jason Aronson Inc.

Wolman, B. B., & Wolman, M. (1986). *Handbook of States of Consciousness.* Van Nostrand Reinhold Comp.

Wong, N. (1989). *Comprehensive textbook of psychiatry.* H. K. Kaplan et al. Williams & Williams.

Yablonsky, L. (1992). *Psychodrama.* Brunner/Mazel, New York.

Yalom, I. D. (1995). *The theory and practice of group psychotherapy.* Basic Books.

Zeig, K. (1987). *The Evolution of Psychotherapy.* New York, Brunner Mazel.

찾아보기

《인 명》

《내 용》

저자 소개

최헌진

• 서울의대 졸업

신경정신과 전문의

한국사이코드라마 소시오드라마학회 공인 사이코드라마 전문가(TEP)

• 전) 을지의대 정신과 주임교수

한국신경정신의학회 충남대전지부학회장

대전시 의사회 부회장

한국임상예술학회 감사, 부회장

한국사이코드라마 · 소시오드라마학회장

충남의대, 을지의대 외래 교수

• 현) 한국사이코드라마학회 명예회장

미국사이코드라마학회 펠로우(Fellow)

최헌진 신경정신과의원 원장

한국사이코드라마연구원 원장

• 논문

「자발성과 창조성의 시각에서 바라본 정신치료」(범석학술논문집, 1997)

「창조성」(임상예술, 1988) 외 다수

• 번역 · 감수

『사회극을 통한 우리들의 만남』(학지사, 1999)

『젤카모레노 사례집』(한국사이코드라마연구소, 1999)

『정신병동에서의 사이코드라마』(한국사이코드라마연구소, 1998)

『사이코드라마의 토대』(중앙문화사, 1997)

2판
사이코드라마 : 이론과실제

2003년 3월 3일 1판 1쇄 발행
2005년 9월 30일 1판 2쇄 발행
2010년 3월 25일 2판 1쇄 발행
2025년 3월 25일 2판 7쇄 발행

지은이 • 최 헌 진
펴낸이 • 김 진 환
펴낸곳 • (주) 학 지 사
04031 서울특별시 마포구 양화로 15길 20 마인드월드빌딩 5층
대표전화 • 02) 330-5114 팩스 • 02) 324-2345
등록번호 • 제313-2006-000265호

홈페이지 • http://www.hakjisa.co.kr
인스타그램 • https://www.instagram.com/hakjisabook

ISBN 978-89-6330-252-2 93180

정가 **25,000원**

저자와의 협약으로 인지는 생략합니다.
파본은 구입처에서 교환하여 드립니다.